한국연구재단 학술명저번역총서

● 서양편 ●

한국연구재단 학술명저번역총서
서양편 • 89 •

상像과 논리 1

미시微視 물리학의 물질문화

피터 갤리슨 지음 | 이재일·차동우 옮김

한길사

Image and Logic
A Material Culture of Microphysics
by Peter Galison

Published by Hangilsa Publishing co., Ltd., Korea, 2021

• 이 책은 (재)한국연구재단의 지원으로 (주)도서출판 한길사에서 출간·유통합니다.

이 도서의 국립중앙도서관 출판시도서목록(CIP)은
e-CIP 홈페이지(http://www.nl.go.kr/cip.php)에서 이용하실 수 있습니다.

상像과 논리 1

미시微視 물리학의 물질문화

‘사진 찍기’와 ‘숫자’

이재일 인하대학교 물리학과 명예교수
차동우 인하대학교 물리학과 명예교수

우리는 ‘자연’을 무엇으로 어떻게 보는가?

현재 하버드 대학의 과학 및 물리 역사학과 교수로 재직하고 있는 저자 피터 갤리슨(Peter Galison)은 이 책에서 핵 및 입자 물리 분야에 속한 현상을 파악하기 위해 실험적으로 접근하는 두 가지 방법에 대해 기술하고 있다. 하나는 모사(模寫)적 방법으로 ‘사진 찍기’에 기반을 둔 ‘상(像)’의 방법이며, 다른 하나는 계수(計數)적 방법으로 ‘숫자 세기’에 기반을 둔 ‘논리’의 방법이다. 저자는 상이란 세상에서 일어나는 형상을 그대로 보전하는 모사물(模寫物)로서, 자연이 원래 지닌 형상을 재창조한다고 볼 수 있어 이를 ‘동형성’ 대변이라고 부르고, 논리란 계수적 또는 통계적 방식을 통해 자연 현상의 논리적 관계를 보존하도록 나타내기 때문에 이를 ‘상동성’ 대변이라고 부른다.

1998년에 과학사협회로부터 파이저상을 수상한 이 책에서 갤리슨은 1,000편이 넘는 참고문헌을 인용했으며 200개에 가까운 그림과 사진, 도표를 수록했고, 우주를 이루고 있는 궁극적 구성 요소로서의 미시 물리적 실재인 기본 입자를 추적하기 위해 설계된 기구나 도구, 이를 이용하는 사람과 인적 조직에 대해 1,000쪽 가까운 분량에 걸쳐 이야기했다.

제1장에서는 구름 상자, 원자핵 에멀션이나 거품 상자와 같은 ‘상’의 전통에 해당하는 도구들과 가이거-뮐러 계수기, 체렌코프 계수기, 불꽃 계수기 등 각종 계수기, 불꽃 상자, 그리고 와이어 상자와 같은 ‘논리적’

전통에 해당하는 기구에 대해 자세히 설명하고 분석했다.

제2장에서는 구름 상자에 대한 아이디어가 원래는 입자 물리학이 아니라 기상 현상에 관심을 가진 C. T. R. 윌슨에 의해 1895년 시작되었다는 것으로 시작해 구름 상자의 발명과 개발 과정, 그리고 구름 상자를 이용하여 전하를 띠고 움직이는 입자의 궤적을 어떻게 추적하고 분석했는지를 서술하고 있다.

제3장에서는 원자핵 에멀션 방법의 발달 과정을 설명하고 있는데, 특히 초창기에 에멀션 방법의 발전에 많은 기여를 한 여성 과학자 마리에타 블라우로부터 이야기를 시작한다. 블라우는 에멀션 재료의 개발에도 기여했을 뿐만 아니라 매우 이른 시기인 1937년에 우주선(宇宙線)으로부터 나오는 기본 입자의 상을 얻는 데 성공하기도 했다.

그러면서 이 장에서는 에멀션뿐만 아니라 다시 구름 상자에 대한 이야기로 윌슨의 제자인 세실 파우웰이 소형 구름 상자를 개발한 과정을 기술한다. 파우웰은 화산 폭발을 관측하는 탐험대에 참여해 얻은 경험을 에멀션 기술 발전에 활용했다. 또한 제2차 세계대전 후 코닥 사와 일포드 사가 필름 에멀션의 감광도를 증진시키려는 과정도 설명하고 있다. 제3장 말미에는 구름 상자나 에멀션을 이용해 얻은 자료를 분석하는 통계 도표를 설명하면서 이론과 실험 물리학 사이의 소통에 대해 언급하고 있다.

이어서 제5장에서는 제3장의 소형 거품 상자로부터 시작하여 로렌스 방사선 연구소에서 물리학자와 기술자들이 개발한 72인치 거품 상자를 이용하여 수행한 우주선 연구의 과정을 서술한다. 또한 인간을 대신하여 자료를 분석하는 기구로 휴-파우웰 기구와 훑기 측정 투영기의 개발 과정을 설명하면서 인간과 도구 사이의 관계를 묘사하는 한편, 수집한 측정 자료를 다시 수치 분석하는 컴퓨터 프로그램인 포트란에 대한 설명을 덧붙인다.

제6장에서는 물리학 사회에서 '상'의 전통을 부정하는 움직임을 설명하면서 '논리'의 전통의 발전 과정으로 가이거 계수기, 뮐러 계수기 등의

부활과 불꽃 계수기와 체렌코프 계수기에서 전자 회로의 개발 과정을 묘사한다. 그러나 고에너지 과정을 다루는 현상에서 비탄성 충돌이 중요하다는 것이 알려지면서 계수기의 한계가 드러나고 거품 상자가 다시 주도권을 갖게 되었음을 설명한다. 그러다가 계수기가 지닌 빠른 분해능의 유용성이 확인됨과 함께 전자 기계를 이용하는 불꽃 계수기의 개발과 이들이 활발하게 이용되는 과정을 기술하며 '상'의 전통과 '논리'의 전통이 서로 보완적 관계가 있음을 강조한다.

그리고 제8장에서는 자료 해석과 관련해 특히 몬테 카를로 시뮬레이션이라고 알려진 시뮬레이션을 통하여 핵무기나 핵폭탄과 같은 현실에 대한 흉내 내기를 기술하면서 논리적 방법의 중요성을 설명한다.

이렇게 이 책은 입자 물리학 실험에 이용되는 '상'의 전통과 '논리'의 전통의 여러 가지 도구와 기구에 대한 역사서다. 그렇다고 이 책이 단순히 도구 하나만에 대한 역사책인 것은 아니다. 이 책에는 여러 도구의 발명이나 개발 과정에 참여한 물리학자와 기술자들의 이야기도 포함되어 있다. 말하자면 이들 물리학자들의 짤막한 '전기'가 담겨 있는 셈이다.

이 책에는 무려 600명이 넘는 인물이 등장하는데, 주요한 인물 몇몇만 소개하면 다음과 같다. 구름 상자 개발에 대한 공로로 노벨상을 받은 C. T. R. 윌슨과 에딩턴 경, 원자 모형을 제안한 어니스트 러더퍼드 밑에서 구름 상자 작업을 하고 후에 중성자를 발견한 제임스 채드윅(제2장), 윌슨의 제자로 구름 상자의 개선에 기여한 파우웰과 칼텍에서 구름 상자 개발을 지휘한 W. M. 브루베이커(제3장, 제5장), 에멀션 방법에 지대한 기여를 한 마리에타 블라우(제3장), 초창기 우주선 물리학에 기여한 존 휠러(제4장), 구름 상자를 확장 개발하는 작업을 지휘한 버클리의 루이스 앨버레즈, 미시간의 도널드 글레이저, 구름 상자를 이용하여 얻은 측정 자료를 해석하는 작업을 한 폴 휴(제5장)가 등장한다.

또한 계수기 자료를 시각화하는 데 노력한 루이 레프린스-링게(제3장, 제6장), CERN에서 사진 판독 장치의 개발을 지휘한 루 코바르스키(제5장, 제7장), 맨체스터 대학을 방문하여 러더퍼드와 함께 자신의 이름이 붙여진 계수기를 개발한 한스 가이거, W. 보테와 함께 논리적 전통의 전자 회로를 설계한 브루노 로시, 평행판 계수기를 개량하여 네더마이어 측정 시스템을 완성한 잭 워런 코이펠, 컴퓨터 개발에 기여한 존 폰 노이만과 존 프레스퍼 에커트(제6장)에 대한 이야기가 있다.

이 외에도 표류 상자와 CCD를 연결한 옥스퍼드의 웨이드 앨리슨, 앨버레즈 그룹에서 활동한 기술자 폴 에르난데스(제7장), 에르난데스가 떠난 이후 버클리에서 대형 거품 상자 개발을 실제 지휘한 제이 마르크스, 1960년대 거품 상자로부터 얻은 입자들의 자료로부터 쿼크 모형을 제안한 머레이 겔만, 그리고 쿼크의 존재를 검증하고 끈 모형의 태동에 기여한 베르너 호프만(제7장)이 나오며, 제2차 세계대전 시 수소폭탄 개발에 관여한 에드워드 텔러, 폰노이만과 함께 몬테 카를로 시뮬레이션 기법을 개발한 스테니슬러 울람(제8장)의 활약상이 나온다.

위와 같이 이 책은 도구에 관한 역사서이기도 하고, 도구 발전에 기여한 인물들에 대한 전기서이기도 하지만, 입자 물리학 연구에 참여하는 개별 연구자와 그들 사이의 관계, 그리고 연구 수행을 위한 조직과 연구 그룹에 대한 사회학 책이기도 하다. 구름 상자나 거품 상자를 이용하여 얻은 입자들의 궤적을 분석하기 위한 연구 조직과 공동 연구를 위한 협력 관계(제4장), 입자 물리학 실험에 공동으로 참여하는 물리학자와 기술자의 역할과 이들 사이의 관계(제5장, 제7장), '저자 되기'를 통해 거품 상자와 계수기의 관계를 설명하면서 입자 물리학 연구에서 현상의 조사, 자료 수집, 연구 그룹의 조직, 로렌스 버클리 연구소에 여러 대학이 참여하여 공동 연구단을 구성했을 때의 조직에 관한 서술(제7장), 제2차 세계대전 동안의 연구소 체재, 대학들 사이의 연구를 위한 경쟁(제4장)을 소개하고 있다.

그러나 이 책의 주안점은 무엇보다도 '상'의 전통과 '논리'의 전통을 따르는 발전 과정, 이들 도구를 이용한 자료 분석과 논증 과정, 이들 두 전통 사이의 관계와 두 전통이 서로 융합되는 과정에 대한 깊이 있는 과학철학적 분석과 이들 도구를 이용하여 '실험하기'와 자료 분석을 하는 연구자들, 그리고 이론 과학자와 실험 과학자 사이의 관계에 대한 문화적 측면의 고찰을 처음부터 끝까지 하고 있다는 것이다. 이렇게 함으로써 저자는 이 책의 부제인 '미시 물리학의 물질문화'에 대해 충실하게 기술하고 있다.

저자가 서문에서 밝혔듯이 이 책은 3부작의 하나로 쓰였다. 처음 책인 *How Experiments End*(1987)에서 저자는 실험하기와 실험 기구를 소개하고 있고, 현재 집필하고 있는 *Theory Machines*에서는 '과학 하기'의 논증적 측면을 고찰할 것으로 생각된다.

그렇기에 이 책은 '상'의 전통과 '논리'의 전통에 속한 도구를 이용한 '실험하기'와 자연의 본성을 '논증'을 통해 이해하는 과정에 대한 철학적·문화적 측면을 고찰함으로써 진정으로 '과학 하기'와 '과학자 되기'가 무엇인가를 보여준다는 점에서 위 두 책 사이에 위치한다고 할 수 있지만, 예리한 분석과 폭넓은 고찰을 통해 저술된 1,000쪽이 넘는 이 책의 가치는 두 책과 관계없이 그 자체만으로도 매우 중요하다고 할 수 있다.

상(像)과 논리 1

상(像)과 논리 2

일러두기

1. 이 책은 Peter Galison의 *Image and Logic*(Chicago and London, The University of Chicago Press, 1997)을 번역한 것이다.
2. 이 책의 원서는 한 권으로 발간되었지만 번역서를 한 권으로 발간하기에는 양이 방대하여 2권으로 분권했다.
3. 원서에서 이탤릭체로 강조한 부분은 고딕으로 표시했다. 다만 저자가 [ ]로 표기한 부분은 그대로 살렸으며, 또한 이중괄호(예: [1980] 1987)인 경우에도 원서대로 적용했다.
4. 독자의 이해를 돕기 위해 각주와 본문에 옮긴이 주를 넣고 '-옮긴이'라고 표시했다.
5. 인명을 쓰는 데 혼동을 피하기 위해 원어명 병기를 원칙으로 하나 본문에는 이니셜과 한글음을 표기하는 것으로 구분했다.
6. 이 책에서 큰따옴표(" ")는 대화 또는 인용 외에 강조로 쓰였다.
7. 가독성을 높이기 위해 원문과 달리 단락을 나누었다.

들어가는 말

이 책은 물리학의 기계에 대한 것이다. 실험 장치로부터 통일장 이론을 시작하게 만들었고 뒷받침했으며 발전시켰던 섬세한 흔적을 보여주는 상(像)들이 나왔고, 수많은 책들의 표지를 장식한 과학의 상징인 그림들이 나왔다. 그 흔적들로부터 시작해서 프사이와 오메가 마이너스, 그리고 양전자의 발견과 같은 위대한 실험적 업적에서 그 흔적들이 어떤 역할을 했는지 설명하는 것이 내 목표는 아니다. 또한 원자에서 시작해서 쿼크에 이르기까지 물질에 대한 이론의 대장정에 대해 반복해서 설명하는 것 역시 내 목표는 아니다.

대신 나는 이 상(像)들에 의해 추정되는 가능성들을 드러내고, 리 대수(Lie algebras) 그리고 상태 벡터와는 전혀 관계없어 보이는 깔끔하지도 않고 흔치 않은 장비들의 구석구석을 살펴보고자 한다. 초기 구름 상자의 갈색 유리와 마르지 않은 원자핵 에멀션이 국수 모양으로 새어나오는 모습을, 거품 상자의 액화기에서 질소 기체가 분출되면서 계속 들리는 쉿 소리를, 고압(高壓) 상자에서 전기 방전을 일으키고 오존 냄새를 풍기며 실험실을 빠져 나가는 고압 불꽃의 울려 퍼지는 날카로운 소리를, 투영된 거품 상자 상(像)을 마주보면서 트랙볼을 부지런히 돌리는 스캐너들이 여러 줄로 배열된 조용하고 캄캄한 방을, 회전하기도 하고 생겼다 없어지기도 하면서 복잡하게 엉킨 실타래 같은 흔적들이 번쩍이는 심야의 컴퓨터 화면을, 컴퓨터 단말기의 배경을 가로지르며 마지막까지 남아 있는 무지갯빛 자주색 선을 나는 직접 경험하기 원한다.

그림들과 펄스들—나는 그런 그림들과 펄스들이 어디서 유래되었는지, 어떻게 그림과 펄스의 횟수가 물리학의 핵심 자료가 되었는지 알기 원한다. 괴팅겐 대학의 정수론(整數論) 학자 에드문트 란다우(Edmund Landau)는 자기 생각에 딱 들어맞지 않는 어떤 소리를 들을 때마다 마음에 들지 않는 태도로 흘낏 보고 독일어로 윤활유를 뜻하는 Schmieröl이라고 내뱉었다. 그런데 나는 바로 그 Schmieröl에 대해 알고 싶다. 이 모든 기계들이, 이 모든 기체들과 화학 물질들과 전자 장치들이 어떻게 이론적으로 가장 분명하게 표현하는 자연의 상한의(象限儀)에 대한 기본 자료를 만들게 되었는지 나는 알고 싶다. 이 책은 윤활유가 실험 결과와 이론 구성을 만나는 현장을 탐사하기 위해 역사적으로, 역사 기술적으로, 철학적으로 물리학을 이리저리 거니는 산책이다.

이 기계들은 과거를 가지고 있다. 20세기의 실험실을 산책한다는 것은 물리학이 여러 역할을 맡았던 역사를 펼쳐서 정독하는 것이다. 여기에는 원자 물리에 쓰이는 필름과 의학용으로 준비된 계측 상자에서 나온 엑스선 필름이 있고, 저기에는 불꽃 상자의 부품으로 사용하기 위해 배선을 바꾼 개조된 텔레비전 카메라가 있다. 이 구석진 곳에는 수소폭탄을 만드는 데 필요한 시제품 장치가 보이는데, 그 내부에는 부품으로 사용하려고 해체된 컴퓨터가 들어 있다. 1950년대에는 주위를 살펴보면 핵무기와 레이더를 대비하는 전시(戰時) 물리학에 다른 용도로 바로 개조가 가능한 산업 방식의 실험실이 도입되었다. 물리학의 기계는 산업과 전쟁의 긴급 사태에 의해 형성되었지만, 산업과 전쟁 모두의 관행을 바꾸기도 하면서 더 넓은 기술적 물질문화의 일부가 되는데, 그 이하도 그 이상도 아니다.

물질문화에서 물리학 기계가 차지하는 자리는 결코 단지 기계 자체에 대한 것만은 아니다. 1940년대에 원자핵 에멀션 건판은 알프스 산맥의 높은 곳에서 개인들의 연구를 보호하는 수단이기도 했다. 1950년대의 거품 상자와 함께 실험실에서 협동 작업을 어떻게 분할할지에 대한 산업적 그리고 군사적 개념이 도입되었다. 초기 불꽃 상자 설계자들이 계기를 조립할 때 그들은 많은 경우에 가장 찾기 힘든 표적에 대한 실험 과정에서 명목상의 통제권과 업무 현장의 통제권 모두를 손에 넣으려고 시도했다. 실험실의 물질문화 자체를 따라가면서 실험학자가 된다는 것이, 그리고 ("실험"이라는 바로 그 카테고리는 가만히 머물러 있지 않게 되어 있으므로) 한 세기에 걸쳐서 실험을 한다는 것이 어떤 의미였는지 나는 직접 경험하기 원한다.

실험실 기계 중에서 크건 작건 모두 미시 세계와 지식 세계 사이를 중재하는 검출기를 나는 특별히 주목한다. 실험실에는 가속기에 필요한 어마어마하게 큰 터널을 파는 기계에서 가속기 빔 기술 자체를 다루는 기계까지 다른 기계도 존재한다. 이 책의 부제를 부정관사로 시작한 이유는 그런 조사를 위해 자리를 남겨놓은 것이다. 그러나 검출기가 인식론과 물리학과 기술의 교차 지점에 그리고 물리학의 구조에 독자적인 자리를 차지하며 놓여 있듯이 검출기는 독자적인 자리를 차지한다.

물리학자에게 검출기는 뗄 수 없는 매력이 있다. 검출기는 실험학자가 되는 것이 어떤 것인지 명확하게 해준다. 위대한 설계자 중 한 명인 카를로 루비아(Carlo Rubbia)는 언젠가 그것을 이렇게 설명했다. "검출기는 참으로 나 자신을 표현하는 방법이다. 어떻게든 직감으로 알게 된 것을 말하는 것이다. 화가의 경우에 그것은 그림이다. 조각가의 경우에 그것은 조각이다. 실험 물리학의 경우에 그것은 검출기다. 검출기는 검출기를 설계한 사람의 상(像)이다"(Alvarez, "Bubble Chambers"[1989], 299쪽에서 인용). 여러 방법과 역사의 여러 시점에서, 설계자의 상(像)으로서 실험실의 물질문화를 추적한다. 동시에 나는 그 역(逆)인 실험학자들 자체를, 그들이 몰두하는 기계의 상(像)으로서 그들 사이의 관계와 그들의 직분에 대해 탐구한다. 상(像) 만들기는 쌍방향으로 작동한다.

제목에 관한 마지막 한 마디는 "미시 물리학"과 관련된 것이다. 이론이 아니라 도구를 쫓아가면 물리학의 서로 다른 부분들을 구분하게 된다. "입자 물리학"은 전후(戰後) 물리학을 적절하게 가리키지만, 그러나 그 전의 상황을 정확히 포착하지는 못한다. 실험학자는 우주선(宇宙線) 사이를, 알파 입자 사이를, 원자 사이를, 심지어 빗방울 형성 사이를 누볐다. "미시 물리학"은 그 후의 분류를 먼저 내세우지는 않으면서도 계측 상자와 계수기를 통해 공부한 개체들을 종별로 명명(命名)한다.

원래는 단행본으로 예정했지만, 『상(像)과 논리』가 3부작의 하나로 저술되었다. 나는 *How Experiments End*(1987)를 실험 절차, 장치의 수정, 그리고 효과와 배경을 분리하는 자료의 분류로 체계화했다. 그 책에서 내 목표는 입증의 표준이 시간이 흐르면서 어떻게 달라졌는지 조사하기 위하여 몇 가지 구체적인 효과들이 확정되기까지 대화체의 시선을 유지하는 것이었다. 그 접근법이 어느 정도는 (원자 물리, 핵물리 또는 입자 물리 이론 중에서 정확히 어떤 부분들이, 그리고 어떻게 실험학자에게 중요했는지 찾기 위해) 이론을 향해 "올려"보는 것을 의미했다. 그렇지만 그 접근법은 또한 특정한 실험적 논의들을 마무리지을 목적으로 구름 상자, 계수기, 거품 상자가 사용된 방법을 찾기 위해 장치를 향해 "내려"보는 것을 의미하기도 했다.

『상(像)과 논리』에서 나는 관점(觀點)을 뒤집고 도구, 실험, 기계 사이의 관계에 대한 개념이 너무 계층적임을 경고한다. 도구가 중심이 되고, 특정한 효과들에 대한 실험적 입증은 뒷전으로 밀린다. 중성 흐름(neutral currents)이 존재하는지 존재하지 않는지와 같은 실험 주제의 지속성을 추구하는 대신 나는 물리학 장비의 지속성과 그 장비를 둘러싼 변화하는 실험 생활의 지속성에 관심을 갖는다. 어떻게 구름 상자의 그림(상) 전통이 원자핵 에멀션의 전통이 되고 거품 상자의 전통이 된 것인가? 가이거 뮐러 계수기의 숫자 세기(논리) 전통이 어떻게 불꽃 상자의 전통과 와이어 상자(wire chamber)의 선통으로 이어진 것인가? 마지막으로, 이런 두 물질 전통과 인식(認識) 전통이 어떻게 두 전통 모두로부터 차용한 실험하기라는 중간 카테고리를 만든 것인가?

유감스럽게도 "전통"이라는 단어는 정적(靜的)이고 완전히 자율적이며 시간을 초월한 행위를 암시한다. 여기서는 전통이 그런 의미를 갖지 않는다. 초기 구름 상자와 에멀션은 오로지 물질의 궁극적인 요소를 찾는 데만 한정되어 있지 않고, 화산이나 천둥 번개, 그리고 사진술에도 유용하다. 그리고 비록 거품 상자 상(像)은 구름 상자 사진술의 관행에서 많은 것을 차용하지만, 더 나중에 나온 이 거품 상자는 훨씬 더 공장 생산과 전시(戰時) 생산에 더 밀접하게 결부된 자연사적(自然史的) 근원에서 비롯된다. 마침내 중앙에서 집중 제어되는 공장 자체가 1980년대와 1990년대의 분산된 다국적 공조로 쪼개지기 시작하며, 실험실의 물질 문화는 한 번 더 바뀐다. 실험은 한 곳에서 통제되고 어느 때보다 더 방대한 수의 장비들에 의해 연구하는, 어느 때보다 더 많은 공동 작업들로 나뉜다. 동시에 건설 공사, 데이터 처리, 그리고 실험 분석의 확산을 통하여 실험은 그 규모가 커진다. 컴퓨터와 시뮬레이션은 더 이상 기계적 부품 중 하나를 대체하는 역할을 하는 것이 아니라, 지식의 수집에서 이전에 볼 수 없던—측정을 위한 기계류에 완전히 속한 것도 아니고, 이론적 도구에 완전히 속한 것도 아닌—새로운 인식론적 위상을 차지하게 된다.

*How Experiments End*는 20세기 전체에 걸쳐서 실험의 양상이 변화하면서 실험하기 문화의 역동적 역사를 향한 움직임이었다. 『상(像)과 논리』는 실질적인 실험실과 그 실험실을 둘러싼 작업 세계의 역사적 성장을 겨냥하고, 물리학의 지식 기계를 둘러싼 끊임없이 바뀌는 문화를 겨냥한다. 이 3부작 중 마지막 책에서도 비슷하게 접근할 예정이다. 그 책에서 나는 컴퓨터, 수학, 응집 물질 물리학, 우주론 사이에서 이론 물리학이 수립되고—그리고 다시 수립되고—하기를 반복하는 동안 이론 물리학이 차지하는 변화하는 위치를 향해 마지막으로 초점을 이동시키고자 한다.

『상(像)과 논리』의 근저(根底)에는, 그리고 상과 논리가 속한 더 큰 3부작 계획의 근저에는 일련의 2부작에서 별 성과가 없었다는 자괴감이 자리한다. 우리는 끝까지 지킬 수 없는 입장들 사이에서 여러 모로 검토한다. 흔히 과학은 발견하고 반복하고 증명 또는 확인하는 알고리즘인 미리 정해진 몇 가지 규칙을 지켜야 한다고들 말한다. 물리학의 작업이 실제로는 결코 그렇게 간단하게 이루어지지는 않으므로 그 반대 견해도 고려하게 된다. 과학이 사실상 그 근저는 경제적이든, 심리적이든 또는 사회적이든 더 기본적인 힘의 표면 반사인 이해관계에 대한 것이다. 또는 좀더 철학적으로 말하면 "다듬지 않은" 경험에서 나오는 지식을 달라는 왕왕 과장된 경험주의자의 요구에 응답하면서 실험적 지식이 저절로 성립한다고 믿으면 절대 안 되며, 실험적 지식이 성립하는가 아닌가는 아주 많이 "이론에 따라" 정해진다는 반대 주장이 나온다. 그렇지만 다른 곳에서는 한쪽 편이 과학에서 되풀이하기는 출판된 절차를 분명하게 실행하라고 요구하는 것뿐이라고 주장한다. 다른 쪽 편은 모든 되풀이하기는 그 지식을 만드는 데 기여한 모든 사람들의 신체 또는 그 지식을 만드는 데 이용된 기계 모두를 옮겨온 다음에야 비로소 전달될 수 있는 말로 할 수 없는(또는 심지어 말로는 표현할 수도 없는) 무언(無言)의 지식에 오직 근거한다고 반격한다.

한 가지이고 통합되고 연역적이거나 귀납적인 장치는 물론 그렇지만, 서로 경쟁하는 이해관계를 있는 그대로 드러내지 않는 합리성의 포템킨 빌리지 역시 물리학이 논리적으로 일관되게 성립하도록 만들지 않는다는 느낌이 그런 이분법에는 실종되어 있다. 물리학은 대단히 구조화되어 있는 다음과 같은 요소들의 복잡한 조각보다. 그 요소들이란 기체, 액체, 전기 회로망을 다루는 데 완벽하게 숙달된 도구 제작자와 가장 미세하게 구분되는 물질을 대표하기 위해 물질의 행동이 일관되고 자기모순이 없으며 예측이 가능해야 한다는 데 가장 큰 중점을 두는 이론학자, 그리고 새로운 효과, 좀더 정확하게 측정된 양 또는 심지어 틀렸다고 판명되는 결과까지를 추구하기 위해 도구들을 함께 조합하는 실험학자다.

그러나 물리학의 이런 하부 문화들 사이사이와 그 가운데에는 상당히 큰 경계 지역이 놓여 있으며, 오직 그런 경계 지역의 동역학을 탐구하는 방법에 의해서만 전체 하부 문화들이 어떻게 서로 딱 들어맞는지 알 수 있다. 이론 핵물리학과 구름 상자 제작 솜씨 사이에는 해석의 솜씨와 이론적 생각을 조금 빌려오기, 사진 필름과 광학에 대한 몇몇 기술적 지식,

약간의 실험 지식이 놓여 있다. 사진에 찍힌 "화석 같은" 기록에서 (있던 입자가 없어지는) 일련의 붕괴와 (없던 입자가 생기는) 물질화, 그리고 (입자들 사이의) 산란 사건들에 대한 이야기를 풀어내는 것이 가능하게 만드는 해석 행위는 "이론에 의존"해서도 이룰 수 없고 "이론에 독립"으로도 역시 이룰 수 없다.

마이클 폴라니(Michael Polanyi)에서 토마스 쿤(Thomas Kuhn)까지, 그리고 해리 콜린스(Harry Collins)까지 포함하는 저자들이 주장했던 것처럼 각각의 개인이 되풀이하기에 대한 규칙을 상세히 결정하는 것이 불가능한 순간이 존재한다는 것은 분명히 옳다. 그런데 그 순간은 더 이상 질문하기를 멈춰야 하는 때가 아니라 오히려 다음과 같이 질문해야 할 때다. 왜 하지 않는가? 어떤 관행이 과학을 공개적으로 논의하는 데 적절하지 않고 왜 그런가? 어떤 때는 복잡한 절차 중에서 어느 부분이 효과적이고 어느 부분이 필요치 않은지 아는 사람이 없어서 기계 지식의 이동이 지연되기도 한다. 다른 때는 실험실 절차가 국가적 이유로 저지되기도 하며, 또 다른 때는 산업적으로 적절한지 또는 상대방보다 더 유리한지 등의 이유로 저지되기도 한다. 물론 도구들이 복제된 실험 기구나 암묵적인 Fingerspitzengefühl를 갖춘 전문가를 보낼 필요 없이 순조롭게 되풀이하기를 완료하는 때도 존재한다.

그러나 경계를 건너면서 기계 지식이 모두 한꺼번에 이동하지는 않는 것이 일반적이다. 서로 다른 실험실에서 온 기술자들은 마개와 봉인에 관해, 컴퓨터 분석과 시뮬레이션에 관해, 화학과 극저온학, 그리고 광학에 관해 자기들만 아는 비결을 나누기 위해 서로 만난다. 때로는 부품들이 규격에 맞도록 제작되어서 통째로 이동될 수도 있고, 다른 때는 대학 신입생이 발표된 논문만 보고 불꽃 상자 또는 고온 초전도체를 원래 제작되었던 장소에서 1,000마일이나 떨어진 곳에서 충분히 제작한다.

여기서 요점은 도구 지식이 전달되는 데는 여러 양식을 따른다는 것이다. 좀더 건설적으로는 기술 전통과 실험실 전통의 다양성은 지식의 확산이 ─ 화학 기술자와 핵물리학자가 만나는 현장인 ─ 물리학의 변하기 쉬운 교차 지점에 간단히는 서로 다른 기술적 전통을 갖는 그룹들 사이의 "교역 지대"에 결정적으로 의존할 것임을 암시한다고 말할 수 있다. 왜냐하면 물리학의 서로 다른 하부 문화들 사이에서 불완전하지만 그래도 극히 중요한 조직화를 필연적으로 포착하기 시작하는 곳이 바로 그 교역 지대이기 때문이다.

1970년대 초 스탠퍼드 대학의 선형 가속기에서 전혀 새로운 입자 검출기의 제작이 완성되었을 때 기술자이며 아마추어 만화가인 조지 리(George Lee)는 표지에 사용될 삽화를 그렸다. 경리 부서에서 보면 SPEAR 자기(磁氣) 검출기는 금덩어리를 쌓아 놓은 것으로, 당시 기준으로 상당히 많은 양이었다. 설비 관리 부서에서 보면 이 복합형 장치는 물을 이용해 냉각시키고 전력을 공급하는 데 상당한 문제점을 안고 있었다. 전자 장치 부서에서 보면 도구를 잇는 전선 가닥들이 복잡하게 흩어져 있고 솔레노이드에는 강력한 도관들이 연결되었다.

이것은 맥스웰(Maxwell)에게 전선(電線)을 감아주거나 또는 불꽃 계수기에서 번쩍이는 수를 세면서 러더퍼드를 도와주는 기술 지원 인력은 별 두각을 나타내지 않는 그런 세계가 아니었다. 여기는 물리학자가 지도적인 역할을 하지만, 기술자는 누구도 결코 단순한 보조자가 아님을 다 알고 있는 그런 실험실이었다. 건설 현장의 그런 조직된 불협화음 속에서, 물리학자는 버린 병마개나 구부러진 못들 속에서 금반지를 찾겠다는 희망으로 공원이나 해변을 배회하는 넝마주이로 비유하며 풍자될 수도 있었다. 이 만화에서 풍자하는 것 — 그리고 내가 주장하건대 물리학의 실상 — 은 물리학에 속한 각종 하부 문화의 유리한 지점에서 기계를 바라볼 때 기계의 놀라운 다양성이다. 좀더 진지하게 말하면, 이 만화는 복잡한 기계 장비의 어떤 부분에서든 다음과 같은 질문을 제기하도록 유도한다. 이런 하부 문화들은 각기 서로 다른 정체성을 통일시키지 않고서도 어떻게 합쳐지는가? 이 만화가 그려지고 그리 오래 지나지 않은 1974년 11월에 그 넝마주이의 전화 수신기가 미친 듯이 울렸다. 다른 곳에서와 마찬가지로 여기서도, 참 쿼크의 발견을 가져오는 데 근거가 된 데이터 테이프는 적잖게 이렇게 별개로 독립된 구역들의 조합에 기초한다고 이해되어야 한다.

이렇게 연필로 그린 스케치조차도 물리학 내부의 수많은 세계 중에서 일부를 대표하고, 그 밖에 다른 세계도 존재했다. 이론학자, 현상론 학자, 관리자, 기업가는 말할 것도 없고, 대규모 실험에 참여하는 다른 대학들과 다른 국가 그룹들도 제외되어 있다. 거기에는 시뮬레이션을 실행하고, 자료를 어떻게 습득하고 저장하고 분류하는지 알아내는 컴퓨터 프로그래머들도 있다. 거기에는 교대 근무를 하는 박사후 연구원들도 있다. 어떻게든 이것들 모두로부터 주장이 나온다. 과학에 대한 이런 그림은 알고리즘을 제한적으로 해석한 합리성에 잘 들어맞지 않으며, 반대 세력이 지식의 영역을 분배하려는 불합리한 싸움이라는 상(像)에도 똑같이 잘 들어맞지 않는다. 전체로서 물리학은 항상 연구, 기계, 증거, 그리고 주장으로 구성되는 문화의 지극히 다양한 부분들을 불완전하게 조정한 상태에 있다. 이런 뒤죽박죽인 조각들이 합리성의 좁은 계산에서가 아니라 이성의 확장된 느낌으로 현재를 드러낼 정도로만 합쳐지기를 바란다.

* * *

이 책은 아주 오랫동안 내 생활의 엄청나게 많은 부분을 차지해서 특히 키스 앤더턴(Keith Anderton), 알렉시 아스무스(Alexi Assmus), 리처드 베일러(Richard Beyler), 마리오 비아기올리(Mario Biagioli), 앨런 브란트(Allan Brandt), 캐시 카슨(Cathy Carson), 낸시 카트라이트(Nancy Cartwright), 조르디 캣(Jordi Cat), 하속 창(Hasok Chang), 로레인 더스턴(Lorraine Daston), 아널드 데이비드슨(Arnold Davidson), 클리퍼드 기어츠(Clifford Geertz), 하워드 게오르기(Howard Georgi), 이언 해킹(Ian Hacking), 카를 회퍼(Carl Hoefer), 제럴드 홀턴(Gerald Holton), 마일스 잭슨(Myles Jackson), 마틴 존스(Martin Jones), 데이비드 카이저(David Kaiser), 체리스 크래머

(Cheryce Kramer), 티모시 르노아르(Timothy Lenoir), 에버렛 멘델존(Everett Mendelsohn), 나오미 오레스크스(Naomi Oreskes), 맷 프라이스(Matt Price), 힐러리 퍼트넘(Hilary Putnam), 사이먼 쉐퍼(Simon Schaffer), 조앤 스콧(Joan Scott), 데이비드 스텀프(David Stump), 패트릭 서페스(Patrick Suppes), 에밀리 톰프슨(Emily Thompson), 조너선 트라이텔(Jonathan Treitel), 노턴 와이스(Norton Wise)와 같은 동료, 그리고 학생들과 셀 수 없을 만큼 많은 논의가 없었다면 결코 이 책이 완성될 것으로 상상할 수가 없다.

나는 (연구비 지원과 대통령 젊은 연구자 포상 지원을 통해) 국립과학재단(National Science Foundation)으로부터 연구비 지원을 받았으며, 행동 과학 고등학문 센터(Center for Advanced Study in the Behavioral Science)와 퓨 재단(Pew Foundation), 미국 물리학회(American Institute of Physics), 그리고 하워드 재단(Howard Foundation)으로부터도 연구비 지원을 받았다. 이 지원들이 아니었다면 이 책의 저술을 가능하게 해준 널리 산재한 참고문헌들을 찾을 시간을 낼 수 없었을 것이며 기동력(機動力)도 갖출 수 없었을 것이다.

구체적으로 이 책에서는 두 가지 형태로 보관된 기록을 이용했는데, 하나는 기록보관소와 각 기관에서 보관한 논문들이고, 다른 하나는 "개인" 논문들로, 개인 논문이란 개별적인 물리학자나 기술자가 개별적으로 수집한 소장품을 의미한다. 두 그룹 모두에게 나는 지극히 큰 은혜를 입었다. 기관 쪽에는 다음과 같은 소장품을 관리하는 도서관 담당 사서와 직원에게 감사드린다.

프린스턴 대학 기록보관소 알베르트 아인슈타인 논문; 미국 물리학회 닐스 보 도서관; 오스트리아 연방교육부, 빈 국립문서보관소; 하버드 대학 기록보관소; 프린스턴 대학도서관 희귀 도서 및 특별 소장품; 브리스틀 대학도서관; 로런스 버클리 연구소 기록보관소 및 공문서 보존실; 뉴욕 업턴, 국립 브룩헤이븐 연구소 기록보관소; 캠브리지 대학 캐번디시 연구소; 캠브리지 대학 처칠 칼리지 연구소; 에딘버러 대학; 캘리포니아

샌브루노, 국립 퍼시픽시에라 지역 문서보관소; 스탠퍼드 대학 특별자료집 및 대학자료실; 일리노이 바타비아, 페르미 연구소 기록보관소; 캠브리지 대학 트리니티 칼리지; 델라웨어 윌밍턴, 해글리 박물관 및 도서관; 오스트리아 빈 라듐-조사 연구소; 위스콘신 대학 기록보관소; 국회도서관 필사본 분과; 필라델피아 미국철학회 도서관; 뉴멕시코 로스앨러모스, 로스앨러모스 국립연구소 기록보관소; 코펜하겐 닐스 보 연구소, 닐스 보 기록보관소; 런던 정부기록보관소; 매사추세츠 공과대학, 연구소 자료실; 매사추세츠 월섬, 국립기록보관소—뉴잉글랜드 지역; 런던 사우스 켄싱턴, 과학기념관; 캘리포니아 스탠퍼드, 스탠퍼드 선형 가속기 센터 기록보관소.

아래 열거한 개별적인 장들에 대한 감사로 시간을 내준 것은 물론 (결정적으로) 핵심이 되는 공책에서 이메일까지 모든 것에 대해 참고할 수 있도록 호의를 아낌없이 베풀어 준 개인들에게도 감사드린다. 제9장 다음에 이런 모든 참고문헌에 대한 약어들이 나와 있다.

각 장별로 보면, 제2장에서 C. T. R. 윌슨(C. T. R. Wilson)의 논문들을 소장한 왕립협회 소장품을 비롯하여 제7장과 제9장의 신속하게 사라진 SSC 연구소가 있다. 제2장에서 받은 협력과 관련해 위에서 열거한 기관 소장품에다가 C. T. R. 윌슨의 딸들인 J. I. M. 윌슨(J. I. M. Wilson)과 R. H. 윌슨(R. H. Wilson)에게 감사드린다. 그들은 부친이 남긴 사진과 편지 그리고 그 밖의 문서들을 내가 볼 수 있게 아낌없이 허락해주었다. 기쁜 마음으로 아스무스에게 감사드리는데, 그녀가 처음에는 스탠퍼드에서 나의 학부 지도학생으로, 그다음에는 하버드에서 나의 대학원 지도학생으로, 거의 10년 전부터 구름 상자 역사에 관해 함께 연구했다. 그때의 공동 연구 결과로 구름 상자가 나오는 장에 대한 초기본으로 D. 구딩(D. Gooding), T. 핀치(T. Pinch), S. 쉐퍼가 편집한 *The Uses of Experiment*(Cambridge; Cambridge University Press, 1989; excerpts reprinted with the permission of Cambridge University Press)에 "Artificial Clouds, Real Particle"이라는 논문이 출판되었다.

칼 앤더슨(Carl D. Anderson), 피에르 오제(Pierre Auger), L. 레프린스-링게(L. Leprince-Ringuet), 조지 로체스터(George Rochester), 로버트 톰프슨(Robert Thompson), 그리고 J. G. 윌슨(J. G. Wilson)을 포함한 구름 상자 시대의 몇몇 장인 제작자들이 나에게 사용된 기술에 대해 상세히 들려주었다. 폴 포먼(Paul Forman), 제럴드 홀턴(Gerald Holton), 제인 마이엔셰인(Jane Maienschein), S. 피에트라(S. Della Pietra), S. 쉐퍼, 그리고 로저 스튜워(Roger Stuewer)에게도 역시 감사드린다. 그들 모두 지난 수년 동안 이 내용에 대한 여러 초기 원고에 대해 유익한 조언을 해주었다.

제3장에 대한 자료는 여러 곳에서 얻었으나, 로리 브라운(Laurie Brown), 파울러 부인(Mrs. Fowler), 가드너 부인(Mrs. Gardner), 레오폴트 핼페른(Leopold Halpern), G. P. S. 오치알리니(G. P. S. Occhialini), C. 오첼라이(C. O'Ceallaigh), 파우웰 부인(Mrs. Powell), 데이비드 릿슨(David Ritson), 조지 로체스터, J. 로트블랫(J. Rotblat), 스튜워, 그리고 세실 월러(Cecil Waller)가 특별한 도움을 주셨다. 제4장은 거의 전부가 캘리포니아 대학, 버클리 대학, 하바드 대학, 위스콘신 대학, 스탠퍼드 대학, 프린스턴 대학, 그리고 MIT와 같은 기관의 기록 보관소 소장품에 근거한다. 나는 또한 로버트 호프스태터(Robert Hofstadter), D. 케블즈(D. Kevles), A. 니들(A. Needel), 그리고 존 휠러(John Wheeler)와 논의하면서 도움을 받았으며, 군대와 과학에 대한 MIT-Harvard 학회로부터도 도움을 받았고, 그 결과가 E. 멘델존(E. Mendelsohn), P. 바인가르트(P. Weingart), 그리고 M. 로 스미스(M. Roe Smith)가 편집한 *Science, Technology and the Military*(Boston: Reidel, 1988; excerpts reprinted by permission of Kluwer Academic Publishers)에 논문으로 발표되었다. 당시 스탠퍼드 대학원생이었던 레베카 로언(Rebecca Lowen)과 역시 스탠퍼드 대학에서 박사후 연구원으로 일하던 브루스 헤블리(Bruce Hevly)와 함께 SLAC의 역사에 대해 연구한 결과가 갤리슨과 헤블리가 편집한 *Big Science: The*

Groth of Large-Scale Research(Stanford, Calif.: Stanford University Press, 1992)에 "Controlling the Monster"라는 논문으로 발표되었으며, 그 중 일부를 이 책에서도 인용했다.

대형 거품 상자가 건물 크기로 증가하면서 당연히 논문 수의 급격한 증가를 동반한다. 그리고 도널드 글래이저(Donald Glaser)와 루이스 앨버레즈(Luis Alvarez)가 그들의 노트와 메모, 편지, 그리고 보고서를 내가 참고할 수 있도록 해준 특별한 호의가 없었다면, 제5장은 지금 형태로 저술될 수 없었을 것이다. LBL 기록 보관소에 있는 그들의 논문과 각종 수집품에 더해 나는 앨버레즈 부인(Mrs. Alvares), H. R. 크레인(H. R. Crane), 잭 V. 프랭크(Jack V. Franck), 존 하일브론(John Heilbron), 폴 에르난데스(Paul Hernandez), 로저 힐데브란트(Roger Hildebrand), P. V. C. 휴(P. V. C. Hough), W. 커(W. Kerr), 헨리 로우드(Henry Lowood), 도널드 만(Donald Mann), 다라 네이글(Darragh Nagle), 데이비드 램(David Rahm), 로버트 사이델(Robert Seidel), R. 셔트(R. Shutt), 피트 슈베민(Pete Schwemin), 린 스티븐슨(Lynn Stevenson), 앨런 손다이크(Alan M. Thorndike), 그리고 브루스 휘튼(Bruce Wheaton)이 제공해준 많은 논의와 자료로부터 도움을 받았다. 제5장의 앞부분은 P. 아친스타인(P. Achinstein)과 오언 하나웨이(Owen Hanaway)가 편집한 *Observation, Experiment, and Hypothesis in Modern Physical Science*(Cambridge, Mass.: MIT Press, 1985)에 "Bubble Chambers and the Experimental Workplace"라는 논문과 M. J. 나이(M. J. Nye), J. 리처즈(J. Richards), 그리고 스튜워가 편집한 *The Invention of Physical Science*(Boston: Reidel, 1992)에 "FORTRAN, Physics, and Human Nature"라는 논문으로 발표되었다.

많은 수의 논리 장치들에 대한 제6장의 저술 내용과 관련하여 제럴드 아브람스(Gerald Abrams), 오토 알코퍼(Otto Claus Allkofer), 아담 보야르크시(Adam Boyarksi), 마르틴 브라이덴바흐(Martin

Breidenbach), 조르주 샤르파크(Georges Charpak), 윌리엄 치노프스키(William Chinowski), 콘베르시(Conversi), 브루스 콕(Bruce Cork), 제임스 크로닌(James Cronin), 데이비드 프라이버거(David Fryberger), P.-G. 헤닝(P.-G. Henning), 릴리언 호드슨(Lillian Hoddeson), 레온 레더먼(Leon Lederman), 매소넷(Massonnet), 마틴 펄(Martin Perl), 거슨 골드하버(Gerson Goldhaber), 호프스태터, 로버트 홀러빅(Robert Hollebeek), J. A. 카이딕(J. A. Kadyk), 하비 린치(Harvey Lynch), 피트 파노프스키(Piet Panofsky), 존 리(John Rees), 버튼 릭터(Burton Richter), 마이클 로어던(Michael Roirdan), 마이클 로넌(Michael Ronan), 브루노 로시(Bruno Rossi), 멜빈 슈바르츠(Melvin Schwartz), 로이 슈비터스(Roy Schwitters), 존 휘테커(John Scott Whitaker), 페레즈-고메즈(Peres-Gomez), 마르틴 도이치(Martin Deutsch), 부클리어 고치니(Bouclier A. Gozzini), M. S. 후쿠이(M. S. Fukui), B. 마글릭(B. Maglic), S. 미야모토(S. Miyamoto), 그리고 윌리엄 웬첼(William Wenzel)에게 감사드린다. 제6장의 몇 부분들이 L. M. 브라운(L. M. Brown), M. 드레스덴(M. Dresden), 그리고 호드슨이 편집한 *Pions to Quarks: Particle Physics in the 1950's*, 213~251쪽(Cambridge: Cambridge University Press, 1989; excerpts reprinted with the permission of Cambridge University Press)에 Peter Galison, "Bubbles, Sparks, and Postwar Laboratory"라는 논문으로 발표되었다.

제7장에 나오는 하이브리드 검출기를 다룰 때는 이메일과 문서 대량 복제의 시대가 되었고, 공동 연구의 규모가 아주 커져서 몇 배로 생산되는 정보의 유통이 요구되었다. 그리고 대량 생산된 글자 그대로 (그렇다고 읽을 수는 없는) 흔적들이 LBL의 집중제어 소장품이 되었고, 그것이 바로 제7장에서 문서 기록물의 기반을 형성했다. 또한 TPC에 관한 수많은 논의에 대해 엘리오트 블룸(Elliott Bloom), 게오르기, 에르난데스, 제이 마르크스(Jay Marx), 데이비드 나이그렌(David Nygren), 그리고

마이크 로넌(Mike Ronan)에게 감사드리며, SSC의 계획에 대한 논문들과 대화들을 참고할 수 있게 허락해준 모세 사프디(Moshe Safdie)에게 감사드린다. 조지 트릴링(George Trilling)은 SDC에 대한 관리 기록 문서를 전자 복사 형태로 제공해주었다. D0 기록 문서에 관해 도움을 준 진 피스크(Gene Fisk), 폴 그래니스(Paul Grannis), 그리고 휴 몽고메리(Hugh Montgomery)에게 감사드린다. 멜리사 프랭클린(Melissa Franklin)이 내게 CDF에 관한 정보를 제공해주었다. 그리고 ALEPH의 가동에 관해 대화를 나눈 지지 롤런디(Gigi Rolandi)에게도 감사드린다. 제8장에 대해서는 스탠퍼드의 대학원 학생으로 공부하면서 나와 함께 이 주제에 대해 연구한 사라 포스터(Sara Foster)에게 감사하며, 대단히 유용한 논의를 나눈 존 바콜(John Bahcall), 포스터 에번스(Foster Evans), 커스버트 허드(Cuthbert Hurd), 그리고 니콜라스 메트로폴리스(Nicholas Metropolis)에게도 감사한다. 제8장에 나오는 일부 내용 역시 갤리슨과 데이비드 스텀프(David J. Stump)가 편집한 *The Disunity of Science: Boundaries, Contexts, and Power*에 발표되었으며, 발행인인 Stanford University Press; ©1966 by the Board of Trustees of the Leland Stanford Junior University, all rights reserved의 허락을 받고 이 책에 실었다.

제1장과 제9장의 방법론적 고려 사항들에 대해서는 Peter Galison, "Multiple Constraints, Simultaneous Solutions," *PSA 1988* 2(1988): 157~163쪽과 Peter Galison, "History, Philosophy, and the Central Metaphor," *Science in Context* 2(spring 1988): 197~212쪽(excerpts reprinted with the permission of Cambridge University Press)에서 논의되었다.

이런 규모의 프로젝트에 대한 원고를 준비하는 것은 대단히 어려운 작업이며, 수천 개의 각주와 서지 목록, 그리고 200여 개의 그림을 제대로 정리하는 데 놀라울 정도로 열심히 일한 팜 버틀러(Pam Butler)의 공이 큼을 밝히고자 한다. 리처드 베일러(Richard Beyler), 마이클 고

딘(Michael Gordin), 바버라 카타오카(Barbara Kataoka), 셰리 로시(Sherri Roush), 그리고 카렌 슬레이글(Karen Slagle) 역시 이 책을 위해 많은 시간을 보냈으며, 그들에게 특별히 감사한다.

나는 가장 큰 빚을 캐롤라인 앤 존스(Caroline Ann Jones)에게 졌다. 그녀의 예리한 논평으로 장마다 개정을 거듭했으며, 이 책의 모든 절들이 그 논평들의 덕을 봤다. 나에게는 다행히도 그녀의 놀라운 통찰력과 적절한 비평은 아낌없는 정신적 지원으로 연결되었다. 이 책을 그녀와 세라(Sarah), 샘(Sam)에게 바친다.

제1장 서론
상(像)과 논리

1. 연구소의 물질문화

1964년에 세계의 지도급 실험 물리학자들 중 일부가 당시 그들의 전문 분야에서 진행 중인 급진적 변화를 논의하기 위해 서독의 칼스루헤 대학에 모였다. 이전 세대의 실험 과학자들은 실험 장치를 설계하고 만들고 사용하는 일들이 자신의 직업을 규정짓는 특징이라고 보았는데, 이제는 그런 일들의 대부분이 영영 물리학자의 책임에서 벗어나 버렸다. 물리학자들은 한때 자료를 노트에 기록하여 서로 대조하고 계산자를 이용하여 분석했지만, 이제 컴퓨터가 이런 일을 대부분 물려받아 자료를 저장하고 처리하며 심지어 정보를 분석해 그 결과를 출판할 수 있는 그림 형태로 제공하기도 한다. 수많은 물리학자들로 구성된 팀들이 중앙 집중식의 가속기에 설치된 집채만 한 거품 상자 주변에 모여 일한다. 연구소 전체에 걸쳐 컴퓨터 프로그래머들과 실험 과학자들, 장비 제작자들 그리고 기술자들 사이의 관계가 아주 유동적이다. 녹화된 칼스루헤 회의의 한 토론에서 유럽의 대표적 입자 가속기 연구소 CERN 소속으로 큰 영향력을 가진 물리학자인 루 코바르스키는 수백만 장의 사진을 정리해 자동화된 기술로 사진을 해석하는 장점을 격찬하는 등 이러한 변화에 대해 열광적인 것으로 보였다.

청중은 깜짝 놀랐다. 분명히 감정이 상한 것으로 보이는 한 물리학자는 자동화에 부수되는 위험에 대해 질문했다. 자동화가 새로운 생각의 출현을 저해하지는 않겠는가? 또 다른 사람은 "수년 내에 …… 사람들은 새로운 실험을 시작할 필요가 없고 단순히 자료 보관소에서 자기(磁氣) 테이프 몇 개를 가져와 새로운 관점에서 자세히 조사하는 것에서 바로 실험이 시작될 것이다"라는 말을 들을까봐 얼마나 "두려웠는지" 모른다고 털어놓았다. 자료 보관소의 지식 ― 그것보다 더 끔직한 일이 가능할 것인가?

그곳에 모인 실험 과학자들이 충분히 깜짝 놀랄 만도 했다. "실험"이라는 용어의 의미가 그들의 눈앞에서 바뀌면서 그들의 직업과 일상생활이 함께 변형되고 있었다. 그들은 근본적인 질문에 당면해 있었다. 물리에서 무엇이 증거의 가치를 지닐까? 실험에는 꼭 건물이 있고 장비가 가동되며 실험 장치가 수정되어야만 할까? 통계적인 논법이 무슨 역할을 맡을까? 컴퓨터 시뮬레이션이 실험을 대신할까? 컴퓨터 시뮬레이션이 실험을 대신해야만 할까? 두려운 "자료 보관소"의 모습이 드러나면서 심지어 실험 방법의 입장까지 물리적으로 바뀌었을 뿐만 아니라 사회적으로도 바뀌었다. 많은 사람들은 아직까지 픽두미디산 정상의 소박한 우주선(宇宙線) 관측소에서 또는 몇 장 안 되는 구름 상자 사진들 주위에 몇 사람씩 모여 실험하던 생활을 생생하게 기억할 수 있었다.

이제 많은 사람들은 코바르스키가 그렇게도 도발적으로 명명했던 "죽이기"의 현장, 즉 대전(帶電) 입자 빛줄기와 표적의 상호작용이나 거품 상자에서 아직 남아 있는 잔존물을 추적하는 끓어오르는 수소 등에서 자신들이 실제로 제외되고 있음을 깨닫게 되었다. 실험 장치를 통제하는 것이 지적 그리고 개인적 존재 이유였던 물리학자들이 이제 밖에서 실험 장치를 바라보는 처지가 되었음을 깨닫게 되었다. 바로 실험에 대한 그들의 개념이 바뀔 위기에 처하게 된 것이다.

물리학의 기계들, 즉 기구의 설계, 할당, 이용 그리고 폐기 등을 통제하려는 싸움이 벌어졌다. 그리고 말하자면 바로 작업장의 이러한 기계들 가운데서 이 책의 이야기가 전개된다. 초라한 기구들과 연구소를 시끌벅적하게 하는 (그리고 어떤 면에서 연구소임을 말해주는) 일상의 실제 장비들이 우리의 주제다. 독자는 단지 기계 설비에 불과한 것이 우주의 궁극적인 구성 요소가 무엇인가, 모든 존재의 기원이 무엇인가 또는 모든 힘들을 마지막으로 통합하는 것이 무엇인가라는 극적인 주장들과 어떻게 필적할 수 있는지 물어볼 만하다. 나는 연구소 기계 장치들이 만일 직접적으로 딸린 기능이 많다는 점뿐만 아니라 논증에 대한 전략과 연구소의 각 작업 사이의 관계, 그리고 그러한 기계 장치들이 기반으로 하는 외부 문화에 대한 구체적이며 상징적인 연관 등을 구현하는 따위의 의미로 가득 차 있다고 이해된다면 사람들의 주목을 끌 수 있으리라고 주장할 예정이다. 튜브나 테이프 그리고 (거품 상자에서 얻는) 지나간 흔적 등을 그처럼 더 넓고 더 깊게 탐구함으로써 이 분야의 물질문화를 파악할 수 있다. 어떤 사람을 실험하는 사람이라고 부를 수 있을까? 무엇을 실험이라고 부를 수 있을까? 그러한 질문들이 이 책에서 길잡이 역할을 할 것이다.[1)]

---

1) "연구소 연구"는 그 분야에서 중요한 서적과 논문을 모두 열거하는 것이 전혀 불가능할 수준으로까지 발전했다. 그렇지만 다음 문헌들이 우리 관심사에 대해 대표적인 물음을 포함할 것이며 좀더 자세한 참고문헌을 찾는 데 도움을 받을 수도 있을 것이다. 전체의 개관을 알려줄 수 있는 몇 가지 에세이 모음을 추천하면 다음과 같다. 실험에 대한 역사적 그리고 철학적 에세이가 섞여 있는 아친스타인과 하나웨이의 『관찰』(1985), 구딩과 핀치, 쉐퍼의 『실험의 이용』(1989)이 있다. 또한 제임스의 『연구소의 발달』(1989), 르노아르와 엘카나의 『두 번째 상황에서의 과학』(1988): 3~212쪽, 오피어 외의 『네 번째 상황에서의 과학』(1991), 벤 헬덴과 한킨스의 『오시리스』 9(1994): 1~250쪽 등이 있다. 린치와 울가의 『표현법』(1990)은 민족 방법론적인 연구소 연구에 대해 귀중한 참고문헌(논문)들을 포함하고 있다. 또한 콜만과 홈즈의 『연구 성향의 기업』(1988), 레비어와 쉬아의 『자연』(1990), 호르비츠의 『세계의 변화』(1993), 부흐발트의 『과학 실습』(1995) 등도 참고할 만하다.

해킹의 『표현하기』(1983)와 카트라이트의 『법칙』(1983)은 실험의 본질에서 완화된 실재론을 논의한 영향력 있는 철학적 연구인 데 반해, 프랭클린의 『부주의』(1986)와 『제5의 힘』(1992)은 다른 종류의 실재론을 논의하는 데 있어 베이스의 접근 방법을 취하고 있다. 기계학 연구와 철학에 대해서는 에커만의 『자료』(1985)를 추천한다. 이데의 『기구주의』(1991)는 기계학 연구와 실험에 대한 대륙 계열과 영미 계열의 저서들을 결합하는 난제를 해결하려고 고심한다.

나는 근대 초기의 실험하기에 중요하게 기여한 다음 몇 가지 저서, 즉 하나웨이의 「리바비우스」, 『이시스』 77(1986): 585~610쪽, 세핀의 「실험」, 『이시스』

79(1988): 373~404쪽, 세핀과 쉐퍼의 『거대한 해수(海獸)』(1985), 그리고 하일브론의 『근대 초기』(1982) 등이 지극히 유용함을 알 수 있었다. 여기서 열거한 항목들이 모두 이 책에 들어가는 데 열쇠가 되는 입구들이다.

20세기의 물리학에 대해서는 갤리슨의 『실험』(1987), 갤리슨과 헤블리가 군사 연구, 기업 연구, 국가 연구 그리고 대학 기반의 대단위 연구에 초점을 맞추어 쓴 『거대 과학』(1992)을 참고하라. 홀턴의 『주제(主題)』(1988)와 『과학적 상상력』(1978)은 모두 실험과 이론 사이의 관계에 대한 중요한 에세이들을 포함하고 있으며, 밀리컨과 에렌하프트를 연구한 그의 「전자(電子) 아래」(1978)는 이론적인 가설 탐구가 탁월하다고 판명되었다. 하일브론과 사이델의 『로렌스』(1989)는 헤르만 등에 의해 CERN에서 출판된 *CERN I*(1987)과 *CERN II*(1990)처럼 연구소의 범위를 정의하기 위한 방편으로 중요 연구소를 집중적으로 다룬다. 트러윅의 『광선 시간』(1988)은 연구소에 대한 인류학적 연구로 내가 아는 가장 좋은 예이며 현대 물리학에서 유일하게 성(性) 문제와 비교문화 문제를 탐구한다. 콜린스의 『바뀌는 질서』(1985)는 복제 가능성에 대한 그의 영향력 있는 사회학적 연구를 담고 있다. 피커링은 실험-이론 관계에 대한 사회 구성론자로서의 논의를 해박하게 기술했는데, 예를 들어 『쿼크』(1984), 「쿼크」, 『이시스』 72(1981): 216~236쪽, 그리고 「단극자」, *Soc. Stud. Sci.* 11(1981): 63~93쪽 참조. 초기 원자물리 실험에 대한 자세한 연구를 보려면 스튜워의 『컴프턴 효과』(1975)를 참고하라.

19세기의 물리 분야 실험하기에 대한 가장 우수한 최근 논문을 소개할 수 있는 적합한 문헌으로는 쉐퍼의 「가공품」(1989), 스미스와 와이스의 『에너지』(1989), 부흐발트의 『과학적 효과』(1994), 구딩의 『실험』(1990), 올레스코의 『물리학』(1991), 그리고 카한의 『연구소』(1989) 등이 있다.

생물 과학과 실험하기에 대해서는 케이의 「전기 이동법」, *Hist. Phil. Life Sci.* 10(1988): 51~72쪽, 그리고 르노아르의 「전기 생리학」, *Hist. Stud. Phys. Bio. Sci.* 17(1986): 1~54쪽이 있는데, 이들은 기계에 초점이 맞추어져 있으므로 특별히 유익하다. 현장 조사가 비록 넓은 의미의 철학적 고려에 의한 논증에서는 (현명하지 못하게도) 자주 무시되곤 했지만, 경험 과학에서는 중심적인 역할을 담당했는데, 마이엔셰인의 『전통의 변화』(1991)와 「실험」, *Stud. Hist. Bio.* 6(1983): 107~127쪽, 라투어와 울가의 『실험실 생활』(1987), 라투어의 『저온살균법』(1988)과 『현장의 과학』(1987), 그리고 홈즈의 『라부아지에』(1985)를 참조하라.

지질학과 지구 물리학의 실험하기에 대한 문헌이 조금 있지만, 나는 루드윅의 『데번기』(1985)와 「가시(可視) 요소」, *Hist. Sci.* 14(1976): 149~195쪽, 그린의 『지질학』(1982), 시코드의 『빅토리아 시대의 지질학』(1986) 등으로부터 굉장히 많은 것들을 배웠다. 현장 조사의 역사 지식적 역할과 지구 물리학 연구소의 역할이 대조되어 있기 때문에 오레스크스의 「거절」, *Hist. Stud. Phys. Bio. Sci.* 18(1988): 311~348쪽이 특별한 관심을 끈다.

여기서는 연구소 여기저기에 흩어져 있는 수많은 기계들 중 미시 세계를 물리의 경험적 측면으로 운반해주는 크고 작은 장치들인 검출기에 초점을 맞출 것이다. 검출기는 현상을 창출하기와 증거를 산출하기 사이의 매개자이다. 또는 공간적으로 이야기한다면 연구가 수행되는 좀더 넓은 의미의 기반 설비보다는 물리학자가 가장 가까이서 제어하고 있는 기계로부터 우리의 물음을 시작하게 될 것이다. 그런 점에서 몇 가지 용어를 미리 정해 두는 것이 유익하다. "외부 연구소"는 실험 물리학자를 에워싸는 거시환경을 지칭하게 된다. 예를 들면 20세기 초 독일에서는 제2차 세계대전 전 베를린 대학의 국립물리기술연구소와 같은 물리학 연구소를 가리키고,[2] 미국에서는 프린스턴 대학의 팔머 홀이나 하버드 대학의 제퍼슨 연구소 또는 카네기 지자기(地磁氣) 연구소처럼 자유스러운 분위기에서 운영되는 연구소를 가리킨다고 볼 수도 있다. 그리고 대규모 가속기 연구소에서는 가속기 자체의 건축이나 유지 그리고 운영 등이 적어도 한 번 이상 검출기로부터 분리된다. 외부 연구소는 그곳에서 일하는 각각의 실험 물리학자들에게 영향을 미칠 것이 틀림없지만 (그리고 이 책에서 몇 가지 결정적인 사항을 다루게 되면 그러한 영향에 대해 언급할 테지만), 그러한 넓은 의미의 각종 기관들이 물리학자의 연구소 생활에서 가장 좋은 환경을 결정하지는 않는다.

생태학자가 생태계에서 미시(微視) 환경이 거시(巨視) 환경과 현저하게 다를 수 있다는 점을 깨닫는 데 수년이라는 시간이 소요되었다. 이와 같은 차이를 인정하면 나뭇잎 바로 위의 바람, 온도 그리고 화학 조건 등을 조사하고 그런 조건들이 숲 전체를 에워싸는 조건과 상당히 벗어나 있음을 시인하는 일은 의미를 지닌다. 마찬가지로 연구소에서 일하고 있는 물리학자를 둘러싼 바로 옆 주위 환경은 더 광범위한 연구소 세계와 근본적으로 다를 수도 있다. 그러한 의미에서 물리학자의 미시 환경이 내가 "내부 연구소"라고 부르는 것이다.

---

2) 국립물리기술연구소에 대해서는 카한의 『연구소』(1989) 참조.

내부 연구소는 우리의 주된 조사 현장이 될 터인데, 일하고 있는 물리학자의 물질문화와 실험 업무들이 포함된다.[3] 그것은 작업대 위의 연장이 될 수도 있고, 계산 방법이 될 수도 있고, 기사(技士)나 기술자, 동료 그리고 학생의 역할이 될 수도 있다. 이 이야기의 후반부에 나오는 20세기 말에는 심지어 이러한 지역적 구분이 없어질 정도로 연구소 생활이 바뀌게 됨을 알 수 있다. 예를 들어 컴퓨터 분석과 제어의 확장된 네트워크를 통하여 주요 입자 물리 연구소들이 지역의 제한에서 벗어남에 따라 "외부"와 "내부"를 구분하는 의미가 상실된다. 종국에는 내부 연구소와 외부 연구소 사이의 경계에 구멍이 숱하게 뚫릴 것임에도 불구하고, 공간과 업무에서 이 둘을 나누는 선이 존재한다.

그리고 나는 원자 물리와 원자핵 물리, 그리고 입자물리의 내부 연구소 안쪽에서 미시 세계를 우리의 감각 세계와 연결시키는, 넓은 의미로 두 부류의 검출기를 따라갈 수 있음을 논증하고자 한다. 한 부류—상(像)을 만드는 검출기—는 사진을 산출하는 데 반해, 다른 부류—논리적 검출기—는 수(數)를 산출한다. 이런 증거에 따른 또는 인식에 따른 분류는 임의로 결정되는 것이 아니다. 그것은 구름 상자 또는 거품 상자와 같은 실험 기구가 어떻게 만들어지고 사용되는가에 대한 구체적이며 때로는 아주 물질적인 세부 사항을 통해 한 장치가 다른 장치로부터 쌓아 올리는 것과 확실히 연관되어 있다.

---

3) 인류학자와 고고학자는 "물질문화"라는 용어를 그들이 직접 채취한 객체 연구에서 (말하자면) 그들의 사용과 상징적 중요성에 더하여 객체 분석에 이르기까지 상당히 다양한 방법으로 사용한다. 나는 이 분야에서 일부 최근 저자들과 "문화화"라는 (또는 니콜라스 토머스가 제안한 유용한 용어인 "연루화"라는) 객체 분석에 대해 관심을 같이한다. 이것은 방대한 저술이지만, 토머스의 『연루된 객체』(1991), 피어스의 『박물관』(1989), 아파두라이의 『사교』(1986), 퍼거슨의 『역사』(1977) 등에서 가장 흥미 있는 논문들 중 일부를 발견할 수 있다. 좀더 최근의 에세이 모음집에서는 (루버와 킹거리의 『역사』[1993]) 공장 기계와 시골 건축물, 그리고 가정용품 등을 가지고 역사를 기술하는 데 그들을 어떻게 이용할 수 있는지 보여준다.

내부 연구소에 속한 검출기 주위를 순환하는 물리학의 물질문화가 우리의 출발점이다. 그러나 만일 기계류에 대한 조사가 연구소 벽의 안쪽 공간으로 되풀이해 돌아온다면 이 조사는 그곳에서 살아남지 못할 것이며 살아남을 수도 없다. 크라카토아 화산과 천둥소리, 그리고 번개에 대해 빅토리아 시대에 지니고 있던 매력에 기원을 두고 있는 구름 상자는 우선 다른 무엇보다도 야생 상태의 자연을 재현하는 현장이었으며, 세실 파우웰의 에멀션은 지진 관찰 네트워크와 상업적 필름 제작소로부터 출현했다. 전후(戰後)의 전자공학은 전시(戰時)의 레이더 연구가 기초가 되었으며, 루이스 앨버레즈의 거품 상자는 콜로라도주의 에니웨톡에서 볼더까지, 그리고 뉴멕시코주 로스앨러모스의 열핵폭탄 개발 사업의 장비를 직접 빌린 것이었다. 몬테 카를로 시뮬레이션의 기원을 이해하자면 핵무기 연구와 전자 컴퓨터의 출현까지 거슬러 올라가게 된다. 원자핵 에멀션을 발명한, 지금은 잊혀진 빈 출신의 마리에타 블라우는 처음 재료로 흔히 보는 치과용 X-선 필름을 가져다 이용했다.

이러한 기구들의 계보를 조사하면 어떻게 그러한 기계들이 보이지 않을 정도로 작은 영역 탐구의 합리적인 열쇠로 인정받게 되었는지 설명하는 데 도움이 된다. 그리고 흔히 (분자에서 원자와 원자핵을 거쳐 쿼크에 이르기까지에 대해) 보통 하는 이야기와는 아주 동떨어지게도 독창적이며 계속 유지되는 기술에 대한 이해를 통해서만 역사학자들이 끈덕지게 제기하는 "왜 이러한 기계들이 창조되고 재생되고 특정한 장소에서 특정한 방법으로 사용되었는가?"라는 질문에 답할 수 있다.

기구들을 정면 중앙으로 가져옴으로써 우리는 "내부의 지적 역사"라든가 "외부의 사회적 역사"라는 등 낡은 방식으로 어색하게밖에 분류되지 않는 다른 역사를 얻을 수 있다. 물론 기계들의 역사는 (예를 들어) 원자핵 에멀션의 화학적 원리라든가, 혼성 검출기에서 기계공학과 전기공학의 상호 조정 또는 구름 상자에 이용되는 유리관 불기의 유리 세공 등에 대한 역사처럼 기술에 대한 역사여야만 한다. 그러나 기계들의 역사는 반드시 또한 부분적으로 노력의 역사이기도 하며, 부분적으로 사회의 역사이기도 하고, 부분적으로 인식의 역사이기도 하다. 그것은 빅토리아 시대의 스코틀랜드나 전시(戰時)의 로스앨러모스와 같은 분명한 장소에 특정한 문화 아래 위치하는 연구소에서 연구하는 방법을 모색하는 개인의 노력과 분리될 수 없는 역사다. 그것은 또한 20세기 미시 물리학의 역사이기도 하지만, 통합하는 이론으로부터 안쪽으로 향하는 역사가 아니라 기계 장치로부터 바깥쪽으로 기록되는 표준에 맞추지 않은 역사이다. 이는 결국 오랜 기간에 걸쳐 "실험"의 의미를 형성하고 유지하는, 명확히 붙잡을 수 없는 역사적 역동성 —명확한 물질적 객체를 통하여 굴절된—의 역사다.

"실험"과 "실험 과학자"의 변천하는 의미에 도달하기 위해서는 급속하게 확장되는 연구소를 제어할 수 없게 될 때, 물리학자가 기술자와 착잡한 문제로 대립될 때, 그리고 실험 과학자와 이론 과학자 사이에 때때로 생산적인 긴장이 야기될 때 물리학자들이 종종 느꼈던 불안감의 감정 이입이 필요하다. 왜냐하면 그것은 실험 물리학자들이 연구소에서 일하는 다른 사람들(안전 관리자, 기술자, 기사, 스캐너[수많은 필름에서 원하는 흔적을 찾아내는 일을 하는 여성을 스캔하는 사람이라는 의미로 부른 이름 - 옮긴이], 정부 감독관 등) 과의 관계에서 감지하는 역사적으로 특유한 어색함으로 실험 과학자의 직분이 바뀌고 있음을 신호해주기 때문이다.

물리학자가 장비를 설치하고 과정을 설계하며 실험을 조종하고 결과 보고서를 작성하며 그 결과를 이론적으로 분석하는 사람이 아닐 수 있다고는 도저히 상상할 수도 없던 시간과 실험 장치 자체와는 수천 마일이나 떨어진 컴퓨터 화면 앞에 머무는 남자(좀 드물게는 여자)를 실험 과학자라고 부르는 것이 거의 보편적으로 받아들여지는 시간 사이에는 멀고 평탄치 않으며 때로는 단절된 길이 있어왔다. 이와 같은 업무에 대한 변화는 실험이란 무엇이라는 한 가지 귀일(歸一)하는 개념이 존재한다는 생각과 모순된다. 실험과 실험 과학자는 서로 묶여 있어서 그들의 의미는 반드시 함께 바뀐다.

"그 실험적 방법"이라는 오래되고 완고한 관념을 통해 보면 "실험"의 불안정성은 놀랍게 보일 수도 있지만 그렇게 봐서는 안 된다. 기구와 실험에 대한 논란이 근대 시대나 그 후에 전혀 없었던 것은 아니다. 스티븐 세핀과 사이먼 쉐퍼는 훌륭한 저서 『거대한 해수(海獸)와 공기 펌프』에서 근대 초기에 경험적 논증을 제시하는 것이 무엇을 의미하는지에 대한 두 가지 서로 다른 시각을 대조하기 위해 공기 펌프를 이용했다.[4)]

절대적으로 해결하자는 뜻으로 세핀과 쉐퍼는 홉스를 지목했는데, 자연 철학에서의 논쟁을 해결하는 홉스의 견해는 기본 원리로부터 그리고 자명함이 여지없이 드러나는 토리첼리의 수은관과 같은 실연(實演)으로부터 연역적 추리에 의한 논의에 호소하는 것이었다. 홉스는 그가 따로 고안되고 고립된 연구소 세계라고 간주했던, 그러나 보일이 그렇게도 만들어보려고 안간힘을 썼던 공기 펌프라는 연구소 세계에 반대하는데, 그 세계란 자격을 갖춘 신사들이 그들의 철학적이고 종교적인 논쟁거리를 문 밖에 잠시 놓아두고 공기 펌프와 진공으로 만든 상자에서 실행되는 실험의 증인으로 서 있을 법한 장소였다. 서로 다른 방법으로, (홉스와 보일의) 두 시각 모두가 왕정복고 이후 영국에서 논쟁 해결이라는 더 큰 문제의 부분적 해답이 되었다.

홉스는 정치적이고 자연적, 철학적인 동의가 정치적 주동자나 철학적 원리의 절대적 권위에 묵묵히 잘 따라줘야 한다고 생각한 반면, 보일과 보일 측은 일관되지 않는 기본 원리를 고려의 대상 밖에 두고 "사실"에 기인하는 논점을 해결할 수 있는 동의를 고려하고 있었다. 신사들은 영국의 증권거래소(그레셤하우스)에서 아리스토텔레스나 데카르트를 현관에 맡길 수 있었으며, 정치가들은 성경을 국회 밖에 두고 들어올 수 있었다. 각 경우마다 해결할 수 없는 갈등의 대혼란은 피할 수가 있었다. 보일의 추종자들끼리 해석한다면 실험은 현상에 대한 질문을 해결할 것이다. 공기 펌프를 부착하면 거꾸로 세운 유리병에서 어떤 일이 일어날

---

4) 세핀과 쉐퍼, 『거대한 해수(海獸)』(1985).

까?[5] 토리첼리 관과 보일 펌프가 지닌 의미에서 수은과 깃털 운동보다 훨씬 더 많은 것을 깨달을 수 있다.

홉스-보일 논쟁을 읽는 한 가지 방법은 보일이 이겼다는 것이고, 승리와 함께 "현대" 실험과학, 더 나아가 "현대" 과학을 수립했다는 것이다. 이상이다(세핀과 쉐퍼는 요약에서 "이 책에서 우리는 원칙적인 면에서 3세기 동안 지속된 지식과 국가조직 사이의 관계가 지닌 기원을 검토했다"라고 쓴다).[6] 그들의 주요 논제에서 17세기식으로 해석한 실험 방법의 영속성을 조건 삼는 것이 하나도 없지만, 근대 초기 시대가 실험에 대한 불변의 관념을 제시했다는 견해는 다양한 여러 문헌에 등장한다. 실험의 기원에 대해 세핀과 쉐퍼의 주장과는 전혀 다르게 묘사한 리처드 웨스트폴은 새로운 방법의 영속성에 동의하며 다음과 같이 말했다. "17세기 말에 이르자 과학 혁명이 조사(調査) 도구라는 것을 날조했으며 그 후 계속 그것을 사용했다. 과학 혁명의 성공 중 상당 부분은 필요에 따라 적절한 방법을 개발했다는데 기인하며, 그 시대 이후 과학 혁명이 성공한 예는 모방의 영역을 더욱더 넓히는 데 기여했다."[7]

나는 그와 대조적으로 우리가 홉스나 보일, 베이컨, 갈릴레이, 그리고 다른 사람들이 실험의 지극히 영향력 있는 측면들을 분명하게 표현한 것으로 본다고 해도 그렇지만, 그러한 측면들이 과거로부터 그대로 존속된다는 가정을 버려야 한다고 본다. 그리고 경험적 지식이 어때해야 하는가라는 논쟁이 300년 동안이나 생산적으로 지속되었고, 그 논쟁은 대체로 실험의 본질에 대해 격론을 벌였다고 본다. 실제로 의미가 확립된 것과는 거리가 멀게도 "실험"의 의미에 대해서는 지속적으로 이의가 제기되었고, 아직도 그 끝이 보이지 않는다.

심지어 20세기 마지막 몇 해에서도 실험하기와 그 도구는 여러 가지 이론(異論)이 있는 범주로 나타난다. 초전도 거대충돌 가속기를 위해 계

5) 세핀과 쉐퍼, 『거대한 해수(海獸)』(1985).
6) 세핀과 쉐퍼, 『거대한 해수(海獸)』(1985), 343쪽.
7) 웨스트폴, 『구조』(1977), 116쪽.

획된 7억 달러짜리 검출기에서 또는 1990년대에 CERN의 단지 좀더 작은 활동에서, 누구를 실험가라고 지칭할 수 있는가? 검출기의 부속품을 개발하는 소프트웨어 설계자의 활동은 "실험하기"가 될 수 있는가? 지금까지 전혀 만들어지지 않았던 장치에 대한 컴퓨터 시뮬레이션을 주제로 쓴 박사학위 논문은 실험 물리학자로서의 전문적인 자격 조건에 해당하는가? 단 한 번 관찰한 것이 그 사건의 존재를 담보하기에 충분한가? (실험 결과로 나온 흔적 중에서) 중요한 사건을 찾아낸 스캐너는 실험 과학자인가? 통계적인 논증이 새로운 효과에 대한 증거로 인정될 것인가? 이 책의 첫 장에 실린 인용문이 시사하듯이 "실험"의 물질적인, 시간적인, 인식론적인 경계는 유동적이며 지금도 유동적인 채로 남아 있다.

한 가지 면에서, 이 책은 실험하기가 변천되는 산 모습을 끈덕지게 끌고 가는 긴장에 대한 관찰이다. 이 책에서 내가 찾고 있는 것은 — C. T. R. 윌슨의 구름 상자에 생기는 가느다란 빗줄기, 호프스태터의 무거운 발사 장치가 부착된 분광계, 시뮬레이션으로 구현한 가상현실인 컴퓨터 공간, 그리고 시간 투영 상자 속 상(像)을 만드는 대전(帶電) 결합 센서들의 정교한 배열과 같이 — 바로 가까운 데서 읽는 것들의 문화적 의미다. 바로 이런 기계와 자료, 그리고 해석이 잘 섞여서 실험과 실험학자의 범주가 정의되고 해체되고 재조립되어 확실하게 정해진다.

2. 중심 은유(隱喩)

1961년 철학자 어니스트 네이글은 그의 저서 『과학의 구조』에서 실험 법칙은 "그 법칙을 정당화하거나 설명하는 어떤 특정 이론이 발달한 과정에 전혀 의존하지 않는 자체의 생명"을 가지고 있다고 주장했다.[8] 네이글에게 이 자율성은, 계급 조직으로 이루어진 단계별 수준의 기본으로 작용하는 관찰 상의 토대가 존재하는데, 각 수준은 교량(橋梁) 원리를

8) 네이글, 『과학의 구조』(1961), 87쪽.

통과하여 이론이라는 최고점에 도달한다는, 의미였다. 높은 수준의 이론은 관찰상의 경계 사이에서 새로운 연결점을 제공할 수도 있겠지만, 어떤 특정 이론에 상관치 않고 진술할 수 있는 경험상의 법칙에 대한 명확한 인식이 존재해야만 한다. 그로부터 20년 뒤, 이언 해킹이 『표현하기와 개입하기』[9]에서 "실험은 실험 자체로서 생명을 가지고 있다"라는 슬로건을 다시 유행시켰을 때 그는 아주 다른 무엇, 즉 실험하기에는 이론에 예속되지 않는 추진력과 욕구가 존재한다는 것, 그리고 실험은 다만 이론(비록 실험이 바로 그런 일을 한다는 점도 틀림없지만)을 검증하는 것과는 다른 목표가 있다는 것을 고려하고 있었다.

실험 과학자들이 연구하는 여러 목표 중에서 중요한 것을 들어보면 현상의 새로운 영역을 탐구하든가, 새로운 실험 장비를 엄밀하게 시험해보든가, 물리 상수의 정밀도를 더 높이는 것 등이 있다. 실험하기 그리고 실험 연구 대상의 탄탄함을 근거로 해킹은 비록 물리학과 생물학, 천문학 등을 수준 있게 설명할 때 긍정적으로 가정하는 실재(實在)로서 이론의 실재론(實在論)을 받아들일 수 없지만, (바스 반 프라센의 개정된 도구주의에 대해) 실험적 실재로서 실재론을 지지할 수 있다고 결론지었다.[10]

"실험은 실험 자체로서 생명을 가지고 있다"라는 인상적인 표어에는 더 많은 공명(共鳴)이 존재하며, 내가 세밀히 살펴보고자 하는 더 근본적인 의미가 존재한다. 실험하기에 관련된 생명은 이론 만들기에 첨부된 생명이 아니다. 산업과의 관계라든지, 물질적 대상과의 관계, 그리고 제대로 된 추리 표준과의 관계, 논증 방법, 우아함의 개념, 발견적 지도법의 이용, 그리고 도제(徒弟) 제도의 형태 등은 모두 다르다. 실험 과학자의 생명은 (예를 들어) 물질의 성질이나 가격 그리고 용도 등을 아는 것과 관계된다. 1980년대에 정밀 거품 상자를 대상으로 연구하는 젊은 실험 과학자는 무거운 쿼크의 붕괴에 대해서만 알고 있었을 뿐 아니라 단

9) 해킹, 『표현하기』(1983), 150쪽.
10) 반 프라센, 『과학의』(1980).

단하고 투명한 플라스틱 렉산(거의 부러지지 않는 합성수지 상품명 – 옮긴이)에 대해서도 알고 있었다. 그러니까 그 제품의 제조회사에 대해서도, 광학적 특성에 대해서도, 신장성(伸長性)과 전단응력(剪斷應力), 그리고 온도 내구성 등에 대해서도 잘 알고 있었다. 요컨대 렉산이 전투기의 조종석 덮개의 이상적 재료로 사용될 만큼 존재 가치가 있는 성질뿐 아니라 거품 상자 용액을 담을 큰 통을 지탱할 수 있을 만큼 적합하도록 하는 성질들에 대해서도 잘 알고 있었다.

1950년대의 에멀션 물리학자는 파이온에 대해서보다도 사진술이나 콜로이드 화학에 더 흥미를 지닌 산업 연구자들과 필름을 논의하는 학술회의에 참가하기도 했다. 가속기 실험 과학자들은 희귀한 붕괴 현상이나 힉스 입자 탐색에 대해서만 배우는 것이 아니라 컴퓨터라든지 강한 방사능 환경 아래 놓인 전자공학적인 문제에 대해서도 배울 필요가 있었다. 실제로 그런 환경에 대해 흥미를 가진 연구자로는 핵전쟁에 대비해 방사능에 의한 표면 경화(硬化)를 준비하는 전기공학자들이 유일했다. 즉 민감한 전자 회로에 센 방사능이 충돌할 때 발생하는 효과가 이론 물리학자에게는 전혀 알려지지 않은 기술 세계에 대한 연구를 촉발시켰다.

심지어 실험 과학자와 이론 과학자의 사회 기능까지도 서로 다르게 수행되기 시작한다. 그래서 1972년에 발표된 국립과학협회 보고에는 다음과 같이 요약되어 있다.

> 잘 훈련받은 고에너지 실험 물리학자는 이론 물리학이나 전자공학, 고체 물리, 저온 물리, 전기공학, 컴퓨터 과학, 정보 이론, 원가 회계학 또는 심지어 심리학에 이르기까지 아주 다양한 분야에서 어느 정도의 경험을 습득했을 가능성이 농후하다! 그는 기술 문제를 해결하기 위해 새롭고도 드문 방법을 탐색하면서 기존 기술을 최고급 기술로 확장할 뿐 아니라 가용 재원으로부터 가장 많은 것을 성취할 수 있는 방법을 배웠다. 그는 대규모의 집단적 노력을 위해 요구되는 것에 마땅하도록 기술적 협동 작업의 까다로운 모든 상황 아래서 훈련되었다.[11)]

이론 물리학과 약간의 컴퓨터 프로그래밍에 관계된 일부를 제외하면 사회 기능은 큰 포부를 지닌 이론 과학자의 기능이나 분야와는 근본적으로 동일하지 않은데, (1972년에) 이론 과학자의 기능은 군론(群論)이나 입자 현상론, 양자 장이론 등에 집중되어 있었다. 이 보고서가 강조한 것처럼 "실험 과학자와는 대조적으로 이론 과학자는 혼자 연구하도록 준비되어 있어야 한다. 이론 물리학은 종종 큰 연구소에서 연구가 수행된다고 할지라도 상대적으로 외로운 게임이라는 것이 이론 물리학의 고유한 속성이다."[12] 실험 과학자의 지적·사회적 세계는 이론 과학자의 지적·사회적 세계와 동일하지 않다. 서로 다른 물리적·사회적 무대장치에서 논증의 표준도 서로 다르게 이용되는 가운데 논의가 벌어진다.

물리학 내부에서 이러한 하부(下部) 문화가 선명하게 구분됨을 진지하게 받아들이는 데 대한 수사학적(修辭學的)인 결과와 함께 철학적인 결과도 존재한다.[13] 역사적으로 이렇게 일부 분리된 생활 상태가 중요

11) 국립과학협회, 『물리학 2』(1972), 114쪽.

12) 국립과학협회, 『물리학 2』(1972), 114쪽.

13) 이 책에서 내가 "하부(下部) 문화"라는 개념을 사용하는 데에는 두 가지 목적이 있다. 첫째, 집단으로서 실험 과학자와 도구 제작자, 이론 과학자는 각각 어느 정도 자율성이 있음을 지적하고자 한다. 그렇지만 그들을 서로 다른 "문화"라고 부른다거나 서로 다른 "생명 형태"라고 부른다면 이 집단이 아주 독립적이고 완전히 고립되어 있으며 각 집단 사이에 전혀 소통이 없다고 암시하게 될 것을 우려한다. 실험이나 이론을 "하부 분야"라고 부르는 것 또한 물리학자들이 설계한 도구류와 스스로 채택하는 논증 방식으로 연구하고자 하는 방법에 대한 더 이상 단순화할 수 없는 얽힘을 강조하려는 바 바로 그 점을 놓치기 십상이다. 내가 이용하고자 하는 의미로 "하부 문화"는 기술적이고 상징적이며 사회적인 중요성을 전달한다. 그들 사이의 모든 차이점에도 불구하고 실험 과학자와 이론 과학자가 때때로 대단한 어려움에 봉착하면서도 각자 결정적이라고 판단한 논쟁의 구체적인 관점들을 해결하기 위해 싸워왔다는 내 주장이 대단히 중요하다. 그들이 공동으로 해결하려고 진력하는 데서 이러한 다양한 하부 문화가 역사적으로 구체적인 물리학 문화를 형성해 왔다. 문화 인류학에는 문화가 "인간 행동의 전체계"를 포착하는가 또는 포착해야 하는가라는 쟁점을 주된 제목으로 채택한 이론(異論)이 분분한 문헌들이 헤아릴 수 없이 많다. 여기는 그런 쟁점에 대한 다양한 입장을 추적하는 곳이 아니다. 논쟁에서 거론되는 내용은 다음 원전(元

한 이유는, 의미가 명료한 설명의 토대로서 "관찰" 또는 "이론"을 포기하면, 어떤 한 마디 말로도 20세기 물리학을, 심지어는 단 하나의 전문 분야 내에서도, 표현할 수 없다는 점이다. 만일 기계 연구의 관례를 따른다면 이론의 제한이 시사함직한 것과 일치하지 않는 점에서 학문 분야의 경계를 넘나듦을 알게 된다. 입자와 그 입자 이론의 주제(主題) 내용으로 만든 학문 분야의 기반을 구분지으면, 구름 상자와 거품 상자는 "근본적인" 물리학 연구에 대한 기여로 나타나기도 하고 사라지기도 한다.

그러나 만일 이 도구들의 본질적인 면을 둘러싼 기능을 주목한다면, 윌슨은 (그리고 그의 구름 상자는) 기상학과 사진술, 증기 기관과 연관되고, 앨버레즈는 (그리고 그의 거품 상자는) 핵무기로부터 시작하여 고에너지 물리학과 연관됨을 추적할 수 있다. 심지어 구름 상자와 거품 상자가 중복되는 영역에서도 그렇게 중복되는 이유는, 물리학 안에서 어떤 특별한 동일한 난제(難題)를 해결하는 데 두 장치를 모두 이용했기 때문이라기보다는 두 장치의 설계나 동작 그리고 특징적인 논증술과 연관된 기능을 공유하기 때문인 편이 더 흔하다. 그 결과로 보통 이론적인 난관의 해결이나 실험적 발견으로 성취되는 과거의 전환점은 도구의 기술적 측면이 바뀌는 전망에서 바라볼 때 서로 다른 시기에 발생한다.

실험 과학자의 일상생활에서 구름 상자 또는 거품 상자의 도입은 둘 다 핵자(核子)의 쿼크 모형이 어느 정도 충분히 지정되었음을 의미한다. 실험실과 이론 연구실의 평범한 물리는 종종 엄밀한 방식으로 움직이지는 않는다. 결과적으로 도구적 기능 지도(地圖)의 경계는 이론적 기술 또

典)들, 클리퍼드의 『문화의 범주』(1988), 기어츠의 『문화의 해석』(1973), 굽타와 퍼거슨의 「'문화'를 넘어서」, *Cult. Anthro.* 7(1992): 6~23쪽, 기어츠의 『국지적 지식』(1983)과 「문화 전쟁」, *N.Y. Rev. Books* 42(1995), 오베세크라의 『문화의 작용』(1990), 살린즈의 『역사의 섬』(1985), 「슬픔이여 안녕」, *J. Mod. Hist.* 65(1993): 1~25쪽, 『원주민이 생각하는 법』(1995), 그리고 「문화는 사라지지 않는다」(1995), 토머스의 「민족지학 반대」, *Cult. Anthro.* 6(1991): 306~322쪽, 그리고 『얽혀든 객체』(1991), 쿠퍼의 「문화」, *Man* 29(1994): 537~554쪽 등에서 찾아볼 수 있다.

는 심지어 실험 일정을 파악하기 위해 그린 지도와 동일하지 않다.

모든 경우마다 광물(鑛物) 지도, 언어 지도, 정치 지도, 종교 지도, 인구 통계 지도 등이 존재하는데, 이 지도들의 경계가 모두 일치할 필요가 없는 것은 가장 최근에 치른 전쟁만큼이나 명백하다. 역사학자에게는 역사의 시대 구분(시간에 있어서 불연속성)에 대한 선택이 대략 지도 제작자의 지도 형태(공간에서의 불연속성)에 대한 선택에 필적한다. 전반적으로 보아 물리학의 개념적 발달에 대한 탐구는 지도 제작에 두 가지 기본 형태를 제공한 것으로 간주된다. 한쪽은 실재(實在) 지도에 대한 탐구로, 물리는 어떤 실재가 존재한다고 말했는지를 지정하는 존재론의 연속과 불연속을 지정하는 과거의 시대 구분이다. 이 지도에서는 산소나 원자, 전자, 원자핵, 쿼크, 뉴트리노 등의 발견이 두드러지게 나타나 있음을 알게 된다. (그렇다고 오직 그것뿐만은 아니지만) 주로 이런 방침에서 지도 만들기는 실험 프로그램의 역사를 눈에 잘 띄게 한다. 예를 들면 원자핵의 경우로 성공한 것과 같은 러더퍼드의 연구는 궁극적으로 유명한 알파-산란 실험을 이끌어냈다.

그러나 이론을 제외하고는 그렇게 설명할 수 없음은 명백한데, 에너지 보존에 대한 논의가 뉴트리노 탐색의 동기를 부여하는 데 결정적인 역할을 담당하지 않았는가? 그렇지만 물리에서 실재(實在)의 역사는 이론 쪽 역할보다는 실험 쪽 역할에서 더 강조된다. 다른 한쪽은 이론의 지도 제작법이 있다. 예를 들어 갈릴레이에서 시작하여 뉴턴을 거쳐 아인슈타인까지, 그리고 어쩌면 그 후까지의 만유인력에 대한 역사를 생각해보자. 또는 (검은 물체 복사, 스펙트럼, 데이비슨-저머 전자 산란과 같은) 실험실에서 제공되는 뛰어난 결과를 인용하는 양자론에 대한 많은 역사 중에서 보어와 조머펠트에서 시작하여 슈뢰딩거와 하이젠베르크를 거쳐 보른의 통계적 해석에 이르기까지 계속 돌아가는 사건의 전말에 대한 이야기에 초점을 맞추어보자. 실재(實在) 지도와 이론 지도 모두 역사와 과학 철학이 성장하는 과정에서 전성기를 보냈다. 그러한 선택들이 우리가 도구와 실험을 이해하는 방법을 형성해 왔다.

부분적으로 확실한 지식의 출처는 모두 "관찰" 또는 "경험"이어야 한다는 과학의 실증주의자 철학과 연관된 이유 때문에 물리학 역사는 제럴드 홀턴이 "실험주의자" 단계라고 부른, 실재(實在) 지도가 우선하는 과정을 겪었는데, 이 과정은 해당 분야가 귀납적이고 관찰에 근거한 방침을 따라 성장했다고 묘사하는 역사의 해석 방법이다.[14] 이 견해를 따르면 마이컬슨-몰리 실험은 에테르 내부에서 지구 운동을 측정하려고 설계된 일련의 실험실 모험 중에서 최고조에 달한 것이었으며, 특수 상대성은 꼬리를 물고 늘어선 실험 결과의 필연적인 절정으로서 역사적 단계를 취한 것이다. 철학으로서 (또는 좀더 정확하게는 논리적 실증주의의 대중화된 변형 안의 한 추세로서) 실험주의는 역사를 아주 간단하게 만들었다. 즉 도구는 실험 프로그램에 결합되어 있었으며, 실험 프로그램은 차례대로 순서가 매겨졌는데 (종종 잠정적일 뿐이지만) 이론 구축이 맨 위에 위치했다. 중심 은유(隱喩)는 그 위에 좀더 미세한 이론 구조가 반드시 수립되어야 하는 충실하고 집합성이 강한 관찰에 입각한 "근거"다.

논리적 경험주의자가 지닌 관찰에 대한 강박관념에 대항하는 철학적 반응은, 어떤 의미에서 1930년대에 콰인의 전체론에서 시작해 1960년대에 발전했는데, 힘들게 다가왔다. 폴 파이어아벤트와 러셀 핸슨, 메리 헤세, 토마스 쿤 등은 실증주의자 프로그램을 역전시켰다. 즉 반실증주의자들은 관찰로부터 시작하고 이론을 관찰의 하부 구조로 취급하는 대신 이론을 근본적인 것으로 보고 관찰을 종속적인 것으로 보았다. 많은 면에서 반실증주의자들은 이번 이론 지도를 사용해 모든 이론의 바깥에서 이론을 판결하는 관찰의 규약 또는 중립적 언어를 주창하려는 움직임에 성공적으로 대항했다. 그들은 그런 중립적 입장이 존재할 수 없다고 논박했다.[15]

---

14) 홀턴, 『주제의』(1988), 293~298쪽.

15) 쿤, 『과학의 혁명』(1974), 파이어아벤트, 『실재론』(1981), 제2~7장, 또한 파이어아벤트의 『자유사회』(1978), 65행 이하를 보라; 헤세, 「이론」(1974), 그리고

논리적 실증주의자와 반실증주의자가 모두 관찰을 최우선으로 염려했는데, 거기에는 정당한 근거가 있다. 지식을 얻으려고 감각을 사용하는 관찰은 단순히 실증주의에 대한 빈 서클(1920~30년대에 오스트리아 빈에서 활동한 과학철학 모임인 빈 학파를 지칭함–옮긴이)의 상표를 버텨주는 기둥에 지나지 않는 것이 아니라 콩트 철학파의 실증주의와 영국의 경험주의를 모두 껴안는 정신적 고향의 오래되고도 깊은 전통을 지켜주는 대들보이다. 여기서 철학적 이해관계는 감각으로 얻은 지식과 이미 마음에 존재하는 지식 또는 이미 마음에 자리 잡은 범주에 의해 형성된 지식 사이의 관계에 대한 오래된 논쟁만큼이나 첨예했다. 그러므로 실증주의자들과 반실증주의자들은 예컨대 동역학과 형태 심리학의 교훈에서와 같이 지각(知覺) 작용의 본성에 대해 불변의 관심을 공유했다.[16] 그렇지만 그들은 결론을 다른 방향으로 내렸다.

관찰에 근거하며 이론(理論)이 부재하는 "규약(規約) 언어"에 대한 반대론에서 반실증주의자는 이론이나 객체 그리고 법칙에서의 단절이 과학의 전 분야에 걸쳐 혼란을 부추길 것이라고 결론지었다. (반실증주의자들이 강력히 주장하는바) 철학적으로 이러한 단절은 이론이 바뀔 것이라고 보는 중립적 입장 가능성을 약화시켰다. 즉 인식에 관한 단절의 양면을 보는 아르키메데스적인 관점이 존재할 수 없었다. 역사적으로 전체적인 단절은 이론이 관찰 가능성을 철저하게 좌우했기 때문에 이론 변

핸슨의 『양전자』(1963).

16) 예를 들어 카르납은 『논리적 구조』(1967) 67절에서 이렇게 쓴다: "현대의 심리학 연구는 여러 가지 감각의 양상에서 전체적인 인상이 인식적으로 근본적임을, 그리고 이른바 개인적 감각은 비록 나중에 인식한 것이 그 감각으로 '구성되었다'고 할지라도 오로지 추상적 개념에 의해서만 얻어짐을 더욱더 확인했다. 즉 화음은 개별적인 음조보다 더 기본적이고, 전체적인 시야의 인상이 그 안에 포함된 세부적인 것보다 더 기본적이며, 그리고 또 시야에 보이는 개별적 형태는 그 형태를 '구성하는' 색깔을 띤 시각 장소보다 더 기본적이다." 쿤은 『과학의 혁명』(1970)에서 형태 이동을 서로 다른 개념적 구성 아래서 관찰의 변화하는 상(像)을 대표하는 의미로 사용한다.

화의 원동력에 관심이 더 치우치는 계기가 되었다. 이러한 역사적이며 철학적인 상황은 "구역 시대 구분"이라고 부르려는 것에 의해 결정되는데, 그 상황에서 물리학의 기능은 역사의 한 순간에 발생한 어떤 하나의 구체적인 갈라짐으로부터 시작하여 끝까지 도중 내내 분열된다. 만일 과학사가 구역 시대 구분이 되어 있다면 "순수한 관찰"에 대한 논쟁을 피할 수 없고, 단지 맹목적인 선택만 남아 있을 뿐이다. 프톨레마이오스의 지구 중심설 내에서 관찰과 이론이나 코페르니쿠스의 태양 중심설 내에서 관찰과 이론을 보라. 뉴턴의 절대적인 공간의 패러다임과 아인슈타인의 상대론적 시공간의 패러다임 사이에 어떤 중립적 영역도 살아남을 수 없으며, 프리스틀리의 플로지스톤 패러다임과 라부아지에의 산소 패러다임 사이에도 역시 어떤 중립적 영역도 살아남을 수 없다. 의심할 여지 없이 "이론에 오염된" 또는 "이론에 시달리는" 관찰이라는 개념은 이론이 없어도 존재할 수 있는 감각-자료 언어의 꿈에 대해 효과 만점인 평형추(平衡錘) 역할을 했다. 하나의 중심 은유(隱喩)가 다른 은유로 바뀐 것이다.

정당성을 입증하기 위해 자체 조직의 규칙으로 움직이는 개별적인 섬 제국들의 모임으로서 과학을 설명하는 묘사가 얼마나 매력적인지에 대해서는, 심지어 다른 점에서는 모두 서로 뚜렷이 구별되는 견해를 가지고 있거나 서로 반대되는 견해를 가지고 있는 역사학자나 철학자 그리고 사회학자의 연구에서조차도 묘사의 편재성(遍在性) 정도에 의해 측정될 수 있다. 앞으로 제9장에서 좀더 충분히 논의되겠지만 (여러 가지 중에서) 카르납의 "구조", 콰인의 "개념적 계획", 라카토스의 "프로그램", 쿤의 "패러다임" 등 모두가 1960년대에 매우 중요한 과업을 수행했다. 즉 그들은 지식이 약간의 관찰에 의해 조금씩 단편적으로 확보될 수 있다는 견해에 반대하는 입장을 취했다. 좀더 최근인 1970년대와 1980년대에는 배리 반스와 해리 콜린스, 트레버 핀치, 앤드루 피커링과 같은 일부 과학 사회학자들은 상이(相異)하여 서로 공존할 수 없는 패러다임들이라는 쿤의 견해를 채택했다. 그런데 그 견해는 왜 패러다임이 채택되고 유지되다가 마침내 폐지되는지를 설명하는 데 기초가 되는 사회학상의 절차를 대변한다고 보았다. 콜린스와 핀치가 말하는 바에 따르면 "패러다임의 약정(約定)에 귀속된 모든 특성으로부터 혁명적인 변이(變移)의 특수한 성질이 발생한다." (콜린스와 핀치가 다른 곳에서 말하듯이) 다른 공동체의 구성원들은 자주 다른 패러다임을 고수한다. 그들은 앨버트 와이머를 지지하는 인용에서 다음과 같이 결론짓는다.[17] "서로 상충되는 패러다임 사이에서는 "동시에 존재하는" 연구란 있을 수 없다. 즉 일단 세계를 새로운 관점에서 바라보면 세계는 이전의 시각을 되찾기 위하여 "형태 전이(轉移)"를 일으키고, 네커 입방체(종이에 그린 입방체의 앞뒤가 보기에 따라 달리 보임을 강조 – 옮긴이)에서 양자택일로 인식되는 것처럼 그들은 동시에 함께 존재할 수 없다." 패러다임 이동의 완전성에 대해 동일한 약정(約定)을 표현하면서 "실제 역사상의 경우, 새로운 패러다임이 발생하면서 개념의 조직 전반과 연관된 변환의 유발이 존재

---

17) 콜린스와 핀치, 『틀』(1982), 155쪽, 160쪽. 콜린스와 핀치는 그들의 "정신 활동의 혁명"에 대한 연구를 (쿤의 의미에서는 "혁명") 다음과 같이 결론짓는다. "구체적으로 과학과 연관되어 상이(相異)하기 때문에 서로 공존할 수 없는 패러다임이라는 생각은 심지어 가장 급진적이라는 윈치와 비트겐슈타인의 의미로 해석될 때에도 당대의 과학을 이해하는 데 한 역할을 맡고 있음이 입증되었다" (1984~85). 콜린스와 핀치가 이해하는 바에 따르면 "보편적인 양식(良識)"이 패러다임 사이의 "다리"를 제공하지 못하는 한, 쿤의 사회학적인 적용이 과학에도 똑같이 적용된다. "만일 급진적인 문화 불연속의 증거가 당대의 과학에서 발견될 수 있다면, 그리고 바로 그러한 점이 이 연구의 주장인데, 지식에 대한 사회학의 범위는 참으로 매우 넓다." (그들이 와이머로부터 인용한 참고문헌은 와이머, 「심리학의 역사」, *Sci. Stud.* 4[1974]: 367~396쪽 중 382쪽 참조.) 마찬가지로 피커링은 그의 훌륭한 저서 『쿼크』(1984)의 개요를 소개하면서 다음과 같이 주장한다. "나는 이전 물리학의 배경을 등지고 새로운 물리학이 출현하는 것을 분석했는데, 서로 공존할 수 없는 성질의 현시(顯示)는 두 체재 사이의 변이(變移)에 걸쳐서 각인되어 있다. 이전 물리학과 새 물리학이 쿤의 의미에서는 분명히 다르고 따로 분리된 세계를 구성했다"(409쪽). 그는 계속해서 이론의 선택은 "서로 다른 (실험적) 해석상의 기능 중에서" 중요한 미시적 물리 현상(중성 전류)의 "실재(實在) 또는 비실재를 결정하는 …… 동시에 이루어지는 선택을 요구했다"라고 명시한다.

한다고 강력히 주장했다. 그러면 양자택일할 사상을 전달하는 담화와 활동의 두 가지 틀을 평가해야만 한다. 둘 다에 대한 전체 양식의 재구성이 존재한다."[18] 피커링 또한 경험이 경험보다 더 먼저 나온 이론에 순응하는 것과 같은 경험의 "적응성"을 강조하면서 실험과 도구를 그들을 지배하는 개념적 체계로 연결짓는 데에 구체적으로 쿤을 거론했다.

즉 "그러한 [개념화한 것에 적응시키기 위한 도구의 기능이 지닌] 조절 가능성은 관찰 언어의 이론에 시달리는 성질이라는 철학적 관념에서 인지하는 것의 범위를 넘어 과학의 경험적 기반에 내재되어 있는 적응성을 암시하며, 적응성은 그 자체가 서로 다른 개념적 틀에 찬동하는 모임에 속한 "본래 분야들" 사이의 급진적인 비공존성이 가능함을 암시하는데, 각 모임은 그 모임의 개념적 틀과 어울리는 현상에 도구의 기능을 적응시킨다."[19] 그렇게 구역으로 시대 구분된 설명에서 "모두-포함하는" 단절이라는 역사적 묘사는, 서로 공존할 수 없는 "삶의 방법", 즉 마치 한밤중의 선박이 지나치듯 서로 지나치는 패러다임에 근거한 과학적 상대주의의 특별한 한 변형에 대한 정당성을 제공했다.

내 견해로는 구역 시대 구분이라는 가정을 과학 연구에 대한 좀 최근의 어떤 과제에서도 필요로 하지 않는다는 것이다. 사회 구성주의자들은 이론적 기능과 연구소 기능이 지닌 **공동 시대 구분**의 묘사와 그 당연한 결과인 구역 상대주의를 포기할 수 있었다. 그럼에도 불구하고 그들은 과학 연구와 광범위한 문화 공급원들이 모인 집합체로서의 표준에 대한 생산적인 미래상을 유지할 수 있었다. 철학자들은 개념적 계획이나 틀과 패러다임이 예를 들어 맥스웰주의자들 사이의 전자 또는 로렌츠주의자들 사이의 전자 또는 19세기 말 실험 과학자들 사이의 전자에 대해 서로 다르게 이야기하는 방법들을 얻는데, 유용한 수단이 될지도 모른다는 생각을 고수할 수 있었다. 요컨대 우리는 물리에 대한 이야기가 원자

---

18) 반스의 『쿤』(1982), 67쪽을 보라.

19) 피커링, 「홀극」, *Soc. Stud. Sci.* 11(1981): 63~93쪽 중 88~89쪽.

론적인 언어 조각들이 모여서 이루어진다는 견해와 과학적 언어가 오직 세계 전체적인 관점에서만 이루어진다는 견해 사이에서 꼭 어느 한쪽으로 경도(傾倒)될 필요는 없다.[20] 여기서 소개된 묘사는 실험하기의 언어와 기능, 기구의 사용 그리고 이론이 모두 별개이지만 흥미로운 방법으로 서로 연결되어 있다고 말한다. 특히 그중에서도 우리는 실험적 기능과 이론적 기능 그리고 도구적 기능을 모두 하나에서 유래한 변형이라고 가정할 필요가 없다는 것이다.

3. 다중(多重) 구속 조건, 동시 풀이

기구의 사용이나 실험하기 그리고 이론의 기능들이 같은 시대에 어떻게 바뀌는지 묘사하는 대신, 나는 각 기능이 자체의 빠르기와 변화의 활력을 지니고 있다는 가능성을 남겨놓고자 한다. 간단히 표현하면 물리학의 다양한 하부 문화의 시대를 구분하는 단절은 꼭 동시에 일어나야 하는 것이 아니라 사이사이에 번갈아 들어간다. 말하자면 이론적 기능의 단절은 도구적 기능이 계속되는 시기에 일어날 수도 있다. 구름 상자의 도입과 같은 실험적 기능의 틈새가 미시(微視) 물리학 이론에서의 변화와 꼭 일치해야 하는 것은 아니다. 넓은 의미로 이 책은 두 가지 궁극적 목표를 위해 저술되었다. 첫째, 이렇게 부분적으로 자율적인 하부 문화에 역사적이고 철학적인 공간을 만들자는 것이다. 특히 연구소의 물질문화가 물리학의 다른 분야를 통해서, 실제로 물리학을 훨씬 넘어서, 종종 특별한 이론적 사안(事案)의 직접적인 인도를 받지 않고, 움직인 길을 따라 가보자는 것이다. 둘째, 나는 이렇게 다양한 하부 문화가 실제로 어떻게 서로 영향을 끼쳤느냐는 문제를 제기하고자 한다. 하부 문화는 역사적 특이성을 통해 고찰해볼 때 전체적으로 문화라고 부를 만한 그 무엇을 어떻게 형성했는가?

---

20) 전체론을 향한 일관된 비난에 대해서는 포더와 레포어, 『전체론』(1992)을 보라.

도구 제작과 이론 만들기 그리고 실험하기 등의 부분적인 자율성의 특성을 묘사하기 위해 그것들의 내부 구조를 특징지을 방법이 필요하다. 첫 시작으로 어려움이 어디 있는지 물어볼 수 있다. 물리학에서 이미 형성된 하부 문화가 더 이상 계속되기 어려운 장소는 어디이고 시기는 언제인가? 중요한 입자 물리학 실험을 위한 검출기를 설계하려 한다고 가정하자. 어떤 조건의 제약을 받게 되는가? 1984년에 미국 고에너지 물리학계에 속한 사람들은 대부분 초전도 거대 충돌 가속기에 이용할 수 있는 검출기의 설계 문제에 마음을 빼앗기고 있었다. 한 연구 집단은 (입자들의 경로를 구부러지게 만들어 그 에너지를 결정하는 데 도움이 되는) 자석을 (쏟아져 나오는 대전[帶電] 입자들의 에너지를 측정하는) 열량계 바깥으로 이동시켜야 하는 이유를 열거했다. 이 집단이 내세운 첫 번째 이유를 보면, 그것이 잘 돌아가는데 단지 물리적인 구속 조건만 적용됨을 시사했다. "[자석을 이동시키기만 하면] 에너지 분해능(分解能)이나 쏟아지는 입자들의 퍼짐 또는 특히 밀폐성과 연관하여 열량계의 성능이 조금도 악화되지 않을 것이다."

이것만 놓고 보면 이 이유는 실험 과학자들이 직면한 기본적인 문제가 내부적인 것임을 알려준다. 무거운 쿼크의 붕괴로부터 제기되는 기술적 요구들, 즉 에너지 측정의 정밀성, 상호작용의 캐스케이드(샤워)에서 발생하는 입자들을 모두 포획하는 능력, 그리고 상호작용에서 발생하는 모든 입자에 대한 설명의 필요성 때문에 자석을 이동해야 된다는 결정이 내려졌다. 그러나 동일한 목록에서 뽑은 또 다른 일련의 구속 조건들은 원자력, 산업, 그리고 군사적 목적의 생산과 소비 사이의 순환과 연관된 전체 네트워크 안에서 비용과 우라늄의 입수 가능성 등을 취급한다. 이와 같은 논의는 하나씩 따로 보면, 앞선 결론과 상반됨을 시사한다. 검출기의 설계가 외부의 사회경제적인 고려로 결정되었다. 세 번째 구속 조건은 공학 기술의 영역에서 유래했다. 구성 요소의 구조적인 배열이 자석을 밖으로 이동함으로써 대단히 간단해질 수 있었다. 이것이 과학 기술적 결정론자가 꼭 채택해야 되는 조건이다. 그러나 이러한 변환하는 방식 중 어느 것도, 즉 (물리적 이유만을 위한 설계로서) 내부주의나 (사회경제적인 이유만을 위한 설계로서) 외부주의나 (공학기술적인 이유만을 위한 설계로서) 과학 기술적 결정론 등 어느 것도, 어느 하나라도 위배하면 손실을 피할 수 없는 다중(多重)의 구속 조건 아래서 연구하는 물리학자들의 일상적인 경험을 포착하지 못한다. 만일 검출기의 에너지 분해능이 적절하지 못하다면 그 결과로 초래하는 오류를 다른 곳에서 어렵사리 해결해야만 했다. 만일 우라늄의 비용 문제가 제기되면 채널의 수를 바꾸든 또는 어떤 다른 보상할 만한 예산 삭감을 견뎌내야만 했다.[21)]

그런 경우에 실험 과학자는 종종 다른 많은 구속 조건을 충족시키는 하나의 곡선을 찾고 있는 수학자와 같은 처지에 있음을 발견하는데, 다만 여기서의 구속 조건들이 (좁게 해석하면) 모두 과학 영역에 해당하는 것은 아니다. 수학에서와 마찬가지로 하나 이상의 곡선이 적소에 놓인 필터를 통과하게 됨을 발견하는 것은 그렇게 유별나지 않다. 하나 이상의 풀이가 가능하다는 점이 맹목적인 결정론(또는 역사적인 기능주의)을 제외시킨다. 즉 기존의 구속 조건이 항상 그리고 일반적으로 연구소의 움직임을 명확하게 결정하는 것은 아니다. 그러나 수학과의 유사성을 좀더 확대해보자면 어떤 곡선도 제시된 조건을 동시에 모두 충족시킬 것

---

21) 이 예를 더 알고자 하면 갤리슨의 「철학」, *J. Phil.* 185(1988): 525~527쪽을 보라. 이 점에 있어서 나는 과학적 연구 결과는 여러 가지 요소로 구성되어 있음을 강조하기 위한 미셸 캘런과 브루노 라투어의 노력에 공감한다. 조개 수확(캘런, 「변형의 사회학」[1986])과 파스퇴르라는 이름과 연구에 대해 형성된 여론(라투어, 『저온살균법』[1988])에 대한 그들의 설명을 참고하라. 자딘(『탐구의 현장』[1991], 185행 이하, 특히 주 10)이 적절히 지적한 것처럼 내가 "장기 구속 조건"에서 사용한 뜻과 라투어가 "주어진 것들"에서 사용한 뜻은 상당히 많이 일치한다. 내가 다중(多重) 구속 조건이라는 그림에서 강조한 것과 캘런-라투어가 행위자/네트워크 이론에서 강조한 것 사이의 차이점은 아마도 다음과 같다. 그들의 연구는 이미 정해진 목표를 향해 서로 제휴를 모색하고 다른 그룹의 지지를 구하는 데서 나올 수 있는 효과와 상승력의 순응성을 강조한다. 나의 연구는 시간이 흐름에 따라 과학 영역에서 생겨나고 행동의 범위를 한정하는 물질적 (그리고 비물질적) 장애에 대해 초점을 맞추는 데 도움이 된다.

이라는 점을 결코 미리 보장받지는 못한다. 예를 들면 제5장에서 더 자세히 알게 되겠지만, 거품 상자를 발명한 도널드 글레이저는 (고해상도의 사진을 제공하는) 상(像) 장치인 동시에 입자들이 (에너지나 각도[角度] 등에서) 어떤 특정 성질을 가질 경우에만 "반응이 가능한" 논리 장치인 새로운 검출기를 만드는 방법을 필사적으로 찾고 있었다. 구름 상자는 20년 전부터 반응에 따라 동작을 유발시킬 수 있는 장치였다. 그러나 수십 년에 걸쳐서 전 세계 수십 그룹들의 노력에도 불구하고, 어떤 그룹도 그러한 상(像) 장치가 반응에 따라 동작할 수 있도록 유체 역학을 전자(電子) 장치와 연동시킬 수 없었다. 즉 액체의 성질과 열(熱), 기술 등에 가해지는 각종 구속 조건으로 인해 그것이 불가능했던 것이다. 반응에 따라 작동하는 것과 연관된 특정한 실험 내부의 구속 조건이 거품 상자의 제작 기능과 연관된 구속 조건과 전혀 양립할 수 없었다.

이렇게 해결책이 없을 수도 있다는 가능성은 이론 과학자와 실험 과학자가 만날 때 특히 중요해진다. 왜냐하면 이렇게 매우 다른 두 하부문화가 맞닥뜨릴 때 스스로 통치되는 섬 제국으로 분리된 물리학이라는, 구역 시대 구분의 중심 은유(隱喩)에서 가장 극적인 실패를 맛보기 때문이다.

이론 과학자는 도구 제작자나 실험 과학자의 구속 조건과는 일반적으로 같지 않은 자신만의 구속 조건을 가지고 있다. 그런 구속 조건 중 일부는 그저 실용적인 문제일 수도 있다. 계산해 확인될 수 없는 예언이 담긴 이론은 별 쓸모가 없으며, 그래서 한동안 계산 가능성이 이론 수립의 구속 조건이 되어 왔다. 시대에 따라서 그러한 구속 조건 중에는 이론의 형태가 선형(線型)이어야 한다든지, 해석적이어야 한다든지, 공변(共變)적이어야 한다든지, 자연적이어야 한다든지 또는 재규격화할 수 있어야 한다든지 하는 것들이 포함되어 있었다. 이론적 구속 조건 중 일부는 표현법이 간결하게, 대칭적으로 또는 동일 차수의 기호 형태로 표현될 수 있어야 한다는 등의 제한처럼 심미적(審美的) 요청일 수도 있다.

그러나 그 기원이 무엇이든 구속 조건은 이론 과학자의 긍정적인 연구 계획을 구체화한다. 실험 내부의 구속 조건과 마찬가지로 이론 내부의 구속 조건은 서로 다른 환경에 따라 여러 개의 풀이를 허용할 수 있고 단 한 개 또는 그마저도 허용하지 않을 수 있다. 예를 들어 큰통일이론(grand unified theory, GUT)이 애초에 기대했던 것은 강력과 약력 그리고 전자기력에 대한 그러한 설명이 (단지 간단한 게이지 군만 포함할 것이라는) 수학적 구속 조건과 (재규격화할 수 있을 것이라는) 이론적 구속 조건, 그리고 (예를 들어 대략적으로 말해 전기력의 세기와 약력의 세기의 비인 약력의 혼합 각도 측정값과 일치하고, 측정할 수 있는 양성자 붕괴를 예측할 것이라는) 여러 가지 현상론적 구속 조건을 만족하리라는 점이었다. 여의치 않으면 이러한 제한을 완화시키거나 수정하여 계속 진행하는 방법이 (논리적으로) 가능한 것도 사실이다. 그러나 1970년대에 GUT 주위에서 성장한 이론적 소집단은 이렇게 뚜렷한 구속 조건을 동시에 모두 만족하는 확실한 길이 남아 있지 않음이 명백해짐에 따라 1980년대에 소멸되었다.

여기서 구속 조건에 대해 두 가지 점을 주목하는 것이 중요하다. 첫째, 이론적 하부 문화와 실험적 하부 문화 내부에서 동작하는 구속 조건은 준(準)자율적이고 절대적으로 분리되어 있지는 않다는 점이다. 심지어 이론의 여러 관점을 제외하고 제기된 실험적 질문들 중 대다수가 안출(案出)해 내는 것조차 불가능하다. 거꾸로 이론은 실험 지식의 여러 관점에 상당히 깊게 의존할 수 있다. 심지어 물리학 이론 중 가장 세련된 끈 이론조차 중력의 본성에 관한 몇 가지 기본 가정에서 출발한다. 이론과 실험의 구속 조건은 종종 너무 다르기 때문에 둘 중 한쪽 또는 다른 쪽이 포기할 때까지 서로 충돌할 수 있다고도 한다. 내가 즐겨 인용하는 그렇게 서로 양립하지 않는 예로, 1970년대 초 어떤 일류 실험 과학자가 약한 중성 전류가 존재하지 않음을 입증하는 데 수년 동안 노력을 쏟은 다음, 자기 자신의 실험 결과에 위배하는 명백한 결론에 도달했던 경우를 들 수 있다. 다양한 기계 설비의 움직임이나 자료 분석, 시뮬레이션, 계산 결과 등으로부터 제기된 연구소 구속 조건은 그에게 이전 이론을 유지할 수 있는 방법을 하나도 남겨놓지 않았다. 그는 동료에게 "이 효과들을 어떻게 제거할 수 있을지 알 수 없다"라는 편지를 보냈다.

둘째, 이론적 (그리고 실험적) 구속 조건은 발전적인 역할을 맡기도 하지만 또한 제한적인 역할을 맡기도 한다. 구속 조건은 움직임을 제한하기 때문에 문제-영역의 형태나 구조, 방향을 제공하는 등 이론 과학자의 긍정적 연구 계획의 형체를 만든다. 다음에 인용하는 견해에서 스티븐 와인버그는 이론이 몇 개의 정해진 변수들을 입력으로 하여 모든 차수의 정확도를 지닌 예언을 만들도록 요구하는 초(超)이론적 구속 조건인 재규격 가능성에 대한 자신의 반응을 기술한다.

> 나는 대학원 학생일 때 대부분 다이슨의 논문을 읽으면서 재규격 이론에 대해 공부했다. 재규격이 가능한 양자 장이론이 거의 없다는 것이 내게는 처음부터 경이로운 일로 보였다. 이런 종류의 제한이 결국 우리가 가장 원하는 것이다. 즉 무한히 많은 갖가지 물리적으로 부적절한 이론들로부터 뜻이 통할 수 있도록 만드는 수학적 방법이 아니라 구속 조건을 수반하는 방법이 우리가 원하는 것인데, 왜냐하면 그런 구속 조건이 하나의 진정한 이론을 향하는 길을 제시해 줄 수 있기 때문이다. 특히 나는 양자 전기 동역학이 대칭성에 관한 원리와 재규격 가능성에 대한 구속 조건에 의해 어느 정도 유도될 수 있다는 사실에 깊은 감명을 받았다. 광자(光子)와 전자(電子)에 대한 로렌츠 불변이며 또한 게이지 불변인 재규격이 가능한 유일한 라그랑지안은 정확하게 [양자 전기 동역학의] 원래 디랙 라그랑지안이다.[22]

구속 조건은 물리학자가 이론과 장치, ("우리가 가장 원하는") 실험을 수립하기 위해 사용되므로 구속 조건을 오로지 부정적으로만 보지 않는 것이 절대로 중요하다. 참으로 이론적 구속 조건은 자주 표기되는 규칙 자

---

22) 와인버그, 「개념적인」, *Rev. Mod. Phys.* 52(1980): 515~523쪽 중 517쪽.

체에 새겨져 있다. 예를 들어 일반 상대론에서 첨자를 맞추는 규칙은 상대론적 불변성을 사실상 자동으로 유지시킨다. 좀더 다른 미묘한 표기에 관한 방책(方策)들이 확률에서부터 전하(電荷) 또는 각운동량에 이르기까지 수많은 양의 보존을 규제하는 데 이용된다. 각각의 상호작용에 대한 이론에서 보존되는 좀더 추상적인 양들(아이소 스핀, 매력도 등) 중 많은 것들이 직접 측정하기에는 아직 요원하다. 이러한 경계가 되는 징후(예를 들어 아이소 스핀이 보존되지 않는 강 상호작용에 대한 법칙이 없음)들이 추론적인 생각에 있어서 "큰 난관이 되고 있다"라고 말하는 동안 또한 특정 문제에 대해 해결 방안을 제시하는 긍정적인 작용도 하고 있다.

구역 시대 구분은 이러한 이론적 기능의 다양함, 그리고 실험 과학자나 도구 제작자가 업무를 수행하는 활동 현장에서 맞닥뜨리는 무수한 장애로부터 초래되는 개별성의 다양함을 모호하게 만들고 있다. 그러나 만일 역사적인 근거에서 구역 시대 구분 방식을 용납하기 어렵다면 좀더 추상적인 철학적 근거로부터 그 방식이 갖고 있는 매력적인 능력을 이해할 수 있다. 많은 구역 표현법들 중에서 각각의 표현법(신칸트 학파 철학의 세계관, 카르납의 구조, 쿤의 패러다임, 라카토스의 프로그램 등)은 과학을 개념 방식으로 구분했다. 과학 연구를 수행하는 많은 저자들이 그러한 전략을 계속해서 개발하고 있다. 왜냐하면 그들은 구역 표현법이 과학에서 나오는 새로운 이론들 중 각각의 이론이 그 이전 이론의 내용을 모두 포함하고 설명한다고 생각하는 소박한 진보주의에 도전한다고 믿기 때문이다. 좀더 최근에는 섬 제국의 관점이 형이상학적 실재론을 공격하고 한 종류의 상대주의를 방어하는 데 근거로 이용하는 사람들에게서 안식처를 찾았다. 트레버 핀치가 말했듯이 배리 반스와 데이비드 블로어, 해리 콜린스는 모두 "패러다임 공약 불가능성"이라는 개념에 근거한 "상대주의의 어떤 형태를 주창한다."

즉 모두 핀치가 "급진적인 쿤 학파" 형태의 연구라고 부른 것에 관여한다.[23] (상대주의에 대한 이러한 논의는 다음과 같이 계속되는데) 만일

(공생[共生]하는, 스스로 강화되는 이론과 실험, 관찰, 도구의 결합물인) 각각의 지식 구역이 그 이전 주자(走者)와 그 후계자 사이에 교량을 가설할 수 없도록 고립되어 있고 이전 주자 그리고 후계자와 함께 공존할 수도 없다면 어떻게 과학이 "진리"를 사거나 "세계"를 살 수가 있을까?

실증주의의 세계에서 이론은 단지 관찰의 요약에 불과한 것으로 격하된다. 반실증주의 세계에서는 그 반대가 성립한다. 도구에 대해 언급하면서 『인식론』에 나오는 가스통 바슐라르의 의견은 기구 사용법의 자율성에 반대하고 이론의 전반적인 편재성에 대해 찬성하는 함성이 되었다. "현대 과학에서 도구는 잘 구체화된 정리(定理)다." 바슐라르는 계속하여 가설과 도구는 철저하게 조정된다고 말한다. 밀리컨의 기름방울 실험이나 스턴과 겔라흐의 공간 양자화 실험 같은 장치는 바슐라르가 낭독하는바 "전자(電子) 또는 원자의 역할로써 직접 고안된 것이다."[24] 이와 같은 포괄적인 진술은 이론과 실험 사이의 관계에 정확성이 결여되어 있음을 악용한 것이다. 비록 밀리컨이 전자의 전하를 측정하기 위해 기름방울 실험을 설계한 것이 사실이라고 할지라도(홀턴이 보인 것처럼[25] 밀리컨은 이미 전하가 불연속적이라는 입장을 밝혔다) 그 장치는, 그 근본이, 구름 상자로, 전자(電子)가 양자화된 전하를 나르지 않음을 증명하려는 목적으로 고안된 그리고 바로 뒤에 (여러 사람들 중에서도 에렌하

---

23) 핀치, 「보수적이고 급진적인」, *4S Newsletter* 7, no. 1(1982): 10~25쪽 중 10~11쪽. 핀치는 또한 "급진적 쿤 학파" 항목에 콕스를 포함시키고 모두들 패러다임 사이의 공약 불가능성을 단절의 양면(兩面)에 좋음 또는 나쁨의 등급 매기기를 의도적으로 피하는 논거(論據)로 불러들였음을 주목하라.

24) 바슐라르의 『인식론』(1971), 137~138쪽을 보라. 여기서 바슐라르의 의견은 실제로 "구체화된 이론"이 첨가된 환상(環狀) 논의보다 좀더 미묘하다(흥미롭다). 바슐라르는 이 자료의 인용에 이어 베이힝거를 그의 『철학』에 나오는 허구주의에 대해 원자론에 포함된 예의 물질적 기능을 무시했다고 비판한다. 그러므로 적어도 한 번쯤 바슐라르를 그럴듯하게 읽으면 그가 이론에 시달리는 장치를 이용하여 이론의 자체-참고성을 주창하는 사람이 아니라, 오히려 일부 신칸트 학파의 유심론주의자를 점잖게 반대하는 유물론자임을 알게 될 것이다.

25) 홀턴, 「전자 내부」(1978).

프트에 의해) 그렇게 사용된 장치의 변형(變形)이었다. 다음 장에서 보겠지만, 실로 구름 상자는 미립자로 이루어진 물질에 대해 깜짝 놀랄 만큼 다양한 시야에 걸쳐서, 그리고 좀더 일반적으로는 자연 과학의 넓은 범위에 걸쳐서 효과를 낸다. 구름 상자는 먼지나 구름, 빗방울, 입자라고 케임브리지 대학에서 논의된 이온과 같은 형태에 대한 끈질긴 집념 위에서 고안된 기계 중의 한 예로, 이온이라는 착상이 윌슨의 구름 상자를 탄생시켰다. 그러나 윌슨의 상자가 이온 또는 전자(電子)를 구체화시킨 이론이 아니었음은 분명하다. 개념적인 계획에 대한 이야기는 이론의 기능과 실험의 기능을 섞어 구별할 수 없게 만들고 도구에 대한 결정과 이론에 의한 실험을 과장한다. 대신 철학적 이유와 역사적 이유 모두를 위해 꼭 실험 위에 이론이 세워졌다거나 이론에 의해 실험이 나왔다고 말하지 말고 관련된 이론적 세부 사항을 바탕으로 실험실 기능의 부분적 자율성을 손에 넣을 수 있는 물리의 그림이 필요하다.

우리는 이 책에서 물리학이 일체가 완비되어 독립적인 부분과 스스로 안정시키는 장치를 가진 부분으로 나뉜다고 미리 가정하지 않고 진행하려고 한다. 물리학의 하부 문화가 공동으로 시대 구분이 되어 있다고 미리 가정하는 대신, 그러한 하부 문화 사이의 관계는 각 하부 문화가 뿌리를 두고 있는 구체적인 역사적 상황 아래서 탐구될 수 있는 부수적인 문제라고 볼 것이다.[26] 실제로 공동 시대 구분이 성립된다고 기대하기는 어렵고, 오히려 서로 다른 각각의 하부 문화 역사는 자신의 전환기를 가지고 있으며, 그 전환기들은 좀처럼 서로 일치하지 않는다고 예상하는 것이 더 옳다. 이와 같이 사이사이에 끼여 있는 시대 구분은 각 분야의 역사를 전체적으로 가지런히 쌓아올린 인접한 벽돌 기둥들이라기보다는 울퉁불퉁한 돌담장이거나 거친 벽돌 벽이라고 묘사할 것이다. 그리고 벽돌 벽의 위아래 층에서 벽돌과 벽돌의 이음새가 엇갈려 있어야 벽이

---

26) 다른 저자들은 "뿌리를 두고 있는"이라는 용어를 동일하지 않은 의미로 사용한다. 바이스, 「역학을 중재하며」, *Sci. Con.* 2(1988): 77~113쪽 참조.

훨씬 더 튼튼한 것과 마찬가지로 비록 하부 문화를 개별적으로 고려하면 깊은 단절이 일어날지라도 전체적으로 물리학에 연속되어 있다는 느낌을 부여하는 것은 (도구 제작과 실험해보기, 이론 세우기 등) 다양한 기능들이 이와 같이 서로 번갈아 끼어 있기 때문이다.

4. 상(像)과 논리

이 책의 목표는 이론 중심의 설명을 풀어내거나 고립된 실험상의 발견 하나하나에 대한 이야기를 수집하는 대신, 현대 물리에 이용된 기구들의 분석을 통하여 실험적 관습 근저(根底)에 자리 잡은 연속성을 드러내자는 데 있다. 나는 도구 제작에서 서로 필적하는 두 전통을 따라가고자 한다. 그 두 전통은 이 책의 제목(『상(像)과 논리』)에 반영되어 있다. 한 가지 전통은 충만함과 복잡함을 모두 고려한 자연적인 과정에 대한 대변을 목표로 삼아왔으며, 상(像)을 너무도 뚜렷하게 제작하여 단 한 장의 사진으로도 새로운 실체나 효과의 증거로 이용될 수 있다. 그 상(像)들은 **모사물**(模寫物)로서 소개되고 지켜진다. 즉 그 상(像)들은 세상에서 일어나는 일의 형상을 보전(保全)하는 의미를 지닌다. 입자들은 과열된 수소 내부에서 거품으로 이루어진 또는 과포화된 수증기에서 물방울로 이루어진 또는 사진 건판에서 화학적으로 변형된 에멀션의 흔적을 남기는데, 이 기록들은 사실 그 자체에 의해 보이지 않는 자연의 원래 지닌 형상을 재창조한다. 이렇게 대변하는 것의 이상(理想)이 형상의 모사적(模寫的) 보전에 의지하기 때문에 나는 그것을 "동형성(同形性)"이라고 부르고자 한다.

이러한 모사적(模寫的) 전통에 반해 내가 "논리적 전통"이라고 부른 것을 함께 거론하고자 하는데, 논리적 전통에서 전자(電子) 논리 회로에 결합된 전자(電子) 계수기(計數器)를 이용한 바 있다. 이렇게 (그림을 그리기보다) 횟수를 세는 기계는 입자나 효과의 존재에 대한 통계적 논거를 제공하기 위해 다량의 자료를 모은다. 논리적 전통은 상(像)을 만드는 경쟁자가 개별적인 사건과 연관짓도록 가져오는 날카로운 초점을 포기하거나, 어떤 경우에는 명시적으로 거부한다. 그 대신 특정 환경 사이의 논리적 관계가 결정된다. 예를 들어 입자는 철판 3을 통과하지 않았지만 철판 4, 5, 6을 통과했다. 이렇게 등록한 통계적 양식(樣式)은 사건 사이의 논리적 관계를 보존하기 때문에 나는 이것을 "상동성(相同性)" 대변이라고 부르겠다.

모사적(模寫的) 대변은 그 설명에서 무엇이 빠져 있다는 혐의로부터는 방비가 잘 되어 있지만 요행수나 이상한 것을 찾아냈다고 비난받을 약점을 가지고 있다. 이와는 대조적으로 통계적 접근은 다수(多數)의 안정성을 위하여 개개에 대한 자세함을 의도적으로 희생시킨다. 대부분의 경우 두 접근이 예를 들어 새로운 입자를 찾아내는 것처럼, 동일한 정보를 가져올 수 있다. 그럴 때 물리학자들은 에르고드 정리(定理)의 형이상학적 변형이라고 부를 수 있는 것에 호소한다.

즉 자세하게 잘 알려진 단 하나의 사건에 관한 정보는 부분적으로만 알려진 동일한 급의 많은 사건에서 추론한 정보와 관련된 모든 방법에서 동일하다. (통계 역학에서는 한 통에 들어 있는 기체의 행동을 오랜 시간 동안 조사한 것이 여러 개의 동일한 통에 들어 있는 기체를 더 짧은 시간 동안 조사하는 것과 동일하다.) 만일 반-뮤온-뉴트리노 한 개를 관찰했다면 반-뮤온-뉴트리노를 전부 본 것이나 다름없다. 만일 100만 개의 람다 입자를 관찰하면서 이 입자에서는 여기를 저 입자에서는 저기를 조금씩 보았다면 어떤 람다 입자 한 개라도 그 입자에 대한 모든 것을 다 알 수 있다. 그래서 추상적으로 말하면 (동형성[同形性] 대변에 의한) 상(像) 전통은 (상동성[相同性] 대변에 의한) 논리 전통과 균형을 맞추며 점진적으로 변화된다. 구체적으로 나는 물리학의 미시(微視) 물리적 실재(實在)를 추구하고자 설계된 기구에 초점을 맞추겠다. 즉 상(像) 쪽에서는 구름 상자, 원자핵 에멀션, 그리고 거품 상자에 초점을 맞추고, 논리 쪽에서는 (가이거-뮐러, 체렌코프, 섬광) 계수기, 불꽃 상자, 와이어 상자 등에 초점을 맞출 것이다(〈그림 1.1〉 참조).

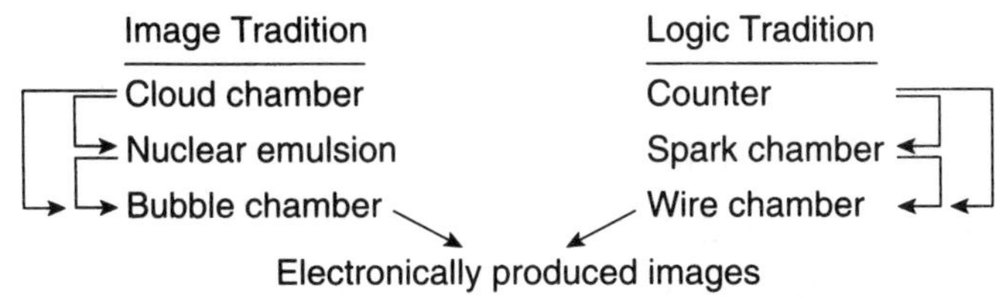

〈그림 1.1〉 도식으로 보인 상(像)과 논리

거품 상자가 20세기 초 입자들의 세계에 처음 발을 들여놓았을 때 시대를 초월한 위대한 기구의 하나로서 환영받았다. 물리학자 E. N. 안드레이드는 1923년에 "지난 겨우 10여 년 동안 그렇게도 빨리 획득한 단 한 개의 원자나 단지 몇 개의 원자를 다루는 능력을 미래 과학 역사가는 분명 우리가 살고 있는 시대의 탁월한 특성 중 하나로 기록할 것이다"라고 선언했다.[27] 이 능력은 윌슨의 상자와 개별적인 대전(帶電) 입자의 경로를 기록할 수 있는 새로운 전자(電子) 계수기에 의해 제일 먼저 입증되었다. 전자(電子) 계수기가 1920년대 말과 1930년대 초에 정당한 평가를 받게 되자 상(像) 전통을 이어받을 준비가 된 것처럼 보였다. 구름 상자와 구름 상자의 상(像) 전통 후예들, 원자핵 에멀션 등은 전쟁이 끝난 직후 인기를 만회했고, 다만 맨해튼 프로젝트와 레이더 프로젝트로부터 제작된 혁신적인 전자(電子) 장치에 의해 위협당하는 처지가 되었을 뿐이었다. 글레이저와 앨버레즈는 1950년대와 1960년대에 육중한 수소 거품 상자를 가지고 상(像) 전통을 다시 부활시켰을 뿐만 아니라 그것이 최대의 영향력을 가지도록 만들었다.

상(像) 전통은 산업 규모의 연구 시대로 들어서서 이번에는 영원히 성공한 것처럼 보였다. 그러나 논리 전통은 내놓을 다른 카드를 가지고 있었다. 계수기 물리학자들은 1960년대 말과 1970년대 초의 마이크로 전

27) 안드레이드, 「원자」(1923). 안드레이드는 몇 개 안 되는 원자를 능숙하게 다룰 수 있는 장치로 아스턴의 질량 분광기를 꼽았다.

자(電子) 혁명을 활용하면서 많은 수의 새로운 전자 검출기를 소개했다. 그 검출기들은 놀랄 만큼 좋은 분해능을 가지고 있어서 상(像) 전통의 설득력 있는 명료함에 접근하기 시작했고, 어떤 실험 과학자들은 각종 장치를 "전자(電子) 거품 상자"라는 별명으로 부를 정도에 이르렀다.

새로운 (강력한 컴퓨터에 연결된 표류 상자나 시간 투영 상자와 같은) 기구들은 논리 전통이 지닌 자료 분류 능력을 상(像) 전통이 지닌 단독의 세부 묘사 및 총괄적 성질과 함께 결합하기 시작했다. 그래서 1980년대 초-일렉트로닉 장치에 의해 제작되고 컴퓨터로 합성된 상(像)이 출현함에 따라 두 전통이 하나로 융합되었다. 그리고 1983년에 *W*입자와 *Z*입자의 발견을 널리 알린 것이 바로 그러한 일렉트로닉 "사진"이었는데, 사건에 대한 단 한 번의 일렉트로닉 검출이 다방면의 물리학계에 부정할 수 없는 강력한 증거로 제시된 최초의 사례였다.[28)]

〈그림 1.1〉에 지정된 두 전통의 지속을 논의하기 위해 나는 끊임없이 보강되는 연속성의 세 가지 단계를 고려하고 있다. 첫째, **교육학적 연속성**이 있다. C. T. R. 윌슨이 그의 첫 번째 구름 상자를 제작한 뒤 오래지 않아 로버트 밀리컨은 윌슨의 연구를 공부하여 그 기술을 익히고 기름방울 실험을 하기 위해 구름 상자를 개량한 기구를 이용했다. 밀리컨은 이 기술을 장래 구름 상자 대가(大家)가 될 칼 앤더슨에게 전수했다. 그다음에 앤더슨은 거품 상자를 발명한 도널드 글레이저를 가르쳤다. 글레이저의 제자들 중 많은 사람이 1960년대에 대규모 거품 상자 그룹에 참가하여 연구를 계속한 것은 그리 놀랄 일이 아니다. 좀더 일반적으로 보면 상(像) 전통과 논리 전통으로 구분된 각 분야에서 제자들을 연결하는 "족보"를 따라갈 수 있다.

둘째, **기술적 연속성**이 있다. 하루하루의 연구소에서 숙련된 기술은 구름 상자에서 거품 상자로, 구름 상자에서 에멀션으로, 에멀션에서 거품 상자로 계속된다. 이 세 가지 모두 흔적 분석과 사진술, 측미술(測微術)

---

28) 아니슨 외, 「실험의」, *Phys. Lett. B* 122(1983): 103~116쪽.

이 필요하다. 마찬가지로 논리 전통 쪽에서도 고압(高壓)의 이용과 논리 회로 설계, 기체 방전(放電) 물리 등을 포함하는 일렉트로닉 기술의 중단되지 않은 집단이 존재한다. 우리가 일단 이런 (서로 연관되는) 가르침과 기술의 연속성을 인지하기만 하면 상(像) 전통에서, 예컨대 1960년대 초 상당한 양의 "처리되지 않은" 자료가 흔적 사진의 형태로 거품 상자 공동연구자들로부터 에멀션 그룹으로 이동한 것을 알아도 그다지 놀랍지 않게 느낀다. 이와는 대조적으로 숙련된 기술은 상(像) 전통과 논리 전통의 경계를 넘어 용이하게 전달되지는 않는다. 물리학자들은 개별적으로나 그룹 모두 구름 상자 연구 또는 거품 상자 연구를 중지하고 납땜하기나 진공관 또는 회로판 작업에 착수하는 것이 어려움을 깨달았다.

이 두 가지 숙련된 기술 집단 사이의 차이가, 1970년대 초에 나온 다음 보고서가 분명하게 만든 것처럼, 두드러지게 눈에 띈다. "만일 그의 [어떤 박사과정 학생의] 소속이 계수기 불꽃 상자 그룹이라면 그는 장비를 설계하고 개발하는 데 도와주었을 것이고 컴퓨터 접속 장치와 소프트웨어 개발에 한몫할 수도 있었을 것이다. 그가 거품 상자 그룹에 속했더라면 프로그램이나 사진에 포함된 정보를 구별해 내는 절차를 개발하는 데 상당한 노력을 기울였을 것이다."[29] 분석 프로그램 짜기나 사진 분석과 회로판의 회로 조립 사이에는 전혀 관계가 없기 때문에 두 전통 사이를 교차하기가 1930년대까지는 (장애물 경기용의) 허들로 장애가 되었다면 1960년대 중반까지는 견고한 벽으로 가로막히게 되었다.

마지막으로 각 전통의 내부에서 논증 방법이 취하는 특성 형태에서의 연속성, 곧 내가 실증적 연속성 또는 인식적 연속성이라고 부르고자 하는 것이 있다. 상(像) 전통 쪽에는 "황금(절호의) 사건", 즉 아주 깨끗하고 분명하여 도저히 받아들이지 않을 수 없는 단 한 장의 사진을 만들어 내고자 하는 확고한 정신이 자리 잡고 있다. 그런 경우를 단지 몇 개만 들어보면 1932년 앤더슨의 양전자(陽電子) 사진, 1950년대 앨버레즈와

---

29) 국립과학협회, 『물리학 2』(1972), 114쪽.

공동 연구자들이 찍은 캐스케이드 제로와 뮤온으로 촉진된 핵융합 사진, 1960년대에 브룩헤이븐에서 포획한 오메가 마이너스 입자, 그리고 1970년대에 (거품 상자의) 가가멜 팀이 얻은 단일-전자 중성 전류 사건 사진 등이 있다. 그중에서 마지막 예는 어쩌면 단 하나 잘 구성된 사진이 전할 수 있는 힘을 실증적으로 보여주는 가장 좋은 증거다. 이 대규모 공동 연구 그룹의 일부 구성원들이 수년 동안 축적한 통계적 자료에도 불구하고, 강의실 화면에 비춘 사진, 학술지나 교과서에 다시 실은 사진, 글자 그대로 전 세계에 퍼져 나간 이 사진 한 장이 많은 물리학자들로 하여금 최초로 중성 전류의 물리적 실체를 믿도록 만들었다.[30)]

상(像) 전통에서 중대한 결과가 모두 황금 사건이 되었던 것은 아니다. 많은 성과들이 면밀하게 스캔된 수천 장의 사진을 처리한 결과에 의존했다. 그럼에도 불구하고 황금 사건이 (1980년대까지) 논리 전통에서는 전혀 손에 넣을 수 없었던 논증의 특징적 형태를 대표했다. 그 자체만으로 그것은 표장(標章)이었으며 접근 방법의 정당성을 과시하는 깃발이었다. 만일 개개의 사진을 가득 찬 강의실 앞에서 흔들 수 있다면 누가 10만 장의 그런 사진으로 수립한 논증의 힘을 의심할 수 있겠는가?

황금 사건은 상(像) 전통의 표본이었다. 하나의 개별적 사례가 너무 완

---

30) 중성 전류에 대한 가가멜의 경우에 이용된 논증 구조 내에서 이 단일 사건이 차지하는 위치에 대해서는 갤리슨의 『실험』(1987)을 보라. 사진이 지닌 안정되면서도 동시에 이동이 가능하다는 특성 덕분에 상(像) 제작자들이 갖게 된 중요한 수사학적 능력을 강조한 라투어는 옳은 판단을 한 것이다(그의 「불변의 가동장치」, 라투어, 「시각화(視覺化)」, *Know. Soc.* 6[1986]: 1~40쪽). 관련된 견해에 대해서는 린치, 「학문의 분야」, *Soc. Stud. Sci.* 15(1985): 37~66쪽을 보라. 그렇지만 내가 이 책 전체에서 강조하는 것처럼 시각화(視覺化)는 실증(實證)에 대한 경쟁적 형태일 뿐 아니라 실험실 작업에 대한 경쟁적 형태이기도 하다. 예를 들어 가가멜 팀 내부에서도 단 한 장의 전자 사진으로는 설득되지 않은 구성원도 많았다. 가가멜 팀과 경쟁관계에 있었던 미국의 실험 그룹에서도 비슷한 구분을 찾아볼 수 있다. 좀더 일반적으로 (예를 들어 아래의 제5장을 보라) 그림을 대신에 통계적이고 공식적이며 다른 비시각적인 논증의 방책을 선호하는 실험에 대한 인식적이며 유기적인 작업상의 견해가 존재했고 여전히 남아 있다.

전하고, 너무 잘 정의되어 있고, 너무도 "분명하게" 변형과 배경에 의한 가려짐이 전혀 없기 때문에 어떤 다른 자료의 도움도 청할 필요가 없었다. (어떻게 이러한 투명함을 만들어냈는지는 자세히 조사할 필요가 있다.) 완전한 사진을 얻기란 엄청나게 어렵기 때문에 구름 상자와 에멀션(또는 초기 거품 상자까지)으로 수확한 사진은 별로 많지 않았다. 가이거-뮐러 계수기를 이용하여 하룻밤 사이에 수만 사례 또는 심지어 수십만 사례까지 수집한다는 것은 한마디로 불가능했다. 그러나 (1950년대와 1960년대에) 거품 상자에서 나온 사진을 굉장히 많이 모아 통계적 논법을 제시하는 것이 가능해졌을 때 개별적인 사진들이 하나씩 검토될 수 있는 기반 위에서 통계적 논법이 수립되었다. (통계적 논법의 옹호자들이 그렇게 주장할 수 있었다.)

이와는 대조적으로 논리 전통은 기본적으로 통계적 논증에 의지했다. 논리 전통에 의한 논법의 전형적 예로 대전(帶電) 입자가 물질을 관통하는 현상에 대한 1930년대 우주선(宇宙線) 실험이 있다. 금으로 만든 벽돌 위와 아래에 가이거-뮐러 계수기를 한 대씩 설치했다. 그런 다음 실험 과학자들은 두 계수기에서 동시에 점화되는 수를 세어봄으로써 입자가 금을 관통했는지 아닌지를 판단했다. 그런데 (예를 들어 우주선 전자로 이루어진 소나기의 일부분과 같은) "우발적으로" 도달한 다른 입자들 때문에 약간 무작위로 일어나는 계수기의 동시 점화가 항상 존재하는데, 실험은 계산된 우발적 비율을 초과하는 공동 점화의 초과량에 내재적(內在的)으로 그리고 불가피하게 의존했다. 두 계수기에서 일어난 단 한 번의 동시 점화는 아무것도 의미하지 않았다. 실로 내가 이 전통을 그렇게 명명한 것은 이러한 일렉트로닉 선택 과정이 (그리고/ 또는/ 만일/ 아님/ 그러면/ 등의) 논리 관계에 근거하기 때문이다.

그러한 (일렉트로닉 분류에 의해 구현된) 논리 관계를 통해 유명한 황금 사건처럼 그 영향이 아주 큰 미시 세계에 관한 다른 주장들이 제기되었다. 1930년대 말에 걸쳐서 뮤온에 이르는 하나의 길이 (커리 스트리트와 E. C. 스티븐슨에 의해) 주로 동시 계수기와 반-동시 계수기를 통하여 만들어졌다. 그런데 이 계수기들은 납을 "보통" 전자(電子)보다 훨씬 더 멀리 관통하는 전자가 지닌 것과 동일한 에너지와 전하를 지닌 입자가 존재함을 통계적으로 증명했다. 마찬가지로 프레더릭 라이네스와 C. L. 코언(라이네스와 코언은 뉴트리노를 발견한 사람들이다 – 옮긴이)이 1953년에 발표한 자유 뉴트리노에 대한 실험적 논증은 액체 섬광기의 큰 통 주위에 동시 측정 또는 반-동시 측정이 가능하도록 정교하게 배열한 계수기에서 얻은 통계적 측정에 전적으로 근거한 것이다.

라이네스와 코언은 원자로에서 입자를 취했지만, 다른 논리 전통 실험 과학자들은 가속기에서 입자를 구했다. 상(像) 전통의 연구와 경쟁하는 동시에 협조하면서 오언 체임벌린과 에밀리오 세그레(체임벌린과 세그레는 양성자의 반입자를 발견한 공로로 1959년 노벨 물리학상을 수상함 – 옮긴이), 베바트론 공동 연구자들은 나중에 로렌스 버클리 연구소(Lawrence Berkeley Laboratory, LBL)가 들어설 곳에 체렌코프 계수기와 불꽃 계수기를 배치하고, 정밀한 시간 측정과 동시성 회로를 이용하여 반양성자를 추적하여 붙잡았다(1955년). 인상적인 반양성자 상(像)이 곧 이어서 나온 데 반해 상(像)으로 제시된 황금 사건이 아니라 계수기로 생성된 통계적 중요성을 보이는 첫 번째 사례가 발견의 공로를 차지했다.

1950년대 말까지도 논리 전통의 소규모 실험 장비가 여전히 한 역할을 맡고 있었다. 치엔-시웅 우와 공동 연구자들은 1957년에 반전성(反轉性) 위반을 입증하는 실험 사례에까지 이르게 한 일련의 실험을 수행했다. 그들도 역시 상(像)과는 전혀 연관되지 않은 장치를 가지고 연구했는데, 그 장치는 기본적으로 방향이 정해진 원자핵으로부터 나오는 베타 입자들의 각(角) 분포를 측정하는 전자(電子) 계수기를 이용했다. 만일 반전성(反轉性)이 위배된다면 (원자핵이 놓인 방향에 대하여) 어떤 각 θ 방향으로 방출되는 입자의 비율이 $180 - \theta$ 방향으로 방출되는 비율과 동일하지 않게 된다. 우는 그러한 비대칭성을 발견했고 반전성(反轉性) 보존은 무너졌다. 이러한 추세가 더 계속될 수가 있어서, 논리 전통이 크게 성공한 가장 짧은 목록만 모아도 제임스 크로닌과 발 피치의 전하-반전성(charge-parity, CP) 위반 측정과 멜 슈바르츠, 레온 레더먼, 잭 스타인버거가 1962년에 불꽃 상자로 발견한 두 번째 종류의 뉴트리노, 그리고 1970년대에 하버드-위스콘신-펜실베이니아-페르미 연구소 공동 연구로 불꽃 상자를 이용한 약한 중성 전류 측정이 있다.[31)]

상(像) 기계와 논리 기계 둘 다 승리했고 노벨상을 수상하는 성공을 거두었다. 동시에 어느 전통도 한동안 진리를 독점하는 특권을 갖고 있다고 주장할 수는 없었으며, 어느 전통도 물리학계에서 (오랫동안) 홀로 지배권을 행사하지는 못했다. 각 전통은 자체적으로 설득력을 가진 논증의 형태를 찾았으며 경쟁 대상인 상대 전통에 어떤 점에서는 결함이 있다고 비판하기도 했다. 상(像) 전통 물리학자들은 논리 전통 물리학자들이 물리적 과정에서 필수적인 세부 사항을 간과하기 때문에 잘못 판단할 수도 있다고 주장했다. 오직 상(像)의 생생한 선명성으로서만 전 과정에 걸친 인과 관계의 요소들을 모두 추적할 수 있다는 것이다. 그런 흔적 하나하나에 의한 논증의 위력을 인정하면서도 논리 전통 물리학자들은 여전히 단지 한 움큼의 사건을 가지고 예언된 증거가 미덥지 못하다

---

31) 이 문제는 제6장에서 더 많은 참고문헌과 함께 자세히 논의될 예정이다. 뮤온에 대해서는 갤리슨의 『실험』(1987), 제3장을 보라. 라이네스와 코언의 뉴트리노 발견에 대해서는 라이네스와 코언, 「자유 뉴트리노」, *Phys. Rev.* 92(1953): 830~ 831쪽; 사이델, 「뉴트리노의 사냥」(1996)을 보라. 반양성자에 대해서는 체임벌린 외, 「관찰」, *Phys. Rev.* 100(1955): 947~950쪽; 체임벌린, 「발견」(1989); 피치오니, 「반양성자 발견」(1989)을 보라. 반전성 위반에 대한 최초의 논문은 우 외, 「반전성 보존」, *Phys. Rev.* 105(1957): 1413~15쪽이다. 또한 프랭클린, 「발견과 미발견」, *Stud. Hist. Phil. Sci.* 10(1979): 201~257쪽을 보라. CP 위반에 대한 최초 논문은 크리스텐슨 외, 「2π 붕괴」, *Phys. Rev. Lett.* 13(1964): 138~140쪽이다. 또한 크로닌, 「CP 대칭 위반」(1981); 피치, 「발견」(1981); 프랭클린, 「발견과 수용」, *Hist. Stud. Phys. Sci.* 13(1983): 207~238쪽; 댄비 외, 「고에너지 뉴트리노」, *Phys. Rev. Lett.* 9(1962): 36~44쪽; A. 벤베누티 외, 「무(無) 뮤온의 관찰」, *Phys. Rev. Lett.* 32(1974): 800~803쪽; 아우버트 외, 「무(無) 뮤온에 대한 그 이상의 관찰」, *Phys. Rev. Lett.* 32(1974): 1454~57쪽을 보라.

는 견지를 지키고 있었다. 논리 전통 실험 과학자는 누구라도 1960년대까지 반복되지 않은 (반복될 수 없는?) 사진 한 장이 실험 과학자나 이론 과학자 모두 똑같이 가망 없는 국면으로 몰아넣은 무수히 많은 실례(實例)를 지적할 수 있다. 논리 전통에 속한 한 실험 과학자의 (그가 취했던 단 한 장의 사진에 대하여) 말에 따르면 "아무리 이상한 일이라도 단 한 번은 일어날 수 있다."[32]

그들의 등록 체계의 수동성이 상(像) 전통의 실험 과학자에게는 장점이었다. 만일 에멀션을 통과하는 것이 무엇이건 충실하게 기록된다면 이론적인 가정은 영향을 주지 못할 것이고, 거품 상자가 팽창할 때마다 배열된 카메라의 선입견 없는 눈이 번쩍거릴 것이다. 이런 실험 과학자들에게는 자료의 등록이 시작되기도 전에 치러지는 논리 전통의 매우 선별적인 "절단"은 항상 의심이 가는 무엇이었다. 그러한 선별(選別)이 과연 원래 내재되어 있는 것 이상으로 자료를 재구성했는지 아닌지를 사후에 진정으로 알 수 있었을까? 이와는 대조적으로 논리 전통의 실험 과학자는 경쟁 상대의 수동성에 대한 혐오감을 표출했다. 논리 전통의 물리학자가 보는 관점에서는 실험 장치를 실시간으로 조종하지 않으면 상(像) 전통의 물리학자는 실험가가 아니라고 치부한다. 그런 방법을 제외하고는 어떻게 무슨 일이 일어났는지 진정으로 알 수 있다는 말인가? 얻은 결과에 따라 실험 장치를 다시 수정해 실험을 신속하게 새로 시작하는 능력이 없다면 어떻게 진짜가 아닌 것들을 제거할 수 있다는 말인가? 그래서 황금 사건 대 통계적 논증, 수동적 등록의 객관성 대 실험 제어의 설득력, 상(像) 대 수(數), 그리고 사진술 대 전자공학 등 두 전통이 단계마다 충돌했다.

상(像) 전통과 논리 전통 사이의 충돌에 대해 생각할 수 있는 한 가지 방법은 하트리 필드가 "세상→머리의 신뢰성"과 "머리→세상의 신뢰성"이라고 부른 것 사이의 인식상 차이를 통하는 것이다.[33] 완벽한 세

32) 갤리슨, 『실험』(1987), 123쪽을 보라.

상→머리 신뢰성은 오로지 특정한 외부 상황이 성립해야만 어떤 내부 상태를 가질 때 얻어진다. 그래서 내 앞의 세상에 바위가 있다면 나는 그 바위에 대해 안다. 이와 대조적으로 완벽한 머리→세상의 신뢰성은 내가 바위가 있다고 생각하면 바위가 존재하는 것이 성립하는 경우가 될 때 얻어진다. 거품 상자가 제대로 동작할 때는 세상→머리 신뢰성을 목표로 하고 있음을 알 수 있다. 거품 상자의 민감한 내부를 가로지르는 모든 흔적을 필름에 각인함으로써 적어도 이상적으로 상(像) 장치는 모든 사건을 하나도 빠뜨리지 않고 우리가 인식한다고 보증한다. 과하게 선택한다는 악몽은 피하게 된다. 그러나 논리 전통의 입장에서 보면 이렇게 하나도 빠뜨리지 않는 등록은 문제가 된다. 때때로 장중보옥(掌中寶玉)이 되는 아주 드문 사건을 생각하자. 실험 과학자들은 장치의 고장이나 사진의 각도 또는 기록하는 액체나 에멀션 또는 기체 따위의 변형 등에 의해 잘못 보는 것이 아니라고 스스로 확신하기 위해 눈에 띄지 않는 이면(裏面)으로부터 흥미로운 사건을 뽑아낼 수 있었으면 한다. 그들은 입자들이 철판을 통과하게 만들거나 전자기장을 이용하여 입자들의 경로를 휘게 만드는 것처럼 그런 사건들을 솜씨 있게 처리하고자 한다. 선택과 처리는 우리가 사실이라고 취하는 것이 실제로 사실임을 스스로 믿도록 하는 방법이다. 논리 전통은 머리→세상 신뢰성을 위해 총괄성(總括性)을 기꺼이 포기한다.

내 생각으로는 도구 제작에서 각 전통이 경험적 지식에 관한 매우 중요한 무언가를 획득하여 장기적인 물리학의 구조 속에 깊숙이 박아두었다고 본다. 동시에 두 전통 중 어느 전통도 인식상의 우선권을 차지하지

---

33) 머리→세상의 신뢰성과 세상→머리의 신뢰성에 대해서는 필드, 「좁은 관점」(1990), 특히 106쪽을 보라. 이 책에서 취급된 것과는 다른 맥락에서 (갓프리-스미스는 진화적 생물학과 그 철학에 대해 초점을 맞춘다) 이런 생각들을 발전시킨 중요한 연구에 대해서는 갓프리-스미스의 「신호, 결정, 행동」, *J. Phil.* 88(1991): 709~722쪽, 특히 710~712쪽; 「암시와 적응」, *Synthese* 92(1992): 283~312쪽, 특히 286~287쪽과 302~303쪽을 보라.

는 못한다. 정말로 각 전통의 강점과 약점을 이해하면 한 전통이 상대 전통을 번갈아 패배시키거나 껴안고자 시도하는 그칠 새 없는 추진력을 해명하는 데 도움이 된다. 두 전통 사이의 생산적인 긴장에 주의를 기울이면서 나는 기계에 있어서 역사적으로 독특한 철학으로서 기계에 대한 현세를 초월한 철학을 그리 많이 추구하지는 않는다.

지식을 만드는 기계에 대한 이러한 전통의 능력은 여러 가지 방법으로 볼 수 있다. 인적(人的), 기술적 연속성과 논쟁 방식에 더해 증거라는 세 가지 범주를 고찰해 볼 수 있다. 첫째, 두 전통의 테두리 안에서 공유된 분류법의 연속성이 존재한다. (상[像]을 취하는) 거품 상자가 도입된 직후 물리학자들은 그에 대한 논문을 "구름 상자" 항목으로 분류했다. 마찬가지로 (논리적) 계수기에 대한 학술회의에서는 규칙적으로 불꽃 상자와 같은 다른 논리 전통의 장치에 대한 논의가 포함됐고, 그 뒤 불꽃 상자에 대한 학술회의에서는 다음 번 논리 전통의 신기술인 와이어 상자에 대한 논의가 포함됐다. 놀랍게도 불꽃 상자(1957~62년) 초기 몇 년 동안은 가장 확실한 참고문헌인 『피직스 앱스트랙츠』에 "불꽃 상자"라는 독립된 표제어가 존재하지 않았다. 저장된 자료에서 불꽃 상자에 관한 논문을 찾아내려면 "계수기"라는 이름, 더 구체적으로는 "계수기, 불꽃"이라는 이름으로 검색해야 했다.[34]

둘째, 고에너지 물리학 문헌 중 정량적 연구에서는 한 전통 아래서 논문을 발표한 사람은 다음 출판에서도 그 전통 아래 그대로 남아 있을 가능성이 압도적임이 드러났다. 예를 들어 바보니는 "광학적" 장치(에멀션, 구름 상자, 거품 상자)를 "전자적(電子的)" 장치(불꽃 상자, 계수기)와 구별하여 약 상호작용에 관한 수천 편의 논문을 분류했다. 연속해서 발표한 두 논문에서 물리학자가 동일한 형태의 검출기를 채택한 확률과 검출기의 형태를 바꾼 확률이 〈표 1.1〉에 나와 있는데, 그 표에서 바보니가 분류한 명칭을 "상(像)"과 "논리"로 바꾸어 놓았다. 비록 약 상호작용

---

34) 1962년 이전에 대해서는 전자공학회, 『피직스 앱스트랙츠』를 보라.

〈표 1.1〉 연이은 출판물에서 상(象) 전통과 논리 전통에 대한 자기(自己) 상관관계

	Publication 2		
Publication 1	Image	Logic	Total
Image	2,011 (0.94)	130 (0.06)	2,141
Logic	85 (0.06)	1,254 (0.94)	1,339
Total	2,096 (0.60)	1,384 (0.40)	3,480

출처: 바보니의 「차이」(1977), 190쪽 수정.
주: 바보니는 검출기를 "광학적"과 "전자적"이라는 항목으로 나누어 분류했다. 나는 1970년대에 출연한 복합적인 상(象) 제작 전자 검출기 때문에 그러한 항목을 피했는데, 그 검출기는 상(象) 전통과 논리 전통 모두에 속하지만 전자적과 광학적이라는 명칭으로도 제대로 묘사될 수 없을 것이다.

에 대한 연구는 입자 물리학 내의 많은 세부 전공 중 단 하나에 불과하지만, (동일한 장치를 사용하는) 대각선상의 상관관계가 (서로 다른 장치를 사용하는) 비대각선상의 쌍과 비교하여 0.94 대 0.06으로 무척 높음이 명백하다. 물리학자들은 그들의 전통을 고수하고 있다.

상관관계 자료만을 근거로 한다면 물리학자가 전형적으로 예컨대 한 전통에서 17편의 논문을 연달아 쓰고, 전통을 바꾼 다음 그 다른 전통에서 또 17편의 논문을 연달아 썼을 (그리고 이런 방법으로 상[像] 전통과 논리 전통을 계속하여 오락가락할) 논리적 가능성이 남아 있다. 그러한 행동은 상(像) 전통과 논리 전통의 구분에서 각 전통에 50퍼센트의 순(純) 기여를 하면서 여전히 연속된 출판물 사이에 94퍼센트의 상관관계를 유지한다. 비록 이렇게 특정한 경우의 자료가 논리적으로는 허용될 수 있지만, 그렇게 오락가락하는 것이 역사적으로는 의문의 여지 없이 사실이 아니다. 지난 75년에 걸쳐 입자 물리학 실험 분야의 가장 활동적인 주요 연구자들 중 일부의 경력을 고려해보자. 그들은 모두 합하면 수

천 편에 달하는 논문의 공저자일 뿐 아니라, 그 과정에서 수백 명의 공동 연구자와 학생들이 참가한 도구의 길들을 열어 나갔다.

엔리코 페르미를 보자. 그는 아마도 개별적인 입자와 기본힘의 영역에서 연구하면서 이론과 실험 모두에 두드러지게 기여한 마지막 사람이다. 그의 연구 업적 모음집 편집자는 상당한 자제력을 발휘해 270편 정도의 주요 논문을 선정했는데, 수백 편의 실험 연구 중 단 한 편에서도 구름 상자나 에멀션 또는 거품 상자를 이용해 연구를 수행하지 않았다. 페르미의 연구가 핵력과 공명 상태, 라만 효과, 핵분열, 그리고 수많은 다른 주제에 걸쳐 이루어졌다는 사실에도 불구하고 이는 진실이다.

논리 전통의 또 다른 대표적 예로 프레더릭 라이네스는 1945년 광전(光電) 습도계에 대해 분류되지 않은 그의 첫 번째 논문을 발표했다. 그 후로 강화 원자폭탄, 수소폭탄, 자유 뉴트리노의 최초 발견, 입자 물리학을 천체 물리학과 결합시킨 일련의 지하와 수중(水中) 뉴트리노 검출기 등에 관한 그의 연구를 통하여 라이네스는 논리 전통 쪽에 계속 남아 있었다. 원칙적으로는 라이네스가 1960년대에 거품 상자를 가지고 뉴트리노 물리학 연구에 종사할 수 있었을까? 대답은 그렇다이고 실제로 (예를 들어 프랑스와 CERN에서 프로판 상자의 긴 연속물에 의해) 그렇게 했다. 그럼에도 불구하고 (1995년에 이르기까지) 라이네스의 316편쯤 되는 논문 중에서 오직 한 편만 상(像) 전통으로 분류될 수 있다. 그 논문은 원자핵 에멀션을 이용하여 저(低)에너지의 중성자 스펙트럼을 분석한 『리뷰즈 오브 사이언티픽 인스트루먼츠』에 1950년 발표된 한 편이다. 그리고 그 논문이 실제로는 에멀션의 저에너지 극한에서 중성자와 양성자의 반동(反動)을 측정하는 장치로서 계수기를 이용하여 원자핵 에멀션이 지닌 타당성에 대해 조사하는 논문이었다.[35)]

---

35) 실험에서 에멀션의 정확한 역할을 이해하는 것이 매우 중요하다. 예를 들어 유명한 1955년 버클리 대학의 반양성자 발견에서 세그레 공동 연구자들은 두 개의 소그룹으로 나뉘어 있었다. 하나는 체임벌린과 세그레, 클라이드 위건드, 토머스 입실란티스 등이 참여한 (오언 체임벌린이 부른 것처럼) "계수기 소그룹"

논리 전통의 실험은 카를로 루비아가 저술했거나 공저자인 200여 편의 물리학 논문을 특징짓는다. 루비아는 피사 대학(1958년) 박사학위 과정을 밟으면서 새로운 계통의 신속 동시 회로, 불꽃 계수기, 고전압 펄스 등에 관하여 학위논문을 준비했다. 그는 연구를 통하여 (많은 분야 중 특히 우주선(宇宙線), 약 상호작용, 기묘 입자 붕괴, 양자 색소 동역학, 태양 뉴트리노 등) 물리학의 다양한 분야를 섭렵했지만, 그의 경력은 일렉트로닉 검출기에 대한 흔들리지 않는 헌신으로 단일화된다. 책상용 계수기인 호도스코프에서 시작하여 좀더 큰 불꽃 상자와 와이어 상자를 거쳐 UA1과 같은 CERN에 설치된 거대한 복합 일렉트로닉 검출기로 절정에 달한 검출기들이 상(像) 전통을 논리 전통으로 이끌었다. 때때로 거품 상자 결과를 조금 분석하는 것(한 번은, 1959년 거품 상자에 이용하기 위해 계수기를 근거로 한 압력 측정 장치를 설계한 것)을 제외하면 루비아는 1950년대와 1960년대에 단연 우세했던 (사진술의) 상(像) 전통 장치들과 전혀 관계를 맺지 않는 자세를 지켜왔다. 그는 원자핵 에멀션이나 거품 상자를 이용하는 연구를 지휘하지는 않았고, 딱 한 번 구름 상자와 불꽃 계수기를 결합한 우주선(宇宙線) 측정 실험의 공동 연구에 참여해 1958~59년 주 전공 이외의 논문 네 편을 발표했다.[36] 마찬가지

이고, 다른 하나는 (E. 아말디와 G. 골드하버, R. 버지 그리고 각각의 공동 연구자들이 참여한) "에멀션 소그룹"이었다. 첫째로, 두 그룹이 결합된 공동 연구자들은 반양성자에 대해 계수기에 근거한 증거를 발표했고, 그 직후에 에멀션 결과에 근거하여 차례로 네 편의 논문을 가지고 논거를 매듭지었다(체임벌린, 「발견」[1989]; 골드하버, 「초기 연구」[1989]를 보라). 그 모두에서, 체임벌린의 논문 발표 목록에는 1946년에서 1990년대 중반까지 이르고 불꽃 상자에서 시간투영 상자까지 각종 계수기를 수월하게 오가는 97편의 논리적 실험 논문이 포함되어 있다. 네 장의 반양성자 에멀션 그림을 제외하면 체임벌린의 연구는 완전히 논리 전통 진영에 해당한다. 또한 세그레 본인도 거의 전적으로 논리 전통의 물리학자였음을 주목하자. 그럼에도 불구하고 그는 위에서 논의한 반양성자에 대해 에멀션에 근거한 일련의 증거와 프로판 거품 상자로부터 얻은 반양성자 사건 연구, 그리고 그의 활동 초기에 에멀션을 이용한 몇몇 기타 논문 등의 공저자였다. 그의 나머지 경력은 계수기 전통 내에서 이루어진다.

36) 갤리슨, 『실험』(1987), 202~206쪽을 보라.

방식으로, 로버트 호프스태터, 새뮤얼 팅, 버튼 리히터, 멜 슈바르츠, 레온 레더먼, 그리고 잭 스타인버거 등이 (주로) 논리 전통의 방향에 경도되어 있음을 추적할 수 있다.[37)]

---

37) 로버트 호프스태터는 화학 물리 분야에서 정교한 동시 회로를 이용하는 분광기 실험에 참여하며 학자로서의 경력을 쌓기 시작했다. 그러고 나서 그는 NaI 계수기와 체렌코프 계수기, 다양한 논리 기술에 눈을 돌렸다. 개설(槪說) 논문을 제외한 그의 논문 목록에 나오는 112편의 논문은 모두 논리 전통에 속했으며 그 어느 논문도 구름 상자나 거품 상자 또는 원자핵 에멀션을 다루지 않았다. 새뮤얼 팅은 1974년에 *J*/프사이 입자를 공동 발견하게 한 연구로 가장 유명하지만, 전자(電子) 검출기를 이용한 그의 연구가 시작된 때는 1962년 박사학위를 수여받은 후 맨 먼저 시행한 실험으로 거슬러 올라간다. 수년 여 동안 그는 특히 파이온-양성자 사건에서 강 상호작용을 조사하기 위해 여러 가지 형태의 불꽃 상자를 사용했다. 그 후 그는 진행이 순조로우면 분광기와 계수기를 통해 검출할 수 있는 전자-양전자 쌍을 방출시킬 무거운 입자를 만들기 위해 베릴륨에 충돌시킬 양성자 빔 쪽으로 관심을 돌렸다. 이러한 기술들은 팅으로 하여금 다양한 물리 문제를 섭렵하게 했다. 그중 하나로, 붕괴 생성물에 대한 정밀 평가를 통해 3.1GeV 공명 상태를 측정함으로써 그가 1974년의 노벨상을 수상한 연구를 이용한 양자 전기 동역학에 대한 조사를 들 수 있다. 근 30년에 걸쳐서 규모와 주제, 심지어 연구소도 바뀌었지만, 그의 연구가 전자(電子) 장치에 경도되었던 것은 바뀌지 않았다. 그는 책상용 불꽃 상자에서 CERN의 육중한 L3 검출기까지 결코 구름 상자나 에멀션 또는 거품 상자와 관련된 실험으로 바꾸는 일 없이 거의 단절되지 않고 계속했다. 팅과 노벨상을 공동으로 수상한 버튼 리히터도 논리 전통에 충실한 자세를 꾸준히 보여주었다. 리히터는 전 생애를 통해 검출기와 가속기, 그리고 물리학 사이에서 움직였다. 경력 초기에 쓴 그의 논문은 양자 전기 동역학의 시험과 연관된 다양한 물리 주제를, 그다음에는 약 상호작용과 강 상호작용으로 옮겨서 탐구하느라 기체 계수기, 체렌코프 계수기, 자성(磁性) 상자, 저장 고리 등을 두루 다뤘다. 그나마 손꼽을 수 있는 몇 편의 사광(射光) 상자(이 상자는 더 약한 전기장을 이용하여 보통 불꽃 상자보다 더 자세한 입자 경로를 포착할 수 있도록 수정된 것이다) 논문들이 아마도 그가 시각(視覺) 장치로 수행한 연구에 가장 가까운 것들이다. 팅의 연구와 마찬가지로 (1995년 이전) 리히터의 논문 350여 편 중 어느 것도 구름 상자나 에멀션 또는 거품 상자 물리와 겹치지 않았다. 이런 방법은 계속될 수 있다. 글레이저와의 공동 연구로 연구 생활을 시작한 마틴 펄은 타우 렙톤에 관한 연구로 가장 유명한데, 그가 연구 활동을 시작한 가장 초기(1956~58년) 거품 상자 실험을 얼마간 수행했지만 그 후로는 논리 전통 내에서 250편이 넘는 논문을 지속적으로 발표했다. 멜 슈바르츠도 마찬가지로 수년에 걸친 거품 상자 실험(그는 1959년에 박사학위

상(像) 전통 쪽에서는 도구의 각 종류에 대한 충실함이 똑같이 강했다. 윌슨은 구름 상자를 발명한 뒤 전기 방전 현상과 이온의 유동성에 대해 실험했다. 그러나 그 연구는 결코 논리 전통의 일렉트로닉 기본 시설에 의지하지 않았고 그의 구름 상자 연구에 의해서만 지배되었다.

그다음 그의 제자인 세실 파우웰은 기체 내에서 이온의 유동성에 대해 전기적 실험을 하느라고 수년을 보냈는데(1929~35년), 그는 1928년에 수여받은 박사 학위를 위해 윌슨의 구름 상자를 연구한 뒤 원자핵 에멀션을 개발했다. 파우웰은 1938년에서 사망한 1969년에 이르기까지 대부분 원자핵 에멀션을 이용한 75여 편의 논문을 썼고, 전적으로 시각적 전통 아래서만 연구를 수행했다. 파우웰도 윌슨처럼 동시 검출기나 계수 장치, 시간 장치 또는 어떤 종류의 논리 판별기도 사용하지 않았다. 또한 구름 상자 기술로 훈련받은 도널드 글레이저의 시각적 전통에 대한 집착도 똑같이 철저했다. 비록 그가 한때 (성공적이지는 못했어도) 전기 흔적을 생기게 하는 장치를 만졌지만, 그의 물리학 경력 전체는 단일 구름 상자나 쌍구름 상자, 확산 구름 상자든 그가 1950년대 초에 발명한 거품 상자든 어느 한쪽을 통하여 상(像) 전통에 속해 있었다. 심지어 글레이저의 초기 생물학 연구에서조차 그가 흔적-추적 전통에서 넘겨받은 시각적 기술에 의해 주목받는다. 동일 전통 내에서의 연속성은 또한 다른 제도화된 형태로도 분명히 드러난다. 몇 번이고 되풀이해 구

를 받았고 그의 마지막 상[像] 실험은 1962년에 이루어졌다)을 시작으로 연구 활동을 시작했는데 그러고 나서는 1962년부터 1988년에 이르기까지 철저하면서도 영구히 논리 전통으로 바꾸었다. 레온 레더먼은 박사학위를 받은 후(1951년) 1959년 사이에 상(像) 전통 아래서 대략 22편의 논문을 작성했는데, 후자 시점에서 그도 전자계로 완전히 합류했다. 그 세대의 입자 실험 과학자 중 잭 스타인버거가 두 전통에서 빼어나게 잘해서 한층 돋보인다. 이론 과학자로서 연구 활동을 시작한 스타인버거는 누구보다도 자주 상(像) 전통과 논리 전통을 넘나들었다. 스타인버거는 복잡한 하드웨어 아래서 쩔쩔매던 실험가로서가 아니라 실험을 이론에 엮는 해설가로 더 많이 활동했기 때문에 특히 적응을 잘했을 수도 있다.

름 상자 공동 연구단 또는 에멀션 공동 연구단은 거품 상자 그룹으로 바뀌거나 거품 상자를 제작할 기초가 부족한 구름 상자와 에멀션 물리학자들은 거품 상자 필름을 구하여 스캔하는 것을 보게 된다.[38)]

교육학적 연속성, 기술적 연속성, 그리고 인식적 연속성 등 이 모든 이유들 때문에 나는 역사를 통해 이렇게 서로 다른 삽화를 취해보는 것도 유익하리라는 생각을 떠올리게 되었다. 이제 개별적인 입자나 효과 등의 발견을 통해 역사를 구성하는 일을 잠시 동안 잊어버리자. 약 상호작용의 역사나 강 상호작용의 역사 또는 이론의 역사까지도 뒤로 돌리자. 물질문화의 단계에서는 상(像) 전통과 논리 전통의 장기적 역사인 실험하

---

38) 몇 가지 결정적인 예를 보자. 랄프 셔트는 1930년대에 그의 숙련된 구름 상자 기술을 미국으로 가져왔으며, 손다이크와 함께 컬럼비아-브룩헤이븐을 전후(戰後) 가장 강력한 시각적 공동 연구 그룹 중 하나의 위치로 인도했다. 이 팀이 처음에는 전통적인 구름 상자를 인상적인 크기의 고압(高壓) 구름 상자 기지로 발전시켰으며 그다음에 일련의 수많은 거품 상자 계획을 추진했는데, 무상(無上)의 공명 상태인 오메가 마이너스 입자의 발견으로 정점을 이루었다. 초기 BNL 상자에 대해서는 제5장을 참고하라. 또한 셔트, 저자와의 인터뷰, 1983년 12월 23일과 손다이크, 저자와의 인터뷰, 1983년 12월 22일을 보라. CERN에서도 비슷한 이야기를 발견한다. L. 레프린스-링게와 그의 제자 샤를 페루, 그리고 페루의 제자인 앙드레 라가리그를 포함하는 지도급 프랑스 물리학자들은 에콜 폴리테크닉에서 구름 상자 연구에 깊숙이 몰두해 있었다. 그리고 다른 곳에서 프랑스와 CERN이 주도하는 거품 상자의 개발에 점점 더 중심적인 역할을 맡기 시작했는데, 갤리슨, 『실험』(1987), 139~150쪽을 보라. 또한 레프린스-링게, 저자와의 대화, 1986년 5월 14일과 페루, 저자와의 대화, 1984년 7월 14일을 보라. 정말로 1968년의 주요 거품 상자 그룹에 대한 목록에서 거의 모든 공동 연구 그룹은 바로 전에 존재한 구름 상자 그룹이나 에멀션 그룹으로 즉시 거슬러 올라가는 것이 가능하다. 1967년과 그전의 주요 거품 상자 그룹에 대한 참고문헌으로는 랄프 셔트가 편집한 대단히 유용한 기술적 연구인 「거품 상자와 불꽃 상자」(1967), 극저온 거품 상자에 대한 제3장, 146~150쪽과 무거운-액체 상자에 대한 제4장, 166~167쪽을 보라.

상(像) 전통과 논리 전통 사이의 구분은 다른 기관의 발자취를 남겨놓았다. CERN에서 거품 상자를 운영했던 흔적 상자 위원회는 실험의 형태에서뿐만 아니라 기관 구조의 크기나 제각기 적당하다고 여겼던 중앙 통제의 정도에 이르기까지 전자(電子) 실험 위원회와는 철저하게 달랐는데, 허만 외, *CERN II*(1990), 제8장, 특히 465쪽 이하를 보라.

기 역사에 대규모 구조가 존재한다.

실제로 개인이나 그룹이 경쟁 대상인 전통으로 정말 옮겨간 상대적으로 드문 사례에서 — 그런 경우 중에서 중요한 예가 틀림없이 존재하는데 — 이전 전통의 논쟁에서 이기기 위한 작전 계획이 종종 새로 옮겨간 전통에서 계속 추진되었다. 예를 들어 일렉트로닉 검출기로 전환한 거품 상자 물리학자들은 자주 황금 사건을 계속 찾았다. 우리는 이러한 "인식적인 잡종 번식"의 증거를, 앨버레즈의 거품 상자 팀에서 남은 일부가 스탠퍼드 대학의 선형 가속기 센터(Stanford Linear Accelerator Center, SLAC)의 일렉트로닉 (논리 전통) 그룹과 협력했을 때를 설명하는 6장과 7장에서 보게 될 것이다.[39] 그런데 잡종 번식은 다른 곳에서도 뚜렷이 보인다. 예를 들어 (개별적으로 매우 드문 사건을 조사하는 정교함으로 훈련받은) 데이비드 클라인이 1970년대 초 불꽃 상자 실험으로 전환했을 때 약한 중성 전류의 존재를 인정하기 전 다만 몇 개라도 황금 사건을 손에 쥘 수 있기를 원했는데, 그것은 우연이 아니다. 마틴 펄이 마크 I 실험에서 타우 입자에 대한 단 하나 특히 설득력 있는 사례를 찾으려고 했을 때 그도 거품 상자와 상(像) 전통의 황금 사건에서 얻은 이전 경험에 의존했던 것이다.

상(像)-논리로 구분되는 각 전통은 되풀이하여 상대방 전통의 장점을 본뜨려 해왔고, 그 경쟁이 양쪽 기술을 더욱 발전시켰다. 글레이저는 1952년에 구름 상자에서 가능했던 방법을 선택적으로 적용한 거품 상자를 제작해 관심의 대상이 되는 성질만을 지닌 우주선(宇宙線) 사건을

---

39) 각별히 인상적인 "교차" 현상의 예가 약한 중성 전류의 존재를 최초로 지지한 연구를 수행한 공동 연구 그룹 중 하나의 경우다. 드문 약 상호작용 붕괴에 대한 지도급 거품 상자 분석가인 클라인은 대규모 불꽃 상자 그룹과 협력했다. 이 팀이 그 효과가 한편에서는 진짜라 하고 다른 한편에서는 가짜라고 서로 경쟁 중인 두 주장을 비교 평가하느라 고심할 때 클라인은 마치 거품 상자의 사진에 한 것처럼 승리를 빛내줄 황금 사건을 찾으려 개별적인 불꽃 상자 방전 사진을 검토하기 시작했다. 이에 대해서는 갤리슨, 『실험』(1987), 제4장, 특히 225~228쪽을 보라.

"스스로 사진 찍도록" 하려고 했다. 전자적으로 반응을 유발시키는 상자를 설계하는 것은 20년이 지난 후에도 여전히 거품 상자 물리학자들의 꿈에 지나지 않았을 뿐이다. 소련의 물리학자들은 1960년대 중반에 불꽃 상자를 수정한 것으로 실제로는 불꽃을 내지 않고도 빛의 흔적을 만들어내는, 일련의 고-해상도 "사광(射光) 상자"를 설계했다. 일부 물리학자들에게 이것은 사건에 반응하여 동작을 유발시키는 능력과 거의 모든 방향으로 진행하는 많은 흔적을 등록할 수 있는 능력을 결합했기 때문에 그들이 찾고 있던 "일렉트로닉 거품 상자"였다. 그러나 이것을 주창한 사람들에게는 실망스럽게도 사광(射光) 상자가 거품 상자나 불꽃 상자와도 성공적으로 경쟁할 수가 없었기 때문에 해당 분야에 별 영향을 주지 못했다.

그런데 와이어 상자로 생성된 자료를 이용해 만든 컴퓨터 생성 상(像)이 개발됨에 따라 일렉트로닉 거품 상자를 마련하려는 세 번째 시도가 1970년대에 시작했다. 이 시기에 이르자 내부 연구소와 외부 연구소에서 모두 변화가 일어났다. 외부 연구소에서는 서로 충돌하는 빛줄기가 가동되기 시작했는데, 그래서 표적에 조준된 빛줄기가 입자들을 좁은 원뿔 안에 국한해서 내뿜는 것이 아니라 이제는 반대 방향으로 회전하는 두 빛줄기가 상대방과 부딪쳐서 입자들을 모든 방향으로 분출했다. 이렇게 공간적으로 흩어진 많은 입자들을 수집하기 위해서는 더 크고 복잡한 검출기가 필요했다. 내부 연구소에서는 고정된 표적 충돌기에서조차 불꽃 상자가 육중하게 커졌고, 그러한 증가 때문에 불꽃 상자는 큰 거품 상자 그룹의 "공장" 연구 구조에서 누린 천국이라는 지위를 잃기 시작했다. SLAC-LBL 솔레노이드 자기(磁氣) 검출기(나중에 마크 I이 됨)와 같은 그룹이 만들어지고 거기에 더해 시간 투영 상자(Time Projection Chamber, TPC)가 만들어짐에 따라 일렉트로닉 도구가 재창조되어 상(像) 경쟁에서 내부 구조의 한계를 넘어섰다. 실로 이러한 일렉트로닉 그룹들은 거품 상자 그룹을 흡수해서 만족한 피톤(그리스 신화에서 파르나소스산의 동굴에 살았던 큰 뱀으로 아폴로가 퇴치했다 – 옮긴이)처럼 그들이 먹어 치운 것의 크기를 과시했다.

이렇게 일렉트로닉 상(像) 실험 중 대다수의 설계는 그 실험들을 이전의 (황금 사건처럼 뚜렷한 시각적 증거를 찾는) 거품 상자 그룹과 (선택적으로 추출되어 전자적으로 처리할 수 있는 증거를 찾는) 와이어 상자 그룹 사이의 공동 연구로 바라봐야만 비로소 이해될 수 있다.[40] 동시에 사회적, 기술적, 인식적으로 이루어진 이러한 통합은 전 세계에서 거품 상자 그룹들이 해체되기 시작하고 그 구성원들이 아주 새로운 유형의 일렉트로닉 실험하기에서 핑계를 찾던 1970년대 중반에서 말까지를 대표한다. 1983년의 *W*와 *Z*입자 발견은 두 전통 사이의 이러한 결합을 상징하는 것이었다. 그후 억만 겹의 배경에서 단지 한 움큼의 황금 사건을 뽑아내는 일이 일상의 과정이 되었다.

5. 개요(槪要): 도구와 논증

기계의 사용과 실험하기 그리고 이론을 준(準)자율적인 하부 문화로 취급해서 얻는 한 가지 장점은 이들 각각이 파묻혀 있는 현저히 다른 배경 상황을 마주하지 않을 수 없게 만든다는 것이다. 이러한 다양성을 보여주는 예로 제2장의 주제인 구름 상자보다 더 좋은 것을 찾기란 어렵다. 이 놀라운 탁상용 장치는 대개 원자 물리와 원자핵 물리, 입자 물리에 이용되는 도구라고 묘사된다. 그렇지만 이 기계의 출발점은 그러한 분야와는 전혀 관계가 없다. C. T. R. 윌슨의 연구는 아주 젊은 청년 시절 기상(氣象)과 사진술에 대한 빅토리아 시대적 매력에서 시작했다. 나는 제2장에서 윌슨이 교육받은 행로를 자연과학의 역사와 기상학에 대한 현장 연구, 그의 마지막 캐번디시 연구소 도착 등을 따라 추적했다. 구름 상자 자체는 이러한 여러 가지 분야가 융합한 결과였다. 한쪽에서는 윌슨의 오래 지속된 자연 현상의 재생에 대한 매력이 기상학 실험의 다양

---

40) 트라이텔, 「타우」, *Centaurus* 30(1987): 140~180쪽.

한 세부 분야에 기반했으며, 다른 한쪽에서는 전기적 촉매 작용의 영향을 받은 강수량(降水量)에 대한 윌슨의 관심이 캐번디시에서 연구 활동의 주된 분야였던 대전(帶電)된 원자 입자 이론과 정면으로 맞아 떨어졌던 것이다.

처음 만들어졌을 때 구름 상자는 단지 구름 상자, 즉 구름이 재생된 공간일 뿐이었다. 자연의 재생되는 방(房)이 조금도 별난 것이 아니었다. 카메라 주름 상자와 카메라 루시다(프리즘, 거울, 현미경 등을 갖춘 자연물 사생 장치 – 옮긴이)는 3차원 대상에서 빛을 취해서 평평한 면에 상(像)이 되도록 초점을 맞추었다. 다른 사람들은 구름과 크라카토아(인도네시아의 자바와 수마트라 사이에 위치한 화산이 폭발한 적이 있는 섬 – 옮긴이) 다음에 본 광학적 현상을 축소형으로 표현하기 위해 무수히 많은 기술들을 개발했다. 복잡한 외부를 다루기 쉬운 내부로 가져오는 이런 비유적 전환은 일종의 모방 실험하기였다. 그것은 현상을 분석적 방법을 이용하여 "더 간단한" 부분들로 해체함으로써 왜곡될지도 모르는 위험을 안기보다는 오히려 자연의 복잡성을 모두 포착하는 것이 목표인 실험법이다. 윌슨의 노트를 보면 그러한 기상학 상의 출발점이 그가 ("구름", "강수[降水]", "안개", "대기[大氣]의 광학적 현상" 등) 현상들을 바라본 범주를 형성했음은 분명하다. 정말로 그의 연구를 최근 분야인 입자 물리학과 기상학으로 분리해서 생각하기란 아주 불가능한 것처럼 보인다. 오히려 그의 연구는 분석적이며 동시에 박물학적이었던 두 분야가 결합된 세부 분야인 응결(凝結) 물리학으로 더 잘 개념화된다.

구름 상자는 제2차 세계대전 직전에 구름 상자 "지도책"이라는 새로운 용어를 탄생시키면서 번영의 날들을 생생하게 구가했다. 19세기 말 이래로 아주 많이 제작된 의학 지도책을 본뜬, 광택이 나는 특대 크기의 책들은 본보기 사진들을 게재했는데, 그 하나하나는 모두 황금 사건 자체였다. 이러한 표현 형태를 사용함으로써 물리학자들은 두 가지를 성취했다. 그들은 초보자에게 구름 상자 연구의 기술을 교육했으며, 상(像) 전통을 개척해 나가면서 이미 존재하는 분야인 원자 물리학, 원자핵 물리학, 우주선(宇宙線) 물리학과 구분되는 "입자 물리학" 범주를 만드는 데 도움을 주었다. 그러한 모집의 목표는 기본 과정의 존재와 입자 물리학이라는 새로운 과학에 나오는 입자를 정의하는 것이었다. 좀더 일반적으로 이런 종류의 지도책들은 생리학이나 해부학, 천문학, 조류학(鳥類學)에서 유사한 책들과 함께 과학의 객관적 타당성을 형성하고 대중화하는 것을 도와주었다.[41]

구름 상자는 1920년대까지 이미 유일하게 입자들의 개별적 사진을 산출하는 능력을 지닌, 물리학을 변혁하는 힘을 가진 도구로 환영받았다. 이 장치가 원자핵 에멀션으로 확장되는 과정이 제3장의 주제이다. 언뜻 보면 그보다 더 간단한 것이 없어 보인다. 만들어져 있는 사진 건판 한 상자를 방사성 물질 또는 우주선(宇宙線)에 노출시킨다. 그러면 입자들이 에멀션 표면을 가로질러 달려가는 동안 에멀션에 화학적 변화를 일으키고, 필름이 현상되면서 검게 변한다. 물리학자는 미시적 분석을 통해 이러한 흔적들을 측정하고 입사 입자의 성질들을 추론해 낼 수 있다. 이 필름 상자들을 좀더 면밀히 관찰하면 많은 수의 새로운 입자를 발견할 수 있을 뿐 아니라, 20세기 실험하기에서 각기 다른 무대 장치 아래 놓여 있어 근본적으로 다른 세 가지 활동 무대를 추적할 수 있다.

첫 번째 장면에는 라듐 연구소에서 활동하는 젊은 여성 물리학자인 마리에타 블라우가 등장한다. 그녀는 결코 그 연구소의 매우 유명한 연구팀에 밀접하게 합류하지 못했는데, 연구소 한쪽에서 치과용 X-선 필름을 양성자에 감응하도록 애쓰고 있었다. 어린 여제자의 도움을 받고, 피나크립톨 옐로(필름 현상에 이용되는 염료의 일종 – 옮긴이)를 직감적으로 이용하여 블라우는 화학적 기적을 이루었다. 갑자기 그녀의 필름에는 다른 누구도 볼 수 없었던 좀더 긴 흔적과 양성자 흔적, 고에너지 원자핵 "별" 등의 원자핵 현상이 드러났다. 그러나 그녀가 알려진 과정들의 경계에 다달아 이를 넘어서려 할 때, 나치들이 빈에 진입했고, 그녀는

41) 대스턴과 갤리슨, 「객관적 타당성」, *Representations* 40(1992): 81~128쪽.

목숨을 구하고자 스칸디나비아, 멕시코로 달아났다가 결국 브룩헤이븐에 정착했다. 에멀션은 따돌림당한 사람의 도구였다. 에멀션은 값이 아주 쌌고 그녀가 빈에서 준(準)고립 생활을 할 때나 도망자 생활을 하던 여러 해 동안 상자 속 실험실이 되어주었기 때문이다.

두 번째 장면인 원자핵 에멀션은 1930년대 말에 시작한다. 그때 윌슨의 몇 안 되는 구름 상자 제자 중 한 사람인 세실 파우웰은 블라우의 논문을 주의 깊게 읽기 시작했다. 파우웰이 일련의 구름 상자 실험을 위해 브리스틀 연구소에서 준비를 하는 동안 상자 없이도 흔적을 직접 기록하는 도구로서 필름을 이용할 수 있는 방법을 깊이 생각하기 시작했다. 파우웰은 블라우가 이전에 중단하지 않을 수 없었던 대목에서 시작해 이 색다른 기술에 입각하여 새로운 종류의 실험실을 만들기 시작했다. 블라우만의 상자 속 실험실 대신 소규모 가내 공업을 설립했는데, 그곳에서는 물리학자로 조직된 상근 직원 외에 산정(山頂)이나 사이클로트론 가속기에서 노출된 건판이 도착하면 필름을 상시(常時) 정밀 검사하는 "스캐너" 역할 담당 여사무원들이 근무했다. 파우웰은 전쟁이 시작되자 (영국의 원자탄 프로젝트인) 튜브 알로이 프로젝트에서 직접 연구하는 것을 정중히 거절했지만 프로젝트에서 연구할 다른 사람들을 훈련시켰다. 에멀션 방법의 (예를 들어 중성자 움직임을 구별하는 등) 전시(戰時) 응용성 때문에 전후(戰後) 영국 정부는 에멀션 연구를 열광적으로 후원했다. 대부분 구름 상자에 경험이 많았던 파우웰과 그의 동료들은 1940년대 말에 에멀션의 사용을 예술의 경지까지 끌어올려서 많은 수의 새로운 입자와 입자 붕괴를 발견했다. 실제상으로 실험 입자 물리학을 출범시켰으며, 그들의 유명한 에멀션을 CERN에서 버클리 대학에 이르는 여러 연구소에 제공했다.

에멀션 기술의 개발은 연구소에 성공의 기쁨뿐 아니라 걱정거리도 안겨주었다. 신기술이 작동하도록 만들면서 물리학자의 계약 조건 중 일부는 검출기의 통제권을 재분배하고 그와 함께 학술상의 저작자(著作者)가 되는 것도 재분배하자는 것이었다. 물리학자는 화학 제품 제조회사에 사진 건판의 설계와 제조를 양도했다. 물리학자는 화학 성분에 대한 지식과 생산 기술을 포기하는 대신 연구소 뒷방에서 그들이 요리해 낼 수 있는 그 무엇보다도 잘 작동하는 장치를 얻었다. 그다음에 물리학자는 여성 스캐너 팀에게 흔적을 찾아내라고 방금 노출된 사진 건판들을 건네주었다. 효율성을 확보한 대신 전통적으로 새 현상을 맨 처음 본 사람에게 돌아가는 "발견의 순간"을 포기했다. 실험 과학자는 에이브러햄 파이스나 로버트 오펜하이머, 머레이 겔만 같은 이론 과학자나 다른 많은 사람들에게 여러 가지 관점의 해석에 대해 결정하도록 의뢰했다. 점점 더 복잡해지는 입자 현상학 세계에 대한 이론 과학자의 이해가 증진되면서 실험 과학자는 자신의 발견에 대한 해석자로서의 역할 중 일부를 빼앗기게 되었다.

마지막으로 세 번째 장면은 파우웰과 그의 에멀션 공동 연구자들이 1950년대 중반에 거대한 에멀션 더미를 실은 다국적(多國籍) 기구(氣球) 비행을 띄우기 시작하면서 막이 열린다. 이런 상황은 에멀션이 분석에 참가하는 그룹들에게 분배되면서 일종의 커다란 과학 공동체를 형성하게 만든다. 게다가 에멀션 연구의 이 마지막 단계 중에서 태반은 우주선(宇宙線) 연구를 단념하고 점점 더 밀려들어오는 사이클로트론 가속기 연구를 선호했다. 실험 과학자는 산정의 실험실과 해상(海上)의 우주선(宇宙線) 탐험이 지닌 낭만적인 자주성에 작별 인사를 고했다. 그 대신 전후(戰後) 시대와 함께 막을 연 신분증, 안전 수칙, 교대 근무, 그리고 공장 형태의 조직이 찾아왔다. 세 번째 장면은 기술이 CERN이나 브룩헤이븐, 버클리 그 너머로 이동하면서 에멀션에게는 실제로 마지막 장면이 되었다. 에멀션 물리학자들은 1950년대 말에 다른 종류의 한계에 봉착했다. 그것은 블라우가 맛본 종류의 한계도 아니었고, 그들의 어깨 너머로 미국인을 바라보는 유럽인의 한계도 아니었으며, 심지어 발견과 구성에 대한 지배권을 잃었을 때의 한계도 아니었다. 마지막 근심은 에멀션 자체가 미시 물리학을 주름잡기 시작한 산업화된 거품 상자에게 자리를 내어주는 것을 바라보는 것이었다.

(제5장에 나오는) 거품 상자로 옮기기 전에 다시 시간을 거슬러 올라가볼 필요가 있다. 비록 1930년대에서 시작해 전쟁을 거치고 1950년대 말에 이르기까지 우주선(宇宙線) 연구와 영국의 원자핵 에멀션 이용에 대해 알아보았지만, 너무 제한된 분야에 대한 전쟁의 효과를 보았어야 한다. 제4장에서는 관점의 현장을 전시(戰時)의 연구소로 이동한다. 전통적으로 제2차 세계대전은 현대 물리학의 역사 기술에서 보면 두 가지 역할을 맡은 것으로 되어 있다. 하나는 1945년 이후 평화시(平和時) 물리학에 대한 연방 정부 지원금 증액의 근거로의 역할이었고, 다른 하나는 일단의 저명한 망명 과학자들이 억지로 나치 독일과 파시스트 이탈리아로부터 미국과 영국으로 이주하게 만든 자극제로의 역할이었다. 두 역할이 다 중요하지만, 제4장의 논의는 전쟁 행위의 충격이 전쟁 초기에 시작했고 점점 더 깊어지면서 단지 인사 문제, 예산 문제, 그리고 물리학이 국가적으로 탁월하게 발전해야 한다는 문제뿐 아니라 그 근저에 연구소 기능과 장비의 조직까지 어떻게 구체화되었는가 하는 과정을 담고 있다. 그다음에 제4장은 물리학자가 연구소를 마음에 그리고 있는 방법들에 대한 상상 어린 구조 개혁에 관한 것이다. 그것은 레이더와 원자탄 프로젝트를 통해 물리학자들이 전시(戰時)에 얻은 경험과 연구가 어떻게 진행되어야 할지에 대해 그들이 형성하고 있던 새로운 청사진—개인의 연구와 소그룹 연구의 이상(理想)을 대신하게 될 공동 연구와 공장-규모의 노력에 대한 청사진—사이의 연결에 관한 것이다.

많은 물리학자들에게는 전쟁의 교훈이 외부 연구소와 관련되어 있다. 그들은 군사적 임무를 떠나면서 중앙 집중적인, 임무를 지시받는 기관이 무기의 제조와 함께 물리학을 하는 데도 엄청나게 효과적인 방법이라는 견해를 갖게 되었다. 엔리코 페르미 휘하의 야금 연구소와 로버트 오펜하이머가 지휘하는 로스앨러모스 과학 연구소, 그리고 리 두브리제에 의해 운영되는 MIT의 방사선 연구소 등은 모두 새로운 연구 형태의 예를 제시해 주었다. H. D. 스마이스와 빅토르 바이스코프, 그리고 존 슬레이터와 같은 전후(戰後) 지도자들이 전후(戰後) 물리학을 위해 공동 연구

위주의 연구소에 대한 계획을 시작하는 데 명분을 제공한 것이 바로 이러한 미래상이었다. 그들의 계획은 브룩헤이븐 국립 연구소로 실현되었는데, 브룩헤이븐은 미국과 유럽 그리고 소련에 걸쳐 연구소에 대한 제도적 표본이 되었다.

나는 이 새로운 중앙 집중식 연구소의 충격을 "외부 연구소"의 개혁이라고 불렀는데, 그 용어가 1930년대 말에서 1940년대까지 일어난 변화의 범위를 담고 있기 때문이다. 그 시기는 물리학자들이 알프스나 안데스의 통나무집에서 우주선(宇宙線) 실험을 수행하고 그 실험들을 거의 그대로 가속기에 이용할 수 있도록 장치한 때였다. 이런 이송(移送)을 보여주는 예로 유진 가드너의 지휘로 수행된 버클리의 에멀션 연구보다 더 좋은 경우는 없다. 버클리의 전설적인 새 사이클로트론이 출범하자 사이클로트론 운영자는 브리스틀 팀에 한 명이 브리스틀에서 사용된 특별한 필름과 사진 제판법 과정을 가지고 도착할 때까지 파이온에 대한 실물 설명을 재현하지 못했다. 심지어 가속기 연구소의 규모가 점점 더 커지고 있는데도 브룩헤이븐이나 버클리 또는 CERN의 최신 가속기 장치 앞에 자리 잡고 있는 구식의 원자핵 에멀션이나 계수기, 구름 상자 등을 발견하는 것은 드문 일이 아니었다. 그 후 얼마 뒤에야 비로소 제5장에서 볼 수 있는 것처럼 1950년대의 거품 상자가 출현하면서 물리학자와 직접 관련이 있는 주변 환경, 즉 실험 자체의 미시 환경적인 연구 공간에 대한 철저한 구조 개혁이 가능해졌다. 그때에 이르러서야 비로소 실험 연구가 세부 임무와 합리화된 연구 구조로 구분되었다. 이 마지막 변화로 내부 연구소도 개혁하게 되었다.[42]

---

42) 이 책의 주안점이 물리학자와 직접 관련이 있는 주변 환경이기 때문에 나는 단지 가속기 연구소가 내부 연구소 주위의 연구에서 일어난 변화나 아니면 변화를 유발한 것의 모형 구실을 한 점에 한해서만 가속기 기술의 개발에 관해 논의할 것이다. 다행히도 가속기 연구소를 주제로 참고하려고 하는 몇 편의 아주 훌륭한 제도상의 연구가 나와 있다. 최신 연구 중 몇 편을 소개하면 하일브론과 사이델, 『로렌스』(1989); 허만 외, *CERN I*(1987), *CERN II*(1990); 웨스트폴, 「페르미 연구소」, *Phys. Today* 42(1989): 44~52; 호드슨, "KEK", *Soc. Stud. Sci.*

우리는 제4장에서 전쟁 잉여물인 일렉트로닉 장비가 전쟁으로 야기된 신기술 장치(새로운 진공관, 저소음 증폭기, 전자 계수기, 펄스-높이 분석기 등)에 대한 계획 등과 함께 대규모로 유입됨으로써 물리학자들의 하루하루 일과가 어떻게 새 형태를 취하게 되고 그들이 수행할 프로젝트의 종류들이 어떻게 구성되었는지를 알아본다. 1946~47년에 비밀취급 해제가 순조롭게 진행되기 시작하면서 전시(戰時)에 이룩한 입자 검출기와 일렉트로닉 장비의 기술 혁신 정도가 알려지게 되었다. 전쟁이 끝난 뒤에 이렇게 하드웨어와 물리학의 목표, 그리고 똑같이 중요한 점으로 무기 연구소에서 민간 연구소로의 연구 조직 등 여러 단계에서 큰 규모로 변화가 일어남으로써 새로운 기계(특히 검출기)와 진기한 실험들이 엄청나게 쏟아져 나왔다. 제2차 세계대전은 물리학이 원형을 보존하도록 강제하는 것과는 거리가 멀게 논리 전통의 기반이 되는 전자공학에 결정적인 원동력을 갖게 하여 주었다. 그에 더해 제5장에서 보일 예정인바 전쟁은 실험 생활에 상(像) 전통을 철저하게 변형시킬 수 있는 새로운 조직적 형태를 제공했다.

구름 상자가 파우웰로 하여금 에멀션 검출기로 전환하게 한 도약점이었다면, 그것은 똑같이 글레이저가 거품 상자로 전환하게 한 도약점이기도 했다. 우리는 제5장에서 액체에서 기체로 상(相) 변화를 실현하기 위해 구름 상자의 상(相)을 기체에서 액체로 바꿀 때를 모방할 때 글레이저가 기울인 고생스러운 노력을 본받고자 한다. 글레이저는 장치의 이론과 설계, 적용 등에서 구름 상자를 본떠 거품 상자를 만들었다. 실제로 글레이저는 자신이 만든 장치가 구름 상자와 마찬가지로 전적으로 동일한 개인-위주의 연구 조직에서 사용되리라고 기대했다. 그의 거품 상자는 우주선(宇宙線)에 적용될 예정이었으며, 그의 흥미를 끈 것이 바로 더할 나위 없이 고립된 우주선 실험 과학자의 생활이었다. 이와는 대조적으로 글레이저는 거대한 가속기들이 들어찬 "공장-같은" 분위기에서 벌

13(1983): 1~48쪽 참조.

벌 떨었으며, 거품 상자가 단지 버클리와 브룩헤이븐의 중앙 집중식 외부 연구소들과 경쟁할 수 있도록 만듦으로써 우주선 물리학을 "지키는" 도구에 불과함을 알게 되었다.

글레이저의 발명에는 대단히 기구한 운명의 장난이 존재한다. 거품 상자는 우주선 물리학을 구하기는커녕 오히려 죽이고 말았다. 그 상자는 우주선에 의해 동작이 촉발될 수 없었기 때문에 실험하는 사람은 장치를 언제 반응시킬 것인지를 알아야만 했다. 다시 말하면 실험하는 사람은 사전에 입자들이 도착할 시기를 알아야만 했다. 자연에서 그러한 지식을 미리 알기란 불가능하므로—가속기 환경에서는 미리 아는 것이 언제나 가능하므로—거품 상자는 거대한 기계에게는 완벽했지만 우주선에게는 전혀 이용 가치가 없었다.

정반대는 서로 끌어당긴다. 글레이저가 그의 탁상용 장치를 과시하고 있던 1952년에 앨버레즈는 취소된 핵무기 프로젝트를 떠나면서 대규모 연구에서 배운 것을 활용할 방법을 민간 분야에서 찾고 있었다. 큰 물리학에 대해 그보다 더 잘 준비된 경우는 찾기가 힘들 것이었다. 전쟁 기간 동안 앨버레즈는 MIT의 방사선 연구소와 로스앨러모스의 내파(內波, 원자탄의 폭발을 유도하는 방법 중의 하나 – 옮긴이) 원자탄 개발을 위한 집중 개발 프로젝트 둘 다 근무한 경험이 있었다. (제4장에서 논의된) 많은 전시(戰時) 동료들처럼 그는 그렇게 기업화된 과학 산업의 규모와 소망에 대해 매우 기뻐하게 되었다. 이제 버클리에서 거품 상자의 내부 연구소에 그러한 분위기를 재현하려고 노력했다.

제5장에서 말하는 것처럼 거품 상자는 앨버레즈의 확장 안(案)을 추진하는 데 완벽한 수단이었다. 그는 곧 상자의 규모를 대리석 조각의 크기에서 건물의 크기로, 수백 달러에서 수백만 달러로, 한 사람의 실험 과학자에서 거의 100명에 달하는 물리학자들, 스캔하는 사람들, 그리고 기술자들로 확대했다. 아마도 가장 중요한 것은 앨버레즈가 가동 중인 거품 상자에서 토해내는 수십만 장의 사진에 대한 스캔을 컴퓨터의 도움으로 자동화하고 관례화한 점이다. 그렇지만 거품 상자가 엄청나게 복

잡한 사진들을 만들었기 때문에 앨버레즈는 완전 자동화하기에는 사진 읽기가 너무 복잡하다고 판단해서 인간 스캐너 대대(大隊)와 자료 처리 장치를 일상 과정에 통합시켰다. 그러나 사진이 어떻게 처리되어야만 하는지에 대한 앨버레즈의 의견이 한 가지뿐인 것은 아니었다. 독점은 아니지만 대체로 CERN에 집중된 (비산점 장치라고 알려진) 경쟁력 있는 컴퓨터 프로그램이 자료 처리 과정에서 인간적 요소를 미연에 방지하는 것을 목표로 했다. 앨버레즈가 양식(樣式) 인지(認知)에 있어 인간의 비상한 능력을 본 곳에서 그의 유럽 경쟁자들 중 대부분은 빠르고 한결같은 양식(樣式) 인지(認知) 장치의 경로에서 특이한 장애를 일으키는 병목 현상을 보았다. 두 견해 사이의 긴장이 고조되는 가운데 자료 처리에 관해 단순한 의견 차이 이상의 무엇이 존재했다. 우리는 실험하기에 대해 서로 상반되는 이상적인 목표와 풀릴 수 없을 만큼 복잡하게 연결된 서로 다른 기술적 문화를 발견하게 될 것이다.

큰 물리학에 대한 버클리식 접근을 예리하게 한 차원 더 부각시키기 위해 제5장에서는 결국 비참하게 끝난 거품 상자로, 1965년 여름에 폭발한 케임브리지 전자 가속기(Cambridge Electron Accelerator, CEA) 상자를 추적한다. 하버드-MIT의 CEA를 운영한 스탠리 리빙스턴은 그의 경쟁자들이 가진 산업적 기질에 혐오감을 느끼게 되었는데, 그래서 그는 되풀이하여 재래식풍의 물리학이 지닌 열린 분위기에서 연구를 수행하는 특권을 옹호했다. 그는 안전 경비원과 지배인, 순서를 매긴 공정도(工程圖) 등이 학문적인 탐구에 장애가 될 뿐이라고 보았으며, 그렇다고 말하기를 조금도 망설이지 않았다.

그 무렵 CEA의 거품 상사가 폭발했을 때 역사적인 교훈—원자력 에너지 위원회와 다른 행정 기관에서 내린 결론인데—은 이 재난으로부터 엄격한 산업 형태의 연구를 채택할 필요성이 증명되었다는 것이었다. 진상이 파악된 위험에 대한 반응이 새로운 연구소 문화를 수립하는데 (지금은 잊혀졌을지언정) 대단히 중요한 역할을 했기 때문에 이 우발 사건을 제5장에서 자세히 다룬다.

이와 함께 건축 방법과 행정, 자료 분석, 안전 문제 등이 연구소와 연구소를 사용하는 물리학자들을 바꾸어 놓았다. 실험 그룹 안에서는 새로운 위계 체계가 수립되었다. 자료를 단순하게 만들 소프트웨어 준비가 임무인 소그룹들이 급속히 성장했다. 어떤 팀들은 특별히 정해진 물리 문제의 분석을 전문으로 했고, 또 다른 팀들은 하드웨어의 운전을 전문으로 했다. 장치의 운전에 대한 책임이 고도로 훈련된 저온·구조 기술자들에게 이관되면서 실험 과학자들은 그들의 목표가 자료의 분석이라고 간주하게 되었다. 곧 이런 임무는 세계 곳곳에 흩어져 있는 다른 상(像) 전통(구름 상자와 에멀션 등) 그룹들과 분담하게 되었는데, 그 그룹들은 전에 버클리 상자를 결코 본 적이 없었다. 다시 한번 더 "실험"이라는 용어의 의미와 함께 과학적 저작자의 본질도 바뀌게 되었다.

글레이저와 앨버레즈는 그들이 이룬 기술 혁신 공로로 노벨상을 받았다. 그렇지만 1960년대 초에 글레이저는 입자 물리학을 떠나 생물학으로 눈을 돌렸는데, 그렇게 한 주된 이유는 버클리의 운영 방법이 애초에 그를 물리학으로 끌어들였던 독자적 연구로부터 떼어놓았다고 느꼈기 때문이다. 더 놀라운 일로는 앨버레즈도 자신이 만들어내는 것을 도운 산업 환경에서 15년 넘게 훌륭히 해나가고 있었음에도 불구하고, 결국 산업 환경을 견딜 수 없음을 깨달았다. 그는 1960년대 말에 자신의 초기 성공 때문에 어떻게 보더라도 조금도 처진다고 볼 수 없는 분야의 한 갈래인 우주선(宇宙線) 물리학으로 돌아왔다.

실험적 논증의 유일한 길이 상(像) 전통이라고 크게 선전하는 것은 정말 너무 안이한 태도다. 거품 상자에서 나온 사진들이 물리학 교과서에서 역사와 과학 철학에 이르기까지 수많은 책의 표지를 아름답게 꾸며준다. 그러나 이러한 장식 상의 우세에도 불구하고 상(像)은, 예를 들어 수리 물리학이나 수학에서와 같이, 단지 실험에서뿐만 아니라 과학의 전 분야에 걸쳐서 항상 논쟁거리가 되어왔다. 커시와 라그랑주가 수학에서 도표를 이용하는 것에 의문을 강력하게 표명했을 때 그것은 오직 논리적 추론 하나만 이용되어야 하는 논증에 시각적 효과가 물리적 (그리고 엄밀하지 않은) 요소를 개입시킬지도 모른다고 의심했기 때문이다.[43] 수학의 다른 곳에서, 즉 1920년대의 직각설(直覺說)에 대한 격론(激論), 그리고 제대로 이해한다면 기하학을 "선"과 "점" 대신 "의자"와 "책상"을 가지고 할 수 있다는 다비드 힐베르트의 잘 알려진 언명(言明)에서 그런 다툼이 다시 나타났다. 이론 물리학자인 줄리언 슈윙거는 1940년대 말에서 1950년대에 걸쳐 리처드 파인먼이 불러들인 도표 때문에 소름 끼치는 반감을 느꼈다. 슈윙거는 기초를 이루는 장이론(場理論)적 계산들을 애매하게 만듦으로써 파인먼의 도표가 물리학의 가치를 떨어뜨리고 이론의 진보를 지체시킨다고 생각했다. 그 뒤에 일반 상대론을 전공하는 이론 과학자들은 기하학의 중요성에 대한 의견에서 갈리게 되었다. 존 휠러와 같은 일부 학자들은 기하학의 역할이 굉장히 증대되었다고 주장했는데, 휠러는 일반 상대론이 "기하 동역학"에 속한 세부 분야가 될 운명이라고 믿었다. 이와 대조적으로 스티븐 와인버그는 기하학은 물리학자들이 길을 잃고 헤매도록 유인한다고 단호하게 주장했다. 그의 의견을 제대로 이해한다면 일반 상대론은 양자 장이론의 특별한 세부 분야이며, 미분 기하가 암시하는 직관이 밑받침 되는 동역학을 보지 못하게 한다는 것이다.[44] 그러나 전에도 그랬던 것처럼 우리의 주안점은 이러한 논쟁점들을 구체적으로 드러내는 도구적 기능에 대한 것이다. 제6장은 연구소 내부에 있는 반(反)시각적 전통, 즉 논리 전통에 대한 인습 타파에 관한 것이다.

상(像)을 제작하는 구름 상자 물리학자들은 논리 전통이 시작된 전성기일 때조차도 자신들에 속한 연구소를 갖지 못했다. 어떤 의미로는 세기가 바뀌는 전환점이나 그보다도 더 이른 시점에서 동형(同形)의 논증보다는 상동(相同)의 논증에 대한 탐색이 검전기(檢電器) 측정과 함께 시작되었다. 그러나 경쟁적인 일렉트로닉 계수기 전통은 수많은 좌절감을

---

43) 대스턴, 「물리주의자」, *Stud. Hist. Phil. Sci.* 17(1986): 269~95쪽을 보라.
44) 기하학 역할의 다른 해석들에 대해서는 갤리슨, 「재독(再讀)」(1983)을 보라.

갖게 한 궁지를 거친 뒤에야, 그리고 월터 뮐러의 중재가 있은 뒤 1928년에 본격적으로 시작되었다. 그때서야 비로소 한스 가이거의 상단 카운터(Spitzenzäler, 예리하게 셈하는 기구라는 의미의 독일어 – 옮긴이)는 원자핵 물리학과 우주선(宇宙線) 물리학에서 이용 가능한 도구인 "가이거-뮐러" 계수기가 되었다. 제6장에서는 이러한 계수기들이 확산됨에 따라 번성한 비(非)시각적 또는 종종 반(反)시각적 논리 전통이 발달한 과정의 자취를 쫓는다.

"진짜" 방전과 "저절로 일어나는" 방전을 구별하는 문제가 계수기를 사용하기 시작할 당시부터 계수 장치의 설계를 괴롭혔으며 심각한 논쟁의 원인이 되었다.[45] 뮐러는 가이거 계수기를 개선하려는 광범위한 시도 끝에 마침내 저절로 일어나는 방전이 주위에 존재하는 우주선(宇宙線)과 연관됨을 알아냈다. 그로부터 오래 지나지 않아서 W. 보테와 W. 콜회스터는 입자가 두 계수기를 모두 지나야 신호를 보내는 동시 발사 방법을 이용하기 시작하면서 가짜 효과를 진짜 효과와 분리해내는 과정을 굉장히 많이 개선했다. 그러나 그들은 펄스를 거추장스러운 사진으로 기록했는데, 그 결과 마치 세탁실에 걸린 옷들처럼 건조하려고 천장에 매달아 둔 여러 장의 필름이 브루노 로시의 미학적인 감정을 상하게 하는 바람에 로시는 두 계수기가 모두 작동할 때만 진동하는 완전 전자적(電子的)인 장치를 설계했다. 로시의 회로는 계수기가 몇 개이든 상관없이 동시와 반(反)동시의 어떤 조합으로도 연결될 수 있었기 때문에 그 전자 장치는 예를 들어 $(A \wedge B) \wedge \sim (C \vee D)$와 같은 논리적 연결기호의 역할을 수행했다. 이러한 기술 혁신의 결과로 제2차 세계대전이 시작될 때까지 계수기는 완전히 윌슨의 구름 상자를 필적하는 능력을 갖춘 도구가 되었다. 전쟁이 끝날 때까지 전자공학의 기능과 지식은 누구도 예상하지 못한 수준으로 발전했다.

---

45) 인위적 붕괴에 대한 케임브리지-빈 논쟁에 대한 흥미진진한 설명에 대해서는 스튜워, 「붕괴」(1985)를 보라.

만일 거품 상자 그룹이 지도자와 기업의 직위 체계를 갖춘 공장을 닮았다면 불꽃 상자 그룹은 (적어도 처음에는) 의도적으로 민주적이었다. 불꽃 상자 실험 과학자들은 일련의 장비와 과학자들이 개별적으로 실험을 통제할 수 있는 연구 관습에 기반한 내부 연구소를 세우고 싶어 했다. 실험 과학자들은 그러한 통제가 대규모 거품 상자 그룹에서는 희생되었다고 느꼈다. 초기 형태의 불꽃 상자는 미국에서뿐 아니라 일본과 영국, 남아프리카, 이탈리아 등에서 나타났는데, 이것은 부분적으로 (연구소나 공장, 그리고 제2차 세계대전의 잉여 전쟁 물자 등으로부터 구할 수 있는) 전자공학적 기술 혁신이 널리 분산되어 있음을 반영했다. 발명품의 계보가 상당히 분명하게 알려져 있는 거품 상자와는 대조적으로 불꽃 상자는 세계 어느 곳에나 수없이 많은 형태로 증가했다.

어떤 한 나라의 역사나 어떤 집중된 제도에 대한 연구, 어떤 전기(傳記)의 구조도 검출기에 대한 전자공학 연구의 흩트러짐을 따라갈 수 없다. 그것은 전후(戰後) 미군들이 후퇴하면서 버리고 간 레이더 장비 설비소 부근의 피사 대학에서 성장했다. 그것은 점령된 독일 재건 연구소에서 당시 연합군의 보호로부터 석방된 인사들에 의해서 계속되었다. 그것은 일본에서 일본산과 수입된 전자공학 장치가 혼합된 채로 전성기를 맞았다. 중요한 연구 결과가 또한 소련과 영국 그리고 미국의 좀더 호화로운 전후(戰後) 연구소에서도 나왔다. 고속 불꽃 계수기를 제작하는 기술이 때로는 단지 발표 전 논문의 교환에 불과함에도 과학자들 사이의 왕래를 거듭했으며, 그 뒤에 불꽃 상자는 1960년에 마침내 행선지를 버클리로 정하고 행차했다.

연구의 절정을 장식한 것은 1950년대 말에 일본의 두 물리학자 후쿠이와 미야모토에 의해 제작된 새로운 "방전(放電) 상자"였는데, 그 상자는 불꽃으로 흔적의 대략적인 위치를 전시(展示)할 수 있었다. 일본의 기술 혁신은 버클리에서 감사하게 받아들여졌다. 앨버레즈의 환상적인 상(像)으로 채워진 거품 상자는 논리 전통의 물리학자들이 연구할 여지를 거의 남겨놓지 않았다. 대규모 거품 상자 팀의 멋진 성공이 하나씩 발표될 때마다 계수기 실험 과학자 개인의 기술뿐 아니라 연구 조직도 점점 더 낙후되는 것처럼 보였다. 앨버레즈는 1957년 9월 연구소 소장인 에드윈 맥밀런에게 편지를 보냈는데, 그 편지에서 계수기 그룹이 문을 닫아야만 되겠다고 주장했다. 고에너지 물리학에서 계수기 실험 과학자는 "만일 시각적 검출기와 가능한 한 거품 상자를 갖지 않는다면 훨씬 더 흔히 일어나는 비탄성 과정에 대해 진지한 연구를 시작하기란 거의 불가능했다." 앨버레즈의 경우 "계수기가 나에게는 고에너지 물리학에서 정밀 장치처럼 저 멀리에 있는 것으로 보인다"라고 말했다.

그런데 일본에서 개발된 방전 상자가 도착하자 계수기 물리학자들은 새로운 무기를 손에 넣었다. 그들은 곧 그 장치를 개량하여 두 판 사이의 공간을 입자가 가로지르면 판 사이에 국한된 뚜렷한 불꽃을 생성하도록 만들었다. 수개월 만에 새로운 장치는 세계 곳곳의 대학에서 만들어졌다. 첫 번째 것은 프린스턴 대학의 몇 명 안 되는 학부 2학년생들 작품이었는데, 그들은 버클리의 거품 상자에 종사하는 수많은 기술자 직원들과는 비교가 되지 않았다. 그렇지만 논리 전통에 속한 물리학자들에게 눈에 보이는 불꽃을 사진으로 찍을 필요성은 부정적으로 보였다. 그들은 사진에 의한 재생 단계를 전혀 거치지 않은 완전히 일렉트로닉 장치를 원했다. 실제로 논리 전통에 속한 이들 실험 과학자들은 하이젠베르크가 슈뢰딩거의 파동 역학 이론 수립 때 보인 것과 마찬가지의 기세로 반응했다. 이러한 비유는 지금까지 무시되어 왔는데, 그것은 역사학자들이 이론적으로 심미적인 판단들은 애정을 갖고 경청하지만 도구 설계에 대한 미학(美學)에는 귀를 막고 있기 때문이었다.

불꽃 상자의 생산에서 이와 같이 서로 관계를 맺고 있으며 궁극적으로 분리될 수 없는 두 가지 힘이 결합되었다. 하나는 작업장에 대한 통제를 다시 찾고 "거품 상자 사람들"의 위계 체계로 구성된 팀을 회피하려는 논리 전통에 속한 실험 과학자들의 사회적 욕구였다. 좀더 정신적인 다른 하나는 논리 전통 물리학자들의 보이는 것을 제거하겠다는 인식론적 믿음이었다. 새로운 일렉트로닉 검출기의 설계에서는 사회적인 요소와 지성적인 요소가 서로 결합했다. 요구 사항은 연구소에서 어떻게 연구하는지에 대한 통제, 장비의 배치에 대한 통제, 그리고 자료의 생산과 분석에 대한 통제 등 통제가 가능한 실험 방법을 찾는 것이었다.

제6장과 제7장은 입자 물리학에서 최근 일어난 상(像) 전통과 논리 전통의 통합을 기술한다. 이렇게 서로 대립하는 전통들 사이의 통합이 입자 물리학과는 아주 동떨어진 분야들에서도 일어났음을 언급하지 않을 수 없다. 예를 들어 우주 망원경에 대한 천문학 프로그램에서 사진술에 기반을 둔 천문학자들은 일렉트로닉 검출기를 갖춘 경쟁자들이 적절한 해상도와 감도를 지닌 장치를 갖고 있지 못하다고 보았다. 거꾸로 일렉트로닉 장치를 편애하는 우주 과학자들은 침투하는 방사선이나 더 나쁘게는 혼란을 일으킬 잠재적 가능성을 지닌 인간의 개입이 요구되기 때문에 에멀션 사진들이 잘 보이지 않게 될 수도 있다고 진지하게 걱정했다. 로버트 스미스와 조세프 타타르비츠는 이 이야기를 추적하고 나서 양측이 결국 전자적(電子的)으로 발생시킨 고해상도 사진을 찍는 대전(帶電)된 결합장치(charged coupled devices, CCDs)를 채택함으로써 해결의 길을 닦았음을 보여주었다.[46]

입자 물리학과 필적하는 것은 가짜가 아니다. 이 경우에, 그리고 지상(地上)의 상(像)을 만드는 방법들인 인체의 단층 사진과 그리고 핵자기 공명 사진술 등에서는 서로 공유하는 기술의 대부분이 새로운 방법의 정당성을 입증한다. 그러나 천문학의 도구나 지구과학의 도구, 의학용 도구의 역사를 물리학의 경우와 마찬가지로 자세하게 추적하는 것은 이

---

46) 스미스와 타타르비츠, "CCDs", *Proc. IEEE* 73(1985). 또한 린치와 에드거턴, 「미학」(1988)을 보라. 과학적인 내용을 벗어나지 않으면서도 상(像)의 역사와 사회학에 대해 매우 흥미로운 연구가 수행되었는데, 이 연구에 대한 매우 훌륭한 소개를 린치와 울가, 『표현법』(1990)에서 발견할 수 있다. 이 책에서 저자들은 상(像)에 대한 연구에서 필요한 참고문헌들 사이의 복잡한 연결 고리를 조사하는데, 그중에는 과정이나 다른 상(像)들, 한 상(像)이 다음 상(像)으로 수정되는 일련의 상(像)들이 포함된다. 또한 파이페와 러우, 『그림 그리기의 위력』(1988)을 보라.

책의 범위를 벗어난다. 그럼에도 불구하고 나는 아날로그 기술 지식과 디지털 기술 지식 사이에 존재하는 긴장 관계는 그 뿌리가 깊으며 그러한 구분은 분야의 경계를 가로지른다는 점을 주장하고자 한다. 지난 몇십 년 동안 전개된 두 전통을 함께 짜 맞추기는 과학적 전문화 시대에 전에는 숨어 있었던 통합으로 향하는 추세를 대표한다. 동형(同形) 표현법과 상동(相同) 표현법이 연합했다.

물리학에서는 표현법의 두 형태가 결합하는 쪽으로 인식론적 이동이 일어나면서 새로운 규모의 연구가 대두되었다. 1970년대 말에 등장한 PEP-4와 같이 크기가 방대하게 증가하고 복잡해진 검출기들은 많은 측면에서 통제를 잃어버리게 될 것임이 분명해졌다. 윌슨이 전극(電極)을 이동할 수 있었다든가 또는 파우웰이 에멀션의 화학 성분을 바꿀 수 있었던 것처럼 (또는 바꿨던 것처럼) 그런 방법으로 장치를 수정하는 것은 더 이상 가능하지 않거나 그렇게 할 수 있다고 생각할 수 없게 되었다. 심지어 장치의 일부분에 적합한 설계에 대한 분석적인 계산마저도 불가능할 지경에 이르렀다.

상(像) 전통과 논리 전통이 특정 장치에서는 합치점이 존재했는데, 아마도 SLAC에 설치된 마크 I보다 더 유명한 예를 찾을 수 없을 것이다. 이 실험은 1974년 11월에 *J*/프사이 입자를 산출한 두 실험 중 하나이지만, 그전에 이미 마크 I은 증거를 만들어내는 데 매우 다른 두 전략을 결합하여 구현한 예다. 버클리에서 앨버레즈의 이전 거품 상자 팀의 구성원 중 상당한 인원이, 항상 전자적(電子的)인 논리 장치에만 전념하고 상(像) 전통의 기계를 전혀 만들지 않던 SLAC팀과 힘을 합했다. 그들은 함께 상(像)을 생성하는 전자 장치를 제작했을 뿐 아니라 두 전통의 숙련된 기술과 인식론적 관습을 채택했다. 이와 같이 서로 다른 접근 방법을 조정하는 일은 이질적인 관습과 더 커진 규모 때문에 도구 제작이 점점 더 복잡한 과정으로 바뀌는 데 지극히 중요해졌다.

고에너지 물리학자 중 대규모 충돌 빛줄기 검출기 그룹에 합류하는 비율이 증가함에 따라 규모와 다양성이 실험 집단에서 점점 더 큰 영향력을 발휘하기 시작했다. 앨버레즈 그룹의 크기와 비교해서조차도 이렇게 새로 형성되는 공동 연구자의 규모가 컸으며 실험은 10배씩 증가했다. 20명에서 30명 정도의 물리학자가 20명 정도의 기술자와 기사, 그리고 또 다른 20명에서 30명의 스캐너와 함께 연구하는 대신 1980년대의 거대한 복합 실험에는 100명에서 200명에 이르는 물리학자와 함께 다시 그만한 수의 기술자와 기사들이 참여했다. 1990년대 초까지 페르미 연구소의 검출기 그룹과 계획 중인 초전도 초대형 입자 가속기의 다른 그룹, 그리고 CERN에 기반을 둔 대형 전자-양전자 충돌형 가속기(Large Electron Positron Collider, LEP)에 속한 또 다른 그룹의 물리학자 수는 모두 500명은 족히 넘었고 어떤 경우에는 800명을 초과하기도 했다. 우리는 제7장에서 시간 투영 상자(TPC)에 대한 조사를 통하여 이렇게 배가하고 있는 복합 세계로 인도된다.

TPC는 그것만 따로 분리해서 생각하면 보통이 아니다. 그것은 전기장과 자기장을 받는 원통형의 공간으로 이온 입자들의 흔적을 고스란히 양쪽 끝 뚜껑 부분으로 인도하여, 그곳에서 흔적이 포함하고 있는 정보가 디지털 정보로 바뀐 다음 컴퓨터로 이송된다. 어떤 점에서 그것은 내부 공간을 도선 따위로 어지럽히지 않고, 일렉트로닉 거품 상자의 꿈을 가장 순수하게 실현시킨 것이다. 동시에 배치된 경우의 TPC를 생각하면, 그것은 열량계와 와이어 상자, 상(像)-제작 능력, 정교한 전자적 동작 유발 장치, 큰-그룹 구조, 그리고 컴퓨터의 대규모 이용 등 이전과 동일한 것을 모두 갖춘 대규모 통합을 만들기 위해 보조 검출기들과 복잡하게 연결되어 있다. 그러나 여러 기구를 한데 모았다는 생각만 가지고는 100만 달러짜리 검출기에서 수억 달러짜리 장치까지 움직임과 함께 일어나는 연구 규모의 변화를 포착하지 못한다. 계량 사회학적으로 대충 살펴보더라도 TPC와 초전도 초대형 입자 가속기에 이용될 예정인 복합 검출기들은 이제 끝에 도달되었음을 알려준다. 그러한 장치 하나는 800명의 물리학자들을 필요로 한다. 미국의 고에너지 물리학계가 대략 2,500명 정도의 실험 과학자들로 구성되었다면, 검출기 그룹은 전체 고

에너지 물리학계 인원을 거의 다 포함하는 셈이다.

숫자를 이야기하지 않더라도 국제적 공동 연구자들에 의해 SLAC에 구성된 TCP/PEP-4/PEP-9 시설과 같은 장치의 조직 구조의 복잡함은 "실험"과 "실험 과학자"의 의미에 대하여 한 가지 마지막 논쟁점을 제기한다. 검출기의 경계가 제대로 정의되지 못한다. 에너지성(미국의 행정 부서명 – 옮긴이)은 이 기계를 물리학계가 모두 사용할 수 있도록 문호를 활짝 개방하기를 원했기 때문에 장치 자체를 "실험"이 아니라 "시설"이라고 부르도록 했다. 이 명칭은 예정된 기간이 지나면 다른 그룹과 다른 구성원이 물려받을 수 있도록 장치 제작자가 장치의 생산품에 대한 소유권을 주장하지 못한다고 갈라놓는 것을 의미했다.

좀더 구체적으로, 서로 다른 지휘 계통 구조를 갖는 몇몇 그룹이 PEP-4와 PEP-9 같은 (여기서 PEP는 양전자-전자 프로젝트[Positron Electron Project]의 약자로 SLAC에 설치된 충돌 빛줄기 시설임) "시설"을 보유하고 있는데, 두 가지의 서로 다른 "실험"이 동일한 미시 물리적 사건을 공동으로 이용한다. 한 가지 의미에서는 (자료를 어떻게 분배하느냐는) 순수하게 정치적인 문제가 동시에 (대상이 되는 현상을 어떻게 재구성하느냐는) 물리적 문제가 되기도 했다. 관리 문제 또한 주위의 문화에서 차용하는 수밖에 없었다. 경영 솜씨는 아실로마에서 개최된 기업 세미나에서 도입했으며, 광범위한 의견들은 지휘 계통의 성격에 대한 공동 연구를 통하여 두루 전달되었다. 공동 연구가 자비로운 절대권 아래 종속되어야만 할 것인가? 원로원(元老院)과 같은 대의(代議) 기구 조직에 서로 다른 기관에서 동일한 비중으로 참여하게 할 것인가? 아니면 국회 형태의 비례 대표제로 마지막 결정을 내릴 것인가?

만일 복합 시설의 건설과 고용, 경영이 과거와 관계를 끊는다면 앞으로 TPC/PEP-4에 대한 조사에서 분명히 드러나겠지만, 실험 결과도 과거와 관계를 끊게 된다. 거품 상자 시대에 이론 과학자가 가장 중요한 역할을 맡았는데, 그러나 그것은 제한될 수 있는 역할이었다. 겔만과 같은 이론 과학자는 특정한 양자수(量子數)를 갖는 입자가 존재한다고 제안할 수 있었고, 그러면 실험 과학자는 그 입자를 그들의 목표 중 하나로 삼을 수 있었다. 거꾸로 조사하는 과정에서 전에는 없던 입자들이 드러날 수도 있었는데, 그러면 이론 과학자는 그 입자들을 자신의 이론 구조에 맞아떨어지도록 노력할 수도 있었다. 1980년대와 1990년대의 TPC나 다른 검출기에서는 이론과 실험의 경계가 점점 더 불분명해졌는데, 주로 양자색 동역학(quantum chromodynamics, QCD)이 현상론적인 예언을 도출하는 데에 무척 어렵다는 악명(惡名) 높은 이론이기 때문이다. 실험 과학자는 어떤 모형을 이용해야 할 것인가? 그리고 자료와 모형을 비교했을 때 실험 과학자는 모형이나 QCD 자체를 조사했는가? QCD를 실험적으로 이해하는 문제가 1980년대와 1990년대 초에 물리학의 가장 오래 지속된, 극적인 상황이 가장 조금 나온, 그리고 가장 중요한 구성요소 중 하나가 되었다. 비록 어떤 이론이 옳음을 "확인"한다고 해서 공짜로 스톡홀름에 갈 수 있지는 않겠지만, 그러한 확인은 어떤 새로운 현상이라도 그 현상을 인지(認知)하는데 선행조건이었다. 배경(背景)을 이해하지 못하면 전경(前景)도 존재할 수 없을 것이다. 이렇게 흐려진 실험과 이론을 나누는 선(線)의 사회적-인식론적 영향은 매우 깊었다. 단지 몇 년 전의 상황과는 달리 실험 그룹은 그룹 "자체"의 이론 과학자들을 필요로 하기 시작했다. 이 이론 과학자들의 연구가 바깥의 불확실하고 순수하게 이론적인 영역에서가 아니라, 기계의 독특한 성질에 충분히 가까워서 그들이 자료를 이론에서 세운 모형의 결과물에 비견될 만한 형태로 만들기 시작할 수 있는 결과를 제공하기를 원했다. 이론 쪽에서도 "현상론 학자"가 출현하기 시작했는데, 이들의 연구는 QCD나 그 변형들, 그리고 QCD와 경쟁 관계에 있는 이론들에서 실험적으로 검사해볼 수 있는 결과를 산출하도록 설계되어 있었다. 개략적으로 볼 때

$$\text{이론} \leftrightarrow \text{실험}$$

과 같은 간단한 비교 대신

실험 ↔ 실험 과학자의 이론 ↔ 이론 과학자의 현상론 ↔ 이론

과 같은 일련의 비교를 말한다. 이러한 변화는 실험을 모형과 그리고 다시 모형을 이론과 연결짓기를 목표로 하는 TPC/PEP-4 공동 연구의 내부 실험 회의에서 가진 논의에서 명백해질 것이다.

마지막으로, 육중한 복합 실험의 모임은 과학적 저작권(著作權)이라는 개념에 있어서 중대한 재구성을 촉진했다. 공동 연구로부터 나온 결과의 배포는 개인에 의해서가 아니라 적절하게 명명된 발표 할당에 대한 상임 위원회(Standing Committee on the Assignment, SCAT)라는 그룹에 의해서 주관되었다. 참여하고 있는 실험 과학자 중에서 누가 발표할 수 있을 것인지, 어디에서 발표해도 될 것인지, 그리고 무엇에 관해서 발표할 것인지가 긴급한 관심 대상이 되었다. 왜냐하면 200명 또는 400명, 800명이나 되는 한 그룹 물리학자들이 실험에 모두 나서서 말한다면 실험 결과의 견실성(그리고 적절성)은 공중으로 녹아버릴지도 모른다고 염려되었기 때문이다. 건설과 소유권, 배치, 보급에 대한 이러한 논쟁들이 함께 모여서 고에너지 물리학 실험에는 새로운 신기원을, 많은 이들에게는 무서워할 만한 신기원을 가져다 주었다.

낙관적으로 보면 이런 복잡한 모임은 공동체 중에서도 이상적인 공동체였는데, 이 공동체에서는 참가자 누구나 실험 작업을 요약한 방대한 자료 은행을 이용할 수 있었다. 모든 구성원이 정보를 이용할 수 있다는 장프랑수아 리오타르의 포스트모더니즘의 환상처럼[47] 공동 연구 그룹은 구성원—경험이 별로 없는 대학원 학생에서 가장 선임인 책임 연구원까지—이면 누구에게나 자료 요약 테이프의 자원을 이용하여 창의적인 연구를 수행하도록 허용되었다. 비관적으로 보면 실험은 한때 물리학이 추구했던 모든 것을 거꾸로 세워놓은 악몽이었다. 10억 달러짜리 장치에서 800명이 공동 연구를 하는 중에 개별적인 실험 과학자는 필연

47) 리오타르, 『포스트모더니즘의 조건』(1984).

적으로 장치를 제작하거나, 관리하거나 조절하거나 수정하는데 자신의 지배권을 행사할 수가 없었다. 주어진 관료적인, 물리적인, 그리고 경제적인 구속 조건들을 고려하면 실험 과학자는 더 이상 자신의 뜻에 따라 실험 목표를 선정하거나 신속하게 수정할 수가 없었다. 심지어 QCD의 미묘한 점이나 실험 결과와 QCD가 어떻게 연결되는지를 이해하는 것조차도 더 어려워졌다. 부속 검출기 연구의 한 분야를 수행하려고 악전고투하는 실험 과학자는 종종 분석된 자료를 쫓아가느라 시달림을 받았다. 외부 세계에 대해 어느 정도 일관된 발표를 유지하기 위해서 대규모 공동 연구 그룹은 실험 과학자가 개별적으로 저술할 수 있고, 출판할 수 있고 또는 심지어 공개석상에서 말할 수 있는 것에 대해 엄격히 제한을 가했다. 실험 과학자는 많은 경우 물리적인 세계와 완전히 접촉을 끊는 대신 시뮬레이션을 가지고 연구하는데, 그것은 참을 수 없는 마지막 모욕이었다. 물리학의 변화하는 기능에 대한 밝은 면과 어두운 면은 모두 연구소의 서로 결합된 인식적이고 사회적인 구조에 대한 무엇을 말해준다. 800명의 동료와 함께 실험하기는 그 자체가 증명되지 않은 긴장이 고조된 사회적, 인식적 실험이다.

거품 상자 이후—그러나 TPC 같은 와이어 상자의 이전(以前)과 당시 그리고 이후(以後)—에 컴퓨터가 존재한다. 컴퓨터가 처음에는 전동(電動)-기계식 계산기의 좀더 빠른 변형에 불과했는데, 훨씬 더 많은 그 이상이 되었다. 한 점의 도구, 스스로 성립하는 도구에서 마침내는 (시뮬레이션을 통하여) 자연 자체의 대역이 되었다. 역사에 관한 마지막 장인 제8장에서 우리는 컴퓨터와 좀더 구체적으로는 흉내 낸 물리계에 놓여 있는 "인공 현실"의 기원과 마주한다. 평범하지 않은 의미로 컴퓨터는 실험과 도구, 이론이라는 "자명한" 범주 사이의 경계를 흐리게 해놓기 시작했다. 제8장의 주제인 이러한 발전에 대한 이해는 우리를 계산하기의 초기 시대로 인도할 뿐만 아니라, 로스앨러모스가 원자탄에서 수소탄으로 이동하면서 무기 설계 분야에서 요구된 급격한 변화로도 인도한다.

제2차 세계대전 동안 원자탄 설계와 연관하여 제기된 의문은 수동 또는 전동(電動)-기계식 계산기로 처리할 수 있는 한계 끝까지 요구했다. 전쟁이 끝난 뒤 관심사가 수소탄으로 이동되면서 맨해튼 프로젝트는 계산상 어려움의 루비콘강에 접근했다. 첫째, 이번에는 (비록 계산할 수는 없었더라도) 측정 가능한 핵분열에 대한 수많은 변수들의 크기가 정해졌던 시카고 대학 육상 경기장 지하에서 이루어진 엔리코 페르미의 제어된 핵분열에 해당하는 것이 존재하지 않았다. 간단히 말하면 폭탄을 폭발시키지 않으면서 제어된 낮은 온도의 핵융합이 존재하지 않았다. 둘째, 수소탄을 설명할 물리는 히로시마나 나가사키에 투하된 폭탄을 제조할 때와 관련된 어려움과는 도저히 비교되지 않을 정도였다. 물리학자들과 수학자들, 전기공학자들은 측정하거나 계산할 능력이 전혀 없음을 깨닫고 나서 시뮬레이션을 수행하기 위해서 하드웨어와 소프트웨어가 결합된 글자 그대로 컴퓨터 시스템 개발을 위한 총력전에 들어갔다.

실험과 이론 사이에서 이도저도 아니게 되어 버린 것이 한 물리학자가 말했듯이 "원자핵 관련 과학에서 생존하는 새로운 방법"이었으며, 이것은 강력한 자기(自己) 성찰을 유발했다. 몬테 카를로 시뮬레이션은 과연 실험이었던가? 몬테 카를로 시뮬레이션을 시행하는 것이 오실로스코프를 가지고 조사하거나 흔적의 각도를 측정하거나 사진을 검토하거나, 또는 논리 회로와 광전관을 연결하는 등의 훈련을 받은 실험 과학자에게 어울리는 활동이었던가?

"어울리는 활동"이라는 말로 나는 근본적인 질문이 제기되었음을 시사하려고 한다. 그것은 전문가로서의 정체성(正體性)에 대해, 실험 과학자로서 느끼는 만족감에 대해, 시뮬레이션을 근거로 만들어지는 자연에 대한 강제적 요구에 대해 반복적으로 제기되는 의문이었다. 물리학자들 중 일부는 논거(論據)의 새로운 방식이 편안하지만, 안절부절못하는 다른 일부도 있었다. 인식론적인 면과 도덕적인 면 모두에서 변화는 진행되었으며, 그리고 많은 사람들에게 그들이 실험하기의 전형적인 활동이라고 여겼던 것들로부터의 이반(離反)이 개인적인 반응과 공공(公共)의 논의 사이를 가르는 평소의 경계를 넘어섰다.

이런 논쟁이 함축한 의미가 깊어졌다. 시뮬레이션 전문가들의 규모가 점점 커지면서 그들 중 일부에게는 몬테 카를로 방법이 단지 물리의 "진정한" 주제를 근사(近似)하는 다른 한 방법일 뿐이었다. 기본적 실재(實在) 사이의 연속된 관계는 수학의 편미분 방정식에 의해 반영된다. 새롭게 대두된 것은 이 관계를 거꾸로 보는 관점이었다. 미분 방정식이 플라톤의 천상 주소를 알려주는 알짜 내용이라고 간주하는 대신 새로운 컴퓨터를 통한 통찰력은 몬테 카를로 자체가 현실로 들어가는 열쇠라고 보았다. 이러한 "추계학자(推計學者)"의 통찰력에서는 세상이 원래부터 불연속적이고 확률론적이었다. 미분 방정식이 바로 근사(近似)에 불과하고, 몬테 카를로만 세상의 무작위성(無作爲性)을 모방함으로써 자연을 진정으로 표상(表象)했다. 계산하기에도 형이상학이 존재하며, "실험과학자"와 "실험하기"에 대한 재정의(再定義)는 — 하나로 그리고 동시에 — 형이상학적이고 사회학적이며 매우 실질적이다. 시뮬레이션과 관련된 불안의 징후는 이 방법의 시초부터 나타났다. 일부 학자들은 땜납과 회로 등의 "엄연한" 현실이 포함되지 않는다는 이유로 이 활동을 이론에 흡수시키려 했다.

결국 어떻게 컴퓨터 내부에 실험이 존재할 수 있을까? 다른 사람들은 시뮬레이션이 본질상 실험적이라고 보았다. 동일한 반응이 두 번 다시 되풀이되지 않는 과정이 실험이 아니고 무엇이겠는가? 나의 목적은 시뮬레이션의 의기를 왕성케 하자거나 또는 시뮬레이션을 모독하자는 것이 아니고, 오히려 실험적 논증에서 시뮬레이션의 역할이 증대하고 있다는 점과 "실험", "도구", "이론"이라는 개념들을 문제시하는 데 시뮬레이션의 중요성을 지적하고자 할 뿐이다. 옛날부터 수동(手動) 작업보다는 두뇌 작업을 앞세우고, 경험보다는 이상을 앞세우고, 경험주의보다는 합리주의를 앞세우는 전통이 존재한다. 성장하고 있는 시뮬레이션의 밑바탕 때문에 그러한 급진적인 반대가 지속되는 것이 점점 더 어려워지고 있다.

6. 맥락 속의 맥락

물리학의 하부 문화들은 다양하며 그 하부 문화들이 수행되는 좀더 넓은 문화 속에서 서로 다르게 놓여 있다는 논점이 제2장부터 제8장까지의 질문을 인도한다. 그러나 단순주의자의 물리학은–이론이다 또는 물리학은–관찰이다 등의 견해가 이러한 다양성을 무시함으로써 실패한다면, 물리학을 단지 고립된 하부 문화의 모임일 뿐이라는 견해도 하나의 학문 분야로서 절실히 느껴지는 물리학의 내부 연결성을 빠뜨림으로써 설득력을 잃게 된다. 나는 과장된 균질성과 단순한 집합체 사이의 진퇴양난을 헤쳐 나가기 위해 큰 의미에서는 서로 충돌하는 점에 대해서라도 국지적으로는 조정될 수 있는 중간 영역으로 교역 지대라는 개념을 되풀이하여 이용한다. 이 책의 아홉 번째이자 마지막 장에서는 이러한 교환 과정들의 원동력을 조사하기 위해 그러한 질문들로 돌아가 좀더 심도 있게 다룬다.

하부 문화의 교역(交易). 인류학자들은 어떻게 서로 다른 그룹들이 세상을 나누고 각 부분을 상징적으로 체계화하는 데 근본적으로 다른 방법을 사용해 상품을 교환할 수 있을 뿐만 아니라 실질적으로 그러한 교역에 의존할 수 있는지에 대해 광범위하게 연구했다. 어떤 특정한 문화의 활동 무대 내부에서—나는 이 활동 무대를 제9장에서 "교역 지대"라고 부른다—서로 닮지 않은 두 그룹이 공통의 터전을 발견할 수 있다. 그들은 양과 질, 형태 사이에 서로 대응하는 교묘한 방정식을 적용하여 물고기를 바구니로 바꾸면서도 여전히 교환된 물품의 좀더 넓은 (전체적인) 가치에 대해서는 전혀 의견을 달리할 수도 있다. 마찬가지로 이론과 실험의 과학적 하부 문화 사이에서 또는 도구 제작의 서로 다른 전통 사이에서, 아니면 이론화하기의 서로 다른 하부 문화들 사이에서조차 전체적으로는 동의를 얻지 않았더라도 국지적으로는 자세한 점까지 정교하게 해결하는 교환(조정)이 존재할 수 있다. 예를 들어 실험 과학자와 이론 과학자는 원자핵 에멀션에서 관찰된 특정 흔적이 전자(電子)에 의한 것이 분명하다는 의견 일치에 힘들게 도달할 수 있지만, 여전히 전자(電子)의 성질에 관해서 또는 양자 장이론의 철학적 해석에 관해서 또는 필름의 성질에 관해서는 대립된 견해를 견지할 수도 있다.

주장하건대 국지적(局地的) 조정을 만들어내고 논쟁하고 입증하는 작업은 어떻게 국지적 지식이 널리 받아들여지느냐는 문제의 중심에 자리잡고 있다. 언뜻 보면 국지적으로는 합치되지만 전체적으로는 불일치한다는 의미를 표현한다는 것이 모순인 것처럼 보인다. 한편으로 의미란 문장마다 주어지는 것이라고 생각할 수 있다. 이런 경우에 한 언어의 전체적 느낌은 언어를 구성하는 특정 문장 하나하나에 주어진 의미의 산술 합이 될 것이다. 반대로 전체론자는 어떤 특정 발언의 의미가 오로지 전체로서 언어를 통해서만 주어진다고 말할지도 모른다. 세 번째로 택할 수 있는 입장도 있는데, 말하자면 두 가지의 "모체"가 되는 언어를 말하는 사람이 두 용어 사이의 중간이라고 인지하는 국지적 느낌을 만들어내는 방법으로 의미를 제한하거나 수정할 능력을 갖고 있고 활용하는 경우이다. 그 결과로 얻는 혼성어(混成語) 또는 크리올어(크리올은 서인도 제도 등에 이주한 백인을 가리키는데, 크리올어는 주로 유럽과 비유럽 언어의 혼성어를 일컬음 – 옮긴이)는 전체적 의미에 완벽하게 의존하지도 않고 완벽하게 독립적이지도 않다.

보통 언어에 대한 서술에서 이동을 의미하는 번역은 자주 의미에 대한 전체론적인 견해와 관련되어 있다. 경계를 넘나드는 말하기에 대한 번역의 관점으로 보면 용어들이 너무나 내부적으로 연결되어 있어서 "전자(電子)"를 이론 과학자의 문화에서 실험 과학자의 문화로 번역하거나 스토니에서 로렌츠로 번역한다는 것이 다른 모든 가능한 발언이나 관계 등과 아주 깊이 엮여 있기 때문에 "스토니 말"을 하거나 "로렌츠 말"을 하는 사람은 서로 상대방을 경험한 뒤에 말해야 한다(스토니와 로렌츠는 모두 전자가 발견되기 전 전자에 대한 성질을 미리 예견한 사람들임 – 옮긴이). 경계를 가로지르는 (이론에서 실험으로 또는 군사 과학에서 민간 과학으로 또는 어떤 이론에서 다른 이론으로) 이동을 번역의 일종이라고 묘사하기보다는 하부 문화 사이의 작은 틈새에서 성장하거나 때때로 소멸되는—혼성어(混成語)와 크리올어—국지적 언어의 경계 작업이라고 생각하면 유익함이 판명될 것이다.[48)]

이와 같은 견해에서 물리학의 하부 문화와 각각의 하부 문화, 그리고 하부 문화가 묻혀 있는 더 넓은 문화 사이의 교환은 동일한 문제의 일부다. 전기 기술자는 구조 기술자에게 TPC에 관해 말을 걸어야 한다. 전기 기술자는 실험 물리학자에게 말을 걸어야만 한다. MIT의 레이더 연구소에서 레이더를 제작하는 이론 과학자는 라디오 기술자와 의견을 나누어야 한다. 그리고 아인슈타인 이론 과학자들은 뉴턴 이론 과학자들과 (말하자면) 타협을 이루어내야 한다. 우리는 1952년의 이론 과학자는 전자(電子)가 자기 시간의 일부분을 다른 단명(短命)한 입자들로 둘러싸여 보내는 양자 장이론적 대상으로 본 반면, 1952년의 실험 과학자들은 그

---

48) 교역 지대라는 생각을 정리하면서 혼성어와 크리올어의 복잡한 분류법과 이 언어들이 겪은 발전과 사용 분석을 인류학에 도입시킨 인류학적 언어학자들로부터 얻은 바가 막대했다. 나에게 특히 가치가 있었던 것은 하이필드와 발드만, 『크리올어』(1980); 뮐해슬러, 『혼성어』(1986); 폴리, 「언어」(1988); 하임스, 『혼성어의 형성』(1971); 로메인, 『혼성어와 크리올어』(1988); 다톤, 『모투의 경찰』(1985); 토드, 『혼성어와 크리올어』(1990); 비커턴, 『뿌리』(1981) 등이다. 추가 참고문헌은 제9장에 인용되어 있다.

"교역 지대"에 대한 생각은 갤리슨, 「교역 지대」(1989); 갤리슨, 「맥락」(1995)을 포함하는 여러 곳에서 개발되었다. 과학적 교환에 대한 모든 문헌 중에서 교역 지대의 개념과 연관하여 스타와 그리세머의 연구인 「"번역"과 경계 대상」, *Soc. Stud. Sci.* 19(1989): 387~420쪽이 가장 마음에 들었다. 이 연구에서 그들은 (화석과 같은) 어떤 대상이 어떻게 채집가와 사냥꾼, 관리자, 그리고 다른 사람들에 의해 견지된 서로 다른 "견해"에 동시에 참여하면서, 또한 여전히 연속적인 동일성의 요소를 가질 수 있었는지를 보여주는 데 사회 생태학의 역사를 사용한다. 이질성(異質性)을 통한 협력이라는 개념이 그들과 나의 연구 과제에 대한 열쇠다. 그렇지만 내가 다음에 주장하는 것처럼 첫째, 나는 우리가 "번역"의 개념을 떨쳐버리고 그것을 국지적 교환 언어의 수립으로 바꾸어 놓아야 한다고 강조한다. 둘째, "교역 언어"라는 용어가 시사하듯이 구체적 대상을 가리키는 명사(名詞)보다는 언어 사이에서 더 많은 것이 공유될 수 있다. 우리는 대상뿐 아니라 국지적으로 공유된 과정과 해석을 수반한 실험하기의 정황(情況)에 대해 자주 관심을 갖게 될 것이다.

런 생각을 갖지 못했을 수도 있음을 기꺼이 인정해야 할 것이다. 그럼에도 불구하고 그 이론 과학자와 실험 과학자는 전하와 스핀, 질량, 그리고 구름 상자나 필름, 거품 상자에 보이는 이온화 양식에 대한 관련 지식 등 전자(電子)의 행동에 관하여 많은 체계적인 가정들을 공유한다고 기꺼이 인정해야 할 것이다. 나는 이 책을 통해 전자(電子)가 "진정으로" 무엇인가라는 "깊고" 전체적인 존재론 상의 문제는 제쳐놓고, 이러한 국지적 교환이 해결될 수 있는 과정에 관심을 갖고 있다.

다시 말하면 17세기 말에 뉴턴주의자가 "시간" 또는 "공간"을 이용한 방법과 20세기 초에 아인슈타인주의자가 이 용어를 사용한 방법 사이의 놀랄 만한 차이는 당분간 괄호 안에 넣어두자는 것이다. 대신 특정 실험들로 이루어진 특정 연구소 무대 장치 아래서 푸앵카레와 부커러, 아인슈타인, 카우프만, 로렌츠가 이 용어들의 사용을 조정한 방법으로 눈을 돌리자. 도대체 이러한 교환이 어떻게 일어났는가는 경험적으로 부딪쳐서 해결해야 할 질문이다. 이런 견해의 한 가지 결론은 (지금까지) 아인슈타인 이전(以前) 물리학과 아인슈타인 물리학 사이의 같은 표준으로 해석할 수 없다는 전형적인 문제만 따로 분리해서 취급하면 안 된다는 것이다. 이 문제가 여기서는 두 이론적인 하부 문화 사이의 국지적 교환의 특별한 사례로 간주된다. 좀더 일반적으로 나는 생각이나 대상, 관습 등의 이동을, 전체적인 번역이라는 은유(隱喩)와 그 은유의 개념적 방식인 철학적 생령(生靈)을 불러들이지 않고, 혼성어와 크리올어의 수립을 통한 국지적 조정의 하나로 취급하고자 한다.

인류학 언어학자들은 미국 북서 해안에서 아프리카 서해안 사이에서 수백 가지의 이러한 놀라운 언어 지역들을 연구했다. 파푸안 코리키히리 교역 언어와 같은 일부 혼성어들은 수백 개가 넘지 않는 단어로 구성되어 있고 고도로 특정한 상품의 교환을 조정하기 위해 설계되어 있다.[49] (이전에는 뉴기니 혼성어인) 토크 피신을 포함한 확장된 혼성어는

49) 두턴, 「희귀한 혼성어」(1983).

두드러지게 더 많은 어휘와 교역 언어보다 좀더 유연한 통어법(通語法)의 특징을 가지고 있다. 그런 혼성어가 교역에서 시작되었을 수도 있겠지만, 일부는 둘이나 그 이상의 "자연적인" 언어 사이에 좀더 넓은 의사소통의 역할을 맡았을 수도 있다. 마지막으로 **크리올어**는 그중의 일부가 혼성어의 확장된 변형인데, 시적(詩的)인 작업이나 비유 작업, 언어 분석용 작업, 그리고 그 언어를 사용하는 사람들이 모국어로서 요구하는 관련된 작업의 한계를 지원하기에 충분히 강력한 언어들이다. 사람은 크리올어를 사용하면서 성장할 수 있다. 이러한 언어적 장치는 모두 다 정도의 차이가 있지만, 모국어의 개별성을 유지하면서도 이 장치가 없었더라면 상호간에 양립할 수 없는 언어를 이용하는 공동체 사이의 국지적 통신을 손쉽게 한다.[50)]

여기서 대략 그려놓은 물리학에 대한 묘사는 명백하면서도 대등한 하부 문화들 중 하나이기 때문에 내부 언어라는 개념은 유익한 중심이 이동된 은유(隱喩)이다. 같은 종류의 질문이 다른 형태로 제기된다. 이론 과학자와 이론 과학자 사이의 관계, 이론 과학자와 실험 과학자 사이의 관계, 물리학자와 기술자 사이의 관계, 화학자와 물리학자 사이의 관계, 상(像) 도구 제작자와 논리 도구 제작자 사이의 관계, 그리고 한 복합 실험에 속한 수많은 검출기 세부 그룹과 다른 실험에 속한 그런 그룹 사이의 관계에 대하여 어떻게 생각해야 되는가? 이러한 여러 가지 그룹을 인위적으로 동질화(同質化)시키는 것은 그들의 기술을 터뜨리는 독특한 방법들을 놓치는 것이다. 그리고 이러한 여러 가지 그룹을 이리저리 "번역하면서" 고립된 개념적 방식으로 참여한다고 대표하는 것은 공동체와

---

50) 내부 언어가 영향을 미치는 범위는 실제로 여기서 지적된 것보다 더 상세하게 분류된다. 예를 들어 피터 뮐해슬러는 이전 혼성어 연속체로 (아직 안정되지 않은 변형들로) 최소 혼성어, 혼성어, 확장된 혼성어, 초기 크리올어, 크리올어, 그리고 후기 크리올어 연속체를 포함시킨다. 후기 크리올어 연속체에서는 크리올어가 여러 가지 형태로 표류하면서 상위 언어가 된다. 로마인, 『혼성어와 크리올어』(1988), 116쪽; 뮐해슬러, 『혼성어』(1986)를 보라.

기계와 지식을 세운 생산적이고 다루기 힘들며 국지적인 조정을 보지 않으려는 것이다. 그러면 내부 언어의 세 가지 측면을 살펴보자.

국지성(局地性) 혼성어와 크리올어는 어떻게 사용되는지, 어떤 언어를 연결하는지에 따라 특유의 성질이 있다. 그런 면에서 그것들은 단연코 지구상의 링궈 프랭커(그 나라 국어가 아니면서도 의사소통에 널리 이용되는 외국어를 말함－옮긴이)가 아니다. 비슷하게 실험 과학자와 이론 과학자 사이의 내부 언어로 연구되는 것은 보편적인 원본 언어의 구현이 아닌 특유의 성질을 갖고 있다. 그레고리 베이트슨은 1944년에 뉴기니의 토크 피신에 대해 유럽인과 원주민 그룹 사이에 겹쳐진 부분에 대해 각기 참여하는 그룹과 다른 "제3의 문화"라고 구상하면서 다음과 같은 의견을 말했다. "어떤 그룹의 생활 철학도 …… 중립적이며 특별한 분야의 영어 혼성어 대화 중에서 나타나지 않는다. 그것은 민주주의와 개인 사업이 혼성어로 기술될 수 없다는 것이 아니라, 실제로 그렇지가 않다는 것일 뿐이다."[51] 이론 과학자인 아인슈타인, 로렌츠, 푸앵카레 그리고 실험 과학자인 카우프만은 서로 상반되는 이론에 대한 실험적 검증과 관계있는 자료와 이론을 조정하는 방법을 안출(案出)하는 과정에서 시간의 형이상학을 논의했을 수도 있다. 베이트슨에 따르면 그것은 단지 그것일 뿐인데, 그들은 그렇게 하지 않았다. 국지적 통신의 기능을 제공하기 위해 서로 다른 어휘적, 통어법적, 그리고 음운론적 요소들을 규칙에 맞게 조정하면서도 더 넓은 의미들을 한편으로 제쳐놓은 것은 일반적인 언어 능력의 일부인 것처럼 보인다. 물리학 내부의 의미와 기능, 그리고 이론의 모임에서도 똑같이 그런 것처럼 보인다.

언어 체계의 통시적(通時的) 변화 번역이 서로 다른 이론들이나 패러다임 또는 개념적 방식들 사이의 관계에 대한 철학적 은유(隱喩)로서 이용될 때 전체적 의미와 연관된 구조적 어려움 때문에 시간이 방정식에서

---

51) 베이트슨, 「영어 혼성어」, Trans. *N.Y. Acad. Sci. II* 6(1944): 137~141쪽 중 139쪽으로 뮐해슬러, 『혼성어』(1986), 84쪽에 인용되어 있다.

제외된다. 이와는 대조적으로 혼성어나 크리올어는 때로는 단지 수십 년 동안에 극적으로 변화하는 시간에 대한 변형이며, 물리학의 하부 문화 사이의 변화하는 연결 고리를 기술하는 데 필요한 것이 바로 이 일시성(一時性)이다. 혼성어와 크리올어에 대한 조사로 언어의 발생과 확장, 축소, 소멸에 관해 질문하기 시작했다. 예를 들어 전후(戰後)에 나타난 학제간 분야인 이온학(이온을 연구하는 분야 – 옮긴이)이 원자핵 에멀션에서 입자 흔적이 기록된 곳 주위로 콜로이드 화학자와 원자핵 물리학자들을 함께 모이도록 만든 방법을 보게 될 것이다.

그러나 제2차 세계대전에 이은 보기 드문 개화기 후에 이런 사진 건판 주위로 모여든 숙련 집단은 1950년대에 실험 연구 방식이 탁상용 장치에서 거품 상자 공장으로 이동함에 따라서 차츰 사라져갔다. 예상되는 또 다른 예를 보자. 몬테 카를로 시뮬레이션은 열핵폭탄 설계에 적용된 기술의 하나로 제2차 세계대전이 끝날 때쯤 시작했고, 1960년대에 전기 기술자와 물리학자, 항공기 제작자, 응용 수학자, 핵폭탄 설계자들 사이에서 일종의 혼성어 역할을 하기 위해 확장되었는데, 마침내는 컴퓨터 과학의 문제를 정의하는 영역으로 발전되었다. 마지막으로 이 책의 초점에서 벗어나지만, 화학 물리와 물리 화학처럼 물리학과 다른 분야 사이의 연결을, 점진적으로, 직업상 충분히 윤택할 정도로 "성장한", 온전한 학문 분야의 언어(크리올어)로 떠오르는 혼성어로 생각하면 유익할 수도 있다.[52] 과학적 사고의 번역이라는 은유(隱喩)는 역사를 제외시킨다. 언어

---

52) 서보스의 뛰어난 책 『물리 화학』(1990)은 그러한 어떤 연구에 대해서도 틀림없는 출발점이 된다. (반트호프, 아레니우스, 오스트발트와 같은) 이온주의자들은 반응 운동학과 평형 상태, 친화력이라는 한정된 문제들을 가지고 자신들의 분야를 창시했는데, 물리학자로부터 수학화된 이론 체계를 빌려 거기에 과정과 설명 장치들을 결합해 명백하게 화학적인 것으로 만들었다. 그러면 이 분야가 모태가 되었던 두 분야의, 물리 화학이 출현하게 한, 매우 다른 제휴와는 전혀 달리 전개된 과정을 추적할 수도 있다(펄링 외). 비록 물리학에 덧붙여지지는 않았지만, 또 다른 학제 간 분야에 대한 조사로는 콜러의 학과 분야의 역사를 서술한 『생화학』(1982)이 있다.

간 언어의 변화가 갖는 원동력은 앞과 중앙에서 역사를 유지한다.

맥락(脈絡) 순수한 언어와 번역에 대한 연구와는 달리 언어 간 언어를 조사하는 임무는 이 언어들이 팽창하고 수축하는 역사적, 사회학적 환경을 피할 수 없다. 가장 극단적인 환경을 지적하자면 전쟁은 서로 다른 언어의 사람들을 한곳에 몰아넣으며, 놀라운 일이 아니지만 투쟁하는 기간 동안 많은 언어 간 언어가 점진적으로 전개된다. 제2차 세계대전 동안 한국에서 그리고 베트남에서 특별한 조정 기능을 가진 언어가 출현했다.[53] 비슷한 이유로 강요되고 통제되는 전시(戰時) 연구의 절박함을 통해 물리학자와 기술자 사이의 상호작용으로 제2차 세계대전 동안 마이크로파와 핵분열에 대해 생각하는 새로운 방법이 출현했고, 결국 물리학자와 기술자가 그들의 직업을 실천하는 방법을 바꾸어 놓았다. 그러나 전쟁이 언어의 사회역사적인 형태를 만드는 유일한 요소는 아니다.[54] 서로 통신하는 두 그룹 사이에 세력이 어떻게 분포되어 있느냐가 종종 역할을 담당하는데, 우위 그룹이 어휘를 제공하고, 열세 그룹이 축약된 형태로 통어법(通語法)을 제공한다.

또 다른 현상이 이미 성취된 혼성어의 어휘구조가 새로이 부상한 우위 그룹의 언어가 가진 어휘 내용으로 대체되는 **어휘 치환** 현상이다. 좀더 일반적으로 혼성어가 안정성을 유지할 때, 쇠약해질 때, 그리고 크리올어로 확장될 때, 혼성어와 크리올어가 발달하는데 어휘가 어떻게 바뀌느냐는 문제는 과학적 탐구에 대한 확립된 분야 사이에 놓인 여러 기능들의 운명에 대하여 중요한 질문들을 제기한다.

---

53) 한 예로 베트남에서는 코친차이나(베트남 최남부 지방임 – 옮긴이)에 주둔한 프랑스 군인으로부터 시작한 혼성어(안남 프랑스 사투리. 안남은 전 프랑스 보호령으로 지금은 베트남의 일부임 – 옮긴이)가 디엔 비엔 푸에서 프랑스군이 참패할 때까지 사이곤과 주요 프랑스 군 주둔지에서 사용되었다. 이 언어는 1970년대까지 사용되다가 거의 소멸되었다. 라이넥, 「타이 보이」(1971)를 보라.

54) 혼성어와 크리올어의 사회 언어적인 진화에 대해서는, 예를 들어 발드만, 『혼성어와 크리올어』(1977), 4절; 뮐해슬러, 『혼성어』(1986), 제3장; 얼라인의 발드만과 하이필드를 소개한 『이론적 지도』(1980)를 보라.

이 책은 도구에 대한 역사이지만 밀봉하여 감추어 둘 수 없는 역사이다. 연구소에는 초기에 보르헤스(Jorge Luis Borges, 1899~1986, 아르헨티나의 작가 – 옮긴이)의 문집에 포함되어 있을 법한 것들, 즉 기상학, 핵무기, 화학, 화산학, 사업 전략, 그리고 사진술이 그 밖에 다른 분야나 업무 그리고 재료 등과 함께 모여 들었다. 서로 구분되는 문화가 중간언어에 의해 치밀하게 연결된 지도로서 물리의 상(像)은 무리하게 누빈 분열을 나타내는 장면과 균질의 통합을 나타내는 장면 모두에 대안으로 제공된다. 그러나 어떤 은유(隱喩)도 완벽하지는 못하며, 혼성어와 크리올어의 언어구조가 여기서 물질적 목표와 사용에 대한 초점을 흐리게 해서는 안 된다. 여기서 나는 우리가 흔히 기계에 관하여 말하곤 했던 어법을 조사하고 싶다기보다는 오히려 연구소에 속한 사물의 배열을 포함하도록 언어의 개념을 확장하고 싶다. 달리 말하면 우리는 이론적 대상의 변화하는 의미를 질문하는 것에 익숙해 있다. 예를 들어 물리학자와 철학자, 역사학자들은 오랫동안 양자-이론적인 파동이 슈뢰딩거의 파동역학을 통하여 어떻게 초기 양자론에서 막스 본의 통계적으로 해석되는 파동함수로 그 의미가 바뀌었는지 질문해 왔다. 양자론의 프사이(ψ를 부르는 이름으로 양자 역학의 파동 함수를 나타냄 – 옮긴이)의 의미는 단지 약간일지라도 물리학 바깥의 세밀하게 분석된 문제들과도 연결되어 있으므로, 프사이의 의미를 충분히 풀어놓는 것이 파동함수의 기술적 사용을 촉진시킬 뿐 아니라 동시에 결정론, 인과 관계, 확률이라는 개념과 연관된 더 넓은 범위의 의미 부여 또한 촉진시킨다. 여기서 나는 연구소 사물과 관계된 관습들을 유사하게 심겨지고 변화하는 성격으로 조화시키고자 한다. 불꽃 간격이나 필름, 컴퓨터 시뮬레이션 등이 전기장과 파동 함수, 그리고 시공간만큼이나 짙은 의미를 가지고 있다.

도구의 의미는 그것에 대하여 우리가 말하는 것뿐 아니라 때로는 말하지 않지만 다른 기계에 대하여 그 도구가 지닌 기능적 위치의 양식(樣式)이나 교환과 사용 그리고 조정의 양식도 포함하고 있어야 한다. 이론적 개념과 마찬가지로 이러한 지식을 생산하는 기계도 물리 연구소 내에서 사용을 통하여 의미를 획득하며 또한 복잡한 방법에 의해 물리와는 거리가 먼 기계와 물질적 연결을 통하여서도 의미를 획득한다. 사진술 장치라든가 통계 계수기, 컴퓨터 시뮬레이션 등의 의미는 미시 물리에 국한될 수 없고 이들 각각은 연구소 작업장과 멀리 떨어진 현장과도 연결되어 있다. 연구소 기능의 서로 다른 하부 문화 내에서 기계들의 움직임을 포착하기 위해, 그리고 어느 정도 자동으로 이루어지는 기계적 작업의 창조를 파악하기 위해 나는 자주 검출기의 사용과 이론 사이의 관계를 포착하는 방법으로 중간 언어를 인용할 것이다. 또한 물리를 완전히 떠나 서로 다른 하부 문화 사이의 관계와 도구 제작의 전통 사이의 관계, 그리고 도구 제작과 이들 기계의 기술적 사용 사이의 관계를 파악하기 위해서도 중간 언어를 인용할 것이다. 단순히 전통 사이의 목표를 공유하는 문제로서만이 아니라 그 목표를 이용하는 새로운 양식을 수립하자는 점을 강조하기 위해 나는 자주 무언(無言)의 혼성어와 무언의 크리올어를 인용한다. 무언의 혼성어 또는 무언의 크리올어란 서로 교역하는 지방의 하부 문화 사이를 중간에서 전달한다는 의미의 언어적 동류어(同類語)로 관습의 서로 다른 영역들을 중간에서 전달하는 장치와 조작을 말한다.

그렇다면 이 책을 읽음으로써 이 책은 기구 사용의 두 하부 문화가 어떻게 무언의 크리올어를 형성했는지 보여주고자 한다. 한편에는 불간섭주의자의 객관적 타당성을 추구하고, 자연을 동형(同形)으로 대표하도록 만드는 사진술 기능의 상(像) 전통이 있다. 다른 한편에는 교묘하게 설득시키기를 추구하고, 자연과 상응(相應)하게 대표하도록 만드는 전자(電子) 기능의 논리 전통이 있다. 이 두 가지를 가지고 나는 역사적, 사회적, 철학적인 측면에서 무언(無言)의 혼성어가 나오고, 무언의 혼성어가 무언의 크리올어로 발전되었음을 입증하고자 한다. 여기서 무언의 크리올어란 전자(電子)적으로 생성된 상(像)으로 재료 단계에서는 상응하는 것이 발표 단계에서 동형으로 되었고 그것을 이용하여 여러 세대의 물리학자들이 "성장"할 수 있는 강력한 시스템이다.

이 책에 묘사된 것과 같은 의견들이 물리학에 대한 일상적인 관습에 보탬이 되는 동시에 물리학의 연구에서 철학적이며 초(超)역사적인 문제점들, 즉 실험과 도구의 전통들, 삽입된 시대 구분, 하부 문화 사이의 교역 지대들, 복수의 구속 조건들과 동시에 존재하는 풀이들, 그리고 현대 물리학의 성장과 관습에서 활기 있는 힘으로서의 연구 기관들 등의 문제점들을 드러내는 데 어느 정도 기여했으면 하는 것이 나의 희망이다. 도구는 단순히 스프링이나 회로, 필름보다 훨씬 더 많은 것을 내포하고 있으며, (바슐라르[Gaston Bachelard, 과학 철학의 현대적 의미 확립에 기여한 프랑스 철학자 – 옮긴이]에게는 미안한 이야기이지만) 단순히 구상화(具象化)된 이론이 아님은 명백하다. 도구는 — 글자 그대로 — 으뜸 방정식 또는 존재론적 가정의 기슭에서 멀리 떨어진 문화로부터 퍼져 나오는 강력한 흐름을 구체화한다. 그러한 흐름들을 조사하기 위해 나는 다음과 같이 구체적으로 거명한 도구들을 실험 연구가 변화하는 성질에 대한 상징으로 삼고자 한다. 즉 구름 상자와 거품 상자, 와이어 상자, 원자핵 에멀션 등이 물건의 역사가 암시적인 역할을 한다. 기계들은 연구소에서 부동으로 놓여 있지만 항상 연구소를 다른 장소나 기능과 연결짓는다. 어떻게 그렇게 하는가?

과학적 연구 중 명확히 표현되지 않은 기능적 측면을 말하는 "무언(無言)의 지식" 개념에 대해 폴라니와 쿤을 따르는 일단의 사회학자들이 도구가 한 연구소를 다른 연구소와 연결짓는 방법들에 대한 한 가지 묘사를 흥미롭게 탐구했다. 콜린스의 원래 주장은 과학자들의 적절한 공동체는 순수하게 논문으로 발표된 정보를 추적함으로써 확인될 수 있다고 생각한 계량 사회학적으로 편향된 사회과학자들에게 반대하는 것이었다. 특히 선택적으로 경쟁적인 비밀성같이 정보 전달에서 가능한 많은 미묘한 점들을 지적하면서 콜린스와 그의 공동 연구자들은 적어도 몇 가지 사례(특정 형태의 레이저를 제작하는 것과 같은)에서 원래 성공적인 연구소에서 인원을 인수 받은 연구소에서만 어떡하든 그들이 찾고자 하는 사건을 반복하여 얻을 수 있다는 것을 보일 수 있었다. "여기서 요점은 지식의 단위가 "운반자"로부터 추출될 수 없다는 것이다. 과학자와 그의 문화, 솜씨는 알려진 것에서 빠뜨릴 수 없는 중요 부분이다."[55] 이 현상은 쿤의 패러다임(대신 "생활의 형태"라고 표현되기도 하는 것)이 실증된 사례로 받아들여졌다. 패러다임에서는 지식이 명확히 표현된 일련의 규칙을 따르는 과정들로 구분되지 않았거나 구분될 수 없었으므로 단지 발표된 논문 한 가지로 만 전달될 수 없었다.[56]

과학 활동에 대한 정형화되거나 또는 정해진 과정에 따른 전망을 과도하게 강조하는 것에 대해 반(反)실증주의자가 보이는 반응의 일부로서 콜린스의 연구는 적절하고 설득력을 갖추었다. 실험하기는 단순히 요리책을 따르는 일이 아니고 결코 그럴 수도 없었다(그는 이러한 묘사를 과학적 관습의 "정해진 과정을 따르는" 개념에 반해 "문화 적응적"인 개념이라고 부른다).[57] 실제로 반복하여 다시 얻기 위해서는 관계된 사람이나 때로는 물건이 움직여야만 하는 도구나 효과가 존재했다는 점은 의심할 바 없다. 예를 들어 버클리 팀이 에멀션을 전시해 파이온의 흔적을 만드는 데 성공한 것은 단지 에멀션 전문가들로 이루어진 브리스틀 팀의 한 멤버가 버클리에 도착했을 때였음을 기억하자. 그러나 그러한 경우에서조차도 그 전달은 완전하지 못했고, 조금도 "삶의 방식"은 아니었다. 실제로 브리스틀에서 버클리로의 전달에 관하여 주목할 만한 것이라곤 연구소 생활양식에서의 차이뿐이다. 브리스틀은 개별적인 연구자들과 산꼭대기 관측소들, 소규모 가내 공업 조사(調査) 팀으로 특징지을 수 있는 전후(戰後) 유럽의 우주선(宇宙線) 노력을 대표하는 좋은 예다. 버클리는 1940년대 말이 되자 공장식 연구소의 전형이 되었는데, 그곳에

55) 콜린스, 「TEA 장치」, *Sci. Stud.* 4(1974): 165~186쪽 중 183쪽.

56) "과학자의 지식 중에서 중요한 성분이 "무언의 지식"(폴라니, 1958)이라고 받아들인다면 그 지식이 과학자에게로 이동하는 것은 지식 자체만큼이나 볼 수 없었을 것이다. 좀더 일반적으로 말해 배우의 지식이 그의 "생활 형태"를 포함하며, 과학자의 지식이 그의 패러다임을 포함한다면 그들이 그 지식이나 그 지식의 요소라도 만나게 되는 방법은 정보를 조사하도록 설계된 수단을 통해서는 적절하게 연구될 가능성은 희박하다"(콜린스, 『바뀌는 순서』[1985], 171쪽).

57) 콜린스, 『바뀌는 순서』(1985), 57쪽.

서는 에멀션이 바람이 휘몰아치는 높은 산 위에서가 아니라 교대로 작동되는 사이클로트론에서 분출되었다. 내가 흥미를 갖는 것은 전체 형태 이동의 정반대 개념인, 불필요한 것들을 모두 제거한 분담된 과정들의 부분성이다. 나는 그렇게 서로 다른 두 가지 과학적 문화가 에멀션과 처리 과정, 흔적의 분석에 대해 동의할 수 있게 만든 국지적이며 구체적으로 조절된 조처에 유의하고자 한다.

지식 전파에서 전체적인 무언(無言) 모형에 적절한 것으로 사회과학 내에 일반적으로 보급되어 있는 이동 지도가 있다. 화살표는 중심 위치에서 중심을 떠나 외진 지역을 향하여 사람이나 물건이 이동하는 것을 표시한다. 식민지 세력의 군대처럼 모든 세계를 살펴보면 도구와 사람이 총의 발사기와 개머리판, 총신을 새로운 장소로 옮기는 동안 이 화살표들은 런던과 케임브리지, 파리에서 바깥으로 퍼져 나간다. 우리가 찾고 있는 묘사에 적절한 것은 이보다 훨씬 덜 중앙 집중적이고, 훨씬 더 부분적인 그 무엇이다. 화학 기술자는 에멀션 물리학자와 특정 분야에서 공통된 이해를 함께한다. 에멀션 실험 과학자는 해석을 내리는 전략을 이론 물리학자와 단편적으로 공유한다.

우리 지도는 한 장소에서 시작하여 만나게 되는 모든 곳을 지배하는, 점령군이나 전염성 질병의 지도와는 같지 않다. 대신 물리학의 산업적, 군사적, 실험적, 도구적, 이론적으로 다양한 부분들 사이의 제한된 지역이 복잡하면서도 국지적인 경계 조건을 갖는다. 그것은 위상 수학에 나오는 수학적으로 가는(굵지 않은) 경계가 아니라, 피터 살린스가 피레네 산맥을 아주 효과적으로 묘사한 것과 같은 실사적이며, 불규칙적인, 그리고 종종 유익함을 주는 경계다.[58] 그곳에는 이문화 집단 지역과 중간 단계의 공동체, 연합으로 지배되는 구역, 경계 지역의 언어, 변두리에서의 자치권을 위한 활동이 있다. 실험 물리학 또한 예상할 수 없고 생산적인 방법들에 의해 경계가 이루어지고 있으며, 그다음에는 컴퓨터 제작자

58) 살린스, 『경계』(1989).

나 저온 물리 전문가, 레이더 기술자, 에멀션 화학자, 전기 기술자, 군부의 잉여 포가(砲架) 등을 끌어들이고 있다.

지식의 장소 사이에서 일어나는 교환이 지니고 있는 바로 그 부분성(部分性)은 물리학이 끼워 넣어져 있는 세계의 이렇게 놀랍도록 다양한 부분과 생산적인 접촉을 갖는 것을 가능하게 한다. 그런데 사람이나 물건이 움직이지 않더라도 반복하여 다시 얻을 수 있는 도구나 효과도 존재했다는 것이 확실하다. 과학자에게서 과학자에게로 "직업적 기술"이 교환되는 대단히 중요한 실례들은 전혀 나타나지 않는다. 1960년의 불꽃 상자는 결코 일종의 면밀한 기술 이전을 요구하지 않았는데, 그것은 무언(無言)의 지식이 지닌 절대적인 중요성을 나타내는 예증으로 보인다. 그 이유는 부분적으로 가이거 계수기에서 레이더에 이르기까지 한 연구소에서 다른 연구소로 이동하게 만든 과학 기술의 기법 중 단지 매우 제한된 약간의 일부만 필요로 했다는 데 있다. 코르크와 웬첼은 방전(放電) 상자에 관한 과학 논문집에서 후쿠이와 미야모토의 논문을 읽고 수주일 내에 방전 상자를 제작했다. 그렇게 하면서 전화를 걸지도, 장치를 배에 옮겨 싣지도, 사람이 방문하지도 않았다. 실제로 버클리에서 프린스턴까지 그리고 그 사이의 많은 장소 등 미국 전역에 걸쳐서 여러 그룹들이 대학생을 위한 물리 학급에서, 그리고 대규모 가속기 준비실에서 실질적으로 아무런 어려움도 겪지 않고 불꽃 상자를 제작했다.

이 책은 다양한 방법을 이용해 다음과 같은 관찰을 따라 집필되었다. 전문 분야에서 활동하는 사람들이 전체적으로 얼마나 중요한 의미를 갖는지에 대해서는 서로 동의하지 않더라도 장치의 부품과 이론의 단편적 부분, 약간의 언어가 그러한 사람들로 이루어진 전혀 공통점을 갖지 않은 그룹들을 서로 연결한다. 실험 과학자들은 그들이 끌어낼 수 있는 행동을 말할 때 장치를 "빼낸다"라는 식으로 부르기를 좋아한다. 텔레비전과 폭탄, 컴퓨터, 라디오 등 모든 것이 분해되고 다시 정리된 다음 물리학자의 도구로 결합된다. 그리고 그 과정을 거꾸로 진행되게 만들 수도 있다. 물리학에서 사용되는 기계류는 의학용 도구가 되기도 하고, 생물학적 탐사기가 되기도 하며, 통신 장치가 되기도 한다. 가이거-뮐러 계수기는 컴퓨터에서 첫 번째 일렉트로닉 논리 장치를 만드는 부속품으로 이용되었지만, 컴퓨터의 부분들은 곧 입자 검출기에 쓰이기 위해 분해되었다. 그러한 조처가 기술에서 시작하여 실험을 경과한 다음 이론에 무난히 도달하기까지 하나의 유일한 방향이나 요구 사항이 존재하지는 않는다. 또는 우리가 높은 이론이 항상 실험을 통하여 도구까지, 그리고 마지막으로 전화와 컴퓨터와 엔진의 단조로운 세부까지 폭포처럼 밑으로 떨어지는 콩트(Auguste Comte, 실증주의를 창시한 프랑스 철학자-옮긴이)의 세계에 살고 있지도 않다.

지금 우리의 논의는 이론, 실험, 도구 제작과 기술 사이의 조정에 대한 부분적인 조치를 통하여 달성된 물리학의 연결성에 관한 것이기 때문에 "과학"을 "맥락"으로부터 분리할 유일한 방법이 존재하지 않는다. 방금 간단히 언급한 물리학과 초기 컴퓨터 사이의 연결에 대해서 보자(이것은 제6장에서 좀더 충실하게 분석된다). 여기서 맥락은 무엇인가?

우주선(宇宙線)과 원자핵 물리학에서 계수기 전통이 컴퓨터 개발의 전후 관계(맥락)를 형성했다고 말할 수 있을까? 또는 컴퓨터 기술이 원자핵 물리학과 입자 물리학에 이용되는 장비를 개발하는 데 전후 관계(맥락)를 형성했다고 말할 수 있을까? 우리의 묘사에 규모를 도입하면 과학으로부터 기술적인 면에서 전후 관계(맥락)의 경계를 설정하는 일이 점점 더 어렵게 된다. MIT의 방사선 연구소가 "산업의 맥락"에서 성장했으므로 그 연구소가 공장과 "같다"고 말할 수 있을까? 아니다. 방사선 연구소는 생산에서 산업 체계의 일부가 되었다. 20억 달러의 프로젝트가 전쟁 물자의 생산이라는 기준에서 본다고 할지라도 전시(戰時) 산업에서 부수적으로 나타난 것은 아니다. TPC와 솔레노이드 자기(磁氣) 검출기와 같은 다국적 협력체가 재정과 행정, 자료 생산 체계를 구축했을 때 그러한 노력은 그들 주위에 세상을 형성하기 시작했다. 그들도 맥락의 바다에서 과학의 섬들이라고 잘못 간주되었다. 그러한 프로젝트에 의해 선구적으로 추진된 원격 조정과 전자 우편 네트워크, 그리고 원격 회의 등의 방법은 다국적 생산의 본보기 형태를 제공했다. 그 협력체의 지도자들이 다른 다국적 기업의 지도자들과 함께 경영 세미나에 참석했다. 다음은 마지막 예다. 1990년대 초에 건축가인 모셰 사프디는 새로운 계획도시를 설계하는 모형으로 초전도 초대형 입자 가속기를 이용했다. 이제 우리는 무엇이라고 말할 수 있는가? 실험 장치가 우리의 도시 생활과 전후 관계(맥락)를 맺고 있는가? 맥락 속의 과학은 맥락으로서의 과학으로 돌연히 변화한다. 과학과 맥락 사이에 그렇게 이동하는 경계를 이용해서 우리는 분석에 있어서 자명하고 역사의 제약을 받지 않는 범주가 아니라 역사적으로 구체적인 개념으로서 "맥락"을 잘 이해할 수 있을 것이다.

여러 병의 기체와 여러 개의 회로판이 빅토리아 시대의 모사적(模寫的) 실험하기나 전후(戰後)의 산업적 생산 또는 군부(軍部)의 프로젝트 등에 너무나도 이질적으로 관계하기 때문에 나는 "사례 연구", 즉 적어도 과학 조사에서 "사례 연구"가 흔히 이해되는 방법으로 기기 장치의 역사를 취급하기가 편안하지 않다. 이러한 작업은 조사되고 있는 에피소드와 의도적으로 그것이라고 알려진 과학적 과정 전반 사이의 전형적인 관계를 너무 자주 전제로 삼고 있다. 우리는 경영 학교에서 일반적으로 회사들이 어떻게 합병되는지 배우려고 회사의 합병을 조사한다. 또는 장래의 병상(病狀)을 어떻게 진단하고 치료하는지를 알기 위하여 한 사례로 괴저병의 진행 상황을 조사한다. 사례 연구는 제2차 세계대전 후 몇 해에 걸쳐서 하버드 대학 총장인 제임스 브라이언트 코넌트에 의해 과학사에 도입되었다. 과학사 중 일부 역사는 여기서 국지적인 역사의 전형적인 사용과 이 책에서 인용하는 좀더 범위가 한정되고 상징적인 사용 사이를 구분하는 데 도움이 될 수도 있다.

(세기가 바뀌기 오래전부터 그렇게 불려온) "판례 체계"는 하버드 법학부에 그 기원을 두고 있는데, 그곳에서 1870년대에 C. C. 랑델 학장은 일반적인 법과 구체적으로는 계약법을 가르치는 교육적 도구로서 그 유용함을 선전했다. 랑델은 『판례의 선택』 초판(1871)에서 "법이란 과학으로서 보면 특정 원리나 학설로 구성되어 있다"라고 주장했다. "변치

않는 솜씨와 확신을 가지고 얽히고설킨 실타래 같은 인간사(人間事)에 적용할 수 있을 정도로 원리나 학설에 아주 잘 정통해 있는 것이 진정한 법률가가 되는 자질이다. 그런 까닭에 그렇게 정통하도록 노력하는 것이 법을 공부하는 성실한 모든 학생들의 해야 할 일이다." 학설이 수세기 전에 공리처럼 결정되었다가 그러고 나서 적용되는 것이 아니었다. 오히려 (랑델에 따르면) 현재의 법적 학설은 그것이 관련되어 있는 판례를 통해서만 이해될 수 있었다.[59] 적절하게 발췌되고 체계화되면 선택된 일련의 판례는 "기본적인 법적 학설의 수가 보통 알려진 것보다 훨씬 더 적다는 것이 드러날 것이었다."[60] 또는 컬럼비아 대학의 법학부 학장인 윌리엄 A. 키너가 말했듯이 "판례 체계는 …… 법이 과학이라는 이론의 바탕 위에 있다면 원래 출처에서 연구되어야만 한다."[61]

키너의 견해에 따르면 원래 출처란 선고(宣告)된 판례들이지 교과서 저작자들이 추출한 것은 아니었다. 선고된 판례와 법률가 사이의 관계는 표본과 광물학자 사이의 관계와 직접적으로 유사하다. 돌을 손가락 아래와 우리 눈앞에 놓아둘 수 있는데 왜 돌에 대해서 읽는가? 여기서와 판례 방법에 관한 1890년대의 문헌을 통틀어 신교도의 반향(反響)이 나온다.[62] 뉴욕 법조계의 지도적인 인물인 제임스 카터는 주석자들에 의한

59) 랑델, 『판례의 선택』(1879), viii쪽.

60) 랑델, 『판례의 선택』(1879), ix쪽. 판례 체계를 비난하는 사람이 없는 것은 아니다. 분명하게 선언된 원리에서 빗나가는 것에 대한 일부 측면에 대해 공격을 받으면서 판례 연구는 경쟁 상대에게 원리보다 판례를 더 중시하는 직업을 방해하는 것처럼 보였다. 예일 대학 법학 교수인 에드워드 J. 펠프스는 선반만 무겁게 만드는 너무 많은 책들을 학교 도서관에서 치워야 한다고 주창했다.

61) 키너, 「방법」, *Yale Law J.* 1(1892): 144쪽.

62) 종교적인 심상(心像)은 카터에 의해 판례 체계에 대한 19세기의 극적인 방어에서 구체적으로 나온다. "우리가 "법"이라 부르고, 법의 지배 아래서 대처해야 하는 이것은 무엇인가? 어디서 그것이 발견되었는가? 어떻게 우리가 그것을 아는가? 시나이의 천둥 속에서 선언된 법전에서는 그것이 발견되지 않는다. 그것이 복음의 가르침에서 즉각적으로 직접 발견되지도 않는다. 그것은 소크라테스나 플라톤 또는 베이컨의 가르침에서도 발견되지 않는다. 그것은 사람의 실제 권리를 결정하는 데 있어서 그 대행자들과 치안 판사들이 판단을 내리기 위해 때

변덕이나 중개자들의 개찬(改竄)으로 훼손되지 않은 순수한 원문으로 돌아가자고 주장했다.[63] 카터가 한때는 법을 찾아 교과서에 기댔으나, 그런 간접으로 전해들은 지식이 결코 과학의 가치가 없다고 계속 주장했다. 우리의 목표는 "법의 진정한 출처가 있는 중대하고 주된 판례들을 조사하고 그것들로부터 발견되었을 때 모든 판례에 대해 뛰어난 규칙들을 추출"해 내는 것이다.[64]

원래의 판례와 거기에서 나오는 "뛰어난" 규칙에 대한 탐색은 법률적 작업으로부터 바깥 멀리까지 퍼져 있다.[65] 1919년부터 1942년까지 하

때로 참조하는 판결과 심판에서만 발견될 뿐이다."(카터, 「방법」, *Yale Law J.* 1[1892]: 147쪽에서 키너의 말 인용).

63) 키너가 영국의 법률가인 프레더릭 폴락 경의 말을 인용했다. "법학 전공 학생들을 괴롭히는 첫 번째와 가장 심한 잘못된 생각 중 하나는 판례에 관해 읽음으로써 법을 배울 수가 있다고 가정하는 것이다. 랑델 교수의 방법은…… 이러한 잘못의 근원에 타격을 가한다."(키너, 「방법」, *Yale Law J.* 1[1892]: 147쪽에 인용됨). 과학으로서의 법에 대한 키너의 강조는 판례의 전문가가 그 방법의 역사를 검토하면서 랑델에 의해 더욱 강한 어조로 표현되었다. "적어도 두 가지 일을 수립하는 것이 절대로 필요하다. 첫째는 법이 과학이라는 것이다. 둘째는 과학에서 사용할 수 있는 모든 것이 인쇄된 책에 포함되어 있다는 것이다." 오직 법이 진정으로 과학인 경우에만 법을 수공예처럼 순수한 도제 제도에서가 아니고 대학에서 가르칠 가치가 있을 것이다. "우리는 또한 끊임없이 도서관이 교수와 학생 모두에게 적절한 작업장이라는 생각을 되풀이 가르쳐 왔다. 도서관이 우리 모두에게 의미하는 것은 대학 실험실이 화학자나 물리학자에게 의미하는 것과 같고, 박물관이 동물학자에게 의미하는 것과 같으며, 식물원이 식물학자에게 의미하는 것과 같다"(『기념일』[1887], 97~98쪽; 서더랜드, 『하버드의 법』[1967], 175쪽에서 인용됨). 그러므로 우리는 좋은 해석 동아리를 갖게 되었다. 법률 판례는 물리 연구소와 화학 연구소를 모형으로 하고 있는데, 몇 년 뒤에 물리 연구소와 화학 연구소가 법률적 판례 연구에 맞게 설계된 문자 형식으로 나오게 된 것이다.

64) 키너, 「방법」, *Yale Law J.* 1(1892): 147쪽에서 카터의 말 인용.

65) 20세기 독자에게 법의 입법상 해석에 의한 기능과 판결의 기능은 구별되며 똑같이 중요하다. 그러나 랑델에게는, 그리고 실제로 1870년 대부분의 미국 법률가들에게는 법의 기능과 따라서 판례의 기능이 주로 판결에 의한 것이기가 십상이었다. 입법상, 행정상의 규정은 법 중에서 널리 받아들여진 부분이 아니었다. 그리고 그 뒤를 잇는 수십 년 동안 그보다도 명백히 더 감소했다. 서더랜드, 『하

버드 대학 경영학부 학장이었던 월러스 던햄은 판례 체계가 일찍이 그리고 열광적으로 받아들여졌던 들뜬 시기에 법학부에서 교육을 받았다. 법과 경영의 길이 나뉘는 곳에 기존의 판례들이 풍부한가에 대한 문제가 있었다. 법학 교수는 단지 책이 꽂힌 선반으로 손을 뻗치기만 하면 되었지만, 경영학 교수는 경영 사례 도감이라는[66] 새로운 문학 체계를 만들어낼 필요가 있었다.

제2차 세계대전이 일어나기 오래전인 그 당시에 이미 코넌트는 전에 나온 전형적인 쌍둥이 판례 체계를 가지고 있었는데, 하나는 법에서 나왔고 다른 하나는 경영에서 나왔다. 경영 사례 도감에서 직접 유추해 과학 사례 도감의 역사가 창조되었다.[67] 국가방위연구위원회의 위원장으

버드의 법』(1967), 177쪽을 보라.

66) 던햄에게 사례 방법은 앵글로아메리칸 사고(思考)의 법적이고 문화적인 전통에 단호하게 참가했다. 던햄은 프랑스 법 또는 스페인 법과는 달리 영국 법이 선례 구속성의 원리의 학설을 기초로 하여 만들어졌다고 강조했는데, 그 학설에서는 문서로 된 과거 사례의 결정이 법을 형성하고 실증을 든다. 사례의 기록에 의해 영국의 관습법이 국지법의 임의성을 해결하도록 허용한 것과 꼭 마찬가지로 던햄은 1925년에 경영도 스스로 판례 체계를 채택함으로써 경영의 절차를 일반화하는 것이 필요했다고 주장했다. 던햄은 다음과 같이 주장했다. 관습법 이전에 영국을 지배한 국지법의 혼란은 "실질적으로 모든 대규모 기업이 그것의 특히 좁은 분야와 오직 좁은 분야만에서 선례가 된 전통에 의해 단단하게 결합되어 있는 곳에서 우리가 (경영의 세계에서) 처한 상황과 정확히 동일하다. 산업으로부터 산업까지 내린 결정의 기록이 우리로 하여금 사실에서 시작해서 그러한 사실로부터 추론을 도출할 수 있게 만든다. 그것은 …… 집행권의 행사가 아무렇게 되거나 또는 무원칙적으로 되거나 또는 광범위한 전례나 결정 대신 한정된 것에 의해 제한되는 분야에서 집행권 행동을 통제할 수 있을 만큼 경영 분야에서 원칙을 도입하게 될 것이다"(W. 던햄, 대학연합에서의 강연 원고, 경영대학 위원회 보고서, 그리고 다른 문헌들, 1925년 5월 5~7일, 하버드 대학 경영대학원 학장실 자료, 월러스 브레트 던햄, 1919~42, 베이커 도서관, 하버드 경영학부, box 17, folder 10, 62). 던햄에게는 법과 경영, 그리고 경제가 모두 판례 체계에 의해 취급될 수 있었다. (그는 주장하기를) 모든 것이 "일부는 관례와 관습에 기초하고 또 다른 일부는 자연법과 경제법에 기초하여 넓은 의미로 과학이라고 간주될 수 있다"(W. 던햄, 「경영 교육」, *Amer. Econ. Rev.* 12[1922]: 53~65쪽 중 55쪽).

로서 겪은 그의 제2차 세계대전 경험을 따라 코넌트는 일반 시민이 과학을 이용할 수 있도록 하는 것이 필요하다고 믿었다. 다시 판례 체계로 관심을 돌려서 코넌트는 과학자들에게 독특한 그 관점은 생물학이나 물리학, 화학을 능가했다. "특별한 관점"을 전달하기를 원했는데, 특히 그가 20세기 이전 과학의 "더 간단한" 시대라고 구상한 것을 검토함으로써 그 관점은 명료해질 수 있었고, 세 번째 종류의 사례 도감인 『실험 과학에서의 하버드 사례 역사』 저술에 전념한 것도 바로 그런 목표 때문이었다. 이제는 유명해진 일련의 질문들을 도입하면서 코넌트는 다음과 같이 썼다. "이 출판물 시리즈에 나오는 사례의 일부는 300년보다 더 오래 전에 살았던 사람들의 연구를 소개한다. 다른 사례들은 18세기와 19세기에서 인용되었다. 몇몇 사례는 20세기의 발견과 관련 있을 수도 있다. 그러나 그들의 연대와는 관계없이 소개된 예들은 현대 과학에서 실행되는 방법들의 실례(實例)가 된다."[68)]

랑델은 법에서, 던햄은 경영에서 이제 코넌트는 실험 과학에서 세 사람 모두 학생은 오직 "원래의" 사례들을 직접 만나는 것을 통해서만 자신의 분야를 배울 수 있다는 것이 기본적이라고 생각했다. 그런 경우, 오직 그런 경우에만 귀납적인 방법에 의해 시간을 초월해서 성립하고, 과학의 경우에는 "현대 과학"을 정의하는, 밑바탕 원리들을 추출해 낼 수 있었다.[69)]

이 책이 전념하고 있는 것은 정확하게 초기 근대 시대에 영원히 화석화되어버린 완고한 실험 방법을 부정(否定)하는 것이다. 그것이 단지 20

---

67) 던햄은 코넌트에게 1936년 2월 18일자의 편지와 그에 딸린 메모를 예로 들어 사례 방법을 "행정에 대한 이론과 관습"이라고 언급한다, 1936년 2월 15일, 하버드 대학 경영대학원 학장실 자료, 월러스 브레트 던햄, 1919~42, 베이커 도서관, 하버드 경영학부, box 37, folder 35.

68) 코넌트와 내쉬, 『하버드 사례 역사』(1950~54), 3쪽.

69) 사례 연구라는 개념을 최근에 이용한 것에 대해서는 예를 들어 린치와 울가, 『표현법』(1990), 3쪽을 보면 되는데, 여기서 편집자들은 "강력한 프로그램"이라고 쓰고 있다. "블로어와 반스는 그들과 그 동료들이 사회-역사적 사례 연구를 갖고서 예시한 몇 가지 연구 정책을 개발했다."

세기에는 진공 병 속에 들어 있는 새(鳥) 대신 양자 진공 상태에서의 요동(搖動)을 공부하기 때문은 아니다. 오히려 나는 실험 과학자가 되는 것(또는 실험)이 무엇을 뜻하느냐에 대해 변화하는 느낌에 관심을 갖고 있다. 이 책을 통하여 실험하는 데 있어서의 관습과 실험 장소의 변화에서 발생하는 바로 그러한 변천의 어려운 순간에 초점을 맞추고 있는 것은 이 때문이다. 나는 이러한 역사를 실험실을 차지하고 있는 대상 물질과 함께 시작하면서 다음과 같은 간단한 질문을 하겠다. 액체 수소를 어디서 가지고 왔는가? 윌슨은 왜 구름 사진을 찍는가? 고치니는 무슨 기계에서 마이크로파 발생기를 얻었는가? 이렇게 불필요한 것들을 모두 제거한 대상과 얻어온 물질을 쌓아올리면서 우리는 실험의 마지막 결론만으로는 명백하게 알아낼 수 없는 방법으로 우리의 역할은 새로 구상했다. 그리고 관습과 기계류 하나하나의 연결에서 공유된 행정 구조의 부분과 구성물의 조직, 자료의 처리 등과 같이 잘 보이지 않는 이동이나 전용(轉用)된 것, 적응된 다른 것들을 볼 수 있다.

나는 다음과 같은 것들을 알고 싶다. 다른 "비슷한" 사진은 몇 달, 심지어 몇 년 동안 나오지 않을 수 있다고 해도 일련의 흔적들에 대한 단 하나의 사진이 어떻게 실험적 증거로 인정받을 수 있게 되는가? 어떻게 실험팀의 경영이 실험하기의 결정적인 특징으로서 발견의 행동을 대신할 수 있다는 것인가? 실험하는 사람이 도구를 가동할 때는 거의 완전하게 제거되는데도 불구하고, 자료 분석은 언제 그리고 왜 실험하기의 근본적인 성질로 보이게 되는가? 실험실에서 기술자와 물리학자 사이의 변화하는 연구 구분이 실험으로 인정받는 것을 어떻게 고쳐 만드는가? 컴퓨터 시뮬레이션은 어떻게 실험하기의 의미를 바꾸는가(또는 확장하는가)?

캐번디시, 브리스틀, 알프스 산꼭대기, 버클리, 로스앨러모스, 왁사하시 등 실험하기가 수행되는 장소의 변천으로 다시 돌아와서 이 질문들과 다른 질문들이 그럼에도 불구하고 역사에서 고정된 일반성을 획득한다. 프로그램할 수 있는 일렉트로닉 컴퓨터와 일련의 특정한 공학적 문제와 무기 문제들이 무대에 등장한 바로 그 시기에 몬테 카를로 방법이

번성한 것은 우연이 아니었다. 나는 시뮬레이션에 대해, 그리고 과학적 작업에서 시뮬레이션의 위치에 대해 특정 견해를 갖도록 만든 사건의 배열을 조사하고자 한다. 비록 이런 문제 중에서 일부는 순수하게 수학적인 반면, 일부는 계산의 기술적 어려움에 대해 관심을 가지며, 다른 일부는 오히려 과학적 추론의 이상형과 연결된 철학적 문제다. 그러나 실험의 본성에 관해 역사적으로 구체적이나 여전히 철학적인 문제들에 대한 나의 분석은 "현대 과학"의 보편적인 구조를 드러낸다는 의미에서의 "사례 연구"는 아니다.

만일 "사례 연구"라는 용어가 독자들에게는 과학 연구에 대한 자세한 조사라는 정도로만 의미한다면, 앞으로 나오는 장들은 사례 연구다. 그러나 내가 짐작하는 것처럼 그 용어가 이렇게 최소의 해석이 암시하는 것보다 훨씬 더 많은 의미를 나타낸다면 이 일은 전면적으로 처리되어야 한다. 『유럽 역사의 사례 연구: 프랑스 편』이라는 제목의 책을 상상하라. 만들어낸 이 제목은 굉장히 우습게 들리는데, 그 이유는 이 제목이 개별적인 한 나라(국가별 중요한 역사서가 많이 나와 있다)에 대한 자세한 조사라고 칭하기 때문이 아니라 독자에게 유럽 국가들은 모두 동일한 급인데, 그중에서 프랑스의 예를 든 것처럼 상상하도록 부추기고 있기 때문이다. 여기서 불합리한 점은 우리가 역사 속에서 프랑스와 일치시키는 중심적이며 독특한 위치와 프랑스를 "사례"로 취급하고자 한다면 프랑스가 차지한다고 가정해야 하는 일반적인 위치 사이의 괴리에 놓여 있다.

도구를 조사하는 경우에도 비슷한 문제가 제기된다. 구름 상자와 거품 상자, 불꽃 상자, 와이어 상자 등이 영원한 모습 아래에서 도구의 "사례"가 되기에는 최신 물리학 역사의 너무 넓고 너무 다양한 단면을 망라한다. 그러나 나는 이러한 특정 도구들을 통하여 실험하기의 구조적 변화가 전달될 수 있기를 희망한다. 만일 나의 접근 방법이 성공한다면 이 장들은 빅토리아 시대 말기의 구름 상자에서 전후(戰後) 공장과도 같은 거품 상자까지, 그리고 다국적 집행 위원회가 관리하는 1억 달러짜리 TPC

까지 어지러울 정도로 자주 바뀌는 변화를 전달할 것이다.

실험 연구가 이렇게 다양하기 때문에 코넌트가 그랬던 것처럼 실험하기의 이상화된 유형은 인간이 의사를 결정하는 모형이라고 보기를 주저한다. 심지어 코넌트의 광범위한 주장이 뒤따르는 과학 분석가들에 의해 포기된 곳에서조차 미시 역사학은 "전형적"으로 자주 살아남는다. "현대 과학"의 보편적인 형태와 구조 또는 원동력이 무엇인지에 대한 실마리를 얻기 위한 사례 연구를 조사한다면 우리는 어쩌면 너무 쉽게 과학에서 역사 자체로 인식론적 교훈을 전달하게 된다. 물리학자가 케이온 하나의 구조를 조사했다면 그것은 케이온 모두를 연구한 것이지만, 그렇다고 해서 사례를 연구하는 역사학자에게는 산소의 발견을 해명하는 것이 자연 철학적인 질문에서 모든 다른 대상의 발견에 나오는 어떤 실질적인 요소를 아는 것은 아니다. 이런 의미에서 나는 쿤의 위대한 저서 『과학 혁명의 구조』에서 그 제목으로 시작하는 한정된 논문에 대해 좋지 않은 생각을 가지고 있으며, 현대의 실험 과학이 17세기에서 1990년대 초의 초대형 입자 가속기 시뮬레이션에 이르기까지 실질적으로 동일한 결과를 가지고 연구될 수 있다는 좀더 최근의 사회학적인 주장에 대해서도 똑같은 생각을 가지고 있다. 그러나 전형성(典型性)에 대한 부정은 때때로 세부 사항 자체를 위한 역사로의 불운한 퇴각으로 보인다. 이 문제가 물리학 역사에만 유일하게 나타나는 것은 아니다. 바로 그러한 역사의 계획은 일반적인 것을 위하여 어떻게 구체적인 입장을 세워야 하는가, 그리고 그러한 자세를 위하여 어떻게 요구를 제한해야 하는가라는 문제와 싸워야만 된다.

칼로 긴즈버그는 마치 치즈에 생기는 벌레처럼 우주에서 생명이 저절로 나타난다는 이단적인 유제품(乳製品) 우주 창생론 때문에 종교 재판에 끌려온 16세기의 낙농업자 메노치오의 고난을 모두 다룬 저서 집필에 전념했다.[70] 그러면 무엇이 메노치오의 특성을 잘 나타낼 수 있을까?

---

70) 긴즈버그, 『치즈와 벌레』(1983).

낙농업자라는 것인가? 종교 재판의 희생양이라는 것인가? 이단적 우주 창생론인가? 메노치오의 우주는 오후에 그의 집에서 산책할 만한 거리에 있는 낙농업자 사회에서조차도 대표적인 신앙 체제일 수 없다. 그러나 이것들과 같은 전형성(典型性)에 대한 항의는 긴즈버그 계획의 요점을 깨닫지 못한 것처럼 보인다. 계량적인 사회학적 역사에서 구체적인 속성(가족의 크기, 결혼 연령, 기대 수명, 수입 등)에 초점을 맞추는 것은 매우 당연했다. 가치와 의미의 질적인 측면을 희생하면서 측정 가능한 자료를 중요한 곳으로 부착시킬 수 있다.

그러나 미시 역사적인 문화 역사를 마치 계량 경제사의 열등한 형태처럼 읽으려 하면 구체성과 일반성 사이를 연결하는 선(線)들은 제대로 만나지 않는다. 내가 그를 이해하는 바 긴즈버그는 16세기에 신사의 문화와 농부의 문화가 해석되는 서로 다른 방법, 즉 그들이 말한 이야기에 첨부한 상징적인, 문자 그대로의, 그리고 모순된 가치들을 능숙하게 다룬 여러 가지 방법의 의미를 전달하고자 한다. 역사학자 엠마뉴엘 르 루와 라뒤리는 문화 역사에 나오는 다른 에피소드에서 끌어내기 위해 자크 푸르니에의 한 종교 재판 기록 중 (현재) 프랑스 남부에 위치한 몽타이유라는 조그만 마을에서 전해져 내려오는 이야기를 뽑아냈다.[71] 이 문서가, 이 마을이, 이들 25명의 농부가 "대표적인" 사례 연구의 기초가 될 수 있었을까? 어려운 일이다.

파미어 법정에 끌려온 불쌍한 남자와 여자들 중에서 그들이 그럴 수 있는 것처럼 (좁은 인구학상의 의미에서) 사회의 소구 대표로 한 무리의 알비주의파(12~13세기에 프랑스 남부 알비 지방에서 일어났던 일종의 반로마 교회파 이단으로 13세기에 십자군에 의해 전멸된다 - 옮긴이) 사람들을 발견한다. 기존에 있었던 전형성(典型性)의 결핍이 하나의 마지막 예를 필요로 한다면 16세기 피레네 산맥의 일상생활에 대한 이야기로 『마르탱 게르의 귀환』[72]에 나오는 나탈리 데이비스의 사기(詐欺)

---

71) 라뒤리, 『몽타이유』(1979).

와 사랑, 법률 지식에 대한 이야기보다 덜 "전형적"인 것을 상상할 수 없다. 긴즈버그와 라뒤리, 데이비스는 분명히 단지 몇몇 등장인물이 겪는 걱정거리보다 더 광범위한 무엇을 추구하고 있었지만, 구체적인 것과 일반적인 것 사이의 연결은 환유적(換喩的)이지 못하다. 그들의 조사에서 작은 것이 큰 것의 핵심 본보기는 되지 못한다. 그들의 역사를 특징짓는 것은 특정 문화의 제약 아래 표현된 대로 상징과 의미, 가치의 사용을 면밀히 조사함으로써 매우 밀접하게 탐구하기 위해 활용하는 국지적이고 구체적인 사항들이다.[73)]

이 서론에 뒤이은 일곱 가지 역사들은 마찬가지로 "전형적"이지 않다. 우리는 앨버레즈와 "같은" 어떤 다른 물리학자를 한 명도 찾지 않을 것이다. 아무도 나가사키를 향해 쫓아가는 비행기를 타지 않았으며, 세계에서 가장 큰 거품 상자 그룹을 창시했다가 마지막에는 판에 박힌 일을 참을 수가 없어서 입자 물리학에서 떠나지는 않았다. 어떤 다른 사람도 마리에타 블라우와 "같이" 그녀의 "본업" 의 기술을 사용하여 치과용 X-선 필름을 현대 물리학의 기본 도구로 활용하지 않았다. 그러나 이 책은 논의된 특정 도구 이상을 목표로 한다. 거품 상자는 우리로 하여금 1950년대의 물리학자들 사이에서 실험하기를 정의하는 활동으로서 자료 분

---

72) 데이비스, 『마르탱 게르』(1983, 『마르탱 게르의 귀환』은 나탈리 데이비스가 프랑스사에 나온 사건을 가지고 과거를 생생하게 재조명한 소설이다 – 옮긴이).

73) 레비는 그것을 그의 에세이 「미시 역사에 대하여」(1991)에서 잘 설명하고 있다. "(모든) 사회적 행위는 기준을 세운 현실 앞에서 개인의 끊임없는 협상과 조작, 선택 그리고 결정의 결과라고 보이는데, 그 현실은 비록 널리 퍼진다고 함에도 불구하고 자유에 대한 개인적 해석에서 많은 가능성을 제공한다. …… 이런 종류의 질문에서 역사학자는 단순히 의미의 해석에만 관심을 갖는 것이 아니라 오히려 상징적 세계의 모호함을 정의하는 것과 그것의 가능한 해석이 지닌 복수성(複數性), 그리고 상징적 출처뿐 아니라 물질적 출처에서도 일어나는 투쟁에 더 관심을 갖는다"(94~95쪽). 연구소 물질문화의 역사에서 구속 조건의 이질성(異質性)은 심지어 일상생활에서 발견되는 이질성보다 훨씬 더 복잡할지도 모른다. 거기에는 사회 구조의 광범위하게 기초를 둔 장애물과 물질적 성질, 작업 조직만 존재하는 것이 아니라, 상징적 영역에서 유래된, 보존 법칙들과 수학적 구속 조건에서 경험적인 규칙에 이르기까지 배열된 구체적 장벽이 존재한다.

석의 중요성을, 통계적 논의의 능력과 한계를, 그리고 새로운 사건에 붙여진 가치와 비평을 이해하게 해준다. 이 책은 구름 상자가 모든 시대에 모든 장소에서 모든 도구들의 실례(實例)로의 역할을 하게 만드는 거시적인 (보편화된) 역사와 윌슨의 구름 상자가 우리의 세기 동안 캐번디시 연구소에 위치해 있는 창고를 채울 만큼 많은 물건들 중에서 하나의 도구에 지나지 않게 만드는 미시적인 (명목상의) 역사 사이의 중간 영역이라고 주장하는, 중간 크기의 역사에 대한 간결한 소개다. 각 장은 수십 년에 걸쳐서 실험 물리학 분야에서 연구하는 특징적인 방법들을 글자 그대로뿐만 아니라 암시적으로 포착하려고 노력한다. 각 장들은 대충 시대순을 따르지만 그 순서가 일렬로 되지 못한 점은 피할 수 없다. 원자핵 에멀션의 발명과 함께 구름 상자가 지구에서 사라진 것은 아니며, 도구들을 쫓아서 이야기식의 연속성을 유지하기 위해 우리는 부득이 전쟁 기간을 여러 번 왔다갔다 하게 될 것이다. 전시(戰時)의 유럽에서 에멀션을 이야기하는 것은 미국의 전시(戰時) 연구소에서 도구들이 대량으로 변화하는 것과는 매우 다른 역사를 이야기하는 것이다.

이 책의 장들은 내가 인용한 중세와 르네상스 시대의 역사와 마찬가지로 각 지방에 근거를 두고 있다. 그러나 나는 "사례 연구"라는 명칭이 거슬리는데, 그것은 내가 그런 또는 다른 연구로부터 "일반적인 실험"이라고 (또는 그 문제에 관해 "일반적인 이론"이라고 또는 "일반적인 도구"라고) 요약될 수 있는 일련의 정의하는 교훈이 존재한다고 믿지 않기 때문이다. 실험하기 ―실험실에서 자연 현상을 복제하는 것에서 기초 상수를 결정하는 것에 이르기까지, 준(準)실험적인 통계적 예증에서 단 하나의 상(賞)을 받을 만한 사진에 근거한 예증에 이르기까지 ―는 너무도 풍부하고 변화가 많기 때문에 나는 연구소 활동에 대한 추정상의 시간을 초월하는 원리들에 관한 의견에 별로 흥미를 가지고 있지 않다.

시간의 흐름은 연구소와 실험하기의 본성을 너무 많이 바꾸어놓기 때문에 하나의 "전형적"인 실험이 코넌트가 그의 사례 도감에서 희망했던 방법으로 실험하기의 "원리"들을 손에 넣을 수 없다. 그리고 실험하기의 역사는 아직 끝나지 않았다. 도구를 만드는 사람들, 실험을 수행하는 사람들, 그리고 이론을 세우는 그런 사람들은 계속해서 이전의 관습과 연결된 방법으로 그러나 반드시 실험하기의 어떤 "본질"이라도 꼭 다시 만들지는 않으면서 그러한 활동들을 확장하고 축소하고 형태를 바꿀 것이다. 어느 한 세대에게는 컴퓨터를 이용한 실험이라는 생각이 우스꽝스러웠으나 다음 세대에게는 그것이 자연스러웠다.

실험하기는 프로토콜에서 벗어나는 예민한 감각 또는 폴라니에서 지식에 대한 사회 연구의 좀더 최근 활동가까지 해설가를 현혹시켰던 무언(無言)의 지식을 포함하는 확장된 의미의 과정일지라도 단지 과정만으로 손에 넣는 것이 아니다.[74] 작업 솜씨 이상으로 실험하기는 더 넓은 문화적 가치를 끌어들이거나 변경시킨다. 그런데 그 가치가 19세기 초에는 도덕과 과학적 엄밀성을 강조했으며,[75] 빅토리아 시대 말기에는 자연 현상의 모사(模寫)를 강조했고, 1930년대에는 관리의 예리함을 강조했으며, 전후(戰後) 거품 상자 시대에는 공장 생산과 군사 조직을 강조했고, 좀더 최근인 1980년대와 1990년대에는 포스트모더니즘의 측면에 관한 좀더 넓은 문화적 논쟁에 적절하다고 보일 수 있던 정보에 기초한 연구소의 지방성 배제를 강조했다.[76]

앞으로 나올 이야기는 물리학에 관한 것이다. 메존과 핵자, 하드론화, 쿼크 등의 본성에 관한 논쟁을 이해하지 못하면 이 역사의 본질을 이해

74) 무언(無言)의 지식에 대해서는 폴라니, 『개인 지식』(1958); 콜린스, 『바뀌는 순서』(1985), 특히 56~58쪽, 70~71쪽을 보라.

75) 실험실과 도덕적 가치로서 엄밀성의 옹호에 대해서는 올레스코에 의한 매우 철저하고 흥미로운 책 『물리학』(1991), 381~382쪽, 450쪽, 460쪽을 보라. 와이스와 스미스는 산업적 문화와 과학적 관습 사이의 연결을 특징짓기 위해 "방법론적인 매개자"라는 개념을 개발했다. 이 선상에서 그들은 빅토리아 시대 사회와 전기 역학 이론, 텔레그래프, 그리고 증기 기관 사이를 연결하는 실로 "힘"과 "일"에 초점을 맞추었다. 와이스, 「매개하는 기계」, *Sci. Con.* 2(1988): 77~113쪽; 스미스와 와이스, 『에너지』(1989); 와이스, 『정밀성의 가치』(1995)를 보라.

76) 갤리슨과 존스, 「연구소, 공장, 그리고 스튜디오」(발간 예정)를 보라.

하지 못한다. 그러나 이 이야기들은 또한 20세기 실험 과학의 문화에 관한 것이기도 하며, 그 문화가 이론과 산업, 복지, 전문적 정체성, 그리고 철학적 탐구 등으로 이루어진 더 넓은 문화적 활동 영역과 연결되는 복잡성에 관한 것이기도 하다. 어쩌면 독자들은 뒤이은 장들을 표본이 되는 것을 통하여 성립하는 사례로 보기보다는 오히려 실험하기와 관련된 특정 시대를 불러오는 방법을 통해 성립하는 우화(寓話)로 보아야 할 것이다. 그러나 이솝의 우화와는 달리 이 우화는 우리가 도구라고 부르는 지식 기계에 입력하고 출력하면 이 우화가 암시하는 가치와 의미가 달라진다. 미국의 사이클로트론 이용자들과 유럽의 우주선(宇宙線) 실험을 하러 산으로 올라가는 사람들 사이의 서로 상충되는 목표라든지, 도널드 글레이저의 실험대 위의 과학과 루이스 앨버레즈의 산업적 규모의 야심 등 실제로 이 책을 통한 이야기들은 연구소의 긴 의자에 머물러 있기도 하겠지만 항상 다른 곳도 언급된다. 필연적으로 이것은 장소와 관련된 전형적이지 않은 역사이며, 실험하기의 보편적인 방법이 목적이기보다는 실험실 역사에서 중간 시기(時期)를 일깨우는 것이 목적이다.

나의 질문은 서로 다른 과학적 공동체가 밤에 항해하는 배처럼 어떻게 지나가는가에 대한 것이 아니다. 오히려 물리학에서 놀랍게도 다양한 참가자들 — 저온 물리 기술자, 라디오 화학자, 대수적 위상수학자, 원형(原型) 땜장이, 컴퓨터 귀재(鬼才), 양자 장이론 과학자 — 이 주어졌다고 할 때 그들이 도대체 어떻게 서로 이야기하느냐에 대한 것이다. 그리고 이 묘사는 (묘사를 단순화하고 단조롭게 하는 범위 내에서) 때로는 사라지고 합해지고 심지어 자기의 타고난 권리로 준(準)자치적인 영역으로 성장하는 복잡한 경계 지대와 함께 시간이 흐름에 따라 변화하는 서로 다른 영역 중 하나에 관한 것이다.

제2장 구름 상자
영국 물리학의 독특한 천재성

1. 구름 상자와 실체

E. N. da C. 안드레이드는 1923년에 원자 물리학을 개관(概觀)하고 나서 미래의 역사학자가 구름 상자를 그 시대에 이룬 영구히 존속될 업적 중 하나로 평가할 것이라고 하면서도 이론 모형들에 대해서는 얼마나 오래 지속될 것인지에 대해 그리 낙관적이지 않았다. 그는 그러한 이론 모형들이 생겼다가 없어졌다 할 것으로 믿었다. 개념화한 하나하나는 한정된 범위의 탐색으로부터 특징을 포착했지만, (안드레이드가 판단하기에) 아무것도 강하게 밀어붙일 수는 없었다.

광학(光學)은 "광학적 탄성체로 이루어진 타원체"를 불러들였고, 기체 운동론은 작은 탄성구들을 참여시켰으며, 양자론과 파동론은 처음부터 명백하게 서로 모순되는 존재들을 진출시켰다. 상상력이 풍부한 연구가 열매를 맺는 동안 그는 이런 긴장 상태들이 전혀 나쁜 것만 아니라고 믿었다. 새로운 이론들이 그 초창기에는 스스로를 너무 과도하게 분석하지 않는 것이 훨씬 나았다. 나중 말기 단계에 훌륭한 일관성과 교과서적 안전성 사이에 평화로운 조화를 이룰 충분한 시간이 남아 있을 것이다. "이 책에서 아주 부적절하게 드러나 있는 이론들의 운명이 어떻게 되든지, 그 이론들이 어떤 수정이나 어떤 불운(不運)을 맞게 되든지, 그 이론들이 형성되도록 이끈 실험적 사실들이나 그렇게 만들어진 이론들이 새로 발견되도록 한 또 다른 실험적 사실들은 모두 명확한 사실로 남아서, 그런 것들이 없었다면 다양한 재앙과 여러 가지 징조가 나쁜 변화로 가득 차 있을지 모를 후세에 길이 빛나는 업적을 형성할 것이다."[1] 재앙을 깊이 느끼는데도, 초기 양자론의 위기와 세계대전의 위기가 실험적 결과의 강력한 기반을 전혀 손상시키지 않은 채 놓아두었다.

안드레이드에게는 "원자 가설의 승리가 현대 물리학의 축소형이었다."[2] 19세기 후반에서 20세기 후반까지의 많은 사람들에게도 그러했다. 모든 학파의 철학자들은 몇 번이고 원자가 실제로 존재하는지에 대한 질문을 거듭했다. 실제로 원자가 "정말" 존재하는가에 대한 논쟁은 과학적 실재론에 대한 20세기 토론의 발단이 되었다. 1917년에 다음과 같은 이의를 제기한 젊은 모리츠 슐리크(나중에 빈 서클의 지도자가 된 사람)를 보자. "세상에 대한 엄격한 실증주의자적 견해는 한정된 연속성의 결여로 인해 만족스럽지 못해 보인다. 위와 같은 의미로 실체(實體)의 개념을 좁게 한정시킨다면, 실체라는 직물(織物)에 뚫린 구멍들을 있는 그대로 쥐어뜯는다면 그 구멍들은 단지 보조적 개념으로 기워져 있다. 내 손에 있는 연필은 진짜로 존재한다고 생각하지만, 그 연필을 구성하는 분자들은 순전히 꾸며낸 이야기라고 본다." 오직 실재론(實在論)만이 믿음이라는 얇은 천에 갈라진 그러한 틈들을 기울 수 있었고, 실재와 잘 성립하고 있는 가설 사이에서 "자주 불확실하고 변동이 심한 안티테제"를 조화시킬 수 있었다.[3]

역사적으로 분자(또는 원자)는 이론적인 존재의 가장 전형적인 예였다. 구름 상자가 입자로 구성된 물질을 조각조각 나누어서 보여준다고 주장했기 때문에 실재론자들과 허구론자들이 모두 똑같이 희미한 구름 상자의 흔적들을 마주 대해야 함을 깨달았다. 많은 사람들이 실험적으로 근거를 갖춘 현미경으로도 볼 수 없는 실재론에 대한 최선의 지지(支持)가 이러한 단순하지만 극적인 장치에 달려 있음에 동의했다.

---

1) 안드레이드, 『원자』(1923), 295쪽.
2) 안드레이드, 『원자』(1923), 1쪽.
3) 슐리크, 『철학 논문들』(1979), 265~266쪽.

구름 상자는 도저히 볼 수 없는 작은 세계를 (아래 〈그림 2.17〉에 보인 것처럼) 보게 만듦으로써 지난 70년 동안 내내 "이론적인 존재"의 지위에 대한 싸움으로 들어갔다. 미시 물리학적인 실체가 존재한다고 단언하는 사람들은 미세 입자들의 충돌과 분리, 산란을 볼 수 있게 만든 것을 경축했다. 퍼시 브리지먼은 그의 『현대 물리학의 논리』(1932)에서 (믿건대) 세계를 적법하게 묘사하는 데 필수적인 정당한 개념들을 정의하는 과정들인 연산 작용을 무엇보다도 더 신뢰했다. "그렇게 새로운 실험적 연산 작용을 찾는데 있어서 지금까지 아주 가까운 미래를 위한 가장 그럴듯한 약속은 별개의 원자와 전자(電子)가 연관되는 과정들을 다루는 능력을 증진시킴으로써 얻을 수 있다고 생각한다. 제한적이지만 오늘날 우리가 알고 있는 그러한 과정으로는 방사성 붕괴를 측정하는 갖가지 스핀새리스코프(spinthariscope, 방사선원에서 나온 알파선이 형광판에 부딪쳐 내는 번쩍임을 관찰하는 확대경을 말함 – 옮긴이) 방법이나 윌슨의 베타선 흔적 실험들을 들 수 있다. 연산 작용과 무관한 개념들의 수를 증가시키는 현상을 이렇게 의식적으로 탐색하면서 우리는 새롭고도 근본적으로 중요한 물리적 사실들을 발견하도록 하는 강력하고도 체계적인 방법을 찾아내리라고 기대할지도 모른다."[4]

안드레이드와 마찬가지로 브리지먼에게도 구름 상자의 중요성은 장기간에 걸친 복잡하고 간접적인 추론의 연결이 아니라, 개별적인 과정들을 직접 보여주는 능력에 있었다. 수많은 분자들로 이루어진 구역에서 분자의 성질을 측정하는 도구와는 달리 구름 상자는 하나하나를 골라내 브리지먼이 다른 의미로 그렇게도 자주 강조한 바와 같이 그것들에게 "조작적" 의미—감지할 수 있는 세상의 성질에 묶여진 의미—를, 즉 세상에서 감지될 수 있는 성질과 결합된 의미를 부여했다.[5] 아서 에딩턴

4) 브리지먼, 『논리』(1927), 224쪽.

5) 브리지먼은 다른 곳에서 새로운 실험적 발견들과 연관해서, 특히 브라운 운동과 윌슨의 구름 상자 흔적에 대해 "원자 모형의 편리성은 너무 압도적이어서 다른 견해를 몽땅 버리지 않을 수 없었으며, 흔히 이야기되듯 이러한 모든 사실들이 원

경은 약간은 다른 철학적 이유들 때문에 1939년 보이지 않는 세상에 대해 비슷한 관심을 가졌다. 브리지먼과 마찬가지로 그는 우리가 관찰하는 현상과 물리적 법칙 및 이론의 주제인 이론적 실재(實在)들 사이의 간격 때문에 곤혹스러워했다. 구름 상자는 이 간격을 메울 수 있으리라는 가능성을 주었다. 적어도 에딩턴에 의하면 우리는 "실제로 윌슨 상자의 전자 흔적들이 눈에 보이게 드러나는 곳에서 전자(電子)들을 센다."[6] 흔적과 전자들은 함께 흐릿해져 있었다. 구름 상자의 어렴풋한 경로들이 이론적 대상의 파악하기 어려운 영역을 인지할 수 있도록 묶어 놓았다. 이러한 가시성(可視性)이 우리의 시야, 즉 지각할 수 있는 세계를 원자 자체에까지 넓혔다. "우리는 윌슨 상자에서 양성자와 전자를 거의 볼 수 있다. 우리는 질량이 보존되는 모양을 거의 볼 수 있다. 우리가 이러한 일들을 실제로 보는 것은 아니지만, 그것들과 우리가 직접 보는 것이 아주 밀접하게 관련되어 있다."[7]

안드레이드와 브리지먼, 에딩턴은 구름 상자 흔적이 그 흔적을 만드는 입자의 궤적과 유사하다는 그들의 판단을, 원자와 분자가 완전한 실재가 아니라 "유용한 허구"라는 일반 사람들의 견해를 없애는 데 이용했다.[8] 구름 상자가 우리 시각(視覺)을 확장시켜준 이와 같은 "거의 본다는 것"이 바로 내가 상(像) 전통의 특징이 된 증거의 이체(異體) 동형적 형태라고 한 말의 의미다. 이러한 뚜렷한 흔적이 있으므로 논리 전통의 통계적 특징인 "추론"을 필요로 하지 않는 것처럼 보인다. 이제 (명목상으로) 단순히 시야를 확장하기만 하면 된다. 미시 물리학적인 실체가 존재한다는

자의 실체를 증명했다고 말하는 것처럼 이 상황을 다른 용어로 이야기할 수밖에 없었다"라고 썼다. 실제로 윌슨 상자 사진들은 관련된 상황의 진전과 함께 "실체의 조작적 의미"가 무엇인가를 사실상 정의한다(브리지먼, 『물리 개념들』[1952], 22쪽).

6) 에딩턴, 『물리 과학』(1939), 175쪽.

7) 에딩턴, 『물리 과학』(1939), 134쪽.

8) 원자가 실제로 존재하는가라는 논쟁에 대해서는 나이, 『의문』(1984), xiii쪽 이하와 『분자의 실체』(1972)를 보라.

그리고 원자 불가지론에 반대한다는 그러한 일반적인 논의가 양자 역학이 나오기 오래전부터 시작되었다. 그렇지만 파스쿠알 요르단이나 베르너 하이젠베르크, 헨리 마게너와 같은 물리학자와 철학자들이 양자 역학의 철학적으로 문제가 있고 근거들을 거론했을 때 그러한 논의와 구름 상자의 중요성은 더 커졌다.[9)]

---

9) 요르단은 (그는 이미 새로운 양자론의 기초에 기여했는데) 1930년대와 1940년대에 미시적 크기에서 시작하여 거시적 크기에서 끝나는 과정들을 통하여 양자 물리와 생물학을 통합할 수 있기를 바랐다. 여기서도 미시 세계-거시 세계의 연결을 보여줌으로써 구름 상자가 매우 중요한 설명을 담당하는 역할을 했다. 리처드 바일러가 주목한 것과 마찬가지로 요르단은 (거시적인) 생명체가 세포핵 내의 양자적 사건들에 의해서 "인도"되거나 "조종"되는 방법을 설명하기 위하여 독창적으로 "증폭 이론"이라고 부른 것을 사용했다. 바일러의 「물리학」(1994)과 「유기체를 목적으로」, 『이시스』 87(1996): 248~273쪽을 보라. 이렇게 조종하는 메커니즘이 적어도 원칙적으로는 생물학이 물리학과는 생기론(vitalism)적으로 독립이라는 입장과 너무 단순하게 생각하는 기계론적인 환원주의(reductionism) 둘 다(생기론은 생명 현상이 물리 화학적인 법칙과 무관하게 정해진다고 믿는 한편, 환원주의는 생명 현상을 물리 화학적으로 모두 설명할 수 있다고 믿는다 – 옮긴이) 피하게 할 수 있으리라고 요르단은 희망했다. (때때로 노턴 와이스가 논평한 것처럼 요르단의 체세포가 인도한다는 원리는 그의 나치주의적인 소우주주의[microcosm, 인간이 우주의 축소판이라고 함 – 옮긴이]) 경향으로부터 실질적으로 비롯된 것이 전혀 아니다. 와이스, 「파스쿠알 요르단」(1994).)

양자 역학에 대한 해석 중에서 요르단이 동의하지 않은 것은 양자적 "결정"(전자가 두 고유 상태 중 다른 상태가 아니라 구태여 어떤 한 고유 상태에 존재한다는)이 어쨌든 우리 의식상의 또는 정신상의 상태와 연결되어 있을 것이라는 개념이었다. 구름 상자 내에서 증폭 과정은 그곳에서 전자(電子)의 흔적이 (파동 같지 않고) "입자 같았는데", 기록 장치가 딸린 증폭기의 메커니즘이 물리학적으로 설명할 수 없는 정신적 과정이나 심리 현상, 의식 등 그 어떤 것과도 관계없이 양자 상태를 확정짓는 방법의 예를 보여주었다. 요르단에 따르면 이와 같은 이온화나 작은 물방울이 맺히는 순수한 물리적 과정은 "양자적 결정"과 정확히 일치하는데, 신비로운 것에 과도하게 탐닉하는 그의 동시대 사람들은 그런 단순한 사실에 너무 많은 잉크를 소비했다. 요르단, 「측정」, *Phil. Sci.* 16(1949): 269~278쪽 중에서 271쪽. 그다음 요르단은 (272쪽의) 한 주석에서 구체적으로 거명하지 않은 문헌을 인용하며 다음과 같이 더 상세히 설명했다. "Ein Lichtquant, welches ein Silberkorn in der Photoplatte entwickelbar gemacht, oder welches durch Ionisierung eines Moleküls die Bildung eines Nebeltröpfchens in

분자가 실제로 존재하는가라는 질문은 좀더 일찍 기체 운동론에 의해 표면화되었다. 그 이론에 의하면 비록 개별적인 분자가 관찰할 수 있는 효과를 갖고 있지 않다고 하더라도 기체가 분자로 이루어졌다는 가정에서 관찰할 수 있는 기체의 성질을 추론할 수 있다. 호전적인 과학 철학자 허버트 딩글에게 있어 기체 분자론이라는 물리는 오랜 세월을 거친 "실제적이고 외부로 나타나며 물질 세계로서의 자연"이라고 전형적 관념을 비합리적으로 포기하게 했으며,[10] 그 대신 관측 가능한 양들 사이에 단

---

der Wilsonkammer eingeleitet, oder welches endlich in einem Zellkern eine Mutation zustande gebracht oder ein Bakterium getötet hat - dies Lichtquant hat sich lokalisiert, hat einen bestimmten Ort angenommen, unter Verzicht auf seine komplimentäre erscheinungsmöglichkeit als räumlich ausgedehnter Wellenzug." 또한 요르단의 *Geheimnis*(1941), 89쪽과 *Erkenntnis*(1972), 156쪽을 보라. 1950년대 동안 과학 철학에 대해 저술한 거의 모든 주요 철학자들과 물리학자들은 측정이나 관찰 가능성, 실재론에 대한 논의 중에 구름 상자를 꼭 포함시켰다. 마게너의 『물리적 실체』(1950)와 하이젠베르크의 *Wandlungen*(1945)을 보라. 하이젠베르크는 *Wandlungen*에서 다음과 같이 썼다. "윌슨의 구름 상자에서 전자의 흔적을 조사할 수 있는 한, 고전 역학의 법칙들을 거기에 적용할 수 있다. 고전 역학은 전자(電子)의 올바른 흔적을 예언한다. 그러나 전자의 흔적을 관찰하지 않고, 전자가 회절 격자에서 반사되면 (고전 역학은 성립하지 않는다)"(『철학적 문제들』[1952], 42쪽에서 번역. 또한 43쪽과 46쪽을 보라). 하이젠베르크는 다른 많은 사람들과 함께, 파동-입자의 이중성이 보여주는 모든 영향력을 예시하는 데 윌슨 상자를 이용했다. 마게너는 밀리컨의 기름방울 실험과 같은 연구에서 전자들을 움직이지 않게 했는데, "그것은 명백히 파동이라고 자처하는 존재는 할 수 없는 일"이라고 주장했다. 그 묘기 하나만 가지고도 기본이 되는 전하가 파동 같은 성질을 가졌다는 견해가 출현하는 것을 방지하는 것처럼 보였다. "그러나 윌슨의 구름 상자를 아무런 언급도 하지 않고 결단코 버릴 수는 없었다. …… 조준되지 않고 공간에서 사방으로 자유롭게 퍼져 나갈 수 있는 파동이 구름 상자에서 관찰된 것과 같은 좁은 흔적을 어떻게 만들 수 있는지 이해하기가 어렵다"(마게너, 『물리적 실체』[1950], 318쪽). 마게너와 하이젠베르크에게 구름 상자는 허구주의 자체를 반박하는 증거가 아니라 상보성(相補性)의 물리적 실체를 최소화하려는 좀더 구체적인 시도들을 의심하는 증거로 이용되었다. 또다시 이번에는 오히려 더 정성 들여서 구름 상자가 전에는 단지 이론에 의해서만 대표될 수 있었던 자연의 한 측면을 실험적으로 접근할 수 있게 했다.

순히 유용한 관계만 채워놓았다. 그는 『네이처』(1951)에 발표한 내용의 강연에서 그것은 "이미 인정받고 있는 철학에 의해 물리학자에게 주어진 진정한 임무에 대한 배신"이라고 주장했다. 이전의 물리학자들은 "실체의 연구에 헌신"해 왔는 데 반해, 이제 그 학문 분야는 "단순한 외양"만 조사하기 시작했다. 이렇게 추락한 상태에서 자연의 궁극적인 구성 요소인 분자는 "계수기…… 모조품 …… 유용한 개념"으로 바뀌었고, 딩글은 그러한 허구주의가 현대 물리학의 피할 수 없는 부분이라고 간주하면서 그것을 슬픈 체념의 어조로 기록했다.[11] 딩글의 피할 수 없는 도구주의에 충격을 받은 막스 보른은 기체 운동론이 단순히 기체의 현상에 대한 묘사를 반복하는 것 이상으로, 하나만 예를 들자면 단원자 기체의 비열에 대한 기체 운동론의 예측과 같이, 마음에 드는 성질도 많이 있다고 보고했다. 그러나 보른이 제시하는 결정적인 논증은 구름 상자였다. 그는 구름 상자에서 근본 원리가 규명된다고 주장했다. 도대체 어떻게 흔적 사진을 면전에 놓고서도 미시 물리학이 허구주의 앞에서 멈칫거리고 있다고 단언할 수 있는 사람이 있겠는가? 보른은 다음과 같이 말했다. "여기 있는 분자의 실체에 대한 증거는 실제로 놀라울 뿐이며, '모조품'이 윌슨 상자나 사진 에멀션에 흔적을 만든다고 말하는 것은 아무리 좋게 말해도 적절하지 못하다."[12]

보른은 이것과 미시 물리학을 비교하려는 표준으로 우리가 받아들이는 일상적인 실체 사이의 차이는 어디에 있는가라고 다그쳤다. 물리학자들이 주고받은 오랜 은유들 끝에 보른은 딩글에게 다음과 같이 반박했다. "당신은 총이 발사되는 것을 보고, 그로부터 100야드 떨어진 곳에서 한 사람이 고꾸라지는 것을 보았다. 그런데 당신은 그 사람의 상처에 박힌 탄환이 실제로 그 총으로부터 그 사람에게 날아갔다고 어떻게 아는가?" 에른스트 마흐가 발명한 것과 같은 고속 사진 장치가 설치되어 있

---

10) 딩글, 「철학」, 『네이처』 168(1951): 630~636쪽 중에서 634쪽.
11) 딩글, 「철학」, 『네이처』 168(1951): 630~636쪽 중에서 633쪽.
12) 보른, 「물리적 실체」, *Phil. Q.* 3(1953): 139~149쪽 중에서 142쪽.

지 않는 한, 탄환이 공기를 통해 날아가는 것을 누구도 실제로 보지도 않았고 볼 수도 없다. 보른은 결단코 의심을 버리지 못하는 사람(예를 들어 날아가는 탄환이 단순히 역학의 법칙을 만족하기 위하여 그 자리에 있다고 주장하려는 사람)에게 탄환 이야기를 납득시킬 수는 없지 않겠는가라고 인정하면서 중간 크기와 매우 작은 크기의 대상을 추정하여 구분하는 것이 원리에 입각한 구별의 기초가 될 수 없다고 주장했다. 이분법을 옹호하는 사람은 예를 들어 볼 수 없는 탄환을 허용하면서도 볼 수 있는 구름 상자의 알파 입자 흔적이라는 "실존 증거"를 제외하라고 강요받을 것이다.[13]

보른의 설명은 증거의 시각적 특성에 아주 값진 그 무엇이 있음을 분명하게 해준다. 우리는 총이 발사되는 것을 보고, 사람이 쓰러지는 것을 보지만, 누구도 탄환이 공기를 뚫고 날아가는 것을 보지 못하는 반면, 구름 상자에서 알파 입자의 흔적을 본다. 시각적 증거가 바로 이렇게 강한 인상을 주기 때문에 선호하게 된다는 점이 스테픈 툴민에게 감명을 주었고 그는 『과학의 철학』(1953)에 다음과 같이 썼다.

> 연구하고 있는 물리학자에게 "뉴트리노가 존재하는가?"라는 질문을 제기하는 것은 그에게 되도록이면 그것을 보이게 만드는 방법으로 "뉴트리노를 만들어내라"고 주문하는 셈이 된다. 만일 누가 그렇게 할 수 있다면 그는 정말 "뉴트리노"라는 말에 해당하는 무엇을 가지고 있는 것인데, 그렇게 하기가 어렵다는 점이 바로 이 문제의 어려움이 지닌 독특한 면을 설명한다. 그것은 이 문제가 현미경으로도 보이지 않는 존재들, 즉 모든 정상적인 기준에 의하면 보이지 않는다고 판단되는 것들에 대한 존재를 물어보기 시작하면서 비로소 첨예하게 대두되기 때문이다. 이 경우의 특성상 뉴트리노를 만들어내는 일은 도도새(지금은 멸종한 날지 못하는 큰 새의 이름 – 옮긴이)를 재생시키거

---

13) 보른, 「물리적 실체」, *Phil. Q.* 3(1953): 139~149쪽 중에서 142쪽.

나 구척장신의 사람을 만들어내는 일보다 훨씬 더 복잡하고 미묘한 작업일 것이 분명하다. …… 그럼에도 불구하고 어떤 일들, 예를 들어 알파선 흔적을 보이는 구름 상자 사진이나 전자 현미경 사진 또는 차선책으로 가이거 계수기에서 들리는 똑딱 소리 등 과학자들이 일반적으로 받아들일 수 있다고 간주되는 일들이 있다. 과학자들은 위의 예들과 같이 놀라운 시연(試演)들이 잔디밭 위에 살아 있는 도도새를 보여주는 것만큼이나 거론되고 있는 것들의 존재에 대한 증명으로 충분히 적합하다고 간주하게 될 것이다. 그리고 우리가 이런 것들이 불충분하다고 물리친다면 더 이상 무엇을 합리적으로 요청할 수 있을 것인가를 알기 힘들다는 것이 분명하다. 만일 "존재"라는 말을 그러한 것들에 어떻게라도 적용할 수 있다면 위에서 언급한 것이 바로 그것이 아니겠는가?[14)]

이 시점에서 우리는 어떻게 할 수 없는 막다른 골목에 다달았다. 일상적인 거시 세계의 생활에서 볼 수 있는 법정의 어떤 증거조차도 구름 상자의 증거와 비교될 수 없다. 보른이 표현한 것처럼 이러한 사진들이 존재를 증명하지 못한다면 도대체 어떤 그럴듯한 일이 일어나야 받아들일 수 있겠는가? 여기가 아니라면 어디일까?

몇 년 뒤 콰인이 구름 상자에 다시 관심을 보였을 때 조금 다르고 좀 더 미묘하며 철학적인 목적으로 그러는 것 같았다. 그의 「가정과 실체」(1956)는 감각적으로 받는 인상과 이론적 유추가 얼마나 직접 연결되는지가 시간에 따라 변화할지에 대한 논제 —한때 간접적인 증거였던 것이 과학의 관습이 바뀜으로써 직접적인 연결과 재구성될 수 있을 것인지에 대해 다루었다. "현재 내 주머니에 들어 있는 동전 중 하나가 지난주에도 내 주머니에 들어 있었다는 진술에서 보듯이 심지어 상식적인

14) 툴민, 『과학의 철학』(1953), 136쪽. J. J. C. 스마트는 그의 「이론적인 존재들」([1956] 1973), 95쪽에서 툴민을 광범위하게 인용하고 (더 정확히 말하면 잘못 인용하고) 있다.

물체에 대한 많은 문장들도 전적으로 간접적인 증거에 의존한다. 반대로 전자(電子)에 관한 문장이라도 예를 들어 구름 상자를 통해서와 같이 때로는 감각적인 자극에 의해 직접 제약을 받는다." 콰인의 요지는 어떤 종류의 물체에 대한 진술이라도 단지 "그 물체를 포함하고 있는 집합적으로 의미 있는 계" 안에서만 중요성을 획득하며, 그러므로 입자의 존재론적인 지위는 간접적인 데서 직접적인 데로 이동할 수도 있다는 것이다. 일부 사람들이 과학 내의 이러한 "허술함"을 이용하여 전자(電子)와 같은 이론적 존재가 의자보다 더 모호한 지위에 있다고 주장할지도 모르지만, 콰인은 동의하지 않았다. 그는 왜 사람들은 서로 의사소통하는 어떤 완전한 계도 가지고 있지 않는 일상생활의 대상을 틀림없는 실체라고 인정하는가라고 질문했다. 볼 수 없는 존재를 사실로 가정하면 물리이론의 간결함이 더해지고 가상적 존재가 더 많은 검사의 기회를 제공하며 물리 이론의 영역이 더 넓어지는 등 우리에게 유익함을 가져다주기도 했다. 콰인은 "[이러한 종류의] 이익이 바로 분자 학설이나 그와 같은 시도가 중요한 이유이며, 우리는 이보다 실체에 대해 더 확신할 수 있는 시금석을 기대할 수 없다"라고 결론지었다.[15]

이러한 견해에 의하면 전자(電子)가 존재하지 않는다는 것을 비유할 때 흔히 거론되는 방(房) 크기의 물체보다도 전자의 존재가 더 잘 확립되어 있다고 볼 수도 있다. 보른과 마찬가지로 콰인도 구름 상자 흔적을 고찰하고 그것이 일상생활에서 보거나 듣는 것과 그저 유사한 정도가 아니라 존재하는 것에 대한 가장 좋은 증거임을 알아보았다.

콰인은 관찰에 의한 판단이 스스로 정당성을 확보할 수 없다고 가르쳤다. 비록 콰인 자신의 것이 아닌 점점 더 상대주의자적인 관점이었지만, 1960년대 동안 이 교훈은 자주 반복되었다. 실증주의적 신조는 반전(反轉)되었다. 이제 관찰이 파국을 몰고 온다는 데 반대하는 사람들은 누구나 즐겨 그 증거의 예로 구름 상자를 거론하게 되었다. 러셀 핸슨은 어

15) 콰인, 「가정과 실체」([1955] 1973), 161쪽.

쩌면 새로운 반실증주의적 신조의 가장 뛰어나고 가장 오래 지속된 해석에서, 이제 양전자(陽電子)의 증거라고 "읽히는" 구름 상자 흔적들이 전에는 결국 물리적 중요성으로 "읽혔다"는 견해를 옹호하기 위하여 그의 『양전자 개념』(1963)을 이용했다. 핸슨이 결론을 내린 것과 마찬가지로 "그러한 흔적들은 관찰될 때마다 '가짜'라거나 '먼지 효과'라며 고려 대상으로 삼지 않았다. 1932년 말 이전에는 그러한 흔적들 중 어느 하나라도 중요한 연구 대상으로 삼은 실험 물리학자가 결코 없었음이 분명했다. 핸슨의 『양전자 개념』의 역할 중 일부는 왜 그렇게 되는지, 왜 그런 흔적들이 늘 간과되거나 저평가되었고 또는 필요하지 않은 것이라고 설명되었는지를 이해하는 일이 될 것이다."[16] 오리나 토끼를 지각(知覺)하게 하는 상(像)이 종이 위에 그 모양으로 그린 갖가지 선에게 의미를 부여했던 것과 마찬가지로 이론은 쌍생성 흔적(입자와 반입자가 쌍으로 생성되며 남긴 흔적을 말함 – 옮긴이)에게 의미를 부여했다. 핸슨은 이론이 그 흔적을 쌍생성의 증거로 만들기 전까지는 실질적으로 어떤 미처리 자료도 존재하지 않았다고 단언했다. 많은 경우에 흔적들은 거의 볼 수도 없었다.

1970년에 메리 헤세는 관찰과 이론에서 하나가 다른 하나와 풀 수 없을 정도로 엉켜 있다는 견해인 "네트워크 모형"을 제안했다. 거기서 그녀 역시 구름 상자를 끌어들였다. 그렇지만 동시대의 반실증론주의자에 속한 많은 사람들과는 달리 헤세는 관찰에 의한 판단에는 이론적 진술과 엄격하게 구별되는 무엇인가가 존재한다는 이전의 주장과 (흔히 관찰이나 실험이 이론과는 매우 구별된다고 간주했던) 과학적 관례를 면밀하게 구별했다. 결과적으로 그녀는 콰인이 그랬던 것처럼 "구름 상자에서 '입자-쌍 소멸'과 같은 고도로 이론적인 묘사가 직접 주어질 수 있는 예를 생각할 수 있다"라고 용인할 준비가 되어 있었다. 헤세도 콰인과 핸슨의 뒤를 따라 이론으로 장식된 묘사로부터 순수한 관찰 언어를

16) 핸슨, 『양전자』(1963), 139쪽.

뽑아내는 것이 가능하다는 개념을 거부했다. 비록 "입자-쌍 소멸"을 "백색 선 두 개가 정해진 각도로 만난다"로 바꾸어 놓는다 해도 두 번째가 "그 자체로서 법칙과 같은 암시를 전혀 포함하지 않는다고 보기 어려울 뿐 아니라 심지어 그런 식으로 자꾸 바꾸어 놓으면 나중 묘사가 바로 그 전 묘사보다 점점 더 덜 암시적으로 만드는 것이 가능하다고 볼 수가 없다."[17] 헤세가 말하고자 하는 요지는 관찰과 이론이 본질적으로 구별되지는 않는다는 것이다. 즉 이론적 법칙을 전혀 언급하지 않고 도망갈 수 있는 안전한 피난처는 존재하지 않는다. 그렇다. 어떤 특정 이론으로부터 잠시 숨을 수 있는 (예를 들어 쌍생성과 같은) 임시 은신처는 찾을 수 있을지 모르지만, 그런 가능성이 구름 상자 궤적의 기하적 구조에 대한 언어가 모든 이론으로부터 해방되어 있음을 의미하지는 않는다.

그래서 바스 반 프라센은 1980년에 구름 상자가 전자(電子)를 "관찰할 수 있게" 했다는 의견을 비난했을 때 길고도 빛나는 전통을 세우고 있었다. 반 프라센의 출발점은 "관찰 가능성"이라는 바로 그 개념에 대한 도전이었다. 그는 그 용어가 "휴대 가능성"과 마찬가지로 우리 인간의 최대 수용 능력과 (그리고 오로지 추상적인 정의만이 아닌 것에) 관계된다고 강력히 주장했다. 우리 능력으로 들어올릴 수 있는 한계에 대해 별로 특별한 의미가 존재하지 않는다고 말할 수 있다. 달리 말해서 "원칙적으로" 엠파이어스테이트 빌딩도 (만일 우리가 거인이라면) 휴대가 가능하다. 그러나 그렇게 말한다면 "휴대 가능성"이라는 말의 의미를 보통 사용하는 의미와 비슷하지도 않을 만큼 왜곡시킨 셈이 될 것이다. 마찬가지로 "관찰 가능성"도 우리가 독수리의 눈(또는 전자 현미경)을 가져도 좋다고 허용하지 않는다. 즉 "관찰 가능성"은 우리가 인간으로서 정상적인 환경 아래서 할 수 있는 것과 관계된다. 여기서 요점은 도구가 조금 더 좋은 조건 아래서는 성립될 수도 있는 관찰 가능성에 이르게 하는 징검돌로서 결코 유용하지 않다는 것이 아니다. 어찌 되었건 반 프라센

17) 헤세, 「관찰 언어」([1970] 1974), 23~24쪽.

은 "망원경으로 목성의 달을 보는 것도 나에게는 분명히 관찰의 경우에 해당하는데, 우주인이 언젠가는 그 달을 가까이서 볼 수 있으리라는 것은 의심의 여지가 없기 때문이다"라고 기꺼이 인정했다.[18]

구름 상자 흔적은 이것과 같지 않다. 전자(電子)나 알파 입자는 어떤 조건 아래서도 인간이 관찰할 수 없다. 반 프라센은 주장하기를, 그러므로 그것은 인간이 관찰할 수 있는 대상으로 구성된 우리의 인식론상의 각 단계들 중에서 아주 다른 위치를 차지한다는 것이다. 우리는 보고 느끼는 물건들에 대해 일상적인 현실감을 가지고 있지만, 그가 결론을 내렸듯이 미시 세계와 우리 사이의 관계는 불가피하게 도구에 의존하는 것이다. 구름 상자는 관찰이 가능한 현상의 규칙성을 드러낸다. 그뿐이다. 구름 상자는 우리에게 볼 수 없는 것들에 대해 어떤 방법으로도 건물이나 도도새 또는 사람을 보는 것과 "마찬가지"의 또는 "거의 마찬가지"의 직접적인 시야(視野)를 제공하는 것은 아니다.[19] 지금쯤은 알란 머스그레이브와 같은 실재론자들이 예를 들어 구름 상자를 이용해 입자를 "검출"한다고 말하는 것은 "그 대상이 실제로 존재한다는 것이 진실"이라고 이미 믿고 있었다고 주장하는 등 다른 방법으로 구름 상자를 인용하면서 반 프라센에게 응수했다는 것이 놀랍게 여겨지지 않을 것이다.[20]

---

18) 그렇지만 망원경을 현미경과 같은 용어로 분석할 수 있는 것은 아니다. 왜냐하면 "구름 상자에서 관찰했다는 미시(微視) 입자들이 내게는 분명 다른 경우이기 때문이다. 만일 거기서 무슨 일이 일어났는지에 대한 우리의 이론이 옳다면 …… 내가 구름 상자 흔적과 비슷해 보이는 하늘의 비행운(飛行雲)을 가리키면서 '봐라, 저기 비행기가 있다'라고 말했다고 하자. 그러면 당신은 '수증기 자국은 보이는데, 비행기는 어디 있지?'라고 말하지 않겠는가? 그러면 나는 '그 자국 조금 앞을 봐라. 그곳에 있다! 이제 보이는가?'라고 답변할지도 모른다. 그런데 구름 상자의 경우에는 그러한 대화가 가능하지 않다. 그러므로 입자가 구름 상자의 방법으로 검출되었고 그 검출은 관찰에 근거하고 있지만, 그것은 분명 입자의 존재가 관찰된 경우는 아니다"(반 프라센, *Scientific*[1980], 16~17쪽).

19) 이것과 긴밀하게 연관된 한 관점이 수년 전에 네이글, 『과학의 구조』(1961)에 의해 제시되었다. 거기에는 구름 상자가 "선호하는 화법에 대한 대립"이라는 실재론자 대 반실재론자의 논쟁을 종식시키기 위한 목적의 더 긴 논쟁 중에 나온다(152쪽).

이제 다 되었다. 구름 상자의 상(像)이 거의 모든 실재론자와 반실재론자의 성전(聖戰) 위의 깃발처럼 휘날렸다. 미국의 조작(操作)주의자(조작주의는 조작을 통하여 과학적 개념이 정의된다고 주장한다 – 옮긴이)인 브리지먼에게는 윌슨 상자가 단순히 원자의 보이지 않는 세계에 대한 발언에 의미를 부여하는 데 필요한 과정에 지나지 않았다. 더 있다면 "존재한다"는 말로 무엇을 의미하는지에 대한 실례를 제공한다 이상. 툴민과 보른에게는 구름 상자가 실재론(實在論)을 대표하는 바로 그 상징이었다. 윌슨의 흔적은 보통 물체들과 현미경으로도 보이지 않는 대상에 속한 것들의 구분에 반대하는 논증의 종착역이다. 보른이 말한 것처럼 "만일 '존재'라는 말을 그러한 것들에 어떻게라도 적용할 수 있다면 위에서 언급한 것이 바로 그것 아니겠는가?" 요르단과 하이젠베르크 그리고 다른 사람들에게 구름 상자 사진은 상보성(相補性) 관계의 시공간 반쪽을 실례를 들어 설명해 주었다. 구름 속을 비상(飛翔)하는 알파 입자의 자세한 발자국보다 더 실제적으로 해석되는 고전적 입자가 있겠는가? 콰인에게 구름 상자의 상(像)은 언젠가 실제로 찾을 수 있음직한 이론적 존재에 대해 가장 직접적인 증거를 제시했으며, 우리가 알고 있는 나머지 물리학과 구름 상자 상(像)을 결합하면 미시 세계를 실용적인 실재론으로 설명하는 셈이 되었다.

핸슨과 헤세풍의 어엿한 반실증주의자들은 구름 상자 사진이 "중립적인 자료"로서 가장 좋은 예가 된다고 했지만, 이런 사진들에 대한 진술까지도 진정으로 이론과 무관할 수 없다는 주장을 펴나갔다. 반 프라센은 보른에 맞서 흔적의 원인이 되는 어떤 존재의 실체를 인정하지 않고도 흔적 사이에 이론적 연결이 존재함을 공표한 반면, 그의 반대자들은 구름 상자

20) 예를 들어 머스그레이브, 「실재론」(1985), 205~206쪽. 구름 상자와 전혀 연관 짓지 않는 실재론자의 주장과 반실재론자의 주장이 여러 가지로 존재한다는 것을 다시 한번 더 강조하지 않을 수 없다. 여기서 요지는 어떤 다른 실험 장치들보다도 구름 상자가 수십 년 동안에 걸쳐서, 그리고 많은 (서로 대립되는) 철학적 명제(命題)에서 가장 빈번하게 인용되었다는 데 있다.

에 의한 검출이라는 바로 그 개념에 실재론이 묻혀 있음을 보았다.

구름 상자에 관하여 물리학자들 사이에 가지각색의 견해가 존재한 것처럼 이와 비슷하게 철학자들 사이에도 다양한 견해가 존재했다. 그러나 이러한 설명들은 하나도 빠짐없이 구름 상자가 어쩌면 어떤 다른 장치보다도 더 미시 물리학의 볼 수 없는 세계에 대한 직접적인 증거를 산출해내는 구체적인 예라는 견해를 공유한다. 그 상자가 양전자(陽電子)와 뮤온을 칼 앤더슨에게 드러내 보였으며 조지 로체스터와 C. C. 버틀러가 새로운 부류의 "기묘" 입자들을 "볼" 수 있게 만들었다. 존 D. 콕크로프트와 어니스트 T. S. 월턴은 이 장치를 이용하여 원자핵 변환이 존재함을 입증했다. 정말 여러 대(代)에 걸친 우주선(宇宙線) 물리학자들에게, 그다음에는 잠시나마 가속기 물리학자들에게 구름 상자는 여러 가지 종류의 새로운 입자들에 대한 명확한 의미를 부여해 주었으며, 그러한 입자들이 발견됨에 따라 입자 물리학이라는 분야가 창시되었다. 구름 상자는 그 후에 쏟아져 나오게 되는 검출기들의 원형(原型)이 되었는데, 고압(高壓) 상자와 민감한 핵 에멀션, 그리고 가장 중요한 거품 상자 등이 포함된 이후의 검출기들에 대해서는 다음 장들에서 검토하게 될 것이다.

물리적·철학적 배경을 고려하면 이 입자 검출기의 전형(典型)이 입자 물리학에 나오는 산란이나 생성, 붕괴와는 전혀 아무런 관계 없는 시간과 장소, 분야에서 비롯되었음을 알게 되면 무척 놀라지 않을 수 없다. 그러나 우리 스스로 입자 물리학과 전후(戰後) 연구소에서 떠나 다시 빅토리아 왕조의 기상학 연구 시대로 되돌아가면 스코틀랜드의 폭풍우로 흠뻑 젖은 언덕에서 "구름 방", 즉 러더퍼드 경이 "과학사에서 가장 독창적이고 가장 훌륭한 장치"라고 불렀던 것이 만들어지게 된 과정의 재구성을 시작할 수 있다.[21] 오직 빅토리아 시대의 실험하기라는 렌즈를 통해서만, 그리고 자연의 위대한 능력을 대규모로 재현하는 것을 통해서만 우리는 상(像) 전통의 기원을 이해할 수 있다. 나는 이 족보를 따져봄

---

21) 「C. T. R. 윌슨 교수」(조사[弔詞]), *Times*(London) 1959년 11월 16일, 16쪽.

으로써 이러한 생생한 사진들이 우리 세기에 얼마나 중요하게 기여하게 되었는지, 마지막 증언이 되는 새뮤얼 존슨(1709~84, 영국의 시인, 문필가, 사상가로 저술뿐 아니라 재치 있는 어록으로도 유명하며 영국 문학에서 셰익스피어 다음으로 많이 인용되는 인물로, "나는 이렇게 반박하리다"라고 외치며 바위를 걷어찬 일화가 유명하다 – 옮긴이)의 바위가 무엇인지 이해하는 데 도움이 될 수 있기를 희망한다.

2. 재창조의 로맨스

구름 상자의 발명가인 찰스 톰슨 리스 윌슨은 그의 장치가 나중에는 입자 물리학에 집중적으로 이용되었음에도 불구하고, 전혀 입자 물리학자라고 생각할 수가 없다.[22] 1895년 초기 연구에서 90세 되던 해에 천둥 치는 구름에 대한 마지막 사고(思考)까지 윌슨은 기상(氣象) 현상에 집중했다. 윌슨의 가장 열렬한 찬양자 중 한 사람인 J. J. 톰슨까지도 윌슨

---

22) 1869년에서 1959년까지 살았던 C. T. R. 윌슨에 대한 기사는 단지 몇 편밖에 없다. 그중에서 가장 흠잡을 데가 없는 것이 블래킷, 「찰스 톰슨 리스 윌슨」, *Biog. Mem. F.R.S.* 6(1960): 269~295쪽이다. 터너는 짧은 기사 「윌슨」, *Dict. Sci. Biog.* 14(1981): 420~423쪽을 썼다. 윌슨 자신은 「벤네비스」, *Weather* 9(1954): 309~311쪽; 「회상」, *Not. Rec. Roy. Soc. London* 14(1960): 163~173쪽 등 두 편의 회고 기사를 남겼다. 그의 1927년 노벨상 수강 기념 강연은 자신의 연구에 대한 일반적인 개관을 말해준다(「이온을 보이게 만들기」 [1965]). 그에 더해 윌슨은 「1899~1902」의 제7장, 『캐번디시 역사』(1910)를 집필했다. 크라우더는 『과학적 유형』(1968), 25~55쪽과 『캐번디시 연구소』(1974), 126~175쪽, 213~224쪽에서 윌슨에 대해 논의했지만 그리 자세히 설명하지는 않았다. 토머스, 「전통」(1979)은 특정 상자의 원작자를 분명하게 하기 위해서 예술사(藝術史)적 기법을 이용한 자극적인 주제를 다룬다. 토머스는 윌슨의 노트를 이용하지 않는다. 구름 상자의 현대적 설명에 대해서는 J. G. 윌슨, 『구름 상자 기법』(1951)을 보라. 기상학자들은 윌슨이 그들의 분야에서 중요한 인물이라고 기억한다. 예를 들어 할러데이, 「회고록」, *Bull. Amer. Met. Soc.* 51(1970): 1133~35쪽을 보라. 그렇지만 구름 상자에 대해 가장 중요한 출처는 그의 연구의 핵심을 구성하게 될 윌슨 자신의 연구소 노트들이다. 그 노트들이 아래에서 참고문헌으로 나온다.

의 안개에 대한 실험하기가 "탁월한 물리학에[23] 접근하는 아주 분명한 방법"은 아니었다고 논평했다. 톰슨이 "탁월한 물리학"이라고 부른 것은 안개와 비 같은 복잡하지만 현실적인 문제들과는 상관없는, 물질의 기본 구조를 조사하는 분석적 연구를 의미했다. 비록 구름 상자를 이용함으로써 궁극적으로는 원자 물리학자와 핵물리학자, 입자 물리학자들이 윌슨을 그들 자신과 같은 분야의 한 사람으로 인정하게 되었지만, 윌슨의 전 생애에 걸친 연구를 날씨와 연관짓지 않고서는 이해할 수 없다. 구름 상자의 발명을 역사적인 의미로 이해하기 위해서는 윌슨과 윌슨의 19세기 동료들을 매료시킨 먼지나 공기, 안개, 구름, 비, 천둥, 번개, 그리고 시각 효과와[24] 같은 용어들과 만나지 않으면 안 된다.

---

23) 톰슨, 『회고록』(1937), 416쪽. 톰슨 혼자만 이 말을 사용한 것이 아니었는데, 그것은 에어리가 1867년 4월에 다음과 같이 쓴 것을 보면 명백하다. [수학적 우등생 명부] "차등생(次等生)들에게 충분한 격려나 도움이 제공되지 않았는데, 그들의 학업을 적절히 지도했더라면 우등생들처럼 탁월하지는 않았을지라도 철학자로서 높은 수준으로 교육받은 사람들이 될 수도 있었다"(데이비드 B. 윌슨, 「실험 과학자」, *Hist. Stud. Phys. Sci.* 12[1982]: 325~371쪽 중에서 338쪽에 인용).

24) 이 책에서는 기상학에서 몇 가지 서로 다른 시각 효과들이 언급될 것이다. 이 용어들이 약간 혼동을 주므로 앞으로 참고가 되도록 각 현상에 대해 간단히 설명한다. **코로나**는 태양이나 달에서 온 빛이 구름이나 높은 안개의 물방울에 부딪혀서 회절할 때 형성되는 색깔을 띤 일련의 동심원이다. **헤일로**(우리말로 무리 – 옮긴이) 또한 일련의 색깔을 띤 동그라미들인데, 얼음 결정에 의한 굴절로 생성된 것이다. 이 두 용어가 기상학자들에 의해 구체적으로 정의되어 있음에도 불구하고, 사람들은 이 두 용어를 섞어서 사용한다. **글로리**는 관찰자가 구름이나 짙은 안개를 바라볼 때 컴컴한 부분 주위에 보이는 색깔을 띤 동그라미들로 구성된다. 그것은 물방울에 의한 빛의 회절 때문에 생기며 코로나와 함께 일어날 수도 있다. 어두운 부분과 동그라미들 전체 현상을 때로는 **깨진 스펙트럼**이라고 부르기도 한다. **비숍의 동그라미**는 물방울에 의해 생성된 것이 아니라 빛과 대기 중의 단단한 입자들 사이의 상호작용 때문에 생긴 것이다. 비숍의 동그라미는 1883년 크라카토아 화산 폭발 뒤에 가끔 보이기도 했지만, 보통 환경에서는 좀처럼 나타나지 않는다. 그것이 생기려면 대기 중에 굉장히 많은 수의 단단한 입자가 존재해야 하기 때문에 보통 갑작스러운 폭발이 일어난 뒤에 보인다. 위플, 「기상학적 광학」(1923), 3: 527~529쪽을 보라.

윌슨의 구름 상자를 빅토리아 시대 감각으로 적절하게 동작시키기 위해서는 현실적 물리학뿐 아니라 초월적 물리학에 대한 역사적 재구성이 필요하다. 그 세계는 윌슨의 연구가 한쪽에서는 "기상학", 다른 한쪽에서는 "물리학"으로 나뉘어 있을 때 전혀 보이지 않던 일관성을 드러내면서 현대 물리학의 놀라운 원천으로 출현하게 될 것이다. 두 영역 사이에 또는 어쩌면 두 영역의 교차점에 위치한 분야를 "모방 실험하기"라고 부르면 더 좋다. 그런데 이 용어는 자연에서 일어나는 물리 현상의 모든 복잡한 부분까지도 하나 빠뜨리지 않고 실험실에서 재현하려는 시도를 가리키게 될 것이다.

윌슨의 연구는 바로 이 모방 실험하기에서 시작됐는데, 그의 생각과 장치가 발전된 과정은 캐번디시 연구소에서 수립된 물질에 대한 일반 이론과 놀라운 자연 현상의 특정한 실연(實演) 사이의 계속된 대화로써 이해해야만 한다. 윌슨의 구름 상자는 분석적 방법과 모방적 방법 사이의 대화가 물질적 형상으로 구체화된 것이며, 그렇게 하여 상(像)-제작 장치의 전통이 누린 100년 간의 세력을 형성하는 기반이 되었다. 구름 상자의 기원을 탐구하면 기상학과 물질 이론 모두의 구체적인 문화들 사이의 교차점과 계속해서 일어나는 변화에 대한 통찰력을 얻을 수 있을 것이다. 이 특별한 장치의 활동 과정을 따라가면 우리는 물리학에서 잠시 존재했던 세부 분야인 "응결(凝結) 물리"의 형성과 해체에 대해 공부할 수 있을 것이다. 그다음에 이 장치가 본질적인 응결 현상을 다루는 데서 멀어져가면서 그 후 구름 상자의 계속된 제작과 활용에 대해 분석하면 입자 물리학과 물리 기상학 모두의 역사적 근원에 대한 이해를 넓히게 될 것이다.

빅토리아 시대의 상상력은 자연의 극단적인 현상과 진기한 현상에 의해서 끝없는 매력을 유지했다. 탐험가들은 위험을 무릅쓰고 제국의 끝까지, 사막과 정글과 만년설(萬年雪)까지 갔다. 미술가와 시인들은 폭풍우의 위력과 거대한 삼림이나 절벽, 폭포의 장관(壯觀)을 작품에 담아내려 애썼다. 그리고 예술가와 과학자들은 모두 자연 철학자들이 제시한 자연 법칙을 대변하듯 합리화하는 상(像)과 예술계에서 동 시대 사람들이 제안한 자연의 더 이상 단순화할 수 없고 때로는 정신적인 측면 사이의 정신적 긴장 상태를 인지(認知)하고 있었다.[25] 과학 자체에서도 물리적 세계에 대한 추상적이고 환원주의자적 접근과 괴테에서 맥스웰까지의 저술가들이 "형태학적" 과학이라고 부른 박물학적인 접근 사이에 비슷한 불화가 존재했다.[26] 그러한 과학들 중에서 괴테는 기상학에서 특별한 기쁨을 누렸는데, 그것은 "시인이나 미술가의 눈에 대기(大氣) 현상이 결코 이상하거나 생소하게 느껴질 수 없기" 때문이다.[27] 18세기로 거슬러 올라가면 구름에 대한 체계적인 분류가 존재하지 않았다. 그래서 1802~1803년에 영국의 화학자 루크 하워드가 린네의 분류법을 흉내 내어 한 가지 분류 체계를 제안했다.[28] 괴테 덕택에 하워드의 체계가 문화적 주류(主流)로 입성했다.

하워드는 어떤 조그만 철학자 모임 앞에서 "질서 정연한 명명법(命名法)"에 따라 구름을 "새털구름", "뭉게구름", "안개구름" 등으로 구분했다. 하워드는 라틴어를 이용해야 그의 방식이 보편적인 정당성을 확보하리라고 생각하고 라틴어를 채택하여 그의 체계를 세웠다(새털구름은 시루스[cirrus], 뭉게구름은 쿠물루스[cumulus], 안개구름은 스트라투스[stratus] 등과 같이 라틴 어원으로부터 명명되었음-옮긴이). 그뿐 아니라 보이지 않는 화학적 존재를 나타내는 데 그리스 용어를 사용한 화학자들과는 대조적으로 하워드는 "박물학(博物學)에서처럼 구름에서 관

---

25) 논쟁의 상당 부분은 과학적 교육의 개혁에 의해 더욱 자극받았다. 수퍼, 「인문주의자」(1977)를 보라.

26) 『영국 백과사전』, 9th ed., s.v. 「물리적 과학」(J. C. 맥스웰 저술): "흔히 '물리적 과학'이라고 부르는 것은 산수와 대수 그리고 기하와 같은 추상적 과학과 형태학적·생물학적인 과학 사이에 있는 위치를 차지한다." 괴테의 이야기로 메르츠, 『유럽의 사고』(1965), 212~213쪽에 인용되어 있다.

27) 괴테의 이야기로 바트, 『콘스타블의 구름』(1950), 17쪽에 인용되어 있다.

28) 하워드, 「구름의 변화」, *Phil. Mag.* 16(1803): 97~107쪽, 344~357쪽; 17(1803): 5~11쪽.

찰되는 특징으로" 구름들을 분류하고 싶다.[29] 이런 박물학과의 유사성이 괴테의 마음을 빼앗게 되었을 것은 의심의 여지가 없다. 1815년에 하워드의 존재를 알게 되었을 때 이 시인은 구름을 보는 새로운 방법에 대해 깊은 감명을 받았다. 괴테는 "하워드의 용어법이 잃어버린 실마리를 제공해 주었기 때문에 나는 기쁨으로 그것을 꽉 움켜잡았다"라고 말했다.[30] 드레스덴 미술학교 사람들은 괴테로부터 구름을 다르게 바라보는 방법을 배웠다. 미술사학자인 커트 바트는 존 콘스타블이 1821~22년에 수행한 구름에 대한 놀라운 연구를 할 수 있게 된 게 바로 1818~20년에 수행된 루크 하워드의 확장된 연구였다고 정리했다(그러나 그런 견해는 논란의 대상이 되었다. 〈그림 2.1〉과 〈그림 2.2〉 참조).[31]

콘스타블의 연구가 새로운 기상학에 의해 고무되었건 아니었건 간에, 그가 토머스 포스터의 잘 알려진 연구인 날씨에 대한 이론과 포스터 자신의 관찰을 혼합한 『대기 현상에 대한 연구』(1815)를 상당 부분 그대로 좇았던 것은 분명하다. 콘스타블은 일부 문장에 대해서는 이의를 제기했고, 다음과 같은 포스터의 일부를 포함하여 특별한 흥미를 갖게 한 부분에는 표시해 놓았다. "우리는 저 높은 곳에서 구름이 형성되고 변화되면서 출현하는 흥미로운 전기 작용들을 나무가 자라지 않는 산의 바위투성이인 정상에서, 사막의 한결같은 어두움에서 또는 자취를 남기지

29) 하워드, 「구름의 변화」, *Phil. Mag.* 16(1803): 97~107쪽 중에서 98쪽.

30) 괴테의 이야기로 바트, 『콘스타블의 구름』(1950), 18쪽에 인용되어 있다.

31) 루이스 호스는 콘스타블의 하늘 연구 발전에 하워드의 기상학이 중심적 역할을 했다는 점에 대해 강경하게 반박했다. 그 대신 콘스타블이 자기 아버지의 풍차에서 일했다거나 초기 미술가들의 구름 묘사 등 "환경적 조건들"이 더 중요한 역할을 했다고 주장한다. 호스, 「콘스타블의 하늘」 *J. Warburg Courtauld Inst.* 32(1969): 344~365쪽. 그렇지만 호스의 주장 중 일부도 잘못된 것처럼 보인다. 예를 들어 그는 콘스타블이 "어디에도 하워드나 그의 용어법에 대해 언급하지 않는다"라고 썼다(346쪽). 호스의 논문이 발표된 지 3년 뒤에 포스터가 지은 『대기 현상』(1815)이라는 콘스타블이 소유한 책이 발견되었는데, 그 책에는 많은 다른 표기법과 함께 하워드의 기상학에 대한 참고문헌이 포함되어 있었다. 손스, 「콘스타블의 구름」, *Burlington Mag.* 121(1979): 697~704쪽.

〈그림 2.1〉 루크 하워드의 구름들(1802~1803). 괴테에 의해 널리 선전된 루크 하워드의 분류 체계는 빅토리아 시대의 구름들과 함께 심미적이며 인기 있고 과학적인 매력을 불러왔다. 여기서 *a*는 가깝고 멀리 있는 조개구름을 보여준다. *b*는 (비가 내리기 직전의) 옅은 솜털구름과 (황혼이 깃들 때의) 짙은 솜털구름을 보여준다. 그리고 *c*는 "서로 섞여 있고" 또 "따로 구분된" 두루마리구름을 나타낸다. 주: 원본의 자막 번호가 잘못되었다. 출처: 「구름의 변화」, *Phil. Mag.* 16(1803): 97~107쪽 중 64쪽의 도판.

〈그림 2.2〉 콘스타블의 구름 연구(1821~22). 존 콘스타블의 자연 상태로 나타내어 인기를 끈 구름 그리기는 일반적으로 그전에 그림을 그리는 형식적인 방법과 단절되어 있다고 인식되었다. 하늘 현상을 극적으로 표현한 그의 그림들은 기상학 탐험 전선과 빅토리아 시대 문화의 중심을 형성했다. 여기 실은 것은 콘스타블의 구름 연구: 「남쪽을 바라보며」. 1822년 9월 21일 오후 3시, 상쾌한 바람이 동쪽으로 불고 포근하며 상쾌함. 출처: 콘스타블, 『연구』(1822): No. B1981.25.116, Yale Center for British Art, Paul Mellon Collection.

않는 바다 등에서 바라볼 수 있다. 그 구름들은 대단히 많은 양의 물을 한 장소에서 다른 장소로 나르거나 엄청난 물을 땅이나 바다에 억수로 쏟아낸다. 그 구름들이 때로는 회오리바람과 물기둥을 일으키기도 한다. 또는 그 구름들이 별똥별과 번개와 같이 찬란하게 빛나는 현상을 만들어내기도 하며, 채색된 구름과 황금빛 황혼으로 이루어진 아름다운 형상으로 늘 하늘을 수놓는다."[32] 이런 종류의 대중적 감흥을 일으키는 과학을 통해 문화적 비중이 높아지면서 기상학은 미술과 시가(詩歌), 그리고 나중에는 사진술 등에서 구름에 대한 연구를 촉진시켰다. 구름은 낭만주의적인 사고(思考)에서 중심적인 상징이 되었다.

---

32) 손스, 「콘스타블의 구름」, *Burlington Mag*. 121(1979): 697~704쪽 중에서 698쪽.

루크 하워드에게 구름에 대한 연구는 괴테가 "추상적"이 아니고 "형태학적"이라고 부른 것보다 훨씬 더 큰 의미를 가졌다. 하워드는 한 번도 수학이나 좀더 새롭고 좀더 수학적으로 표현된 형태의 화학을 쉽게 느껴본 적이 없었다.[33] 19세기 말에 역사학자인 테오도르 메르츠는 이러한 체계적인 사고의 이중적 측면에 대해 다음과 같이 논평했다. 그는 (예를 들어 광학, 역학, 전기학, 자기학과 같은) "추상적인 과학은 자연 자체를 담아놓은 위대한 연구의 저장소로부터 실험 과학자의 연구소라는 작은 작업실로 이동하는, 글자 그대로 한 장소에서 다른 장소로의 이동 과정"과 연관되거나 "단지 사색의 영역에서 수행되는" 이동 과정과 연관된다고 강조했다.[34] 형태학적 과학은 정의만으로도 자연 자체에서 한 위치를 차지하고 있었다.

그러나 물질 물리학 분야에서 선도적으로 활동하는 사람들에 의하면 물리학의 진정한 목표는 지구 또는 "하늘의 용모"의 분류법이 아니라 추상화였다. 예를 들어 (켈빈 경이라고도 불리는) 윌리엄 톰슨은 다음처럼 박물학이 예비적인 역할만 맡고 있다고 보았다. "자연의 드러난 면모를 연구하는데, 첫 번째 단계는 여러 가지 종류의 물질에 관해 관찰되는 사실들을 묘사하고 분류하는 것이다. …… 이것이 박물학에게 부여된 정당한 작업이다. 물질계의 어떤 영역에서든 박물학에서 수집된 사실들로부터의 연역에 의해 그 영역에서 성립하는 일반 법칙이 수립되는 것을 절차에 따라 적절하게 자연 철학이라고 부를 수도 있다." "추상적인" 또는 "자연 철학적인" 연구자에게 실험하기의 목표는 특정 기술(記述)로부터 보편적인 법칙을 추출하는 것이며, 그로부터 특별한 현상을 심도 있게 검토하여 구할 수 있는 것보다 더 "탁월한" 진리를 달성하는 것이다. 전기 역학 분야의 맥스웰 이론과 열 분야의 켈빈 이론을 보면 우리는 자연

---

33) 괴테의 요청으로 루크 하워드는 간단한 자서전적인 단문을 작성했는데, 그 내용이 괴테 작품 모음집에 수록되어 있다. 하워드, 「루크 하워드와 괴테」([1822] 1960) 참조. 화학과 수학에 대해서는 824~825쪽 참조.

34) 메르츠, 『유럽의 사고』(1965), 200쪽.

철학적 연구 방법의 성공에 대해 잘 알 수 있었다. 둘 다 어떤 알려진 현상을 취하여 거기에 기계학적이고 역학적인 기초를 제공했다.[35)]

그러나 "한쪽에는 수학자들의 계산실이 있고 다른 한쪽에는 작업실과 제작실이 있는 화학 연구소와 전기 연구소"의[36)] 다양한 장점에도 불구하고, 빅토리아 시대 과학자들은 과학에서 추상적인 방법이 적절하지 않았던 때가 존재했음을 실감했다. 오로지 분석과 추상화만 활용했던 자연 철학자들에게 "자연적인 일이 아니라 인위적인 일을 다룰 위험이 존재한다는 생각이 강력하게 들었기 때문"에 어려움이 발생했다. "기상천외의 이론을 억지로 완성시키고자 하면 실제 세계와의 연결이 끊기게 되는 실례가 많이 있다."[37)] 자연 철학자들이 현상에 대한 역학적 기초를 만들어냈을 때 그들의 모형이 성공하자 그 모형이 제시하는 어쩌면 가짜의 무엇인가가 존재한다고 암시받을지도 모르는 위험을 무릅썼다.

추상적 과학의 "일방적인" 연구에 대한 반대는 형태학적인 과학에서 또 다른 이상적 연구 형태가 나타나게 했다. 메르츠가 얼마간 과장해서 말한 것처럼 그러한 과학은 "만일 우리와 있는 그대로의 세계, 즉 실재적이고 자연적인 것들을 잇는 연결을 어느 정도라도 단절시키거나 약하게 한다면 우리는 모든 능력을 잃게 된다는 자각으로서 자연에 대한 진정한 사랑"에 의해 유발되었다. "그것은 어머니인 땅으로부터 그의 모든 능력을 받고 있는 초능력 거인인 안타이오스(바다의 신인 포세이돈과 대지의 여신인 가이아 사이에서 태어난 거인임 – 옮긴이)가 그의 어머니로부터 단절된다면 무너져버리고 만다는 고대 신화에서 같은 표현을 발견할 수 있다."[38)]

형태학 과학자는 "실재(實在)하는 물체를 일반적이며 보편적인 예로

---

35) 톰슨, 「입문 강좌」(1846), 스미스와 바이스, 『에너지와 제국』(1989), 121~122쪽에 인용. 그리고 『영국 백과사전』, 9th ed., s.v. 「물리 과학」(J. C. 맥스웰 저술).
36) 메르츠, 『유럽의 사고』(1965), 202쪽.
37) 메르츠, 『유럽의 사고』(1965), 201쪽.
38) 메르츠, 『유럽의 사고』(1965), 202쪽.

보지 않고, 오히려 홀로 가능성이 있거나 인위적인 것으로부터 진짜이고 실제적인 것을 구별하는 신비한 무엇인가를 가진 것으로 본다."[39] 메르츠는 그가 괴테의 용어를 빌려 확충하고 있다고 설명하면서 "형태학"이라는 과학의 목록에 산과 계곡, 빙하, 땅과 바다, 암석의 단층화, 그리고 구름의 형성 등을 포함하는 경치에 대한 대규모 연구를 포함시켰다.[40] 바람과 대기압에 대한 위대한 탐구자이자 측정가인 알렉산더 폰 훔볼트가 메르츠의 눈에는 이러한 새로운 조사 방법을 주창하는 선도적인 사람으로 보였다. 메르츠는 자신의 독자들에게 훔볼트가 "가장 큰 규모의 자연에 대한 형태학자로 불릴 수 있을 것이다"라고 말했다.[41]

1970년대의 저술에서 수전 페이 캐논은 "19세기 전반기에 전문적인 과학에서 새롭게 출현한 위대한 일이 지리적 분포와 지자기(地磁氣), 기상학, 수문학(水文學), 조류(潮流), 산맥의 구조, 지층(地層)이 놓인 방향, 태양의 복사파 등 광범위하지만 내부적으로 서로 연결되어 있는 실재(實在) 현상에 대한 정확한 측정에 의한 연구인 훔볼트식의 과학이라고 제안"하면서 메르츠의 생각에 동감을 표시했다. 훔볼트주의자들은 현장에서 연구한다는 철저한 의식을 가지고, "자연을 실험실에서 연구한다거나 미분 방정식이 완전하다는 생각"에 반대했다.[42] 실험실은 자연이 아니라 인위적으로 격리시킨 현상을 다루었으며 미분 방정식은 실제 사물의 변화무쌍한 실체를 분리시켰다. 지질학자들도 바로 그렇게 실험실에 반대하는 견해를 견지하고 있었다. 모트 그린은 19세기 초에 가장 저명한 두 명의 지질학자가 "실험실 조사가 자연적인 조건을 똑같이 재창조하거나 복사한다는 생각에 거부감을 가지고 있었다"고 보고한다.[43]마

39) 메르츠, 『유럽의 사고』(1965), 203쪽.

40) 메르츠, 『유럽의 사고』(1965), 219쪽.

41) 메르츠, 『유럽의 사고』(1965), 226쪽.

42) 캐논, 『문화에서의 과학』(1978), 105쪽과 제3장 전체.

43) 그린, 『지질학』(1982), 53쪽에서 지각(地殼)을 이루는 물질의 온도나 압력 효과를 재현하는 문제에 대한 허턴과 베르너의 견해 인용.

틴 루드윅에 의하면 (실험실 연구가 아니라) 현장 연구가 "진정한 [19세기] 지질학자의 표상"이었고, "현장 연구에서 때로 몹시 힘든 특성은 그가 그 분야에서 성공할 수 있기 위한 시련이었으며 '망치를 든 동료 사회'에 계속 소속되어 있다는 자격이었다."[44)]

19세기 후반부에 이르러 이렇게 정확하고 현장에 근거한 조사라는 유산은 세상에서 "진정으로 발생"하는 현상에 대한 과학적 관심이었다. 그러나 실험을 멀리하는 대신 19세기 말 형태학 과학자들은 자연에서 생긴 일과 동일한 것을 재현하기 위해 실험실을 사용하기 시작했다. 형태론학자들은 자연에서 회오리바람이나 빙하가 지닌 모든 다양한 측면을 구비한 실재(實在) 현상과 동일한 실험실판 현상을 만들어보려고 노력했다. 실험실이라는 제어할 수 있는 세계에서 자연을 재-창조함으로써 과학자들은 자연계의 근저에 깔린 물리적 과정을 발견할 수 있으리라고 희망했다. 내가 "모방 전통"이라고 부르고자 하는 것의 의미가 바로 작은 규모로 자연을 흉내 내려는 그런 시도다. 형태학적 과학이 실험실로 들어갈 때 모사(模寫)가 그들을 표시하는 독자적인 형태가 되었다.

빈에서 1892년 저서를 발표한 지질학자인 E. 레이어는 새로운 실험 물리학적 지질학의 시작을 선포했다. 레이어가 쓴 것에 따르면 과거에 학자들은 정량적인 실험이 불가능해 보였거나 아니면 자연조건을 흉내 내는 것이 불가능했기 때문에 실험을 포기했다. 이제 적어도 부분적으로라도 그러한 현상을 재현함으로써 많은 것을 배울 수 있었다. 거대한 양의 용암은 한정된 양의 걸쭉한 물질의 흐름으로 모사(模寫)될 수 있었다. 백악(白堊) 모래톱과 퇴적층은 찰흙이나 회반죽, 그리고 적당히 유연하거나 단단한 다른 물질로 충분히 대표될 수 있었다. 레이어는 계속되는 변형에 의해 습곡(褶曲)층으로 이루어진 산이 만들어지는 모형이 가능하다는 것을 비슷하게 발견했다. 레이어는 그러한 과제가 성공하기 위해서는 "오랫동안 무시되었던 지질학 실험에 심각한 의미를 부여해야 한

---

44) 루드윅, 『데본기』(1985), 41쪽.

다"고 썼다.[45] 모사(模寫)는 자연을 통째로 손에 넣는다는 형태학적 지질학자의 이상을 간직하고 있지만, 망치가 아니라 흉내 내기에 의해 그렇다는 것이다.

이와 동일한 시기에 지질학과 마찬가지로 기상학 중에서 많은 부분이 전체적으로 크게 훼손되지 않으면서 자연을 흉내 낼 수 있는 경우에 해당하는 실험을 환영했다. 이러한 기상학적 접근 방법을 주창한 사람이 존 에이트킨이었다. 앞으로 알게 되겠지만 윌슨은 에이트킨의 축소형 구름 모형을 아주 자유롭게 활용했다. 에이트킨은 스코틀랜드의 펄커크 지방에서 잘 나가는 법률 사무소 소장의 아들로 1839년 9월 18일에 출생했다. 글래스고 대학에서 공학을 공부한 뒤에 던디라는 회사에서 실습생으로 일한 데 이어 글래스고에 있는 나피어 앤드 손스라는 선박 제조회사에서 3년 동안 더 일했다. 그런데 그의 건강이 나빠지면서 선박 기술자였던 그의 경력은 바로 끝났다. 어느 정도 자연 철학에 대한 윌리엄 톰슨의 강연에 고무되어 젊은 기술자는 지신의 손재주를 발휘해 선반(旋盤)과 (유리 세공용의) 취관(吹管), 유리 세공 장치를 갖춘 실험실과 작업실을 만들었다. 에이트킨은 살아 있는 동안 모사 실험을 수행했다. 예를 들어 회오리바람과 역회오리바람의 동작 원리를 에딘버러 왕립협회에서 발표하기 위해 소용돌이 현상을 대대적으로 보여주는 모형을 설계했다.[46]

에이트킨은 해수(海水)의 순환을 설명하기 위해 옆면을 유리로 만든 물통을 제작하고, 거기에 물을 채운 다음에 분출되는 공기 효과(축소형 폭풍 효과)를 추적하기 위해 추적 염료의 움직임을 이용했다.[47] 빙하 운동을 설명하는 방법을 찾으면서 실험실의 유리관에 담긴 결빙된 물이

---

45) 레이어, 『지질학』(1892), 3~5쪽 중에서 5쪽.

46) 에이트킨, 「노트」([1900~1901] 1923), 「작동 원리」([1915] 1923); 에이트킨에 대한 전기적 세부 사항은 노트, 「존 에이트킨의 생애」(1923)에서 찾을 수 있다.

47) 에이트킨, 「바다의 순환」([1876~77] 1923), 25~26쪽.

"빙하 운동을 모사(模寫)적으로 표시"할 수 있음에 유의했다.[48] 에이트킨은 어떠한 환원주의자적 분석도 거치지 않고 자연을 흉내 냈다. 그는 물질 사이의 근본적인 상호작용에 대한 수학적 원리를 "적용"하여 회오리바람의 동작 원리를 유추하는 것이 아니라 회오리바람 전체를 만드는 방법으로 진행했다. 정말이지 에이트킨의 논문 전체에는 단 하나의 수식도 포함되어 있지 않다. 에이트킨의 방법 말고는 어느 다른 것도 캐번디시에 그렇게도 널리 퍼져 있던 분석적 (탁월한) 실험하기의 이상적 목표와 더 멀리 벗어난 것이 없었다.

C. T. R. 윌슨(찰스 윌슨)에게 과학의 매력은, 에이트킨의 경우와 마찬가지로 자연계의 놀랄 만한 실재(實在) 현상에 근거하고 있었다. 찰스는 1869년에 스코틀랜드에서 양(羊) 목장을 경영하는 존 윌슨의 여덟 번째이자 막내아들로 출생했다. 존 윌슨은 찰스 윌슨이 네 살 되던 해에 사망했는데, 그래서 찰스의 어머니인 앤 윌슨은 그녀가 직접 낳은 세 명의 자녀와 네 명의 의붓자녀의 양육을 책임지게 되었다. 그녀는 일곱 자녀를 모두 데리고 맨체스터로 이사했는데, 그곳에서 윌슨 집안은 하루하루를 겨우 살았다. 찰스의 의붓형인 윌리엄이 캘커타에서 사업을 하여 가족을 부양하는 데 도움을 주었다. 윌리엄은 비록 제대로 된 교육을 한 번도 받지 못했지만 그의 동생인 찰스에게는 제대로 된 교육을 시키겠다고 결심했다.[49]

찰스는 15세가 되자 의사가 될 준비를 하기 위해 당시에 맨체스터의 빅토리아 대학에 속했던 오언 대학에 입학했다. 비교적 새로 설립된 이 학교는 중류 계급의 제조업자들로부터 과학 설비와 기술 설비를 기증받아서 과학 교육 장치를 구비하고 있었다.[50] 윌슨은 의학 공부를 시작

48) 에이트킨, 「빙하 운동」([1873] 1923), 4쪽.

49) 윌슨의 소년기와 청년기의 자세한 생애에 관해서는 블래킷, 「찰스 톰슨 리스 윌슨」, *Biog. Mem. F.R.S.* 6(1960): 269~295쪽 중 269~270쪽; 윌슨, 「회상」, *Not. Rec. Roy. Soc. London* 14(1960): 163~173쪽 중 163~164쪽 참조.

50) 스비에드리스에 의한 테크레이, 「물리 과학」에서의 논평, *Hist. Stud. Phys. Sci.*

하기 전에 식물학과 동물학, 지질학, 화학 등에 대한 강의를 포함한 일련의 교과 과정을 이수해야만 되었다. 1887년에 이학사 학위로 졸업하고, 철학과 라틴어, 그리스어를 추가로 1년 더 공부한 뒤에 케임브리지 대학의 장학금을 받게 되었다. 윌리엄 윌슨은 자기 동생이 너무 자랑스러운 마음에 1888년 1월에 인도에서 다음과 같은 편지를 보냈다. "나는 일요일 아침 네가 케임브리지 대학에 합격했다는 소식을 듣고 내 인생의 즐거움 중 하나를 맛보았다. 나는 그 소식을 듣고 매우 기뻤으며 네가 받은 장학금이 네게 실제로 상당한 이득이 될 수 있기를 기원한다. 이제 성공을 향한 추진력이 생겼으니, 네가 대영학술협회의 회장이 될 때까지 그 에너지가 다 소진되지 않기를 기대한다!"[51)]

찰스는 1892년에 케임브리지 대학의 자연 과학 우등생으로 졸업했는데, 과학을 계속하고 싶은 마음이 간절했지만 나머지 가족들을 부양할 수 없을지도 모른다는 걱정이 앞섰다. 그가 택할 수 있는 가능한 한 가지 길은 지도(地圖) 작성자 직책으로 그는 다음과 같이 회상했다. "나는 과학의 여러 분야에 상당한 정도의 지식을 가지고 있으며 스코틀랜드의 구릉 지대에서 인내심을 키웠으므로 탐험가로서 어느 정도 유용하지 않을까 생각했다."[52)] 그것은 과학에 헌신하는 답사 작업으로 원래의 장소에서 자연을 조사하고 그것을 일정한 비율로 축소하여 재현함으로써 변화무쌍한 자연에 대한 지식을 더욱 정확하게 만드는 시도로서 완벽하게 훔볼트주의적이고 형태학적인 전통과 부합하는 직업이었다. 오언 대학에 다닐 때 윌슨은 스코틀랜드의 시골을 답사하면서 방학을 보냈으며, (서쪽 해안 밖의 섬인) 아란 지방의 북쪽 높은 산중턱의 동굴을 다녀온 여행으로 그의 눈이 열렸다. 거기서 그는 "세상의 아름다움에 대한 강렬한 감명을 받았다. …… 맨체스터에서는 여가 시간만 나면 번번이 딱정벌레와 연못에 사는 생물을 찾아보며 보냈는데, 그는 또한 그것들을 사

2(1970): 127~151쪽 중 148쪽을 보라.

51) 윌리엄 윌슨이 C. T. R. 윌슨에게, 1888년 1월 24일자, CWP.

52) 윌슨, 「회상」, *Not. Rec. Roy. Soc. London* 14(1960): 163~173쪽 중 165쪽.

〈그림 2.3〉 윌슨의 초기 구름 사진 I(1890년경). C. T. R. 윌슨과 조지 윌슨이 촬영. 출처: 제시 윌슨 양의 허락으로 CWP, 저자가 원판을 촬영.

랑하는 방법을 깨우쳤다."[53]

많은 빅토리아 시대 사람들과 마찬가지로 윌슨과 그의 형제들도 사진 찍기를 좋아했다. 그는 특히 풍경과 구름 사진을 전문으로 다루었으며, 그 사진들을 가지고 때로는 그의 어머니가 그림을 그리기도 한 것을 보면(〈그림 2.3〉과 〈그림 2.4〉 참조) 자연 묘사가 그의 흥미를 끌었음이 틀림없었다.[54] 윌리엄은 캘커타에서 "시간이 남는 저녁에는 …… 사진 찍기에 몰두했다. 나는 확대용 등(燈)을 가지고 실험을 했다."[55] 그와 비슷한 시기에 윌슨과 그의 형 조지는 큰형에게 새로운 예술을 향해 첫발을 떼고 있다고 보고했다. 윌리엄은 신출내기들이 심지어 렌즈를 고르는 것

53) 윌슨, 「회상」, *Not. Rec. Roy. Soc. London* 14(1960): 163~173쪽 중 164쪽.
54) (윌슨의 딸인) J. 윌슨, 저자와의 인터뷰, 1986년 9월 10일자.
55) 윌리엄 윌슨이 C. T. R. 윌슨에게, 1887년 11월 28일자, CWP. 우리가 이 편지와 다른 자료를 이용할 수 있게 허락해준 J. 윌슨 양에게 감사드린다.

〈그림 2.4〉 윌슨의 초기 구름 사진 II(1890년경). C. T. R. 윌슨과 조지 윌슨이 촬영. 출처: 제시 윌슨 양의 허락으로 CWP, 저자가 원판을 촬영.

까지 포함하는 자세한 사항을 질문할 때 다음과 같이 편지를 써서 자문에 응했다. "그러나 나는 너의 첫 번째 사진에 대해 서둘러 내 의견을 말하겠다. 사진을 보면 너는 아마 노출을 최대로 했지만 현상은 첫 번째 비율인 것 같다. 인화를 아주 잘했다. 사진 영상을 정착시키고 난 뒤에는 어떤 경우라도 필름은 황산알루미늄의 포화 용액에 충분히 담그기를 강력하게 추천한다. …… 일류급 사진을 만들기 위해서는 [일포드 사 제품 대신] 맨체스터 사 또는 레튼앤웨인라이트 사에서 나온 부품을 바로 옆에 준비해 둘 것을 권고하고 싶다."[56]

이와 같이 C. T. R. 윌슨이 미시적 물리학 세계에 그의 카메라를 들이대기 훨씬 전부터 그는 특히 스코틀랜드의 험한 바위산과 절벽 그리고 구름 등 자연계를 재창조하기 위해서 카메라를 사용했다. 나중에 윌슨은

56) 윌리엄 윌슨이 C. T. R. 윌슨에게, [1887?], CWP.

벤네비스나 그 밖에 다른 곳으로 여행할 때마다 과학 노트와 함께 항상 카메라를 가지고 다녔으며, 매번 사진을 찍을 때마다 그때그때의 주위 사정을 노트에 적었다.[57] 비전문가에 의한 그러한 자연 사진이 굉장한 인기를 누렸다는 것이 빅토리아 시대 영국의 주목할 만한 특징이었으며, 일반적으로 "19세기 영국의 사진은 양식상에서나 개념상으로 프랑스 사진과 미국 사진의 중간 위치"를 차지했다. 미국의 사진작가들은 대부분 과학자이거나 기업가였으며, 프랑스 사람들은 화가 사회에서 나오는 경향이 있었는데, 빅토리아 시대의 비전문가들은 "이들 두 극한 사이에서 적당히 절충하여 …… 순전히 물리적인 사실을 선입관 없이 주장하는 것과 감정적으로 불러일으키는 것을 성공적으로 잘 융합했다."[58]

"순전히 물리적인 사실"을 재생한다는 영국적인 욕구를 만족시키는데 1883년 8월 26일과 27일에 크라카토아에서 일어난 격렬한 화산 폭발보다 더 좋은 대상은 1880년대에 없었다. 폭발의 굉음은 화산으로부터 각각 3,080마일과 2,375마일 떨어진 로드리게스와 디에고 가르시아에서도 울렸다. 수백 마일 떨어진 곳의 창문이 깨졌고 담에는 금이 갔다.[59] 대기권 상층부로 솟아오른 어마어마한 양의 입자들에 의해 빛이 걸러져서 세계 곳곳에서 이상한 광학 현상이 나타났다. 한 관찰자는 호놀룰루에서 "보통 황혼과는 전혀 다른데, 마치 먼 곳에서 대화재가 난 것 같은 이상하게 짙은 붉은 색조의 타오르는 빛"을 보았다.[60] 글뢱슈테트의 거

57) CWnb A21, 예를 들어 1907년 4월 9~16일. 윌슨의 실험실 책들(CWnb)은 런던의 왕립협회에 보관되어 있다. 그것들은 디와 워멜, 「색인」, *Not. Rec. Roy. Soc. London* 18(1963): 54~66쪽에 색인되어 있다. 디와 워멜은 윌슨의 노트를 다음 A와 B의 두 그룹으로 분류했다. A는 응결 현상을 다루며 구름 상자의 개발에 대한 노트를 포함한다. B는 지구의 전기장과 천둥을 수반한 폭풍우를 다룬다. 앞으로 알게 되겠지만, 두 부문의 구분은 상당히 인위적이다. 앞으로 윌슨의 노트에 대한 참고문헌은 단순히 편지와 번호, 작성된 날짜만 보여줄 것이다.

58) 밀러드, 「상(像)」(1977), 3~24쪽.

59) 저드, 「화산 현상」(1888), 27쪽.

60) 롤로 러셀과 아키벌드, 「광학 현상」(1888), 153쪽.

버 박사는 『기상학 논문집』 제1권에서 회상했다. "선원들이 '선생님, 저것은 북극광입니다!'라고 감탄했고 나는 북극광이 그렇게 휘황하게 빛나는 것을 결코 본 적이 없다. 빛은 5분 더 유지되다가 희미해졌다. …… 그리고 남서쪽에서 가장 아름다운 자줏빛 빨간 장미가 올라왔다. 마치 나 자신이 요정의 나라에 온 것 같았다."[61] 이탈리아와 오하이오, 스위스, 포르투갈, 인도, 일본, 오스트레일리아 등에서 보내온 보고들이 신문사로 빗발쳐 들어왔다. 알려지지 않은 일반인 관찰자이거나 저명한 과학자를 가리지 않고 모든 주요 과학 잡지에 보고를 보내왔다. 심지어 베를린에 있던 헤르만 폰 헬름홀츠까지도 시간을 내서 "빛나는 구름"과 초록빛 구름의 놀라운 환영(幻影)에 대해 보고했다.[62]

사진가와 예술가, 과학자들 모두 의외의 시각적 사건을 포착하려고 시도했다. 단순한 흑백 사진만으로는 이 장관을 제대로 담을 수가 없었다. 윌리엄 아스크로프트는 1884년 9월 2일에 본 놀라운 비숍의 동그라미(코로나)를 그림으로 그렸으며(〈그림 2.5〉), 템즈강 위에 깃들여진 노랗고 초록빛의 황혼을 10분 간격으로 파스텔로 재빨리 그렸다(〈그림 2.6〉).[63] 1886년 왕립협회가 크라카토아에서 일어난 사건들에 대해 포괄적인 보고서를 발표했을 때, 그 협회는 과학적으로 유용하다는 의미에서 아스크로프트가 황혼을 스케치한 그림을 보고서에 포함시켰다. 화산 폭발 이후 여러 해에 걸쳐 태양의 세기가 바뀌지는 않았는지, 그 효과들이 진정으로 화산 폭발과 연관 있는지, 만일 그렇다면 어떤 작동 원리가 그런 현상들을 설명할 수 있는지에 대해 격렬한 논쟁이 벌어졌다. 비록 어떤 설명이 절대적인 설득력을 얻지 못했다고 할지라도 과학자들은 적어도 이러한 놀라운 사건을 흉내 낼 수 있었다. 칼 키슬링은 먼지와 보통 공기 그리고 필터로 거른 수증기를 채운 "회절 상자"를 가지고 1883년

61) 롤로 러셀과 아키벌드, 「광학 현상」(1888), 157쪽.

62) 롤로 러셀과 아키벌드, 「광학 현상」(1888), 171쪽.

63) 자니엘로, 「영국의 황혼」(1981), 영국에서 이 시기의 10년 동안 과학적인 관심과 예술적인 관심이 서로 만난 지점으로 크라카토아의 황혼을 지정하고 있다.

〈그림 2.5〉 아스크로프트의 파스텔화(1884). 크라카토아 폭발 뒤의 기상 효과를 담은 윌리엄 아스크로프트의 파스텔화는 널리 알려져 있다. 그중에서도 기념비적인 책 『크라카토아의 폭발』, 사이몬스(1888)에 속표지 그림으로 포함된 때문이다. 이 파스텔화는 태양 주위에 비숍의 동그라미로 알려진 붉은빛이 도는 갈색의 코로나를 보여준다. 아스크로프트는 이 광경을 1884년 9월 2일 오후 7시 35분 일몰 무렵이라고 기록했다. 출처: 아스크로프트의 스케치, 사우스 켄싱턴 과학 기념관.

〈그림 2.6〉 아스크로프트의 파스텔화(1885). 아스크로프트가 1885년 9월 3일에 그린 스케치는 "일몰 무렵의 햇살이 가진 황갈색의 잔광(殘光)"을 보여준다. 일몰은 오후 6시 42분이었고 오후 7시 10분에 그림. 출처: 아스크로프트의 스케치, 사우스 켄싱턴 과학 기념관(53A5).

말에 관찰된 극적인 코로나들을 재현하려고 시도했다.[64)]

에이트킨은 만반의 준비를 하고 크라카토아 논쟁에 참여했다. 1883년에 그는 「먼지와 안개, 구름에 대하여」라는 논문과 함께 시작한 중요한 연구를 계속 수행하고 있었다. 그 논문은 안개와 구름의 물방울을 응집시키는 핵으로서 먼지의 역할을 보여주었는데,[65)] 그런 일의 자연스러운 결과로 그는 놀라운 황혼들을 관찰하게 되었다. 영국에서 구름으로 이루어진 덮개를 피하기 위해 프랑스 남부로 간 그곳에서 낮에는 백색으로 번쩍이는 태양의 섬광과 황혼에는 서쪽 수평선에 보이는 일련의 노랑-주황-빨강으로 빛나는 색, 그다음에는 황혼이 진 후 대략 15분에서 30분 동안 나타나는 찬란하게 빛나는 잔광(殘光)을 반복하여 목도했다.[66)] 에이트킨은 그로부터 10년이 지날 때까지도 여전히 수증기에 전기 충격을 주는 방법을 이용하는 실험실에서 크라카토아의 초록빛 황혼을 재현함으로써 그러한 격동적인 사건들을 이해하고자 분투하고 있었다. "작은 먼지나 작은 수증기와 같이 그렇게 작은 재료에 의해 만들어진 색깔들이 자연에서 볼 수 있는 어떤 것과도 비견할 만큼 아름다우며, 그런 것들을 재현하는 데 겪는 어려움을 충분히 보상해 준다."[67)]

이와 같이 빅토리아 시대의 영국은 그림과 시가(詩歌), 사진, 그리고 심지어 실험실을 이용한 재창조까지 자연의 극적인 것들은 어떤 종류든지 재현하는 데 매료되어 있었다. 게다가 당시에 문제가 된 급박하고도 실제적인 토론거리가 존재했다. 기후는 수송(輸送)과 어업(漁業), 공중건강, 군사(軍事), 농사, 통신 등에 영향을 미쳤다.[68)] 다른 사람들 중에서

---

64) 키슬링의 실험은 롤로 러셀과 아키발트, 「광학 현상」(1888)에 설명되어 있다.

65) 에이트킨, 「먼지와 안개 그리고 구름」([1880~81] 1923), 34~64쪽.

66) 에이트킨, 「놀라운 황혼」([1883~84] 1923), 123~124쪽.

67) 에이트킨, 「구름 응결」([1892] 1923), 283쪽.

68) 예를 들어 미 해군의 M. F. 머리 중위가 1853년에 바다의 기후에 대한 조사를 안건으로 국제회의를 제안했으며, 1854년에는 (영국의) 무역위원회가 기상청을 설치했다. 쇼, 「기상학」, 『네이처』 128(1931): 925~926쪽. 스코틀랜드의 기상학회는 어업(漁業) 조직들과 긴밀한 관계를 유지했는데, 그 조직들이 협회의

도 에이트킨은 기상학에서 그러한 실제적인 측면을 자주 강조했다. 예를 들어 먼지로 채워진 영국의 산업 배출물 때문에 안개가 형성되고 그 안개는 영국 시민을 위험에 빠뜨릴 수 있음을 알고 있었다. "현재 모든 형태의 연소(燃燒)는 우리 도시에서 발생하는 안개의 횟수와 밀도를 높일 뿐만 아니라, 언덕을 가리고 우리 강 위에 드리워진 안개에 알려지지 않은 해악(害惡)을 더한다."[69] 그러한 해악들이 구름을 형성하는 원인으로 먼지의 중요성에 대해 관심을 가져야만 한다고 에이트킨은 다음과 같이 강조했다. "이렇게 보이지 않는 입자들에 대한 지식이 증가할수록 우리의 관심이 깊어지며, 이러한 먼지 입자들이, 현미경으로 볼 수 없을 정도로 작은 무기물(無機物)의 먼지이던가 또는 비록 보이지는 않는다고 하더라도 …… 좀더 큰 유기물의 먼지로서 여전히 시인이나 화가가 한 번이라도 상상했던 것보다 훨씬 더 실제적이고 확실한 질병과 죽음에 이르게 하는 매개자로서, 우리의 생활에서 갖고 있는 막중한 중요성을 실감할 때 나는 걱정거리가 늘어난다고 말하지 않을 수 없다."[70]

산업적 안개와 빅토리아 시대의 이국(異國)적 정서, 수송에 대한 실제적 요구로 인해 기상 네트워크와 기상 관측소 그리고 전문적인 기상협회가 결합하여 세계적인 체제의 확립이 보강되기에 이르렀다.[71] 의미심장하게도 윌슨의 행로는 그를 벤네비스의 산정에 위치한 관측소로 인도

연구를 위해 상당한 액수의 보조금을 제공했다. 예를 들어 스코클랜드 기상학회, 「보고서」, *J. Scot. Met. Soc*, 7(1884): 56~60쪽 중 57쪽. 또한 어니스트 웨더번 경은 「스코틀랜드」, *Q. J. Roy. Met. Soc.* 74(1948): 233~242쪽 중 235쪽에서 다음과 같이 언급했다: "(협회의) 보조금을 지급받는 연구의 목표 중에는 …… 공중 보건과 농업, 원예학, 폭풍이 주기적으로 도래한다는 주장, 그리고 기상 변화를 지배하는 일반적인 법칙 등이 있으며, 그에 대한 발견은 기상을 예측하는 지식에까지 이를지도 모른다."

69) 에이트킨, 「먼지와 안개 그리고 구름」([1880~81] 1923), 49~50쪽.

70) 에이트킨, 「작고 맑은 공간」([1883~84] 1923), 84쪽.

71) 기상학에 대한 탁월한 문헌 목록과 좀더 일반적인 참고문헌, 그리고 특히 국가별 기상 시스템에 대한 조사에 대해 알아보려면 브러시와 랜즈버그, 『지구 물리학』(1985)을 보라.

할 예정이었다. 스코틀랜드 북부의 칼레도니아 운하로부터 수마일 떨어진 벤네비스는 브리튼 제도에서 가장 높은 산이다. 독일과 미국에서 선구적으로 수행된 새로운 형태의 기상학 연구에 감명을 받아 많은 영국인들은 관측소 설치를 열정적으로 후원했다. 헌신적인 아마추어들과 개인적인 기부금의 도움으로 기상위원회는 "대기(大氣)의 고도에 따른 기상학적 구분"을 추적하는 데 도움 주는 관측소 건설에 관심 있음을 공표했다.[72] 클레멘트 L. 레지라는 사람이 세밀한 관찰의 가치를 스스로에게 보여주기 위하여 벤네비스에서 기후를 관측하는 임무를 자청했다.

"기인(奇人)들의 왕"으로 불리는 레지는 구풍(颶風)(열대성 저기압을 멕시코만 방면에서는 허리케인, 서태평양 방면에서는 태풍, 그리고 인도양 방면에서는 구풍[cyclone]이라 부름 – 옮긴이)에 세례명을 부여했고, 심지어 『신과 왕과 제국과 국민을 위한 레지』라는 자기 자신에 대한 잡지를 발행했다.[73] 레지 씨가 한참 인기의 정상을 누리고 있을 때 여왕 폐하와 런던의 고명한 생선가게 주인 등 가지각색의 후원자로부터 기부금이 잇따랐다. 이것을 기금으로 하여 벤네비스 관측소가 1883년 문을 열 수 있었다. 관측소가 닫힌 1904년까지 그곳에 거주하는 관측자가 전신(電信)을 이용하여 기상 정보를 매일 영국으로 보냈다. 여러 해 동안 윌슨의 연구는 이렇게 멀리 떨어진 기상학 전진기지(前進基地)에서 수행한 그의 경험에 의해 구체화되었다.

3. 산정(山頂)의 영광, 실험실 이온

전문적인 물리학자로서 윌슨의 생애가 어떻게 시작했는지는 확실하지 않다.[74] 그는 1892년에 케임브리지 대학을 졸업한 뒤 캐번디시 연구

---

72) 스코틀랜드 기상협회의 1875년도 위원회 보고서, 페이턴, 「벤네비스」, *Weather* 9(1954): 291~308쪽 중 292쪽에 인용.

73) 페이턴, 「벤네비스」, *Weather* 9(1954): 291~308쪽 중 294쪽.

74) 윌슨에 대한 세부 사항은 윌슨, 「회상」, *Notes Rec. Roy. Soc. London* 14(1960):

소와 카이어스 화학 연구소에서 계속 머물러 있으면서 일했다. 클럭 맥스웰 특별 연구비를 받으려는 희망에서(그는 성공하지 못했다) 윌슨은 1893년 11월에 위는 뜨겁고 아래는 차게 유지되는 용액에서 물질의 분포에 대한 연구에 대해 J. J. 톰슨에게 다음과 같은 편지를 보냈다. "이 주제에 대해 수행된 실험은 거의 없다고 알고 있는데, 용액 및 삼투압 이론과 관련되어 상당히 중요해 보인다." 원대한 포부를 갖고 있는 이 물리학자는 "용액 내 서로 다른 부분의 농도를 광학적으로 결정"하려고 계획하고 있었다.[75] 윌슨은 후속 연구에서 수증기의 응결을 이해하려는 시도로 증기압에 대한 이론적 계산을 이용하고, 시각적 방법(구름 상자)으로 그 문제를 실험적으로 계속 수행했다. 비평형계와 관계된 그의 초기 연구들은 구름 응결의 기초가 되는 성질인 열적 불안정성에 대한 그의 관심에 도움을 주었다. 그러나 윌슨의 연구에 대한 즉각적인 기폭제 역할을 한 것은 1894년 가을에 벤네비스 관측소에서 행한 그의 임무였다.

1890년대 초기까지 산정의 관측소는 잘 나가고 있었고 관측소의 직원들은 관찰하기 쉬운 기간인 여름과 가을 동안 벤네비스에서 연구하려는 희망자들을 환영했다(〈그림 2.7〉과 〈그림 2.8〉 참조). 케임브리지 대학을 졸업한 뒤 윌슨은 산을 사랑하는 마음으로 작은 초소를 여러 번 찾았다. 그가 처음 간 것은 하루가 구름 한 점도 없이 시작한 1894년 9월 8일이었다. 잠시 후 두터운 아지랑이가 안개 더미를 휩싸안더니 점차 계속되었다. 그다음날 저녁 오후 9시에는 관찰자들이 처음으로 달 코로나 하나를 목격했고, 그다음 오후 10시에 또 다른 코로나를 목격했으며, 뒤이은 두 주일 동안 적어도 일곱 번을 더 보았다. 9월 15일의 업무 일지에는 "16시에 태양의 흰 무지개와 후광(後光) 그리고 23시에 달 코로나 출현"이라고 기록되어 있다. 윌슨이 9월 22일 고지(高地)에서 내려오기 단 수시간 전에 빛과 구름들이 장관을 연출했다. 심지어 업무 일지의 마른

163~173쪽 중 166쪽을 보라.

75) 윌슨이 톰슨에게, 1893년 11월 8일자, CWP.

〈그림 2.7〉 벤네비스 관측소 외부(1885). 윌슨은 1894년 가을과 1895년 여름에 벤네비스에서 연구했다. 그가 목격한 전기 현상과 응결 현상은 전 생애에 걸쳐 그를 과학자로서 인도하는 주제가 되었다. 둘 다 윌슨이 실험실 내부에 한정하여 흉내 내려고 계속 반복하여 추구한 자연의 경이로움이 되었다. 출처: *Graphic* 36(1885): 638쪽, 케임브리지 대학 도서관.

색조까지 짙어졌으며, 비고란에 "오늘 아침에 지나가는 얇은 안개를 통하여 세 겹의 아름다운 달 코로나가 보였다"라고 적혀 있다.[76)]

초소에서 내려온 윌슨은 에이트킨을 비롯해 당시 많은 사람들과 의견을 조율하면서 자연의 경이로운 현상들을 흉내 내고 싶었다. "1894년 9월 나는 벤네비스의 …… 관측소에서 수주일을 보냈다. …… 태양이 산정(山頂)을 둘러싸고 있는 구름을 비출 때 보인 경이로운 광학 현상과 특히 태양을 에워싸고 있는 색깔을 띤 고리들(코로나들) 또는 옅은 안개나 구름 속의 산정이나 관찰자에 의해 드리워진 그림자를 에워싸는 색깔 띤 고리들(후광들)이 나의 관심을 극도로 고조시켰고 그것들을 실험실에서 흉내 내어 만들고 싶게 했다."[77)]

단지 아홉 달 뒤에 산정으로 돌아온(1895년 6월) 윌슨은 "스핀 브리지 도로를 따라 걸었는데, 산 중턱의 커다란 동굴에서 안개를 밝게 비추

76) 벤네비스 관측소 업무 일지, 1894년 9월 15일과 22일, 기상청 사무국, 에딘버러. 저자는 이 자료를 이용하게 해준 마조리 로이에게 감사를 드린다.

77) 윌슨, 「보이는 이온 만들기」(1965), 194쪽.

〈그림 2.8〉 벤네비스 관측소 내부(1885). *Graphic* 36(1885): 638쪽, 케임브리지 대학 도서관.

는 번개를 보았으며 그 방향으로 굴러가는 천둥소리를 들었다"라고 기록했다. 심한 뇌우(雷雨)의 위력이 분명하게 나타났다. "어제는 번개가 끼친 피해를 보았다. 쇠로 만든 자물쇠의 한 부분을 포함하여 전신 장비가 곳곳에 녹아 붙었다. …… 피뢰침 위의 선반에 놓인 상자들이 마룻바닥으로 떨어졌다." 대부분 이글거리는 태양과 무더운 날씨에 산을 오르락내리락하면서 며칠 동안 사건들을 기록한 뒤에 윌슨은 6월 26일 기후가 갑자기 바뀌는 것을 주목했다. "벤네비스와 칸 디어그 사이의 골짜기에 갑자기 안개가 내려깔리기 시작하여 그다음에는 절벽의 윗부분을 가렸다. …… 멀리서 계속 으르렁거리는 천둥소리를 들었다. 산마루를 따라 칸 모 디어그의 정상까지 걸었다. 그곳에서 1~2분 정도 머물렀는데, 갑자기 내 머리카락과 곤두선 머리카락을 붙잡고 있는 내 손에서 세인트 엘모의 불(폭풍우 부는 밤에 나타나는 방전 현상으로 죽음의 예시로 여김 – 옮긴이)을 느꼈다. 동굴을 찾아 뛰어 들어갔다. 빛나는 번개와 큰 천둥이 요란했다."[78]

78) CWnb, A21, 1895년 6월 19~20일, 26일.

벤네비스로 두 번 여행하는 동안 광학 현상과 전기 현상을 목격한 윌슨은 전 생애에 걸친 과학적 목표의 윤곽을 설정했다. 기상학적인 광학과 대기의 전기 현상은 그가 사망한 1959년까지 연구의 중심으로 남았다.

젊은 윌슨은 케임브리지에서 물리학을 가르치고 학생들의 개인지도를 맡으면서 생활비를 벌었지만, 연구 활동을 할 시간적 여유를 거의 찾을 수 없었다. 이 상황을 개선하기 위해 브래드퍼드 고등학교에서 수개월 동안 교사로 재직하여 보았지만, 그 일도 그에게 전보다 더 자유로운 시간을 남겨주지 않았다. 케임브리지로 다시 돌아와 캐번디시의 의과대학 학생들에게 물리를 가르치는 직책을 얻은 것을 다음과 같이 다행이라고 생각했다. "이 일 덕택에 나는 생활비에 딱 맞는 액수만큼 벌 수 있었고, 캐번디시 연구소와의 연고를 유지할 수 있었으며, 마침내 몹시 시험해보기를 마지않던 바로 그때 내 자신의 연구를 위해 시간을 낼 수 있었다."[79]

어린 고등학생들을 지도한 몇 개월 동안이 직접 생산적이지는 못했지만, 벤네비스에서 극적으로 조우(遭遇)한 기상 효과는 그에게 "내가 산정(山頂)에서 본 코로나와 후광 같은 아름다운 광학 현상을 재현"하고자 하는 불타는 욕구를 남겨놓았다.[80] 마음속에 이 목표를 지니게 된 윌슨은 사색은 물론 연구 비망록을 기록한 노트를 적어 나가기 시작했다. 그의 첫 번째 "구름" 실험에 관한 기록을 하기 바로 전에 우리는 그가 자신에게 제기한 질문들로 채워진 한 쪽을 발견한다. "구름 형성과 기타"라고 표시된 제목 아래 그는 다음과 같이 숙고했다.

1. 동일한 구름에서 동시에 형성된 코로나와 후광을 이루는 고리들의 반지름은 같을까? 단색광으로 시도해 보자.
2. 형성의 조건. 가장 잘 형성되는 때. (먼지가 많은 공기 또는 참을 수

---

79) 윌슨, 「회상」, *Notes Rec. Roy. Soc. London* 14(1960): 163~173쪽 중 166쪽.
80) 윌슨, 「회상」, *Notes Rec. Roy. Soc. London* 14(1960): 163~173쪽 중 166쪽.

있을 만큼 순수한 공기 또는 용해할 수 있는 물질이 존재할 때)

3. 물방울 대신 얼음 입자가 형성되는 경우가 있을 것인가. (헤일로와 기타)
4. 코로나 등은 한 액체가 다른 액체로부터 유상(乳狀)으로 분리될 때 형성되는 것일까. (에테르와 물을 혼합하면 더 차지는 등) 또한 결정 상태의 침전물이 형성될 때 헤일로가 형성되는 것일까. 적용 범위.[81)]

구름과 후광, 코로나를 실험실에서 재현하려는 이러한 실험들을 수행하기로 했을 때 윌슨은 어떤 전통 아래서 그런 생각을 하게 되었을까? 다른 과학자들도 비슷한 문제에 대해 연구하고 있었다. 몇 사람은 심지어 구름과 안개를 재현하려고 했다. 윌슨은 노트의 앞쪽에서 구름 형성에 관한 참고문헌을 상당히 광범위하게 검토했다. 에이트킨과 진 펄 쿨리어, (헤르만의 아들인) 로베르트 폰 헬름홀츠 모두 수증기가 응결할 수 있는지 알아보는 실험을 수행했다. 그들은 유리 용기에 담긴 포화된 공기를 팽창시키기 위하여 공기 펌프나 인도산 고무공을 이용하든 수증기 물줄기가 주둥이를 빠져나갈 때 급격하게 팽창하는 것을 관찰하든 했다.[82)] 이 방법에 대한 이론적 정당성은 다음과 같이 증명된다. 포화된 기체가 단열 팽창하면 기체의 온도를[83)] 내려가게 해서 과포화 상태를 일으키고 그것이 응결에 이르게 할 수 있다. "과포화된 공기"라는 용어에서 과포화란 보통 평평한 물 표면 바로 위에서 실제 증기압과 평형

---

81) CWnb A1, 그전의 자료는 1895년 3월로 추정됨.

82) 에이트킨,「먼지, 안개, 구름」([1880~81] 1923); 쿨리어, "Nouvelle propriété", *J. Phar. Chim.*, 4th ser., 22(1875): 165~173쪽, 254~255쪽; 헬름홀츠, "Dämpfe und Nebel", *Ann. Phys. Chem.* 27(1886): 508~543쪽.

83) 실제로 (외부와 열 교환이 없는) 단열계로 근사할 만하도록 팽창이 충분히 빠르게 일어났다. 그러므로 기체는 다음 식 pV^{γ}=상수를 만족하는데, 여기서 γ는 비열의 비인 c_p/c_V이다. 이상 기체 방정식을 이용하면 $T_1/T_2=(V_2/V_1)^{\gamma-1}$에 의해 공기가 팽창하면서 온도가 내려가는 것을 얻을 수 있다.상수를

증기압 사이의 비가 1보다 더 큰 상태로 정의된다. 응결을 조사하는 명백한 방법은 과포화된 수증기를 이용하는 것이지만, 액체로 응결시키는 것이 항상 쉬운 일은 아니다. 어떤 환경 아래서는 응결하지 않고 과포화되는 것이 가능하다. 예를 들어 수증기가 평평한 물 표면 바로 위에 있지 않으면 그런 일이 일어난다.

응결을 조사하는 데 일종의 공기 팽창 형태를 이용한 선행자(先行者) 중에서 윌슨에게는 에이트킨이 가장 중요했다. 스코틀랜드 사람이었던 에이트킨은 벤네비스에서 연구 활동을 창시했는데, 윌슨이 자신의 실험으로 이용할 모형이 그곳의 장비와 관계있었다. 에이트킨의 도구와 윌슨의 도구가 놀라울 정도로 유사하다는 점과 윌슨이 첫 번째로 발표한 논문에서 오직 에이트킨만 인용했다는 점은 에이트킨의 기상학에서 물질문화의 성격에 대해 좀더 근접하여 조사하면 좋다는 것을 알려준다.[84)]

구름 실험에서 에이트킨이 얻은 첫 번째 결론은 먼지 입자가 과포화된 공기에서 물방울을 만드는 핵의 역할을 한다는 것이다. 먼지가 없으면 에이트킨이 "정상"이라고 생각한 조건 아래서는 응결이 일어나지 않았다. 1880년에 그는 "먼지를 포함한 공기, 즉 보통 공기는 응결된 수증기로 이루어진 짙은 하얀 구름을 만든다"고 지적했다.[85)] 그는 공기에 포함된 입자의 수를 측정하는 장치를 설계하고 먼지 상자를 원래 의도한 목적에 사용하기로 결정했다. "햇빛은 먼지를 드러내는 역할을 아주 잘 수행하므로 우리 마음대로 이용할 수 있는 어떤 훌륭한 광선보다도 훨씬 더 간단하고 더 강력하며 더 섬세하게 공기에서 안개를 만들어내는 능력을 시험하는 데 자신이 있다고 느낀다."[86)]

에이트킨이 먼지에 대해 조사한 동기가 명목상으로는 기상학적 이유 때문이었다. 그는 "날씨나 강우량 등에 대한 질문과 먼지 사이에는 어떤 관계가 존재할지도 모른다는 가능성"을 믿고 있었다.[87)] 그러나 먼지

---

84) 윌슨, 「구름의 형성」, *Proc. Camb. Phil. Soc.* 8(1895): 306쪽.
85) 에이트킨, 「먼지, 안개, 구름」([1880~81] 1923), 35쪽.
86) 에이트킨, 「먼지, 안개, 구름」([1880~81] 1923), 41쪽.

는 비를 만들기 위한 핵의 위치보다 훨씬 더 많은 역할을 하는 것이 분명했다. 에이트킨이 반복해 강조한 것처럼 "중대한 안개 문제"를 해결하고 싶다고 생각했다. 즉 도시의 안개 문제는 "점점 더 자주 그리고 점점 더 짙게 나타나서 …… 즉각적인 행동을 취해야만 할 정도로 중요한 문제가 되고 있었다."[88] 먼지와 안개는 산업적 위력과 자연적 위력 둘 다의 신호이자 징후였기 때문에 빅토리아 시대 사람들에게는 이렇게 작은 티끌들이 물질적 내용을 훨씬 능가하는 문화적 의미를 지니고 있었다.

1888년에 이르러 에이트킨은 먼지가 과포화된 공기의 응결을 유발하는 원인이라는 관찰에 근거하여 공기 속에 포함된 먼지 입자를 세는 방법을 알아냈다. 그의 도구가 〈그림 2.9〉에 재현되어 있다. 응결은 물받이 용기로 이용되는 보통 유리 플라스크 *A*에서 일어나며, (단 하나의 먼지 입자를 둘러싼 각각의) 물방울들은 복합 확대경 *S*를 이용하여 측정된다. 유리 플라스크 *G*에는 실험에 쓰일 공기가 들어 있는데, 이 공기는 플라스크에 들어 있는 물에 의해 과포화 상태를 유지한다. *D*는 무명과 모직으로 만든 필터로 먼지 입자가 포함된 보통 공기를 거른다. *G*에서 온 공기와 *D*에서 온 공기를 혼합하여 "한 번에 먼지를 포함한 공기가 너무 많이 시험 용기로 나가지 않게 해서 물방울을 세기가 어려울 정도로 조밀하게 생기지 않도록 한다."[89]

에이트킨은 각 입자가 응결의 중심 역할을 하고 하나도 빠짐없이 물방울이 측정되도록 하기 위해 먼지 입자들이 충분히 멀리 떨어져 있기를 확실하게 하고 싶었다. 이렇게 혼합된 공기가 용기 *A*에 들어오고 조절 꼭지 *F*를 닫은 다음, 실험하는 사람은 수위(水位) *O*를 매우 조심스럽게 관찰하면서 펌프(*B*)를 한 번 왕복운동시킨다. *A*의 공기가 팽창하면서 공기는 과포화된다. 먼지 입자에게서 응결이 일어나고 응결된 것은 *O*로 떨어진다. 수를 측정하기 위해서는 (*O*에 있는) 사각형 격자(格子)의

87) 에이트킨, 「먼지, 안개, 구름」([1880~81] 1923), 41쪽.
88) 에이트킨, 「먼지, 안개, 구름」([1880~81] 1923), 48쪽.
89) 에이트킨, 「먼지 입자」([1888] 1923), 193쪽.

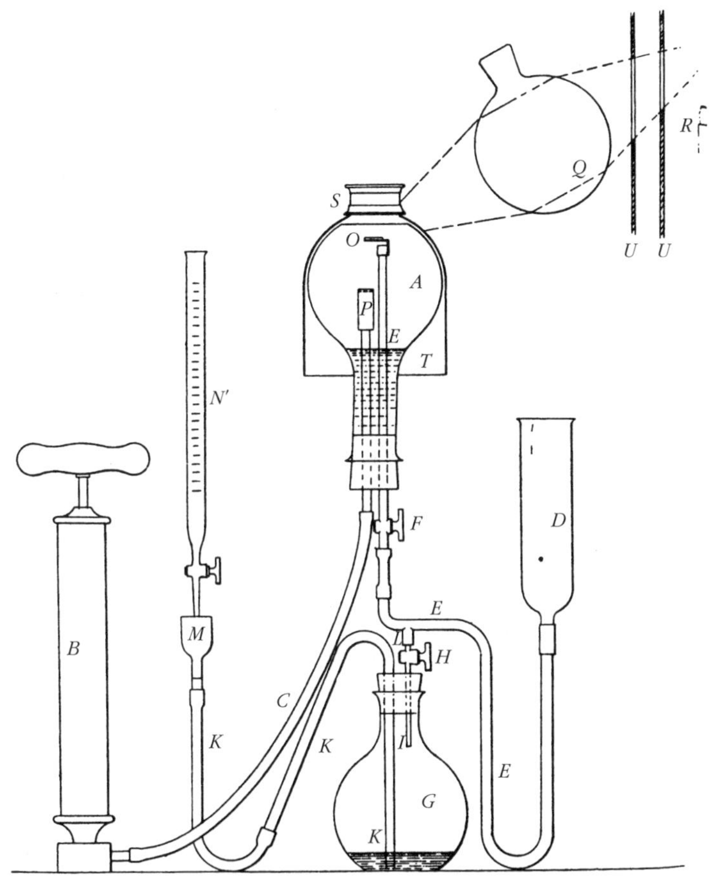

〈그림 2.9〉 에이트킨의 먼지 상자(1888). 에이트킨의 먼지 상자는 주어진 부피의 공기에 포함된 먼지를 측정하는 수단인 동시에 응결에서 먼지의 효과를 흉내 내는 방법이기도 했다. 두 가지 측면 모두에서 먼지 상자는 구름 상자의 모형이 되었으며, 그리고 어떤 의미에서, 한때 윌슨이 응결의 원인이 입자이기보다는 전기적이라고 주장하기 시작한 정반대의 모형이기도 했다. 출처: 에이트킨, 「먼지 입자」([1888] 1923), 190쪽.

도움을 받는데, 그 격자 한 칸은 1밀리미터 간격으로 되어 있다.

에이트킨은 그 상자를 휴대용으로 만들어 가지고 다니면서 영국의 공기와 유럽 대륙의 공기에 포함된 먼지 입자 수를 세면서 5년(1889~94)을 보냈다. 이 기간 동안에 발표된 3부로 구성된 논문 「영국과 유럽 대륙 및 몇몇 장소의 대기(大氣)에 포함된 먼지 입자의 수에 관하여 그리고 먼지의 양과 기상 현상 사이의 관계에 대한 소견」에서 에이트킨은 벤네비스에서 측정된 자료와 더 낮은 고도에 위치한 킹게어로치에서 측정된 자료를 비교했다.[90] 벤네비스에서 관측을 수행한 관찰자인 미스터 랭킨은 관측소 장비로 1890년에 먼지 계수기 두 대를 구입했는데, "하나는 야외 측정용으로 삼각대 위에 올려놓은 이동형 도구이고, 다른 하나는 실험실 내부에서 이용할 훨씬 더 큰 형태의 도구였다. …… 두 도구는 에이트킨 씨에 의해 준비된 계획과 설계 명세서에 의해 제작되었다"고 기록했다.[91] 벤네비스에서의 마지막 측정은 1893년에 기록되었는데, 그때는 윌슨이 1894년 9월 그곳을 처음으로 방문하기 위해 도착했을 때보다 정확히 1년 전이었다. 윌슨은 그곳을 방문하여 에이트킨의 장치를 본 것이 분명했다. 관측소는 작고 붐볐으며 해진 다음 그곳에서 할 일이라고는 별로 없었다.

윌슨은 스코틀랜드에 잠시 머문 뒤에 구름의 광학적 효과를 연구하기 시작했다. 에이트킨의 것과 비슷한 팽창 장치를 이용하여 수증기를 응결시킴으로써(〈그림 2.10〉 참조) 벤네비스에서 그를 황홀하게 만들었던 색깔 띤 고리들을 만들어낼 수 있었다. 비록 윌슨이 에이트킨의 연구에서 그 방법을 끌어낸 것이 분명하다고 할지라도 그 과정들은 결정적인 점에서 달랐다. 윌슨은 불순물을 제거한 공기와 먼지가 섞인 공기를 혼합하는 대신, 용기로 들어오는 전부를 공기 필터로 걸렀다. 응결 실험에 관한 윌슨의 노트 첫 번째 쪽에서 베낀 〈그림 2.10〉은 오직 필터로 거른 공기만을 시험하는 장치를 보여준다. 이 장치에는 순수한 공기와 먼지 공기를 섞기 위해 에이트킨의 장치에서 채택한 것과 같은 밸브 시스

90) 에이트킨, 「특정 장소에서의 먼지 입자」([Part I, 1889~90; Part II, 1892; Part III, 1894] 1923).

91) 랭킨, 「먼지 입자」, *J. Scot. Met. Soc.* 9(1891): 125~132쪽 중 125쪽. 먼지 계수기는 적어도 1901년까지 관측소에 그대로 남아 있었다. 관측소의 재산 목록에 먼지 계수기가 구체적으로 언급되어 있다. 맥라렌 외, 「비망록」, *J. Scot. Met. Soc.* 12(1903): 161~163쪽 중 162쪽 참조.

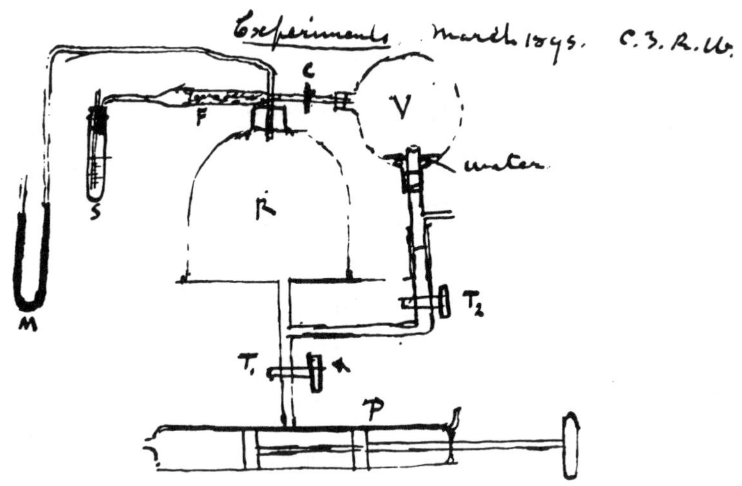

〈그림 2.10〉 윌슨의 구름 상자 장치(1895). 출처: CWnb A1, 1885년 3월.

템이 없다. 공기는 무명과 모직으로 만든 필터 *F*를 통해 용기 *V*로 들어오고 *V*에 들어 있는 물에 의해 포화 상태로 유지된다. 펌프(*P*)는 *R*의 공기를 빼고, 그렇게 하여 팽창이 요구될 때 용기 *V*와 접촉하게 된다.[92)]

여기서 사용된 무명과 모직으로 만든 필터에는 심오한 난제(難題)가 숨겨져 있다. 만일 윌슨이 안개를 만들고 싶었다면, 윌슨은 에이트킨이 그렇게도 공들여서 응결 핵이 된다고 증명한 먼지를 제거했을까? 의심할 여지 없이 그의 유일한 동기가 구름이라는 자연 현상을 재생하는 것뿐이었다면 그는 실험실에서 이용할 목적으로 특별히 준비된 공기가 아니라 보통 공기를 사용했을 것이다. 그의 실험이 갖는 이러한 "인위적" 측면은 그의 연구가 초기에 마음먹은 모방의 전통으로부터 상당히 멀어지고 있다는 신호이다.

그렇게 거른 공기가 물방울을 만들어낼 수 있다고 가정할 만한 어떤 이유라도 존재했던 것인가? 서로 다른 몇 사람의 관찰자들은 먼지가 없다고 하더라도 전기가 통하는 공기가 비를 응결시킬 수 있을지도 모른

92) CWnb A1, 1895년 3월 26일.

다고 제안했다. 첫째, 증기가 쉿 소리를 내며 주둥이를 빠져나오면서 팽창하면 과포화 상태로 되고 응결한다는 것이 일반적으로 알려져 있었다. 비록 왜 그렇게 되는지를 설명하지는 못했지만,93) 로베르트 폰 헬름홀츠와 에이트킨, 칼 바루스, 키슬링 등은 모두 분출되는 공기에 전기를 통하게 하면 응결을 증가시킬 수 있다는 점을 알고 있었다.94) 둘째, 에이트킨과 다른 사람들은 (이번에도 역시 왜 그런지는 모르는 채로) 큰 팽창이 순수하게 정화되었다고 추정된 공기에서도 응결을 만든다는 점을 알아차리고 있었다.95) 에이트킨은 먼지 계수기에서 이렇게 골치 아픈 효과를 제거할 수 있다는 것에 확신을 갖게 된 다음 이 문제를 중단했다. 윌슨은 이 두 현상 모두를 인식하고 있었는데,96) 그렇지만 두 현상이 서로 연결되어 있음을 확신하기까지는 수년이 더 걸렸다.

---

93) 에이트킨은 척력으로 작용하는 정전기력 때문에 전기가 작은 물방울들이 큰 물방울로 합치는 것을 방해하므로 물방울의 수가 여전히 많은 채로 있어서 응결을 조밀하게 촉진했을 것이라고 그 이유를 설명했다. 그러나 에이트킨의 논문 모음집에 포함된 다른 600쪽에서 알 수 있는 것과 같이 그는 어떤 정량적인 분석이나 공식의 유도를 제공하지 않는다. 에이트킨, 「구름의 응결」([1892] 1923), 258~259쪽.

94) 윌슨은 자신의 노트에서 헬름홀츠, "Dämpfe und Nebel", *Ann. Phys. Chem.* 27(1886): 508~543쪽(CWnb A1, 그전의 자료는 1895년 3월로 추정됨)을 인용했으며, 나중 논문에서는 바루스, 키슬링, 에이트킨을 인용했다(윌슨, 「응결」, *Phyl. Trans. Roy. Soc. A* 189[1897]: 265~ 307쪽).

95) 에이트킨, 「먼지 입자」([1888] 1923): "우리는 이 실험에서 1/50의 팽창이 조사한 대부분 공기에서 먼지의 수가 아주 적음에도 불구하고 어떻든 응결을 일으키는 데 아주 충분하다는 것을 알았다. 이로부터 앞에서 설명된 실험에서 큰 팽창이 사용되었을 경우에 때때로 예기치 않게 소낙비가 일어났던 사실이 고도의 과포화와 함께 작동하기 시작한 지극히 작은 입자들의 존재 때문이 아니었다고 결론지을 수도 있다"(201쪽). 에이트킨은 천천히 펌프질을 하는 방법으로 이 문제점을 해소했다. 그는 원하지 않는 응결의 원인이 되었던 팽창의 "충격"을 제거했다고 믿었다(202~203쪽). 실제로는 그가 느린 팽창을 이용함으로 빠른 팽창에서 일어나는 것과 같이 근사적인 단열 팽창을 한 것이 아니었고, 과포화는 좀더 빨리 움직일 때만큼 심하지 않았으며, 예기치 않은 응결도 일어나지 않았다.

96) CWnb A1, 그전의 자료는 1895년 3월로 추정됨.

이와 같이 윌슨은 물방울이 형성되는 데 여러 가지 방법이 존재할 수 있는 것이 아닌지 의심하면서, "놀라운" 시각 효과인 코로나와 후광을 만드는 데 최적의 조건이 무엇인지 확실히 밝히기 위해 공기를 필터로 걸렀다. "언제 [시각 효과가] 가장 잘 형성될 것인가[?] (먼지가 포함된 공기인가 아니면 될 수 있는 한 순수한 공기인가 ……[?])"[97] 그의 노트에서 드러나듯이 오래지 않아 오로지 필터로 거른 공기만을 가지고 실험하기 시작했다. 윌슨에게는 먼지가 단순히 제거되어야 할 골칫거리에 불과했던 것이다. 이와는 대조적으로 먼지 공기가 에이트킨에게는 훌륭한 시료(試料)였으며, 순수한 공기에서 나타나는 응결은 제거되거나 잊어버려도 되는 중요하지 않은 문제였다.

윌슨은 자연을 "해부"하기 위해 실험실 조건을 인위적으로 창조했다. 반면에 에이트킨은 있는 그대로의 자연을 흉내 내기 위해 그의 실험에서 인위적인 요소를 빠짐없이 제거하고 싶어했다. 윌슨이 에이트킨과 거의 동일한 장치를 사용했다는 것이 처음에는 영문을 알 수 없는 일이었지만, 그런데 그 둘은 서로 배타적인 현상, 즉 하나는 먼지 공기 그리고 다른 하나는 정화된 공기라는 두 현상에 매달렸다. 윌슨이 겉으로는 단순히 필터를 조금 이동시킨 것처럼 보이지만(도식적 〈그림 2.11〉 참조) 여기에 물질문화와 개념 구조 둘 다에서 심오한 변화가 숨겨져 있다. 전통에서 이런 변화의 근원은 캐번디시 연구소의 과학 프로그램에 있었다.

4. 분석과 모사(模寫)

윌슨은 J. J. 톰슨과 그의 동료들을 통하여 캐번디시 스타일인 물리학을 분석적으로 연구하는 방법을 배웠다. 그것은 윌슨이 그동안 그렇게 몰두했던 흉내 내는 것과 아주 다른 연구 방식이었으며 도구의 전통 역시 아주 달랐다. 1884년에 캐번디시 연구소장으로 임명된 톰슨은 자연

97) CWnb A1, 그전의 자료는 1895년 3월로 추정됨.

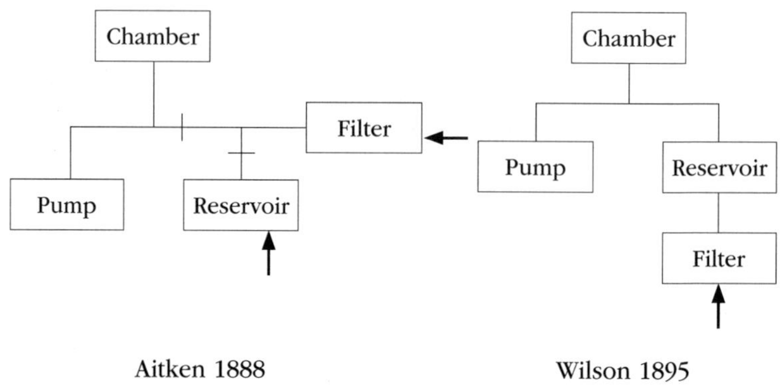

〈그림 2.11〉 먼지 상자와 구름 상자를 도식(圖式)적으로 비교한 것. 〈그림 2.9〉와 〈그림 2.10〉에 그린 에이트킨 장치와 윌슨 장치를 대표한 것임. (왼쪽의) 에이트킨 장치에서는 외부로부터 용기를 통해 공기가 들어와 필터를 통해 들어오는 적당한 양의 필터로 거른 공기와 혼합된다. 필터로 거른 공기는 단순히 상자 안의 공기 속에 먼지가 너무 많지 않도록 방지하는 역할만 한다. 이와는 대조적으로 윌슨의 장치에서는 모든 공기가 용기나 중앙 상자 또는 펌프 시스템에 들어오기 이전에 필터를 통과해야만 한다. 그래서 윌슨은 먼지가 없는 공기에서도 수증기가 응결할 수도 있다는 것이 그럴듯한 일임을 알아내야만 되었는데, 그런 상황은 오로지 그것을 가능하게 하는 이온이라는 개념을 도입해야만 상상할 수 있는 일이었다.

이 시각적으로 드러내는 것과는 아주 다른 설명 위주의 방법으로 문제의 분석적 해답을 구해야 한다고 굳게 믿는 사람이었다. "지난 50년 동안 물리학 분야에서 이룩한 주된 진전들은 …… 동역학적인 원리에 의해 모든 물리적 현상들이 설명될 수 있다는 믿음을 강화시키고, 그러한 설명을 추구하는 활동들을 [격려했다]."[98] 윌슨은 1888년에서 1892년까지는 케임브리지의 학생으로, 그리고 1895년부터는 연구소의 연구원으로 물리학에서 물질 물리학자 스타일의 상당 부분을 흡수했다 게다가 캐번디시는 유일하게 전하가 불연속적인 조각으로 (이온들로) 나온다는 가정을 실용적인 측면에서 강하게 지지하고 있었다. 윌슨은 그의 케임브리지 동료들에게 크게 의존하고 있었다. 이온 물리학(또는 좀더 구

98) 톰슨, 『동역학의 적용』(1888), 1쪽.

체적으로 이온이라는 일반적인 개념)은 그가 구름 상자를 발명하는 데 필수적이었다. 그에 대한 반대급부로 윌슨의 연구는 기체의 대전(帶電)에 대한 캐번디시 연구 사업에 빠질 수 없는 구성 요소가 되었다. 궁극적으로 러더퍼드에 의해 그의 장치는 이 연구소에서 수행하는 연구의 주요 도구가 되었다. 한 연구 계획에 의해 개발된 구름 상자는 (실험 장비의 구성 요소로서 그 역할에 의해) 자체로서 완전히 구별되는 또 다른 연구 사업의 영역을 수립했다. 도구들이 바뀌지 않고 그대로 남아 있는 것이 아니다.

캐번디시 연구 프로그램이 학생들에게 미친 효과의 증거는 찾아보기가 어렵지 않다. 윌슨은 자연 과학 분야에서 졸업시험을 응시해야 하는 학생 중 한 사람으로(그는 좀더 공식적인 수학 위주의 교과 과정 졸업시험 대신 새로 개설된 실험 위주의 교과 과정을 선택했다), "낮은 압력의 기체가 들어 있는 관에 방전이 일어났을 때 음극 부근에서 관찰되는 현상이 일어나는 이유를 말하라"와 같은 질문과 맞닥뜨렸다.[99] 이러한 형태의 방전에 대한 관심은 음극선을 조사함으로써 물질 구조에 대한 이해를 추구하는 캐번디시 연구의 기본 목표를 결정하는 중심이 되었다. 몇 해가 지나지 않아 이러한 프로그램의 위대한 승리 중 하나가 이루어졌는데, 그것은 1897년 톰슨이 전자는 원자 내부를 구성하는 입자라는 주장을 시작할 때였다.[100]

중간 정도의 진공을 만들어내는 것이 가능해진 때인 19세기 중엽 이래로 유럽에 걸쳐 물리학자들은 방전 효과를 조사하고 있었다. 독일 물리학자들은 압력이 낮은 기체를 담은 관에 삽입된 뜨거운 음극으로부

---

99) 데이비드 B. 윌슨, 「실험 과학자들」, *Hist. Stud. Phys. Sci.* 12(1982): 325~371쪽 중 346~347쪽.

100) 다음에 기술하는 원자에 대한 초기 연구의 개요 중 대부분은 하일브론, 「원자의 구조」(1964)에서 인용한 것으로 특히 처음 두 장을 많이 인용했다. 하일브론은 다음과 같이 요약했다. "(X-선과 방사능, 입자라고 본 전자 등과 같은) '위대한 발견'들은 압력을 낮춘 기체에 전기의 방전을 가했을 때 나타나는 현상들을 실험적으로 조사한 결과로부터 얻어졌다"(59쪽).

터 방출되는 보이지 않는 빛을 조사하는 노력을 주도했다. 처음에는 관에 나타나는 밝고 어두운 띠에 주의를 집중했다. 과학자들은 점점 더 높은 진공 상태로 갈수록 관에 나타난 작열하는 빛이 점점 더 작아지는 것을 관찰했는데, 기체의 압력이 극도로 낮아지자 빛은 단지 관의 벽면에만 나타났다. 과학자들은 그 빛이 (양극이라기보다는 오히려) 음극으로부터 나온다고 여겼으므로 그 빛을 음극선이라고 명명했다.[101] 1879년에 윌리엄 크룩스는 자석이 그 빛을 휘게 한다는 것을 실험으로 보여주었는데, 그 사실로부터 그는 그 빛이 대전된 입자의 흐름이라고 확인했다.[102] 이와 같이 크룩스는 1830년대에 패러데이가 수행한 연구 이래로 간헐적으로 제기된, 전기가 불연속적인 "원자들"로부터 나온다는 견해를 지지하는 데 가세했다. 전기 현상이 입자로부터 나온다는 견해에 반대하는 과학자들은 전하 자체를 포함한 모든 전자기적인 효과는 에테르의 변형에 기인한다고 믿었다.[103] 1880년대까지 대륙의 과학자들은 그렇지 않았지만 영국 사람들은 전기의 입자적 본성을 찬성하는 쪽으로 결정했다. 이온이라는 생각을 옹호하는 대표적인 사람이 캐번디시의 J. J. 톰슨이었다.

톰슨은 1886년에 기체를 통한 전기의 방전에 대한 연구를 시작했으며,[104] 곧 연구소에서 행해지는 대부분의 연구가 이 문제에 전적으로 매달렸다. 1893년에서 윌슨이 캐번디시에 도착한 1895년까지 캐번디시의 과학자들에 의해 발표된 전체 논문 중에서 절반이 모두 전기 방전에

101) 휘튼, *Tiger*(1983), 5쪽.

102) 휘튼, *Tiger*(1983), 6쪽.

103) 전하에 대한 맥스웰 학파의 개념과 그와 관계된 전기 동역학에 대해 가장 좋은 참고문헌은 부흐발트, 『맥스웰에서 미시 물리학까지』(1985), 예를 들어 23쪽과 38쪽 이후다. 다른 의미에서 그러한 진전 상황을 담고 있는 것으로 다음 두 연구가 있다. 부르스 헌트, 『맥스웰 학파 사람들』(1991); 하만, 『에너지』(1982), 89~103쪽.

104) 기체에서 일어나는 전기 방전과 직접 연관된 톰슨의 첫 번째 논문이 「전기 방전」, *Proc. Camb. Phil. Soc.* 5(1886): 391~409쪽이다.

관련된 것들이었다.[105] 이온을 이용하여 방전 효과를 설명하는 것이 가능해짐에 따라 에이트킨이 수행한 전기가 통하는 수증기에 관한 실험이 톰슨에게도 의미 있는 것처럼 보였다. 그리고 윌슨이 먼지를 제외하고도 응결이 나타난다는 논문을 발표하기 두 해 전인 1893년에[106] 톰슨은 균일하지 않은 전기장 내에서 물방울이 커지는 것에 대한 이론적인 이유를 제공했다.[107]

특히 톰슨이 처음에 표면 장력이 물방울에 압력을 제공하기 때문에 작은 물방울에서 물방울을 에워싸는 평형 압력은 매우 높다고 주장했다. 정량적으로 말하면 반지름이 r인 물방울이 존재하면 수증기의 평형 압력은 $1/r$배만큼 증가하여 증발을 촉진시킨다. 물방울이 작을수록 이 효과는 더 크다. 톰슨이 그와 같은 계층의 사람들과 그에게 속한 문화로 바로 이해될 수 있는 용어로 설명한 것에 따르면 "이 성질에 따라 미시적인 척도로 보아 아주 작은 물방울로부터 시작하여 점점 더 커지는 것은 불가능함이 명백하다. 그 이유는 그렇게 작은 물방울은 증발하여 더 작아지고, 또 작아질수록 증발하는 비율도 더 빨라질 것이기 때문이다. 물방울들은 마치 갖고 있는 재산이 감소할수록 더 많이 소비하는 사람의 경우가 그리 오래 지속될 수 없는 처지와 마찬가지의 입장에 있다."[108]

다음으로 톰슨은 열역학적 근거에서 균일하지 않은 전기장이 증기압을 $1/r^2$에 비례하여 감소시킬 것이라고 주장했다. 에너지를 도입하면 이것을 이해할 수 있는 쉬운 방법이 나온다. 물의 유전(誘電) 상수는 약 80 정도이고 공기의 유전 상수는 1이므로, 전하가 물로 둘러싸이면 전기장

105) 『캐번디시의 역사』(1910), 297~298쪽. 나는 이 책 맨 뒤에 수록된 캐번디시에서 발표한 모든 논문의 (연도별로 정리된) 목록 중에서 전기 방전 현상에 관계된 논문의 수를 세었다.

106) 윌슨, 「구름의 형성」, *Proc. Camb. Phil. Soc.* 8(1895): 306쪽.

107) 톰슨, 「수증기-분출」, *Phil. Mag.*, 5th ser., 36(1893): 313~327쪽. 이 논문의 이론적 연구 중 대부분은 톰슨의 이전 저서인 『동역학의 적용』(1888), 제11장, 「증발」, 158~178쪽에서 인용했다.

108) 톰슨, 『회고록』(1937), 416쪽.

의 에너지는 감소한다. 공기가 열저장소로 행동한다고 가정하면, 그 계의 깁스 자유 에너지는 극소값을 가지려 하므로 물의 응결이 유리해진다. 그런데 표면 장력은 평형 증기압을 $1/r$배만큼 증가시키고 전하가 존재하면 그 압력을 $1/r^2$배만큼 감소시키기 때문에 작은 물방울의 경우에 전기장이 승리하고 물방울의 크기는 더 커진다.

톰슨의 연구 프로그램은 먼지 없는 공기에서 이온에 의해 응결되는 물리적으로 정량적인 모형을 제공함으로써 윌슨이 수행할 실험에 대한 방향을 제공했는데, 이온 물방울 형성에 대한 톰슨의 자세한 설명이 없었더라면 그 실험은 적절하지 못하다고 여겨졌을 것이다. 윌슨은 구름 실험을 시작한 지 일주일 뒤에 그의 상자에서 관찰될지도 모른다고 예상되는 전하의 크기를 계산하기 위하여 톰슨의 공식을 직접 이용했다. "만일 핵이 작은 대전된 물방울 형태로 존재하고 그 반지름이 2 곱하기 10^{-7}[센티미터]이며 각 물방울마다 대전된 전하가 원자의 전하라면, 우리는 표면 장력의 효과를 상쇄시키는 데 필요한 이 전하의 크기를 계산할 수 있다."[109] 윌슨이 그의 생각을 보이는 것보다 더 작은 이온의 세계에 적용하려고 하는 것으로부터, 우리는 캐번디시의 연구가 그의 실용적인 목표에 끼친 영향력을 알 수 있다.

1895년의 남은 기간 동안 윌슨은 자신의 구름 상자를 매일같이 사용했다. 매일 아침 그는 그 상자를 공기로 채운 다음에 먼지를 제거하기 위하여 몇 번 팽창시켰는데, 이 방법이 무명 모직 필터를 사용하는 것보다 더 만족스럽다는 것을 발견했다. 그렇게 한 다음에 하루의 나머지 시간에는 이렇게 깨끗해진 공기를 사용하여 응결이 나타나기 위한 팽창 비율을 결정했다. (팽창 비율은 V_2/V_1으로 정의되어 있는데, 여기서 V_2는 팽창한 뒤의 부피이고 V_1은 팽창하기 전의 부피이다.) 4월 3일 하루에만 그는 115번의 실험을 했다.[110] 그가 1895년에 발표한 유일한 한 쪽짜리

109) CWnb A1, 1895년 4월 22일. 윌슨은 톰슨의 논문인 「수증기-분출」, *Phil. Mag.*, 5th ser., 36(1893): 313~327쪽을 직접 인용하고 있다.

110) CWnb A1, 1895년 4월 3일.

논문에서 처음 온도가 16.7도로 주어졌을 때 임계 팽창 비율이 $V_2/V_1=1.258$이라고 발표했다.[111] 그만한 정확도는 나중에 대륙에서 곧 발견될 예정인 새로운 "빛"을 조사하는 동안 윌슨에게 중요한 요소가 될 것이었다.

윌슨은 구름 상자를 개발하면서 노트에 끊임없이 기후에 관한 질문들을 끼워 넣으면서 결코 기상학을 소홀히 하지 않았다. 1895년 봄에 그는 "기상학적"이라고 표시된 항목에서 수행되는 그의 실험이 지닌 중요성에 대해 깊이 생각했다. 광학(光學)에서 시작한 윌슨은 "코로나의 존재는 코로나를 보여주는 구름에 있는 물방울의 크기가 균일하다는 점을 알려준다"라고 주장했다. 윌슨은 그 물방울들이 구름 속에서 진동하고 있을지도 모른다고 추측했다. 바람이 물방울을 높은 과포화 지역으로 불어보내면 물방울은 점점 더 커지는데, 무게에 의해 아래로 내려올 정도로 커지면 더 낮은 포화 상태의 지역에 도달한 후 증발하기 시작해서 충분히 가벼워지면 이 동작을 다시 반복하게 된다.[112] 게다가 윌슨은 기후 현상이 이온에 의해 영향을 받을지도 모른다고 생각하기 시작했으며, 그래서 "**물방울이 갑자기 형성되면 그 물방울로부터 대전된 작은 물방울, 즉 이온이 떨어져 나가지는 않을 것인가?**" (뇌우[雷雨] 등) 어떤 경우든 공기는 대전된 채로 남아 있을 것이다"라는 의문을 갖게 되었다.[113]

1896년 새해 축하연이 진행되는 동안 전 세계는 뢴트겐이 X-선을 발견했다는 소식에 열광했다. 그 빛이 사진을 만드는 데 보여준 진기한 성질 때문에 과학자와 비과학자를 가리지 않고 큰 흥분을 자아냈다. 뢴트겐은 심지어 포츠담을 방문하여 빌헬름 황제에게 시연(試演)을 보이기까지 했다.[114] 캐번디시에서도 X-선을 이용한 실험이 즉시 시작되었다. 연구소에 새로운 연구생으로 들어온 어니스트 러더퍼드는 1896년 1월

---

111) 윌슨, 「구름의 형성」, *Proc. Camb. Phil. Soc.* 8(1895): 306쪽.

112) CWnb A1, 1895년 3월 27일.

113) CWnb A1, 1895년 3월 30일; 윌슨의 강조.

114) 켈러, 『원자 물리』(1983), 57쪽.

25일에 다음과 같이 썼다. "[톰슨] 교수는 물론 그 파동이 만들어지는 진정한 원인과 그 파동의 성질을 알아내려고 시도하고 있으며, 이제 유럽의 거의 모든 교수들이 경쟁에 뛰어들었으므로 최대 목표는 물질 이론을 누구보다도 먼저 발견하는 것이다."[115] 톰슨은 이 새로운 빛을 캐번디시의 유명한 실험과 연결하여 이용했다. 그와 러더퍼드는 기체를 통과하는 전기에 대해 뢴트겐선이 보여주는 효과를 관찰했다.[116] 곧 그들은 그 빛이 전도성(傳導性)을 증가시킨다는 것을 발견하고 뢴트겐선이 기체를 통과할 때 이온을 만들어낸다고 제안하는 방법으로 그 결과를 설명했다.

윌슨이 뢴트겐의 통찰력에 대해 들었을 때 새로운 빛을 그의 구름 상자에 쪼여주고 싶은 열망에 불탔다. 그는 톰슨의 조수인 에베니처 에버렛으로부터 X-선 관을 빌려왔는데,[117] 그것을 구름 상자에 쪼인 뒤 "X-선이 아니더라도 항상 응결이 생길 정도로 충분히 큰 팽창의 경우를 제외하고는 X-선이 어떤 효과도 일으키지 않는다는 것을 발견하고 무척 기뻐했다. 그 빛을 사용하지 않더라도 응결을 일으키기에 충분했을 때 X-선은 물방울의 수를 매우 많이 증가시켰다."[118] 윌슨은 뢴트겐선이 만들어낸 핵 주위에서 응결을 일으킨 팽창 비율을 조심스럽게 측정하여 먼지가 없는 공기에 자연적으로 존재하는 핵 주위에 응결된 수증기에서와 정확히 동일한 팽창 비율임을 발견했다. 그러므로 윌슨은 그 이유를 다음과 같이 생각했다. "뢴트겐선이 습한 공기를 통과하면서 핵을 만들어내는데 그 핵들은 수는 적더라도 이미 늘 존재하는 것과 같은 종류이거나 적어도 응결을 촉진하는데 정확히 동일한 효율을 가진 것이라고

---

115) 러더퍼드가 (약혼자인) 메리 뉴턴에게, 1896년 1월 25일, 켈러, 『원자 물리』(1983), 57쪽에서 인용.

116) 톰슨과 러더퍼드, 「전기의 통과」, *Phil. Mag.*, 5th ser., 42(1896): 392~407쪽.

117) 「구름 상자의 윌슨」, 스코틀랜드 방송에서 윌슨과 인터뷰한 원고, 1959년 2월 16일, 8쪽, 자료번호 D57, EAP.

118) CWnb A2, 1896년 2월 17일.

결론짓는 것이 정당해 보인다."[119] 이러한 비교에는 정확하게 계산된 팽창 비율이 필요했기 때문에 정량적인 실험은 윌슨에게 전의 핵과 동일한 것이라고 확인시켜주는 도구가 되었다. 그러한 조처가 정성적인 스타일이라는 특징을 지닌 존 에이트킨의 연구에서는 상상할 수도 없는 일이었다.

1896년 3월에 베크렐이 발견한 우라늄선은 윌슨의 실험을 또 한 차원 더 높여주었다. 윌슨은 X-선과 마찬가지로 우라늄선도 이미 확립된 팽창 비율인 $V_2/V_1=1.25$에서 응결을 증가시키는 것을 발견했다. 1897년 후반부에 이르자 "뢴트겐선과 우라늄선의 작용 아래에 놓인 기체의 전기적 성질로부터 판단하면 자유로운 이온이 존재함을 가리킨다"라는 주장을 기꺼이 공표하고자 했다.[120]

팽창 비율을 측정하는 데 보인 윌슨의 인내심과 정확성은 응결에 대한 이온 이론을 수정하게 만들었다. 그는 1898년까지 구름 상자에서 물방울이 생기는 정도는 세 가지의 팽창 비율이 경계를 이루는 세 구역으로 나뉜다는 것을 증명할 수 있었다. 그 값이 $V_2/V_1=1.25$보다 더 작을 때는 먼지가 없는 공기에서 응결이 일어나지 않았으며, 1.25와 1.31 사이에서는 똑똑히 구별되는 "빗"방울이 존재했고, 1.31에서는 물방울의 수가 갑자기 증가했으며, 마지막으로 1.37보다 더 클 때는 짙은 안개가 보였다. 윌슨은 이 안개가 매우 높은 과포화 때문에 물분자들의 통계적 집단에 의해서 형성되었다고 가정했다. 핵은 전혀 필요하지 않았다. 그렇지만 그는 값이 더 작은 두 개의 팽창 비율이 왜 존재하는지 그 이유를 이해할 수 없었다. 1898년 3월 그의 노트에 따르면 그는 두 영역에서 보인 응결의 차이는 응결 촉진체로 작용하는 전하의 양으로 설명할 수 있으리라고 추측했다. 그것은 전하가 클수록 더 낮은 과포화에서도 응결을 촉진시킬 것이기 때문이었다. 그는 한 종류가 다른 종류에 비해 전하가

---

119) 윌슨, 「뢴트겐선」, *Proc. Roy. Soc. London* 59(1896): 338~339쪽 중에서 339쪽.

120) 윌슨, 「응결」, *Proc. Camb. Phil. Soc.* 9(1897): 333~338쪽 중에서 337쪽.

두 배인 두 가지 종류의 이온이 존재할 수 있다고 생각했다. 전하가 두 배인 것은 1.25에서도 물을 잡아당길 만큼 세기가 강한 데 비해 한 전하는 비율이 단지 1.31일 때만 물을 응결시킬 수 있었다. 이 단계에서 윌슨은 화학을 이용하여 이온 모형을 이끌어냈다. 그가 시사한 이중으로 대전된 운반자(이온)는 산소 원자였다. 그는 원자보다 더 작은 입자가 전하를 날랐다고 제안하지는 않았다.[121)]

1898년 7월 7일까지 윌슨은 두 가지 서로 다른 팽창 비율에 대하여 또 다른 이유를 고려하고 있었다. 그 날짜의 노트에 기입된 항목은 다음과 같은 톰슨의 생각으로 시작했다. "J. J. T.는 만일 양이온과 음이온을 붙잡는 데 요구되는 팽창이 서로 다르다면(양이온의 경우보다 음이온의 경우에 더 작은 팽창이 요구된다면), 그리고 팽창이 단지 음이온을 붙잡는 데에는 충분하고 양이온을 붙잡는 데에는 충분하지 못하다면 기체는 대전된 채로 있을 것이라고 제안했다." 윌슨은 "만일 대기의 공기가 아주 조금이라도 이온화되어 있다면 이것을 바로 알 수 있는 기상(氣象) 문제에 적용할 수 있을 것이다"라는 점을 즉시 깨달았다.[122)] 윌슨의 이 말은 무슨 의미였을까? 지구가 음전하로 대전되어 있고 지구와 이온층 사이에는 퍼텐셜 기울기가 존재하고 있음이 일반적으로 알려져 있었다. (보통 날 이 기울기는 미터당 100볼트인데, 전체로는 전위 차이가 40만 볼트에 이른다.)[123)] 만일 이 계에 외력이 작용하지 않는다면 그렇게 대단히 큰 퍼텐셜 차이는 대략 반시간만에 지구를 방전시켰을 것이다. 1898년에는 그러한 전위 차이를 유지할 수 있는 메커니즘을 알고 있지 못했다.

윌슨은 만일 음이온이 응결을 더 잘 일으킬 것이라고 가정하면 비와 함께 음전하가 땅으로 내려올 것이고, 그래서 이렇게 적절한 기후 경사

---

121) CWnb A8, 1898년 3월 4일.

122) CWnb A8, 1898년 7월 7일.

123) 파인먼, 레이턴, 그리고 샌즈, 『파인먼 강의록』(1963~65), 제2권: 9-1~9-2쪽.

를 유지하리라는 것을 그 즉시 깨달았다. 그는 즉시 톰슨의 제안에 의한 기상학적 결과에 대해 심사숙고하기 시작했다. "기상학적 문제점들을 고려한 (이전의 연구로부터 제기된) 응결 문제"라는 제목의 항목에서 윌슨은 다음과 같이 자문했다. "[1] 외부의 영향이 배제되었을 때 보통의 습한 공기에 자유 이온이 조금이라도 존재할 것인가? …… [2] [공기를] 이온화시킬 수 있는 …… 어떤 종류의 매개체라도 존재할 것인가? …… [3] 음이온이 …… 양이온보다 더 쉽게 붙잡힐 것인가?" 그는 "세 가지 질문들이 모두 앞쪽에서 제안된 대기의 전기에 관한 이론과 연결되어 있다고 결론지었다. 다시 말하면 땅은 빗방울 하나하나가 음이온 하나씩을 포함하고 있어서 비가 옴으로써 음전하로 유지된다."[124] 이 기간 동안 윌슨의 또 다른 노트에는 퍼텐셜 기울기를 정확하게 측정하고 "대기에 포함된 전기 운반자가 지닐 가능성이 있는 성질을 발견하기 위한" 실험실 실험에 대한 생각들이 기록된 풍선 실험에 대한 자세한 논의를 제공하고 있다.[125]

1899년 1월 7일부터 23일 사이에 윌슨은 음이온과 양이온이 서로 다른 팽창 비율을 가질 것이라는 톰슨의 예감을 확증한 실험을 수행했다. 윌슨은 바닥의 중앙에 놋쇠로 된 가는 선을 장치하여 일정한 퍼텐셜을 유지할 수 있도록 개선된 구름 상자를 이용했다. 그는 다음과 같은 피할 수 없는 결론들을 얻었다. "이 실험은 그 차이를 똑똑하게 보여주었으며, 어느 정도까지는 관 내부의 이온 분포가 눈에 보일 정도로 나타났다. 전자기장[electromagnetic field, EMF]으로 얻어질 수 있는 그러한 안개들이 도선 주위에 밀집되어 양이온을 바깥으로 밀어내도록 배열되었으며, 다른 방향을 향하는 EMF로 얻어진 훨씬 두드러진 안개들이 관 전체에 걸쳐 퍼져 있었다. 이용할 수 있는 팽창 비율이 양이온을 붙잡는 데에는 거의 충분하지 못했다."[126] 이것과 같은 노트 항목에서 캐번디시의

124) CWnb A8, 1898년 7월 7일.
125) CWnb B1, 1898년 10월 4일.
126) CWnb A3, 1899년 1월 7~23일.

난해하고 분석적인 언어(이온)와 박물학적이며 기상학적인 모방 언어(안개)를 한꺼번에 보게 된다. 이온은 자연 철학적인 연구 계획이나 박물학적인 연구 계획 둘 다에서 인용되는 반면, 그것들이 "순수하게" 물리적 그리고 화학적 연구에서 가지고 있는 세세한 물리적, 화학적 속성들을 빼앗기고 있었다.

이 시기에 이르기까지 윌슨의 캐번디시 동료들도 구름 상자를 이용하고 있었다. 가장 두드러지게 J. J. 톰슨은 전자의 전하 값 *e*를 확실히 알아내기로 작정했고, 그래서 전자가 기본 입자라는 그의 점점 더 강해지는 확신을 더했다. 바로 한 해 전인 1897년에 그는 음극선이 기본 입자들의 흐름이라고 주장했고,[127] 이 입자들에 대한 전하-대-질량 비율인 *e/m*이 일정한 상수임을 증명했다. 그럼에도 불구하고 이것이 *e*와 *m*이 따로따로 상수라는 보증은 되지 못했으며, 그 분야의 몇몇 연구자들은 그것이 전자가 존재한다는 증명으로는 불충분하다고 판단했다.[128] 그렇지만 캐번디시에서는 그것을 의심하는 사람들이 별로 없었으며, *e*의 값을 정확하게 측정하려는 연구가 즉시 시작되었다.

톰슨의 첫 번째 시도는 세련되지 못했지만, 그로부터 나중에 로버트 밀리컨이 유명한 기름방울 실험에서 활용한 방법을 수립하게 되었다.[129] 톰슨은 (그가 오랫동안 이용하고 있던 과정인) 기체를 통과하는 전류를 측정함으로써 이온의 수에 전자의 전하를 곱한 *ne*값을 결정할 능력을 가지고 있었다. 그래서 그가 전자의 전하 값을 얻기 위해서는 단지 *n*을 정하기만 하면 되었다. 톰슨의 말을 인용하면 다음과 같다. "*n*을 결정하기 위해 내가 채택한 방법은 C. T. R. 윌슨 군이 이룬 발명에 근

127) 톰슨, 「음극선」, *Phil. Mag.*, 5th ser., 44(1897): 293~316쪽.

128) 홀턴, 「전자보다 작은 입자」(1978). 이 논문은 전자의 전하 *e*를 측정하는 데 이용된 밀리컨의 서로 다른 방법들에 대한 자세한 논의를 제공한다. 또한 밀리컨의 기름방울 실험에 대해서는 프랭클린, 「기름방울」, *Hist. Stud. Phys. Sci.* 11(1981): 185~201쪽을 보라.

129) 홀턴, 「전자보다 작은 입자」(1978).

거한 것이다."[130] 톰슨의 방법은 ne값이 결정된 기체를 취해서 그 기체를 팽창시키는 것이었다. 팽창에 의해 만들어진 각 물방울이 이온 하나를 포함하고 있다고 가정하면 n은 물방울 수와 같을 것이다. 구름 상자에 들어 있는 기체의 팽창에 의해 만들어진 구름이 중력의 영향을 받아 얼마나 빨리 아래로 내려오는지 관찰함으로써 그는 물방울의 수를 계산할 수 있었다. 공기 중에서 물의 질량은 고정되어 있다고 본다. (물방울 수가 많을수록 각 물방울은 더 작아야 한다.) 그러면 스토크스의 법칙에 의해 물방울이 작을수록 구름은 더 천천히 아래로 내려온다는 것을 알 수 있다. 이와 같은 초기 실험들에 의하면 전자의 전하 값으로 7.3×10^{-10} 정전 단위가 나왔다.[131]

윌슨은 톰슨의 구름 낙하 방법을 채택했다. 음전하가 양전하보다 더 먼저 응결을 유발하는지 조사하는 좀더 복잡하게 변형된 실험에서 상자 내부에 세 개의 놋쇠판을 수직으로 설치하여 두 구역을 만들었다.[132] 가운데 판은 접지시키고 왼쪽 판은 영보다 큰 퍼텐셜로, 오른쪽 판은 영보다 작은 퍼텐셜로 유지시켰다. 윌슨은 서로 반대 부호로 대전된 이온은 상자의 서로 다른 부분으로 끌려갈 것이므로 수증기를 응결시키는 데 음전하의 능력이 양전하의 능력과 다른지를 결정할 수 있었다. 1.25로 팽창을 시킨 뒤에 톰슨의 방법을 이용하여 상자 양쪽에 포함된 전하의 수를 "세었더니" 음전하는 물을 응결시켰지만 양전하는 그렇지 않았다는 것을 발견했다.

오래지 않아 역시 캐번디시에 있던 H. A. 윌슨이 e를 측정하고 있는 톰슨과 합류했다. 그들은 함께 톰슨의 원래 실험 장치에 대전된 판을 (C.

---

130) 톰슨, 「전하와 전기」, *Phil. Mag.*, 5th ser., 46(1898): 528~545쪽 중에서 528쪽.

131) 톰슨, 「전하와 전기」, *Phil. Mag.*, 5th ser., 46(1898): 528~545쪽 중에서 542쪽.

132) 윌슨, 「비교되는 효율」, *Phil. Trans. Roy. Soc. London A* 193(1899): 289~308쪽.

T. R. 윌슨의 실험에서는 수직으로 설치했지만 여기서는 수평으로) 첨가하고 나서 전기장의 작용이 있을 때와 없을 때 구름이 낙하하는 것을 비교했다. 이렇게 비교함으로써 그들은 물방울 수인 n에 대한 측정값을 알지 않고서도 e값을 구하는 것이 가능했다. 마침내 미국에서 밀리컨이 톰슨-H. A. 윌슨 방법을 포용하고, 전기장을 훨씬 더 강력하게 만들어 물방울이 공중에서 균형을 잡고 움직이지 않거나 물방울이 올라가거나 떨어지는 동안 스토크스 법칙을 이용하여 물방울의 전하를 계산할 수 있을 정도로 장치를 개선했다.[133)]

C. T. R. 윌슨의 활동이 캐번디시 연구의 심장부로 흡수되었음이 분명하다. 한편으로는 그의 실험 중 많은 부분이 단지 이온 물리학의 관점에서만 해석될 수 있었고, 톰슨은 구름 상자 현상을 이온으로 설명하는 방법을 즉시 제시했다. 다른 한편으로는 톰슨과 다른 캐번디시 물리학자들이 이온 물리학의 주요 전제(前提)인 기본 전하의 존재를 보강하기 위해 윌슨 상자를 이용했다. 그럼에도 불구하고 윌슨은 물질에 대한 실험에는 거의 기여하지 못했다. 왜 그렇게 하지 못했을까? 윌슨의 관심이 왜 다른 곳으로만 향했는지를 이해하기 위해 우리는 윌슨이 스스로 정의한 세부 분야의 문제점과 목표를 좀더 완벽하게 구체화할 필요가 있다. 간단히 말하면 실험실과 대기(大氣) 현상의 관계는 무엇이었는가? 관심의 대상은 모사(模寫) 자체의 본성이었다.

윌슨이 응결을 일으키는 핵과 전기를 띤 이온을 동일하다고 본 것이 문제를 야기한 이유는 실험실과 하늘 사이의 연결 때문이었다. 윌슨이 양이온과 음이온에 대한 실험을 수행하기 전인 1899년에 1897년에는 단지 그렇지 않겠는가라고 제안할 수밖에 없었던 것, 즉 응결 핵이 이온이라는 점에 대해 확실한 증거를 보여줄 수가 있었다. 윌슨은 자신의 주장을 증명하기 위해 X-선 또는 다른 이온을 발생시키는 공급원에 상자

---

133) 홀턴, 「전자보다 작은 입자」(1978), 특히 42~43쪽. 프랭클린은 얼마 안 되는 물방울이 실제로 공중에 떠 있었다고 지적했다. 프랭클린, 「기름방울」, *Hist. Stud. Phys. Sci.* 11(1981): 185~201쪽.

를 노출시키고 나서는 팽창을 하기 전에 그 상자에 전기장을 가했다. 그는 전기장이 전하를 띤 이온들을 모두 쓸어 내버릴 것으로 기대했고, 만족스럽게도 판을 삽입한 뒤 실제로 응결이 감소했다. 그 당시에 윌슨은 "핵들의 이러한 행동은 핵이 대전된 입자, 즉 '이온'임을 증명하는 것이다"라고 자신 있게 단언하기에 충분하다고 느꼈다.[134] 그런데 유감스럽게도 윌슨은 확인하는 과정 중에 곧 두 가지 놀라운 모순점에 봉착했다. 자외선이 응결을 만들어냈지만, 전기장은 물방울 형성에 아무런 영향도 주지 않았다. 이런 뜻밖의 결과가 윌슨을 엄청나게 고심하게 했다. 상황을 더 나쁘게 만든 것은 윌슨이 먼지가 없는 공기에 계속해서 존재해 있던 핵을 쓸어내는 데는 전기장이 아무런 쓸모가 없음을 발견했다는 점이었다. 이 두 가지 효과가 먼지가 없는 응결을 이온으로 설명하는 데 위협이 되었다.

이와 같이 윌슨이 양이온과 음이온을 이용한 실험에 전념하게 되었을 때 다시 정화된 공기와 자외선에 노출된 공기에서 이온이 응결의 원인임을 증명하려고 시도했다. 그러나 좀더 강한 전기장을 사용하여 효과가 조금이라도 있는지 알아보기 위해 더 정교한 방법을 사용했음에도 불구하고, 윌슨은 완전히 실패했다. 전기장은 응결을 눈에 띌 만큼 감소시키지 않았다. 그는 이제 거의 불가능한 선택에 직면했다. 굉장히 생산적이었던 이온 가정이 두 가지 분명한 실험 결과 때문에 잘못되었음이 증명된 것처럼 보였다. 이것이 서로 다른 두 종류의 이온이 존재한다는 증거가 될 수 있을까? 다시 말하면 (1) "어떤 방사선도 존재하지 않으면서 V_2/V_1 값이 1.25와 1.38 사이일 때 일어나는 적은 양의 비와 같은 응결과 공기가 약한 자외선에 노출되었을 때 동일한 팽창에서 일어나는 훨씬 더 심한 응결"을 설명하는 방법, 그리고 (2) "뢴트겐선에 의해 이온화된 공기에서 일어나는 겉보기에 비슷한 응결"을 설명하는 방법 사이

134) 윌슨, 「응결 핵」, *Proc. Roy. Soc. London* 64(1899): 127~129쪽 중에서 129쪽.

에 본질적인 차이가 존재하는 것일까? 어쩌면 "보통 공기"의 응결과 자외선으로 유발된 응결은 이온과 전혀 아무런 관계도 없을지도 몰랐다. 윌슨은 다음과 같은 난제(難題)를 앞두고 몹시 고민했다. "그럼에도 불구하고 두 가지 완전히 다른 부류의 핵에 물이 응결하는 데 필요한 과포화의 정도가 그렇게도 똑같을 가능성은 있음직하지 않다는 어려움이 존재한다. 겉보기에 (V_2/V_1 이 1.31을 초과할 때 물방울 수가 증가한다는) 두 번째 우연의 일치가 존재한다는 것도 이 견해로 설명하기는 더 어렵다."[135]

왜 전기장이 이온인 핵을 제거하지 못하는지에 대한 윌슨의 유일한 설명은 이온이 급작스러운 팽창 과정 자체가 만들어내는 인공의 산물이라고 제안하는 것이다. 전기장을 가한 뒤에 팽창이 일어났기 때문에 윌슨의 추측은 왜 전기장이 아무런 효과를 내지 못하는지 설명할 수도 있었다. 윌슨은 이렇게 임시방편으로 만들어낸 설명에 결코 아주 행복해하는 것처럼 보이지 않았다. 실험과 이론 사이의 불일치를 해소하기 위하여 실험 장치를 수정했다. 그는 급격한 팽창이 필요없는 연속적으로 동작하는 빗물 상자를 만들려고 시도했다.[136] 그렇지만 그 시도는 그리 오래가지 않았다. 윌슨은 외부의 매개체가 존재하지 않는다고 할 때 공기에 이온이 존재하는지 아닌지를 알아내고 싶다면 구름 상자를 몽땅 포기해야 한다는 것을 곧 깨달았다. 왜 그랬을까?

윌슨이 구름 상자를 설계한 첫 번째 목적은 대기 현상을 충실하게 재현하자는 것이었는데, 그러나 이제 그것이 단지 실험실에서 나오는 인공적인 산물의 저장소가 되는 것으로 위협받고 있었다. 두 가지 문제가 상자와 지구의 대기(大氣)를 연결하는 데 위협이 되었다. 첫째, 아무런 짓도 하지 않은 공기에 사용했을 때 장치에서는 응결이 유발되었지만, 핵은 전기장에 반응하지 않았다. 이온은 기계 자체에서 만들어졌을까? 아

135) 윌슨, 「비교되는 효율」, *Phil. Trans. Roy. Soc. London A* 193(1899): 289~308쪽 중에서 305쪽.

136) CWnb B2, 1900년 6월.

니면 전기장에 반응하지 않는 종류의 핵이었을까? 둘째, (예를 들어 X-선 같은 것에 의해 발생되는) 톰슨의 이온은 응결의 원인이 될 수 있다는 것을 윌슨이 증명할 수 있었지만, 그는 실제 대기가 그와 같은 어떠한 이온도 포함하고 있다는 것을 증명할 수가 없었다. 그래서 윌슨은 자연이 지니고 있는 근거 있는 조건들과의 접촉에 완전히 실패한 것이 아닌지 두려워했다. 먼지가 없는 경우의 응결이 안개나 비 또는 대기의 시각적 효과와는 아무런 관계가 없을지도 몰랐다. 그것이 기상학 물리학자에게는 악몽이었다. 안타이오스와 땅 사이의 연결이 끊긴 것이었다.

윌슨은 1901년에 작성한 논문에서 다음과 같이 그 곤경을 설명하고 이제 우선적으로 채택하려고 생각하고 있는 장치인 검전기(檢電器)에 대해 묘사했다. "과포화 조건에서 물방울의 연속적인 생산을 달성하는 데 만족스러운 방법을 고안하려는 시도로 오랜 시간을 보낸 뒤에 나는 응결 방법을 단념하고, 이온화를 검출하는 데 순수하게 전기적인 방법을 시도하기로 결심했다. 이런 측면에서 공격하면 문제 자체가 다음과 같은 질문으로 바뀐다. 먼지가 없는 공기가 들어 있는 밀폐된 용기 안에 매달려 있는 절연된 대전 도체의 퍼텐셜이 빛을 내는 방전을 유발시키기에 필요한 것보다 훨씬 작다면, 도체를 받치는 지지대를 통한 것을 제외하고도 그 전하를 잃어버릴 것인가?"[137] 한쪽으로는 기상학과 모사(模寫)적 물리학에 전념하고, 다른 쪽으로는 이온 이론과 그 새로운 장치에 전념하도록 압박받고 있는, 그는 궁지에 몰렸다. 구름 상자가 윌슨을 막다른 골목까지 몰고 간 것처럼 보였다. 윌슨이 만들어낸 상(像)들이 자연을 그대로 재현하는 것이 아니라면, 그 상(像)들이 번개와 천둥이 일어나는 "저쪽의" 자연을 포착하는 데 실패한다면 구름 상자는 정말 아무 소용도 없었다.

---

137) 윌슨, 「이온화」, *Proc. Roy. Soc. London* 68(1901): 151~161쪽 중에서 152쪽.

5. 눈에 보이지 않는 것의 추적

윌슨은 완전히 다른 부류의 장치인 검전기(檢電器)에 필사적으로 매달렸다. 이 장치는 비록 대기 현상을 시각적으로 재현하는 수단을 가지고 있지는 못하지만, 적어도 인공의 산물을 만들어내지 않고서도 연속적으로 대기(大氣)에 포함된 전기를 측정할 수 있었다. 응결에 대한 연구 프로그램을 살려두기 위해 윌슨은 그가 구름 상자를 가지고 조사했던 이온들이 대기에 실제로 존재하는지에 대한 여부를 알아내야만 했다. 검전기 제작을 완료한 다음에 누전(漏電)에 대한 잘 알려진 문제에 전념했다.

독일의 물리학자 J. 엘스터와 H. 가이텔은 대전된 물체가 심지어 먼지가 없는 공기 중에서도 전하를 잃어버린다는 것을 증명했다. 그뿐 아니라 장치의 전극(電極)에 대전된 양전하나 음전하 모두 낮이나 밤이나 그렇게 전하를 잃어버렸으며, 그러한 누전이 전압의 크기에도 의존하지 않는 것처럼 보였다.[138] 윌슨은 이러한 발견들을 다시 확인했고, 가이텔의 선취권을 인정하면서 독창적인 기여를 두 가지 더 했다. 하나는 누전되는 비율이 압력에 대략 비례한다는 것이고, 또 하나는 대기압 아래서는 캐번디시 언어로 말하면 그 누전이 매초 1시시마다 20개의 이온을 만들어내는 것에 해당한다는 것이다.[139] 윌슨은 용기의 벽이 방사능을 가지고 있을지도 모른다는 제안을 얼핏 생각해 보았다. 실험으로 그 가능성

---

138) 윌슨은 가이텔의 논문인 "Elektrizitätszerstreuung", *Phys. Zeit.* 2(1900~1901): 116~119쪽으로부터 자발적인 방전에 대한 가이텔의 연구에 대해 잘 알게 되었는데, 윌슨은 그 논문을 1900년 11월 28일에 가이텔로부터 받았다. C. T. R. 윌슨이 H. 가이텔에게, 1900년 11월 28일, Staatsbibliothek zu Berlin-Preussischer Kulturbesitz를 보라. 가이텔은 윌슨보다 단지 며칠 먼저 자발적인 방전을 발견한 것처럼 보인다. 윌슨은 러더퍼드에게 보낸 편지에서 이 이온화의 원인이 지구 밖에서 온 입자일지 모른다는 가능성을 구체적으로 부인했다. "우리의 대기를 가로질러 온 매우 예리한 빛에 의해 이온화가 유발되는 것처럼 보이지 않는다"(C. T. R. 윌슨이 E. 러더퍼드에게, 1901년 4월 20일, ERP. Add. 7653쪽, microfilm copy deposited at AIP).

139) 윌슨, 「이온화」, *Proc. Roy. Soc. London* 68(1901): 151~161쪽 중 153쪽.

이 유효하다고 인정받지 못했을 때 먼지가 없는 공기 중에서 만들어진 이온이 "우리 대기 바깥에 존재하는 발생원으로부터 온, 어쩌면 뢴트겐선과 같거나 음극선과 같은, 그렇지만 훨씬 더 투과력이 센 방사선에 기인"하는지를 확인해 보아야만 했다.[140] 윌슨은 검전기를 칼레도니아 철도회사 소유의 바위를 뚫은 터널 깊숙한 곳까지 가지고 갔지만, 그 장치가 지상보다 지하에서 더 느리게 방전한다는 증거를 찾을 수 없었다. 나중에 관찰자들은 우주선(宇宙線)을 검출하는 데 윌슨이 실패한 이유가 지구의 방사능 때문이라고 설명했지만, 그 당시에 윌슨은 도저히 제어할 수 없는 이온화가 "공기 자체의 성질"에 의해 유발되었다는 가이텔의 의견에 동의하는 것 말고는 다른 선택의 여지가 없다고 보았다.[141]

윌슨은 3년 동안 비와 눈이 가져온 방사능을 조사하면서 방사능 공기의 가설에 대한 확인 작업을 계속했는데,[142] 그동안 캐번디시 동료들은 예를 들어 기본 전하의 단위를 결정하는 데 있어 톰슨과 H. A. 윌슨이 구름 상자를 이용한 것과 같이 "탁월한 물리학"의 좀더 주용한 질문들을 탐구하는 데 구름 상자를 활용했다. C. T. R. 윌슨은 1903년 대기의 전기에 대해 『네이처』에 기고한 짧은 개설(槪說) 논문에서 "지구 표면에 존재하는 음전하의 발생원을 지구 바깥에서 찾아야 할지도 모른다고 예상하는 일이 상당히 근거가 있다"라고 썼다.[143] 그러나 윌슨이 우주선(宇宙線)의 존재에 대해 구체적인 논증을 제시한 적은 없었다. 대신 그는 빗방울이 떨어져 튀는 동안 전하의 비대칭적인 흩어짐과 같은 기상학적 과정에서 이온화가 생길지도 모른다고 추측하면서 대기의 전기에 대한 연구에 노력을 쏟았다.[144] 그로부터 10년 뒤 빅토르 헤스는 세 개의 검전

140) 윌슨, 「이온화」, *Proc. Roy. Soc. London* 68(1901): 151~161쪽 중 159쪽.

141) 윌슨, 「이온화」, *Proc. Roy. Soc. London* 68(1901): 151~161쪽 중 161쪽.

142) 윌슨, 「방사능 비」, *Proc. Camb. Phil. Soc.* 11(1902): 428~430쪽; 「추가 실험들」, *Proc. Camb. Phil. Soc.* 12(1902): 17쪽; 「눈에 의한 방사능」, *Proc. Camb. Phil. Soc.* 12(1903): 85쪽.

143) 윌슨, 「대기의 전기」, 『네이처』 68(1903): 102~104쪽 중 104쪽.

144) 윌슨은 논문 「대기의 전기」, 『네이처』 68(1903): 102~104쪽 중 104쪽에서

기를 실은 풍선을 하늘로 올려 보내 이온화가 지각(地殼)에서 나온 방사선 때문이라면 당연히 그렇겠으나 높이 올라갈수록 이온화 효과가 감소하지 않는다는 것을 증명했다.[145] 어쩌면 윌슨이 우주 방사선을 발견하지 못했기 때문에 마음의 눈이 지상의 현상에만 고정되도록 만든 세계관, 즉 기상학에만 몰입하게 만들었을지도 모른다.

톰슨이 구름 상자를 환원주의자의 자연 철학 쪽으로 확실하게 밀고 나가는 동안 윌슨의 관심사는 대기의 전기와 비, 우박, 안개, 이온의 성질, 대기의 광학 등 스스로 복잡하게 만든 응결 문제 주위를 맴돌았다. 그의 노트에는 이온의 전하와 대기 현상의 본성에 대한 질문 사이에서 끊임없이 왔다갔다 하는 것이 기록되어 있었다. 그는 반복해서 이러한 핵심 문제들로 돌아왔다. 예를 들어 1908년부터 쓴 그의 노트에는 조심스럽게 "코로나의 이론"이라는 제목을 부여한 부분을 포함되어 있다.[146]

폭풍우에서 실험실까지 그의 관심사는 순수하게 분석적인 것과 순수하게 모사(模寫)적인 것으로 나뉠 수가 없었다. 예를 들어 비의 형성에 대해 윌슨이 옳다고 생각하는 이론은 몇 단계로 구성되어 있었다. 첫째, 수증기가 구름 상자에서 그랬던 것과 마찬가지로 음전하 주위에서 응결되었다. 이 작은 물방울들이 과포화된 공기의 상승 운동보다 더 천천히 올라간다면 물방울들은 급속히 커질 것이고, 아마도 그것이 뭉게구름이 소나기구름으로 변형될 수 있는 작동 원리를 제공할지도 모른다. 윌슨은 "뭉게구름 위쪽에 갑자기 얇은 구름 덮개가 형성되어서 신속하게 뭉게구름으로 떨어지는 것일지도 모르며 …… 이온에 형성된 물방울들은 저절로 더 낮은 구름으로 떨어져서 비가 되어 땅까지 도달할지도 모른다"

대기의 전기가 발생하는 원인으로 다음 두 가지 순수하게 기상학적인 설명을 선호하는 것 같았다. (1) 음전하와 양전하의 서로 다른 응결이 양전하는 제외하고 음전하만 내려보낼 수 있다. (2) 주위의 전기장에 의해서 전하가 분극된 빗방울은 떨어지는 동안 다른 빗방울에 부딪쳐서 한 종류의 전하는 위로 보내고 다른 종류의 전하는 아래로 보냈을 것이다.

145) 스타인마우러, 「회상록」(1985), 22쪽.

146) CWnb A9, 그전 자료는 1908년 4월로 추정.

고 추측했다. 게다가 (공기 중에 남은) 양이온이 (비에 의해 아래로 운반된) 음이온과 분리된다는 것은 천둥을 동반한 폭풍우에서 발견되는 아주 센 전기장을 설명할 수도 있을 것이다.[147] 그러한 관심사 때문에 그는 전기장을 가한 구름 상자에 대한 연구로 돌아왔다.

거꾸로 자연의 실제 조건에 대한 관심사로 인해 윌슨은 실험실 바깥으로 나오게 되었다. 대기에서 나오는 베타선이 지구를 대전시키는지를 조사하기 위해 나무로 이루어진 "자연적 차폐물" 아래나 지하에 전위계를 설치했다. 그는 또한 야외에서 전선으로 만든 차폐막을 사용하기도 했다. "[1909] 1월 16일. 정원에서 실험. 케임브리지. 가지만 남은 사과나무 아래 놓인 책상 밑에 설치한 전위계. 전기장이 검출되지 않을 정도로 약함 …… 구름 한 점 없는 하늘. 알맞은 산들바람."[148]

윌슨은 폭풍우를 유발시킬지도 모르는 아주 작은 물방울들을 조사하려고 물방울이 매우 많아졌을 때 그 수를 세기 위해 응결 실험으로 돌아왔다. 그는 네른스트 등(燈)(독일 물리학자 네른스트가 발명한 이산화지르코늄을 필라멘트로 이용하는 전등 – 옮긴이)을 설치하고 접안경을 삽입했지만 그 새로운 장치가 만들어내는 코로나에 의해 보이는 것이 혼란스러워졌다.[149] 윌슨은 비 실험을 1909년 3월에 다시 시작했을 때 이온에서 응결된 물방울들이 빗방울로 성장하는지 알고 싶었다. 적어도 기상학자 오즈본 레이놀즈의 연구를 읽은 이후로 비나 우박이 더 커지는 원리에 대한 강력한 후보가 합체(合體)임을 알았다. 얼음 결정의 단면적을 간단히 검사만 해 보더라도 비가 얼어서 우박이 될 수 없음을 증명해 주었다. 그뿐 아니라 단지 비와 우박에서 성장에 의해 응결이 되었다고 보기에는 응결에 필요한 열량이 너무 컸다. 또다시 노트를 보면 다음과

147) CWnb A9, 1908년 4월, "대기의 전기와 음이온에 의한 응결"이라고 이름 붙은 부분.

148) CWnb A9, 1909년 1월 16일.

149) CWnb A9, 1909년 1월 16일. 이 실험이 1909년 1월 16일 자료와 2월 6일 자료 사이에서 설명되어 있음을 주목하라.

같이 나와 있다. "보통 구름의 입자들은 저절로 합체하는 것일까? 그렇지 않다면 오히려 더 큰 물방울이 구름을 관통하며 떨어지는 것일까? 전기장의 효과는?" 윌슨은 연직으로 세운 관을 이용해 물방울의 형성과 성장에 대한 과정을 볼 수 있도록 만들고자 했다.[150)]

응결 하나만 가지고는 실제 비를 만들어내는 데 충분하지 못하다고 설득된 것이 분명한 윌슨은 물방울 형성 과정 자체를 알아내려는 노력을 강화했다. 물방울 동력학에 대해 그의 노트에 추측해 놓은 것에 따르면, 윌슨은 워딩턴이 최근에 발표한 빗방울과 빗방울 튀김을 놀라울 정도의 빠른 빠르기로 촬영한 사진을 상기했다.[151)] 워딩턴의 『빗방울 튀김에 대한 연구』가 1908년에 막 출판되었으며 그 책이 윌슨에게는 두 가지 이유로 매력적이었다. 첫째, 사람의 눈으로 관찰하기에는 보통 너무 빨리 지나가는 사건을 필름에 담기 위해서 사진사가 단지 100만분의 1초 정도만 지속되는 섬광을 훌륭하게 활용했다(〈그림 2.12〉를 보라). 이러한 고속(高速) 방법은 윌슨에게 응결과 합체(合體)에 대한 기본 과정을 밝혀내는 기술적 수단을 제공하여 주었다. 둘째, 사진에 의해 "정지된" 워딩턴의 빗방울 튀김은 비구름에서 전기적 경사도를 유발시킨, 양전하와 음전하를 분리하는 작동 원리를 제공해 줄지도 몰랐다. 비록 이번에는 좀더 기초적인 수준이었지만 윌슨은 다시 한번 더 기상학적인 구름 현상을 실험실에서 재현한 것을 기록하기 위하여 사진술을 이용했다.

윌슨은 곧 워딩턴의 섬광 조명 시스템을 자신의 용도에 맞도록 개조했다. 그는 노트의 "빗방울 세는 방법에 대하여"라고 표시된 부분에서 고속 카메라가 빗방울을 좀더 정확하게 셀 수 있도록 해줄 것이라고 추론했다. "빗방울이 만들어진 직후 그것을 순간적으로 사진 촬영하는 것에 의

150) CWnb A9. 윌슨은 그때 레이놀즈, 「빗방울과 우박 구역」, *Mem. Lit. Phil. Soc. Manchester*, 3rd. ser., 6(1879): 48~60쪽을 조심스럽게 읽은 견해를 남겨놓았다.

151) 워딩턴, 『빗방울 튀김』(1908); CWnb A9에서 1908년 4월자 자료 바로 다음의 "대기의 전기와 음이온 주위의 응결"이라고 표시된 부분을 보라.

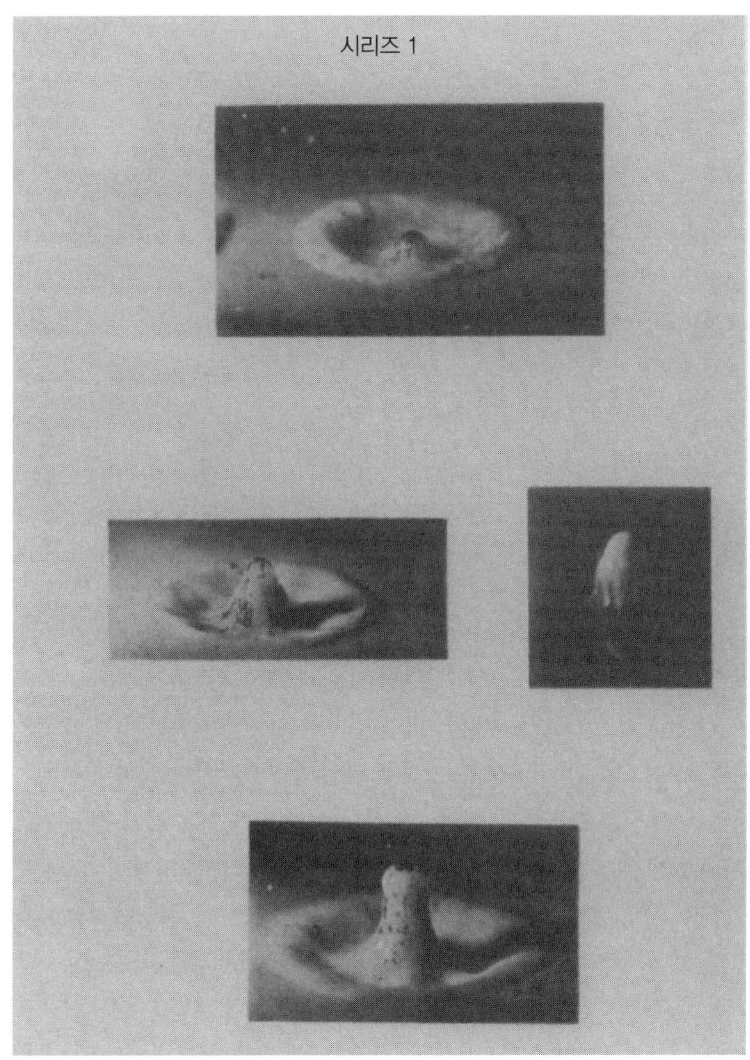

〈그림 2.12〉 워딩턴의 빗방울 튀김 사진(1908). 이 사진들은 (섬광에 의해 10억분의 1초 동안 조명한) 사진술의 참신한 방식으로 말미암아 윌슨을 감명케 했다. 출처: 워딩턴, 『빗방울의 튀김』(1908), 19쪽; 1908년 4월자 자료 바로 다음에 나오는 윌슨의 미발표 논문 중 CWnb A9, 「대기의 전기」 참조.

존하는 방법은 빗방울을 사진 찍는 것이 가능하다는 전제 아래 빛을 받은 한 층을 통해 떨어지는 빗방울을 세는 것보다 훨씬 더 뛰어나다.[152] 그것은 H. A. 윌슨과 로버트 밀리컨에 의한 떨어지는 구름 방법에서 벗어나는 결정적이고도 독창적인 단계다. 1909년 5월에 이르러 윌슨은 그의 첫 번째 필름(음화) 제작에 성공했다.

윌슨은 아주 자주 그렇듯이 응결 물리학에 대한 자기 자신의 특별한 과학 안에서 천둥을 동반하는 폭풍우와 원자 사이를 오락가락했다. 비 형성을 사진으로 찍는 문제에 대한 기술적인 이번의 성공은 그를 기상학에서 이온 물리학으로 이끌었다. 그의 노트는 톰슨과 H. A. 윌슨의 이온 전하 실험을 개선하기 위해 필름에 영구적으로 기록하는 방법을 사용하려는 시도를 보여준다.[153] 그러나 노트에 기록된 창의력이 풍부한 몇 가지 방식에도 불구하고 윌슨은 끝내 전하 결정의 원인을 밝히는 데까지 진척시키지 못하고 곧 그의 실험실 구름에 대한 사진 찍기로 돌아왔다.

1910년 크리스마스 전날 윌슨은 "팽창 장치에 대한 연구의 현재 상태"를 요약하기 시작했다. 그는 최근 새롭게 발견된 상업의 비결에 대해 만족을 기록했다. 특히 유리 전구(電球)의 내부를 얇은 젤라틴 층으로 입히는 과정에 감탄했다. 이러한 덧칠은 수증기가 이슬 같은 형태로 부착되었을 때 유리가 뿌옇게 되는 것을 방지했고 전기 실험에서 사용되는 전도성 표면을 제공했다. 이와 같은 실험적 기술은 여러 가지 종류의 상자와 함께 사용될 수 있었다. 그가 주목한 대로 "간단한 섬광 형태"의 상자는 "자발적으로" 생성된 이온 주위에 응결하는 개별적인 빗방울을 사진 찍는 단계를 제공할 것이었다. 두 번째 상자는 중심부 아래쪽에 전극(電極)을 장치하고 이온에 의해서 저절로 만들어진 전기장의 효과를 측정했을 것이다. 운이 좋다면 전자(電子)의 전하 e를 발견하는 데 도움을 주었을 것이다. 그렇지만 세 번째 상자는 단순히 "α선이나 다른 방사선의 흔적 등 …… 적용 분야"와 연관하여 열거되었다. "빗방울을 사진 찍는 데 따른 어려움이 극복된다는 가정 아래서 양이온 주위에 형성된 물

152) CWnb A9, 1909년 4월 10일자 자료와 7월 17일자 자료 사이로 아마 1909년 5월경 추정.

153) CWnb A9, 1909년 9월 13일과 1910년 1월 16일.

방울들의 좁은 핵심부와 [양이온] 주위의 음이온에 의해 형성된 좀더 흩어진 물방울들의 구름에 의해서 α선의 흔적을 볼 수 있을지도 모른다."[154]

윌슨은 자신이 이용할 수 있는 모든 수단을 다 동원하여 가장 기초적인 응결 과정을 다루었다. 이 목표를 추구하면서 그가 바라는 바 "약 30개의 이온"보다 많지 않은 전하의 존재를 드러낼지도 모르는 전위계를 설계했다. 노트 바로 다음 쪽에 나오는 1911년 3월 18일자의 자료에서 사진에 의한 시야(視野)가 단 하나의 이온 주위의 응결을 어느 때보다도 더 가까이 볼 수 있기를 기대하면서 구름 상자로 돌아갔다(〈그림 2.13〉 참조). 윌슨은 계속 다음과 같이 휘갈겨 썼다. "(위로부터) X-선에 노출된 구름 상자. 네른스트 등(燈) 조명. 구름은 수많은 매듭을 보이며 불연속적이다. 이것들이 방사선의 흔적을 보이는 단면적일까? 그것들은 (단지 아주 짧은 시간 동안의 노출) 전기장이 없는데도 나타났다. (방사선이 없는) 다음 팽창은 그런 매듭이 전혀 나타나지 않은 (남은 핵에) 균일한 구름을 보여주었다. 팽창 장치는 완벽하게 작동함. 전기장은 단 하나의 이차 전지에 의한 것이다."[155]

첫 번째 놀라운 결과는 인위적인 것이었을까? 윌슨은 물방울 형성을 촉진시키기 위해 전기장의 세기를 증가시켰다. 며칠 지나서 보니 의심할 여지가 없었다. "선들이 훨씬 더 잘 나타났다. 그 선들은 지극히 선명하게 경계를 짓고 있었다 …… 위에서 본 것임. 개별적인 선들이 보였는데, 많은 경우 아주 가는 선들이었고 주로 틈새에서 방사형으로 나타났다. 그러나 어떤 경우에는 반대 방향으로 진행했다(이차 선들)."[156] 그때까지 윌슨에게는 두 번째 자연이었던 사진은 현상이 진실이라는 믿음을 부여해 주었다. 그는 빗방울 튀김과 물방울 형성에 대한 연구로부터 사진가의 예술이 맨눈으로는 가능하지 않은 곳을 면밀히 조사할 수 있다

154) CWnb A9, 1910년 12월 24일.
155) CWnb A9, 1911년 3월 18일.
156) CWnb A9, 1911년 3월 20일.

〈그림 2.13〉 흔적을 찾는 윌슨의 구름 상자(1911). 윌슨은 이 상자를 (여러 가지 방법으로 수정해 가며) 수십 년 동안 사용했다. 상자 자체는 유리 원통인데 찌꺼기 이온들을 "깨끗하게 치우기" 위해 코일 형태의 전기 도선이 부착되어 있다. 상자 아래에는 팽창 원통으로 (공기를 과포화로 유지시키기 위한) 물로 채워진 냄비 위에 놓여 있다. 상자를 작동시키기 전에 펌프로 오른쪽의 커다란 유리공의 공기를 제거시킨다. 작동이 시작되면 흡인용 고무컵 아래의 공기가 유리공으로 빨려 들어가고, 재빨리 흡인용 고무컵이 아래로 떨어진다. 구름 상자의 이런 급작스러운 압력의 강하(降下)는 온도를 떨어뜨리고, 상자 속의 공기는 갑자기 과포화 상태로 된다. 케임브리지 대학의 캐번디시 연구소 측에 감사드린다.

는 것을 알게 되었다. 그로부터 며칠이 지나지 않아서 윌슨은 흔적을 사진 찍는 교묘한 솜씨를 터득했다. 1911년 3월 29일에 그는 "전과 마찬가지로" 취한 베타선의 상(像)을 만들 수 있었다고 기록했다. 거의 동시에 X-선의 발자국을 성공적으로 발견했으며 심지어 납판을 통과하는 흔적을 만들어내는 데 라듐에서 나온 감마선을 이용했다.

그해 3월 어느 날 느지막이 윌슨은 방사능 과정을 나타내는 "보통" 상(像)에 대한 감각을 충분히 익혀 보통이 아닌 상을 구별해 낼 수 있게 되었다. "보통 관찰되는 실처럼 생긴 선에 더하여 한 경우에는 손가락 굵기만한 큰 선 한 개가 보였는데, 그것은 분명히 이차 선을 나타내는 다른 형태로 심지어 보통의 [알파] 선보다도 굉장히 많은 이온화를 생기게 했

〈그림 2.14〉 첫 번째 황금 사건(1911). 구름 상자에서 얻는 사건이 갖는 다른 것과 구별되는 특징 중의 하나가 반복되지 않거나 지극히 드문 물리적 효과를 검사할 수 있는 가능성이었다. 윌슨이 어쨌든 첫 번째 흔적을 본 뒤 그렇게 곧 바로 첫 번째 황금 사건이라고 확인된 것은 놀라운 일이다. 색다른 기상 현상을 기록하는 데 익숙해 있었던 것과 사진술에 대해 이미 충분한 경험을 가지고 있었던 것이 개별적인 사건에 그가 관심을 가질 수 있게 만들었음은 의심할 여지가 없다. 출처: CWnb A9, 1911년 3월 29일.

다"(〈그림 2.14〉 참조).[157]

1911년 4월 중엽에 윌슨은 흔적에 대한 첫 번째 논문인 「기체를 통과하며 이온화하는 입자의 경로를 볼 수 있게 하는 방법에 대하여」를 제출했다. 그 논문에서 그는 직접 촬영한 알파선 사진과 X-선이 만든 이온들에 의해 응결시킨 "구름" 사진을 공개했다. 자연 철학적이기도 하고 박물학적이기도 한 기록부에 "사진은 이 구름들의 참으로 아름다운 외관에 대해 단지 초라한 개념을 전달해줄 뿐이다"라고 썼다.[158] X-선이 대전된 이차 입자를 생성함으로써 이온화한다는 점은 분명했다. 그러나 X-선이 "연속적인 파면(波面)인지 또는 브래그가 가정하는 것처럼 그 자체가 입자성을 띠었는지 또는 J. J. 톰슨 경이 제안한 방법으로 …… 그 에너지가 어떤 다른 방법으로 …… 좁은 장소에 집중되어 있는 것인지"

157) CWnb A9, 1911년 3월 29일.

158) 윌슨, 「이온화시키는 입자」, *Proc. Roy. Soc. London A* 85(1911): 285~288쪽 중 286쪽.

라는 질문은 여전히 해결되지 않았다.[159)]

비록 윌슨이 양자론의 이론 개발과는 아무 관련이 없었지만, 그의 첫 번째 구름 상자 사진은 이와 같이 X-선과 감마선을 파동으로 해석해야 하느냐 또는 입자로 해석해야 하느냐에 대한 논쟁에 직접 개입되었다. 이 논쟁에 등장하는 두 사람은 1907년에 부각되었는데, 윌리엄 헨리 브래그와 찰스 G. 바클라다.[160)] 그 당시에 방사선에 대해 인정받은 설은 J. J. 톰슨의 진동 이론이었다. 톰슨에 의하면 "에너지 다발"(또는 진동)은 방사선의 형태에 따라 그 크기가 바뀌었다. 예를 들어 감마선은 X-선 진동보다 훨씬 더 작은 부피를 차지하는 에테르 진동이었다. 브래그는 톰슨의 이론에 이의를 제기하는 대신 X-선과 감마선이 중성 입자들의 흐름이라고 제안했다.[161)] 그는 이렇게 투과력이 강한 중성 입자들은 서로 반대 부호로 대전된 입자들이 "중성 쌍"으로 구성되어 있으며, 어떤 경우에는 그 두 가지 구성 인자가 다름 아닌 알파선과 베타선이라고 가정

159) 윌슨, 「이온화시키는 입자」, *Proc. Roy. Soc. London A* 85(1911): 285~288쪽 중 287~288쪽.

160) 논쟁에 대한 설명이 궁금하면 스튜워, 「입자 이론」, *Brit J. Hist. Sci.* 5(1971): 258~281쪽; 휘튼, 『호랑이』(1983), 71~103쪽; 그리고 카로, 『브래그』(1978), 53~63쪽을 보라. 브래그는 입자 산란에서 흡수 계수와 파동 산란에서 흡수 계수는 동일하지 않다는 깨달음으로부터 이 이론으로 인도되었다. 입자가 물질을 통과하면서 다른 원자들과의 충돌 가능성이 많아져서 느려지게 될 것이고, 그래서 흡수 계수가 증가할 것이다. 물질에 입사하는 순수한 파동에서는 그런 일이 일어나지 않을 것이고, 흡수는 바뀌지 않을 것이다. 1904년에 브래그는 감마선이 일정한 비율로 흡수되지 않음을 증명할 수 있었으며, 그러므로 그것이 전통적인 파동일 리가 없었다. 1906년에 이르러 그는 단단한 X-선에 대한 이 이론을 확장하고 두 가지 형태의 파동이 다 입자성을 가지고 있다고 선언했다. 이 견해에 의해 브래그는 이온화시키는 X-선에 의해 생성된 이차 전자(電子)들이 왜 빠른 속도로 움직이는지를 설명할 수가 있었는데, 진동 이론으로는 이것을 설명할 수가 없었다. 만일 선들이 입자성을 가지고 있다면, 그렇게 에너지가 집중되어 전달되는 것은 필연적인 결과일 것이다. 휘튼, 『호랑이』(1983), 81~87쪽을 보라.

161) 수튜워, 『컴프턴 효과』(1975), 6~23쪽; 「입자 이론」, *Brit J. Hist. Sci.* 5(1971): 258~281쪽.

했다.[162)]

바클라는 브래그의 중성 쌍 가정을 반대했다. 실제로 그의 실험은 X-선이 톰슨의 이론과 일치하는 방법으로 산란됨을 증명했다. (산란된 방사선의 세기는 θ를 산란각이라 할 때 $1+\cos^2\theta$처럼 바뀌었다.) 그뿐 아니라 바클라는 그 방사선들을 분극(分極)시킬 수 있음을 발견했다. 비록 브래그는 감마선을 이용하여 뒤쪽 방향보다 앞쪽 방향으로 더 많이 산란되었음을 증명한 (그래서 바클라의 결과에 이의를 제기하는) J. P. V. 마스던의 실험으로 그의 이론을 확인할 수 있었지만,[163)] 잘 수립된 파동 이론에 대하여 전례가 없는 중성 쌍 이론을 믿어야 할 이유가 별로 없었다.

윌슨이 X-선과 감마선의 "흔적" 사진을 찍을 수 있게 되었을 때 브래그는 무척 기뻐했다. 당연히 중성 방사선 자체는 눈에 보이지 않지만, 그 경로에서 갈라져 나온 것에 수많은 베타선 흔적들이 있었다. 그 흔적들은 어렵지 않게 알아볼 수 있었으며 (예를 들어 베타선 자체에 의해) 이미 알려진 입자 방사선에 의해 생성된 이온화와 비슷했다. 파동 이론을 믿는 바클라와 다른 사람들은 흐트러진 이온화를 기대하고 있었다. 윌슨은 자신의 일이 브래그에게 얼마나 중요한지를 깨닫고 1911년 4월 말에 브래그에게 "γ-선에 노출된 구름 상자를 팽창시켰을 때 생성된 구름의 분포는 당신의 견해와 아주 잘 일치한다"고 안심시켰다. "용기의 벽에서 튀어나오는 입자인 β-선에 기인하지 않은 이온화는 일어나지 않는 것처럼 보였다. 구름은 한쪽 면에서 다른 쪽 면을 잇는 완전한 직선 주위에 주로 한정되어 있었다."[164)] 러더퍼드도 또한 다음과 같이 브래그를 격려했다. "실험 결과가 당신의 견해를 지지하는 쪽으로 판명되어서 당신이 아주 흡족해할 것으로 확신한다."[165)]

---

162) 휘튼, 『호랑이』(1983)를 보라.

163) 브래그와 마스던, 「감마선」, *Phil. Mag.*, 6th ser., 15(1908): 663~675쪽.

164) 윌슨이 브래그에게, 1911년 4월 23일, ARI.

165) 러더퍼드가 브래그에게, 1911년 5월 9일, 카로에, 『브래그』(1978), 55쪽에서

브래그와 바클라 중 누구도 빛이 "양자(量子) 다발"로 나온다는 아인슈타인의 1905년 가설을 알지 못한 것처럼 보였다. 혹시 그들이 알고 있었다고 해도 아인슈타인의 연구와 그들의 연구가 어떻게 연결되는지 깨달을 수 있으리라고 보기가 어렵다.[166] 브래그가 비록 중성-쌍 이론을 결국에는 포기했지만, 적어도 X-선과 감마선의 입자성에 대한 그의 믿음 중 일부는 정당함이 밝혀졌다. 그러나 그러고 나서 그 대상들이 파동성을 지니고 있다는 바클라의 신념 역시 일부는 정당함이 밝혀졌다.

1912년에 이르자 브래그는 방사선들이 근본적으로 이중성을 지니고 있음을 인정한 이론을 필요로 했다.[167] 윌슨의 유리로 둘러싼 세계 속에서 다른 이론적 논쟁점들도 해결을 보았다. 윌슨은 1912년 6월 7일에 발표한 논문에서 자신의 사진이 러더퍼드가 원자핵의 산란에 대해 예언한 것과 완벽하게 일치한다는 것에 만족스러워했다. 윌슨은 사진에서 몇 개의 알파선이 갑작스럽게 큰 각으로 산란되지만 대부분은 다중 휘어짐을 통하여 좀더 부드럽게 휘어짐을 증명한 것으로 해석했다. 그뿐 아니라 상자를 개선함으로써 구름을 잘 다루는 사람이 가장 빠른 베타 입자까지도 필름에 담을 수 있고, 심지어 개별적인 이온까지 보일 수 있으며, 흔적들이 비뚤어지지 않도록 기록할 수 있게 되었다.[168]

윌슨은 브래그가 이론에 근거하여 그린 알파선 흔적(〈그림 2.15〉)과 윌슨이 상자에서 바로 만들어낸 구름 흔적(〈그림 2.16〉)이 놀랄 정도로 잘 일치하는 것을 보고 특히 감명을 받았다. 믿기 어려울 정도로 선명한 베타선 흔적이 보이지 않는 것을 보이게 만들었다는 윌슨의 확신을 더욱 공고히 할 따름이었다(〈그림 2.17〉 참조). 윌슨의 상자가 모사(模寫)

인용.

166) 스튜워, 『컴프턴 효과』(1975), 23~24쪽. 아인슈타인의 광양자가 더디게 인정된 것에 대해 예를 들어 쿤, 『검은 물체』(1978)를 보라.

167) 스튜워, 『컴프턴 효과』(1975), 특히 69쪽; 스튜워, 「입자 이론」, *Brit J. Hist. Sci*. 5(1971): 258~281쪽 중에서 273~230쪽; 휘튼, 『호랑이』(1983), 165~166쪽을 보라.

168) 윌슨, 「팽창 장치」, *Proc. Roy. Soc. London A* 7(1912): 277~290쪽.

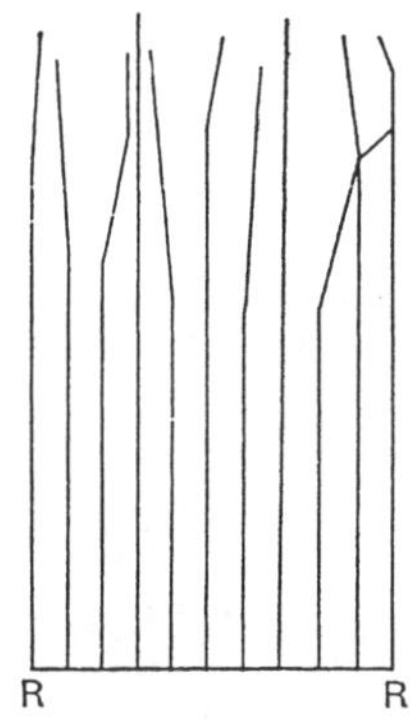

*R*과 *R*에 놓인 라듐으로부터 위로 올라가는 알파 입자의 경로로 제안된 형태.

〈그림 2.15〉 브래그의 이론으로 그린 알파 흔적(1911). 브래그가 이 흔적을 그렸을 때 윌슨의 새로운 장치에 대해 아무것도 알지 못했다. 그러나 그리 멀지 않은 훗날 윌슨의 설명으로 판단해보면 구름 상자 흔적과 이론으로 그린 흔적 사이의 놀랄 정도로 유사한 시각적 형태는 윌슨에게 전에는 숨겨져 있던 자연의 원자 영역을 "사진 찍을 수 있다"는 확신을 공고하게 해주었다. 출처: 브래그, 『방사능』(1912), 34쪽.

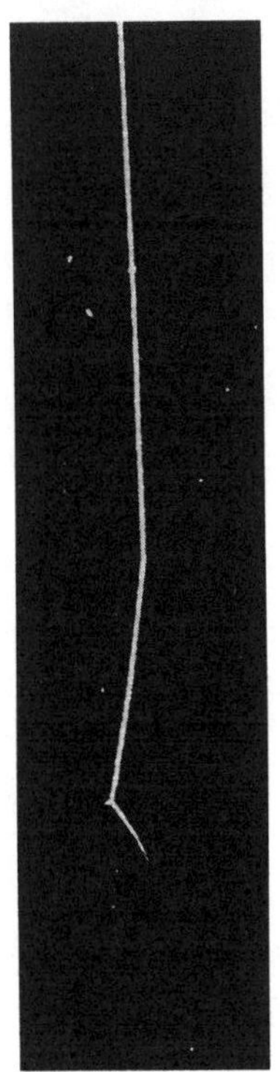

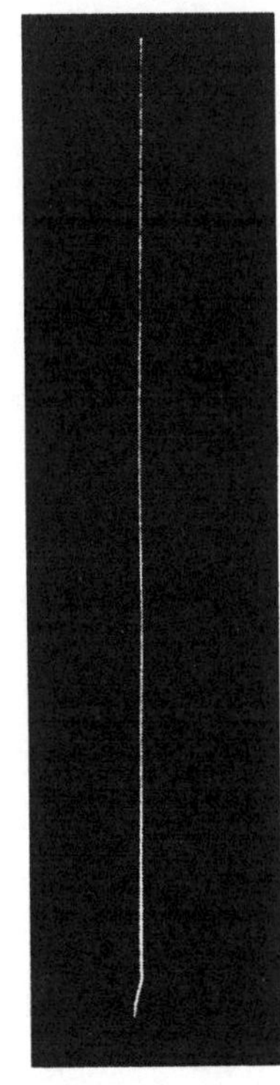

〈그림 2.16〉 윌슨의 구름 상자에서 찍은 알파 흔적(1912). 여기에 윌슨이 라돈에서 방출된 알파 입자의 완전한 흔적이라고 확인한 것이 보이는데, 알파 흔적의 끝은 두 개의 단일 산란을 보여준다. 출처: 윌슨, 「팽창 장치」, *Proc. Roy. Soc. London A* 87(1912): 277~290쪽; 겐트너, 마이어-라이프니츠, 그리고 보테, 『전형적 구름 상자 사진 지도책』(1940) 21쪽의 〈그림 14〉와 〈그림 15〉에서 전재함.

적 실험과 분석적 실험 사이의 교역 지대를 개척할 수 있었던 것과 마찬가지로, 윌슨의 상자는 또한 실험과 이론 사이의 경계 지역을 정의할 수도 있었다. 갑자기 윌슨의 구름 상자는 크게 유행했다.

깜짝 놀랄 정도로 빠르게 구름 상자가 상업용으로 제작된 것보다도 더 윌슨의 새로운 장치가 신속하게 인정받고 있음을 설명하는 증거는 아마도 없을 것이다. 케임브리지 과학기기 상사가 즉시 판매용 장치를 제작하는 쪽으로 행동을 옮겼을 뿐 아니라, 겨우 1년 뒤(1913)에 그들은 「이온화하는 입자의 경로를 볼 수 있도록 만드는 윌슨의 팽창 장치」라는 제목의 책자를 따로 발간했다. 단지 20파운드라는 싼 값으로 향학심에 불타는 이온 측정가는 구름 팽창 장치를 소유할 수가 있었으며, 단돈 115파운드면 진공 게이지와 지지대를 즉시 배달받을 수 있었다(〈그림 2.18〉 참조).[169]

윌슨의 구름 상자 연구는 곧 캐번디시에서 중심 무대를 차지하게 되었지만 윌슨이 지도한 몇몇 학생들은 그와 함께 연구하는 것이 쉽지 않다는 것을 알았다.[170] P. M. S. 블래킷과 제임스 채드윅, 노먼 페더, J. D. 코크로프트, E. T. S. 월턴 등은 모두 러더퍼드의 주의 깊은 감독 아래서 연구하고 있었는데, 새로 발견된 원자와 원자 내부 영역을 조사하는 데 그 상자를 이용했다.

1919년에 러더퍼드는 질소와 그 밖의 가벼운 원소들을 빠른 알파 입자로 충돌시키면 붕괴한다는 것을 발견했는데, 그 결과 아주 빠른 양성자가 생성되었다. 러더퍼드는 섬광(閃光) 방법을 이용하여 발견해냈지만, 빛이 순간적으로 번쩍이는 섬광은 그에게 실제 붕괴 과정에서 무엇이 일어나는지에 대해 말해주는 것이 별로 없었다. 블래킷이 나중에 논평한 것과 마찬가지로 러더퍼드가 "새롭게 발견된 이러한 과정의 미세한 세부 사항을 드러내는 데 윌슨의 구름 상자 방법에 의지하는 것 외에

169) 케임브리지 과학기기 상사, 『윌슨의 팽창 장치』(1913), 5쪽.

170) 헐리데이, 「몇 가지 회상」, *Bull. Amer. Met. Soc.* 51(1970): 1133~35쪽 중 1133~34쪽.

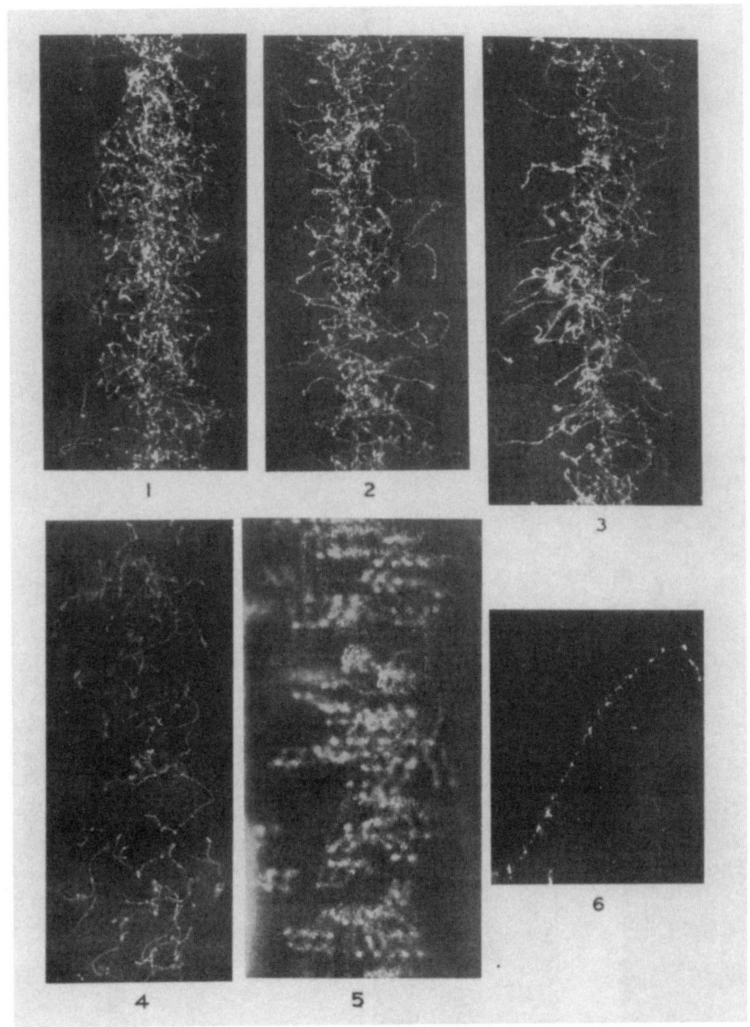

〈그림 2.17a〉 전형적인 X-선 구름, 높은 팽창(1912). 출처: 윌슨, 「팽창 장치」, *Proc. Roy. Soc. London A* 87(1912): 277~290쪽, 도판 8.

더 자연스러운 방법이 무엇이겠는가?"[171] 캐번디시에서 연구하는 일본 물리학자인 T. 시미즈는 팽창을 좀더 빠르게 진행시키고 좀더 많은 사진

---

171) 블래킷, 「구름 상자를 이용한 연구」(1964), 97쪽. 나중 구름 상자들의 양식상의 연계성에 대한 흥미로운 몇몇 논평에 대해서는 토머스, 「전통」(1972), 32~48쪽에서 찾아볼 수 있다.

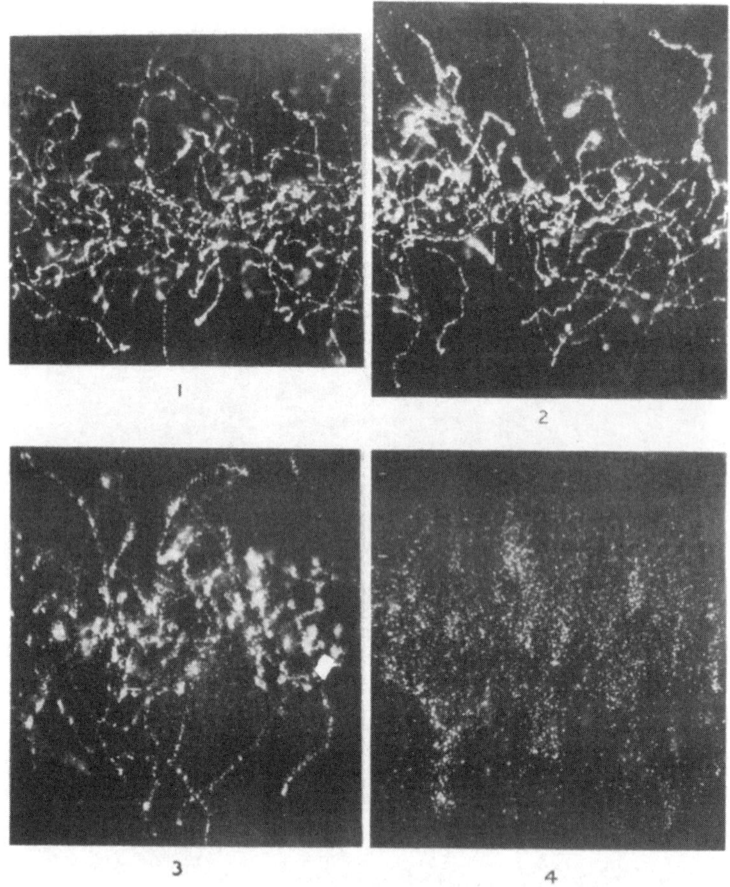

〈그림 2.17b〉 전형적인 X-선 구름, 낮은 팽창(1912). 출처: 윌슨, 「팽창 장치」, *Proc. Roy. Soc. London A* 87(1912): 272~290쪽, 도판 9.

을 찍을 수 있게 상자를 개선했다. 시미즈는 또한 구름 자국에서 입체적인 사진을 뽑아낼 수 있도록 카메라들을 배열했다. 그렇지만 그가 얼마간이라도 더 진행할 수 있기 전에 일본으로 돌아가야만 해서 그 연구는 블래킷의 몫으로 돌아왔다.

블래킷은 그의 새로운 연구에 대해 다음과 같이 절규했다. "러더퍼드가 엄밀히 지정한 문제를 제공하고, C. T. R. 윌슨이 그렇게도 강력한 방법을 제공하고 나서 신기한 역학적 장치를 좋아하는 자연에서 나는 거

〈그림 2.18〉 상업용 구름 상자(1913). 1913년 6월에 케임브리지 과학기기 상사는 그들이 대량으로 생산한 구름 상자의 상품 목록을 발간했다. 구름 상자를 구입할 수 있었을 뿐 아니라, 열광자들은 알파선과 X-선, 개별적인 이온을 보여주는 흔적을 확대한 환등기 슬라이드를 세트로 구입할 수도 있었다. 출처: 케임브리지 과학기기 상사, 저장 목록, 케임브리지 대학 도서관 기록 보관소.

의 50만 개에 달하는 알파선 흔적들을 사진 찍어야 하는 문제에 진지하게 착수했다."[172] 문제는 새로운 황금 사건을 찾아내는 것이었다. 알파 입자와 질소 원자핵 사이의 충돌은 대부분 탄성 충돌일 것이지만, 그중 몇 개는 그렇지가 않을 터인데, 바로 그렇지 않은 것들이 블래킷과 러더퍼드에게 추정된 붕괴에서 무슨 일이 일어나는지를 가르쳐줄 것이다. 블래킷은 40만 개의 흔적을 사진 찍고 그것들 조심스럽게 검사한 다음, 탄성 충돌에 해당하지 않는 비정상적인 흔적 18개를 찾아냈다. 그것들은 질소가 핵변환을 일으킨다는 증거였다. 블래킷은 이 과정이 붕괴의 일종이 아니라 "통합"의 일종임을 발견했다. 상호작용이 시작한 뒤 단지 두 개의 흔적만 관찰되었는데, 이것은 양성자가 튀어 나가면서 알파 입자가 흡수된 것을 의미했다. 그 결과로 만들어진 원자핵은 산소의 무거운 동위원소다. 러더퍼드가 섬광 실험에서 알 수 있었던 모든 것은 알파 입자가 때때로 질소 원자핵으로 하여금 양성자를 방출하도록 만들었다는 것

172) 블래킷, 「구름 상자를 이용한 연구」(1964), 98쪽.

이기 때문에 실제 상호작용을 "볼" 수가 없었다. 그는 그것이 붕괴 과정이라고 가정했을 따름이었다.[173] 오직 구름 상자만 핵변환 과정 자체에 대한 시각적 묘사를 제공하고 물리학자들에게 교환이라는 복잡한 사정을 발견하는 기회를 줄 수 있었다.

구름 상자로 첫 번째 완전한 성공을 거둔 뒤에 블래킷은 이 장치를 그의 일생에 걸친 연구의 중심으로 삼고 계속 진행했다. 1931년에 그와 이탈리아의 방문 물리학자인 G. P. S. 오치알리니는 계수기로 제어되는 상자에 대한 연구를 시작했다. 이 상자는 우주선(宇宙線)이 상자를 지나가는 것과 동시에 전자 회로가 신호를 보내면 팽창하게 되어 있다(〈그림 2.19〉 참조).[174] 입자들이 "자신을 사진 찍을 수 있는" 능력을 가진 이 장치는 우주선(宇宙線) 물리학자들이 아주 드물게 일어나는 새로운 현상을 연구하는 데 희망을 주었다. 다른 많은 물리학자들도 이 상자를 계속 이용했는데, 그중 많은 사람들이 캐번디시에 속해 있었다. 러더퍼드의 지도를 받아 연구하는 사람 중에는 1932년에 중성자를 발견한 제임스 채드윅도 있었다. 바로 다음 방에는 존 코크러프트와 어니스트 월턴이 고압 장치를 이용하여 가속된 양성자를 생성하고 있었는데, 1933년에 이르자 가속된 양성자를 리튬과 보론, 탄소, 그리고 중양성자에 충돌시켰다. 그들도 구름 상자에서 사건을 사진 찍는 방법으로 원자의 내부를 "들여다보았다".

톰슨으로부터 캐번디시 연구소 소장 자리를 물려받은 러더퍼드는 연구소를 물리학 연구의 새로운 방향으로 이끌어 나갔다. 원자 내부 물질의 본성을 이해하는 것이 목표였다. 그것이 자연의 이온 구조를 설명한다는 톰슨의 목표와 완전히 다르지는 않았다. 실제로 그 목표를 계승한 것이지만, 새 목표는 범위가 더 넓어졌고 세부 사항이 더 정교해졌다. 이 게임에는 중성 입자가 들어오는 것도 허용되었으며, 가장 간단한 것이

---

173) 러더퍼드에 대해서는 수튜워, 「위성 모형」, *Hist. Stud. Phys. Sci.* 16(1986): 321~352쪽을 보라.

174) 블래킷과 오치알리니, 「입자성 방사선」, 『네이처』 130(1932): 363쪽.

〈그림 2.19〉 블래킷과 오치알리니의 계수기로 제어된 구름 상자(1932). 윌슨이 구름 상자를 만든 뒤에 구름 상자 기술에서 가장 중요한 발전은 아마도 구름 상자가 무작위적이 아닌 일련의 미리 계획된 계수기에 의해 작동이 시작되도록 한 것이었다. 블래킷과 오치알리니의 장치에서는, 예를 들어 입자가 상자와 두꺼운 납판을 관통할 때만 장치가 작동을 시작하는 것이 가능해졌다. 아주 드문 사건을 발견하게 된 뒤에 사건이 "자신들을 스스로 사진 찍을 수 있는" 능력은 구름 상자 기술에서 필수적인 부분이 되었다. 출처: 케임브리지 대학의 캐번디시 연구소 측에 감사드린다.

쪼개져 나올 때까지 복잡하게 표현된 물질을 충돌시키고 박살내어 원자의 비밀을 벗기자는 것이 전략이었다. 이러한 임무를 위해서는 이온 물리학의 옹호 아래 발전되었고 이제 원자 내부 구조로 들어가는 길을 밝혀줄 윌슨의 구름 상자가 없어서는 안 되는 필수품이었다.

그럼에도 불구하고 윌슨은 캐번디시 동료들을 이끌지도 않고 그렇다고 따르지도 않으면서 기상(氣象) 현상에 대해 그 어느 때보다도 더 몰두했다. 캐번디시에서 구름 상자에 의한 원자 물리학이 한창 전성기를 구가하고 있을 때 윌슨은 과학적으로뿐 아니라 물리학적으로도 고립되어 있었다. 그는 자신의 장치를 지역적으로도 캐번디시와 멀리 떨어진 태양물리연구소로 옮겼다. 그곳에서 그는 천둥을 동반한 폭풍우에 대한 상세한 연구를 시작하는데, 그에게 필요했던 혼자만의 시간을 가질 수 있었다. 그 연구는 90세의 나이에 작성한, 폭풍우를 동역학적으로 처음 설명한 그의 마지막 논문을 최고로 만들어줄 것이었다.

6. 객관성과 길들여진 눈

(양전자와 중성자, 뮤온, 핵변환, 컴프턴 효과 등의 발견을 포함한) 1920년대와 1930년대의 성공을 거머쥔 뒤 윌슨의 상자는 핵물리학에 대한 실험적 탐구를 지배하게 되었다. 팽창, 점화, 자기장, 온도 조절 등 장치 자체의 구축에 대한 비결과 지식 등이 점점 축적되는 것에 더하여 사진 분석에 대한 시각적(視覺的) 언어가 출현하기 시작했다. 그러한 일을 가장 명백하게 말해주는 것이 물리적 증거에 대한 새로운 포럼인 구름 상자 지도책의 도입이었다.

지도책의 역사는 게라르트 메르카토르가 세계 지도를 출판한 16세기로 거슬러 올라간다. 18세기에는 천문 지도가 흔하게 나돌았으며, 이렇게 여러 종류의 큰 지도를 거쳐 "지도책(atlas)"이라는 용어가 곧 특히 큰 크기의 종이를 의미하게 되었다. 그러나 19세기에 들어 초대형 종이에는 그 이름에 문헌에서 과학적 그림을 조직적으로 대표하는 장르와 같이 훨씬 더 넓은 종류의 의미를 부여했다. 지도책은 인체의 병리학에서 아프리카 식물에 이르기까지, 화석을 표시하는 지도책에서 현미경 사진과 X-선 사진의 지도책에 이르기까지 갖가지 종류가 존재했다.[175)]

19세기 초에 지도책 제작자들은 그들이 그린 그림에 보이는 "자연을 향한 진실"이 오직 저자(著者) 쪽의 친절한 설명에 의해서만 달성될 수 있다고 주장했다. 일부 사람들은 저자의 책무가 무엇보다도 꽃이나 화석 또는 병에 걸린 기관(器官) 등 가장 알맞은 예와 같이 주어진 대상에서 가장 완전한 표본을 찾아내는 것이라고 생각했다. 다른 사람들은 (실제) 자

---

175) 데스턴과 갤리슨, 「객관성」, *Representations* 40(1992): 81~128쪽.

연에서 일어나는 실례와는 아주 다른 이상적인 것을 찾으려고 애썼으며, 또 다른 사람들은 조사된 많은 견본들 중에서 일종의 평균을 취했다. 대략 19세기 중엽이 되자 변화가 일어났는데, 자연을 향한 진실이라는 이전의 개념을 타파하는 객관성의 시각적(視覺的) 개념이 출현했다.

이제 목표는 풍부한 실제 대상 뒤에 도사리고 있는 형태를 재구성하고 이상화하거나 근사시키는 것이 아니라(지도책 제작자들은 이제 더 이상 보통 식물 뒤에 있는 **원형 식물**[다양한 식물들이 원형 식물에서 나왔다는 괴테의 생각을 인용한 것 – 옮긴이]을 쫓아가지 않았다), 오히려 그림을 그리는 과정에서 저자로부터 벗어나려는 초인적 노력이 발휘되었다. 자기 부정은 일상의 이치가 되었으며, 지도책 제작자들은 주도면밀하게 불가능한 이상화라든가 상상력에 의한 예술적 보조 수단 또는 실제로 어떤 형태의 "개인적 해석"도 피하려고 시도했다. 여기서 우리의 관심사에 특별히 관계되는 것으로, 루돌프 그래시와 같은 숙련된 임상의(臨床醫)가 제작한 X-선 지도책(*Atlas typischer Röntgenbilder vom normalen Menschen*[1905]과 *Atlas chirurgisch-pathologischer Röntgenbilder*[1908])은 그림을 이용하여 정상적인 것과 병적인 것 사이의 경계를 그리기 위해 계획되었다. 방사선의(放射線醫)는 새로운 사례를 만났을 때 실제로 어떤 것이 새로운 것인지 아니면 단순히 정상적인 것의 변형인지를 결정하는 데 이 그림들을 이용할 수 있었다. 노골적 판단은 객관성이라는 이름 아래 그리기 과정에서 제거되어야 하고 훈련된 눈은 저자로부터 청중에게로 옮겨가고 확장되어야 했다.[176]

주로 의학적 지도책의 전통을 따라서 (하이델베르크에 위치한 빌헬름 황제 의학 연구소의 물리 연구소에 소속된) W. 젠트너와 H. 마이어-라이프니츠, W. 보테 등은 그들의 『전형적 구름 상자 사진 지도책』(1940)을 편찬했다.[177] 그 지도책에는 자기장 내의 베타선 그림과 앤더슨이 보

176) 데스턴과 갤리슨, 「객관성」, *Representations* 40(1992): 81~128쪽 중 105~107쪽.

177) 젠트너, 마이어-라이프니츠, 그리고 보테, 『전형적 구름 상자 사진 지도책』

통 이상으로 선명하게 일별한 양전자 그림, X-선에서 나오는 광전자, 감마선에 의해 산란된 다른 것들의 사진이 포함되어 있다. 감마선에 의해 생성된 전자 쌍과 파열되어 나온 알파선, 그리고 물론 그당시 유명했던 윌슨의 첫 번째 알파-산란 사건도 포함되어 있었다. 그 책의 후반부에는 중성자에 의해 충돌하는 양성자 사진과 어쩌면 가장 화제를 모았던, 방금 발견된 쪼개진 우라늄 원자핵 사진도 수록되어 있다. 모두 한자리에 모아놓은 이 상(像)들은 눈을 길들이고, 점점 규모가 커지는 핵심 구름 상자 물리학자 집단이 전형적인 것을 인식함으로써 새로운 것에 밑줄을 그을 수 있도록 훈련하는 것으로 되고 있었다. 이 책의 두 번째 판(1954)에서 겐트너와 마이어-라이프니츠, 보테는 지도책에 가속기로 촬영한 수많은 구름 상자 사진을 추가했다(예를 들어 〈그림 2.20〉 참조). 이 책들은 모두 구름 상자에서 입자를 사냥하는 사람들에게 표준 자료집이 되었다.

산정(山頂) 관측소의 높은 대기(大氣)층에서 지하 실험실 보호에 이르기까지 1940년대 말에서 1950년대 초에 구름 상자는 새로운 입자를 발견하는 수단이 되었다. 구름 상자와 다음 장에서 만나게 될 구름 상자의 사촌 격인 원자핵 에멀션이 너무나 성공적이었기 때문에 1951년에 블래킷은 (또 다른 구름 상자 지도책의 서론에서) 다음과 같이 보고했다. "지금까지 알려진 불안정한 기본 입자들 중에서 단 하나 빼고는 모두 [구름 상자와 원자핵 에멀션 등] 이러한 기술 중 한둘에 의해 발견되었다."[178] 두 방법 모두 "우리에게 단일 입자들이 무엇을 하는지에 대한 사진"을 제공하는 가시적 증거를 산출했다. 고유한 특징을 지닌 흔적을 찾아내는 것과 관련된 기술이 곧 실험 과학의 준(準)독립적 분야가 되었으므로 이 분야의 선도자들은 지도책을 채우기 위한 그림을 제공해달라는

(1940).

178) 블래킷, 「서문」(1952). 구름 사진 지도책의 다른 예에 대해서는 겐트너, 마이어-라이프니츠, 그리고 보테, *Atlas typischer Nebelkammerbilder*(1940); 그 개정판인 『전형적 사진 지도책』(1954) 참조.

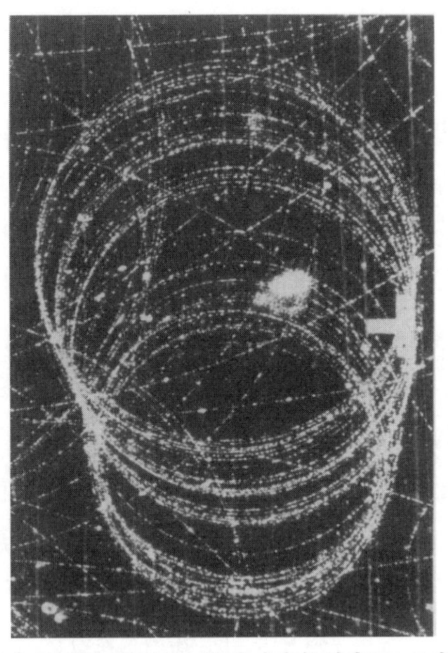

〈그림 2.20〉 고속 전자의 방사선(1940). (중간 아래의) 화살표로 표시된 곳에서 전자(電子)가 16.9MeV의 에너지를 가지고 그림으로 들어오고, 양전하를 띤 동반자는 없어졌다. 전자가 자기장 내에서 36번 회전하면서 위쪽으로 향하는 힘을 받고, 자기장이 센 부분으로 천천히 이동한다. 눈에 보이는 흔적의 끝부분에 이르러서 전자의 에너지는 12.4MeV까지 줄어든다. 흔적의 길이(1,030cm)를 측정하면 이온화에 의한 에너지 손실을 계산할 수 있는데 그 결과는 2.8MeV이고 나머지 4.5MeV는 설명되지 않는다. 이러한 에너지 손실은 (지도책에 의하면) 부분적으로 제동 복사, 가속된 대전 입자에 의한 광자의 방출 등으로 "설명되어야만 한다." 그리고 실제로 열일곱 번째 원에서 곡률이 갑작스럽게 변하는 것을 볼 수 있다. 출처: 젠트너, 마이어-라이프니츠, 그리고 보테, *Atlas typishcer Nebelkammerbilder*(1940), 51쪽의 〈그림 43〉.

요청에 열렬하게 호응했다. 그림책이 가져야 할 기본적으로 중요한 대중적 관계에서의 매력은 별도로 하고, 이 구름 상자 지도책이 갖고 있는 정해진 기능 중의 하나는 새로운 발견을 하기 위해 선행 조건인 양식(樣式)을 인식하는 기술을 쉽게 배울 수 있도록 하는 것이었다.

조지 로체스터와 존 G. 윌슨이 편집한 어느 지도책의 서문에서 블래킷은 그 목적을 다음과 같이 명료하게 표현했다. "[시각적 기술을] 이용한 어떤 연구에서도 중요한 첫 번째 단계는 사진을 해석하는 것인데, 그 사진이 때로는 매우 복잡하다. 그리고 사진을 해석하는 문제는 원자 내부에서 일어나는 여러 가지 서로 다른 형태의 사건들을 신속하게 인지하는 것과 관련된다. 해석하는 데 숙련된 솜씨를 얻기 위해서는 이미 알고 있는 많은 예로부터 서로 다른 종류의 알려진 사건들에 대한 사진을 미리 공부하는 것이 꼭 필요하다. 알려진 사건을 하나도 빠짐없이 인지할 수 있을 때에만 비로소 모르는 사건을 찾아낼 수 있다."[179]

블래킷은 그 서문을 쓰면서 자신의 연구소에서 일어났던 최근 사건을 생각하지 않을 수 없었다. 1946년 10월 15일에 로체스터와 클리퍼드 C. 버틀러는 매일 수집한 구름 상자 사진들을 검사했는데(〈그림 2.21〉과 〈그림 2.23〉 참조), 〈그림 2.23〉의 밑부분 오른쪽 사분면(四分面)에서 아주 놀랍게도 여느 때와 다른 갈래진 모양의 흔적을 발견했다. 두 명의 젊은 물리학자들은 이런 방법으로 추론했다. ***V***의 팔 부분에 남겨진 이온화의 양이 작은 것으로 미루어보아 그것이 양성자일 가능성은 없다. 삼차원적으로 투영한 것을 보면 바로 그것이 확실하게 한 점에서 시작했음을 보여주므로 두 흔적이 공통으로 갖고 있는 시작점은 단순히 중첩된 흔적이 보여주는 착각일 리 없다. 만일 ***V***의 팔 부분이 (핵붕괴, 쌍생성, 핵산란 등) 원자핵과 관련된 충돌 과정에서 나온 것이라면, 상자를 가로지르는 5센티미터 두께의 납판에 넉넉하게 존재하는 원자핵 공급원 주위에서 그러한 사건이 더 많이 관찰되어야 했다. 1946~47년의 겨울 내내 블래킷과 버틀러, 로체스터는 단 하나의 사례만 가지고 발표하기를 주저하면서 그 그림을 가지고 씨름했다.

1947년 5월 23일에 로체스터와 버틀러는 두 번째 ***V***를 발견했는데, 이것은 새로운 중성 메존의 붕괴가 아니라 전에는 알지 못했던 대전된 메존의 붕괴를 나타내는 후보였다. 그들은 1947년 12월에 더블린의 고등 물리 연구소에서 발표회를 가졌고,[180] 이 단 두 장의 사진을 근거로

---

179) 블래킷, 「서문」(1952).

180) J. 제노시가 로체스터에게, 1947년 11월 6일, GRP. "말이 나온김에 나는 주입자의 정지 질량에 관하여 부입자의 질량 등등에 어떤 가정도 사용하지 않고 다

〈그림 2.21〉 *V*-입자 상자(1947). 클리퍼드 버틀러는 조지 로체스터와 함께 첫 번째 (후에 교실에서는 "기묘 입자"라고 알려진) *V* 입자를 발견할 때 사용한 구름 상자를 조절하고 있다. 출처: 조지 로체스터에게 감사드린다.

그들이 발견한 것을 『네이처』에 발표했다.[181]

심지어 맨체스터 팀과 아주 친밀한 이론 과학자들도 어떻게 진행해야 좋을지 확신할 수가 없었다. 예를 들어 W. 하이틀러도 다음과 같이 어찌할 도리가 없었다. "이론적인 측면에서 나는 아직 어떤 논평도 하고 싶지 않다. 현재의 형태를 가지고 지금까지 발견된 많은 입자 모두를 (그 입자들도 대부분 단 한 번 관찰되었다) 연결하는 계보에 대해 추측하는 것이

음 부등식 $M \geq 2p/c$가 성립하는 것을 발견했는데, 여기서 M은 주입자의 질량이고 p는 부입자 운동량의 수직 성분이다." 로체스터가 제노시에게, 1947년 11월 12일, GRP.

181) 로체스터와 버틀러, 「기본 입자」, 『네이처』 160(1947): 855~857쪽.

〈그림 2.22〉 *V*입자의 분석(1947). 버틀러는 구름 상자 상(像)을 화면에 역투영하고 있는데, 여기서 그것들의 길이와 곡률, 이온화가 측정될 수 있다. 출처: 조지 로체스터에게 감사드린다.

별로 유익하지 않을 것 같다는 느낌이다. 현재 실험이 해야 할 일은 존재하는 입자를 모두 찾아내고 그 입자들이 겪는 붕괴 방식을 모두 찾아내는 것이란 점만큼은 분명하다."[182] 비슷한 맥락에서 프린스턴의 존 휠러는 비록 자기 자신이 의심하는 토머스 중 한 사람은 아니지만(예수의 12사도 중 예수의 부활을 믿지 못한 토머스의 일화를 빗대어 한 이야기임 – 옮긴이) 별로 안 믿는 사람들도 있다고 다음과 같이 썼다. "이런 종류의 일에 대해서는 흔히 있는 것처럼 회의론자들이 나오게 마련이다. 이 경우에 회의론은 일반적으로 납판 밑에서 생성된 양전하를 띤 메존과 음전하를 띤 메존 쌍이 질소 또는 산소 원자핵에 중성자가 충돌한 때문이라고 제안하는 형식을 취한다."[183]

어떤 다른 목격 사례가 나오지 않은 채 2년 반이라는 오랜 기간이 지

---

182) 하이틀러가 로체스터에게, 1947년 11월 23일, GRP.

183) 휠러가 로체스터에게, 1947년 12월 9일, GRP.

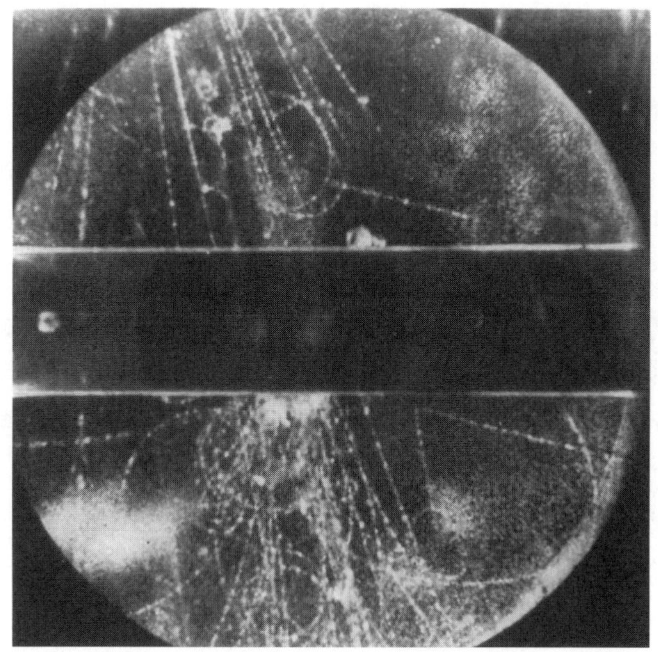

〈그림 2.23〉 첫 번째 *V*입자(1946). 납판 바로 밑 우하 사분면(四分面)에 거꾸로 선 ***V***가 오른쪽 아래로 뻗어 있다. 로체스터와 버틀러는 위쪽 입자의 운동량이 300MeV/c라고 측정했으며 그 입자에 대전된 전하는 양전하라고 결정했다. 그 밖의 (아래쪽) 입자는 (만일 그것이 아래로 움직인다면) 음전하를 가지고 있거나 아니면 (만일 그것이 위로 움직인다면) 양전하를 가지고 있다. 지난 경험으로 미루어보아서 그들은 그것이 전자-양전자 쌍이라면 두 흔적이 더 가까워져야 할 것이라고 주장했다. 두 흔적은 두 개의 팔로 이루어진 별일 수는 없다. 만일 그렇다면 꼭대기 정점에 되튕겨나가는 원자핵이 보여야 할 것이다. 마지막으로 운동량 보존에 의해 파이온이 전자로 붕괴하거나 뮤온이 전자로 붕괴한다는 가능성은 배제된다. 이와 같은 주장은 단지 하나의 그럴듯한 대안을 제거하므로 로체스터와 버틀러는 이 사건이 이전에 알려지지 않은 중성 메존의 붕괴라는 새로운 현상에 대한 사진 기록이어야만 한다고 결론지었다. 출처: 로체스터와 윌슨, 『사진』(1952), 102쪽의 도판 103.

나갔는데, 그렇지만 그동안에도 물리학자들이 연구를 게을리한 것은 아니었다. 이때는 전 세계에 걸쳐 여러 그룹들이 무수한 입자들의 존재를 각 입자마다 성대한 팡파르와 함께 발표하던 그런 시기였다. 그중에서 일부는 기본적인 실체로서 판테온 신전으로 들어가기까지 살아남았지만, 그러나 아주 많은 것들이 슬며시 가짜들의 쓰레기 더미로 흩어져 사라져버렸다. 맨체스터 그룹도 솔선하여 산에 설치한 관측소를 이용하여 모든 노력을 기울여 탐색할 계획을 시작했는데, 그때 칼 앤더슨은 블래킷에게 1949년 11월 28일자로 환영 소식과 함께 다음과 같이 썼다. "로체스터와 버틀러가 다음과 같은 소식을 들으면 기뻐할 것이 틀림없다. 우리는 약 2년 전에 『네이처』를 통해 발표된 그들의 논문에서 설명한 것과 비슷한 갈래진 흔적 사례를 30가지 정도 얻었는데, 아직까지는 이 사건들에 대해 불안정한 새로운 입자가 그 사건들의 원인이라는 그들의 해석이 우리 실험을 통해서 뒷받침되는 것처럼 보인다."[184)]

자신들의 그룹이 더 이상 ***V***를 발견하지 못한 이유가 상자 위에 충분히 두껍지 않은 납 흡수재를 올려놓은 때문이라고 예상하고서 블래킷은 1949년 12월에 다음과 같이 회답했다. "로체스터, 버틀러와 나는 로체스터와 버틀러가 한두 해 전에 발견했던 일반적인 형태 중에서 이상하게 갈래진 흔적의 존재를 확인하는 데 성공했다는 당신의 소식을 듣고 대단히 기쁘게 생각한다. 우리는 그동안 더 이상 관찰할 수가 없어서 상당히 걱정하고 있었다. 로체스터와 버틀러는 동일한 상자에서 훨씬 더 많은 사진을 촬영하고 투과하는 소나기를 보여주는 아름다운 사진들을 많이 얻었지만, 또 다른 동일한 사례를 찾지는 못했다."[185)] 이렇게 확인 증거가 나온 뒤를 이어서 로체스터와 J. G. 윌슨은 상대적으로 작은 수의 잘 알려진 현상의 예를 포함하고 거기에 걸맞게 "많은 수의 높은 에너지 원자핵 상호작용과 특히 최근에 발견된 ***V***입자를 가지고" 그들의 지도책을 편찬했다.[186)]

비록 맨체스터에서 ***V***입자를 발견한 것이 새로운 지도책을 출판하게 된 가장 가까운 원인이었다고 할지라도 그것이 유일한 목표였던 것은 결코 아니다. 그 새로운 실체는 그러한 대상으로 급격히 불어나는 동물원에 속한 단 두 개에 불과했으며, 물리학자들은 지금까지 무엇을 보

184) 앤더슨이 블래킷에게, 1949년 11월 28일, 자료 B48, PBP.

185) 블래킷이 앤더슨에게, 1949년 12월 5일, 자료 B48, PBP.

186) 로체스터와 J. G. 윌슨, 『사진』(1952), viii쪽.

았고 어떻게 해야 제대로 보는 것인지에 대한 안내가 필요했다. 블래킷이 묘사한 것처럼 "그렇게 새로운 사건은 지극히 드물게 일어날지도 모르며, 일단 발견되면 상자의 기록을 정확하게 측정하는 것이 기술적으로 적당하다는 것을 증명하는 것이 중요하다."[187] 정확한 측정이란 인공적으로 만들어진 것과 본질적 효과를 구분하여 인식할 수 있는 것을 의미했는데, 그래서 맨체스터 지도책은 길을 잃지 않도록 경고하기 위하여 잘못된 결과에 대한 설명을 상당량 포함하고 있었다. 예를 들어 〈그림 2.24〉와 〈그림 2.25〉는 금속판 부근에서 나타날 수 있는 인공적인 것의 실례(實例)다. 〈그림 2.24〉는 적절하지 않은 이면(裏面)의 응결에 의해 판 부근의 흔적이 사라지는 것처럼 여기게 하는 것을 보여주는 데 반해, 〈그림 2.25〉는 판과 상자 벽 사이의 온도차로 생기는 변형의 예다.

로체스터와 버틀러가 그들의 첫 번째 ***V***입자를 옹호하면서 내세운 이유의 일부는 〈그림 2.24〉와 〈그림 2.25〉가 보인 결점의 피해를 보지 않았다는 것을 정확하게 증명한다는 데 있다. 다시 말하면 갈래진 흔적이 판 바로 밑의 사라진 흔적에서 나오지 않았다는 것이다. 지도책에 나와 있는 대로 "금속판 부근의 전체적인 변형은 …… 대개 상자에서 관계되는 부분 전체에 걸친 변형을 표시하는 것으로 받아들여야만 한다."[188] 그러한 사진들은 되돌릴 수 없도록 손상되어 있었다. 전문가들의 공동체에 기술적인 표준을 제시하는 것이 지도책의 예정된 목표가 지닌 본질적인 부분이었다.

블래킷과 동료들은 지도책을 그 분야의 전문가들뿐 아니라 "비록 자신들이 직접 창의적인 연구에 종사하고 있지 않다 하더라도 입자 물리학을 공부하는 모든 학생들"을 대상으로 했는데, "그것은 이 책이 물리적인 이해를 습득하는 데 매우 귀중한 수단임을 알 것이기 때문이다." 이 이해란 고등 이론을 완전히 소화한 뒤에 얻는 그런 이해가 아니었다.

---

187) 블래킷, 「서문」(1952).
188) 로체스터와 J. G. 윌슨, 『사진』(1952), 8쪽.

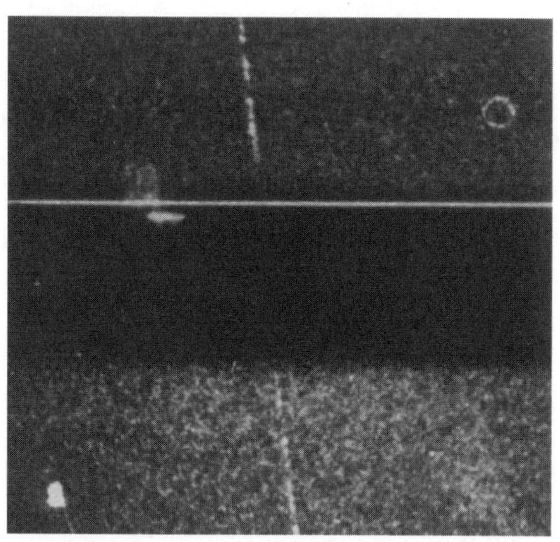

〈그림 2.24〉 판 근처에 인공으로 만들어진 것, 변화할 수 있는 과포화(1952). 구름 상자(그리고 그 시각적 증거)를 어떻게 이용할지 배우는 것은 진짜와 가짜를 구별할 수 있는 것을 의미했다. 이 사진에서는 저자들이 쓴 것에 따르면 과포화가 너무 낮았다. 판 가까운 곳에서의 과포화 수준이 너무 낮아서 흔적의 생성을 방해했으며, 흔적이 판 위 수밀리미터에서 끝났거나 시작했다고 착각하게끔 한다. 증거로 이용될 황금 사건을 얻기 위해서는 사진 한 장 한 장을 비교하여 인공적으로 만들어진 것을 구별해 내야만 한다. 출처: 로체스터와 윌슨, 『사진』(1952), 8쪽의 도판 9.

거기에는 메존에 의해 전달되는 유카와의 교환 상호작용에 대한 언급도 나와 있지 않으며, 양자 전기 동역학(quantum electrodynamics, QED)에 대해 중요한 내용이 들어 있지도 않았고, QED가 활용하는 (파인먼 도표나 라그랑주 장이론, 장이론적 진공 등) 장치도 없었다. 그와는 정반대로 블래킷은 독자에게 이 지도책이 "이러한 원자 내부 세계의 사건이 복잡한 수학의 도움을 받거나 심오한 이론을 숙달하지 않고서도 쉽게 시각화될 수 있고 이해될 수 있다는 점을 분명히 하는데 우리를 도와줄 것이 틀림없다"고 보증했다. "만일 이렇게 [복잡한] 사건들 [중에서 일부가] 왜 일어나는 것이냐고 묻는다면 그 사람은 현대의 기초 이론 물리학의 미묘한 복잡함과 불확실성으로 끌려갈지 모르지만, 실험 과학자가 그 사건들이 어떻게 일어난 것이냐고 묻는 것에 만족한다면 이 사

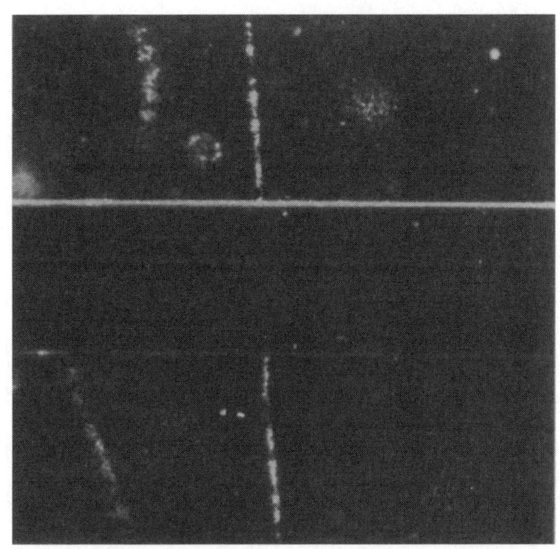

〈그림 2.25〉 판 근처에 인공으로 만들어진 것, 온도에 의한 변형(1952). 만일 판의 온도가 상자 벽의 온도와 상당히 차이가 난다면, 기체는 균일하지 않은 상태로 자리 잡을 수 있다. 사진에서 로체스터와 윌슨은 초보자들에게 상자의 위쪽 절반에 문제가 있음을 가르쳐 주었다. 판의 아랫면 가까운 곳에 명백하게 나타난 (그리고 인공적으로 만들어진) 곡률이 존재할 뿐만 아니라 조심스럽게 관찰하면 흔적의 윗부분과 아랫부분이 서로 만나지 않는다. 그것은 저자들의 말에 의하면 전체 곡률이 "의심스러움"을 의미한다. 다시 한 번 더 〈그림 2.24〉에서와 같이 증거를 사건마다 따로 평가해야만 한다. 출처: 로체스터와 윌슨, 사진(1952), 8쪽의 도판 10.

진들과 거기에 첨부된 해설들이 에너지가 큰 기본 입자들의 세계로 데려다주는 이상적인 안내자가 될 것이다."[189]

나는 상호작용들의 특성을 정하는 데 이용되는 현세(現世)의 이론들이 분류된 흔적 현상과 혼합되는 영역이 만들어짐에 따라 실험 과학자와 (여러 해 동안 분명하게 존재했던) 이론 과학자 사이의 구분이 심화되었다고 주장하고자 한다. 당분간은 어느 그룹이나 모두 검출기를 설계하고 유지하고 활용하거나, 사진을 촬영하고 새로운 현상을 찾아내거나 그것들의 분석을 시작할 수 있을 것이다. 1952년 10월에 클리퍼드 버틀러는 앤더슨의 칼텍 연구소를 방문하고서 블래킷에게 미국에서는 어떻

---

189) 블래킷, 「서문」(1952).

게 활동하는지에 대해 자세하고 뜻 깊은 묘사를 써 보냈다. 그 영국 물리학자를 가장 놀라게 한 것은 다음과 같은 미국 상자의 정교하게 다듬어진 간결성이었다.

> 상자들은 얇은 놋쇠판으로 제작되었고 내부는 크롬으로 도금되어 가볍게 만들어져 있다. 단지 한 면에만 창이 마련되어 있고, 반대편은 크롬으로 도금되어 거울 역할을 한다. 상자 내부는 장애물이 거의 없고 벨벳을 전혀 사용하지 않았다. 견고한 피스톤은 알루미늄으로 만들어졌는데 검게 산화 처리하고 래커칠이 되어 있다. 피스톤의 끝은 주 상자 통의 옆쪽 벽에서 겨우 1센티미터만 나와 있다. 피스톤은 뒤쪽에 단순하게 1″ 두께의 골이 파진 평평한 판으로 구성되어 있다. 상자가 자석 안에 있을 때는 공기에 의해 작동되는 상당히 무거운 금속 배열에 의해 피스톤이 앞쪽으로 밀려 나간다.

버틀러는 전체적으로 보아 다음과 같다고 보고했다. "나는 여기서 근본적으로 새로운 기술은 전혀 없다는 말로 상황을 요약할 수도 있다고 생각한다. 그들은 매우 간단하게 설계된 아주 깨끗한 상자로 발전시켰다." 접착제나 벨벳이나 시멘트가 전혀 사용되지 않았다. 한마디로 일그러지게 만들 가능성이 있는 것은 하나도 없었다. 임무의 구성에 있어서는 연구소의 서열이 반영되어 있었다. "분명한 것은 …… 앤더슨, 레이턴, 그리고 코언과 같은 상급자들이 …… 그들의 시간 대부분을 장치의 설계와 제작에 사용하고 연구생들이 자료 분석을 수행했다는 점이다."[190] 앞으로 다음 장들에서 보게 되겠지만, 이와 같은 자료 분석의 위임은 전후(戰後) 시대가 되면서 점점 더 자주 일어나게 되었다.

전 세계에 걸쳐서 몇몇 실험 과학자들 중에서 어쩌면 앤더슨이 제일 먼저 대부분의 실험실 도구에 정통한 숙련자가 된 주도면밀한 구름 상

---

190) 버틀러가 블래킷에게, 1952년 10월 14일, 자료 B52, PBP.

자 실험가라는 평판을 획득했을 것이다. 이러한 사진 전문가 집단에는 인디애나 대학의 로버트 톰슨, 파리 대학의 피에르 오제와 루이 레프린스-링게, 소련의 디미트리 스코벨친, 그리고 맨체스터 대학의 블래킷과 그의 그룹이 속해 있다. 그들의 평판이 오른다는 사실은 점점 더 그러한 사람들의 사진이 다른 실험 과학자에 의한 사진보다 훨씬 더 큰 영향력을 행사한다는 것을 의미했다. 그러나 구름 상자 사진의 좀더 놀라운 특성 중의 하나는 그것들이 어떻게 해서 나오게 되었느냐는 출처와 무관하게 가치를 지닌다는 점이다. 사진에는 실험상의 잘못이 나오게 마련이므로 구름 상자 사진은 검토차 이곳저곳으로 돌아 다녔다. 변형이 나오게 되는 근원 중에서 전부는 아니더라도 거개가 배경의 불규칙한 응결과 같은 성질들 때문인 것으로 추정할 수 있었다. 부분적으로는 구름 상자 사진이 이렇게 사진만 가지고 결론을 내릴 수 있는 성질 때문에 사진들은 널리 교환되고 출판되고 저장되고, 원래 사진을 찍었던 장소에서 아주 멀리 떨어진 그룹에 의해 다시 분석되었다.

19세기 말 물리학에서 그렇게도 특색을 이루었던 전자(電子)-역학적 실험들 대부분에서 발생했던 보다 덜 자체적으로 해결 가능한 "처리되지 않은 자료"에서는 (또는 제6장에서 다루게 될 계수기 실험의 처리되지 않은 자료에서조차) 그와 같이 말하는 것이 가능하지 않았다. 예를 들어 맨체스터와 칼텍의 구름 상자 그룹들은 서로 주거니받거니 사진들을 교환했다. 의심할 여지 없이 앤더슨은 이런 실험의 하부 문화를 새로이 발견함으로써 이론이나 이론 과학자들이 설명할 수 있었던 그 어떤 것보다 훨씬 더 앞지르게 되었다고 다음과 같이 믿었다. "버틀러가 우리에게 보내준 이중 붕괴의 사진은 엄청난 흥미를 자아낸다. 어떤 이론이나 상상도 아직 사실을 따라갈 수 없다는 것이 여전히 옳은 이야기이다."[191]

블래킷과 앤더슨 또는 로체스터와 같은 사람이 "이론"이라는 용어를 "사실"이라는 용어와 대비하며 사용할 때, 특히 이 장에서 도입된 구름

191) 앤더슨이 블래킷에게, 1950년 8월 10일, 자료 B48, PBP.

상자에 관한 철학적 의견이라는 관점에서 그들의 논평을 고려할 때 우리는 그것을 조심스럽게 읽지 않으면 안 된다. 구체적으로, 실험 과학자가 흔적으로부터 이론을 전부 제거하는 것이 가능하다고 믿는다는 암시가 실험 과학자로부터 결코 조금이라도 나오지 않았다. 다시 말하면 이론적으로 "가득 채운" 또는 "얽힌" 분석에서 탈피하여 "순수하게" 감각적인 경험 중의 하나로 갈 수 있다는 암시가 존재하지 않았다. 실제로 (실험 과학자 자신들에 의해 사용된 것과 같은) "해석"은 실험 과학자의 임무에서 빠뜨릴 수 없는 부분이다. 그것이 없다면 작업이 완료되지 않는다. 심지어 "사진첩" 지도책조차도 해석적인 논평을 포함하고 있었다.

지도책 서문에서 로체스터와 윌슨이 말한 것처럼 "구름 상자를 적용한 어떤 기록이라도 사진이 담고 있는 모든 정보를 산출하도록 하는 데 필요한 중대한 해석의 요소를 적절하게 강조하지 않는다면 판단을 그르칠 수도 있다. 이것을 목표로 하고, 우리는 사진의 설명문이 중심이 되는 현상에 대한 해석의 과정은 물론 인정된 설명을 구체적으로 보여줄 수 있도록 만들려고 시도했다."[192] 로체스터나 윌슨과 마찬가지로 블래킷이 "이론"이나 "측정"보다는 오히려 "해석"에 대해 말한 것을 중요하다고 생각한다. 그의 단어 선택은 추측건대 구름 상자 흔적에서 입자의 실체와 행동을 확인하는 데까지 이르게 하는 왕도(王道)는 없다는 판단을 반영한다. 앤더슨이 쓴 편지에 대해 ***V***입자의 존재에 대한 칼텍 그룹의 확인을 발표하는 블래킷의 답장에서 찾아볼 수 있는 것이 바로 다중적 이해의 가능성이다. 블래킷이 "비록 자연스럽게 다른 가능한 해석도 생각해볼 수 없지는 않다고 하더라도 나 자신은 그 현상의 실체를 상당히 확신하고 있었다"라고 털어놓았다.[193]

해석이 때로는 다를 수 있어서 지도책은 그러한 상이(相異)한 면을 충분히 전했다. 예를 들어 로체스터와 윌슨의 지도책은 앤더슨 그룹이 촬

---

192) 로체스터와 J. G. 윌슨, 『사진』(1952), viii쪽.

193) 블래킷이 앤더슨에게, 1949년 12월 5일, 자료 B48, PBP.

영한 사진 중 알려진 바 고속 중성 **V**입자를 보여주었다는 사진 1장을 실었다(〈그림 2.26〉 참조). 전에 발표되지 않았던 이 판에는 중앙 아래 부분에 거꾸로 선 **V**흔적이 포함되어 있었다. 두 가지 "해석"이 제안되었다. 하나는 갈래진 흔적이 상자 외부에서, 아마도 바로 위의 납에서 생성되는 V^0입자의 결과라고 주장했다. 또 하나는 로체스터와 윌슨이 제안한 것인데, 상자를 둘로 가르는 납 막대기에서 V^0입자가 생성되었을 가능성이 있다. 제안자들은 두 번째 해석을 옹호하면서 갈래진 것 중에서 왼쪽 흔적의 운동량이 오른쪽 흔적의 운동량보다 더 많다는 점을 (더 가늘고 덜 조밀한 물방울들이 더 작은 이온화를 나타내고 그것은 다시 더 빠른 입자가 물방울을 떠났음을 의미함) 지적했다. 이러한 주장은 (운동량 보존에 의해서) 중성 입자로부터 거꾸로 판의 (추론된) 상호작용에 (보간[補間]법으로 구한 다른 흔적들이 쏟아져 나온 상호작용점) 이르기까지 추적하는 것이 그럴듯하게 해준다.[194]

"해석"에는 이론이 얼마나 포함되어 있을까? 상당량 포함되어 있음이 판명되어 있다. 〈그림 2.26〉과 같은 사진을 분석하는 데 알아내야 할 모든 것은 볼 수가 없는 흔적, 즉 관찰될 수 있는 갈래진 이차 흔적의 추정상 존재하는 것의 성질들을 추론해 내는 일이다. 상대론적 물리학은 자주 사용되는 이온화 계산에서 중요한 자리를 차지한다. 상대론적 역학이 보존 법칙의 기초가 된다. "해석"은 또한 있을 법한 (기체에서의 온도 경사도, 오염, 기체의 불규칙적인 팽창, 시각적인 문제, 그리고 서로 다른 기체의 산란 성질에 의한 효과 등) 변형 효과에 대해서도 상당한 지식을 필요로 한다. 이와는 대조적으로 로체스터와 윌슨의 지도책 또는 1930년대에서 1950년대 사이에 출판된 모든 다른 구름 상자 지도책 중에서 디락 방정식이나 유카와와 하이젠베르크, 그리고 다른 사람들의 메존 교환 이론이나 전후(戰後)에 발전된 QED 등의 수준을 갖춘 이론에 어느 정도라도 주의를 기울이는 지도책은 하나도 없었다. 블래킷이 피하고 싶었던

194) 로체스터와 J. G. 윌슨, 『사진』(1952), 104쪽에서 논의된 도판 106.

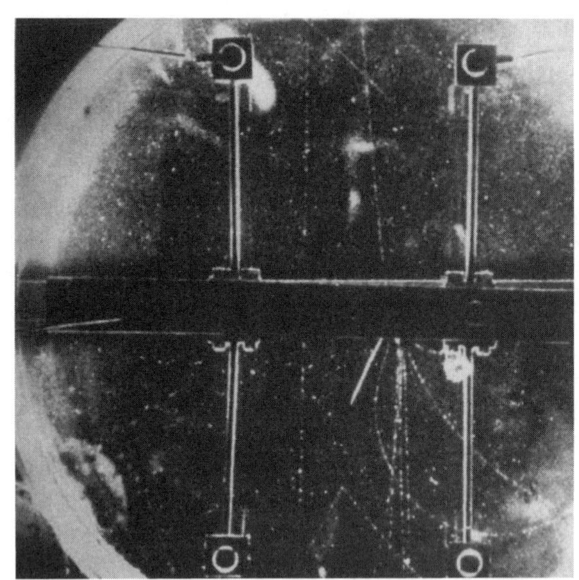

〈그림 2.26〉 고속 중성 V입자(1952). "이 사진은 날아가는 고속 V^0입자의 붕괴에 대한 또 다른 예다 …… 상자의 변형으로 이차 입자들의 운동량을 말하는 것이 가능하지 않다. 그렇지만 이온화가 최소값 근처이기 때문에 입자의 속도는 거의 c여야만 하고, 그래서 운동량이 아마 높을 것이다. [이 판에 나온] V^0입자는 상자 외부에서 유래했으며, 아마도 납에서 원자핵 상호작용에 의한 것처럼 보인다." 출처: 로체스터와 윌슨, 『사진』(1952), 105쪽의 도판 106.

"불확실성"을 초래한 "미묘한 복잡성"과 "심오한 이론"이 존재했다.

이론 과학자들을 만족시킨 것과 실험 과학자들을 만족시킨 것 사이의 긴장은 서신(書信)에서, 회의에서, 그리고 두 하부 문화의 모든 교차 지점에서 반복적으로 표현되었다. 예를 들어 1937년에는 (앤더슨 그룹과 커리 스트리트 그룹 등) 두 미국 그룹이 전자(電子)와 같은 전하와 상호작용 성질을 갖고 있지만 질량이 더 무거운 입자들이 존재한다는 결론에 도달했다.[195] 블래킷의 그룹도 이상스러운 대상을 관찰하고 즉시 이론 과학자들 중에서 회의적인 사람들과 서신 왕래를 시작했다. 폴 디랙은 다음과 같이 아주 통명스럽게 응답했다. "[컴프턴 효과의 광자(光子)

195) 갤리슨, 『실험』(1987), 제3장.

에 대한 해석을 실험적으로 확인하는 데 실패했다고 논문을 발표한]196) 샹클랜드 이후에 나는 예기치 않은 모든 실험 결과에 대해 좀처럼 믿을 수 없다고 느낀다. 나는 그러한 실험 결과에 대해 걱정하기 전에 추가 실험이 나와 이전 실험과 모순이 되지 않는지를 보려면 1년 정도 기다려야 한다고 생각한다."197) 1930년대의 또 다른 탁월한 이론 과학자인 루돌프 파이얼스도 의구심을 표명했는데, 거기에 블래킷은 다음과 같이 화답했다. "나도 그 결과들이 인도하는 극단적인 결론으로 미루어볼 때 당신의 끈질긴 의구심을 이해한다! 그러나 주요 결과에 관한 한 진정으로 어떤 의혹도 존재하지 않는다." 그렇게 하고 나서 그는 곡률과 이온화에 대한 주장을 다시 반복한 뒤 다음과 같이 결론지었다. "나는 당신이 사진을 보기만 하면 확신을 갖게 되리라고 생각한다."198) 그럴지도 모른다. 그러나 사진을 "보는" 것 또는 좀더 정확하게 사진으로 확신하는 것이 이론 과학자가 사용하지 않는 방법으로 스스로 정당함을 어떻게 읽는지 알고 있는 실험 과학자들에게는 한결 쉬울 수 있을 것이다. (파이얼스도 종국에는 설득되었지만, 사진조차도 끈질긴 이론적 반대를 입다물게 하는 데는 충분하지 못했다.)199)

이론 과학자들 중에서도 디락과 파이얼스는 그들 자신의 구속 조건들을 가지고 있었고, 실제로 자신들이 인정하기 위해 스스로 만든 판단의 기준을 가지고 있었다. 두 하부 문화 사이의 간격은 심지어 실험 과학자들이 그들 사이에서 이야기할 때도 아주 뚜렷이 드러났다. 예를 들어 실험 과학자들이 실험 과학자 내부 대화에 쉽게 융합시키는 종류의 이론과 항상 외부적인 것으로 치부되는 종류의 이론 사이에 어느 것에 초점

196) 샹클랜드, 「실패」, *Phys. Rev.* 49(1936): 8~13쪽. 샹클랜드의 연구를 반박하는 구름 상자 주장이 곧 출현했는데, 크레인, 개트너, 그리고 터린, 「구름 상자 연구」, *Phys. Rev.* 50(1936): 302~308쪽을 보라.

197) 디랙이 블래킷에게, 1937년 2월 12일, 자료 B137, PBP.

198) 블래킷이 파이얼스에게, 1937년 5월 20일, B138, PBP.

199) 파이얼스가 블래킷에게, 1937년 5월 25일, 자료 B138, PBP.

을 맞출 것이냐는 문제가 있다. 한 예를 들어보자. 1948년에 로버트 톰슨은 어떤 구름 상자 실험을 수행했는데, 메존이 전자와 전자의 약 90배의 질량을 갖는 중성 입자인 "뉴트레토"로 붕괴한다는 가정과 그의 실험 결과가 일치한다고 생각했다. 톰슨이 동료 실험 과학자인 브루노 로시에게 편지를 보냈을 때 로시는 그 결과가 뉴트레토 가설과 일치한다고 동의하면서 공감을 나타내는 회답을 보냈다. 그렇게 하고 나서 로시는 다음과 같이 추론했다. 전자(電子)는 1/2이라는 고유 각운동량(스핀)을 가지고 있기 때문에 뉴트레토의 스핀이 1/2이거나 1에 관계없이 (각운동량 덧셈에 따라) 메존은 1/2의 각운동량을 가져야만 한다. 이것이 다음에는 두 핵자의 충돌에서 메존이 생성될 때 두 번째 스핀-1/2 입자가 꼭 생성되어야만 함을 의미한다. 만일 그 보이지 않는 입자의 정지 질량이 상당히 크고 그것이 동시에 생성되어야 한다면 버클리에서 수행된 실험에서 메존을 발생시키기 위하여 더 많은 에너지가 필요했을 것이기 때문에 이 두 번째 입자는 매우 작은 질량을 가져야 한다(그것이 어쩌면 뉴트리노일지도 몰랐다). 로시는 추가로 다음과 같이 말했다. "그 이론 과학자들은 원자핵이 음전하를 띤 무거운 메존을 흡수했을 때 뉴트리노를 방출한다면 뉴트리노가 메존의 정지 질량 에너지 중에서 상당한 부분을 수반할 것이라고 느끼는 것처럼 보이는데," 그것은 원자핵을 붕괴시키는 데 이용될 에너지가 더 적게 남게 될 것임을 의미했다.

로시는 그러한 결론이 실험적으로 관찰된 붕괴하는 원자핵과 일치하지 않는다고 생각했다. "그럼에도 불구하고 뉴트리노가 가져가는 에너지 몫에 대한 이론적인 주장이 얼마나 근거가 있는지에 대해 나는 잘 모른다."[200] 이번에는 (뉴트리노가 얼마만큼의 에너지를 가져갈 것인지 확실하게 정해주는) 상대론적 양자 역학이 로시에게 마치 검은 상자 같은 것이나 마찬가지임이 분명하다. 그러나 이 예가 가리키는 것처럼 실험 과학자들의 "해석적인" 추론 과정은 "이론이 부재한" 아무렇게나 만

200) 로시가 톰슨에게, 1948년 7월 20일, 자료「로시」, RTP.

든 것이다. 그 추론은 양자 역학과 보존 법칙들, 실험적 추론, 그리고 심지어 뉴트레토와 같은 가상적인 입자까지 풍부하게 혼합되어 있다. 실험 과학자와 이론 과학자 사이의 교역 지대에서 상대론적 양자 역학은 젖혀져 있다. 입자와 입자의 에너지, 운동 등으로 구성된 교역 언어가, 즉 디랙 방정식이나 유카와 방정식과 같은 높은 이론도 채택하지 않고 팽창 상자나 광학의 실험적 세부 사항도 채택하지 않은 채 제구실을 하는 혼성어인 교역 언어가 1940년대 말에 조립되었다.

"중요한 흔적 해석"에 관한 이와 같은 고려가 시대 구분이라는 문제와 이론 및 실험 사이의 관계라는 문제, 좀더 구체적으로 윌슨의 구름 상자가 지닌 장기적 중요성이라는 문제로 돌아오는 것을 가능하게 만들어 준다. 왜냐하면 구름 상자 주위에서 이론적 연구 프로젝트와 실험적 연구 프로젝트 둘 다를 가로지르는 일련의 서로 연결된 제작 기술과 해석 기술이 성장되었기 때문이다. 구름 상자 연구자에게는 원자핵 붕괴에 대한 연구에서 전기 동역학적인 소나기에 대한 연구로 건너가거나 또는 투과하는 입자에서 새로 발견된 *V*입자로 건너가는 것이 가능했다. 이 모든 영역에 가로질러서 각도를 측정하거나, 이온화 밀도를 측정하거나, 관찰되지 않은 입자의 경로를 계산하거나, 구성 요소인 실체의 전하(電荷) 부호와 질량을 가려내거나, 관찰되지 않은 중성 입자의 운동학을 재구성하는 일단의 기술들이 놓여 있었다. 그러나 이러한 해석적 기술의 집합이 명백하게 (자세한 메존 이론이나 디랙 이론, 양자 장이론 등) 고등 이론과는 전혀 무관하지만, 이러한 독립성이 모든 이론이 제거된 규약을 담은 언어를 찾아낸다는 논리적 실증주의자들의 꿈과는 도저히 융합될 수가 없다.

구름 상자에서 전승(傳承)된 해석상의 지식은 미시(微視) 물리학의 다양한 하부 문화를 서로 결합한다는 의미에서 교역 언어로의 구실을 담당한다. 물리학의 좀더 넓은 문화에 속한 사람이면 누구든지 "판 아래에, 상당수의 전자(電子)들이 두드러지게는 사진의 왼쪽으로 특성적인 쌍을 지어 중성 메존이 붕괴하여 나오는 광자(光子)로부터 전개되는 것과 일치하는 방법으로 분포되어 있다"라는 진술을 할 수가 있다.[201] 그러나 그러한 논평이 종잡을 수 없는 실험 과학자의 기능과 이론 과학자의 기능에 똑같은 방법으로 융합될 것인지는 분명하지 않다. 구름 상자 실험 과학자에게 전자(電子)는 델타선의 바짝 죈 소용돌이선이라든가 싱크로트론 방사선과 연관된 서로 상쇄되는 나선(螺旋), 최소의 이온화 흔적, 정해진 질량과 스핀, 전하를 갖는 입자와 같이 시각적으로 나타나는 놀라운 특성에 떨어질 수 없도록 결합되어 있다. 1950년대의 많은 이론 과학자들에게 전자(電子)는 주로 QED의 파인먼-슈윙거-토모나가 이론 체계의 계산적·개념적 구조라는, 아주 상이한 일련의 기능 속에 묻혀 있었다. QED를 사용하는 이론 과학자에게 개별 전자(電子)는 다른 대상의 명목상의 형태로 그 생애의 일부를 지나가면서 고정되거나 회복될 수 있는 신분 증명서가 없는 존재이고, 전하나 질량이 운동량에 의존하기 때문에 고정된 전하나 질량도 갖고 있지 않은 존재였다. 전체적인 대표 방식이 재규격이라는 새로운 계산법에 기초했고, 구름 상자 사진으로 이루어진 지도책에서 냄새를 맡을 수 있는 한 번 내뿜는 향기가 아니었다. 이 두 가지 하부 문화가 만날 수 있었던 (또는 만났던) 곳이 바로 블래킷과 다른 사람들이 "해석"이라고 부른 언어였다.

다음 장에서는 구름 상자를 둘러싸는 기술 집단의 창조가 어떻게 다른 종류의 교역 지대, 즉 다른 도구 시스템에 도달하는 교역 지대를 구성할 수 있었는가를 보게 될 것이다. 구름 상자 제작과 구름 상자 이론, 구름 상자 사진 분석에서 훈련된 물리학자들이 어렵지 않게 에멀션 그룹이나 거품 상자 그룹으로 이동했다. 에멀션 물리학자들도 마찬가지로 그들의 능력을 거품 상자 필름의 분석으로 옮겨갔다. 시각적인 단일-입자 검출기를 발명함으로써 윌슨은 이미 존재하는 장치를 개선하는 것보다 훨씬 더 많은 일을 했다. 그가 성취한 것은 단지 좀더 민감한 검류계(檢流計)라든가, 좀더 좋은 기전력 장치라든가 또는 시간과 거리를 측정하는

201) 로체스터와 J. G. 윌슨, 『사진』(1952), 98쪽.

좀더 새로운 기계 정도에 머물지 않았다. 구름 상자는 부수적으로 새로운 시각적 효과에 근거한 언어를 도입함으로써 새로운 등급의 물리적 증거를 창조했다. 개별적 사진을 에워싸는 속삭임 속에서, 미시 물리적으로 생긴 일의 역사에 관해 말할 수 있는 이야기 속에서 실물로 보여주는 증거의 참신한 방식이라는 가능성이 생겨났다. 윌슨에 의해 선구적으로 알려진 결정적인 황금 사건과 그다음 앤더슨의 양전자, 그리고 로체스터와 버틀러의 *V*를 보여주는 유명한 스냅 사진에 의해 알려진 황금 사건이 바로 그것들이다.

7. 구름 상자와 실험하기의 전형(典型)

역사적인 면과 철학적인 면 둘 다에서 구름 상자는 교차로에 놓여 있다. 이 장치는 자연 과학에서 뚜렷이 구분되는 두 분야, 즉 캐번디시에 위치한 "분석적" 전통과 그리고 지질학이나 기상학과 같은 현장 과학에 위치한 매우 다른 "형태적" 전통에서 유래했다. C. T. R. 윌슨은 둘 다에 양다리를 걸치고서 거의 20년 동안 탁월하게 기여했던 혼합된 주제를 창조해 내는 데 성공했다. 이 교역 지대인 응결 물리학은 두 분야의 지식에서 그 분야에 종사하는 사람과 장치, 기술, 이론적 구성 요소, 목표를 흡수한 영역이었다(〈그림 2.27〉 참조).

1895~1910년 동안에 형태학적 물리학과 분석적 물리학이 윌슨의 연구에 의해서 변형되었다. 19세기 초에 기상학이 지질학과 더불어 정확한 분류에 의해서 서술되었다. 성공적인 연구가 현장에서 면밀한 분석으로부터 그 세력을 키워나갔다. 훔볼트는 넓은 범위의 탐사와 조심스러운 자료 수집의 체계적 이용을 조화시켰다. 등압 도표와 등온 도표를 광범위하게 이용함으로써 그는 서로 일치하지 않는 지역 보고(報告)의 혼란에서 오직 10마일 또는 심지어 100마일의 단계로만 나타내도록 기상학을 부상시켰다. 전 세계적으로 현장에 근거한 유사한 노력을 통하여 널리 인정받는 지층학(地層學)과 그에 수반되는 지구의 지질학적 역사가

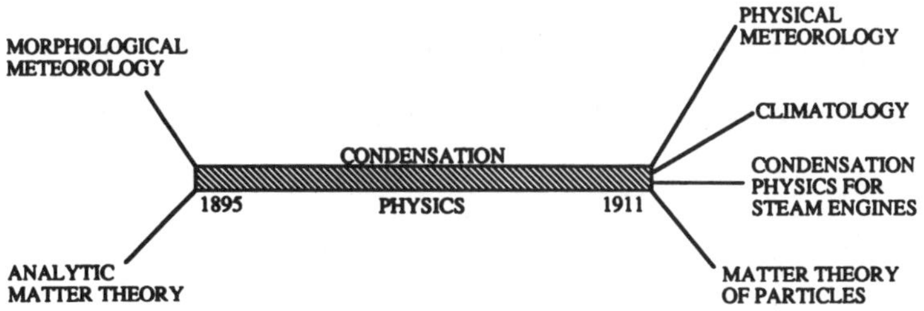

〈그림 2.27〉 응결 물리학의 창조와 분열. 비록 "응결 물리학"이라는 부문이 이론적 구성 요소로서 결코 "원자 물리학"과 경쟁 상대가 되지는 못했지만, 이 용어가 (증기 기관의 설계 등) 실제적인 분야와 (화산 분출 등) 지질학적인 분야, (이온과 방사선의 본성 등) 물질 이론에 관한 분야, 그리고 (비의 기원 등) 기상학 분야를 가로지르는 분야들을 하나로 묶었다. 그것이 존재한 기간은 짧았지만, 이러한 일시적인 현상들의 묶음이 원자핵 에멀션으로 이끄는 세실 파우웰의 연구에 의미를 부여한다.

기반을 갖추게 되었다. 구름 물리학은 루크 하워드의 놀라운 분류가 나온 다음에야 비로소 시작할 수 있었다.

윌슨이 과학적인 성년(成年)에 도달하게 되었을 때 형태학적 과학의 이차 변형이 진행 중이었는데, 거기서 원 위치에서의 탐사는 시험관 속에서의 조사로 보완받을 수 있었다. 수십 년 동안 형태학자들은 실험실이 순수한 진실을 밝히지 못한다는 데 대해 약간의 회의를 품고 있었다. 결국 최근 몇십 년 동안에 나온 위대한 업적들은 유리관이나 화학 제품, 작업실의 용수철을 이용하여 인위적으로 구성한 것이 아니라 자연을 실제 있는 그대로 관찰함으로써 얻었던 것이다. 형태학 과학자들의 눈으로 정통성을 획득하기 위해서는 1880년대와 1890년대의 새로운 실험하기가 실제 세계와 연결된다고 약속하지 않으면 안 되었다. 그리고 이제 여기서 인조의 용암 흐름이나 모형 빙하, 그리고 축소된 산 같은 건축물이 맡아야 할 역할을 갖게 된 것이다.

윌슨이 보기에 그의 연구와 가장 가까이에 위치해 있었던 존 에이트킨은 형태학적 과학의 이러한 모사적(模寫的) 변형을 이룩한 전형적인 예였다. 그가 인공적으로 만든 회오리바람과 조류(潮流), 그리고 빙하 등은 자연을 해부하기보다는 오히려 자연을 재현하려는 바로 그런 시도였다. 축소형 회오리바람의 인과 관계를 나타내는 구조는 마을을 파괴할 수 있고 들판을 홍수지게 할 수 있는 광대한 실체와 바로 똑같도록 가정되어 있었다. 가장 중요한 것은 먼지 상자에 관한 에이트킨의 연구가 그 시대에 가장 놀라운 기상학적 현상의 일부를 재현할 수 있었다는 점이다. 조절되지만 믿을 수 있는 방식으로 그 상자는 영국의 산업 도시에 위협적으로 뒤덮었던 안개를 발생시킬 수 있었다. 그것은 비를 내리게 할 수 있었다. 그리고 가장 놀랍게는 그 상자가 기막힐 정도의 초록빛 황혼과 크라카토아의 후광(後光)을 재현할 수 있었다. 윌슨에게 에이트킨을 포함한 다른 사람들의 관련 연구는 그의 과학 입문을 위한 기초적 물질문화를 제공했다. 윌슨은 에이트킨에게서 구름 상자의 역학적 설계를 빌려왔다. 펌프와 저장통, 필터, 벨브, 팽창 기계 장치 등은 모두 먼지 상자에서 그대로 도입한 것이었다. 정말이지 구름을 재현하려는 윌슨의 소망은 자연의 극적인 측면을 다시 만들겠다는 에이트킨 본인의 열정과 꼭 맞았다. 동시에 윌슨이 어렸을 때 자연을 사진으로 흉내 내기와 모형 세우기, 지도 그리기, 곤충을 분류하여 수집하기 등에 대해 보인 열정은 구름을 만들고 재생하는 데 대한 성숙한 관심으로 순조롭게 이어졌다. 형태학적인 것이 실험실과 결합되어 모사적(模寫的) 방법을 만들어냈다. 모사적 사진술이 분석적인 것과 결합하여 상(像) 전통을 창출했다.

윌슨이 케임브리지로 갔을 때 형태학적이거나 모사적인 것과는 동떨어진 야망을 가지고 그 사회로 들어갔다. J. J. 톰슨 아래서 캐번디시 물리학은 분류와 재현(再現)을 "단순한" 박물학이라고 생각했다. 캐번디시와 몇 안 되는 다른 물리학 센터들이 톰슨에게 좀더 기본적이고 좀더 간단한 단위를 이용하여 자연을 역학적으로 기술하는 성질들을 설명할지도 모르는 새로운 물리학을 약속했다. 그 물리학은 자연을 흉내 내는 방법으로서가 아니라 자연을 따로 떼어놓는 방법으로 그렇게 할 것이다.

톰슨은 대전(帶電)된 입자가 많이 모여 큰 물질을 구성하는 이온에 대한 지식을 높이는 데 매우 중요하게 기여했다. 전기를 띤 기체와 진공 펌프 그리고 전류계 등을 이용하여 이온 물리학자들은 1880년대 말과 1890년대 초에 이르러 그러한 존재가 지닌 성질 중에서 일부를 분명하게 만들기 시작했다. 톰슨과 동료들은 전기장과 자기장을 이용하여 이온을 생성시키고 능숙하게 다룰 수 있게 되었다. 궁극적으로 그들의 연구는 전자(電子)와 초기 양자론의 원자 모형에 대한 개념을 좀더 명확하게 만드는 데로 인도했다.

비록 윌슨이 순수하게 물질-이론적인 목표를 지향하는 캐번디시의 행로를 따르지 않았다고 하더라도 구름에 대한 노트 바로 첫 쪽에서부터 이온은 그의 연구에서 두각을 나타냈다. 심지어 실험실에서 코로나와 세인트 엘모의 불 등을 부활시키려고 필사적으로 원하고 있는 동안에도 그는 이온 물리학의 전통인 케임브리지 교육을 받아들였다. 그것이 그가 이온의 성질에 대한 특별하고도 굳건한 믿음에 빠져든 것을 의미하는 것은 절대로 아니었다. 오히려 각각의 새로운 현상에 대해서 그가 이온에 근거한 이론을 이용한 설명을 추구했음을 의미했다. 윌슨이 원자 모형을 세우고 있지는 않았으며, 비록 대전된 입자라는 광범위한 생각을 사용했다고 할지라도 그는 그것을 스펙트럼선이나 화학적 결합 또는 존 하일브론이 톰슨의 "프로그램"이라고 부른 것과 같이 실질적으로 어떤 다른 요소에 대한 설명에서도 사용하지 않았다.[202]

형태학적인 것과 분석적인 것 사이의 균형으로부터, 구름 상자가 태어나고 양육되었다. 톰슨이 전도(傳導)성 이온을 만들기 위해 X-선을 활용했던 것과 마찬가지로 윌슨도 좋은 톰슨류의 방식으로 빗방울의 핵을 만들기 위하여 X-선을 이용했다. 톰슨이 대전된 평행판을 이용하여 전도성 이온을 옮겨놓은 것과 마찬가지로 윌슨도 응결핵을 이동시키기 위하여 대전된 평행판을 만들었다. 그러나 톰슨과는 대조적으로 윌슨은 그렇게 하고 나서 그를 처음 물리학으로 끌어들인 천둥 치는 폭풍우나 코로나, 대기(大氣)의 전기 현상을 재현하는 방향으로 에너지를 쏟았다.

---

202) 하일브론, 「강의」(1977), 52~63쪽.

1895년에서 1910년에 걸친 윌슨의 구름 상자 연구는 기상학적인 것이었을까 아니면 "기초" 물리학이었을까? 기상학이 윌슨의 좀더 순수한 과학을 발진(發進)시킨 실질적인 영감(靈感)이라고 평가하는 것이 합리적일까? 또는 그 대신 기상학이 집 바깥의 복잡하고 광대한 자연에 적용된 순수한 캐번디시의 이온 물리학에 지나지 않았다고 추론하는 것이 옳을까? 지금까지 우리가 본 것에 비추어 보면 "적용"이라는 설명이나 "영감(靈感)"이라는 설명 모두가 그다지 적절하지 않은 것처럼 보인다. 크리올어는 단순히 한 언어를 다른 언어에 적용한 것이 아니고, 근원이 되는 어미 언어 모두로부터 실행되고 있는 일련의 언어적 기능들을 취하여 그것을 능가할 정도로 상당히 확장하는 것이다.

윌슨은 세상에서 응결이 어떻게 동작하는지를 알고 싶었다. 그런 식으로 그의 연구는 분명히 좀더 일반적인 캐번디시 프로그램과 연결지어져 있었다. 즉 이온의 본성과 이온의 전하, 그리고 양이온과 음이온 사이의 관계 등과 관련된 공동의 관심사가 있었다. 그러나 그것은 또한 전체적으로 그 전통과 관계없는 물리학자들과도 연결되어 있었다. 윌슨은 미국의 기상학자인 칼 바러스의 연구와 먼지의 대가인 존 에이트킨, 고속(高速)으로 흐르는 물에 대한 연구를 한 워딩턴, 그리고 물방울과 우박, 수증기 분사(噴射), 흐르는 물로 실험한 많은 사람들로부터 상당히 많은 교훈을 얻었다. 아마도 윌슨이 형태학적인 전통에 참가했다는 가장 뚜렷한 증거는 구름 상자가 정상적인 대기(大氣)에는 존재하지 않는 응결핵을 발생시킨다는 생각이 들었을 때 바로 구름 상자를 포기한 것이다. 형태학적인 물리학자인 윌슨에게 실제의 대기와 그렇게 일치하지 않는다는 것이 가장 위험한 종류의 인위적 산물이었다.

전에는 서로 구별되었던 두 영역에서 흡수한 합성된 분야라는 개념은 긍정적인 의미와 부정적인 의미로 설명할 수 있다. 긍정적으로 보면 윌슨은 기상학에서 먼지 상자와 물질 물리학에서 전기적 굴절을 끌어들이는 등 이전 분야에서 모두 기술을 취했다. 어쩌면 가장 중요한 것으로 (그리고 가장 미묘한 것으로) 톰슨의 이온이 권능을 부여하는 개념의 역할을 했다는 점이다. 원자 모형에 근거를 둔 자세한 이론이 아니라 그저 입자로 존재하는 전기라는 생각이 먼지가 제거된 공기에 대한 실험하기의 길을 연 무명 필터를 재배열할 수 있게 했다. 좀더 강한 의미로 윌슨은 먼지 상자를 구름 상자로 바꾸는 데 이온이라는 개념을 이용했지만, 이온의 본성에 대해 캐번디시 물리학자들이 제안한 가정들을 모두 활용하지 않고서도 그랬던 것이다.

동시에 윌슨이 형태학적인 방향으로 전념한 것은 응결 물리학을 정의하는 데 결정적이면서도 부정적인 또는 구속적인 영향을 미쳤다. 기상학은 윌슨이 합리적인 실험하기라고 생각했음직한 것에 경계를 부과했다. 윌슨은 지구의 대기(大氣)에서는 성립하지 않는 것처럼 보이는 결과를 얻었을 때 구름 상자 연구를 포기했다. 전하 e가 정확도에서 실제 대기 응결을 다루는 데 윌슨이 필요로 했던 것을 초과하는 것으로 결정되었을 때 그는 흥미를 잃었다. 그리고 검전기(檢電器)의 자발적인 방전에서 우주선(宇宙線)이 드러나게 되었을 때 윌슨은 상당한 거리를 두고 그 연구를 관찰했다. 윌슨이 기대했던 것처럼 또는 좀더 정확하게 윌슨이 요구했던 것처럼 이온 이론도 그의 실험이 전도(傳導)성 이온에 대한 캐번디시 실험과 일치시킬 수 있어야 한다는 구속 조건을 강요했다. 윌슨과 동시에 연구하던 다른 물리학자들은 자신들의 연구가 그러한 구속 조건의 영향을 받아야 한다고 느끼지 않았다. 이 모든 이유들 때문에 물리학이라는 과학의 역사에서 1895년으로부터 1911년에 이르기까지 응결 물리학이 동시에 두 분야에 참가하는 교역 지대였던 짧은 기간이 존재했다. 그것은 물질의 기본적인 전기적 성질에 대한 연구와 구름 형성에 대한 탐사였다.

기상학과 이온 물리학이 크리올어로 겹쳐진 의미로서의 응결 물리학은 1911년에 갑작스럽게 끝을 맺었다. 그해 3월에 윌슨은 구름 상자를 검출기의 역할을 하도록 바꾸었다. 그런 조처와 함께 물리학계는 검출기로서의 구름 상자라는 기회를 포착했으며 결과적으로 애초에 찰스 윌슨의 흥미를 끌어냈던 모든 현상을 재현할 수 있는 능력이라는, 구름 상자의 이전의 기능들을 무대의 이면으로 퇴출시켰다(그렇지만 다음 장에서 응결 물리학이 적어도 한 가지에서 중요하게, 그리고 계속적으로 적용되는 것을 볼 것이다). 이제 더 이상 이온이나 코로나, 안개, 비 등이 물질 이론에 나오는 문제로서 동일한 질문을 제기하는 데 어떤 유익한 의미도 존재하지 않게 되었다.

맺혀진 구름이 알파 입자의 흔적과 어우러지고 "실 같은" 구름이 베타 입자의 경로가 되면서 구름 상자에 대한 느낌과 의미가 바뀌었다. 이전에는 물질 물리학자들 중에서 물방울이 어떻게 형성되느냐는 윌슨의 질문에 귀를 기울이는 청중이 있었다. 이제는 물이 흐르는 길에서 물질 물리학자들은 다음과 같이 더 절박한 다른 질문을 던졌다. 전자(電子)를 생성하는 감마선의 에너지는 무엇인가? 알파 입자들은 어떻게 산란되는가? 입자의 산란은 그 입자와 그 입자의 표적에 대해 무엇을 암시하는가? 자석들이 추가되고 그다음에는 팽창의 시작을 조절하는 기능이 추가됨으로써 구름 상자는 새로운 입자들을 드러내기 시작했고, 그 새로운 입자들의 질량과 상호작용에 관한 성질들이 휘어진 경로의 곡률과 밀도에서 추론되기 시작했다. 사냥꾼들은 쌓인 눈에 생긴 흔적으로 사냥감을 알려고 하지 그 눈의 품질을 알려고 하지 않는다.

내부 분야로서의 응결 물리학은 허물어지게 되었다. 기상학과 물질 물리학은 서로 갈라서게 되었지만, 윌슨의 연구는 그 둘 다 영구히 바꾸어 놓았다. 『영국 백과사전』 제9판의 기고자들이 1895년의 기상학을 검토했을 때 훔볼트의 『등온선』이 출판됨과 함께 과학적인 기상학이 수립되었음을 확인했다.[203] 기후와 날씨의 지리적 변화와 주기적으로 일어나는 시간상의 변화가 그 분야의 내용이었다. 실질적인 주제를 보면 기온과 기압, 풍속, 강우량, 구름의 양 등에 대한 일별, 주별, 월별, 연도별 변화를 체계적으로 수록한 것이다. 그로부터 16년 뒤의 제11판에서는 그 주제가 기후학(氣候學)이라고 알려진 대기(大氣)의 통계적 연구와 기상

203) 『영국 백과사전』, 9th ed., s.v. 「기상학」(A. 부찬 그리고 발퍼 스튜어트 기고).

학의 이론적·물리적 연구로 구분되기 시작했다. 후자는 전체 공기의 거시적이고 유체 역학적인 과정과 "열역학, 광학, 그리고 전기학으로 가장 잘 구성되는" 과정들의 미시적 설명을 모두 포함했다. 어떤 분석적 방법도 C. T. R. 윌슨의 먼지 없는 응결 이론과 같이 두드러지지 못했는데, 『영국 백과사전』은 윌슨의 이론을 "비의 형성과 관련되는 분자 규모의 과정으로서 첫 번째 옳은 생각"이라고 소개하고 있다.[204] 이와 같이 기상학은 순수한 기후학으로부터 분리된 분야로 변화되었다. 그 분야는 물리 기상학이라고 할 수 있을 법한 큰 규모의 기술적 기능과 동역학적으로 설명하는 성분을 포함했다.

캐번디시 양식의 물리학도 변화되었다. 구름 상자 이후에 원자 내부 세계가 갑자기 눈으로 볼 수 있는 영역으로 들어왔으며, 결과적으로 물리학자들이 이전에는 입자적인 관점으로 지지했던 일련의 추론으로는 결코 얻을 수 없다는 현실을 깨닫게 해주었다. 직접적인 재생산에 대한 이러한 믿음에서 우리는 모사적(模寫的) 전통의 강력한 유산(遺産)을 보았다. 윌슨이 구름으로 새겨진 비명(碑銘) 아래에서 전자(電子) 운동의 실체를 사진으로 요구했을 때 그의 뒤에는 연속된 형태로 모사(模寫)하는 긴 전통이 자리잡고 있었다. 인공의 안개가 실제 안개의 형태를 분명히 보였고, 인공적인 대기(大氣)의 시각화(視覺化)가 실제 대기의 시각화의 형태를 보였으며, 인공으로 만든 비가 실제의 비의 형태를 보였다. 그것이 궁극적으로는 그가 구름 흔적이 실재하지만 보이지 않는 알파선과 베타선의 운동을 그릴 때까지 계속되었다.

오래 지나지 않아 구름 상자 그리고 구름 상자의 사진 찍기에서 긴밀한 관계를 갖는 원자핵 에멀션이 새로운 분야인 입자 물리학을 정의하는 도구가 되었다. 앤더슨, 오제, 블래킷, 레프린스-링게, 로체스터, 스코벨친, 그리고 톰슨 등을 포함하는 구름 상자 전문가이자 과학자들이 성공할 수 있었던 이유는 주로 그들이 흔적 자체와 기술적으로 친숙할 수

---

204) 『영국 백과사전』, 11th ed., s.v. 「기상학」(클리블랜드 대수도원장 기고).

있었기 때문이었다. 무엇이 이러한 기술적 친숙함의 기초가 되었을까? 부분적으로 그것은 흔적을 형성하는 과정에 대한 설명, 즉 증기압과 깁스의 자유 에너지까지 내려오는 설명에 근거를 둔다고 주장할 수 있을 것이다. 그러나 이러한 설명에 의한 방식은 실제 환경에서 특정 흔적 양식을 시각적으로 인식하는데 부차적이라는 점이 명백하다. 흔적들 자체로부터 입자의 종류를 분류하고, 그 과정을 해석하고, 심지어 변형을 알아차리는 것까지의 모든 것이 적절한 훈련을 거친 뒤에야 가능했다. 나는 구름 상자 사진이 설득력을 지니게 된 원인이 그것을 해석할 기초가 되는 어떤 이론의 자세한 점에도 외견상 독립적이었기 때문이라는 것이 전혀 사소하지 않다고 생각한다. 일련의 길게 연결된 추론들을 비켜서서, 구름 상자 사진은 에딩턴이 말했듯이 입자들을 "거의 볼" 수 있는 감각을 부여해 주었다. 구름 상자가 거시적인 수준에서 실재론(實在論)의 표준을 실현시켰다고 보기보다는 오히려 구름 상자가 존재에 대한 금본위제를 세웠다고 보는 것이 옳다. 나는 보른이 구름 상자 사진은 총 쏘는 것을 목격한 증인이 되기보다도 더 좋은 증거라고 말했을 때의 의미나 브리지먼이 그러한 사진은 "실체에 대한 조작적인 정의가 무엇인지"를 정의한다고 단언했을 때의 의미가 그것과 같다고 믿는다.

1927년 11월에 조지 P. 톰슨은 노벨상을 수상한 윌슨에게 다음과 같은 축하 편지를 보냈다. "당신의 연구는 항상 그렇게도 즉각적이며 완벽한 신념을 수반하면서 전에는 단지 결국 이론에 불과한 것들을 살아 있고 볼 수 있는 것으로 만드는, 실험의 전형적인 극치인 것처럼 보였다. 그것은 영국 물리학의 독특한 천재성을 보이는 이상적인 예다."[205] 나는 톰슨이 옳았다고 느낀다. 그러나 영국 물리학의 독특한 천재성은 단순히 다방면으로 도전하는데 추상적으로 탁월한 것만은 아니었다. 그것은 윌슨이 자연의 능력들을 거두어들이는 데 착수했던 독특하게 빅토리아 시대적인 진취적 정신이었다. 실물 사생기(寫生器)와 어둠 상자는 오직 상

205) 톰슨이 윌슨에게, 1927년 11월, CWP.

(像)을 재생시킬 수 있었을 뿐이다. 윌슨의 구름 만드는 장치는 더 많은 것을 했다. 그것은 그의 시대 사람들의 넋을 빼앗을 정도로 번개나 해무리, 폭풍우 그리고 안개를 다시 만들도록 설계되었다. 윌슨은 다른 사람들에게 이온 주위에서 구름이 형성되었다고 설득하려는 시도가 결국 실패했다는 점을 말하지 않을 수 없다. 그 후에 기상학자들은 전기를 띤 입자보다는 먼지와 바다의 염분이 훨씬 더 잘 물을 빨아들인다는 점을 이의(異意)없이 결정했다. 그러므로 그의 실험실에서 만든 구름들은 결코 폭풍우에 대한 연구를 변화시키지 못했다. 그러나 인공으로 만든 구름을 가지고 윌슨은 거의 한 세기 동안이나 계속된 흔적들에 관한 언어를 창조했다. 그렇게 함으로써 그는 입자들을 실체(實體)로 만들었다.

제3장 원자핵 에멀션
실험 과학자의 불안감

1. 서론

C. T. R. 윌슨이 1959년 사망한 뒤 세실 파우웰은 그의 스승이 평생 동안 추구했던 연구를 돌이켜 보았다. 파우웰이 저술한 이 기념 논문은 구름 상자, 응집 현상, 대기(大氣) 전기, 그리고 번개구름 등 물리학에서 윌슨의 중요한 발견들을 망라하고 있다. 그러나 조심스럽게 읽으면 이 논문은 윌슨에 대한 것만큼이나 파우웰에 대한 것도 포함하고 있음을 드러낸다. 파우웰에게는 윌슨의 과학적 일생이 단지 실험하기에서 철저하게 빈틈없는 조심성 이상을 의미했다. 급격한 압력 변화를 충분히 견딜 만한 유리 상자를 반드시 찾아내겠다는 윌슨의 고독한 끈기와 정밀한 구름 상자 사진을 골라내려는 조사, 고도로 정교한 실험하기에 배어 있는 "스타일"에 대한 윌슨의 만족감 등은 모두 파우웰에게 대단한 감명을 주었다. 기술적 정교함에는 너무 깊이 주의하지 않고 중요한 결과를 향해 전진하는 러더퍼드와는 달리, 파우웰에게는 결정적인 실험에 대한 윌슨의 추구가 "완벽한 확신을 주는 수학적 증명으로서의 심미적(審美的) 만족과 같은 종류"를 뜻했다.[1)]

윌슨의 조심성과 자부심, 설득력, 특출한 솜씨는 파우웰이 나중에 물리학에서 얻는 경험과 대조될 수 있는 불변의 목적이 되었다. 파우웰은

---

1) 파우웰, 「C. T. R 윌슨」(1972), 361쪽.

감개무량하게 다음과 같이 말했다. "[윌슨의] 자질이 나에게는 사라진 시대의 기장(記章)처럼 빛났다."[2] 심지어 파우웰이 고른 문장(紋章) 그림조차도 파우웰의 생애가 계속된 4반세기 동안 물리학이 얼마나 크게 바뀌었는지를 알려주었다. 이 장의 목표 중 하나는 이러한 변화를 추적하는 것이다. 파우웰이 천직으로 선택한 화학적 "장치"인 원자핵 에멀션이 이러한 진전의 표상이 될 터인데, 이 표상은 물리학이 개인적으로 추구하는 연구에서 "숙련된" 연구자와 "숙련되지 않은" 연구자로 구분하여 이뤄진 팀의 공동 노력으로 추구하는 연구로 바뀌었음을 나타낸다. 나는 원자핵 에멀션의 역사를 단지 기본 입자를 찾아내는 기술이 어떻게 발전했는가를 고찰하는 데만 이용하려는 것이 아니고, 20세기 중반에 숙련된 실험 과학자가 된다는 것의 의미가 어떻게 변천했는지를 알려주는 전형(典型)적 예를 조사하는 데 이용하려고 한다.

파우웰이 1951년 노벨상을 수상함으로써 물리학자의 서열이 올라간 것은 연구소 팀의 변화와 밀접하게 관련되어 있다. 노벨상을 받을 때 그는 이미 규모가 크고 효율적인 실험 그룹의 책임자로 상당한 자원을 구비하고 있었고 산업계와도 중요한 연고를 유지하고 있었을 뿐만 아니라 세계적인 명성을 얻고 있었다. 20세기 중반 급변하는 실험 풍조 속에서 파우웰의 업적을 제대로 파악하고 에멀션 방법의 역사를 좀더 넓게 살펴보기 위해서는, 마치 두 장의 슬라이드를 비교하는 미술사적 방법을 따라 파우웰을 다른 세 명과 비교해 보는 데에 도움이 된다. 첫 번째 비교할 한 쌍의 그림은 다음과 같다. 파우웰의 잘 나가는 연구실과 그의 성공 가도는, 지금은 완전히 잊혀진 다른 한 명의 비범한 에멀션 기술의 혁신자인 빈 출신의 마리에타 블라우와 전혀 관계 없는 것처럼 보였다. 파우웰이 성공하기 수년 전에 블라우는 흔적을 직접 기록하기 위해 필름을 사용하고 개별적인 양성자의 통과에 민감한 필름을 상업적으로 만드는 데 필요한 기술을 개발함으로써 실질적으로 에멀션 물리학 분야

2) 파우웰, 「C. T. R. 윌슨」(1972), 368쪽

를 창설했다. 그때에야 비로소 에멀션이 원자핵 물리학을 위한 기본 도구로서 유용하게 되었으며, 바로 블라우의 업적에서 파우웰이 연구를 시작한 것이다. 비록 블라우도 노벨상 수상 후보로 지명되기는 했지만(그녀의 경우에는 수상자로 결정되지 않았다), 우리 이야기는 1940년대의 사건에서 그녀의 행로가 얼마나 다르게 기억되는지 보여준다. 고국인 오스트리아의 야박한 연구소(라듐 연구소)에서 성(性)과 종교 문제로 차별 대우를 받으면서 그녀는 제대로 된 연구실 하나 없이 글자 그대로 연구소의 복도에서 연구하며 수년을 보냈다. 그런 다음에 블라우는 나치를 피하기 위해 이 나라 저 나라를 떠돌아다니며 그녀가 개발한 에멀션을 이용하여 원자핵 물리학에서 중단된 생활과 경력을 다시 일으키기 위해 발버둥쳤다.

두 번째 대비되는 점은 다음과 같다. 파우웰과 동시대에 그와 비견할 만한 경력을 쌓은 피에르 데머스가 있는데, 그는 캐나다의 물리학자 겸 화학자로 에멀션을 만드는 연구가 파우웰에게 또 다른 유용한 대조적 요소를 제공했다. 나중에 밝혀지지만, 에멀션 제작은 가장 알려지지 않은, 섬세한, 직관력을 필요로 하는 화학 작업 중 하나이며, 충분히 신뢰할 만하고 민감한 에멀션을 제작하기란 널리 흩어져 있는 원자핵 물리학자 사회에서 거의 누구에게도 가능하지 않은 일이었다. 실제로 파우웰과 영국 동료들이 이룩한 중요한 성공 중 하나는 그들이 (영국 정부의 지원 아래) 거대 기업인 일포드와 코닥으로부터 당시 가장 감도가 좋은 필름을 제공받을 수 있도록 섭외한 것이었다. 그렇지만 일포드 및 코닥과 계약을 체결하는 데는 대가를 지불해야 했다. 물리학자는 이에 대한 연구를 해서는 안 되며 심지어 내부 연구 활동의 단계 단계에 접근할 수도 없었다. 거대한 기업이 대량생산하는 필름과 견줄 만한 품질의 필름을 손으로 만들 수 있는 단 몇 명 안 되는 사람 중 한 명이 바로 데머스였다. 산업계를 선택한 물리학자들에게 물리학이 어떻게 보이는지 이해하고, 그들의 시각을 데머스의 입장에서 본 견해와 비교하면 전후(戰後)의 입자 물리학 실험의 초기 기원에 대해 좀더 잘 알 수 있다.

세 번째 대비점은 파우웰의 브리스틀 실험 과학자들을 전쟁이 끝난 후 로렌스 버클리 연구소에서 유진 가드너 주위에 형성된 에멀션 학자 그룹과 대비시키는 것이다. 처음에는 에멀션 방법을 대서양 건너로 이동시킨다는 것이 거의 불가능한 것처럼 보였다. 버클리의 과학자들은 세계에서 가장 강력한 가속기를 이용할 수 있었음에도 불구하고, 브리스틀의 발견을 재현할 수 없었을 뿐 아니라 새로운 발견을 해내기란 더욱 어려웠기 때문에 말할 수 없이 좌절된 시기를 맞아 허덕이고 있었다. 그때 외국으로부터 들어온 물자와 인원의 수급에 힘입에 베바트론을 이용해 파이온을 기록하는 데 성공했다. 버클리는 곧 소그룹의 유럽 스타일 우주선(宇宙線) 연구를 압도하는 경쟁자로 떠올랐다. 그러나 심지어 가속기를 기반으로 하는 에멀션 물리도 오랫동안 버틸 수 없었다. 1950년대 중반에 이르자 원자핵 에멀션 기술 자체가 매우 특정한 적용으로만 한정되었고, 그사이에 대부분의 입자 물리학은 버클리와 브룩헤이븐, 그리고 CERN의 육중한 거품 상자에 적응했다.

각각 다른 방법과 각각 다른 이유에서 바로 위에서 언급된, 블라우와 파우웰, 데머스, 가드너에 의한 원자핵 에멀션 노력들이 모두 나름대로의 취약점을 가진 것으로 나타났다. 동시에 필름 자체도 수백 가지이며 원래 질이 좋지 못하여 잘못될 가능성이 농후했다. 물리학자의 보고서에 등장한 입자들이 몇 주 뒤에는 자주 부정되곤 했다. 서로 다른 요소들이 나타나서는 마치 저녁과 아침에 나타나는 별처럼 하나의 개체로 합쳐져 버리고 만다. 똑같이 자주 분석해보면 하나의 개체가 나중에 몇 개의 다른 입자로 갈라지기도 한다. 이렇게 파악하기 어려운 존재에 의해 유발되는 고민은 뿌리가 깊었다. 그것이 에멀션에서 새로운 파이온을 찾아내지 못한 버클리 팀의 좌절감이었건, 브리스틀 팀이 파이온에 대한 그들의 선구적 연구가 필름 낱알에 대한 잘못된 가정에 기반을 두고 예언되었을지도 모른다는 두려움이었건 에멀션 실험 과학자들의 고민은 매우 깊었다. 이러한 문제를 해결하기 위하여 물리학자들은 실험 방법과 결과를 안정시키기 위해 스캐너와 이론 과학자, 화학자 등 실험과 직접 관계

없는 사람들을 데려왔다. 이렇게 공동으로 연구하는 각 그룹의 전문가 의견으로부터 도움을 얻었지만, 물리학자들 손에서 통제력이 빠져나가는 것을 피할 수는 없었다.

필름이 매우 손상되기 쉬웠음에도 불구하고 간단하고 들고 다닐 수 있는 에멀션 방법은 블라우와 같이 차별 대우를 받는 실험 과학자에게는 물리학 사회로 연결하는 생명줄이었다. 그녀가 도저히 사이클로트론을 가지고 다닐 수는 없었을 것이다. 세상사가 더 정교한 장치에 접근하지 못하도록 막았을 때 물리학과의 연결 통로로 에멀션을 붙잡고 버틴 사람이 그녀 한 사람만은 아니었다. 제2차 세계대전이 끝나자 유럽의 물리학자들은 연구소의 잔해로 둘러싸여 있었지만, 그들의 미국 동료들은 전례 없는 물자의 풍족함을 즐기고 있었다. 바로 그때 많은 유명한 유럽 원자핵 물리학자들은 급속히 성장하는 미국의 가속기 물리라는 제국과 경쟁하기 위해 상대적으로 저렴하고 쉽게 이동시킬 수 있는 기술을 받아들이게 되었다. 어떤 의미에서 파우웰은 사회학적으로 중간 지점을 차지했다. 그와 그가 이끄는 화학자들, 이론 과학자들, 스캐너들이 연결되어 잘 조직된 연구소는 블라우가 그녀 혼자서 힘껏 해볼 수 있는 그 어느 것보다도 비교가 되지 않게 잘 준비되어 있었다. 그러나 공장 같은 미국 가속기 센터들과 비교하면 파우웰의 연구소는 시골 방앗간이었다.

1940년대 말에 급속히 변화하는 사건 중에서 깊이 각인된, 에멀션 방법에 의한 케이온 붕괴와 하이퍼론의 발견은 단지 새로운 자료를 더했다는 것 이상의 의미를 지니고 있었다. 그것들은 변화하고 있는 물리학 분야에서 한 자리를 지키려고 필사적으로 노력하는 물리학자 공동체에 의한 요구였다. 그 한 자리란 일반적으로는 유럽 물리학에서의 한 자리이고 좀더 구체적으로는 혼자서 연구하는 소그룹의 연구자들을 위한 한 자리였다. 수년 동안 에멀션 방법은 생존의 열쇠로 남아 있었다. 에멀션 기술을 이용할 수 있는 사람들은 대체로 입자 물리학의 한 세부 분야를 형성했고, 그 분야가 높은 산에서 우주선(宇宙線) 연구를 하는 관측소와 함께 유럽 물리학을 살려놓고 있었다. 에멀션은 불안한 시대에 불확실한 생활 조건이었다. 제2차 세계대전을 거치면서 유럽이 격동의 시대로 들어서게 되자, 물리학도 이런 세계처럼 불확실한 전후(戰後) 시대로 흘러들어가게 되었다. 마치 그것을 둘러싸고 있는 높은 말뚝과 절단된 고립 역사로 에멀션 기술을 구성하려고 한다면 그것은 희망 없는 작업이 될 것이다. 필름과 입자 사이의 상호작용 결과로 수반된 미시적인 물리적 성질과 난해한 화학적 기능으로부터 우리는 반복하여 밖으로 나갈 것이고, 바깥 사건에서 다시 안쪽으로 돌아갈 것이다.

2. 마리에타 블라우: 나치와 원자핵 사이에서

만일 구름 상자 실험 과학자로서 윌슨의 생애가 빛나는 예로 추앙받는다면 그가 주로 사용한 도구 또한 다른 도구의 모형으로 제시될 수 있을 터인데, 그중 하나가 원자핵 에멀션이다. 구름 상자와 원자핵 에멀션 사이의 연결 관계는 1911년 윌슨이 입자가 지나간 흔적을 발견하기 전에 필름이 원자핵 물리의 역사와 교차하는 한쪽으로 치우치지 않으면서 종잡을 수 없는 길을 고찰해 보면 아주 극명하게 볼 수 있다. 구름 상자는 입자가 지나간 흔적을 기록한다고 윌슨이 발표했을 때 모든 것이 바뀌었다.

1839년에 다게르는 요오드 증기에 노출된 은을 이용하여 놀라운 상(像)을 만들었으며, 폭스-탈봇은 질산 은과 나트륨 염화물에 적신 종이를 이용하여 처음으로 음화(陰畫)를 사진으로 인화하는 과정을 발명했다. 사진술에서 이러한 신기술이 알려지자마자 거의 동시에 실험 과학자들은 빛에 민감한 화합물이 다른 물질에 어떻게 반응하는지를 조사하기 시작했고, 열광자들은 분필과 공깃돌, 무명, 깃털 등에 반응하는 것을 발견했다. 비록 우라늄염이 심지어 종이를 덮어 놓은 필름도 흐리게 한다는 사실이 알려져 있었지만, 이런 사실이 1896년까지도 여러 사람들에게 분명히 받아들여지지 않았다. 그해에 독일 과학자인 빌헬름 콘라트 뢴트겐이 세상을 X-선으로 조사하는 동안 앙투안 앙리 베크렐도 우라늄의 방사능(放射能)을 입증하는 연구를 시작했다.[3] 심지어 그때까지도 물리학자들은 필름이란 개별적인 입자를 사진 찍는 수단이라기보다는 방사능을 연구하는 수단이라고 보았다. 당시에 전형적인 질문으로는 알파선이 얼마나 두꺼운 장애물을 통과할 수 있는가 또는 알파선이 방출되는 비율은 얼마인가 등이었다.

예를 들어 맨체스터 대학에서 러더퍼드의 적극적인 지원 아래 수행된 S. 키노시타의 1909년 연구를 보자. 그보다 수년 전에 러더퍼드는 알루미늄 장애물의 두께가 어떤 특정 값을 초과하면 알파 입자의 사진 행위가 정지함을 발견했다. 그런 실험에서 필름은 입자의 경로에 수직하게, 섬광 화면의 모형으로 배치되었다. 키노시타는 러더퍼드의 연구를 계속하여 결국 개별적인 알파 입자가 필름에 불연속적인 표시의 원인이 된다는 점을 증명할 수 있었다. 그러나 키노시타는 한 번도 입자의 경로와 평행한 방향으로 필름을 놓지 않았는데, 그래서 자신이 관찰한 표시의 사진을 결코 재생할 수 없었다.[4] 실제로 키노시타가 두꺼운 에멀션을 원했을 때(그는 두께를 효과적으로 증가시키기 위해 처음으로 여러 장의 에멀션을 사용했다) 지나간 자국을 삼차원에서 보고자 한 것이 아니라 오히려 알파 입자가 은 할로겐 화합물 입자를 만나지 않고 필름 차폐물을 통과해버리는 것을 방지하기 위해서였다. 이 방법으로 그는 "통과하는 α-입자의 수를 상당히 정확하게 측정하는 데 사진 방법을 적용할 수 있다"고 결론지었다.[5]

키노시타의 연구가 발표된 몇 달 뒤에 윌슨의 흔적이 『왕립학회 논문집』에 발표되었으며, 그 즉시 키노시타의 "수를 세는 장치"가 흔적을 기록하는 장치로 활동을 시작했다. 예를 들어 빌헬름 미츰은 1912년 논문을 구름 상자에서 흔적을 발견한 윌슨의 성공을 논의하는 것으로 시작

---

3) 파우웰, 파울러, 그리고 퍼킨스, 『사진술 방법』(1959), 11쪽.

4) 키노시타, 「사진 작용」, *Proc. Roy. Soc. London A* 83(1910): 432~453쪽.

5) 키노시타, 「사진 작용」, *Proc. Roy. Soc. London A* 83(1910): 432~453쪽 중 453쪽을 보라.

했다.[6] 막시밀리안 라인가넘도 윌슨이 인공적으로 만든 구름이 입자의 전체 경로를 드러내게 만든 다음에야 비로소 개별적인 흔적을 조사하기 시작했다. 키노시타 자신은 1915년에 그 문제로 다시 돌아왔을 때 프로젝트를 다시 구상했는데, 새로운 제목은 "민감한 사진 필름에서의 α입자 경로"였다.[7]

특정한 이론적 질문을 해결하려는 시도에서 역사적 연속성이 드러날 것처럼 보이지는 않는다. 이 논의들이 새로운 양자 이론의 발전을 되돌려 놓지는 않는다. 전자(電子)의 궤도라든가 원자와 분자의 구성 또는 물질의 에너지 준위 등에 대한 이야기가 없다. 또한 특정 실험 목적의 조건으로 연속성이나 불연속성에 대한 의문도 없다. 그 대신 연속성은 연구소 기능의 수준과 물질적 목표의 특징적인 배열의 수준에 놓여 있다. 어떤 면에서는 윌슨 이전의 에멀션은 윌슨이 에이트킨으로부터 전수받은 먼지 상자와 닮았다. 먼지 상자에서 이온 이론 또는 좀더 정확히 일반적인 이온의 개념은 먼지 상자의 설계에서는 금지된 배열로 조절 꼭지를 옮기는 것이 그럴듯하도록 만든 개념의 역할을 담당했다. 에멀션은 그 근거를 이론에 두지 않고 도구의 설계 자체에 둔 다른 종류의 가능성 있는 개념으로 받아들여졌다. 필름이 처음에는 섬광 화면과 관련 있었는데, 그 뒤에는 구름 상자와 연관되었다. 그러한 변화는 이론이나 실험의 절박한 사정에서 온 것이 아니라 도구의 영역 내부에서 왔다.

그러나 에멀션에 대한 연구가 계속되는 동안 기술은 원자 물리의 변두리에 머무르고 있었다. 심지어 키노시타와 다른 사람들의 성과를 분명히 알고 있었던 러더퍼드조차도 전자(電子) 계수기와 전부터 사용하던 섬광 화면을 주로 이용했다. 그렇지만 기술 모두 러더퍼드가 잘 알고 있었던 것처럼 불리한 조건을 가지고 있었다. 빛이 번쩍이는 것을 믿을 만

---

6) 미층, 「α-Teilchen」, *Sitzungsb., Akad. Wiss. Wien, Math.-naturwiss. Kl., Abt. IIa* 121(1912): 1431~47쪽; 미층, 「사진술 연구」, *Sitzungsb., Akad. Wiss. Wien, Math.-naturwiss. Kl., Abt. IIa* 123(1914): 1955~63쪽.

7) 키노시타, 「흔적」, *Phil. Mag.* 28(1915): 420~425쪽.

하게 기록하기가 어려웠으며, 가이거-뮐러 관은 만들기도 어렵고 작동시키기는 더욱 어려웠다. 로저 스튜워가 아주 잘 보인 것처럼 1923년과 1924년 사이에 미친 듯이 날뛰는 신틸레이터(방사선이 충돌하면 빛을 발하는 물질 – 옮긴이)가 원자 물리에서 가장 신랄하고 격렬한 논쟁 중 하나의 원인이 되었다. 싸움은 러더퍼드가 RaC 알파 입자를 이용해 질소의 원자핵을 분리했다고 주장하면서 시작되었다. 그로부터 얼마 지나지 않아 곧 러더퍼드와 그의 연구소는 빈의 라듐 연구소에서 연구하는 스웨덴 과학자 한스 페터슨과 오스트리아 물리학자 게르하르트 키르슈와 열띤 논전을 벌이게 되었다. 원자핵이란 무엇이냐는 점에서 양편이 매우 철저하게 서로 다른 이해를 하고 있었기 때문에 질소에 관한 결과 이상의 것이 문제가 되었다.[8] 논란은 실험과 이론에서 모두 진행되었다. 러더퍼드와 동료인 제임스 채드윅은 원자핵이 종속된 궤도상에 양성자를 갖고 있다고 주장했으며, 그 주장을 뒷받침하는 실험 증거를 공표했다.

그들의 설명에 따르면 들어오는 알파 입자가 궤도를 회전하는 양성자와 충돌하여 비록 그럴 확률은 지극히 작다고 하더라도 양성자를 쳐낸다는 것이다. 이와는 대조적으로 페터슨과 키르슈는 들어오는 알파 입자가 표적 원자핵을 부수며, 충돌 후에 나타나는 조각들이 바로 그 증거이고, 회전하는 양성자는 존재하지 않을 뿐더러 그러한 것은 모든 원소에 대해 성립한다고 주장했다. 처음에는 조용히 시작했지만 영국과 오스트리아의 교전은 점점 더 확대되어 마침내는 극적으로 한쪽이 다른 쪽의 도구와 실험, 해석 등 모두를 의심하는 데까지 확대되었다.

케임브리지 대학 팀은 그 당시까지 잘 작동하던 그들의 섬광 화면을 위 문제에 적용하여 빈의 관찰 팀이 그들의 눈앞에서 섬광의 번쩍임을 신뢰할 만하게 기록하지 못한 것을 자신들과 상대방 모두가 만족할 정도로 보여줌으로써 마침내 논쟁을 종식시켰다. 페터슨은 이런 중요한 논쟁에서 패배함으로써 그의 평판에 헤아릴 수 없는 희생을 치르고 나서

---

8) 스튜워, 「붕괴」(1985).

그와 함께 일하는 관찰자들의 숙련도나 훈련에 덜 의존하는 측정 방법을 찾으려 노력한 것은 조금도 놀랄 일이 아니다. 비록 페터슨 자신은 이 시점에서 에멀션과 관계를 끊었지만, 그가 이 문제를 젊은 물리학자인 마리에타 블라우에게 맡긴 것은 대단히 중요했음이 밝혀졌다.

빈에서 1894년에 출생한 블라우는 유복한 유대인 가문에서 자랐는데, 그 가문은 유럽에서 첫째가는 음악 출판사를 세움으로써 빈의 고급 문화에 크게 기여했다. 블라우는 1919년 방사선 물리학 분야에서 감마선 흡수에 관한 학위 논문을 제출함으로써 박사학위를 수여받았다.[9] 박사학위를 받고 나서 1921년 베를린으로 옮겨 X-선 관을 제작하는 회사에 취직했다. 그곳에서는 전자 기술과 스펙트럼 분석에 관한 일이 그녀의 임무였다. 이 직장 다음에 그녀에게 (마인 강가의) 프랑크푸르트 대학 의학물리연구소에서 "조교"의 일을 맡겼는데, 그곳에서 그녀는 X-선 물리학을 연구하고 몇 편의 논문을 발표했다. 그렇지만 그곳에서 그녀의 주 임무는 의사들에게 방사선 의학에 관한 이론적이고 실용적인 기본 지식을 가르치는 것이었다.[10]

이렇게 의학과 물리학 사이의 경계 지역에서 일하게 되자 블라우는 처음 예상보다는 훨씬 더 원자핵 물리학 영역에 가까이 가게 되었다. 왜냐하면 그녀는 의학에서 얻은 방사선 물리와 필름에 대한 깊은 지식을 물리학으로 넘겼을 뿐만 아니라 (당시에는 원자핵 물리학을 하기 위해서 심지어 치과에서 이용되는 보통의 X-선 필름도 활용했다), 상(像)이 지니고 있는 설득력과 부수적으로 수반되는 눈에 잡다하게 보이는 것 중에서 실제 효과를 가려내는 데 필요한 인공적 부산물의 세밀한 분석에 대한 끝없는 확신을 가지고 있었기 때문이다.

---

9) 블라우, (독일어로 작성된) 자기소개서, 타이프 된 5쪽 분량, LHP.

10) 블라우, (독일어로 작성된) 자기소개서, 타이프 된 5쪽 분량, LHP. 블라우, 「이력서」, ca. 1937, 마이어와 블라우 사이의 편지 중에서, IfR. X-선에 대해서는 예를 들어 블라우와 알텐부르거, 「한 가지 방법에 대하여」, *Z. Phys*. 25(1924): 200~214쪽을 보라.

우리가 제2장에서 본 것처럼 방사선학은 과학 지도(地圖)의 장르를 통하여 뢴트겐선학의 보이지 않는 방사선에서 원자 내부 영역의 방사선으로 전통을 직접 이어갔다. 마리에타 블라우가 거친 경력의 길을 따라가면 바로 그러한 연결이 두드러지게 나타난다. 그녀는 사진술에 관한 논문집에 집중하여 논문을 발표했을 뿐 아니라, 물리학과 의학의 경계 영역에서 공저자와 함께 발표한 1931년 논문에서 볼 수 있는 것과 같은 공동 연구에도 기여했다(『물리학과 의학이 중첩되는 영역에서 10년 간의 연구』).[11] 그 논문에서 그녀는 자신의 연구를 요약한 다음, 방사능 연구에 대한 보조로서 사진술이 지닌 긴 역사의 연속성에 대해 강조했다. 그리고 그것보다는 덜 명백하지만, 방사능에 대한 연구가 거꾸로 사진술 과정 자체의 발전에도 기여할 것이라고 주장했다.[12]

1923년에서 1938년까지 15년 동안 블라우의 연구는 빈의 라듐 연구소와 제2물리연구소를 중심으로 수행되었다. 이렇게 충실한 환경에도 불구하고, 그녀는 항상 주변에서 따돌림을 받고 있었다. (그리고 때때로 봉급을 받지 못하기도 했다). 그녀의 동생이 나중에 회상한 바에 따르면, 그녀에게 강사 자리를 부여할 것인가라는 문제가 제기되었을 때 어떤 교수가 그녀에게 유대인 여자로 태어난 것이 너무하다고 말했다는 것이다.[13] 호구지책을 마련하기 위하여 1937년 이전에 그녀는 개인 교습소에서 가르쳤고 때로는 (페터슨이 있던) 예테보리의 해양 연구소와 빈의 뢴트겐 기술 연구소 그리고 다양한 사진술과 희귀 금속 기업체 등을 포함한 여러 다른 기관에서 일했다.[14] 과학적 모험과 상업적 모험 사이의 틈새 지대에서 그녀의 물리학 연구는 계속되었다. 페터슨의 제안으로 블라우는 사진 에멀션을 이용하여 양성자와 쪼개진 원자를 발견할 수 있는 가능성을 탐색하기 시작했다. 마침내 1925년에 그녀는 알파 입

11) 블라우, 「사진술 연구」(1931).
12) 블라우, 「사진술 연구」(1931).
13) 오토 블라우가 레오폴트 핼페른에게 보낸 서한, 1977년 1월 22일, LHP.
14) 블라우, 「이력서」, ca. 1937, 마이어와 블라우 사이의 편지에서, IfR.

자가 때린 원자 조각을 검출하는 데 성공했는데, 그 조각의 둘레에는 아주 얇고 발견하기 어려운 양성자 흔적이 포함되어 있었다.[15] 이 실험에 이어 1926년과 1927년에도 일련의 실험이 수행되었는데, 그 실험에서 블라우는 알루미늄에 알파 입자를 충돌시켜 거기서 나오는 원자핵 조각들을 측정했다. 그러나 유감스럽게도 (그녀가 구할 수 있는 유일한 종류인) 방사능이 약한 재료밖에 없었으므로 그녀는 아주 낮은 에너지의 입자만으로 만족할 수밖에 없었다.[16] 만일 (훨씬 더 심하게 이온으로 바뀐 원자핵 조각 또는 천천히 움직이는 양성자보다는) 빠른 양성자들을 관찰하려 했다면, 그녀는 에멀션과 필름 현상 과정 두 가지를 개선하여 좀더 좁은 흔적들을 얻을 수 있었을 것이 틀림없다.[17]

다양한 이유들, 즉 어쩌면 부분적으로는 연구소장인 슈테판 마이어가 해준 격려 때문에, 그리고 부분적으로 물리학과 화학의 경계 분야가 여성 물리학자에게 좀더 개방적이라는 이유 때문에 라듐 연구소가 원자핵 물리학과 방사 화학 그리고 방사 물리학과 관련되는 복합적 분야를 탐구하는 데 여성 과학자들의 활동 중심지가 되었다. 마이어는 여러 여성 과학자를 유치했지만 그중에서도 블라우와 베르타 칼릭이 돋보였다. 블라우는 그곳에서 1930~37년 동안에만 엘리자베스 로나, E. 카라-미하일로바, 헤르타 왐바허, 스테파니 질라, 엘비라 스테판 등 적어도 다섯 명의 여성 과학자들과 논문을 함께 쓰거나 박사학위 논문을 지도할 수 있었다.[18]

---

15) 블라우, 「사진술 연구」, *Sitzungsb., Akad. Wiss. Wien, Math.-naturwiss. Kl., Abt. IIa* 134(1925): 427~436쪽; 블라우, 「파라핀과 알루미늄에서 나온 H-선」, *Z. Phys.* 34(1925): 285~295쪽.

16) 블라우, 「사진술 연구 II」, *Sitzungsb., Akad. Wiss. Wien., Math.-naturwiss. Kl., Abt. IIa* 136(1927): 469~480쪽; 블라우, 「파라핀과 알루미늄에서 나온 H-선」, *Z. Phys.* 48(1928): 751~764쪽.

17) (독일어로 작성된) 자기소개서, 타이프 된 5쪽 분량, LHP.

18) 예를 들면 블라우와 로나, 「화학적 방법의 적용」, *Sitzungsb., Akad. Wiss. Wien., Math.-naturwiss. Kl., Abt. IIa* 139(1930): 275~279쪽; 블라우와 카

블라우는 1932년 중엽 왐바허와 좀더 장기간의 공동 연구를 시작하고 사진술 방법을 개선하기 위한 노력의 일환으로 왐바허의 박사학위 논문 주제인 비감광제(非感光劑)에 관한 연구를 계속했다. 그들은 같은 해 가을에 첫 번째 중요한 성공을 얻어냈는데, 관찰되지 않은 중성자와 충돌하여 (채드윅이 중성자를 발견한 것과 거의 같은 시기다) 반동으로 튕겨 나가는 양성자의 모습을 보여줄 수 있었다.[19] 당시 벌어진 일의 겉보기만 보면 블라우와 왐바허의 결과는 엉뚱했고 직관에 반하는 것이었다. 사진 건판들을 사진용 비감광제로 사용되는 유기 염료인 황색 피나크립톨에 담근 결과로 베타선과 감마선이 흔적을 덜 남기게 된 것이 분명했다. 그런데 그렇게 비감광 처리된 건판에서 같은 수의 알파선 흔적이 기록된 것처럼 보였고, 검게 바뀐 낱알의 크기가 적어도 큰 낱알의 에멀션에서는 특히 증가했다. 실제로 양성자와 알파 입자의 경우 블라우는 일련의 낱알들이 충분히 알아볼 수 있을 만큼 크기가 증가한 것을 알아차릴 수 있었다.[20] 결과를 좀더 확실하게 만들기 위하여 블라우와 왐바허는 그들이 구한 되튀김 흔적을 윌슨 상자와 섬광 실험 두 경우 중성자와 충돌한 결과로 기록된 흔적과 비교해 보았다. 서로 다른 방법으로 구한 결과가 놀랍게도 유사한 점으로 판단할 때 (그들의 견해로는) 새 방

라-미하일로바, 「γ-선의 투과력에 대하여」, *Sitzungsb., Akad. Wiss. Wien., Math.-naturwiss. Kl., Abt. IIa* 140(1931): 615~622쪽; 왐바허, 「사진술 작용에 대한 연구」, *Sitzungsb., Akad. Wiss. Wien., Math.-naturwiss. Kl., Abt. IIa* 140(1931): 271~291쪽; 질라, 「사진술 방법의 확장」, *Sitzungsb., Akad. Wiss. Wien., Math.-naturwiss. Kl., Abt. IIa* 145(1936): 503~514쪽; 스테판, 「알루미늄의 붕괴」, *Sitzungsb., Akad. Wiss. Wien., Math.-naturwiss. Kl., Abt. IIa* 144(1935): 455~474쪽 참조.

19) 블라우와 왐바허, 「중성자 II」, *Sitzungsb., Akad. Wiss. Wien., Math.-naturwiss. Kl., Abt. IIa* 141(1932): 615~620쪽 참조; 블라우, 「사진 기술 방법」, *J. Phys. Radium*, 7th ser., 5(1934): 61~66쪽 비교.

20) 황색 피나크립톨에 대해서는 왐바허, 「사진술 작용에 대한 연구」, *Sitzungsb., Akad. Wiss. Wien., Math.-naturwiss. Kl., Abt. IIa* 140(1931): 271~291쪽 참조.

법도 제대로 된 것이라고 보았다. 그렇게 하고 나서 그들은 동일한 건판 위에 한쪽에는 중성자 발생 장치를, 다른 쪽에는 양성자 발생 장치를 놓고 직접 비교했다. 되튀긴 양성자들을 중성자 발생 장치에서 서로 다른 간격을 둔 여러 위치에서 시작하여 관찰할 수 있었는데, 양성자의 경우에는 발생 장치 바로 앞에서부터 시작했다. 되튀긴 양성자들이 진행한 범위를 모아 정리함으로써 블라우와 왐바허는 처음 충돌한 중성자의 에너지 분포를 대략이나마 발견할 수 있었다. 블라우와 왐바허가 손에 들고 있던 사진 건판은 중성자 방출을 탐색하는 새로운 정량적 방법과 새로운 정성적 방법 둘 다 될 수 있는 가능성을 기대하게 했다.[21)]

오스트리아의 여성학자연합에서 제공하는 연구비를 받고, 블라우는 처음으로 괴팅겐에 갔다. 그러나 1933년 4월에 마리 퀴리가 블라우에게 파리의 라듐 연구소로 와서 강한 방사능 발생 장치를 이용하라고 제안했을 때 블라우로서는 도저히 거절할 수 없을 만큼 탐나는 제안이었다. 블라우는 그녀가 받은 농축 폴로늄을 잠시도 지체하지 않고 사용하며 에멀션 연구를 계속했는데, 이번에는 베릴륨에 충돌하는 알파 입자로부터 만들어지는 중성자 빔에 관한 연구를 수행하게 되었다.[22)] 이때에 이르자 건판의 선택이 미묘한 문제임을 알게 되었다고 블라우는 강조했다. 너무 민감한 필름을 고르면 관찰자는 "주위에 불필요하게 나타나는" 효과로 당황하게 된다. 미세한 낱알이 유리할 수도 있으나, 너무 섬세하면 현미경 아래서 개개의 낱알을 구별할 수 없게 되고, 그 결과로 범위와 이온화 측정에서 정밀도가 낮아진다. 그뿐 아니라 블라우에게는 아주 미세한 낱알이 단순히 알파 입자 한 개의 진행 경로를 기록하지 못하는 것처럼 보였다. 예를 들어 리프만 건판(1908년 간섭을 이용하여 천

---

21) 블라우와 왐바허, 「중성자 II」, *Sitzungsb., Akad. Wiss. Wien., Math.-naturwiss. Kl., Abt. IIa* 141(1932): 614~621쪽; 블라우와 왐바허, 「중성자」, *Anzeiger, Akad. Wiss. Wien. Math.-naturwiss. Kl.*, 9(1932): 180~181쪽.

22) 블라우, 「사진술 방법」, *J. Phys., Radium*, 7th ser., 5(1934): 61~66쪽 중 62쪽에 퀴리의 초청이 나와 있다.

연색 사진을 개발한 공로로 노벨상을 받은 리프만[Gabriel Lippmann, 1845~1921]이 개발한 건판－옮긴이)은 자주 알파 입자 하나가 충돌한 것을 기록하지 못했다. 비록 **뢴트겐선 필름**인 아그파(독일 필름 제조회사 이름－옮긴이)가 썩은 치아의 손상을 기록하는 데 매우 우수할지는 모르겠지만 상대론적인 양성자를 포착하는 데는 그다지 효과를 보지 못했다. 그리고 입사하는 양성자들의 에너지가 커질수록, 그리고 그들이 이온화하는 능력이 감소할수록 양성자들은 점점 더 검출하기가 어려워졌다. 오직 황색 피나크립톨의 설명할 수 없는 효과를 통해서만 상(像)을 형상화할 수 있었으며, 그러한 상황 아래서 블라우의 말을 빌리면, "비감광제가 나타내는 것이 틀림없는 이 감광성(感光性)을 어떻게 설명해야 좋을지 몰라서 우리는 완전히 암흑 속에 갇혀 있었다".[23)]

블라우는 1934년에 왐바허와 함께 중성자 연구를 활성화하기 위해 오스트리아로 돌아왔는데, 에멀션 두께가 얇다는 문제에 봉착했다. 측정될 수 있을 정도로 충분히 기록되기 전에 흔적들이 그냥 건판의 위쪽이나 왼쪽으로 나가버린 것이다. 사진 업계에서는 거대 기업으로 통하는 일포드는 친절하게도 건판을 두껍게 만들기 시작했으며 그래서 더 많은 수의 휘어져 진행하는 흔적을 온전히 찾아낼 수 있게 되었다. 그런데 이번에는 더 두꺼운 건판들이 암실에서 새로운 문제를 일으키는 바람에 또 어려움에 봉착했다. 여러 해 동안 떠나지 않고 따라다니는 건조할 때의 균질성과 민감성, 그리고 현상 과정에 대한 문제점들이 다시 제기되었다.[24)] 그런데 이것으로 문제가 끝난 것은 아니다. 1931년 이후로 블라우는 왜 흔적들의 숨어 있는 상(像) 자체가 점점 희미해지는 것처럼 보이는가를 이해하기 위해 노력하고 있었다. 다시 말하면 노출된 시간과 현상하는 시간 사이에서 상(像)이 저절로 화학 물질로 바뀌며 사라지는 것이었다.[25)] 그리고 일포드의 도움에도 불구하고 필름의 두께가 충분하

---

23) 블라우, 「사진술 방법」, *J. Phys., Radium*, 7th ser., 5(1934): 61~66쪽 중에서 66쪽.

24) 블라우, (독일어로 작성된) 자기소개서, 타이프 된 5쪽 분량, LHP.

지 못하여 필름이 입자 운동을 포착하는 데 여전히 크기상의 제약이 되고 있었다.[26]

이 방법을 중성자의 에너지를 결정하는 구체적인 문제에 적용할 때가 되자 사진술이 제대로 된 방법인지에 의문을 제기하는 다른 도전이 제기되었다. 1935년에 H. J. 테일러는 구체적으로 블라우를 지목하면서 원자핵 붕괴로 방출되는 중성자와 양성자의 에너지를 산정하는 데 사진 에멀션을 사용해도 된다는 가능성 자체를 부정하며 다음과 같이 말했다. "이 방법으로 조사할 때 야기되는 불확실성을 고려하면 이 방법은 중성자 에너지의 상세한 분포를 결정하는 데 적합하지 않다는 결론에 도달한다." 방사능 물질인 토륨-C′(ThC′)을 사용해 테일러는 60개의 알파 흔적을 측정하고 그중에서 20퍼센트가 가장 짧고 가장 긴 알파 흔적 사이에 퍼져 있음을 발견했다. 이런 결과와 완벽하게 기록된 흔적은 길이가 모두 같아야 한다는 사실에서, 그는 흔적들이 일반적으로 길이에서 20퍼센트의 오차를 수반할 것이라고 결론지었는데, 이 오차는 새로운 방법이 정량적으로 제대로 된 방법이라고 보기에는 현저하게 높은 값이었다.[27] 블라우와 왐바허는 테일러가 보고한 오차의 크기가 낮은 에너지의 알파선을 이용하여 짧은 흔적을 만들어냈기 때문이라고 반박했다.

에멀션 방법에서 오차는 흔적의 끝부분에서 보이지 않기 때문에 생기는 흔적의 길이 변화와 관계되어 있었다. 만일 (붕괴 실험에서 일반적으

---

25) 블라우, 「발견에 대한 보고」, *Sitzungsb. Akad. Wiss. Wien, Math.-naturwiss. Kl., Abt. IIa* 159(1950): 53~57쪽. 희미해지는 문제에 대한 블라우의 염려는 적어도 1931년까지 거슬러 올라간다. 블라우, 「소멸」, *Sitzungsb., Akad. Wiss. Wien., Math.-naturwiss. Kl., Abt. IIa* 140(1931): 623~628쪽 비교.

26) 블라우와 왐바허, 「척도 측정」, *Sitzungsb., Akad. Wiss. Wien., Math.-naturwiss. Kl., Abt. IIa* 146(1937): 259~272쪽. 블라우와 왐바허는 기하적인 어려움이 이 방법에서 가장 크게 불리한 점임을 인식하고 있었으나, 예를 들어 사용하는 두께가 그들의 목적에는 충분하다고 주장했다.

27) 테일러, 「흔적」, *Proc. Roy. Soc. London A* 150(1935): 382~394쪽; 테일러와 다브홀커, 「범위」, *Proc. Roy. Soc. London* 48(1936): 285~298쪽, 저자들이 제기한 항의에 대한 설명이 어느 정도 포함되어 있다.

로 나타나는 고에너지 양성자 경로에서 보이는 것처럼) 알파 흔적이 더 길었다면 퍼센트로 주어지는 상대 오차는 테일러가 추정한 것보다 훨씬 작았을 것이다.[28] 연구비가 거의 바닥나자 희미해지는 상(像)들과 서로 일치하지 않는 흔적들, 변형된 경로들, 그리고 그 방법의 정당성에 대한 반박 논문으로 인해 크게 위협받은 방법을 안정시키려고 블라우는 몇 안 되는 학생들과 전 학생인 왐바허와 함께 힘든 노력을 계속했다. 그러나 에멀션 방법이 불안정한 것은 연구소 담장 밖의 (그리고 때로는 담장 안의) 정치적인 불확실성과 비교하면 아무것도 아니었다.

블라우와 왐바허의 공동 연구는 위험에 가득 찬 것임이 틀림없다. 왜냐하면 블라우는 그녀의 연구소 동반자로 왐바허라는 열렬한 나치주의자를 선택했기 때문이다. 실제로 에멀션과 에멀션에 관계되는 연구에 종사하는 연구소 실험 과학자들로 이루어진 전체 집단이 당시 여전히 비밀로 행동하던 파시스트 운동(국수주의 운동 – 옮긴이)과 동맹 관계를 맺고 있었다. 1930년대에 걸쳐 블라우가 왐바허와 공동 연구를 수행하는 동안 연구소 사람들에게 왐바허가 안슐루스(Anschluss, 독일어로 합병을 뜻하며 특히 1938년 나치 독일과 오스트리아 합병을 일컬음 – 옮긴이) 이후 오스트리아의 과학계에서 영향력이 매우 큰 인물이며 현재 활동하고 있는 나치 당원(히틀러 시대 독일의 국가사회당원 – 옮긴이)의 하나인 게오르크 슈테터와 개인적으로 가까운 사이라는 것은 전혀 비밀이 아니었다. 그와 동시에 블라우는 두 번째 나치 당원인 게르하르트 키르슈와 에멀션에 대해 공동 연구를 수행하고 있었다.

키르슈는 1933년부터 1937년까지 빈 대학의 국립사회당교사연맹의 **카임젤레**(대략 말하면 "핵심 그룹") 중에서 지도자로 활동했으며,[29]

---

28) 블라우와 왐바허, 「척도 측정」, *Sitzungsb., Akad. Wiss. Wien., Math.-naturwiss. Kl., Abt. IIa* 146(1937): 259~272쪽 중에서 264~265쪽 참조.

29) 키르슈, 질문표, 1940년 5월 20일, 개인문서 키르슈, BmUP, AdR. 키르슈는 약간의 자부심을 가지고 "오스트리아에서 1923년 11월 15일부터 초기 NSDAP부터 해산 때까지 당원이었으며, 1934년 3월부터 애국전선의 당원"이었다고 증

슈테터는 1932년 국립사회당교사연맹에 가입하고, 1933년 6월 중에 NSDAP(독일어 Nationalsozialistische Deutsche Arbeiterpartei의 약자로 민족사회주의 독일 노동당, 즉 나치스를 일컬음 – 옮긴이)의 (비밀) 당원으로 가입했다.[30] 1938년에는 "국가사회주의 운동에서 과거 활동"에 대한 질문을 받고, 슈테터는 여러 해 동안 "단파 방송국을 보존 …… 등을 준비하는 국가사회주의학생연맹을 지지하는 개인 선전 활동"에 관여해 왔다고 답했다.[31] 슈테터는 연구소에서 선도적인 나치 삼인동맹을 완성하면서 구스타프 오트너와 함께 일했다.[32] 슈테터와 오트너는 함께 정평이 나 있는 전자적 방법을 이용하여 비슷한 조건 아래서 구한 결과와 비교함으로써 사진술 방법이 "모든" 알파 흔적을 포착하고 있음을 증명했다.[33] (그녀의 정적(政敵)에 의해) 새로운 방법이 과학적으로 정당하다고 밝혀진 것이 블라우에게 정말로 중요했는데, 블라우는 1930년대 내내 그 내용을 거의 시금석(試金石)인 양 인용했다. 실인즉 다음과 같았다. 블라우는 한 번도 개인적으로 키르슈나 슈테터, 오트너와 함께 일한 적이 없지만, 그녀는 학연과 공동 연구로 왐바허와 연결되어 있었는데, 왐바허를 통해서 일찍부터 나치주의 운동에 대해 정치적 헌신이 깊고 흔들림이 없었던 당원 신분을 가진 일련의 동료들과도 연결되어 있었다. 그녀의 존재

언했다.

30) 슈테터의 질문표, 1938년 5월 11일, fols. 269쪽, 272쪽 중 fol. 269v, 개인문서 슈테터, BmUP, AdR.

31) 슈테터의 질문표, 1938년 5월 11일, fols. 269쪽, 272쪽 중 fol. 269v, 개인문서 슈테터, BmUP, AdR.

32) 오트너는 1934년 3월에 애국전선의 당원이 되었으며(애국전선 사무국에서 1935년 12월 16일에 확인함, 개인문서 오트너, BmUP, AdR), 1934~35년 이래로 계속 국가사회주의교사연맹에 회비를 납부했고, 1937년 11월에 나치당의 공식적인 정회원으로 가입했다. 오트너는 왐바허와 함께 여럿 중에서 특히 중성자의 에너지 결정에 대해 연구했다. 키르슈와 왐바허, 「빠르기」, *Sitzungsb., Akad. Wiss. Wien., Math.-naturwiss. Kl., Abt. IIa* 142(1933): 241~249쪽.

33) 예를 들어 오트너와 슈테터, 「입자선」, *Z. Physik* 54(1929): 449~470쪽.

를 위협하던 사람들과 과학적인 인연을 맺음으로써 그녀는 사진 건판에 은빛으로 섬세하게 새겨진 상(像)이 꼭 살아남기를 바랐다.

그녀와 그녀의 방법이 생존할 수 있을지에 대한 온갖 위협 속에서도 블라우에게 좋은 일이 찾아왔다. 평소 우주선(宇宙線)을 발견한 사람이라는 영예를 받고 있는 빅토르 F. 헤스의 도움으로 블라우와 왐바허는 그들의 새로운 에멀션을 (인스브르크 근처의) 높이가 2,300미터인 하펠레카 산정으로 보내 1937년 5월까지 5개월 동안 노출 실험을 할 수 있었다. 최초 검사에서 그들은 어느 누가 관찰할 수 있었던 것보다 (그리고 길이에 비례해서 에너지가) 훨씬 긴 양성자 흔적을 발견했는데, 그것을 공기 중에서 통과한 거리로 환산하면 6.5미터에 달하는 것이었다. 미국과 일본 팀이 당시에 에멀션을 장착한 기구(氣球)를 성층권으로 올려서 얻은 (공기를 통과한 것에 해당하는) 대략 1미터 되는 흔적과 비교할 때 그 두 여성 과학자의 결과는 아주 대단했다. 그러나 블라우와 왐바허의 더 두드러진 결과는 (〈그림 2.14〉에 묘사된 윌슨의 경이로운 사건과 맞먹는) 내가 생각하기에 첫 번째 에멀션 황금 사건인데, 전에 본 그 어떤 것과도 아무런 유사점이 없었다. 그 현상은 다음과 같다. 에멀션 상에 몇 개의 (한 점에서 퍼져 나간 몇 개의 흔적으로 이루어진) "오염에 의한 것처럼 보이는 별들"이 나타나 있었는데, 그로부터 나온 흔적들은 연구소에서 블라우와 왐바허가 전에 보았던 어떤 흔적보다도 더 길었다. 그들은 그것이 혹시 새로운 방사능 붕괴가 아닌지 의아하게 생각했다. 아니라면 그것은 단지 에멀션의 제동력(制動力)이 감소된 것이었는가?

그러나 이 방법은 아직 단 하나의 황금 사건을 가지고 중요한 과학적 주장을 세우기에 충분할 만큼 확실하지 않았다. 일주일 뒤에 그들은 다른 별을 발견했는데, 그 별은 에멀션에서 어떤 불규칙한 모양도 없이 명백하게 깨끗했고 어떤 알려진 붕괴와도 관계있을 수 없음이 분명했다.[34)]

---

34) 블라우, 「발견에 대한 보고」, *Sitzungsb., Akad. Wiss. Wien., Math.-naturwiss. Kl., Abt. IIa* 159(1950): 53~57쪽.

그들의 결과 중에서 네 가지 그러한 사건을 확인하고, 블라우와 왐바허는 1937년 8월 25일자 논문을 『네이처』에 보냈다.[35)]

블라우와 왐바허의 황금 사건인 "별"은 아홉 개의 갈래로 구성되었는데, 그들 중 단 하나만 알파 입자임이 확인되었다. 다른 두 개는 범위가 11센티미터와 30센티미터인 양성자들이었고, 나머지는 에멀션을 통과한 고에너지의 양성자들이었다. 그 결과를 해석하기가 쉽지 않았지만, 두 가지 성질은 분명했다. 첫째, 별을 만든 입자 에너지는 당시에 알려진 방사능 붕괴에서 나오는 어떤 에너지보다도 컸기 때문에 우주선(宇宙線)으로부터 온 것이 아닐 수 없었다. 둘째, 파괴된 원자핵은 에멀션 중에서 무거운 원소 중 하나일 것이 분명했다. 전하가 적어도 9인 것에서 시작해야만 하기 때문이다. 가장 가능해 보이는 후보는 브롬과 은이었다. 셋째, 저자들은 다른 물리학자들이 구름 상자를 통하여 한 사례의 붕괴를 발견한 적이 있지만 어느 누구도 붕괴의 중심을 실제로 본 적은 한 번도 없다고 지적했다. 블라우와 왐바허는 즉시 에멀션 위에 서로 다른 물질로 만든 얇은 판을 추가하여 다른 원자핵을 표적으로 할 때 다른 종류의 별이 생성되는지 보고, 필름을 서로 다른 고도에 노출시켜서 높이를 달리할 때 우주선의 효과가 어떻게 되는지 조사하고, 에멀션 시료를 풍선을 이용하여 대기권 밖 높은 곳으로 띄워 올리는 등 실험을 시도하기 시작했다(〈그림 3.1〉과 〈그림 3.2〉 참조).[36)]

아주 짧은 기간 동안 블라우는 그의 경력의 최고점에 도달해 있었다. 그녀는 실질적으로 어떤 경쟁 상대자에게도 우월한 입장에 놓일 수 있는 방법으로 준비되었고 우월한 입장에 놓일 수 있는 노출된 필름을 가지고 있었다. 그러한 황금 순간은 급격하게 악화된 정치적 상황과 함께

---

35) 블라우와 왐바허, 「붕괴 과정」, 『네이처』 140(1937): 585쪽.

36) 블라우, 「발견에 대한 보고」, *Sitzungsb., Akad. Wiss. Wien., Math.-naturwiss. Kl., Abt. IIa* 159(1950): 53~57쪽, 블라우와 왐바허, 「붕괴 과정」, 『네이처』 140(1937): 585쪽; 블라우와 왐바허, 「II. 보고」, *Sitzungsb., Akad. Wiss. Wien., Math.-naturwiss. Kl., Abt. IIa* 146(1937): 623~641쪽.

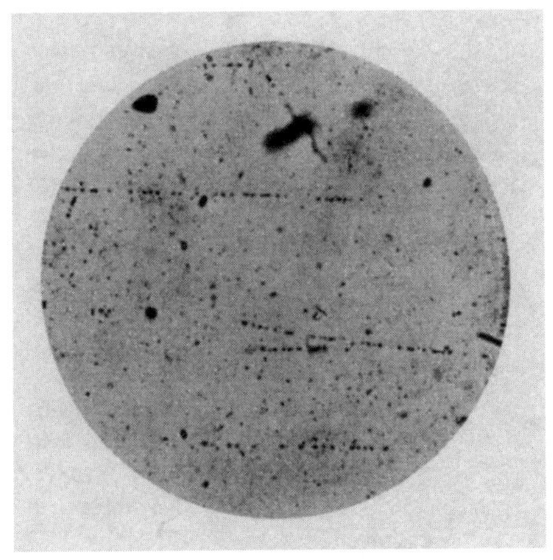

〈그림 3.1〉 블라우와 왐바허의 별(1937). 블라우와 왐바허의 첫 번째 황금 사건은 인스브루크 부근의 하펠레카 산정에서 노출된 에멀션에서 발견된, 여덟 개의 흔적으로 구성된 원자핵 "별"이었다. 흔적들 사이의 각 때문에 그들 중에서 단지 몇 개만 동시 초점을 맞출 수 있었다. 에멀션 자체의 두께는 70마이크론이었다. 출처: 블라우와 왐바허, 「붕괴 과정」. 다음 기관으로부터 허락을 받고 전재함. 『네이처』 140(1937): 585, © 1937 맥밀란 잡지사.

돌연히 끝나고 말았다. 한때는 제자였고 아랫사람이기도 했던 왐바허가 갑자기 지도교수를 제치고 윗선과 손을 잡았다.

1938년 3월 11일 금요일에 독일군이 빈에 진주했다. 블라우가 처음 피한 곳은 E. 글레디치의 초청을 받은 (유기화학연구소에서 연구하기 위해) 오슬로였다. 그다음 다른 머무를 곳을 찾고 빈에 남아 있던 어머니를 구하려고 간절히 노력하던 중[37] 그녀는 멕시코로 갈 수 있는 가능성을 타진해 보기 시작했다. 그녀는 단지 일부만 보존되어 있는 편지에 쓴 대로 "과학적인 연구뿐 아니라 조국을 위해 필요한 일이라면 무엇이든 할 준비가 되어 있었다." 예를 들면 지질학 연구라든지, 광석의 스펙트럼 조사 또는 X-선에 대한 심층 연구 등이 있다.[38] 아인슈타인의 추천을 받

37) 블라우가 아인슈타인에게, 1938년 6월 10일, AEP, 52-606-1, 2.
38) 찢겨진 편지인 블라우-[?], n. d., AEP, 52-610-1, 2 참조.

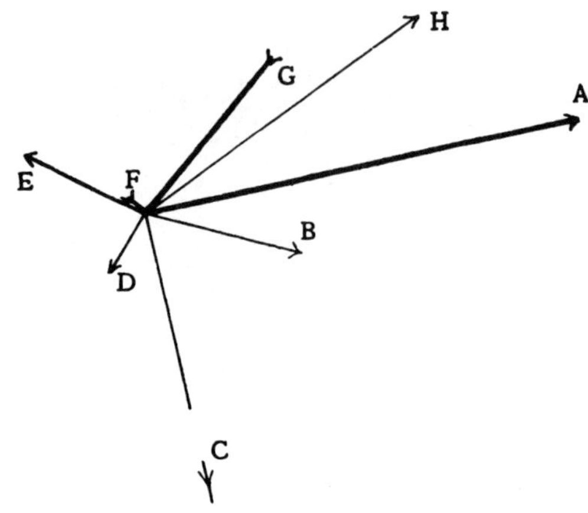

〈그림 3.2〉 블라우와 왐바허, 도식적인 별(1937). 〈그림 3.1〉을 "읽으면서" 블라우와 왐바허는 다음과 같은 도식적 해석을 제공했다. 두꺼운 선은 흔적의 단위 길이당 상대적으로 큰 수의 낱알을 가리킨다. 중간에 끊긴 선은 흔적이 같은 스케일로 재생되기에는 너무 깂을 의미한다. 그림의 화살표는 에멀션의 표면에서 유리까지의 방향을 가리킨다. 출처: 블라우와 왐바허, 「붕괴 과정」. 『네이처』 140(1937): 585쪽, © 1937 맥밀란 잡지사의 허락을 받고 전재함.

고,[39] 블라우는 (1938년 11월에) 멕시코시로 옮겨서 그곳 기술대학의 물리학 교수가 되었다. 거기서부터 그녀가 아인슈타인에게 말했던 것처

---

39) 블라우는 1938년 6월 10일 (아마도 오슬로에서) 아인슈타인에게 편지를 보내 멕시코에서 일자리를 얻는 일을 도와달라고 청했다(AEP, 52-606-1, 2). 그때 아인슈타인은 인헤니에로 바티즈에게 직접 편지를 보냈다(n. d., 아마도 또한 1938년 6월일 것인데, 나중에 타이프 친 첨부물에는 1939년으로 나와 있다).

"친애하는 인헤니에로 바티즈, 오스트리아의 저명한 과학자인 마리에타 블라우 박사가 멕시코로부터 직장을 제공받았다는 소식을 듣고 무척 기뻤습니다. 나는 그녀의 큰 능력이 당신의 국가에서 강의와 연구 활동을 하는 데 유용하리라고 확신합니다. 우리 모두가 잘 아는 것처럼 그녀는 매우 이해력이 뛰어나며 활기찬 개성을 가졌고 아주 많은 분야에서 공부했을 뿐 아니라 강의하는 데도 탁월한 능력을 갖고 있습니다. 나 자신과 동료들이 그녀에 대해 큰 관심을 가지고 있기 때문에 그녀가 어떤 직위를 받게 되며 어떤 일을 하게 될지에 대해 문의드리고자 합니다. 부디 나의 개인적인 청을 들어주시고 동시에 블라우 박사의 연구와 운명에 대해 특별한 관심을 갖고 있는 동료들에게 정보를 전해줄 수 있도록 배려해주시기를 바랍니다. 부디 안녕히 계십시오"(아인슈타인).

럼 (모렐리아에 위치한) 지방 대학에서 일련의 강좌를 성공적으로 이끌었다. 그곳에서 블라우는 소속 학교의 학장을 매우 감동시킨 것처럼 보이는데, 그 학장은 학교에 대한 자부심이 매우 강한 사람이었고, 실험실에 필요한 물품을 구입하려고 미국에 갔을 때 그 점이 잘 나타났다. 과학자가 모자랐기 때문에 장비들은 아직 상자도 뜯지 않은 채 놓여 있었으며, 그래서 학장은 실험 장치를 설치하기 위해서 블라우를 기쁜 마음으로 불러들인 것이다. 연구를 다시 할 수 있게 된다는 기대로 인해 흥분한 상태에서 블라우는 우선 멕시코시에서 정해준 시간 강의를 담당해야 했는데, 매주 24시간의 강의를 맡아야 했기 때문에 간단한 일이 아니었다. 그리고 공교롭게도 강의를 다 마칠 때쯤 모렐리아에 들여온 장비가 사라졌는데, 그 장비는 얼마 지나지 않아서 전당포에 다시 나타났다.

그런 사건들 때문에 생긴 좌절감과 3년 동안이나 물리학에서 손놓고 있었다는 욕구불만 아래 그녀는 아인슈타인에게 적어도 지구 물리학이나 아니면 다른 관련 분야에서 무엇인가 좀 할 수 있도록 힘을 써달라고 간청했다. 그녀는 "만일 누가 나에게 일을 할 수 있도록 해준다면 내 능력이 닫는 한 최선을 다하여 이민 온 사람도 쓸모없는 부담이 아닌 무엇이든 할 수 있다는 점을 증명할 수 있다"고 간청했다.[40)]

1944년 5월에 블라우는 북쪽의 뉴욕시로 옮겨 왔으며, 그곳에서 그녀는 캐나다 라듐과 우라늄 회사, 그리고 국제 희귀 금속 제련소에 취직했

40) 블라우가 아인슈타인에게, AEP, 54-835-1, 2. 아인슈타인은 미국 주재 멕시코 대사에게 1941년 6월 24일자로 감사의 편지를 보냈다. "저는 귀하에게 내 가슴에 아주 가까이 와 닿을 정도로 소중한 문제에 관심을 기울여 주기를 바랍니다. 지난 3년 동안 나의 동료인 물리학자 마리에타 블라우 박사는 멕시코시에 살고 있습니다. 공식적으로 그녀는 그곳의 기술대학 소속으로 되어 있습니다. 그런데 문제는 그녀가 지금까지 유용한 연구를 수행할 기회를 갖지 못하고 있다는 것입니다. 나는 블라우 양이 매우 능력 있는 실험 물리학자이며 그래서 귀하의 국가에 값진 공헌을 할 수 있음을 알고 있습니다. 그녀는 방사능과 우주선(宇宙線) 분야에서 경험이 풍부한 연구자입니다." 아인슈타인은 다음과 같이 편지의 말미를 장식했다. "만일 귀하께서 이 문제를 귀하의 정부에 통보해 주신다면 매우 감사하겠습니다"(영어 원본, AEP, 54-837).

다.[41] 전쟁이 끝나게 되자 새로 창설된 원자력에너지위원회(AEC)는 블라우로 하여금 컬럼비아 대학에서 연구 물리학자로 일하도록 했다. 그다음에 AEC는 1950년에 그녀를 브룩헤이븐 국립연구소로 옮기도록 했는데, 그 연구소는 마침 그때 고에너지 연구로 방향을 바꾸던 참이었다. 그곳에서 블라우가 에멀션을 가지고 얻은 결과들 중에는 가속기에서 만들어진 메존은 더 많은 메존을 만들 수 있다는 첫 번째 증거가 포함되어 있었다.[42] 그 후 연구에서 그녀는 불꽃 계수기의 설계에 기여했는데, 그동안에도 그녀의 주 연구 제목은 계속해서 에멀션과 관계된 것이었다.[43] 브룩헤이븐이 처음에는 마음에 드는 것 같아 보였는데, 일부 직원들과의 개인적 마찰에다 절박한 경제적 어려움과 건강 문제까지 겹쳐서 그 자리조차도 오래가지 못했고, 결국 블라우는 1960년에 빈으로 돌아가게 되었다.[44] 항상 옮겨 다녔던 블라우는 물리학 세계에 충분히 눈에 띌 만큼 오래 머문 장소가 없었다.

왐바허와 슈테터는 전쟁 기간 동안 정말 잘했고 사진 에멀션 분야에서 계속 논문을 발표했다. 블라우의 친구이자 동료인 레오폴트 핼페른은 블라우가 전쟁이 끝난 뒤 자신에게 말해준 다음 내용을 소개했다. 블라우가 1938년 함부르크에서 독일을 떠날 때 그녀가 타고 있던 비행기가 강제로 착륙된 다음 게슈타포는 그녀가 지니고 있는 과학 관련 노트들을 모두 뺏었다. 나치가 일단 결정적인 서류를 찾아낸 다음에는 그녀를 풀어준 것으로 보아 그들이 무엇을 찾고 있는가를 정확히 알고 있었

---

41) 블라우와 드레퓌스, 「광증폭관」, *Rev. Sci. Inst.* 16(1945): 245~248쪽; 블라우와 포이어, 「방사능 광원」, *J. Opt. Soc. Amer.* 36(1946): 576~580쪽.

42) 예를 들어 블라우, 컬턴, 그리고 스미스, 「메존 만들기」, *Phys. Rev.* 92(1953): 516~517쪽.

43) 블라우, 「낱알 밀도」, *Phys. Rev.* 75(1949): 279~282쪽; 블라우, 컬턴, 그리고 스미스, 「메존 만들기」, *Phys. Rev.* 92(1953): 516~517쪽, 메존-메존 생산에 대하여; 블라우와 컬턴, 「비탄성 산란」, *Phys. Rev.* 96(1954): 150~160쪽, 에너지가 500, 750, 그리고 1300MeV인 음전하를 띤 파이온의 산란에 관하여.

44) 귀향하던 날 블라우, (독일어로 된) 자필 경위록, 타이프 된 5쪽 문서, LHP.

음이 틀림없다. 그 노트가 나중에 어떻게 되었는지는 결코 알려지지 않았다. 헬페른에 의하면, 블라우는 그 노트가 결국에는 빈의 라듐 연구소에서 연구하는 옛 동료들의 손에 들어갔을 것이라고 믿었다.[45] 비록 우리가 이 사실을 결코 확인할 수 없다고 하더라도 나치 지배 기간 동안 왐바허의 태도에 대해 약간은 알 수가 있다. 왐바허는 분개하면서 나치의 당원 관리 부서에 다음과 같은 편지를 보냈다.

> 나는 1934년 6월부터 계속 당원 신청 중이었습니다. …… 서클 IX에 문의하면 곧 알 수 있는 것처럼 비록 [당에 소속되는 것이] 불법이기는 하지만, 내게는 당원 신청자로서 전혀 하자가 없었습니다. ……
>
> 나는 1940년 5월에 예기치 못한 서한을 받았는데, 그 서한에 의하면 나의 신청이 거절되었다고 합니다! 그 서한에는 많은 경우에 이용되는 것이 명백한 인쇄된 쪽지가 들어 있을 뿐인데, 그 쪽지는 내 신청이 어떤 이유에서 거절되었는지에 대한 언급이 없습니다. 1940년 당시 나는 "자유"의 몸이었고, 한 번 더 신청하는 것은 1940년대의 경제적 "호황기"를 이용하기에만 급급한 줏대 없고 이전의 그 적대적인 인간쓰레기들과 다시 이야기해야 하는 것을 의미합니다!
>
> 소관구(나치의 하부 조직 사무소 – 옮긴이)에 속한 어떤 사람의 입을 빌리면 이렇게 망측하고 완전히 비국가사회적인 취급을 받고 있는 비록 비합법적이지만 정직한 나치 당원들이 많다고 합니다. 내가 이렇게 더러운 취급을 받도록 한 것은 아님이 분명하며, 빈의 당원 관리 부서에 문의했으나 그곳에서 나와 같은 경우가 많다는 말을 들었습니다. ……
>
> 물론 전쟁 시에는 행정 업무가 더디게 진행된다는 점을 이해하며, 그래서 나는 1940년 9월부터 1942년 1월 지금까지 기다렸습니다!

---

45) 헬페른에 의하면 "Dieses Luftsehiff machte in Hamburg …… hatte"(헬페른, 「마리에타 블라우의 일생에 관하여」, 타이프로 작성한 16쪽 문서, LHP).

그러므로 결코 내 개인 사정을 전쟁보다 더 앞세웠다고는 결코 볼 수 없습니다! 그러나 귀 사무소가 전쟁 중에 업무를 조금이라도 본다면 모범적이고 양심적인 방법으로 …… 무엇인가 일을 시작해야만 할 것입니다!

나는 귀하가 마침내 국가사회주의 사무국에 걸맞은 방법으로 내가 처한 어려움을 해결해 주시기를 요청합니다. 만일 여의치 않다면 특히 나 같은 경우가 나 한 사람이 아님을 알고 있기 때문에 이 문제를 총통각하 사무국에 이를 때까지 끝까지 올라가 관철시킬 작정입니다. ……

히틀러 만세! 헤르타 왐바허 박사 드림[46]

나치의 많은 성공과 함께한 보고서가 조심스럽게 묘사한 것처럼 "마이어와 에렌하프트, 프치브람, 코틀러 등 유대인 교수들이 떠나자" 길을 제대로 잡은 국가사회주의 물리학자들 앞에 빈에는 두 개의 보통 지위와 두 개의 특별 지위가 빈 자리로 나왔다.[47] (블라우가 중요하지 않은 자리에서 나온 것은 별 문제를 일으키지 않았다.) 한 대학의 강사를 같은 대학의 그렇게 중요한 자리에 임명하는 것이 관료적으로 약간 껄끄러웠지만, 예를 들어 오트너와 같은 사람은 거의 떠오르는 별이었다. 1924년부터 "특별 조교" 자리에 있으면서 오트너의 강사 자리는 1934년까지 정기적으로 갱신되었으며, 그것은 약간의 설명이 요구될 만큼 충분히 긴

46) 왐바허가 NSDAP에 보낸 편지에서, Reichsleitung München, Amt für Migliedschaftswesen, 1942년 1월 24일, AdR.

47) 위원회 위원들은 딘 크리스찬, 플램, 프랑케, 하셰크, 키르슈, 렉터 놀, 크랄릭, 마르헷, 마이어호퍼, 프레이, 슈바이들러, 슈페스, 슈테터, 드보르작, 오트너였는데, 이들은 대학과 연구소의 물리학 구조를 논의하기 위해 1938년 5월에 회합을 가졌다. 인사 문제를 논의하는 자리에 하셰크, 키르슈, 슈테터, 오트너는 불참했다. 보고서, n. d. (1938년 6월 8일), fol. 139쪽, 개인문서 오트너, BmUP, AdR. 라듐 연구소와 오스트리아의 다른 고급 연구 기관으로부터 자리를 빼앗긴 학자들의 운명에 대한 아주 충실한 간접 정보를 슈타들러, 『이해력의 판매 II』(1988)에서 찾을 수 있는데, 특히 울프강 라이터, 「1938년 한 해」 참조.

기간이었다. 한 관료가 설명한 바에 따르면, 그는 "복잡한 방사능 측정 방법에 통달해 있었던 데" 반해, 프치브람 교수와 재거 교수는 과중한 업무에 시달리고 있었다.[48] 마음이 내키지 않은 찬사였다.

슈테터도 상당히 오랫동안 "특별 조교" 자리에 있었다. 그의 자리는 제2물리연구소에서 1922년 11월부터 시작하여 그다음 15년 정도 갱신되었다. 프치브람이 해고되자 나치 스타가 부상했고 슈테터는 조건부로 프치브람의 자리를 맡으라는 요청을 받았다.[49] 비록 나치 관료들이 교수로의 내부 승진은 **구정권**의 관례에 맞는 일이 아님을 인식하고 있었지만, 가까운 장래에 대거 승진이 예정되어 있었다. 그렇지만 이제 관료주의의 행태가 수그러들면서 "빈에는 고위 전문 직종의 승계가 일어나게 되었는데, 그 자리는 또한 지난 수년 동안에는 없었던 아주 높은 직위였으며, 의심할 여지 없이 탐나는 자리였다. 만일 어떤 사람이 현재의 관습에 해당하는 지금까지 살아 있으면서 추천된 오스트리아인을 거절하고 **구정권** 사람을 천거한다면 앞에서 거명당한, 그들의 국가사회주의자 자세를 이유로 이전 오스트리아에서 [교수로서] 어떤 지위에도 자주 제외되었던 한 오스트리아인은 **구정권**에 속한 과학적으로 결코 더 나은 자질의 인력이라고 볼 수 없는 더 젊은 사람의 뒤 서열에 놓이게 될 것이다."[50] 키르슈도 독일 군대가 빈으로 진주하기 전에는 전문 직종에서 승진이 느린 편이었다. 그는 1921년 10월부터 1928년까지 라듐 연구소의

---

48) 딘 슈바이들러가 [확인되지 않은 사람]에게, n. d. (1936년 3월경), fol. 162v; 조교로 다시 갱신됨, 1938년 6월 1일에서 1940년 5월 31일까지, Dean, Phil. Fak., to BmU, 1937년 12월 18일, fol. 145쪽, 개인문서 오트너, BuUP, AdR.

49) 슈테터의 조교 직위: BmU에서 Dean에게로의 초안, Phil. Fak., 1934년 10월 24일, fol. 277v(1934년 11월 1일부터 1936년 10월 31일까지); BmU에서 Dean에게로의 초안, Phil. Fak., 1936년 10월 16일, fol. 273v(1936년 11월 1일부터 1938년 10월 31일까지). 1938년 특별 교수 직위의 조건부 임명에 대해서, MikA-IV에서 학장에게, Univ. Vienna, 1938년 12월 9일, fols. 310~311쪽을 보라. 개인문서 슈테터, BmUP, AdR.

50) 크리스찬이 MikA에 보낸 복사본, 1938년 6월 8일, fol. 138쪽, 개인문서 오트너, BmUP, AdR.

조교였으며, 그다음 제2물리연구소에서 상급 조교로 승진했고, 마지막으로 1932년에 "직함뿐인 교수"에 임명되었다.[51] 이런저런 논의가 오간 뒤 슈테터와 키르슈에게 정교수, 오트너에게는 조교수가 제의되었다. 키르슈는 공식적 사실에 의해 "원인에 합당한 투사"로 떠올랐다.[52] 협회에서는 동시에 라듐 연구소장으로 오트너를 지명하기로 결정했다.[53]

종전(終戰)이 다가오면서 슈테터와 키르슈, 오트너가 전권을 장악하고 있었다. 이와는 대조적으로 마이에타 블라우는 열 번 정도 자리를 옮겼고, 과학과 연관된 그녀의 모든 자료와 노트를 잃어버렸고, 여전히 종신 직장을 구할 수 있는 분명한 길을 찾지 못하고 있었다. 오스트리아의 산정에서 라듐 연구소의 복도까지, 멕시코시에서 브룩헤이븐까지, 그녀는 어디로 가든, 상대적으로 비싸지 않은 에멀션 덕택에 일종의 바로 대체할 수 있는 연구실을 얻을 수 있었다. 사이클로트론이나 심지어 전자장치와는 달리 에멀션은 그 상(像)이 아무리 이상하게 보일지라도 소외당한 사람에게는 잘 적응되는 도구였다. 일포드제 반색조 사진 건판을 한 상자만 가지고 있으면 현미경을 이용하거나 책상 위에서 찾을 수 있는 화학 제품 몇 가지를 가지고 원자 붕괴, 중성자 동역학, 방사능 붕괴 등을 연구할 수 있었으며, 『네이처』나 『물리 논문집』 또는 『라듐 연구소 보고서』와 같은 논문집의 페이지를 장식할 수도 있었다.

그러나 그 방법이 방랑하는 사람에게 (어느 정도의) 일감은 되었지만, 여전히 잡다한 흔적 중에서 증거를 알아내고, 여러 관찰자 사이에서 색다

51) 정보 양식, 1939년 6월 16일, 그리고 크리히, 질문표, 1940년 5월 20일, 두 가지 모두 개인문서 키르슈, BmUP, AdR에서 나옴.

52) 플레트너의 초안, MikA-IV에서 REM으로, 1938년 12월 9일, fols. 115~116쪽, 개인문서 오트너, BmUP, AdR.

53) 사무총장, Akad. der Wiss., MikA-IV에게, 1938년 12월 17일, fol. 109쪽. REM에서 확인된 겸직으로 임명, 1939년 2월, 다메스, REM, MikA-IV에게, 1939년 2월 11일, fol. 105쪽; 공식적으로 1939년 9월 23일에 결정됨, 1939년 10월 1일부터 유효함, Zschintzsch, REM, 오트너에게, 1939년 9월 28일, fol. 92쪽, 개인문서 오트너, BmUP, AdR.

른 결과를 여러 관점에서 검사함으로써 조정하는 권한을 부여잡고 있는 것은 연구소였다. 오직 조직화된 환경을 갖춘 새로운 종류의 연구소에서만 실험 과학자들의 고민을 누그러뜨릴 수 있었다. 빈의 이전 동료들로부터 고립당하고 블라우는 아직 필름 제작과 필름 조사, 결과의 해석 등에서 공동 연구자들끼리의 연결 조직 일원이 되지 못했다. 영국에서는 세실 파우웰이 실험 과학자와 화학자, 그리고 스캐너들을 모집하고 이론 과학자들을 강력한 새로운 조합과 연결시키면서 새로운 종류의 공동 연구를 위한 연구소를 만들기 시작했다. 그것은 우리가 앞으로 알게 되겠지만, 새로운 종류의 실험 물리학과 조금도 다를 바 없었다. 고립무원의 처지에 있던 마리에타 블라우는 중심으로부터 점점 더 멀어지고 있었다.

3. 소형 구름 상자

C. T. R. 윌슨은 단지 몇 명의 제자만 지도했는데, 그들은 모두 계속해서 구름 상자를 제작하는 데 종사했다. 그들의 솜씨는 모두 상급이었으며 세실 파우웰도 벌써 거장(巨匠)의 아들다운 기술을 연마하고 있었다.[54] 파우웰에게는 구름 상자가 "단 한 번의 관찰에 의해 어느 정도의 확신을 가지고 광범위한 결론을 얻을 수 있는" 여러 장치 중에서도 첫째가는 장치였다.[55] 파우웰이 동료들에게 가지는 사진에 대한 기대는 자연 세계에 대한 일반적인 접근 방법으로 살펴볼 때 아주 자연스러운 일이었다. 이론 과학자인 빅토르 바이스코프는 이 점에 대해 다음과 같이 말했다.

> 세실 파우웰이 물리학을 추구하는 수단으로 사진을 찍는 것과 같이 간단한 방법을 취했다는 것은 그의 개성을 말해준다. 그것은 직접적인

---

54) 오첼라이, 「파우웰 그룹」, *J. Phys.* 43(1982): C8-185~C8-189쪽 중 C8-186쪽.

55) 파우웰, 「자서전」(1972), 20쪽.

> 접근으로 그를 자연과 직접 연결시켜주었다. 그는 사물을 관찰하고 그 중에서 흥미로운 것이 무엇인지 알아보았다. 그는 우주선(宇宙線)의 효과를 관찰했을 때 가장 위대한 발견을 이룩했다. 그는 자연이 원래 가지고 있는 고에너지 빛줄기를 이용했다. 그 빛줄기들은 광활한 하늘에서 왔고, 거저 얻을 수 있었다. 여기서 우리는 파우웰이 자연 현상에 접근하는 독특한 개성을 발견한다. 그의 가슴에는 자연주의자가 들어 있다. 그는 마치 동물의 사진을 찍듯이 우주선(宇宙線)의 사진을 찍었는데, 그는 단지 좀더 세련된 방법을 이용했다는 점이 다를 뿐이다.[56)]

바이스코프가 요약한 의견은 적절하다. 스코틀랜드 고지(高地)에서 자연 현상을 사진으로 재현하여 흉내 내기 연구를 시작한 윌슨과 마찬가지로 파우웰은 자신을 자연의 수집가와 자연의 모방자로 만들었다. 파우웰의 초기 연구와 그 뒤를 잇는 에멀션 물리학 사이를 똑똑히 비교해 볼 수 있는 유일한 길은 물리학에 대한 윌슨 스타일을 이해하는 것이다. 한 편에는 응집 현상이라는 잘 정의된 거시 물리학, 다른 편에는 입자 현상이라는 단명(短命)한 미시 물리학 사이의 경계에서 우리는 실험 과학자가 품고 있는 고민의 뿌리를 추적해 낼 수 있다.

윌슨과 마찬가지로 파우웰의 초기 과학적 연구도 응집 현상을 중심으로 이루어졌다. 윌슨의 연구소에서 파우웰은 다른 팽창 정도에 따라 응집 과정이 어떻게 일어나는지를 조사하기 위해 모두 유리로 된 상자를 제작하는 데 심혈을 기울였다. 나트륨 유리와 연마용 금강사(金剛砂)를 이용하여 상자를 조립하는 일이 지극히 어려웠을 뿐 아니라, 일단 만들어 놓았다고 하더라도 망가지기 쉬워서 기구는 처음 팽창 단계에서 파열하기 일쑤였다.[57)] 그렇지만 일단 작동하기 시작한 기구는 파우웰에게 윌슨이 시도한 원래 핵심인 응집 물리학을 추진해 나가는 방편을 제공

56) 바이스코프, 「생애와 연구」(1972), 1쪽.
57) 파우웰, 「자서전」(1972), 20쪽.

했다. 비록 응집 현상이 이제 더 이상 물질 이론에 대한 중심 문제로서의 역할을 하고 있지는 않지만, 그 문제가 증기 기관을 설계하는 데 구름 상자를 이용할 수 있었던 기술자들의 세계에 다시 출현했다.

이미 1915년에 휴 칼렌다는 증기 터빈에 대한 열역학적 이론(특히 노즐에 의한 증기 배출)을 개척하기 위해 구름 상자를 이용했다.[58] 이 문제는 증기가 실린더에 압축되어 들어왔다가 배출되는 동안 일어나는 응집 현상이 엔진의 효율에 영향을 주기 때문에 실용적이었다. 추상적인 문제가 아니라 실제 엔진이 대상이었다. 칼렌다와 니콜슨은 노바 스코티아에 위치한 암허스트의 롭 공업회사가 제작하는 실물 크기의 엔진에 대한 물리를 다루었다. 실험들은 모두 정교하게 진행되어야 했다. 증기의 온도는 증기 엔진의 실린더에서 정밀한 플라티넘 온도계를 이용하여 측정되어야 했다. 이론은 "마른" 증기를 고려하느냐 아니면 (과포화된) "젖은" 증기를 고려하느냐에 달렸다. 여기서 윌슨의 실험이 관계되는데, 그것은 그들이 적당한 감압(減壓) 상태에서 먼지 핵이 존재하느냐 하지 않느냐에 따라 수증기가 응집한다는 것을 증명했기 때문이다. 그렇게 과포화된 증기는 응집되면서 열을 방출했고 마찰 성질을 추가로 갖게 되었다.[59]

비록 윌슨은 증기 기관을 통하여 그 문제에 도달한 것이 아니었지만, 연구 주제로서의 응집 현상은 이온 물리학이나 기상학의 주제였던 것이나 마찬가지로 증기 기관 연구의 일부분이었다. 파우웰은 1925년에 얻은 열과 압력 관계 그래프에서 "구름 한계 직선"을 자세히 결정하는 동시에 S. S. 마우레타니아의 터빈에서 (〈그림 3.3〉 참조) 압력 분포가 어떻게 될 것인가라는 문제에 대해 문헌을 참고하는 데도 몰두했다.[60] 3년 뒤인 1928년에 파우웰은 과포화 상태에서 온도 효과를 좀더 일반적으

---

58) 칼렌다, 「정상 흐름」, *Proc. Inst. Mech. Eng.* (1915): 53~57쪽.

59) 칼렌다, 「정상 흐름」, *Proc. Inst. Mech. Eng.* (1915): 53~57쪽; 칼렌다와 니컬슨, 「응집」, *Min. Proc. Inst. Civ. Eng.* 131(1898): 147~268쪽.

60) 파우웰, 「과포화 상태」([1925] 1972).

〈그림 3.3〉 SS 마우레타니아, 엔진실(1907). 여기 나오는 기구들은 어디로부터 유래했는지 모르게 여기저기 옮겨 다녔다. 기상학에서 시작된 구름 상자는 파우웰과 함께 마우레타니아의 엔진실 어디서나 활약했다. 여기에 보인 것은 살센트 제작소의 조립장인데, 마우레타니아에서 온 세 개의 터빈을 볼 수 있다. 하나는 뒤쪽, 다른 하나는 저압력 전진 터빈이고, 나머지 하나는 고압력 전진 터빈이다. 파우웰은 윌슨의 연구소에서 응집 현상에 대해 배운 것을 이 엔진에서 초고압축 증기의 동역학을 조사하는 데 이용했다. 출처: 마크 D. 워렌이 쓴 『커나드 터빈으로 작동된 사중(四重)-추진 대서양 선형 마우레타니아』(1907), 〈그림 128〉 도판 18에서 인용함. 1987 패트릭 스트븐스 출판사의 허락을 받고 전재함.

로 연구하기 위해 구름 상자를 사용했다.[61] 마침내 사이클을 완성한 파우웰은 기체에서 이온의 유동성과 상호작용을 연구하는 데 4년 정도를 보냈다. 이러한 관심을 갖는다는 것이 어쩌면 단지 응집 현상뿐 아니라 좀더 일반적으로 물질 구성이 무엇이냐에 대해 관심을 갖고 있는 캐번디시 출신으로 당연한 일일지도 모른다.[62]

1880년대에 크라카토아 화산이 에이트킨과 그 시대 사람들에게 한 역할을 (마르티니크의) 펠레산이 파우웰에게 했다(〈그림 3.4〉 참조). 1902년 5월 8일에 그 섬의 화산이 엄청나게 강력한 증기를 분출하면서 폭발

61) 파우웰, 「응집 현상」([1928] 1972).

62) 예를 들어 틴달과 파우웰, 「이온의 유동성」([1930] 1972) 참조.

〈그림 3.4〉 펠레 화산 폭발(1935). 어떤 자연 현상도 화산이 폭발하여 나오는 분출물과 함께 생기는 대규모 응집 현상인 화산 구름을 극적으로 보여주지는 못한다. 마르티니크의 펠레산이 폭발할 때 보여주는 이 사진의 예는 인상적이다. 왕립협회는 파우웰을 급파하여 몬트세라트의 영국령 섬을 감시하는 모니터 시스템을 설치하도록 했다. 출처: 페레, 『펠레』(1935), 7쪽.

했는데, 대기로 뿜어 올려진 바위와 재가 산의 경사면에 맹렬하게 돌진하면서 떨어져 2만 명 이상의 인명 피해가 발생했다. 오직 (마을 감옥에 수감되어 있던) 남자 한 명이 살아남았는데, 그 사람도 그 뒤 곧 사망했다. 소앤틸리스 제도(諸島)에서 화산 분출의 주기와 강도가 점점 더 증가하는 것을 주목하고, 펠레산이 1930년과 1932년 사이에 다시 분출하는 것을 당황스럽게 관찰하면서 왕립협회와 총독부는 영국령 서인도 제도의 속령(屬領)에 지진 탐험대를 조직했다. 세계적으로 유명한 화산학자 중의 한 사람인 프랑크 A. 페레는 1934년 여름에 오랫동안 활동을 멈추고 있다고 생각했던 화산의 분기공이 다시 활동을 시작했다고 썼다. 국지적으로 일어나는 진동과 지구의 충격이 이러한 분출과 결합되어 일어났던 1902년 대재앙 이전의 몇 해 전을 불편하게 연상시켰다.[63)]

파우웰은 왕립협회에서 조직한 탐험대에 합류했는데, 탐험대의 노력

63) 페레, 『펠레』(1935), 11쪽.

은 카리브해의 몬트세라트에 집중되었다. 자연 현상으로서 화산 구름 자체는 파우웰이 일생의 대부분 동안 몰두했던 응집 현상이 대규모로 일어난 것이다. 대부분의 화산은 주로 위쪽으로 분출하게 된다. 갇힌 기체는 대단히 높은 압력으로 응축되었기 때문에 그 위에 용암으로 형성된 마개를 깨고 화산 바깥 위쪽을 향해 용암을 분출시킨다. 그 이름이 나타내듯이 화산 구름(nuée ardentes)은 (Glutwolken 또는 nuages denses라고도 알려진) "미세한 먼지가 위로 올라가면서 빠르게 피어나는 꽃양배추 모양과 함께 수증기와 재로 이루어진, 장엄할 정도로 볼 만한 소용돌이"를 수반한다.[64] 이런 광경은 활동성 용암에 의해 만들어지는데, 그 입자들은 때로는 폭발적으로 기체를 토해낸다. 용암이 기체에 의해 조각 나기 때문에 액체는 엉겨붙지 못하고 화산 활동을 하는 산의 경사면을 따라 폭포가 되어 내려오는데 마찰이 거의 없어서 보통 용암이 흐르는 빠르기보다 훨씬 더 빠르다.[65]

지진을 제대로 측정하려면 시간적으로 벌어졌을 뿐 아니라 공간적으로도 멀리 떨어진 관찰자를 필요로 하기 때문에 한 장소에서 측정하는 것은 충분하지 못하다. 몬트세라트에서 1936년 3월 24일부터 6월 24일까지 머문 다음 파우웰은 왕립협회에 다음과 같이 보고했다. "이 섬들에서 지진과 화산 현상에 대한 우리의 현재 지식은 너무 제한되어 있기 때문에 관찰 장치로 구성된 그다지 많지 않은 장비를 설치하는 것이 상당히 귀중한 가치가 있는 발견에 이르게 하기 위해 필요하다. 몬트세라트에 현재 설치된 조직은 여러 섬을 망라하여 몇몇 장소에 설치할 장비의 첫걸음으로 아직 미숙한 관찰자와 자원 봉사자들이 이 장비를 다루는 실험의 기회라고 간주할 수 있다"(〈그림 3.5〉 참조).[66] 자연에서 진기하게 일어나는 현상에 대해 품고 있는 파우웰의 매혹됨은 제외하고라도, 몬트세라트 탐험대는 파우웰에게 그의 남은 생애 동안 잘 활용한 과

64) 페레, 『펠레』(1935), 5쪽.

65) 페레, 『펠레』(1935), 84~88쪽.

66) 파우웰, 「몬트세라트 탐험대」([1937] 1972), 146쪽.

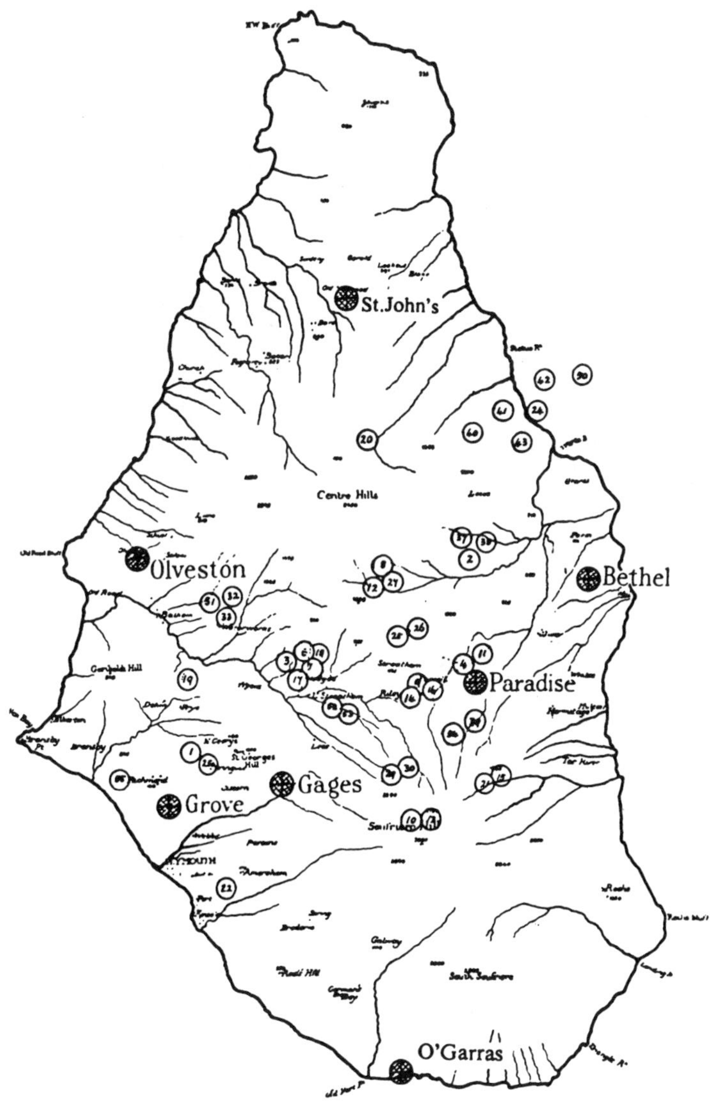

〈그림 3.5〉 몬트세라트의 관찰 위치(1937). 파우웰은 지구 물리학을 발전시키는 것과 함께 닥쳐오는 재앙을 경고할 목적으로 몬트세라트 전체에 관찰 초소를 운영할 수 있도록 "미숙한" 관찰자들의 기간 요원을 훈련시켰다. 이 지도에서 팀은 (지진 관측을 위한) 자거 초소와 예상 진앙지(震央地)의 위치를 표시했다. 자거 초소는 회색 칠을 한 플러스 기호로, 진앙지는 숫자가 들어 있는 원으로 표시되었다. 출처: 파우웰, 「몬트세라트 탐험대」, *Proc. Roy. Soc. London A* 158(1937): 479~494쪽 중 485쪽의 〈그림 10〉.

학적 경영 형태를 익히는 "미숙한 관찰자"를 조직하는 경험을 쌓게 해주었다.

파우웰은 동일한 보고서의 다른 곳에서 그렇게 "미숙한" 종사원을 이용하는 것의 중요성을 다시 언급했는데, 그것은 전후(戰後) 물리학 전체를 통해 계속 영향을 준 주제였다.

> 일어나고 있는 현상의 기초 과정을 실질적으로 이해하기 위해서 필요한 지식은 카리브해의 구부러진 곳을 따라 몇몇 위치에 관찰소를 확장해야 얻을 수 있다. 상당히 간소한 검사만으로도 첫 번째 단계에 값진 정보를 구할 수 있다. 만일 장비를 몬트세라트의 미숙한 관찰자들이 관리하도록 맡겨 두는 실험이 성공을 거둔다면, 비슷한 장비를 이 지역의 다른 영국령 섬들에도 설치할 수 있게 된다. 이와 같은 방법으로 시간이 지나면 어떤 위협이 되는 재앙이라도 그 성격과 정도를 미리 예언할 수 있는 조직을 구성할 수 있게 되며, 그렇게 하면 지구물리학 분야에도 중요한 기여를 하게 될 것이다.[67]

파우웰은 지진과 관련된 활동을 찾는 과정에서 "미숙한" 관찰자들을 처음으로 이용하기 시작했다. 그에 더하여 왕립협회의 탐험대는 근원이 되는 동역학을 밝히는데, 개별적인 상(像)이 위력을 지니고 있다고 이미 파우웰이 믿고 있는 신념을 강화해 주는 데 기여했다. 왜냐하면 어떤 의미로 지진계는 지구 움직임에 대한 특별하고도 절대로 반복되지 않는 "그림", 즉 사진이 아니라 바늘의 뾰쪽한 끝이 그리는 흔적으로 묘사되는 황금 사건을 제공해주기 때문이다. 〈그림 3.6〉에 보인 비케르트 지진계 결과와 같은, 그런 일이 일어난 증거는 관찰자에게 필요로 하는 정보를 제공했다.[68] 많은 관찰자들을 조심스럽게 배치함으로써 파우웰은 최

---

67) 파우웰, 「몬트세라트 탐험대」([1937] 1972), 148쪽.
68) 파우웰, 「몬트세라트 탐험대」([1937] 1972), 138쪽.

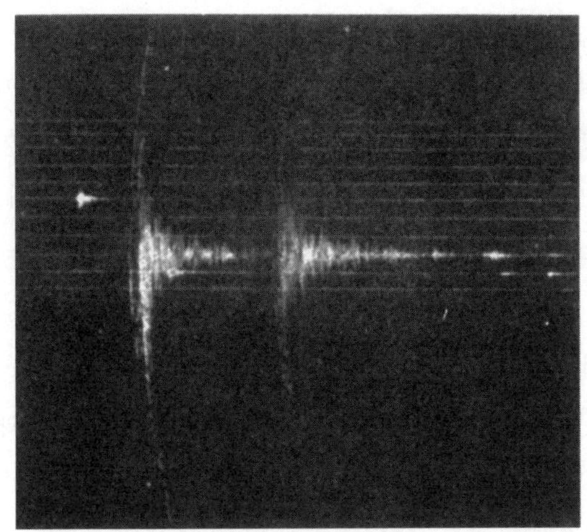

〈그림 3.6〉 몬트세라트에서 측정한 지진계 도표(1937). 구름 상자 사진에서만 황금 사건이 나오는 것은 아니다. 여기에 파우웰과 그의 팀이 6월 22일, 21시간 52.3분 동안 기록한 지진계 자료를 보고했다. 파우웰은 여기에 보인 사건이 S(표면 지진파)와 P(압력 지진파)를 갈라놓지 못하므로 국지적 현상이라고 주장했다. 출처: 파우웰, 「몬트세라트 탐험대」, *Proc. Roy. Soc. London A* 158(1937): 479~494쪽, 488쪽 뒤의 〈그림 5〉 도판 24.

후에는 수백 명의 생명을 구할 것으로 희망했다. 그것이 이해되자, 그가 운명을 같이하기로 원한 것은 지구 물리학이 아니었다.

당시 엔리코 페르미, 리제 마이트너, 오토 한, 그 밖에 다른 사람들에 의해 원자핵 물리학이 발전하게 되자 파우웰에게는 원자핵 실험이 더 이상 미룰 일이 아니라는 것이 명백해졌다. 브리스틀로 돌아오자 그는 그 주제에 몰두했고, 1938년 2월 9일에 이르러 구름 상자를 어떻게 가장 잘 활용할 수 있을 것인가에 대해 다음과 같이 숙고하기 시작했다. "양성자-양성자 힘이 인력인지 아니면 척력인지는 큰 각으로 산란되는 확률을 확실하게 결정하는 데 달려 있다. 그 실험은 수소의 긴 범위 양성자를 이용한 팽창 상자 사진을 만드는 방법으로 수행될 수 있다. 고에너지가 가능하다는 것과 확실하게 셀 수 있다는 것이 장점이다. 충분히 많은 양성자를 얻을 수 있을 것인가? 큰 상자는 어쩌면 현재 것에 비해 높은 압력보다 더 좋을 수도 있다."[69] 파우웰이 "확실하게 셀 수 있다"라고 언급한 것은 의심할 여지 없이 경쟁 관계에 있는 계수기를 활용하는 방법과 비교한 것이다. 계수기에서는 가짜 사건이 일어나기 때문에 실제 사건의 개별적인 횟수를 명백하게 확인할 수가 없다. 이와는 대조적으로 구름 상자를 이용하면 산란하는 사건 하나하나가 완전한 흔적을 남길 것이고, 그래서 주어진 각으로 산란하는 입자의 수를 결정하는 것이 더 분명하다. 들어오는 양성자가 산란할 수 있도록 충분히 많은 수의 양성자로 된 표적을 확보하기 위하여 큰 상자를 만드는 것이 필요할 것이다. 높은 압력에서 작동시키면 이 같은 기능을 발휘했다.

충분히 많은 수의 산란 사건을 확보할 수 있을지에 대한 파우웰의 걱정은 계속되었다. 1938년 2월 19일, 그는 노트에 다음과 같이 주석을 달아놓았다. "기체의 정지 능력을 증가시키면 충돌할 확률이 증가되지만, 주어진 에너지 범위의 확률은 증가되지 않는다. 만일 한 번의 충돌에서 100개의 흔적을 얻을 수 있다면 사진 60장마다 한 개의 갈래를 얻을 수 있다. 1,000개의 갈래를 위해서는 1만 장의 사진이 필요하다."[70] 심지어 높은 압력 아래서도 필요한 사진의 수는 줄어들지 않는다. 그런 다음에 1938년 3월 12일에는 계산 중에 파우웰은 조심스럽게 다음과 같이 써놓았다. "히틀러가 오스트리아로 진군한다. 우리가 이런 일을 할 수 있는 날짜가 별로 남아 있지 않다. 어제는 버밍엄이다. 올리판트는 응집된 방출이 만족스럽지 못하고 셔터를 이용한 연속 방출이 더 좋겠다고 말한다. 결과가 어떨지 두고 보자."[71]

일은 정치와 함께 희비가 엇갈렸고, 5월 21일은 새로운 공포를 불러왔다. "독일과 헝가리+체코 군대가 집합했다는 소문이 돈다."[72] 그 뒤에 파우웰이 요청한 더 큰 구름 상자를 만드는 데 대해 동료들과 몇 번의 언쟁이 오갔다. 그러나 제작상의 어려움은 한 가지 장애를 넘으면 또 다른 장애가 나타나는 등 파우웰을 난처하게 만들었다. 그다음에 1938년 6월

69) 1938년 2월 9일로 표시된 본문에 반대쪽 사항, CPnb.
70) 1938년 2월 19일, CPnb.
71) 1938년 3월 12일, CPnb.
72) 1938년 5월 21일, CPnb.

2일에 "하이틀러는 사진 건반 방법을 이용해 우주선(宇宙線) 폭발을 조사하는 것이 어떻겠느냐고 제안한다. [그다음에 안슐루스 이전 블라우에 의해 수행된 연구에 대한 두 번의 언급이 나온다.][73] 보론 양성자나 질소 양성자를 필름에 접선 방향으로 발사하면 범위는 물론 가능하면 산란도 조사할 수 있는데 왜 그렇게 하지 않는가? 어쩌면 높은 해상도를 지닌 현미경의 초점을 잘 맞추어 낱알이 공간에서 놓인 방향을 얻을 수도 있을 것이다."

파우웰은 가능한 방법을 모두 동원하여 구름 상자를 극한까지 밀고 나갔다. 그는 크기를 늘리거나 수소 기체의 압력을 강화하는 등 구름 상자의 정지 능력을 증대시키기 위해 버둥거렸다. 그러나 동시에 구름 상자의 상(像) 전통 테두리 안에 대한 그의 연구는 그를 만족시킬 수 있는 증거의 종류에 대해 제한을 가했다. "애매한" 개별 자료 점들을 갖춘 계수기는 그러한 제한을 받지 않을 것이다. 그래서 시작부터, 심지어 가능하다는 것을 알 수 있기 전부터 파우웰은 에멀션이 구름 상자의 주요 특성인, 입자 흔적이 삼차원 공간에 놓인 모습을 드러내는 능력을 역시 보일 수 있었으면 하고 원했다. 제대로 보정하기만 하면 현미경의 초점 맞추기 설정은 필름의 얇은 층들 내부에서 흔적의 깊이를 드러나게 할 수 있었다.

1930년대의 파우웰과 다른 물리학자들에게 구름 상자 연구의 정신이 새로운 에멀션 기술에 구현되었다. 1939년 파우웰은 에멀션을 "연속적으로 작동하는 민감한 고압력 팽창 상자와 똑같다"라고 말했는데, 그다음 해에 다음과 같이 부연하여 같은 주장을 되풀이했다. "우리는 에멀션

---

73) 블라우와 왐바허, 「잠정적인 계산」, *Sitzungsb., Akad. Wiss. Wien., Math.-naturwiss. Kl., Abt. IIa* 146(1937): 469~477쪽; 블라우와 왐바허, 「II. 보고」, *Sitzungsb., Akad. Wiss. Wien., Math.-naturwiss. Kl., Abt. IIa* 146(1937): 623~641쪽. 주: 노트는 두 번째를 621쪽 이하라고 인용했는데 옳지 않다. 위에서 논의한 것처럼 이들 중 첫 번째는 하펠레카가 제공한 그림에 대한 첫 번째 분석에서 관찰되었던 고에너지 양성자와 (간접적으로) 중성자에 대해 보고했다. 두 번째는 고에너지 별에 대한 완전한 보고다.

에 나오는 흔적의 공간 방향성을 결정할 수 있다는 의미에서 이 [에멀션을 윌슨 상자에] 비유를 더 확장하는 것이 가능하다고 믿는다."[74] 비록 그때 파우웰은 에멀션에 대한 대부분의 이전 연구에 대해 무지했지만, 유명한 러시아 출생 전문가인 A. 즈다노프는 그보다 단지 몇 해 전에 비슷한 선상에서 다음과 같은 주장을 펼쳤다. "사진 방법에서 [여러 가지] 개선(改善)에 힘입어 우리는 동일한 현상에 대해 구름 상자보다 천배나 작은 수의 사진을 이용하여 구름 상자로 구할 수 있는 입자 흔적과 거의 동일한 근사값을 얻었다."[75] 뒤이은 여러 해에 걸쳐 다른 방향으로도 변형이 시도된 것을 발견하게 된다. 즉 에멀션을 여러 겹 쌓아놓으면 "에멀션 상자"가 된다.[76] 이와 같은 언급은 사진에 나온 흔적 만들기와 구름 흔적 만들기 사이의 물리적 차이에도 불구하고 그들 둘 모두의 상(像) 구조는 심지어 에멀션 연구의 초기 단계에서부터 그들이 서로 끊어지지 않고 이어져 있는 것처럼 보이게 만들었다.

에멀션에 대한 연구를 시작한 첫 해에 파우웰과 그의 동료들은 완성 단계에 가까이 간 윌슨의 팽창 상자와 좀더 새로운 방법 사이를 부드럽게 왔다 갔다 했다. 그렇지만 그는 이전 기술에 대한 그의 마음을 더 오래 붙잡아 둘 수가 없었다. 구름 상자의 상태를 고찰해본 뒤 1938년 6월 18일에 적은 그의 노트에 따르면 파우웰은 에멀션이 소형 구름 상자 역할을 하도록 만드는 문제로 돌아갔다.

> 핵반응을 조사하는데 사진 기술이 매우 소중하게 되는 것이 가능하게 보인다. 사진 기술은 여러 가지 장점을 가지고 있다.

---

74) 파우웰과 페르텔, 「고속 중성자」, ([1939] 1972), 153쪽; 파우웰, 「그 이상의 적용」([1940] 1972), 159쪽.

75) 즈다노프, 「입자의 흔적」, *J. Phys. Radium* 6(1935): 233~241쪽 중에서 234쪽. 주: 즈다노프의 영문 이름인 'Jdanoff'와 'Zhdanov'는 러시아어에서 동일한 이름을 번역한 두 가지 표기다.

76) 즈다노프, 「몇 가지 문제」(1958), 233쪽.

(a) 노출시키는 것이 지극히 간단하며 단 하나의 작은 건판 속에 굉장히 많은 정보를 포함하고 있다.

(b) 어떤 장치도 연결되어 있지 않으므로 높은 퍼텐셜 아래서 실험을 수행할 수 있다. 그래서 우리의 장치를 가지고 큰 전력의 양성자 발생원을 음의 극성을 주는 장치에 의한 지구 퍼텐셜 아래서 동작시킬 수 있다. 다른 방법으로, 중간에 지표(地表)에서 펌프질을 함으로써 양끝이 +와 -로 대전된 관을 만들 수도 있다. 주된 단점은 필름으로부터 정보를 추출하기가 어렵다는 점이다. 팽창 상자를 이용한 산란 실험에서는 사진 한 장마다 100개의 흔적을 확실하게 구할 수 있고 갈래도 쉽게 구별할 수 있을 것이다. 에멀션 방법을 이용하면 낮은 해상도를 가진 (지름 200) 현미경의 시야를 통해서 굉장히 많은 수의 흔적을 조사하는 것이 가능할지도 모르지만, 각 흔적을 차례로 조사해야 할 필요가 있을지도 모른다. 산란의 확실한 값을 구하기 위해 팽창 상자 결과를 이용하면 상대적으로 몇 안 되는 작은 수의 사진에서 흔적을 세어봄으로써 흔적의 수를 산출하고 그 평균을 계산할 수 있는데 반해 에멀션 방법을 이용하면 개별적인 흔적의 수를 세어야만 한다. α흔적에서 구한 결과를 보면 초점을 맞추는 방법으로 공간상의 방향을 구하기가 가능하다는 것은 확실하다고 여겨진다. 초점의 깊이가 단지 파장의 몇 배에 지나지 않는다.[77]

현미경의 정밀 초점을 이용하면 흔적의 깊이 좌표를 분석하는 데 도움이 되지만, 그러나 에멀션을 삼차원 기록 장치로 온전히 이용하기 위해서 파우웰은 반색조인 70~100마이크론보다는 300마이크론 정도로 더 두꺼운 필름이 필요했다. 그런데 현상과 건조하는 동안 변형을 피하기 위해서 더 두꺼운 필름을 이용하려면 새로운 처리 기술이 필요했다. 만일 파우웰이 그러한 필름을 만들고 흔적 정보를 추출하기 위하여 실행

77) 1938년 6월 18일, CPnb.

가능한 방법을 마련하는 데 성공할 수 있다면, ($B^{11}+H^1$ 또는 $N^{14}+H^2$와 같은) 핵붕괴를 조사하는데, 단지 몇 장의 좋은 사진이 바라는 모든 정보를 제공할 수 있는 등 그 방법은 대단한 가치를 가질 수 있게 될 것이었다. 블라우와 마찬가지로 파우웰도 에멀션의 중요성을 단번에 알아차렸으나, 동시에 그는 목표로 하는 상(像)의 포착하기 어려운 성질도 느끼고 있었다.

좀더 체계적으로 사진술에 관한 문헌을 연구하기로 작정하고 파우웰은 에멀션 기술에 대한 H. J. 테일러와 마우리스 골드하버의 이전 연구들에 대해 더 읽느라고 1938년 6월 말에서 7월 초까지의 기간을 보냈다. 테일러와 골드하버는 느린 중성자를 이용하여 ($B^{10}+n^1 \rightarrow Li^7+He^4$처럼) 보론 원자핵이 붕괴할 가능성을 확인하기 위해서 특별한 방법으로 준비된 필름을 이용했다.[78] 그와 동시에 그는 새로운 구름 상자를 다시 설계했다. 그렇지만 행여 새로운 에멀션에 대한 전망이 밝아졌다고 하더라도 정치적 사건은 그렇지 못했다. 1938년 9월 14일에 파우웰은 "체임벌린(당시 영국 수상 – 옮긴이)이 [원문 그대로 인용하면] 히틀러에게 날아가 모든 평화 세력을 혼란에 빠뜨린다. 실패하고 있는 국수주의자의 세력을 다시 세워준다. 다음 조처는 4강 협정을 체결하고 그래서 소련을 고립시키려고 할 것이다.[79] 마치 동정을 받는 것처럼 구름 상자 계획은 비틀거렸다. 상자에서 누출이 일어나는 것 같았는데 하루 자고 나니 없어졌다. 연구소에서는 홍수가 나는 재앙을 겪었고, 그리고 여러 가지 다른 장치가 고장을 일으키게 되자 파우웰은 실제적으로 그의 구름 상자를 이용하여 유용한 연구를 할 수 없었다. 1938년 9월 말경 아마도 생산성 있는 빛줄기 사용 시간을 하나도 얻지 못하고 절망에 빠져 있을 때 파우웰은 흡수제와 보통의 반색조 사진 건판을 가지고 우주선(宇宙線)을 찾기 위해 연구소 지붕으로 올라갔다.[80]

---

78) 테일러와 골드하버, 「검출」, 『네이처』 2(1935): 341쪽.

79) 1938년 9월 14일, CPnb.

80) 1938년 9월 30일, CPnb.

만일 노리는 목적이 우주선(宇宙線)이라면 그것들을 사냥할 장소는 파우웰이 바로 결정한 것처럼 브리스틀 지붕이 아니라 스위스의 융프라우에 설치한 산 관측소다. 그곳에 사진 건판을 노출시키기 위해 파견되었던 파우웰의 동료 중 한 사람이 1938년 12월 20일 돌아왔는데, 현미경 조사의 지루함에도 불구하고 파우웰은 다음과 같은 성과를 올리고 매우 기뻐한 것이 틀림없다.

건판에 나온 흔적

(1) 토륨 α입자 별 (5가지).

(2) 우주선(宇宙線)으로부터 긴 범위 성분을 가진 별들.

(3) 긴 —개별적인 흔적 —우주선(宇宙線)으로부터 유래 —몇 가지는 서로 연결됨.

(4) 짧은 성분을 가진 별, 광각 산란을 의미.

이렇게 얻은 상(像)을 공급원으로 하여 파우웰은 다음과 같은 계획을 수립했다.

꼭 해야 될 일

(1) α입자에서 나온 흔적과 그리고 높은 전압 장치로 구한 고에너지 양성자에서 나온 흔적에서 낱알/cm 수를 측정한다.

(2) 무거운 전자일지도 모르는 유형 (4)의 흔적을 비교한다.

(3) 유형 (3)의 연관 관계를 수립한다.

(4) 길이 측정을 통하여 흔적 (1)을 확인한다.

(5) (2)+(3)의 원인이 되는 기본 방사선이 Pb에서 흡수되는 흡수 계수를 결정한다.[81]

---

81) 1938년 12월 20일, CPnb.

그런데 갑작스럽게, 세심하게 제안된 파우웰의 일정이 쓸모없게 되었다. 1939년 2월 1일에 원자핵 물리학자들은 원자핵이 쪼개졌다는 아주 놀라운 소식을 받았다. 파우웰은 "우라늄 변환"이라는 말에 밑줄을 네 번 긋고는 그의 관심을 다음과 같이 완전히 핵분열 문제로 돌렸다.

> 우라늄 변환
>
> N. Y. 컬럼비아로부터 느린 중성자에 의해 우라늄이 Ba+Kr 등으로 붕괴되었고 마이트너의 초우라늄 계열은 잘못 식별한 것이라고 보고되었다. 공기 중에서 에너지가 100MV인 바륨 원자핵의 범위는 대략 2~3mm로 우리의 사진 건판이 만족스럽게 검출하기에는 너무 짧은 거리이다. 우라늄에 담근 건판을 시도해도 좋을 듯하다.[82]

즉시 다른 제안과 시도들이 연달아 나왔다. 흔적을 구분하기 위하여 형광 물질을 포함한 건판을 이용하여 사진 방법을 이용할 수 있을 것인가? 미세하게 분할한 우라늄 형광체 또는 유기 분자 형광체와 함께 우라늄염을 건판에 포함시킬 수 있을 것인가? 네빌 모트가 주장한 대로 "느린 중성자들이 충돌하면 밝은 빛을 낼지도 모르는" 우라늄 형광체로 된 섬광 화면을 활용할 수 있을 것인가?[83] 사진 방법은 중양성자의 붕괴를 기록함으로써 감마선을 보이게 만들 것인가?

다음 1939년 3월 12일의 기록에서 분명한 것처럼 이 중에서도 파우웰은 개별적인 사건을 분석하기 위하여 즉시 에멀션 방법을 채택했다는 점이 가장 의미가 깊다.

> 우리는 융프라우 건판으로부터 공기 중 길이가 14센티미터에 해당하는 한 성분을 관찰했는데, 그 성분에서 보인 낟알/cm 수는 양성자

82) 1939년 2월 1일, CPnb.
83) 1939년 2월 3일, CPnb.

흔적에서 관찰되는 수의 네 배다. 우리가 토륨 α라고 믿고 있는 경우에서 날알 거리를 관찰한 결과는 양성자 흔적에서 나온 개별적인 경우와 구별되지 않는다. 그러므로 그 입자는 아마도 고에너지와 큰 전하를 지닌 무거운 입자일 가능성이 있다. 게다가 그 흔적의 경우에는 흔적의 처음 부분에서 멀어질수록 이온화가 떨어져 끝부분에 가서는 α 입자 또는 양성자의 이온화와 비슷해지는 점에서 가벼운 입자의 흔적과 다시 구분된다. 이것은 "포획+감량"에 의해 속도가 감소하면서 Z_{eff}가 감소하는 것에 기인한다고 설명될 수 있는데, 그 이유는 α입자나 양성자의 경우보다는 무거운 입자의 경우에 이 과정은 아주 고에너지에서 중요해지기 때문이다. 전자의 K 껍질 포획이 일어나는 에너지는 대략 Z^3에 비례한다.[84)]

1939년 3월 15일에 파우웰은 다음과 같이 기록했다. "독일 군대가 체코슬로바키아의 나머지 지역에 들어갔다. 뮌헨의 결과가 명백해지고 있다." 그로부터 며칠 뒤에는 다음과 같이 기록했다. "현상하기 위해 우주선(宇宙線) 건판을 가지고 내려왔다. …… 소련과 협정을 맺는다는 소문이 들린다."[85)] 충분한 절차를 통해서 파우웰은 이미 확립된 기술에 정면으로 대항해서 새로운 검출 기술을 도입해야겠다고 결심한 것처럼 보인다. 이를 위해서 그는 에멀션을 사용하여 이미 칼텍에서 T. W. 보너와 W. M. 브루베이커에 의해 수행되었던 몇 가지 구름 상자 실험을 반복해보기로 했다. 파사데나의 그 두 물리학자는 메탄으로 가득 찬 고압의 구름 상자에 중양성자를 보내 방출된 중성자의 에너지 분포를 간접적으로 측정했다. 그들이 그렇게 할 수 있었던 이유는 중성자들이 양성자나 헬륨 원자핵에 충돌하면 전하를 가진 입자가 중성자 에너지의 대부분을 가져가고 눈에 보이는 자국을 남기기 때문이다.[86)] 이런 방법으로 그들은 베

84) 1939년 3월 12일, CPnb.

85) 1939년 3월 15일, CPnb; 1939년 3월 19일, CPnb.

86) 보너와 브루베이커, 「붕괴」, *Phys. Rev.* 50(1936): 308~314쪽.

릴륨과 보론 그리고 탄소에서 나온 중성자를 검사하고 주어진 각 에너지마다 중성자 수의 통계적 분포를 산출할 수 있었다. 이와 같은 응용은 구름 상자 자료가 황금 사건을 만들어내지 않고서도 이용될 수 있는 방법에 대한 좋은 예다. 파우웰과 그의 동료인 G. E. F. 페르텔은 그 구름 상자 연구를 이번에는 에멀션을 이용하여 되풀이해 보고자 했다.

그렇지만 우선 파우웰과 페르텔은 새 기구의 기준을 맞추어야 했다. 브리스틀의 고압력 발생기에서 나온 600KeV 중성자 흐름을 이용해 그는 중성자를 보론 표적에 충돌시키고, 그 결과로 발생한 양성자를 운모 창을 통해 일포드제 반색조 건판에 평행한 방향으로 입사시켰다. 범위의 함수로 주어진 범위 내 양성자의 수를 그래프로 그려서 파우웰과 페르텔은 그들의 "스펙트럼"을 잘 확립된 계수기 기술에 의해 얻은 것과 비교할 수 있었다. 이 경우에 측정된 과정은

$$^{10}B_5 + {}^{2}H_1 \rightarrow {}^{11}B_5 + {}^{1}H_1$$

인데, 즉 질량수가 10인 보론 동위원소와 중양성자가 합해져서 질량수가 11인 보론 동위원소와 양성자로 바뀐다. 이제 (왼쪽의) 반응체의 질량은 오른쪽의 반응 결과물의 질량보다 더 크다. 그 차이는 ($E = mc^2$을 이용하고 입사 중양성자의 운동 에너지를 고려하여) 반응 결과물 사이의 운동 에너지 분포로 나타난다. 양성자 범위의 스펙트럼은 (대략 아래 〈그림 3.7〉과 같이) 일련의 위로 향한 돌기 모양이며, 가장 긴 범위를 (가장 고에너지를) 가진 돌기는 탄성 충돌에 해당된다. 더 짧은 범위의 (그래서 더 낮은 에너지의) 돌기들은 보론 원자핵의 들뜬 에너지 상태에 해당된다.

파우웰과 페르텔이 매우 기쁘게도 계수기와 에멀션의 결과가 보인 최고점은 잘 일치했다. 이러한 일치는 그들이 일포드제 건판이 가진 정지능력의 기준을 맞출 방법을 제공해 준다. 에멀션에서 나온 쉽게 확인할 수 있는 최고점과 계수기 실험에서 나온 동일한 최고점을 맞춤으로써

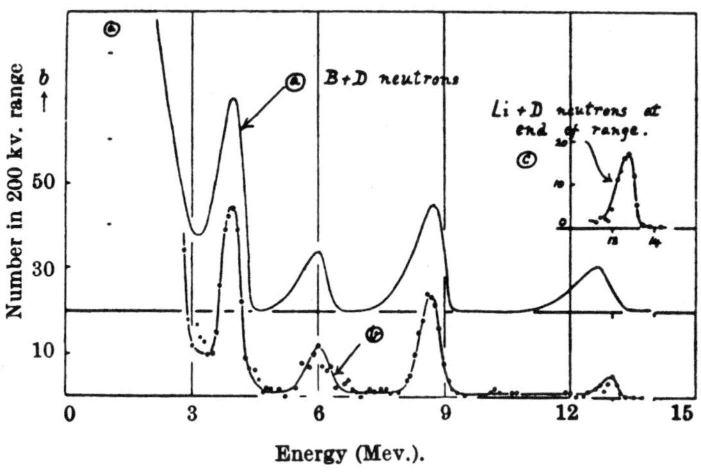

〈그림 3.7〉 파우웰과 프레텔 대 보너와 브루베이커(1939). 구름 상자는 사진 방법의 모형이었으며 동시에 직접 경쟁자였다. 1939년 중반에 파우웰과 페르텔은 단지 세제곱인치의 필름을 가지고 네 시간밖에 노출시키지 않았는데 그 결과는 구름 상자 물리학자들이 고생하여 수집한 어떤 구름 상자 결과보다도 우수하다고 판단되었다. 곡선 *a*는 중양성자(D)를 보론(B)에 충돌시켜 발생한 중성자를 그린 것이다. 데이터는 (관찰되지 않은) 중성자들에 의해 충돌된 양성자가 되튀기면서 남긴 흔적으로부터 측정되었다. 이 곡선을 만들기 위해 칼텍 물리학자들은 1만 1,000개에 달하는 삼차원 쌍에서 골라낸 1,000개 정도의 흔적을 이용했다. 곡선 *b*에서는 D+B 중성자들이 사진 방법에 의해 측정된 것이다. 곡선 *c*는 사진 방법에 의해 측정된 것으로, Li+D로부터 방출된 중성자의 에너지 스펙트럼에서 고에너지쪽 끝을 보여준다. (파우웰과 페르텔의 주장에 따르면) 칼텍의 구름 상자 물리학자들은 이 최고점을 올바로 산출하지 못했다. 간단히 말하면, 1939년이라는 이른 시기에 파우웰은 에멀션 방법을 이용하여 구름 상자 결과를 수정하려고 시도했다. 출처: 파우웰과 페르텔, 「높은 속도의 중성자」, 『네이처』 144(1939년): 152쪽, © 1939 맥밀란 잡지사의 허락을 받고 전재함.

파우웰은 양성자가 에멀션에 낸 흔적을, 양성자가 침투한 길이가 계수기에 의해 공기 중에서 측정된 것과 대응되는 길이를 대표하는 마이크론으로 나타낼 수 있었다(그들이 실제로 처음에 측정한 것은 "눈대중 구분"에 의해서다). 공기의 정지 능력이 알려져 있었으므로 이와 같은 대응 관계를 이용해서 파우웰은 에멀션의 정지 능력을 흔적의 길이 중 마이크론마다 몇 MeV인가라는 숫자로 구할 수 있었다. 이제 계수기와 비교하여 기준이 맞추어진 에멀션을 가지고, 파우웰은 당시 보너와 브루베

이커의 구름 상자 결과를 되풀이할 준비를 완료했다.[87]

중성자를 연구하기 위해 파우웰과 프레텔은 양성자에서 사용한 것과 동일한 기본 장비를 채택했다. 그들은 600KeV로 가속된 중양성자를 이용하여 여러 가지 가벼운 원소에 충돌시키고 그때 방출된 중성자들이 일포드제 건판을 접선 방향으로 지나가도록 했다. 간단한 운동학에 의하면 만일 중성자가 날아가는 선으로부터 5° 이내에서 양성자와 "충돌"하면 중성자가 지닌 에너지의 99퍼센트 이상이 양성자에게 전달됨을 알 수 있다. 그러므로 중성자가 날아가는 선을 따라 나 있는 흔적에 해당하는 충돌된 양성자의 에너지를 측정하면 원래 중성자의 에너지를 정확하게 산출할 수 있을 것이다. 중양성자를 보론에 충돌시킨 (${}^{11}B_5 + {}^{2}H_1 \rightarrow {}^{12}C_6 + {}^{1}n_0$) 결과에 의하면 가파른 윤곽을 그리는 최고점은 중양성자가 표적에 포함된 중양성자와 충돌한 것과 대응하기 때문에 파우웰을 기쁘게 했다.

> 톤브리지에서 1939년 4월 7일. 지난 3주 동안은 거의 연속적으로 환희에 찬 기간이었다. 표적에 의해 관찰된 중성자 건판을 먼저 검사할 예정이었다. 입사 중성자 흐름의 방향과 5° 이내에서 대략 80개의 흔적이 검사되었다. 그들은 약 2 1/2MV 에너지에서 매우 가파른 최고점을 보였는데, 명백하게 D+D 반응에서 나온 것이 틀림없었다. 그 최고점은 보너와 브루베이커가 얻은 최고점보다 훨씬 더 좋았다. 시간이 오래 걸리지도 않았고 삼차원에서 쌍 짓기를 하지 않아도 되었으므로 분석은 세 시간도 채 걸리지 않았다.

파우웰과 페르텔의 도표(〈그림 3.7〉)에 보인, 에멀션과 구름 상자 결과를 비교하면 세제곱센티미터의 사진 필름을 수분 동안 에멀션 노출시

87) 자세한 내용에 대해서는 파우웰과 페르텔, 「고속 중성자」([1939] 1972); 파우웰, 「사진 건판」([1942] 1972)을 보라.

켜서 얻은 흔적이 어떻게 여러 달 걸린 구름 상자 연구로부터 얻은 결과보다 얼마나 더 선명한 최고점을 얻을 수 있는지를 보여준다. 파우웰은 계속 진행했고, 이제 그의 자신감은 에멀션 연구를 이용하여 보너와 브루베이커의 결과를 수정하겠다는 정도에 이르렀다.

> 뒤이어 리튬 건판이 검사되었다. 이 중성자들의 에너지 스펙트럼은 보너와 브루베이커가 고압 팽창 상자 사진으로부터 분석한 약 2만 개의 삼차원 쌍에서 적합한 방향을 향하고 있는 1,500개의 양성자 흔적을 골라낸 것으로부터 추정되어 있었다. 400입자에 대한 우리 건판들 중 하나에 대한 측정으로 미루어보면 그들의 분포는 심각하게 잘못되어 있음이 분명한데, 스펙트럼에는 상당한 세부 구조가 존재한다. 3입자 폭발은 일어나지 않고 붕괴는 항상 단계별로 진행되는 것처럼 보인다.[88]

두 달 뒤 출판할 논문을 제출하기 전에(1939년 6월) 파우웰과 프레텔은 "심각한" 착오를 수정해야 한다는 요구를 철회했지만, 여전히 상자 실험의 "상당히 높은" 분해력에 대해 훨씬 더 짧고 훨씬 더 편리한 노출의 중요성을 과시했다.

(파우웰과 마찬가지로 C. T. R. 윌슨의 제자 중 한 사람인) 피터 디의 생각에도 파우웰의 경우는 중성자에 관한 논문이 발표되기 이전부터 신뢰할 만했다. 그래서 디와 다른 동료들은 모두 "결과를 인정하고 그 방법을 사용하기 원했다".[89] 전과 마찬가지로 미래에 대한 계획은 여러 곳의 사이클로트론에서는 가속기 물리학 그리고 융프라우 또는 엘무스산에서는 우주선(宇宙線) 연구들에 의해 착착 진행되었다.[90]

산으로부터 건판이 도착한 1939년 말경에 파우웰은 다시 다음과 같

88) 1939년 4월 7일, CPnb.
89) 1939년 6월 7일, CPnb.
90) 1939년 6월 7일, CPnb.

은 정보를 처리하는 문제로 관심을 돌렸다. "현미경 단계는 정확한 도표화를 위하여 부척(副尺)을 이용한 큰 크기 조정이 이루어졌다. 챔피온과 런던, 그리고 나는 함께 같은 영역에서 모든 흔적을 세고 측정하고 도표로 그렸다. 깊이는 만족스럽게 측정되었다. 처음 120 흔적의 분석이 완료되었다. 매우 만족스럽다." 그리고 몇 주일 뒤인 1939년 11월 중순쯤에 "이제 500개 이상의 흔적이 측정되었다. 챔피온과 나는 거의 비슷한 빠르기로 일한다."[91] 완만하게 관찰자의 수가 늘어났다. 1939년 연말에는 그 그룹이 네 번째 쌍안 현미경을 구입했는데,[92] 파우웰은 "관찰자의 정신적 긴장을 최소로 줄이기 위해" 좋은 광학 기구가 필요했으므로 그 현미경은 "최상의 품질"이라고 보고했다.[93]

흔적과 현미경, 관찰자, 그리고 물리학자 모두가 불어났다. 쇄도해 들어오는 정보를 처리하기 위해 파우웰은 에멀션 그룹을 활동 분야별로 나누고 각 분야에 서로 다른 스캐너들을 할당하기 시작했다. 그래서 필름의 공간이 삼차원 모두로 확장되었다. 에멀션을 두껍게 만들고 현미경의 초점 동작 원리를 활용함으로써 필름은 구름 상자와 "동격"으로 바뀌었다. 필름을 x-y 또는 측면 차원으로 확장한 다음 그것을 다시 영역별로 나눔으로써 파우웰은 에멀션을 분석하는 데 사회적인 공간을 재창조하게 되었다. 각 그룹은 〈그림 3.8〉에 설명된 것처럼 건판에서 자신들에게 할당된 부분에 대해 책임지게 되었다.

스캔하는 절차와 노출 방법이 이제 제자리를 찾게 되자 1940년 1월에 파우웰은 어떤 그룹에 의해서도 전에 시도하지 않았던 실험을 수행할 준비를 끝냈다. 파우웰에게는 이미 알려진 것에 부응하려는 심리적 경향에서 벗어나는 일이 다음에 기술된 것처럼 새로운 방법의 정당성을 강화해 줄 수 있었다. "첫 번째 실험은 이미 에너지 스펙트럼이 조사된 중성자를 대상으로 수행되었다. 그러므로 이 실험은 이전의 실험 결과에

---

91) 1939년 10월 27일, CPnb; 1939년 11월 17일, CPnb.

92) 1939년 11월 17일, CPnb.

93) 파우웰, 「그 이상의 적용」([1940] 1972), 163쪽.

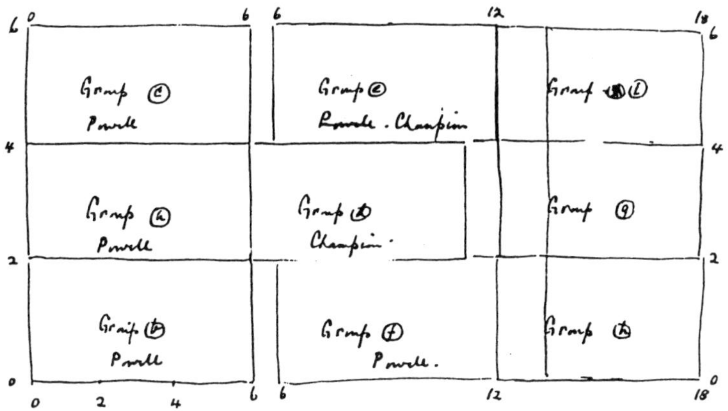

〈그림 3.8〉 에멀션의 공간(1939). 사진 방법에 대한 연구가 급격히 발전하면서 파우웰은 필름을 팀의 각 그룹에 할당할 영역별로 세분하기 시작했다. 어떤 의미로, 연구소의 활동 조직이 그대로 에멀션에 배치되었다. 출처: 1939년 11월 17일, CPnb. 브리스틀 대학 도서관의 친절한 허락으로 세실 프랭크 파우웰 문서 보관소로부터 인용한 것을 전재함.

의해 실험적 관찰에 편견을 갖게 할 수 있는 기준이 제시될 수 없는 조사에 대한 방법을 적용하는 데 중요성을 지니고 있었다. 이전의 연구에 대해서는 적합한 점검을 수행했고 우리 결과는 이러한 객관성에 저촉되지 않는다고 믿지만 그럼에도 불구하고 독립적인 실험이 바람직했다."[94] 구름 상자 경쟁 상대가 결론을 내리기 전에 그의 결과를 논문으로 발표함으로써 객관성은 보장될 것이었다. 플루오르를 중양성자로 충돌시켰을 때 플루오르로부터 발생하는 중성자의 스펙트럼을 결정하는 것이 경쟁의 내용이었다. 디와 코크러프트의 권유에 의해 파우웰은 케임브리지의 1MV 발생기를 이용한 900KeV 중양성자를 활용할 예정이었다. 4제곱센티미터의 넓이에 100마이크론 두께의 일포드제 반색조 건판을 사용하여 그는 2시간의 노출과 60시간의 스캔을 거친 뒤 1,700개의 흔적을 얻었다. 파우웰은 "T. W. 보너 박사가 팽창 상자를 이용하여 동일한 스펙트럼을 조사했으며 그의 결과가 곧 출판되리라는 점을 알고 있있다.

94) 파우웰, 「그 이상의 적용」([1940] 1972), 158쪽.

우리는 그의 결과를 보지 못했다. 그러므로 이번 결과는 사진 방법의 효력에 대해 완전히 독립적인 대조가 될 수 있을 것이다"라고 첨언했다.[95] 이 추가 점검이 에멀션 방법에 대한 설득력을 높이는 데 기여했지만, 당시 물리학의 중요 문제는 플루오르가 아니라 쪼개지는 원자 문제에 집중되어 있었다.

핵분열 발견의 여파로 원자핵 물리학은 새로운 긴급 안건을 갖게 되었다. 영국은 전쟁의 위협에 직면해 있었고, 독일군은 체코슬로바키아로 진군했으며, 미국 물리는 가속기와 함께 앞으로 멀찌감치 달려 나가고 있었다. 영국에서 파우웰과 그의 동료들은 그들의 소규모 사업의 장래에 대해 걱정했다. 1940년 1월 10일, 파우웰은 중성자를 발견한 사람이고 영국의 과학계에서 영향력이 센 인물인 제임스 채드윅과 가장 최근에 가졌던 논의의 결과를 다음과 같이 정리해 보았다.

(1) 워커 로렌스에 의하면 그는 100" 사이클로트론을 세우기 위해 자금(50만 파운드)이 마련되어 있다. 언덕의 옆면에 지을 예정이며, 제어실은 1/2마일 떨어져 설치한다. 필요한 전력은 2,500kw 정도다.

(2) 암에 적용하기 위한 중성자 흐름을 만들자고 제안되어 있다. 보론을 주입한 조직에 느린 중성자 흐름을 이용한다.

(3) 채드윅은 원자핵 물리학이 전체 경제에 혁명적인 변화를 초래하리라고 생각한다. 그는 러더퍼드가 런던으로부터 돌아와서 자주 이 위원회 또는 저 위원회에서 어떤 사람이 원자핵을 가지고 이러쿵저러쿵 하는 것은 터무니없고 마치 자연이 "단순한" 고전 물리 + "양자" 물리라고 보는 것은 실제로는 곧 사라져 버릴 일종의 유행이라고 생각하는 듯이 자신은 고전 물리학에 전념할 것이라고 말한다고 전한다.

---

95) 파우웰, 「그 이상의 적용」([1940] 1972), 158~159쪽.

(4) 채드윅은 이것의 이유는 제작자들이 더 좋은 절연체와 더 좋은 세숫대야를 생산하기 위해 저렴한 조수(助手)를 원하기 때문이라고 말한다.

(5) 핵물리 연구에 대한 저항이 있는 또 다른 이유로는 기성세대의 일부가 고전 물리학에 깊이 물들어 있고 그들이 현대 물리를 배우느라 땀을 흘려야 할 이유를 알 수 없기 때문이다.

(6) 이 나라에서 물리와 과학의 다른 분야에 배정된 예산이 대폭 확대되지 않는 한, 우리는 미국과 러시아의 발전에 급격히 뒤떨어질 것이다.[96]

1940년 4월 초기에 그때까지 영국 원자탄 프로젝트인 튜브 알로이에 깊이 관여하고 있던 채드윅이 파우웰에게 "나는 우리가 비탄성 산란에 관심을 갖고 있다는 것을 알지 못했는데 바로 그 문제를 사진 기술로 배워보기를 원한다"는 내용의 편지를 보내왔다.[97] 채드윅이 그렇게 바란다는 점이 그리 놀랍지 않았다. 파우웰은 중성자 스펙트럼을 결정하기 위해 에멀션 기술을 이용하는 데 깊이 관련되어 있었고, 무거운 원소에서 핵분열을 유발시키는 것이 바로 느린 중성자에 의한 비탄성 충돌이었던 것이다. 그로부터 나흘 뒤에 채드윅은 "철저한" 공동 연구에 의한 실험을 제안했다. 이 단계에서 원자탄 프로젝트에 대해 파우웰이 정확하게 무엇을 알고 있었는지는 분명치가 않다. 분명한 것은 1940년 5월 9일자로 그가 핵분열이 중심된 문제라는 것을 알고 있었다는 점이다. 그때 "그는 잠재적인 전력 공급원이라는 관점과 '순수한' 원자핵 연구를 유지하는 중요성의 관점에서 [연구소장인] A. M. 틴달의 주의를 다시 한번 환기시켰다."[98]

1940년 6월 동안 파우웰과 채드윅은 다음 세 가지 영역에서 공동 연

96) 파우웰, 「그 이상의 적용」([1940] 1972), 158~159쪽.

97) 1940년 4월 8일, CPnb.

98) 1940년 4월 9일, CPnb.

구 프로젝트를 세웠다. (1) 열중성자를 이용하여 핵분열에서 방출되는 중성자의 에너지 분포를 결정하는 문제, (2) 서로 다른 에너지의 중성자가 일으키는 중성자+무거운 원자핵 단면적의 절대값을 결정하는 문제, 그리고 (3) 탄소와 파라핀 왁스 흡수제를 이용하여 중성자 흐름이 보이는 세기의 절대값을 측정하는 문제 등이다.[99] 이 시점에서 브리스틀은 "보호 구역"을 지정했고 하이틀러를 포함한 독일인 망명자는 모두 그 도시에서 대략 15마일 남쪽에 위치한 웰스로 옮겨야만 했다. 파우웰과 그의 아내는 이주한 망명자를 보기 위하여 한바퀴 돌았으며 나중에는 제도에 필요한 물자와 함께 몇 개의 현미경을 가지고 왔다. 그렇지만 얼마 지나지 않아 "모든 남성 망명자들이 격리 수용되었다. 격리된 장소는 알려지지 않았다."[100]

아마 여성 망명자 중에서 일부는 여전히 웰스에서 필름을 스캔하고 있었을 것이다. (분석 시스템의 일부가 된 여성들은 어떤 안전상의 문제도 일으키지 않았기 때문이다.) 영국 여성 중 한 명인 레너드 양이 휴가에서 돌아오자, 파우웰은 즉시 그녀의 방문 앞에 오소룩스 현미경 한 대를 보내 그녀가 집에서 일할 수 있도록 했다. 그때 상시 공동 연구자였던 앨런 넌 메이와 함께 파우웰은 연구를 시작하기 위하여 현미경 두 대를 추가로 T. S. 월턴에게 가지고 갔다. 그러나 그로부터 단지 사흘 뒤인 1940년 7월 6일에 레너드 양이 전화로 병에 걸려 근무할 수 없음을 알려왔는데, 파우웰은 의기소침하여 그의 훈련된 관찰자 팀은 완전히 해산되었다고 기록했다.[101] 모두 여자로 구성된 이 팀은 현미경을 이용하여 에멀션을 샅샅이 조사할 임무로 고용되었다. 근본적으로 그들에 대한 파우웰의 자세는 그의 친구인 R. L. 머서의 일기에 파우웰은 "현미경 세 대와 여자 세 명을 더" 보내달라고 기록한 것을 보면 분명하듯이 고용자의 그것으로 일관했다.[102]

99) 1940년 6월 4일, CPnb.

100) 1940년 6월이라고 기록된 자료, CPnb.

101) 1940년 7월 3일과 1940년 7월 6일, CPnb.

그의 관찰자 팀이 마지막으로 해산한 지 이틀 만에 메이와 파우웰은 틴달에게 가서 원자핵 에멀션 연구를 위한 특별 보조를 배정해 주도록 간청했다. 파우웰은 1940년 7월 8일에 그들의 형편을 다음과 같이 요약했다.

> (1) 어떤 구체적인 문제의 해답은 항상 그 주제에 대해 일반적으로 어떻게 진전되고 있느냐와 밀접하게 연관되어 있다. 일반적으로 원자핵 물리학 연구를 지속하여 수행하는 것이 그러므로 중요하다.
>
> (2) 구체적인 문제들에 대한 기여와는 상관없이 사진 방법은 아주 강력하기 때문에 만일 적절하게 적용되기만 한다면, 원자핵 물리학의 현재 발전 속도를 완전히 바꾸어 놓을 수 있을 것이다. 현재로는 알 수 없는 주제의 발전과 기술적인 발전이 어우러져서 전력 생산의 전체 기반을 완전히 바꿀 형질의 발전이 일어날 확률이 지극히 크다.
>
> (3) 우리의 경험에 기초하고 그리고 원자핵 탐구에 사용 가능한 기술적 자원을 이용하면 우리는 건판을 조사하는 일에 20명으로 구성된 관찰자 팀을 운영할 수 있다고 제안하는 것이 합리적이라고 생각한다. 그러한 조직은 이전 실험 기술로 가능한 것보다 대략 50배 정도의 빠르기로 연구를 수행할 수 있을 것이다.
>
> (4) 현재로는 우리가 누구보다도 이러한 기술적 가능성의 장점을 더 잘 활용할 수 있는 좋은 위치에 있다. 이 장점은 만일 설비가 제공되지 않는다면 실행될 수 없을 것이다.[103]

전시(戰時)에 전력과 무기의 새로운 자원이 지닌 중요성은 비록 파우

---

102) 1939년 5월 28일, R. L. 머서의 일기, 프랭크와 퍼킨스, 「파우웰」, *Biog. Mem. F. R. S.*(1971): 541~555쪽 중 546쪽에서 인용.

103) 1940년 7월 8일, CPnb.

웰의 노트가 단지 그렇게 연결된다는 점을 귀띔만 했을지라도 추상적인 것이 아니었다. 파우웰이 예견할 수 있었던 것보다 더 많은 날 동안 독일 공군은 남부 웨일스를 공습하기 위하여 바로 연구소 상공을 지나 날아갔다. 1940년 7월 9일에 파우웰은 그와 그의 동료들이 "후문 바깥에 파편으로부터 안전한 대피소"를 지었다라고 기록했다.104) 연구소 내부에는 채드윅과 튜브 알로이를 위한 중성자 산란에 대한 연구가 조금도 축소되지 않고 계속되었다.105) 그다음에 일기(日記)는 며칠 뒤 바로 창밖에서 일어나는 사건으로 건너뛰어 다음과 같이 기록되었다. "톤브리지에 닷새 머물다가 돌아왔다. 18일에 사우스버그에서는 런던을 공격하기 위해 날아가고 있는 대략 130대의 독일 비행기를 보았다. 런던 방위망을 뚫기에 실패한 가장 만만치 않은 군세(軍勢)였다." 그다음에 1940년 8월 22일에는 다시 원자핵 물리학으로 돌아와 파우웰은 영국의 사진 건판 제조회사인 일포드 사에 편지를 보내 그의 입자 흔적이 정지하기 전에 에멀션 바깥으로 나오지 않도록 더 두꺼운 건판을 제작해달라고 요청했다.106)

그러나 1940년 11월 24일의 브리스틀 자체에 대한 대규모 공습을 포함하여 런던 대공습에 대한 언급을 제외하면, 파우웰의 정치적 논평은 다음과 같이 모두 소련의 전쟁에 관한 것이었다. "[1941년 8월 21일] 러시아가 드네프로그라드를 파괴했다고 보도되었다. 노동자들이 레닌그라드를 방어하기 위해 소집되었다. …… [1941년 9월 22일] 레닌그라드와 오데사가 여전히 지탱되고 있다. 독일이 우크라이나에서 패배하다. 스몰렌스크 주위에서는 전쟁 소식이 없다. …… [1941년 12월 6일] 로스토프를 탈환하다. …… [1942년 2월 25일] 스타라야 루시아 지방에서 러시아가 중요한 승리를 했다." 파우웰의 친(親) 소련적인 동정심이 역력했다. 일기에 진주만이나 심지어 됭케르크(1940년 영국군이 독일

104) 1940년 7월 9일, CPnb.
105) 1940년 8월 11일, CPnb.
106) 1940년 8월 22일, CPnb.

군 포위 아래 필사의 철수를 한 곳–옮긴이)에 대해 그렇게 격렬하면서도 농밀한 서술은 다른 어디에도 있지 않았다.

4. 전시(戰時)

파우웰은 윤리적 이유로 튜브 알로이에 참가하기를 거절했지만 그러나 여러 모로 노력하며 협력했다. 예를 들어 메이와 파우웰은 원자탄 프로젝트의 논문에 속하는 "산화 우라늄과 납에서 고에너지 중성자 산란 연구에 대한 예비 보고서"라는 제목의 중요한 보고서를 완성했는데, 이 보고서에는 날짜가 없지만 아마도 1941년에 작성되었을 것이다.[107] 그 보고서에서 저자들은, 채드윅 팀이 중양성자의 조준된 흐름을 표적으로 보내고 나서 방출되는 중성자를 파라핀 구역에 뚫은 원통형 구멍을 통해 다시 조준하는 연구를 수행하는 리버풀 사이클로트론에서 노출된 건판을 이용했다. 중성자들이 (우라늄 또는 납으로 된) 산란체를 때리면 산란되거나 투과하여 방출되는 중성자들은, 이들이 산란체 주위에 원형으로 배치된 사진 건판에 부딪치면서 방향을 바꾸어 날아가게 만든 양성자들에 의해 측정되었다. 건판에 보이는 되튀긴 흔적의 수가 산란체의 존재로 인해 감소되는 정도를 측정하면, 파우웰과 메이는 중성자와 우라늄, 그리고 중성자와 납의 산란에서 총 단면적을 결정하는 것이 가능했다(〈그림 3.9〉를 보라).

채드윅에게 약속한 대로 메이와 파우웰은 중성자 산란에 속한 몇 가지 성질을 구해 주었다. 그들의 주요 결과는 미국 실험 과학자 로버트 베커의 연구를 확인하는 것이었다.[108] 그 연구에서 베커는 중성자들이 매

---

107) 메이와 파우웰, 「산화 우라늄과 납에서 고에너지 중성자 산란 연구에 대한 예비 보고서」, n.d. [아마도 1941년에 작성], AB4/98, PRO; 이전 ref. BR 97, PRO.

108) 베커, 「탄성 산란」, *Phys. Rev.* 55(1939): 679쪽; 「탄성 충돌」, *Phys. Rev.* 57(1940): 352쪽.

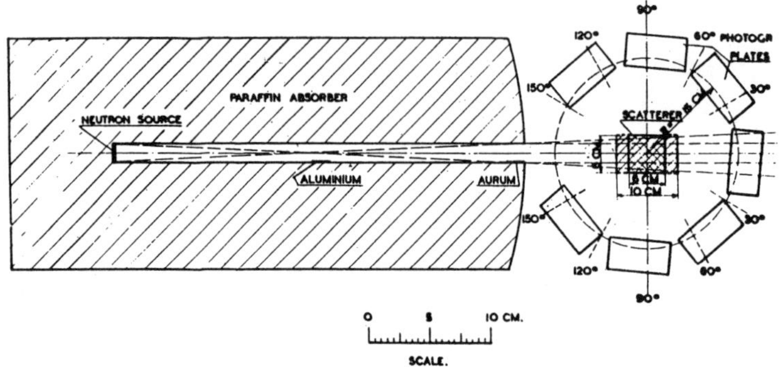

〈그림 3.9〉 메이와 파우웰, 「우라늄」(1941). 파우웰의 전시(戰時) 노력은 그가 공식적으로 참가하는 것을 거절한 튜브 알로이(원자탄) 프로젝트와 채드윅 팀에게 큰 관심거리가 된 "순수 물리학" 사이의 그림자 나라에서 맴돌았다. 여기에 묘사된 1941년 실험에서 앨런 넌 메이와 파우웰은 원자탄 설계와 제조에 꼭 필요한 양인, 우라늄 중성자의 총 단면적을 측정했다. 출처: AB4/98, PRO; 이전 ref. BR 97, PRO.

우 작은 각으로 납에서 산란되는 것을 보였다. 이 새로운 결과는 이전에 논문으로 출판된 결과에 정확도를 더해 주었다. 기밀 취급을 받는 연구집단 바깥에서 연구하면서(파우웰은 미 육군 원자력 연구기관의 결과에 접근하지 못했다) 그의 사진 건판 연구는 일종의 황혼의 비밀처럼 존재했다. 그 연구 자체는 기밀로 분류되었지만, 그 연구가 시카고와 로스앨러모스, 그리고 다른 곳과 어느 정도는 연결되지 못하는 지적 환경 아래 놓여 있었다. 내부적으로 다른 어려움도 존재했다. 메이와 파우웰은 에멀션 자체의 깊이와 연관된 사진 현상에서 조화되지 않는 문제 때문에 발생된 관찰상의 오차에 의해 부닥친 문제들을 지적했다. 그들은 장래 연구에서 두께라는 기하적 이점(利點)을 희생시키고 좀더 얇지만 좀더 신뢰할 수 있는 에멀션을 사용하는 편이 더 좋을 것이라고 충고했다. 그에 더해 모든 건판들을 동시에 처리해서 현상 조건에서 어떤 '특이성"이라도 피해야 했다.[109]

109) 메이와 파우웰, 「산화 우라늄과 납에서 고에너지 중성자 산란 연구에 대한 예

리버풀 대학의 조지 홀트 물리 연구소에 속한 다른 그룹들은 전쟁 기간에 사진 방법을 계속 추진해 나갔다. 파우웰은 리버풀의 에멀션 노력을 진행시키는 데 도와주었던 조지프 로트블랫을 포함한 튜브 알로이 물리학자들을 브리스틀로 초청함으로써 훈련에 기여했다.[110] 1942년 9월에 리버풀의 경과 보고서에 의하면 핵분열에서 나오는 조각과 중성자들에 의해 생성된 흔적에 대한 연구가 상당히 많이 진행되었다. 그들의 궁극적인 목표는 핵분열과 함께 방출되는 중성자가 분열하는 순간에 나오는지 또는 그 뒤에 나오는지를 결정하는 것이었다.[111] 그런데 에너지 스펙트럼 결과가 부분적으로 서투르게 조준된 입사 양성자 흐름 때문에 인위적 구조로 가득 차 있다는 것이 분명해지자 곧 좌절감이 뒤따랐다. 그것은 양성자들이 아주 많은 에너지를 가지고 있다는 것을 의미했다. 양성자가 일정한 에너지를 가지고 있지 않으므로 방출된 중성자의 에너지 스펙트럼을 관찰해도 이 팀은 아무것도 알 수가 없었다.[112]

중성자의 방출 스펙트럼을 기록하는 데 다른 문제 또한 끼어들었다. 이제 처음으로 필름을 이용한 방법을 익히고 있던 로트블랫은 방출되는 중성자에 의해 산란된 양성자의 흔적을 지속적으로 공부했으며, 그리고 로트블랫과 채드윅은 비슷하게 노출된 건판들을 브리스틀의 파우웰에게 확인용으로 공급하면서 동일한 선상의 더 많은 연구에 착수했다. 그러나 다른 건판들은 안정되지 않았던 결과들을 다시 점검하기 위해 케임브리지의 D. L. 리베지와 B. B. 킨제이에게로 보내졌다. 1944년 7월에 보고하면서 케임브리지의 두 학자는 다른 관점에서 점검하는 것이 그들의 방법에 필수적이라고 다음과 같이 상기시켰다. "이러한 측정에서 개

비 보고서」, n.d. [아마도 1941년에 작성], AB4/98, PRO; 이전 ref. BR 97, PRO.

110) 로트블랫, 저자와의 인터뷰, 1990년 9월 18일.

111) 1942년 7월 경과 보고서, 리버풀 대학, AB1/95, PRO; 이전 ref. 2/9/6, PRO.

112) 1942년 8월에 대한 월별 보고서, 1942년 9월 9일자, 리버풀 대학, AB1/95, PRO; 이전 ref. 2/9/6, PRO.

인적인 특성의 효과를 극소화시키기 위해 이 연구에 몇 명의 관찰자가 함께 참여했는데, 여기에 [케임브리지와 브리스틀 측정을 비교하면서] 그들의 결과를 요약한다."[113] 즉시 한 가지 어려움이 분명하게 드러났다. (1.5MeV 이하인) 낮은 에너지 흔적에 근거한 에너지 분포는 두 연구소에서 구한 것이 일치하지 않았다. 건판의 낱알 밀도로부터 낮은 에너지 흔적이 어디에 속하는지 확인하는 과정에서 착오가 일어났다. 안개 속에서 관찰된 것인가 아닌가를 판별하는 낮은 쪽 한계를 정하는 일이 어느 정도 "관찰자의 선택"에 달려 있었다. (중성자의 산란과 관계되는) 다른 측정에서는 현미경에서 관찰해야 하는 영역이 너무 커서 그야말로 견딜 수가 없을 정도였다. "건판의 넓은 영역을 찾는다는 지루함 때문에 [바로 옆 표적에 산란된 중성자들의] 흔적 중에서 관찰하지 못하고 놓치는 경우가 일어나는 것이 가능하다."[114]

한 번 더 반복하지만, 중성자 스펙트럼에서 가능한 낮은 에너지 최고점의 문제에 대해 어떤 결정적인 결과도 나오지 않았다. 이것은 보고서와 채드윅에게 보내는 다음과 같은 표지 편지 둘 다에 의해 명백해졌다. "문제점은 이 최고값이 만일 일어난다면 사진 건판이 검출할 수 있는 낮은 한계에 너무 가까이 존재한다는 것이다. 나 자신도 좀더 많은 측정을 하면 이 영역에서 결정된 중성자 스펙트럼의 정확도를 이제 조금이라도 개선할 수 있을 것인가라는 문제에 대해 확신할 수 없다."[115] 조사하는 과정에서 나타나는 주관적 차이가 이런 필수적인 결과의 안정성을 약화시킨다. 더 큰 안전성이 확보되지 못한다면 에멀션 방법은 무용지물이다.

핵분열에서 발생하는 중성자들의 에너지를 구하겠다고 결심한 로트

---

113) 리베지와 킨제이, 「에너지 스펙트럼에 대한 약간의 추가 측정」, 1944년 7월 27일, AB4/501, PRO; 이전 ref. BR 471, 2/9/6, PRO.

114) 리베지와 킨제이, 「에너지 스펙트럼에 대한 약간의 추가 측정」, 1944년 7월 27일, AB4/501, PRO; 이전 ref. BR 471, 2/9/6, PRO.

115) 리베지와 킨제이, 「에너지 스펙트럼에 대한 약간의 추가 측정」, 1944년 7월 27일, AB4/501, PRO; 이전 ref. BR 471, 2/9/6, PRO.

블랫과 토머스 피커밴스, S. 로랜즈, J. R. 홀트, 그리고 채드윅은 스펙트럼을 그리려는 체계적인 노력에 착수했다. 핵분열 중성자들을 발생시키기 위해 리버풀 팀은 2.84MeV 양성자 흐름을 이용하여 몰리브덴으로 만든 얇은 판의 LiOH 표적에 충돌시켰다. 이 과정은 1.2MeV보다 약간 작은 에너지의 1차 중성자를 발생시켰다. 감속시킬 목적으로 (느린 중성자가 핵분열을 더 잘 일으킨다) 중성자들을 파라핀 왁스 구역에 통과시킨 다음 거기서 나온 중성자들을 U_2O_5로 만든 2.9킬로그램짜리 큰 구역에 충돌시켰다. 이 마지막 충돌에서 핵분열이 일어나 핵분열 중성자가 방출된다. 그다음에 로트블랫 팀은 사진 건판에서 되튀긴 양성자 흔적 측정, 핵분열 중성자와 리튬에서 양성자에 의해 발생되는 열중성자가 물에서 흡수되는 정도를 비교, 그리고 마지막으로 파라핀에서 핵분열 중성자의 흡수에 대한 조사 등 세 가지 서로 다른 방법을 이용하여 핵분열 중성자의 에너지를 측정하려고 시도했다. 에멀션 방법은 개별적인 중성자의 에너지를 직접 측정했다. 두 번째 방법에서는 물탱크 속에 일련의 망간 검출기를 집어넣는데, 검출기들은 중성자 발생원으로부터 서로 다른 거리에 위치하도록 해야 한다. 로트블랫과 그의 동료들은 그다음에 열중성자에 의해 만들어진 흡수 곡선의 형태를 (리튬 표적을 양성자로 충돌시켜 방출된) 핵분열 중성자들의 흡수 곡선 형태와 비교했다.

세 번째 방법에서 그 팀은 핵분열 중성자의 평균 에너지를 다시 측정했는데, 이번에는 중성자 발생원으로부터 흡수체를 건너 반대편에 가이거-뮐러 계수기를 가져다 놓고 흡수체의 두께를 여러 가지로 바꾸어 보았다. 계수기에 의해 검출된 되튀긴 양성자들의 수는 적어도 그만큼 멀리 도달하기에 충분한 에너지를 지닌 중성자의 비율을 알려주는 척도가 된다. 흡수체의 두께를 점점 더 두껍게 하면 오직 가장 고에너지의 중성자만 흡수체를 통과할 수가 있다. 로트블랫 자신도 사진 건반 작업에 직접 참가했으며, 242개나 되는 되튀긴 양성자 흔적을 정성 들여 분류한 뒤에 0.7에서 7.3MeV까지의 에너지 스펙트럼을 만들어냈는데, 그 결과에 의하면 핵분열 중성자는 평균해서 약 2.1MeV의 에너지를 날랐으며,

그 결과는 물을 이용한 방법(평균 에너지가 2MeV)과 파라핀을 이용한 방법(2.5MeV)으로도 확인되었다. 마지막으로, 공동 연구팀은 그전 수 개월 동안 여러 번에 걸쳐서 제안된 (수KeV로부터 수백KeV까지 범위의) 매우 낮은 에너지 중성자가 아주 많이 존재한다는 의문에 종지부를 찍었으면 하고 희망했다. 만일 그것이 사실이라면 심지어 두께가 0.5센티미터 정도의 매우 얇은 파라핀판을 사이에 집어넣더라도 가이거-뮐러 계수기에 표시된 계수가 눈에 띄게 줄어들어야 할 것이었다. 그러나 계수는 그렇게 떨어지지 않았다. 사진 건판의 결과도 그것과 같음이 확인되었다. 그렇게 낮은 에너지 최고점은 존재하지 않았다.[116)]

리버풀 그룹 멤버들은 에너지 스펙트럼에 대한 조사로부터 다른 문제로 관심을 돌렸다. 전쟁의 나머지 기간 동안 그들은 핵분열 생성물과 중성자를 검출하는 데 에멀션 기술을 활용했다. 그 과정에서 그들은 에멀션을 우라늄염에 담근다든지 (우라늄과 수은 그리고 다른 금속의 염들은 흔적 상(像)을 또렷하게 만들어주기 때문에 저성능의 현미경으로 스캔을 빨리 진행할 수 있었다) 등의 방법을 이용하여 기술을 주기적으로 개선시켰고, 열중성자들을 핵이 포획한 뒤에 방출되는 중성자를 기록했다.[117)]

사진 건판이 1938년에는 그리 믿을 만하지 못하지만 참신했던 기구

---

116) 로트블랫, T. G. 피커밴스, S. 로랜즈, J. R. 홀트, 그리고 J. 채드윅, 「열중성자에 의해 우라늄에서 발생한 핵분열 중성자의 에너지 스펙트럼」, n. d., AB4/48, PRO; 이전 ref. BR 47, PRO.

117) 조지 홀트 물리 연구소, 리버풀 대학: 1944년 1월, 1944년 4월, 1944년 6월에 대한 월별 보고서, AB1/95, PRO; 경과 보고서, 리버풀 대학(채드윅 교수), 2/9/6/ PRO. 또한 다음을 보라. 페더, 「D. S. I. R. 의 튜브 알로이 연구의 위원회를 위해 수행된 활동 보고서」, 1944년 6월, AB1/93, 경과 보고서 중에서, 케임브리지 대학(페더와 브렛처), DTA 2/9/4, PRO, 여기서 페더는 만족할 만한 핵분열 흔적이 마침내 사진 에멀션에서 생산되었고, D. S. I. R은 우라늄 질산염을 에멀션에 주입하는 것에 성공했다고 보고했다. 금속염에 의한 흔적의 강화에 대해서는 파우웰 외, 「새로운 사진 에멀션」([1946] 1972), 212~213쪽을 보라.

에서 전쟁이 끝날 즈음에는 원자핵 물리학의 많은 측면에 대해 정보를 제공하는 새롭게 떠오르는 유망한 기구로 바뀌었다. 원자핵의 들뜬 준위들을, 1945년 5월에 케임브리지에서 완성된 리베지와 D. H. 윌킨슨의 보고서로부터 분명한 것처럼 이제 더 이상 예전의 방법으로 확인해야만 하는 것이 아니었다. 그들이 보고하기를, 사상 최초로 에멀션 방법을 이용하여 (케임브리지 고압력 장치에 의해 가속된 중양성자 흐름을 중양성자 표적에 입사시킨) DD 반응에서 나온 중성자의 에너지와 각에 대한 완전한 분포를 정확하게 결정할 수 있었다. 심지어 낮은 에너지 범위인 2~4MeV에서도 에멀션 방법이 아주 잘 작동했다.[118] 비록 리베지와 윌킨슨이 "이러한 …… 문제들을 동시에 해결하는 데 가장 좋은 방법은 아마도 구름 상자 방법이다"라고 시인했지만, 그들은 몇 해 전에 구름 상자를 이용한 조사는 "더 없이 과도하게 지루할 것"이라고 파우웰이 내린 결론에 동의했다. 단순히 지루하다기보다 구름 상자는 중성자의 총 흐름 밀도를 정확하게 결정할 수 있기에는 너무 희박한 표적을 제공했다. 게다가 DD 반응에 대한 일련의 구체적인 질문에 답변하면서 에멀션이 지닌 "잘 알려진 장점과 수고를 많이 줄일 수 있는 성질"을 확인한 것은 제외하고라도 저자들은 또한 에멀션 방법이 중성자 에너지를 정확히 측정할 능력을 갖고 있는가라는 질문에 긍정적으로 답변했다.

실제로 저자들은 보어의 복합 원자핵 모형을 ^{4}He에 적용할 수 있을 것인지에 도전하고, 그리고 그들이 검사한 반응에 대해 이전에 공명이 존재한다는 주장이 터무니없다고 반박할 만큼 충분한 자신을 가지고 있었다. 리베지와 윌킨슨이 보어 이론 중에서 좋다고 찬성한 단 한 가지 부분은 낮은 에너지 영역이었다. 에멀션은 보어의 설명이 "부분적으로 옳다"는 증거를 제공해 주었다.[119]

---

118) 리베지와 윌킨슨, 「DD 반응에서 나온 중성자에 대한 사진 건판 연구」, AB4/681, PRO, 1~19쪽; 이전 ref. BR 638쪽, 1945년 5월, PRO.
119) 리베지와 윌킨슨, 「DD 반응에서 나온 중성자에 대한 사진 건판 연구」, AB4/681, PRO, 1~19쪽 중 18쪽; 이전 ref. BR 638쪽, 1945년 5월, PRO.

비록 누구도 사진 에멀션이 원자탄 개발에서 중심 역할을 맡았다고 주장할 수는 없지만, 그 방법은 우라늄 충돌에서 복잡한 중성자 동력학을 연구하는 데 귀중한 수단으로 떠올랐다. 로트블랫과 채드윅, 피커밴스, 그리고 다른 많은 사람이 합류하면서 에멀션 전문가의 집단이 상당히 넓어졌으며, 그리고 정부가 창설한 사진 에멀션 위원회는 물리학계와 급성장하고 있는 원자력 에너지 시설, 그리고 필름 산업계를 서로 지원하는 고리를 맺도록 함께 연결했다. 에멀션 방법은 이전의 좀더 전통적인 구름 상자 방법이나 또는 가이거-뮐러 계수기 방법을 이용했더라면 (전혀 가능하지 않았을지도 모르지만) 아주 곤란했을 물리적 응용에서 매우 적절하다는 점을 스스로 입증했다. 마지막으로, 히로시마와 나가사키 원폭 투하 이후 수개월에 걸쳐서 이루어진, 연합국의 핵무기 개발과의 제휴는 전후(戰後) 과학적 구조 개혁에서 어떤 것의 영향력도 훼손하지 않았다.

라듐 연구소로 돌아오면 전시(戰時)의 연구는 상당히 다른 방향으로 발전했다. 블라우가 강제로 떠나게 된 뒤 왐바허는 계속해서 우주선(宇宙線)에 노출된 에멀션에서 특히 낱알의 수를 세는 방법으로 고에너지 원자핵 별을 찾는 일을 추구했다. (그녀가 관찰한 고에너지 양성자가 필름을 뚫고 나가버린 것을 고려하면 범위는 별 도움이 되지 않았다.) 그녀의 연구 중 대부분은 원자핵 물리학에서 당시 큰 관심을 불러온 문제들과 거의 관련되지 않는 방식으로 진행되었다. 그녀는 굉장한 노력을 들여서 54쪽의 논문을 작성했는데, 그 논문에서 무엇보다도 세심하게 하루 동안 측정한 단위 면적당 원자핵 별의 수를 대기 중에 놓인 에멀션 높이의 함수로 그래프를 그렸다. 그녀는 또한 한 개의 별에서 발견된 입자의 수를 세었고, 별에서 나오는 흔적의 길이를 측정했으며, 한 개의 별에 기록된 가장 높은 에너지가 무엇인지를 가려냈다.[120] 왐바허가 1943년

---

120) 왐바허, 「핵분열」, *Sitzungsb., Akad. Wiss. Wien., Math.-naturwiss. Kl., Abt. IIa* 149(1940): 157~211쪽; cf. 왐바허와 비드할름, 「짧은 흔적」, *Sitzungsb., Akad. Wiss. Wien., Math.-naturwiss. Kl., Abt. IIa* 152 (1943): 173~191쪽 참조.

에 슈테터와 함께 한 일은 우주선(宇宙線) 물리학에서 당시 최신 노력과 좀더 밀접하게 연결되어 있었다. 그들은 함께 1930년대 말에 앤더슨과 S. H. 네더마이어, 스트리트, 그리고 스티븐슨이 분류해 놓은 침투하는 방사선(뮤온들)과 침투하지 않는 방사선(전자-광자 소나기)에 따라 원자핵 별의 수가 높이에 어떻게 변화하는지를 조사했다.[121] 오트너 역시 원자핵 에멀션에 기초한 우주선(宇宙線)에 대한 탐구를 계속 진행하면서 전시(戰時)를 보냈다. 전략적으로 주석에서 블라우의 이름을 빼놓은 뒤에 오트너는 우주선(宇宙線)의 원자핵 침투를 하이젠베르크의 1934년 연구와 비교하는 일을 계속했다.[122]

브리스틀-리버풀-케임브리지의 튜브 알로이 프로젝트와의 대조는 뚜렷했다. 파우웰이 이미 존재하는 (구름 상자와 계수기 둘 다) 기구와 에멀션을 체계적으로 대조하여 에멀션의 기준을 맞추고 나서 새 도구를 사용하여 가속기나 우주선(宇宙線)에 의해 만들어진 원자핵의 들뜬 상태를 자세히 분석하고 있던 동안 오스트리아의 에멀션은 우주선 연구의 비체계적인 부속물로 남아 있었다. 오트너와 슈테터는 항상 변하기 쉬운 필름을 제대로 다룰 수 있는 능력을 키우지 못하고 기구들 사이에서 오락가락하고 있었다. 파우웰은 에멀션을 핵무기 개발과 전력 생산에 대한 가망성, 사진 산업, 그리고 사이클로트론 연구소 사이에서 전략적으로 중요한 위치에 놓이게 한 것에 반해 왐바허와 슈테터, 오트너, 그리고 키르슈는 그 기술이 독일-오스트리아 합병 시기에 비해 별로 달라지지 않을 정도로 방치했다. 약간 추상적이고 사실에 반하는 의미에서 라듐 연구소는 에멀션 연구의 세계적 중심지가 될 수 있었다. 실제 세계에서는 그와 가깝게 되지도 못했다.

---

121) 슈테터와 왐바허, 「흡수」, *Sitzungsb., Akad. Wiss. Wien., Math.-naturwiss. Kl., Abt. IIa* 152(1943): 1~6쪽. 뮤온을 발견하기까지의 물리학과 소나기 현상의 분류에 대해서는 갤리슨, 『실험들』(1987), 특히 제3장을 보라.

122) 오트너, 「높은 방사선」, *Sitzungsb., Akad. Wiss. Wien., Math.-naturwiss. Kl., Abt. IIa* 149(1940): 259~267쪽.

종전(終戰)과 함께 슈테터와 왐바허, 오트너, 그리고 키르슈에게는 이미 예견되었던 일을 기다리게 되었다. 나치 당원이었던 이 네 명의 에멀션 물리학자들은 금지 조약 제10조에 따라서 퇴임식 같은 것도 치르지 못하고 모든 자리에서 쫓겨났다. 슈테터는 그의 1933년 NSDAP 당원 자격 때문에 1945년 8월 4일에 법적으로는 6월 6일로 소급하여 교수직에서 물러나야 되었다.[123] 이제 어떻게 해석하는가라는 문제가 뒤따랐다. 슈테터는 그의 1938년 5월 질문 표에서 자신이 독일-오스트리아 합병 이전 여러 해 동안 당원이었다고 증언했지만, 이제 사건들이 다시 해석되었다. "나는 당원 자격을 위한 서면 신청서를 대략 1938년 5월에 작성했으며 …… 상당 기간이 지난 뒤에야 겨우 조건부 당원증과 함께 답변을 받았다." 그리고 다시 "내 직책에서 나의 직분을 철저하게 올바로 행사했으며 1938년에 이미 아주 온건하게 바뀐 나의 정치적 자세와 태도는 그 뒤 수년에 걸쳐서 완전히 바뀌었다."[124] 그다음 좀더 공들인 입장서가 1945년 10월에 철학 교수회 학장에게 전달되었는데, 다음에 소개할 만한 가치가 있다.

나는 1933년 이전에 이미 NSDAP에 가입하라는 강요를 받았으나, 과학자로서 나는 당의 정치와 관련 맺기를 원하지 않았으므로 이를 거절했다. 그런데 1933년 6월 어느 날 저녁에 나보다 한두 해 먼저 물리연구소에서 과학적 연구를 수행하고 있던 홀루벡 박사라는 안면이 있는 사람을 만났다. 그는 다시 한번 더 나에게 가입하기를 권고했으며, 나는 결국 동의하고 말았다. …… 당시에 사람들은 일반적으로 전 주민 중에서 특별한 그룹의 어려운 경제 상황을 NSDAP가 개입하여 개선해 줄 것을 희망했다. 나는 또한 앞에서 언급한 사람에게 많지 않은

123) SVUEK에서 슈테터 외에게 내린 명령서, 1945년 8월 4일 1945년, fols. 250~251쪽, 개인문서 슈테터, BmUP, AdR.

124) 슈테터가 에베르트에게, 빈 대학의 전권 위원, 1945년 9월 25일, fol. 212쪽, 개인문서 슈테터, BmUP, AdR.

금액(10 또는 20실링)을 건네주었다. 그로부터 얼마 지나지 않아 당의 금지령이 발표되었고 홀루벡 박사가 빈을 떠났으며, 그래서 그 뒤로 그에게서 어떤 소식도 더 이상 듣지 못했다. 이 구두 약속은 어떤 당 활동과도 연결되지 않았으며, 그러므로 이미 비합법적인 당원 자격이라는 말을 할 수가 없다.[125)]

그뿐 아니라 슈테터는 자신이 마이어와 H. 서링을 보호하려고 시도했으며 학생들로부터 실제 일을 빼앗아갔기 때문에 히틀러 청년 NS 학생 동맹을 비난했다고 주장했다. 틀림없이 그는 물리학에 "유대인풍"이 존재했다고 판단했지만, 단순히 그것 때문에 결과를 버린다면 그것은 "우스꽝스러운" 일이다. 그의 좀더 오래된 보고서에 의하면 슈테터는 나치의 주장에 대해 그가 어떻게 선전했는지를 돋보이게 했는데, 이제 그는 연구소에서 그가 결코 정치적 호소를 하지 않았다고 알려지게 한다. 오직 그것만이 아니다. 그는 프란츠-요제프 황제의 조상(彫像)을 국가의 명령에도 불구하고 철거하지 못하게 했다. "당을 떠나면 그 결과로 내가 해고당할 것이고, 그러면 아마 과격한 후임이 오게 될지도 모르고 아무에게도 도움이 되지 않을 것이었다."[126)] 1946년 4월의 첨부물에서 슈테터는 미국 점령자들이 부당한 방법으로 괴롭힘을 가할 때 연구소를 지키기 위한 그의 평가받을 만한 공헌을 지적했다.[127)]

---

125) 슈테터로부터 Phil. Fak. 학장에게, 1945년 10월 17일, fols. 213~214쪽; 첨부물이 첨가된 실질적으로 동일한 편지, 슈테터로부터 학장을 통하여 BmU에게, 빈 대학, 1946년 4월 10일, fol. 207쪽, 복사본 fol. 221쪽, 개인문서 슈테터, BmUP, AdR.

126) 슈테터로부터 Phil. Fak. 학장에게 보낸 서류, 1945년 10월 17일, fols. 215~217쪽, fol. 217쪽에서 인용; 실질적으로 동일한 첨부물이 첨가된 서류, 슈테터로부터 학장을 거쳐 BmU에게로, 빈 대학, 1946년 4월 10일, fols. 208~210쪽, 복사본 fols. 222~224쪽, 개인문서 슈테터, BmUP, ADR.

127) 슈테터로부터 학장을 거쳐 BmU에게로 전달된 서류, 빈 대학, 1946년 4월 10일, fols. 208~210쪽 중 fol. 210쪽; 복사본 fols. 222~224쪽, 개인문서 슈테터, BmUP, ADR.

진실 조사국의 바퀴가 천천히 돌아갔다. 1947년 말경에 등록청은 경범(輕犯)을 다루는 부서의 이른바 **경범사법관**이라 불리는 직책으로 슈테터를 승진시켰다. 슈테터는 그의 해고를 다시 심의하게 하고 연금을 되찾게 하는 데 이 기회를 이용하고자 했다.[128] 다음 단계로 젤암제의 지역장(1938년 이전의 오스트리아 도청)은 슈테터가 1933년에 제출한 당원 자격 신청서는 당시 당이 법적으로 금지되어 있었으므로 처리되지 않았다는 설명과 함께 슈테터를 나치의 기록에서 제거했다. 1938년도에 발행된 번호가 6,105,101번인 그의 임시 당원증은 그가 결코 수령하지 않았다고 주장했는데, 1940년에 기간이 만료되었고, 기간 만료 자체도 "1940년에 [당으로부터] 스스로 떠난 것으로" 판단될 수 있었다.[129] **경범사법관**으로 승진되고, 그다음에는 나치 명단에서도 완전히 삭제되고 나자 슈테터는 1953년에 마침내 교수로 승진할 수 있었는데, 그것은 연방 교육부의 도움으로 가능했다. 때때로 과거의 일들이 별안간 나타나곤 했다. 『인포르마티오넨 피어 알레』라는 신문에 1954년 7월 9일자로 보도된 한 기사가 독자들에게 슈테터가 연구소장으로 재직하던 기간 동안 어느 정도 "따돌림"을 받았는지 상기시켜 주었다. 예를 들어 "그는 사망한 선임자가 사용하던 방이나 가구를 물려받는 것을 거절했는데, 이유는 그 사람이 유대인이었기 때문이다."[130] 1962년에 이르자 오트너는 슈테터를 훈장 수여 대상자로 추천했다.

---

128) 슈테터로부터 Phil. Fak. 학장을 거쳐 LEDRRÖ에게 1947년 12월 23일, fol. 203쪽. 그때 그는 1947년 2월 18일자로 소급하여 공무원에 임명되었으나 오스트리아 대학에 복직되지는 않았다. LEDRRÖ로부터 슈테터에게, 1948년 4월 6일, fol. 202쪽, 개인문서 슈테터, BmUP, AdR.

129) 젤암제 도청에 의한 결정의 복사본, 1950년 10월 18일, fol. 183쪽, 개인문서 슈테터, BmUP, AdR.

130) 소장 집무실에서 에르네스트 콜브에게, 독일 연방 장관, BmU, 1952년 12월 16일, fols. 127~128쪽; 1953년 4월 27일자로 공식 임명 받음, 콜브로, BmU, 슈테터에게, 1953년 5월 6일, fol. 387v. 『인포르마티오넨 피어 알레』 기사의 복사본, no. 25, 1954년 7월 9일, fol. 98쪽, 개인문서 슈테터, BmUP, AdR.

독자들에게 좀더 자세하게 알려준다면 오트너 역시 해임되었고, 그는 그의 임무가 무엇인지 제대로 이해하지 못했다는 이유에서 해고 조치에 대한 항의를 계속했고, 슈테터와 마찬가지로 오트너도 그의 당원 자격에 대한 기술적인 합법성에 대해서 항의했다.[131] 복권되고 나서 오트너는 오스트리아 직급 계통을 따라 다시 승진되었다. 명백하게 미국의 국무성은 그러한 전개 과정을 달가워하지 않았는데, 특히 (그리고 은밀히) 국무성이 보고한 바에 따르면, 오트너가 "한때 모스크바에서 러시아에 의해 이용되었음이 명백했기 때문이다. 그때 [오스트리아 문서는 계속된다] 오트너는 수년간 카이로에서 활동했는데, 그것이 미국에게 어떤 수수께끼를 던져주었다."[132] 나치 원자핵 물리학자가 모스크바와 카

---

131) 오트너는 다음과 같이 청원했다. "1938년보다 수년 전에 이미 나는 직업상 알게 된 친구로부터 요청을 받고 금전적인 기부금을 주었는데, 그 친구의 진술에 의하면 그것(기부금)은 교사 그룹의 회원들에게 전해질 예정이었으며, 그 교사들은 그들의 정치적 위치 때문에 궁지에 몰려서 가족과 함께 큰 어려움에 처해 있었다고 했다. 나는 1934년부터 1938년까지 매달 10실링씩 주었으나, 내 기억에 의하면 때때로 어떤 기부금 요청도 받지 않은 때도 있었으므로 어떤 경우에도 정기적으로 준 것은 아니었다. 그런 행위에서 나는 어떤 정치적 활동도 볼 수가 없으며, 오히려 단지 자선행동이었을 따름이다. 내 경우에 NSDAP 또는 그 산하 조직 중 어느 것과도, 어떤 경우에도 연관을 맺지 않았다. 1938년의 개혁 뒤에 처음으로 나는 이 기부금이 …… NS 교사연맹에 전달되었다는 이야기를 들었다. 1938년 3월 이후에야 비로소 나는 당원 자격증을 신청했는데 내 당원증에는 내가 당에 1938년 5월에 입당한 것으로 되어 있다"(오트너가 SVUEK에게, 1945년 8월 13일, fols. 79쪽과 79v, 개인문서 오트너, BmUP, AdR). 국가경찰은 달리 생각하고 있으며 오트너는 그의 돈이 어떻게 되는지에 대해 대단히 잘 알고 있었으며 당원 자격을 얻은 날짜에 대한 그의 언급은 신뢰할 수 없다고 말했다. 뒤르마이어, 국가경찰로부터 보고서와 함께 SVUEK에게, 1945년 10월 15일, fols. 82~84쪽, 개인문서 오트너, BmUP, AdR.

132) 매치, Bka-AA, BmU에게, 1955년 12월 9일, fol. 451쪽, 개인문서 오트너, BmUUP, AdR. 그때 BmU는 매취에게 오트너가 필요로 하는 비자의 발급을 돕기 위해서 그루버 대사와 연락을 취해달라고 요청했다. Bda-AA는 그렇게 하기로 동의했다. 그루버에게 그들은 "오스트리아에 대단히 중요한 이 일이 악의에 의해 상처를 입지 않도록 방지하기 위해 무슨 일이든 반드시 착수되어야

이로에서 고문 활동을 하는 것에 대한 미국의 염려를 개의치 않고, 오트너는 국제 원자력 에너지 조직에까지 승진하여 한 예로 하웰, 아르곤, 바텔 기념 연구소, 브룩헤이븐, 아토믹스 인터내셔널, 버클리, 제너럴 아토믹 등 중요한 장소를 방문했다. 1960년에 이르자 오트너는 새로운 기관의 기관장이 되었으며, 기술공과대학 부설 기술 물리학부의 정교수가 되었다.[133] 금지령 아래서 키르슈는 1945년 6월 8일자로 면직되었는데, 1947년 7월 23일에 국가 장관이 그 판결을 은퇴로 경감했다.[134]

어쩌면 놀랄 일이 아닐지도 모르지만, 라듐 연구소의 나치 일당의 복권에서 단 한 명의 진짜 희생자는 그중에서 가장 권력이 세지 못했던 당원이자 여성이었던 헤르타 왐바허였다. 전쟁이 끝났을 때 그녀는 42세였다. 그녀의 지위에서 쫓겨나고 강의하는 것을 금지당한 왐바허는 그다

한다"고 썼다(개인문서 오트너, BmUP, AdR).

133) 오트너의 복권에 대해서는 1954년 12월 11일 Phil. Fak. 오트너의 대학 교원 자격을 갱신하기 위한 투표(찬성 48, 반대 1, 기권 2), 학장, Phil. Fak., BmU에게, 1955년 2월 1일, fol. 406쪽. 보고서는 1949년 7월 30일자의 법률에 의해 오트너를 사면할 충분한 사유가 된다고 지적했다. BmU 평가, n. d. (1955), fols. 405쪽, 409쪽 중 409쪽, 개인문서 오트너, BmUP, AdR. 오스트리아는 새로 발족된 UN 산하의 국제 원자력 에너지 위원회에 참가하기를 원했다. 위원회는 오트너가 BmU를 위해 원자력 에너지 문제, 그리고 특히 원자로에 대해서 일반 고문 그리고 아르곤 연구소의 "원자로 훈련 학교"에 대한 대의원으로 활동할 것을 추천했다. B. 칼릭, IfR, F. 호이어에게, BmU, 1955년 5월 4일, fols. 396~397쪽, 위원회 보고서가 포함됨, 1955년 4월 28일, fol. 398쪽, 개인문서 오트너, BmUP, AdR. 오트너 자신은 그와 그의 동료들이 1945년 이전에 이미 시작했던 중성자에 대한 연구, 즉 대전 입자를 전자 증폭관에 의한 측정, 방사능 표시 기술, 그리고 입자성 방사선을 측정하는 사진 방법 등에 대한 연구를 매우 계속하는데 싶어 했다. "빈 그룹의 활동은 그때 정부(나치 정부)와 '중성자 연구를 위한 4개년 프로젝트 연구소'라는 제목으로 새롭게 조직되는 조직체에 의해 인정되었다"(그 4개년 프로젝트는 괴링의 지휘 아래 수행되고 있었다. 오트너가 아달베르트 메츠니크에게, BmU, 1955년 8월 26일, fols. 415~416쪽 중에서 415v, 개인문서 오트너, BmUP, AdR).

134) 키르슈의 면직, 스크르벤스키, SVUEK, 학장에게, 1945년 8월 4일; 면직이 은퇴로 감면됨, 후르데스, 국가장관, BmU, 키르슈에게, 1947년 7월 23일, 개인문서 키르슈, BmUP, AdR.

음 5년 동안에 ("현미경학과 원자핵 물리학에서") 오직 한 편의 논문만 발표했다.[135] 그녀는 특별히 알아주는 사람도 없이 1950년에 세상을 떠났는데, 슈테터와 서링, 그리고 오트너가 간략한 조사(弔詞)를 썼다. 슈테터와 서링은 "우리의 불안정한 시대에 외부 환경의 중압감으로 인하여 일생의 방향에 던져진 비극적인 운명이 두 분의 여성[왐바허와 블라우]을 인도했지만, 연구의 진정한 정신에 축복이 내리기를. 그들의 연구와 발견이 남긴 수확은 이제 다른 사람들에게, 좀더 복 받은 후세들에게 남겨졌도다."[136] 이렇게 "좀더 복받은 후세"들 중에서 슈테터와 서링이 기꺼이 인정한 것처럼 그 누구도 브리스틀의 파우웰 그리고 일포드와 코닥의 그의 동료들만큼 중요하지는 않을 것이다.[137]

5. 코닥과 일포드 그리고 사진 에멀션 전문 위원단

원자탄 프로젝트에서 영국의 에멀션 물리학자들의 역할을 조사하지 않으면, 전후 즉시 그들에게 여러 자원들이 공급된 점에 대해 이해하는 것이 불가능하다. 히로시마는 에멀션과 그리고 에멀션을 수반하는 연구소 기능들이 사이클로트론과 원자력이라는 새로운 환경 아래서 결코 잊혀지지 않으리라고 보장해 주었다. 심지어 전쟁이 완전히 중지되기 전에도 파우웰은 사이클로트론에서 입자들의 사진 찍는 과정을 관례화하고 있었다(〈그림 3.10〉을 보라). 실제로 1945년 1월에 이르자 그는 이미 일포드 사에 새로운 에멀션을 개발해 달라고 압력을 가하고 있었고, 이 요청을 그들은 (적어도 공개적으로는) 전쟁이 끝날 때까지 기다려달

135) 왐바허, 「현미경과 원자핵 물리학」, *Mikroskopie* 4(1949): 92~110쪽.

136) 슈테터와 서링, 「헤르타 왐바허」, *Act. Phys. Austriaca* 4(1950): 318~220쪽; 또한 오트너, 「왐바허」, 『네이처』 166(1950): 135쪽을 보라.

137) 슈테터와 서링은 또한 브뤼셀의 오치알리니 연구소도 언급했다. 슈테터와 서링, 「헤르타 왐바허」, *Act. Phys. Austriaca* 4(1950): 318~320쪽; 또한 오트너, 「왐바허」, 『네이처』 166(1950): 135쪽을 보라.

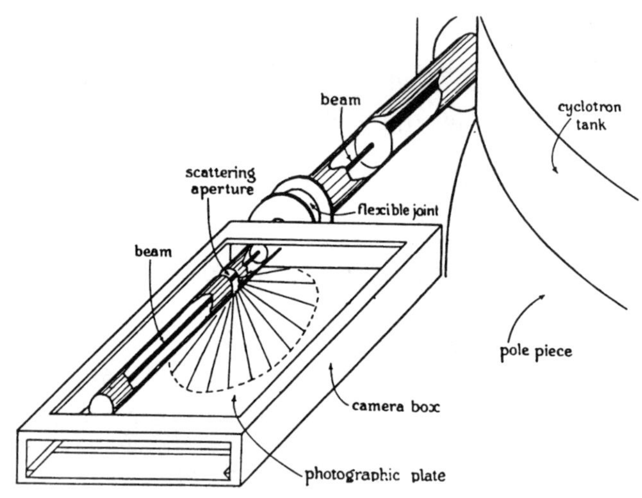

〈그림 3.10〉 파우웰의 「카메라」(1944). 비록 파우웰과 그의 그룹은 그들이 이용하는 입자의 발생원으로 우주선(宇宙線)에 많이 의존하고 있지만, 사이클로트론은 전쟁 물자에서 필수적이다. 이 그림은 표적으로부터 산란된 입자의 경로를 기록하는 데 사용되는 "카메라"의 구성 요소가 어떻게 배치되는가를 보여준다. 출처: 채드윅 외, 「조사」([1944] 1972), 173쪽.

라고 미루적거리고 있었다.[138] 그러나 전쟁이 실제로 끝나자 새롭고 더 민감한 필름의 개발을 장려하기 위해 원자력에 대한 내각 자문 위원회에 의해(파우웰은 자원부에 소속된 강력한 세력을 가지고 있는 과학 세부 위원회에 속해 있었다) 전문 위원단 하나가 설치되었다. 대학교를 대표하여 출석한 파우웰은 (여전히 케임브리지에 있는) 리베지와 (영국의 임페리얼 대학에서 온) 도널드 퍼킨스, 그리고 (런던 대학의 킹스 컬리지 소속인) 메이 등과 함께 사진 에멀션 전문 위원단에서 봉사하게 되었다. 파우웰과는 달리 메이는 원자탄 프로젝트에 몰두했는데, 처음에는 영국에서, 그리고 나중에는 1943년으로부터 1945년까지 캐나다에서 제조와 디자인 결정에 은밀히 관여했다. 1943년 어느 때부터인지 그는 소련을 위해 간첩 활동을 시작했으며, 그가 모스크바로 가져간 물품 중

138) 1945년 1월 28일, CPnb.

에는 농축 U^{235}도 있었다. 러시아 암호 해독관 이고르 구젠코에 의해 메이의 이름이 캐나다 당국에 전달되었다. 그가 1945년 9월 16일에 영국으로 돌아오는 순간부터 감시를 받았는데,139) 메이는 최대한 별일이 없었던 것처럼 꾸미며 그의 연구소 활동과 전문 위원단 활동에 계속하여 참여했다. 전쟁으로 인해서 급부상하게 된 로트블랫은 전문 위원단의 단장을 맡으라는 요청을 받았으며, 한편으로 L. D. 첼턴이 일포드 쪽 협력 창구를 맡았다(코닥은 나중에 참여했다).

에멀션 전문 위원단은 감마선 때문에 야기된 연무(煙霧), 흔적에 포함된 낟알 수의 변동, 그리고 현미경 아래서 스캔할 때 생기는 피로 등 세 가지 큰 난제에 봉착했다. (1945년 11월 21일에 개최된) 첫 번째 회의의 회의록은 "이렇게 불리한 조건 중에서 대부분은 더 미세한 낟알과 간격이 더 작은 에멀션을 개발함으로써 대처할 수 있다"고 결론지었다. "만일 간격이 충분히 작게 만들어진다면, 무질서하게 퍼지는 현상은 상당히 감소될 것이며, 또한 개인적인 피로감도 대부분 제거될 것이다." 수행하기로 계획된 연구를 위해서는 하나도 빠짐없이 수천 개의 흔적을 조사해야만 하기 때문에 "개인적 피로감"이라는 문제가 결정적으로 중요했다. 이러한 선상에서 보고서는 다음과 같이 계속되었다. "감광 감소제를 사용하여 배경에 나오는 연무를 제거하고 에멀션을 γ-선에 민감하지 않게 만들어서 γ-선 연무를 배제하면 흔적의 일부로서 연무 낟알을 세기 때문에 생기는 오차를 제거할 수가 있고, 그러면 관찰자에게 요구되는 숙련 정도를 크게 줄일 수 있을 것이다."140)

실제로 일포드 사는 전문 위원단과 1945년에 체결한 계약 조건인 좀 더 민감한 에멀션을 생산하는 데 성공했을 때 파우웰과 그의 공저자(共著者)들은 배경 낟알을 제거해야 한다는 사회적 필요성을 다시 역설했다. 그는 만일 그렇게 하지 못한다면, "특히 패인 각이 클 때는 때때로 어

139) 예를 들어 하이드, 『원자탄 첩자들』(1980), 특히 27~69쪽을 보라. 영국 도착 날짜는 27쪽에 나와 있다.

140) 「사진 에멀션 전문 위원단」, GRP.

떤 것[낱알]이 양성자 흔적의 시작인지 결정하기가 어려울 것이며, 그렇게 되면 관찰자에게 신경성의 피로감을 안겨주고, 그것은 다시 측정의 어려움을 증가시키며, 숙련되지 않은 사람들을 고용하지 못하게 될 것이다"라고 경고했다.[141] 배경에 나타나는 불필요한 낱알들과 숙련되지 못한 여성 스캐너들이 함께 존재하면 아무 일도 할 수 없었다.

전문 위원단은 첫 번째 회의에서 대학교들이 스스로 새로운 에멀션을 개발할 만한 장비를 갖추고 있지 못하다는 점을 깨달았다. 그 연구는 "대학교 연구소에서는 보통 갖추지 못한 장비를 요구"했으며, 그러므로 "이 연구를 사진 에멀션 전문가들에게 위임하는 것이 좀더 유리"했던 것이다. 심지어 건판을 현상하는 작용조차도 물리학자들에게는 전문 영역이 아니었으며, 그래서 그들은 그것마저도 역시 일포드 측에 넘겨주었다. 그렇지만 그렇게 하기 전에 물리학자들은 그들의 노력과 에멀션 제작자들의 노력을 조정해야 했다. 그래서 그들은 일포드 사에 폴로늄 50밀리퀴리를 빌려주고 그곳의 기술자들이 (폴로늄에서 방출된) 양성자가 만드는 흔적과 흔한 알파 방출체가 만드는 흔적 사이의 차이를 조사할 수 있도록 했다. 대여 받은 장비와 공급 부서로부터 구매를 허락받은 현미경을 사용해 일포드는 작은 낱알로 이루어지고 빛과 감마선에 민감하지 않은 에멀션을 찾기로 계약을 맺을 예정이었다. 그 회사는 여러 가지 다른 물질에 민감한 에멀션을 생산하고, 필름을 현상할 새로운 기술은 물론 시험용 물질을 에멀션에 주입하는 새로운 방법을 찾아낼 작정을 했다.[142]

로트블랫은 파우웰의 전시(戰時) 동료였던 메이가 두 번째 전문 위원단 회의에서 "기묘하게" 행동한 것을 기억한다. 그 행동은 어쩌면 메이가 수개월 동안 면밀한 (그리고 점점 더 엄해지는) 감시 아래 놓여 있었다는 점을 고려하면 이해할 만했다.[143] 1946년 3월 4일에 국가 비밀 요

---

141) 파우웰 외, 「새로운 사진 에멀션」([1946] 1972), 209쪽.
142) 「사진 에멀션 전문 위원단 회의에 대한 보고서, 1945년 11월 21일」, GRP.
143) J. 로트블랫, 저자와의 인터뷰, 1990년 9월 18일.

원과 영국 군부 비밀 요원은 메이를 그의 킹스 컬리지 연구소에서 간첩 혐의로 체포했다.[144] 그로부터 며칠 뒤에 그는 다음과 같이 고백했다. "나는 원자력 에너지의 개발이 미국에 국한되지 않도록 하는 것이 옳은 일인가에 대해 …… 매우 조심스럽게 생각해보았다. 나는 원자력 에너지에 대한 일반적인 정보를 [소련에] 전달하고 그들이 이것을 진지하게 고려하도록 만드는 것이 필요하다는 매우 괴로운 결정을 내렸다."[145] 파우웰은 자신이 가지고 있는 관계 서류의 대부분을 폐기한 것이 분명해 보였다. 그가 메이의 체포에 대해 강경하게 반응했을지도 모르지만, 나는 그런 기색을 전혀 발견할 수 없었다.

위원 한 사람이 줄어든 전문 위원단은 새로운 에멀션을 계속하여 강력하게 요청했다. 세 번째 전문 위원단 회의 날인 1946년 5월 7일이 되자 일포드는 그 상품을 적어도 부분적으로 인도했다. 그때까지 사진 제조회사는 네 가지 낱알 크기(A, B, C, 그리고 D)를 가진 몇 종류의 에멀션을 구비하고 있었다. 그리고 각 낱알 크기의 에멀션은 다시 1, 2, 그리고 3의 세 가지 종류의 민감도로 나뉘었다. 주목할 만한 것은 일포드의 화학자들이 브롬화 은과 젤라틴 사이의 비를 8 : 1까지 증가시킴으로써 민감도를 현저하게 개선했다.[146] 파우웰과 그의 동료 오치알리니는 새 필름이 도착하자마자 그것을 열렬히 환영했다. 첫째, 새 필름은 감마선에 의한 배경을 감소시켰다. 둘째, 흔적의 끝점에 대한 불확실성의 대부분을 제거함으로써 새 필름은 〈그림 3.7〉에 보인 것과 같은 스펙트럼의 융기 모양에서 "날개" 부분을 눈에 띄게 좁게 만들었다. 그러므로 파우웰과 오치알리니는 바짝 접근하여 위치한 에너지 준위들 중에서 원자핵의 들뜬 에너지를 분리하는 방법의 효력이 증진되었다고 주장할 수 있었다.[147]

---

144) 『뉴욕타임스』, 1946년 3월 5일, 2쪽.

145) 예를 들어 하이드, 『원자탄 첩자들』(1980), 78쪽을 보라.

146) 로체스터와 버틀러, 「원자핵 에멀션」, *J. Phys*. 43(1982): C8-89~C8-90쪽을 보라.

그러나 에멀션 전문 위원단 활동의 절정은 1948년 3월에 왔다. 그때 코닥은 그동안의 제조 과정을 주도면밀하게 비밀에 부쳐오다가 갑자기 NT4 에멀션의 생산을 발표했는데, 이 필름은 아주 민감해서 에너지가 매우 높은 상대론적 전자의 포착하기 어려운 자국을 포함해 전하를 띤 어떤 입자의 흔적도 포착할 수 있었다(〈그림 3.11〉을 보라).[148] 일포드 역시 전자(電子)에 민감한 필름인 G5를 개발했는데, 일포드는 그 제품을 몇 개월 뒤 전문 위원단에 제출했다.[149]

이 에멀션들이 물리학계로부터 받은 환영에도 불구하고, 산업체와 일의 분담을 조정하는 문제는 실무적으로 매우 복잡했다. 과학적 측면에서 나온 모든 정보는 일포드 쪽으로 전달되었다. 특히 원자탄 프로젝트에 종사했던 캐나다 출신의 에멀션 전문가인 피에르 데머스로부터의[150] 정보도 일포드로 전달될 예정이었다. 이와는 대조적으로 일포드는 민간 회사였으며 그러한 정보에 보답할 의무를 지고 있지 않았다. 실제로 물리학자들이 시작할 때부터 깨달은 것처럼 "논문으로 발표되지 않은 연구 결과에 대하여 비밀을 엄수해야 한다고 명기한 조목(條目)들이 부과되어야만 했다."[151] 그로부터 몇 해 뒤 데머스가 에멀션을 제작하는 방

---

147) 파우웰 외,「새로운 사진 에멀션」([1946] 1972), 209~210쪽.

148) 베리만,「전자 흔적」,『네이처』161(1948): 432쪽; 헤르츠,「전자 흔적」,『네이처』161(1948): 928~929쪽; 그리고 가장 결정적인 것으로 베리만,「기록」,『네이처』162(1948): 992~993쪽.

149) "G5 에멀션의 낱알 크기를 증가시키는 것과 함께 그 제조 과정의 모든 단계를 면밀히 조사하여 배경 밀도를 받아들일 수 있는 극한까지 허용하면서 민감도를 증가시키는 것이 가능함을 발견했다. 이온화가 최소인 입자에 대한 민감도는 그렇게 하여 달성되었으며, 새로운 물질이 큰 묶음으로 몇 개쯤 원자핵 물리학자들에게 공급되었다. 그러나 에멀션은 아직 완전히 재생될 수 없었으며, 그 이유가 무엇인지를 발견하여 제거할 필요가 있었다"(자원부와의 계약 아래 수행된 연구의 보고서 6/atomic/2/CF9A (Con.2A3) 287/EMR/1411, 1949년 9월 2일, 일포드 연구소 CW/JEP, GRP).

150) 데머스의 중요한 논문인「개선된 흔적」, *Phys. Rev.* 70(1946): 86쪽을 보라. 이 논문은 즈다노프(즈다노프,「입자의 흔적」, *J. Phys.* 6(1935): 233~241쪽)로부터 만들어졌다.

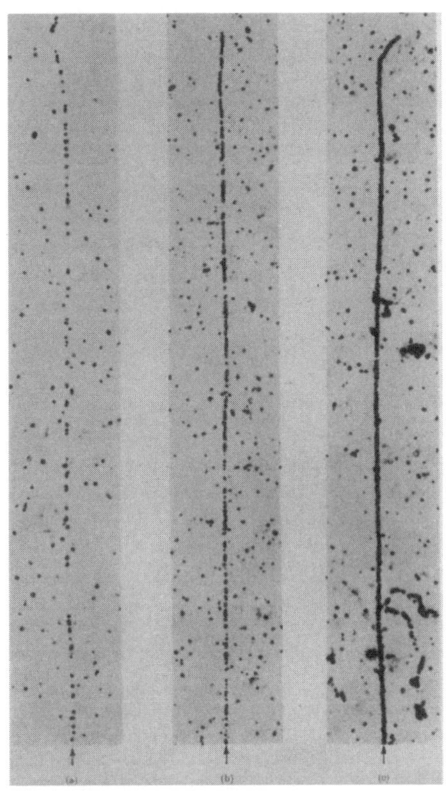

〈그림 3.11〉 이전 필름과 새 필름에 보인 흔적의 끝부분(1939~49). 흔적 *a*는 일반 사진을 위하여 1939년에 생산된 일포드 반색조 건판에 기록되었다. 흔적 *b*는 일포드의 C2 에멀션인데, 1946년에 글라셋과 월러가 만들었다. 이 흔적은 만일 지나가는 입자가 최소값보다 적어도 네 배로 (즉 기본 전하가 *e*인 빠르고 가벼운 입자에 의해 만들어지는 최소 이온화 값의 네 배를 말한다) 이온화되어 있으면 기록되었다. 흔적 *c*는 1949년의 코닥 NT4인데, 사상 최초로 최소값으로 이온화된 전자의 흔적까지도 기록할 만큼 민감한 것으로, 그래서 모든 입자의 기록을 담당할 수 있다. 출처: 파우웰, 파울러, 그리고 퍼킨스, 『사진술 방법』(1959), 31쪽의 도판 1~13.

법에 대해 아주 자세한 공개적 진술을 논문으로 발표했을 때 그는 빠르고 민감한 에멀션과 관계된 모든 것을 감춰버린 연무(煙霧)에 대한 구체적인 언급으로 그의 논의를 시작했다. "가장 빠른 음화(陰畵) 에멀션 제작은 최고도의 비밀주의로 둘러싸여 있는데, 그 사실은 산업체에서 필요했다는 것과 채택된 기술 자체의 설명으로 동시에 설명된다. …… 제작 과정은 경험으로 얻어졌는데, 그들은 거래상의 요령과 기술상의 비법(秘法)들(*des tours de main et des recettes de méier*)을 비밀로 하고 있다."[152]

---

151) 「사진 에멀션 전문 위원단 회의에 대한 보고서, 1945년 11월 21일」, GRP.
152) 데머스, 『이오노그라피』(1958), 29쪽.

일포드로부터 L. D. 첼턴이 전문 위원단 회의에 참석하면서부터 처리 과정에 대한 이러한 침묵은 그의 회사가 관련된 문제에서 불문율이라고 가정하는 것이 합리적이라고 생각된다. 전쟁이 종료된 지 40년이 지났지만, 전시(戰時)의 에멀션 제작 기술은 여전히 독점할 가치가 있다고 간주되었고, 일포드로부터 온 저명한 에멀션 전문가 중 한 사람인 찰스 월러는 그렇게 오래전에 이용했던 제작 기술에 관하여 자세히 이야기하는 것을 계속 주저했다.[153)]

그렇지만 1987년에 월러는 드디어 일포드로부터 허락을 받고 영국 특허 580,504호를 내게 되었는데, 그것은 수십 년 동안 공개된 기록이 되었으나 별 주목을 받지는 못했다. 종전에는 할로겐 은을 반응시킬 때 나오는 부산물과 분리하기 위해 화학자들이 사용한 중요한 방법에 두 가지가 있었다. 한 방법으로는 젤라틴에 들어 있는 할로겐 은을 원심 분리기에 집어넣는다. 이것은 다루기가 어렵고 비용이 많이 드는 것으로 자주 사용할 수 없는 할로겐 은 구역을 남겨놓았다. 좀더 자주 사용되는 방법으로는 젤라틴 현탁액의 온도를 내리고 그 결과로 생기는 구역을 잘게 썰어서 물로 씻는 것이다.

월러와 던칸 팩스 우슬리가 극비로 개발한 개선된 방법은 할로겐 은을 화학적으로 응집시키는 것이었는데, 처음에는 특허가 1944년 7월 3일 조건부로 지정되었다가 1945년 5월 29일에 정식 발급되었다. 그들의 아이디어는 본질적으로 표면에서 작용하는 나트륨 알킬 황산염 또는 나트륨 알킬라릴 술폰산염인 "세제(洗劑)"를 첨가하는 것이었다. 이런 음이온인 비누는 젤라틴을 부드럽고 접착성이 있는 껍질 형태로 침전시키고, 그로부터 액체만 가만히 따라 제거할 수 있다. 다시 말해 응집된 할로겐 은이 그릇의 바닥에 앙금으로 남아 있고, 물은 다른 여러 염들과 함께 간단히 따라버릴 수 있다. 특허에는 다음과 같이 기록되었다. "이 발명은 원래의 현탁액에는 존재할지도 모르는 불필요한 염이나 다른 물질을 제외한 단

153) C. 월러, 저자와의 인터뷰, 1985년 9월 5일.

백질 매체에서 할로겐 은 현탁액을 만드는 수단을 가능하게 한다."[154]

그런 다음 에멀션 제작의 이후 단계들은 좀더 응집된 할로겐 은과 젤라틴의 혼합물을 이용하여 진행될 수 있다. 1945년에 이르러 일포드는 대부분의 필름 에멀션에서 월러와 우슬리의 응집 기술을 채택했다. 파우웰이 1945년 가을에 일포드와 접촉했을 때 월러는 응집된 물질로 이전의 반색조 에멀션을 만들어내는 오늘날 재합성된 C2라 불리는 새로운 과정을 활용하고 있었다. 일포드는 이 건판들을 1945년 11월까지 파우웰과 오치알리니의 수중에 들어가게 했고, 그 건판들은 곧 현장에서 이용되었다.[155]

그렇지만 물리학자들과 산업체의 화학자들 사이에 상품과 명세서를 주고받았다고 해서 그것이 두 그룹이 마치 하나의 동질 그룹처럼 일했음을 의미하지는 않았다. 그와는 정반대였다. 심지어 월러와 그의 동료들이 일포드에서 C2 에멀션을 만들어낸 뒤에도 화학자들은 "전자 민감도"와 "최소 이온화"와 같은 기본적인 물리 개념에 대해 제대로 된 경험이 없었다. 그래서 물리학자들이 상대론적 전자를 검출할 능력을 갖는 에멀션을 필요로 한다는 점을 화학자들이 알게 되었을 때 화학자들은 두 가지로 방향을 정하고 연구를 시작했다. 하나는 할로겐 은의 낱알 크기를 0.15에서 0.3마이크론으로 키우는 것이었고, 다른 하나는 금과 변화를 잘 일으키는 황으로 만든 줄을 첨가하여 민감도를 끌어올리는 것이었다. 응집되고 민감도를 높인 에멀션의 제작은 연구 위주의 연구소에서 감당할 수 있는 것 이상이었으며, 궁극적으로 만들어낸 에멀션 G5는 일포드의 건판 공장의 대규모 생산 설비와 연구 부문의 소규모 헌신이 기여한 공동 노력의 결실로 출현했다.[156] 물리학자 쪽에서는 훨씬 덜 혁

---

154) 세실 월러와 던칸 팩스 우슬리, 지정 완료, 특허 580,504: 「사진 할로겐 은 에멀션의 제작과 관계된 사항 또는 개선」, 특허청(런던: Courier Press for His Majesty's Stationary Office, 1946), 6쪽. 또한 월러, 「영국 특허 580,504」(1988)에 나오는 논의를 보라.

155) 월러, 「영국 특허 580,504」(1988)에 나오는 논의를 보라.

신적이고 아주 동떨어진 영역인 교질(膠質) 화학과 음이온 비누, 그리고 ph에 민감한 젤라틴 형태의 매질 등을 재생산할 처지가 아니었다.

코닥이나 일포드가 갖고 있는 자원을 갖추지 못한 원자핵 물리학자나 화학자 개인들이 만일 그들 자신의 장비를 제작하려고 원한다면 그것은 지극히 어려운 일이었다. 에멀션과 관련된 화학을 모두 익히고 그 결과로 만들어진 필름을 가지고 실험해본 소수의 사람들 중 한 사람이 단지 몇 명 안 되는 조수들과 함께 몬트리올 대학에서 연구하는 데머스였다. 데머스는 그의 경이로운 에멀션들 중 일부를 거의 1945년이라는 이른 시기에 완성했음이 분명해 보였다. 그의 필름들의 품질은 큰 회사에서 제작한 것에 필적할 만했다. 원자탄 프로젝트에 대한 군사 기밀 제한이 풀린 뒤에야 비로소 그는 그의 결과를 논문으로 발표할 수 있었는데, 거기서 그는 하나는 은 질산염이고 다른 하나는 브롬화 갈륨인 두 분출물을 채택한 방법을 공개했다.

이 문제에서는 자세한 과정이 중요한데, 데머스는 어떻게 침전된 에멀션을 강제로 유리병 바닥까지 보냈는지에 대해 다음과 같이 자세히 설명했다. "그것은 긴 국수 또는 조각처럼 나왔는데, 나온 것은 흐르는 찬 물에 철저하게 씻는다. …… 씻기를 5에서 7.5[리터] 부피인 두 개의 스테인리스 냄비를 이용하여 두 시간에서 네 시간까지 계속한다. …… 여기서 지키면 좋은 규칙은 다음과 같다. 국수를 오므린 손에서 녹인 다음 손을 반쯤 벌리고 비빈 후 냄새를 맡는다. 그러면 조금 남아 있는 알코올 자취를 쉽게 알아낼 수 있다. 알코올 냄새가 완전히 사라졌을 때면 씻는 절차가 보통 절반 아니면 3분의 2쯤 진행된 것이다."[157] 데머스의 손에서는 에멀션이 굉장한 재산이었으며, 그는 필름의 설계나 제작에서만 생산적으로 활동한 것이 아니라 그 활용에 대해서도 중요하게 활동했다.

데머스가 주장한 것과 마찬가지로 에멀션 준비의 매 단계에 기술적 지

---

156) 윌러, 「영국 특허 580,504」(1988), 58쪽.

157) 데머스, 「우주선(宇宙線) 현상」, *Can. J. Phys.* 32(1954): 538~554쪽 중 541쪽.

식이 들어 있었다. 예를 들어 에멀션 작업에 가장 적합한 젤라틴은 티오황산염 또는 그와 관계된 물질임이 밝혀졌다. 송아지의 뼈도 많은 도움이 되는데, 그것은 송아지가 야생 겨자(*Brassica vulgaris*)와 황 화합물을 포함하고 있는 다른 평지 식물을 먹기 때문이다. 그런데 돼지는 그런 특별한 식물을 피하는 경향이 있다. 그리고 송아지로부터 나오는 젤라틴 등급 중에서도 증감제(增感劑)와 감속제(減速劑), 그리고 억제 작용을 하는 성분 사이의 완벽한 평형("*un dosage heureux*")을 포함하고 있는 특정한 종류를 경험적으로 골라낼 수 있기만 바랄 뿐이다. 적어도 1955년까지는 활성을 지닌 젤라틴의 합성이 불가능했으므로 그러한 성질들은 순수하게 소의 영양소에 대한 흥미 이상이었다.[158] 이렇게 "순조롭게" 구성된 젤라틴은 그다음 브롬화 은에 집어넣게 되는데(그렇게 하는 여러 방법 중 한 가지가 두 가닥-분출 방법이다), 그것이 에멀션의 주요 민감도를 만든다.

전체 과정이 왜 그렇게 지독하게 어렵고, 물리학자들이 익숙한 "곧장 결과를 보는" 과정은 철저하게 배제되는가? 데머스는 그것을 이렇게 설명했다. 기체 또는 액체에서 물질은 어떤 상태로 준비되었느냐와 상관없이 행동한다. 그렇지만 예를 들어 담금질을 한 강철의 성질에서 잘 알려진 것처럼 결정체의 경우에는 그렇지 않다. 반도체 결정체는 어떤 과정을 거쳐서 준비되었느냐에 훨씬 더 민감하다. 양자 역학적 함수는 결정체에서 불순물의 분포와 성질에 의존한다. 어떤 의미로 에멀션은 그러한 결정체 같은 구조를 닮았다. 그래서 그것들과 마찬가지로 브롬화 은 결정체도 실질적으로 어떻게 준비되었느냐에 의존한다. 그러나 에멀션은 심지어 반도체보다도 훨씬 더 섬세하다. 그것은 단지 젤라틴의 원래 타고난 복잡성 때문만이 아니라 브롬화 은 결정과 그 주위를 둘러싸는 젤라틴 사이의 표면에서 일어나는 결정적인 (그러나 미묘한) 화학적 상호작용 때문이기도 하다. 마지막으로 제작된 에멀션에서 시작하여 그것을

---

158) 데머스, 『이오노그라피』(1958), 34~35쪽.

브롬화은 그리고 젤라틴으로 분리한 뒤에 다시 침전시키고 숙성시켜서 동일한 사진 성질을 얻는 것은 불가능하다. 궁극적으로 물리학자들이 연구하는 반도체와 발광 물체와는 달리 데머스에 관한 한, 에멀션은 교질(膠質)에 대한 자체의 불완전하게 이해되는 과학 분야에 속한다.[159] 모트와 거니가 1937년에 발전시킨 사진 작용에 대한 격조 높은 양자 이론으로부터 에멀션을 화학적으로 어떻게 만드느냐를 알아내는 것은 멀고도 먼 길이었다.[160] (사실 내가 말할 수 있는 한, 잠재해 있는 상[像]에 대한 양자 이론은 원자핵 에멀션 개발에 절대적으로 어떤 역할도 하지 않았다.) 교질(膠質)에 대한 기술적 지식에 더하여 겹겹이 쌓인 산업체의 비밀주의라는 장애를 넘을 수 있는 물리학자는 거의 없었다.

주요 필름 제조회사 밖에서 연구하는 사람으로 사진과 연관된 화학의 구성에 대한 데머스의 지식은 비록 그가 고감도 에멀션을 생산해 낼 수 있는 유일한 사람이 아니었다고 할지라도 경이로운 일이었다.[161] 그렇지만 그는 새로운 최고 감도의 에멀션을 성공적으로 제작하고 물리 문제에 에멀션을 생산적으로 적용하기까지 했다는 점에서 유일한 사람이었다. 나는 지난 제1장에서 서로 공유하는 본체보다는 집단을 이루는 기능에 따라 작성한 학문 분야 지도(地圖)라는 개념을 소개했다. 그러한 기능 지도의 하나로 "응집 물리학"이라는 부문 아래에 속한 활동만을 모아 놓은 그룹을 생각해볼 수도 있는데, C. T. R. 윌슨의 연구가 그 핵심을 이룬다. 여기에 데머스 자신이 우리를 위해 비슷하게 개념화된 기능 지도를 그렸는데, 그는 이 지도에서 우주선(宇宙線) 물리학과 지질학 그리고 생물학을 가로질러 복잡한 방법으로 얽히고설킨 주제에 대해 이온에 의해 만들어진 상(像)의 기록을 이용하는 분야와 관련된 4,500편에 이르

159) 데머스, 『이오노그라피』(1958), 52~54쪽.

160) 거니와 모트, 「브롬화 은의 광분해」, *Proc. Roy. Soc. London A* 164(1938): 151~167쪽.

161) 최소 이온화 입자에 대해 민감한 에멀션에 관한 다른 논문을 인용한 문헌을 보려면 예를 들어 데머스 『이오노그라피』(1958), 17쪽이 있다.

는 논문들을 연결하는 고리를 이해하려고 다음과 같이 시도했다. "사진술이나 음향학이 그들의 검출 방식인 민감한 건판 또는 귀에 의해 정의되는 것과 똑같은 방법으로 이러한 일련의 지식 영역을 하나의 독특한 과학으로 간주하는 것이 합리적이리라고 생각된다. 이 과학에 대해 우리는 …… 이오노그라피(ionography, 이온[ion]과 그라피[graphy]를 합하여 새로 제안된 합성어임 – 옮긴이)라는 이름을 제안한다."[162] 이오노그라피는 고체에서 형체가 드러나는 경로에 관한 과학이라고 볼 수 있다. 흔적을 만드는 입자들은 우주로부터 오거나 또는 원자핵에서 방출되어 포획될 수 있다. 데머스가 주장한 바에 따르면 검출기의 입장에서는 이오노그라피가 원자핵과 우주에 존재하는 힘에 대해 밝혀줄 것이고, 처리 과정의 입장에서는 검출에 의해 결정체와 원자에 존재하는 힘에 대한 정보를 제공받을 것이다. 데머스가 보는 "새로운 과학"에 대한 상(像)이 〈그림 3.12〉에 재생되어 있다.

이오노그라피에 적절한 부분들은 〈그림 3.12〉에서 타원에 걸쳐 있거나 또는 타원 내부에 놓여 있다. 새로운 과학에 "어느 정도 연결된" 영역들은 타원의 바깥에 놓여 있다. 그래서 과학의 "검출 측면" 아래는 알파, 베타 또는 감마 상호작용, 전자 충돌, 양성자 상호작용, 반양성자 생성, 그리고 메존 제조 등과 관련되는 핵반응이 놓여 있고 그와 함께 (건판이나 연대 측정 암석을 이용하는) "지질 연대학", 위생학, 핵분열, 원자로, 그리고 우주선(宇宙線) 등도 놓여 있다. 특별히 "처리 과정 측면"이라고 표시한 부문 아래에서는 젤라틴의 동력학과 에멀션 자체 그리고 브롬화은 교질계의 물리 화학적 연구 등을 찾아볼 수 있다. 비록 데머스가 명명한 "이오노그라피"라는 명칭이 물리학자의 사전에 오를 만큼 지속적인 강한 인상을 남기지는 못했지만, 그가 나눈 범주는 과학적 연구의 문화 내에서 에멀션 물리학자들이 위치한 장소를 분명하게 반영했다. 왜냐하면 1950년대라는 이른 시기에 벌써 에멀션 물리학자들이 에멀션 화학

---

162) 데머스, 『이오노그라피』(1958), 8쪽.

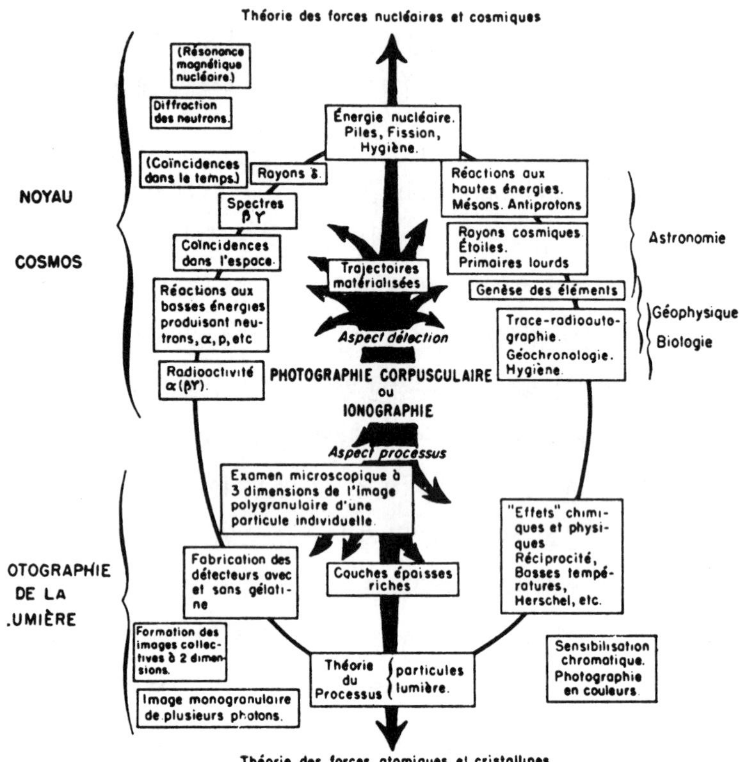

〈그림 3.12〉 데머스, 『이오노그라피』(1955). 데머스는 이오노그라피란 "고체에서 형상화된 경로에 대한 과학"이라고 썼다. 이 그림은 새로운 과학의 범주를 데머스가 대표한 것이다. 지도의 "북반구"에는 이오노그라피의 "검출 측면"이 위치한다. 남쪽에는 "처리 과정 측면"이 있다. 북쪽에는 원소의 창세기에서부터 시작하여 알파선, 감마선, 그리고 감마선에서 관찰된 스펙트럼에 이르기까지 원자핵과 우주에서 활동하고 있는 모든 범위의 힘들이 있는 반면, 또한 지질 연대학이나 위생학 같은 좀 덜 "기본적인" 과학도 있음을 본다. 남쪽으로 눈을 돌리면, 젤라틴 형태와 비젤라틴 형태의 에멀션에서 시작하여 교질 매체의 이론에 이르기까지 에멀션이라는 매체를 통하여 가지각색의 화학적 그리고 광화학적 과정들이 활동하고 있음을 본다. 전체의 둘레를 돌면서 핵자기 공명, 중성자 회절, 색 사진술, 그리고 그 밖의 다른 과학의 부수적 분야들이 놓여 있다. 전체를 한꺼번에 보면, 이 그림은 과학적 지식의 서로 다른 배치가 실험이나 이론의 시각에서가 아니고 연구소 도구의 시각에서 볼 때 어떻게 다르게 볼 수 있는가를 설명해 준다. (예를 들어 지질 연대학과 원소 창세기 같은) 이론적으로 멀리 떨어진 항목도 인접해 있을 수가 있다. 출처: 데머스, 『이오노그라피』(1955), 9쪽.

자들과 회동하고 파이온-핵자 상호작용과 별 관계가 없는 사진술 연구를 인용하는 것이 드문 일이 아니었기 때문이다. 물리학자들과 화학자들은 모두 건판의 기준을 맞추고 조사하는 과정이 매우 복잡하다는 데 의견을 같이할 수 있었지만, 각 그룹은 그 결과를 서로 다른 관련 사항의 모체로 해석했다. 즉 물리학자들에게 건판은 입자에 관해 이야기해 주는 것인데 반해, 에멀션 화학자들에게는 입자들이 건판의 성질을 밝혀주었다. **검출 측면**(aspect détection)과 **처리 과정 측면**(aspect processus)은 **이오노그라피**라는 경계 지역에서 서로 합체(合體)했다.

데머스의 물리 화학적 공적에 대한 널리 퍼진 찬사에도 불구하고, 그의 계획 중 한 가지는 결실을 맺지 못한 것이 분명했다. 미국이나 유럽 어느 곳의 주요 물리학자 그룹도 에멀션을 제작하는 데 데머스의 과정을 물려받지 않았다. 그 이유가 무엇일까? 그것이 파우웰과 같은 물리학자가 데머스의 제품이 보잘것없다고 생각한 때문은 절대로 아니었다. 일포드의 새 필름을 찬양하는 그의 1946년 논문에서 파우웰은 실제로 일포드의 필름보다 데머스의 새 필름에 대해 더 자세히 주석을 달았다.[163] 데머스식으로 에멀션을 제작하지 않은 이유는 다른 데에 있었다. 데머스의 에멀션 그리고 코닥과 일포드의 전자(電子)에 민감한 에멀션 사이의 한 가지 기술적 차이는 코닥과 일포드 제품이 모두 상대적으로 크기가 큰 낱알을 가지고 있다는 점이다. 바로 그 점이 또다시 작업장으로서의 연구소에 중요한 결과를 가져왔다. 작은 낱알은 상대적으로 스캔하기가 어렵고 높은 해상도의 현미경을 필요로 하는 데 반해, 낱알이 큰 대량생산된 필름은 오래전부터 파우웰이 제안하여 만들어진 연구소 구조에 좀더 수월하게 적응되었다. 에멀션 전문 위원단에서 활동했던 조지 로체스터에 따르면 "G5와 같은 에멀션이 상대적으로 큰 0.3μm의 크기의 낱알을 가지고 있다는 사실은 파우웰로 하여금 낮은 해상도의 현미경을 가지고 (때때로 농담 삼아 '세실의 미인 합창단'이라고 부른) 일단의 숙

163) 파우웰 외, 「새로운 사진 에멀션」([1946] 1972).

녀들에 의한 집단 스캔을 도입하고, 그렇게 함으로써 그의 대규모 과학자 팀에게 상대적으로 빠른 속도로 상당히 많은 양의 자료를 구할 수 있게 해주었다. 만일 예를 들어 데머스의 에멀션과 같이 미세한 낟알을 가진 에멀션을 채택했더라면 그러한 대량 스캔을 활용했으리라고 예상하기가 어렵다."[164]

동시에 원자 물리학 (그리고 좀더 최근에는 원자핵 물리학) 분야에서 훈련된 물리학자의 적성과 교질(膠質) 화학자의 전문적 기술 사이에는 현격한 차이가 존재했다. 한쪽에는 파우웰 또는 로트블랫, 그리고 다른 쪽에는 월러 또는 첼턴 사이에서 경계 지역이 형성될 수 있는 전문 위원단에서 활동하는 것이 그렇게 어렵지 않았다고 할 수도 있다. 그러나 물리학자가 브롬화 은과 젤라틴, 그리고 교질성 금을 주무르는 난해한 기술을 또 배우기 시작한다는 것은 전혀 쉽지가 않다. 이와 같이 기술적인 지식이 부족했다는 이유와 함께 연구소의 활동 구조가 적합하지 않았다는 이유 때문에 에멀션 물리학자들은 결코 데머스의 물리학과 에멀션 화학의 혼합물을 물려받지 않았던 것이다. 그러나 그들이 화학을 제대로 사용하지 않은 대가(代價)를 지불해야만 되었다. 거의 즉각적으로 물리학자들은 그들이 선택한 도구의 내부 구조 안에서 고립되는 결과와 싸우지 않을 수 없다. 필름이 어떻게 제작되는지 정확하게 알지 못하고는 그들의 장치가 어떻게 동작하는지를 알지도 못하고 알 수도 없었던 것이다.

6. 스캔과 그 방법의 전파

새로운 일포드 건판을 받고 나서 대략 18개월이 지난 뒤(다시 말하면 1947년 중반에서 말엽)에 파우웰과 오치알리니는 그들의 새 방법의 전망을 충분히 인정할 만했으므로 구름 상자 도감(圖鑑)과 유사한 책 『사

---

164) 로체스터와 버틀러, 「원자핵 에멀션」, *J. Phys*. 43(1982): C8-89~C8-90쪽 중 C-90쪽.

진술로 본 원자핵 물리학』(1947)을 만들기로 했다. (그들에게 그러한 출판을 권유한 인도자인 P. 로스버드는 자신 또한 몇 권의 구름 상자 책을 만드는 일에 착수했다.) 한 수준에서 파우웰과 오치알리니는 장치가 아주 간단하고 잘 표준화되어 있으므로 어느 학교 연구소라도 원자핵에 대한 질문에 대답하는 장소가 될 수 있을 것이라고 주장했다. 부록에서는 화씨 65도에서 33분, 물속의 빙초산에서 10분 동안 담금, 불투명도가 없어질 때까지 응고시키면 (30분 이내에) 건판은 반투명으로 됨, 그리고 흐르는 물에 한 시간 동안 세척 등 개발 과정을 자세히 설명했다. 이것은 자금이나 이론을 많이 투입할 필요가 없으며, 구조와 양식, 그리고 내용 면에서 손쉽게 양도할 수 있는 방법이라고 이 책은 강조했다.[165)]

원자핵 물리학을 상(像) 방법으로 접근하면 좋다는 점을 강조하기 위해 파우웰과 오치알리니는 맥스웰에게 경의를 표하면서 그들의 도감(圖鑑)을 시작했고, 그를 통해 전형적인 지각(知覺)의 방식과는 구별되는 구상화(具象化)의 미덕에 경의를 표했다.

> 어떤 사람들은 …… 기호에 의해 눈앞에 제시되고, 오직 수학자들만이 그릴 수 있는 형태로 마음에 제시된, 순수한 것에 대해 만족스럽게 지속적으로 숙고할 수 있다.
>
> 그러나 종이에 그리거나 또는 자기 앞의 빈 공간에 세우는 기하적 형태를 따라 좀더 많은 기쁨을 느끼는 다른 사람들도 있다.
>
> 또 다른 사람들은 그들 육체의 모든 에너지를 그들이 만들어내는 광경에 모두 투입할 수 없으면 만족하지 못한다. 그들은 행성들이 어떤 빠르기로 공간을 질주해 나가는지 공부하면서 매우 즐거운 들뜬 기분을 느낀다. 그들은 천체가 서로 잡아당기는 힘을 계산하면서 그 노력으로 그들 자신의 근육이 팽팽해지는 것을 경험한다.
>
> 그런 사람들에게 운동량, 에너지, 질량 등은 과학적 질문의 결과에 대

165) 파우웰과 오치알리니, 「부록 A」(1947).

한 단순한 추상적 표현에 지나지 않는 것이 아니다. 그것들은 마치 소년 시절의 기억처럼 그들의 영혼을 뒤흔들어 놓는 활력의 단어들이다.

이렇게 좀 다른 종류의 사람들을 위해 과학적 진리가 다른 형태로 제시되어야 하며, 그것이 튼튼한 형태로 물리적 삽화를 곁들인 생생한 색깔로 나타나거나 또는 상징적 표현의 엷고 창백하게 나타나거나 관계없이 동일하게 과학적이라고 받아들여져야 한다.[166]

상징적 표현의 창백함은 상(像) 전통에서는 설 자리가 없다. 파우웰에게 맥스웰의 과학적 세계 교회주의는 구름 상자를 통하고 이제는 에멀션 방법을 통하여 원자보다 작은 영역을 구상화(具象化)하는 데 대한 자신의 헌신이 정당함을 증명해 주었다. 실제로 이 책은 예를 들어 역학이나 정전기학 그리고 간단한 산란 법칙만을 이용하여 저술되었다. 파우웰은 이렇게 낮은 수준의 수학과 원래부터 간단한 방법을 이용했기 때문에 과학과 연관이 없는 독자들도 원자핵 물리학을 공부하기를 희망했다. 그러나 좀더 일반적으로는 맥스웰이 실제로는 영국 문화의 우상 역할을 하지만 이 책에서는 영국 물리학의 우상 역할을 했고, 파우웰의 업적이 지닌 (심지어 그의 유명한 저서 바깥에서도) 비이론적인 성격에 찬성하는 목소리의 역할을 했다.

파우웰과 오치알리니는 다음과 같이 계속했다. "아마추어 천문가들은 그들의 주제에 대해 유익한 기여를 하고자 사진을 이용해 미세한 그래프를 좋게 만들려고 시도할 때 겪어야 하는 어려움보다 훨씬 더 큰 기술적 어려움을 극복했다."[167] 이상주의가 터져나오면서 파우웰과 오치알리니는 마치 아마추어 천문가가 하늘에서 혜성과 소행성을 잡아내듯이 아마추어 원자핵 물리학자들이 새로운 붕괴를 탐지해 낼지도 모른다고 상상했다. 그것을 당시(1947년 중엽)까지 인정하더라도 에멀션은 월

---

166) 파우웰과 오치알리니, 『사진술로 본 원자핵 물리학』(1947), 표지.
167) 파우웰과 오치알리니, 『사진술로 본 원자핵 물리학』(1947), v~vi쪽.

슨 상자나 또는 전기적 계수기 등과 심각하게 경쟁 관계에 있지 않았고, 일포드의 핵 연구용 에멀션의 생산은 위대한 미래를 약속해주고 있었다. 그전 1년 반 사이에 기절할 만큼 멋진 결과가 발견되었기 때문에 저자들은 그들의 도감(圖鑑)이 무거운 대전 입자들의 흔적을 연구하여 제공받을 수 있는 광범위한 가능성을 제시함으로써 물리학자는 물론 물리학자가 아닌 사람들에게도 도움이 될 수 있기를 희망했다.

그러나 슬프게도 물리학에 대한 개인적 사정은 그렇게 간단하지 않았다. 파우웰이 원자핵 에멀션에 관심을 갖기 시작한 처음 며칠 동안 깨달았던 것처럼 젤라틴으로부터 정보를 알아내는 것은 처음 시작할 때 젤라틴에 정보를 기록하는 것만큼이나 어려웠다. 노출되는 조건, 현상 과정에서의 변화, 건조, 조사, 그리고 해석 등에서 에멀션이 변하기 쉬운 성질을 가졌다는 것에 문제가 있었다. 제2차 세계대전이 끝난 뒤 불과 몇 개월이 지나지 않아 그는 채드윅에게 사진들을 믿을 만한 방법으로 읽기가 어렵다는 점을 강조하면서 다음과 같은 편지를 보냈다. "내 생각으로 가장 중요한 기술적인 문제는 결과를 얻을 수 있기까지 걸리는 속도를 높이기 위해 관찰자 팀과 측정 순서를 구성하는 것이다. 나는 서로 다른 장소에 두 팀을 구성하여 서로에 대한 독립적인 검사를 적용할 수 있도록 하면 편리할 것으로 생각한다. 이 일에 대해 사람들을 훈련시키는 데 얻은 내 경험에 의하면 숙련되지 못한 사람도 성공적으로 부릴 수가 있다."[168)]

여기서 "숙련되지 못한 사람"이란 문맥상 대체로 (숙련되지 않은 지진기록 관찰자가 지구물리학자가 아니었던 것과 꼭 마찬가지로) 물리학자가 아닌 여성을 의미했다. 그들의 임무는 사건들 사이에서 미리 정해진 유형을 찾아내 에멀션의 어떤 위치에서 그것이 일어났는지 기록하고 나서 그 필름을 물리학자 또는 물리학을 전공하는 학생에게 전달하면 그것을 받은 사람은 측정을 수행하고 처리했음을 표시했다. 여기서 파우웰

---

168) 파우웰이 채드윅에게, 1945년 10월 16일, CPP, Chad IV 2/10.

이 주목한 것은 여성 스캐너들의 고용이었는데, F. C. 프랭크와 도널드 퍼킨스는 왕립협회의 역사 비망록에서 "스캔하는 여자"라는 용어를 처음 만들어낸 사람이 파우웰이라고 다음과 같이 소개했다. "에멀션 방법에 의한 연구를 성공적으로 수행하기 위해 혁신이 필수적이었는데, 그것이 바로 고해상도 현미경을 이용하여 지루하지만 흥미 있는 사건을 찾아내는 검사 작업을 수행하는 여자들의 팀을 만들어내는 것이었다." 뒤이은 수년에 걸쳐서 브리스틀 그룹에서 발표한 첫 번째 파이온 흔적과 대부분의 중요한 물리적 과정을 발견한 것은 파우웰의 아내인 이사벨의 지도를 받으며 일한 그 "여자"들이었다. (그보다 더 훗날 거품 상자 세대에는 가족이 나서서 돕는 일이 그렇게 드물지 않았다. 도널드 글레이저의 아내도 스캐너로 일했으며, 루이스 앨버레즈의 아내는 여러 해 동안 버클리에서 거품 상자 스캐너를 이끌었다.) 파우웰의 동료들과 그의 약력(略歷) 작성자들은 파우웰에 대해 다음과 같이 계속했다. "파우웰은 곧 물리학을 공식적으로 교육받지 않은 젊은 여성을 훈련시켜 전문적 기술과 엄밀한 정확성을 요구하는 이렇게 가혹한 일을 수행하는 것이 가능하다는 점을 모두에게 확신시켰다."[169]

어떤 관점에서는 스캔하는 일에 여성을 선택한 것이 전혀 혁신적이지 않았다. 여성의 성격이 그렇게 "엄밀"하고 "지루"하며 그리고 "가혹"한 일에 특별히 잘 들어맞는다는 것은 수십 년 동안 유럽과 미국에서 평범하게 알고 있는 가정이었다. 천문학자들은 별을 세는 데 여성을 고용했고, 슈테판 마이어의 빈 연구소에서도 섬광 화면의 번쩍임을 세는 데 여성을 고용했다.[170] 제2차 세계대전 동안에는 여성들이 기계식 계산기를 이용하여 수치 작업을 계속 되풀이하는 "컴퓨터" 역할을 맡았다. 그러나 다른 관점에서는, 곧 보게 되겠지만, 파우웰의 연구소에서 여성 스캐너들은 프랭크와 퍼킨스, 그리고 로체스터가 제대로 주장한 것처럼 무언가

---

169) 프랭크와 퍼킨스, 「파우웰」, *Biog. Mem. F. R. S.* 17(1971): 541~555쪽 중 549쪽.

170) 마이어의 연구소에 대해서는 스튜워, 「붕괴」(1985)를 보라.

다른 일을 하고 있었다.

1947년에서 1957년까지 파우웰 그룹은 당시 유럽과 미국 전역에 걸쳐 널리 시행되고 있었던 고용 조정 계획에 의거해 아무 때라도 약 20명 정도의 스캐너를 고용하고 있었다. 1957년에 이르자 여성 스캐너들은 그 분야의 특징을 잘 살린다는 정평을 받게 되고, 그러한 여성 스캐너들이 소련과 유럽 그리고 미국을 망라하는 글자 그대로 모든 연구소에서 일하는 모습을 볼 수 있게 되었다. 그 직책이 너무 넓게 퍼져 나가자 보건 관계 관청에서 여성들의 근로 조건에 관해 문의가 들어오기 시작했다. 파우웰은 그러한 문의 중 하나에 다음과 같이 답변했다.

> 지난 10년 동안 우리는 하루 종일 현미경 앞에서 원자핵 입자들에 노출된 건판을 조사하는 약 20명의 관찰자를 고용했다. 우리가 고용한 이들 중에서 비록 때때로 어떤 관찰자들이 일이 너무 어렵다고 생각하여 우리가 다른 종류의 일을 찾아주려고 시도한 적은 있었지만, 심각한 시력 장애를 일으킨 사람은 없었다. 일반적으로 이런 종류의 일에는 신경적 피로가 따라오며 한번에 일을 너무 오래 계속하지 않음으로써 관찰자가 크게 도움을 받는다는 점을 인지하는 것이 중요하다. 그 점을 상기하면서 우리는 아침 10시 30분에 20분간의 휴식 시간을 갖게 하고 오후 3시 30분에도 비슷한 휴식을 갖게 하고 있다. 관찰자들이 긴장된다고 느끼지 않도록 하는 것이 중요하다. 나는 일주일에 일할 수 있는 전체 시간이 대략 35시간 정도라고 생각한다. …… 우리는 우리가 세워놓은 조건 아래서 효율이 눈에 띄게 떨어지는 것을 관찰하지 못했다.[171)]

이 방법이 이용된 초기 몇 해 동안에는 연구 과정에 여성 스캐너들을 일부러 포함시켰고 일종의 준(準)과학적인 저자(著者) 대우도 부여했다.

---

171) 파우웰이 윌킨슨에게, 1957년 2월 7일, CPP, E61.

에멀션의 각층에서 나온 상(像)들을 따 붙이기 한 발견 사진들 중에는 그 사건을 발견한 스캐너의 이름들, 예를 들면 여러 사람 중에서도 이사벨 파우웰, I. 로버츠 부인, W. J. 반데 머브 부인, 마리에타 쿠르츠, B. A. 무어 부인이라고 새겨져 있었다. 시간이 흐르면서 발견 과정에 기여한 여성들이 포함되지 않는 것이 관례가 되었으며, 1950년대 초에 이르면 스캐너의 이름이 언급되는 경우조차 찾아보기가 힘들게 되었다. 게다가 월터 바카스라는 한 해설자는 물리학자가 스캐너들을 이용하는데 자료의 신빙성을 "확보"하기 위해 물리학자가 고용인들에게 주는 정확한 지시 사항들로부터 시작해 극도의 주의를 기울여야 했다고 논평했다. 물리학자는 "상당한 양의 스캔을 직접 수행해서 문제점을 스스로 잘 파악하고, 스캔 과정에서 혹시 끼어들지도 모르는 선입견"을 포함한 자세한 지침을 만들어놓지 않으면 그렇게 세세히 감독할 수가 없었다.

스캐너들에게 물리적으로 추구하는 목표가 무엇이며 관심을 끌 수 있는 사건에서 기대되는 특징이 무엇인지 알려주어 얻는 장점 대신 1950년대 말에 이르러서는 바카스는 물론 아마 다른 사람들도 스캔하는 여성들에게 그러한 지식을 주지 않는 것에 다음과 같은 인식론적인 중요성을 부여했다. "심리적 요소를 기억하는 것이 중요하다. 스캐너들은 측정이나 관찰에서 어떤 결과를 기대하는지 알지 못하는 것이 중요하다. 좋아하는 답을 구하려고 시도하는 것은 매우 인간적인 일이다. 에멀션 실험에서 만들어진 가짜 "발견" 중에서 몇 가지는 바로 그런 이유 때문에 일어났을 수도 있다."[172] 그러므로 실험이 잘못되면 스캐너들의 탓으로 돌리게 되었고, 공들인 일련의 측정과 그것에 대한 해석이 없으면 (외견상으로) 어느 것도 논문으로 발표할 수 없다는 극단적인 경우가 물리학자를 매우 우려하게 했다.[173]

---

172) 바카스, 「자료 처리」(1965), 68쪽.

173) 스티븐 셰핀은 보일의 의문점들 중에서 실험에 의해서는 불발로 끝났다는 것 밖에는 보이지 않은 기술자들의 기여에 대해 매력적인 논의를 했다. 셰핀, 『사회적 역사』(1994), 389~391쪽을 보라.

그러나 흥미로운 사건을 가장 처음 발견한 사람은 여성 스캐너들이라는 사실에서 이 발견의 공이 누구에게 돌아가야 하느냐는 문제가 대두하자 연구자들 사이에서 명백하게 문제가 발생했다. 심지어 언어 자체에도 문제가 있었다. 가장 오래된 논문들에서 각각 따 붙이기 한 사진 밑에는 "I. 파우웰 부인에 의한 관찰"이라는 형식으로 공을 돌리는 문구가 인쇄되어 있다. 나중 논문에서는 이 정보가 "관찰자: W. J. 반데 머브"라는 식으로 단축되었다. 물리학자들이 편지를 쓸 때는 자신들이 "발견"했다고 쓰는 것을 유보하고 어떤 특정한 관찰자에 의해서 "발견"된 사건이라고 한다. 말투가 바뀌어 이 관찰자가 저 사건을 발견했다고 지정하던 것이 마치 사건이 저절로 제시된 것처럼 관찰자가 "조사 중"이라고 기재하게 되었다. 그런데 발견과 관찰 사이의 작은 틈이 어쩌면 가장 예리하게 드러난 경우로 브리스틀 그룹에 의한 최초의 파이온 흔적에 대한 설명 중에서 찾아볼 수 있다. 파우웰의 가장 강력한 지지자 중 한 사람으로 H. H. 윌리스 연구소장인 A. M. 틴달은 1961년에 파우웰 그룹에 대한 회상록을 집필했다. 거기서 그는 파우웰의 공적을 가름할 때 초점을 파이온에 맞추면 절대로 안 되고 오히려 원자핵 에멀션 연구에서 그가 취한 일반적인 방침에 맞추어야 한다고 주장했다. 그는 그 이유를 다음과 같이 말했다.

> 물리학에 대한 파우웰의 기여를 평가하는 미래의 역사학자들은 주로 어쩌면 그가 π-메존을 발견한 사람이라고 생각할 것이다. 그렇지만 나는 다른 사람들이 처음부터 똑같은 재료를 가지고 시작했으나 실패한 에멀션 기술을 창조하는 데 끼친 그의 실험적 통찰력과 경영상의 수완을 강조하고자 한다. 바로 그는 에멀션이 정량적인 도구가 되도록 하는 데 봉착하는 어려움을 극복한 사람이었다. 일단 그것이 이루어진 다음에는 누가 어떤 새로운 것을 발견했느냐는 문제는 순전히 운에 불과하다. 실제로 π-메존 자체를 포함하여 드문 사건들 중에서 많은 경우 어떤 과학적 훈련도 받지 못한 스캐너에 의해 그녀가 전에는 결코

보지 못했던 외견상 이상하게 달라 보이는 흔적이라고 보고하는 바람에 처음으로 관찰되었다.[174)]

물리학자로부터 "발견"을 스캐너들에게로 이동시킨 뒤에 틴달은 파우웰에게 저작의 장본인으로서의 무게를 모두 거절한 것처럼 보였다. 그러나 발견의 역할을 여성 스캐너들에게 부여하면서도 틴달은 그 방법을 창시한 주 역할을 다시 찾아주었고, 바로 여기에 파우웰의 "경영상의 수완"이 등장하게 된다. 이런 방법으로 발견이란 것이 "과학적 훈련"을 요구하지 않는 "운(運)의 문제"로 격하되면서 파우웰과 파울러 그리고 퍼킨스가 보통 그들의 『사진술 방법』에서 따 붙인 그림의 설명문에 들어 있는 여성의 이름을 간단히 아예 제거해 버린 것은 당연하다고 하겠다. 연구의 제목이 평범해짐에 따라 일반적인 방법이 그 중요성에서 어떤 구체적인 발견보다도 더 인정받게 되었다.

그러나 파이온의 발견에서는 다른 문제가 위태로워졌는데, 그것은 이제 우리가 살펴보려고 하는 1947년을 에워싸는 좀더 넓은 영역의 사건들이다. 새로운 원자핵 에멀션을 가지고 맨 처음 구한 정성적으로 진기한 결과 중 하나가 느리게 움직이는 전자(電子) 질량과 양성자 질량의 중간에 해당하는 질량을 지닌, 원자핵에 접근하다가 원자핵을 붕괴시키는 대전 입자들에 대한 몇 가지 사건들을 해석하는 데서 나왔다. 도널드 퍼킨스는 고도 3만 피트의 RAF 평면에서 노출된 일포드의 새로운 B1 필름을 이용하여 구한 그러한 최초의 사건을 1947년 1월 8일자 『네이처』에 제출했다. 거기서 나온 별은 네 개의 흔적을 가지고 있었다(〈그림 3.13〉을 보라). 이 그림에서 퍼킨스는 H^3이라고 표시한 흔적의 정체가 흔적을 따라서 낟알의 밀도가 바뀌는 비율로부터 삼중 양성자(양성자에 두 개의 중성자를 더한 것)와 동일한 것으로 간주했다. 나머지 두 개의

---

174) 틴달, 프랭크와 퍼킨스에게 보낸 첨부물, 「파우웰」, *Biog. Mem. F. R. S.* 17 (1971): 555~557쪽 중 557쪽. 강조점이 첨가되었다.

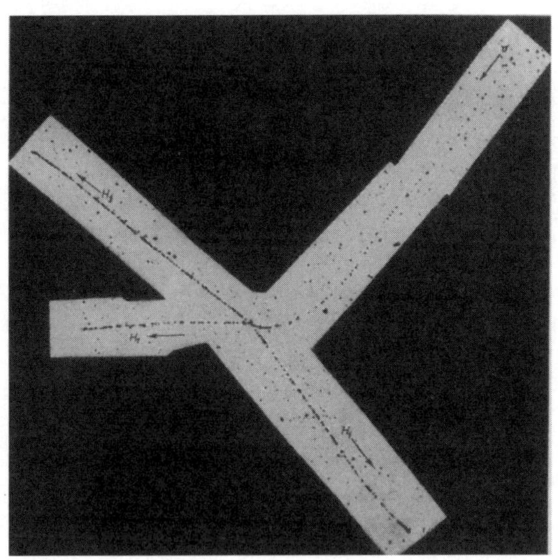

〈그림 3.13〉 퍼킨스, 「메존 포획」(1947). 음전하를 띤 메존에 의한 붕괴를 처음 관찰한 것. H_1은 (두 흔적들) 양성자를 표시하고, H_3은 삼중 양성자(두 중성자와 함께 있는 양성자)를 표시하며, 시그마(σ)는 중간 정도 질량의 새로운 입자를 표시한다. 새 입자의 이온화 흔적이 중심부에서 멀리 갈 때보다 가까워지면서 더 진하게 나타나므로 퍼킨스는 시그마가 네 흔적의 교차점으로 접근하면서 느려지는 것이라고 주장했다. 다른 입자들은 모두 중심부에서 멀어지면서 진해지기 때문에 중심부를 떠나가는 것처럼 보였다. 출처: 퍼킨스, 「원자핵 붕괴」, 『네이처』 159(1947): 126쪽, © 1947 맥밀란 잡지사의 허락을 받고 전재함.

(H^1이라고 표시된) 흔적은 당시에 표준으로 알려진 양성자의 특징을 나타내고 있었다. 중심부에서 멀어질수록 느려지는 이 세 개의 입자와는 달리 시그마(σ)라고 표시된 흔적은 중심부로 접근하면서 감속되었다. 퍼킨스는 이 그림을, 느려지고 있는 중간 정도의 질량을 가진 입자가 원자핵에 흡수되고 나서 삼중 양성자와 두 개의 양성자 등 세 조각을 내보내며 폭발한 것이라고 해석했다. 이 해석에 따라서 나머지 원자핵은 삼중 양성자 흔적과 시그마 흔적 사이에서 되튀기는 것이 관찰되었다.[175]

퍼킨스가 말한 시그마 흔적이 전자(電子)의 자취라고 말할 수 있을 것

175) 퍼킨스, 「메존 포획」, 『네이처』 159(1947): 126~127쪽.

인가? 퍼킨스는 그 흔적의 이온화 정도가 너무 높기 때문에 그러한 가능성을 제외했다. 실제로는 그와 그의 동료들이 전자(電子)의 자취를 나타낼 수 있는 필름을 간절히 찾고 있었다. 동시에 산란각이 너무 컸기 때문에 양성자일 가능성 또한 제외되었다. 산란각을 마이크론으로 잰 (입자의 에너지와 관련된) 범위의 함수로 그래프를 그려보면, 시그마가 양성자라고 보기에는 너무 쉽게 편향되어 나가는 것이 분명했다. 에멀션에 적용되는 산란 공식을 이용해 퍼킨스는 시그마의 질량이 전자(電子) 질량의 100배에서 300배 사이라고 추산했다. 개략적인 핵물리 계산에 근거해서 확인 검사를 해본 결과 그 질량은 전자(電子) 질량의 120배와 200배 사이에 있었다.[176)]

브리스틀에서도 새로운 입자가 나왔다. 전쟁 동안 강제 망명을 떠났던 오치알리니는 연구소로 돌아와서 새 건판들을 픽두미디산의 프랑스 피레니안 관측소로 가지고 갔다. 그 건판들을 현상한 뒤에 현미경 아래 장치하자 건판들은 수많은 새로운 붕괴를 드러냈다. 파우웰은 나중에 그것은 마치 "담장이 높은 과수원을 부수고 들어가 보니 보호받고 있는 나무에는 모든 종류의 못 보던 과일들이 대량으로 주렁주렁 달려 익어가고 있었던 것 같았다"라고 열광적으로 설명했다.[177)] 한 스캐너가 원자핵 속으로 들어가 그 원자핵을 붕괴시키는 메존처럼 보이는 사건을 발견했는데, 그 발견을 뒤이어서 다른 비슷한 사건들이 쏟아졌다. 퍼킨스가 시그마 흔적을 발표했던 것과 같은 『네이처』 1947년호에 논문을 발표하면서 파우웰과 오치알리니는 여섯 개의 "메존" 흔적들(그들은 퍼킨스와 마찬가지로 전자의 질량과 양성자 질량의 중간쯤인 질량을 가진 입자들이라고 확인한 흔적들)을 보고했는데, 다른 흔적이 생겨나는 점에 접근할 때 낟알 밀도가 (에너지 손실이) 증가했다. 그들은 다음과 같은 과정에 근거해 질량을 결정했다. 우선, 그들은 어떤 특정한 에멀션에 대해 에

176) 퍼킨스, 「메존 포획」, 『네이처』 159(1947): 126~127쪽.
177) 파우웰, 「자서전」(1972), 26쪽.

너지 E의 함수로 범위 R을 결정하기 위해 필름에서 정해진 에너지를 갖는 각 양성자 흐름에 초점을 맞추었다. 그 곡선은 에너지의 함수로 dE/dR(단위 길이의 흔적당 에너지 손실)를 산출했다. 그들은 이 준비 실험에서 원래 양성자의 에너지를 알고 있었으므로 단위 길이에 대한 에너지 손실을 단위 길이당 측정된 낟알이 감소하는 비율과 연관지을 수 있었다. 그렇게 계속하여 그들은 필름에서 정지한 한 단위의 전하를 가진 입자를 하나 골라서 그 입자가 필름에서 얼마나 많은 에너지를 잃었는가를 낟알의 수를 세어서 결정했으며, 그러므로 흔적이 시작할 때 그 입자의 에너지가 얼마여야 했는가를 결정할 수 있었다.

그다음 그들은 우주선(宇宙線)에 노출된 필름에서 발견된 메존이 될 법한 후보에게 이 방법을 적용했다. 문제가 되는 메존이 정지한 점에서 역산하여 (그리고 새 입자의 전하가 한 단위라고 가정하고) 파우웰과 오치알리니는 이 새 입자의 처음 에너지 E를 구했고 이것을 측정된 범위 R에 대해 그들이 알고 있던 것에 더했다. 그들이 사이클로트론에서 만들어낸 조정표로부터 비슷한 질량의 양성자가 얼마나 멀리 진행할 수 있는지를 찾아보고 그들은 새 대상의 범위가 훨씬 더 가깝다는 것을 증명했는데, 만일 여섯 개의 새 입자들이 (전자 질량의 100배에서 230배까지로) 양성자보다 더 가볍다면 그 차이가 잘 설명되었다.[178]

파우웰과 오치알리니의 논문이 아직 교정을 보고 있는 동안 (그 논문은 1947년 2월 8일에 발표되었다) 퍼킨스의 논문이 (1947년 1월 25일자로) 발표되었다. 파우웰에게는 그들의 결과가 일치한 것이 단지 특정한 사건 형태가 정당했다는 것뿐 아니라 방법 자체가 정당했음을 알려주었다. “두 실험에서 채택된 B1 그리고 C2 에멀션에 나온 메존 흔적의 낟알 간격에 대해 관찰된 차이는 두 형태의 에멀션이 지닌 알려진 기록 성질에 근거한 기댓값과 잘 일치한다. 서로 다른 실험 재료를 사용하고 완전히 서로 독립적으로 연구하는 서로 다른 두 연구소의 관찰자로부

178) 오치알리니와 파우웰, 「원자핵 붕괴」([1947] 1972), 224쪽.

터 나온 결과들이 일치하는 것은 사진 방법이 현재의 개발 단계에서 얼마나 믿을 만한가를 보여주는 단적인 증거다."[179] 이 방법이 포괄적으로 옳다는 증명은 이전에도 여러 번 표현되었는데, 과정들이 스스로 생각하기에 좀 불안하다는 것을 반영한다. 이미 우리는 사진술 방법이 여러 번 인정받아 온 것을 보아왔다. 그 방법에 의해 보너와 브루베이커가 일치하는 결과를 내놓았을 때 그 방법이 다른 사람들에 의해서는 알려지지 않았던 (그리고 보너에 의해 확인된) 결과를 내 놓았을 때, 그 방법이 전쟁 동안에 (브리스틀 그룹과 케임브리지 그룹의 실험에서) 개략적으로 일치하는 결과를 내 놓았을 때, 그리고 그 방법이 독립적으로 수행되었지만 서로 일치하는 황금 사건을 만들었을 때 모두 인정받았다. 앞으로 우리가 또 보게 되겠지만, 블라우 시대로부터 에멀션 방법을 괴롭힌 변하기 쉬운 성질에 대한 우려는 전쟁 동안에도 계속되었고, 그 뒤 해마다 여러 다른 방식으로 지속되었다.

구름 상자에서와 마찬가지로 낱알 밀도에 근거하는 주장이 보편적으로 받아들여지지는 않았다. 그뿐 아니라 에멀션이 우주선(宇宙線)에 노출되는 기간은 흔적의 수를 많이 축적하기 위해 전형적으로 반년 정도다. 그러나 핵물리 연구에 이용되는 에멀션에서 아직 현상되지 않은 잠재하고 있는 상(像)이 그 기간 동안에 충분히 희미해지고 그러면 그 입자의 질량이 크지 않고 가볍다는 (잘못된) 결론에 도달할 수도 있다. 희미해지는 문제를 피하려는 노력의 일환으로 파우웰과 오치알리니는 그들의 노출을 6주일로 제한했으나, 심지어 그 기간 동안에도 오래된 흔적들은 사라질 수도 있었고 그래서 메존을 기록했다는 그들의 주장이 지닌 설득력을 잃게 했다. 그러므로 그들은 다음과 같이 다른 종류의 논거에 의지하게 되었다. 그 흔적의 쿨롱-산란 중 작은 각 산란의 수가 비슷한 범위를 갖는 양성자의 경우보다 더 많았는데, 그러므로 그 입자는 양성자보다 상당히 가벼워야 한다는 그들의 가정을 지지하는 쪽으로 유리

179) 오치알리니와 파우웰, 「원자핵 붕괴」([1947] 1972), 227쪽.

한 영향을 주었다.[180]

퍼킨스와 오치알리니, 그리고 파우웰은 모두 그들의 발견이 당시 수수께끼였던 문제를 해결하는 데 도움이 된다는 것을 알았다. 수년 동안 음전하를 띤 메존(뮤온, 일명 뮤-메존 또는 무거운 전자)이 원자핵을 소멸시킬 수 있다고 알려져 있었다. 거기에 더해 1930년대의 유카와 이래 이론 과학자들은 핵력을 매개해주는 대략 이러한 정도의 질량을 갖는 입자를 찾고 있었다. 여기서 수수께끼가 되는 문제란 잘 맞아 떨어지는 질량과 전하에도 불구하고 뮤온은 유카와가 주문한 입자가 아니라는 증거가 빠르게 축적되고 있었다는 것이다. 1940년에 토모나가와 아라키는 음전하를 띤 "유카와 입자"들이 아주 강하게 상호작용하기 때문에 붕괴하기 전에 원자핵 속으로 빠져 들어가야 한다고 주장하고, 그들은 그 음전하를 띤 입자들이 얼마나 빨리 원자핵에 포획되어야 하는지에 대해 바로 말해주는 정량적인 예언을 제공했다. 물질 다루기는 제2차 세계대전 동안 지하실에 숨어 있으면서 콘베르시, 판치니, 그리고 피치오니 등에 의해 수행된 것들을 포함하여 일련의 세련된 실험이었다. 그들은 침투하는 메존(뮤온)들이 결코 토모나가와 아라키가 그럴 것이라고 말한 것 정도로 빠르게 흡수되지 않음을 확실하게 보여주었다.[181]

실험 과학자들은 메존(실제로는 앤더슨과 네더마이어, 스트리트, 그리고 스티븐슨에 의해 발견된 뮤온)을 가지고 있었고, 이론 과학자들은 (유카와 입자인) 메존을 가지고 있었다. 그러나 이탈리아 실험 과학자들에 의해 그들의 음전하를 띤 메존의 수명에 대해 가해진 구속 조건과 일

---

180) 오치알리니와 파우웰, 「원자핵 붕괴」([1947] 1972).

181) 토모나가와 아라키, 「느린 메존」, *Phys. Rev.* 58(1940): 90~91쪽; 라세티, 「붕괴」, *Phys. Rev.* 60(1941): 198~204쪽; 콘베르시, 판치니, 그리고 피치오니, 「붕괴 과정」, *Phys. Rev.* 68(1945): 232쪽; 콘베르시, 판치니, 그리고 피치오니, 「음전하를 띤 메존의 붕괴」, *Phys. Rev.* 71(1947): 209~210쪽을 보라. 더 많은 참고문헌과 이러한 계수기를 기반으로 하는 실험의 더 자세한 점에 대해서는 브라운과 허드슨, 『입자 물리학의 탄생』(1983), 특히 하야카와 피치오니, 그리고 콘베르시에 의한 장들을 보라.

본의 이론 과학자들에 의해 그들의 음전하를 띤 메존의 수명에 가해진 구속 조건에 의하면 두 가지가 같은 입자가 된다는 것은 도저히 불가능했다. 실험 과학자들의 뮤온은 유카와 입자가 아니었던 것이다.

오치알리니와 파우웰, 그리고 퍼킨스가 그들의 첫 번째 메존 사진을 논문으로 발표한 지 단지 몇 개월이 지난 뒤에 파우웰의 연구소에서 일하던 스캐너인 마리에타 쿠르츠가 우주선들 사이에서 특별히 놀랄 만한 사건을 발견했다. 그 모양은 마치 한 메존이 다른 메존으로 붕괴하는 것처럼 보였다(〈그림 3.14〉를 보라). 사건들이 정확하게 어떤 순서로 일어났는지는 정확하지 않았다. 한 물리학자는 그것을 알아내는 것은 몇 초도 안 걸리는 문제라고 생각했는 데 반해, 다른 물리학자는 다음과 같은 방법으로 회상했다. "나는 그녀(쿠르츠)가 사람들로 하여금 실제로 메존이 다른 메존으로 붕괴했다고 믿고 그래서 그들이 그녀의 현미경을 들여다보고 확신하기까지 하루 또는 이틀 동안 그것을 현미경 아래 그대로 두었다고 생각한다. 그래서 당신이 언급한 30초는 처음에는 얼마간 미적거린 뒤에 비로소 일어난 시간이다!"[182] 이 발견과 다른 메존-메존 붕괴는 함께 중간 정도 질량을 지닌 입자에 대해 파우웰과 그의 동료들이 발표한 첫 번째 논문에서 대표적인 내용을 구성했다. 그들은 다른 질량을 갖는 다른 두 종류의 메존이 존재한다고 결론을 내렸다. 비록 그들이 붕괴가 어떻게 일어나는지에 대한 자세한 설명을 제공할까 망설였지만, 저자(著者)들은 이 새로운 메존 붕괴가 오랫동안 계속되어 온 원자핵을 침투하는 메존과 핵력의 원인이 되는 메존 사이의 모순을 "해결하는 데 기여"할 수도 있을 것이라고 생각했다.[183]

에멀션 물리학자들의 최선을 다한 노력에도 불구하고, 정량적인 것이 중요하게 된 시기가 되자 그들의 방법은 계속하여 심각한 제약에 직면했다. 특히 그들이 계속하여 낱알을 세는 방법을 사용하고 있는 동안 에

---

182) 포스터와 파울러, 『40년』(1988), 51쪽.
183) 라테스 외, 「대전된 메존」([1947] 1972), 216쪽.

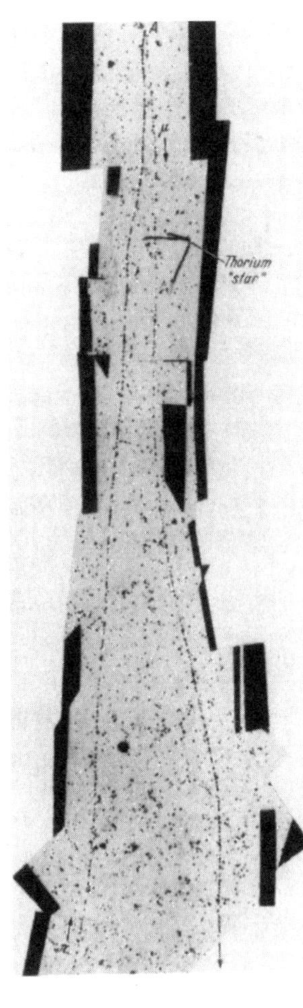

〈그림 3.14〉 한 메존이 다른 메존으로 붕괴함(1947). 파이온 붕괴의 첫 번째 관찰. 〈그림 3.13〉에서와 마찬가지로 한 흔적은 꼭지점에 접근하면서 밀도가 증가하는데, 다른 흔적의 경우에는 감소한다. 파우웰과 그의 그룹은 (π라고 표시된) 왼쪽 흔적이 위로 이동하고 있으며 (μ라고 표시된) 오른쪽 흔적이 아래로 이동하고 있다. 두 흔적 다 이온화 밀도가 같은 거리에 대해서 양성자보다 더 많이 바뀌고 있으므로 실험을 수행한 팀에서는 그 둘이 모두 가벼운 질량을 가지고 있다고 (그래서 좀더 쉽게 감속된다고) 결론을 내렸다. 출처: 라테스 외, 「대전된 메존」, 『네이처』 159(1947): 695쪽, © 맥밀란 잡지사의 허락을 받고 전재함.

멀션 물리학자들은 그들의 과정을 방어하고 독자들에게 그 방법의 정확도에 대해 주의를 주어야만 하리라고 느끼지 않을 수 없었다. 그들의 결과를 보장하는 방법의 하나로, 그들은 보정된 에너지가 알려진 필름에 주입되는 시험용 양성자의 질량이 낱알 세기에 의해 정확하게 재현된다는 점을 강조했다. 퇴색(退色)에 의해 없어지고 있는 낱알의 수를 알 수 없다는 위험은 원자핵 "별"에서 나오는 양성자에 의해 축적되는 낱알을 확인함으로써 조정할 수 있다(라고 파우웰과 그의 동료들이 주장했다). 주어진 건판에 존재하는 어떤 메존이라도 명목상으로는 기준을 맞춘 양성자의 경우와 동일한 비율로 희미해질 것이었다. 그러나 이런 모든 방법도 단지 평균으로만 평가할 수 있는데, 개별적인 사건들과 메존들은 분명하게도 많은 수가 관계될 때의 법칙을 따른다는 가정 아래서 계산할 수 없었다. 낟알 세기에 의하면 새 입자는 메존임을 보여주었으나(즉 양성자보다는 덜 이온화시켰으며 전자보다는 더 이온화시켰다), 그것이 메존 질량을 계산하는 데는 충분한 방법이 되지 못했다. 에멀션에서 끝나는 흔적을 갖고 있다고 발견된 65개의 메존 중 쿠르츠가 발견한 한 개와 다른 스캐너인 I. 로버츠가 발견한 두 번째 것 등 단지 두 개만 하나의 가벼운 2차 입자를 만들어냈다. 그럼에도 불구하고 파우웰과 그의 동료들이 말할 수 있는 한, 두 메존은 통계적 오차 이내에서 동일한 질량을 가졌다.[184]

그 결론은 1947년 10월 4일과 11일자로 라테스, 오치알리니, 그리고 파우웰에 의해 『네이처』에 발표된 논문에서 바뀌었다. 볼리비아의 안데스와 픽두미디에서 우주선(宇宙線)에 노출된 필름에 더 많은 사건들을 축적함으로써 그들은 2차 메존이 고정된 범위를 (그리고 그러므로 고정된 에너지를) 가지고 있음을 보일 수 있었는데, 그것은 1차 메존의 붕괴가 두 물체였음을 암시했다(〈그림 3.15〉를 보라). 낟알을 세는 기술을 이용해 그들은 파이온과 뮤온의 질량비가 (파우웰이 이 논문에서 그것들을 처음으로 파이온과 뮤온이라고 명명했다) $m_\pi / m_\mu = 2$ 라고 계산했으나, 저자들은 몇 가지 오차가 날 수 있는 원인도 지적해 놓았다. 즉 낟알을 세는 데 묻어 들어오는 통계적 오차가 있었다.

그러나 똑같이 걱정되는 일로는 "예를 들어 에멀션에 포함된 할로겐은 낟알이 완전히 균일하게 분포되어 있지 않다는 사실로부터 야기"되는 어려움이었다. "낟알이 밀집되어 있는 정도가 평균값과 비교하여 상당히 더 높거나 상당히 더 낮은 '섬'들이 존재하는데, 그 변화가 무질서한 변동과 연관된 정도보다 훨씬 더 컸다." 그럼에도 불구하고 저자들은

184) 라테스 외, 「대전된 메존」([1947] 1972).

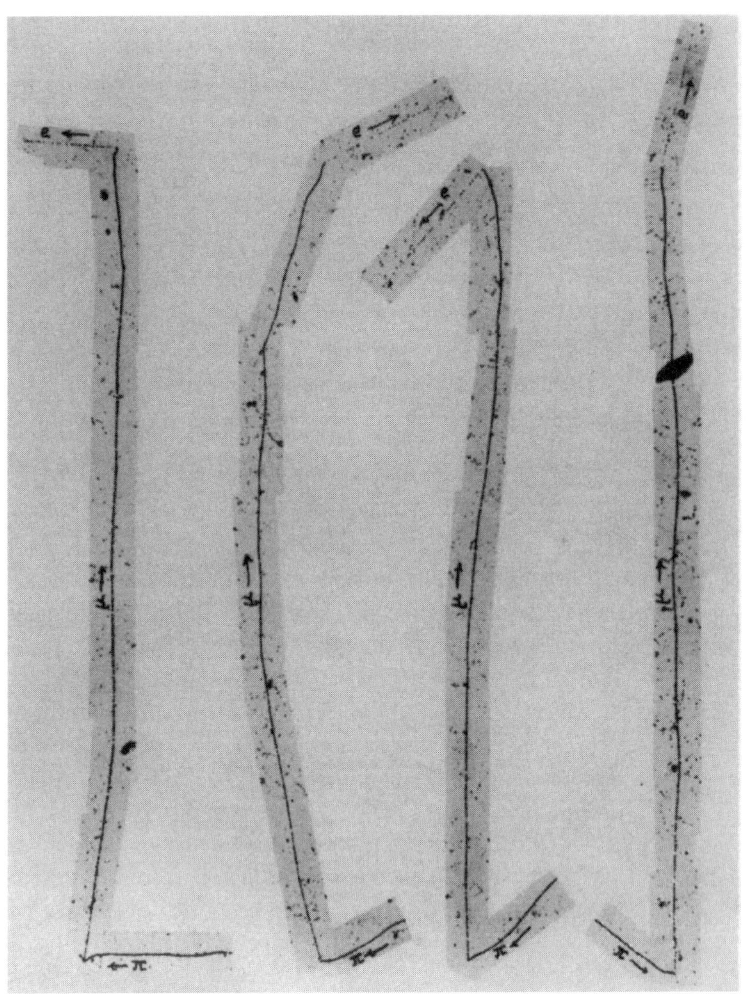

〈그림 3.15〉 파이온 붕괴에서 뮤온의 일정한 범위(1950). 따 붙인 네 개의 그림 하나하나가 메존을 (이 논문에서 "파이온"이라는 이름이 처음으로 명명되었다) 포함하고 있는데, 그 메존은 두 번째 더 가벼운 메존("뮤온")으로 붕괴한다. 만일 파이온이 정지 상태로부터 실질적으로 두 개의 개체(뮤온과 단 하나의 보이지 않는 동반자)로 붕괴한다면, 뮤온은 항상 동일한 에너지로 빠져나올 것임을 예상할 수 있다. 그리고 참으로 1950년부터 이 그림에서 지적한 대로 파우웰은 뮤온 흔적의 길이가 동일함(따라서 에너지도 동일함)을 증명했다. 각 뮤온은 그들의 범위의 한쪽 끝에서 전자(그리고 다른 보이지 않은 중성입자)로 붕괴한다. 출처: 파우웰, 「메존」, *Rep. Prog. Phys.* 13(1950): 350~424쪽 중 384쪽 맞은편 도판.

m_π / m_μ가 1.5보다 더 작을 가망은 보이지 않는다고 판단했다. 에너지 보존과 운동량 보존에 의해 정지한 파이온으로부터 빠져나오는 뮤온은 전기적으로 중성인 동반자와 함께 나와야만 할 것이다. 만일 그 동반자가 (예를 들어) 광자(光子)라면,

$$c^2 m_\pi = c^2 m_\mu + E_\mu + h\nu$$

가 된다. 간단한 산수를 이용하면 뮤온의 질량이 전자(電子) 질량의 100배에서 300배 사이라는 것을 알 수 있었으며, 그러므로 파이온과 뮤온의 질량비가 1.45보다 더 작게 된다. 그들의 측정에 의해 구한 질량비는 그 값보다 더 크므로($m_\pi / m_\mu = 2$), 저자들은 뮤온의 보이지 않은 동반자가 뉴트리노이거나 광자(光子)와 같은 아주 가벼운 입자라는 견해에 반대하는 입장을 견지했다. 대신 그들은 보이지 않은 동반자가 (대략 뮤온과 거의 같은 질량을 가진) 무거운 중성 입자로서 그들이 낱알 세는 관찰에 해당하는 약 2인 m_π / m_μ 비를 줄 것이라는 의견에 찬성했다.[185)]

그러나 이야기는 거기서 끝나지 않았다. 라테스, 오치알리니, 그리고 파우웰은 여러 경우 첫 번째 메존이 원자핵의 "폭발적인" 붕괴로부터 나왔다는 것을 보일 수 있었다. 원자핵을 자주 붕괴시킨 음전하를 띤 파이온과는 달리 뮤온은 그렇게 하지 않았다. 저자들은 극히 최근에야 베테와 로버트 마샥이 제안했던 것과 마찬가지로 만일 파이온이 뮤온보다 훨씬 더 강하게 핵물질과 상호작용한다고 가정하면 이 차이가 설명될 수 있을 것이라고 추측했다. 이러한 새로운 자료는 만일 다음 가정이 성립한다면 이전에 조사된 침투하는 방사선에 대한 수명 그리고 붕괴 양식과 결합될 수 있을 것이다. 강하게 상호작용하는 파이온들은 원자핵 충돌에서 만들어졌다. 그렇게 만들어진 파이온은 두-입자로 붕괴하는데, 하나는 더 가볍고 약하게 상호작용하는 뮤온이고 다른 하나는 관찰되지 않은 무겁고

185) 라테스, 오치알리니, 그리고 파우웰, 「관찰」([1947] 1972).

중성인 입자다. 파이온은 유가와 입자일 수도 있으며 뮤온은 전쟁 전에 유명했던 침투하는 메존일 수도 있다.[186)]

파우웰의 메존에서-메존으로 사진은 물리학계의 화두(話頭)가 되었다. 그 여름의 새로운 사진에 대해 전해들은 (실험 과학자인) 노만 페더는 1947년 9월 19일에 파우웰에게 편지를 보내 파이온이 동시에 (관찰되지 않은) e^+e^- 쌍을 만들어냈다는 가능성은 배제될 수 있으며, 그뿐 아니라 에너지 보존과 운동량 보존을 근거로 하여 뮤온과 함께 뮤온이 아닌 산물(産物)로 광자나 뉴트리노 또는 하나의 전자가 방출되는 것도 제외될 수 있다는 파우웰의 의견에 동의한다고 말했다. 그는 남아 있는 유일한 가능성은 대전된 파이온과 실질적으로 동일한 질량을 갖는 쌍둥이 입자로서, 중성 파이온의 반대 방향으로 뮤온이 나오는 것이라고 결론지었다.[187)]

파우웰은 그 결론에 약간 신중하게 다시 시인하는 다음과 같은 답장을 1947년 9월 24일에 보냈다. 그는 뮤온이 가벼운 동반자를 가지고 있다는 것과 반대하는 편에 돈을 내기하겠지만 너무 많이 걸지는 않겠다. 그의 말을 빌리면, 그는 "아직 그 질량비[파이온/뮤온]가 광자 또는 정지질량이 작은 입자가 운동량 평형을 제공하는 자발적인 붕괴로 설명되는 과정이 허용되기에 충분히 낮다는 점을 …… 제외시킬 준비가 되어 있지 않았다. 그렇지만 우리는 그렇게 될 가능성이 매우 희박하다고 생각하며, 지금까지 얻은 값들로 미루어보면 μ-메존의 질량과 같은 정도 크기의 질량을 갖는 중성 입자가 방출되는 것 같다. 마지막 결정은 오직 측정에서 좀더 유리한 조건을 제공하는 더 많은 예가 발견되어야 가능할 것이다."[188)] 당시에 분명했던 것은 모든 2차 입자(뮤온)들은 에멀션에서 정지하기까지 거의 동일한 거리를 진행하는 것처럼 보였다는 점이다.

---

186) 라테스, 오치알리니, 그리고 파우웰, 「관찰」([1947] 1972). 주: 저자들은 베테와 마샤의 「두 개의 메존」이라는 논문의 출판 전 버전을 인용하고 있다.

187) 페더가 파우웰에게, 1947년 9월 19일, CPP, FEAT 18/7.

188) 파우웰이 페더에게, 1947년 9월 24일, CPP, FEAT 18/7.

위에서 언급했던 것처럼 비슷한 범위는 비슷한 에너지를 의미하며, 만일 하나의 붕괴 산물이 (뮤온) 하나의 에너지로만 이루어져 있다면, (파이온의) 원래 붕괴는 두 물체로 나뉘어야만 되었다.

바로 같은 날 디 또한 파우웰에게 축하를 담은 편지를 보내고 그 중성 입자는 무거울 것이라는 파우웰의 견해를 지지하는 또 다른 이유를 다음과 같이 설명했다.

> 사진 건판 연구는 두말할 것 없이 중요 기술로 부상했으며 그것은 대부분 당신의 공이다. 나는 그 기술에 어떤 사람을 추천하려고 하는데, 그렇게 하는 것이 꼭 필요할 것이다. 지금까지 우리는 너무 바빴다. 오늘 우리 콜로퀴움에서 하웰이 발표한 내용이 설명되었는데, 나는 당신이 왜 $\pi \rightarrow \mu$ 전이가 (말하자면) 대략 μ의 질량과 같은 질량을 가진 중성 입자를 방출하지 않는다고 가정하지 않는지 질문했다. 즉 대략 설명하면 $\pi = 416m_0$라고 하면→각각 $200\,m_0$인 두 입자로 되는데, 한 입자는 대전되고 다른 입자는 중성이라고 하자. 그러면 각 입자는 약 $8mc^2$의 운동 에너지를 갖는다. 나는 당신이 이것을 고려했어야 한다고 생각하는데, 우리 파티 석상에서 들은 바에 따르면 당신은 아주 간단한 설명처럼 보이는 것(즉 두 입자의 8MeV 결합 에너지!!?)을 왜 가정하지 않는지 설명하지 않았다고 한다. 그래서 나는 당신에게 편지를 보내 나의 "젊은 친구들"에게 간단한 문제를 질문하기를 꺼려 하면 안 된다고 증명하게 될 것을 물어보자고 결심했다! 그런데 어쩌면 그들이 제대로 듣지 않았을지도 모른다.[189]

파우웰이 스캐너와 에멀션 제작자, 그리고 동료 실험 과학자와 접촉하는 방식들 각각은 모두 독특한 활력과 독특한 관심과 독특한 언어를 가지고 있었다. 그런데 파우웰이 이론 과학자들과 접촉하는 방법은 또 달

189) 디가 파우웰에게, 1947년 9월 24일, CPP, E7.

랐다. 교질(膠質) 화학자들은 에멀션 물리학자들이 가지고 있는 관심과 상당히 다른 관심을 갖고 있는 것과 꼭 마찬가지로 이론 과학자들은 메존에 대해 독특하게 생각하는 방식을 가지고 있었는데, 그것은 파우웰이 선호하는 실용적이고 비공식적인 논증 방식과 매우 달랐다. 파우웰의 제자 중 한 사람인 데이비드 릿슨은 파우웰이 심지어 양자 장이론이나 메존 동역학과 비교하면 훨씬 덜 복잡한 비상대론적인 양자 역학에서 나오는 자세한 공식들조차 적용하는 것을 거의 보지 못했다고 회상했다.[190] 파우웰이 주고받은 편지들을 보더라도 그렇다는 것을 알 수 있다. 예를 들어 이론 과학자인 크리스티안 묄러가 1947년 8월 11일자로 파우웰에게 보낸 편지에 (메존 흔적에 대한 흥분감을 토로하는 중) 그는 핵력에 대한 그의 이론이 지닌, 인력으로 작용하는 유사스칼라 메존 결합 그리고 특정한 $1/r^3$ 발산항을 상쇄하기 위해 삽입하는 항과 연관되는 것들을 포함하는 중요한 내용에 대해서는 한마디도 언급하지 않았다. 실제로 묄러는 그의 이론에 대해 이론을 제안하게 된 동기, 이론적으로 어떻게 유도되는지, 이 이론이 메존 이론에 접근하는 다른 이론과 어떻게 연관되는지 등 이 이론 내부에서 어떻게 작용하는지에 대해 아무것도 언급하지 않았다. 대신 이 편지는 수명이라든지, 질량, 그리고 운동량과 같은 한정된 언어에만 집착하고 있었다. 여러 가지 가정 아래서 묄러는 붕괴하는 파이온으로부터 나올 수 있는 입자들의 조합들에 대한 분류를 예시하고, 무엇보다도 파이온/뮤온 질량비(m_π / m_μ)에 대해 강조했는데, 그는 그것을 1.3이라고 보았다.[191]

파우웰은 친절한 답장을 보냈는데, 그 답장에서 다른 실험 과학자라면 듣고 싶어 했을지 모르는 기술상 문제나 연구소에서 직면하게 되는 불확실한 것들의 종류에 대한 자세한 설명은 모두 생략했다. 대신 파우웰은 간단히 $m_\pi / m_\mu = 1.3$을 배제하지 않겠다고 말함으로써 묄러의 이론

190) 데이비드 릿슨, 저자와의 인터뷰, 1990년 3월 1일.

191) 묄러가 파우웰에게, 1947년 8월 11과 1947년 9월 3일, NBA.

이 성립할 여지를 남겨놓았고, 새로 발견된 흔적이 기본이 되는 실험 자료를 보강하게 될 것이라고 말했다.[192)]

7. 지식의 전파

지식의 전파라는 문제는 여러 단계에서 단계마다 좀 복잡하다. 심지어 피터 디가 운영하는 것과 같은 지극히 환경이 좋은 연구소에서조차 파우웰이 얻었던 화제가 되고 있는 유명한 결과를 재생할 수가 없었다. 그것을 극복할 수 있는 유일한 방법은 디의 경우 연구소에서 사자(使者)를 보내 원조(元祖)로부터 배우게 하는 것과 같이 사람을 교환하는 것뿐이라고 생각되었다.[193)] 디가 그의 젊은 동료 중 한 사람을 보내 파우웰에게 배울 수 있도록 협의하는 과정에서 그는 그녀(젊은 동료)의 임무를 다음과 같이 규정했다. "물론 나는 그녀가 당신네 사람들이 어떻게 준비하고, 어떻게 노출시키고, 어떻게 현상하며, 그리고 건판을 어떻게 검사하는지 보았으면 한다. 그러나 만일 당신들이 그녀가 일부 시간 동안 일상적인 일을 관찰하고 거들 수 있도록 해준다면, 그러한 일의 대부분을 그녀가 직접 할 수 있는 자신의 기회를 스스로 만들 수 있을 것이 틀림없다. 나는 당신이 내 생각의 요지가 무엇인지 알았으면 한다. 나는 그녀가 한 달만 당신의 전문 종사자들과 어울려 지내면 그녀가 당신들의 기술에 대해 아무리 오랜 기간 책을 읽거나 소문으로 들어서 아는 것보다 더 많이 배우리라고 확신한다."[194)]

버클리의 184인치 가속기에서 유진 가드너의 그룹도 똑같은 좌절을

192) 파우웰이 휠러에게, 1947년 9월 8일, NBA.

193) 이 점에 대해 에멀션이 정당한 방법인가라는 문제는 17세기와 18세기의 유럽에서 공기 펌프 문제와 유사하다. 섀핀과 쉐퍼, 『거대한 해수(海獸)』(1985)를 보라.

194) 디가 파우웰에게, 1948년 7월 29일, CPP, E7. 과학과 복제에 대한 기술적 문제의 교환이 지닌 사회적 특성에 대해서는 콜린스, 『바뀌는 순서』(1985), 특히 제2장~제4장을 보라.

맛보고 있었다. 사이클로트론이 존재하는 이유 중 하나인 메존 문제에 대해 브리스틀에 참패를 당하고서, 로렌스 방사선 연구소 팀은 1947년 말과 1948년 초에 걸쳐 건판에서 빠르게 나타나고 있는 결과들에 의해 심하게 흔들리고 있음을 알았다. 가드너는 1948년 1월 5일자로 코닥으로 보내는 편지를 작성했는데, 이 편지에서 그는 그들의 제품과 그리고 필름 회사가 필름의 결과를 물리학계에 제공하는 데 대한 비밀주의 모두에 대해 느낀 불쾌감을 조금도 감추지 않았다. 그렇지만 그 논쟁점은 골치 아픈 문제인 것이 분명했고 그래서 그는 "재생성(再生性)을 발표된 논문에서 논의하는 것은 가능하지 않을지도 모르지만, 적어도 우리 사이에서는 상황이 어떠한지에 대해 의견을 모아야 할 것"이라는 말로 편지를 시작했다. 그리고 가드너는 다음과 같이 계속했다.

> 이제 나는 이스트만[코닥]이 이처럼 재생성(再生性)이 양호하지 못하다는 문제에 대해 사과해야 한다고는 생각하지 않는다. 여러 종류의 건판들 중 대부분은 극히 최근에 개발되었으며, 만일 그들이 일정한 민감도를 갖는 제품을 만들 수가 없다면, 이스트만은 그들이 그러한 제품을 만들 수 없다고 발표한다고 해서 그들의 체면이 손상된다고 생각하지 않는다. 여기서 중요한 점은 실제로는 그렇지 않은데도 불구하고, 건판이 처음 나온 것부터 마지막에 나온 것까지 모두 균일하다고 사람들이 믿게 된다면, 연구자들은 우리 기술을 전반적으로 신뢰하지 못하게 된다는 {될 것이라는} 사실이다. 지금 상황으로 이스트만은 균일성이 부족하다는 점에 대해 함구하고 있지만, 일선의 연구자들은 그 점에 대해 논의하고 있다.[195]

한 예로 가드너는 R. A. 펙 주니어가 쓴 최근 논문을 인용했는데, 그는 미

---

195) 가드너가 줄리언 웨브에게, 1948년 1월 5일, EGP. 여기서 괄호 안에 들어 있는 내용은 삭제된 부분이다.

국 물리학회 발행 논문집인 『피지컬 리뷰』에 "이스트만 NTB 건판[무겁거나 중간 정도 무게의 입자들을 위한 일포드의 다목적 C2 건판에 해당하는 코닥제 건판]의 재생성(再生性)이 어느 정도 확보될 수 있을 때까지 새 묶음의 건판을 받을 때마다 기준을 맞추는 과정을 되풀이할 필요가 있다고 생각한다"라고 썼다.[196] 기준 맞추기는 쉬운 일이 전혀 아니었다. 그것은 다른 일들도 많지만 에너지를 알고 있는 양성자 흐름에 건판을 노출시키고, 그다음에 필름의 범위를 결정하는 일을 포함했다. 가드너는 덧붙여서 다음과 같이 말했다. "펙에 의한 이 논문은 나로 하여금 건판 하나하나마다 변하는 것이 도대체 무엇이고 또 얼마나 변하는 것인가에 대해 하나도 알지 못한다는 상당히 불쾌한 느낌을 갖게 한다. 연구자들은 자신들이 사용하는 건판의 기준을 맞추어야 한다고 말하기는 어렵지 않으며, 그것이 어떤 경우에는 가능하기도 하다. 그렇지만 나는 대부분의 연구소가 {범위-에너지 기준을 맞추기 위한} 기준을 맞추는 데 필요한 설비를 갖추고 있지 않다고 생각한다."[197]

버클리 에멀션 그룹의 고민은 펙의 재생성이 그들의 주요 관심사가 전혀 아니었기 때문에(그들의 관심사는 낱알 밀도가 균일하지 않다는 것이었다) 과장되어 있음은 의심의 여지가 없다. 물리학자들이 아직 찾아내지 못한 것 중에서 얼마나 많은 다른 종류의 변화가 존재했던 것일까? "만일 어떤 사람[누가 알까마는 추측건대 코닥의 어떤 사람]이 건판 묶음마다 무엇이 바뀌고 무엇이 바뀌지 않는지 구체적으로 이야기해 줌으로써 상황을 해명해주면, 우리는 건판이 대부분의 사람들이 생각하는 것보다 훨씬 더 좋다는 점을 알게 되고, 그렇게 바뀌는 것에 별로 관계하지 않는 종류의 실험을 찾아낼 수도 있을 것이었다." 어쩌면 회사의 자존심을 건드려 보려는 시도에서 그다음 가드너는 다음과 같은 말을 덧붙여 옥죄었다. "나는 이것을 학교 바깥에서는 이야기하지 않겠지만, 재생성

---

196) 펙, 「기준 맞추기」, *Phys. Rev.* 72(1947): 1121쪽.

197) 가드너가 웨브에게, 1948년 1월 5일, EGP. 여기서 괄호 안에 들어 있는 내용은 삭제된 부분이다.

(再生性)의 관점에서 볼 때 우리가 사용했던 일포드 건판들은 지극히 우수했다. 실제로 한 묶음과 다른 묶음 사이에 어떤 차이도 결코 찾아내지 못했다. …… 일포드 건판은 실제로 오히려 더 균일하다는 사실에도 불구하고, 영국의 연구자들은 오차가 생길 수 있는 가능한 원인이 무엇일지 주의를 환기할 정도로 신중하다."[198] 가장 분명한 예는 위에서 인용한 라테스, 오치알리니, 그리고 파우웰의 『네이처』 논문인데, 그 논문에서 그들은 일포드 필름에서 할로겐 은이 균일하지 않은 "섬들"과 관계된 오차를 제외했다라고 가드너는 주장했다.[199] 가드너는 계속하여 "이런 종류의 솔직한 진술은 이러한 사진 물질 분야에서 일하는 다른 연구자들의 신뢰를 증진시키는 경향이 있다"라고 주장하고,[200] 그런데 코닥은 그가 코닥의 NTA 필름을 이용하여 알파 흔적과 중양성자 흔적에 대한 그의 새로운 연구실에서 똑같이 하려고 하는데 어떠한 정보도 제공하지 않는다고 주장했다.

라테스가 교역의 비밀을 몸에 지니고 버클리에 도착했을 때 그가 행한 첫 번째 행동 중 하나는 필름을 현상하는 데 대한 가드너 그룹의 과정들을 검토하는 것이었다. 그 결과 무엇인가가 옳지 않다는 점이 분명했는데, 단지 무엇이 잘못되었는지를 알아낼 수가 없었다. 1947년 5월에 로트블랫은 (그는 영국에서 에멀션 그룹을 이끌고 있었는데) 그때 버클리에 머물고 있던 피커밴스에게 편지를 보냈는데, 그 편지를 복사하여 사람들에게 나누어주었다. 로트블랫도 필름 때문에 다음과 같이 가드너만큼이나 실망하고 있었다. "유감스럽게도 가드너가 우리에게 보내준 건판을 가지고 연구하기는 매우 어렵다. 한 가지는 수조(水槽)에서 건판에 방사선을 쬐었기 때문에 방사선 흐름의 실제 방향이 무엇인지 잘 정의되어 있지 못하다. 사실 우리는 에멀션에 입사된 대부분의 입자들은 위에서 오지 않고 유리에서 왔다는 것을 발견했다. 그래서 우리가 흔적의

198) 가드너가 웨브에게, 1948년 1월 5일, EGP.
199) 라테스, 오치알리니, 그리고 파우웰, 「관찰」([1947] 1972), 237쪽.
200) 가드너가 웨브에게, 1948년 1월 5일, EGP.

전체 길이를 따라가는 것이 가능하지 못하다. 둘째, 아마도 D자형의 자극(磁極) 꼭대기나 바닥으로부터 나오는 많은 양의 여러 가지 다른 종류의 입자들이 배경으로 존재한다. …… 이것은 처리 과정에 의한 것일 수도 있지만, 그 결과로 한 묶음에서 단지 몇 개의 건판만 검사하기에 적합하다." 그리고 나중에 다음과 같이 덧붙였다. "나는 우리가 제안한 처리 과정이 좋지 못했다는 이야기를 듣고 놀랐다. 그들이 사용하고 있는 현상액이 무엇인가 잘못되었음이 틀림없다. 그들이 사용했던 현상액이 무엇인지 알아보고 또한 처리 과정에서 다른 자세한 점들도 알아볼 수 있겠는가? 우리 건판들은 하나도 빠짐없이 모두 내가 가드너에게 보낸 지침을 따라 처리되며 그렇게 구한 결과에는 이상한 점이 없다."[201)]

그다음 여러 달 동안에 걸쳐서 제대로 된 처리 지침에 관한 문서들이 영국과 버클리 사이를 오갔다. 그런 도중에 일이 빗나갔다. 1946년 9월 23일에 월러는 물에 1:2로 희석한 현상액 D-19를 20분 동안 사용하자고 제안했다. 1947년 6월 27일에 어떤 사람이 "핵물리 연구를 위한 사진 에멀션"이라는 핸드북에서 지침을 복사했는데, 그 지침에 의하면 D-19는 1:2로 희석하여 10~20분 동안 사용해야 한다고 되어 있었다. 1947년 4월 9일에 연구소 노트에 의하면 (희석 정도는 지시되지 않았고) D-19를 4분 동안 사용하라고 지정되었다. 1948년 3월 지침은 1:3으로 희석하여 35분간이라고 되어 있다. 안내서는 다음과 같이 권고하고 있었다. "낙타털 브러시를 이용하고, 건판을 물속에 담가놓은 동안 '솔질'을 하며, 그것을 1분마다 반복하라. 점심을 먹거나 화합물을 섞거나 또는 청소를 하기 위해 안전광(安全光)을 더 밝게 올리고 싶으면, 페로를 씌운 주석판으로 건판함을 덮어놓으면 좋다. …… 건판을 스캔하는 데 열심인 사람들은 흔히 건판을 노출시키자마자 언제면 건판을 스캔할 수 있느냐고 묻는데, 빨리 대답해 줄 수 있도록 늘 준비하고 있는 것이 좋

---

201) 로트블랫이 피커밴스에게 보낸 편지 중에서 발췌한 것, n. d. [1947년 5월 24일?], 타이프 된 두 쪽, EGP.

다. …… 만일 에멀션에서 혹시 있을지도 모를 메존을 찾는 것이 아니라면 D-19를 희석하지 말고 4분 정도만 현상하는 것이 좋다."[202]

왔다 갔다 하는 동안에 어디선가 지침이 바뀌었다. 파우웰이 1948년 3월 초에 한 이론 과학자에게 다음과 같이 말한 것처럼 일이 잘못된 것이 분명했다. "의심할 여지 없이 라테스가 그곳에 갔을 때 그들[가드너와 그의 동료들]은 건판을 40분 대신 4분 동안 현상하고 있었다. 보통 처리 과정[다시 말하면 브리스틀 처리 과정]을 채택했을 때 그들은 많은 메존을 발견했고, 어찌 되었든 그들 중 몇 개는 에멀션에서 그들 범위의 마지막에 붕괴를 나타냈다."[203] 그것은 보통의 언어로 의견 교환을 하기가 거의 어려운 말 없이도 알 수 있는 그런 일이 아니라 구체적인 처리 과정에서 일어나는 사소한 한 부분이었다. 그렇다, 이것은 전자 기구와 가속기에 대한 지식으로 가득 찼지만 이런 종류의 기술에는 제대로 준비되지 못한 물리학 연구소에 서투르게 전달된 사진술 비법 중 일부였다.

새로운 지침을 가지고 일하기 시작하게 되자 모든 것이 바뀌었다. 가드너와 라테스는 1948년 3월 12일에 "우리는 사진 건판에서 메존에 의한 것으로 믿기는 흔적을 관찰했다"라고 공표했다. 그들은 그 전해에 라테스와 오치알리니, 그리고 파우웰이 관찰했던 것과 똑같은 산란 양식(樣式)과 에너지의 함수로 구한 낱알 밀도를 보여주었다. 정성적으로 그 흔적들은 "훈련된 관찰자"가 보자마자 메존 흔적을 알아볼 수 있을 만큼 충분히 구별되었다. 정량적으로는 버클리 그룹이 우주선(宇宙線)으로 연구하는 경쟁자들보다 훨씬 좋은 이점(利點)을 가지고 있었다. 즉 가속기를 이용하여 자기장으로 메존을 보내고 거기서 메존의 회전 곡률을 계산하면, 메존의 질량을 확실히 정해진 한계 내에서 $m_\pi = (313 \pm 16) m_e$라고 결정할 수 있었다. 이제 그들은 파이온을 우주선(宇宙線)에

---

202) 「메존을 위한 성공적인 현상 과정. 일포드 C-2 건판, 1948년 3월」, EGP.
203) 파우웰이 휠러에게, 1948년 3월 5일, NBA.

의해 가능한 것보다 대략 1억 배는 더 큰 비율로 만들어낼 수 있었으며, 그들은 "이 분야의 발전율에 대단한 가속도가 붙을 수 있을 것으로 전망했다."[204] 도리어 수줍어하며 가드너는 코닥으로 라테스 씨가 "1년 동안 우리와 일하기 위해 여기로 왔는데, 나에게 전자(電子)의 흔적이 검출될 수 있다고 해주었다. 그래서 나도 내 반대를 거두어들여야 할 것으로 보인다"라는 편지를 보냈다.[205]

버클리의 발견이 브리스틀 그룹에게는 축복인 동시에 저주이기도 했다. 한편으로 가드너의 그룹은 이제 중간 질량을 갖는 강하게 상호작용하는 입자의 존재를 확실히 확인했다. 다른 한편으로 버클리 물리학자들에 의해 결정된 파이온과 뮤온 사이의 질량비($m_\pi / m_\mu = 1.33 \pm 0.02$)는 2에 가까운 브리스틀 값과는 조화될 수 없었다. 이런 차이는 사소한 것이 아니었다. 예를 들어 그것은 파이온 붕괴에 대한 전반적인 해석을 다시 철저히 조사해야 됨을 의미했다. 브리스틀 값에 의하면 관찰되지 않은 중성 동반자의 질량이 뮤온과 비슷하다고 시사하는 것처럼 보이는데, 버클리의 결과는 그런 가능성을 단호하게 배제하고 파이온이 붕괴할 때 뮤온은 질량이 없거나 아주 가벼운 동반자를 수반할 것이라는 데 힘을 실어주었다. 브리스틀에서 사용된 질량 결정 방법이 잘못되었다고 보이게 할 위기에 직면하자 파우웰의 그룹은 그에 대한 응답으로 논문을 발표하고 거기서 그들은 "버클리에서 행한 최근 실험은 옳은 값으로 [$m_\pi / m_\mu =$]1.33±0.02를 제안했는데, 그 결과로부터 낱알 세기에 근거한 방법의 신뢰성이 심각하게 의심받고 있다"라고 인정했다.[206]

지난 일을 검토하면서 브라운, 카메리니, 파울러, 뮈어헤드, 파우웰, 그리고 리스턴은 그들이 한 것을 취소하면서 잘못을 일으키게 된 원인으

---

204) 가드너와 라테스, 「메존 생산」, *Science* 107(1948): 270~271쪽.

205) 가드너가 웨브에게, 1948년 3월 1일, EGP.

206) 브라운 외, 「우주 방사선」, 『네이처』 163(1949): 47~51쪽과 82~87쪽 중에서 82쪽으로 이 부분은 파우웰, 주요 논문 모음(1972), 265~275쪽 중에서 270쪽에 다시 나와 있다.

로 잠재된 상(像)의 퇴색과 깊이에 따른 현상 과정의 변화 등 두 가지를 지적했다.[207] 이러한 오차에 의해 야기된 불확실성은 파우웰과 그의 팀이 뮤온으로 붕괴하는 파이온 흔적 중 동시에 함께 존재하는 흔적들에 의존하지 않을 수 없도록 만들었는데, 그렇게 하면 그 흔적들은 현상과 잠재적 상(像)의 퇴색에서 모두 영향받게 될 것이다. 그렇지만 그러한 제한은 단지 상대적으로 짧은 (길이가 400마이크론보다 짧은) 파이온 흔적들만 조사하는 것이 가능해지고, 그런 경우 낱알-세기 방법이 큰 통계적 오차를 갖게 되었다.[208] 그다음에 브리스틀 저자들은 그들의 이전 연구 결과에서 얻은 결론을 이용해 에멀션 흔적에 별을 만든 입자가 π^-였다는 주장을 폈다.

이렇게 입자의 정체를 확인하자 m_π가 측정될 수 있는 길이가 긴 새로운 파이온 흔적을 가질 수 있었다. 그다음 저자들은 모든 가벼운 메존 흔적들이 π^+이거나 아니면 π^- 중 하나라고 가정했고, 그래서 다시 한 메존이 외견상 다른 메존으로 붕괴한다고 생각한 흔적쌍들에 대한 원래의 제한보다 훨씬 더 긴 파이온 흔적들이 나오게 되었다. 좀더 광범위한 기본 자료와 긴 흔적들을 가지고 새로운 비 m_π/m_μ를 계산해 보았더니 그 값이 1.33 ± 0.05였는데, 그것은 버클리 가속기 팀의 숫자와 멋지게 일

---

207) 낱알 방법이 직면한 어려움에 대해서는 브라운 외, 「우주 방사선」([1949] 1972)을 보라. 에멀션이 고르지 않게 현상되는 문제는 에멀션 방법의 또 다른 매우 심각한 불안전성이었다. 처음 딜워스, 오치알리니, 그리로 페인은 (「두꺼운 에멀션」, 『네이처』 162[1948]: 102~103쪽) 필름을 찬 현생액에 담가야 한다고 제안했다. 그러고 나서 현상액이 에멀션에 고르게 그리고 철저하게 스며든 다음 에멀션의 온도를 높이면 현상 과정이 에멀션 전체에 고르게 진행될 것이었다. 두 번째 기술에서 블라우와 드펠리체는 (「두 번 담그기 방법」, *Phys. Rev.* 74[1948]: 1198쪽) 현상이 두 번 담가서 진행되어야 한다고 제안했다. 첫 번째는 현상 약품은 포함하고 있지만 알칼리는 포함하지 않는다. 딜워스-오치알리니-페인 방법에서와 마찬가지로 에멀션을 고르게 적실 수가 있다. 그다음 필름을 알칼리 용액에 담금으로써 실제 현상이 고르게 시작되었다. 로트블랫, 「사진 에멀션 기술」, *Prog. Nucl. Phys.* 1(1950): 37~72쪽 중에서 48~49쪽을 보라.

208) 브라운 외, 「우주 방사선」([1949] 1972).

치했다. 이렇게 일치를 보게 되기까지 치른 대가는 적지 않았다. 브리스틀은 파이온이 무거운 중성 입자와 뮤온으로 붕괴한다는 원래 브리스틀 해석을 포기한 뒤에야 비로소 버클리와 맞출 수 있었다. 게다가 그렇게 되기까지 일련의 사건들은 그 분야에 종사하는 많은 사람들이 낱알-세기 방법의 안정성에 대해 의문을 품게 했다. 그 방법에 대한 염려는 브리스틀 팀의 결과 전체에 대한 신빙성을 소급하여 약화시켰다.

즉시 파우웰 그룹은 그 방법을 단지 그들의 이전 연구를 보존하기 위해서뿐 아니라 다른 이유에서도 재건하지 않으면 안 되었다. 그들은 W. J. 반데 머브 부인이 발견한, 그들이 하나의 무거운 메존이 세 개의 파이온으로 붕괴한다고 해석한, 복잡한 사건인(〈그림 3.16〉) 그들의 최근 발견을 증명하기 위해서도 그들의 절차를 확실하게 만들어 놓아야 되었다. 1949년 1월 15일에 논문으로 발표된, 타우(τ)라고 명명한 새로운 대상에 대해 사람들의 관심이 집중되고 있었다.

모든 사람들이 다 흥분한 것은 아니었다. 실험 과학자들은 그 방법에 대해 아직도 남아 있는 의심 때문에 이의를 제기했다. 그리고 세계에서 가장 영향력이 큰 이론 그룹의 리더인 J. 로버트 오펜하이머는 그러한 존재를 소립자 군(群)의 하나로 인정하는 데 그리 낙관적이지 않았다. 그 뒤로 11개월 동안이나 타우 붕괴에 관한 추가의 사례가 나오지 않자 오펜하이머는 1949년 11월에 파우웰에게 편지를 보내 다음과 같이 말했다. "우리는 τ 메존이 우물쭈물하다가 사라진 것에 대해 매우 기뻐하고 있다. 물리학의 이 영역에서 신기한 것은 가엾은 구조가 지금까지 제공한 것처럼 보이는 것보다 더 놀랍고 덜 예상하는 신기한 것이어야만 한다."[209] 오펜하이머가 이의를 제기한 유일한 사람은 아니었다. 1951년에 코크로부터 파우웰의 연구소를 방문한 C. 오첼라이는 에멀션으로부터 두 가지의 더 무겁고 불안정한 입자를 분석하여 논문을 발표했다. 그는 스캐너 스트라들링 양이 발견한 하나의 정체가 k_1이라고 명명한 카

209) 오펜하이머가 파우웰에게, 1949년 11월 18일, ROP.

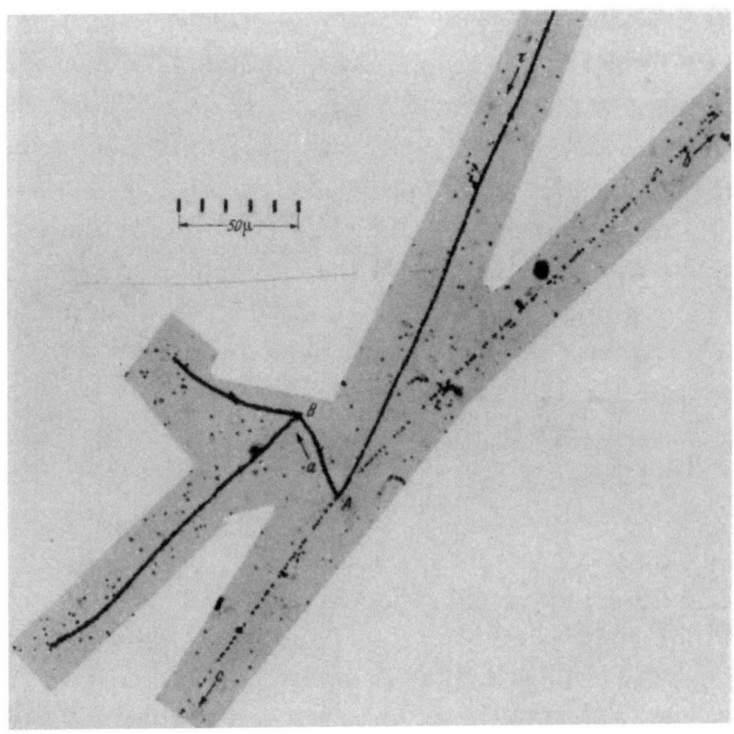

〈그림 3.16〉 첫 번째 타우 사진(1949). 최소의 이온화 입자들까지 기록할 수 있었던 코닥의 새로운 NT4 에멀션을 이용해 브라운, 카메리니, 파울러, 뮈어헤드, 파우웰, 그리고 릿슨은 이 복잡한 붕괴를 포착했다. 저자들의 해석에 따르면, 입자 a는 점 B에서 일어나는 붕괴의 특성으로부터 파이온이라고 확인되었다. 낱알 세기와 산란의 방법으로부터 입자 b는 질량이 $285 \pm 30\,m_e$인 메존(그러므로 아마도 파이온)이라고 분류되었다. 마지막 붕괴 산물(c) 또한 파이온으로 확인되었다. 위로부터 들어오는 τ라고 표시된 입자는 명백하게 중심부를 향해 접근하고 있다. 만일 그 입자가 A에서 세 개의 파이온(a와 b 그리고 c)으로 붕괴한다고 가정하면(이 가정은 조금도 자명하지 않다), 이 입자의 질량은 $1{,}000\,m_e$보다 약간 작은 값이라고 추산할 수 있었다. 매우 여러 번 해석하고 다시 해석하기를 반복한 다음에 타우라는 사건의 이 후보는 종합적으로 K메존이 세 개의 파이온으로 붕괴하는 방식이라는 판단의 기초를 형성한 일련의 사건들 중 첫 번째가 되었다. K메존은 또한 두 개의 파이온으로도 붕괴할 수 있다는 주장과 결합되어 유명한 타우-세타 퍼즐이 나오게 되었는데, 그로부터 약 상호작용에서 반전성이 위배되는 것을 발견하기에 이르렀다. 출처: 브라운 외, 「우주 방사선」, 『네이처』 163(1949): 47~51쪽, 82~87쪽, © 1949 맥밀란 잡지사의 허락을 받고 전재함.

파 입자라고 밝히고 그 질량을 $1320 \pm 170m_e$로 추정했으며, 이사벨 파우웰이 관찰한 두 번째 것을 k_2라고 표시하고 비슷한 질량의 입자라고 했다. 이 둘이 같은 입자였던가? 오첼라이는 만일 두 입자가 동일하다면 그 질량이 어떤 값일지를 계산해보고 완전한 분석을 위해서는 더 많은 예가 필요하다고 주장하면서 대답하기를 망설였다. 그렇지만 만일 이 두 카파가 동일한 입자라면, 그가 주목한 것처럼 간단한 에너지 보존 법칙에 의해 두 경우(k_1과 k_2) 모두 적어도 관찰되지 않은 두 개의 중성 입자를 수반하는 뮤온과 연관되어야 했다. 다음 단계로 그는 k_1과 k_2는 타우와 동일한 입자일 것인가라는 질문을 던졌다.[210)]

여기서 우리는 다시 한번 더 실험 과학자와 이론 과학자 사이에 때로는 생산적이었던 분명한 긴장을 본다. 1951년에 베테는 비슷한 질량을 가진 새로운 메존들이 모두 다 똑같을 것이라는 주장을 공개적으로 펼쳤다. 그는 그렇게 하는 것이 가장 "경제적인 가정"이라고 주장했다.[211)] 오첼라이는 다음과 같이 이의를 제기했다. "우리는 실험적 증거가 …… 비록 결정적이지는 않다고 하더라도 그러한 견해에 반대된다고 믿는다."[212)] 1953년 7월이 되어 베그네레 드비고 회의에서도 파우웰이 정리(整理) 발표에서 보고한 것처럼 그 논의가 여전히 토론 대상으로 남아 있었다. 타우가 세 개의 파이온으로 붕괴할 수 있다는 증거가 존재했다. 카파가 여러 에너지의 뮤온으로 붕괴할 수 있고 따라서 그것이 적어도 두 개의 관찰되지 않은 중성 입자를 동반하리라고 시사하는 증거도 존재했다. 또한 파이온은 항상 동일한 에너지를 가지고 있으므로 카이(χ)가 파이온과 하나의 관찰되지 않은 중성 입자로 될 수 있는 증거도 존재했다. 이 입자는 모두 서로 다른 붕괴 방식을 갖는 동일한 입자일 것인가($\tau = k = \chi$)? 타우는 카파와 동일하지만 카이는 다른 입자일까? 질량들은

---

210) 오첼라이, 「붕괴의 방식」, *Phil. Mag.* 42(1951): 1032~39쪽.

211) 베테, 코펜하겐 회의, 1951, 오첼라이, 「붕괴의 방식」, *Phil. Mag.* 42(1951): 1032~39쪽에서 인용.

212) 오첼라이, 「붕괴의 방식」, *Phil. Mag.* 42(1951): 1032~39쪽 중 1038쪽.

비슷한 것처럼 보였으나 그 결과조차도 확실하지는 않았다. 확실한 붕괴 과정의 수는 몇 개 되지 않았으며, 설상가상으로 필연적으로 들어오는 오차가 크게 나타났다. 이 연구소들은 모두 동일한 조사 기술을 사용하고 있었는가? 그들은 에멀션의 기준을 모두 동일한 방법으로 맞추었는가? 흔적의 길이는 충분히 길어서 질량을 통계적으로 의미 있게 산출하는 데 적당했는가?[213] 파우웰은 여기서 필요한 것은 입자의 질량들에 대한 "좀더 큰 통계적 비율"을 관찰하고 그들이 어떤 입자로 붕괴하는지를 관찰하는 것이라고 단언했다.[214]

입자의 존재에 관한 추론은 서로 다른 방법으로 통계를 이용했다. 가장 간단한, 사건의 수가 증가한다는 맹목적인 사실이 하나였다. 이것을 외부 통계라고 부르자. 베그네레 드비고 회의 때까지 M. 메논과 오첼라이가 보고한 것처럼 브리스틀에서만 대략 60K 입자들이 (메논의 정의에 의하면 질량이 약 1,000 m_e인 불안정한 입자들이 대전 입자와 다른 중성 입자들로 붕괴했다), 그리고 다른 연구소에서 추가로 20개가 더 존재했다. 이 자료들이 정리되면 질량과 붕괴 산물에 대한 결론에 도달할 수 있었다.[215] 두 번째 종류의 통계적 논의는 사건들 사이가 아니라 한 사건 안에서 이용되었다(이것을 내부 통계라고 부르자). 예를 들어 오첼라이는 건판에 현상된 낱알 사이의 거리를 측정했을 수도 있다. 그다음 그는 주어진 길이로 된 간격의 수(주어진 거리만큼 떨어진 연속된 낱알의 수를 이루는 쌍들의 수)를 떨어진 거리에 따라 그래프로 그렸다고 하

---

213) "질량을 결정하기 위한 산란 범위 방법은 산란 상수와 에너지-범위 관계식에 대한 우리의 지식이 확실하지 않기 때문에 구조적인 오차를 포함할 가능성을 가지고 있다. 만일 서로 다른 연구소의 연구자들이 측정에서 표준 방법을 이용한다면 그런 상황이 개선될 수 있을 것이다"(오첼라이와 파우웰, 「요약」[1953], 224쪽 다음에 행한 논의). 흔적의 길이가 필요로 하는 것에 대해서 오첼라이, 「결정」(1953), 128쪽 다음의 오첼라이의 논의와 그 아래 낱알 사이의 거리에 대한 논의를 보라.

214) 파우웰, 「사진술 이후의 논의」(1953).

215) 메논과 오첼라이, 「관찰」(1953).

자. (에멀션에 할로겐 은이 고르게 분포되어 있다면) 이론적으로 기대되는 것처럼 이 그래프는 붕괴 상수를 갖는 지수 함수 형태를 이루게 되는데, 이 상수가 입자의 질량과 관련된다. 이 방법의 기준을 맞추기 위해 실험 과학자들은 뮤온과 같이 질량을 알고 있는 입자의 낱알 간격 분포를 조사해볼 수 있다. 그런 다음에 그 실험 과학자는 (최소 제곱법이라는) 통계적 방법을 이용하여 알지 못하는 입자에 대해 그린 낱알 간격 그래프를 통과하는 가장 잘 들어맞는 곡선을 찾아내 이를 뮤온에 기준을 맞춘 상수와 비교할 수 있다.[216] 이와 같은 방법을 이용하면 입자들의 질량을 어느 때보다 훨씬 더 정확하게 알 수 있다.

그럼에도 불구하고 사건들이 서로 일치하지 않았으며, 입자들이 계속 나타났다 사라지기를 반복했고, 때로는 서로 동일하게 보이기도 했고, 다른 때는 전혀 서로 독립적인 것으로 나뉘기도 했다. 이렇게 순간적으로만 존재하는 세계에서는 베그네레 드비고 회의에 발표된 논문을 정리하는 편집자들이 다음과 같은 좌우명을 세운 것이 놀랍지가 않다. "이 회의에서 설명된 입자들이 완전히 가공적인 존재는 아니며, 그 입자들이 자연에 실제로 존재한다는 모든 유추가 순전히 우연의 일치로 나타난 것도 아니다."[217]

1953년, 베그네레 드비고에 모인 많은 상(像) 물리학자들에게 통계적 논증에 의존한다는 점이 심히 편안하지 못했다. 상(像) 전통의 모든 것이 그것에 반대하며 울부짖는 것처럼 보였다. 사람들은 "완전히 확신할 수 있는" 아주 간단하고 설득력을 갖춘 사건은 왜 나오지 않는가라고 묻고 있는 것처럼 보였다. 위대한 실험 과학자인 P. M. S. 블래킷은 그 회의에서 행한 마지막 논평의 일부분을 조직적인 오차와 무질서한 오차 모두에 대해 충분하게 조심스러운 주의를 다하지 못했다는 탓을 하면서 그런 느낌을 포착했다. "나는 러더퍼드 경에 대해 전해져 내려오는 많은

---

216) 오첼라이, 「결정」(1953).

217) *Congrès International sur le Rayyonnement Cosmique*(1953).

이야기 중 한 가지가 생각났다. 어느 날 한 연구 학생이 그에게 약간의 실험 결과를 가지고 와서 오차를 다루는 통계 이론의 관점에서 그 결과의 정확도에 대해 상당히 길고 어느 정도 복잡한 논의를 시작했다. 러더퍼드는 점점 더 참을 수 없어서 폭발해서는 다음과 같이 말했다고 한다. '제기랄, 오차 이론은 집어치우고 제발 실험실로 돌아가서 실험이나 다시 시작하기 바란다!'"[218] 그 회의에서 프랑스 정리(整理) 발표자와 영국 정리(整理) 발표자 모두 그들이 연구하는 소립자뿐만 아니라 그 입자들이 요구하는 증명의 형태적 특징인 다루기 힘든 불안정성을 두드러지게 강조했다. L. 레프린스-링게는 그의 마지막 논평에서 파우웰과 마찬가지로 "우리는 전문화된 연구소 사이에서 상호간의 표준화를 기하기 위해 자료를 서로 교환할 수 있는 가능성을 추구할 필요가 있다(*contrôle reciproque*). 나는 파우웰과 코펜하겐에서 나눈 대화를 기억하는데, 그 대화에서 파우웰은 관찰과 오차의 측정 그리고 실험적 변수의 수집 등의 방법에 대한 일관성을 세우기 위해 자료와 물리학자들의 교환을 매우 강력히 원했다. 이상해 보이는 입자는 단지 한 연구소가 아니라 여러 연구소에서 측정되는 것이 바람직하다. 우리 모두가 이것을 원하며, 나는 점점 더 그렇게 되리라는 것을 믿게 되었다."[219]

8. 눈에 보이는 통계: 달리츠 도표

연구소들 사이에 표준을 만들어야 한다는 파우웰의 주장은 무엇보다도 새로운 입자들이 혼돈스럽게 나왔다 사라졌다 하는 것을 잠재우고 광란하는 존재를 조용하게 만드는 것을 목표로 했다. 그렇지만 파우웰은 그가 황금 사건을 소중하게 여길수록 황금 사건들 사이에서 모순이 발생하면 통계를 사용하는 것을 제외하고는 다른 방도가 없는 것처럼 보

218) 블래킷, 「마지막 논평」(1953), 291쪽.
219) 레프린스-링게, "Discours de clôture"(1953), 288쪽.

였다. 특히 입자의 질량을 통계적으로 알아내는 것이 세상의 가장 기본이 되는 요소를 세우는 데 결정적으로 중요했다. 파우웰이 타우와 카파가 동일하다고 말했을 때 당연히 "또는 $m_\tau \equiv m_k$라는 것은 많은 연구소들의 결과를 평균한 질량들 사이에 성립한다"고 추가한 것이나 마찬가지이다. 이와 유사하게 베그네레 드비고의 정리(整理) 발표에서 브루노 로시는 거북해하면서 카파와 타우가 동일하다고 발표하고 나서 얼마 뒤에 질의 응답 중 그들 사이를 분리하는 것이 옳다는 논증도 있다고 평가했다. 그리고 다시 몇 차례 의견을 교환한 뒤에 로시는 결국 두 입자가 동일하다는 것을 받아들이게 하는 두 입자에 대한 서로 다른 원자핵 흡수 등의 설명이 존재할지도 모른다고 생각하는 쪽으로 돌아오기도 했다. 이런 종류의 논쟁이 1950년대 전반부에 걸쳐서 우주선(宇宙線)을 주요 주제로 다루는 많은 회의에서 일어났다. 이 논쟁에 이론 과학자들도 발을 들여놓았다.

1950년대 초기에는 핵물리 이론 과학자들과 에멀션 물리학자들이 대부분 서로 다른 언어를 말하고 있었다. 이론 과학자들은 QED에서의 재규격화 그리고 메존이 매개하는 핵력에 대한 만족할 만한 이론을 구축할 가능성 등과 같은 주제에 열중하고 있었다. 그 차이는 이론 과학자들이 파우웰에게 보낸 편지에서도 볼 수가 있는데, 거의 항상 저자의 중요 관심은 벗겨버리고 붕괴 양식에 대한 좁은 영역의 질문으로 한정했다. 잠시 동안 나는 이론 과학자와 실험가 사이를 조정할 수 있는 강력한 이론적 중재에 대해 논의의 초점을 맞추고자 한다. 여기서 이론 과학자들은 대화 속에 흔적들 사이의 낱알에도 존재하지 않으며 간단하게 질량들과 생산비에 대한 평균에도 존재하지 않는 타우에 관한 통계적 추론의 한 형태를 도입한다. 좀더 구체적으로 나는 메존들을 그 성질(스핀과 반전성[反轉性])에 의해 나누는 이론 과학자들의 분류에 관심을 집중하고자 한다. 그러한 분류는 오랫동안 이론적 연구의 중심이 되어 왔지만 에멀션 실험 과학자들 사이의 분석적 작업에서는 실질적으로 전혀 다루어지지 않았다. 이론 과학자 리처드 달리츠에 의한 이 연구는 어느 입자가 어느 것인지에 대해 논의를 이끌어 가는데 이론 과학자들이 어떤 역할을 하는지 잘 설명해 준다. 동시에 이러한 "달리츠 도표"는 실험하기의 눈에 보이는 방법에 적용되는 복잡한 통계적 방법을 설명해 주는데, 이 방법은 우리가 앞으로 보게 되겠지만 거품 상자 시대로까지 넘어왔다. 마지막으로 달리츠 도표는 실험과 이론 사이의 교역 지대를 구성할 수 있는 일련의 기능들에 대한 세련된 예를 제공한다.

이론 과학자와 실험 과학자가 1953년 중반에는 견해가 완전히 일치하지는 않았음이 분명하다. 에콜 폴리테크니크의 이론 과학자 루이 미셸이 베그네레 드비고에서 발표하려고 섰을 때 그는 다음과 같이 말했다. "여러분 중 대부분은 이론 과학자들에 대해 상당히 미심쩍어하고, 그들의 권고에 따라 자연이 직접 말하는 대답을 더 선호한다. 여러분이 옳다." 그러나 하부 문화적인 자체 방어에서 미셸은 계속하기를, 물리학자들 중 누구도 "가장 잘 증명된 이론적 법칙"을 도외시하고는 연구를 할 수 없다고 주장했다. 그는 계속해 누구도 운동량 보존이나 에너지 보존 또는 전하 보존을 어길 수는 없다고 말했다. 적어도 그때 그 장소에서는 그것들이 실험 과학자들에게 공고한 구속 조건이라고 생각되었다.

나는 파우웰이나 그의 팀 중 누구도 그런 조건들을 어기려고 시도조차 해본 사례를 알지 못한다. 미셸의 요점은 어떤 입자들이 동일한 입자일 수가 있는지를 기본적으로 고쳐 만드는 이론 과학자의 구속 조건이라는 다른 구속 조건이 존재한다는 것이다. 우선 핵자 수라는 구속 조건이 있었다. 만일 양성자가 (양성자의 핵자수는 1인데) 중성자와 충돌한다면 (중성자의 핵자수도 1이다), 충돌 후 나오는 입자들 또한 핵자수를 모두 더하면 2가 되어야 한다. 동시에 고전 물리학에 의해 각운동량도 보존되어야 함을 알 수 있었다. 여전히 좀더 일반적으로 특수 상대론과 양자 역학은 모두 반전성(反轉性)이 보존되고 (양자화된) 각운동량이 보존될 것을 요구했다. 그 회의에서 반복되는 테마인 세타와 타우의 동일성에 대한 질문에 대해 말하면서 미셸은 만일 두 입자가 모두 $J^P=2^+$라면 두 입자는 "서로 대응되는 입자"들일 수 있다고 결론지었는데, 여기서 J는 마지막 상태의 총 각운동량이고 P는 총 반전성(反轉性)이다(반전성은 마치 거울의 상과 마찬가지로 모든 공간 변수들이 뒤바뀌면 0보다 크고, 만일 양자 역학의 파동 함수가 부호를 바꾸면 0보다 작다).[220] 달리츠는 스핀과 반전성 문제를 이와는 다른 방법으로 설명했다.

1948~49년에 달리츠는 브리스틀의 네빌 모트 밑에서 연구 조교로 일하는 젊은 이론 과학자였다. 비록 그가 실험 과학자는 아니었지만, 그는 자주 에멀션 사냥꾼 여러 명과 관계를 맺었으며 그 뒤로 여러 해 동안 그들과 연락을 끊지 않았다. 브리스틀의 "4층"(파우웰의 본부)과의 연결을 통해 1953년 1월 말쯤에 이르러 달리츠는 브리스틀의 필름 분석가들이 양(陽)으로 대전된 타우가 두 개의 양으로 대전된 것과 한 개의 음으로 대전된 것 등 세 개의 파이온으로 붕괴한다고 규정한다는 사실을 알았다.[221] 1953년 7월의 베그네레 드비고 회의를 준비하면서 달리츠는 타우 자료를 가지고 전에는 그렇게 해본 적이 없었던 형태로 늘어놓아 보았다. 그의 아이디어는 다음 붕괴

$$\tau^+ \rightarrow \pi^+ \pi^+ \pi^-$$

를 연구하여 타우의 스핀과 반전성(反轉性)에 구속 조건을 주는데 타우가 붕괴하여 생긴 산물의 에너지를 이용해 보자는 것이었다. 달리츠의 표현 방식을 이론 과학자들이 실험 과학자들의 구속 조건이 아니라 이론 과학자들의 구속 조건을 사용하면서 어떻게 자료를 다른 방법으로 분류하고, 그래서 입자의 존재를 높은 자리에 있는 그의 동료들과 어떻게 다르게 나누는지를 알아보는 예로써 어느 정도 자세히 따라가 보는 것도 가치가 있다.

달리츠의 표현법은 다음과 같은 방법으로 작동한다.[222] 정삼각형의

---

220) 미셸, 「절대적인 선택 규칙」(1953).

221) 파우웰, 「논의」, *Proc. Roy. Soc. London A* 221(1954): 277~420쪽.

222) 베그네레 드비고에 발표한 달리츠의 논문, 「붕괴 방식」(1953), 그리고 「기묘

안쪽에 원을 내접시킨다(〈그림 3.17a〉를 보라). $\pi^+\pi^+\pi^-$로 붕괴하는 각각의 개별적인 타우는 그것을 표현하기 위해 고유한 점 P를 갖는다. (각 사건마다 특별한 주석을 붙인 예전의 차트는 이제 사라지고 없다.) 기초적인 유클리드 기하에 의하면, 임의의 점 P에 대해 세 수선 PL, PM, 그리고 PN의 합은 삼각형 높이와 같아서 PL+PM+PN=CY이며, 그리고 CYV는 30-60-90인 삼각형이므로, 높이(CY)는 $\sqrt{3/2}$에 빗변의 길이 YV를 곱한 것과 같다. 점 P는 파이온의 운동 에너지를 대표하도록 수선을 고름으로써 고정된다. 두 개의 양으로 대전된 파이온들(π^+)은 서로 구별할 수 없으므로 일반성을 전혀 잃지 않고 PM=T_1(이것을 양으로 대전된 파이온 하나의 운동 에너지라고 정의한다)은 PN=T_2(이것을 다른 파이온의 운동 에너지라고 정의한다)보다 작다고 두는 것이 가능하다. 이렇게 간단하게 만든 가정에 의하면 모든 점들 P는 도표의 오른쪽에 오게 된다. 달리츠는 그다음 음으로 대전된 파이온(π^-)의 에너지를 표현하기 위하여 PN=T_3를 선정했다. 운동량 보존과 간단한 기하적 논증을 이용해 달리츠는 점 P가 항상 〈그림 3.17a〉에 나오는 원의 내부에 존재하는 것을 증명했는데, 그것은 세 파이온 중 어느 것도 다른 두 파이온의 에너지보다 더 큰 에너지를 가질 수 없음을 증명했다. 이와 같이 P는 항상 오른쪽 반원 내에 존재한다.

페르미의 (비상대론적 양자 역학에 의한) "황금률"은 우리에게 세 물체 붕괴에서 주어진 에너지(즉 점 P를 결정하는 위에서 말한 T_1, T_2, 그리고 T_3)를 갖는 붕괴가 일어날 확률은 타우 입자라는 처음 상태와 세 파이온이라는 나중 상태 사이의 전이(轉移)를 묘사하는 행렬 요소의 제곱

입자 이론」, *J. Phys*. 43(1982): 195~205쪽에 실린 일련의 우주선(宇宙線) 관련 회의에 대한 회고적인 설명을 보라. 또한 그의 논문 「τ-메존의 붕괴」, *Phys. Rev*. 94(1954): 1046~51쪽; 「τ-메존 자료의 분석」, *Phil. Mag*. 44(1953): 1068~80쪽을 보라. 또한 다음 논문에서 달리츠 도표에 대한 매우 유익한 논의, 퍼킨스, 「서론」(1987), 130~138쪽; 카한과 골드하버, 『실험의 기초』(1989), 52~59쪽을 보라.

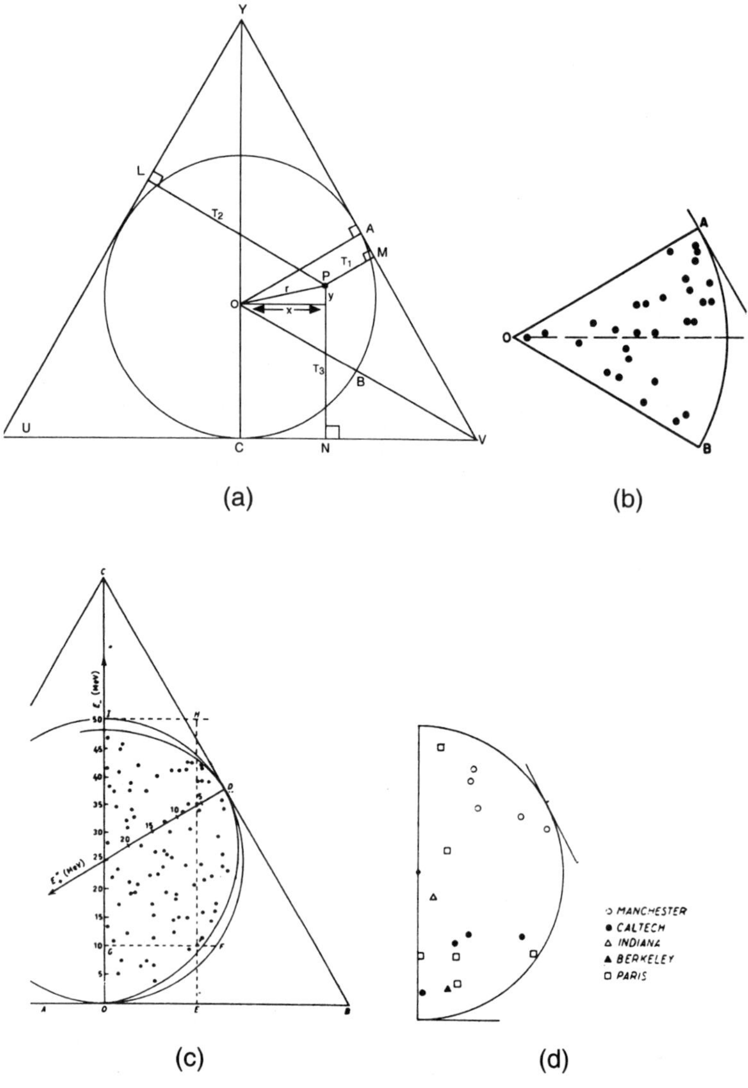

〈그림 3.17〉 달리츠 도표(1953). 리처드 달리츠는 에멀션과 구름 상자 모두에서 개별적인 사진들을 가져다가 다른 모양으로 구상화(具象化)한 지도에 도표로 그렸다. 그러므로 이 도표들은 "제2구상화(具象化)"를 구성하는데, 그 도표에서 점들이 어떻게 모여 있는지 (또는 어떻게 균일하게 분포되는지) 눈으로 검사해 보아서 상당히 중요한 이론적 결론을 추출해 낼 수 있다. 비록 자신이 이론 과학자이지만 달리츠는 파우웰의 브리스틀 연구소에서 눈에 보이는 기능들에 탐닉했다. 이 도표들을 통하여 이전의 (스핀-반전성 관계와 같은) 이론적 범주와 실험 과학자들 사이에 교역 지대를 수립했으며, 구름 상자와 에멀션 연구를 이론 과학자들도 접근할 수 있도록 했다. (*a*) 달리츠 도표의 기하(본문을 보

에 비례한다고 말해준다. 만일 이 행렬 요소가 세 파이온 사이의 특별한 에너지 분포에 의존하지 않는다면(생기는 붕괴 산물의 스핀이 0이고 상대 회전이 없다면 이 가정이 근사적으로 성립한다), 타우 붕괴는 허용된 오른쪽 달리츠 도표의 반원에 고르게 떨어지도록 P를 향한다.

만일 스핀이 0이 아니라면 무슨 일이 벌어질지 조사하기 위해 달리츠는 $\pi^+\pi^+$계의 각운동량을 L이라고 부르도록 했다(입자들이 구별할 수 없도록 동일하므로 그 값은 짝수여야 한다). 그는 $\pi^+\pi^+$쌍의 질량 중심에 대한 음전하로 대전된 파이온의 각운동량을 l이라고 정했다. 그러면 (총 각운동량인) J는 벡터 합 $L+l$과 같다. 타우의 반전성(反轉性)은 파이온의 고유 반전성과(파이온의 고유 반전성은 그 이전의 실험에 의해 -1이라고 결정되었다) 그리고 궤도 파동 함수의 반전성인 $(-1)^J$의 곱으로 주어진다. 붕괴에서는 세 개의 파이온이 나오므로 타우의 반전성(反轉性)은 L이 짝수라고 할 때,

$$P(\tau)=(-1)^3(-1)^J=(-1)(-1)^{L+l}=(-1)^{l+1} \qquad (3.1)$$

이라고 추론된다. (세타 붕괴에서처럼) 두 개의 파이온으로 붕괴하는 경우 반전성(反轉性)은 $(-1)^l$이므로 달리츠는 즉시 $J=0$이고 반전성(反轉性)이 홀인 경우(유사 스칼라인 경우)에는 타우가 세 개의 파이온으로 붕괴하는 것은 허용되지만 두 개의 파이온으로 붕괴되는 것은 금지될

라). 자기장을 가한 구름 상자와는 달리 에멀션에서는 메존의 전하를 항상 모호하지 않게 알려주지 못했고, 전하에 대한 정보가 없으면, 〈그림 3.17*a*〉의 부채꼴 중 어디에 점을 찍어야 하는지에 대한 애매함이 존재했다. 달리츠는 그것들을 모두 오른쪽 중앙 부채꼴에 넣었으며(〈그림 3.17*b*〉를 보라), 그리고 1954년 2월에 그는 그것들이 "아직 무질서한 분포나 마찬가지"라고 판단했다. 〈그림 3.17*c*〉는 아말디가 〈그림 3.17*d*〉는 달리츠가 모두 1957년에 준비했다. 그들은 각각 에멀션과 구름 상자 그림들로부터 타우-메존 붕괴에 대한 에멀션 자료를 보였다. 출처: 〈그림 3.17*a*〉는 뒤에, 그리고 〈그림 3.17*b*〉는 달리츠, 「τ-메존 붕괴」, *Phys. Rev.* 94(1954): 1046~51쪽 중에서 1051쪽으로부터; 〈그림 3.17*c*〉와 〈그림 3.17*d*〉는 아말디, 「τ-메존에 대한 보고」, 『누오보 치멘토』 4 Suppl. (1956): 179~215쪽 중에서 206쪽으로부터.

것이라고 결론지었다. $J=0$이고 반전성(反轉性)이 짝인 경우(스칼라인 경우)에는 그 반대가 성립하는데, 여기서는 타우가 세 개의 파이온으로 붕괴하는 과정에 대한 모형을 세우는 것이 요섬이므로 나중 상황은 관심 대상이 아니었다.

붕괴해서 나온 파이온들 사이에 상호작용 하도록 만드는, 타우에 더 높은 스핀값을 부여하면 어떻게 될까? 달리츠는 그렇게 하면 달리츠 도표에서 균일한 분포로부터 그것들이 스스로 벗어나게 되리라고 주장했는데, 그것은 간단하고 정량적이며 눈으로 보아 분명한 방법이었다. 1954년과 1955년에 걸쳐서 일목요연하게 만들어진 대로 〈그림 3.17*c*〉의 남쪽 극 주위에 사건들이 극적으로 제외되지는 않았다고 가정해 보자. 그것은 음으로 대전된 파이온들이 거의 0에 가까운 에너지를 가지고 있는 사건들이 존재함을 의미하는데, 양으로 대전된 파이온 쌍($l=0$)에 대해 음으로 대전된 파이온이 각운동량을 갖지 않는다고 말하는 것과 같은 진술이다. 그다음 이것은 또 $(-1)^{J+1} = (-1)^{L+1}$가 됨을 의미하며, L은 짝수이므로 타우는 0^-, 2^-, 4^-, …의 순서에 존재해야 함을 의미한다. 세타 붕괴에서는 반전성(反轉性)이 0보다 크므로 무엇이 가능할지 살펴보면, 타우가 세 파이온으로 붕괴하는 것은 타우가 두 파이온으로 붕괴하는 것과 양립될 수가 없다고 생각되었다. 그러므로 두 입자는 동일한 입자일 수가 없었다. 양립할 수 없다는 것은 다시 말하면, 반전성(反轉性)이 보존되지 않는다면 양립될 수도 있다는 의미다. 그러나 그것은 다른 이야기이고 더 긴 이야기이며, 어떻게 새로운 이론적 구속 조건이 이전에 수립된 존재를 서로 갈라놓기보다는 서로 결합시키는가에 대한 것과 역(逆)으로 작동하는 이야기다.[223)]

달리츠가 유사 스칼라나 벡터 그리고 유사 벡터에 대해 한 이야기는 어쨌든 이론 과학자들에게 친숙한 언어이지만, 당시에 자신들의 분야에

223) 프랭클린, 「발견과 비발견」, *Stud. Hist. Phil. Sci.* 10(1979): 201~257쪽을 보라.

서 가장 완숙한 사람들 중 일부가 모인 실험 과학자들에게는 보통 필요한 장비에 속하는 무기가 아니었다. 예를 들어 브루노 로시가 구체적으로 세타와 타우, 카파, 그리고 카이가 확인될 것인가라는 질문을 제기하면서 베그네레 드비고 회의 결과를 논평했다. 그의 상세하고도 신중한 분석 중 이론 과학자들의 마음속에는 그렇게도 소중한 대칭성에 대한 구속 조건에 대해서는 결코 언급하지 않았다. 로시의 구속 조건 세계에는 (1953년 7월에) 루이 미셸이 암시한 것처럼 질량이나 붕괴비, 에너지, 그리고 붕괴 양식의 중복성 이외에는 들어 있지 않았다. 같은 이야기를 블래킷과 파우웰의 정리(整理) 논평에서도 말할 수 있었다.

실험 과학자들에게 타우의 질량 970m_e과 세타 제로의 질량 971m_e가 일치하는 것은 그 두 입자가 동일하다는 것을 보여주는 자명한 증거가 되었다. 달리츠와 같은 이론 과학자에게는 하나의 반전성(反轉性)이 짝이고 다른 하나의 반전성(反轉性)이 홀이라면, 두 입자는 서로 다른 입자다. 1956년이 되자 실험 과학자들은 달리츠의 도표를 그들의 두구 상자에 속한 표준 항목으로 채택하고 있었다. E. 아말디는 그것을 기초로 하여 (〈그림 3.17 c, d〉를 보라) "τ와 θ 메존은 서로 다른 입자임이 틀림없다"고 결론지었다.[224] 구속 조건이 다르면 세계를 다르게 이해하게 된다는 것을 의미했다.

서로 다른 연구소들 사이의 의견 교환을 강조하는 레프린스-링게의 상호관리(*contrôle reciproque*)에 가능한 한 많은 수의 타우를 대표하는 표시가 달리츠 도표에 포함되어야 한다는 필요성이 첨가되었다. 1954년 4월에 열린 파두아 회의에서 자료를 조정하기 위해 "타우 위원회"가 조직되었다. 1956년의 피사 회의까지 아말디는 베른, 브룩헤이븐, 버클리, 봄베이, 브리스틀, 베테스다, 파리, 괴팅겐, 밀라노, 파도바, 로체스터, 르호보스, 로마, 토리노, 그리고 메디슨 등이 기여한 전 세계의 모

224) 아말디, 「τ-메존에 대한 보고」, 『누오보 치멘토』 4 Suppl. (1956): 179~215쪽 중에서 207쪽.

든 타우들을 망라한 자세한 차트를 제공할 수 있었다. 그러나 아말디는 여전히 "여러 연구소들의 결과가 서로 일치하는 정도가 만족스럽지 못하다"고 불만을 토로했다. 어쩌면 "기준 맞추기의 실제적인 세세한 면"에 여전히 차이가 존재하거나 또는 (에멀션의 정지 능력의 기준으로 정지한 파이온이 뮤온으로 붕괴하는 것을 이용하는 등) 처리 과정 자체가 그렇게 합당하지 않을지도 몰랐다.[225)]

이론 과학자와 실험 과학자가 세계를 어떻게 서로 다르게 구분할 수 있는지 보여주는 것 이외에도 (그리고 궁극적으로는 그 차이를 해결하게 되겠지만) 달리츠의 차트는 증명하기의 성질과 과학적 저작권에 관하여 두 가지 중요한 논점을 제기했다. 파우웰은 물론 다른 에멀션 물리학자들 중 많은 사람들이 단 하나의 빈틈없이 정의된 사건에 근거한 논증의 명료성이 사물의 이치를 증명하는 데 굉장히 큰 힘을 발휘한다고 생각한 것에는 의심의 여지가 없다. 그렇지만 이러한 선입견에 의한 선호(選好) 사상이 개별적인 사건들이 서로 모순을 일으킬 때 통계의 다양한 용도를 모호하게 만들어서는 안 된다.

통계에 대한 생각이 변화됨에 따라서 (그리고 동시에 많은 연구소에서 나온 성과들이 한데 모이는 변화가 일어남에 따라서) 과학적 저작권에 대한 생각에도 변화가 일어났다. 오첼라이, 파우웰 또는 퍼킨스 등에 의해 해석된 황금 사건의 경우에는 과학적 공로가 누구의 것이냐는 문제가 명백하게 확인될 수 있었지만, 달리츠 도표의 경우에는 그렇지가 못했다. 정의에 의해 차트에 의한 증명은 반원에서 점들이 균일하게 분포되어 있는 것과 관련되어 있는데, 그 점들은 여덟 국가에 속한 15개의 연구소에서 일일이 이름을 들어 말하지 않은 물리학자와 스캐너들로부터 온 것이었다. 개별적인 사건들의 특징이 되는 흔적이 달리츠 도표에 찍은 점으로 붕괴된 것이나 꼭 마찬가지로 개개인의 과학적 저자의 서

---

225) 아말디, 「τ-메존에 대한 보고」, 『누오보 치멘토』 4 Suppl. (1956): 179~215쪽 중에서 196쪽.

명(署名)도 사라졌다. 타우의 스핀과 반전성(反轉性)을 증명하는 데는 어떤 한 점이 전혀 특별한 의미를 지니지 않았다. 타우를 세타와 (임시로라도) 분리한 것의 "저작권"은 물리학계 전체에 속해 있었다.

9. 불안정성과 과학의 군대

아말디가 지적한 대로 1956년에 이르자 에멀션 방법은 연구소 사이의 조절을 필요로 한다는 것과 여전히 그 방법은 완전하게 안정적이지 못하다는 것 모두가 분명했다. 재생성(再生性)이 여전히 문제를 일으키고 있었고, 해당 분야의 종사자들은 그것을 알고 있었다. CERN에서 개최된 한 국제회의에서 어떤 연구자는 실험 과학자와 에멀션 제작자 사이의 단절 때문에 야기되는 또 다른 어려움에 대해 불만을 털어놓았다. 이번에는 질책이 다음과 같이 일포드를 향하고 있었다.

> 며칠 전에 나는 일포드 사의 엘리히 씨와 이야기하면서 그에게 에멀션을 일포드에서 건조하고 포장했을 때의 상대 습도인 50퍼센트에 해당하는 수분 함유량을 항상 유지할 수 있도록 우리는 에멀션 상자들이 잘 봉함되어 있는지 굉장히 주의 깊게 확인하고 있다고 말했다. 그런데 엘리히 씨는 "그런가요, 그런데 우리 회사에서는 에멀션이 평형상태에 이를 때까지 놓아둘 만큼 충분한 시간이 없지요"라고 말했다. …… 그래서 에멀션의 수분 함유량은 배달분마다 다를 수가 있으며 또는 심지어 다른 포장 꾸러미마다 다를 수도 있고, 낱장마다 다를 수도 있다. 이것은 전에 상상도 하지 못했던 일이다.[226]

그다음 그는 원자핵 에멀션이 습도에 대한 초기 반응을 보이지 않는 것을 알아차렸는데, 그것은 퇴색이나 변화된 에멀션 밀도, 그리고 수분이

---

226) 헤르츠, 「측정」(1965), 84쪽.

이슬을 맺어 생기는 수축 등의 원인이 되었다. 심지어 필름의 특성 중 하나인 감광도마저도 "잘 정의된 양"이 아니었다. 반세기 전 라인가넘의 흔적들처럼 "우리의 흔적들도 …… 산란과 혼동될 수 있게 왜곡되기 쉬우며, 모든 에멀션 연구자들의 경우와 마찬가지로 …… 만일 반복된 실험에서 같은 결과를 얻고 균일한 감광도를 얻고자 한다면 우리는 처리 과정에서 매우 조심하지 않으면 안 된다." 에멀션 물리학자는 다음과 같이 상세히 설명했다.

> "재생 가능"이라는 단어는 어쩌면 너무 자명하기 때문에 별로 생각하지 않는, 그러나 우리 연구 모두에 대단히 중요한 점을 생각하지 않을 수 없게 한다. 실제로 어떻게 원자핵 에멀션 연구를 그 결과가 그대로 재생될 수 있는 방법으로 수행할 수 있을지 아는 사람은 거의 없다. 그렇게 번잡한 매체를 통해 좋은 결과를 얻을 수 있다는 것 자체가 정말 기적이며, 그 공로는 제작자들, 특히 월러 박사와 빈센트 씨, 그리고 현재는 엘리히 씨 등 일포드 그룹과 보고몰로프 박사에게 있음을 결코 잊지 않아야 할 것이다. 그들은 정밀한 측정이 가능하도록 거의 일정한 성질을 지닌 제품을 우리에게 공급하는 데 성공했다.
>
> 모든 연구에서 우리는 자연의 성질이 균일하다는 원리에 의존한다. 다시 말하면 만일 동일한 실험을 정확히 동일한 방법으로 여러 번 반복한다면 그 결과도 동일할 것이라고 우리는 믿는다. 그렇지만 만일 제작자의 배려가 없다면 나는 원자핵 에멀션에도 역시 균일성의 원리가 성립하리라고 믿지 못한다. 오늘날 이 매체를 연구하면서 자신의 연구 생활 중 상당 부분을 보낸 물리학자들이 많이 있다. 중요한 결과들이 그러한 연구로부터 나왔다는 것도 사실이다. 그러나 나는 때때로 원자핵 에멀션이 자연 현상 중 하나가 아니라는 사실을 자신에게 상기시키는 것이 유익하다고 생각한다. 그것은 그 존재를 정당화하기 위해 적용해야만 하는 매우 강력한 도구일 따름이다.[227]

그런데 제작자의 배려가 있었다고 해도 원자핵 에멀션에서 균일성의 원리를 확보할 수가 없었다. 버클리 그룹이 그것을 어려운 방법으로 깨달은 것처럼 심지어 처리 과정에 이르기까지 모든 부수적인 작은 기술적 문제들을 연구소의 일상적인 실행에 의해 연마되어야 했다. 물리학자들이 그들의 이전 임무 중 일부를 스캐너들에게 양도했던 것과 마찬가지로 그들은 동시에 다른 것들도, 제작과 심지어 도구 내부에서 어떻게 동작하는지에 대한 분석까지도 필름 회사에 맡기고 있었다. 그리고 실험 과학자들이 활동하는 분야의 변화가 여기서 멈추는 것이 아니었다.

베른 대학의 한 그룹 책임자인 F. G. 후터만스는 아내에게 브리스틀까지 가서 그 방법을 배워오게 하고 그다음 어떻게 하면 노출된 건판들을 구할 수 있느냐는 문제로 절충을 시작했다.[228] 파우웰은 다음과 같은 답장을 보냈다. "당신은 대여섯 군데의 연구소에서 채택하고 있는 절차를 따르면 될 것이다. 그들은 우리에게 대금(代金)을 보내고 우리는 그들에게 노출되었던 건판을 제공한다. 또한 우리가 그 건판들을 현상해주는 것이 상례이기도 하지만, 그것이 변할 수 없는 원칙은 아니다. 만일 당신이 비슷한 협약을 맺기 원한다면, 어떤 크기의 건판을 원하는지 알려주기 바란다. …… 내 생각에 합리적인 선은 당신이 우리에게 500파운드를 송금하고 우리는 고도(高度)가 8만 5,000피트 또는 그 이상에서 4시간 이상 상공에 체류하고 있었던 8″×6″로 자른 에멀션 40개들이를 제공할 수 있다."[229] 비록 후터만스가 이 제안을 바로 거절하기는 했지만(그는 이미 텍사스의 해군 연구소와 노출 비행에 대해 도급 계약을 체결했다), 그는 여러 연구소에 배급하기 위해 에멀션 더미를 어떻게 자르는지에 대한 유명한 능력을 파우웰의 동료 중 한 사람에게 문의했다.[230]

이와 비슷하게 1954년 페더에게 보낸 편지에서 파우웰은 브리스틀의

---

227) 헤르츠, 「측정」(1965), 82쪽.

228) 후터만스가 파우웰에게, 1954년 1월 21일, CPP, E18.

229) 파우웰이 후터만스에게, 1954년 7월 13일, CPP, E18.

230) 후터만스가 파우웰에게, 1955년 3월 22일, CPP, E19.

기구(氣球) 비행을 이용해 페더의 건판들을 노출시켜 주겠다고 다음과 같이 제의했다. "내 생각이지만, 만일 당신이 건판을 이용한 실험에 관심을 가지고 있다면, 벗겨낸 에멀션을 가지고 연구하는 것이 당신에게 유익할 수도 있을 것이다. 우리는 곧 카딩턴에서 기구(氣球)를 띄울 예정이며, 코펜하겐과 오슬로, 그리고 일본의 몇 대학들을 위해 에멀션 더미를 노출시켜 처리하기로 협약을 맺었다. 그들은 우리에게 각각 300파운드씩 지불하고, 우리는 그들 각각에게 고도 8만 5,000피트 이상에서 3시간 동안 노출시킨 벗긴 에멀션 40개들이를 제공하기 위해 최선을 다할 것이다."[231] 이른바 G-더미라고 부르는 것에 의해 많은 수의 연구소들이 중앙 집중식의 공동 연구를 수행하게 되었고, 입자 물리학에서 대규모 예산을 확보하지 못한 연구소들이 참여했으며, CERN에서 국제적 공동 연구의 발판을 마련했고, 전후(戰後)의 열악한 조건 아래 놓인 유럽에서 미국의 대규모 가속기들과 경쟁할 수 있는 입자 물리학 연구의 근원지를 만들어냈다. 버클리라는 골리앗과 대항하는 현미경과 필름만 가지고 있는 영국인 데이비드가 심지어 미국인들 사이에서까지 화제의 중심이 되었다. 1948년 말에 브리스틀 그룹을 방문했던 어떤 캘리포니아 사람은 오펜하이머에게 전달해줄 최근에 새로 노출되었던 건판들과 함께 버클리에 돌아와서 다음과 같이 보고했다. "나는 영국에 머물면서 대단히 즐겁게 일했고 또 많이 배웠다. 가장 중요한 것은 영국 사람들이 그렇게도 제한된 예산을 가지고 그렇게도 많은 기본이 되는 발견들을 어떻게 이루어낼 수 있었는가를 알게 된 것이다. 비법은 바로 문제를 공격하기 전에 미리 그 문제에 대해 신중하게 생각해 본다는 것인데 우리 미국에서는 그렇게 하지 않는 경향이 있다."[232]

유럽인들은 저렴한 에멀션 매체를 통해 우주선(宇宙線) 연구 장치를 확장함으로써 시간을 벌었다. 파우웰의 입장에서는 19세기 말 지자기

---

231) 파우웰이 페더에게, 1954년 5월 11일, CPP, E15.

232) 토머스 쿠어가 오펜하이머에게 줄 건판들과 함께 데이비드 봄에게, 1948년 12월 10일, ROP.

(地磁氣)를 측량하던 사람들의 경우와 매우 흡사한 방법으로 여러 우주선 관계 연구소들이 함께 뭉쳐야 했다. 그래서 파우웰이 또한 몬트세라트에 관찰 네트워크를 조직하는 데 자신의 경험을 충분히 살렸을 것은 당연한 일이었다. 파우웰은 1953년 7월 베그네레 드비고 회의에서 주제 강연을 할 때 맥스웰을 인용해 "과학의 분산된 힘들이 정규 군대로 전환하고 있다"라고 말하면서 시작했다.[233] 파우웰에게 그 군대는 여러 에멀션 연구소들로만 구성되어 있는 것이 아니라 에콜 폴리테크에서 인도에까지 퍼져 있으면서 서로 제휴를 맺고 있는 구름 상자 그룹도 포함되었다.[234] 그들은 힘을 합해 혼자만의 힘으로 공략해 보려고 시도하는 현명하지 못한 그룹들을 계속 괴롭혀 온, 불안정성에 대한 불안감에 대처하기 위해 함께 진군할 것이었다.

10. 기계의 추격

그런데 에멀션의 물리적 변덕스러움보다 훨씬 더 위협적인 또 다른 형태의 불안정성도 존재했는데, 그것은 우주선(宇宙線) 연구 분야 자체가 살아남을 것인가라는 문제였다. 레프린스-링게는 1953년 베그네레 드비고 회의에서 행한 그의 강연을 통해 연구소들 사이에 표준을 세움으로써 그가 소중하게 생각하고 있다고 고백한 주제를 제안했다. 『우주선

233) 파우웰, 「요약」(1953), 221쪽.

234) 이것은 분명히 그가 좋아하는 은유(隱喩)다. 그 말은 그의 글에 자주 출현한다. 예를 들어 그로부터 단지 수년 뒤 그의 국제 지구 물리학의 해(1957~58년) 기념 강연에서 다음과 같이 말했다. "우주에서 들어오는 방사선은 우리가 현재 대규모 기계들을 가지고 만들 수 있는 것보다 훨씬 더 큰 에너지를 갖는 입자들의 발생원이 된다. …… 지난 10년 동안 특히 맨체스터와 브리스틀에서 그러한 연구에 의해 우리가 메존과 초입자라고 부르는 여러 가지 서로 다른 불안정한 소립자들을 발견했다. 어떤 의미에서는 우주 방사선의 조사가 원자핵 반응의 연구와 관련된 대규모 과학적 군대의 전위 부대라고 할 수 있다"(국제 지구 물리학의 해 그리고 브리스틀 연구소의 보고서, CPP, B11. 저자와 제목이 명시되지 않음[그러나 파우웰이 분명함]).

학자』 중에서는 일부만 공감할지 모르지만, 어쩌면 모든 이전(以前) 학자들의 대부분은 공감할 것이다. 레프린스-링게는 우주선의 미래가 무엇인가라고 질문했다. 우리는 단지 몇 개의 새로운 결과를 위해 또 힘든 일을 계속해야 할 것인가, 아니면 기계에게 모두 물려주는 것이 더 좋을 것인가? 우주선 물리학자들이 연구를 계속할 수 있도록 해준 구름 상자, 계수기를 가지고 제어되는 구름 상자, 에멀션, 그리고 에멀션판 등 일련의 새로운 검출기들을 즐거운 마음으로 열거하면서 그는 우주선 물리학자들의 지난 업적들을 자랑했다. 그러나 그것으로는 충분하지 않을 수도 있다고 다음과 같이 덧붙였다. "우리는 빨리 가야 한다. 우리는 리듬을 늦추지 않고 달려야 한다. 우리는 추격당하고 있다. …… 우리는 기계들에 의해 추격당하고 있다!" 그는 브룩헤이븐이 이미 중성 *V* 메존을 만들어낼 찰나에 와 있으며 그러한 종류의 입자를 더 많이 만들어낼 것이다라고 보고했다. "우리가 시골에서 6개월 동안 휴가를 즐기고 오면 그사이에 브룩헤이븐에서는 우리가 지난 며칠 동안 연구하고 있던 초양성자나 초중성자 등 모든 종류의 초입자에 대한 문제의 진리를 전부 파헤친 다음일지도 모른다는 것을 우리는 알고 있다."

여기서 문제가 되는 것은 무엇이 먼저이냐는 것 이상이었다. 이렇게 물리학자들이 살아가는 방법이 문제 대상이 되고 있었으며, 가속기 물리학자들이 유리한 위치를 차지하고 있었다. 레프린스-링게는 다음과 같은 비유로 결론을 맺었다. "나는 우리가 어느 정도는 산을 오르는 등산가의 입장에 있다고 생각한다. 우리가 오르려는 산은 몹시 높다. 어쩌면 무한히 높을지도 모르는데, 우리는 어느 때보다도 어려운 조건 아래서 산을 기어오르고 있다. 그러나 우리 뒤에서는 아래로부터 홍수에 의해 생긴 조수(潮水)가 밀려 올라오고 있기 때문에 잠자기 위해 멈출 수가 없다. 이 홍수는 점점 더 불어나서 우리가 더 높이 올라가지 않을 수 없도록 강요한다. 이것은 명백히 아주 편안한 위치는 아니다. 그러나 이것이 위기감에 넘치지만 믿기 어려울 정도로 흥미롭지도 아니한가?"[235]

레프린스-링게의 열렬한 항의는 우주선 물리학자들은 더 흥미로운 사건에 대한 자료를 얻기 위하여 실제로 알프스의 더 높은 곳까지, 그리고 성층권에 이르기까지 높이 올라가야 했으므로 상징적인 의미뿐만 아니라 글자 그대로의 의미도 가지고 있었다. 다른 사람들도 그의 염려에 맞장구를 쳤다. P. 퀴어는 제2차 국제 에멀션 회의의 개회사를 다음과 같이 시작했다. "국가적으로 어려운 상황에 처한 프랑스 대표는 …… 풍부한 물질적 수단과 경쟁하면서 현명함이 아직도 큰 역할을 할 수 있는 가장 현대적인 과학의 영역에서 능동적으로 활동할 수 있음을 여실히 보여준다는 점에서 무엇보다도 특별히 중요하다."[236] 이것은 용감한 이야기였다. 그러나 심지어 두려움의 대상인 미국 가속기에서조차도 원자핵 에멀션 기술은 에멀션에 잠상(潛像)들처럼 퇴색하기 시작하고 있었다. 거대한 거품 상자가 매우 더 큰 유효 부피와 훨씬 더 미세한 시간 판별력을 가지고 비슷한 정지 능력을 제공했다.

알프스의 우주선(宇宙線) 막사에는 실험 과학자란 무엇인가를 상징하는 낭만적인 형상이 깃들어 있었다(〈그림 3.18〉을 보라). 레프린스-링게의 묘사 또는 진정한 개념에 스며들어 있는 것은 다시 한번 더 이제는 떠나가는 시대의 깃발이었다. 한때 유럽인들이 차지했던 곳을 미국인들이 물려받고 있었다. 물질적 수단이 현명함을 대신하고 있었으며, 공장과 같은 조건들이 고립된 탐험가를 밀어내고 있었다. 그러나 오두막집의 모습을 완성하기 위해서는 첨가해야 할 것들이 더 있었다. 에섹스 카운티의 일포드 연구소들, 현미경을 들여다보는 스캐너 팀들, 에멀션 실험 과학자들과 서신으로 왕래하는 멀리 떨어진 이론 과학자들, 그리고 서로 상대방의 결과를 다른 관점에서 대조하는 연합 연구소들의 모습을 담기 위해 카메라를 내어와야만 했다. 그러나 모든 의미에서 권한은 여전히 연구 책임자가 갖고 있었고, 파우웰과 같은 (또는 레프린스-링게 또는 블래킷과 같은) 물리학자는 기계가 침입한다는 위협을 아주 절박하

---

235) 레프린스-링게, "Discours de clôture"(1953), 290쪽.
236) 퀴어, 데머스에게 보내는 「서론」, 『사진』(1959), 9~18쪽 중에서 9쪽.

〈그림 3.18〉 스위스 융프라우 정상 관측소(1954). 높은 고도에 설치한 관측소의 전형적인 예가 스위스 융프라우의 정상에 위치해 있었다. 예를 들어 브라운 등이 필름을 노출하여 1949년의 타우 사건(〈그림 3.16〉)을 밝힌 곳이 바로 여기다. 이 알프스 막사와 동시대에 존재했던 로렌스 버클리 연구소의 공장 구조 사이의 비교는 유럽의 우주선(宇宙線) 물리학자들에게는 충격적이며 때로는 가슴이 아프기도 했다. 출처: S. 코르프, ed., 『세계의 높은 고도 연구 막사』(New York: Research Division, College of Engineering, New York University, 1954), 30쪽 맞은편 도판.

게 느끼고 있었다.

1965년에 이르러 우주선(宇宙線) 에멀션을 공급하던 용감한 사람들이 결국 경주에 지고 말았다. 알프스의 막사는 가속기 제어실에 항복했다. 전 세계로부터 CERN에 모인 그 주제의 전문가들은 그들의 최근 활동 상황을 보고했는데, 그러나 그 기술 영역이 이제 거품 상자의 더 새로운 상(像) 기술과 그리고 점점 더 관심이 집중되고 있는 경쟁력을 갖춘 전자(電子) 방법들에 에워싸여 제한받고 있음을 느낄 수 있었다. 버나드 그레고리가 이 회의의 폐회사를 시작하면서 그곳에 운집한 열성가들에게 그의 이야기는 정확히 말하면 요약이라기보다는 오히려 일련의 솔직한 소견들일 뿐이라고 경고했다. 첫째, 그는 대부분의 회의에 참석하지 못한 것을 사과하고, 단지 그에 관한 한 "우리가 진정으로 원하는 것은 그 기술을 가지고 물리를 하는 것이지 실제로 기술 자체를 논하자는 것이 아니기 때문에 기술상의 문제를 다루는 회의는 일종의 필요악이다"라고 덧붙일 뿐이었다. 그러나 그는 여전히 "실험 물리학자"들이 추구하는 결과의 안정성을 확보하기 위해 그러한 "기술적" 문제를 다루는 회의가 필요하다라고 인정했다. 그것은 명백히 실험 과학자로부터 기구를 다루는 사람을 구분하려는 행동이었다.[237]

그레고리는 다음으로 필름과 연관하여 최근 약간의 진척을 본 것을 인정했다. 에멀션에서 시그마 플러스를 발견한 것은 중요한 일이었지만, 그것을 제대로 측정하기 위하여 정확도를 증가시키는 일은 그 가치에 비하여 에멀션을 조사하는 데 더 많은 어려움을 초래할지도 몰랐다. 양성자와 양성자가 충돌하여 작은 각도로 산란한 것 역시 유용한 결과였으나, 심지어 그런 문제에서도 장래가 그리 밝지 못했다. "나는 계수기 상자나 불꽃 상자가 이제 매우 정확한 측정을 할 수 있는 단계에 접어들어서 에멀션의 정확도에 필적할 수 있게 되었다는 점을 고려해야 한다고 생각한다. 그뿐 아니라 그 기계들은 자료를 직접 컴퓨터로 수집하고 해답을 거의 즉시 도출할 수 있다는 굉장한 장점을 지니고 있다. 그러므로 에멀션을 이용하여 최근에 구한 이러한 좋은 결과에도 불구하고, 우리의 연구 선상에서는 매우 좋은 장래가 있다고 예상하기가 어렵다."[238]

---

237) 그레고리, 「폐회사」(1965), 107쪽.
238) 그레고리, 「폐회사」(1965), 108쪽.

그레고리의 저주스럽게도 가냘픈 찬사가 그곳에 모인 청중들에게 참기 어려운 일이었을 것이 틀림없었다. 그가 에멀션으로 추구하면 유용하리라고 칭찬한 초입자 조각에 대한 연구도 주로 그것이 기계 시간을 거의 사용하지 않았기 때문에 겨우 지원될 예정이었던 것이다.

그레고리는 회의에 참가한 사람들에게 시그마 플러스를 연구하는 그들의 노력에 행운이 깃들기를 바란다고 말하면서 동시에 다음과 같이 장례사(葬禮辭)에 준하는 의견을 표명했다. "우리는 지난 수년 동안 입자 물리학 분야에서 그렇게도 많은 매우 좋은 결과를 우리에게 준 이 아름다운 기술이 오늘날에는 대규모 가속기 주위에서 주역이면서 그 역할이 증대되는 종류의 기술 중 하나로 대접받지 못하게 되었음을 인정해야 한다."[239] 이 말을 끝으로 원자핵 에멀션에 관한 제5차 국제회의가 막을 내렸다. 그리고 에멀션 연구자들이 다시는 그러한 규모의 회의에 모이지 않았다. 입자 세계의 상(像)을 추구하는 물리학자들은 관심을 거품 상자와 좀더 새로운 전자(電子) 장비를 갖춘 경쟁 상대에게로 돌렸다.

11. 결론: 실험 과학자의 불안감

원자핵 에멀션의 전성기는 1935년과 1955년 사이의 기간이었다. 그 20년 동안 이 방법은 "입자 물리학"이라는 새로운 세부 분야를 수립하는 기초가 되는 데 공헌했다. 파우웰과 그의 동료들이 지적한 것처럼 1959년에 이르자 소립자 군(群)에는 20개의 입자가 존재하게 되었다.[240] 비록 전자를 "발견한 순간" 자체를 정의하는 데는 논란의 여지가 있으나, 사람들은 전자의 발견을 형광 스크린 기술에 돌리고 있으며, 중성자의 발견은 이온화 상자에 돌리고 있다. 나머지 18개의 입자 중 7개는 구름 상자(e^+, μ^+, μ^-, K^0, Λ^0, Ξ^- 그리고 Σ^-)로, 6개는 원자핵 에

239) 그레고리, 「폐회사」(1965), 110쪽.
240) 파우웰, 파울러, 그리고 퍼킨스, 『사진 방법』(1959), xiv쪽.

멀션(π^+, π^-, 반-Λ^0, Σ^+, K^+, 그리고 K^-)으로, 2개는 거품 상자(Ξ^0와 Σ^0) 등 모두 15개가 상(像) 기술을 통하여 발견되었다. 오직 세 개(반-n, 반-p, 그리고 π^0)만 순수하게 전자(電子) 기술을 이용해 발견되었다. 입자가 실제로 존재함을 밝히는 데 상(像)의 능력은 여전히 탁월했다. 그러나 입자 물리학 분야를 꽃피우게 했다는 기여가 아니더라도 에멀션의 상(像)은 새로 등장한 막대한 비용이 필요한 가속기를 이용할 엄두도 못 내던 유럽의 황폐된 국가들이 물리학 연구에 참여할 수 있는 기회를 제공했다. 얼마 안 되는 덧없는 기간 동안 이 방법은 퀴어와 레프린스-링게가 신속하게 강조한 것처럼 가속기 시대에 미국인들의 막대한 물질적 수단과 동떨어져서 소규모 물리학이 살아남을 수 있도록 해주었다. 물론 일단 가속기 물리학자들이 이 방법을 그들의 기계에 적용시킬 수 있게 된 다음에는 우주선(宇宙線) 물리학자들이 더 버틸 날들은 거의 남지 않게 되었다.

그러나 이 책의 처음부터 계속하여 내가 강조한 것처럼 사진술 방법은 또 다른 의미에서, 즉 그 결과가 일관되지 않았으며 곧 사라진다는 점에서 존재가 위태로웠다. 한 번 나타났던 입자가 빈번하게 다음번에는 사라지곤 했다. 서로 다르다고 생각된 두 입자가 나중에 같은 입자라고 밝혀지기도 했다. 한 입자를 자세히 검사해보니 두 가지 입자가 되기도 했다. 블라우와 왐바허의 에멀션에 나타난 상(像)들은 한꺼번에 사라지기도 했다. 카파와 타우 그리고 카이 입자들은 한꺼번에 나타났는데, 결국에는 케이온이라는 한 가지 입자로 합체(合體)되었다. 파이온 붕괴에 대한 해석은 극적으로 바뀌었다. 이러한 불확실성의 원인은 여러 곳에서 찾을 수 있었고, 그래서 그 일을 하는 사람들은 그들의 연구에 대한 지배가 다른 사람들에게 분산되자 사방에서 불안해하고 있었다.

첫째, 산업체 화학자들과의 계약에 의해 입자를 찾는 사람들의 입지가 불안했다. 에멀션이 시작한 이래 수십 년 동안 그래왔듯이 물리학자들은 그들이 이용하는 도구의 설계나 기능과는 어느 정도 거리를 두는데 익숙해져 있었다. 전기 기술자나 저온 물리 기술자, 구조 기술자 등이 물리학자들에게 속을 알 수 없는 밀폐된 장치를 제공하면 물리학자들은 용도에 맞도록 배치하는 것이 자연스럽게 느껴졌었다. 그러나 에멀션 물리학자들에게는 방금 시야를 지나간 과거가 (또는 과거의 상[像]이) 물리학에 황금빛을 비추었다. 도구 생산의 모든 면에서 사라졌다고 생각하는 때가 바로 물리학자들이 참가를 시작하는 때가 되었고, 그것이 아니라고 하더라도 적어도 관리할 수 있는 중대한 시기가 되었다. 제외되었다는 충격은 대단히 컸다. 그리고 에멀션 화학자들이 계약에 의해 물리학자들로부터 고립된 경우보다 그 경계가 갑작스럽게 눈에 띄기 시작한 경우는 없었다. 그러한 배제(排除)는 실험 결과에서 실제적이거나 또는 인지된 불일치를 가져오는 약점을 수반했다. 에멀션 물리학자들이 밀도나 습도 또는 낟알 밀도가 균일하지 않을까봐 걱정했든지, 그러한 불일치가 알지 못하는 퇴색 빠르기에 기인하는지, 아니면 피나크립톨 황색 염료에 기인하는지 또는 균일하지 못한 현상이나 건조에 기인하는지 간에 제어할 수 없다는 것은 결과의 불안정성을 의미했다. 바로 이러한 불안정성이 파이온을 확인했다는 발표와 취소 속에 내재되어 있었고, 파우웰의 그룹이 높은 질량비 m_π / m_μ를 공표하고 취소한 데도 내재되어 있었으며, 낟알 세기의 정당성에 대한 불안감에도 내재되어 있었고, 물리학자와 화학자들 사이의 경계 지역에서 때로는 생산적이고 때로는 난처했던 개인적 서신 왕래에도 내재되어 있었다.

둘째, 화학자와의 공동 연구에서처럼 여성 스캐너를 고용한 것이 물리학자들에게 기회를 제공하기도 했지만 동시에 위협이 되기도 했다. 브리스틀에 스캐너들로 이루어진 20개의 강력한 팀이 없었더라면 수많은 흥미롭고도 새로운 사건들에 대한 발견이 나오기 어려웠을 것임은 의심의 여지가 없다. 그렇지만 우리가 본 대로 새롭게 여성에게 의존함으로써 다른 종류의 불확실성이라는 대가를 지불해야만 했다. 많은 물리학자들이 믿고 있었던 것처럼 만일 여성 스캐너들은 원래 별 흥미가 없을 일에까지도 지나치게 세심하게 일하는 자연적인 기질을 가지고 있어서 그러한 미덕이 물리학자가 원하는 결과를 정확히 그대로 만들어내 물리학자를 즐겁게 해주고 싶은 스캐너들의 똑같이 자연적인 경향과 충돌을 일으키지는 않았을까? 일부 물리학자들이 에멀션에 대한 책임을 화학자에게 넘겨줌으로써 그들의 결과가 더 취약해졌다고 불안해한 것과 꼭 마찬가지로 다른 물리학자들은 흥미 있는 현상을 찾아내는 일을 여성들에게 취급하도록 맡김으로써 물리학자들의 제어력이 훨씬 더 줄어들었다고 믿었으며, 그것은 그들의 결과에 대한 불안감을 가중시켰다. 물리학자와 스캐너들 사이의 역학관계가 정확하게는 "목적" 문제에 대해 점점 더 복잡해짐에 따라서 여성은 연구소에서 단순히 값싼 노동력을 제공하는 것보다 좀더 공식적인 역할을 행사해야 한다고 간주되었다. 에멀션 물리학자인 바카스가 (앞에서 인용한 논평에서) 쓴 것처럼 "스캐너는 어떤 결과를 …… 기대하는지 **알지 못하고** 있는 것이 중요했다." 오직 숙련되지 못한 사람들만 목적이 없는 상태에서 살아갈 수가 있었다. 당시 물리학자들이 분명하게 이해하고 있었던 것처럼 그들이 우쭐거리고 있을 때나 걱정하고 있을 때나 모두 스캔 작업은 힘든 일이었으며, 유능한 스캐너를 대체할 다른 스캐너를 찾는 일은 쉽지 않았다.[241]

셋째, 아주 작은 흔적을 해석하는데 분수 넘게 끼어드는 이론 과학자들로 인해 실험 과학자들은 더욱 불안정하다고 느꼈다. 이론적 생각이나 기대가 왔다 갔다 할수록 파우웰과 다른 에멀션 실험 과학자들은 새로운 결과가 최신의 유사 스칼라 메존 이론과 일치하지 않는 것이 아니라는 것을 이론 캠프 각각에게 확신시키는 등 (어떤 사람은 파우웰이 크리스티안 묄러에게 그렇게 편지를 보냈다고 생각한다) 잘못될 가능성이 있는 위험을 줄이려고 노력하게 되었다. 이론이 실험 과학자들의 해석에는 변덕스러운 구속 조건이 되었다. 어떤 때는 실험 과학자들이 이론 과학자의 기대에 강경하게 반대하기도 했고, 다른 때는 이론 과학자가 인정하지 않았기 때문에 새로운 결과에 대한 주장을 강력하게 펼 의기를

---

241) 천문학에서 여성의 일에 대해서는 로시터, 『미국의 여성 과학자』(1982), 특히 54~55쪽을 보라.

잃기도 했다.

마지막으로 넷째, 필름의 노출이나 관찰 그리고 해석 등이 많은 개인들에게 (그리고 그룹들에게) 나뉘어 있으므로 물리학자들 사이에서의 공동 연구에도 긴장이 서려 있게 마련이었다. 누구를 저자(著者)에 포함시킬 것인가? 무엇이 "적절한" 통계적 증명이라고 할 수 있을 것인가? 비록 대체로 다른 그룹과 건판을 나누어 갖고 G-더미 공동 연구로 노력을 함께하는 것이 서로 다른 그룹을 한데 묶는 역할을 했지만, 소유물로서 건판을 서로 교환하게 되자 누가 저자(著者)가 될 것이며 어떻게 책임을 구분할 것이냐는 문제에서 자체적으로 어려운 점이 제기되었다. 예를 들어 1948년 여름에 파우웰은 이브 골트슈미트-클레르몽에게 그들의 공동 노력의 어려움을 토로하는 편지를 썼다. 그 이전에 파우웰과 골트슈미트-클레르몽은 (우고 카메리니, H. 뮈어헤드, 그리고 나중에 데이비드 릿슨과 함께) 원자핵 별의 원인이 될 방사선이 얼음에 흡수되는 것을 조사하는 공동 연구 프로젝트를 수립했음이 분명했다.[242] 파우웰의 서류함에 남아 있는 편지 초안에 의하면, 골트슈미트-클레르몽의 공동 연구자 들 중 한 사람인 M. G. E. 코신스가 공동 연구 초기에 "이번에는 노출을 시키는 데 어떤 특별한 이유가 없으며", 그러므로 결과적으로 "실험의 원래 목적의 범주에 들지 않는 어떤 새로운 특징이 건판에서 관찰되면 그것은 그 특징을 발견한 관찰자의 특별한 소유로 대우해야만 한다"는 논리를 폈을 때 파우웰은 코신스와 그와 같은 점에 대해 이미 합의했음을 강력하게 주장했다. 파우웰의 편지는 다음과 같이 계속되었다. "나는 이것을 조사의 목적이 미리 정의되어 있지 않은 관찰과 연관하여 그는 당신에게 행동의 자유가 어느 정도 허용되기를 원한다는 의미로 이해했으며, 그것은 명백하게 공동 연구의 범위를 제약하지만, 나는 그의 견해에 공감했다."[243]

---

242) 카메리니 외, 「느린 메존」([1948] 1972)을 보라.

243) 파우웰이 골트슈미트-클레르몽에게 보낸 편지 초안, n. d. [아마도 1948년 8월], CPP, notebook 22.

이제 파우웰은 (파이온의 수명에 대해) 혼자 독자적인 논문을 발표하고자 했는데, 언뜻 보기에 그 결과로 서로 간에 약간의 서운한 감정이 생긴 것이 틀림없었다. 공동 연구의 다른 부문에서도 흔히 일어나는 것처럼 자원에 대한 관할권을 주고받는 것에는 보상도 따랐지만 어려움도 따랐다. 여러 가지 방법 각각에서 개별적인 실험 과학자-저자의 범주가 바뀌게 되는 경우도 있었다. 훨씬 더 큰 규모의 G-더미 실험과 같이 여러 연구소가 망라되어 있는 공동 연구에서는 개별적인 실험 과학자의 범주가 더 심하게 손해를 보았다. 관할권을 잃음과 동시에 불안감이 엄습했다.

나는 실험 과학자의 불안감을 심상치 않은 일이라고 받아들인다. 그것은 책임 소재가 화학자와 스캐너, 이론 과학자, 그리고 다른 물리학자들에게 분산되면서 실험 과학자들이 경험하는 불쾌감이 점점 많아졌다는 단순한 이유 때문만이 아니고, 그러한 긴장은 실험 과학자-저자에 대한 정의 자체를 다시 형성해야 함을 신호해주기 때문이다. 새로운 실험하기에서 가장 주된 구성 요소는 팀과 팀의 지도자였다. 파우웰과 동시대 사람들 중 대부분이 인정했던 것처럼 파우웰은 더 이전 의미에서 개별적인 발견자의 역할을 맡은 것이 아니었다. 그러한 역할은 수십 조각으로 쪼개졌다. 파우웰은 에멀션 화학자가 아니었으며, 주요 스캔 작업을 수행한 사람도 아니었고, 기본적인 이론 작업이나 결과를 해석하는 작업을 수행하지도 않았다. 실제로 파이온과 뮤온 사이의 질량비를 (낱알 세기에 의해) 정해주기 위해 그가 사용한 원래 방법은 얼마 못 가서 비난을 받았으며, 붕괴에 대한 파우웰의 해석은 1년을 채 지속되지도 못했다. 파우웰은 고전적 의미로 파이온의 "발견자"라고 말하기에는 도저히 적합하지 않았다. 대신에 (그때 이후로 계속하여) 그는 팀의 조직자이며, 다른 사람들의 전문적 의견이 중요한 물리학으로 정돈되고 모이는 새로운 연구 그룹의 경영자로 인식되었다.

이러한 새로운 세계에서는 혼자서 연구하는 사람이 차지할 장소가 별로 없었다. 화학적인 전문 지식과 실험 물리학의 의문들을 한데 모으려고 시도했던 개인들인 블라우나 데머스 또는 즈다노프는 브리스틀 연구소에서는 결코 중심적인 역할을 맡지 못했다. 다른 물리학자 팀들과 그리고 세계에서 가장 큰 사진 제조회사와 제휴를 맺고 연구하면서 파우웰은 자신의 접근 방법을 표준화하고, 과정에 놓여 있는 틈새가 무엇인지 확인할 수 있었으며, 그렇게 함으로써 실험하기의 극도로 불안정한 방식을 적어도 부분적으로는 안정시킬 수 있었다. 블라우가 첫 번째 에멀션의 생산에 기여할 수는 있었지만 그 뒤를 이은 수많은 불안정한 입자들을 찾아내는 일에는 기여할 수 없었던 사실이 우연히 그렇게 된 것은 아니다. 새로운 물질과의 격리, 호혜적(互惠的)으로 동작하는 표준화, 그리고 결과의 조정 등 한마디로 새로운 형태의 증명과 조화를 이룰 수가 없었다.

시간이 흐르면서 실험 입자 물리학의 역사에서 파우웰의 중요한 업적을 표시하는 이정표가 커지는 것과 비례해서 팀에 의한 연구와 학제 간 공동 연구가 점점 더 활발히 전개되었다. 파우웰의 에멀션에 관한 노트 중 첫 번째 항목에서 첫 마디로 기록된 블라우의 기여는 해가 거듭되면서 기억에서 점점 멀어져 갔다. 어떤 의미에서 이것은 전혀 놀랄 일이 아니었다. 그녀의 연구는 중심 무대에서 멀리 떨어져 있었으며, 유명했지만 1930년대에 이미 정치적 긴장으로 몸부림치면서 불안했던 오스트리아 연구소의 변두리에서 수행되었다. 블라우는 가장 활동이 왕성했던 시기에 그녀로서는 도저히 어떻게 할 수 없는 힘에 의해 원자핵 물리학자의 사회로부터 쫓겨났다.

블라우 자신에 대해 말하자면 그녀의 전문적 활동은 컬럼비아와 브룩헤이븐이라는 가시적(可視的)인 연구소로부터 점차 멀어져 갔다. 코랄게이블즈에서 몇 년을 보낸 뒤 블라우는 눈병을 얻었고 경제적인 문제 때문에 할 수 없이 오스트리아로 돌아가 수술을 기다렸다.[244] 물리학자들 몇 명이 그녀를 위한 모금을 시작했다. 슈뢰딩거는 그녀를 슈뢰딩거상의 수상 후보로 추천했고(그녀는 그 상을 수상했다), 결국 허사였지만

---

244) 핼페른이 프리슈에게, 1963년 8월 3일, OFP.

노벨상 후보로도 두 번이나 추천했다.[245] 그리고 핼페른은 오토 프리슈를 통하여 그녀가 큰 필름 회사로 하여금 원자핵 에멀션을 소규모 산업으로 되도록 만드는 데 기여한 공로를 인정하여 그녀에게 명예직을 부여할 수 있도록 노력했다. 그 반응으로 일포드는 다음과 같이 제의했다. "그녀의 노후 문제를 위해 가능한 모든 기관으로부터 상당한 기여가 있으리라는 가정 아래서 코닥 사와 우리는 각각 매년 100파운드씩을 기꺼이 제공하겠다."[246] 피르슈는 곧 그 계약을 확정짓기 위해 핼페른에게 답장을 보냈다. 그는 200파운드가 "그렇게 충분한 액수로 보이지 않는다"라고 인정하고, "파우웰이 영국 세금 관계법의 세세한 조항에 비추어 조금이라도 증액시킬 수 있을지 알아보라고 제안했는데, 그것이 가능하지 않다는 것을 알게 되었다"라고 썼다.[247] 핼페른은 마지막으로 그 회사들을 접촉하여 마리에타 블라우에게 일종의 자문역을 제공할 수 있는지 알아보았다. 그들은 거절했다. "수술 후 그녀의 시력이 회복되었다고는 하지만 그녀의 심장이 너무 약해져서 심지어 그녀는 도서관에서 집까지 책을 나를 수도 없다고 한다. …… 나는 그녀가 회사를 위해 비록 단지 명목상이 직책이라고 느끼더라도 무슨 일을 맡도록 그녀를 설득할 수 있으리라고 희망한다."[248]

그렇지만 핼페른이 잘못 생각했다. 그녀의 자부심은 아직 그대로 남아 있었으며, 블라우는 1964년에 프리슈에게 그의 친절한 노력에 고마움을 표시하고 일포드에게 감사하다고 거듭 말했다. 그러나 마지막에 그녀는 비록 가난하지만 다음과 같이 제의를 거절했다. "여러 가지 이유로 나는 그것이 [실제 아무런 임무도 주어지지 않은 자문역이] 이런 식으로 이루어질 수는 없다고 믿는다. 나는 또한 나에 대해 나를 어떻게 도울지 노심초사해준 모든 동료들에게 감사하고 싶다. 이와 연관해서 내 형제들

245) 무어, 『슈뢰딩거』(1989), 479~480쪽.

246) 월러가 파우웰에게, 1964년 5월 1일, OFP.

247) 프리슈가 핼페른에게, 1964년 6월 24일, OFP.

248) 핼페른이 프리슈에게, 1964년 6월 29일, OFP.

중 경제적 상황이 좋은 한 분이 내가 어려울 때 기꺼이 나를 도와주기로 했기 때문에 내가 경제적으로 크게 어려움을 당하고 있지 않다는 것을 여러분에게 말해주고 싶다. …… 여러분의 마리에타 블라우."[249] 무시당하는 중에서도 블라우의 에멀션을 이용하여 살아남으려는 힘든 노력은 처절했지만, 여러 가지 형태로 에멀션이 다른 사람들에게도 생명줄 역할을 했다. 레프린스-링게가 미국 가속기 물리학의 범람으로부터 벗어나려고 기어오르는 중에도 그랬고, 마지막에는 버클리가 메존 공장을 가지고 경주에 참가했을 때, 그리고 심지어 파우웰의 설비가 잘 갖추어진 연구소에서도 그랬다. 그러나 어쨌든 블라우의 운명은 여성이자 유대인이고 무너지고 있는 나치 오스트리아의 세계로부터 달아나고 있던 외톨이로 남은 물리학자가 무엇을 의미하는지에 대한 구체적이고도 상징적인 모습으로 남아 있다. 그녀는 프리슈에게 마지막으로 편지를 보내고 나서 제1세대 에멀션 물리학자의 작은 세계 밖에서는 실질적으로 전혀 알려지지 않은 채 가난하게 살다가 다섯 해가 지난 뒤 사망했다.

에멀션 물리학자들 중에는 개별적 사건 또는 황금 사건의 지위에 대해 깊은 애증(愛憎)을 함께 느끼는 사람이 있었다. 한편으로는 그 방법이 시작한 바로 처음부터 원자핵 에멀션은 단 한 장의 사진을 가지고 증명의 힘을 발휘할 수 있는 기술이라고 과시되었다. 다른 한편으로는 발견의 부분적인 구성 요건으로 확인 작업에 대한 의존성이 부각되었다. 심지어 에멀션 전문 위원단의 초기 심의에서도 그 도구의 "색다른" 성질 때문에 우리는 참가자들이 연구소들 사이의 조정을 얼마나 강조했던가를 보았다. 우리는 파우웰이 원자핵 별로부터 방출되는 메존 질량을 갖는 입자를 (브리스틀 팀과 퍼킨스에 의해서) 동시에 발견한 것에 대해 기쁨을 감추지 못했을 때 그러한 의존성을 보았다. 파우웰은 이것이 바로 "사진 방법이 믿을 만하다는 확실한 증명"이라고 말했다. 그리고 다시 한번

249) 블라우가 프리슈에게, 1964년 9월 5일, OFP.

더 객관성을 확보하기 위해 파우웰이 채드윅에게 관찰자를 두 팀으로 조직해 달라고 요청할 때 우리는 확인의 필요성에 직면한다. 이와 같은 애증의 양면은 파우웰과 파울러 그리고 퍼킨스가 개별적인 사건을 논의한 그들의 1959년도 걸작(傑作)인 『사진술 방법』에도 다음과 같이 명백히 나타나 있다.

> 단 하나의 사건은 어떤 특정한 과정의 존재를 마지막으로 수립하는 데 충분하지 않다. 그렇게 하기 위해서는 보통 둘이나 그 이상이 필요하다. 그렇지만 사진 에멀션에서 관찰된 이러한 종류의 첫 번째 사건을 검토해 보면, 원래의 해석이 나중에도 그대로 유지되었다는 것을 보여주고, 또한 중요한 새로운 물리적 과정에 대응되는 것처럼 보였던 한 사건이, 서로 연관되지 않은 사건들이 우연히 겹쳐 놓이는 바람에 그렇게 보인 것이라고 판명된 경우가 매우 드물었음을 보여준다. 이 결과는 보통 채택되는 노출 조건 아래서 실제 과정인 것처럼 흉내내는 사건들이 정확하게 결합될 확률은 지극히 작다는 것과 일치하며, 결정적인 과학적 방법이 지닌 위대한 능력과 질서를 입증하는 증거다.[250)]

그 애증(愛憎) 양면성에서 이 문장은 에멀션 연구자가 품고 있는 절실한 난제(難題)를 반영한다. 첫째, 이 문장은 단 하나의 사건이 보통 경우에는 어떤 과정의 존재를 증명하는 데 충분하지 않다고 털어놓지만, 계속하여 그러한 "첫 번째 사건들" 대부분이 그대로 유지되었고 해석에서의 안정성은 자연적 사실(인위적인 흉내 내기가 일어날 확률은 지극히 작음)뿐 아니라 사회적 사실(과학적 방법의 위대한 능력과 질서)도 반영한다고 주장한다.

그렇지만 황금 사건이 유지되는 사회적 차원은 그 방법에 대한 헌신

---

250) 파우웰, 파울러, 그리고 퍼킨스, 『사진술 방법』(1959), 422쪽.

을 초월한다. 왜냐하면 만일 단 하나의 사건이 증거로서 충분하지 못하다면, 그 "발견"은 개별적인 관찰자의 제한된 공간과 시간에 존재할 수 없을 것이며, 심지어 단 하나의 연구소에도 존재하지 않을지 모르기 때문이다. 다시 말하면 오첼라이가 1951년 1월에 논문으로 발표한 개별적인 k_1 사건이 그 자체로서 설득력을 갖는 증거가 되지 못한다고 보는 한, 그 사건과, 즉 그 발견과 그리고 오첼라이 자신의 역할이 각각 달라진다. 오첼라이의 논문이 발표되고 나서 수년이 지날 때까지 그의 사진은 다른 붕괴를 드러내는 것으로 (카파가 한 개의 뮤온과 적어도 두 개의 중성 입자 대신 케이온에서 뮤온과 하나의 중성 입자로) 다시 해석되었다 (그리고 다시 논문으로 발표되었다).[251)]

더 중요한 것은 바로 그 특별한 사진이 구체적으로 다른 많은 붕괴와 결합되어 여러 가지의 붕괴 방식을 갖는 케이온이 존재한다는 증거가 되었다는 점이다. 깊은 의미에서 개별적인 황금 사건의 지위는 실험상의 발견에서 개별적인 저작권의 개념과 불가분의 관계로 밀접하게 결합되어 있다. 심지어 연구소별로 조직된 팀에 의한 연구 이전에도 상호 관리(*contrôle reciproque*)는 저자들을 결합했다. 이와 같은 연구소 사이의 조정이 처음에는 한꺼번에 통틀어 활용되었고, 그다음에는 달리츠 도표에 의한 분석을 가지고 좀더 미묘한 변화를 보였다. 퍼킨스의 메존 포획(〈그림 3.13〉)을 아말디의 타우 도표(〈그림 3.17*d*〉)와 비교하면서 우리는 다음과 같이 질문할 수 있다. 무엇이 또는 누가 저작권을 갖게 될 것인가? 15개의 연구소인가? 대표하는 방식을 이론적으로 창안한 달리츠인가? 이론 과학자들이 해석에서 기초가 되는 역할을 물려받았으며, 스캐너들은 "발견"의 첫 순간을 차지했고, 필름 회사들은 도구의 제작을 책임졌다. 이들을 모두 종합해보면, 이렇게 분산된 여러 가지 형태는 개인으로서 실험 과학자의 의미가 무엇인지에 대해 다시 정의하게 된다.

분산에서 야기되는 불안감에 대한 한 가지 반응으로 과거를 현재로 만

251) 파우웰, 파울러, 그리고 퍼킨스, 『사진술 방법』(1959), 310~311쪽.

들려는 시도가 나타난다. 심지어 근대 과학의 기초를 세웠던 영웅적인 시기에도 공동 연구는 필요했으며 찬양받기까지 했다. 그리고 실제로 파우웰과 파울러, 그리고 퍼킨스는 그들의 책 중 신기한 과정을 흉내 내는 서로 전혀 관련이 없는 사건들 사이의 확률에 대한 부분 다음에 토머스 스프렛이 저술한 『자연에 대한 지식을 개선하기 위한 런던의 왕립협회의 역사』(1667) 중 일부분을 인용했다.[252] 그 내용에서 인용 부분은 개별적인 연구자가 자신의 임무에서 요구되는 모든 장점을 갖출 수 없는 한, 과학적 노력이 필연적으로 사회적이었음을 상기시키는 역할을 할 뿐 아니라 이것이 항상 그러했음도 역시 상기시켜주는 역할을 한다. "완벽한 철학자의 개념을 형성할 수 있도록 만일 내 마음에 든 곳으로부터 나의 재료를 가져올 수 있다면, 그는 한 지방의 모든 곳으로부터 온 것이 아니라 여러 나라의 서로 다른 장점들을 갖추게 될 것이다." 이상적인 실험 과학자는 "실험 더미인 기초 작업을 준비하는 데 근면성 그리고 활동성과 더불어 네덜란드풍, 프랑스풍, 스코틀랜드풍, 그리고 영국풍의 호기심 많은 익살을 갖추어야 한다." 그것뿐만 아니라 거기에 이러한 경험적 결과들을 조정하기 위해 "이탈리아풍과 스페인풍의 냉정하고 용의주도하며 방심하지 않는 성격도 더해야 한다. 그런 다음에야 비로소 사색의 영역으로 날아가야 한다.

그러나 이러한 자질들이 한 연구자에게서 모두 찾기란 거의 불가능하기 때문에 오직 "공적인 위원회"만이 이러한 갖가지 성질들을 혼합하여 목적을 달성할 수 있을 것이다. 연대해서 작업을 추구하라는 당시 스프렛의 권고는 근대 과학의 황금시대로부터 내려온 역사적 선례, 즉 과학이 관리 방식에서 헤어 나오지 못하는 동안 자신의 수확물을 모두 잃을지도 모른다는 비난(또는 두려움)에 대항하는 부적(符籍) 역할을 할 수 있었다.

이제 좀 생각해 보자. 에멀션의 역사는 불안감의 역사다. 도구에 대한 제어를 잃는 것에 대한 불안감, 제어는 화학자들에게 이양되었다. 발견

252) 파우웰, 파울러, 그리고 퍼킨스, 『사진술 방법』(1959), 422쪽.

을 잃어버릴지도 모른다는 불안감, 이제 발견은 스캐너들의 몫이 되었다. 개별적인 실험 과학자를 잃을지도 모른다는 불안감, 실험 과학자는 이제 팀 아래에 종속되었다. 그것은 입자들이 사라지고 다시 나타나는 것에 대한 불안감이고, 퇴색하는 에멀션에 대한 불안감이며, 제작과 이용, 저장, 처리, 해석 등에서 겁날 정도로 불안정한 교질(膠質)의 화학적 구역을 안정시키는 것과 연관된 문제에 대한 불안감이다. 그리고 적지 않게는 그것이 입자 물리학의 미국화를 저지하려는 불안스러운 (만일 운명적이라면) 마지막 시도였다. 유럽의 실험 물리학자 눈앞에는 멀어져가고 있으며, 부분적으로 신화가 되어버린, 과거에는 물리학이 어떠했는지에 대한 환영(幻影)이 놓여 있었다고 이야기하지 않을 수 없다.

그것은 연구자 한 사람 한 사람이 시험관을 씻는 일로부터 장치를 만드는 일과 기구를 가동시키고 자료를 수집하여 발표된 논문의 학술적인 집합으로 가져가는 등 모든 일을 하는 곳이었다. 그것은 파우웰이 "사라진 시대의 깃발"처럼 빛나는 윌슨의 자질이라고 말할 때 그가 마음에 품고 있었던 환영(幻影)이다. 윌슨스러운 장점들은 파우웰의 전문가적 생애의 토대가 되었던 바로 그 기술에 의해 위태로워진 것처럼 보였다. 윌슨의 자급자족은 협동 작업으로, 윌슨의 장인(匠人) 솜씨는 상업적 화학으로 대체되었다. 어쩌면 무엇보다도 윌슨이 결정적인 실험을 찾는 것의 정수(精髓)는 파우웰에게 "완벽한 신념을 심어주는 수학적 증명이 제공하는 것과 같은 종류의 심미적(審美的)인 만족을 가져다주었다." 마치 스스로를 책망하는 것처럼 파우웰은 반세기 전에 윌슨이 세계를 놀라게 했던 수정같이 선명한 구름 상자 사진들을 모방해 현미경 사진 흔적들을 짜 맞춘 모자이크를 만들기 위해 쉬지 않고 연구했다.

그러한 재구성은 파우웰 시대 사람들과 공동 연구자들이 자주 당혹하게 생각하는, 왜 하는지 모를 노력이었다. 그들은 어찌 되었든 3차원에서 필요한 기하적 재구성의 단순한 투영(投影)에 불과한 그림을 왜 만드는지 의문을 표시했다. 이러한 합성 사진이 파우웰에게 어떤 효력을 주었는지 이해하려면 파우웰이 윌슨으로부터 배웠던, 처음에는 화산이라는 그리고 다음에는 구름이라는 그리고 이제는 입자라는, 자연 현상을 보고 다음에는 그것을 시야(視野)에 붙잡아 두려는 욕구인 캐번디시 전통을 이해해야 한다. 이러한 판지(板紙)는 자연을 조각 낸 그림을 실제로 다시 모아놓았다는 의미뿐 아니라 상직적인 의미도 갖는다. 그러나 파우웰과 그의 시대 사람들에게 그 새로운 도구는 한편으로는 더 싸고 이용하기가 더 쉬웠으며, 다른 한편으로는 끝없이 더 변덕스러웠기 때문에 구름 상자를 단순히 반복한 것이 아님은 너무나도 분명했다.

연구소에 대한 지배를 잃게 됨으로써 생겨난 불안감은 생산적이었다. 왜냐하면 그 방법을 안정시키려는 움직임이 있을 때마다 새로운 입자의 존재와 그 성질에 대한 주장을 입증할 수 있는 원자핵 에멀션의 역량이 점점 더 커졌기 때문이다.[253] 순간마다 필름은 불안정해 보였다. 한 순간에는 사진 건판이 드러내는 입자들을 선별하는 것처럼 보였다. 그리고 다른 순간에는 건판이 안개에 의하거나 현상 과정에서 변질되거나 또는 건조 과정에 의해서 구별하지 못하도록 흐려졌다. 안정성은 한 건판 또는 한 묶음의 건판에서 화학적 그리고 물리적 불균일성에 의해서 그리고 현미경 사진을 스캔하거나 해석하는 데서 야기되는 다른 어려움들에 의해서 위협받았다. 멈추지 않고 에멀션 방법을 안정되게 만들려는 힘든 노력은 불안정성에 대한 불안감의 반응이었다. 불안감과 그 불안감의 물질적, 이론적, 그리고 사회적 반응들은 결국 그 방법 자체의 구성 요건이 되었다.

그 결과로 나온 행동들은 필연적으로 여러 가지 이질적인 방향으로부터 나왔다. 작업장을 조직화하려는 전략들이나 낱알 크기를 선정하는 전략들은 서로 복잡하게 엉켜 있었다. 일포드와 코닥을 선택한 전략들은

253) 문학의 이론가인 해럴드 블룸은 그의 『영향력의 불안감』에서 시가(詩歌)를 전통의 영향력에 대한 불안감의 억제라기보다는 오히려 그 불안감의 반응이 구현된 것이라고 볼 수 있다고 주장했다. 물리학에서도 역시 에멀션 연구소의 기능들이 변질과 잘못된 해석, 그리고 저작권에 대한 구체적인 불안감들을 극복하기 위하여 발전되어 왔다. 블룸, 『영향력의 불안감』(1973).

필름의 안정성을 지키려는 전략들과 분리될 수 없었다. 이오노그라피에 기여하는 것은 화학에서 활동하고, 물리학에서 활동하며, 실험적인 작업장에서 활동하는 것이었다.

이오노그라피의 흔적들 자체가 현장에서 사라질 때가 되자 에멀션 방법은 입자 물리학 분야를 들여왔고 실험과 실험의 저작권을 새로 정의했다. 조심스럽게 해독하면 이러한 현미경 사진들은 파이온의 붕괴 양식보다 더 많은 것을 이야기해준다. 그것들은 이번 세기 중반의 물리학자들이 실험 물리학자가 되는 것이 무엇을 의미하는가에 대해 깊고, 때로는 괴로운 돌연변이로 느꼈던 변화를 구체적으로 표현해 준다.

제4장 연구소 전쟁
레이더 철학과 로스앨러모스 사람

1. 연구소 전쟁

350년 전에 갈릴레이는 바다 여행의 경험을 살려서 역학적 상대성이라는 개념을 도입했다.

> 큰 배의 갑판 아래 주 선실 안으로 친구와 함께 들어가니 파리나 나비 또는 날아다니는 작은 동물들이 있다고 하자. 큰 그릇에 담긴 물 속에는 물고기가 들어 있다. …… 물고기는 아무 생각 없이 모든 방향으로 헤엄치고 있다. 그릇 아래서는 물방울이 뱃바닥으로 떨어지고 있다. 그리고 친구에게 무엇을 던진다고 하면, 한 방향으로 던지기 위해 다른 방향으로 던질 때보다 더 세게 던질 필요가 없다. …… 우리는 모든 말할 수 있는 효과에서 어떤 변화도 발견할 수 없으며, 그 효과들 중 어느 것으로부터도 배가 움직이고 있는지 아니면 정지해 있는지를 구별할 수 없다.[1)]

배에 대해 마음에 그리는 상(像)과 배의 역학이 한때는 역학적 물리학을 17세기 초 이탈리아의 근대 항해술에서의 업적과 연결시키고, 새로운 "세계 시스템"에 대한 효과적인 사고(思考) 실험용 실험실을 제공하면서

1) 갈릴레이, 『두 개의 주된 세계 시스템』(1967), 186~187쪽.

갈릴레이가 수행한 연구들에 널리 퍼져 있다.

그로부터 3세기가 지난 뒤 아인슈타인이 갈릴레이-뉴턴 물리학을 무너뜨리려고 분투하고 있었을 때 아인슈타인 역시 그의 철저하게 새로운 사고실험(思考實驗)을 위한 매개물로 그 당시 수송(輸送) 기구의 상(像)을 선택했다. 이제 독일의 기술과 산업을 성공으로 이끈 상징인 철도(鐵道)가 갈릴레이의 항해용 배를 대신했다. 아인슈타인이 말한 것과 마찬가지로 일정한 빠르기로 움직이는 기차에서 수행된 어떤 광학 실험도 정지한 기차에서 수행된 광학 실험과 구별될 수가 없다.[2)]

그런데 여기서 그치지 않고 제2차 세계대전의 뒤를 이은 여러 해에 걸쳐서 양자 역학과 상대성을 통합한 그림을 짜 맞추는 과정에서 수송 기구의 세 번째 상(像)이 미국 물리학자 리처드 파인먼의 마음을 끌었다. 그가 본 것에 따르면, 양전자는 시간을 거꾸로 움직이는 전자(電子)로 간주될 수가 있었다. 그렇다면 전자와 양전자 쌍이 동시에 생성되는 것이 보통으로는 두 개의 개별적인 경로와 연관된 것으로 이해되지만, 대신 하나의 연속적인 흔적으로 간주될 수가 있었다. 양전자는 생성의 순간에 도달할 때까지 시간을 거꾸로 움직이고 그 후에 그것은 시간에 대해 앞으로 움직이는 전자(電子)가 되는 것이다. 파인먼은 그의 통찰력을 생생한 은유(隱喩)로 다음과 같이 전했다. "그것은 마치 길을 따라 낮게 날아가는 전투기 조종사가 갑자기 세 갈랫길을 보았는데 그중 둘이 하나로 만난 뒤 다시 사라졌을 때 그는 단순히 하나의 구불구불한 길을 지나친 것에 불과하다는 것을 깨달은 것과 같다."[3)]

각 시대마다 자신의 상징을 가지고 있는데, 파인먼의 상징도 갈릴레이의 상징이 말하는 것이나 같았다. 1940년대와 1950년대의 젊은 미국 물리학자는 레이더와 원자탄이라는 두 개의 기둥을 중심으로 그들의 분야가 재결정(再結晶)되는 것을 보았다. 경탄 받던 B-29 폭격기는 그러

---

2) 예를 들어 1916년에 처음으로 출판된 상대성에 대한 아인슈타인의 대중용 서적을 보라. 『상대성』(1961).

3) 파인먼, 「양전자」, *Phys. Rev.* 76(1949): 749~759쪽.

므로 그들의 노력에 대한 적절한 상징으로 두 가지를 모두 수반하고 있었다. 파인먼의 선택이 시사하는 것처럼 그 폭격기는 그로부터 새로운 이론 물리학과 실험 물리학을 바라볼 수 있는 완전하게 유리한 위치의 역할을 담당했다.

물론 일반적으로는 물리학 그리고 특별하게는 미시 물리학의 발전에 대한 전쟁의 효과는 잠시 지나가는 은유(隱喩)를 훨씬 능가한다. 실제로 어느 한 장소에서 포괄적으로 다루기에는 그 결과가 너무 크고 너무 다양하다는 것이 문제이다. 왜냐하면 전쟁 효과는 전후(戰後) 역사의 모든 측면에 스며들어 있기 때문이었다. 물리학의 역사에서 분야 구조의 재편성은 정부가 지원하는 과학에 대한 연구소 구조의 철저한 정밀 검사를 포함했다. 미국 과학재단(National Science Foundation, NSF)에서 시작하여 원자력 에너지 위원회(Atomic Energy Commission, AEC)와 해군 연구소(Office of Naval Research, ONR)에 이르기까지 과학 분야에 대한 연구 지원의 어떤 측면도 바뀌지 않은 것이 없었다.[4] 전쟁의 결과 중 특히 물리학자들이 원자로라든지 대형 가속기, 새로운 입자 검출기 등에 필요한 재정 지원을 예상하기 시작하면서 학계와 정부, 그리고 산업계 사이의 관계에 격심한 재정립이 있었다. 그뿐 아니라 전쟁은 과학자들 사이의 많은 공동 연구자들과 연구 그룹들을 급조해 냈는데, 그것이 전후(戰後)의 새로운 시대로 부드럽게 계속되었다. 마지막으로 전쟁은 놀랄 만한 양으로 비축된 잉여 장비를 남겼는데 그것이 급격하게 성장되고 있던, 우주선(宇宙線)과 핵의학, 양자 전기 동역학, 핵화학, 그리고 산업과 국방에서 실제로 긴급한 것들을 에워싸는 연구 주제들의 교점(交點)에 놓여 있는 광범위하게 해석된 원자핵 물리학 연구인, 전후 "원자핵공학"에 대한 필요를 채우는 공급원이 되었다.

무엇보다도 어떤 의미로는 1945년 8월에 일본의 상공에서 끝났다기

---

4) 제2차 세계대전에 의해 과학 기구와 연구에 대한 그들의 효과에 대해서는 스튜어트, 『과학 연구』(1948); 두프리, 「기구들」(1972)을 보라. 하나의 중요한 기관인 ONR의 전후(戰後) 기여에 대해서는 슈베버, 「상호 포용」(1988)을 보라.

보다는 오히려 새로 시작한 대학의 물리학과 군사 문제 사이의 새로운 관계를 무시할 수 없다. 갑작스럽게 학계의 물리학자들은 해군이나 공군 그리고 육군의 고위 관료들과 새로운 장비를 구입하기 위한 협상을 할 수가 있게 되었다. 동시에 군부도 대학에 대한 재정 지원과 전쟁 중 팽창했던 연구소의 존속, 그리고 육해공군 등 각 군의 개별적인 후원에 의한 새로운 기초 연구 프로젝트의 수립 등을 통해 전후(戰後) 과학 연구 체제를 형성하는 데 능동적으로 참가했다. 민간과 군부가 합동으로 관심을 갖는 프로젝트들에 대한 자금 지원이 풍부하게 제공되어서 물리학자들은 지상으로부터 3마일 또는 4마일이 아니라 100마일 상공에서 우주선(宇宙線)을 조사해보겠다고 생각하는 기회를 갖게 되었다. 새로운 장비를 만들 때 한때는 단지 몇 명의 기술자들이 물리학자들을 돕는 것으로 충분했지만, 이제 물리학 사회는 여러 분야에서 과학적으로 전문적인 지식을 갖춘 기술자들과 깊은 연대를 새롭게 시작했다.

전후(戰後)의 실험 물리학과 이론 물리학에 대해 전시(戰時) 연구가 미친 영향에 역점을 두어 다루게 될 이 장을 시작하려면 전쟁과 평화 사이에서 발전해 나갔을지도 모르는 그러한 물리학의 역사를 따라 몇 개의 선을 그리면서 관련된 문제들 중 일부의 개략적인 이야기를 진술하지 않을 수 없다. 그러나 예를 든다면 나는 배너바 부시, 제임스 코넌트 또는 J. 로버트 오펜하이머와 같은 정치가이자 과학자인 사람들의 극적인 생애가 어떻게 돌출을 계속했는지를 다루지는 않을 것이고 또는 산업 물리학의 연구 정책이 어떻게 바뀌었는지도 다루지 않을 것이다. 대신 평소 물리학 자체가 진행되는 것에 대해 전시(戰時) 과학이 어떻게 영향을 미쳤는지 그리고 전시의 경험이 그들의 연구 역량에 어떤 영향을 주었는지 자세히 살펴보는 것이 나의 목표다.

전시의 물리학자들은 장래 그들의 분야가 어떻게 바뀌리라고 상상하기 시작했을까? 물리학자들과 기술자들이 실험과 장비를 사이에 두고 어떻게 서로 영향을 주었을까? 이 분야 내에서 이론이 어떤 기능을 갖게 될 것인가? 전후 시대에 들어서자마자 물리학에서 특히 우수했던 원자핵 에멀션 방법이 어떻게 발전되어 나갔는지를 검토해보고 나서, 우리는 이제 미국 전시(戰時) 연구소마다 지니고 있는 독특한 물질문화를 재독(再讀)하는 방법으로 전쟁을 다시 해석해보고자 한다.

그렇게 하기 위해서 나는 하버드, 프린스턴, 버클리, 스탠퍼드, 위스콘신, 그리고 MIT의 물리학과 등 여섯 개의 모범적인 물리학과에 초점을 맞추기로 선택했다. 동부의 사립 대학들인 하버드와 MIT 그리고 프린스턴은 모두 레이더 프로젝트와 원자탄 프로젝트의 모든 단계에서 강력하게 관련되어 있었다. 1930년대에 사이클로트론 연구를 대규모로 육성했던 장소인 버클리는 마이크로파 연구가 가장 왕성했던 이웃하는 사립대학인 스탠퍼드와 함께 서부에 발전 가능성을 제공했다. 전쟁 전에 이미 강력한 물리학과를 구비하고 있던 위스콘신 대학 역시 전쟁과 함께 바뀌었다. 동시에 우리는 이 중서부 대학이 겪은 경험으로부터 종전(終戰)이 가까워 오면서 물자와 인원이 다른 곳으로 이동하는 바람에 겪는 좌절감의 일부도 보게 될 것이다. 각 대학은 부분적으로는 서로 다른 전쟁 경험에 의해, 그리고 전쟁 이전의 연구 양식에 의해 각각 자신의 경로를 가지고 있었다. 그렇지만 위의 여섯 대학들에게는 공통점도 많았다. 그들은 모두 갑작스러운 팽창에 직면하고, 이론 과학자와 실험 과학자 사이의 새로운 관계를 찾고, 실험 과학자와 기술자 사이에 지금까지 보지 못한 연대를 급조하고, 대규모의 중앙 집중적인 협동 연구의 시대로 이동하는 데 수반되는 어려움에 대항해야만 되었다. 그와 같은 주제에 도달하기 위해 물리학자와 기술자의 매우 다른 문화가 접촉하게 되면서 레이더 프로젝트와 원자탄 프로젝트에서 새롭게 겪게 되는 충격으로부터 시작하고자 한다. 그렇게 하고 나서 이 여섯 대학에 설치된 연구소들의 전쟁 경험에 대한 이야기로 돌아가자. 이런 역사는 (탐구 주제가 급격히 바뀌었을 때까지도) 전쟁과 전후(戰後) 연구 사이의 실질적인 연속성을 이해하는 기초와 "협동 연구"의 새로운 의미를 제공한다.

이러한 변화들이 복합적으로 작용하여 물리학자들의 연구에 대한 접근 방법의 형상을 바꾸어 놓았고, 그들의 연구소에 설치된 장비들을 근본적으로 개조했으며, 그리고 대학과 세계적인 무대에서 물리학자 자신들의 상(像)을 변화시켰다. 물리학의 문화는 이제 더 이상 전과 같지 않았다. 비록 전쟁의 경험으로부터 얻은 교훈들이 실제로 물리학의 성공을 가져온 것인지 아닌지는 아직 해결되지 않은 문제로 남아 있다고 할지라도 가장 명백하고 극적인 방식으로 전쟁은 과학으로 성취할 수 있는 것이 무엇인지에 대한 구체적인 예들을 제공해 주었다.

그러나 내가 앞으로 전개해 나가려고 하는 의미로는 레이더와 원사탄, 로켓, 그리고 근접 신관(信管)(탄두부에 장착한 전파 장치의 작용으로 목표에 근접하면 저절로 폭발하게 하는 장치를 말함 - 옮긴이) 등 주요 무기 체계가 전후(戰後) 연구의 대부분에 대한 전략을 고무하는 데 길잡이가 되는 상징을 형성했다. 말할 필요도 없이 여러 가지 측면에서 대규모 연구에 해당하는 이전 예들을 찾아볼 수 있다. 즉시 생각이 떠오르는 것으로 호의적인 재정지원을 받은 망원경이라든지, 1930년대 어니스트 로렌스가 주도한 점점 더 규모가 커진 사이클로트론, 그리고 유럽의 물리 연구소 등이 있다. 기념비적인 망원경들은 수백만 달러의 비용이 들었고, 사이클로트론을 작동시키기 위해서는 많은 사람이 필요했으며, 그리고 유럽의 몇몇 특정한 연구소들에서는 국가적 관심사와 "순수한" 과학적 관심사의 이해가 일치했다. 정말이지 특히 스탠퍼드와 버클리 같은 서부 대학들에서는 1930년대에 이미 물리학과 전기공학이 관련된 공동 노력에 의한 시설들이 출현했다. 그러나 사이클로트론과 클라이스트론에서 볼 수 있는 그러한 성공의 중요성에도 불구하고, 전쟁 이전에는 그렇게 중앙 집중적인 거대한 연구 프로젝트를 연속적으로 운영하는 것이 불가피해 보이는 그렇게 막대한 물리학-공학의 노력에 의해 만들어진 물리학의 업적은 존재하지 않았다. 그렇지만 제2차 세계대전 동안 전자기와 원자핵 물리학에 기초를 둔 무기 체계를 위한 물리학자들과 기술자들 사이의 대규모 협동은 바로 그렇게 불가피한 것들을 제공했다. 부분적으로는 이렇게 강력한 프로젝트들의 결과로, 1943년과 1948년 사이에 미국 물리학 공동체의 핵심 부분이 물리학자의 연구와 물리학자의 작업장에서 가장 이상적인 돌연변이를 받아들이게 되었다. 하나씩 잇따라 물리학과들이 고에너지 물리학 분야의 최신 연구를 지배하게 된 조직화된 연구 형식을 착상하고 싱크로트론 방사선과 우주 과학, 레이저 물리학, 그리고 플라스마 물리학 등을 포함하는 다른 영역에 점점 증가하는 영향력을 행사하기 시작했다. 이러한 변화들이 모든 곳에서 다 유리하도록 전달된 것은 아니다. 이 장과 다음 장에서 보게 되겠지만, 장비에 대한 통제와 연구 제목에 대한 통제, 그리고 점점 더 산업화되고 합리화된 작업장 자체에 대한 통제 등 통제라는 문제가 여러 번 되살아났다. 기계 설비와 그것의 물질적인 충격, 그리고 그것에 부수되는 상징적인 의미의 변화가 실험 과학자 자신의 정의에 대한 변화와 함께 찾아왔다.

2. 방사선 연구소/야금 연구소: 물리학자와 기술자

비록 수년이 넘도록 MIT의 방사선 연구소는 로스앨러모스의 원자탄 프로젝트에 산더미처럼 주어진 것에 비하면, 실로 극히 작은 배려밖에는 받지 못했다고 하더라도 방사선 연구소가 아마도 틀림없이 물리학의 전후(戰後) 발전에 더 큰 영향을 끼쳤다. (남서부 건조 지대의 메사가 아니라) 주요 연구 위주의 대학 내에 위치한 이 연구소는 전쟁에 의해 개조되었는데, 연구 활동의 심장부에 더 근접한 모범이 되었다.

미국의 레이더 연구를 적절하게 설명하자면 1930년대로 돌아가야 한다. 그러한 역사는 스탠퍼드와 벨 연구소, 해군 연구소, 그리고 수많은 다른 시설들에서의 연구를 망라하게 된다. 그러나 미국 사람들이 아무리 크게 발전했다고 하더라도 그들은 1940년 9월에 (미국인들이 만들 수 있는 어느 것보다도 훨씬 많은 양의 마이크로파 방사선을 생산할 수 있는 극비로 개발된 방사선 튜브인) 마그네트론을 가지고 온 영국 과학자 팀을 만났을 때의 충격에 조금도 대비할 수 없었다. 1940년 10월이 되자 미국 국방 연구 위원회(National Defense Research Council, NDRC)는 영국 대표단과 함께 상의해 헨리 티저드 경과 (어니스트 O.

로렌스, 배너바 부시, 그리고 칼 컴프턴을 포함하는) 일단의 미국의 고위 과학자들의 지도 아래 주요, 중앙 집중식의, 민간이 운영하는 연구소에 대한 계획을 수립하기 시작했다. (뉴욕의 변호사이자 과학자인) 앨프리드 L. 루미스, (MIT에서 온) E. L. 볼스, 그리고 (연구소의 과학 담당 소장으로 지명된) 리 A. 두브리제 등을 포함하는 개인들이 핵심으로 구성된 이 기업체의 명칭을, "별로 유익하지 않은" 원자핵 물리학에 전념하는 버클리 방사선 연구소에 대한 빈정거림으로 방사선 연구소라고 징했다. MIT에 설치된 이 연구소는 1940년대 말에 약 30명의 물리학자와 세 명의 경호원, 그리고 한 명의 비서를 채용했다. 다음 해에 이 연구소가 성장하면서 조준용 레이더나 공중 요격 장치 등과 같은 다른 차원의 레이더 장치의 원형(原型)들을 제작하기 시작했다. 요원들은 몇 가지 전문화된 연구 단위 사이를 쉽게 이리저리 이동했다.[5]

1941년 12월 7일 일본이 진주만을 파괴하자 방사선 연구소의 기구와 임무에 대해 준엄한 논쟁이 촉진되었다. 갑자기 그동안에는 소그룹과 위원회가 임의로 구성된 것에 대해 의문이 제기되고, 참가자들이 어떻게 서로 영향을 줄 수 있고 주어야 하는가라는 개념을 역사학자들이 파악할 수 있는 견해를 제공했다. 그 순간의 위기 속에서 산업계와 학계 사이의 그리고 기술, 이론, 실험 사이의 서로 다른 문화가 만났다. 그리고 거기서 드러난 관계는 바로 수년 뒤에 영국의 에멀션 전문 위원회의 활동에서 묘사되는 관계와는 아주 다르게 보였다.

1942년 3월, MIT의 전기공학 분야 연구자이고 (레이시온[Raytheon, 미국의 항공우주 회사로 방위산업으로 유명함 – 옮긴이]의 부사장인) 프레더릭 델렌바우는 연구소가 어떤 기능을 가져야 하는가에 대해 그가 이해한 것을 간략히 설명했다. 그는 역사적으로 정부기관과 교육기관, 산업기관, 그리고 군사기관 등 적어도 네 종류의 조직이 존재한다고 말하면서 시작했다. 그는 "처음 두 개는 변화를 억제하거나 최소한 지극히

5) 구어락, 『레이더』(1987), 253~303쪽.

완고하도록 조성되었다"라고 빈정거렸다.[6] 레이디온에서 겪은 그의 경험이 분명하게 만들어 준 것처럼 "마지막 두 개 사이에는 …… 많은 공통점이 있는 것처럼 보인다."[7] 더 오래된 군사 구조와 더 오래된 산업 구조는 모두 "직선상으로" 권위를 구축했다. 벨 전화 연구소는 산업 쪽에서 그러한 배열을 대표할 수 있었다. 델렌바우는 나폴레옹이 참모 조직을 활용한 첫 번째 사람이지만 해군에서 그렇게 하지 못했기 때문에 이집트에서 비참한 참패에 이르게 되었다고 주장했다. 델렌바우는 폰 몰트케가 그의 관료 체제의 신개념을 완성함으로써 나폴레옹이 얻은 군사적 이득을 역전시켰을 때 프로이센-프랑스 전쟁에서 참모 체제가 어떻게 결국 승리를 얻게 했는지 연관시키면서 군사 대 산업에 대한 역사 설명을 계속했다.

미국 사람들은 세기가 바뀌면서 당시 육군 장관이었던 엘리후 루트가 점령하고 있던 제도(諸島)를 보호하기 위해 미국 육군을 재조직했을 때 그 선례를 따랐다. 델렌바우에게는 산업체의 유명한 자문 변호사였던 루트가 육군의 재조직을 단행한 사람이었다는 것이 전혀 놀랍지 않았다. 그러나 한 번 더 델렌바우는 독일이 조직 면에서 공세를 취했다고 경고했다. 비록 독일 정부는 전체주의적이었지만, 그들의 전쟁 조직과 산업 모두에서 시행되는 소단위 자치권은 나치에게 대단한 힘을 부여했다. 그들의 비결은 수많은 소단위를 대등하게 조화시키는 데 있었다.[8]

이제 물리학자들과 기술자들이 독일로부터 교훈을 배우기에 꼭 알맞은 때였다. "방사선 연구소를 계획하는데 현대 군사 조직이 좋은 본보기가 될 것처럼 보였다." 델렌바우는 작전이 경영과 동의어이고 전술이 집

---

6) 델렌바우, 「주제: 직원 조직」, Group VIII-기술, 1942년 3월 13일, 자료 「재조직」, 상자 59, RLP.

7) 델렌바우, 「주제: 직원 조직」, Group VIII-기술, 1942년 3월 13일, 자료 「재조직」, 상자 59, RLP.

8) 델렌바우, 「주제: 직원 조직」, Group VIII-기술, 1942년 3월 13일, 자료 「재조직」, 상자 59, RLP.

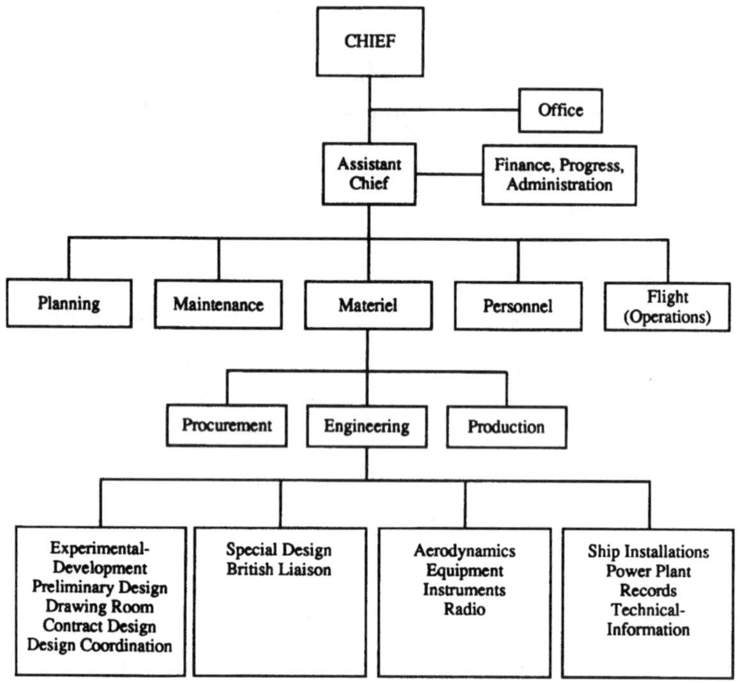

〈그림 4.1〉 미 해군 항공학국 참모 조직(1942). 델렌바우가 손으로 스케치한 것에서 다시 그린 것임. 출처: 델렌바우, 「주제: 직원 조직」, Group VIII-기술, 1942년 3월 13일, 자료 「재조직」, 상자 59, RLP.

행과 동의어라고 선언했다. 연구소장 또는 사령관은 "참모장" 역할을 하는 부소장을 갖고 있어야만 했다. 참모장 아래에는 소장의 지시 사항을 집행하는 참모들이 있어야만 했다. 델렌바우에 의하면, 방사선 연구소가 현재 실패하는 이유 중 하나는 바로 그러한 참모장이 없다는 데 있다. 또한 육군의 본보기를 따라 연구소도 육군이나 해군과 꼭 마찬가지로 "작전"을 지시할 부참모장을 갖고 있어야만 했는데, 방사선 연구소에서 작전은 연구와 개발을 의미했다.

어떤 의미로 델렌바우는 한번에 그리고 동시에 어휘를, 관료 제도를,

그리고 그것과 함께 군사-산업적 행동의 역사에 대한 그의 이해를 재현하도록 과학적 기술 작업의 기풍을 창조하려고 시도했다. 물리학자와 기술자, 그리고 연구소 행정가들에게 나중에 "방사선 연구소 문화" 또는 "방사선 연구소 철학"이라고 알려진 것에 깊이 흡수되어 모두가 이러한 요소들로부터 시작했고, 각 부처의 경계를 넘어 자유롭게 이리저리 이동하는 것을 배웠던 어휘 목록을 채택하기 시작했다.

작전 :: 경영
전술 :: 집행
사령관 :: 연구소장
참모장 :: 부소장
참모 :: 참모
부참모장 :: [방사선 연구소에서 필요한 직책]
작전 :: 연구와 개발 임무

델렌바우의 연구소에 대한 개념의 재정립은 더 계속되었다. 육군과 해군의 참모 구조가 어떻게 대표되는지를 개략적으로 그린 뒤(〈그림 4.1〉과 〈그림 4.2〉를 보라) 방사선 연구소에 대응하는 것(〈그림 4.3〉을 보라)을 제안하면서 "경영 조직에 대한 공통된 비판은 하는 것에 너무 많이 관심을 기울이고 규제된 계획 세우기에 너무 적은 관심을 기울인다"라고 주장하는 것으로 종결했다.[9] 방사선 연구소는 좀더 많은 규제를 필요로 했다.

규제된 계획 세우기를 이행하기 위한 델렌바우의 권고에 대한 비난의 목소리는 별로 없었다. 그러나 그러한 행정 구조가 어떻게 기능을 발휘할 것인지에 대한 합의도 별로 없었다. 한쪽에는 완전한 무기 체제 주위

---

9) 델렌바우, 「주제: 직원 조직」, Group VIII-기술, 1942년 3월 13일, 자료 「재조직」, 상자 59, RLP.

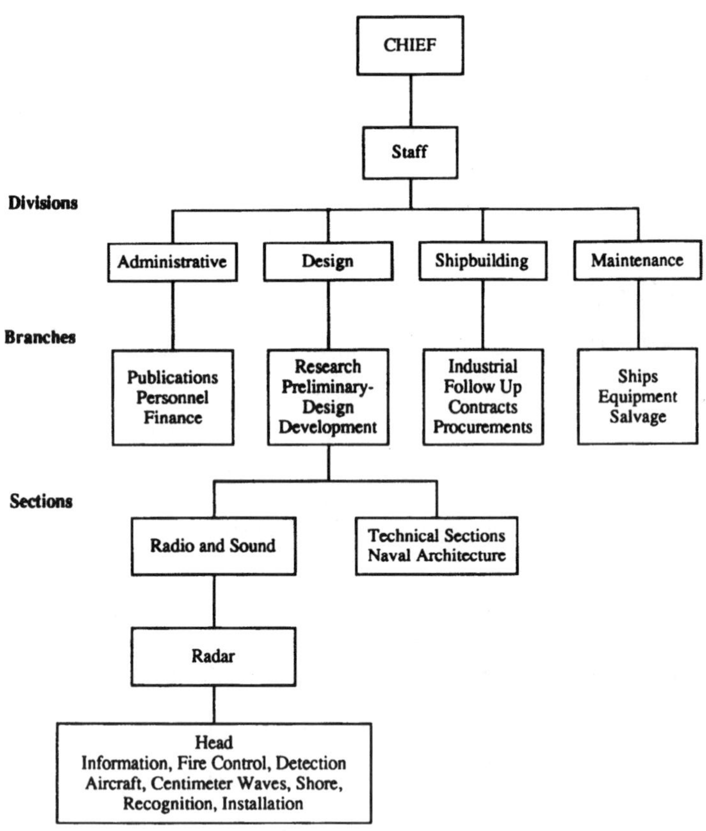

〈그림 4.2〉 미 해군 선박국 참모 조직(1942). 델렌바우가 손으로 스케치한 것에서 다시 그린 것임. 출처: 델렌바우, 「주제: 직원 조직」, Group VIII-기술, 1942년 3월 13일, 자료 「재조직」, 상자 59, RLP.

에 구축된 "수직적" 조직을 주창하는 사람들이 있었다. 그렇게 주창하는 사람들 중에서는 공수(空輸) 레이더를 책임지는 사람들이 있었다. 그들은 완전한 체제에 대해 절대적으로 통제하지 못하는 것을 두려워했지만 그들이 알루미늄 도파관(導波管)과 알루미늄 새시, 그리고 마그네슘 부품을 포함해 경량 구조로 제작된 장치를 필요로 한다는 데는 별로 관심을 갖지 않았다.[10] 마이크로파 장치의 이러한 구성 요소인 물질적 대상

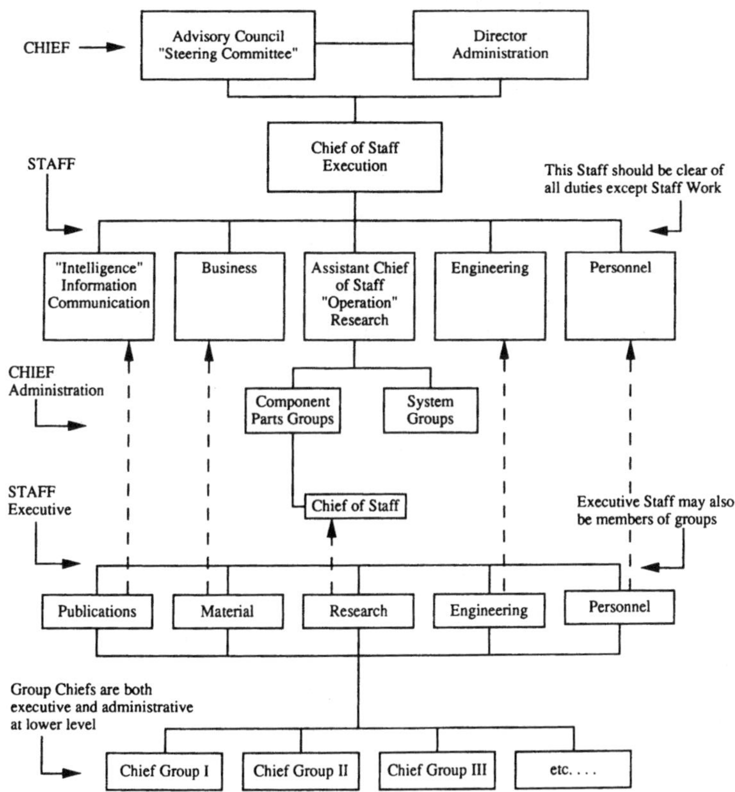

〈그림 4.3〉 MIT의 방사선 연구소 입안된 참모 조직(1942). 군사 조직과 산업 조직에 대한 델렌바우의 견해를 직접적인 본보기로 하여(본문과 〈그림-4.1〉과 〈그림 4.2〉를 보라) 방사선 연구소에 대한 그의 계획이 그가 손으로 희미하게 그린 스케치를 여기에 다시 그려 놓았다. 출처: 델렌바우, 「주제: 직원 조직」, Group VIII-기술, 1942년 3월 13일, 자료 「재조직」, 상자 59, RLP.

은 경영과 개념적인 통제에 대한 이러한 질문들과 분리될 수가 없었다. 가장 극단적인 수직적 제안은 E. G. ("테피") 보엔이 내놓았는데, 그는

10) L. A. 두브리제, T. A. 파렐 주니어의 입회 아래 H. E. 구어락과 가진 회견, 1945년 12월 20일, 자료 「회견」, box 59, RLP.

영국에서 레이더 개발을 도왔던 사람으로 영국에서는 그러한 작업이 산업의 본보기를 따라서 수행되었다. 1942년 1월 30일에 보엔은 방사선 연구소의 운영 위원회에 레이더 체제를 지상과 해상, 그리고 항공에 대해 각각 하나씩 세 개의 서로 다른 연구소로 나누어 노력을 경주해야 한다고 역설했다. 각 연구소는 1,000명의 인원을 지원하고 (1) 연구, (2) 개발, (3) 기술 설계, (4) 소규모 생산, (5) 설치, (6) 훈련, (7) 유지 및 보수, 그리고 (8) 운전자 훈련 등으로 구성된 각 부서마다 대략 125명씩을 할당하게 된다. 각 연구소에는 각 체제를 운전하고 유지하기 위해 훈련된 인원과 함께 주어진 어느 한 체제마다 대략 50개의 작업 단위가 따라온다.[11)]

루이스 리데누어는, 보엔이 제안한 접근 방법이 지닌 위험은 기술 문제가 커짐에 따라 반드시 연구와 개발을 바꾸어 놓아야 할지도 모르는 것이라고 반대했다. 심지어 큰 회사들도 생산에서 압박을 받으면 그러한 재편성에 직면하게 되었으며, 리데누어의 견해에 의하면, "우리는 방사선 연구소 자체에서 미시 우주적인 방법으로 이와 동일한 과정이 일어나는 것을 …… 우리가 주어진 종류의 장비 다섯 개 그리고 열다섯 개 그리고 쉰 개를 설계하고 제작하고 설치하려 했을 때 이미 보았다." 그의 견해로는 항공용으로 국부 발진기 또는 방향 지시기를 한 곳에서 생산하고, 그렇게 하고 나서 해상용으로 다른 것을 또 생산하고, 그렇게 하고 나서 지상용으로 또 다른 것을 생산하는 것이 이치에 닿지 않았다. 만일 제대로 만들었다면, "뜨거나 날거나 또는 트레일러에 붙어 있으면서도 잘 작동되도록 제작되었어야 한다." 항공용인 AGL-1 체제는 단순히 지상에 기지를 둔 발사 통제 레이더인 XT-1(SCR-584)을 수정한 것에 불과했다. "3조로 나뉜 부서는 기술 설계나 설치 등과 같은 경우에는 바람직할 수도 있지만, 연구와 개발에 관해서는 그러한 것을 변호할 여지가

---

11) 루이스 N. 리데누어, 「전쟁 노력에서 방사선 연구소의 위치에 대한 비망록」, 1942년 2월 2일, 자료 「재조직」, box 59, RLP.

없다." 리데누어에게는 부품이나 또는 전체 체제를 채택하는 것과 관계없이 연구를 기술로부터 분리시키자는 것이 해답이었다. 리데누어가 선택한 아래의 은유(隱喩)가 암시하는 것처럼 단순히 미묘한 조직 문제보다도 더 중요한 것이 위태로웠다.

순수함을 지키는 것과 연구의 자율성은 레이더를 향한 노력이 성공하는 데 필요한 선행 조건이었다. "전쟁의 노력에서 방사선 연구소가 수행할 수 있는 가장 중요한 봉사는 부품에 대한 계속된 연구와 체제의 개발을 위해 연구소의 인원을 언제나 이용할 수 있도록 생산에 의해 악용되는 것으로부터 자신을 완전히 자유롭게 지키는 일이 될 것이라는 가능성이 상당히 높다. 그뿐 아니라 산업계의 회사에 속한 기술자에 의해 제대로 설계될 수 있는 어떤 체제라도 방사선 연구소에 의해 설계되어야 할지는 의문이다."[12] (리데누어에 따르면) 기술과 생산의 가치는 융통성을 가지고 있고 자율적인 연구에 정면으로 대립된다.

델렌바우는 동의하지 않았다. "연구소에서의 기술은 명확히 정해진 기능이며 그리고 …… 기술 활동의 서로 다른 단계를 조정하기 위해 연구소장의 참모 중에 기술직 간부가 있어야만 한다." 기술의 양은 연구소의 활동(50퍼센트 이상)에서 그렇게도 필수적인 부분이며 그것을 분리시킨다면 비생산적이 될 것이다. 실제로 그보다 여덟 달 전에 델렌바우는 연구소의 각 부서에 기술 연락원을 임명하도록 추천했고, 기술에 관한 전문 지식에서 이러한 확산이 시행되었다. 이러한 "기술상의 핵"이 이제 산업과 생산 사이의 점점 더 증가하는 긴밀한 연결을 촉진하는 데 활용될 수 있었다. 좀더 일반적으로 연구소는 곧 표준을 수립하고 검사 방법을 도입하고 실험용 조립대에서 폭격기로 지식을 순조롭게 이동시키기 위해 "상업적인 관례"를 채택하는 것이 필요하게 될 예정이었다. 델렌바우에게 그러한 임무들은 그의 동료에게 보인 것처럼 "악용"되는

---

12) 루이스 N. 리데누어, 「전쟁 노력에서 방사선 연구소의 위치에 대한 비망록」, 1942년 2월 2일, 자료 「재조직」, box 59, RLP.

것이 아니었다. 실제로 그는 기술에 대해 다음과 같은 방법으로 전해지는 순수한 것과 응용된 것 사이의 지배력 관계에 대한 매우 다른 개념을 가득 담고 있는 남성과 여성을 붙인 정의를 만족스럽게 인용했다. "기술은 명예와 호의에서 그녀(과학)를 뒤따르는 과학의 하녀이지만, 유용한 것과 물질적인 것을 걱정하는 생활의 실제적인 허드렛일을 돌보는 하녀이기도 하다."[13]

밀턴 G. 화이트는 유용한 것과 물질적인 것 모두 찬성했지만, 그 체제의 "기본 요소"가 준비될 때까지 "하녀"가 기다리기를 원했다. 연구소의 다섯 번째 부서(송신기 부품)의 책임자로서,[14] 그는 부품 그룹의 자율성을 주문했다. 그는 각 체제가 자신의 부품을 개발할 수 있다는 것이 사실이라고 인정했지만, "새로운 회로와 일반적인 레이더 철학을 훨씬 더 신속하고 훨씬 더 쉽게 전파할 수 있는 방법은 대부분의 완전한 체제에서 찾아볼 수 있는 그렇게 기본적인 요소들을 한데 묶는 것이다. 이것이 연구소의 역사적인 시작으로 매우 논리적으로 옳은 것이다."[15] 대학 연구에 몰두하고 있는 물리학자의 목소리로 말하면서 그는 "상당히 긴 프로그램과 관련된 기초적 연구는 어느 정도의 영속성을 보장받고 비행기나 배 또는 트럭의 도착에 따라 정해지는 마감일로부터 자유로움을 누리는 그룹에 의해서만 수행될 수 있다"고 주장했다. "그러한 기초 연구는 만일 기존의 장치가 갖는 특성적 성능에서 조금이라도 주의를 끄는 개선이 달성된다면 꼭 계속되어야만 한다." 물론 그러한 자율성이 "적을 찾아 파괴"하는 대가로 얻을 수는 없는 것이지만, 새로운 전술상의 체제는 "블랙박스"인 구성 요소로서 기본적인 부품을 가지고 기술적으로 제작될 수 있었다. 그 체제가 기능을 발휘하기 위해 물리학자들은 그들의 부

---

13) 델렌바우가 화이트에게, 「기술 그룹의 역할」, 1942년 3월 14일, 자료 「재조직」, box 59, RLP.

14) 부서의 책임자들은 구어락, 『레이더』(1987), 293쪽, 295쪽에 나와 있다.

15) 화이트, 「연구소 조직에 대한 한 가지 제안」, n. d. [아마도 1942년 1월~2월경], 자료 「재조직」, box 59, RLP.

품인 증폭기나 국부 발진기를 단순히 조립대 상태로 내버려둘 수 없음을 깨달았다. 각 그룹의 연구자들 중 일부는 신뢰할 수 있는 기계를 생산하는 것을 그들의 주된 업무와 흥미로 삼아야만 했다.

화이트는 "좀더 좋은 조건이 결여되어 있기 때문에 우리는 이러한 사람들을 기술자라고 부를 수 있다"라고 덧붙였다. 그것은 상당히 중요한 구분이었다. "물리학자가 보통 그렇듯이 제작 방법의 세부 사항에 대해 훈련받지 않고서 개발의 나중 단계를 다룰 수 있으리라고 기대하면 안 된다. 그는 그런 것을 좋아하지 않으며, 더 나쁘게는 어쩌면 서투른 솜씨로 실패하고 말지도 모른다. 반면에 개발 기술자는 설계에서 많은 약점들을 밝혀내고, 구할 수 없는 특정한 물질을 찾아 대체할 것을 요구하며, 제작을 간단히 하여 제작 기간을 단축할 방법을 알아낼 것이다."[16] 때로는 기술에 대한 비판자가 (물리학자인) 발명가에게 더 나은 신기술을 개발하도록 부추길 수도 있다. 다른 때는 기술자 자신들이 그 문제를 수정할 것이다.[17] 화이트와 리데누어, 그리고 델렌바우는 모두 공학과 물리학 사이의 새로운 생활 양식을 고안해 내기 위해 분투했다.

그렇지만 전투라는 잔인한 조건 아래서 그 장치가 어떻게 작동할지 이해해야 할 때가 되면 기술자나 물리학자 누구도 충분하지 않을 것이다. 화이트는 1942년 초에 바로 그곳에서 역시 또 다른 종류의 일손인 기사(技士)의 전문적 지식이 필요하게 된다고 주장했다. 왜냐하면 "그 장치가 [기초 설계와 기술적인] 그러한 단계를 통해 합격하고 마침내 훌륭한 검정 도자기 상자로 모습을 나타낸 뒤라고 할지라도 아직 작업이 끝나지 않았기 때문이다. 두 번째 또는 세 번째 장치가 의심할 줄 모르는 고객에게 도달될 때까지 첫 번째 상자는 불만이 끊이지 않는 말썽꾸러기가 되어 있을지도 모른다. 어떤 사람이 만일 장치를 조종하는데 그 장치

16) 화이트, 「연구소 조직에 대한 한 가지 제안」, n. d. [아마도 1942년 1월~2월경], 자료 「재조직」, box 59, RLP.
17) 화이트, 「연구소 조직에 대한 한 가지 제안」, n. d. [아마도 1942년 1월~2월경], 자료 「재조직」, box 59, RLP.

가 망가질지도 모르는 조종상의 조합이 한 가지라도 존재한다면, 그 장치는 반드시 망가진다는 소박한 사실을 잊어버렸다. 그래서 이제 점검과 수리가 부품 그룹의 기능이 되었다." 만일 부품 그룹이 적절한 점검을 제공하는 데 실패한다면, 전투 그룹은 실패해서는 안 된다. 그리고 만일 수리(修理) 기능이 부품 그룹의 권한에서 벗어날 예정이라면, 그것은 "생활의 구차한 사실들 중 일부로부터 연구와 개발을 분리"시키는 셈이 될 것이다. 이와 같은 "철학"을 따라 화이트는 그러한 첫 번째 고장이 일어났을 때 그와 같은 것을 보장할 수 있도록 "그 장치를 처음 설계한 부품 요원이 가까이 있게 될 것이다"라고 믿었다. "그 사람은 그 계획을 설계한 기술자와 협력해 현장에서 모든 어려움들을 극복할 것이다."[18)]

공학과 물리학 사이의 협력과 마찰이 그렇게 동시에 일어나는 것이 결코 방사선 연구소에만 제한되지 않았다. 나라 전체에 걸친 연구소에서 물리학자들은 기술자의 생활이 지닌 "현실"에 직면하지 않을 수 없었다. 원자탄 프로젝트에서 한 예를 고르자면, 시카고의 야금 연구소에서도 역시 경계 문제가 널리 충만해 있었다. 야금 연구소의 운영을 책임지고 있던 (그리고 폭탄에 필요한 플루토늄을 생산하던) 뒤퐁은 전쟁 전 나일론의 성공적인 생산에 기초를 두고 전쟁 연구를 수행했다.[19)] 특히 뒤퐁의 "산업 문화"는 물리학자들보다는 회사가 어떻게 연구소에서 공장으로 적절하게 진행시키는지를 안다는 가정을 포함하고 있었다. 이번에는 물리학자와 기술자 모두의 시각으로 본 견해를 따라가 보자.

야금 연구소에 속한 "이론 그룹"의 책임자인 유진 위그너는 P-9이라는 코드명을 가진 플루토늄 생산을 위해 설계된 새로워진 더 좋은 원자로의 제작을 더 빨리 진척시킬 능력이 없다는 데 실망하고 화나 있었다. 1942년 11월 20일자 「우라늄 프로젝트에서 과학 조직과 산업 조직 사이의 관계에 대하여」라는 제목의 반론을 위한 메모에서[20)] 위그너는 그

---

18) 화이트, 「연구소 조직에 대한 한 가지 제안」, n. d. [아마도 1942년 1월~2월경], 자료 「재조직」, box 59, RLP.

19) 하운셀, 『과학』(1988); 또한 그의 「뒤퐁」(1992)을 보라.

의 견해를 명백히 했다. 그것은 기술자들에게 이론 과학자의 통찰력이 절대적인 중심의 위치를 지니고 있음을 인정해달라고 요청하는 것이었다. "이러한 과정[원자핵 분열]은 현재로서 단지 과학자들의 마음속에만 존재하는 것이며 어느 '실제' 사람도 그것에 대한 어떠한 경험도 갖고 있지 못함을 잊어서는 안 된다. 이번 경우에는 경험이 이론을 만들어내는 것이 아니라 이론이 경험을 만들어낸다." 그는 왜 그와 그의 동료들이 의사 결정에서 좀더 중심적인 역할을 맡지 못한 이유에 관해 두 가지 설명을 제의했다. 첫째는 뒤퐁 기술자들이 단순히 외국인에 대한 편견을 품고 있다는 것이었다(위그너는 헝가리 사람이었고 그의 동료들 중 많은 이들 또한 외국 출신이었다). 좀더 있음직하기로 위그너는 그 이유로 과학자가 "실제적인 일들"을 다룰 능력이 없다는 훨씬 더 깊은 편견을 가지고 있기 때문이었을 것이라고 믿었다. (위그너가 반박하기를) 그러한 믿음은 전혀 근거가 없었다. "우리가 다루는 과정[핵분열]은 고대 그리스 시대로부터 알려져 왔고, 과학이 상대적으로 단지 작은 부분밖에 기여하지 못한 가죽을 무두질하는 것과 같은 일이 아니다. 그러한 경우 실제 경험을 가진 사람에게 지도적인 지위를 맡기는 문제를 매우 진지하게 논의해볼 수 있다. …… 그와는 대조적으로 우리의 과정은 과학자가 발명했고 오로지 과학자만 알고 있으며 어떤 단계에서든 과학자가 아닌 다른 사람에게 책임을 맡기는 것은 부자연스럽고 해로울 뿐이다."[21]

기술자들에게 원자로의 개발이나 핵폭발 물질의 생산을 맡기는 것을 허용할 수는 있다고 할지라도 (위그너에 따르면) 그들에게만 독점적으로 책임을 부여하는 것은 절대적으로 옳지 않았다. 위그너의 불평은 몇 달 동안 더 계속되었다. 그는 P-9과 관련된 핵심 결정으로부터 제외되었고, 뒤퐁은 원자핵 산업을 독점하려 했으며, 그리고 뒤퐁은 자신들의

20) 위그너, 「우라늄 프로젝트에서 과학 조직과 산업 조직 사이의 관계에 대하여」, 1942년 11월 20일, box 「맨해튼 프로젝트」, EWP.

21) 위그너, 「우라늄 프로젝트에서 과학 조직과 산업 조직 사이의 관계에 대하여」, 1942년 11월 20일, box 「맨해튼 프로젝트」, EWP.

이해관계 때문에 원자탄 프로젝트를 늦추고 있었다.[22)]

상당한 인기를 누리던 실험 물리학자로 배너바 부시가 연쇄 반응과 무기 이론 분야의 책임자로 임명했던 아서 컴프턴은 다시 위그너에게 연쇄 반응에 대한 책임을 맡겼다. 1942년 10월에 컴프턴은 이론과 공학, 물리학, 그리고 화학 사이에 "직접적인 접촉"을 수립하자고 재촉했는데, 그가 〈그림 4.4〉에 분명히 한 것처럼 "조정 작업"은 하루 단위로 이루어졌다.[23)] 이 이론 과학자를 진심으로 존경했지만, 그러나 컴프턴은 위그너가 발표하는 내용에 대해 점점 더 경계심을 갖게 되었다. 결국 컴프턴은 1943년 7월 23일자로 위그너에게 단지 몇 개의 폭탄에 한정된 것이 아니라 대량생산을 하기에 충분한 양의 핵분열 물질을 생산하는 책임을 뒤퐁에게 부여했음을 상기시키는 강경한 메모를 발부했다. 그는 위그너에게 산업과 협력하라고 강조했다. "국가는 우리 과학자들을 신임하고 있다. …… 이제 우리는 여느 때와는 다른 능력을 갖고 있음을 알게 되었다. 만일 우리가 우리 앞에 연속적으로 부각되는 공동의 관심사인 목표를 가지고, 산업과 협력하고 전쟁 조건에 잘 적응할 수 있음을 보인다면, 이상적인 세계를 구현하는 데 어느 때보다도 더 많은 책임 있는 위치를 구가할 수 있을 것이다."[24)]

눈앞에 놓인 문제는 실질적인 것이었다. 원자로 주위에 건식 차폐와 습식 차폐 중 어느 것을 이용해 프로젝트를 추진할 것인가? 기하적 조건에 따른 열팽창의 변화가 투과하는 감마선과 중성자 방사선의 예정 산출량을 어떻게 바꿀 것인가? 일반적으로 위그너는 P-9 원자로를 먼저 건조한 다음 그것을 수정하는 쪽을 지지했다. 그는 시험용 실험을 수행한 뒤에야 비로소 무엇이 제대로 작동하고 무엇이 잘못되었으며 무엇을 개선할 수 있는지 알아낼 수 있다고 믿었다. 그뿐 아니라 원자핵 물리학

---

22) 컴프턴이 위그너에게, 1943년 7월 23일, box 「맨해튼 프로젝트」, EWP.

23) 컴프턴이 무어와 앨리슨에게, 「기술과 연구의 조정」, 1942년 10월 22일, box 「맨해튼 프로젝트」, EWP.

24) 컴프턴이 위그너에게, 1943년 7월 23일, box 「맨해튼 프로젝트」, EWP.

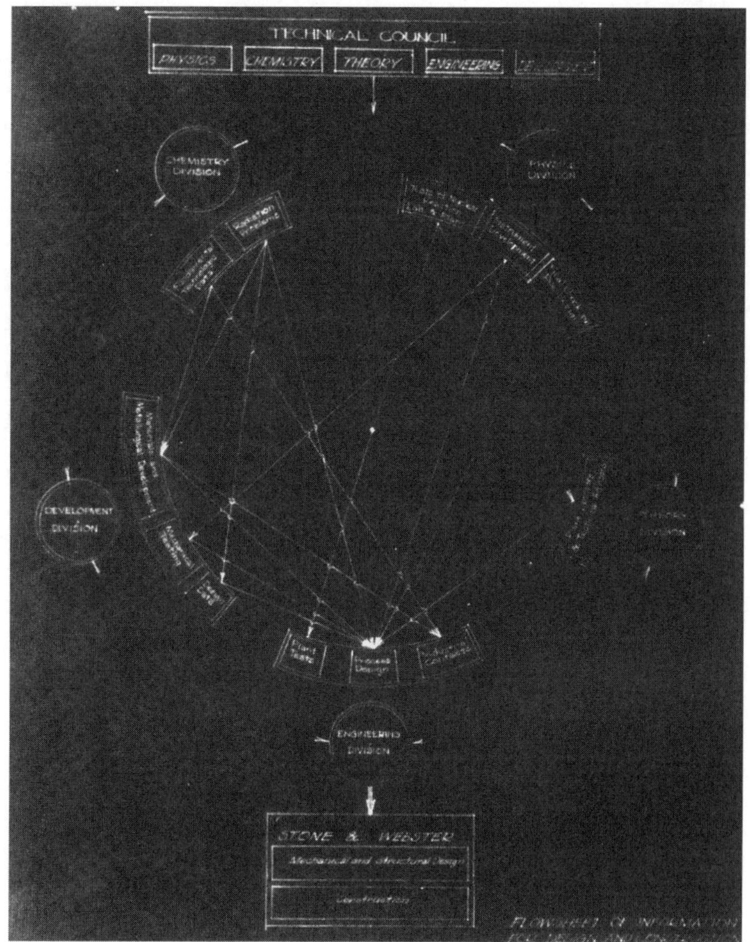

〈그림 4.4〉 원자탄 프로젝트 정보 흐름도(1942). 플루토늄 프로젝트에서 컴프턴은 10억 달러가 소요되는 노력을 구체화할 의견과 자료를 분배하는 중심 역할을 이론 부서에게 맡겼다. 정보의 흐름은 물리학 부서("핵반응 실험실 & 제조 공장의 시험")로부터 이론 부서로 전해지고 그곳으로부터 공학 부서("과정 설계")로 이동한 다음 즉시 스톤 & 웹스터 사의 "역학적 그리고 구조적 설계와 건조"에 착수했다. 비슷하게 물리학 부서는 개발 부서와 공학 부서, 그리고 이론 부서 등과 직접 접촉했다. 이와 같은 종류의 복잡한 의견 교환 관계에 의해 새로운 기술과 새로운 국지적 언어 그리고 새로운 상호작용의 장소들이 만들어졌고, 그렇게 하는 과정에서 물리학자들이 자신들과 자신들의 분야를 보는 눈이 새롭게 바뀌었다. 출처: 컴프턴이 무어와 앨리슨에게, 1942년 10월 22일, box 「맨해튼 프로젝트」, EWP. 프린스턴 대학 도서관 유진 위그너의 논문들, 문헌 부서, 희귀본 및 특별 소장품 부서.

은 핵물리학자들에게 맡기는 것이 가장 좋으므로 필요한 모든 것을 기술자들에게 가르치려고 시도하는 것은 시간만 허비할 뿐 아니라 궁극적으로 비생산적일 것이었다. 이러한 접근 방법이 뒤퐁의 기술자이자 플루토늄 프로젝트의 책임자인 크로퍼드 H. 그리니월트에게는 완전히 거꾸로 먹혀들어 갔다. 그는 기술자들에게 그들이 알아야 할 것을 가르치고, 처음부터 제대로 된 설계를 통해 작업하기를 원했다. 그들 사이의 수많은 곤란한 의견 교환 중 하나를 마친 뒤 그리니월트는 1943년 3월에 다음과 같은 편지를 위그너에게 보냈다. "나는 우리의 철학이 성공의 철학인 데 반해, 당신의 철학이 실패의 철학이라고 생각한다. 우리는 우리가 앞으로 건조할 원자로가 만족스럽게 작동할 것이며, 그 뒤에 건조할 원자로에 대해서도 이러한 양식에서 벗어나야 할 이유가 별로 없다고 확신한다."[25] 테네시의 클린턴에 위치한 시험 공장이 1943년 11월에 임계값을 넘겼고, 워싱턴의 핸퍼드에 위치한 본격적인 공장도 1944년 9월에 역시 임계값을 넘겼다.[26](임계값을 넘겼다는 것은 원자로에서 핵분열이 계속해서 일어날 수 있게 되었다는 의미임 – 옮긴이)

플루토늄 생산 방법을 개발하는데 그리니월트는 회사가 사업의 확장을 추구할 때는 중간 단계들, 즉 "반(半)작업"이 확립되어야만 한다는 확실한 방법을 채택했다. 이러한 반(半)작업들은 시험관과 공장 사이에서 조정되었다. 이 반(半)작업들은 원리를 입증하자는 차원이 아니라 생산 공정에서 공학적 기술 방식의 결점을 제거하자는 목표로 수행되었다. 맨해튼 프로젝트에 참가하는 많은 물리학자들에게는 규모 면에서 단계적인 증진이 확장되는 동안 제대로 작동할 것이 분명한 계획을 지연시킬 뿐인 사치처럼 보였다. 만일 물리 법칙이 공학적인 실제 상황과 대립되면, 양보는 기술자가 해야만 되었다(물리학자들은 그렇게 믿었다). 초기 방사선 연구소의 물리학자들이 항공이나 지상 또는 해상에서 사용하기

25) 그리니월트가 위그너에게, 1943년 3월 29일, box 「맨해튼 프로젝트」, EWP.
26) 호드슨 외, 『임계 조립』(1992), 38쪽.

위해 한 가지의 송신기만 이용하는 것이 반드시 능률적이지 않을 수도 있다고 예상하기가 어려웠던 경우와 꼭 마찬가지로 야금 연구소의 물리학자들도 순수 연구가 산업적 비율로 확대되면 장애를 만날 수 있을지 모른다는 생각에 주저했다. 그리니월트의 전시(戰時) 일지(日誌)에서 기밀 취급이 해제된 부분을 보면 그가 시카고 물리학자들을 대처하기에 얼마나 어려워했는지 알 수 있다.

물리학자들은 그리니월트가 강압적이라고 생각했지만, 1942년 12월에 그리니월트가 처한 입장에서 보면 그가 함께 작업하지 않을 수 없었던 과학자들에 대한 통제가 부족했던 것이 그의 첫 번째 어려움이었다. "내가 작업하기로 된 계약이 가장 어려웠다. 나에게는 시카고 패거리들에 대한 명령권이 주어지지 않았다. 그러나 나는 그 문제를 대인관계상의 요령과 때에 따라 적당한 일을 하고 한꺼번에 너무 많은 일을 추구하지 말라고 간청하는 방법으로 해결했다. 얼마나 어려운 일이었던지! 다행스럽게도 컴프턴이 멋진 친구이기 때문에 일이 잘 될 수도 있을 것이다."[27] 뒤를 이은 며칠 동안의 추가 접촉은 두 집단의 준(準)자치권이라는 그리니월트의 판단을 강화해 주었을 뿐이었다. 그 자치권은 대규모 산업적 이해관계에 대해 한 목소리를 내는 권력 구조에 익숙한 사람의 마음을 혼란스럽게 할 것이 명백했다. 그가 1942년 12월 22일에 말했던 것처럼 "내가 물리학자들의 '우두머리' 역할을 성공적으로 수행할 수 없음은 명백하다. 그러한 우두머리 역할은 그들 모두가 매우 존경하는 컴프턴만 할 수 있다. 나는 그에게 우리가 신속하게 필요로 하는 자료의 주요 사항 중 일부에 대한 개요를 설명해 주었다."[28]

이러한 마찰도 역시 순수하게 두 가지 서로 상이하고 독립적인 계급 제도의 결합 때문에 발생했던 것은 아니다. 물리학자들은 그들 노력의 성격에 대해 기술자가 내리는 판단과는 다르게 스스로 분명히 분별할

---

27) 그리니월트 일지(日誌), 1942년 12월 19일, HML.
28) 그리니월트 일지(日誌), 1942년 12월 22일, HML.

수 있었다. 한 번 더 그리니월트의 말을 빌리면 다음과 같다. "컴프턴은 '과학적' 연구와 '산업적' 연구 사이의 차이에 대해 독특한 생각을 가지고 있다. 나는 그 차이가 실제로 존재하기보다는 오히려 전문 용어 탓이 더 많다는 점을 그에게 확신시키기 위해 설득 작업을 시작했는데 그렇지만 더 계속해야 할 것이다."[29] 놀라운 일은 아니지만 타고난 물리학자들은 계속 고집을 부렸고, 그리니월트의 설득 작업은 결코 성공하지 못했다. 그룹들 사이에는 단지 말로만 차이가 존재한다는 그의 단언에도 불구하고, 그는 원자로에 이용될 송풍(送風)식 냉각 장치를 위한 물리학자들의 연구에서 부적절한 지도력과 구조에 대해 화를 내면서 거침없이 이야기했다. 말이나 행동이나 가치는 쉽게 갈라지지 않는 것처럼 보였다. 그리니월트는 다음과 같이 말했다. "하역과 분류에 대한 장치가 아직 전혀 마련되지 않았다. 작업 공정도(工程圖)도 없고 운영을 위한 책자와 안내서도 없다. 뒤퐁이 무엇을 할 예정인지에 대해 분명한 생각도 없다. 지옥이다!! 제일 먼저 할 일은 운영 조직을 구성하는 일이다. …… 나는 우리 생각이 별로 환영받지 못할 것이라는 사실에도 불구하고 원자로의 설계를 내부에서 여과(濾過)하지 않으면 안 되리라고 믿는다."[30]

다른 쪽에서는 유진 위그너와 엔리코 페르미, 그리고 레오 질라드 등 모두가 그것과 반대되는 것을 원했다. 그들은 (그리니월트가 말했듯이) "어떤 사소한 점이 물리적 원리에 위배될지도 모르기" 때문에[31] 기술자들은 설계 계획의 세부 사항까지도 그들에게 가져와야만 된다고 주장하면서 뒤퐁의 설계 구조를 "내부에서 여과(濾過)"해야 한다고 원했다. 물리학자들이 원자로와 관련된 핵물리학, 특히 중성자 증식(增殖) 상수 k에 대한 계산을 계속하고 있는 동안 그리니월트는 정부 조달과 개발 계획이 정해지기 전까지는 원자로의 설계를 "동결"시키고, 단계적으로 확대하며 제작하는 기술에 대한 연구를 시작하게 하면서 산업적 연구 경

29) 그리니월트 일지(日誌), 1942년 12월 28일, HML.

30) 그리니월트 일지(日誌), 1942년 12월 28일, HML.

31) 그리니월트 일지(日誌), 1943년 1월 5일, HML, 「원리」[sic] 원본.

험을 충분히 갖추고 있는 그룹 책임자를 찾는 일에 대해 걱정하고 있었다. 그리니월트는 계속 반복하여 다음과 같이 문화들 사이의 충돌을 기록했다. "정보 전달에 대해 위그너 그리고 질라드와 더 많은 논쟁을 가졌다."[32] 위그너는 너무 화가 나서 트루먼 대통령에게 다음과 같이 불평했다. 그리니월트는 자신의 입장에서 "모든 것이 잘 작동하는" 실험실 조건과 반(半)작업의 결과 사이에 차이가 있다고 주장하고 있다. 그는 앨빈 와인버그에게 *k*가 온도에 어떻게 의존하는지를 계산할 때는 반사기의 온도를 고려하라고 요구한 것처럼 물리학자들에게 실제 **작동되는** 조건에서 계산을 하라고 요구한다. 여기서 "실제 작동되는" 부분에 밑줄을 그었다.[33]

비록 그들이 어떻게 협력을 이루어낼 것인지에 대해 의견을 달리했지만, 재조직을 주창하는 사람들 모두는 실험 물리학자와 기술자, 그리고 기사의 서로 다른 문화를 모두 하나로 가져오는 문제와 씨름해야만 되었다. 그 문제가 어떤 때는 "로스앨러모스 사람"이 필요하다든지, 다른 때는 "레이더 철학"을 찾자는 식으로 서로 다른 전쟁 프로젝트마다 다른 방법으로 표현되었다. 명목상으로는 어떤 특정한 프로젝트와 관련된 사람들은 모두 동일한 종류의 기계 설비를 이용하여 작업을 했다. 그렇지만 여러 겹으로 "내부에서 여과(濾過)"된 연구소에서는 설계에 대한 기준을 제시하는 원리들이 자주 충돌을 일으켰다. 널리 적용할 수 있도록 일반화될 수 있는 물리적 성질들을 활용해 건조해야 할 것인가? 실제로 동작하는 조립대용 모형을 생산하도록 건조해야 했는가? 작업을 (부품을 따라서) 수평으로 구분해야 하는가 아니면 (조직을 따라서) 수직으로 구분해야 하는가? 설계는 생산을 포함해야 하는가? 운영상의 조건은 무엇인가? 전투로 말미암은 긴장은 없는가? 잠깐 보아서는 이러한 투쟁이 방사선 연구소나 로스앨러모스 또는 야금 연구소에 국지적으로 나타

---

32) 그리니월트 일지(日誌), 1943년 1월 6일, HML.

33) 그리니월트 일지(日誌), 1943년 7월 28일과 8월 12일, HML.

나는 것처럼 보이지만, 이 논쟁은 전후(戰後) 시대까지 확장되는 결과를 파생(派生)시킨다. 왜냐하면 서로 다른 작업 구조와 설계 원칙, 산업과의 관계, 그리고 규모에 대한 이해 등에 직면하면서 물리학자와 기술자 모두가 변화하게 만들었기 때문이다. 그리고 기술자들도 얼마나 물리학을 배울 필요가 있는지에 대해 자주 (어쩌면 너무 자주) 회자되었지만, 여기서 결정적인 요점은 물리학자들도 비록 그들이 순수함과 악용에 대해 역설할지라도 어떻게 기술자처럼 생각할지를 배우기 시작했다는 점이다. 어떤 표현이 사용되었든 간에 전시(戰時) 프로젝트는 물리학자들이 담당했던 역할을, 단지 장군이나 정치가들에게 보이는 것만에 의해서가 아니라 이러한 여러 가지 하부 문화들 상호간의 올바른 관계에 의해 강제적으로 재조정되었다. 때로는 기계가 단지 기계일 뿐만이 아닐 수도 있다. 평화 시에 물리학이 어떻게 보일 것인가에 대해 물리학자들이 이렇게 가장 기본적인 교훈을 배운 것은 전시(戰時) 연구소의 물질문화로부터, 원자로와 레이더 장치 그리고 무기들의 설계로부터였다.

3. 대학들 사이의 전쟁

우리에게 첫 번째로 필요한 것은 연구소 문화가 팽창하고 다시 정의됨으로써 대학의 물리학과에 어떻게 영향을 주었는지 좀더 면밀하게 분석하는 것이다. 그리고 그것을 달성하기 위해 우리는 제2차 세계대전의 포화가 멈춘 뒤에야 비로소 시작한 민간 부분의 과학적 계획을 통해 변화한 신화(神話)를 정리해볼 필요가 있다. 왜냐하면 물리학자들과 행정가들이 앞으로 닥칠 급속한 발전에 대해 처음으로 토론하고 움직이기 시작한 것이 1943~45년이었기 때문이다. 버클리에서 하버드까지 전국에 걸쳐서 전후(戰後)의 팽창에 대해 고려해야 한다는 압력이 최고위층으로부터 시작되었다.[34] 여기서 고려하고 있는 여섯 대학의 물리학과 바

---

34) 버클리의 전후 연구에 대해서는 사이델, 「가속되는 과학」, *Hist. Stud. Phys. Sci.*

깥으로 분석을 계속하는 것도 가능할 것이다. 자연스럽게 조사할 곳은 페르미의 첫 번째 원자로가 서 있는 시카고 대학, 로켓에 대해 광범위하게 연구가 수행된 칼텍, 근접 신관(信管)이 개발되었던 존스 홉킨스 등이 있고 그러한 대학들의 목록은 계속된다. 그러나 하버드와 프린스턴, 버클리, 스탠퍼드, 위스콘신, 그리고 MIT에서 우리는 전쟁 중에 일어난 물리학에 대한 개념의 재정립과 연관된 다양성과 공통의 맥락을 볼 수 있을 것이다.

1. 하버드

1944년 11월 20일에 개최된 회의에서 하버드 대학의 총장과 이사들은 물리학, 화학물리학, 그리고 공학의 확장을 관리할 임무를 부여한 위원단을 새로 만들기로 합의했다. 제임스 코넌트 총장은 하버드의 여러 물리 과학 분야에서 대표자를 선정하고, 물리 과학 위원회를 설치했다.[35] 전쟁 중 과학적 연구의 형태를 결정하는 추진 세력이었던 NDRC의 책임자로서 전후 과학이 어떤 모습을 해야 할지에 대해 분명한 개념에 도달해 있었다. 위원회의 바로 첫 번째 모임에서 명백히 나타난 것처럼 그것은 그의 하버드 동료 중 여러 명이 공유하는 상(像)이었다. 물리학자인 에드윈 C. 켐블은 다음과 같은 말로 그의 분야를 위해 운동을 했다. "전쟁은 물리학에 큰 활력을 불어넣었다. 전쟁은 산업과 국가 방위에서 물리학이 얼마나 중요한지를 강조했으며 비상 사태에 의해 순수 물리학을 훈련받은 사람들이 응용 분야로 바꾸어야 할 때 그들이 얼마나 쓸모가 있었는지를 뒷받침해주었다."

13(1983): 375~400쪽을 보라.

35) 코넌트가 켐블에게, 1944년 11월 28일, 1944년 11월 20일자 회의록, box 3, RHP. 1943년 여름에 이미 코넌트는 군사-과학 관계에 대한 전후 프로젝트에 깊이 관여하고 있었는데, 그러나 초기의 의견은 바로 정책으로 채택되지는 못했다. 전후 군사 조건에 대한 군부의 기대에 대한 탁월한 책으로 셰리, 『전후의 국방』(1977), 137~138쪽을 보라.

그는 결과적으로 대학이 새로운 분야로 확장하고 최고의 인적 자원을 유치하며, 강의 목적의 인원을 확대할 필요가 있다고 주장했다. 켐블은 현재 재직하고 있는, "가장 많은 관심을 끄는 분야인" 원자핵 물리학 전공자들을 그대로 존속시키고, "최고 수준의 인물들인", 예를 들어 줄리언 슈윙거, 한스 베테 또는 하비 브룩스와 같은 이론 물리학자들을 보강하며, 말할 것도 없이 총 예산에서 기계 설비 보조와 건축비를 위한 자금을 증액해 달라는 학과의 희망을 전달했다.[36]

이론 물리학의 보강을 정당화하기 위해 켐블은 1944년 12월 9일자로 각서를 작성하여 물리 과학 위원단에 제출했는데, 그 각서는 주서(朱書)로 "가정"이라고 쓴 제목 아래 "전쟁에서 중요성이 부각된 결과로 과학 중 물리학 분야의 성장이 거국적으로 가속"될 것이라고 주장하는 것으로 시작했다. 켐블이 예견한 바와 마찬가지로 성장은 두 영역에서 이루어질 예정이었다. ("큰 덩치로서 물질의 성질을 다루는 분야인") 고체 물리학은 양자 역학과 통계 역학, 그리고 화학적 열역학에 통달한 새롭고 더 강력한 이론 물리학자 부대가 파견될 것을 요구했다. 켐블에게 좀더 많은 이론에 대한 필요성은 그의 동료인 퍼시 브리지먼에 의해 예증(例證)되었는데, 고압 영역에 대한 그의 뛰어난 연구는 그럼에도 불구하고 "지금까지는 이론 물리학자들과 지속적이며 효과적인 협력을 갖지 않고 연구를 계속했기 때문에 의심할 여지 없이 가능성을 최대한 발휘하지 못했다."[37] 물리학자들이 기술자들과 함께 일하는 것을 배워야만 했던 것과 꼭 마찬가지로 실험 과학자들도 그들의 연구를 이론 과학자들과 어떻게 조정할지 고민해야만 되었다. 두 접촉 장소 모두에서 교역 지대가 형성되었다.

고체 물리학 위에 원자핵 물리학이 자리하는데, 켐블의 판단에 의하면, "오늘날 물리학에서 가장 깜짝 놀라게 하는 분야"였다. 그것은 우주선

---

36) E. C. 켐블이 손으로 쓴 파일 카드, note cards, RHP.

37) 켐블, 「물리 과학 위원단: 물리학과 발전을 위한 제안 각서」, 1944년 12월 9일, RHP.

(宇宙線)과 질량 분광 사진, 사이클로트론, 그리고 방사능의 각종 형태들 한가운데서 "물리학자의 우주가 지니고 있는 난제(難題)가 발견되는" 곳이었다. 그리고 전쟁이 완전히 명백하게 만들어 주었듯이 의학적 응용과 화학적 응용은 "다양하게" 이루어지고, 그보다 더 애타게 하는 "넘치도록 많은, 그래서 연구가 추가로 절박할 정도로 중요하게 만들어주는, 원자력 에너지에 대한 가능성"이 수반되었다. 물리학 공동체가 그들의 확장에 대한 정당성으로 내거는 것이 정확하게 말하면 순수한 지적 이득과 희망 사항인 실용적 결과 사이의 이런 결합이었다. 간략히 말하면, 지적인 논법에 의해 원자핵 물리학에 이르게 하는 발판으로 원자 물리학을 배치했다.[38]

물리학과를 대변하면서 켐블은 제1차 세계대전 이후로 물리학자가 갖는 관심사의 초점이 원자의 구조와 간단한 분자 구조를 이해하는 것으로부터 멀리 떠났다고 주장했다. 이전에는 하버드의 노력이 대부분 모든 종류의 분광학에 집중되었다. 그러나 이제 그런 형태의 문제는 "대부분 해결"되었으며, 그리고 "이런 분야에서의 활동은 감소하는 수익 법칙에 반(反)해 작동한다." 이와 같이 소멸해가는 일련의 탐구는 원자핵 물리학과 고체 물리학이라는 좀더 매혹적인 문제들에 의해 대체되고 있었다. 이렇게 새로운 두 분야 모두가 "최신 물리 이론이 점점 더 추상적이고 복잡하게 되어서" 실험 연구자와 이론 연구자 사이에 더 긴밀한 협력을 요구했다. "이러한 속성은 점점 더 어려운 성질을 가지고 있는 문제를 공격하기 위해 더 강력한 수단을 집중적으로 탐색한 결과다. 이론의 복잡성에 따른 한 결과로 가장 뛰어난 실험 물리학자가 이전에는 알지 못했던 정도까지 이론적 협력을 필요로 한다."[39] 1930년대에 이미 이러한 변화가 일어나고 있었다. 점점 더 많은 수의 "타고난 재능을 좀더 갖춘

---

38) 켐블, 「물리 과학 위원단: 물리학과 발전을 위한 제안 각서」, 1944년 12월 9일, RHP.

39) 켐블, 「물리 과학 위원단: 물리학과 발전을 위한 제안 각서」, 1944년 12월 9일, RHP.

젊은이"들이 이론 물리학을 선택하고 있었다.

버클리의 방사선 연구소에서 오펜하이머의 존재가 모두에게 실험 물리학자와 이론 물리학자의 솜씨를 연결하는 데 이론 과학자가 얼마나 유용한지를 볼 수 있게 만든 예가 되었다. 이 젊은 이론 과학자는 "이 나라에서 그 연구소가 원자핵 연구의 가장 중요한 중심지로 급부상시키는 데 결정적으로 중요한" 기여를 했다. 원자핵 동역학의 계산과 우주선(宇宙線) 현상의 분석, 전자(電子)들과 광자(光子)들 가운데서 만들어지는 전자기 소나기 분석 등 모두는 실험의 해석에 필수적인 역할을 했다.

말하지는 않았지만 의심할 여지 없이 모두가 이해하고 있는 것으로 맨해튼 프로젝트에 대한 오펜하이머의 노련한 지도, 구체적으로 한스 베테의 지휘 아래에 있는 강력한 이론 그룹에 대한 그의 교육이 있다. 그 그룹의 중요한 역할은 비밀 정보의 사용 허가를 갖고 있는 사람들 사이에서는 잘 알려져 있었다. 이론으로 뒷받침되지 않은 내파(內破) 설계란 상상할 수 없었으며, 임계 질량이나 효율에 대한 계산으로부터 폭파 효과나 중성자 확산에 대한 조사에 이르기까지 맨해튼 프로젝트의 거의 모든 국면에서 베테의 팀과 의견을 주고받았다.[40] 이제 미래에 대해 예측하면서 하버드의 물리학자들은 슈윙거 또는 베테가 케임브리지의 전후(戰後) 이론 물리학의 발전에 생기를 돋아줄 수 있기를 희망했다[41](여기서 케임브리지는 하버드 대학 캠퍼스가 위치한 도시 이름임 – 옮긴이).

그렇지만 이론 과학자의 유치는 훨씬 더 큰 성장 양식에서 극히 일부분에 지나지 않았다. 1944년 12월 말에 켐블은 확장 계획에 대해 충분히 확신이 서자 코넌트에게 다음과 같은 편지를 보냈다. "내가 개인적으로 알게 된 지난 마지막 전쟁 시의 공학 기초 과목과 오늘날의 그것을 비교하면, 나는 장래의 국가 안전을 위해 공학 분야의 과학적 기초가 지금까지보다 훨씬 더 철저하도록 만드는 것이 절대로 필요하다고 확신한

---

40) 호드슨 외, 『임계 조립』(1992), 특히 179~184쪽.

41) 켐블, 「물리 과학 위원단: 물리학과 발전을 위한 제안 각서」, 1944년 12월 9일, RHP.

다. 만일 과학 기술 경주에서 우리의 지위를 지키겠다면 우리는 우수한 두뇌와 고급 훈련을 갖춘 훨씬 더 많은 수의 분석적인 기술자들을 갖고 있어야만 한다."[42] 1944년이 유혈의 종말을 향해 다가가면서 "과학 기술 경주"는 독일과의 경쟁에서 전후(戰後), 주축국(主軸國) 이후 세계와의 경쟁으로 바뀌기 시작했다. 켐블은 "투자에 비해" 더 많은 산출을 얻을 수 있고 "그것을 수행하는 데 …… 있음직한 …… 후보자의 능력"이 최고 수준으로 유치할 수 있는, "순수 과학" 분야의 연구를 수행함으로써 경쟁에서 가장 많은 도움이 될 수 있다고 첨가했다.[43] 여기서 하버드 물리학자들은 교육, 산업적 파급 효과, 그리고 군사적 대비 등이 기초 연구와 얼마나 긴밀한 관계가 있는지를 정당성의 중심 논리로 채택했는데, 그것은 그 이후 수십 년 동안 계속 반복하여 사용될 수 있었다.

켐블이 마음에 품고 있는 "그리 많은 것을 바라지 않는" 투자로는 줄리언 슈윙거와 에드워드 M. 퍼셀을 고용하고, 운영 자금에 2만 5,000달러, 사이클로트론의 운영에 매년 3만 달러, 금속 물리학에 매년 3만 달러, 그리고 전자공학 연구에 매년 1만 달러 등을 추가하는 것이다. 그리고 전자공학 분야와 기계공학 분야, 그리고 항공공학 분야에 인원을 더 충원하며, 10만 달러의 비용으로 새 전자공학 건물을 짓고, 50만 달러의 비용으로 새 기계공학 건물을 지으며, 7만 5,000달러의 비용으로 풍동(風洞) 설비를 갖추고, 150만 달러에서 200만 달러 사이의 비용으로 여러 학문 분야가 함께 사용하는 과학 센터를 짓는 것이다.[44]

켐블의 프로젝트가 원자핵 물리학이나 "기초" 물리학의 범주를 훨씬 벗어나 확장되었고, 물리학과 공학 모두를 위해 상당히 확대된 교과 과정에 대한 그림을 채택하고 있음이 명백했다. 그로부터 며칠 뒤에 켐블은 그의 물리학자 동료인 커리 스트리트와 케네스 배인브리지에게 편지를 보내 그들 각자의 연구 영역이 확장 계획에 어떻게 참여할 수 있을지

42) 켐블이 코넌트에게, 1944년 12월 22일, RHP.

43) 켐블이 코넌트에게, 1944년 12월 22일, RHP.

44) 켐블, 「물리 과학 위원단에 제출하는 임시 계획서의 개요」, RHP.

를 고려해 달라고 요청했다.[45)]

물리학과의 인상된 예산은 새로운 기계들과 이론 물리학의 더 큰 역할을 모두 가능하게 만들었다. 미국 대학교 전체를 통틀어 물리학의 성장은 놀랄 만큼 급등한 학생 수 증가에 의해서도 더욱 촉진되었다. 전쟁 동안에 전군(全軍)에서는 수천 명의 신병(新兵)들에게 특히 레이더와 라디오, 로켓, 그리고 운항 보조 장치 등의 새 세대 전쟁 기술 장비에 대처할 수 있도록 물리학의 기초를 가르치기 위해 물리학과를 방문했다. 그렇게 많은 학생들에게 강의를 제공하자니 그렇지 않아도 이미 지원이 고갈된 대학에 과중한 부담을 주었지만, 전시(戰時)의 강의는 또한 그들의 고객을 확장시킬 유래 없는 기회를 학교들에게 제공해 주었다. 그리고 전쟁이 끝난 다음에는 미군(美軍) 법안이 이 학생들과 그리고 다른 학생들이 떼를 지어 대학으로 돌아왔을 때 자금을 제공했다.

전쟁 중에 임시 물리학 프로그램이 하버드와 보우도인(미국 동북부의 메인주 브룬쉭에 위치한 역사 깊은 대학 이름임 – 옮긴이)에서는 전자공학과 통신 분야에서 편성되었고, MIT에서는 레이더 분야에서, 그리고 로스앨러모스와 다른 대학들에서도 조직되었다. 하버드 한 곳에서만 5,000명의 학생들이 레이더 전에 이수하는 전자공학 코스를 거쳐 나갔다. 군인 징집이 해제된 뒤 교수진은 그러한 코스를 거쳐간 많은 제대 군인들이 그들의 물리학 교육을 계속하기 위해 학교로 돌아오리라고 기대했다. E. L. 차피가 1944년 12월 9일에 말했듯이 장교 전쟁 훈련 코스에 의해 "전후(戰後)에 학생들을 유치하는 데 하버드가 유리한 위치를 차지하게 되었다."[46)]

---

45) 켐블이 스트리트에게, 1944년 11월 30일, RHP; 켐블이 배인브리지에게, 1944년 11월 30일, RHP.

46) 차피, 「크러프트 연구소에서 연구와 교육의 확장」, RHP. 우리는 여전히 이러한 교육 효과에 대해 조직적인 정보를 별로 갖고 있지 못하다. 물리학과 교과 과정에 지속적인 효과가 있었는가? 전쟁이 끝난 뒤에 학생들은 어디로 갔는가? 계속된 교육인가? 산업 직종인가? 군사적 임무인가?

〈표 4.1〉 하버드와 레드클리프, 1944~47년 물리학과 등록생 수

Year	Concentration	Enrollment
1944–45		
	Physics	37
	Electronic physics	23
	War service physics (abandoned during the year)	3
	Physics and chemistry	1
	Radcliffe	17
Total		81
1945–46		
	Physics	81
	Electronic physics (abandoned during the year)	15
	Physics and chemistry	1
	Radcliffe	7
Total		104
1946–47		
	Physics	197
	Electronic physics	11
	Physics and chemistry	2
	Radcliffe	9
Total		219

* 레드클리프는 하버드에서 여성이 수학하는 학부 명칭임 – 옮긴이.

전쟁 관련 물리학 프로그램들은 실제로 학생들을 유치했다. 1946년 7월에 물리학과의 연간 보고서는 1년 전 "학과의 교육과 연구 활동이 쇠퇴기에 접어들었던" 학과를 돌이켜 보았다. "육군의 특수 훈련 프로그램은 폐지되었고, 해군의 V-12 프로그램은 크게 축소되었다." 지난 수년 동안 물리학과가 그렇게 적은 수의 학생을 가졌던 적은 결코 없었다. 1945~46년도의 두 번째 학기가 되자 그것이 바뀌었다. 전쟁 전 어느 해보다 더 많은 학생들이 왔다.[47] 물리학 전공자의 수가 누가 보았던 어떤 것보다도 더 높게 올라갔다(〈표 4.1〉을 보라). 물리학 전공자의 수가 경이적으로 증가한 것을 제외하고도 이 숫자들은 물리학을 전공하는 여성의 수에 대해 무엇인가 중요한 것을 말해준다.

47) 하버드 대학 물리학과, 「물리학과의 연간 보고서」, 1945년 7월 1일~1946년 7월 1일, HUA. 이 보고서를 이용할 수 있게 해준 캐서린 소프카에게 감사드린다.

1943년 7월에 미국 교육부의 연방 안전 기구는 고등 교육 기관의 장들에게 군사적으로 물리학자들에 대한 수요가 아주 다대하므로 "여성이 물리학을 공부하도록 장려하는 것이 특히 적절해 보인다"라고 강조하는 편지를 보냈다. 그 편지는 여성이 물리학을 전공하면 "전쟁 제 산업에서의 중요한 봉사와 군대의 각종 여성 관련 보조 기관과 지부"에서 일할 수 있도록 자신들을 준비할 수 있는 등 유익할 것이라고 편지의 내용은 계속 이어졌다.[48] 연방의 이해관계는 대학들에서 즉시 반영되었다. 1943~44년도의 연간 물리학과 보고서에서 E. C. 켐블은 물리학과와 수학, 그리고 화학과에서 여성의 비율이 낮은 것을 한탄했다.

여성 물리학 전공자 수의 놀랄 만한 상승은 1943년에 일어났는데, 그는 이 변화의 원인으로 전쟁에 의해 발생된 흥미와 여학생에게 "전에는 가능하지 않았던" 출석 학위를 수여할 수 있는 권한을 가진 전임 교수의 포함 등이 결합되어 일어났다고 설명했다. 켐블은 개별적인 도움을 제공하도록 더 큰 노력을 경주함으로써 그런 성공을 더 확장해야만 한다고 믿었다. 이 여성 숫자는 1944~45년에도 계속 상승해 (〈표 4.1〉에 보인 것처럼) 81명의 전공자들 중에서 17명이라는 정점에 도달했다. 대일(對日) 전승 기념일이 지난 뒤 수많은 남학생의 입학 쇄도로 여학생을 유치하려는 노력은 거의 포기되었으며, 여학생들은 남학생들과 섞이게 되었고, 여학생의 비율이 7/107에서 9/219로 가파르게 떨어졌다.[49] 간단히 말하면, 전쟁 직후에 온갖 종류의 전문 직종에서 여성들이 겪었던 해직(解職)이 단순히 물리학에도 반영되었다. (남성의) 제대 군인들이 대량으로 돌아옴에 따라 물리학과도 다른 문제들에 눈을 돌리게 되었다.

유망한 학생들을 대학에 소개하는 것을 제외하고도 차피는 "전시(戰時) 훈련 코스는 우리에게 매우 많은 양의 실험실 장비를 무료로 제공해

---

48) 미국 교육부의 연방 안전 기구로부터 문리과 대학 학장들에게, 1943년 7월, folder "War probs-misc. corresp.", box 40. UWA.

49) 하버드 대학 물리학과, 「물리학과의 연간 보고서」, 1943~44, 1944~45, 1945~46, 그리고 1946~47년, HUA.

주었다. 교육을 위해 장치를 설치하는 것에 대해서는 말하지도 않고, 이 장비를 저장만 하기에도 크러프트 연구소의 공간이 모자란다"고 논평했다.[50] 교육용 장비에 전쟁의 잉여 장치를 보강하면 연구에도 적절하게 이용하도록 만들 수 있었다. 차피는 하버드의 레이더-대항 연구와 다른 전쟁 관련 프로젝트들에 의해 "과학 기술 연구 및 개발국(Office of Scientific Research and Development, OSRD) 프로젝트로부터 매우 값진 장비들 중 일부와 어쩌면 전쟁 훈련 코스에서 나오는 장비들 중 일부를 유리하게 구입할 드문 기회를 갖게 되었음"에 주목했다. "…… 우리는 이러한 장비를 상당량 구입할 준비를 해야 한다. 동일한 출처로부터 많이 인하된 가격으로 구할 수 있는 기계 관련 도구들도 입수가 가능할 것인데, 나는 우리의 현재 공작실 설비를 보강할 뿐 아니라 오래된 형식의 장비와 낡은 기계 장비들을 대체하기 위해서도 상당히 많은 양의 이러한 기계류를 구입해야 된다고 본다."[51]

이러한 새 장비를 가지고 차피는 물리학자들이 "작동은 하지만 왜 그렇게 작동하는지 이해하지 못하고 있는 방법에 의해" 마이크로파 신호를 발생시키는 새로 개발된 능력을 활용할 수 있을 것으로 기대했다. 그것은 분자 공명의 검출, 통신에서 진동 체계, 그리고 높은 진동수에 의한 가열(加熱) 등에 적용될 수 있었다. 퍼셀이 오히려 지나치게 조심스럽게 말한 것처럼 "새로운 전자공학이 제공하는 놀라운 수단들을 이용해 실험을 설계하는 데는 아주 아는 것이 많아야 할 필요는 없었다."[52]

잉여 장비는 수많은 전쟁 관련 당국으로부터 제공되었고 다양한 종류의 사람들이 그것을 이용했다. 과학계와 군대 사이의 연결이 배가되면

---

50) 하버드 대학 물리학과, 「물리학과의 연간 보고서」, 1943~44, 1944~45, 1945~46, 그리고 1946~47년, HUA.

51) 하버드 대학 물리학과, 「물리학과의 연간 보고서」, 1943~44, 1944~45, 1945~46, 그리고 1946~47년, HUA.

52) 에드워드 M. 퍼셀, 저자와의 인터뷰, 1987년 5월 26일. 퍼셀은 파장이 21센티미터인 복사선을 발견했으며 핵자기 공명 기술을 공동으로 발명한 공로로 노벨상을 수상했는데, 이 두 가지 모두가 방사선 연구소의 기술을 활용했다.

서 대일(對日) 전승 기념일 뒤에도 오랫동안 과학자들이 혜택을 보았다. 브룩헤이븐의 물리학자들은 해군 연구소(Office of Naval Research, ONR)와 계약을 맺고 있었기 때문에 1960년에 이르기까지 원래는 순양함용이었던 장갑판을 대상으로 하는 대규모 도금장치를 습득하여 뉴트리노 실험에 이용할 수 있었다.[53] 서부 해안에서는 로버트 호프스태터가 해군의 포가(砲架)를 수집해 그의 자기(磁氣) 분광기를 장치하는 데 이용할 수 있었다.[54] (제6장에서 보게 되지만) 해외에서는 잉여 장비에서 구한 진동-발생 회로와 마이크로파 장비를 가지고 마르첼로 콘베르시와 함께 수행한 A. 고치니의 실험이 우주선(宇宙線) 물리학과 뒤이은 불꽃 상자에 대한 연구에 그렇게도 중요한 역할을 했던 "섬광 전구"를 개발하기에 이르렀다.[55]

섬광 장치에서 결정적으로 중요한 광전관(光電管)은 상당히 많이 개량되어 전쟁 중에 레이더 대항 수단으로 소음 발생에 활용되었다. 그리고 영국에서는 (제3장에서 본 것처럼) 원자탄 프로젝트 중에 이루어진 에멀션을 준비하는 기술의 커다란 변화가 전후(戰後)에 에멀션을 기반으로 하는 입자 물리학의 무대를 마련해 주었다. 전시(戰時) 연구와 전후(戰後) 연구 사이에 존재하는 이런 종류의 연속성은 더 깊어졌다. OSRD와 같은 행정 기구와 그에 수반되는 계약 체제의 성립, 그리고 발전 이외에도 전시(戰時) 연구의 가장 중요한 결과는 물리학자들의 기술과 장비, 협력이 1940년대 말까지에도 연장되었다는 점이다.

새로운 물리학자와 새로운 학생 그리고 새로운 장비에 대한 기대를 가지고, 물리학과는 새로운 주요 연구 프로젝트에 착수할 수가 있었다. 다른 많은 대학들과 함께 하버드는 그의 사이클로트론 프로그램을 훨씬 더 큰 규모로 다시 시작하기로 결정했다. 전자(電子)와 양성자 모두를 가

---

53) M. 슈바르츠, 저자와의 인터뷰, 1983년 10월 20일.

54) 호프스태터와 페히터, 그리고 헬름이 매어 아일랜드 조선소 사령관에게, 1952년 2월 9일, RHofP, SUA.

55) 갤리슨, 「거품」(1989)을 보라.

속시키는 계획을 세우려고 원자핵 물리학에 관한 위원회가 1946년 1월에 최초의 모임을 가졌다. 그들은 다음과 같이 기록했다. "물리학의 관점에서 이 프로그램은 하버드가 자금 지원을 얻기 위한 유리한 위치에 서게 만들고, 거기에 더해 핵물리 분야의 연구 중심지로서 하버드의 매력을 증진시키도록 만드는 강력하고도 진보적인 계획을 대표한다."[56)]

하버드의 물리학자들이 전시(戰時) 연구에서 가속기 연구로 돌아왔을 때 그들은 맨해튼 프로젝트(케네스 배인브리지)와 레이더 프로젝트(에드워드 M 퍼셀, 웬델 퍼리, 커리 스트리트, 그리고 줄리언 슈윙거), 레이더 대항 수단(로저 W. 히크먼과 존 반블렉), 군부 간 라디오 전파 연구소(해리 로 미노), NDRC 군수품 부서(퍼시 브리지먼), 그리고 수중 음파 연구소(로저 W. 히크먼과 프레더릭 "테드" 헌트) 등으로부터 경험도 함께 가지고 왔다. 이들 중 많은 사람들이 하버드에 새로 구성된 위원회에서 봉사했다. 하버드의 이전 사이클로트론을 25만 달러에 정부에 판매하고, 대학으로부터 59만 달러와 해군으로부터 42만 5,000달러의 지원을 확약받은 뒤에 위원회 위원들은 84인치 사이클로트론 프로젝트를 시작할 수 있었다.[57)] 그들의 물리학과 프로그램에는 양성자의 본성을 탐구하고, 높은 에너지를 갖는 중성자를 생성하며 전시(戰時)의 핵분열 실험을 우라늄이나 토륨보다 더 가벼운 원소까지 확장하기 위해 25MeV

---

56) 1946년 2월 2일에 (1946년 1월 11일에 개최된) 원자핵 물리학에 관한 위원회(나중에는 핵과학에 관한 위원회로 명칭이 바뀜) 제1차 회의록에 포함되어 제출된 「하버드에서 원자핵 물리학 프로그램을 위한 제안」, 자료 "Index and Records", box "Committee on Research and Nuclear Sciences, Records, 1946~51", HUA.

57) 벅이 히크먼에게, 1946년 10월 5일, 자료 「여러 가지 예산 관계와 서신」, box "Committee on Research and Nuclear Sciences, Records, 1946~51", HUA; 1946년 2월 2일에 (1946년 1월 11일에 개최된) 원자핵 물리학에 대한 위원회(나중에는 핵과학에 대한 위원회로 명칭이 바뀜) 1차 회의의 회의록에 포함되어 제출된 「하버드에서 원자핵 물리학 프로그램을 위한 제안」, 자료 "Index and Records", box "Committee on Research and Nuclear Sciences, Records, 1946~51", HUA.

중양성자와 50MeV 알파 입자를 생산한다는 제안이 포함되어 있었다. 추진 위원회는 언제든지 이용할 수 있는 가속된 전자(電子)를 가지고, 사이클로트론을 방사선 치료와 원자핵의 광분해, 그리고 전자기(電磁氣) 소나기 형성 등을 추구하는 데도 이용될 수 있기를 희망했다.[58]

건축 계획은 두 개의 분리된 건물이 회랑(回廊)에 의해 연결되도록 요청했다. 튼튼한 기초 위에 세워지고 3피트 두께의 콘크리트 벽으로 둘러싸인 한 건물에 사이클로트론이 들어설 예정이었다. 무게가 20톤인 크레인이 장비들을 이리저리로 옮기고, 주 전력 장치와 기계 지원실, 사진실, 그리고 전자(電子) 장비실 등은 두 번째 건물에 위치할 예정이었다. 정부가 거의 50만 달러에 달하는 자금을 약속했고, 외부 계약에 의해 지원되는 수많은 새 "연구원"들이 등장했으며, 두 명의 기계 기술자, 한 명의 전기 기술자, 한 명의 신참 물리학자, 두 명의 기계 기사, 한 명의 기사, 두 명의 제도사, 그리고 여러 명의 대학원생이 새로 들어왔다.

이와 같은 자원은 즉각적인 군부 지원으로 보강되었다. 예를 들어 워터타운 병기고에서는 자석 받침대에 사용될 철 750여 톤을 가공해 보내줄 예정이었다. 이와 같이 훌륭한 기초 구조 속에서 예를 들어 커리 스트리트는 메존의 질량과 수명을 측정하는 연구를 계속할 수 있는 기회가 열리는 것을 보았는데, 그 연구는 그가 이전에 500달러 짜리의 구름 상자를 이용하는 저렴한 비용이 들어가는 시대에 산정(山頂)으로 원정 가서 수행했던 것이다. 규모나 범위 면에서 모두 진정으로 새로운 시대가 시작되었다.[59] 점점 더 커지는 이론 과학자 집단이 전에는 에이트킨의 자동 연속 조절 계산기가 차지했던 공간을 물려받게 되어 있었고, 에이

58) 1946년 2월 2일에 (1946년 1월 11일에 개최된) 원자핵 물리학에 대한 위원회(나중에는 핵과학에 대한 위원회로 명칭이 바뀜) 1차 회의의 회의록에 포함되어 제출된 「하버드에서 원자핵 물리학 프로그램을 위한 제안」, 자료 "Index and Records", box "Committee on Research and Nuclear Sciences, Records, 1946~51", HUA.

59) 하버드 대학 물리학과, 「물리학과 연간 보고서」, 1946~47년, HUA; 스트리트의 전쟁 전 메존 연구에 대해서는 갤리슨, 『실험』(1987), 제3장을 보라.

트킨과 그의 기계는 새로운 계산 연구소로 이동되었다.[60] 여기서 연구소 활동의 바로 물질적인 분포에서 산업적 규모의 실험, 새로운 준(準) 자치적인 이론 그룹, 그리고 꽤 큰 계산 연구소 등 물리학의 개념이 바뀌는 경로를 추적할 수 있다. 이 모든 눈에 보이는 파생물들이 과학 전쟁이라는 기본 토대 위에 굵고 깊은 뿌리를 내리고 있었다.

2. 프린스턴

프린스턴에서는 하버드에서와 마찬가지로 도취한 군중들이 타임스 스퀘어로 몰려들기 훨씬 전부터 전후(戰後) 확장이 시작되었다. 1944년 1월 4일에 어느 정도 과하게 낙관적이었던 존 휠러는 H. D. 스마이스에게 그는 전쟁이 곧 끝날 거라고 믿었으며 얼마 지나지 않아 물리학과로 돌아갈 수 있을 것이라고 썼다. 그런 다음 그는 계속하여 "입자 변환에 대한 연구"를 구성했는데, 그 연구의 "궁극적인 목표"는 "기본 입자의 수와 그들 사이의 변환을 결정하고, 그들이 허용하는 결합은 무엇인지, 그들 사이의 상호작용의 성질은 어떠한지, 이 입자들이 이미 존재하는 쌍생성, 전자기, 중력, 양자 역학 그리고 상대성 이론과 어떤 관계를 갖는지 등을 결정하는 것이었다."

그는 시카고 대학의 야금 연구소에서 이론과 실험 그룹 사이의 헤아릴 수 없을 만큼 성공적인 협력을 목도했는데, 그 절정은 1942년 12월의 핵분열을 성취한 것이었고, 그래서 그는 공동 연구가 미래의 물결임을 분명하게 보았다. 휠러는 다음과 같이 시작했다. "계획을 세워라. 효과적인 발전은 실험과 이론 사이의 협력으로만 가능하다. 나는 이들 둘 다 동일한 지도자 아래 하나의 기관에 속해 있으면서 두 접근 방법이 서로를 향해 근접할 때 둘 사이의 상호작용이 가장 많은 결실을 가져오리라고 믿는다."[61] 그는 하버드에서 그의 상대역인 켐블과 마찬가지로 그러한 협

60) 히크먼, 「물리학과와 연관된 연구소들에 대한 연간 보고서」, 1946년 7월 1일~1947년 7월 1일, 「물리학과 연간 보고서」, 1946~47년, HUA에 첨부되어 있다.
61) 휠러가 스마이스에게, 1944년 1월 4일, 자료 「전후(戰後) 연구」, box "Physics

력 관계가 물리학 연구의 모형이 되어야 한다고 주장했다. 그들이 끌어낸 교훈을 미국 전역에 걸친 연구소들이 가슴 깊이 새기고 있었다.

휠러는 핵심적인 이론 문제를 푸는 데 도움이 필요했다. 그가 원하는 도움 중에는 양자 전기 동역학에서 자체 에너지의 어려움을 제거하기 위한 원거리 작용 이론의 사용과 상대론적 양자 장이론의 분류, 그리고 포지트로늄의 이론적 탐구 등이 포함되어 있었다. 또한 원자핵에서 메존 포획이라든지 우주선(宇宙線) 입자의 질량, 그리고 메존에 의한 감마선 생성 등과 같이 그와 "연관된 실험적" 문제들도 존재했다. 하버드의 켐블과 마찬가지로 휠러도 "루이스 앨버레즈 또는 밥 윌슨과 같은 유형의" 일부 실험 과학자와 더불어 "파인먼 또는 자흐와 같은 유형의 이론을 전공하는 조력자 세 명"을 고용하여 프린스턴 물리학과에 이론 부서를 부설하라고 조언했다. 물론 33세인 휠러는 "더 나이가 많은 교수들 중에서도 관심을 가진 사람과의 협력을 환영"할 예정이었으며, 이번에도 역시 시카고에서 얻은 경험을 기초로 하여 실험 과학자들에게 "설계와 기구의 개발에 대해서는 경험을 가진 전자공학 쪽 사람들의 자문을 구해야 한다"고 제안했다. 전후(戰後) 휠러가 계속하여 주장한 것처럼 그들의 프로그램은 알려진 모든 핵반응에서 구할 수 있는 것보다 몇 배나 더 강력한 에너지의 공급원에 대한 가능성을 약속했는데, 그것은 "국가 방위 문제에 대해서도 밀접한 관계가 있음이 명백했다."[62]

젊은 휠러의 계획들이 처음에 얼마나 의욕적으로 들렸는지 모르지만, 전쟁이 끝나기 전부터도 물리학과는 프린스턴의 대학 행정부를 향하여 새롭고 더 확신에 찬 어조로 말하기 시작했다. 근접 신관(信管)과 레이더 그리고 그다음에는 원자탄을 성공시킨 물리학자들은 대학 내에서 오랜

Department Departmental Records, Chairman, 1934~35, 1945~46, no. 1", PUA.

62) 휠러가 스마이스에게, 1944년 1월 4일, 자료 「전후(戰後) 연구」, box "Physics Department Departmental Records, Chairman, 1934~35, 1945~46, no. 1", PUA.

세월 동안 분명히 제2인자의 위치만 차지하고 있었는데, 동료나 직원들에게 말할 때 보면 명백히 드러나는 긍지로 가득 차 있었다. 물리학과의 이러한 분위기는 다음과 같은 물리학과 보고서의 초안에 배어 있었다.

> 종전(終戰)과 함께 물리학과는 칭찬할 만하지만 그러나 당황스러운 조건에 처하게 되었다. 전쟁 연구에 대한 물리학과 소속원들의 기록은 훌륭하며, 그래서 그들 중 많은 사람들이 특히 더 젊은 그룹 중에서 다른 기관이나 산업체로부터 매우 매력적인 제안을 받고 있다. 그런 제안은 단지 봉급 면에서 매력적일 뿐만 아니라 보통 장치나 장비를 구입하도록 많은 자금에 대한 약속으로 후원을 받고 있기 때문에 더 매력적이다. 대학은 전쟁 기간 중 이 학과의 우수한 실적을 자본으로 삼고 계속해서 강력하게 밀고 나가거나 또는 물리학과를 복구하는 데 한 세대의 시간이 걸릴지도 모를 정도로 소속 물리학자들이 떠나가도록 허용하는 두 가지 중 하나를 선택해야만 한다. 첫 번째 과정에서는 사람과 장비를 구하는데 자금이, 그것도 상당히 많은 액수의 자금이 요청되지만, 그러나 그것은 대학의 전통에 완벽하게 부합하는 엄청난 기회를 제공해 준다. 우리가 과거에는 기초 물리학 연구 분야에서 지금처럼 사람의 눈에 띄게 할 만한 위치에 결코 있어 보지 못했다.[63]

정말이지 그들은 완전히 선례가 없는 위치에 놓여 있었다.

대륙 전체의 모든 물리학자들이 핵자(核子)와 메존 물리학을 발전시키는 데 필요한 새로운 기술과 과학이 할 수 있으리라고 약속해주는 일에 관심을 갖고 있었지만, 프린스턴의 실험 물리학은 특별한 관심을 받고 있었다. 부분적으로 그것은 전쟁 전에 존 휠러가 개발했던 상상력이 풍부한 연구 양식을 반영했지만, 그가 야금 연구소에서 보았던 것의 메

---

63) 「총장에게 보내는 보고서 1944~45」, box "Physics Department Chairman's Correspondence 1942~43, 1943~44, no. 16", PUA.

아리를 전후(戰後) 연구에 대한 그의 생각에서도 들을 수 있었다. 1945년 매우 이른 6월에 휠러는 물리학 연구의 장래에 대한 제안을 작성하고 전후(戰後) 신시대를 위한 세 가지 목표를 제시했다. 첫째, 비록 그들의 미래 중 일부에 대해 의문을 표시하기도 했지만, 가속 입자를 제공할 공급원을 개발하자고 주장했다. 그러한 것들 중 그는 선형 전자(電子) 가속기 건설에 관한 루이스 앨버레즈의 최신 프로젝트를 언급했다. 휠러는 메존 쌍을 생성하기 위해서는 적어도 5GeV의 양성자 가속기가 필요하리라고 판단했다. 둘째, 여기서 그는 물리학에서의 진정한 이득을 보았는데, 물리학과가 기본 질문에 대한 해답을 찾을 수 있는 우주선(宇宙線)을 주 영역으로 정했으면 했다. 왜냐하면 오로지 그 영역에서만 원자핵 내부를 탐사하는 데 필요한 높은 에너지의 충돌을 발견할 수 있기 때문이다. 우주선(宇宙線) 프로젝트를 위해 휠러는 실험 장치와 실험 과학자를 대기권 바깥으로 올리는 데 하늘의 요새(제2차 세계대전 때 사용된 미 공군 B-17의 애칭임 – 옮긴이)를 이용할 것을 제안했다.[64)]

높은 고도에서 우주선(宇宙線)을 조사하는 데 폭격기의 도움을 받자는 아이디어는 몇 가지 흥미를 끄는 측면이 있었다. 예를 들어 그것은 대학이 그러한 탐사에 부담할 비용 문제를 해결해 주는 동시에 연구 장치에 대한 통제는 완전히 물리학자들의 손에 맡기게 될 것이었다. 물리학적으로도 그렇게 하는 것이 타당함을 보이는 점으로 휠러는 오직 하늘 높은 곳에 도달하는 방법에 의해서만 가속기에서 기대되는 5GeV와 비교해 매우 큰 에너지인, 10^{17}전자볼트 정도의 에너지를 갖는 입자를 조사할 수 있으므로 그의 흥미를 끄는 여러 메존 생성 과정을 나타낼 수 있다는 데 주목했다. "이 프로젝트에서는 군대가 10톤에 달하는 장비를 4만 피트 정도의 고도까지 수송하는 것을 필요로 한다. 이런 방법으로 연구 자금은 연구 자체에만 사용되고 또한 가장 효과적인 종류의 연구에 사용

64) 휠러, 「초핵자 연구의 촉진을 위한 세 가지 제안」, 1945년 6월 15일, 스마이스에게 보낸 복사본, box "Physics Department Departmental Records, Chairman 1934~35, 1945~46, no. 1", PUA.

될 것이다."[65)]

마지막으로 휠러는 초핵공학(超核工學) 전 분야에 대한 개관(槪觀)에 가장 높은 우선권이 있다고 느꼈다. 우주선(宇宙線)조사를 배운 바로부터 그는 대기권 상층부에서 양성자가 메존으로 변환되고 있다는 모형에 의해 물질을 직접 그리고 완전히 에너지로 바꾸는 것이 가능할지도 모른다고 어렴풋이 느꼈다. "미개발의 에너지를 적당한 규모로 방출하는 방법을 발견한다면 우리 경제와 군사적 안전성의 기반을 완전히 바꾸어 놓을지도 모른다. 그런 이유 때문에 우리는 우주선 현상, 메존 물리학, 장이론, 초신성에서의 에너지 생성, 그리고 입자 변환 물리학 등 초핵공학 분야에 특별한 관심을 기울일 필요가 있는데, 그런 분야에서는 단 한 가지만 개발되어도 광범위한 변화를 초래할 수 있다."[66)]

이와 같이 극적인 목표에 도달하기 위해 물리학자들은 그들이 필요로 하는 것이 무엇인지 알아야 하며, 여기서 개관이 지극히 중요한 역할을 할 것이다. 그것은 전후(戰後) 물리학에 종사하는 연구자들에게 "장기 목표에 대한 내용 설명서"를 제공하고 연구를 공표해 "아무 기관에도 소속되지 않은 과학자들이 연구 계획에 대해 어떤 중앙 집중적인 정부 기관보다 더 많은 통찰력과 판단을 보임으로써" 기초 물리학에 대한 예산 지원을 획득하게 할 것이다. 그중에서도 초핵공학에 대한 개관은 "국가의 전쟁 능력에 있어서 현재 또는 미래의 가치가 명백한 연구의 진로를 밝히게 될 것이다."[67)] 다시 한번 더 더 넓은 세계가 추상적인 질문의 예

65) 휠러, 「초핵자 연구의 촉진을 위한 세 가지 제안」, 1945년 6월 15일, 스마이스에게 보낸 복사본, box "Physics Department Departmental Records, Chairman 1934~35, 1945~46, no. 1", PUA.

66) 휠러, 「초핵자 연구의 촉진을 위한 세 가지 제안」, 1945년 6월 15일, 스마이스에게 보낸 복사본, box "Physics Department Departmental Records, Chairman 1934~35, 1945~46, no. 1", PUA. 또한 휠러, 「입자 물리학」, *Amer. Sci.* 35(1947): 177~193쪽 중에서 170쪽, 172쪽, 174쪽을 보라.

67) 휠러, 「초핵자 연구의 촉진을 위한 세 가지 제안」, 1945년 6월 15일, 스마이스에게 보낸 복사본, box "Physics Department Departmental Records,

정표에 영향을 주었다.

(현지 시간으로) 1945년 8월 15일에 일본이 항복했다. 제2차 세계대전이 끝났다. 그러나 군중이 기뻐하고 있는 동안 휠러는 걱정스럽게 장래에 대해 심사숙고하고 나서 에드워드 텔러에게 보내는 다음과 같은 편지를 작성했다. "친애하는 에드워드, 오늘 전쟁이 끝나면서 여기서의 나의 연구도 곧 결말에 이르게 되었다. …… 이제 내가 가장 효과적으로 할 수 있는 것은 생각건대 기초 분야에 대한 연구다. 그러나 앞으로 5년 동안에는 그렇게 하는 것이 편안하게 느껴지지 않는다." 그보다 얼마 전에 텔러는 로스앨러모스에서 전후(戰後)의 국가 안전에 대한 그의 두려움과 원자탄보다 천배나 더 강력한 무기인 수소탄의 개발을 성취할 희망에 대해 휠러와 이야기를 나누었던 것처럼 보인다. 휠러는 이 연구에 참여할 것을 제안받고 나서 "그때까지 만일 내가 그 연구에서 당신과 합류한다면 …… 그것은 이번 전쟁을 끝내려 한다기보다는 다음 전쟁을 대비하는 문제가 되리라는 점이 명백해졌다. 그리고 다음 전쟁을 준비하려고 한다는 점이 바로 내가 염려하는 부분이다." 안전상의 문제 때문에 그때 휠러는 혼자만의 생각으로 빠져 들어갔다.

여기에 일단의 사람들이 섬에 완전히 고립되어 있다. 그들은 싸움에 말려들게 되었다. 일을 아주 다른 방법으로 처리하는 두 그룹의 사람들이 말썽꾸러기를 잠잠케 하려고 함께 팀을 짰다. 우리 그룹이 활과 화살을 만드는 방법을 배웠다. 그 수단을 가지고 우리는 싸움을 끝낼 수가 있었다. 우리의 협력자는 규칙을 잘 지켰다. 이제 싸움이 끝났으므로 그는 돌아가서 그의 담 아래서 시간을 보냈다. 우리는 그의 부하들 중 일부가 그들 자신의 활과 화살을 만들고 기뻐하리라는 것을 알고 있다. 우리는 만일 우연히 저쪽의 멋지게 보이는 배나무에서 누가 배를 딸 것이냐는 문제에 대해 의견이 다르게 되는 어느 날 그의 부하

Chairman 1934~35, 1945~46, no. 1", PUA.

들 중 일부는 그들의 활과 화살을 우리에게 사용하는 데 주저하지 않으리라고 짐작한다. 이유가 어찌 되었든 이전의 두 협력자들이 그들의 활과 화살을 그들이 모두 신뢰할 수 있는 관리인에게 맡기자는 의견의 일치를 볼 수 없어 보인다. …… 우리 그룹에 속한 어떤 사람은 "그러니까 어떻단 말인가"라고 말하고 낚시하러 갈 계획을 세우고 있다. 나는 만일 우리가 군비 경쟁에 뛰어들 예정이라면 바로 지금 시작하고 만들 줄 아는 가장 좋은 무기, 즉 활과 화살보다 훨씬 최신 유행을 따르는 기관총을 만들려고 노력하는 편이 더 좋을 것이라고 느끼는 사람 중 하나다.[68]

휠러가 알고 있었던 것과 마찬가지로 텔러는 심지어 맨해튼 프로젝트에 의해 로스앨러모스의 땅을 파기 이전부터 기관총(수퍼 폭탄)에 대해 이미 연구하고 있었다. 그는 이제 텔러에게 그 연구의 우선순위가 어떠해야 하는지, 그 연구의 실제 우선순위가 어떠했는지, 그리고 어떻게 그가 (휠러가) 도울 수 있는지 등을 물어보았다. "만일 다음 전쟁이 앞으로 15년이나 20년까지 일어나지 않는다면, 내가 가장 유용하게 기여할 수 있는 분야는 기초 물리학에 대한 연구라고 믿지만, 그러나 만일 전쟁이 다음 5년 또는 10년 이내에 일어난다면, 나도 기관총에 대해 무엇인가 해야 할 것이 아닌가라는 의향이 있다."[69] 그로부터 한 달 뒤에 휠러는 그의 시간을 소립자 물리학과 열핵 무기 사이에서 정확히 어떻게 배분할 것인지에 대해서는 정하지 않은 채 프린스턴으로 돌아갔다. 1949년 말 수소를 이용한 무기 개발에 참여하라는 요청을 받은 휠러는 첫 번째로는 로스앨러모스의 연구를 통해 그다음에는 1950년 "마터호른 B"라고 명명된 프린스턴에서 수행된 노력에 의하여 신속하게 응답했다.[70]

---

68) 휠러가 텔러에게, 1945년 8월 12일, A-84-019, LAA.

69) 휠러가 텔러에게, 1945년 8월 12일, A-84-019, LAA.

70) 갤리슨과 번스타인, 「임의의 빛」, *Hist. Stud. Phys. Bio. Sci.* 19(1989): 267~347쪽.

그러나 휠러의 섬에 관한 우화(偶話)에서 분명히 드러났듯이 전쟁이 끝나기 전에도 이미 매우 다양한 이유들에 의해 그는 단순한 핵분열보다 물질을 훨씬 더 완전하게 소멸시키는 핵융합으로 눈을 돌렸다.

그보다 석 달 더 이른 1945년 6월 그때까지는 그도 텔러의 "기관총"에 대해 분명히 알았는데, 휠러는 질량을 에너지로 변환시키는 것에 중심을 둔, 프린스턴 물리학과의 장래에 대한 계획을 세우기 시작했다. 그는 새로운 가속기 프로그램, 새롭고 훨씬 더 잘 지원되는 우주선(宇宙線) 프로그램, 그리고 이론이 새로운 종류의 입자 변환을 조사하게 될 "초핵공학(超核工學)" 이론 프로그램을 원했다. 휠러의 대일(對日) 승전 기념일 편지를 염두에 두고, "우리 군사적 안전성의 기반"을 변화시킬 수 있는 초핵공학의 능력에 대한 그의 사색에 의한 결론은 좀더 구체적인 근거를 얻었다. 왜냐하면 비록 핵융합이 기술적으로는 여전히 "핵공학(核工學)"이겠지만, 핵분열에 비해 대단히 우월하므로 그러한 우월성이 새로운 세계로 들어가는 일종의 디딤돌 역할을 할 것이기 때문이다.

휠러는 1945년 11월에 심포지엄 청중들을 향해 르네상스 시대의 항해자들이 지구를 한바퀴 도는 데 얼마만큼의 거리를 여행해야 하는지를 잘못 알 수도 있었다라고 말했다. 그러나 현대의 물리학자들은 그렇지 않다. "질량과 에너지에 대한 아인슈타인의 관계식이 우리의 육분의(六分儀)다." 그 유명한 공식인 $E = mc^2$은 어떤 종류의 질량이라도 에너지로 바꿀 수 있다는 가능성을 약속할 뿐만 아니라, 그것은 또한 물질을 완전히 파괴하는 데까지 향하는 길을 따라 얼마나 멀리 갈 수 있는지에 대해 절대적인 척도를 제공해 준다. 원자탄과 원자로의 과학은 완성 단계에 와 있었다. 이제 관심은 중성자들과 양성자들이 단순히 재배열되는 것이 아니라 "더 낮은 실체로 떨어지든지 또는 모두 파괴"되는 초핵자(超核子) 변환으로 돌려야만 했다. 프린스턴에서 앞으로 곧 매년 20만 달러에 달하는 프로그램이 될 우주선(宇宙線) 연구가 실제로 중요한 이유는 다음과 같다. "물질이 에너지로 완전히 바뀔 가능성은 지구의 대기권 상층부의 양성자들에 의해 또는 양성자들로부터 더 작은 질량의 입자가 생성되는 것에 대한 현재의 불완전한 정보로부터 추측된다. 아직 사용되지 않은 에너지가 어떻게 방출되는지에 대한 발견은 …… 우리의 경제와 군사 안전성의 기반을 완전히 바꾸어 놓을지도 모른다. …… 전쟁 중에 다른 국가들도 이러한 연구를 등한시하지 않았다. [휠러가 말하는 "다른 국가"란 소련을 의미했다.] 우리는 그것을 다시 시작하도록 단호하게 준비해야만 한다."[71]

그의 이론 연구에서 휠러는 프로그램의 한 부분에 속하는 계산에 눈을 돌렸다. 그는 그가 "다(多)전자"라고 부르는, 양전자와 전자의 속박 상태들로 구성된 원자에 대한 동역학과 소멸 비율을 조사했다. 1946년 11월에 이르자 그의 결과가 나왔다.[72] 그는 이 다전자들과 그것들이 들뜬 상태들, 그리고 그것들이 진공으로 붕괴되는 것 등이 단지 새로 발견된 메존들의 질량 스펙트럼뿐만 아니라 붕괴 시간과 붕괴 생성물까지도 설명할 수 있기를 희망했다. 전자(電子)-반전자(反電子) 소멸은 휠러의 프로그램을 핵융합보다도 더 물질이 순수하게 에너지로 바뀌는 문제로 다가가게 만들었다. 이러한 다전자 계산의 성공에 의기양양해져서 1946년에 휠러는 계속해서 그가 "변환 물리학"이라고 부르기 시작한 것을 더 깊이 탐구했다. 이중의 의미를 지닌 "원자핵 폭발"은 이제 연구에서 독립된 범주로 평가받았다. 틀림없이 중성자들인 개별적인 핵자들이 구름상자에서 수많은 다른 존재들로 붕괴하는 것이 관찰되었다.

휠러는 입사하는 광자(光子)의 에너지에 따라 원자핵 폭발의 단면적이 어떻게 바뀌는가라고 질문했다. 원자 번호에 따라서는 원자핵 폭발의 단면적이 어떻게 바뀌는가? 붕괴와 함께 생성되어 방출되는 입자의 수와 종류와 에너지는 무엇인가?[73] 오직 이러한 종류의 질문에 대한 대답에 의해서만 (그 질문들 중 일부는 일반적으로 제기되는 것이고 일부는 휠러 자신이 제기한 것이다) 항해자들이 언제 핵자 변환의 한계에 도달

---

71) 휠러,「문제와 전망」, *Proc. Amer. Phil. Soc.* 90(1946): 36~47쪽 중 36~37쪽.
72) 휠러,「다(多)전자(電子)」, *Ann. N. Y. Acad. Sci.* 48(1946): 219~238쪽.
73) 휠러,「입자 물리학」, *Amer. Sci.* 35(1947): 177~193쪽 중 185~186쪽.

해 배의 방향을 돌려야 할지 알 수 있게 되는 것이었다.

만일 핵무기에 대한 물리학과 공학이 프린스턴에서 수행되는 전후(戰後) 연구의 일별(日別) 계획에 의해 영향을 받는다면, 적국(敵國)의 군장비도 역시 그러할 것이었다. 나치 독일에서 V-1 "폭명탄(爆鳴彈)"과 V-2 유도탄이라는 경외할 만한 "복수(復讐) 무기"가 나왔다. 이러한 폭탄을 개발하기 위해서는 30억 달러 이상이 소요되는 굉장한 범위의 공학적 프로젝트가 필요했는데, 그보다 꼭 한 배 반이 되는 자원이 맨해튼 프로젝트에 투자되었다. V-2는 상대적으로 늦게 전쟁에 투입되었지만, 1944년 9월부터 시작해 독일은 3,000발 이상의 V-2를 성공적으로 발사했고, 영국에서 근 1만 명의 사람들을 죽였다. 그렇지만 곧 연합국은 유럽 전역에 걸쳐 진군하기 시작했고, 베르너 폰 브라운은 수린지아의 도라-노드하우센 강제 수용소에 위치한 V-무기 생산 공장의 약 4,000명 연구자와 함께 피네뮌데의 사령부로부터 퇴각했다. 하르츠 산악 지대에 정착한 V-2 연구자들은 접근하고 있는 러시아 군대를 성공적으로 피했지만, 결국에는 미국 수비대에게 자진하여 투항했다. "오버캐스트"라는 암호명의 비밀 임무 아래서 미군은 나치 과학자들을 미국으로 수송해 몇몇 장소에서 미사일 개발 연구를 계속했다. 이 독일인들은 1945년 10월에 도착했고, 곧 피네뮌데 팀은 몇 개의 그룹으로 나뉘어 다양한 종류의 로켓을 생산하는 미국 산업체에서 함께 연구했다.[74)]

1946년 4월 16일부터 1952년 9월 19일까지 64발의 V-2가 화이트샌즈(미국의 미사일 발사 실험 기지 이름임 – 옮긴이)에서 발사되었다. 첫 번째 것은 공중으로 3마일 반을 날아가다가 수직 안전판이 벗겨지고 로켓이 파괴되어 실패하고 말았다. 1946년 5월 10일의 다음 발사는 71마일을 성공적으로 솟아올랐다.[75)] 독일 로켓 팀이 잡혀서 협력한 것은 프린스턴의 과학자들에게 즉각적인 기회를 제공했다. 폰 브라운과 그의

---

74) 오드웨이와 샤피, 『로켓 팀』(1982). 또한 헌트에 의한 중요한 논문인 「미국 은폐공작」, *Bull. Atom. Sci.* 41(1985년 4월): 16~24쪽을 보라.

75) 오드웨이와 샤피, 『로켓 팀』(1982), 353~354쪽.

동료들을 화이트샌즈로 데리고 온 지 한 달 뒤인 1945년 11월에 M. H. 니콜은 스미스에게 물리학과에서 지구 대기권의 상층부에서 광학적 현상과 전기적 현상을 조사할 것을 제안하는 조직 내부의 메모를 보냈다. 그와 동시에 프린스턴 그룹은 우주선(宇宙線)과 중성자 밀도를 탐사할 수도 있었다. 이 모든 것들이 "로켓 기술에서 새로운 발전은 물론 비행기와 미사일로부터 라디오파 자동 계측 전송 장치 분야에 대한 이곳 프린스턴과 다른 곳의 진척된 연구 결과에 의해 가능하게 되었는데", 이러한 진전이 "현재의 자료를 50만 피트의 높은 곳까지의 자료로 확장하는 것을 가능하게 만들었다."[76]

상당한 기간 동안 휠러는 가속기 물리학이 아니라 우주선 물리학이 기본 입자들의 "변환"을 이해하는 데 주요 매개체가 될 것이라고 보았다. 1946년 1월의 메모에서 그는 "우주선 연구가 다음 몇 년 동안 물리학에서 한층 더 중요한 역할을 하게 될 것이다"라고 진술했으며, 즉시 실험과 이론 합동으로 연구 그룹을 구성하자고 주장했다. "V-2 발사가 무한정 계속되지 않을 것이고, 경험을 쌓은 연구자들이 매일 줄어들고 있으므로 확실한 결정을 내릴 수 있게 되면 즉시 어떤 행동을 취하지 않으면 안 되리라고 생각한다." 아마도 학과장에게 하는 말로 휠러는 그들이 실험 전자공학이나 원자핵 물리학 또는 우주선에 경험을 갖춘 대여섯 명의 조력자와 경험을 갖춘 우주선 실험 과학자와 원자핵 물리학 실험 과학자가 필요하게 될 것이라고 강조했다. "물리학 연구가 신선하게 시작되고 있으며, …… 이제 새로운 기술과 새로운 매개체를 손에 넣을 수 있다." 그러므로 학과가 최고의 대학들과 기관들 그리고 무기 연구소들로부터 의논 상대를 찾는 것이 필요했다.[77]

---

76) 니콜이 스미스에게, 1945년 11월 26일, 자료 「전후(戰後) 연구」, box "Physics Department Departmental Records, Chairman 1934~35, 1945~46, no. 1", PUA.

77) 휠러, 「우주선(宇宙線) 프로그램」, 1946년 1월, 자료 「전후(戰後) 연구」, "Physics Department Departmental Records, Chairman, 1934~35, 1945~

휠러 자신은 독일 팀의 미사일로부터 우주선 자료를 원격 측정법에 의해 송신하는 것을 다루게 될 해군 지원의 프로젝트를 지휘했다. 다른 목적으로 1945년 1월 1일에 시작된 해군의 연구 보조금은 1946년 3월에 확충되었으며, 원격 측정법 장비의 개발을 지원하고, 그와 동시에 V-2에 탑재될 구름 상자와 가이거 계수기를 설계와 제작, 그리고 작동을 통해 우주선 소나기와 "메조트론"의 성질을 조사하는 데 공급할 예정이었다. 1946년 7월에 D. J. 몽고메리는 프린스턴의 V-2 탐험 팀이 화이트샌즈에 도착했고, 그들이 8월 6일 100마일 고도를 달성하고자 희망한 프린스턴 팀의 발사를 위하여 마지막 시험 중이라고 해군에게 보고했다. 이 시기에 33만 5,000달러가 이미 할당되었고, 화학과와 물리학과가 함께 공동으로 사용하기 위해 다음 두 해 동안 추가로 25만 달러가 더 지원될 예정이었다.[78]

군부와의 긴밀한 협력은 계속 유지되었다. 군사 문제와 소립자 문제는 임무를 계획하고 설계하는 데 산재해 있었다. 특히 신뢰성과 신호의 세기 그리고 각 장치가 교란에 얼마나 자유로운지에 대해 물리학자들과 전략 수립가들이 모두 "라크 회사"의 원격 측정 장치와 해군 연구소(Naval Research Laboratory, NRL)의 원격 측정 장치를 비교할 필요가 있었다. 민간인 전문가와 제복을 입은 전문가 모두 미사일로부터 신호를 송신하고 수신하는 방법으로 이온층에서 라디오 신호의 전파를 조사해야만 되었다. 게다가 물리학자들은 우주선(宇宙線) 세기를 측정하

46, no. 1", PUA.

78) 몽고메리, 「외부 자금의 도움을 받는 프로젝트에 관한 연간 보고서」, 1946년 7월 23일, 자료 「A-475 휠러」, box "Physics Department Laboratory and Research Files, 1929~54", box 1 of 5, PUA. 또한 동일한 자료에서 "1946년 5월 6일자의 소립자 프로젝트"를 보라. 이 보고서에 수록된 물리학과의 목표 중에는 총 우주선(宇宙線) 세기의 결정, 메존 생성, 중성자 세기, 로켓 고도에서 대전된 입자의 증식, 이온층에서 라디오파 전파에 대한 조사, 원격 측정 장치 시험, 압력-온도 조사, 그리고 셰인 그룹의 지상 구름 상자와 기구(氣球) 구름 상자 시험 사이의 조정 등이 포함되어 있다.

고, 원시 우주선(宇宙線) 전자들을 원시 양성자들과 구분하며, 고도(高度)의 함수로 대기권에서 중성자 생성률을 측정하는 고공(高空) 비행을 이용할 수가 있었다.[79] 그러한 탐사는 프린스턴 그룹이 원격 측정 분야에서 전시(戰時)에 성취한 것 중 일부가 바로 계속 이어지도록 만들었다. 실제로 교수 중에서 적어도 한 사람 월터 로버츠는 존 홉킨스의 응용 물리 연구소에서 유도 미사일에 대한 연구와의 긴밀한 관계를 계속 유지하고자 했다. 휠러가 그의 독자들을 확신시켰던 것처럼, 이러한 연결 관계는 프린스턴 연구소와 무기 개발 노력 사이에 "만족할 만한 접촉"을 확실하게 해줄 것이었다.[80]

1945년에서 1950년대 초에 이르는 기간 동안에 민간 핵공학(核工學)과 군사적 핵공학(核工學) 사이의 접촉은 양쪽 관점 모두에서 더할 나위 없이 잘 이루어졌다. ONR은 민간 과학을 편견 없이 지원했으며, 그런 결과로 과학자들은 원자핵 물리학 및 우주선(宇宙線)과 무기 문제들 사이에서 이리저리 쉽게 이동했다. 예를 들어 프린스턴의 원자핵 물리학자인 밀턴 화이트는 최근에 수행된 프린스턴의 기계류 연구 보고 중 일부를 군사 부문으로 이전하는 것이 완벽히 적절해 보이는 것을 알고 기뻐했다. 연구소는 새롭고 간단하며 엄격하고 신뢰할 수 있는 불꽃 계수기를 완성했으며, 화이트는 조금도 지체하지 않고 ONR에게 이 새로운 장치를 국방에 적용할 수 있다고 상기시켰다. "만일 미국 정부가 플루토늄 공장이나 원자탄과 관련된 α-입자 계수기를 필요로 한다면, 그 이상의 기술 개발과 대량 제조를 위한 프로그램을 가동해야 할 것이다. 나는 궁극적으로 수천 개의 계수기 수요가 나타날 것으로 예상할 수 있다. 만일

79) 휠러, 「부록 IV, 프린스턴이 지원받은 프로그램의 일반적인 개관(槪觀), 우주선(宇宙線)과 원격 측정」, 1946년 8월 28일, 자료 「A-475 휠러」, box "Physics Department Laboratory and Research Files, 1929~54", box 1 of 5, PUA.

80) 휠러, 「부록 IV, 프린스턴이 지원받은 프로그램의 일반적인 개관(槪觀), 우주선(宇宙線)과 원격 측정」, 1946년 8월 28일, 자료 「A-475 휠러」, box "Physics Department Laboratory and Research Files, 1929~54", box 1 of 5, PUA.

이것이 옳다면, 해군과 맺은 우리 계약은 지금까지 할당받은 금액의 응답으로 적절한 액수 이상을 이미 정부에게 되돌려 준 셈이다."[81]

화이트는 그가 단지 프린스턴 연구자들이 공학 기술의 세부 사항을 알려주기만 해달라고 덧붙였는데, 이것은 1942년 방사선 연구소 논쟁의 반향으로, 그 논쟁에서 그는 물리학자들이 "제조 방법의 세부 사항"으로부터 면제되어야 한다고 강력하게 주장했다. 협동 지대는 실험 과학자를 이론 과학자와 무기 설계자, 그리고 기술자들과 함께 묶었다. 많은 것들이 불꽃 계수기 또는 원격 조정된 로켓 발사의 국지적 관심사 주위에서 공유될 수 있었다. 그러나 물리학자들과 그들의 하부 문화의 뚜렷이 구분되는 정체성은 그대로 남아 있었다.

3. 버클리

서부 해안에서 스탠퍼드와 버클리의 물리학자들은 공학적 세부 사항을 제외시키려는 의사가 전혀 없었다. 서부의 연구 양식은 동부에서의 그것과 달랐다. 그것은 공학과 좀더 견고하게 결합되어 있었으며, 자선 단체나 기업으로부터 자유로이 끌어들였다. 그렇게 기업가적인 물리학과는 개인 기부자들로부터 자금을 확보한 거대한 가속기로 인해 버클리의 E. O. 로렌스를 세계적인 유명인사로 만들었다. 공학적인 성공으로 보면, 로렌스의 가속기는 경쟁 상대가 없었지만, 가속기로부터 심오한 물리학을 끌어내는 데는 그다지 성공적이지 않았다. 로버트 사이델이 보인 것처럼 제2차 세계대전은 인정 많은 자금 지원자로 연방 정부가 들어선 것과 로렌스의 연구소로 하여금 U^{235}를 전자기적으로 분리하는 중요한 임무를 부여하는 것을 보게 만들었다. 로렌스는 누구나 그랬을 것처럼 대규모 연구를 시작하는 데 훌륭하게 준비하고 있었고, 곧 전시(戰時)에 매월 69만 2,000달러의 비용으로 극적으로 더 거대한 연구소를 관

---

81) 화이트가 리델에게, ONR, 원자핵 물리학 부문, 1947년 7월 11일, 자료 "761", box "Physics Department Laboratory and Research Files, 1929~54", box 5 of 5, PUA.

리하게 되었다. 1944년 중반에 이르자 버클리 방사선 연구소는 항시 총 1,200명에 이르는 과학자와 기술자, 그리고 기사를 유지했다. 실제로 일단 그들의 전쟁 연구가 본격적으로 시작하자 연구소에서 기술자 수는 결코 60명 아래로 떨어지지 않았다.[82)]

버클리 연구자들이 U^{238}로부터 고도로 핵분열하기 쉬운 U^{235}를 분리하는 데 이용될 가속기를 장치하고 있었던 오크리지에서 로렌스는 U^{235}를 추출하는 데 겪은 어려움 때문에 극도의 좌절감으로 몇 달을 견뎠다. 시들어가는 노력을 강화하고자 그는 1944년 여름에 새로운 동위원소 분리 시설 10개를 유치하기 위해 유력한 (맨해튼 프로젝트를 주관했던 사람인) 레슬리 그로브스 장군에게 70억 달러에서 100억 달러 정도를 사용하는 데 대해 어느 정도 신중히 고려해 달라고 청원을 하기 시작했다. 그로부터 1년 뒤에 로렌스는 루이스 앨버레즈에 의해 계획된 선형 가속기와 에드윈 맥밀런이 입안한 싱크로트론을 포함한 비(非)무기 설비를 급속히 확장해야 한다고 주장하기 시작했다. 전쟁이 끝난 몇 개월 뒤에 그로브스는 선형 가속기를 위해 25만 달러에 달하는 잉여 레이더 장치를, 싱크로트론을 위해 20만 3,000달러에 달하는 잉여 축전기를, 연구소의 건축을 위해 63만 달러를, 그리고 6개월 동안의 운영 경비로 16억 달러를 인가했다. 이전 경험을 밑천 삼아 공학과 물리학이 버클리에서 함께 성장해 그 대학을 전후(戰後) 물리학 연구의 모형 중 하나로 만들었다. 실제로 버클리 방사선 연구소는 AEC가 개발하는 대부분의 지역 연구소들의 선도자가 되었다.[83)]

로렌스는 1930년대에 대규모 과학을 버클리로 도입했다. 어느 정도 그는 "대규모 과학"이라는 범주를 창설하는 데 일익을 담당했다. 제2차 세계대전 전에는, 운영 자체의 규모가 외부 연구소를 바꾸는 데 대부분의 역할을 했다. 이전의 어느 때보다도 더 많은 물리학자들과 기술자들

---

82) 사이델, 「가속되는 과학」, *Hist. Stud. Phys. Sci.* 13(1983): 375~400쪽.

83) 사이델, 「가속되는 과학」, *Hist. Stud. Phys. Sci.* 13(1983): 375~400쪽. 또한 사이델, 「대규모 과학」, *Hist. Stud. Phys. Sci.* 16(1986): 135~175쪽을 보라.

이 단 하나의 장치를 설치하는 데 함께 북적거리고 있었다. 결과적으로 그들의 운명은 긴밀하게 묶여 있었다. 제2차 세계대전이 물론 그러한 경향을 다시 강화시켰고, 동위원소를 전자기적으로 분리하려는 로렌스의 노력은 대규모 과학의 전형(典型) 중 하나였다. 그렇지만 내부 연구소의 변환은 로렌스에 의해 시작된 것이 아니었다. 심지어 유진 가드너의 전후(戰後) 에멀션 연구조차도 우주선(宇宙線) 연구 분야에서 실험하는 현장을 바꾸지 않고 그대로 남겨 놓았다. 앞으로 제5장에서 보겠지만, 내부 연구소의 변화는 앨버레즈가 공동 연구를 내부 실험 공간 자체로 가져옴으로써 초래되었다. 그때가 되어서야 그리고 오직 그때만 새로운 연구 습관과 기술이 내내 전달되어 물리적 자료를 만들어내고 분석하고 해석하는 데까지 내려왔다. 이것이 실험 습관의 전환점이기 때문에 그것에 대해 더욱 철저한 분석이 요구된다. 그러므로 우리는 버클리 방사선 연구소에 대한 더 이상의 논의를 제5장으로 미루어 놓는다.

4. 스탠퍼드

스탠퍼드는 이웃의 버클리와 마찬가지로 전쟁 전에 공학과 물리학을 성공적으로 연결시켰다. 로렌스와 그의 팀이 어느 때보다도 더 큰 사이클로트론을 건조하고 있는 동안 스탠퍼드의 물리학자들은 마이크로파를 능숙하게 다루는 방법을 배우면서 전기공학과 물리학을 결합하고 있었다. 윌리엄 한센은 스탠퍼드에서 수행된 그러한 협력의 성격을 그의 멋진 “럼바트론” 개발에 적용했는데, 럼바트론은 구리 동공 내부에 전자기 공명을 발생시켜서 전자들이 진동하는 춤을 추게 만들었다. 비록 이 장치가 얼마 지나지 않아 바로 입자 가속기에게 그 지위를 빼앗겼다고 하지만, 그것은 배리안 형제들이 설계하고 비행기 항해술과 위치 지정 장치에 활용된 강력한 마이크로파관인 클리스트론의 핵심이 되었다. 곧 스페리 자이로스코프 사가 물리학과 전기공학의 합동 노력 대부분을 인수했다. 그들의 전기 기술자를 지휘한 프레더릭 터먼의 도움을 받아 스탠퍼드의 전기공학과는 그들의 보배인 클리스트론 주위에 수많은 라디오 통신 장치를 부설했다. 점차로 스탠퍼드의 기술자들은 클리스트론을 매혹적이며 고립된 관으로부터 마이크로파 회로의 전반에 걸친 표준화된 부품으로 바꾸어 나갔다.[84)]

기술적인 수준에서는 마이크로파 클리스트론에 기반을 둔 연구가 제2차 세계대전의 초창기까지 축소되지 않고 계속되었다. 무기가 개선된 것으로는 장비 하역 장치와 도플러 레이더가 있다. 그러나 극적인 변화는 곧 속도, 범위, 그리고 연구소 연구의 지원 등에서 증가가 수반되었다는 것이다. 1942년 4월에 이미 (스탠퍼드의 사무총장인) 폴 데이비스가 터먼에게 다음과 같이 쓰고 있었다. "현재 전쟁 상황의 압력 아래서도 전기공학에서 야심적인 계획을 포함해 평화 시에는 달성하기가 더 어려울 수도 있는, 수행할 수 있는 일들이 많이 있다." 1942년 8월에 스탠퍼드는 "공공 봉사를 위한 스탠퍼드 자원의 조직화에 대한 제안"을 발행했는데, 그 제안은 "계약을 원칙으로 하는 방대하게 보강된 봉사 프로그램"을 어떻게 조직화하느냐에 초점을 맞추었다.[85)]

(광물 자원과 산업 자원에 대한 개관으로부터 "문명 진군"과 같은 심리적인 복지 노래를 작곡하기까지) 제안된 계획들을 나열한 다음에 스탠퍼드의 8월 제안은 대학 자체의 전쟁 연구 효과에 대해 관심을 돌렸다. 연구 계약의 급격한 증가는 교수진 행정을 다시 조직하고 좀더 효과적인 전쟁 연구와 전후(戰後) 연구를 위한 물리학과 설비를 개선하는 기회를 제공할 것이다. 내용이 실속 있는 계약은 교수진을 교내에 유지하면서 학제 간 연구를 만들어내고, 전쟁 후에도 계속해서 학교에 남을 수 있는 능력을 갖춘 학생들로 새로운 기간 요원을 고용하면서 연방 정부의 전쟁 우선권을 가져올 수 있을 것이다. 그뿐 아니라 계약에 의한 연구는 스탠퍼드 학생들을 국가 기관과 민간 기관에 알려지게 하여 서부

84) 스탠퍼드에서 물리학과 공학이 결합한 초기 사정에 대해서는 레슬리와 헤블리, 「뾰족탑 건물」, *Proc. IEEE* 73(1985): 1169~80쪽을 보라.

85) 데이비스가 터먼에게, 1942년 4월 18일, SC 160, 1:1:2, FTP; 타이프 된 원고, 「스탠퍼드 자원」, 1942년 8월 24일, SC 160, 1:1:2, FTP.

의 장기 개발에 기여할 수도 있었다. 그러나 무엇보다도 정부가 지원하는 연구는 "추가로 상당한 금액의 수입"을 가져옴으로써 스탠퍼드를 하버드나 시카고, 칼텍, 버클리, 그리고 컬럼비아와 비교될 수 있는 위치로 급부상할 것이다.[86)]

얄궂게도 스탠퍼드가 전쟁 중에 크게 확장하는 동안 절대적인 확장 옹호자인 프레더릭 터먼은 전쟁 기간 동안 케임브리지의 레이더 대항 수단을 생산하는 설비인 라디오 연구소(Radio Research Laboratory, RRL) 소장으로 동부 해안에서 지냈다. 새 연구소가 강력한 조직으로 성장하면서 터먼은 어느 때보다도 더 심각하게 하버드와 MIT 그리고 RRL 자체가 제시하는 전후(戰後) 스탠퍼드의 모형을 의식하게 되었다. 그는 또한 하버드의 많은 행정가들 중, 특히 그의 이웃이며 하버드의 회계 담당자인 윌리엄 헨리 클레플린 주니어로부터 깊은 감명을 받았다.[87)] 터먼은 스탠퍼드의 사무총장이 클레플린과 이야기하기를 무척 원했으며, 그래서 스탠퍼드의 공학 행정관은 곧 스탠퍼드의 총장인 도널드 트레시더와 클레플린 사이의 만남을 주선했다.

1943년 12월이 되자 터먼은 "전쟁 이후의 기간이 매우 중요해질 것이며 또한 스탠퍼드에게 대단히 결정적인 기간이 될 것이다. 나는 우리의 잠재적인 장점을 공고히 하고 동부에서 하버드와 어느 정도 비슷한 위치를 서부에서 스탠퍼드가 차지할 수 있는 기초를 만들어내거나, 아니면 우리는 잘 생각해 주어도 국가적 생활에서 하버드가 지닌 영향력의 2퍼센트 정도를 지닌 기관인 다트머스(미국 뉴햄프셔주의 하노버에 위치한 역사 깊은 대학 이름임 – 옮긴이)의 위치 정도로 떨어질 것이다."[88)] 그런 다음 터먼은 물리 과학 분야에서 칼텍과 동등해지는 방법으로 칼텍을 "이길" 계획을 제시했다. "결국 그들은 단지 전문화된 학교일 뿐이며,

86) 타이프 된 원고, 「공공 봉사」, 1942년 8월 24일, SC 160, 1:1:2, FTP.

87) 터먼이 데이비스에게, 1943년 8월 23일, SC 160, 1:1:2, FTP.

88) 터먼이 데이비스에게, 1943년 12월 29일, SC 160, 1:1:2, FTP; 레슬리와 헤블리, 「뾰족탑 건물」, *Proc. IEEE* 73(1985): 1169~80쪽 중 1176쪽에 부분 인용.

스탠퍼드는 완전한 대학교이다." 부분적으로 터먼은 과학 분야와 공학 분야에서 결합된 정체성을 창조할 수 있는 "공과 대학"을 원했다. 이와 같은 동맹은 학생을 끌어들이고 배치하는 데, 자금을 모금하는 데, 그리고 서부의 장점을 지닌 특별한 영역에 근거한 정체성을 창조하는 데 도움을 줄 것이다. 그런 분야 중 하나가 원래 서부의 특성을 갖는 석유 산업이었는데, 그것은 지질학과 열전달, 그리고 화학공학을 라디오 산업과 그에 수반되는 연구를 연결시켜 줄 것이었다. 그뿐 아니라 터먼은 경쟁이 누그러지고 있다고 주장했다. 칼텍은 "독선적"으로 되어서 전기공학을 개발하지 않았기 때문에 "갑옷에 틈"을 내고 있으며, 지금까지는 하버드와 예일, 컬럼비아, 그리고 프린스턴은 자연 철학과 인문학에 치중하면서 응용과학을 경시하고 있었다.[89)]

전기공학과 물리학의 공동 개발은 스탠퍼드 물리학과의 보증 마크였다. 실제로 브루스 헤블리와 스튜어트 레슬리가 보인 것처럼 과학적 기업주의에 대한 전념은 1930년대의 중후반 기간에 시작됐지만,[90)] 이제 그것은 새로운 전환점을 맞이했다. 물리학과 공학 사이에서 교역 지대인 겹치는 영역을 창조하려는 추진력은 전쟁의 압력과 대립으로 따라오는 유혹하는 기회 아래서 가속되었다. 단기적으로는 새 장소, 즉 물리학과 공학을 동시에 끌어들일 거대한 새로운 마이크로파 연구소를 만드는 것이 필요했다. 한센은 물리학과 임시 학과장인 폴 커크패트릭에게 1942년 11월 6일자로 편지를 보내면서 평화가 오면 마이크로파 연구소는 물리학과와 전기공학과 둘 다로부터 더 많은 인원과 장비를 끌어들이게 될 것이라고 설명했다. "이 시점에서 이 연구소는 밖으로 나가서 마이크로파 일을 위한 정부 계약을 따라야 한다. 그렇게 하는 데 어려움이 있지는 않을 것이다. 그 일을 가지고 우선권을 얻게 될 것이다. …… 그러면 우리는 자금을 사용하기 시작하고 물론 그 일 또한 하기 시작한다." 한센

---

89) 터먼이 데이비스에게, 1943년 12월 29일, SC 160, 1:1:2, FTP.
90) 레슬리와 헤블리, 「뾰족탑 건물」, *Proc. IEEE* 73(1985): 1169~80쪽을 보라.

은 채울 수 있는 한 많은 매력적인 연구 장학금 몫을 조성하고, 그다음에 "전쟁이 끝난 뒤에도 유용하게 이용될 종류의 장비"를 주문하고자 했다. 이 장비들 중에는 "공작 기계, 측정 장치, …… 도서와 그리고 설비나 연구를 촉진하는 데 이용될 수 있는 다른 것"들이 포함되어야만 했다. 성공적으로 운영된다면, 이 계획은 "전쟁 뒤에 우리가 돈 한푼 갖지 못한다고 할지라도 좋은 물리학을 할 수 있도록" 보장할 것이었다.[91)]

거의 정확히 1년이 지난 뒤인 1943년 11월에 한센은 그의 처음 계획을 자세히 설명했다. 전쟁 전에 이미 물리학자들이 산업계에서 대단히 중요한 역할을 하리라는 것과 (전자공학을 포함해) 라디오 공학이 급속도로 팽창하리라는 것이 "명백"했다. 그러나 "이런 경향이 전쟁 전부터 분명했지만, 전쟁이 그런 것을 가속시키고 또한 관심을 갖도록 만들었다. 그것이 …… 레이더 분야에서 …… 특히 알아채기가 쉬웠다. 그 결과는 전쟁이 끝난 뒤 모든 주요 대학들이 과학의 이런 두 분야에서 강력한 교육을 제공하지 않을 수 없을 것이다." 그것은 두 분야를 강화하고 연결시킬 수 있을 것이기 때문에 마이크로파 연구소가 필수적임이 증명될 것이다. 버클리 방사선 연구소를 바탕으로 설계된 마이크로파 연구소는 비록 연구소장이 예산을 통제하겠지만 물리학과의 관리 아래 남을 예정이었다. 실제로 대학 본부의 예산으로 연구소를 설립함으로써 불가피하게 필요한 민간 지원이 연구의 방향을 좌우하지는 못할 것이다.[92)]

스탠퍼드 마이크로파 연구소 자체는 펠릭스 블로흐, 한센, 커크패트릭, 그리고 (아직 매사추세츠의 케임브리지에 머물고 있던) 터먼 사이의 성공적인 1943년 협력을 반영했다. 그 연구소의 임무는 (클리스트론과 같은) 전쟁 전 발견들을 공고히 하고 전후(戰後) 학생과 전후(戰後) 자금을 끌어들이는 자석 역할을 하는 것이었다. 지적으로는 그 연구소가 실험 원자핵 물리학에서 이용될 전자(電子)의 가속에 대한 이전 연구를 확

91) 한센이 커크패트릭에게, 1942년 11월 6일, SC 160, 1:1:7, FTP.

92) 한센, 「스탠퍼드에 설립하기로 제안된 마이크로파 연구소」, 1943년 11월 17일, SC 160, 1:1:8, FTP.

장하는 동시에 마이크로파 도파관(導波管)과 안테나, 그리고 관의 설계 분야 연구를 이음매 없게 에워쌀 것이다.[93]

심지어 그들 머리 위에 지붕이 만들어지기 전부터 한센과 에드워드 긴츠턴, 그리고 그들의 학생들은 마이크로파에 의해 작동되는 선형 가속기인 마크 I을 시작했다. 그들의 물리적 목표는 10억 전자볼트를 지닌 전자(電子)의 생성이었다. 동시에 그들 둘은 모두 마이크로파 기술의 군사적 기능에 관심을 갖고 있었으며, 그 두 세계 사이에 클리스트론과 그에 수반되는 기술이 자리 잡고 있었다. 해군이 1946년에 선형 가속기를 위해 자금을 준비해 두고 있을 때 그들의 보조금 속에는 서로 잘 어울리는 레이더 설비인 S-띠 분광 분석기, 정상파 미터, 싱크로스코프, 변조기, 레이더 송신기, 그리고 S-띠 메아리 상자와 파장계 등을 담은 복주머니가 포함되어 있었다. MIT의 방사선 연구소와 하버드의 레이더 대항 수단 연구소 또는 스페리 자이로스코프 등과 부지런히 접촉을 갖고 있었던 스탠퍼드 물리학자들에게는 그런 것들이 오랫동안 친숙한 장치의 부품이었다. 이러한 부품들과 그것들 각각의 독특한 사용 방식은 서로 다른 두 대학으로부터 온 연구를 함께 묶는 일종의 물질화된 크리올어 역할을 맡았다. 기밀 취급을 받는 레이더와 대항-레이더 세계가 마이크로파 연구소에서 숙박했으며 그리고 공개된 연구는 전자(電子)-원자핵 물리학의 신진(新進) 프로그램 속에 거처를 마련했다.[94]

마이크로파관 주위를 에워싸는 일련의 혼성된 관습은 "이오노그라피"가 시각적 사진술 영역에서 가졌던 안정성을 획득했다. 말하자면 그들 분야에서 모두 국지적인 혼성어를 수립하고 그것들이 비공식적인 노트

---

93) (산업과 군부 그리고 정부 등) 서로 다른 다양한 후원을 받는 연구의 통제를 유지하기 위한 스탠퍼드의 노력에 대한 좀더 완전한 검토를 위해서는 갤리슨, 헤블리, 그리고 로언, 「통제」(1992), 특히 제2차 세계대전에 대한 55~58쪽을 보라.

94) 임무 명령 IV, 계약 N60ori-106, 1946년 4월 12일, SC 126, box 1, WHP, SUA; 갤리슨, 헤블리, 그리고 로언, 「통제」(1992), 58~59쪽에서 인용.

를 통하고 그다음에는 교과서를 통해 공학과 물리학을 결합하는 마이크로파 기술의 어엿한 크리올어로 성장했다. 그러나 코닥과 일포드 그리고 영국의 자원부가 개입된 뒤에도 상대적으로 작은 규모로 움직였던 이오노그라피와는 달리 마이크로파 물리학은 전쟁 전에는 상상할 수 없었던 규모로 수행되었다. 파장이 센티미터파와 관계된 이해관계가 (그리고 자금이) 막대했음을 이해하려면 부여된 북미 전체를 레이더 차폐로 방어하기 위해 설계된 단지 원격 조기 경보 장치(Distant Early Warning System, DEW)-공정만을 생각해보면 된다.

물리학과 공학의 결합이 "물리학자"라는 용어의 의미 자체를 바꾸리라는 것은 참가자들에게 분명했다. 스탠퍼드 물리학과의 전직 학과장이었던 데이비드 웹스터는 스페리 자이로스코프와 학과가 이전에 맺은 협력이 가져온 엄밀한 구속 조건들에 의해 실망감을 느꼈다. 그는 1943년 2월에 한센에게 경고하면서 다음과 같이 썼다. "나는 여전히 어떻게 [스페리의 로열티] 자금과 함께 당신이 전기공학[Electrical Engineering, E. E.]에 의해 흡수되지 않고, 만일 우리가 이 계획에 참가했다면 물리학과에 빼앗길 수 있었는지 알 수가 없다. 만일 당신이 원했다면 그렇다고 해도 …… 그리고 처음 시작부터 마이크로파 연구소를 E. E. 관리 아래 두고서 비록 내가 그것을 유감으로 생각한다고 할지라도 당신의 생각을 알 수가 있다. …… 우리는 군사용 도구를 개발하겠다는 욕망의 결과로 한때 스페리에 소속된 적이 있다. 현재 우리 도구의 용도로 비추어 보아서 나는 우리가 그렇게 했다는 것을 …… 기쁘게 생각한다. 그러나 군사적 임무가 없는 전쟁 뒤의 선택은 그와는 다른 무엇이어야 한다."

웹스터의 생각으로는 군부와 기업가, 기술자 모두가 자율권을 위협했으며, 그래서 결과적으로 물리학자의 원래 뜻이 의미하는 존재를 위협했다. "우리 모두가 사용할 돈이 별로 없는 물리학자로 남아 있기보다 많은 돈을 사용하는 기술자가 되는 것이 더 좋다고 주장할 수도 있다. 그것은 어쩌면 자신을 위해 스스로 결정해야 할 각자의 문제다." 스페리 자금이 확실히 유혹이었지만 이는 강력한 사슬과 함께 왔다. 웹스터는 다음과 같이 말했다. "만일 스페리가 로열티 이상의 것을 우리에게 지급한다면, 스페리는 곧 단지 우리가 로열티로 지원한 연구를 좀더 유용한 공정으로 돌리는 것이 어떨지, 그리고 단지 우리가 지금 당장 논문을 발표하지 않는 것이 어떨지 하는 식으로 서서히 암시하기 시작할 수 있다. 거미가 파리에게 '우리 집 거실로 들어오지 않을래?'라고 말했다."[95]

전쟁 전에 소규모 실험 과학자 중 한 사람이었던 펠릭스 블로흐는 전쟁 연구소에서의 경험을 통해 물리학자와 기술자 사이의 협력을 지지하게 되었다. 블로흐는 웹스터에 응답하면서(웹스터가 한센에게 보내는 1943년 2월의 편지를 보았다) 1943년 3월에 다음과 같이 썼다. "우리가 우리의 위치를 어떻게 서로 바꾸게 되었는지 생각하면 분명히 재미있다. 당신이 심지어 상업적 회사들의 이해와 결탁하는 곳에 이르기까지(클리스트론이나 비행기 등) 응용 물리학을 향해 끝까지 간 때가 그리 오래전이 아닌데, 그동안에 나는 거드름을 피우며 물리학자에 대한 '예술을 위한 예술'의 원칙을 지켰다. …… 바로 지금에는 '전쟁을 위한 예술'을 기쁘게 사용하고 있다."

웹스터의 "파리 우화(寓話)"에 답변하면서 블로흐는 파리들까지도 거미가 본성에 따라 무엇을 하고 싶어 하는지 알지 않으면 안 된다고 단언했다. "만일 파리가 이 중요한 사실을 잊고 거미의 거실로 따라 들어간다면, 그것은 파리가 초청받은 것을 영광으로 생각했거나 그 초청으로 이익을 얻을 것으로 기대했거나 또는 두 가지 모두 때문이었을 것인데, 나는 미리 알 수 있는 자명한 결과를 가지고 후회하지는 않을 것이다. 나는 마이크로파 연구소 주위에서 완벽하게 행복한 마음으로 윙윙 날아다니는 파리들도 있을 수 있다고 믿는다. 그 파리들은 단지 거미에 관해서만 잊지 않으면 된다." 이것이 말하는바, 블로흐는 파리들이 위험한 부탁을 정중하게 거절할 수 있어야 한다고 말하는 것으로 생각했다. 그렇지만

---

95) 이 모든 것은 웹스터가 한센에게 보낸 편지, 1943년 2월 13일, SC 126, 4:40, WHP에서 인용했다. 편지의 일부는 레슬리, 『냉전』(1993), 166쪽에 참고문헌으로 나와 있다. (주: 레슬리는 실수로 그 편지의 다른 두 부분을 빠뜨렸다.)

잡혀 먹힐지도 모르기 때문에 파리가 거미를 방문하지 못하도록 금한다면 그것은 학문의 자유를 제한하는 도를 넘어선 것이다.[96] 서부 해안에서 파리와 거미는 동부 해안에서는 하녀와 매춘부였다. 두 종류의 은유(隱喩) 모두가 갑자기 물리학을 산업체와 군부 그리고 공학에 결합시킨 경계 지대에서 혼란이 일어나고 있음을 나타내는 신호였다.

만일 어떤 것이라도 스탠퍼드에 속한 물리학자와 기술자의 지나치게 열정적인 기업가 정신을 진정시켰다면, 그것은 웹스터가 반복하여 주장한 것처럼 스페리 자이로스코프 사와의 사이에 전쟁 이전부터 시달렸던 갈등이었다. 산업으로부터 얻은 강력한 후원의 대가로 교수진 중 많은 사람들은 반복하여 물리학과 관련된 그들 자신의 관심사로부터 후방 국방을 위한 특허로 연구 대상을 돌리도록 강제받고 있음을 알게 되었다. 한 가지 종류의 혁신적인 연구에서 그 결과로 옮겨가는 대신 원래의 설계를 변경하고, 특허를 손에 넣을 수 있는 대안(代案)을 생각해 내며, 있을 수 있는 허점을 국방에 적절한 기술적 설계로 메우느라 몇 주일을 보내는 것이 필요하게 되었다.[97] 산업체 세력에게 통제를 빼앗길지도 모른다고 두려워하며, 마이크로파 연구소의 가장 중요한 발기인이었던 한센마저도 1944년 9월 27일에 그의 걱정들을 다음과 같이 적어두었다.

> 예를 들어 스페리처럼 외부로부터 얼마간의 도움을 얻을 수 있어야 한다.
> 그들에게 무엇을 팔 수 있을까?
> 우리의 영혼은 안 된다.
> 조언.
> 학생.
> 약간의 연구.

---

96) 블로흐가 웹스터에게, 1943년 3월 23일, SC 126, box 4, folder 40, SUA.
97) 갤리슨, 헤블리, 그리고 로언, 「통제」(1992), 특히 47~55쪽.

새로운 특허.
특허에 대한 도움.
과학적 광고.
그들이 지불하리라고 생각하고 나도 그렇게 생각하지만, 얼마나 많이, 그리고 무엇을 위해서인가가 문제다.[98]

바로 물리학자의 "영혼"이 무엇인지 정의하기 위한 노력 속에 저자(著者)로서, 건조자로서, 개인으로서 실험 과학자의 이동하는 경계가 놓여 있었다.

1945년 8월에 전쟁이 끝나자 마이크로파 연구소는 거의 3년 동안 무르익게 하는 기간을 보냈다. 그리고 원자탄 프로젝트가 극비 사항에서 국가적 집착으로 바뀌면서 물리학과는 그들의 요청 사항을 확대했다. 1940년대 중반의 정체성에 대한 내부 불신은 눈 하나 깜빡하지 않는 당국의 모습과 연결되었다. 이제 1945년 10월에 물리학자들의 논의와 물리학과는 전쟁 이전에는 들어보지 못했던 새롭고 단호한 어조를 갖게 되었다. 커크패트릭이 스탠퍼드로 다시 유치하기를 원했던 노리스 브레드베리에 대해 다음과 같이 말했다. "이와 같이 그는 인간 역사 모두를 변화시킨 그룹의 책임자로, 계속되는 그 그룹의 그러한 변화를 가져오는 능력은 결코 소진되지 않는다."[99] 나중에 분명해진 것처럼 브레드베리조차도 로스앨러모스에서 사람들을 붙잡아두는 데 어려움을 겪어야만 했으며, 나라 전체에 걸쳐서 봉급은 한마디로 하늘을 찔렀다.

가파른 인상의 한 가지 예로 스탠퍼드는 한 물리학자에게 3,750달러의 봉급을 제시했지만, 시카고 대학에서 즉시 6,000달러로 올려 역제시하는 것을 보고만 있어야 했다. 실제로 14명의 물리학자들(거의 모두 31세에서 41세 사이)을 예로 들면 **평균** 봉급은 8,460달러였으며, 그중에서 최

98) 한센이 트레시더에게 보낸 초안, 1944년 9월 27일, SC 126, 4:41, WHP; 갤리슨, 헤블리, 그리고 로언, 「통제」(1992), 57쪽에서 인용.
99) 커크패트릭이 트레시더에게, 1945년 10월 1일, SC 158, 1:4, DTP.

고는 1만 5,000달러였고 최저는 6,000달러였다. "사람이 [이러한 봉급 수준을] 좋아하거나 말거나 간에 이것은 물리학자에 대한 현재의 두드러진 강세 시장을 반영하는데, 그것은 공급 부족과 대량의 수요에서 당연하게 나온 결과다."[100)] 봉급은 그들의 지위에 대한 단 한 가지 척도이지만, 이와 같은 논의는 실질적으로 거의 모든 대학들에서 일어났다.

전에는 결코 스탠퍼드의 물리학과가 다음과 같은 첫 번째 문단처럼 퉁명스럽게 주장하는 메모를 대학교 총장에게 전달할 수 없었다. "이 학과가 확장하는 것은 명백한 운명처럼 보인다." 만장일치로 스탠퍼드의 물리학자들은 몇 가지 "고려 사항"들을 제시했다. ROTC와 NROTC 학생들은 군대의 장교 훈련 프로그램에서 군인들이 했던 것처럼 물리학 강좌를 수강해야만 했다. 학부 교육에 대한 자문 위원회는 새로운 물리학 강좌를 필수로 지정할 것을 고려하고 있었다. 연방 정부는 아마도 과학 전공 학생들에게 보조금을 지급할 것이며, "물리학이 그 영향을 받는 첫 번째 학문이 될 것이다." 그리고 마이크로파 프로그램은 학생들을 유인하게 될 텐데, 실제로 "물리학에 대한 전체적인 전쟁 기록은 학생들이 이 과학 분야에서 자신의 인생을 설계하도록 만들고 있었다." 전쟁 이전에는 1년에 한 명 정도가 물리학을 전공하기 원한다고 암시했던 반면, 이제 그 숫자는 11을 가리켰고, 제대 군인들이 들어오게 됨에 따라 그 이상으로 증가할 것이 확실했다. 이러한 사실들을 근거 삼아 물리학과는 전임 교수의 수를 여섯에서 여덟 또는 아홉까지 "학과를 확장할 수 있는 기회"를 환영했다.[101)]

50퍼센트의 확장은 자금을 필요로 했으며, 전쟁 중에 한센이 주장한 것과 마찬가지로 그 자원은 정부와의 계약 연구가 될 예정이었다. 분명히 이것은 대학에 유익하겠지만, 정부의 경우에는 어떠한가? 공군 기술 부대 사령관인 O. C. 메이어 대령은 1946년 1월에 이러한 점을 스탠

100) 커크패트릭이 트레시더에게, 1945년 10월 1일, SC 158, 1:4, DTP.
101) 커크패트릭이 트레시더에게, 1945년 11월 6일, SC 158, 1:4, DTP.

퍼드 총장에게 정확하게 묘사했다. 메이어는 공군이 대학과 군대 사이의 긴밀한 협력을 유지하는 데 두 가지 목적이 있다고 다음과 같이 썼다. "우리는 유능한 인적 자원에 의해서 우리 작업의 상당량을 달성할 수 있을 뿐만 아니라, 그에 더하여 긴급 상황이 벌어지는 경우 전쟁 부문의 연구를 도와줄 수 있는 훈련된 기술자와 과학자로 이루어진 요원을 만들 수 있다."[102] 임무의 선택은 낮은, 높은, 상당히 높은, 아주 높은, 그리고 마이크로파 진동수에 이르기까지 다음과 같은 마이크로파 연구의 전반에 걸쳐 확대되어 있었다. "(레이더에 적용할 정밀 시간 측정을 포함하여) 변조 장치, 진동 변조기, 넓은 진동수 대역의 안테나와 회로 요소, 마그네트론과 클리스트론, 밀리미터 파동에 대한 연구, 3차원 레이더 자료 제시, 비컨 통신, 움직이는 표적 표시기 연구, 무작위 분극 방해전파 발신기, 비행 컴퓨터, 운항 장치, 로랜(Loran) 연구(로랜은 두 곳의 무선국으로부터 온 전자기파가 도착한 시간 차이를 이용하여 자신의 위치를 측정하는 장거리 항법용 장치임 – 옮긴이), [그리고] 신 레이더 장치 등이다."[103] 그리고 이것은, 오래지 않아 맨해튼 프로젝트로부터 계약을 물려받을 AEC에 의해 상당히 보충된, 단지 군부의 한 분과에서 나온 하나의 예상되는 제안일 따름이었다. 수년 이내에 스탠퍼드의 연구자들은 극비의 응용 연구와 대학 교육의 공개된 영역 사이에서 쉽게 이동할 수 있을 것이다.

물리학자들로 이루어진 사다리의 높고 낮은 모든 곳에서 당국과 자원, 그리고 집단적 활동에 새로이 접근할 수 있음에 따라 실험 과학자 되기가 의미하는 것의 성격이 변화하기 전에 동전의 다른 한 면과 같은 저항과 주저 그리고 두려움을 갖게 되었다. 이러한 문제가 특히 연구 자치권에 대한 통제의 양도를 둘러싼 사람들에게 1940년대 중반 이후에 걸쳐서 연속적으로 제기되었다. 그렇지만 불안이 후원의 증가를 막지는 못했

102) 메이어가 스탠퍼드 대학 총장실로, 1946년 1월 11일, SC 158, B1:4, DTP.
103) 메이어가 스탠퍼드 대학 총장실로, 1946년 1월 11일, SC 158, B1:4, DTP.

다. 실제로 마지막에는 특허와 산업에 대한 걱정이 적어도 초기에는 산업보다 훨씬 더 많은 자치권 또는 적어도 산업과는 다른 종류의 구속 조건을 약속한, 정부 연구와 군부 연구로의 비행을 재촉했을 수도 있었다. 전쟁이 끝난 거미는 스페리라라기보다는 오히려 해군 또는 AEC로 위장하고 나타났다. 하나의 계획이 다른 계획의 꼬리를 물고 무질서하게 따라왔다. 전자(電子) 가속기는 그것을 처음 제안한 사람들 중 일부조차도 반대하기 시작할 정도의 크기로 갑자기 퍼지면서 뒤죽박죽으로 성장했다. 1954년이 되자 블로흐는 CERN의 연구소장 서리가 되었는데, 그 위치에서 불안하게 스탠퍼드를 돌아보았다. 블로흐는 (그 시점에서 괴물[Monster]에서 "M"자를 따와 명명했고 나중에 SLAC으로 바뀐 1마일 길이의 선형 가속기 프로젝트를 선전하고 있던) 호프스태터에게 다음과 같이 썼다.

> 10^7달러는 행정 관리자와 인사 관리자, 감독, 회계 감사, 해군의 계약 체결자, 워싱턴에서 기일을 연장하는 체류 등등 …… 등등 ……을 의미하는데, 간단히 말하면 ― 말하는 것이 유감이지만 ― 나의 현재 지위로부터 모두 다 너무 잘 예견할 수 있는 대단한 관료주의적인 그리고 정치적인 횡설수설이다.
>
> 1마일은 건물 계약자들과 도시 법령, 전력선, 땅파기 등을 의미하는데, 간단히 말하면 세상의 두 가지 의미 모두에서 "오물"이라는 큰 문제다.
>
> 모든 부속품을 갖춘 10^2개의 클리스트론은 대량생산을 의미한다. 그리고 나는 그것이 이 일의 이러한 측면을 충분히 규정한다고 생각한다.[104)]

가속기 프로젝트와 폭탄 프로젝트 모두에서 경험이 많은 영국의 존 코

104) 블로흐가 호프스태터에게, 1954년 12월 8일, SC 303, 1:12, FBP.

크라프트는 블로흐에게 그러한 프로젝트를 대학의 배후로 숨기라고 강조했다. 그리고 그것이 블로흐의 마지막 희망이었다. "안전성을 추구하는" 국가 AEC 연구소로부터 자유롭게 무엇인가를 어딘가에 남기면서 "초(超)가속기"를 대학 바깥에서 유지할 수 있었다. 필요할 때면 언제나 전자(電子)들이 작동하게 만들 수 있는 "좋고 작은 '수도꼭지'"를 갖는다고 말하는 것은 모두 매우 좋았다. "그러나 우리가 상대해야 할 실제 짐승은 수월하게 다룰 수 없었다."[105] 그 프로젝트가 "대학 양식"으로부터 멀어지고 "산업 연구소"를 향하여 이동하게 되자 호프스태터도 반발하면서 그 괴물을 포기했다.[106]

다음과 같은 통제에 대한 논쟁이 있어왔다. 1930년대 특허 연구에 대한 독점과 법적 요구에 대항하여 나타났던 연구의 속도와 방향에 대한 통제, 전쟁 기간 동안과 그 이후 비밀 사항과 연관된 구속 조건에 반대하는 결과의 유포에 대한 통제, ONR과 AEC의 끈질기게 괴롭히는 자세에 반대하는 연구에 대한 통제, 그리고 마지막으로 팀과 장치의 순수한 크기 그리고 대규모 과학의 관료주의적인, 그리고 여러 가지 뜻을 갖는 "오물"에 반대하는 연구소에 대한 통제 등이 그것들이다. 이러한 함정들 사이를 헤쳐 나가기 위해 그들의 "영혼"을 유지하기 위해 한센이 말한 것처럼 물리학자들은 그들의 연구 범위 안에서 자율권을 유지하기 위해 그들이 할 수 있는 것을 했다. 그러나 연구에 따르는 특전을 피하면서 그들이 몹시 탐냈던 설비를 손에 넣는 일은 그 어느 때보다도 더 잡기 어려운 야망이 되었다.

5. 위스콘신

비록 위스콘신의 물리학과가 1849년 위스콘신 대학 설립과 동시에 세워졌지만, 교수의 명칭으로 "물리학"이라는 용어는 1878년에 처음

---

105) 블로흐가 호프스태터에게, 1954년 12월 8일, SC 303, 1:12, FBP.
106) 호프스태터가 쉬프에게, 1958년 9월 8일, SC 220, 3:15, LSP.

으로 나타났으며, 1890년대 말까지 활동의 초점이 연구라기보다는 교육에 있었다. 미국의 많은 물리학과들과 마찬가지로 위스콘신의 물리학과도 1930년대에 확장되기 시작했다.[107] 학교가 처음으로 존 해즈브룩 반 블렉(위스콘신에 1929~34년 동안 머묾), 유진 위그너(위스콘신에 1935~38년 동안 머묾), 그리고 그레고리 브라이트(위스콘신에 1935~46년 동안 머묾) 등 새로운 양자론에 충분히 정통한 이론 과학자들을 유치하기 시작한 것이 그때였다. 실험 과학자들과 이론 과학자들은 함께 강력한 협력 관계를 형성했으며, 그 협력 관계는 물리학과를 레이더와 원자탄을 위한 분투에서 유치할 주된 표적으로 만들었다.

실제로 위스콘신은 그들 자신들의 프로젝트를 기획하는 데도 능동적인 역할을 했다. 전쟁이 시작됐을 때 브라이트는 맨해튼 프로젝트가 공식적으로 존재하기 시작 전부터 벌써 원자탄 프로젝트를 가져 오기 위하여 열심히 로비했으며, 계속해서 핵무기를 위한 대대적인 선전에 유력한 역할을 담당했다. NDRC는 위스콘신의 조지프 맥키븐에게 레이몬드 조지 허브가 개발한 정전기적인, 압력이 차단된 높은 전압 발전기를 가지고 반사재(反射材)의 원자 특성을 측정하는 연구 프로그램의 책임을 맡아달라고 요청했다. 허브 자신은 MIT의 방사선 연구소에서 레이더에 대해 연구하면서 전쟁 시절을 보냈다. 로스앨러모스에서 앨프리드 O. 핸슨은 400만 볼트 원자 분쇄기를 다루는 그룹을 지휘했고, 맥키븐은 200만 볼트 발전기를 다루는 그룹을 지휘했다. H. B. 월린은 야금 연구소에서 자문 역으로 일했고, 줄리언 매크는 1943년 3월 이후 이전 지도 학생들인 F. E. 가이거와 D. M. 리빙스턴과 함께 광학과 사진 그룹을 관리하면서 로스앨러모스에 있었다.[108]

---

107) 1930년대 동안에 미국에서 물리학과의 성장에 대해서, 그리고 이러한 확장과 정치 경제적 변화에 대해서는 켈브스, 『물리학자』(1978), 특히 제17장~제19장을 보라.

108) 크론, 「위스콘신 대학 물리학과의 교수진과 졸업생들이 원자탄 프로젝트에 대한 기여에 관한 발표」, folder "A", 7/26/2, UWA. 월린과 매크에 대해

전쟁 연구의 경험은 위스콘신 물리학자들이 보는 자신들이 근무하는 기관의 전후상(戰後像)을 매우 빨리 바꾸기 시작했다. 그리고 전례 없이 풍부한 자원과 학제 간 협력 아래 놓인 아주 많은 다른 물리학자들과 마찬가지로 위스콘신의 래그너 롤레프슨은 1944년에 그의 대학이 새로운 세대의 실험 과학자들을 유치하고자 하는 고려를 기꺼이 하고 있다고 돌아와서 보고했다. 롤레프슨은 루이스 앨버레즈가 새로운 수확물로는 최상이라고 판단했지만 데려오기 어려울 것 같았다. 특별히 관심을 둔 사람으로는 모두 30세 가까운 B. 챈스, 에드워드 퍼셀 또는 J. L. 러슨 등이 있었다. 전쟁 중 연구소의 온실 같은 환경 아래서 연장자에 대한 존경심은 무너져 내렸다. 롤레프슨에 따르면, 이들 물리학자 중 누구라도 방사선 연구소에서 나이나 계급을 가리지 않고, 가장 최상급에 속하는 인물이었으며, 앨버레즈에 필적할 만했다. 그가 보낸 메시지는 다음과 같았다. 방사선 연구소에서 젊은 사람을 취하고, 그들을 즉시 임명하되 높은 직책으로 하라.[109]

미국 폭격기가 원자탄을 일본에 떨어뜨렸을 때 물리학자들은 자제할 수 없었다. 아인슈타인 이후 물리학의 상황을 되풀이해 말하고 1945년 8월 6일과 9일의 사건으로 절정에 달하는 길면서도 여러 면에서 무서운 시 하나가 물리학과에서 회람되었다. 시는 그 순간에 물리학자임에 대한 반향(反響), 즉 동시에 존재하는 불안과 오만, 수백만 명에 달하는 그들의 동년배들이 유럽이나 태평양에서 싸우며 죽어가고 있을 때 연구소에서 전쟁을 보낸 젊은이들이 느끼는 자존심과 의혹 등의 크기를 읊었다. 마음을 어지럽히는 일부분을 발췌하면 몇 구절은 다음과 같다.

대학 교수는 몽상가라고 너는 생각한다.

서는 또한 레오날드 잉거솔, 「위스콘신 대학 물리학과」, folder "Dean M. H. Ingraham" box 2, 7/26/10, UWA를 보라.

109) 롤레프슨이 레오날드 잉거솔에게, 1944년 1월 12일, folder "R", box "Correspondence, 1945~46", 7/26/2, UWA.

그러나 그가 히로시마에 가했던 매질을 보라.
그 친구들이 별나다고 생각한 사람들은
운이 좋게도 나가사키 근처에 살지 않았다.110)

갑자기 위스콘신 물리학자들이 폭탄에 대한 강의를 하느라 라디오 프로그램에 출연했으며,111) 그리고 그들은 시간을 허비하지 않고 더 많은 것을 얻기 위해 학교 당국에 접근했다. 오랫동안 학과장을 맡았던 레오날드 잉거솔에 의하면, "우리는 물리학 분야에서 활동이 상당히 많이 증가하리라고 기대하는데, 그것은 즉시 시작되어 여러 해 동안 계속될 것이다. 이것은 더 많은 대학생과 더 많은 연구 활동 그리고—어쩌면 무엇보다도 가장 두드러지게—물리학자에 대해 엄청나게 증가하는 산업적 수요에 다 공급하게 되는 더 많은 대학원생을 의미하게 될 것이다."112) 물리학과 학과장은 그의 주위에서 일어나는 변화들에 약간 충격적으로 반응했다. "하버드는 새로운 물리학과 연구 프로젝트에 40만 달러를 투자하고 있으며, 피츠버그는 25만 달러를, 일리노이는 135만 달러를, 시카고는 수백만 달러와 연관된 프로젝트를 가지고 있고, 코넬은 물리학과의 확장을 위해서 100만 달러 단위의 예산을 요청하고 있었다. 워싱턴은 물리학과 교수진을 배로 늘리고 있으며, MIT는 뛰어난 젊은

---

110) 「그의 세계가 폭로되면서 아인슈타인이 나왔을 때」, 타이프 된 시(詩), n. d. [아마도 1945년경], box 5, 7/26/10, UWA.

111) 예를 들어 매크가 레오날드 잉거솔에게, 1946년 1월 4일, 7/26/13/1-2, JMaP를 보라. "나는 당신이 5월 1일의 '원자탄의 사회적 영향'이라고 메모한 것을 보았다. 그 제목에 대한 출연자가 이미 계획되어 있는지 궁금하다. 당신이 아마 알고 있을지도 모르지만, 그것은 우리 중 많은 사람들이 심각하게 관심을 가지고 있는 일이다. 만일 출연자가 아직 계획되지 않았다면, 우리 프로젝트로부터 '거물급' 연사를 천거하는 것이 가능하리라고 생각한다. 만일 강의 일정을 학과 구성원으로 한정하겠다는 의도라면, 나는 기꺼이 그러한 강연을 주선하겠다. ……나는 그 주제에 대해 강한 확신을 품고 있는데, 우연히도 그것은 지역 종교의 정통 믿음과도 같다."

112) 잉거솔, 「물리학과 계획」, 1945년 10월 29일, box 1, 7/26/1, UWA.

물리학자들을 유치하기 위해 어떤 봉급이라도 지급하려 하는 것이 분명하다."[113] 이와는 대조적으로 위스콘신은 1930년대 중반에 부진을 면치 못하고 있었으며, 학과장은 이제 확장해야 한다면서 그의 휘하 군대에게 다음과 같이 말했다. "아주 절제된 계획일지라도 30퍼센트 증가는 필수적이다."[114]

종전(終戰) 한 달 뒤 채용 경쟁을 시작해도 이미 너무 늦은 것처럼 보였다. 1945년 9월 27일에 매크는 로스앨러모스로부터 잉거솔에게 편지를 보냈는데, 그는 그곳에서 "일류 물리학자들이 결코 선례가 없이 집중되어 있는 것"을 보았다고 썼다. 매크는 다음과 같이 보고했다. 위스콘신은 꾸물거리다가 이미 "일류 중에서도 최고"를 고르는 기회를 놓쳤으므로 "나는 지난 수주 동안 한 시간이면 얼마나 늦는지에 대해 점점 더 실감하고 있었다. 지금이라도 활용 가능한 가장 우수한 젊은이 중 누구라도 원한다면, 말 그대로 수일 내에 행동해야만 한다고 확신한다. 그렇게 하지 않으면 그레고리가 제안한 꼴을 당하게 될 터인데, 1년 정도를 더 기다려야 한다는 것이다."[115] 매크 생각에는 더 늦추는 것이 미련한 짓이었다. 1년 이내에 무기 관련 연구소 출신의 우수한 젊은 사람들은 모두 나라에서 가장 좋은 대학에 채용될 것이었고, 일단 자리를 잡으면 이동하려 하지 않을 것이다. 전에는 위스콘신의 적수가 되지 못했던 학교들까지도 보는 눈을 높여서 재빨리 움직이고 있었다.

일리노이는 "커스트의 수백만 달러"를 가지고 발전하고 있었고, 총장인 아서 컴프턴으로 무장한 워싱턴 대학은 새로운 물리와 화학 학과로 탄생할 것에 대비해 노력을 집중하고 있었다. 그리고 로스앨러모스 자신도 역시 국회의 인준을 받으면, "다른 곳으로 가려고 아직 결정되지 않은 젊은 사람들" 중 누구에게라도 좋은 조건을 제시하며 싸움에 뛰어들 것

---

113) 잉거솔, 「물리학과 계획」, 1945년 10월 29일, box 1, 7/26/1, UWA.
114) 잉거솔, 「물리학과 계획」, 1945년 10월 29일, box 1, 7/26/1, UWA.
115) 매크가 잉거솔에게, 1945년 9월 27일, folder "Physics", box 3, 7/1/2-3, UWA.

이었다. 대학 측에 수일 내로 행동에 옮겨야 한다고 간청하면서 매크는 다시 한번 더 전쟁 관련 연구소에서 온 동료들의 목록을 검토했고, 그들 중 누구라도 위스콘신에 빛남을 더해줄 것이었는데, 그중에서도 원자핵 물리학자인 밥 윌슨, 노먼 램지, 그리고 존 맨리가 으뜸이었다. 가장 젊은 그룹으로는 에드워드 크러이츠, 케네스 그라이센, 보이스 D. 맥다니엘, 그리고 헨리 H. 바셀이 두드러졌다.[116]

물리학의 내용뿐 아니라 물리학의 연구 관습도 급격하게 변화했다. "우리는 모두 팀 연구의 중요성이 증대하고 있음을 보고 있다." 이러한 성장은 새 교수진을 선택하는 데 즉각적인 결과를 가져왔다. "만일 학과가 원한다면, 그리고 학과가 매우 빠른 시일 내에 예정 사업, 예를 들어 확장된 반데그래프 연구라든지 또는 10억 볼트 가속기와 같은 대규모 건축 문제를 수반하는 팀워크 프로그램을 확실하게 제안할 수 있다면, 크러이츠가 매우 중요해진다." 또는 동일한 편지의 후반에 한번 더 다음과 같이 썼다. "만일 우리가 이러한 방향을 따라 추진하겠다고 느낀다면", 유치 노력에서 어떤 특정한 순서를 취하지 않을 수 없다. 대학으로 돌아오는 과학자들 중 일부는 새로운 협력적 대규모 기질에 동화되고 있고 다른 사람은 그렇지 못했다.[117] 대규모 기계와 그 기계와 함께 번성하는 물리학자들이 함께 왔다.

1945년 11월이 되자 메디슨(위스콘신 대학이 위치한 도시 이름임 – 옮긴이)에서는 할 수 없는 원자핵 물리학 연구를 수행하면서 여전히 로스앨러모스에 머물고 있는 줄리언 매크는 자포자기하여 잉거솔에게 "결정을 내리는 데 대단히 중요한 주간"이 이미 지나갔다라고 썼다. 매크는 위스콘신이 첫 번째 기회를 놓쳤다고 슬퍼했다. 대학 당국이 제정신 들도록 하기 위해 그는 단지 수주일 전에 그가 추천한 사람들이 받기로 한

116) 매크가 잉거솔에게, 1945년 9월 27일, folder "Physics", box 3, 7/1/2-3, UWA.

117) 매크가 잉거솔에게, 1945년 9월 27일, folder "Physics", box 3, 7/1/2-3, UWA.

천문학적인 액수의 봉급을 되풀이하여 말했다. 예를 들어 크라이츠는 5,500달러에 카네기 공대의 부교수직을 받아들였고, 그라이센은 4,500달러에 코넬의 조교수직을, 핸슨은 4,000달러에 일리노이의 조교수직을, 램지는 5,000달러에 컬럼비아의 부교수직을, 그리고 윌슨은 6,300달러에 하버드에서 부교수직을 받아들였다. 그 목록은 계속해서 더 불어나갔다. 소문에 의하면 한 대학원생이 방금 MIT에서 3,800달러에 한나절 근무 조교 장학금을 받았다.[118] 이 그룹 중 바셀이 마침내 위스콘신 교수진과 합류했다. 로스앨러모스의 또 다른 출신인 휴 리처드는 조교수직으로 서명했고, E. E. 밀러는 레이더 프로젝트로부터 위스콘신으로 왔고, (조교수로) 이론 과학자 F. T. 애들러에서 시작하여 고참인 지구 물리학자 L. F. 슬리처에 이르는 사람들이 다른 종류의 무기에 대한 연구 경험을 가지고 메디슨으로 돌아왔다.[119]

위스콘신에서 학생들은 물리학과로 모여들었다. 전쟁 전에는 물리학과에 약 30명 정도의 대학원생이 등록했는데, 이제는 75명으로 보강되었고, 오후 10시 이후까지도 계속되는 야간 강좌에 빼꼭하게 들어찼다. 해군 계약에 의해 다섯 명이 추가로 충원되었으며, 실험실들은 넘치도록 채워졌다.[120] 1946년 8월, 이런 폭발할 정도의 성장 속에서 잉거솔은 물리학과에 대한 격년 보고서를 편집했다. "대학의 모든 다른 학과의 경우와 마찬가지로 지난 격년 보고서는 전시 체제로부터 평화 시 체제로의 재전환을 보았는데, 그러나 어쩌면 어떤 다른 경우에도 변화가 그렇게 심하지는 않았을 것이다. 2년 전에는 …… 우리 식구의 목록이 25명의 학부생을 포함하여 72명이었다. 그들 중에는 19세의 2학년 여학생

118) 매크가 잉거솔에게, 1945년 11월 19일, folder "Dept Mtg", box 2, 7/26/ 10, UWA.

119) 잉거솔, 「위스콘신 대학 물리학과의 처음 100년」, 타이프 된 원고, n. d. [아마 1947년경], 7/26, UWA.

120) 잉거솔이 우드번에게, 건축 위원회, 1946년 4월 18일, folder "W", 7/26/2, UWA.

도 있었고, 69세의 지질학자도 있었으며, 그 사이에는 캠퍼스에서 우리를 도울 수 있을 만큼의 물리를 알고 있는 거의 모든 사람들이 포함되어 있었다."[121] 대부분 입대한 2,000명의 남학생 때문에 민간 연구의 우선순위는 낮았다. 이제 전쟁이 끝나고, 민간 연구의 어둠은 지나갔다. "허브 혼자 …… 대략 20명의 남학생이 그의 지도를 받으며 연구하고 있었다."[122] 다음과 같은 전쟁 기록은 다른 설명을 필요로 하지 않았다(잉거솔은 그렇게 당국을 납득시켰다). 브라이트는 로스앨러모스의 이론 그룹에서 역할을 담당했고, 허브는 방사선 연구소에서 강력한 국을 책임 맡았으며, 그의 고압 발전기가 로스앨러모스에 공헌했다. 롤프슨의 레이더에 대한 연구는 여전히 너무 기밀 사항이기 때문에 설명될 수가 없었고, 매크가 기여한 로스앨러모스에서의 노력이나 야금 연구소에서 윌린의 자문도 대단히 중요했다. 새로운 교육 전략에 의해 공학 전공 학부생들이 "물리학과에서의 선택 과목"을 수강할 수 있도록 허용될 것이며, 동일선상에서 대학원 교육에 관한 계획도 이미 진행 중이었다.[123] 하버드와 프린스턴, 스탠퍼드, MIT, 그리고 많은 다른 대학들에서와 마찬가지로 공학과 물리학은 서로를 변화시키는 방법으로 보조를 맞추었다.

그리고 다시 한번 더, 다른 많은 연구소에서와 마찬가지로 위스콘신의 물리학자들도 이론 물리학을 대규모로 확장시킬 준비를 하기 시작했다. "비록 전과 마찬가지로 앞으로도 순수 이론 물리학자에 대한 산업계의 수요가 제한되어 있을지라도 무엇이 일어나고 있는지에 대해 더 넓은 통찰력을 얻기 위해 사람들은 그들의 연구에서 이론과 실험을 결합할 수 있어야 한다고 기대하는 점에 대해서는 어떤 의문도 있을 수 없다.

---

121) 잉거솔, 「위스콘신 대학 물리학과 격년 보고서 1945~46」, 1946년 8월 7일, folder "Dean M. H. Ingraham", box 2, 7/26/10, UWA.

122) 잉거솔, 「위스콘신 대학 물리학과 격년 보고서 1945~46」, 1946년 8월 7일, folder "Dean M. H. Ingraham", box 2, 7/26/10, UWA.

123) 잉거솔, 「위스콘신 대학 물리학과 격년 보고서 1945~46」, 1946년 8월 7일, folder "Dean M. H. Ingraham", box 2, 7/26/10, UWA.

이 전쟁은 연필을 연구 방편으로 사용하는 데 굉장한 가능성이 있다는 놀라운 증거를 제공했다."[124] 연필의 필요성을 진작시키기 위해 학과는 "위스콘신 대학에서 이론 물리학 설비를 건설하기 위한 제안"을 정리했다. 끝없이 치솟기만 하는 봉급은 재빠르게도 1만 달러를 초과하여 심지어 새로 배출되는 실험 과학자 수확물을 거두어들일 수 있는 수준을 넘어섰다. 그들은 이론 과학자 누구라도 받아들일 수 있는 특별 수당으로 유인했다. 그 제안은 "학과 회의에 참석하는 것도 마음대로 할 수 있다"고 말하고 있었다. 누가 그런 제의를 거부할 수 있겠는가? 특히 새로 온 이론 과학자들에게는 학장이나 총장과 직접 상의할 수 있도록 "학과장이나 학과 위원회를 거치지 않아도 되는" 특전이 주어졌다. 그런데 좀더 심각하게는 전쟁이 실험과 이론 사이의 관계를 영구적으로 바꾸어 놓았다. 일들에 대한 이러한 새로운 질서는 새로운 유치 문제, 즉 "장래 교수 임용에서 실험에서와 마찬가지의 고려가 이론 물리학에서도 주어질 것이라는 보증"으로 옮겨질 예정이었다.[125]

확장을 넘어, 그리고 실험하기 공학과 이론의 조정을 넘어 전쟁은 적대감이 사라진 이후까지도 지속적인 방법으로 학과의 연구를 철저히 변화시켰다. 예를 들어 바셀과 리처드는 그들이 로스앨러모스에서 수행했던 원자핵 물리학을 계속했다. 좀더 미묘하게는 원자 시설을 확장하는 우선권이 교수진의 연구를, 심지어 그들의 관심이 다른 곳을 향하고 있을 때에도 새로운 분야에 순응시켰다. 한 가지 그러한 우화(寓話) 같은 이야기가 줄리언 매크와 관계된다.

매크는 노련한 분광학자로 사진술 전반에 대한 귀재였는데 원자핵 동역학에서 수소 원자를 조사할 필요가 생겼다. 전쟁과 연관된 연구가 끝나갈 즈음 매크는 자신의 연구가 어느 방향으로 가야 하고, 왜 그러한

---

124) 잉거솔, 「위스콘신 대학 물리학과 격년 보고서 1945~46」, 1946년 8월 7일, folder "Dean M. H. Ingraham", box 2, 7/26/10, UWA.

125) 「위스콘신 대학에 이론 물리학 설비가 건조되어야 한다는 제안」, n. d. [아마도 1946년 전반부], folder "Dean M. H. Ingraham", box 2, 7/26/10, UWA.

지에 대해 분명한 감각을 가지고 있었다. 어떻게 진행할 것인가는 그가 1946년 5월 1일에 허브에게 다음과 같이 털어놓은 것처럼 전혀 또 다른 질문이었다.

> 나에 관한 한, 전후(戰後) 연구 바로 다음 나의 단 하나의 목적은 수소의 알파 미세 구조 문제에 대한 명확한 조사를 향해서 나의 최선을 다하는 것이었다. 나는 현재 장비나 조력이 부족한 형편이다. …… 수소 문제를 풀기 위한 설비를 얻기 위해 나는 기꺼이 자체로서도 충분히 흥미로운 무거운 원자핵의 구조 연구에 전념할 예정이다. 그렇지만 두 문제에서 필요한 장비가 거의 동일하지 않았다면 이번 봄에 내가 이 분야에 전념하기 위해 어떤 행동도 아직 취하지 못했을 것이며, 해군이 현재 디랙 이론의 정당성을 밝히는 것보다는 무거운 원자에 대해 더 많은 관심을 보이리라고 기대할 수 있다.126)

매크에게는 너무 슬프게도 해군의 관심은 그의 연구보다는 상대론적 전자(電子)에 대한 디랙의 이론에 우선권을 주었다. 그로부터 여섯 달 뒤인 1946년 6월에 매크는 여전히 로스앨러모스에서 연구하면서 플루토늄의 분광학을 조사하고 있으면서 기밀 취급으로 지정된 물질(무거운 원자핵 동위원소)를 메디슨으로 이동할 수 있도록 해달라고 시카고의 야금 연구소와 열심히 협의하고 있었다.127)

매크는 수소 원자에까지 손이 미칠 무렵인 1947년 2월에 아직 장관(壯觀)을 이루는 새로운 마이크로파 장비를 그 문제에 적응시키지 못하고 있었지만, 오히려 그의 이전(전쟁 전) 원자 빛줄기 장치를 소생시키려고 분투하고 있었다. 아마도 이전의 물질문화가 전쟁 연구의 기초 구조로부터의 은신처처럼 유혹했다. 어쨌든 전쟁 전의 도구에 거는 도박

---

126) 매크가 허브에게, 1946년 5월 1일, 7/26/13/1-2, JMaP.
127) 패링턴 다니엘스가 매크에게, 1946년 6월 6일, 7/26/13/1-2, MaP.

은 곧 금지될 운명의 전략이었다. 학생들 사이의 잡담으로 전해지는 소문을 통해 매크는 컬럼비아의 윌리스 램이 디랙 이론서 원자에 대한 동일한 시험을 위해 집중적인 조사를 시작했다는 것을 전해 들었다. 1947년 5월에 램에게 편지를 보내면서 동료 간의 협력 관계와 흥분이 혼합된 기분으로 다음과 같이 말했다. "만일 당신이 하고 있는 것이 무엇인지에 대해 내가 알고 있는 것이 옳다면, 우리 연구가 부분적으로 겹치지만, 당신의 목표는 한 간격을 매우 정확하게 측정하려는 것이고 나의 목표는 n=2와 n=3을 갖는 복합체 구조 전체를 훨씬 덜 정확하게 구하자는 것이므로 한 사람의 성공이 다른 사람의 연구의 효용성을 제거해 버릴 정도로 충분히 많이 겹치지는 않는다."[128] 램은 그의 정확도가 매크의 정확도보다 더 좋을지 어떨지는 아직 확신하지 못한다고 답변하고 매크에게 위스콘신의 연구는 수소뿐 아니라 다른 원자들에게도 알맞을 터인데, 자신의 연구는 어쩌면 헬륨을 포함할 수도 있지만 단지 수소에만 전념하게 될 것이라고 장담했다. 램은 다음과 같이 계속했다. "라비와 당신이 만난 뒤에 우리는 우리가 준안정(準安定)적인 수소 때문에 일어나는 효과를 검출하고 상당히 약한 자기장 내에서 3.2cm의 파장 영역에서 r.f.[라디오 진동수] 떨어짐을 구했다고 생각한다. 만일 진짜라면, 이것은 $S_{1/2}$-$P_{3/2}$ 차이가 10,900m.c.[메가사이클]보다 더 작다는 것을 의미하는데, 이론으로는 이것이 약 1,200에서 1,400m.c.로 예측되었다."[129]

---

128) 매크가 램에게, 1947년 5월 9일, 7/26/13/1-2, JMaP.

129) 좀더 정확하게 말하면 다음과 같은 아이디어이다. 디랙 이론은 두 개의 원자 상태인 $2S_{1/2}$과 $2P_{1/2}$가 동일한 에너지 준위를 갖는다고 예측되었다($2S_{1/2}$은 수소 원자의 두 번째 주 에너지 준위로 궤도 각운동량 0, 그리고 총 각운동량은 1/2을 가지고 있다. $2P_{1/2}$ 역시 수소 원자의 두 번째 주 에너지 준위로 궤도 각운동량은 1, 그리고 총 각운동량은 1/2을 가지고 있다). 디랙 이론에서 이 두 준위가 동일한 총 각운동량과 동일한 주 에너지 준위를 가지고 있다는 사실은 두 준위가 축퇴되도록, 즉 에너지가 같도록 만들기에 충분하다. 그렇지만 $2P_{3/2}$ 상태는 $2P_{3/2}$ 상태가 $2P_{1/2}$ 상태보다 더 높은 총 각운동량을 가지고 있기 때문에(1/2 대신 3/2를 갖고 있기 때문에) $2P_{1/2}$ 상태와 축퇴되어 있지 않으며, 각운동량 중 스핀 성분과 궤도 성분 사이의 연결이 분광학

매크에게는 유감스럽게도 램의 편지가 설명하는 것처럼 램은 이미 그 영역에서 놀라운 발견을 해냈고, 매크 자신도 그것을 응용하려던 참이었다.[130] 디랙의 지극히 성공적인 전자기장에 대한 상대론적 양자 이론은 옳지 않았지만, 그러나 아주 조금만 틀렸을 뿐이다. 램은 디랙 이론이 동일한 에너지를 가질 것이라고 예언한 수소 원자의 두 상태인 $2S_{1/2}$과 $2P_{3/2}$ 사이에 아주 작은 에너지 차이를 발견했다. 램의 분리라고 불리는 이 결과는 그 후 수년에 걸쳐서 파인먼, 슈윙거, 토모나가, 그리고 다이슨에 의해서 양자 전기 동역학에 대한 새 이론이 만들어지는 데 실험적인 영감 역할을 하면서 찬란한 성공을 거두었다.[131]

1947년 5월 12일자로 보낸 램의 편지에는 그의 장치가 매크의 장치와 정말로 얼마나 다른지를 분명히 한 (램과 레더포드에 의한) 발표 전 논문이 포함되어 있었다. 그 논문의 첫 번째 문단에서 컬럼비아의 물리학자는 "3센티미터 파장 부근에서 성립하는 마이크로파 기술이 전시(戰時)에 보인 위대한 진척은 수소 원자에서 $n=2$ 미세 구조 상태에 대한 연구를 위한 새로운 물리적 수단을 새롭게 사용할 수 있는 가능성을 열었다"라고 발표했다.[132] 마이크로파 에너지를 원자에 주입시키는 방법에 의해 램은 원자 상태 사이의 전이(轉移)를 유발시킬 수 있었는데, 그 정

자들에게 잘 알려진 (약 1만 메가헤르츠 정도의) 에너지 차이를 발생시킨다. 양자 장이론은 수소 원자핵(단 하나의 양성자)이 만드는 전기장과 자기장 내의 요동(搖動)에 의해 추가로 (나중에 램 이동이라고 알려진) 에너지 간격을 도입한다. 그 이유는 비록 요동하는 장의 평균값이 0이지만, 전자(電子)의 이상한 행동이 그것에 에너지를 더하기 때문이다. 이렇게 새로 예측된 에너지 이동이 전기 동역학적 장의 양자 요동을 나타내므로 그것이 새로운 양자 전기 동역학의 탐구를 정당화하는 것을 도와주었다. 이 편지에서 램은 그의 관찰이 $2S_{1/2}$과 $2P_{3/2}$ 사이의 약 1,200메가사이클에 달하는 이러한 추가 에너지 간격에 대한 이론적 예측을 지지한다고 보고하고 있다.

130) 램이 매크에게, 1947년 5월 12일, 7/26/13/1-2, JMaP.

131) 램 이동과 양자 전기 동역학의 전후(戰後) 개발에 대해서는 슈베버, 『QED』(1994)를 보라.

132) 램과 레더퍼드, 「마이크로파 방법」, *Phys. Rev.* 72(1947): 241~243쪽; 램, 「수소」, *Rep. Prog. Phys.* 14(1951): 19~63쪽.

확성을 레이더 공학의 기계적인 순서가 실험 과학자의 일련의 평소 관습이 되기 전까지는 상상할 수도 없었다. 램과 매크 사이의 대비는 극적으로 전쟁에서 평화로 전환하는 두 가지 방법을 예증(例證)하는데, 이 경우에는 두 가지 모두 상대적으로 작은 규모의 장비를 이용했다.

매크는 일본이 항복한 뒤 적어도 당분간은 무기 물질 자체에 대한 그의 분광학적 연구를 계속하기로 선택했다. 그가 "평화적인" 활동으로 돌아왔을 때 플루토늄과 전쟁 장비 모두를 뒤에 두고 왔다. 이와는 대조적으로 램은 전쟁을 위한 작업이라는 직접적인 주제로부터 수소 원자로 전환했다. 동시에 그는 마이크로파 물리학이라는 전쟁이 만들어낸 장비와 관련된 관습을 계속해 나갔다. 몇 달 이내에 매크는 잘못된 경마에 내기를 걸었음이 눈에 명백해졌다. 램과 마찬가지로 전시(戰時)의 원자핵 기술과 마이크로파 기술을 계속 넘겨받은 사람들은 그들에게 누구도 꿈꾸지 못한 것 이상의 성공을 가져다준 연구를 위한 방책을 찾아냈다.133)

---

133) 이것은 일단 전쟁이 끝나자 정부로부터의 압력도 중단되었다고 암시하는 것은 옳지 않다고 말한다. 냉전은 자신의 원동력을 가지고 있었다. 한 가지 예를 보면 다음과 같다. 소련에서 1949년 9월에 시행된 원자탄 시험("조 1")과 1950년 1월의 미국 수소탄 프로그램의 시작, 그리고 1950년 6월의 한국전쟁의 시작과 함께 AEC는 그들이 지원하는 과학자들에게 더 많은 협력을 강요했다. AEC의 연구 부문 책임자인 K. S. 피처는 위스콘신 물리학과의 전직 학과장인 라그나 롤레프슨에게 1951년 5월 7일자 편지에서 다음과 같이 썼다(folder "A", 7/26/2, UWA). "국제 상황의 증대하는 긴장과 이 나라가 비상 상태로 바뀌는 움직임은 과학 인력을 가장 적절하게 활용하는 매우 현실적인 질문을 제기했다. …… 현재 비상 상태가 장기화할지도 모르는 가능성은 제2차 세계대전의 결과로 배운 교훈과 결합해 대학과 재단, 그리고 국가 연구소 등에서 강력하고 지속적인 기초 연구 프로그램을 수행하는 것이 바람직하고 필요함을 강조했다."

피처는 강조하기를, 그러한 노력은 "유능한 젊은 과학자들이 산업과 대학, 정부 연구소, 그리고 군대에 지속적으로 유입되는 것을 확실하게 해준다"는 것이다. 국방 관련 연구소로 옮기지 않는 사람들에게 피처는 그들을 원자력 에너지 위원회와 다른 국방 관련 기관들의 활동과 좀더 긴밀하게 관련시킴으로써, 그리고 국방 문제에 대한 좀더 직접적인 태도를 갖도록 그들의 연구 활동을 적응시킴으로써 국방 노력에 대한 그들의 기여를 "증가"시키도록 강요했다. 마

6. MIT

마이크로파 레이더와 제2차 세계대전은 진주만 공격보다 훨씬 더 전에 MIT를 찾아왔다. 1940년 9월에 영국의 한 비밀 사절단이 그들의 레이더 프로그램에서 나온 지식과 장비를 가지고, 그들의 상대역을 만나기 위해 미국에 도착했다. 영국제 레이더 시스템의 핵심 부품인 마그네트론에 대한 영국의 발전에 대단히 감명받고, NDRC는 미국 연구소를 서둘러 설립하기로 결심했다. 1940년 10월 17일에 (NDRC의 레이더 연구를 책임 맡은) 마이크로파 위원회는 MIT의 총장인 칼 컴프턴에게 그들은 전시(戰時) 레이더 연구소를 세우는 데 MIT가 완벽한 장소임을 믿고 있다는 것을 알려주었다. 컴프턴은 즉시 동의하고 새로운 연구 센터에 완전한 독립성을 부여했다. MIT 물리학과는 방사선 연구소에 대한 자문도 통지도 받지 못했다.[134)]

그럼에도 불구하고 MIT 물리학과에 속한 사람들은 전국에서 선발된

지막으로, 피처는 국방 문제로 연구 방향을 재조정한 사람들에게 추가 자원을 제공하겠다고 제의했다. 더 많은 학생들과 교수들이 Q(핵무기) 접근 허가를 받을 필요가 있을 것이다.

(롤레프슨의 뒤를 이어 학과장이 된) 바셸은 1951년 5월 19일자 편지에서 이렇게 답했다(folder "A", 7/26/2, UWA). "우리 학과에 속한 몇 사람이 원자력 에너지 위원회의 프로그램으로부터 직접적인 혜택을 받는 연구를 기꺼이 수행할 것이다. 원자력 에너지를 군사 목적으로 적용하는 문제에 관한 한, 나는 이 분야의 개발과 긴밀한 접촉을 유지하고 있었으며, (위스콘신에서) 중성자 물리학 분야에서 수행되고 있는 프로그램은 로스앨러모스 연구소가 필요한지를 고려하고 있다." 냉전이 물리학 관련 과학자들이 선택하는 연구 형태를 조정하도록 요구한 방법들에 대해 더 자세한 것은 포먼, 「양자 전자공학」, *His. Stud. Phys. Bio. Sci.* 18(1987): 149~229쪽; 슈베버, 「상호간의 포옹」(1988)을 보라.

134) 방사선 연구소의 수립에 대해서는 구어락, 『레이더』(1987), 243~308쪽; 존 슬레이터, 「역사」, 등사판 인쇄됨("Part 2"), 27, JSP를 보라. 또한 레슬리의 멋진 에세이, 「이익과 손실」, *Hist. Stud. Phys. Bio. Sci.* 21(1990): 59~85쪽을 보라. 이 에세이는 MIT에서 RLE와 LNSE를 모형으로 만들어진 다른 연구소들을 추적하고, 여기서 고려된 기간 이후에는 이 나중 두 연구소를 따라간다. 그리고 슈베버, 「코넬과 MIT」(1992), 특히 165~175쪽을 보라.

동료들과 함께 순식간에 방사선 연구소의 핵심 임원이 되었고, 고압 전자기 이론의 놀랍도록 성공적인 아말감인 마이크로파 공학의 기술과 경험적인 사소한 일들, 전승된 공학적 지식, 그리고 산업적 조정 등을 개발하기 시작했다. NDRC의 마이크로파 예산 총액(실질적으로 모두 다 방사선 연구소로 갔다)은 1941년에 170만 달러에서 시작해 1943년에는 3,170만 달러로, 1945년에는 5,140만 달러로 올라갔다.[135] 그러한 지출액은 이전에 물리학과에서 또는 그 문제로 전쟁 전의 미국의 어떤 물리학과에서도 잘 알려진 연구 지원금이 왜소하게 보이도록 했다. 그리고 전시(戰時) 자원은 흔적을 남겼다. 방사선 연구소의 생산 구조 내에서 연구하는 동안 존 슬레이터와 같은 물리학자는 곧 전쟁 이후에 마이크로파 연구를 계속하는 것에 대해 생각하기 시작했다. 실제로 슬레이터가 나중에 회상한 것에 따르면, 심지어 전쟁 기간 동안에도 물리학이 평화 시에도 확장될 것이라는 점은 명백했으며, 어떤 방향으로 확장할 것인지도 분명했다. "레이더가 좋은 예인 전자공학과와 원자탄에 적용된 원자핵 구조 등 두 분야는 필연적으로 연구와 응용이 굉장히 가속되는 데까지 이르게 하고 학생 수와 그들이 고용될 기회의 수가 굉장히 증가하는 데까지 이르게 할 것이다."[136]

1943년 8월에 이미 MIT 법인의 집행위원회는 5만 달러의 대학 종자돈이 장래의 확장을 위해서 산업과 정부로부터 그 이상의 자금을 끌어들일 것이라는 희망에서 마이크로파 전자공학을 보강시키기 위한 자금을 적립하기 시작했으므로 마이크로파와 원자핵 구조에 전후(戰後) 연구의 초점을 맞춘다는 결정은 전쟁 초기에 내려졌음이 분명하다.[137] 슬레이터는 물리학과의 학과장으로서 그와 동료들이 그 주위에서 번성하는 것을 보았던 인상적인 방사선 연구소의 구조를 그가 할 수 있는 한 유

---

135) 구어락, 『레이더』(1987), 658쪽.

136) 슬레이터, 「MIT 물리학과의 역사 1930~48」, 35, JSP.

137) 「총장에게 보내는 보고서, MIT 법인 집행위원회의 결정, 1943년 10월」, [1943년 8월 24일], 에르만, 『과거와 현재 그리고 미래』(1974)에서 인용.

지하리라고 결심했다. 그들의 노력은 물리학과 동료인 줄리어스 스트레턴을 벨 연구소가 유치해 가려 하자 그를 지키려는 노력을 하는 과정에서 위기에 처하게 되었다. 슬레이터가 1944년 8월에 컴프턴 총장에게 보내는 편지에 밝힌 것처럼 MIT는 전자공학에서 대학 차원의 극적인 노력을, 스트레턴이 그대로 남기를 유혹할 것으로 슬레이터가 기대했던 노력을 경주해야만 했다. "[새 연구소는] 가능해 보이는 한 큰 규모로 설립되어 …… 명백하게 물리학과와 전기공학과의 협력 프로젝트여야만 된다."[138] 히로시마보다 오래전부터 슬레이터는 "전에는 결코 그런 일이 없었지만 전쟁이 물리학을 일반 대중과 산업 그리고 정부의 관심 대상으로 만들 것이다"라고 예견했기 때문에 넓게 생각하는 것이 전적으로 합리적이라고 여겼다. "마치 제1차 세계대전이 화학에 관심의 초점을 맞추었던 것과 꼭 마찬가지로 이것은 결과적으로 전후(戰後) 물리학에 대한 흥미가 굉장히 확장될 것이라는 점이 명백했다."[139]

물리학에 대한 이러한 열광과 그리고 방사선 연구소의 주인으로서 MIT가 관할하는 자산을 기반으로 하면서 슬레이터는 "전쟁 행위가 끝나기 전에 [그 기관은] 전후(戰後) 모험 중 하나로 전자공학을 추진할 것을 결심했다"는 것을 완수하도록 조치했다.[140] 새 연구소에 대한 모형에 관하여 조금이라도 의심이 일면 안 되므로 슬레이터는 심지어 계획된 기관을 전쟁이 끝나면 문닫을 것으로 예정되어 있는 "현재 방사선 연구소의 공간" 바로 그 자리에 위치하도록 만들었다. 바뀌어 태어나는 연구소의 직원으로 슬레이터는 방사선 연구소로부터 일부 고참 직원들을 고용하는 기회를 포착했고, "연구 부교수"의 범주를 적당히 조정하는 방법으로 MIT는 많은 수의 젊은 방사선 연구소 연구원들도 그대로 붙잡았다. 슬레이터는 그러한 평화 시 전자공학 연구소가 MIT로 하여금 하버드의 크러프트 연구소와 효과적으로 경쟁하게 만들 뿐 아니라 대단히

---

138) 슬레이터가 칼 컴프턴에게, 1944년 8월 23일, folder 10, JSP.

139) 슬레이터, 「MIT 물리학과의 역사 1930~48」, 35, JSP.

140) 슬레이터, 「MIT 물리학과의 역사 1930~48」, 38, JSP.

중요한 물리학과 공학의 공동 연구가 마이크로파와 함께 삼극 진공관과 속도 변조관, 그리고 마그네트론 등을 포함한 마이크로파와 연관된 장치에 이르는 지적 공간 또한 만들 것이라고 설득했다. 모든 가능성이 있는 프로젝트들 가운데서 슬레이터는 수밀리미터 정도의 파장을 측정하게 해주는 결정체와 같은 비선형 원소의 배음(倍音)을 이용해 점점 더 짧은 파장을 탐구하는 것이 가장 흥미로움을 발견했다. 그러한 기술은 전자공학이 적외선 영역까지 확장되는 것을 허용할 것이며, 압전(壓電) 방법을 통해 초음속 음향학이라는 새 분야를 개시하게 하고, 수많은 다른 새 연구 프로그램을 촉진시켜 줄 것이었다.[141] 어떤 사람이 썼듯이 슬레이터는 넓고 새로운 물리학 프로그램을 발표하고, 하버드와 견주어 찰스를 경쟁 상대로 높이는 시늉을 하며, 프로그램을 스트레턴과 연결시키고, 계획된 기관을 이미 현존하는 방사선 연구소와 연관지음으로써 "미래를 현실처럼" 만들었다.[142]

새로운 연구소를 위한 지원 자금이 곧 흘러들어오기 시작했다. MIT는 여전히 산업계로부터 자금이 지원되기를 희망하면서 내부에서 조성될 분담금으로 향후 5년 동안 추가로 25만 달러를 증액하기로 했다.[143] 1945년 2월이 되자 대규모 연방 정부 지원이 곧 내려올 것이 명백해졌다. 1946년 7월 1일에 시그널 사와 공군, 그리고 ONR은 새 연구소와 매년 60만 달러의 계약을 시작했다. "로스앨러모스 사람들"을 확보하려고 시도하는 다른 연구소들과 마찬가지로 MIT는 방사선 연구소로부터 가능성이 있는 지도자를 그들이 다른 곳과 계약하기 전에 물색하려 하고 있었다. 실제로 대학과 정부, 그리고 군부가 새로이 연합하여 만든 지원

---

141) 슬레이터가 칼 컴프턴에게, 1944년 8월 23일, folder 10, JSP; 에르만, 『과거, 현재, 그리고 미래』(1974), II-100~103쪽에 논의되어 있음; 슬레이터, 「MIT 물리학과의 역사 1930~48」, 40, JSP.

142) 에르만, 『과거, 현재, 그리고 미래』(1974), II-100~103쪽.

143) 25만 달러에 대해서는 「법인 집행 위원회 회의록」, 1944년 9월 12일, 에르만, 『과거, 현재, 그리고 미래』(1974)에서 인용된 것을 보라.

아래 발전 가능성이 너무 컸으므로 임원 중 한 사람은 이러다가 MIT 물리학과가 연방 정부 지원을 받는 방사선 연구소의 후신인 첫 번째 부분과 등록금과 기부금 그리고 전쟁 전의 전통을 따른 산업계의 자금으로 지원되는 두 번째 부분 등 두 부분으로 갈라지는 것이 아니냐는 걱정을 하기 시작했다.[144)]

공간과 인원이 이전된 다음 곧 장비의 이동이 뒤따랐다. 연구소 복도를 대강 훑어만 보더라도 연구소가 표준 장비들을 놀랄 만큼 풍부하게 갖추고 있을 뿐 아니라 "연구소에서 특별히 설계되고 그 지시에 따라 나라 전체에 소재한 제작자들에 의해 제조되고 보통 시장에서는 어떤 값으로도 구할 수 없는 굉장한 양의 장치"들이 있음을 드러냈다.[145)] 그러나 NDRC가 방사선 연구소의 폐지를 계획하기 시작하자 바로 다른 새 떼들이 미국 전역의 각지에 위치한 용역 연구소에 가장 적합한 장비가 나오기를 기다리면서 먹이를 찾아 선회하기 시작했다. 숙련된 관료적 조종을 통해 슬레이터의 전자공학 연구소(Research Laboratory of Electronics, RLE)는 어떡해서든 원래 연구소의 설립자가 생각했던 명분을 지켰다. 새 RLE가 운영을 시작했을 때 나와 있는 것 중에서는 가장 좋은 전자(電子) 장비와 제2차 세계대전의 레이더 과업에서 선도적으로 진행된, 그리고 아직 육군과 해군의 지원을 받고 있었던, 높은 진동수에 관한 연구를 계속하는 데 꼭 필요한 장비를 구입했다.[146)]

적어도 처음 몇 년 동안에는 스튜어트 레슬리가 주목했던 것처럼 RLE의 임무가 군부와 긴밀한 관계를 유지하고 MIT 연구가 전자공학과 관련

144) 연방 정부 지원에 대해서는 「K. T. 컴프턴, J. A. 스트레턴, P. M. 모스, 그리고 J. C. 슬레이터 사이의 대화 비망록」, 1945년 2월 3일, 그리고 가능한 위험에 대해서는 「컴프턴으로부터 헤이츤까지의 비망록」, 1945년 3월 10일을 보라; 이 두 가지가 모두 에르만, 『과거, 현재, 그리고 미래』(1974), II-110~111쪽에 인용되어 있음. 연도별 예산과 계약 조건에 대해서는 슬레이터, 「MIT 물리학과의 역사 1930~48」, 44, JSP를 보라.

145) 슬레이터, 「MIT 물리학과의 역사 1930~48」, 43, JSP.

146) 슬레이터, 「MIT 물리학과의 역사 1930~48」, 43-44, JSP.

된 과학과 기술에서 확실하게 선두를 달리게 하는 것이 기본적으로 중요했다. 섭외는 가끔 군부의 관심사인 기술들에 의거했지만 민간 과학에 중심이 되는 것들 또한 유지되었다. MIT의 전시(戰時) 업적 중에서 마이크로파를 응용한 것들이 무수히 많이 나왔고, 그 뒤를 이어 곧 플라스마 물리학에서 그들의 명성이 자자한 프로그램도 나왔다.[147]

RLE가 전후(戰後)의 방사선 연구소 역할을 한다고 했다면, MIT의 물리학자들은 여전히 그들의 로스앨러모스 역할을 할 전후(戰後) 원자핵 물리학 연구소가 필요했다. 전쟁 전에 MIT가 로버트 반데그래프와 존 트럼프의 값진 고전압 연구를 수행하고 있던 것이 사실이지만, 이 기관이 로스앨러모스 또는 시카고로 많은 사람을 파견하지는 않았다. MIT의 재럴드 자카리아스와 다른 사람들은 로스앨러모스에서 MIT로 기술과 도구, 정보, 과제, 그리고 인원을 이동시킴으로써 그러한 결함을 제거하기로 했다. 자카리아스는 삼위일체 축일 바로 다음에 로스앨러모스에 도착해 히로시마와 나가사키를 거쳐 일본이 항복할 때까지 그곳에 머물렀는데, 그는 곧 유치 임무를 맡게 되었다. 메사에 머무는 동안 그는 뉴멕시코 연구소에서 두 명의 가장 경험이 많고 활동적인 물리학자—이론 물리학에서 빅토르 F. 바이스코프와 실험 우주선(宇宙線) 물리학에서 브루노 로시—를 MIT팀과 합류하도록 설득하는 데 성공했다.

전쟁 중에 계획이 시작됐기 때문에 1945년 9월 말이 되자 거교적으로 구성된 MIT 원자핵 위원회가 공식 회의를 개최할 준비가 되어 있었는데, 그 회의의 목적 중 일부는 산업과 정부로부터 후기(後期) 보조금을 끌어들일 수 있도록 MIT에 프로그램의 "핵"을 창설하자는 것이었다. 전시(戰時) 프로그램에서와 마찬가지로 이 위원회는 금속, 방사선 화학, 물리학, 그리고 몇 가지 공학 전공분야 등 다수의 학과로부터 얻을 수 있는 전문 지식들을 결합하려고 했다. 이 학과들 중 몇몇은 이미 폭탄 프로젝트의 선임자들에게 제안을 내놓고 있었고, 물리학자들은 "지금은 모두

147) 레슬리, 「이익과 손실」, *Hist. Stud. Phys. Bio. Sci.* 21(1990): 59~85쪽.

로스앨러모스에서 값진 경험을 쌓고 있는" 다섯 명의 거물들의 유치를 거의 성공해놓고 있었다."[148]

위원회는 원자핵 노력을 지원하기 위해 5년 동안 매년 최소 10만 달러를 그리고 물리학과를 위해서도 비슷한 금액을 요청하고 있었다.[149] 대략 비슷한 시기에 자리를 제안하는 편지를 몇 명의 젊은 연구자들에게 보냈다. 1945년 10월 9일에 이르기까지 물리학과 한 곳에서만 세 명의 조교수, 한 명의 강사, 그리고 여덟 명의 연구원 등 모두 열두 명의 더 젊은 로스앨러모스 사람들에게 자리를 제안했다.[150] 핵과학 및 공학 연구소(Laboratory of Nuclear Science and Engineering, LNSE)는 RLE를 직접 모형으로 해서 1945년 11월에 공식적으로 설립되었다. RLE와 마찬가지로 LNSE도 대학으로부터 종잣돈을 가지고 시작했는데, 그러나 이 자금은 곧 첫 번째 해에만 수십만 달러를, 그리고 그다음에는 훨씬 더 많았던, 좀더 큰 군의 지원금 펌프에 마중물을 붓기 위해 사용되었다. RLE와는 달라서 RLE의 원자핵 자매는 장비 류에서 기다리고 있던 풍요로움을 갖지 못했다. "해군 연결"은 "상당히 많은 양의 잉여 물자"에 의해 보장 가능한 한도 내에서만 그러한 풍요를 채워주었다.[151]

자금과 연구소 공간, 공작실 설비, 장비, 연구지도, 그리고 인원에 더하여 미국 전역의 연구소들은 전쟁 프로젝트로부터의 정보를 필사적으로 찾고 있었다. 예를 들어 1945년 9월 26일에 개최되었던 MIT 원자핵 위원회의 바로 첫 회의에서 한 물리학자는 기계류에서 진척된 신기술로부터 나온 결과를 거의 모두 곧 토해내게 될 비밀 취급 해제 과정에 대해 보고했다. 이러한 공개 다음에는 "기초 물리학"에 대한 풍부한 자료가 신속하게 뒤따를 것이었다.[152] 그러한 정보는 원자핵 프로그램의 가장

---

148) 「회의록—MIT 원자핵 위원회의 회의 #1, 1945년 10월 9일」, B: SL2p, JSP.
149) 「회의록—MIT 원자핵 위원회의 회의 #1, 1945년 9월 26일」, B: SL2p, JSP.
150) 「회의록—MIT 원자핵 위원회의 회의 #1, 1945년 10월 9일」, B: SL2p, JSP.
151) 슬레이터, 「MIT 물리학과의 역사 1930~1948」, 47, JSP.
152) 「MIT 원자핵 위원회, 1945년 9월 26일」, B: SL2p, JSP.

중요한 항목 중 하나이며, 전시(戰時)에 시작된 시카고 야금 연구소 연구의 직접적인 연장 자체라고 할 원자로 건설에 열쇠가 되는 역할을 맡을 것이었다.

전시(戰時) 모형으로 세워졌던 MIT 물리학과는 뿌리부터 변화했으며, 그 대가를 치르지 않을 수 없었다. 기록 보관소의 기록 곳곳에 "기초 연구"와 "공정 개발" 사이의 적절한 관계에 대하여 더 길었을 것이 틀림없는 대화들의 단편들이 나와 있다. 그 두 가지가 동일한 연구소에서 이루어져야 할 것인가? 어떤 사람들은 가장 좋고 가장 효율적으로 무기를 생산하기 위해 이중 기능을 갖는 연구소가 필요하다고 강력히 주장했다. 다른 사람들은 그들의 연구에서 완전한 개방성을 원했다. 그렇지만 전체적으로 전시(戰時) 프로젝트로에서 벗어난 물리학자들은 무기 관련 프로그램에는 ("공정") 공개적으로 수행될 가능성이 부여될 수 없으며, 기초 연구의 어떤 범주는 그 연구가 좀더 비밀을 요구하는 연구와의 (물리적이거나 지적인 면에서) 연관성 정도를 가지고 판단하여 비밀로 할 것인가를 결정해야 한다고 주장하는 경향이 있다. 대부분의 논의는 이런 나중 견해가 당연하다고 받아들였으며 그러면 장벽을 어디에 두어야 적당한가에 대해 주로 논쟁했다.[153)]

MIT의 물리학자들 중 많은 사람들에게는 그러한 질문이 의욕을 꺾게 하지는 않았다. 새로이 발견된 기술과 물리학에 대한 지원이 조금도 부족함이 없는 축복인 것처럼 보였다. 스탠퍼드에 있는 다른 사람들에게는 예를 들어 —여기서는 한센, 블로흐 그리고 웹스터를 생각할 수 있는데 — 한꺼번에 들이닥친 부와 장비의 폭포는 물리학자에 대한 개념에 영향을 준 연구 방식과 제약의 그물을 함께 가져왔다.

전쟁 초기에 시작된 계획에서부터 전자공학 연구소는 마치 제우스 머리에서 튀어 나온 아테네 여신과 같이 MIT의 방사선 연구소에서 본래 모습으로 튀어 나왔다. RLE를 모형으로 사용해 MIT는 그다음에 대단히

153) 「회의록—MIT 원자핵 위원회의 회의 #1, 1945년 12월 5일」, B: SL2p, JSP.

성공적인 핵과학과 공학 연구소도 설립했다. 이 두 연구소는 함께 — 둘 다 전쟁이 끝난 후 1년 이내에 설립되었다 — 앞으로 올 수십 년 동안 MIT와 다른 곳에서 과학의 새로운 면모를 특징짓는, 대학에 기반을 두고, 정부 기금을 지원받는 여러 학과가 연합한 연구소들의 전후(戰後) 번영을 인도하는 상징 역할을 했다.

4. 기술의 연속성, 결과의 불연속성

전쟁 후가 아니라 바로 전쟁 기간 중 물리학은 여러 수준에서 변화하기 시작했다. 그럼에도 불구하고 물리학자와 역사학자 사이에는 전시(戰時) 무기 개발 연구와 전후(戰後) 연구 사이의 연속성을 간과하고, 전쟁 이전의 평범한 평화 시 연구의 시점으로 기억을 거슬러 오르는 자연스러운 경향이 존재한다. 이 어려움은 계획과 기대, 기술, 관습, 작업 구조, 그리고 그 분야의 물질문화를 무시하고 오직 결과에만 이해의 초점을 맞추는 것으로부터 나왔을 수도 있다. 그 분야의 역사에 대해 이야기한 사람들 중 이론 과학자들의 수가 많은 것이 연구에서 전쟁 효과를 제거하려는 물리학자들의 성향에 기여한다.

전쟁 이후, 물리학 공동체가 자신들이 무기 연구에 의해 기회를 얻는 경우와 위기에 처하는 경우로 나뉘었다고 생각했기 때문에 전쟁과 전후의 연속성 또한 등한시될지도 모른다. 물리학자들은 그들이 필요로 했던 장비나 팀을 만들기 위하여 정부 기금을 사용하는 동시에 너무 면밀하게 관리되거나 감독받는 연구에 대한 제약이 없는 연구 영역을 다시 수립하려 하면서 줄타기 곡예를 했다. 그러한 독립성을 유지하려는 노력 역시 전쟁 기간을 약간 뛰어넘는 물리학의 역사라는 시각에 기여했다.

그러나 전시(戰時) 연구와 전후(戰後) 연구 사이의 연속성을 추적하는 데 이렇게 주저하는 근원이 무엇이든 우리는 간헐적인 이야기를 물려받았다. 이 점을 오랫동안 생산적이었던 물리학자 브루노 로시의 연구에 초점을 맞추면서 예증(例證)해보자. 전쟁 전에 우주선(宇宙線) 물리학 분야에 중요하게 기여했던 로시는, 전쟁 노력 자체를 위해, 그리고 이어서 고에너지 물리학을 위해 다음과 같은 회고를 제시해 주었다. "1939년에 오제와 그의 공동 연구자들은 공기 샤워(많은 우주선이 무리를 지어 지표에 이르는 현상을 말함 – 옮긴이)에 대한 조직적인 조사에 착수했다. 여전히 가이거-뮐러 계수기에 의해 수행되었던 그들의 연구는 매우 큰 의미를 지닌 결과를 냈다. 그렇지만 1940년대 말, 공기 샤워 연구가 다시 시작되었을 때 이 연구를 충분히 발전시키고 더 상세하게 만들려면 좀더 정교한 검출기가 필요하다는 것이 분명해졌다."[154] 만일 공기 샤워 결과의 단지 어떤 특정한 결과에만 관심을 갖는다면, ("공기 샤워 연구가 다시 시작되었다는") 로시의 논평이 완벽하게 옳다. 실제로 미국에서 공기 샤워 연구는 전쟁 기간 동안에 중단되었다가 1940년 중반에 재개되었다. 그러나 그 시점에서 우리의 역사적 질문을 멈추는 대신 "좀더 낮은 수준의" 분석으로, 다시 말하면 질문 대상이 되는 연구에 사용되는 도구와 기술로 내려가 보자.

공기 샤워를 검출하기 위해 1945년 이후에 개발된 많은 도구는 자주 전쟁 연구와 연결되어 있었다. 로시의 경우 H. 스타우브와 함께 이 주제에 대해 책을 저술했으므로 그 연결은 너무도 분명했다. 그들의 저서 『이온화 상자와 계수기』(1949)는 국가 원자핵 에너지 시리즈의 맨해튼 프로젝트 기술부문을 위해 제작되었다. 그 책은 레이더 프로젝트와 폭탄 프로젝트에서 나타난 전자공학과 검출기에서의 발전을 요약했다. 1943년 7월과 8월에 시작해 스타우브는 계수기를 개선하는 문제의 책임을 맡고, 로스앨러모스 팀을 지휘했으며, 로시는 전자공학 기술을 개선하려는 목적의 그룹을 이끌었다. 1943년 9월에 두 그룹은 검출기 그룹인 하나의 실험 물리학 부문 그룹 P-6로 통합했고, 로시가 책임을 맡았다.[155]

개략적으로 말하면 그들의 임무는 다양한 상호작용으로부터 나타나

154) 로시, 「우주선(宇宙線) 기술」, *J. Phys*. 43(1982): 82쪽.
155) 허킨스, 트러슬러우, 그리고 스미스, 『프로제트 Y』(1983), 90쪽.

는 입자들의 종류와 에너지 그리고 수를 결정할 수 있는 검출기 시스템을 설계하고 작동하게 만드는 것이었다. 그들의 주 임무는 네 단계의 기능을 갖는 이온화 계수기 시스템을 개발하는 것이었다. 첫 번째 장치는 작은 전류를 만들어내는 방법으로 입자를 검출했다. 두 번째는 전류를 증폭했다. 세 번째는 신호를 원하지 않는 소음으로부터 분리했다. 그리고 마지막 도구는 진동의 전체 수를 측정하고 기록했다. 두 가지의 큰 전쟁 프로젝트 출신 물리학자들은 검출, 증폭, 판별, 그리고 계수(計數) 등이 네 가지 영역 모두에서 전자(電子)적 기계 장치를 개선했다.

이온화 계수기는 다음과 같이 작동한다. 대전(帶電) 입자가 서로 다른 전압의 두 평행판 사이에 채워진 기체를 통과한다. 입자의 흔적을 따라 입자는 기체 원자를 이온화한다. 전자(電子)들은 양극판을 향해 어슬렁거리며 오고, 이온은 음극판을 향해 온다. 만일 전기장이 너무 세지 않다면, 한 판에 모인 전하는 만들어진 이온 수와 같다. 이 전하들이 수집판에 도달하면, 그들이 만들어내는 전류는 증폭될 수가 있다. 그러면 이 전류의 형태와 높이는 들어오는 입자의 전하와 에너지를 결정하기 위해 사용될 수 있다.

로시가 전후(戰後) 물리학에 즉시 기여한 것은 우주선(宇宙線)을 위한 고속 시간 측정 회로의 개발과 연관되어 있다. 1940년대 말 그의 연구는 로스앨러모스의 "비등수형(沸騰水型)" 원자로의 시험에서 이온화 계수기와 연결하는 데 사용했던 전시(戰時)의 시간 측정 회로를 직접 기반으로 했다. 이제 "로시 실험"으로 알려진 그 실험을 위해 이 이탈리아 물리학자는 원자로 내부에서 연쇄 반응이 있는지를 기록하기 위해 중성자 검출기를 장치했다. 빠른 동시 회로를 이용해 실험 과학자는 핵분열이 시작된 뒤 짧은 시간 동안 방출되는 다른 중성자의 수를 셀 수 있었다. 이 방법으로 로시와 그의 동료 연구자들은 즉발(卽發)의 (핵분열 사건과 동시에 나오는) 중성자와 지체된 중성자 방출 사이의 주기를 측정했다.[156)]

1947년이 되자 군 당국은 로시의 전자공학에 대한 기여뿐 아니라 간결한 270 로스앨러모스 기술 보고서 한 묶음도 비밀 취급에서 해제했다. 즉시 도구류와 관계되는 학술 논문집들은 새로운 정보로 넘칠 정도로 채워졌다. 『리뷰 오브 사이언티픽 인스트루먼츠』의 1947년 호들을 서둘러 일별하기만 해도 무기 프로젝트들을 통해 개발되었던 도구류에 대한 관심의 깊이를 알 수가 있다.

위에서 언급한 측정의 네 단계 각각으로부터 단 하나씩 예를 보자. 중성자의 에너지를 알아내는 한 가지 방법은 이온화 상자 내부에서 그 중성자를 수소 원자핵에 충돌시키는 것이다. 반동(反動)해 나가는 수소 원자핵은 그것이 전하를 가지고 있기 때문에 기체 내의 다른 입자들을 이온화시킨다. 이 입자들은 차례로 음극판을 향해 폭포처럼 쏟아진다. 그러면 이때 생기는 진동은 이온 수에 비례하는데, 그 수는 반동(反動)하는 양성자의 에너지에 비례하고, 그것이 원래 즉발(卽發) 중성자의 에너지를 측정하는 좋은 방법이다. 어떤 정해진 방향으로만 이동하는 중성자의 에너지를 측정할 수 있는 민감한 것을 포함해 다양한 종류의 그런 “비례계수기”가 맨해튼 프로젝트로부터 나왔다.[157] 그런 다음에 이런 것과 같은 장치에서 나오는 신호는 분석될 수가 있다.

가장 간단한 장치는 단지 진동의 높이가 미리 정해놓은 수준을 넘을 때만 그 진동을 기록했다(예를 들어 처크리버[Chalk River]는 캐나다의 오타와에 위치한 캐나다 국립핵연구소의 이름임 – 옮긴이). 다른 연구소에서 개발된 좀더 정교한 장치는 서로 다른 에너지의 진동에 의해 분리된 채널들이 활성화된다. 그런 “진동-높이 분석기”는 즉시 에너지 스펙트럼을 보여주었다. 그런 것들이 전후(戰後) 원자핵 물리학에서 필수적인 도구였다(현재도 그렇다).[158] 마지막으로, 일단 진동이 판별기에서

---

156) 허킨스, 트러슬로, 그리고 스미스, 『프로제트 Y』(1983), 90쪽.

157) 쿤과 노블즈, 「수소 반동(反動)」, *Rev. Sci. Inst.* 18(1947): 44~47쪽.

158) 전쟁 이전에는 에너지 분포를 얻는 데 실질적으로 두 가지 방법이 존재했다. 하나는 오실로스코프를 이용하여 진동을 사진으로 기록할 수 있었는데, 그것은 귀찮은 작업이었고 많은 양의 필름을 필요로 했다. 또는 판별기를 갖는 계

나오면 그것들의 수를 세야 할 필요가 있었다. 여기서도 역시 전쟁 중에 상당히 많은 발전이 있었다. 굉장히 다양한 종류의 검출기에 사용될 수 있는 로스앨러모스에서 설계된 그러한 장치 중 하나가 "진동 계수기 모형 200"이었는데, 그것은 방금 설명된 다른 장치과 마찬가지로 1947년에 공개되었다.[159] 이런 것들과 같은 도구들이 무기 연구와 전후(戰後) "기초" 연구를 연결하는 끈들 중에 속했다.

MIT에 도구에 의해 산출된 전쟁과 평화 사이에 다리가 존재했다는 것은 명백했다. 원자핵 물리학자들에게는 사이클로트론과 5MeV 정전(靜電) 발전기, 수백MeV 전자(電子) 가속기, 그리고 소형의 실험용 원자로 등을 세우는 것이 최고의 우선권이 있었다. 이러한 개발에 수반되는 것으로 (바로 전에 언급한 그런 것들과 같은) 많은 검출 장치들과 전쟁으로부터 생겨난 수많은 전자공학 기술과 장치들이 있었다. MIT의 확장에 참가한 사람들에게 원자핵 물리학을 새 전자공학 연구소와 연결할 수 있었던 것은 이런 영역의 기계류였다. 그와 함께 몇몇 연구소들의 공동 노력은 "전쟁 중에 그렇게도 좋은 결실을 맺었던 방사선 연구소와 로스앨러모스 연구소 사이의 협력을 평화 시까지 계속해 나갈 것이었다."[160] 그래서 도구류가 "가장 직접적인 관심"을 갖는 그러한 프로젝트들의 핵심이 되었다. 왜냐하면 그러한 장치들을 통해 물리학자들은 원자로의 건조(建造)와 모형 발전소의 건축 그리고 궁극적인 발전에 이르기 위해 필

수 회로를 이용할 수도 있었는데, 그것은 에너지 진폭 E를 초과하는 계수 N을 기록하도록 되어 있었다. 그러면 실험이 끝난 뒤에 $N(E) = dN/dE$를 구하고 이 양을 E에 대해 그래프로 그려 그 결과로 얻는 "바이어스 곡선"(N 대 E)을 추출해 내야만 한다. 프러인들리히, 힝크스, 그리고 오저로프, 「진동 분석기」, *Rev. Sci. Inst.* 18(1947): 90~100쪽을 보라. 1947년 2월까지 다른 장치에 대한 설명은 아직 출판되지 않았다. 예를 들어 세일, 영국 프로젝트 보고서, 1944년 1월의 참고문헌을 보라.

159) 히긴보탐, 갈라거, 그리고 샌즈, 「모형」, *Rev. Sci. Inst.* 18(1947): 706~715쪽.

160) 슬레이터가 해군 연구 발명국의 R. D. 콘레드 대위에게, 「원자력에 대한 기초 연구 프로그램」, 1945년 10월 24일, JSP.

요한 서막으로서 중성자들을 생성하고 검출할 수 있기 때문이다.[161] 맨해튼 프로젝트와 레이더 프로젝트 출신 물리학자들은 그들의 연구를 다른 기관들에도 널리 퍼뜨렸다.

전자공학 전문가인 윌리엄 C. 엘모어는 1947년 봄에 프린스턴에서 행한 일련의 토요 강좌를 준비했다. 물리학과는 거의 300부에 달하는 그 강좌의 복사본을 미국 전역의 물리학자들에게 우송했으며, 프린스턴 물리학자들 중 많은 사람은 그 기술을 즉시 활용했다.[162] 한 가지 예를 든다면 로버트 호프스태터는 무기(無機) 불꽃 검출기에 대한 자기 자신의 연구가 엘모어의 강의에 힘입어 강력한 모양을 갖추게 되었다고 회상했다. 그다음 해에 엘모어는 그의 강좌를 확장하여 네 부분으로 된 논문인 "원자핵 물리학자를 위한 전자공학"을 학술논문집 『핵공학』에 발표했다. 저자에 따르면, 이 논문 시리즈는 부분적으로 "로스앨러모스 과학 연구소에서 설계되었고, 이제는 여러 대학 실험실에서 광범위하게 채택되고 있는 전자공학 도구들에 대한 주석서"로 구성되어 있다.[163]

이런 예들은 전시(戰時)의 이온화 검출기나 빠른 전자 장치, 판별기, 그리고 제거기 등이 전쟁 후에도 사용되었던 다양한 방법들 중 단 하나의 견본에 불과하다. 실험 과학자들은 그들이 전시(戰時)에 얻은 전문 지식을 이용하여 X-선이나 전자, 양전자, 중성자, 양성자, 감마선, 그리고 핵분열 파편조각들을 가지고 행하던 실험용 도구들을 설계했다. 아마도 이러한 개발 중에서 무엇보다도 영향력이 컸던 것은 전쟁 후에 가속기

161) 슬레이터가 해군 연구 발명국의 R. D. 콘레드 대위에게, 「원자력에 대한 기초 연구 프로그램」, 1945년 10월 24일, JSP.

162) 프린스턴 대학, 프로젝트 연구와 발명에 관한 위원회, 「1948~49년을 위한 양성자-원자핵 반응 분야의 연구 프로젝트의 계속에 대한 제안」, 1948년 3월 5일, box 5 of 5, PUA.

163) 엘모어, 「전자공학」, 『핵공학 2』(1948): no. 2, 4~17쪽; no. 3, 16~36쪽; no. 4, 43~55쪽; no. 5, 50~58쪽; 이들 중 no. 2, 4. 엘모어와 매슈 샌즈는 함께 『전자공학』(1949)이라는 책을 저술했는데, 이 책은 널리 보급되었고 여러 언어로 번역되었다.

기술에서 결정적인 역할을 맡았던 도파관, 전송 선로, 클리스트론, 분자 빛줄기 등 마이크로파 기술이었다. 게다가 핵자기 공명 기술과 라디오 천문학, 그리고 마이크로파 분광학 등을 근저로부터 형태를 갖추게 했던 성능이 개선된 저소음 증폭기라든지, 고정 증폭기, 마이크로파 진동기 등의 방사선 연구소 노력으로부터의 성과물이 존재했다. 어떤 의미로는 로시가 기여한 기술의 연속성에 대한 이야기는 이미 제3장에서 잘 알고 있다. 원자핵 에멀션은 보통 로시가 공기 샤워 연구에서 회상했던 방법으로 설명된다. "순수한" 원자핵 현상을 검출하려는 초기 노력은 전쟁에 의해 중단되었다. 그런 다음에 이야기는 계속되는데, 1940년 이전의 연구를 소생시키기 위하여 (왜 그랬는지에 대한 설명은 없었다) 에멀션 전문 위원회가 설립되었다. 그러나 그렇게 끊어진 이야기도 에멀션 전문가들의 집단을 근본적으로 확장했을 뿐 아니라 장비를 변경시키고 특별한 상황을 만들어냈던 튜브 알로이의 중성자 연구는 빠뜨렸다. 그 상황 아래서 일포드와 코닥, 영국 군수성, 그리고 대학 그룹들이 에멀션 문제에 상당한 인력과 다른 자원을 기꺼이 바쳤다.

계산용 기계와 컴퓨터 그리고 갖가지 측면의 컴퓨터 프로그램으로 이어지던, 전쟁이 키운 무수히 많은 기술들에 대해 말한다면, 비록 그러한 주제 중에서 일부는 제5장, 제6장, 그리고 제8장에서 다시 제기되겠지만, 너무 멀리 가서 길을 잃게 될지도 모른다. 여기서 분명한 것은 전시(戰時) 연구가 물리학의 사회 문화뿐 아니라 물질문화도 근본적으로 바꾸어 놓았다는 점이다. 여기에 "장비"의 문화가 있었다.

5. 공동 연구, 연구 활동의 조직, 그리고 연구의 정의

지금까지는 우리의 관심을 주로 물리학 연구의 기능과 도구에 고정시켜왔다. 그러나 전쟁은 실험 연구의 그렇게도 중요한 기초를 형성했던 쏟아져 나오는 새로운 연구 장치들과 전쟁 잉여 장비의 재배치 속에서 암시되었던 또 다른 유산을 남겼다. 전쟁은 연구의 본질에 대해 시카고의 야금 연구소와 MIT의 방사선 연구소, 버클리, 오크리지, 핸퍼드, 그리고 로스앨러모스 등에서 부피가 큰 프로그램에 참가한 물리학자들에게 지울 수 없는 흔적을 남겼던 다른 교훈들을 가르쳐 주었다. 그러므로 우리는 "공동" 연구의 성장을 목표로 이러한 여러 장소로 돌아온다. 그러한 "교훈" 중 하나는 복잡한 관리상의 방침 위에서 조직된 대규모 연구와 관련되어 있었다. 그러나 연구하기의 구조를 다시 세움으로써 물리학자와 도구 사이의 기본적인 관계를 변경했기 때문에 "관리상"이라는 말이 아주 적절한 용어는 아니다. 전쟁에 기초한 "공동 연구"라는 개념이 어떻게 전후(戰後)의 물리학을 위한 계획 수립에 들어왔는지 보기 위해 우리가 전에 방문했던 장소들 중 일부 장소로 돌아간다. 공격 개시일의 몇 주 전 프린스턴에서 시작하자. 헨리 스마이스는 무기 생산에만 전념하지는 않지만 전시(戰時)의 여러 가지 기획들로부터 이미 손에 넣은 과학 기술적 성공과 같은 것을 만들 수 있는 새로운 종류의 물리학 연구소에 대한 제안을 윤곽 잡는 데에 열심히 착수했다.

스마이스는 그의 1944년 7월의 활동에 "실험 과학의 공동 연구소를 위한 제안"이라는 제목을 붙였으며, 서류에는 물리학을 향한 굉장한 변화들을 반영하고 있었다. 그는 다음과 같이 썼다. "이제 전쟁은 전후(戰後) 기간과 과도기에 대한 계획을 수립하는 것이 바람직한 단계에 도달했다. 특히 대학에서 과학 그룹들의 정상적인 활동이 완전히 와해되었기 때문에 이 나라의 과학에 대한 전반적인 조건이 매우 유동적이다."[164)]스마이스의 논평은 핵심적인 문제지만 자주 무시되었던 다음과 같은 내용에 일격을 가한 것이다. 연구와 휴가 기간, 인원, 교육, 그리고 학과 사이의 경계 등에 대한 전통적인 구조가 철저하게 바뀌었기 때문에 변화는 대부분 쉽게 촉진되었다. "정상적인 활동"들은 중지되고 있었던 동안에도 평화 시에 가능했을 것보다 더 깊고 더 빠른 돌연변이가 체제에 부

164) 스마이스, 「실험 과학의 공동 연구소를 위한 제안」, 1944년 7월 25일, 자료 「전후(戰後) 연구 1945~46」, box "Physics Department Records, Chairman, 1934~35, 1945~46, no. 1", PUA.

과되었다. 스마이스가 주목했던 것처럼 그러한 돌연변이들의 방향은 물리학자와 물리학 연구의 정의를 형성하게 될 것이었다.

> 40년 전에 연구 문제에 종사하고 있던 물리학자는 보통 대부분 자급자족을 했다. 그에게는 상대적으로 저렴한 도구와 재료 약간을 활용할 수가 있어서 그것을 가지고 자기 혼자 작동시킬 수 있는 장치를 스스로 조립할 수 있었다. 그런 다음에 그는 자료를 축적하고 해석하고 그 결과를 혼자 논문으로 발표했다. 그가 필요로 하는 특수한 장비는 대부분 직접 손으로 제작했다. 그는 기계 기사이자 유리 세공사, 전기 기사, 이론 물리학자이기도 하고, 논문의 저자이기도 했다. 그는 학생들에게 필요한 여러 가지 기술들을 몸과 마음으로 가르쳤고, 문제를 제시해 주었으며, 그런 다음에는 학생이 그의 일반적인 지도 아래서 같은 방식으로 연구하도록 했다.[165)]

그러나 전쟁 이전에도 스마이스가 지적한 것처럼 물리학은 좀더 복잡하게 성장하고 있었다. 큰 연구소들은 소속 연구자들에게 유리 세공사와 기계 기사 등을 포함하여 전문 기사들을 배속하기 시작했다. 심지어 대학원생들도 이 기사들에게 의존하게 되었다. 회절격자 분광기와 같은 기계들은 이전에는 충분했던 간단히 책상 위에 놓고 이용하던 장치가 작고 간단하게 보이게 만들었다. 그래서 "그러한 설비를 이용하자면 어느 정도의 협력이 필요하게 되었다. 그러나 단지 20년 전만 하더라도 연구 문제는 대개 개인적인 것이었다." 1930년과 1945년 사이에 와서야 장비가 점점 더 커지고 더 비싸지며 다루기가 한층 어려워져서 장비를 운영하는 데 한 팀의 연구자들이 필요해지면서 비로소 현저하게 개인적이던 연구가 수그러들었고 한 사람이던 저자(著者)가 바뀌게 되었다. 모든

165) 스마이스, 「실험 과학의 공동 연구소를 위한 제안」, 1944년 7월 25일, 자료 「전후(戰後) 연구 1945~46」, box "Physics Department Records, Chairman, 1934~35, 1945~46, no. 1", PUA.

그런 장치들 중 사이클로트론이 가장 극적인 예가 되었는데,[166] 사이클로트론에 필요한 경비가 어떤 경우 전쟁 이전에는 50곳의 연구소 물리학 예산을 모두 합한 것보다 더 많았다.

스마이스에게 그러한 발전은 약속뿐만 아니라 위험도 의미했다. 만일 모든 대학들이 사이클로트론 또는 베타트론을 짓겠다고 열망한다면, 그 비용은 당혹스럽게 될 것이 뻔했다. 단지 소수의 정예 기관만 연구를 지휘하도록 남게 되고 그 결과로 "지난 20년 동안 이 나라에서 그렇게도 성공적으로 성장했던 과학 분야가 누리는 힘의 배경"은 약화될지도 모른다는 위험이 존재했다. 그는 오직 여러 대학들과 "다른 기관"들을 중앙 집권화된 사업에 연합하는 방법으로 수행되는 공동 연구만이 이 상황을 구할 수 있을 것이라고 느꼈다.[167] 1945년 2월에 수정한 서류에서 스마이스는 그렇게 큰 프로젝트가 과학자 개인을 "억압"하면 안 될 것이라고 덧붙였다. "그러한 설비는 연구자에게 봉사해야지 주인이 되려고 하면 안 되었다."[168]

물리학자에 대한 OSRD의 경험은 세 가지 교훈을 가지고 있다고 스마이스가 다음과 같이 주장했다. 첫째, "기초 과학"은 단순한 "전문가"가 다룰 수 없는 문제를 해결하는 데 중요했다. "이 경험으로부터 우리는 나라의 궁극적 기술력이 심지어 군사적 목적에서도 기초 과학 분야에서 훈련되고 과학의 기본 문제에 대한 연구에서 활동적인 사람에 의존한다는 마음가짐을 이끌어 내야 한다."[169] 둘째, 전쟁은 "큰 규모의 공동 연

---

166) 스마이스, 「실험 과학의 공동 연구소를 위한 제안」, 1944년 7월 25일, 자료 「전후(戰後) 연구 1945~46」, box "Physics Department Records, Chairman, 1934~35, 1945~46, no. 11", PUA.

167) 스마이스, 「실험 과학의 공동 연구소를 위한 제안」, 1944년 7월 25일, 자료 「전후(戰後) 연구 1945~46」, box "Physics Department Records, Chairman, 1934~35, 1945~46, no. 11", PUA.

168) 스마이스, 「실험 과학의 공동 연구소를 위한 제안」, 1944년 7월 25일, 자료 「전후(戰後) 연구 1945~46」, box "Physics Department Records, Chairman, 1934~35, 1945~46, no. 1", PUA.

구 사업"으로부터 저절로 혜택이 나올 수 있다는 것을 예증(例證)했다. 마지막으로, 세 번째 교훈은 이러한 협력이 화학이나 생물학 그리고 의학과 같은 다른 과학 분야로 확장되어야만 할 뿐 아니라 물리학자들과 기술자들 사이의 깊은 연결에도 확장되어야 한다는 것이다.[170] 후자(後者)는 전쟁 전부터 시작하는 뿌리를 둔 협력 관계였지만, 그것이 전시(戰時) 노력 아래서 비로소 열매를 맺은 것이었다. 비록 보안상의 이유로 스마이스는 그것을 생략했지만, 그의 제안 중 이 부분에서 언급하는 것은 명백히 맨해튼 프로젝트다. 수정된 제안이 작성된 시기인 1945년 2월은 로스앨러모스가 첫 번째 핵무기를 폭발시킬 때로부터 단지 수개월 전일 뿐이다.

스마이스가 꿈속에서 그린 연구소가 현실로 분명하게 다가왔으며 그것은 여전히 비밀이지만 뉴멕시코 사막에 전개되어 있었다. 그는 대규모 설비 5,000제곱피트 속에 물리학자 한 사람마다 300제곱피트씩 할당되고, 약 100명의 물리학자가 있으며, 천장의 높이가 약 15피트라고 계산했다. 이것을 모두 더하면 52만 5,000세제곱피트가 되는데, 세제곱피트마다 0.70달러가 소요된다고 하면 총 비용은 36만 7,500달러가 들 것이었다. 산업적 생산은 농업적 본보기를 제공했다. "연구소는 확장과 변경이 가능하도록 실질적으로 공장 형태로 건축되어야만 했다. 칸막이는 구조 속에 포함되어서는 안 되었다." 그리고 민주적 번영을 위해 스마이스는 "연구소장에게만 벽으로 나뉜 사무실을 배정하고 다른 어떤 사람도 그렇게 하지 않아야 한다"라고 그의 의도를 첨부했다.[171]

---

169) 스마이스, 「실험 과학의 공동 연구소를 위한 제안」, 1944년 7월 25일, 자료 「전후(戰後) 연구 1945~46」, box "Physics Department Records, Chairman, 1934~35, 1945~46, no. 1", PUA.

170) 스마이스, 「실험 과학의 공동 연구소를 위한 제안」, 1944년 7월 25일, 자료 「전후(戰後) 연구 1945~46」, box "Physics Department Records, Chairman, 1934~35, 1945~46, no. 1", PUA.

171) 스마이스, 「실험 과학의 공동 연구소를 위한 제안」, 1944년 7월 25일, 자료 「전후(戰後) 연구 1945~46」, box "Physics Department Records, Chairman,

곧 스마이스는 동료들의 연락 메모에서 그의 생각들이 반향되고 있음을 알았다. 한 물리학자는 "대서양 해안 지역에서는 이 분야[핵물리학 공동 연구]에서 약간의 가능성을 가지고 있으며, 정부 지원금의 전액이 사전(事前)에 요구한 다른 장소로는 물론 이미 설비가 되어 있다는 이유 때문에 투입되지 않는다는 것에 대해 진심으로 걱정"하고 있었다.[172] 휠러도 역시 1945년 12월에 여러 대학의 협력 사업이라는 생각에 대해 열광적으로 반응했고 연방 정부가 대학들을 지원할 것이라는데 의심하지 않았다.

> 원자핵 물리학 및 원자핵 물리학의 군사적 이용과 평화 시 이용에 대한 응용성에 대해 잘 알고 있는 사람은 누구나 미국에서 이 분야의 진전이 이제 매우 낮은 비율로 떨어졌음을 깨닫고 있다. 과학자들은 독립적인 연구에 적합한 자유의 조건을 가질 수 있는 연구소로 가기 위해 떠나고 있다. 국가는 과학자의 참여를 얻을 수 있는 체제를 만들 수가 없었으므로 큰 손해를 보고 있다. 과학을 국가에 유익하게 적용하는 이런 문제에 더해 전쟁 중 그렇게 무겁게 의존했던 과학적 자산을 다시 보충하기 위하여 국가가 무엇을 할 수 있는가라는 문제 또한 존재한다. 대학들은 평화가 온 여러 해에 걸쳐서 정부가 전시에 이용했던 기초 연구를 지원했다. 대학들은 앞으로 정부의 지원을 필요로 하며 대학들은 그러한 지원을 정당하게 요청할 수 있다.[173]

휠러는 그러한 지원이 공학에 대한 보조와 장비의 형태로 와야 한다

1934~35, 1945~46, no. 1", PUA.

172) 왓슨이 스마이스에게, 1945년 6월 23일, 자료 「전후(戰後) 연구 1945~46」, box "Physics Department Departmental Records, Chairman, 1934~35, 1945~46, no. 1", PUA.

173) 휠러, 「공동 연구소에 대한 제안」의 초안, 1945년 12월 11일, 자료 「전후(戰後) 연구 1945~46」, box "Physics Department Records, Chairman, 1934~35, 1945~46, no. 1", PUA.

고 주장했다. 그가 우주선(宇宙線) 물리학 분야에서 주장했던 공동 연구에 추가해 휠러는 정부가 지원하고 운영하는 설비에서 대학 연구자들이 그들의 구름 상자나 또는 자기(磁氣) 분광기를 가지고 와서 측정한 다음, 그들의 원래 기관으로 돌아가는 그런 체제를 선호했다. 따라서 직접 경영하는 센터는 필요한 것 이상으로 대학에 부담을 줄 것이었다. 지원을 얻기 위해 휠러는 맨해튼 공학 지구와 배너바 부시, 그리고 산업 관계자 등 과거에 그런 연구소를 세웠던 사람이나 기관에 의지했다.[174)]

MIT의 존 슬레이터는 1946년 2월 9일자 제안에서 초기에 제안된 지역 연구소를 강력하게 지지했다. 이전의 버클리 방사선 연구소에 "감명적으로 큰 기관"이라고 감사를 표하면서 그렇지만 그는 전후(戰後) 환경의 새로운 점을 강조했다. "전쟁과 함께 ……맨해튼 지구로부터 인수한 원자핵 연구는 전혀 새로운 규모로 진입했다." 오직 "지극히 큰" 연구자 팀과 이에 대응하는 대규모 시설에서만 그러한 임무를 수행할 수 있었는데, 그런 기관은 반드시 "심지어 가장 큰 대학 조직"보다도 더 커야 했다. 슬레이터에 따르면 다음 가능한 결과로 세 가지가 제시될 수 있었다. (1) 그런 연구는 중지될 수 있다. (2) 정부가 대학과 관계없이 임무를 계속 수행할 수 있다. 또는 (3) 연구가 "대학은 각각 지분을 가지며 대규모 공동 연구소"에 의해 집행될 수 있다.[175)]

단지 과장을 위한 목적으로 제시된 선택 1은 "패배자의 결과일 것이며 우리는 고려할 필요가 없다." 선택 2는 슬레이터와 동료들을 불쾌하게 만들었다. 그들은 군부의 통제가 편안하지 않았는데, 전시(戰時)에 그러한 통제를 받을 때마다 그들은 군부가 높은 수준의 과학 기술 연구를 지휘할 수 있는지에 대해 믿음을 별로 가질 수 없었다. 실로 더 중요한

---

174) 휠러, 「공동 연구소에 대한 제안」의 초안, 1945년 12월 11일, 자료 「전후(戰後) 연구 1945~46」, box "Physics Department Records, Chairman, 1934~35, 1945~46, no. 1", PUA.

175) 슬레이터, 「핵과학과 공학을 위한 북동부 지역 연구소 설립에 대한 제안」, 1946년 2월 9일, JSP.

것은 다음 세대 과학자의 교육이 대학 바깥에서 일어날 수 없다는 것이었다. 놀랄 일도 아니지만 이것은 결국 공동 연구소만 남겨 놓았다. 규모면에서 MIT의 방사선 연구소를 본받아서 원자핵 연구소의 조직 구조도 방사선 연구소를 본보기로 할 것이었다. 예를 들어 슬레이터는 새 연구소가 처음에는 "규모에서는 MIT의 방사선 연구소에 대한 방향으로 매우 강력하고 영구적인 골격 조직"을 가져야 할 것이라고 주장했다. 동시에 자금 지원 구조도 방사선 연구소를 보기로 삼을 것이었다. "만일 공동 연구소가 정부 소속의 연구소가 아니라면 [그 조직은] 훨씬 더 융통성 있게 될 것처럼 보이겠지만, 그것은 MIT가 전쟁 기간 동안에 OSRD 계약 아래서 방사선 연구소를 운영했던 것처럼 정부와의 계약으로 운영되는 민간 연구소였다."176)

슬레이터가 레슬리 그로브스에게 지원을 얻기 위해 편지를 썼을 때 공동 연구소의 후원자들이 거의 모두 맨해튼 지구 또는 다른 대규모 전쟁 프로젝트로부터 경험을 많이 쌓은 사람들임을 강조했다. 그는 이러한 과학자들과 기술자들 중 많은 사람들이 그러한 무기 관련 연구소에서 중요한 행정 지위를 가졌다고 강조했다. 그것은 그들이 그러한 연구소를 운영하는 준비를 갖추게 해준 유례를 찾기 어려운 경험이었다. 그리고 그들이 다방면에 걸친 OSRD 프로젝트를 후원했으므로 새 연구소를 지지하는 MIT, 프린스턴, 하버드 그리고 협회에 소속된 다른 대학들은 "조직과 인원의 문제, 재정적 의무의 문제, 대규모 연구와 개발 문제, 보안 문제, 정부 각 부처와 그리고 대규모의 핵과학과 공학 연구소와 연관될 수 있는 군대와의 문제 등을 이해한다."177)

그다음 반년 이상에 걸쳐서 프린스턴과 MIT 물리학자들은 동북부의 다른 물리학자들과 힘을 합쳐 핵공학 연구소 설립을 위한 제안서 초안을 작성했는데, 거기에 소요되는 경비는 약 250만 달러였다(그것이 곧

---

176) 슬레이터, 「핵과학과 공학을 위한 북동부 지역 연구소 설립에 대한 제안」, 1946년 2월 9일, JSP.

177) 슬레이터, 「그로브스 장군에게 보내는 제안 편지」, 1946년 2월 18일, JSP.

1,500만 달러로 증가했다가 그다음에는 2,200만 달러로, 그리고 마지막에는 2,500만 달러로 증가했다). 그로브스와 맨해튼 프로젝트의 지원을 받아 새로 시작하는 브룩헤이븐 국립 연구소의 계획을 맡은 임원들은 탄화수소 연구 회사로부터 건축과 감리 전문가를 유치했다. 게다가 오크리지에게는 놀랍게도 계획 입안자는 그곳에 있는 이미 인정받은 시설로부터 경험과 정보를 얻어오라고 노골적으로 결정했다.[178]

대부분의 대학들에게는 명백하게 너무 큰 원자로와는 달리 사이클로트론은 다음 수년 동안 대학을 위해서는 너무 크고 사이클로트론만을 위한 공동 연구소를 만들기에는 너무 작은 경계에서 헤맸다. 실제로 브룩헤이븐이 가속기 부문의 지원을 얻으려는 첫 시도들은 성공적이지 못했다. 나중에 싱크로사이크로트론이 나왔을 때 브룩헤이븐의 원자로 연구소는 가속기 중심으로 집중적인 연구가 이루어지는 모범이 되었으며, 이 모형은 곧 미국의 다른 곳으로 퍼져 나갔고, 그다음으로는 유럽으로도 퍼져서 CERN의 본보기로 이용되었다. 전쟁 연구소들은 이와 같이 전후(前後)의 공동 연구소 연구를 수립하는 데 관리상의 모형과 기술상의 전문 지식, 그리고 심지어 인원까지 제공했다.

대학에서 수행되는 물리학에 미치는 큰 규모의 사이클로트론의 영향에 대한 염려가 스탠퍼드에서와 마찬가지로 프린스턴에서도 뚜렷이 보였다. 밀턴 G. 화이트는 1945년 12월에 스마이스에게 학과에 속한 많은 사람들이 사이클로트론 설비에서 할 일을 찾느라고 민감해 있지만 그들을 기다리고 있는 연구가 어떤 성질일 것인가에 대해 약간 걱정하며 기다리고 있다고 보고했다. "딕케는 소립자 물리학 쪽으로 무겁게 의지하고 있는 중이지만, 만일 기술 장치를 모두 자신이 해야만 한다면 높은 에너지를 꼭 요청하는 것만은 아니다. 그는 사이클로트론이 잘 진행되도록 돕기를 원하며, 그런 다음 어떤 간단한 상호작용들에 대해 연구하기를

178) 브룩헤이븐의 기원에 대해 더 알려면 니델의 우수한 논문「원자로」, *Hist. Stud. Phys. Sci.* 14(1983): 93~122쪽을 보라.

원한다." 그러므로 가속기 프로그램이 "잘 자리 잡기" 위해서 화이트는 "움직이는 문제나 배선 문제, 그리고 재설계 문제를 돌봐줄 수 있는 사람을 구하기"를 간절히 원했다. 게다가 그는 필요로 하고 있는 형태의 사람, 즉 "로스앨러모스에서 온 사람"을 원했다.[179)]

좀더 일반적으로 화이트는 대규모 연구소의 변화된 환경을 위해 조교수에서부터 시작하여 정년이 보장되는 정교수에 이르는 전통적인 대학 계급 제도가 아닌, 새로운 지위들을 만들 필요가 있을 것이라고 예견했다. 화이트는 "한편으로 우리는 물리학 연구가 매우 유능하고 폭넓게 훈련된 물리학자와 기술자, 그리고 행정 요원으로 이루어진 지원 인력을 요구하는 복잡한 장비 쪽으로 가고 있음을 발견하지만, 다른 한편으로 과학 관련 고용자들이 모두 대학 일자리에 대해 똑같은 후보로 간주한다는 관례적인 대학 정책을 가지고 있다"고 보고했다. 대학의 분위기에 맞는 "다재다능한 사람"을 구하는 대신 화이트는 부분적으로는 기부금에 의존하지만 주로 산업과 정부의 자금에 의해 충당되는 수월한 자금으로 전문가들을 고용하게 될 연구 부문을 만들자고 주장했다.[180)]

화이트는 공동 연구소에 대한 제안이 어떻게 나오든 대학 구내의 가속기 물리학을 염려했다. 그리고 사이클로트론을 건축하는 데 예상되는 예산이 10만 달러에서 30만 달러까지로 높았다. 그 크기도 예상에 의하면 적어도 7만 5,000제곱피트를 요청했으므로 역시 매우 클 것이었다. 앞에서 인용된 스마이스의 견적을 이용하면, 이런 크기의 시설을 운영하려면 적어도 또 다른 82만 5,000달러가 필요할 것이다. 이들을 모두 합하면, 화이트는 다음 5년 동안 매년 약 10만 달러씩의 비용을 예상했으며,

---

179) 화이트가 스마이스에게, 1945년 12월 20일, 자료 「전후(戰後) 연구 1945~46」, box "Physics Department Records, Chairman, 1934~35, 1945~46, no. 1", PUA.

180) 화이트가 스마이스에게, 1946년 5월 6일, 자료 「전후(戰後) 연구 1945~46」, box "Physics Department Records, Chairman, 1934~35, 1945~46, no. 1", PUA.

이 합계 금액도 가속기의 건축과 전력에 소요되는 비용이 포함되지 않은 것이었다. "고에너지 물리학 분야가 어느 방향으로 발전할지 정하기 위해 점쟁이를 찾아갈 필요는 없다. 그 방향은 이미 정해져 있다! 앞으로 여섯 달이 지나기 전에 고에너지 분야에서 우리가 맡으려는 역할을 결정하는 것이 가능해질 것이며, 이것을 결정한 뒤에는 어찌 되었든 한 가지 가속기 방식을 고르고 전력을 다해 그것을 후원해야만 한다."[181] 그렇게 막대한 비용에 직면하면서 화이트는 대부분의 자금 지원을 민간 산업체로부터 받는 핵물리학 공동 연구소를 주장했는데, 지원하는 민간 산업체, 예를 들어 몬산토 회사를 지목했다.[182] 화이트의 계획에는 유감스러운 일이지만, 몬산토는 거절했다.

6. 전쟁 그리고 물리학 문화

여러 해 동안 우리는 물리학의 역사가 1939년과 1945년 사이에서 단순히 멈춰버린 것처럼 취급했다. 단지 망명 과학자들의 이동과 폭탄 제조, 그리고 극적으로 더 커진 과학 관련 예산에 대한 연방 정부의 집행 등만이 주의를 끌었다. 그러나 전쟁은 20세기 물리학에 더 깊은 영향을 미쳤는데, 그러한 것을 이해하자면 해당 분야의 기술과 관습을 자세히 살펴보아야 한다. 이 장에서 나는 기술의 변천과 지원의 변천, 물리학 및 공학의 재편성, 이론 물리학 및 실험 물리학의 새로운 관계, 그리고 과학적 작업장의 개조라는 다섯 가지 연속된 주제를 따라왔다.

기술의 변천은 부분적으로 새로운 장치의 발명으로 이루어졌다. 일련

---

181) 화이트가 스마이스에게, 1945년 12월 20일, 자료 「전후(戰後) 연구 1945~46」, box "Physics Department Records, Chairman, 1934~35, 1945~46, no. 1", PUA.

182) 화이트가 몬산토 화학 회사의 토머스에게, 1945년 9월 18일, 자료 「전후(戰後) 연구 1945~46」, box "Physics Department Records, Chairman, 1934~35, 1945~46, no. 1", PUA.

의 선형 전자 가속기 개발에 강력한 역할을 담당한 클라이스트론 기술과 같은 참신한 가속기 기술에 의해 SLAC[183]가 건설되었으며, 입자 빛줄기를 조절하는 기술인 강력한 집속(執束) 기술 또한 전시(戰時)의 관심사에 의해 출현했다. 우주선(宇宙線) 물리학의 발달은 포획된 V-2에 대한 새로운 접근 기회와 고공(高空) 군사 비행체에 대한 용이한 접근에 의해 힘입었다. 계수기나 자동 점화 장치, 증폭기, 그리고 진동-높이 분석기 등에 대한 새로운 전자(電子) 기술은 모두 전후(戰後) 원자핵과 기본 입자에 대한 물리학이 급격히 성장하는 데 기여했다.

우리가 로시의 경우에서 본 것처럼 이것은 우주선(宇宙線) 검출에 대해서도 여러 면에서 성립했다. 우리는 제6장에서 입자 가속기의 건설에 기여한 전후(戰後)의 수많은 전자(電子) 검출기에 대해서도 동일한 내용이 적용됨을 알 수 있을 것이다. 전시의 개선점들은 특히 폭탄 프로젝트에서 영국의 몫인 원자핵 에멀션에 새로운 활기를 불어넣었는데, 그러한 명단은 거기서 그치지 않는다. 마이크로파 시스템이 전후(戰後) 미시(微視) 물리학 이상의 연구에 결정적으로 중요함이 입증되었다. (비록 레이더 기술에 집착하면 때로는 긴 쪽 파장에서 불리하다는 점이 밝혀지기도 했지만) 라디오 천문학에서처럼 고체 물리학 실험에서도 새로운 기술들이 중요하게 이용되었다.[184] 그러나 전쟁은 순수한 발명을 넘어 높은 성능의 부품들을 산업적으로 생산하도록 촉진시켰다. 다음에는 그와 같은 능력이 전에는 하나씩 맞춤으로 주문 생산했던 실험 과학자 도구에도 이용될 수 있었다. 마지막으로 기술의 변천은 미국 연방 정부가 전쟁 잉여물자의 형태를 빌려 전쟁 관련 활동으로부터 민간 분야로 바로 이전한

---

183) 스탠퍼드 대학의 선형 가속기 개발에 대해서는 갤리슨, 헤블리, 그리고 로언의 「조절」(1992)을 보라.

184) 마이크로파 침투의 껍질 측정에 대한 브라이언 피파드의 연구는 전시(戰時)의 『레이더』 연구로부터 직접 유래했는데, 호드슨 외, 『결정체 미로』(1992), 214~215쪽을, 예를 들어 「처음 몇 해」(1988) 중 특히 336~338쪽에 나온 라디오 천문학의 역사에 대한 설리반의 연구를 보라.

창고를 가득 채운 장비와 수억 달러의 가치를 지닌 기계 등 가장 엄밀한 수준에까지 이르렀다. 마이크로파 발생기를 우연히 손에 넣은 유럽의 외톨이 연구원으로부터 미국에서 가장 많은 지원을 받는 대학들에서 최첨단 장치를 접하는 새로운 세대의 학생에 이르기까지 이렇게 공급된 도구와 기계 설비는 전후(戰後) 연구의 영역과 능력을 바꾸어 놓았다.

물리학 분야에 대한 재정 지원 또한 철저하게 바뀌었다. 연구와 개발에 대한 전시 정부의 지원은 전쟁 중 5,000만 달러에서 5억 달러로 10배가 증액되었으며, 연합군이 승리한 뒤 한두 해의 짧은 기간 동안 중단되었다가 지원 수준이 다시 올라가기 시작했다.[185] 히로시마의 원폭 투하 뒤에 맨해튼 프로젝트는 계속해서 많은 활동들을 떠맡았으며, 마침내 계획이 종료된 뒤에는 즉시 OSRD와 ONR, 그다음에는 AEC가 그러한 지원 활동들을 인계받았다. 가장 중요한 것은 이곳(하버드, 프린스턴, 버클리, 스탠퍼드, 위스콘신, 그리고 MIT 등)에서 논의된 각 대학들에서 전쟁 중 훈련된 학계의 물리학자들이 그들의 연구에 대해 새로운 규모로 생각하고 새로운 형태의 조직에 대한 모델을 유발시키기 시작했다는 점이다. 물리학자들은 그전 어느 때보다도 규모가 큰 실험들을 구상했을 뿐 아니라, 스스로 이제 그들과 정부가 모두 전쟁 중 성공적으로 기능을 발휘했음을 확인한 계약 연구를 계속할 자격이 있음을 알게 되었다.

이런 식으로 생각하게 되자 새로운 가속기와 국립 연구소에 대한 계획이 계속되는 전시(戰時) 프로젝트와 함께 결합하여 새로운 골격이 형성되었다. 미국 전역에 걸쳐서 때때로 심한 반대도 있었고 지역에 따라 강조하는 면이 차이가 나기도 했지만, 물리학계는 정부와 대학 그리고 개인 산업체 사이의 3자 협력을 재현하기 위해 노력했다.

연구를 위한 제도상의 저변이 확대됨에 따라 이론 과학자와 실험 과학자 사이, 그리고 물리학과 공학 사이에 좀더 복합적인 관계가 성립되었

---

185) 오언스, 「연방 '천사'」, 『이시스』 81(1990): 188~213쪽 중 212쪽의 도표; (출판되지 않은) 오언스의 대단히 유용한 「부시, 전쟁 중의 과학」.

다. 이러한 협동 관계는 시카고 대학의 야금 연구소와 획기적으로 보강된 버클리의 방사선 연구소, 하버드 대학의 라디오 연구소, 칼텍의 로켓 제조 공장, MIT의 방사선 연구소, 오크리지의 국립연구소, 그리고 핸퍼드 연구소 등과 같은 과학적 전투를 위한 거대 프로젝트 중심지에서 견고하게 수립되었다. 전쟁이 끝나고 난 뒤에는 브룩헤이븐 국립연구소와 스탠퍼드 마이크로파 연구소 또는 활기를 되찾은 버클리의 방사선 연구소 등에서 연구 프로그램을 구체화하는 데 과학적 공학을 전면 중앙에 유지하면서도 이론 과학자의 역할이 증진된 유형의 물리학이 자연스럽게 진행되었다.

이러한 전시(戰時) 무기 연구소들 중 핸퍼드 연구소와 오크리지 국립연구소 그리고 로스앨러모스 국립 연구소를 필두로 몇몇은 그들이 원래 하던 일을 그대로 계속했다. 그 밖에 규모가 확대된 곳도 있었다. 아르곤 국립연구소는 시카고 대학의 페르미 연구로부터 파생되어 초기 원자로 장소로 시작했는데, 이곳에서 최초로 중수(重水)를 감속제로 이용한 원자로는 1944년에 임계값에 도달했고, 1946년에는 (원자력 에너지 조례에 의해) 이 연구소가 원자력 발전 분야에 대한 연구를 수행하는 최초의 상설 국립 연구소 중 하나가 되었다.[186] 유사하게 브룩헤이븐 국립연구소는 맨해튼 프로젝트로부터 유래되었는데, (이 장의 앞부분에서 추적했던 것처럼) 동북부 지역 대학연합 연구소를 형성하려는 일련의 오랜 실용적인 시도 끝에 1946년 출범했다. 비록 아르곤 연구소와 브룩헤이븐 연구소가 모두 원자로를 배경으로 형성되었지만, 전자(前者)는 야금 연구소에 몸담았던 인사들 위주로, 그리고 후자는 MIT의 방사선 연구소를 퇴직한 사람들에 의해 추진되었다.[187] 첫 번째 거대 입자 물리학 연구소들의 설립은 이처럼 대학들과 AEC, 그리고 뒤에 남은 맨해튼 프로젝트 사이의 새로운 협력에 힘입었다.

---

186) 모즐리, 「아르곤의 변화」, *Science* 173(1971): 30~38쪽.

187) 브룩헤이븐 연구소의 설립에 대해서는 니델, 「원자로」, *Hist. Stud. Phil. Sci.* 14(1983): 93~122쪽, 특히 95~100쪽에 알기 쉽게 논의되어 있다.

마지막으로, 그리고 어쩌면 가장 중요하게 실험 물리학자가 되는 것 또는 미시(微視) 물리학의 실험을 수행하는 것이 무엇을 의미하는지 다시 정의하는 과정을 통해 전쟁은 물리학자들의 연구 방식을 바꾸어 놓았다. 스마이스가 설명했듯이 40년 전의 물리학자는 동시에 기계 제작자이자 유리 세공사, 전기 기술자, 이론 물리학자, 그리고 저술가였다. 전쟁이 끝난 뒤 불과 몇 년 만에 이 모든 것이 바뀌었다. 전쟁 전의 풍조를 강화하면서도 새로운 유형의 고에너지 물리학자들은 더 이상 한번에 이론가와 실험가가 되라고 배우지 않았다. 그들은 두 길 중 하나를 선택해야 했다. 물리학자-장인(匠人)의 자리에 이론 물리학자와 실험 물리학자, 그리고 가속기 시스템과 구조 시스템, 전기 시스템 공학자 사이의 협동적인 연합이 대두되었다.

이렇게 서로 연관되는 변형이 주는 한 가지 결과는 수사학(修辭學) 상의 변화로 기록되었다. "인류 역사"를 새롭게 바꾸어 놓았다는 승리자의 어조는 전시(戰時)에 기여한 물리학자들의 긍지를 널리 알렸다. 그것은 또한 그들이 추진하는 연구와 그 연구의 보급에 대한 엄격한 제한을 피하면서도 정부가 재정 지원을 해주어야 한다는 정당성을 확보하기 위해 과학자들이 노력하는 과정에서 나타나는 방어책의 전조(前兆)가 되었다. 그들의 연구를 스스로 관리하겠다는 물리학자들의 바람은 정부의 비밀주의와 응용을 억제하려는 군부의 압력, 그리고 궁극적으로 대규모 연구가 갖는 아직 개발되지 않은 기간 시설의 복잡성 등의 어려움에 직면했다. 긴장을 피할 수 없게 되자 부(富)에 대한 유혹에 대항해 자신의 영혼을 지킨다는, 불운한 해충과 유인하는 거미들이라는, 행패부리는 괴물과 싸우는 물리학자들이라는, 경영과 기초공사를 위한 굴착이라는, 청렴과 부패라는 신랄한 언어가 표현되었다. 지시 서류와 생산 일정, 그리고 기구 조직표 등은 군부와 산업체라는 먼 세상의 이질적인 생활 형태가 아니라 그들이 갑자기 직면해야만 했던 도구들이었다. 물리학자들에게 1940년부터 1945년까지의 전쟁 기간은 전에는 결코 없었던 이러한 긴장을 불러왔다.

그럼에도 불구하고 내 짐작으로는 단지 작업 구조상의 이런 변화 하나만이 일부 물리학자들 사이에서 그렇게 종말론적인 이야기가 나오도록 촉진시키지는 않았을 것이다. 통제에 대한 논쟁은 좀더 깊게 계속된다. 장치를 조작하고 개조하는 능력인 작업장에 대한 통제는 실험하기에 대한 전쟁 전의 정의와 밀접하게 연결되어 있었다. 실제로 프랜시스 베이컨 시대 이래로 자연에 대한 통제가 실험 그리고 실험가를 정의하는 기본이 되어왔다. 억지로 공학을 하지 않을 수 없게 되자 딕케가 말했던 불안과 생산 가치에 대한 방사선 연구소의 쇠락과 관련해 리데누어가 표현했던 혐오, 그뿐 아니라 블로흐와 호프스태터, 웹스터가 통제의 상실에 대해 분명하게 했던 두려움은 모두 어느 정도까지는 유서 깊은 전문직의 정체성이 역할을 바꾸는 것에 대한 반응이었다.

1955년 M/SLAC 프로젝트에 대한 토론의 절정에서 호프스태터는 블로흐에게 "그 프로젝트가 구체화되면 합병 과정에서 (물리학에 있어서) 개개인의 인간성이 사라진다는 의미로 그 프로젝트가 영혼을 파괴함을 깨달았기 때문에 그의 [가속기에 대한] 열정이 상당히 시들해졌다. 그리고 나 자신은 잘 합병될 수 없음을 발견했다"라고 썼다.[188] 심지어 "새로운 물리학자"를 지지했던 사람들까지도 브룩헤이븐 코스모트론(1948년에 AEC는 브룩헤이븐 연구소에 양성자를 수GeV까지 가속시킬 수 있는 입자 가속기를 건설하기로 결정하고 그 가속기를 코스모트론이라고 불렀다 – 옮긴이)의 책임자였던 새뮤얼 굿스미트가 1956년의 내부 비망록에서 다음과 같이 기록했듯이 그것은 실제 담당자의 성격을 급격히 바꾸어 놓는 것을 의미한다고 이해했다.

> 이러한 새로운 형태의 작업에서 실험적 숙련됨은 훨씬 더 요구되는 협동적 충실함을 고양시키고 권장하는 인간성에 의해 보완되어야 한

---

188) 호프스태터가 블로흐에게, 1955년 3월 13일, SC 303, series I, box 6, folder 4, FBP.

> 다. 코스모트론과 함께 일한다는 것은 큰 특권이기 때문에 나는 이제 아무리 뛰어난 물리학자라고 할지라도 그의 정서적인 평판이 협동 정신에 해가 된다면 그 사람에게는 코스모트론의 사용을 금해야 한다고 느끼고 있다. …… 나는 우리 연구원들 중 누구라도 그룹 공동 연구에 적합하지 않다고 판단되면 고에너지 분야의 실험 연구를 하지 못하도록 막을 권리를 행사할 예정이다. 나는 여러분에게 그렇게도 많은 열정을 가지고 연구하고 있는 입자나 사건을 만들어내는 것이 결국 자신이 아니라 기계라는 사실을 잊지 않도록 다짐하고자 한다.[189)]

그것은 단지 실험 과학자들이 그들의 포부가 비쳐진 상(像)을 따라서 기계를 제작했다는 문제가 아니다. 실험 과학자들은 그들이 연구하는 기계들에 의해 재조직되었다.

과학적 주제의 개별성에 대해, 즉 실험하기를 고안한 창조자가 존재한다는 점에 대해 인지된 이러한 공격을 나는 흥분의 진원지라고 간주한다. 많은 실험 과학자들은 이러한 연구의 새로운 양상(樣相)이 그들 단독의 물리학자로서 존재하는 확실한 근거를 위협한다고 보았다. 변화에 대해 그들이 논쟁하는 주제도 역시 영혼이, 개별성이, 직업의 자율성이, 그리고 실험이 모두 함께 살아남는 데 관한 것이었다. 새로운 형태의 실험 과학자가 존재하게 되었고, 다른 사람과 "융합"될 수 있는 물리학자와 그렇게 할 수 없는 물리학자 사이에 성격의 차이가 존재한다는 가정 아래서 위스콘신 대학의 물리학과에서는 팀을 이뤄 연구를 할지 아니면 개별적으로 연구를 할지에 따라 영입할 새로운 인물의 우선순위 성명 목록의 순서가 같지 않다는 것이 어쩌면 전혀 놀랍지 않다. 팀의 규모가 커졌을 때 실험/실험 과학자의 양자(兩者) 관계를 이루는 두 면 모두가 바뀜에 따라 이전의 기능들은 "실험하기"라는 개념으로부터 분리되어 나왔다.

---

189) 하일브론, 「역사학자의 관심사」(1982), 52쪽에서 인용.

물론 실험/실험 과학자 사이의 이러한 분열이 모두 동시에 일어나는 것은 아니었으며, 전문적인 관리 기술, 공학적인 숙련, 그리고 컴퓨터 사용 등과 같은 새로운 자격들이 실험 개념에 더해졌고, 한편으로 종전의 자격들은 하나씩 사라져갔다. 우리가 이 장과 다음 장들에서 각 과정을 추적하면서 본 것들은 실험 당사자들이 개인적으로 전문 직업의 형태가 바뀌면서 동시에 특정한 형태의 통제는 빼앗기지만 인식론적 실증에 대한 새로운 전략을 개발하는 과정에서 겪는 고통이다. 에멀션 그룹들이 기능과 통제 모두를 잃어버릴 때 우리는 이러한 불안을 보았다. 그것은 1960년대 대규모 거품 상자 그룹들이 개발될 때와 1970년대 대규모 전자(電子) 협동 연구가 태어날 때, 그리고 1980년대 미국과 유럽의 입자 충돌 설비에서 100명, 200명, 그리고 500명에 달하는 박사 팀들이 형성될 때에도 존재했다. 그뿐 아니라 불운의 초전도 거대충돌 가속기를 위해 계획된 검출기 그룹에서도 그 계획이 취소된 1993년까지, 그리고 CERN의 대규모 강입자 충돌기를 위해 예정된 검출기 그룹에서도 그것은 다시 나타났다. "진정한 실험 물리학"은 항상 지평선 뒤로 사라질 뿐이었다. 각 세대는 바로 전 세대를 돌아보고 실험 당사자가 본래대로 온전하게 남아 있음을 알게 된다. 그 실험 과학자는 전에는 (그런데 그 "전에는"이 계속 앞으로 나간다) 실험 과학자가 되면 자율적으로 일을 처리할 수가 있었고, 전문 분야에 따라 연구를 망치지는 않았다고 말한다.

여기서 나는 그 물리학자들이 옳다고 말할 수 있다. 실험하기가 끊임없이 바뀌고 있다는 의미에서 그들이 옳다. 실험을 정의한 임무들이 항상 분리되고 형태가 바뀌며 보충되고 있다. 전체적인 "(물리학에서) 인간성"은 호프스태터가 말한 것처럼 항상 점진적으로 바뀌고 있었다.

물질문화와 조직, 그리고 물리학의 목표에서 일어나는 변화는 그러므로 새로 바뀌는 표현법보다 훨씬 더 멀리 나갔으며, 원자핵 물리학과 입자 물리학에서 새로운 형태의 연구를 일으키게 만들었다. 도식적으로는 대학의 가속기들과 국립 연구소들의 이러한 "산업화"는 두 단계로 발생했다고 생각하면 도움이 된다. 여기서 논의된 첫 번째 단계는 핵물리학자들이 작업하는 연구소 환경의 큰 변동과 연관되어 있다. "외부 연구소"의 이러한 변화는 전쟁 전에 로렌스가 대규모 과학으로 분야를 확대할 때부터 시작했지만, 단지 1943~48년에야 비로소 원자핵 물리학에서 일상적인 것이 되었다. 그 뒤를 이은 10년 동안에 물리학에서 규모의 변화는 고에너지 실험 물리학이 수행되면서 더욱 대규모로 일어났다. 앞으로 제5장에서 다루고자 하는 앨버레즈의 육중한 수소 거품 상자와 함께 실험 과학자의 측정 장치와 계산 장치로 이루어진 미시(微視) 환경을 뜻하는 내부 연구소도 외부 연구소처럼 산업 규모로 커졌다.[190)]

헨리 스마이스가 구조상으로 방을 나누지 않은 "공장 형태의 구조", 그리고 칸막이가 없는 연구소장 사무실을 갖춘 연구소를 만들어달라고 요구했을 때 그는 단순히 건축상의 요청을 한 것이다. 그러나 그러한 계획 속에는 눈에 잘 보이지 않는 구조상의 다른 면이 있었다. (휠러가 전후 물리학에 대해 추측하면서 언급한 논평에서 분명히 드러나듯이) 물리학자들은 전쟁으로부터 잘 정의된 지도자와 함께 전문화와 협력이라는 새로운 인간 구조 또한 필요로 하는 임무 중심의 팀별로 수행되는 연구라는 새로 추가된 의미를 물려받았다. 이러한 지도자들은 이동시킬 수 있는 칸막이를 가지고, 새로운 도구나 과제가 출현하면 우선순위를 바꿀 수 있는 학제 간 핵물리학 프로그램을 지휘할 수 있게 되었다. 프린스턴 대학의 파머 홀이나 하버드 대학의 제퍼슨 연구소에서 오로지 음향학 연구 또는 자성(磁性) 연구를 위해 작은 방을 영구히 사용할 수 있던 시대는 지나갔다. 그리고 물론 전쟁 프로젝트에서와 마찬가지로 새로운 연구는 대학과 산업계, 그리고 정부가 함께 참가하며 재정적으로 풍족하게 지원되는 지역별 연구소에서 자연스럽게 둥지를 틀 예정이었다.

그와 동시에 사람들은 전후(戰後) 건축 계획에서 지도자들이 스스로를 고립시키거나 연구하고 있는 물리학자를 질식시키지나 않을까 염려

---

190) "내부" 연구소와 "외부" 연구소에 대해 더 알고 싶고, 1950년대에 내부 연구소의 변천에 대해 심도 있는 논의를 알고 싶으면 갤리슨, 「거품 상자」(1985); 갤리슨, 「거품」(1989)을 보라.

하며, 새로운 물리학에 대한 우려를 감지한다. 사람들은 많은 전후(戰後) 물리학 입안자들로부터 공동 연구를 통해 가능해진 권위와 개별 연구에 대한 관념적인 헌신 사이에 사회적으로 또 지적으로 심한 긴장을 느낀다. 그것은 물리학자가 상급자 누구와도 논쟁을 주고받을 수 있었던 대규모의 등급 제도적 협동 작업인 로스앨러모스 모델을 통해 겨우 불완전하게밖에 해결되지 못한 긴장이다. 심지어 거대한 국립 가속기 연구소장까지도 나중에 "협동 연구에 대항하는 나의 투쟁"이라는 제목의 자서전적 에세이를 쓸 정도였다.[191] 스마이스가 지역 연구소 계획을 수립할 때 그는 연구소장 사무실이 따로 있어야 하지만 칸막이는 없어야 되겠다고 믿었다.

전쟁 뒤의 물리학에 대한 계획들은 단지 연구의 우선순위를 조정하는 것 이상이었다. 그 계획들은 전시(戰時)의 프로젝트들을 반영하는 동시에 큰 물리학의 장래 방향을 결정하는 것이었다. 물리학자들이 야금 연구소 또는 방사선 연구소로부터 안내를 받든 그렇지 않든 그들은 연구에 대한 안내 상징을 바꾸어 놓음으로써 새로운 문화를 구축하고 있었다. 연구소 연구의 상(像)이 이제는 더 이상 앨버트 마이컬슨의 정밀한 간섭계 연구로부터 나오지 않았다. 이제는 물리학의 문화적 상징이 로스앨러모스나 브룩헤이븐 또는 국립 가속기 연구소로부터 비롯될 것이었다. 이러한 장소들은 공학자와 물리학자, 화학자 그리고 야금학자들이 실험 연구의 새로운 표현 방식과 관행을 만들어내는 교역 지대가 되었다.

문화적 상징의 길잡이 역할에 대해 말하면서 나는 클리퍼드 기어츠가 장래의 행위에 대해 동의한 프로그램인, 그러나 타자기 자판처럼 한 가지 값을 갖는 아이콘이 아닌, 상징들에 일치시킨 역할과 비슷한 그 무엇을 생각한다.[192] 상징이라는 용어를 좀더 강한 의미로 보면 무기 프로

---

191) R. R. 윌슨, 「협동 연구」(1972).

192) 기어츠, 『문화의 해석』(1973), 특히 44~49쪽.

젝트들은 상징이었다. 1940년대 중반의 미국이라는 배경 아래서 맨해튼 프로젝트는 물리학이 유용하다는 것을 나타내는 것보다 훨씬 더 많은 것을 의미했다. 그것은 연구를 조화롭게 편성하는 데 필요한 처방이었다. 기술적, 물리적, 군사적, 그리고 정치적 행위들이 어떻게 융합될 수 있는가를 보여주는 한 가지 본보기로서, 이 전시(戰時) 연구소는 물리학 문화의 변종(變種)을 탄생시키는 장소가 되었다.

전쟁 자체의 경험뿐 아니라 무기(武器) 물리학의 기술적이며 조직적인 세부 사항을 제외하더라도 곧 그리고 실제로 찾아온 승리를 감싸는 행복감이 존재했다. 미국의 과학자들이 느낀 승리는 그들의 승리라고 하기에 충분했다. 이렇게 의기양양했던 시기에 과학자들은 좀더 큰 공동체에 대한 자신감을 만끽했다. 유럽 대륙의 분열되고 무너져 내리는 쇠퇴와 대비해 사람들은 미국 전역에서 미국의 뛰어난 능력을 발견했다. 과학자들 사이에 그리고 사회의 구석구석에 예술과 과학의 횃불이 유럽에서 미국으로 이동했다는 믿음이 용솟음쳤다.

이러한 승리주의는 예술 분야에서 잘 기록되었다. 1941년 봄에 이미 『캐니언 리뷰』(미국 오하이오주의 캐니언 대학이 발행하는 유명한 문학 관련 종합 학술지임 – 옮긴이)로부터 "서양 문화의 중심지가 더 이상 유럽이 아니라 미국이다. …… 예술의 미래는 미국이라는 믿음"에 대해 읽을 수 있었다. 또는 『뉴욕 타임스』에 실린 한 편지는 "현재의 환경 아래서 미술의 미래는 미국에 있을 확률이 높다"라고 썼다. 1946년에 이르자 그러한 정서가 주류(主流)가 되었고, 『영국 백과사전』도 다음과 같이 동의했다. "그전 어느 때보다도 1946년 한 해 동안에 많은 사람들이 의미심장한 깨달음을 경험했다 …… 미국의 예술은 이제 더 이상 유럽의 영향만 받아들이는 수납 창고가 아니다."[193)]

히로시마와 나가사키에 폭탄이 투하되자 바로 뒤따른 제2차 세계대전의 끝은 미국의 물리학자들이 세계에서 그들의 위치에 대해 체험하는

---

193) 길벗, 『현대 예술』(1983), 63쪽, 65쪽, 124쪽.

느낌을 바꾸어 놓았으며, 동시에 외부에서 바라본 물리학자들이 수행하는 업무에 대한 문화적 의미도 바꾸어 놓았다. 전쟁 전에는 지도자의 임무라는 외투를 입고 있었던 독일 과학자에게 이러한 사건들이 주는 충격은 예리했다. 1945년 8월 6일, 연합군에 의해 체포된 많은 지도급 독일 과학자들에게 핵물리학과 관련된 연구에 대해 심문하기 위해 그들을 케임브리지 대학 부근의 팜홀이라는 곳으로 데리고 왔다. 저녁식사 직전에 간수들이 오토 한에게 BBC 방송이 히로시마에 원자폭탄이 투하되었음을 발표했다고 알려주었다. 심문자가 보고한 것에 따르면, 오토 한은 "이 소식에 얼이 완전히 빠진 채로" 동료들이 있는 곳으로 돌아갔고, 그들의 대화는 눈치 채이지 않도록 숨겨놓은 마이크를 통해 한 마디도 빠뜨리지 않고 녹음되었다. 에릭 바게, 쿠르트 디프너, 막스 폰 라우에, 파울 하텍, 베르너 하이젠베르크, 칼 프리드리히, 바이잭커, 발터 겔라흐, 호르스트 코르싱, 칼 비르츠, 그리고 나머지 사람들은 놀란 채로 오토 한의 이야기를 들었는데, 그는 갑자기 그곳에 모인 물리학자들 쪽으로 돌아서서 "만일 미국 사람들이 우라늄 폭탄을 만들었다면 당신들은 모두 이류일 뿐이오. 불쌍한 늙은 하이젠베르크 씨"라고 말했다.

하이젠베르크는 뒤로 물러서서 히로시마의 원자폭탄 투하는 단지 계략일 뿐으로 고성능 폭탄에 지나지 않을 것이라고 반박했다. 그렇지만 그들이 이 문제에 대해 이야기를 진행해 나가면서 반박은 자책으로 바뀌어 갔다. 거기 모인 엘리트 독일 물리학자들은 어떻게 그들이 실패하게 되었는지 물어보기 시작했다. 그리고 즉시 동위원소 분리를 위해서는 미국 물리학자들 사이에 엄청난 공동 연구와 그들 자신의 연구소들에서는 생각하지 못한 규모와 형태로 협동 작업이 수행되어야만 했다는 것이 분명해졌다. 내 의견으로는 다음과 같은 대화가 물리학의 역사에서 전환점이 되었음을, 즉 조교들에 둘러싸인 뮌헨 대학이나 베를린 대학의 정교수로부터 미국에서 승리의 상징이 된 집중적으로 운영되는 팀이나 산업 규모의 연구소로 이동했음을 인정한 것이라고 본다.

코르싱: [이것은] 어찌 되었든 미국 사람들이 엄청나게 큰 규모로 실질적인 협동 연구를 수행할 수 있음을 보여준다. 독일에서는 그것이 불가능했다. 그들이나 우리 모두 상대방의 것이 중요하지 않다고 말했다.

겔라흐: 적어도 우라늄 그룹과 관계되어서는 그렇게 말할 수 없다. 그 그룹에서보다 더 큰 규모의 협동 연구와 신뢰를 상상하지 못한다. 그들 중 누구도 상대방의 것이 중요하지 않다고 말했다고 할 수 없다.

코르싱: 물론 공식적으로 그렇게 말했다는 것은 아니다.

겔라흐: (고함치며) 비공식적으로도 마찬가지다[!] 내 말에 토를 달지 말라[!][194]

코르싱은 잠시 뒤에 주안점을 다시 강조하고 "미국 사람들이 우리보다 더 잘 할 수 있었다. 그것만은 명백하다"라고 주장했다. 오토 한은 그것이 "역사에서 유례없는 굉장한 성과"라고 인정했고, 그 뒤에 겔라흐는 침실로 돌아가 흐느끼면서 하이젠베르크와 하텍에게 자신은 실패로 인해 조국을 배반한 사람이라고 말했다.[195]

그것은 미국의 행복감과 독일의 슬픔이 표현되는 두 극단의 순간이었다. 헨리 스마이스는 다른 사람들이 구(舊)세계(여기서는 유럽, 아시아, 아프리카 등 아메리카 대륙 발견 전에 알려진 대륙을 일컬음-옮긴이) 예술에서 발견한 것과 동일한 붕괴를 유럽 물리학에서 발견했다. 해외의 과학에 대해 고찰하면서 그는 그것의 "소멸"에 대해 쓰기 시작했는데(그는 이것을 지우고서), 다음에는 "일어남직한 소멸"이라고 쓰고(한 번 더 이것을 지우고서), 마지막으로 다음과 같이 썼다. "기초 과학에서 새로운 발견의 원천으로써 유럽은 어느 정도의 쇠퇴가 존재했다. 과거에 우

194) 프랑크, 『엡실론 작전』(1993), 70~71쪽, 75~76쪽.
195) 프랑크, 『엡실론 작전』(1993), 77쪽, 79쪽.

리는 응용과학에서 상대적으로 강하고 기초 과학에서는 상대적으로 약했다. 우리가 그렇게 할 수 있었던 것은 기초 과학에 대해서는 유럽에 의존할 수 있었기 때문이다. 이제 우리는 더 이상 그렇게 할 수 없게 되었다."[196] 예술에서와 마찬가지로 물리학에서도 자신감의 급증은 미국이 지닌 힘의 상승을 수반했다. 미국의 과학은 국내와 국제적 임무를 가지고 전후(戰後) 시대로 진입했다. 그러나 조급함과 함께 불안이 밀려들었는데, 물리학자들이 자신들의 세계적인 힘이 팽창함을 보면서 그들은 그들의 국지(局地)적인 통제가 살그머니 사라지는 것을 느꼈다. 제2차 세계대전 중 깨끗하고 검정색의 딱딱 소리 나는 상자를 바라보면서 우리는 레이더 부품 이상의 그 무엇을 볼 수 있다. 이러한 물질적 대상은 역사가 흠뻑 배어든, 실험하기에 대한 새로운 표상이 구체화된 것이다. 이렇게 이제는 잘게 쪼개진, 무겁고, 그리고 구식이 된 철제 상자들을 이해하는 것은 새롭고 때로는 논쟁 대상이었던 의미가 "실험"과 그리고 "실험가"에게 귀속되었던 때의 기원을 이해하는 것이다.

물리학자의 전후(戰後) 임무는 여러 가지 의미로 전쟁과 평화 사이 혼란의 시기에 고정되어 수행되었다.[197] 제2차 세계대전이 냉전으로 바

---

196) [스마이스], 「다음 5년 동안의 물리학과 계획」, 1945년 12월 20일, box "Physics Department Departmental Records, Chairman, 1934~35, 1945~46, no. 1.", PUA.

197) 제2차 세계대전의 무기 프로젝트들이 지닌 조직적 특징들은 전후(戰後)의 "순수한" 과학에서도 지속되었지만, 민간 물리학 공동체를 방위 산업 물리학 조직과 결합시키는 예외적인 정치적 합의는 지속되지 못했다. 1950년대에 걸쳐 여러 가지 이유로 이 두 과학 그룹은 갈라지기 시작했다. 그 이유 중 몇몇은 일반 자문 위원회의 완만한 쇠퇴, 대학 외부의 무기 연구소들이 지닌 능력의 증대, 수소폭탄에 대한 의견의 분열, ABM 시스템, 비밀주의의 역할, 냉전 등 제도상의 문제였고, 다른 몇몇은 고에너지 물리학이 (예를 들어 현대 대수학 그리고 장이론 등과 같이) 이론적일 뿐 아니라 (예를 들어 거품 상자와 같이) 한 분야에서는 유용하지만 다른 분야에서는 그렇지 않은 장치들이 개발되면서 실험적으로도 원자핵 물리학으로부터 결정적으로 분리된 것 등의 물리적 문제였다. 이것은 고에너지 물리학과 원자핵 물리학의 두 공동체가 완전히 자율적이라고 보여야 함을 말하는 것은 아니다. 둘 사이의 연결은 자문을 위한 전문 위

꿈에 따라 물리학자들은 새로운 형태의 실험하기 그리고 실험과 과학적 저작권의 의미에 대한 새로운 긴장에 직면하게 되었다. 이제 우리의 눈을 거품 상자로 돌리면, 총체적인 전쟁의 시련이 끝난 뒤에도 자치권과 통제에 대한 투쟁이 계속됨을 볼 수 있을 것이다.

원회나 학생, 재정 지원 부서, 그리고 무엇보다도 공동으로 사용하는 기술에 의해 계속 유지되었다. 그러나 원자폭탄 이후의 수십 년 동안 민간 조직과 군사과학 조직이 연결되는 성격은 일종의 공동 사업으로부터 자원을 공유하는 정도로 변화했다. 이러한 문제들은 다른 곳에서 계속 다루어질 것이다.

제5장 거품 상자
물리학의 공장들

1부 기계 만들기

1. 물리학 공장

이제 잠시 동안 전쟁 직후로부터 건너뛰어 로렌스 방사선 연구소(Lawrence Radiation Laboratory, LRL)의 공학자와 물리학자들이 그들의 72인치 거품 상자 설치의 마무리를 시작했던 1959년 2월 17일로 가보자. 그들이 즉시 시행해야 했던 임무는 정밀 광학 기기와 강력한 압축기 그리고 육중한 냉각 시스템이 연결되어 있고 전체가 강한 자기장 속에 들어가 있는 철제 탱크에 화씨 -411도로 유지된 520리터의 지극히 위험한 액체 수소를 주입시키는 일이었다.[1)]

행여 있을지도 모르는 재앙에 모든 사람이 대비할 수 있도록 기술 관련 비망록을 연구소 전체에 회람시켰다. 혹시라도 고장이 일어나면, 원격 감지기들이 통제실의 운전 감독관에게 신호를 보내고, 그러면 그는 즉각적으로 연구소의 호출 시스템을 통하여 미리 작성된 다음과 명령을 내리게 되어 있었다. "하이 베이의 압축기실 지역에 수소가 탐지되었습니다……. 모두 하이 베이와 압축기실에서 나오십시오. 작업장에 모여 사태가 종료할 때까지 기다리기 바랍니다." 이 말들은 폭파되지 않도록 보강된 철근 콘크리트 벽에서 메아리칠 것이고, 담당 팀은 운전 중지 절차를 시작하

1) 로렌스 방사선 연구소, 『72인치』(1960).

여 계기판의 스위치들을 조작하고 복잡하게 엮인 밸브 시스템을 조일 것이다. 만일 이미 화재가 발생했다면, 다음과 같이 훨씬 더 절박한 메시지가 방송되어 물리학자와 기술자 그리고 기사들이 급히 대피하도록 할 것이다. "폭발성 기체가 59호관에서 새어나오고 있습니다. 그 지역에 있는 전원 대피 바랍니다." 교대 반장 자신은 이동형 폭발 측정기를 조정하고, 위험 지표를 확인하기 위해 하이 베이로 올라가 가능하다면 검출 장치를 재시동하는 데 단지 3분의 여유밖에 갖지 못할 수도 있다. 이와 같은 위기 대처 작전의 대응 방법이 보여주는 것처럼 이것은 1930년대에 시행된 실험대 위에서의 실험과는 아주 다른 작업 세계다.[2)]

이러한 안전 지침들이 공표된 지 단 48시간 후에 거품 상자의 설치가 시작되었으며, 기술 반장 폴 에르난데스는 미리 녹음된 교대조별 운전 계획을 시작했다. 버클리 사이클로트론 연구소의 움푹 들어간 방의 안쪽 깊은 곳에서 기중기가 거대한 철제 상자를 주된 진공 탱크 안으로 내려놓았으며, 진공 수레들이 철제 상자로부터 공기를 뽑아내기 시작했다. 낮 교대조 기사들은 창의 들보 끝의 볼트들을 꽉 조였다. 1959년 2월 20일 금요일에 담당 팀은 수소 상자를 격리시키는 질소 차폐물을 검사하면서 강철 부분이 충분히 튼튼한지를 확인했다. 다음 며칠 동안은 이음새 부분과 개스킷들을 마지막으로 검사하고 최종 배관 상태를 확인했다. 정해진 절차에 따라 18시간에 걸쳐 마지막 조립과 시험 절차의 매 단계를 관리했다. 심지어 반사 표면에 묻은 미세한 양의 먼지도 가동을 방해할 위험이 있으므로 제거되어야만 했다.

2월 26일 목요일에는 "주요 작업반"을 동원한 공식적인 가동 절차가 시작되었고, 24시간 연속 팀에 속한 전원이 그들 차례가 되었을 때의 가동 일지를 검사하는 데 필요한 지시 사항을 전달받았다. 낮 교대조와 자유 교대조, 그리고 밤 교대조가 중단 없이 이어졌다. 누출되는 곳은 수

---

2) 스미츠, 「수소 거품 상자 작전」, UCRL Engineering Note 4313-03 M1, box 4, book 137, HHP.

리했고, 확실히 열린 위치에서 밸브를 어떻게 놓아 두는가부터 시작해 냉각 비율의 최대 허용치에 이르기까지 작업의 모든 단계에서 표준화된 작업이 실시되었다. 3월 6일에 이르자 상자의 온도는 절대 영도보다 160도 높게 기록했으며, 3월 8일 일요일에는 그 장치의 차디찬 중심 부분이 온도 눈금의 밑바닥에서 105도 되는 데까지 내려갔다. 수년에 걸친 훈련에도 불구하고 담당 팀은 복잡한 작업에 대해 충분히 대비하지 못했다. 3월 9일이 되자 기술 반장은 이 물리학 공장이 하루 24시간, 일주일에 7일 동안 생산 활동을 계속하도록 열려 있으려면 더 많은 능력을 갖춘 작업 반장들이 필요하다고 주장했다.[3)]

물리학자의 성배(聖杯)라 할 수 있는 입자의 흔적을 나타내는 거품들이 3월 10일 화요일 질소 시험에서 처음으로 나타났으며, 광학 시스템과 압축된 진동 시스템, 그리고 카메라 시스템들이 모두 이것을 확인했다. 작업반은 3월 16일 모든 안전 절차를 준수하면서 수소 기체를 주입하기 시작했다. 3월 19일 목요일에 기록된 노트 중 아직 남아 있는 부분들을 보면, 기술 반장은 이 민감하고도 위험한 작업 전체에 대해 일목요연하게 이해하고 있는 사람이 한 명도 없었기 때문에 불안해하고 있음이 분명했다. 그 누구라도 훨씬 더 많은 현장 교육을 통해서만 한 사람이 밸브와 조절기, 용접 기술, 그리고 개스킷 형태 등 모두에 숙달될 수 있을 것이었다. 마침내 4월 7일 수소에서 거품이 나타났으며, 작업반원들은 좀더 잘 볼 수 있기를 바랐다. 창을 닦는 것은 그 자체로도 불안한 작업이었다. 그 작업을 누가 하든 청소기와 동료들, 그리고 연구소의 대부분을 박살내고 재로 만들어버리기에 충분한 가연성의 수소를 바로 코앞에 맞닥뜨려야만 되었다. 다음날 녹음된 테이프에는 다음과 같은 내용이 들어 있었다. "이 작업은 위험한 것이었으며, 유일한 보호 장치는 우리와 5″ 두께 유리 사이의 투명한 창뿐이기 때문에 그것은 마치 대포의 포신을 바로 위에서 내려다보는 것 같았다." 창들을 깨끗이 닦고, 하루에

---

3) 에르난데스, 「1959년 2월의 첫 번째 수소 작업」, box 4, book 137, HHP.

다섯 타래의 필름 통이 설치되었으며, 물리학자들은 기록된 입자 흔적들을 확인했다. 4월 22일 수요일이 되자 팀의 책임자인 루이스 앨버레즈와 부책임자인 돈 고우는 상자 작업을 검토하고 기술 팀과 물리학 팀 모두를 격려했다. 마지막으로, 1959년 4월 27일 월요일에는 기술 책임자가 통제실 마이크 너머로 몸을 구부려 이 실험에 대해 다음과 같이 녹음된 마지막 한마디를 말했다. "이 작업은 이제 완료되었다."[4)]

나는 이 한마디와 함께 그 작업이 완료된 것 이상을 이루었다고 주장하고자 한다. 실험하기에 산업적 등급을 매김에 따라 이제 구름 상자 또는 에멀션 꾸러미를 가속기에 장치할 때 물리학자가 지니고 있던 자율권의 작은 공간마저도 빼앗겨 버리고 말았다. 이 1959년 장면의 중요성은 미국이 유럽의 우주선(宇宙線) 탐사를 맹공격한다고 레프린스-링게가 비탄에 빠진 때처럼 물리학자들이 가장 두려워한 것을 정확하게 대변했다. 4월 27일에 LBL의 작업이 완료됨에 따라 버클리의 언덕에서나 알프스 산정(山頂) 모두 팀워크로부터의 어떤 상상의 피난처도 가능하지 않을 것으로 보였다.

실험 물리학자들은 일상 작업이 대체적으로 장치의 특성에 의해 결정되는 실험 기구를 통해 자연을 대면한다. 고에너지 실험 물리학에서는 1939년과 1959년 사이에 그러한 특성에서 급격한 변화가 일어났다. 그 변화는 우리가 전쟁 연구소들과 그 연구소들이 발행한 계획들에서 이미 살펴보았다. 그러한 변화의 깊이를 평가하기 위해 우리는 단지 작업반장, 기술 책임자, 밤 교대조, 기중기, 검사 목록, 확성기, 그리고 조직화된 기술 시스템 등과 함께 방금 묘사한 장면을 잠시 생각해보기만 하면 된다. 그것을 우리가 제3장에서 검토한 유진 가드너의 연구와 같이 전후(戰後)에 이용한 원자핵 에멀션과 비교해 보자. 가드너도 가속기를 사용했지만, 에멀션을 이용한 그의 연구는 유럽에서 수행된 우주선(宇宙線) 연구와 그 구조나 기능 면에서 전적으로 연속선상에 있었다. 전형적으

---

4) 에르난데스, 「1959년 2월의 첫 번째 수소 작업」, box 4, book 137, HHP.

로 물리학자는 혼자 또는 어쩌면 몇 사람의 공동 연구자와 함께 기계 공작실에서 만들거나 아니면 원자핵 에멀션의 경우처럼 일포드 사나 코닥 사로부터 구입하여 (구름 상자와 같은) 실험대 위에 설치한 기구를 가지고 연구했다. 물리학자는 실험에 이용할 장치를 설계하고, 부분적으로는 제작까지 담당해서 사용하며 보완하고, 마지막에는 자료를 추출하고 그 자료를 간추려서 논문으로 발표하기에 이른다. 가드너가 직면했던 사진술상의 어려움과 같은 문제는 우주선(宇宙線) 연구에서 축적한 지식을 조용한 오두막의 내부 연구소로 완벽하게 옮긴 경험을 가진 방문자의 집중 노력에 의해 해결될 수 있었다. 전쟁 직후 몇 년 동안은 개인의 장인정신이 여전히 중요하게 두각을 나타냈다. 여기서 우리는 어쩌면 수천 달러, 때로는 수만 달러까지 비용이 드는 장비를 수작업으로 만든 로버트 톰프슨이나 칼 앤더슨과 같은 비범한 구름 상자 대가(大家)들을 생각한다.

즉 상대적으로 조용한 물리학자의 미시 생태학적 장소인, 이렇게 보존된 내부 연구소로 육중한 거품 상자가 털썩 내려왔다. 방금 묘사된 장면에서 등장한 앨버레즈의 72인치 괴물에는 개별적인 작업자라는 분리된 영역이 존재하지 않았다. 1960년대가 되자 이 기계에서 실험을 수행하는 데 관련된 총 인원이 100명 정도에 이르렀고, 각종 구색을 갖춘 준자율적인 세부 그룹들로 구분되어 있었다. 전문가들이 자료 정리를 위한 소프트웨어와 하드웨어를 고안했다. 기술자들이 안전과 설계 그리고 공사 관계를 책임졌다. 평범한 스캐너들이 처리 전의 자료를 달리츠 도표(두 물체가 충돌한 후의 마지막 상태를 세 물체인 경우의 위상 공간에서 표현하는 도표로 달리츠가 1953년에 제안했다 – 옮긴이)와 유효 질량 도표로 기호화했다. 가속기를 건설하고 유지하며 작동시키는 비용은 제외하고 장비만 고려하더라도 수백만 달러가 들어갔다. 물리학과 관련되어 어떤 종류의 질문을 물어볼 것인가에서 시작하여 일상적인 임무를 구체화하는 데 필요한 장비와 연구의 구조에 이르기까지 거의 모든 측면에서 변화가 발생했다. 이러한 상황의 진전과 밀접하게 관련해서 실험하기의 본성에 대해 근본적인 토론이 이루어졌다.

실험에 대해 조사하는 한 가지 방법은 발견과 연관된 자세한 사례 연구를 비교하는 것이다. 예를 들어 우리는 캐스케이드 제로와 같은 거품 상자에 의한 특정한 발견을 취해서 다른 장치들로 얻은 발견들에 대한 역사적 연구의 모형에 비추어 조사해볼 수 있다. 그러한 것으로는 양전자와 뮤온, 타우 입자, 뉴트리노, 전하-반전성 위배 또는 중성 흐름 등에 대한 실험적 논의가 포함된다.[5] 사례 연구들은 모두 다 물리학적 질문들로 이루어진 단일 복합체로 향하는 많은 실험적 관심과 이론적 관심 사이의 상호 영향에 대해 지극히 상세한 점까지 알려준다. 그렇지만 그 모든 장점에도 불구하고 사례 연구는 특정 입자나 상호작용의 분석에 집중한다는 바로 그 점 때문에 물리학의 특수한 난제(難題)의 한계를 넘어서는 실험의 관습이 지닌 연결성으로부터 멀어진다.

우리가 전시(戰時) 물리학에서 전후(戰後) 물리학으로의 변화에서 본 것과 같은 연결성은 물리학의 구체적인 문제보다는 오히려 물질문화의 전통에 더 많이 존재할지도 모른다. 마이크로파 물리학자들이 레이더 물리학으로부터 어렵지 않게 원자핵의 공명에 대한 연구로 바꾼 것과 꼭 마찬가지로 C. T. R. 윌슨은 기상학과 원자 물리학 사이의 경계를 넘나들면서 응결 물리학을 추구했다. 마리에타 블라우는 의학용 X-선에서 분열하는 원자핵의 상(像)으로 옮겨갔다. 이러한 관습들을 연결해 준 것은 이론적 접근 방법이라거나 심지어 비슷한 종류의 물리학 질문도 아니었다. 그것들을 연결해 준 것은 시간이 흐르며 발전해 나간 실험 장비의 물질문화에 반영된 것과 같은 상(像) 만들기의 전통이었다. 아주 일

5) 1930년 이후의 실험 물리학에 대한 역사적 사례 연구 중 일부로는 핸슨, 『양전자』(1963); 갤리슨, 「뮤온」, *Centaurus* 26(1983): 262~316쪽; 퍼셀, 「원자핵 물리학」(1964): 121~133쪽; 하일브론과 사이델, 『로렌스』(1989); 프랭클린, 「발견과 비(非)발견」, *Stud. Hist. Phil. Sci.* 10(1979): 201~257쪽; 갤리슨, 「중성 흐름 실험들」, *Rev. Mod. Phys.* 55(1983): 477~509쪽; 피커링, 「현상」, *Stud. His. Phil. Sci.* 15(1984): 85~117쪽; 프랭클린, 「발견과 승인」, *Hist. Stud. Phys. Sci.* 13(1983): 207~238쪽 등이 있다.

반적으로 실험 과학자들은 가지각색의 주제를 통해 여러 관습들을 따르는 것처럼 보인다. 나는 이러한 관습들을 한데 묶는 기계들을 따라가 보고자 한다.

1950년대 말에 이르러 입자 물리학에서는 실질적으로 모든 실험들이 가속기에 부속되어 있었으며, 우주선(宇宙線) 관측소에서 가속기 연구소로 이동한 것이 이 분야에서 가장 뜻 깊은 장기적(長期的) 추세 중 하나가 되었다. 그러므로 개별적인 가속기 연구소에 대한 연구가 아주 중요한 역할을 한다. 그것들은 특정한 질문들에 대한 대답과 관련되어 준비된 사례 연구들을 보완하는 체제 안에서 고에너지 물리학의 역사를 조명할 수 있다.[6] LBL과 CERN의 역사와 같은 연구소의 역사는 우리에게 전후(戰後) 고에너지 물리학 공동체의 재정과 기반을 변화시킨 제도상의, 그리고 기술상의 변화에 대한 조망(眺望)을 제공하여 주었다. 이러한 연구들을 통해 우리는 놀라우리만큼 많은 실험적 발견과 함께 가속기 연구소로의 이동이 어떻게 실험 과학자들의 연구소 생활에 변화를 가져왔는지 이해할 수 있다. 가속기의 크기가 점점 커지면서 실험 과학자들은 더 이상 실험 장비의 부분들에 대한 직접적인 통제에 영향을 미치지 못하면서 이 기계들로부터 더욱더 멀어져갔다. 가속기 자체의 일정 짜기와 유지, 건설, 그리고 운전을 관리하기 위해 점점 더 많은 전문가들이 필요했다.

물리학자들은 제2장과 제3장에서 논의된 우주선(宇宙線) 물리학에서 가속기 중심의 실험으로 바뀜으로써 자신들의 역할에 대한 상(像)과 관련해 충격을 받게 되었음은 의심할 여지가 없다. 1954년 프랑스의 베그

---

6) 가속기의 발전에 대한 역사적 고찰 중 일부로는 다음과 같은 것들이 있다. 리빙스턴, 「초기 역사」, *Adv. Elect. Electron. Phys.* 50(1980): 1~88쪽; 골드스미스와 쇼, 『유럽의 거대 가속기』(1977); 버젯, 『AGS 20주년 기념』(1980); 허드슨, "KEK", *Soc. Stud. Sci.* 13(1983): 1~48쪽; 사이델, 「가속되는 과학」, *Hist. Stud. Phys. Sci.* 13(1983): 375~400쪽; 하일브론과 사이델, 『로렌스』(1989); 케블즈, 『물리학자들』(1978). 두 가지 중요한 가속기 역사 프로젝트로 하나는 CERN에서, 그리고 또 하나는 LBL에서 현재 진행되고 있다.

네레 드비고에서 열린 우주선과 관련된 가장 중요한 학술회의 중 하나를 폐회하면서 레프린스-링게가 미국 가속기 연구가 떠오르는 시기를 앞두고 공포에 가득 차서 주춤거리며 체념과 두려움이 섞인 감정을 나타냈을 때 그는 의심할 여지 없이 그의 많은 유럽 동료들을 대표한 것이었다. 홀로 일하는 우주선 물리학자는 그가 묘사한 다수의 외국 가속기들과 맞닥뜨려 경쟁하면서 더 높은 알프스 산정(山頂)으로 탈출하려고 고심하고 있었다. 레프린스-링게가 깨달은 것처럼 가속기 연구소가 이 분야를 이어받았을 때 물리학자들은 그들이 전에는 보유하고 있던 실험에 대한 통제 중 일부를 빼앗겼다. 느닷없이 그들은 가속기의 사용 시간을 얻기 위해 경쟁해야만 했는데, 가속기 관리 부서의 허락을 요청해야 할 뿐 아니라 가속기를 언제 얼마나 오래 이용할 수 있을지에 대해 교섭해야만 되었다. 가속기에서 나오는 (입자 빛줄기의 세기, 에너지, 입자 빛줄기가 지닌 운동량과 에너지가 퍼져 있는 정도 등) 입자 빛줄기의 질은 실험이 언제 수행될 수 있는가에 따라 결정되었다. 그뿐 아니라 입자 빛줄기를 생산하고 조절하는 기술이 발전함에 따라 물리학자들은 연구소의 가속기 측면에 점점 덜 관여할 수밖에 없었다. 이러한 첫 번째 전후(戰後) 변화는 외부 연구소의 변화로서 깊은 충격을 가져왔다. 두 번째 변화인 내부 연구소의 철저한 개조는 훨씬 더 크게 충격적이었다.

전쟁 말기의 과도기에는 외부 연구소의 계획 세우기가 주요 관심사였다. 스탠퍼드 대학에서부터 브룩헤이븐 국립 연구소에 이르기까지 거대한 다분야(多分野) 연구소들에서 가속기 건설이 1940년대 말과 1950년대 초 동안 왕성하게 진행되었다. 그럼에도 불구하고 실험 과학자의 연구 중 어떤 점들은 안정 상태를 그대로 유지하거나 또는 적어도 변화가 조금 더 점진적으로 진행되었다. 특히 가속기의 성장에도 불구하고 입자 검출기는 계속하여 거의 완전하게 실험 과학자의 통제 아래 남아 있었다. 그것이 구름 상자인지, 에멀션판인지 또는 계측기 배열인지에 관계없이 검출기는 계속하여 실험적 증거에 필요한 자료의 가장 가까운 공급원이었다. 예를 들어 마리에타 블라우가 브룩헤이븐으로 옮겨서 자신의 에멀션을 가속기의 파이온 빛줄기에 장착했고, 라테스가 유럽의 에멀션 물리학에서 버클리의 가드너 쪽으로 간 다음 다시 유럽으로 돌아간 것들이 모두 자연스러운 일이었다. 그뿐 아니라 검출기는 실험 과학자에게 여전히 전쟁 전 우주선 연구에서 전형적이었던 기술적 노력의 목표와 동일한 것들을 제공했다. 좀더 빠른 전자 장치나 좀더 왜곡이 없는 구름 상자 또는 감도(感度)가 좀더 좋은 에멀션을 제작할 수 있을까? 많은 실험 과학자들에게는 우주선 물리학에 필요한 (또는 레이더 또는 원자폭탄에 필요한) 검출기를 제작할 때 그들이 습득했던 기술과 물리학 질문들, 그리고 장비를 가속기를 이용한 물리학에 적용할 수 있었다. 버클리의 로렌스 방사선 연구소에서 라테스가 가드너의 그룹으로 순례한 것은 우주선과 가속기 사이 일련의 긴 생산적 이전(移轉) 중 단지 하나에 불과했다. 우주선 구름 상자 그룹들이 버클리와 브룩헤이븐, 그리고 나중에는 CERN의 가속기 빛줄기를 이용하기 위해 옮겨간 것을 다른 예라고 말할 수도 있다.

이와 같이 1950년대와 1960년대에 일어난 관습상의 두 번째 고통스러운 변이, 즉 전에는 외부 연구소에만 국한되었지만 이제는 내부 연구소의 발전에 반영된 변화가 펼쳐질 무대가 설치되었다. 가속기로 옮겨가는 동안에 시작된 규모의 증가가 검출기 주위의 인접한 실험 작업장 안에서 반복된 것이 바로 물리학자들이 첫 번째 대규모 검출기들을 제작하기 시작했던 바로 그때였다. 물리학자의 연구소 생활에서 이러한 두 번째 단계의 결과는 첫 번째 단계의 결과보다도 오히려 더 예리했다. 전후(戰後)의 가속기 제작에서 기술자와 물리학자가 협력했다는 것은 그렇다고 치자. 그러나 실험 과학자들이 물리학자와 기술자 사이의 다방면에 걸친 협력을 얻지 못하고 그들의 실험이 의존하고 있는 대규모 검출 장치를 더 이상 만들거나 작동시키거나 변경할 수 없다면 그것은 아주 다른 이야기다. 마지막으로, 새로운 세대의 검출기들은 분석되어야 할 자료의 종류와 양을 바꾸어 놓았다. 그렇게 하고 나서 곧 자료의 산출을 특징짓는 대규모의 협력 작업 또한 그 자료의 분석의 특성을 규정하게 되었다. 이 장에서 전념하려고 하는 것이 바로 연구소 생활에서 이러한 변혁, 즉 내부 연구소의 산업화와 합리화다.

장비로부터 물리학자의 배제, 임무의 전문화, 계산의 역할 증대, 그리고 계층 구조를 갖는 협동 연구의 수립 등이 고에너지 물리학 실험의 특징이 되었다. 그러한 변화는 수많은 질문을 제기했는데, 그중 많은 부분은 비록 다른 맥락에서이지만 이전 장들에서 가볍게 언급되었다. 실험 물리학자의 역할이 어떻게 변화했는가? 연구소 활동의 어떤 부분이 "실험"에 포함될 것인가? 어떤 방법으로 실험적 논증의 범주가 변화했는가? 실험 작업장에서 컴퓨터 프로그램하기와 공학의 어떤 부분이 영향을 미치는가? 무엇이 과학적 저자(著者)에 포함되는가? 1950년대 이래로 많은 형태의 검출기들이 이러한 질문들을 유발시킨 팽창을 겪었으나, 그 첫 번째는 화신(化身)이 바로 입자 물리학의 상징이 된 거품 상자였다.

거품 상자는 가속기와 함께 사용하기에는 이상적이지만 우주선에 대해서는 이용 가치가 없음이 증명되었다. 그런 까닭에 거품 상자는 흔히 거대한 기계를 위해 발명되었다고 묘사된다. 그렇지만 나는 여기서 그것의 궁극적인 필요성에도 불구하고 거품 상자의 기원이 가속기가 아니라 구름 상자 우주선 연구의 전통에서 찾아야 한다고 주장하고자 한다. 이 주장은 몇 가지 단계에서 정당한 것이다. 거품 상자는 구름 상자로부터 많은 기술적 특징들을 빌려왔다. 두 가지 모두 압축기와 광학, 그리고 수리학(水理學)과 관련되어 있다. 두 장비에서 자료 분석의 기술에는 흔적의 형태 인식과 자료 처리, 분석 장치, 그리고 많은 경우(대부분 여성인) 스캐너들 사이에 임무를 나누는 작업 구조에 이르기까지 많은 공통점이 존재한다. 거품 상자 발달의 초기 단계에서 거품과 물방울 형성의 기초가 되는 과정은 기본적으로 유사하다고 생각되었다. 마지막으로, 도널드 글레이저가 거품 상자 작업에서 겨냥했던 물리학적 목표는 구름 상자 연구로부터 싹텄다. 글레이저는 그의 초기 우주선 연구에는 존재했지만 가속기를 기반으로 하는 대규모 검출기 그룹에는 눈에 띄게 결여되었던 실험 과학자와 실험 사이의 관계가 유지되기를 바랐다. 이 장의 주된 관심사는 실험 작업의 조직이 도구를 사용하고 설계하는 의미와 맺고 있는 관계다.

1950년대와 1960년대에 걸쳐서 거품 상자는 굉장히 많은 수의 새로운 존재물을 수립하는데 기여했다. η와 ω, Ξ^0, $\Upsilon_1{}^*(1385)$, $K^*(890)$, $\Upsilon^{*0}(1405)$, $\Xi^*(1530)$, 그리고 $\Omega^-(1672)$ 등이 거품 상자 물리학자에 의해 발견된 수많은 입자와 공명 상태 중에서 단지 몇 개에 불과하다(위첨자는 입자의 아이소스핀을, 별표는 그 입자가 들뜬 상태임을, 그리고 괄호 안의 숫자는 질량을 MeV 단위로 나타낸 것이다). 이 발견들은 머레이 겔만과 유발 네만이 "팔정도(八正道)"를 개발하고 확인함으로써 쿼크 모형에 이르는 길을 닦는 데 결정적 역할을 했다. 로마와 볼로냐, 옥스퍼드, 그리고 두브나의 거품 상자를 거론하지 않더라도 아르곤과 브룩헤이븐, CERN, 이론 물리학과 실험 물리학 연구소(ITEP), 러더퍼드 연구소, 함부르크의 독일 전자 싱크로트론(DESY), SLAC, 케임브리지 전자 가속기(CEA)의 거품 상자를 포함해 미국과 유럽 그리고 소련 전역에 있는 거품 상자 그룹들이 이러한 성공에 기여했다.[7]

비록 많은 그룹들이 결국에는 물리학의 중요한 문제들에 대해 거품 상자를 적용하게 되었지만, 그 도구는 미시간 대학의 젊은 실험 과학자 도널드 글레이저와 그의 동료들에 의해 처음으로 개발되었으며, 루이스 앨버레즈의 지휘 아래 있었던 버클리 그룹이 처음으로 대규모 수소 거품 상자를 제작하고 생산적으로 사용했다. 기술적인 의미로는 앨버레즈와 그의 동료들이 글레이저의 연구를 계속했다. 버클리 팀은 글레이저의 발명품을 단계마다 다시 재현하기 시작했다. 그러나 그들의 작업 형태는 더 이상 다를 수가 없었다. 글레이저가 실험대 위에서 단독으로 수행하

---

7) 분류 방식의 하나로 SU(3)을 개발하는 데 거품 상자에 의한 입자 발견들이 기여한 역할에 대한 논의로는 피커링, 『쿼크』(1984)를 보라. 좀더 구체적인 것으로는 하일브론과 사이델, 『로렌스』(1989)에 로렌스 방사선 연구소에 대한 뛰어난 개관이 나와 있다.

는 실험을 유지하려 했지만, 앨버레즈는 물리학자와 박사후(博士後) 연구원, 그리고 필름 스캐너들과 함께 작업하기 위해 건설 기술자와 극저온 기술자, 그리고 가속기 기술자 팀을 데리고 왔다. 앨버레즈가 가진 자료 처리의 상(像) 역시 동일한 맥락 아래 놓여 있었다. 그러나 그가 물리학자들과 비물리학자들로 구성된 상당한 규모의 인간 스캐너들을 투입하려 했던 곳에 경쟁자들은 대화식 자동 시스템의 중앙에서 인간을 모두 없애면서 실험 과학자에게 주 관심사였던 자료 처리는 일종의 로봇을 이용하는 보조 수단으로 만들고자 했다.

일상적인 연구소 생활에서 이러한 대변혁의 결과는 장중했다. 1968년에 실험이라고 간주된 것은 1953년에는 그렇게 인식된 것과 동일하지 않았다. 이 장에서는 그러한 변화의 실증 사례의 증거로서 거품 상자 물리학 연구소의 물질문화를 다루려고 한다. 그렇게 하는 과정에서 이 책의 심장부에 위치한 서로 분리될 수 없는 일련의 범주들, 즉 실험과 실험적 논증, 그리고 실험 과학자가 겪는 변화의 결과들에 대해서도 조사할 것이다.

2. 실험대 위의 실재(實在)

우주선(宇宙線)의 기원과 성질에 대한 질문들은 3대에 걸친 과학 세대 동안 캘리포니아 공과대학의 물리학에서 예기치 못한 역할을 담당했다. 우주선의 기원에 대한 색다른 이론을 추구하면서 로버트 A. 밀리컨은 대기권 상층부에서 우주선의 세기가 최고에 달한다는 것과 같은 중요한 성질들 중 몇 가지를 우연히 발견했다.[8] 그의 제자인 칼 앤더슨은 그의 지도교수의 이론이 낳을 다른 실험적 결과를 조사하라는 임무를 수행하는 동안에 양전자를 발견했다.[9]

---

8) 갤리슨, 「뮤온」, *Centaurus* 26(1983): 262~316쪽 중 263~276쪽; 카르곤, 「출생 울음」(1981), 309~325쪽; 사이델, 「물리학 연구」(1978), 제7장.

9) 갤리슨, 「뮤온」, *Centaurus* 26(1983): 262~316쪽 중 271~272쪽; 좀더 광범

앤더슨이 활용한 기초적 기술은 전하를 띤 우주선이 구름 상자에 만든 흔적에 의해 드러난, 자기장 아래서 흔적이 지나간 경로의 곡률을 측정함으로써 우주선의 에너지 분포를 검사하는 것이었다. 그가 박사학위 논문을 쓴 지 약 20년 뒤에 앤더슨은 그의 대학원생이었던 도널드 글레이저에게 해수면(海水面)에서 구름 상자로 관측된 뮤온의 운동량을 높은 에너지 쪽으로 확장시키는 임무를 맡겼다. 상당한 고심 끝에 글레이저는 이 임무를 성공적으로 마쳤다.[10] 한 가지 어려움은 당시에 구할 수 있던 자기장의 세기로는 매우 에너지가 큰 뮤온들의 경로가 거의 휘지 않았다는 것이다. 보다 더 곤란하게는 자기장의 세기를 증가시키면 전자석에서 발생한 열이 구름 상자 내부에 대류(對流)를 만들어서 흔적을 망쳐버리는 것이었다. 글레이저와 그의 동료들이 사용했던 장치가 성공한 열쇠는 기구를 두 배로 만드는 데 있었다. 매우 센 자기장에 의해 분리된 두 개의 구름 상자를 택함으로써(〈그림 5.1〉) 그들은 만일 측정된 것이 흔적 자체의 끝부분이 아니라면, 흔적의 경로가 편향된 각을 측정할 수 있었다.[11]

비록 기본 장치는 글레이저가 도착하기 전에 부분적으로 조립되었지만,[12] 그가 할당받은 임무 때문에 구름 상자의 작동에 대해 팽창과 재압축을 위한 고압 장치, 사진술, 흔적을 분석하는 방법, 그리고 물방울 형성의 이론 등 많은 세세한 점까지 익숙해지지 않을 수 없었다.[13] 이 프로젝트는 그 성공에도 불구하고 "오히려 평범했다". 글레이저가 판단한 바로 이 프로젝트의 주된 장점은 프로젝트가 빨리 끝날 가능성이 높다는 것이었다. 그러는 동안에 구름 상자를 처음 배운 그와 그의 대학원 동료

위하게로는 갤리슨, 『실험』(1987), 제3장; 사이델, 「물리학 연구」(1978), 287~291쪽.

10) 글레이저, 「운동량 분포」(1950).

11) 글레이저, 「운동량 분포」(1950), 3~4쪽.

12) 글레이저, 저자와의 인터뷰, 1983년 3월 4일.

13) 글레이저, 「운동량 분포」(1950), 8~11쪽.

〈그림 5.1〉 글레이저의 이중 구름 상자(1950). 두 구름 상자 사이에 강력한 전자석이 장치되었다. 위쪽과 아래쪽 상자의 흔적 사이에 편향된 각을 결정함으로써 글레이저는 매우 큰 에너지를 가진 뮤온의 에너지를 발견할 수 있었다. 거품 상자는 이러한 뮤온과 그 뒤에는 최근에 발견된 기묘 입자들을 조사하기 위해 이 장치를 개선하려는 시도의 결과로 만들어졌다. 출처: 글레이저, 「운동량 분포」(1950), 43쪽의 〈그림 3b〉.

학생인 버드 코언은 적어도 일주일에 한 번은 그들의 일상적인 박사학위 논문 연구의 단조로움을 깨기 위해 무엇인가 창조적인 것을 강구해야 한다고 그들 스스로 다짐했다.[14]

몇 가지 문제가 구름 상자의 유용성을 위협했다. 구름 상자에서는 운동량을 간단히 측정할 수 있었지만, 기체에서는 들어오는 입자가 상호작용할 수 있는 표적의 수는 상대적으로 많지 않았다. 이것은 대부분의 입자들이 상자를 그냥 관통함을 의미했다. 상호작용이 일어난다고 해도 그

14) 글레이저, 저자와의 인터뷰, 1983년 11월 2일.

것은 자주 상자 내부의 밀도가 높은 벽 쪽에서 발생했는데, 그런 곳에서는 관찰이 이루어질 수 없었다. 단지 몇 안 되는 입자만이 그 정점(頂點)이 보이고 붕괴 흔적이 조사될 수 있는 장소에서 충분한 정도로 상호작용을 했다. 이런 점을 보정하기 위해 우리가 앞에서 본 것처럼 물리학자들은 원자핵 에멀션을 배치했다. 여기서는 감응되는 부분이 고체였으며, 그러므로 훨씬 더 많은 수의 표적이 제공되었고 입자를 정지시키는 능력이 더 좋았다. 그러나 거기에는 다른 종류의 문제들이 존재했다. 첫째로, 블라우와 파우웰 그리고 다른 에멀션 옹호자들이 고생해서 발견한 것처럼 필름은 에멀션이 만들어진 뒤로 현상되기까지 에멀션의 전 생애에 걸쳐서 만들어진 흔적들을 모두 수집했다. 결과적으로 서로 다른 시간에 만들어진 흔적들을 구별해 내기가 어려웠다. 둘째로, 에멀션과 동일한 평면에 있지 않은 사건들에 민감한 필름을 제작하기 위해 물리학자들은 판들을 값비싸고도 다루기 곤란한 층층으로 쌓아놓지 않을 수 없었다. 그렇게 하지 않으면 입자가 멈추는지 아니면 단순히 에멀션의 표면에서 통과해버렸는지 구별하는 것이 불가능했다. 마지막으로, 제3장에서 본 것처럼 여럿 중에서도 특히 잠재적인 상(像)의 퇴색, 에멀션의 일정치 않은 성분, 인화와 건조 과정에서 물리적 변형 등 왜곡된 상태가 벌어질 요인이 많이 존재했다.

이중 구름 상자에 관해서는 그것이 높은 운동량을 지닌 입자들을 측정할 수는 있었지만 충분한 양의 자료를 생산해 낼 수는 없었으며, 겨우 1940년대 말의 매우 흥미진진한 몇 가지 사건들을 포착할 수 있었을 뿐이었다. 그러한 사건들은 제2장에서 본 것처럼 1947년 조지 D. 로체스터와 C. C. 버틀러가 대략 5,000장에 이르는 구름 상자 사진들에서 두 개의 납득할 수 없는 사건들을 가려냈던 맨체스터로부터 나왔다. 두 사진 모두 무거운 입자가 500MeV 정도의 총 질량을 가진 다른 두 입자로 붕괴하는 것을 묘사하는 것처럼 보였다.[15] 1년이 지나도록 로체스터와

15) 로체스터와 버틀러, 「증거」, 『네이처』 160 (1947): 855~857쪽.

버틀러를 포함해 그 누구도 이렇게 포착하기 어려운 *V*입자 또는 "포트후크(중성 입자가 붕괴될 때 보여준 흔적의 모양에서 이렇게 명명되었음[냄비를 들어올리는 데 이용된 고리 달린 막대기의 이름 – 옮긴이])"를 다시 필름에 담을 수가 없었다. 마지막으로, 구름 상자를 산정(山頂)으로 옮기고 나서 칼 앤더슨, R. B. 레이튼, 그리고 동료들은 포트후크를 좀더 잘 보는 데 성공할 수가 있었다. 그들은 평균해서 하루에 한 장씩의 포트후크 사진을 찍을 수 있었다.[16] 그 사건들에 대한 분석이 앤더슨 그룹의 우선순위가 되었다. 1948년과 1949년 칠판에서 누구든지 "오늘 우리는 포트후크에 대해 무엇을 했는가?"라는 앤더슨의 경구(警句)를 볼 수 있었다.[17]

글레이저가 1950년에 박사학위 논문을 끝냈을 때 그는 좀더 우수한 검출 장치를 제작해서 마지막으로 포트후크에 대해 무엇인가 할 수 있기를 기대했다. 글레이저는 후에 컬럼비아와 MIT, 미네소타, 그리고 미시간에서 제의한 일자리 중 하나를 결정할 때 그가 가장 중요하다고 생각하는 것을 연구하고자 했다고 회상했다.[18] 비록 미시간 대학이 (H. R. 크레인의 그룹인) 싱크로트론, (빌 파킨슨 그룹인) 사이클로트론, 그리고 (웨인 헤이즌 그룹인) 우주선(宇宙線) 등을 중심으로 한 실험 그룹들을 가지고 있었지만,[19] 글레이저는 "자신은 이미 진행 중인 연구 수행에 합류할 생각은 없으며 …… 그러나 독립된 방향의 연구를 수행하는 것을 선호한다라고 그답게 천명했다."[20] 어쨌든 이것은 글레이저가 보았던, 칼텍에서 그의 지도교수인 앤더슨이 놀라운 성공을 얻는 데 사용한 작업 형태였다. 앤더슨이 양전자를 발견한 1932년에 그는 혼자서 연

---

16) 세리프 외, 「구름 상자 관찰」, *Phys. Rev.* 78(1950): 290~291쪽.

17) 글레이저, 「소립자」(1964), 530쪽.

18) 글레이저, 저자와의 인터뷰, 1983년 11월 2일.

19) 헤이즌과 크레인, 그리고 파킨슨 등이 어떤 종류의 연구를 수행하는지에 대해 알려면 파킨슨과 크레인, 「마지막 보고서」(1952); 헤이즌, 랜덜, 그리고 티파니, 「수직 세기」, *Phys. Rev.* 75(1949): 694~695쪽을 보라.

20) 램, 「도널드 A. 글레이저」(1969), 1쪽.

구하고 있었으며, 그로부터 수년 뒤에 단 한 명의 동료 연구자와 함께 협력해서 (뮤온의 별칭인) 무거운 전자(電子)가 실재함을 증명했다. 앤더슨은 그의 우주선(宇宙線) 프로그램을 계속하면서 (글레이저가 그의 박사과정 학생일 때인) 1940년대 말에 이르기까지 특정한 주제에 대한 어떤 일반적 선상의 질문으로 돌아와 작은 규모의 공동 연구를 통해 연속하여 논문을 발표했다. 미시간 대학은 글레이저에게 기꺼이 우주선 연구에서 그러한 칼텍 스타일을 계속하도록 자유를 허용하고자 했다. 그렇기 때문에 1949년에 그는 강사의 자격으로 미시간 대학이 위치한 앤아버에 도착해 우주선에 이용될 수 있는 새로운 시각적 검출기를 설계하겠다는 희망을 가지고 다양한 메커니즘을 조사하면서 두 해에 걸친 독립적 탐구를 시작했다. 파우웰이나 레프린스-링게, 그리고 다른 많은 유럽의 우주선 물리학자들과 마찬가지로 글레이저도 이미 버클리의 언덕에서 모습을 드러내기 시작한 거대한 기계들의 출현에 대해 혐오감을 느끼며 살았다.

딕 크레인은 글레이저가 앤아버에서 보낸 초기 동안 은자(隱者)처럼 조용히 보낸 것을 다음과 같이 회상했다. “나는 그를 유치하자고 주장한 사람이었지만, 그 뒤 한두 해 동안 활발히 활동한다는 징표가 외부로 드러나지 않았기 때문에 내가 썩 잘한 것이었는지 의심했다.” 그리고 그곳에 함께 있었던 폴 휴는 크레인과 다른 사람들이 실제로 다루기 어려운 싱크로트론에 대해 그더러 도와달라고 글레이저를 매우 심하게 닦달했다고 회상했다. 글레이저는 완강하게 거절했고, 그 결과로 다른 일자리를 찾아야만 할 것이라고 통보받았음을 휴에게 털어놓았다.[21] 글레이저가 관심을 갖고 있는 내용의 초점은 여전히 우주선(宇宙線)이었다. 반데그래프 기계와 관련된 연구팀은 1947년 대학원 신입생이었던 그의 마음을 그다지 끌지 못했으며, 1950년에 싱크로트론 팀은 그를 쫓아냈

21) 크레인, 1977년 미시간 대학의 물리학과 콜로퀴움에서 강연한 미출판 원고. 저자는 이 자료를 이용할 수 있게 해준 H. R. 크레인에게 감사를 표했다. 폴 휴, 저자에게 보낸 이메일, 1995년 12월 11일.

다. 그는 다음과 같이 말했다. "이 문제에는 심리적 측면이 존재했다. 나는 대규모 가속기들이 건설될 것이고 그 가속기들이 많은 수의 기묘 입자들을 만들어내리라는 점을 알고 있었다. 그러나 나는 대규모 기계에서 함께 연구하는 대규모 사람들 사이에 합류하는 것을 원하지 않았다. …… 나는 내가 충분히 명석하다면 우주선으로부터 정보를 추출해 낼 수 있는 무엇인가를 발명해 낼 수 있으며, 대규모 기계로 이루어진 공장 환경보다는 오히려 쾌적하고 평화로운 환경 아래서 연구할 수 있으리라 작정했다."[22] 우주선 물리학에서 연구하고, 가속기 팀에 합류하는 것을 피하며, 팀을 기반으로 하는 연구보다는 실험대 위에서 만지작거리는 일에 몰두하는 등 글레이저가 취했던 일련의 선택들은 그와 새로운 규모의 물리학에 대한 전후(戰後)의 열의 사이에 대립각을 세우도록 만들었다. 전쟁 직후의 몇 년 동안은 펠릭스 블로흐와 로버트 호프스태터와 같은 물리학자들이 고도로 조정된 연구에 대한 요구 아래서 그들의 "영혼"을 지킬 수 있을지 번민한 것처럼 불안정한 시대로 남아 있었다.

미시간 대학에서 글레이저의 첫 번째 연구에 대한 재정적 지원은 "고에너지의 우주선(宇宙線) 조사"를 위한 미시간 페닉스-기념 프로젝트에서 나왔는데, 1950년 6월에 시작하여 1951년 1월까지 계속되었고 지원된 총액은 보잘것없는 750달러였다.[23] 단기간이었던 재정 지원의 만기가 도달할 때까지 글레이저는 별로 보여줄 것이 없었다. 그럼에도 불구하고 1950년 12월에 물리학과는 대학원으로부터 "우주선 메존에 대한 조사"라는 프로젝트 R 250을 위해 1,000달러는 연구 조원에, 그리고 500달러는 물자에 사용할 1,500달러의 자금을 얻어냈다.[24] 역사학자들에게는 다행스럽게도 글레이저는 1951년 5월에 심지어 이 적은 금액

---

22) 글레이저, 저자와의 인터뷰, 1983년 3월 4일.

23) 글레이저, 미시간 대학, 「연구 기금으로부터 지원 요청」, 1953년 10월 6일, MMPP. 「연구 목적을 위한 이전 지원금 1. Phoenix #11」을 보라.

24) 소이어가 글레이저에게, 1950년 12월 28일. 이 편지의 사본은 E. F. 바커, 미시간 대학, 물리학과의 자료철에 포함되어 있다.

의 초기 보조금에 대해서까지 자금의 사용 근거를 제출해야만 되었다.[25] 우주선의 알려진 에너지 스펙트럼 중 높은 쪽을 조사한다는 그의 박사학위 논문 프로젝트의 물리적 목표와 새로운 프로젝트 사이에는 완전한 연속성이 존재했다. "피닉스 프로젝트 No.11 아래서 수행된 연구의 직접적인 목표는 어쩌면 수조 전자볼트까지 올라가는 매우 높은 에너지의 우주선 입자들이 지닌 운동량을 측정하는 방법을 개발하는 것이었다." 그러한 측정은 "우주선(宇宙線)의 성질과 기원에 대한 질문들과 연관되어 관심 대상"이었다.[26]

우주선(宇宙線)의 기원과 성질에 대한 조사는 그의 교육적 계보가 연장되었음을 나타낸다. 즉 그의 스승인 앤더슨과 앤더슨의 스승인 밀리컨이 모두 이러한 문제들을 해결하기 위해 분투했다. 강력한 전자석으로 분리된[27] 두 개의 시각적 검출기로 이루어진 글레이저의 새로운 도구는 그가 박사학위 논문 연구에 사용한 예전 이중 구름 상자와 많은 점에서 동일한 방법으로 전자석의 위아래에 연결된 검출기와 함께 작동했다. 그러나 이중 검출기에서는 우주선이 편향되는 정도가 적당했다고 한다면, 기존의 검출기 자체에서는 그렇지 못했다. 글레이저는 당시 현존하는 모든 검출기들이 (원자핵 에멀션에서와 같이) 화학적이었든 (가이거-뮐러 계수기나 증폭된 불꽃 계수기와 같이) 전기적이었든 또는 (구름 상자와 같이) 열역학적이었든 불안정한 촉매 현상에 의존한다고 예상했

25) 글레이저, 미시간 대학, 「연구 프로젝트에 대한 보고서」, Project #11, 1951년 7월 23일, MMPP.

26) 글레이저, 미시간 대학, 「연구 프로젝트에 대한 보고서」, Project #11, 1951년 7월 23일, 1, MMPP. 이러한 잊혀진 계획서를 보고 난 몇 년 뒤에 글레이저는 다음과 같이 썼다. "인정하기에는 난처한 일이지만, 나는 내 학위 논문 이후로 고에너지의 해수면 뮤온에는 실제로 별 관심을 갖지 않았다. 진정으로 나의 관심을 끈 것은 '포트후크'였다. 그 분야가 바로 내가 능력을 발휘할 수 있는 것이라고 생각했기 때문에 고에너지 측정에 근거해 지원금을 신청하지 않을 수 없었다"(글레이저가 저자에게, 1984년 3월 6일).

27) 글레이저, 미시간 대학, 「연구 기금으로부터 지원 요청」, 1953년 10월 6일, MMPP. 「연구 목적을 위한 이전 지원금 1. Phoenix #11」을 보라.

다.[28] 흔적을 기록할 수 있는 새로운 시각적 장치를 제작하려는 노력으로 그는 그가 생각해낼 수 있는 모든 불안정성의 목록과 그것들을 어떻게 빠르고 농도가 짙은 검출기를 이용하여 활용할 수 있을지에 대한 연구에 착수했다. 하나씩 하나씩 그는 새로운 검출기를 제작하기 시작했다. 그렇지만 대부분 실패했다.

한 가지 시도는 이온 흔적들이 모노머(단위체)들을 중합시키는 것과 관련되어 있었다. 우리는 아크릴 나이트릴을 폴리머(중합체)로 만들 수 있다. 모노머는 특정한 용액에서 녹을 수가 있지만, 폴리머는 그렇지 않다. 글레이저는 전하를 띤 입자가 용질(溶質) 내부를 빠르게 지나갈 때 이온화된 경로가 분자들 중에서 일부를 중합체로 만들어 고체 침전물이 생성될 수 있으리라고 기대했다. 글레이저의 말로는 "'허황된 환상'일지라도 '흔적으로 이루어진 단단한 크리스마스 트리'를 건져 올려서 그것을 한가한 시간에 측정할 수 있다면 좋겠다." 그때 이러한 흔적들을 추출하거나 또는 적어도 사진으로 남길 수 있을지도 몰랐다. 이러한 시도는 철저히 실패했으며 결과적으로 상당한 갈색의 용액 속에서도 흔적은 나오지 않았다.[29]

글레이저의 두 번째 시도는 그와 함께 칼텍에서 대학원 학생이었던 J. 바렌 코이펠이 수행했던 어떤 연구로부터 영감을 얻어 이루어졌다.[30] 보통의 가이거-뮐러 계수기가 지니고 있는 한 가지 문제는 그 계수기의 중심 도선으로부터 멀어지면 전자기장의 세기가 급속하게 감소한다는 것이었다. 이러한 변화는 중심 도선 근처에서 무더기로 침전된 것이 벽 부근에서 시작된 것보다 훨씬 더 빠르게 현상됨을 의미했다. 그 결과로 생긴 시간 해상도(解像度)를 개선하기 위해 코이펠은 동심축 원통 대신

---

28) 글레이저, 저자와의 인터뷰, 1983년 3월 4일; 글레이저가 저자에게 보낸 편지, 1984년 3월 6일.

29) 글레이저, 저자와의 인터뷰, 1983년 3월 4일.

30) 코이펠, 「평행판」(1948); 글레이저, 저자와의 인터뷰, 1983년 3월 4일과 11월 2일.

평행한 평면으로 계수기를 만들려고 했다. 그의 1948년 학위 논문의 여덟 번째 쪽을 대충 훑어보다가 코이펠은 "방전이 국지적으로 일어난다"는 것이 "입자의 경로를 결정하는 방법으로 이용할 수 있는 명백한 가능성"을 제기하는 것임에 주목했다.[31] 이렇게 "명백한" 가능성이 흔적을 좇는 장치로 구현되기까지에는 적어도 아홉 해가 더 필요했지만, 그동안 글레이저는 그렇게 하기 위해 결국에는 허사로 끝난 시도들을 하기 시작했다. 유리로 만든 전극(電極) 표면을 투명하고 전도성을 가진 매질로 덮었을 때 점화된 불꽃은 1밀리미터의 10의 1 정도 이내로 국한시킬 수 있었다. 그렇지만 전도성 층이 화학적으로 불안정해서 그 장치는 하루나 이틀 정도 작동한 후에는 사용할 수 없었다. 똑같이 유쾌하지 못한 점은 불꽃이 판 이리저리로 흔들리는 성향인데, 이 때문에 선명한 사진을 얻으려는 시도를 망치고 말았다.[32]

1951년 2월 말에 이르자 불꽃 계수기는 중합을 이용하는 크리스마스 트리 프로젝트와 마찬가지로 실패한 것으로 증명되었다.[33] 예기치 않게 거의 같은 시기에 또 다른 검출기인 확산 구름 상자에 대한 관심이 다시 일어났다. 팽창 구름 상자에서는 기체의 부피를 갑자기 팽창시켜서 온도가 내려가게 유발하고, 그렇게 과포화된 기체에서는 대전된 흔적 주위로 침전이 일어난다. 이와는 대조적으로 확산 상자에서는 상자가 용기의 찬 바닥에 접근하면서 기체가 과포화 상태로 된다. 이 장치의 지속적인 감도가 추천받을 만했다. 팽창이 필요 없는 이 장치는 결코 "죽지" 않는다.[34] 글레이저는 재정 지원 기관에게 다음과 같이 썼다. "오랫동안 믿을

31) 코이펠, 「평행판」(1948), 8쪽.

32) 글레이저, 미시간 대학, 「연구 프로젝트에 대한 보고서」, Project #11, 1951년 7월 23일, MMPP. 글레이저, 저자와의 인터뷰, 1983년 3월 4일; 람, 저자와의 인터뷰, 1983년 11월 15일.

33) 글레이저, 미시간 대학, 「연구 프로젝트에 대한 보고서」, Project #11, 1951년 7월 23일, 2, MMPP.

34) 감도를 연속적으로 유지하는 구름 상자는 MIT에서 박사학위 연구의 일부분으로 A. 랭스도르프 주니어에 의해 발명되었다. 랭스도르프, 「구름 상자」, *Rev. Sci.*

만하게 작동하는 그러한 구름 상자를 가지고 [높은 에너지 우주선(宇宙線)에 대한] 현재 실험에 이용하는데 충분한 정확도로 위치를 결정할 수 있기를 기대한다."[35]

이렇게 끈질긴 확산 구름 상자는 오랫동안 글레이저의 흥미를 자아냈다. 대학원에 다니는 동안 그와 코언은 그 장치를 어떻게 사용할 수 있을지에 대해 심사숙고했다. 글레이저가 칼텍을 떠난 직후, 코언은 그러한 장치에 대한 연구를 시작했다. 그는 1950년에 이 주제에 대해 빈번히 인용되는 해설 논문을 발표했다.[36] 글레이저는 피닉스 프로젝트에서 제공되는 자금으로 그러한 장치 제작을 돕는 연구 조교로 데이비드 램을 고용했다.[37] 상자의 설계는 상당히 간단했다. 12인치에서 18인치까지의 유리 원통이 에탄올로 채워졌으며, 그것을 바닥에 놓인 드라이아이스로 냉각된 판을 향해 떠내려 보냈다.

다시 한번 더 실망이 찾아왔다. 글레이저와 램은 스스로 곧 그 도구가 증명 장치로 좋을지는 모르지만 결코 우주선(宇宙線)의 에너지를 결정하기에는 충분히 정밀하지 못하다고 확신하게 되었다. 몇 차례 실패를 더 겪은 다음 글레이저는 화학적 장치와 전기적 장치를 포기하게 되었다. 그의 질문은 한 가지로 좁혀졌다. 이온의 위치에 물방울이 아니라 거품이 형성되는 구름 상자와 유사한 열역학적 장치를 만들어낼 수 있을까? 달리 말하면 과포화 상태의 수증기 대신 액체를 과열 상태(압력

Inst. 10(1939): 91~103쪽을 보라. 1950년에 이 장치에 대한 연구가 다시 시작되었다. 코언, 「구름 상자」, *Rev. Sci. Inst*. 21(1950): 991~996쪽; 니델스와 닐센, 「구름 상자」, *Rev. Sci. Inst*. 21(1950): 976~977쪽을 보라. 브룩헤이븐에서 수행된 연관된 연구가 1950년에 논문으로 발표되기 시작했다. 또한 밀러, 파울러, 그리고 셔트, 「동작」, *Rev. Sci. Inst*. 22(1951): 280쪽을 보라. 브룩헤이븐 그룹은 점점 더 크고 높은 압력 장치로 계속 나아갔다.

35) 글레이저, 미시간 대학, 「연구 프로젝트에 대한 보고서」, Project #11, 1951년 7월 23일, 2, MMPP.

36) 글레이저, 저자와의 인터뷰, 1983년 11월 2일; 코언, 「구름 상자」, *Rev. Sci. Inst*. 21(1950): 991~996쪽.

37) 글레이저, 저자와의 인터뷰, 1983년 11월 2일.

을 가함으로써 액체를 끓는점 이상으로 가열한 상태)로 만들 수 있을지도 모른다. 이번의 성공 여부는 그전의 질문에 달려 있었다. 이온에 의해서 액체에 저장된 에너지는 기체 거품을 성장시킬 정도로 충분한가? 글레이저는 "액체에서 거품 형성에 대한 연구(이론과 참고문헌)"라는 논문이 쓰여 있어서 그의 초기 연구 업적으로 아직 남아 있는 두 노트 중의 "첫 번째 것"을 이 질문과 함께 시작했다.[38] 천천히 그리고 조심스럽게 글레이저는 『위상 형성의 운동학』이라는 막스 포머의 책을 번갈아 가며 (독일어에서) 번역하고 주를 달고 요약했다.[39] 이온에 의해 유발된 가장 간단한 위상 변화는 이온이 수증기를 액체로 응결시킬 때 일어났다.

우리가 제2장에서 아는 것처럼 1888년에 J. J. 톰슨은 액체인 물의 유전 상수가 공기의 유전 상수보다 훨씬 더 크기 때문에 이온 주위에서 물이 어떻게 응결되는지를 설명했다.[40] 그는 전하가 e이고 반지름이 r인 물방울에 대해 정전기적 효과가 계의 퍼텐셜 에너지에 $\Delta V=(1/2)(e^2/r\varepsilon)$과 같은 항을 추가한다고 지적했다. 이와 같이 높은 전기장에 놓인 영역은 계의 총 에너지를 최소로 만들기 위해 유전체를 오그라들도록 잡아당긴다.[41] 톰슨의 결과는 전하를 띤 거품은 전하를 띠지 않은 것보다 훨씬 더 빨리 오그라들 것이라고 암시하는데 결과적으로 액체 내에서 이온에 의해 유발된 거품 흔적의 가능성을 미리 배제시키는 것처럼 보이게 한다. 포머는 거품 형성에서 전기적 변동에 대한 문제를 논의했는데, 글레이저는 이를 계속 읽어 나갔다.

초기 노트 중 하나에 작성된 날짜가 밝혀지지 않은 질문 목록 중 한 군데에서 글레이저는 다음과 같은 의문을 가졌다. "전기적 수정 요동 이론은 [포머가] 이야기한 것처럼 민감한가, 아니면 동일한 형태의 효과를

38) DGnb1, 5, DGP.

39) 포머, 『위상 형성』(1939).

40) 톰슨, 『동역학의 적용』(1888), 164~166쪽, 특히 166쪽: "우리는 전기를 띤 물방울이 그렇지 않은 것보다 더 크다고 …… 기대해야 한다."

41) 톰슨, 『동역학의 적용』(1888), 165쪽.

얻기 위한 방법으로 다중(多重) 전하를 고려해야만 하는가?"[42] 이 질문 종이는 글레이저가 거품의 압력에 대한 다중(多重) 전하의 효과를 계산하기 바로 전에 기록된 것으로 보인다. 뒤돌아보면 비록 (글레이저를 포함한) 물리학 공동체가 정전기적 반발 이론을 받아들이지 않았지만, 그것은 두 가지 이유에서 역사적으로 대단히 중요하다. 첫째, 그것은 글레이저에게 구름 상자에 적용된 윌슨 원리들로부터 거품 상자에 대한 대략적으로 그럴듯한 논거에 이르게 하는 이론적 연결 다리를 제공했다. 다시 말하면 글레이저로 하여금 (톰슨의 물방울 형성과 유사하게 구축된) 적절한 물리적 이론에 의해 거품은 결코 형성될 수 없음을 천명해야 할 곳에서 앞으로 계속 진행할 수 있도록 해준 것은 다중(多重) 전하 이론이었다. 둘째, 정전기 이론은 온도와 압력 조건에 대해 대략적이지만 정량적인 예측을 제공했다. 그 조건 아래서 장치가 작동할 수 있고 그래서 그 장치의 설계를 계획하는 데 도움이 되었다.[43]

만일 과학의 반실증주의 철학에서 아주 유행하는 질문으로 실험 장치는 이론을 이용하여 제작되었는가라고 물어본다면, 그 대답은 분명히 그렇다이다. 그러나 이 질문은 잘못 구성되어 있다. 왜냐하면 이론이 들어왔는지 그렇지 않은지가 문제가 아니라 어떤 이론이 끼어들어서 그것이 어떤 구실을 했는지가 문제이기 때문이다. 여기서 거품 상자를 창조하는데, 구름 상자를 창조하는 것과 마찬가지로 채택된 "이론"은 단순히 어떤 특별한 구조를 가정하지 않은 이온이 존재한다는 것과 그 이온들 주위에 위상의 변화를 도입할 수 있도록 만드는 에너지에 대한 고려뿐으로 그 이상도 이하도 아니었다. 이제 글레이저가 채택한 포머에 바탕을

42) 글레이저, 「구름 상자 물방울 세기」, n.d., loose in DGnb2, DGP.

43) 실제로 10eV에서 1000eV를 저장하는 메커니즘은 어떤 것이나 거품 성장에 대해 대략적으로 옳은 조건을 제공하게 될 것인데, 그런고로 정전기 이론이 "작동"한다는 사실이 (회고하건대) 그것이 옳다는 것에 대한 설득력 있는 검사가 되지 못한다. 다음에 논의될 예정이지만, 거품으로 에너지를 이동시키는 실제 메커니즘은 침투하는 이온화 입자에 의해 저장되는 열에 의해서다. 페이로우, 「거품 상자」(1967), 특히 27~38쪽을 보라.

둔 정전기적 논의를 살펴보자.[44)]

표면 전하 ne가 $4\pi r^2$의 표면적에 분포되면, T를 온도라 할 때 표면 장력은 $\sigma(T)$이며 액체의 유전 상수를 $\varepsilon(T)$라고 하면, 거품의 에너지 E는

$$E = 4\pi r^2 \sigma(T) + \frac{(ne)^2}{2\varepsilon(T) r} \tag{5.1}$$

이다. E로부터 바깥 방향으로 향하는 힘 F를 구할 수 있으며, 그 값은

$$F = \frac{dE}{dr} = 8\pi r \sigma(T) - \frac{(ne)^2}{2\varepsilon(T) r^2} \tag{5.2}$$

가 된다. 여기서 표면 장력과 유전 상수는 대략적으로 r과 무관하다고 가정했다. 그러면 압력 P는

$$P = \frac{F}{\text{면적}} = \frac{2\sigma(T)}{r} - \frac{(ne)^2}{8\pi\varepsilon(T) r^4} \tag{5.3}$$

으로 주어진다. $dP/dr=0$으로 놓고 r에 대해 풀면, 압력 P가 최대일 때의 반지름인 r_0를 얻는다. 식 (5.3)에 이렇게 구한 r_0를 대입하면 정전기적 척력과 표면 장력에 의한 수축이 결합된 최대값 P_{max}가 나온다. 그러면 거품이 거시적 크기까지 성장할 조건은

$$P_\infty - P > \frac{3}{2}\left(\frac{4\pi}{(ne)^2}\right)^{1/3} [\sigma(T)]^{4/3}[\varepsilon(T)]^{1/3} = P_{max} \tag{5.4}$$

---

44) 정전기 이론에 대해 처음으로 날짜를 밝힌 참고문헌은 1952년 6월부터 나온다. 글레이저, 「어떤 효과」, *Phys. Rev.* 87(1952): 665쪽. P와 $\sigma(T)$, $\varepsilon(T)$ 그리고 ne를 포함하는 실제 부등식이 처음 출현한 것은 램, 「진행 보고」, 1952년 8월이다. (예를 들어 글레이저와 램, 「특성」, *Phys. Rev.* 97[1953]: 474~479쪽과 같은) 많은 논문들에서 글레이저는 과열 상태의 액체에 대한 그의 첫 번째 실험보다도 그 이론이 발표된 시기가 더 앞서 있다고 지적했다. 그는 이러한 시도들이 "이온이 거품 형성의 핵이 될 수 있다는 메커니즘의 자세한 물리적 모형에 의해 인도되었다"라고 천명했다.

가 되는데, 여기서 P_∞는 액체의 증기압이며 P는 (역학적으로 조절이 가능한) 외부에서 작용한 압력이다. 여기서 많은 정성적 성질들을 즉시 식별할 수 있다. 거품 형성은 팽창을 증가시키거나, 표면 장력을 감소시키거나, 유전 상수를 감소시키거나 또는 전하를 증가시킴으로써 촉진된다. 특히 이 표현은 표면 장력을 감소시키면서 P_∞를 증가시키게 될 높은 액체 온도에서 작동하라고 권한다. (열역학적 임계점에서 표면 장력은 없어진다.)

포머의 책은 글레이저에게 물방울 형성에 대한 운동학 이론뿐 아니라 이와 병행하여 액체에서 거품의 핵이 성장하는 것에 대해 자세한 해설을 제공해 주었다. 거품과 물방울 사이에는 한 가지 근본적인 차이가 존재하기 때문에 두 가지 사이의 긴밀한 유사성이 강조된다 하더라도 과장되어서는 안 된다. 물방울의 표면에서 증기압은 액체·기체 표면의 곡률에 의존한다. 그러나 이것이 거품에서도 또한 그대로 적용될까? 글레이저는 포머의 책에서 증기압의 발생에 대한 질문이 들어 있는 바로 그 부분을 다루는 것으로 그의 노트 중 포머에 대한 항목을 시작했다.[45)]

거품 내부의 압력은 곡률에 의존하지 않으며 단순히 액체 표면에서 증기압과 같다는 것이 대답이다. 이렇게 놀라운 사실을 이해하기 위해 포머의 책 중 이 장 저 장을 왔다 갔다 한 뒤에 글레이저는 그 결과가 처음으로 증명된 W. 되링의 1937년 논문을 찾아내고 그것을 번역했다.[46)] (액체 L에 녹지 않은 기체 G로 이루어진) 서로 다른 크기의 두 거품을 생각하자. 만일 큰 거품과 작은 거품 사이에서 L의 부분 증기압이 같지 않다면, 반투과성의 얇은 막으로 된 작은 모세관이 기체 G의 흐름을 막으면서 한 거품에서 다른 거품으로 증기 L을 이동시킬 수 있다. 액체가 높은 증기압에서는 거품의 벽에서 증발하고 낮은 증기압에서는 거품 안에서 응축하게 된다. 그렇다면 그것은 영구 운동 기계가 되고 만다. 마찬

---

45) DGnb1, 15~18, DGP; 포머, 『위상 형성』(1939). 156~157쪽.

46) 되링, 「증명」, *Z. Phys. Chem. B* 36(1937): 292~294쪽; DGnb1, 93~95, DGP에 번역되어 있다.

가지로 모세관은 거품을 표면과 연결시킬 수 있는데, 이러한 논의는 경우를 바꾸어가며 확장될 수 있다. 그러므로 어떤 크기의 거품이라도 액체의 포화 증기압과 동일한 증기압을 가져야만 한다. 글레이저는 "가끔 [증기압이 반지름에 의존한다고 가정하는] 실수를 한다"고 적어 놓았다.[47] (물방울에서는 반지름에 의존하는 표면 장력이 액체 압력을 결정하기 때문에 물방울은 거품과 같지 않다. 증기압은 기하[幾何]적 모양 자체가 아니라 액체 압력에 의존한다.)

되링의 논의를 토의한 직후 글레이저는 거품 형성의 이론을 실험과 비교하기 위해 포머를 적용했다. 그렇지만 그는 다음과 같은 조심스러운 의견을 달았다. "장력(張力)이 아주 잘 만들어지지는 않았으며 과열(過熱)에 대해서는 주로 위스머와 그의 동료들을 인용한다."[48] 토론토 대학의 화학자인 K. L. 위스머는 그의 동료들과 함께 140도로 가열된 디에틸에테르 모세관이 파열될 때까지 얼마나 오랫동안 견디는지 조사했다. 글레이저가 포머로부터 보고받은 것처럼 그것은 일반적으로 약 1초 정도 되었다.[49] 포머는 피할 수 없는 파열이 유리 표면에 포함된 먼지나 결함 때문에 생기는 국지적 요동에 의해 발생한다고 보았지만,[50] 글레이저가 위스머, 길버트, 그리고 켄릭의 논문을 찾아보기 위해 미시간 화학 도서관에 도착했을 때 그는 더러운 유리보다 훨씬 더 흥미로운 무엇을 발견했다. 위스머와 켄릭의 모세관들이 거의 다 즉시 파열된 것은 아니었다. 그들은 그 결과에 당혹스러웠다.

글레이저는 감격에 겨워 몸을 떨었다. 물리화학자들은 과열된 물질이

---

47) DGnb1, 95, DGP.

48) DGnb1, 87, DGP. 포머, 『위상 형성』(1939), 163쪽에 인용된 연구는 위스머 「압력-부피」, *J. Phys. Chem.* 26(1922): 301~315쪽; 켄릭, 길버트, 그리고 위스머, 「과열」, *J. Phys. Chem.* 28(1924): 1297~1307쪽이다.

49) DGnb1, 87, DGP.

50) "Die Keimbildung, d.h. die durch lokale Schwankungen bedingte Bläschenbildung setzt stets vorher ein und lässt den überspannten Zustand zusammenbrechen"(포머, 『위상 형성』[1939], 165쪽).

때로는 몇 초 내에 관으로부터 파열되지만 어떤 때는 1분이 지나기도 한다는 것을 발견했다.[51] 위스머는 "그 결과의 변덕스러움"이 일어나는 원인을 잘못 연마된 유리벽의 결함 탓으로 돌렸다. 글레이저가 130.5도의 온도에서 견본으로 시행한 것을 그래프로 그렸을 때 그 결과는 평균대기 시간이 60초인 푸아송 분포를 만들었다.[52] 박사학위 연구에서 글레이저는 해수면(海水面)에서 우주선 빛줄기가 얼마인지에 대해 알고 있었다. 간단한 계산에 의하면 화학자들이 사용했던 크기의 모세관에 우주선(宇宙線) 입자들이 들어오는 평균 시간 간격은 60초였다.[53] 다음의 마지막 결정적 검사가 남아 있었다. 끓음을 일으킨 원인이 방사선이었던가?

글레이저는 두 유리관을 유리 모세관 하나로 연결하여 조립한 것의 일부분에 디에틸에테르 용액을 채운 다음 이 새로 고안한 장치를 서로 다른 온도로 유지한 두 기름 욕조에 담가놓았다(〈그림 5.2〉를 보라).[54] 왼쪽에 위치한 관의 온도를 더 높게 해서 (따라서 증기압이 더 높도록 해서) 오른쪽 관에 용액이 채워지도록 했다. 액체가 너무 높은 압력 아래 있었으므로 오른쪽 관에서는 끓음이 시작되지 않았다. (〈그림 5.3〉의 왼

51) 켄릭, 길버트, 그리고 위스머, 「과열」, *J. Phys. Chem.* 28(1924): 1297~1307쪽 중 1298~99쪽.

52) 자료로는 켄릭, 길버트, 그리고 위스머, 「과열」, *J. Phys. Chem.* 28(1924): 1297~1307쪽 중 1304쪽에 나온 것을 사용했다.

53) 글레이저와 램의 초기 연구에 대한 매우 유익한 설명이 램, 「개발」(1956)에 나와 있다. 글레이저의 우주선 계산에 대한 언급이 4쪽에 나온다. 이 사건과 가이거-뮐러 관의 개발 사이에는 놀랄 만한 대비(對比)가 존재한다. 가이거와 러더퍼드, 그리고 뮐러는 유용한 계수기를 제작하는 데 실망을 거듭하고 있었다. 왜냐하면 그 장치가 감응하도록 전압을 가하면 공기 속의 불순물에 의한 것처럼 보이지 않는 난폭한 충돌("wilde stösse")이 기록되었기 때문이다. 관의 내부 벽을 깨끗이 닦는 데 굉장히 많은 노력을 허비한 뒤에야 비로소 우주선이 관측되고 있음을 깨달았다. 트렌, 「가이거-뮐러 계수기」, *Deut. Mus., Abh. Ber.* 44(1976): 54~64쪽; 트렌, 「가이거-뮐러 계수기」, *Ann. Sci.* 43(1986): 111~135쪽을 보라.

54) 글레이저, 「진행 보고」, 『누오보 치멘토』 11 Suppl. (1954): 361~368쪽 중 366쪽.

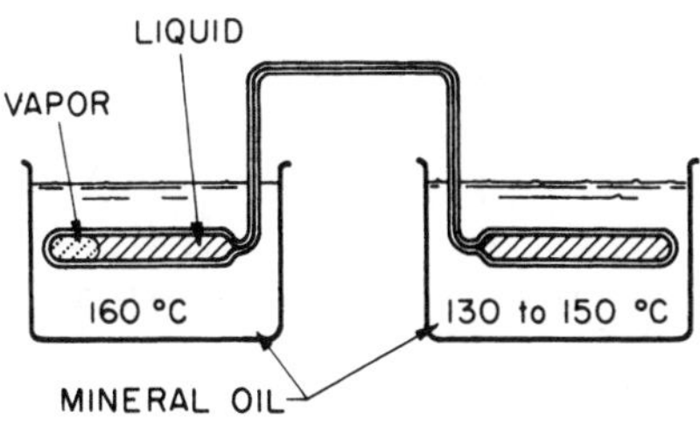

〈그림 5.2〉 모세관 실험, 왼쪽(1954). 글레이저의 장치에서 모세관에 들어 있는 디에틸에테르 증기 거품이 기름 욕조 속에서 160도까지 가열되었다. 그 결과로 나온 액체 디에틸에테르의 압력은 약 22기압으로, 비록 온도가 보통의 끓는점(135도)보다 더 높았지만 이 압력은 액체가 끓는 것을 방지할 만큼 충분히 높았다. 출처: 글레이저, 「진행 보고」, 『누오보 치멘토』 11 Suppl. (1954): 361~368쪽, 366쪽의 〈그림 2〉.

쪽에 보이는) 더 높은 온도의 모세관을 욕조 바깥으로 꺼냈을 때 증기압이 감소되었기 때문에 끓음에 대한 억제가 갑자기 사라져 액체가 과열되게 만들었다. 방사선 공급원이 없으면, 끓음은 때로는 수분 동안이나 시작되지 않을 수도 있었다. 이와는 대조적으로 어떤 날 저녁 늦게 글레이저는 대학원생에게 장치로부터 10미터 떨어진 곳에서 코발트 60이 들어 있는 납통을 열도록 했더니 갑자기 격렬하게 끓기 시작했다. 1952년 6월 12일에 접수된, 『피지컬 리뷰』의 편집인에게 보낸 짧은 편지에서 글레이저는 방사선에 의해서 유발된 끓음에 대해 보고했다.[55]

이 연구를 더 깊이 수행하기 전에 글레이저는 이전에 계획했던 유럽 여행을 떠났다.[56] 그의 제자인 데이비드 램은 그 프로젝트를 계속 수행하여 "과열된 액체에서 거품이 형성될 때 온도, 압력, 그리고 이온화에 어떻게 의존하는지"에 대해 조사했다.[57] 뜨거운 디에틸에테르 용액 위

55) 글레이저, 「진행 보고」, 『누오보 치멘토』 11 Suppl.(1954): 361~368쪽 중 366쪽; 글레이저, 「거품 상자」, *Sci. Amer.* 192(1955년 2월): 46~50쪽 중 47~48쪽; 글레이저, 「몇 가지 효과들」, *Phys. Rev.* 87(1952): 665쪽. 그 대학원생은 노아 셔먼이었다.

56) 램이 워나우에게, 미국 물리 연구소, 1976년 9월 22일, DGP.

57) 램, 「진행 보고」, 1952년 8월, DGP. 또한 워나우에게 보내는 소개 편지(램이 워나우에게, 미국 물리 연구소, 1976년 9월 22일, DGP)를 보라. 이 연구는 램, 「발

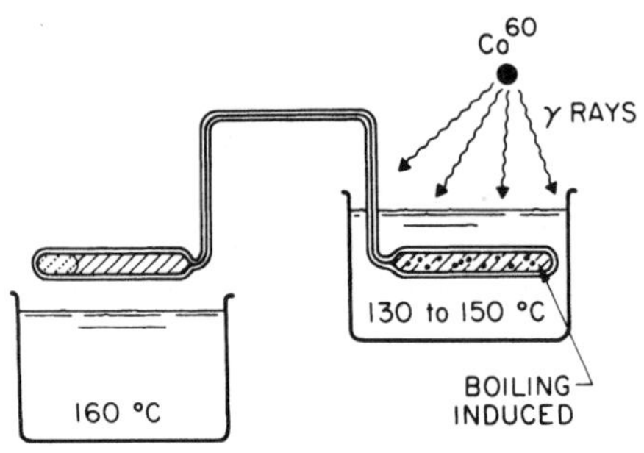

〈그림 5.3〉 모세관 실험, 오른쪽(1954). 글레이저가 모세관의 왼쪽을 뜨거운 욕조에서 꺼냈을 때 기체 거품이 식어서 수축되었고, 오른쪽의 액체는 낮은 압력에 놓이게 된다. 방사선 공급원에 노출시키면 그 결과로 과격한 끓음이 일어났다. 출처: 「진행 보고」, 『누오보 치멘토』 11 Suppl.(1954): 361~368쪽, 366쪽의 〈그림 2〉.

에 높은 증기압을 만들어내기 위해 램은 손으로 돌리는 수압식의 피스턴-실린더 장치를 제작했다. 유리관에 들어 있는 고압의 에테르는 잠재적으로 폭발할 가능성이 있으므로 장치 전체를 큰 차폐막으로 둘러싸고 투명한 플라스틱 관측 문을 만들었다.

장치를 조립한 뒤 이틀 동안 램의 모든 시도들은 실패로 끝났다. 압력을 가하면 즉시 끓어올랐다. 그렇지만 마침내 램은 시스템이 제대로 작동되도록 만들 수 있었고, 온도와 압력의 함수로 대기 시간을 기록할 수 있었다. 임계 압력에 대해 측정으로 얻은 자료는 글레이저의 정전기 이론에 따라 변했고, 거품이 띠고 있는 전하의 수를 계산할 수 있었다. 식 (5.4)에서 $\sigma(T)$와 $\varepsilon(T)$로 표준값을 이용해 n에 대해 풀었더니 거품 성장의 원인이 되는 전하의 수로 n=37.5가 나왔다. 이러한 개발 과정의 기간을 돌아보면, 그러한 계산이 별 관계가 없어 보일지도 몰랐다. 다중(多重) 전하로 설명한 성질 중 수년 뒤에도 옳은 것은 하나도 없었다. 그렇지만 당시에는 이 식들이 최소 단위의 거품이 어떻게 형성되는지에 대해 글레이저가 이해한 것의 중심이 되었다.

전」(1956), 1쪽, 5쪽에 간단히 요약되어 있다.

유리가 파열될 때까지 램의 실험에 대한 보정이 가능했다. 여름 내내 목표는 램이 그의 보고서에서 다음과 같이 강조했듯이 명백했다. "흔적이 측정될지 모른다는 기대를 가지고 (지름 3/4″×1-1/4″인) 큰 관으로 이루어진 시스템인 거품 상자를 이용했다. 그렇지만 보이는 것이라고는 거의 항상 관의 벽에 생기는 하나의 큰 거품뿐이었다. …… 좀더 조심스럽게 닦은 관을 가지고 연구를 더 수행해야겠다."[58)]

글레이저가 유럽 여행에서 돌아왔을 때 관을 꼼꼼하게 닦는 일이 하루의 일과가 되었다. 램이 손으로 돌리는 압축기와 새로 만든 몇 개의 관, 그리고 고속 영화 촬영기를 사용해[59)] 그는 흔적 찾기를 다시 시작했다. 앞의 노트에서 우리는 1952년 10월 14일에 글레이저가 매초 8,000프레임의 속도로 수퍼 XX 팬크로매틱 16밀리미터 필름을 90미터 정도 촬영했음을 알 수 있다. "결론"이라는 항목 밑에 그는 다음과 같이 썼다(〈그림 5.4〉를 보라).

> 1) 사용된 광학기기로는 보이지 않는 크기에서 ~1밀리초 이내에 ~1밀리미터의 지름으로 성장할 수 있다. ……
>
> 4) 겉으로 보기에 두 번 4개 또는 그보다 더 많은 거품으로 보이는 매우 희미한 흔적들이 커진 구에 앞서서 생기는 것이 관찰되었지만, 그것들은 너무 희미했기 때문에 먼지의 효과라고 판단할 수 있었다.
>
> 5) 더 작은 거품을 보기 위해서는 좀더 많은 빛이 필요하다.[60)]

글레이저는 나흘 뒤인 10월 18일에 조명을 좀더 좋게 개선해 그의 거품 상자 영화에서 다음과 같은 정지 사진을 기록했다(〈그림 5.5〉를 보

58) 램, 「진행 보고」, 1952년 8월, 5절, DGP.

59) 램이 워나우에게, 미국 물리 연구소, 1976년 9월 22일, DGP.

60) DGnb2, 6~7, DGP. 글레이저, 「진행 보고」, 『누오보 치멘토』 11 Suppl.(1954): 361~368쪽 중 366쪽을 통해 촬영된 영화가 처음으로 공식 발표되었다.

7

5) More light is needed to see smaller bubbles.

6) Consideration should be given to designing a system in which the low pressure can be maintained for a longer time than in the present system.

Movies Taken October 18, at 8:30 p.m. (Saturday
300 feet of Fastex 8mm super XX shot with two 1000 watt projector lamps for illumination with full-size images of their filaments projected on the bulb. T = 135°C

Results
Out of 8 events three had more than two bubbles and one was a magnificent straight track of around ten globes. It occurred in the 20th foot with the variac at 70 v ac — corresponding to about 3000 frames/second. The prints here are about 1½ times the bulb size and show the event developing.

Conclusions
Tracks can be photographed.

Plans
Next One must attempt to observe counter-controlled expansions.

〈그림 5.4〉 글레이저의 노트(1952). 1시시 거품 상자에서 얻은 사진에 대해 쓴 글레이저의 노트 중 한 면. 출처: DGnb2, 7.

라).

결론　흔적을 사진으로 촬영하는 것이 가능하다.

계획　다음에는 계수기로 조절되는 팽창을 관찰해야만 된다.[61]

숙고한 끝에 글레이저는 10월 20일에 무작위적 팽창을 유지하면서도 계수기로 조절되는 플래시를 사용해보기 시작했지만,[62] 그는 중간 단계를 취하기로 결정해야만 했다. 사진에 거품 몇 개가 보이기는 하지만 흔

61) DGnb2, 7, DGP.

62) DGnb2, 11, DGP.

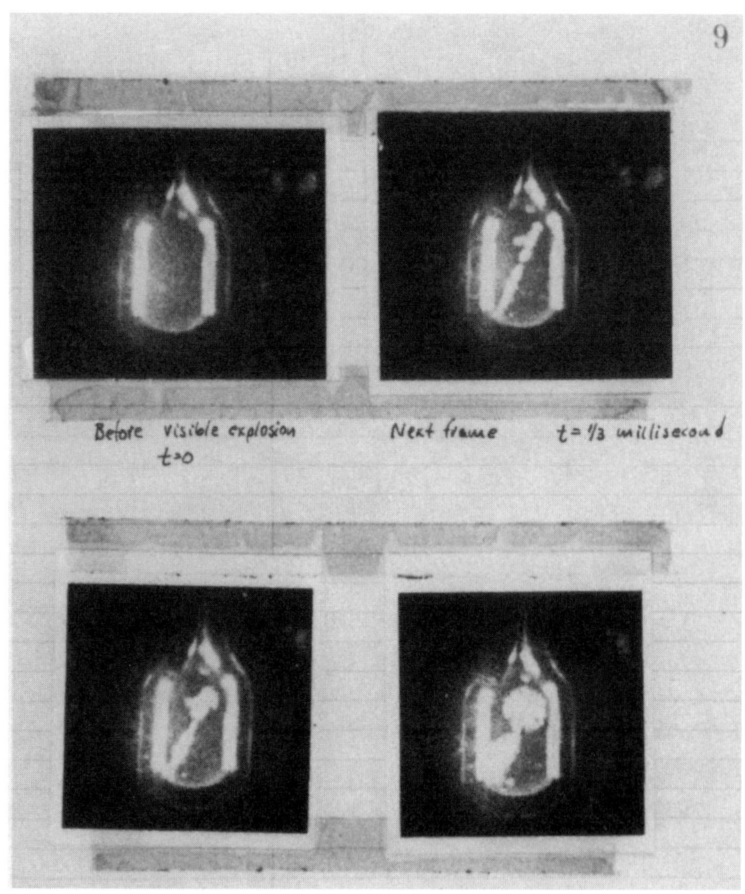

〈그림 5.5〉 거품 상자 영화(1952). 글레이저는 16밀리미터 고속 카메라를 사용해 처음으로 또렷한 흔적들을 촬영했다. 출처: DGnb2, 9.

적은 보이지 않았다. "결론" 항목 아래 그는 우주선(宇宙線) 입자의 계수 비율이 단지 매 시간 넷 또는 다섯 번이었음을 감안할 때 유용한 결과를 얻기 위해서는 상자의 감응 시간이 너무 짧다고 기록했다. 그러므로 그는 계수기로 조절되는 팽창을 만들려는 시도에 주력하기로 결정했다.[63] 글레이저는 매우 큰 자석이 달린 확성기가 장착된 1930년식 콜슨 사의

63) DGnb2, 11~13, DGP.

오래된 가정용 라디오의 도움을 구했다.[64] 많은 전류를 전달하는 큰 진공관을 이용해 자석이 밸브를 재빠르게 열도록 만들 수 있었다. (이것이 "펑 밸브"라고 명명된 것에 대해서는 설명이 더 필요가 없을 줄 안다.) 여기까지의 연구에 소요된 비용은 총 2,000달러였다. 1952년 11월 말에 피닉스 프로젝트는 "이온화시키는 방사선이 위상 변화에 미치는 영향을 검출하는 새로운 방법"에 대한 연구를 위해 연간 지급 금액을 배로 늘려서 3,000달러로 증액했다.[65] (심지어 그때까지도 연구비 제목이 시사하는 것처럼 글레이저가 조사하는 것은 구체적인 액체-기체 위상 변화에 초점을 맞추지 않았다.) 1952년 12월 18~19일이 되어 (가이거-뮐러) 계수기로 유발되는 거품 상자의 원형이 준비되었는데, 그것은 펑 밸브와 모든 것을 갖추고 있었다. 글레이저는 다음과 같이 썼다. "53장의 사진을 촬영했는데, 그중 30장은 감응 시간 동안에 촬영되었다. 또 그중 20장은 제대로 되어 있어야 했지만 하나도 건질 것이 없었다."[66] 이 실패로 인하여 좌절감을 안고 다시 무작위 팽창으로 되돌아갔다.[67] 왜 계수기에 의한 통제를 가지고 그 법석을 떨었던가?

무엇보다도 글레이저는 대규모 가속기를 가지고 연구하는 것을 원하지 않았다. 그는 나중에 "나는 우주선 물리학을 구원하는 데 도움이 되고 싶었다"라고 회상했다.[68] 그의 예전 전문 분야를 구하기 위하여 그는 계수기 조절에 적응할 수 있는 방법을 찾을 필요가 있었다. 그렇지 않으면 거품 상자는 가속기의 예측 가능한 펄스와 통합되어 버릴 운명이었다. 만일 가속기에 부속된 검출기가 목표였다면, 새 검출기의 첫 번째 개선사항으로 계수기 조절을 정하지는 않았을 것이다. 의도가 무엇이었는가

---

64) 글레이저, 저자와의 인터뷰, 1983년 3월 4일.

65) 서이어가 글레이저에게, 1952년 11월 21일. 이 편지의 사본은 E. F. 바커, 미시간 대학 물리학과 파일에 있다.

66) DGnb2, 17, DGP.

67) 글레이저, 저자와의 인터뷰, 1983년 3월 4일.

68) 글레이저, 저자와의 인터뷰, 1983년 3월 4일.

라는 설왕설래보다도 더 계수기 조절을 해야만 한다는 이러한 초기 주장이 우주선(宇宙線) 물리학의 한 요소로서 거품 상자를 글레이저가 어떻게 생각하고 있는지에 대해 말해주고 있었다. 작업 구조가 하드웨어에 끼어들어갔다.

우주선 구름 상자를 본떠서 스스로 기록하는 장치를 만드는 것의 중요성에 걸맞게 계수기 조절에 대한 많은 시도들이 뒤따랐다. 글레이저와 램은 거품의 형성을 늦추기 위해 디에틸에테르에 CO_2를 주입하는 것도 시도해 보았다. 그러한 지연은 팽창 메커니즘에 흔적이 형성되기 전에 작동할 수 있는 시간적 여유를 줄 수 있을 것이다. 그러나 행운은 뒤따르지 않았다.[69] 램과 글레이저는 1953년 또 다른 시도로 끓음이 격렬하게 분출하기 시작할 때 들었던 "찌르릉" 소리를 활용하는 방법을 시험해보기로 했다. 이 신호에 박자를 맞추기 위해 물리학자들은 유리 상자 옆면에 축음기의 수신 장치를 부착했다. 이 방법은 비록 전적으로 만족스럽지는 않지만 성공적이었다. 소리 신호가 수신 장치에 도달할 때까지 정밀 측정에는 적당하지 않을 만큼 거품이 너무 커졌다.[70] 1953년 가을이 되자 그들은 거품의 광학적 요동에 의해 입자가 지나갔다는 징후가 보이면 광전(光電) 전지에 의해 플래시가 터지게 만드는 새로운 방법을 사용할 수 있었다. 그러나 역시 그 결과로 얻은 사진들이 깜짝 놀랄 만하지는 못했다.[71]

비록 글레이저가 계수기로 조절되는 새로운 검출기를 가지고 우주선(宇宙線) 물리학을 구해낼 수는 없었지만, 그의 작고 기초적인 거품 상자를 외부에 발표할 준비가 되었다. 1953년 5월 2일 토요일, 미국 물리

---

69) 글레이저, 저자와의 인터뷰, 1983년 3월 4일.

70) DGnb2, 37, DGP; 또한 글레이저와 램, 「특성들」, *Phys. Rev.* 97(1953): 474~479쪽 중 475쪽을 보라.

71) DGnb2, 55~61, DGP; 글레이저, 「진행 보고」, 『누오보 치멘토』 11 Suppl.(1954): 361~368쪽 중 367쪽; 글레이저와 램, 「특성들」, *Phys. Rev.* 97(1953): 474~479쪽 중 475쪽.

학회의 워싱턴 학술회의 중 XA 분과에서 그는 그의 결과를[72] 회의의 마지막 날이었기 때문에 대부분 빠져 나가고 몇 명 남지 않은 참석자들을 대상으로[73] 10분 동안 설명했다. 글레이저는 나중에 다음과 같이 썼다. "미국 물리학회의 사무총장인 칼 대로는 나의 첫 번째 논문을 토요일 오후 '별 볼일 없는 분과'에 배정했다." 학술회의가 끝난 후 얼마 지나지 않아서 글레이저는 『피지컬 리뷰』에 서신 논문을 제출했다. 그 논문은 "그가 웹스터 사전에도 나와 있지 않은 거품 조각(bubblet)이라는 단어를 사용했다는 이유"로 바로 반송되었다.[74] 그 서신 논문은 잘못된 단어가 삭제된 뒤 1953년 5월 20일에 발표되었는데, 거품 성장에 대한 전하 반발 이론의 간략한 설명과 계수기로 조절되는 플래시에 대한 서술, 무작위 팽창 거품 상자 등이 포함되어 있었다.[75] 당시 여러 가지 상자의 원형을 개발하기 시작했던 많은 실험 그룹들에게 이 서신 논문은 곧 출발점의 역할을 했다.

글레이저가 "별 볼일 없는 분과"에 등장했음에도 그때의 청중에 대해 놀라운 일은 두 명의 청중이 거품 조각을 만들어낸 사람의 생각을 한마디도 빠뜨리지 않고 열심히 듣고 있었다는 것이다. 캘리포니아 대학 버클리 캠퍼스에서 온 루이스 앨버레즈는 글레이저를 그가 발표하기 하루 전의 리셉션에서 우연히 만났다. 시카고 대학에서 온 다라 네이글은 글레이저의 발표 자체를 듣기 위해 남아 있었던 몇 안 되는 사람 중 한 사람이었다.[76] 글레이저와는 달리 두 사람 중 어느 누구도 우주선(宇宙線) 물리학이 사라지지 않도록 구하는 데 조금도 관심을 가지고 있지 않았

72) 글레이저, 「가능한 '거품 상자'」, *Phys. Rev.* 91(1953): 496쪽.

73) 글레이저, 저자와의 인터뷰, 1983년 3월 4일. 다라 네이글은 청중으로 자기 자신과 아직 발표를 기다리는 발표자들만 남아 있었다고 기억했다(네이글, 저자와의 인터뷰, 1983년 11월 28일).

74) 글레이저가 웨버에게, 1970년 8월 17일, DGP.

75) 글레이저, 「거품 상자 흔적」, *Phys. Rev.* 91(1953): 762~763쪽.

76) 앨버레즈, 저자와의 인터뷰, 1983년 3월 7일; 네이글, 저자와의 인터뷰, 1983년 11월 28일.

다. 실제로 그들은 모두 그들이 속한 기관의 가속기 프로그램을 충분히 이용하기 위해 거품 상자를 사용하려는 그 이상을 원하지 않았다. 그들이 마음에 품고 있는 물리학은 손으로 돌리는 압축기와 1인치 크기의 상자, 그리고 확성기의 펑 소리 나는 밸브에 의한 물리학과는 매우 다른 종류였다. 그리고 만일 융프라우 산정이나 픽두미디, 그리고 애로헤드 호수의 세계가 사라진다고 하더라도 그러한 물리학은 별 관심의 대상이 되지 못했다. 그들의 물리학 세계에는 버클리와 시카고, 그리고 브룩헤이븐의 가속기들이 자리 잡고 있었다.

3. 규모의 문제

수소를 채운 거품 상자에 대한 글레이저의 착상이 네이글과 앨버레즈 그룹의 호기심을 자아냈다. 네이글은 바로 그때 시카고의 파이온 빛줄기에 이용할 표적으로 액체 수소를 사용하는 공동 연구를 마무리짓고 있었다. 만일 시각적 검출기에 의해 표적의 크기가 두 배로 될 수 있다면, 정확한 상호작용 측정을 위한 완전히 새로운 영역의 출현이 가능하게 될 것이다.[77] 이전의 공동 연구에 의해 지름 3인치, 길이 7.5인치인 액체 수소 표적을 다루는 기술에 정통하게 되었으며 (다른 것들 중에서 특히) 양성자의 들뜬 상태들을 몇 가지 발견했다.[78] 명백하게 높은 정지 기능이나 붕괴에 대한 질문에 대해서는 더 무겁고 복잡한 원자핵이 아주 잘 답변해 준다 할지라도 가장 간단한 원자핵을 갖고 있는 수소는 상호작용과 연관된 실험을 하기에 적합한 매개체였다. 그리고 소립자 가속기 물리학은 전형적으로 가장 간단한 상호작용에 대한 과학이었다.

미국 물리학회 회의를 마치고 시카고로 돌아와서 네이글은 로저 힐데

77) 네이글, 저자와의 인터뷰, 1983년 11월 28일.

78) 앤더슨 외, 「음전하를 띤 파이온」, *Phys. Rev.* 85(1952): 934~935쪽; 페르미 외, 「보통」, *Phys. Rev.* 85(1952): 935~936쪽; 앤더슨 외, 「양전하를 띤 파이온」, *Phys. Rev.* 85(1952): 936쪽.

브란트에게 수소 거품 상자 프로젝트에 대해 함께 연구하자고 제안했다. 글레이저 또한 수소 상자를 제작하는 데 관심이 있었으므로 그는 그들과 공동 연구를 시작하고 설계 과정에 참가하기 위해 그들을 몇 차례 방문했다.

액체 수소로의 전환은 몇 가지 문제점을 제기했는데, 다른 것들보다 두 가지가 두드러졌다. 무게 때문에 수소 기체는 다이너마이트보다 더 폭발하기 쉬워서 디에틸에테르를 사용할 때보다 안전상 문제가 훨씬 더 필요해졌다. 둘째, 디에틸에테르는 대기압 아래서 약 130도에 이르면 끓게 되지만 수소는 -246도에서 끓는다. 그래서 이 프로젝트가 성공하기 위해서는 극저온에 관한 전문 기술이 필요했다. 저온 물리학자인 얼 롱과 로더 마이어가 시카고에서 수소 표적 그룹과 함께 연구하고 있었다. 롱과 마이어에게 자문을 구하면서 네이글과 힐데브란트는 함께 글레이저가 디에틸에테르를 가지고 수행한 것과 같은 실험에서 질소를 가지고 방사선 감응도에 대한 실험을 반복하기 시작했다. (롱은 수소 극저온에 대해 상당한 전문가가 되어 있었다. 그는 제2차 세계대전 초기에 텔러와 함께 일하던 때부터 수소폭탄 프로젝트를 위한 액체 수소 문제에 관하여 자문을 해주었다.) 1953년 8월 4일에 일련의 최초 실험이 성공했다. 흔적은 하나도 나타나지 않았지만, 과열 상태의 질소는 분명히 방사선 원천에 민감했다. 이틀이 지난 뒤에 앞의 선례를 따라 수소를 이용한 실험이 진행되었다.[79]

그 뒤 몇 주일 동안에 걸쳐서 시카고 물리학자들은 그들의 상자가 지닌 성질에 대해 조사를 계속했다. 어떻게 하면 그것을 차게 유지할 수 있을까? 어떻게 압력을 적절하게 조절할 것인가? 무엇보다도 어떻게 관을 극도로 깨끗하게 유지할 수 있을까?[80] 힐데브란트는 그 해 늦여름에 유럽의 글레이저에게 연락해 그들 사이의 공동 연구를 요청하려고 (성공

79) 힐데브란트와 네이글, 「거품 상자 일지」, 1953년 11월~1955년 11월, RHilP.
80) 힐데브란트와 네이글, 「거품 상자 일지」, 1953년 11월~1955년 11월, 1-8, RHilP.

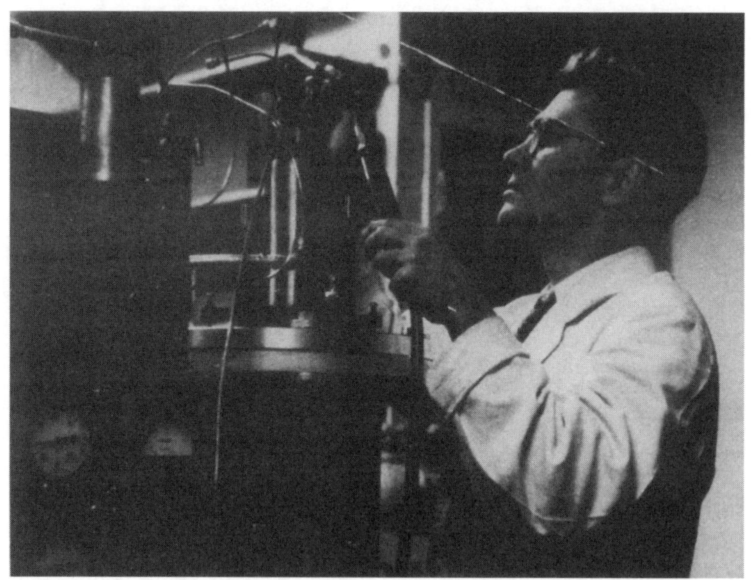

〈그림 5.6〉 첫 번째 수소 거품 상자(1954). 여기서 다라 네이글이 로저 힐데브란트가 함께 만든 극저온 상자를 조정하고 있다. 출처: 다라 네이글 제공.

적이지 못했지만) 시도했음을 기억한다.[81] 그 결과로 힐데브란트와 네이글이 논문을 제출했고, 그 논문은 1953년 8월 21일에 『피지컬 리뷰』에 의해 받아들여졌다.[82] 글레이저는 그의 연구를 독자적으로 계속하기로 결정했다.

비록 그들이 처음에는 방사선 민감도를 보여주는 데 성공했지만, 시카고 그룹은 여전히 흔적을 얻지 못했다. 이 목표를 향해 그들은 1954년 2월에 새로운 상자를 제작하기로 방침을 바꾸었다.[83] 연구의 대부분은 팽창 시스템을 개선하고 더 큰 상자를 제작하며 사진 촬영을 개선하는 데 집중되었다(〈그림 5.6〉을 보라). 그동안 힐데브란트가 지도하는 대학원 학생인 어윈 플레스와 리처드 플라노는 펜탄을 채운 상자로부터

81) 힐데브란트, 저자와의 인터뷰, 1983년 2월 17일.

82) 힐데브란트와 네이글, 「작동」, *Phys. Rev.* 92(1953): 517~518쪽.

83) 힐데브란트와 네이글, 「거품 상자 일지」, 1953년 11월~1955년 11월, 13, RHilP.

가속기에서 발생시킨 메존 흔적을 구하려는 노력을 동시에 시작했다. 이 연구는 성공했다.[84)]

1953년 여름이 되자 무엇보다도 거품 상자는 단지 수마이크로초 동안만 흔적 형성에 민감하다는 것 등 거품 상자가 지닌 몇 가지 물리적 성질들이 명백하게 드러났다. 그런데 계수기 조절에 의해 팽창이 일어날 때쯤 흔적을 더 이상 보이게 만들 수 없었고, 이것은 우주선 적용을 위해서는 좋지 않은 징조였다. 반면에 가속기가 입자를 방출하는 시간은 통제가 가능하므로 상자를 딱 알맞은 순간에 팽창하도록 준비할 수 있었다. 실제로 짧은 감응 시간이 이제는 오래된 (따라서 관계가 없는) 흔적을 제외시킬 수가 있으므로 오히려 유리하게 되었다. 글레이저는 그의 발명이 "물리학자로 하여금 독립적으로 또는 적어도 작은 그룹으로 연구할 수 있게 만들기"를 원했다. 그러나 이제 그는 다음과 같이 인정했다. "나는 올가미에 걸렸다. 그것은 바로 가속기에 필요한 것이었지만 우주선 물리학에는 유용하지 않았다."[85)]

그래서 글레이저가 1953년 가을에 유럽에서 미국으로 돌아왔을 때 그는 관심사를 브룩헤이븐 국립 연구소 사이클로트론으로 돌려서 그곳에서 그와 램이 새로운 검출기를 제대로 이용할 수 있기를 희망했다. 1953년 말에 미시간의 물리학자들이 롱아일랜드의 연구소(브룩헤이븐 국립 연구소는 미국 뉴욕주 롱아일랜드에 위치해 있다 – 옮긴이)를 방문하는 계획이 수립되었다. 브룩헤이븐의 구름 상자 그룹에 속한 액체 수소를 다루는 일이 얼마나 어려운지 너무 잘 알고 있는 앨런 손다이크는 글레이저에게 다음과 같이 썼다. "우리는 액체 수소를 다루는 일에 관련되기를 전혀 원하지 않았지만, 에테르와 같이 수소를 함유한 액체는 코스모트론에서 *V*입자 생성과 같이 매우 드물게 일어나는 사건을 조사하

---

84) 임시 결과들: 플레스와 플라노, 「연구」, *Phys. Rev.* 99(1955): 639~640쪽; 플라노와 플레스, 「부정」, *Phys. Rev.* 99(1955): 639쪽. 플레스의 학위 논문은 「양성자-양성자」, *Phys. Rev.* 104(1956): 205~210쪽에 발표되었다.

85) 글레이저, 저자와의 인터뷰, 1983년 11월 2일.

는 데 매우 값진 장치라고 생각한다."[86] 손다이크는 그후 30년 중 상당히 많은 기간을 수소 상자들을 이용한 자료 분석의 개발에 종사하게 되었으므로 이런 견해는 과거를 회상하면 다소 모순적이다. 그렇지만 당분간은 글레이저의 장치보다 어느 정도 더 큰 상자를 만드는 것이 목표였다. 심지어 여기서도 글레이저는 손다이크에게 어려움이 존재한다고 다음과 같이 주의를 주었다. "10리터 상자를 성공적으로 제작할 수 있는 가능성에 대한 나의 첫 번째 반응은 어쩌면 그 계획이 그럴듯하지 않다는 것이다. 이 문제에 대한 나의 현재 지식으로 비추어 보아 1리터짜리도 상당히 야심적인 계획으로 보인다."[87]

브룩헤이븐에서 수행된 첫 번째 실험에서 글레이저와 램은 코스모트론의 방사선 차폐막에 나 있는 틈새 앞에 놓인 실험대 위에 상자를 올려놓았다. 사진은 글레이저의 개인용 35밀리미터 카메라를 이용하여 촬영되었다. 필름의 첫 번째 롤에 몇 개의 $\pi-\mu-e$ 사건들을 포획함으로써 그들은 그들의 재정 후원자들에게 깊은 감명을 주어 가속기와 거품 상자를 결합한 실험을 계속 수행할 수 있게 되었다. NSF와 ONR 그리고 AEC에 추가로 재정 지원을 신청할 때 세 가지 목표가 분명하게 두드러져 나왔다. 첫째, 이제는 풍부하게 만들어지고 있는 정밀 사진들의 이점을 살리기 위해서 개선된 자료 분석 방법이 필요했다. 둘째, (붕괴를 조사하기 쉽게 만들고 광자가 관찰될 수 있는 e^+e^-쌍으로 좀더 잘 변환될 수 있는) 높은 정지 기능을 제공할 수 있는 무거운-액체 거품 상자가 유망한 것처럼 보였다. 셋째, 글레이저는 그가 수소 상자를 제작할 수 있기를 희망했다. 글레이저와 (새로운 교수진인) 마틴 펄, 비서, 그리고 네 명의 연구 조교에게 지급하는 봉급의 일부분과 전임 박사후 연구원과 전임 기계 기사에게 지급하는 봉급을 합하면 약 2만 5,000달러에 달했다. 장비와 공급 물자, 그리고 기계 가공 등에 소요되는 비용도 대략 비슷했

86) 손다이크가 글레이저에게, 1953년 12월 4일, ATP.
87) 글레이저가 손다이크에게, 1953년 12월 14일, ATP.

다.[88)]

가장 높은 우선순위는 무엇보다도 전 세계의 전체 제논 공급량 대부분을 필요로 하는 액체 제논 상자의 제작이라고 생각했다. 글레이저는 "이 모든 첨단 기술 및 대규모 기술부 직원들과 관련되지 않고도 내가 미시간에서 무엇인가 할 수 있는 마지막 유일한 역할이 존재"했다고 회고했다.[89)] 이제는 제대로 작동하는 상자가 가속기에도 성공적임이 증명되자 AEC로부터 재정 지원(그리고 제논 공급)이 중단 없이 제공되었다. 첫 번째 물리학적 목표는 극저온 공학을 필요로 하지 않으면서도 붕괴와 기묘 입자의 생성에 대해 좋은 결과를 약속해주는, 높은 정지 기능을 갖는 상자에 집중되었다.

그들이 새로운 상자를 완벽하게 만드는 과정에서 펄과 글레이저, 그리고 J. L. 브라운은 거품 형성에 대한 이전의 정전기 이론을 뒤엎는 데 성공했다. 그것은 거품 상자를 제작하는 데 개념적 가능성을 열어주었던 이론이다. 이런 점에서 실패가 성공의 어머니였다. 제논 상자가 완성되었을 때 흔적은 결코 하나도 보이지 않았다. 대략 이 시기에 글레이저와 그의 동료들은 로스앨러모스로부터 제논이 광학적 진동수에서 빛을 낸다는 것을 알았다. 이 사실은 거품을 형성하게 하는 데 활용될 수도 있는 에너지가 보통 빛의 형태로 빠져나가 버리고 만다는 것을 시사했다. 만일 그것이 액체 내에서 포획될 수 있다면, 그 상자를 구해 낼 가능성이 있었다. 운 좋게도 제논에 억제제(에틸렌)를 아주 소량 혼합했을 때 흔적이 나타나기 시작했다. (명백히 두 번째 종류의 충돌에 의해 에틸렌 분자들은 제논이 광학적 빛을 방출할 수 있기 전에 제논 원자가 들뜬 상태에서 떨어지도록 만들고 있었다. 에너지가 빛의 형태로 방출되는 대신 운동 에너지와 에틸렌의 내부 분자 들뜬 에너지로 변환되는 것이다.) 심

---

88) 글레이저, 「거품 상자를 사용한 고에너지 핵 상호작용에 대한 연구와 거품 상자 기술의 추가 개발」, AEC 물리학 부서에 제출한 연구 계획, 트레제에게 보낸 제출 편지, 1954년 12월 6일이 포함됨, DGP.

89) 글레이저, 저자와의 인터뷰, 1983년 11월 2일.

지어 아주 소량의 흡수제도 이런 묘기를 해냈으므로 이 실험은 거품의 생성 원인이 아마도 정전기적 반발 때문이라기보다는 국지적인 열 갇힘 때문임을 시사했다.[90] "열 첨가 이론"에 대한 좀더 포괄적인 설명이 프레더릭 사이츠에 의해 유도되었는데, 거품 형성에 대한 그의 관심은 방사선에 의해 원자로의 냉각수에서 유발된 거품이 원자로 노심(爐心)의 용해를 가져오지 않을지 염려했던 맨해튼 프로젝트 시절부터 시작되었다. 글레이저의 연구로부터 영감을 얻은 사이츠는 1958년에 마치 뜨거운 바늘이 길고 날카로운 선을 따라 결정핵(結晶核)을 생성하는 것처럼 어떻게 전하를 띤 입자가 그 움직이는 경로를 따라 과열된 액체에 국지적인 가열(加熱)을 일으키는 원인이 되는지를 설명했다.[91] 다중(多重) 전하의 상호 반발은 거품 형성과 아무런 관계도 없는 것처럼 보였다.

간단히 말하면 1950년대 중반 전환의 시기에 글레이저의 그룹과 시카고 팀은 모두 가속기 실험에 무거운-액체를 이용한 여러 종류의 거품 상자를 적응시키는 데 성공했다. 비록 두 그룹이 사용한 비용은 다섯 자리 중반에 달했지만, 연구의 형태는 글레이저의 제논 상자나 시카고에 근거를 둔 무거운-액체를 이용한 상자 주위에서 급격하게 바뀌지는 않았다. 버클리 가속기에 속한 가드너의 원자핵 에멀션 그룹과 아주 유사하게 검출기 주위의 이전 작업 구조는 가속기라는 새로운 외부 연구소에 온전히 접목되었다. 이와는 대조적으로 수소 상자로의 변경은 훨씬 더 어려웠다. 액체 수소 하나의 비용만으로도 시카고 그룹이 받는 1954~55년 예산 중 상당 부분을 차지했으며,[92] 거기에는 위험한 물질 취급에 부과되는 추가 안전 조건을 위한 비용은 포함되지 않았다. 그럼

90) J. L. 브라운, 글레이저, 그리고 펄, 「액체 제논」, *Phys. Rev.* 102(1956): 586~587쪽.

91) F. 사이츠, 저자와의 인터뷰, 1983년 11월 29일; 사이츠, 「이론」, *Phys. Fluids* 1(1958): 2~13쪽.

92) 해군 연구 사무소, 원자핵 물리학 부서 물리과학부, 그리고 조지 콜스테드, AEC 물리학 부서에 제출된 네이글, 예산 신청, 1954년 5월 28일, DNP. 나는 이 자료의 사용을 허락해 준 네이글에게 감사드린다.

에도 불구하고 ONR[93]과 AEC로부터의 재정 지원을 받아 그들은 1956년 말까지 액체 수소의 방사선 감응성을 성공적으로 증명하고 수소에서 파이온과 양성자가 충돌하는 흔적들을 만들어내기까지 이르렀다.[94] 그러나 흔적을 생성하는 수소 거품 상자를 처음으로 보여준 첫 번째 영예는 빠르게 성장하는 버클리의 공동 연구팀으로 돌아갔다. 우리는 그러한 버클리 언덕으로 다시 돌아오게 될 것이다.

4. 물리학자와 기술자

낮은 예산을 들인 임시변통의 장비를 사용하는 독립된 연구자로서 1950년대 초에 글레이저가 경험한 것의 대부분은 시대에 뒤떨어졌다. 레이더와 원자폭탄에 관한 대규모 전시(戰時) 프로젝트 기간 동안 현장 경험을 하기에는 너무 어렸던 그는 우리가 제4장에서 보았던 매우 다른 형태의 연구를 접할 기회를 갖지 못했다. 버클리와 로스앨러모스, MIT의 방사선 연구소, 오크리지, 그리고 시카고의 야금 연구소 같은 곳에서 전시(戰時)에 확장된 연구팀들은 정부의 넉넉한 재정 지원을 받아 많은 물리학자들은 수평적으로 그리고 기술자와 관리자, 학생, 그리고 기사들은 수직적으로 통합해 새로운 방식의 물리학 연구 체제를 수립했다.

우리가 지난 장에서 본 것처럼 어니스트 로렌스는 처음 버클리에서 아주 축소된 형태의 방사선 연구소를 기대했다.[95] 그렇지만 1945년 8월에 평화가 도래하기까지 방사선 연구소와 정부, 군부는 연구소 활동이 높은 수준에서 그리고 버클리 이외의 장소에서도 계속되어야만 한다는

---

93) 앤더슨, 「고에너지 가속기 연구」, 1955년 2월 1일부터 1957년 1월 31일까지, 1954년 12월 13일자, DNP; 또한 에벨, USN 원자핵 물리학 부서로부터 앤더슨에게 보낸 편지를 보라, 1954년 12월 7일, DNP를 보라.

94) 네이글, 힐데브란트, 그리고 플라노, 「산란」, *Phys. Rev.* 105(1957): 718~ 724쪽.

95) 사이델, 「가속되는 과학」, *Hist. Stud. Phys. Sci.* 13(1983): 375~400쪽 중 377쪽.

데 모두 동의했다. 정부로부터 새로이 막대한 재정 지원을 받게 되자 아서 로버츠라는 한 물리학자는 감동해서 다음과 같이 시처럼 보이는 것을 썼다.

1947년에 물리학자인 것이 얼마나 좋은지,
몰로토프가 베빈(몰로토프와 베빈은 각각 당시 소련과 영국의 외상이었음 – 옮긴이)에게 나타낸 것보다 작은 존경심을 가지고 연구 지원금을 껴안으며,
보물을 빌려주겠다고 끈질기게 조르는 사람을 피하고,
돈에 대해서는 오직 그것을 어떻게 쓸지만 생각하네,
오,
연구는 길고,
시간은 짧다
선반을 새 장비로 채워라,
장비는 한 차 가득 주문하고,
결코 다시
생각해보지 말아라,
살 수 있는 것이 무엇이건 너는 가질 수 있으니.[96]

그리고 재화와 물리학이 함께 간다고 하더라도 버클리에서와 같이 그렇게 큰 물량은 어떤 다른 곳에서도 모일 수 없었다. 로버트 사이델이 말했듯이 "대규모 기술 개발을 위한 폭주(暴走) 프로그램의 경로를 따라 가속되는 과학에 의해 방사선 연구소는 현대 거대과학의 기풍을 자리 잡게 하는 데 도움을 주었다."[97]

---

96) 로버츠, 「물리학자인 것이 얼마나 좋은지」, 타이프 된 원고, 1947년 4월 27일, LAP.

97) 사이델, 「가속되는 과학」, *Hist. Stud. Phys. Sci.* 13(1983): 375~400쪽 중 399~400쪽.

로렌스의 거대 물리학 양식은 루이스 앨버레즈의 의도와 어울렸다. 앨버레즈는 크기가 크고 충분히 지원받는 가속기의 제작 과정을 보았을 뿐 아니라, 또한 레이더와 원자폭탄이라는 두 가지 위대한 과학적 전쟁 노력 모두에 참가했다. 두 프로젝트는 각각 약 20억 달러 정도의 예산 지원을 받았다. 그런 환경 아래서는 누구나 큰 규모의 계획을 세우는 것을 배우게 되었다. 앨버레즈가 그의 "연구소 생활 양식"을 크게 바꾼 것은 휠러와 델렌바우, 화이트, 켐블, 터먼, 그리고 블로흐와 같이 우리가 제4장에서 살펴보았던 많은 다른 사람들이 그랬던 것처럼 1941년 겨울과 1942년 봄 전쟁 관련 연구를 수행하던 중이었다.[98] 1942년과 1945년 사이의 3년 동안에 앨버레즈는 "레이더 철학"을 주입받았으며 그다음에는 전쟁의 후반부 동안에 남서부로 옮겨서 명실공히 "로스앨러모스 사람"이 되었다. 앨버레즈는 1945년 8월 6일 히로시마 임무를 위하여 정찰기 최후의 심판을 타고 비행했다.[99] 전쟁 전에 우주선(宇宙線)에 대한 앨버레즈의 연구는 혼자서, 작은 그룹으로 또는 몇 명의 대학원생들과 함께 수행되었다. 전쟁 후에는 생애의 대부분 기간 동안 그는 대규모 연구 조직에서 한 자리를 맡았다.

MIT의 방사선 연구소에서 레이더 연구에 종사한 초기 단계에서부터 앨버레즈의 과학 연구 구조가 변화하기 시작했다. 1941년 가을 동안에 그곳에서 그는 전파 방해와 계기 비행(Jamming Beacons and Blind Landing, JBBL) 부서의 그룹 지도자를 맡았고, 그다음에는 제7부서(특수 시스템)의 책임자가 되었다. 이러한 자격으로 그와 그의 그룹은 계기 비행만으로 비행기가 착륙할 수 있게 하는 지상(地上) 통제 접근 레이더

98) 레이더 프로젝트에 대한 앨버레즈의 연구에 관해 더 깊은 논의를 알려면 구어락, 『레이더』(1987), C절, pt. 1; 앨버레즈, 『모험들』(1987), 86~110쪽을 보라. 원자폭탄에 대한 앨버레즈의 연구는 앨버레즈, 『모험들』(1987), 111~142쪽; 허킨스, 트루슬로, 그리고 스미스, 『프로젝트 Y』(1983), 112쪽, 128쪽, 203~206쪽에 요약되어 있다.

99) 앨버레즈, 『모험들』(1987), 143~144쪽을 보라.

(Ground Controlled Approach radar, GCA)와 후일 노르망디 해안의 공격 개시일에 군사 비행단을 지휘하는 데 이용되었던 마이크로파 조기(早期) 경보 레이더(Microwave Early Warning radar, MEW), 그리고 유럽 전역에서 전략적 공격에 채택되었던 독수리 계기 폭격 시스템 등 세 가지 프로젝트를 집중적으로 연구했다. 1943년까지 물리학과 관련된 레이더 문제의 대부분이 해결되었으며, 앨버레즈는 맨해튼 프로젝트로 옮겨 처음에는 시카고의 페르미 원자로에서 그리고 그다음에는 로스앨러모스에서 내파(內波) 장치를 연구하는 팀과 합류했다. 내파 그룹은 빠르게 성장했고, 1944년 6월~7월에는 재조직이 단행되어 앨버레즈가 E-11 그룹의 책임자로 임명되었다. 이 그룹의 임무가 첫째는 시험 기간 동안 감마선을 방출하는 방사성 란탄족을 활용하여 내파된 물질의 경로를 추적하는 것이고, 둘째는 내파시키는 전하에 대한 전기 기폭 장치를 조사하는 것이었다.[100)]

전쟁이 끝났을 때 버클리 방사선 연구소의 예산은 새로운 방향으로 확장되었다. 앨버레즈는 25만 달러의 값어치가 나가는 잉여 레이더 장치를 그의 선형 가속기에 활용했고, 20만 달러어치의 잉여 축전기는 맥밀런의 싱크로트론으로 갔으며, 1,000만 달러 정도가 베바트론으로 배정되었다.[101)] 정부의 후한 지원으로 인한 과학적 이익 중 하나는 전에는 유례가 없었던 자율권을 누린 엄청난 기술자 그룹을 훈련시키고 양성한 것이었다. 물리학 시설에 기술자들이 새롭게 그리고 강력하게 기여한 예로는 윌리엄 브로벡이라는 기술자에 의한 베바트론의 설계를 들 수 있다.

레이더와 원자폭탄, 그리고 선형 가속기 등 세 가지 프로젝트가 앨버레즈를 과학과 기술, 그리고 관리에 대한 이해관계들을 결합시키는 위치에 놓이게 했다. 명백하게 이들 하나하나가 대규모 물리학을 수행하는

---

100) 구어락, 『레이더』(1987), 293쪽, 386~394쪽, 497~506쪽; 존스턴, 「전쟁 기간」(1987), 55~71쪽; 내파 프로그램에 대해서는 호드슨 외, 『위험한 조립품』(1993), 특히 제8장~ 제9장, 제14장~ 제16장을 보라.

101) 허킨스, 트루슬로, 그리고 스미스, 『프로젝트 Y』(1983), 112쪽.

데 풍부한 교육적 기회를 제공했다. 그런데 만일 시행되었더라면 앞의 세 프로젝트를 모두 합한 것보다도 더 컸을 네 번째 프로젝트가 있었다.

미국 내에 비밀 원자 기지를 만들 것인가에 대한 논쟁이 1940년대 말에 부상했다. 1949년 여름이 되기 전에 AEC에 대한 최고위급 자문 패널인 일반 자문 위원회(General Advisory Committee, GAC)는 AEC가 열핵(熱核) 무기에 우선권을 부여하지 말라고 권고했다. 진척이 없던 협의는 1949년 8월 러시아의 원자폭탄 실험이 성공함에 따라 종료되었고, 앨버레즈와 로렌스는 국가 방위에 열핵 무기가 필요한지에 대한 자주 극단적으로 치닫던 비밀 논의에 개인적으로 그리고 열정적으로 참여했다. 그들 둘 다 가장 열렬한 수소폭탄 옹호자들에 속했다.[102] 1950년 1월 31일에 다행스럽게도 트루먼 대통령의 인가를 받아 강행 계획이 시작되었다.

로렌스는 무기 프로그램이 곧 (핵융합 폭탄을 위해) 3중수소와 (각종 원자폭탄을 위해) 분열 가능한 물질의 공급이 확대되어야 할 것이라고 추측했다. 앨버레즈가 예견한 것처럼 그의 선형 가속기 설계는 이 두 가지 종류의 물질 모두를 생산할 능력을 갖춘 거대한 중성자 공장으로 확대될 수 있었다. 만일 그것이 완성되었다면, 앨버레즈가 책임자였던 이 물질 시험용 가속기(Materials Testing Accelerator, MTA)는 500억 달러의 가격표를 달고 태어났을 것이다.[103] 매우 많은 계획을 세웠는데도 계획된 기계 중 하나의 앞부분만 제작되었는데, 그것 하나만 해도 200억 달러 이상의 비용이 들어갔다. 1952년이 되자 콜로라도 고원 지대에서 우라늄의 풍부한 천연자원이 발견됨으로써 전체 사업이 중단되었고,

102) 수소폭탄 논쟁과 거기에서 앨버레즈의 역할에 대해서는 갤리슨과 번스타인, 「어떤 면에서도」, *Hist. Stud. Phys. Bio. Sci.* 19(1989): 267~347쪽, 그리고 거기에 포함된 참고문헌들을 보라.

103) 「MTA 프로그램에 대한 원자력 에너지 위원회의 목표: 원자로 개발 책임자의 보고서」, 1952, 일반 서신, document no. AB-2153; DC 8990, LBL을 보라. MTA에 대한 탁월한 해설로는 하일브론과 사이델, 『로렌스』(1989), 66~75쪽을 보라.

1952년 8월에는 앨버레즈의 MTA를 무기한 연기하기로 결정되었다.[104) 앨버레즈는 MTA 연구의 대부분에서 중심적인 역할을 맡았는데, 이 경험이 (대규모 계획과 관리에서 더 많은 전문 지식을 제공했을 뿐 아니라) AEC와 그 사이의 관계를 더욱 공고하게 해주었다.

MTA 프로젝트가 공식적으로 끝나기 전에 앨버레즈 자신은 기초 물리학에 다시 몰두하기 시작했다. 시카고 대학의 물리학자인 새뮤얼 앨리슨은 앨버레즈에게 1951년 9월에 국제 학술회의에서 "당신의" 최근 연구에 대해 소개하도록 초대하는 편지를 보냈다.[105) 이 문의에 회신하면서 앨버레즈는 앨리슨에게 "당신"이라는 호칭을 어떻게 사용했느냐고 다음과 같이 질문했다. "나는 당신이 '당신'을 의미했는지 또는 '당신들 모두'를 의미했는지에 대해 약간 혼돈스럽다. 나는 지난 1년 반 동안 기술자로 일했고 나 자신이 실험실에서 보낸 시간은 얼마 되지 않으므로 당신들 그룹이 흥미를 느낄 만한 내용을 별로 갖고 있지 못하다. 만일 당신이 '당신들 모두'를 의미했다면, 이곳 버클리에서 수행된 연구의 몇 가지 중요한 결과를 소개할 수 있을 것이다. …… 나는 스스로 학계와 좀 멀어져 있다고 느끼고 있으므로 물리학의 세계에서 무엇이 일어나고 있는지에 대해 뒤쫓아갈 기회로 그 학술회의를 고대하고 있다."[106) 앨버레즈가 입자 물리학을 "뒤쫓아" 갈 때 물리학과 공학의 경계에 위치한 국방 관련 연구에 대한 그의 경험이 그에게 큰 도움이 되었다. 실제로 버클리의 거품 상자 연구에 대한 설계 기술과 계획 그리고 관리는 직원 채용에서 시작해 버클리 언덕의 일상생활이 지닌 성격에 이르기까지 그 거품 상자의 건축과 운영에 대한 모든 단계에서 필수적인 구성 요소가 되었다.

글레이저의 발표는 이와 같이 공학 기술이 그의 바로 직전의 과거이고 가속기 물리학이 그의 현재 관심 사항인 그러한 때의 앨버레즈에게 관심을 환기시켰다. 글레이저가 그의 새로운 검출기를 소개한 워싱턴 회의

---

104) 하일브론과 사이델, 『로렌스』(1989), 69쪽.

105) 앨리슨이 앨버레즈에게, 1951년 9월 6일, LAP.

106) 앨버레즈가 앨리슨에게, 1951년 9월 11일, LAP.

직후에 앨버레즈는 매우 큰 수소 상자를 제작하는 것을 그의 실험실의 목표로 삼겠다고 결심했다.

새로운 장비에 대한 연구가 미시간과 시카고에서와 마찬가지로 버클리에서도 시작되었다. 그리고 시카고에서처럼 수소 상자가 가장 높은 우선순위를 차지하고 있었다. 1953년 5월 5일에 린 스티븐슨은 거품 상자에 대한 버클리 그룹의 노트 중 두 번째 쪽에 나온 수소라는 단어에 밑줄을 두 번 그었다. 그때 국제 최신 자료사(International Critical Table, 유기 화합물과 무기 화합물 그리고 순수 물질에 대한 최신 자료를 제공해 준다 – 옮긴이)로부터 등온선 그래프와 함께 자료가 왔다.[107] 앨버레즈는 나중에 다음과 같이 퉁명스럽게 말했다. "누가 쓰레기로 된 공에 핵자(核子)들을 붙잡아 매기를 원했나? 여전히 우리는 도널드[글레이저]가 도달한 곳에서 출발한다고 생각했다."[108]

이러한 이유로 스티븐슨은 작은 디에틸에테르 상자를 제작하기 시작했다. 1953년 5월 18일에 원형(原型) 마크 I이 완성되었다. 스티븐슨은 다음과 같이 기록했다. "(공기를 제거하지 않은) 아주 엉망인 상자이다. $t = 70$일 때 거품이 형성되었다."[109] 다음 번 기계인 마크 II는 방사선 공급원이 주입되자마자 곧 거품을 만들었다. 1953년 5월 20일에 마크 III이 다음과 같이 투덜거리며 세상에 나왔다. "유리가 오-링에서 미끄러져 나왔고, 우리는 밤새워 관에서 에테르를 증발시켰다. 추신. 이 상자가 제대로 작동하지 않을지도 모르는 원인은 필터에서 나온 미세한 유리 입자들이 있었기 때문이다."[110] 구름 상자 제작자들이 두려워했고 글레이저가 꼼꼼하게 제거하려고 했던 먼지가 자주 누명을 뒤집어썼다. 1953년 5월 22일에는 마크 IV가 얼마간 희망을 갖게 해주었다. 공급원이 "분명한 효과"를 보였다. 다음 단계는 수신 장치로 유발되는 스트로보를 사

107) BCL 1, 2-5, LBL.
108) 앨버레즈, 저자와의 인터뷰, 1983년 3월 7일.
109) BCL 1, 24, LBL.
110) BCL 1, 25, LBL.

용하여 거품의 사진을 찍는 일이었다. 슬프게도 스티븐슨은 "거품을 보는 데 성공하지 못했다"라고 썼다. 스티븐슨이 얻은 것은 공동(空洞)에 가득 찬 ~2기압의 에테르 증기와 쪼개지는 듯한 두통"뿐이었다.[111] 그런 식으로 1953년 6월과 7월 그리고 8월 내내 계속되었다.

에테르 상자 원형과 함께 스티븐슨의 두통이 계속되는 동안 한 젊은 버클리 가속기 기사(技士)인 존 우드가 시카고 그룹과 글레이저, 그리고 버클리의 선임 물리학자들을 앞질렀다. 8월에 논문으로 발표되었던 힐데브란트-네이글의 설계를 가지고 작업하여, 우드는 1953년 10월에 이르자 사람들의 관심을 집중시킨 수소 상자를 완성했다. 그런 까닭으로 흔적을 만들어내는 수소 상자에 대한 첫 번째 논문의 저자는 물리학자가 아니고 기사였다.[112] 그때 노트를 보면 다음과 같이 상당한 좌절을 맛보았음을 분명히 알 수 있다. "액체를 과열시키고 라듐 공급원으로부터 거품 형성을 얻으려고 여러 번 시도했다. …… 상자에다 방사선을 쪼였지만 아무런 효과도 일어나지 않았다." "개선을 위한 제안"이라는 항목 아래서 작업일지는 압력계와 온도계가 필요하며 실험하는 사람은 "지금 사용하는 상자를 '좀더 깨끗한 것'으로 바꾸어야 한다"고 결론짓는다.[113]

매우 매끄러운 유리 상자를 이용한 글레이저의 실험은 모든 사람에게 표준(운전상의 조건)이 되었다. 모두 다 가정하기를, "깨끗하지" 않으면 벽에서 저절로 시작된 거품이 흔적을 만들어내려는 어떠한 시도도 망치고 말 것이다. 그래서 스티븐슨은 10월 중순에 "좀더 깨끗한" 상자를 만들자고 스스로 다짐했다. 온도 통제에 대한 연구도 더 진행되었다. 1954년 1월 25일에 이 상자가 다시 시도되었다. 실험하는 사람들은 팽창과 플래시 사이의 지연 정도를 바꾸어 보았으며,[114] 50개의 흔적이 촬영되

---

111) BCL 1, 27, LBL.

112) 우드, 「거품 흔적」, *Phys. Rev.* 94(1954): 731쪽.

113) BCL 1, 30, LBL.

114) BCL 1, 31, LBL.

었다. 이 폴라로이드 사진들 중 첫 번째 것은 스티븐슨의 첫 번째 노트에 보존되어 있다.

이 초기 사진들을 들여다보고 있는 동안 앨버레즈는 우연히 그의 그룹이 무엇보다도 더 중요한 성질을 포착했음을 깨달았다.[115] 충분히 확실하게 끓음은 벽 가까이서 시작하고 있었다. 그럼에도 불구하고 상자 중심부의 가까운 곳에서 흔적들이 분명하게 보였다. 그러므로 상자를 글레이저의 것처럼 깨끗하게 만들기에 실패한 것이 오히려 버클리 그룹의 첫 번째 위대한 업적을 촉진시켜 주었다. 만일 우연히 "더러운" 벽이 흔적 형성을 막지 못한다면, 의도적으로 불완전하게 만든 벽 역시 그럴 것이다. 우드가 『피지컬 리뷰』에 보낸 서신 논문은 이것을 다음과 같은 방법으로 묘사했다. "우리는 과열 상태를 오랫동안 지속시킬 수가 없어서 의기소침해 있었는데, 큰 거품 상자를 성공적으로 작동시키는 데는 그것이 중요하지 않다는 사실을 흔적 사진들이 보여주었다."[116]

이렇게 매우 구체적인 의미에서 구름 상자와 초기 거품 상자에 수반된 기능 전통은 검출기 설계에 대해서도 강력한 구속 조건을 부여했다. 글레이저와 같은 도구 설계자들은 광학적으로 우수한 유리가 필수 불가결한 것이라는 존경심을 가지고 있었다. 가장자리에서 끓음이 일어나는 우드의 사진 사건은 구속 조건이 절대적이지는 않더라도 강력할 수 있다는 예를 보여주었다. 산업적 규모의 설계가 앞서서 둘러싸고 있던 중 버클리 팀은 유리벽을 순수하고 깨끗하게 유지시키려는 전쟁에 1년 반 이상을 보냈다. 우드의 편지가 출현할 때쯤 이 팀은 이러한 장벽을 실제로 넘을 수 있다고 깨달을 준비가 되어 있었다. 순수한 것이 필요하지는 않았다.

즉시 유리가 아니라 산업-등급의 금속으로 벽을 만든 더 큰 거품 상자에 대한 연구가 시작되었다.[117] 깨끗하지 않은 벽을 사용할 수 없었더라

---

115) 앨버레즈, 저자와의 인터뷰, 1983년 3월 7일.

116) 우드, 「거품 흔적」, *Phys. Rev.* 94(1954): 731쪽.

117) 슈베민의 상자는 1954년 3월 9일 처음으로 시험용 제작이 완료되었다. BCL

면, 거품 상자는 에너지가 매우 큰 사건들을 조사하기에는 너무 작은 크기인 채로 영원히 남아 있었을 것이다. 심지어 (두 명의 다른 버클리 기사인) 더그 파멘티어와 피트 슈베민이 설계한 2.5인치 상자의 경우에도[118] 온도를 제대로 유지하기에는 효율적이지 못한 장치를 필요로 하는 아주 두꺼운 유리벽이 요구되었다. 대신에 길이가 1인치이고 안쪽 반지름이 2.5인치인 황동 상자를 만들고 양쪽 끝은 유리로 막았다. 그것은 제대로 작동했고 진행 상황은 더 빨라졌다. 1954년 4월 29일에 2.5인치 상자에서 첫 번째 흔적이 나타났다. 8월이 되자 대략 2.5인치 상자와 같은 선상에서 두 개의 4인치 상자가 제작되었다.[119] 이 모든 결과들이 1954년 12월에 버클리에서 열린 미국 물리학회 회의에서 발표되었다.[120]

버클리에서 수행된 거품 상자 연구의 초창기부터 기사와 기술자가 가장 중요한 역할을 담당했다. 실제로 초기 논문 중 물리학자가 저자인 경우는 한 편도 없었다. 우드와 슈베민, 그리고 파멘티어는 모두 기사였고, 그들은 비록 물리학자들로부터 자주 자문을 구했지만 상당한 자율권을 누리며 연구에 임했다.[121] 시작부터 기술 인력과 과학 인력 사이에 긴밀한 연결이 수립된 것은 방사선 연구소 연구의 특징이었는데, 이것은 다른 미국 연구소들과 구별되었으며, 우주선(宇宙線) 그룹과 새로운 유럽 연구소인 CERN 등과 같은 유럽 기관과는 더욱 더 구별되었다. 버클리에서 물리학과 공학의 대등 관계에 대한 기록으로 전해져 내려오는 유산은 수많은 "기술 관계 기록"들의 집합체인데, 그 첫 번째 것이 1955년 1월 13일자의 연구소 기록이다.[122]

1, 39, LBL.

118) 파멘티어와 슈베민, 「액체 수소」, *Rev. Sci. Inst.* 26(1955): 954~958쪽.

119) 앨버레즈, 「최근 발전 상황」(1972), 251~252쪽.

120) 파멘티어 외, 「4인치」, *Phys. Rev.* 58(1955): 284쪽.

121) 앨버레즈, 「최근 발전 상황」(1972), 250~251쪽.

122) 스티븐슨, 「거품 상자 발전 상황」, UCRL Engineering Note 4311-14, file M1, LAP.

1954년 말까지 적어도 얼마 동안은 버클리가 거품 상자 기술을 주도할 것이라는 점이 명백했다. 시카고와 브룩헤이븐 그룹은 서부 쪽(버클리는 미국의 서부에 그리고 시카고와 브룩헤이븐은 동부에 위치한다-옮긴이)을 바라보았다. 브룩헤이븐 구름 상자 그룹의 앨런 손다이크는 앨버레즈에게 그의 그룹에서 연구할 수 있는 기회를 달라고 요청하는 편지를 보냈다. 손다이크는 브룩헤이븐에서는 "모든 노력이 펜탄으로 채운 상자 방법에 투입되고 있다"라고 덧붙였다. 그는 "그러나 나는 당신이 지금까지 선도해온 액체 수소로 채우는 것이 진정으로 성과를 얻을 수 있는 방법이라고 우리 모두가 느끼고 있다고 생각한다"라고 이어서 썼다.[123] 비슷한 이유로 다라 네이글은 버클리 실험실에서 얼마 동안의 시간을 보냈다.[124]

로저 힐데브란트는 1954년 여름을 버클리 그룹과 함께 보냈으며 확장된 프로젝트에 대한 열성적 보고서로 답장을 대신했다. 1954년 6월 27일에 아직 남아 있던 (다라 네이글, 어윈 플레스, 리처드 플라노 등) 시카고 그룹은 버클리에 가 있던 그들의 대표자로부터 버클리 그룹이 "지름 4인치 깊이 3인치!"짜리 거품 상자를 설계하고 있다는 소식을 들었다.[125] 힐데브란트는 그의 동료들에게 "(그들이 연구하는) (장래를 위하여) 큰 상자에 대해 깊이 고려해보는 것을 제외하고는 우리의 계획을 바꾸지 말자"고 제안했다.[126] 나중에 전달된 정보 중에는 액체 수소의 수평기 사용과 유리-금속 경계를 밀봉하는 방법 등이 포함되어 있었다.[127]

---

123) 손다이크가 앨버레즈에게, 1954년 11월 4일, LAP; 또한 앨버레즈가 손다이크에게, 1954년 11월 16일, LAP를 보라. 손다이크가 앨버레즈에게, 1954년 11월 23일, LAP.

124) 네이글이 앨버레즈에게, 1954년 11월 23일, LAP; 앨버레즈가 네이글에게, 1954년 12월 13일, LAP.

125) 힐데브란트가 네이글, 플레스, 그리고 플라노에게, 1954년 6월 27일, DNP. 나는 네이글이 이 편지와 1954년 8월 20일과 9월 9일의 편지를 활용할 수 있게 해준 점에 대해 감사드린다.

126) 힐데브란트가 네이글, 플레스, 그리고 플라노에게, 1954년 6월 27일, DNP.

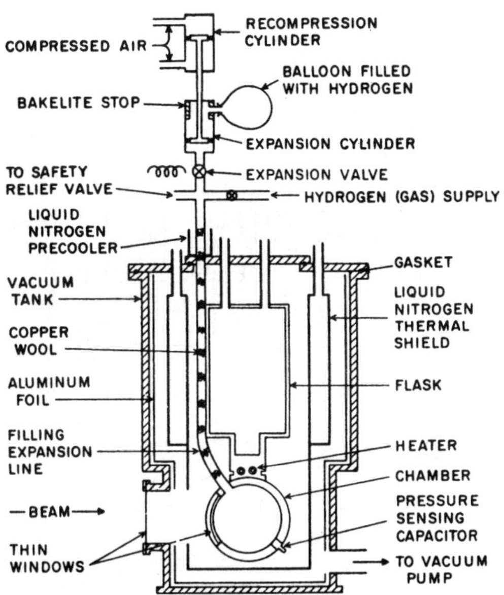

〈그림 5.7〉 4인치 LRL 거품 상자(1960). 4인치 액체 수소 거품 상자는 베바트론의 에너지에 사용하기에는 너무 작지만, 방사선 연구소의 32MeV 양성자 선형 가속기와 340 MeV 전자 싱크로트론에서는 물리적 결과를 만들어낼 수 있었다. 4인치 상자는 여전히 기사들이 물리학자들의 자문을 얻어 제작될 수 있다. 출처: 로렌스 방사선 연구소, 『72인치』(1960), 11쪽. 캘리포니아 대학의 로렌스 방사선 연구소에서 제공해 준 것에 감사드린다.

앨버레즈는 1955년 2월에 힐데브란트에게 4인치 상자가 동일한 결과를 반복하여 만들어낼 수 있는 정도로 제대로 작동하고 있으며 이제 관심은 수소에서 양전하와 음전하를 띤 *K* 메존을 정지시키는 물리학으로 옮아가고 있다는 소식을 행복한 마음으로 전했다(〈그림 5.7〉을 보라).[128] 그러나 그 물리학이 지극히 흥미롭긴 했지만 확장은 계속되었다. 4인치 상자가 처음으로 흔적을 만들어낸 직후에 10인치 상자의 제작에 착수했다(〈그림 5.8〉을 보라). 10인치 상자는 1956년에 완성되어

127) 힐데브란트가 네이글에게, 1954년 9월 9일, DNP; 힐데브란트가 네이글, 플레스, 그리고 플라노에게, 1954년 8월 20일, DNP.

128) 앨버레즈가 힐데브란트에게, 1955년 2월 18일, LAP.

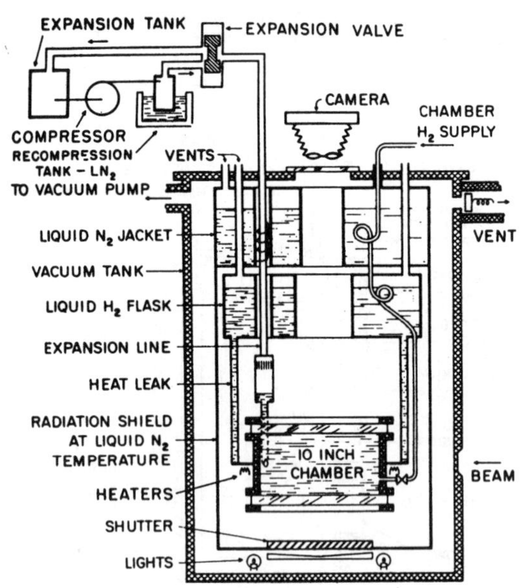

〈그림 5.8〉 10인치 LRL 거품 상자(1960). 10인치 상자는 물리학자-기사 협동으로 제작한 이전 모형의 최대 크기를 기록했다. 규모와 비용 그리고 신체적 위험성 등은 이제 기술자들이 영구히 제작 팀의 일부분이 되어야 하는 시점까지 증가되었다. 자료 생성 또한 급등했으며, 10인치짜리는 1956년에 시운전한 뒤 대략 60만 장의 사진을 찍어 냈다. 출처: 로렌스 방사선 연구소, 『72인치』(1960), 14쪽. 캘리포니아 대학의 로렌스 방사선 연구소에서 제공해 준 것에 감사드린다.

첫 번째 운전 시 흔적을 드러냈지만 버클리 설계자들은 상(像)이 왜 액체의 맨 위로부터 단지 몇 센티미터에서만 나왔는지에 대해 답을 알지 못하여 쩔쩔맸다. 흔적 자체가 잘못되었다. 그것은 마치 증발열이 액체 깊은 곳을 냉각시키고 거품들이 위로 떠오르는 것처럼 보였다. 상자를 다시 압축시켰을 때 뜨거운 증기 거품들은 터져서 존재하지 않게 되고, 그것들이 지닌 열은 상자의 맨 윗부분에 저장되었다. 뒤를 이은 감압(減壓)은 그러므로 상자의 아래쪽 부분이 끓기에는 너무 찬 환경 아래서 일어났으며 위쪽 부분이 완벽하게 작동했다. 온도가 바뀌는 비율을 측정하기 위해 앨버레즈 그룹은 떠오르기 전에 거품들을 납작하게 만드는 훨씬 더 빠른 재압축 시스템을 설치했으며, 상자의 위쪽에 차가운 판을 놓

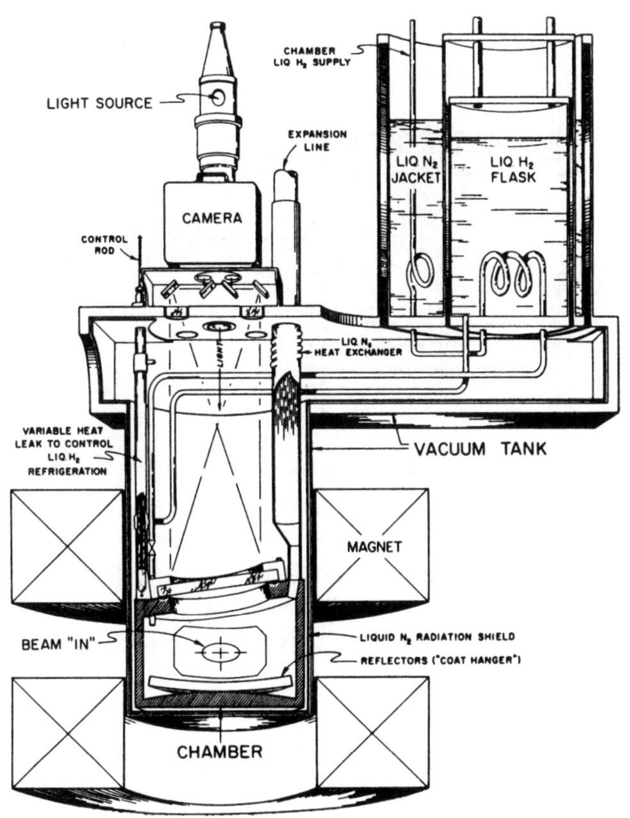

〈그림 5.9〉 15인치 LRL 거품 상자(1960). 1957년에 완성된 15인치 상자는 10인치 상자에서 부품을 떼어 사용했으며 이미 계획된 (나중에 72인치 거품 상자로 다시 구조를 변경시킨) 50인치 기계에 반영될 수 있는 많은 설계 특성들을 보여주었다. 출처: 로렌스 방사선 연구소, 『72인치』(1960), 15쪽. 캘리포니아 대학의 로렌스 방사선 연구소에서 제공해 준 것에 감사드린다.

아서 온도의 균일성이 유지되도록 보강했다. 10인치 상자는 1957년에 작동을 시작한 후속 모형인 15인치 상자에 쓰일 그 자석을 떼어 낼 때까지 60만 장이 넘는 사진을 찍었다.[129]

10인치 상자가 작동하기 훨씬 전부터 앨버레즈 팀은 15인치 상자의 제작에 착수했다. 10인치 상자가 지닌 실제적인 면의 중요한 한계를 극

129) 로렌스 방사선 연구소, 『72인치』(1960), 13~14쪽.

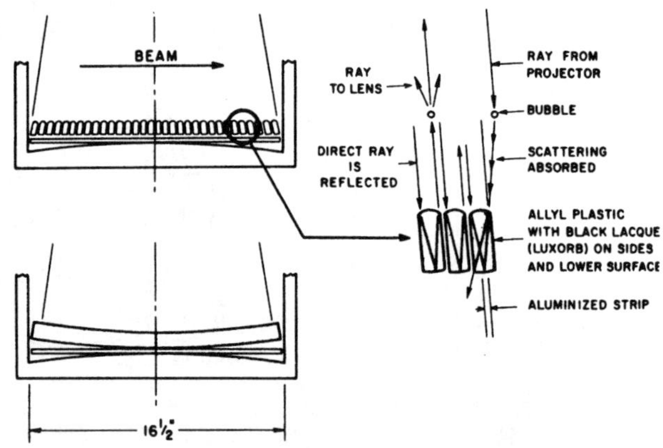

〈그림 5.10〉 광학적 반사경("코트 걸이")(1960). "사진이 흐려지는" 문제는 "코트 걸이"라고 불린 독특한 플라스틱 반사경을 설계하여 해결했다. 각 코트 걸이에는 바닥 위의 광학적으로 윤택을 낸 (위쪽) 타원형 굴절면의 초점에 좁은 알루미늄을 입힌 반사 띠가 장치되어 있다. 비광학적 표면은 검게 칠하여 산란광을 최소화시킨다. 광원에서 나온 빛은 알루미늄으로 입힌 띠에 집중하게 되고 세기가 감소되지 않은 채 액체를 통해 돌아온다. 그럼에도 불구하고 (예를 들어 반사경에 도달하기 전에 거품에서 산란된 빛과 같은) 다른 반사체로부터 산란된 빛은 이 띠에 집중되지 않으며 대신 검은 표면에서 흡수된다. 이러한 역직진 시스템은 거품에서 나온 반사(이중 상[像])을 방지한다. 반사된 빛은 바로 광원으로 돌아가고 단지 거품에서 산란된 반사광만 카메라 렌즈로 들어가기 때문에 흔적은 검은 배경에 환하게 보인다. 이와 같은 어두운 배경 조명은 탁월한 명암 대비를 보이는 사진이 나오게 만든다. 출처: 로렌스 방사선 연구소, 『72인치』(1960), 16쪽. 캘리포니아 대학의 로렌스 방사선 연구소에서 제공해 준 것에 감사드린다.

복하기 위해 제작된 15인치 장치는 기계를 멀찌감치 떨어뜨려 놓지 않고도 조명을 교체할 수 있도록 했다(〈그림 5.9〉에서 15인치의 조명 장치는 상자의 진공 외피[外皮] 내에 자리 잡고 있음을 볼 수 있다). 조명은 간단했다. 15인치 장치는 단지 하나의 창만 있는데, 그 창을 통해서 빛이 나오고 거품에서 반사된 빛은 동일한 문을 통하여 들어왔다. 이러한 방식은 썩 좋았다. 만일 반사체가 빛을 직접 원래 빛이 온 곳으로 돌려보낸다면, 사진은 완전히 회색빛으로 될 것이었다. 이러한 실패를 피하기 위해 앨버레즈 팀은 ("코트 걸이"라고 이름 붙인) 광학적 반사경을 사용하여 처음 빛은 원래 온 방향으로 되돌려 보내고, 거품에서 산란된 빛은 옆으로 반사시켜 대기하고 있는 카메라 렌즈로 들어가도록 했다

(〈그림 5.9〉와 〈그림 5.10〉을 보라).[130] LRL에서의 확장은 허겁지겁 진행되었다. 2.5인치 상자가 4인치 상자에게 자리를 내주고 다음에는 10인치, 그리고 마지막에는 15인치에 도달했다. 그때 상자를 향한 모든 시선은 기대가 너무 커서 이미 있거나 또는 계획된 어떤 검출기라도 왜소하게 보였다. 4인치 상자가 사진을 처음 찍기 시작한 지 두 달도 지나기 전 1955년 4월이었는데, 앨버레즈는 감응 부피가 50×20×20인치인 훨씬 더 큰 장치에 대한 초벌 계획을 시작했다.[131]

10인치 거품 상자처럼 큰 장치를 제작하기 위해서는 이전의 더 작은 기계에서의 물리학자 생활에 두 가지 중요한 변화가 요구되었다. 첫째, 물리학자와 평소 그들을 도와주는 기사에 더해 상자의 설계와 건설을 위해 기술자들이 합류했다. 둘째, 이제 수천 장의 사진에서 쏟아져 나오는 자료의 흐름을 감당할 수 없었으므로 엄청나게 증가한 방대한 양의 자료를 처리하기 위한 하드웨어와 소프트웨어를 준비하는 작업의 일부를 다른 곳에 위임하기 시작했다.

1955년까지 단지 4인치 상자만 실제로 제대로 작동했고, 계획 중인 10인치과 15인치 그리고 50인치 장치들은 제작상의 각 단계에 머물러 있었으며, 거품 상자 프로그램은 관리 전문가와 더 많은 재정 지원을 필요로 할 만큼 충분히 크게 성장했다. 이들 중 어느 하나도 우주선(宇宙線) 연구 과정에서 습득한 것은 아니었다. 앨버레즈에게는 맨해튼 프로젝트나 레이더 프로젝트에 참여한 그와 동시대 많은 사람들과 마찬가지로 전쟁이 대규모 과학 기술 프로젝트를 어떻게 진행해 나갈지 가르쳐 주었다. 예를 들어 앨버레즈는 그의 간부들을 조직하는 데 돈 고우에게 "물리 실험실에서는 흔하지 않지만 …… 군사 조직에서는 잘 알려진" 임무를 맡겼다. 앨버레즈는 그를 참모장으로 임명한 것이다.[132] 좀더 구체

---

130) 로렌스 방사선 연구소, 『72인치』(1960), 16~17쪽.

131) 앨버레즈, 「UCRL에서 거품 상자 프로그램」, 1955년 4월 18일, 스텐실 인쇄된 원고, 9, LAP.

132) 앨버레즈, 「최근 발전 상황」(1972), 258~259쪽.

적으로는 1942년 3월의 방사선 연구소 재조직화는 중앙 집중적인 "운영상의" 통제라는 문제가 위주가 되었다. 우리가 제4장에서 본 것처럼 프레더릭 델렌바우와 같은 과학 분야 행정가는 진주만 습격 후 미리 재조직된 방사선 연구소에서 한 가지 가장 큰 실패는 참모장에 해당하는 민간인이 없었다는 것이라고 강력히 주장했다(〈그림 4.1〉 〈그림 4.2〉, 〈그림 4.3〉을 보라). 그뿐 아니라 극저온 관련 하드웨어의 일부와 기술 관련 전문지식의 대부분은 주로 원자력 에너지 위원회, 콜로라도주 볼더의 국립 표준국(National Bureau of Standards, NBS) 극저온 연구소 등의 군부 연줄로부터 왔다. 이 연구소의 첫 번째이자 주된 임무는 수소폭탄 프로젝트를 위해 대량의 액체 수소를 준비하는 일이었다.

이 목표를 위해 연구소는 두 개의 동일한 수소 압축기를 만들었다. 하나는 극저온 실험을 위해 남겨두고, 다른 하나는 에니웨톡의 "젖은" (즉 액체인) 수소폭탄 시험을 위해 태평양 산호섬(미국 마셜 군도 북서부의 수소폭탄 실험지임 – 옮긴이)으로 운반될 예정이었다.[133] 볼더에 위치한 장비를 가지고, 기술자들과 물리학자들은 저온 액체를 저장하고 다루는 데 있어서 편리성과 안전성을 조사했다.[134] 예를 들어 스테인리스 스틸과 니켈을 많이 함유한 철, 그리고 알루미늄 합금의 장력과 피로 강도를 절대 온도 20도까지 낮추어 시험했다. 다른 프로그램들에서는 고진공 기술과 액화 기체를 이동하는 방법 등을 찾으려 했다.[135] 역시 또 다른 연구자 그룹은 액화 기체의 열역학, 즉 저온 액체를 대규모로 냉각시키고 생산하기 위해 알아야만 하는 엔탈피, 엔트로피, 그리고 깁스 함수에 대해 공부하기 시작했다. 그러나 이들 중 어느 것도 요구되는 넓은 범위 조건에 대해 적절하게 조사되지는 못했다.

(액체 수소 대신 이용된 융합 가능한 고체 연료인) 첫 번째 리튬 6 중수소 화합물 수소폭탄이 폭발되기 전에 NBS 연구소의 주요 임무가 완

133) 도널드 만, 저자와의 인터뷰, 1983년 12월 15일.
134) 브릭위드, 「몇 가지 의견들」(1960), 1~4쪽.
135) 「연구 시설들」, 팀머하우스, 『진전 상황』(1960), 1: 10쪽에 나온다.

료되었고, 간부들은 이미 다른 응용 분야에 관심을 돌리고 있었다.[136] 로켓 시험의 추진 장치를 위해 액체 수소가 필요했으며, 공기 역학상의 통제 표면, 착륙 기어, 통신 장비, 객실의 압력 유지, 그리고 비행 경로 통제 등과 같은 여러 가지 다른 공군 비행기나 미사일에 이용하기 위해 이동식 극저온 시스템이 요구되었다.[137] 이러한 다른 프로젝트 중 어느 것도 수소폭탄과 같은 우선권을 갖지는 못했으며, 1955년이 되자 수소폭탄을 대량으로 생산할 필요성이 없어졌고, 액체 수소를 통제할 필요도 없어졌다. 그때까지 이렇게 어려운 물질을 다루는 데 숙련되어 있던 물리학자들과 기술자들이 이제 다른 임무로 눈을 돌릴 수 있게 되었다. 그러나 그 마지막 목적지가 태평양이건 또는 아니건 간에 액체 수소는 실험 과학자의 연구 생활의 모든 면을 괴롭힌 위험을 초래했다.

5. 연구소 위험의 의미

1955년 봄에 버클리의 거품 상자 그룹은 볼더의 저온 물리학 전문가들의 의견을 구하기 시작했다. 더들리 첼턴, 베스컴 버밍햄, 그리고 도널드 만은 모두 그들의 기술 관련 솜씨를 급격히 확대되고 있는 입자 물리학자들의 필요에 적용하기 위해 볼더에서 버클리로 왔다.[138] 보통의 경우 안전 문제는 앨버레즈와 고우 그리고 앨버레즈가 신임하는 보좌역인 기계 기술자 폴 에르난데스 사이에 논의하는 중에 제기되곤 했다. 그러고 난 다음 이 문제들은 NBS 직원들과 함께 일하는 에르난데스에 의해 자세히 설명되었다. 전형적인 문제의 예들을 보면 다음과 같았다. 유리창이 깨지지 않고 얼마나 빨리 다시 냉각될 수 있는가? 남은 수소 기체를 배기통을 통해 뽑아내야 할 것인가 태워야 할 것인가? 이런 질문들

136) 도널드 만, 저자와의 인터뷰, 1983년 12월 15일.

137) 리버먼, 「E.R.E.T.S.」(1960), 2: 225~242쪽; 호만과 패터슨, 「극저온 시스템」(1960), 4: 184~195쪽.

138) 도널드 만, 저자와의 인터뷰, 1983년 12월 15일.

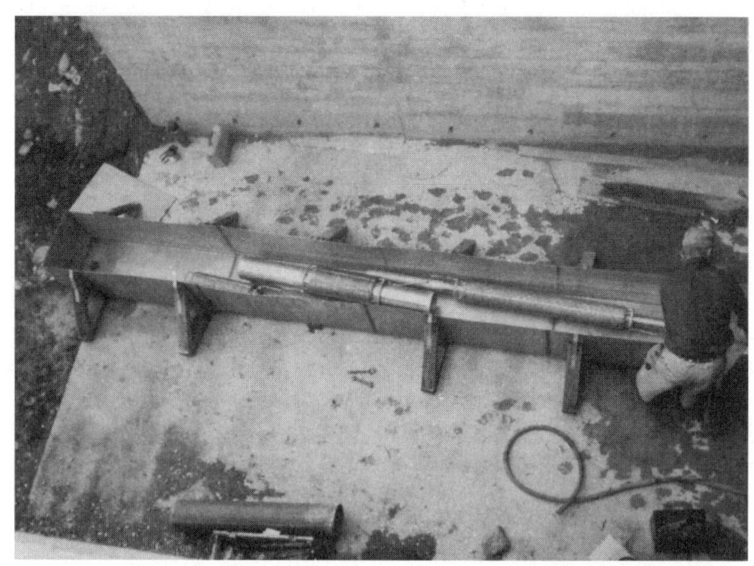

〈그림 5.11〉 NBS의 폭발 시험. 72인치 수소 상자에 쓰일 부품 중 대부분은 고압과 저온의 조건 아래서 어떤 행동을 하는지 시험 받아야 했다. 여기 콘크리트로 만든 폭발 벽 뒤에서 콜로라도주 볼더에 위치한 국립 표준국 소속의 한 기술자가 줄-톰슨 열 교환기를 시험하고 있다. 출처: 도널드 만이 제공해 주신 것에 감사드린다.

이 10인치 상자를 제작하는 과정에서 중요하게 대두되었고, 그보다 더 큰 장치들에 대해서도 그러한 문제가 지금까지 그대로 남아 있었다. 다른 공동 검사 프로젝트로는 수소의 끓음과 연소 그리고 폭발에 대해 조사하는 것이 포함되었다(〈그림 5.11〉을 보라).[139] 이러한 위협에 대처하기 위해 에르난데스는 다른 실패를 일으키는 실패를 차단하고, 수소에서 공기를 분리시키며, 내파(內波)에 견디는 장비를 설계하는 등 세 가지 범주로 나누어 기술적 방어 체제를 구축했다.[140]

무엇보다도 대량의 액체 수소가 얼마나 무시무시한지 이해하는 것이 필수적이다. 이러한 위험이 몇 연구소들이 결코 수소 상자를 제작하

139) 에르난데스, 「안전성」(1960), 2: 336~350쪽; 에르난데스, 「안전성」(1960), 2: 344쪽에 인용된 첼턴, 만, 그리고 에르난데스, UCRL Engineering Note 4311~14쪽, file M33.

140) 에르난데스, 「안전성」(1960), 2: 346~349쪽.

지 않겠다고 결정하는 데 영향을 주었으며, 수소 거품 상자의 제작을 진행한 연구소에서는 폭발할지도 모른다는 위협이 기술자와 물리학자 사이의 작업 구분뿐만 아니라 실험하기의 일상적인 과정과 정서에도 결정적인 역할을 했다. 실험하는 사람이 상자 창문 앞에 서서 마치 "대포의 포신을 내려다보고 있는 것"처럼 느낀다면 무엇을 의미하는지 알 수 있다. 파국이 올지도 모른다는 염려는 여러 가지 출처에서 나왔다. 거품 상자 연구에 참가한 많은 사람들은 1937년 5월의 힌덴부르크 재앙(힌덴부르크는 최초로 대서양을 횡단한 독일제 초호화 비행선으로 1937년 5월 독일에서 출발하여 미국에 도착하기 직전 폭발하는 사고를 냈다－옮긴이)을 기억하고 있었으며,[141] 좀더 최근에는 에르난데스가 1956년에 다음과 같이 보고한 것처럼 10인치 상자를 운전하면서 훨씬 더 작은 규모로 파괴적이지만 역시 비극적인 사고가 발생했다. "팽창 부분과 배기 시스템 사이에 180psig[제곱인치당 파운드 압력의 단위]의 압력을 지키던 연결 원반이 제대로 작동되지 않아 거품 상자의 압력이 갑자기 떨어졌다. …… [들어 있던 수소] 8리터 중에서 4리터가 거의 순간적으로 흘러나왔다. 이 기체는 배기관을 통해 움직인 시간 중 일부분에서는 초음속에 도달한 것으로 보인다. 기체는 배기관을 지나면서 글자 그대로 비명 소리를 냈다. 수소 기체에 불이 붙자 1초가 지나기도 전에 높이가 3미터에서 6미터 정도로 추정되는 불길을 내며 커다랗게 '휙휙' 소리를 내며 탔다."[142] 다행스럽게도 이 경우 배기 시스템이 제대로 작동해서 아무도 다치지는 않았다.

1965년 6월 5일 월요일 아침 일찍 케임브리지 전자 가속기(Cambridge Electron Accelerator, CEA)의 40인치 액체 수소 상자에서 일하던 사람들은 별로 다행스럽지 못했다. 거품 상자의 창문 중 하나가 제대로 작동하지 않았다. 수소가 폭발하여 불이 났는데, 한 사람이 사망하

141) 도널드 만, 저자와의 인터뷰, 1983년 12월 15일; 앨버레즈, 저자와의 인터뷰, 1983년 3월 7일.

142) 에르난데스, 「안전성」(1960), 2: 341쪽.

고 여섯 사람이 다쳤으며 100만 달러 이상의 피해를 입었다.[143] 고에너지 물리학 공동체 전체에게 이 비극은 또한 옳건 그르건 간에 새로운 시대를 압도하게 될 위험하지만 준(準)산업적인 연구소에 소규모 물리학의 속박 받지 않는 연구 스타일을 도입하려고 시도하지 말라는 마지막 경고를 담고 있었다. 글레이저식으로 느슨하게 시간을 보내며 개인이 알아서 행동하는 자신만의 실험실이 있었던 곳에 좀더 버클리의 그것과 같은 작업장이 만들어져야만 했다. 실험실이 위험한 장소라고 인식되면서 누가 그곳에 있을 수 있는지, 어떤 사람이 그곳에서 일을 할 수 있는지, 그리고 그들이 어떻게 일을 해야 하는지에 대한 새로운 조건들이 만들어지게 되었다.

CEA는 로스앨러모스에서 사용할 목적으로 전쟁 전에 제작되었고, 전쟁이 끝날 무렵 좀더 큰 형태로 다시 제작되었던 하버드 사이클로트론으로부터 유래했다. (지역 중심지로서) 브룩헤이븐이나 서부 가속기들은 보스턴 지역의 물리학자들이 필요할 때 쉽게 접근할 수 없다는 논란과 함께 하버드 핵물리학 위원회는 연방 정부가 주로 재정을 지원하는 4~6GeV 교류 물매 싱크로트론의 제작을 건의했다. 위원회 위원들은 케임브리지가 단연코 가장 큰 물리학자 공동체를 갖고 있지만 "메존을 생산하는 사이클로트론이나 10억 볼트 전자 가속기도 갖고 있지 못하다"고 강력하게 주장했다. 어니스트 쿠랑과 밀턴 스탠리 리빙스턴, 그리고 하틀랜드 스나이더 등에 의해 제안된 강력 집속(集束) 원리를 이용하면, 목표하는 에너지까지 전자를 가속하는 것이 기술적으로 가능한 영역 안으로 충분히 들어올 수 있을 것으로 보였다.[144]

제작 과정의 초기로부터 AEC가 주장하는 산업적 수요와 하버드와

---

143) 리빙스턴, 「반년마다의 보고서」, CEAL-1031, 1966년 7월 13일, 2-3, CEAP.

144) 「강력 집속(集束) 싱크로트론에 대한 제안」, 가속기 공동 위원회(리빙스턴, 램지, 스트리트, 그리고 자카리아스), 1952년 10월 6일, 그리고 「50억 볼트 전자 가속기에 대한 추천」, 하버드 핵물리학 위원회(램지, 배인브리지, 파운드, 히크먼, 퍼셀, 프레스턴, 슈윙거, 그리고 스트리트), 1954년 6월 7일, CEAP를 보라.

MIT 물리학자들이 주장하는 예전의 좀더 독립적인 연구 형태로 작업해야 한다는 의견 사이에 긴장 상태가 야기되었다. 이미 1957년 3월에 리빙스턴은 AEC의 뉴욕 사무실을 찾아가서 그가 생각하기에 필요하지 않고 번거롭기만 한 회계와 계획상의 ("관료들이 마음대로 제한해 놓은") 정식 절차가 그와 그의 직원들을 방해하고 있다고 다음과 같이 호통을 쳤다. "당신들이 요구하는 보고서와 결재는 우리 생각에는 전혀 적절하지 않은 '산업적' 형태의 제작과 비용 회계 절차를 따르고 있다는 결론을 내리지 않을 수 없다. 우리는 그러한 절차가 왜 CEA 가속기와 같은 연구 형태의 장치를 설계하고 제작하기를 관리하는 데 가장 효과적이고 경제적인 방법이 아닌지를 당신들에게 알려주기 위해 최선을 다했다."[145]

문제가 된 것은 회계뿐만 아니었다. 리빙스턴은 "특정한 부품들에 대해 …… 설계를 계속하여 수정할 수 있도록" 허용하는 것이 필요하다고 항의했다. 팀이 진행해 가면서 원형과 모형을 제작하고 수정하는 것이 필요했고, 새로운 물질이나 부분적인 조립 그리고 연구소의 실험실과 행정 관련 편의 시설까지도 그렇게 할 필요가 있었다. 리빙스턴은 무엇보다도 다음과 같은 것이 필요하다고 강조했다.

> 이러한 연구 개발 형태의 절차가 대단히 성공한 이유는 인적 그리고 물적 자원을 모두 생산 형태의 운영이 지닌 고루한 관례가 아니고, 융통성 있게 사용했기 때문이다. …… AEC로부터 우리의 내부 절차를 수정하도록 강요하는 압력이 계속된다면 우리 일의 진척이 대단히 심하게 훼손될 것이다. 만일 여러분의 시간과 노력을, 여러분이 우리에게 어떻게 하라고 말하느라고 보낸 시간만큼 우리가 어떻게 하는지 알아내는 방향으로 사용하려고 노력한다면, 여러분은 우리의 정상적인 절차가 완벽하게 적절한 통제와 안전 장치를 제공하고 있음을 알게 될

---

145) 리빙스턴이 뉴욕 사무소 관리자인 아이젠버드에게, AEC, 1957년 3월 5일, CEAP.

것이라고 확신한다.[146]

리빙스턴에게는 연구의 파급적 영향의 일부분으로서 실험에 대한 통제와 연구 생활의 한 방법으로서 통제라는, 통제의 이중적 처지가 철저하게 뒤얽혀 있었다. (리빙스턴이 강력히 주장했는데) "산업적" 형태의 연구는 원자 내부 세계의 탐구에서 얻는 성공을 위협할 수도 있었다.

놀라운 일이 아니지만 AEC의 통제로부터 독립하기 위한 마찰은 가속기의 운영에서도 그대로 계속되었다. 특히 AEC는 버클리에서는 이미 표준이 된 특징인 안전 보장을 위한 절차와 지침서 그리고 우발 사건에 대비한 계획 등을 요구했다. 이와는 대조적으로 CEA는 CEA 직원에게서 어느 정도의 보조적인 도움을 받으며 선임 연구자가 책임을 맡아야 한다는 철학을 주장했다. 실제 표현을 빌리면 이것은 화재 예방, 산업 안전 장치, 저온 안전 장치 등이 개관(槪觀)되었지만 전체 프로그램이 결코 공식적이거나 또는 중앙에서 조직된 적이 없었음을 의미했다. 예를 들어 버클리의 방사선 연구소와는 달리 전체 시설을 총괄하는 단 한 명의 개인이나 단 하나의 위원회도 존재하지 않았다. 연구자 개인은 결코 자신의 장비를 CEA 직원에게 검토받기 위해 제출해야만 하는 일이 없었다. 그리고 실험실 회의장에서 열리는 주간 회의에서 직원들이 위험 요소에 대한 문제를 제기하는 수가 있지만, 그러한 검토들은 모두 비공식적으로 이루어졌다.[147]

그 뒤 수년에 걸쳐서 CEA와 AEC는 안전 절차의 형태와 자세한 안전 프로그램에 대해 서로 다투었다. 1964년 중반에 이르자 뉴욕 사무소는 CEA의 비교적 공식적이지 않은 스타일에 따르기로 한 것처럼 보였다.

146) 리빙스턴이 뉴욕 사무소 관리자인 아이젠버드에게, AEC, 1957년 3월 5일, CEAP.

147) 바서가 커밍스에게, 1960년 12월 20일, AEC, 뉴욕 운영 사무소, 「폭발과 화재에 대한 조사, 실험관, 케임브리지 전자 가속기, 케임브리지, 매사추세츠, 1965년 7월 5일」, 타이프 친 원고[1966], 10~11쪽, CEAP에 인용되어 있다.

한 내부 보고서는 다음과 같이 천명했다. "CEA는 정책적으로 조직표 발행을 반대한다. 안전에 대한 책임 소재와 결재선이 정해진 것처럼 보이지만 문서로 만들려는 생각은 없다."[148] 한 가지 개선 사항이라면 외부 과학자가 사용하는 매우 구체적으로 지정된 몇 가지를 제외하고 모든 장비는 연구소에 소속된 사람에 의해 제작되어야만 한다는 의무 조항을 채택함으로써 안전에 대한 통제를 좀더 향상시킨 것으로 보인다.

그러나 동시에 실험실에서 수행되는 실험의 수와 복잡한 정도가 증가해서 통제가 점점 더 어려워졌다. 사고가 일어나기 전 그들의 마지막 보고서에서 뉴욕의 AEC 사무소는 1965년 3월 30일에 내부적으로 다음과 같이 기록했다. "비록 평가팀이 안전의 책임 소재와 조직표에 대해 공식적인 설명을 요청할 수도 있었지만, 그것은 [CEA의] 책임자들이 받아들일 수 없는 개념이었으며, 안전상의 목표들이 그들 자신의 어느 정도 비공식적인 조직에 의해 달성되고 있다는 사실을 고려하면, 그러한 문제를 강요할 이유가 없다고 사료된다."[149]

폭발이 일어나기 며칠 전에 액체 수소가 1965년 7월 2일 오전 2시에 처음으로 거품 상자에서 응축되기 시작했다. 그 뒤 며칠 동안 하루 종일 거품 상자의 가동(稼動)이 계속되었다. 7월 4일의 두 번째 교대조가 끝날 무렵에는 상자의 80퍼센트가 가득 찼으며, 요원들은 상자의 안쪽 부분을 더 냉각시키고 채우는 속도를 더 빠르게 하기 위해 기체 상태의 수소를 순환시키기 시작했다. 모든 것이 순조로워 보였다. 흐름을 빠르게 하기 위해 액체 수소를 계속해서 새로운 검출기에 부어 넣었다. 7월 5일

148) 부트먼과 와인트라우브가 브레슬린에게, 1964년 6월 19일, AEC, 뉴욕 운영사무소,「폭발과 화재에 대한 조사, 실험관, 케임브리지 전자 가속기, 케임브리지, 매사추세츠, 1965년 7월 5일」, 타이프 친 원고[1966], 12쪽, CEAP에 인용되어 있다.

149) 와인트라우브와 글라우버먼이 리조에게, 1965년 3월 30일, AEC, 뉴욕 운영사무소,「폭발과 화재에 대한 조사, 실험관, 케임브리지 전자 가속기, 케임브리지, 매사추세츠, 1965년 7월 5일」, 타이프 친 원고[1966], 12쪽, CEAP에 인용되어 있다.

오전 1시 15분에 요원들은 상자에서 수소가 원래 설계된 비율로 응축되고 있음을 확인했다. 하버드의 조교수인 J. 지만스키는 다음과 같은 진술서를 썼다.

> 오전 3시에 시간별 진행표를 확인하니 모든 것이 정상이었다. …… 채우는 비율이 서서히 감소하다가 다시 안정 상태로 된 때는 오전 3시 15분으로 짐작된다. …… 나는 그때 흘러나오는 비율을 조정하기 위해 다시 정화 장치로 갔다. 내가 통제 패널로 돌아왔을 때 그것은 정화 장치로부터 통제 패널까지 걸어오는 시간인 단지 몇 초 뒤였을 뿐인데, 흐름 계기판을 통하여 흐름 비율이 매우 높은 것(~12CFM[분당 세제곱피트])을 발견했다. 이것은 전혀 예상하지 못한 일이었다. 나는 곧 전에는 결코 일어나지 않았던 일로 우리의 전체 냉각과 채우기 기간에 걸쳐서 수소 채우기 압력(그리고 결과적으로 거품 상자 압력)이 설명되지 않는 이유로 증가하고 있음을 주목했다. …… 나는 즉시 채우기 압력을 가리키는 계기를 읽으며 …… 거품 상자로 연결되는 다섯 개의 밸브를 잠갔다. 채우기 압력은 여전히 증가하고 있었으며 80PSI까지 올라갔다. 나는 그 순간에 모든 부속 시스템이 그런 압력을 어렵지 않게 버틸 수 있기 때문에 80PSI가 대단히 위험한 값이라고 생각하지는 않았다. 그리고 그때 거품 상자의 압력이 너무 높게 올라가는 것은 아닌지 확인하기 위하여 거품 상자의 압력을 검사하려고 돌아섰다. 그렇지만 나는 거품 상자 압력 계기판을 결국 보지 못하고 말았다.[150)]

증인들과 파편 더미에서 나온 증거를 가지고 사고 조사팀이 일어난 사건을 재구성했다. 거품 상자 내부 깊숙한 곳에 안쪽 베릴륨 창이 표면의 미시적 불순물을 따라서 부서졌다. 바깥쪽으로 산산조각 나면서 내부 창

150) J. 지만스키의 진술서, 1965년 7월 5일, 1964년 6월 19일, 「폭발과 화재에 대한 조사, 실험관, 케임브리지 전자 가속기, 케임브리지, 매사추세츠, 1965년 7월 5일」, 타이프 친 원고[1966], 21~22쪽, CEAP에 인용되어 있음.

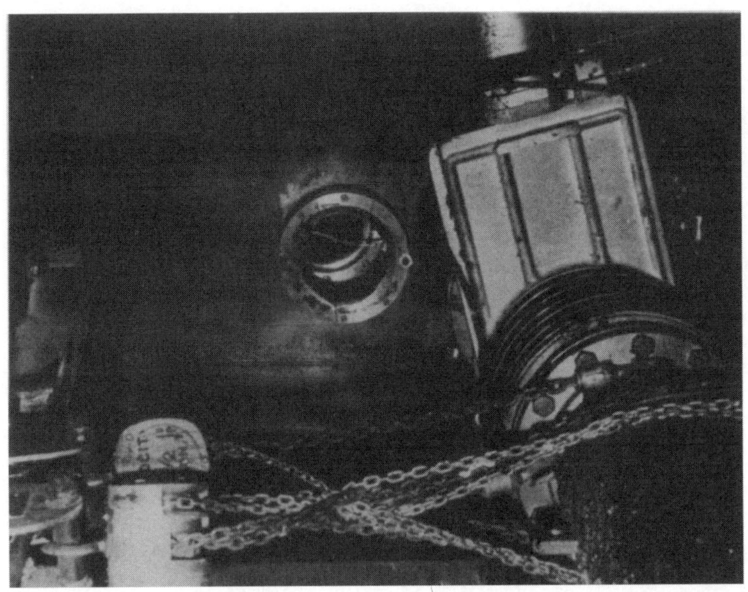

〈그림 5.12〉 금이 간 베릴륨 창문, CEA(1965). 거품 상자 설계에서 끊이지 않는 두려움 중 하나는 열적·기계적 충격의 연속적 압박을 받는 창문이 잘못되지 않을까 하는 걱정이다. AEC의 사고 보고서에 의하면, 대재앙을 불러온 1965년 7월의 CEA 사고가 일어나게 된 원인으로 지목되는 것이 베릴륨 렌즈 표면의 불순물이었다. 출처: U. S. 원자력 에너지 위원회, 「조사」(1966), 〈그림 17〉, HUA.

문의 조각들이 외부 베릴륨 창을 폭파시켜 열리면서 팽창하는 수소의 압력파가 동반되었다(〈그림 5.12〉를 보라).[151] 0.5초 이내에 실험실 바닥은 거칠게 타는 대략 400리터의 수소로 가득 찼다. 바깥쪽 창문이 잘못되어 점화된 불은 수소와 공기가 혼합된 곳이면 어디나 태웠다. 몇 초 뒤에 격심한 폭발이 연구소 전체에 걸쳐 강타했고 그것은 1만 제곱미터

151) AEC, 뉴욕 운영 사무소, 「폭발과 화재에 대한 조사, 실험관, 케임브리지 전자 가속기, 케임브리지, 매사추세츠, 1965년 7월 5일」, 타이프 친 원고 [1966], CEAP; 일련의 창문 실패에 대해서는 코플란드와 크로에니, Research Physical Metallurgists, Albany Metallurgy Research Center, U. S. Bureau of Mines, 52~55쪽, CEAP; 보치, Process and Materials Develop-ment Division, 로렌스 방사선 연구소, 캘리포니아 대학, 68~69쪽, CEAP에 나온 계산을 보라.

에 달하는 연구소 지붕을 위로 3미터나 들어올릴 만큼 강했다. 지붕이 올라갔다 다시 밑으로 부딪치면서 지붕 재료가 바닥으로 폭포처럼 떨어졌고 뜨거운 타르가 비처럼 내리면서 타기 시작했다. 이제 다른 가연성 물질들과 함께 대량의 액화 석유 가스로 연결된 약하게 땜질된 관의 이음새들이 녹으면서 다른 장소들이 불길에 싸여 분출했다. 화재를 악화시킨 것은 건물의 배기관 중 하나가 닫혀 있었으며, 다른 배기관들도 제대로 작동하지 않아 기체가 건물 안에 고이게 했다는 점이었다(〈그림 5.13〉을 보라).[152]

MIT의 기사인 A. 골로스키는 상자 서쪽의 벤치에서 작업을 하고 있었다. 그는 뒤로 꽝하고 떠밀렸고 주황색으로 타오르는 불길뿐 아니라 천장 가까이에서 불덩이를 보았다. 또 다른 불덩이가 상자 높이에 떠 있었다. 그의 고막이 터졌고 가속기 요원들 중 부상이 심하지 않았던 기사들의 안내로 밖으로 나올 때까지 복도를 따라 어찌할 줄 모르고 방황하고 있었다.[153] 대학원생 한 명의 옷에 불이 붙어서 심각한 화상을 입고 중태에 빠졌다. 연구소에서 일하던 다른 사람들은 2도 화상을 입었다. 가장 심각하게 다친 사람들로는 옷에 불이 붙어서 몸의 대부분에 3도 화상을 입은 대학원생인 F. L. 파인버그와 심한 내상과 함께 몸의 대부분에 화상을 입은 19세의 MIT 기사인 A. C. 레이드였다. 15일 뒤에 레이드는 사망했다.

상자 주변의 바람은 시속 500킬로미터에 달했다. 관들과 전깃줄, 케

---

152) 사고를 가장 그럴듯하게 설명한 모형으로는 AEC, 뉴욕 운영 사무소, 「폭발과 화재에 대한 조사, 실험관, 케임브리지 전자 가속기, 케임브리지, 매사추세츠, 1965년 7월 5일」, 타이프 친 원고[1966], TID-22594로 출판됨, 부록 III, CEAP; 출판된 판에서는 제외된 타이프 친 원고에서 몇 가지 세세한 점들을 보라. 지붕에서 흘러내린 뜨거운 타르에 대해서는 25쪽을 보라. 배기관에 대해서는 에르난데스, 프로젝트 기술자, LBL, 75~77쪽을 보라.

153) AEC, 뉴욕 운영 사무소, 「폭발과 화재에 대한 조사, 실험관, 케임브리지 전자 가속기, 케임브리지, 매사추세츠, 1965년 7월 5일」, 타이프 친 원고[1966], 24쪽, 27쪽, CEAP.

〈그림 5.13〉 CEA 화재를 외부에서 본 광경(1965). 지나가던 사람이 촬영한 이 사진은 이미 활활 타고 있는 CEA 대화재를 보여준다. 출처: U. S. 원자력 에너지 위원회, 「조사」(1966), 〈그림 14〉, HUA.

이블, 그리고 거품 상자의 부속품들이 불길 속에서 솟구쳤다.[154] 구조를 처음 요청한 지 2분 뒤인 오전 3시 38분에 소방관들이 도착했다. 8분 뒤에는 2차 폭발이 일어났는데, 아마도 다른 종류의 기체가 연관되면서 첫 번째 폭발보다 더 오래 지속되었다. 모든 것에 불이 붙었다. 불길은 파도처럼 커져서 천장으로 올라가 사방으로 퍼졌다. 한 대학원생은 거품 상자의 전자(電子) 장치실과 남쪽 벽 사이의 공간으로 겨우 기어 나올 수 있었다. 부상 때문에 더 이상 빠져나올 수 없어서 그는 불길이 잦아드는 것처럼 보일 때까지 그곳에 남아 있었다. 동쪽 출입구에 앰뷸런스를 대기하도록 방송하고, 소방 책임자와 기술자, 저온 전문가, 그리고 몇 명의 소방관이 그가 있는 곳까지 길을 뚫고 들어가서 들것에 태워 데리고 나왔다.[155]

---

154) AEC, 뉴욕 운영 사무소, 「폭발과 화재에 대한 조사, 실험관, 케임브리지 전자 가속기, 케임브리지, 매사추세츠, 1965년 7월 5일」, 타이프 친 원고[1966], 27쪽, CEAP.

155) 헐드가 겪은 시련에 대해서는 AEC, 뉴욕 운영 사무소, 「폭발과 화재에 대한 조

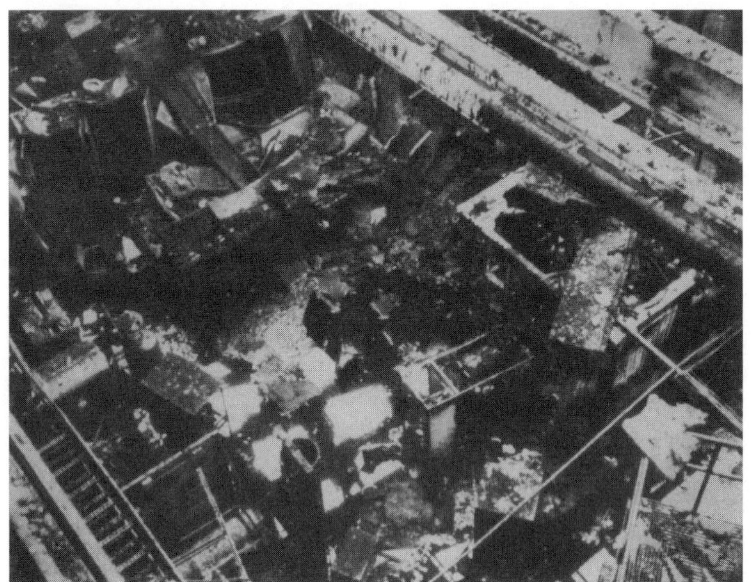

〈그림 5.14〉 CEA 화재의 영향(1965). 출처: LRL 거품 상자 1551, LBL. 캘리포니아 대학의 로렌스 버클리 연구소에서 제공해 준 것에 감사드린다.

폭발이 일어난 지 한 시간 반 뒤에 케임브리지 소방서는 불길을 잡았다고 발표했다. 그렇게 하기 위해 17대의 소방차가 동원되었다. 추정 피해액은 150만 달러였다(〈그림 5.14〉를 보라). 미국 내의 모든 주요 연구소들, 그리고 해외의 많은 연구소들도 그들의 일상 절차상에서 그 폭발의 영향을 받았다. 재난이 일어난 직후에 AEC는 로스앨러모스와 AEC, 브룩헤이븐, 아르곤, MIT, CEA, 방사선 연구소, SLAC, 그리고 프린스턴-펜실베이니아 가속기 등의 대표를 한데 모아 "고에너지 가속기 시설에 대한 안전 지침"의 작성에 착수할 그룹을 발족시켰다.[156)]

AEC 보고서의 첫 쪽부터 CEA가 누렸던 그동안의 여유는 끝났음이 명백했다. 그 뒤로 AEC의 지원을 받는 모든 연구소는 연구소장에게 보

사, 실험관, 케임브리지 전자 가속기, 케임브리지, 매사추세츠, 1965년 7월 5일」, 타이프 친 원고[1966], 13쪽, 24~25쪽, 31~32쪽, CEAP을 보라.

156) 국가 가속기 안전 위원회, 「고에너지 가속기 시설에 대한 안전 지침」, TID-23992(1967), v, CEAP.

고하는 일반 안전 위원회와 절차에 대한 지침서, 그리고 주기적인 검사를 갖추도록 정해졌다. 내가 알고 있는 한, AEC의 영향력 아래 놓인 어떤 선임자도 "연구"에 적절한 좀더 "융통성 있는" 스타일로 작업하는 안전 절차에 근거해 "산업 형태의 구조"에서 자유를 필요로 한다는 리빙스턴이 누린 방법을 결코 다시는 주장하지 못했다. 1965년 7월 5일 이후에는 어느 누구도 "생산" 방법을 "임의의 관료적인 제약"이라는 쓰레기통에 버리거나 또는 부품을 지속적으로 수정하기 위해 절대적인 특권을 유지할 수 없었다. 시간의 역사를 통해 뒤틀린 위험이 그러한 논쟁을 종식시켰다.

계획과 조직에 더해 폭발과 계속해서 시달되는 지침들이 안전을 보장하기 위해 확보되어야만 하는 일상생활의 변화를 압박했다. 그와 같은 "일상적인 절차"들은 "실험 과학자와 방문자를 포함한 모든 사람들에게 적용되어야만 했다." 산업적인 그리고 표준화된 연구소 관습들이 채택될 필요가 있었고, 항상 바뀌고 있는 장비의 특별한 위험을 생각한다면 더 확대되어야만 했다. 그러한 절차는 통신과 전력, 장비의 운반, 위험물질, 작은 연장, 의복, 그리고 장비의 감시 등에도 적용되었다. 가연 물질과 유독성 물질을 격리시키도록 설계된 규칙에 따라 공간 배정이 이루어져야만 했다.

AEC는 누가 실험 지역에 입장할 수 있는지에 대한 통제도 다음과 같이 요청했다. "일반인이 통제받지 않고 가속기나 실험 지역에 출입하는 것은 바람직하지 않을 뿐 아니라 잠재적으로 위험한 일이다." 이것은 "남자들의 일"이었다. 자주 번잡스러운 일이지만 현장에서 안내인의 인도를 받을 "가속기 그룹이나 실험 그룹 직원의 부인과 자녀들" 그리고 일반인이 선발되었다.[157] 안내인은 다음과 같이 부언했다. "실험 프로그램을 안전하게 수행하기 위해서는 적절한 관리 규칙이 필수적이다. 관리

---

157) 국가 가속기 안전 위원회, 「고에너지 가속기 시설에 대한 안전 지침」, TID-23992[1967], 27~29쪽 중 27쪽, CEAP.

규칙은 모든 사람의 책임이다. 관리자는 연구소 직원들이 이 문제에 대해 틀림없이 적절한 자세와 관심을 계속 갖고 진척시킬 수 있도록 만들 책임이 있다."[158] 사람들은 반복해서 안전 지침으로부터 산업적 규모의 과학이 지닌 새로운 영역과 복잡함, 위험에 적절한 연구 양식을 수립하고 유지하기 위해 요구되는 지속적 훈련이 필요하다는 점을 배운다.

1965년 7월 5일 이전에는 거품 상자와 가속기라는 구속 조건 안에서도 물리학 생활을 어떻게 사느냐에 대한 몇 가지 모형이 존재했다. 그중 하나는 명백히 산업과 군부 그리고 대규모 기술을 따라서 만들어졌다. 버클리는 시작부터 이 스타일을 실제로 구현했다. 다른 한쪽은 리빙스턴의 연구 환경이 독특한 성질을 가지고 있다는 끈질긴 주장과 역시 그의 "어셈블리 라인"식 "산업적" 과학 연구에 대한 철저한 반대가 예증하는데, 좀더 소규모의 연구를 특징짓는 더 많은 자율권을 갖는 작업 스타일을 계속하려고 시도했다. 나는 소규모 실험 스타일이라고 부각함으로써 의도적으로 그것은 재앙과 만나는 것이 불가피했다고 암시하려고 하지 않는다. 또는 산업 스타일 구조는 철로 두른 듯한 안전을 보장할 것이라고 주장하지도 않는다. 오히려 역사적 관점에서 산업적 원형을 따라 작업하지는 않겠다는 CEA의 고집스러우며 구체적이고 문서로 된 결정과 "생산 스타일"의 작업을 강행시키려는 AEC의 똑같이 강경한 시도를 놓고 볼 때 일단 사고가 일어나면 그 사건들은 중앙 집중적이고 산업화된 작업장에서 벗어난 대가(代價)라는 객관적 교훈으로 받아들인다는 점이 강조되어야 할 뿐이다.

복잡한 시스템에서 일어나는 사고는 거의 그 원인이 규명될 수 없으며, 규명된다고 하더라도 분명한 원인을 추적할 수는 없다. 비행기나 배, 우주선 또는 다리 등에서 일어나는 재앙을 불러오는 기술적 실패는 물질적 실패에 의한 설명이나 조직적 실패에 의한 설명, 개인의 실수나 올

---

158) 국가 가속기 안전 위원회, 「고에너지 가속기 시설에 대한 안전 지침」, TID-23992[1967], 29쪽, CEAP.

바르지 못한 행동에 의한 설명 또는 결함이 있는 문화적 풍조에 의한 설명 등 무수한 방법으로 해석될 수 있다(그리고 해석된다). CEA가 경험한 실패의 경우에도 이들 중 많은 것이 해당된다. 사람들은 창문의 설계자에게, 창문 자체의 성질에게, 연구소 책임자에게 또는 상자를 채우는 요원의 감독이 부실했다는 점에게 비난의 화살을 퍼부었다. 원칙적으로 사고는 잘못해서 일어난다는 성질 때문에 어떤 사고라도 그 원인이 규명되지 않은 채 남게 마련이지만, 이 비극의 의미가 무엇인가에 대해 생각나는 것은 무엇보다도 그 의미가 본질적으로 연구소의 풍조에 속해 있다는 점이다.

메리 더글러스가 주장한 것처럼 위험은 의식(儀式)의 부과를 통해 처리된다.[159] 검사 목록과 지시된 행동에 의해 강요되는 안전 절차는 "적절한 관리 규칙"이 시행되도록 강요할 것이고, 강요된 질서 정연함은 갈라진 액체 수소 탱크 가까이 있는 사람의 무시무시한 운명에서 벗어나려고 하는 버릇을 길러 줄 것이다. 더글러스가 보기에는 잘 조직된 사회 시스템은 권위의 서열을 지키기 위해 위험의 범주를 만들어낸다. CEA와 같은 고에너지 물리학 연구소에서는 위험(또는 오히려 위험에 대한 반응)이 부분적으로는 거품 상자 그룹의 특징이 된 고도로 서열화된 사회 구조를 이루는 본질적 요소가 되었다. 그런 점이 이미 버클리와 NBS의 작업 공간에서 나타나 있었는데, CEA의 폭발과 함께 그런 방법으로 작업하는 것은 규범이 되었다. 연구소가 지닌 위험의 의미는 질서를 지키

---

159) 더글러스, 『순수와 위험』(1966), 예를 들어 95쪽 이하. 더글러스는 권력과 위험 사이의 제휴에 대해서 강조하는데, 그것은 물리학자들이 경험한 제2차 세계대전과 그 여파를 통해 밝혀질 수 있다. 군수 장비의 생산은 물리학자를 권력의 통로로 데리고 왔음은 말할 나위가 없다. 좀더 미묘하게는 연구소 자체가 위험하다는 사실이 연구소로 접근하는 것을 제한해야 한다는 새로운 이유가 되었으며, 새로운 관점에서 실험 과학자가 된다는 경험을 남겼다. 이러한 제외의 형식적 속성, 예를 들어 17세기의 그레셤하우스에서 증인이 믿을 만한가(신사적인가)라는 질문에 근거해서 제외시키는 것과 대조해보라. 셰핀, 「실험」, 『이시스』 79(1988): 373~404쪽을 보라.

는 산업적 연구 공간의 상(像)을 구체화시켰으며, 그렇게 함으로써 예전의 공간과 실험하기 양식을 불식하는 데 도움이 되었다.

산업화로의 추진력은 여러 측면에서 동시에 초래된 것처럼 보인다. 그것들로부터 성장했던 전쟁 프로젝트들과 과학을 지향하는 민간 기업들의 예에서 새로운 연구소들이 긍정적으로 선도(先導)적 상(像)을 수립했다. CEA가 겪은 대화재의 예에서 새로운 연구소들과 연구 그룹들은 경고성 이야기로 널리 인정되었던, 개별적인 연구자의 특권을 제한하고 체계화했던 산업적 훈련과 조직이 없다면 어떤 일이 일어날 수 있는지를 보았다.

(CEA의 대화재가 일어나기 전에도) 버클리에서는 대규모 거품 상자에 내재된 위험과 점점 더 증가하는 복잡함 때문에 연구소 현장에서 준수할 검사 목록 절차가 처음으로 시작하게 되었다.[160] 그렇게 관례를 만듦으로써 "운전상의 실수를 제거하고 안전성을 개선하게 되었다." 그것은 또한 "모든 신입 요원들에게 동일한 목표를 갖게 하고 그들이 운전의 다음 단계가 무엇인지 미리 알 수 있도록 했다." 에르난데스는 "운전상의 통상적인 결정을 내릴 필요가 없었기 때문에 혼란이 상당히 감소했다"라고 결론지었다.[161] 점검 목록 중 전형적인 것으로는 "위험 지역을 분명하게 구분하는 울타리와 테이프 설치. 위험 지역에서는 폭발에 안전한 손전등 사용. 요원들은 전도성(傳導性) 구두 착용. 액체 수소가 유입될 때 열 충격을 완화시키기 위해 미리 미리 액체 수소로 채운 재킷 착용. 폭발 측정기가 제대로 작동하는지 연속적으로 검사하기" 등이 있었다.[162] 에르난데스가 피츠버그 해군 원자로 사무소에 말한 것처럼 "점검 방법"은 "안전 요원과 사용자 사이의 자세라는 의미로 사용되었다."[163]

---

160) UCRL 기술 노트 4311~17, file M6, 에르난데스, 「안전성」(1960), 2: 348쪽에 인용되어 있다.

161) 에르난데스, 「안전성」(1960), 2: 348쪽.

162) 「점검 목록」, 1955년 11월 4일, 10인치 상자의 운전에 사용됨, RL-1353-5, LBL.

CEA의 재난 뒤에 이것들과 같은 산업적 규정이 곧 전 세계로 파급되었으며, 자주 강제적인 정책에 의해서 "자세"라는 정의하기 어려운 성질을, 그리고 그것과 함께 호프스태터가 10년 전에 이미 언급한 것처럼 실험 과학자의 "(물리학에 있어서) 개성"까지를 바꾸려고 시도했다.[164] 신체상의 위험은 인식론상의 정신적 영역에서 자리를 차지할 수 없는 것처럼 보였다. 그것을 믿는다면 이는 실수일 것이다. 이렇게 몇 통의 수소에 의해 제기되는 위협은 1950년대와 1960년대에 활동한 사람들에게 중대하게 느껴졌으며, 그것이 실험 물리학을 둘러싸고 있는 물질문화를 다른 모양으로 바꾸어 놓았다.

6. 확장

버클리 방사선 연구소에서 10인치 수소 상자의 준공 준비가 마무리될 때에 이르자 이 프로젝트의 규모와 분위기, 그리고 예비 교육 등이 글레이저가 원한 것과 더 이상 대비될 수 없었다. 글레이저는 우주선(宇宙線) 물리학을 몰락에서 구하려고 추구했지만, 앨버레즈는 그것을 능가하고자 원했다. (72인치 상자에서 최고점에 이르게 되는) 매우 큰 새 거품 상자에 대한 그의 1955년 4월 제안서의 첫 번째 쪽에서 앨버레즈는 퉁명스럽게 "가속기 물리학자는 흔히 우주선(宇宙線) 물리학자 같은 거북이와 경주하는 토끼와 견줄 수 있다"[165]라고 말했다. 가속기 물리학

---

163) 에르난데스가 피츠버그 해군 원자로 사무소에 있는 이어하트에게, 1967년 10월 19일, box 1, book 117, HHP.

164) 변화의 한 가지 방식은 수소 안전성에 대한 보고를 내부 문서로 만들어달라는 AEC의 요청에 에르난데스가 답변했을 때인 적어도 1958년 10월 29일까지 거슬러 올라가 시작된 AEC 자체에서 나온 절차였다. 에르난데스가 웨인슈타인에게, 1958년 10월 20일을 보라. 이것은 계획 중인 72인치 검출기를 포함한 상자들에 대해 연소와 배기 그리고 폭발 문제들에 대한 논의를 포함하고 있다. box 1, book 114, HHP.

165) 앨버레즈, 「UCRL의 거품 상자 프로그램」, 1955년 4월 18일, 1, LAP.

자가 (구름 상자, 에멀션, 그리고 계수기와 같은) 우주선 물리학자의 검출기 변형을 사용하도록 제한받는 한, 그 경주는 대체로 무승부였다. 비록 가속기가 우주로부터 오는 것보다 훨씬 더 높은 빛줄기 밀도를 생산해 내더라도 여분의 입자들을 검출할 수 없었다. 앨버레즈의 전망에 의하면 단지 빠른 불꽃 계수기나 체렌코프 계수기 정도가 가속기와 보조를 맞출 수 있었으나 그것들의 흔적 해상도도 매우 형편없었다. (모두가 앨버레즈에게 동의하는 것은 아니었다. 예를 들어 반양성자의 발견과 같은 중요한 발견들이 버클리 물리학자들로 하여금 계수기 전통을 철두철미하게 방어할 수 있도록 했다.) 가속기 물리학자들은 구름 상자의 압력을 무리하게 높게 올려서 우주선(宇宙線) 물리학자들이 산정에서나 얻을 수 있었던 것보다 대략 50배 더 많은 흔적들을 구할 수 있었다. 그렇지만 우주선 입자들이 지닌 최대 에너지가 더 크고 그래서 더 많이 상호작용하기 때문에 가속기 물리학자들이 실제로 손에 넣는 이득은 단지 열 배에 불과했다. 앨버레즈는 "이것도 중요한 증가이지만, 베바트론에 투입된 거의 1,000만 달러의 비용을 정당화할 만큼 충분하지는 않다"라고 단언했다.[166]

앨버레즈는 계속하여 그것을 정당화하기 위해서는 오직 거품 상자와 같이 순환이 빠르고 밀도가 높은 검출기를 이용할 수밖에 없다"고 말했다. 구름 상자는, 1955년이 되기까지 30기압을 초과하는 압력에서 작동할 수 있도록 제작되었지만,[167] 거품 상자는 700~1,000기압과 비견되는 밀도에서 작동할 수 있었다. 상자의 횡단 길이당 사건의 수는 밀도에 비례하기 때문에 이와 같은 차이는 막대한 개선을 의미했다. 더 좋은 것으로 (고압 구름 상자의 특성 시간인) 매 15분마다 순환하는 대신에 거품 상자는 5초 만에 준비가 완료되었다. 그러므로 여러 가지 면에서 베바트론은 새로운 검출 장치를 필요로 했으며, 거품 상자가 바로 이런 주문

166) 앨버레즈, 「UCRL의 거품 상자 프로그램」, 1955년 4월 18일, 4, LAP.

167) 예를 들어 엘리오트 외, 「36」, *Rev. Sci. Inst.* 26(1955): 696~697쪽; 저자들은 버클리의 윌슨 파우웰의 그룹이다.

과 일치했다. 물리학자들도 주로 앨버레즈가 고려하고 있던 반응인[168)]

$$\begin{array}{llll} \pi^- p \rightarrow \Lambda^0 & + & \Theta^0 & \\ \quad \hookrightarrow p + \pi^- & & \quad \hookrightarrow \pi^+ + \pi^- & \qquad (5.5) \end{array}$$

을 통해 더 큰 거품 상자를 제작하기 위한 계획을 수립하는 데 한 역할을 했다. ($\Theta^0 \equiv K^0 \equiv \tau$라는 확인은 1957년에 패리티가 깨지기 전까지는 이루어지지 않았다.)[169)] Θ^0와 Λ^0는 전기적으로 중성인 입자이기 때문에 상자에 흔적을 남기지 않는다. 그것들을 조사하기 위해서는 중성 메존이 붕괴하고 붕괴한 결과로 만들어지는 입자가 측정 가능한 흔적을 남길 정도로 상자의 활동 부피가 충분히 커야 한다. 이와 같은 이중 붕괴 양식의 관찰이 가능하려면 상자가 얼마나 커야 할까? 질량 중심 기준계에서 π^-와 양성자는 크기가 같고 방향이 반대인 운동량을 가지며, 그러므로 방출되는 Θ^0와 Λ^0의 운동량 값도 동일해야 된다. 에너지 보존을 이용하면 쉽게 운동량 p에 대해 풀 수 있다. p를 알면 Λ^0의 질량이 Θ^0질량의 거의 두 배이기 때문에 우리는 즉시 Θ^0의 속력이 Λ^0 속력의 두 배임을 추론할 수 있다.

그렇지만 Λ^0가 Θ^0보다 두 배는 더 오래 살기 때문에 두 입자는 붕괴하기 전까지 (질량 중심 기준계에서) 대략 동일한 거리를 진행한다. π^-의 서로 다른 에너지에 대해 우리는 생성된 입자가 다시 붕괴하기 전까지 진행하는 거리를 표로 만들 수 있다. 질량 중심 기준계에서 이것은 원이 되는데 처음 에너지가 클수록 그 원의 반지름도 커진다. 질량 중심 기준계에서 다시 실험실 기준계로 가져가는 로렌츠 역변환은 파이온이 진행하는 방향을 따라 늘어나게 하므로 원은 타원이 된다. Θ^0와 Λ^0가 붕

168) 위의 논의와 앞으로 나올 논의는 앨버레즈, 「UCRL의 거품 상자 프로그램」, 1955년 4월 18일, 10-12, LAP에 근거한 것이다.

169) 이 에피소드에 대한 탁월한 역사에 대해서는 프랭클린, 「발견과 비(非)발견」, *Stud. Hist. Phil. Sci.* 10(1979): 201~257쪽을 보라.

괴하는 선(〈그림 5.15〉)을 나타내는 타원을 그린 것이 앨버레즈 제안의 굉장한 볼거리였다. 붕괴 전의 표적으로 이용될 약간의 부피와 붕괴 생성물을 관찰하는 데 이용될 약간의 부피, 그리고 입자 흐름 자체의 유한한 크기를 수용하기 위한 약간의 부피 등에 해당하는 여분의 부피를 수소 부피에 더하면, (약간의 더하기와 빼기는 편의상 제외하고) 50×20×20인치를 얻는다. 앨버레즈는 "이것은 현재의 지름이 4인치인 상자에서 너무 크게 확장된 것이어서 단번에 그렇게 뛰어오르려고 하는 것은 아주 무모한 일이 될 것이다"라고 인정하고, "우리는 그러므로 지름이 10인치인 상자를 잘 제작하고 있다"라고 말했다.[170] 그다음에는 별다른 어려움 없이 다른 기묘 입자들의 상호작용 길이가 더 길다는 점을 근거로 상자의 길이는 곧 72인치로 확장되었다.[171]

베바트론이 충분히 활용되고 있지 못하다고 우려하는 앨버레즈의 음성이 이해력이 빠른 사람들의 귀에 들어갔음이 틀림없다. (AEC의 연구부서의 물리학과 수학 분과 책임자인) 조지 콜스테드는 (AEC의 연구부서장인) T.H. 존슨에게 좀더 많은 재정 지원을 요청하는 다음과 같은 1955년 6월 메모의 초안을 작성했다. "원자력 에너지의 평화적 이용에 대해 강조하는 의견의 증대와 러시아에서 발표된 논문들, 그리고 이 분야의 미국 물리학자들이 보인 고도의 관심에 비추어 고에너지 물리학에 대한 재정 지원의 대폭적인 확대가 될 수 있는 한 조속히 마련되어야 한다."[172] 콜스테드는 방사선 연구소의 거품 상자 장비에 75만 달러 그리고 연관된 시설에 추가로 거의 200만 달러를 염두에 두고 있었다. 이 비용 중 주요 내용으로는 전력 공급에 20만 달러, 상자에 37만 달러, 그리고 기술 부문에 15만 달러가 좀 있었다. 일부 자금은 AEC로부터 직접

170) 앨버레즈, 「UCRL의 거품 상자 프로그램」, 1955년 4월 18일, 9, LAP.

171) 앨버레즈, 「액체 수소 거품 상자」(1956), UCRL-3367, 4, LAP.

172) 콜스테드가 존슨에게 보내는 메모, 「고에너지 물리학에 대한 운전 자금의 확대」, 1955년 6월 7일, LAP. 또한 DC files에서 번호가 DC 55-180, 183, 226, 227, 530, 744, LBL을 보라.

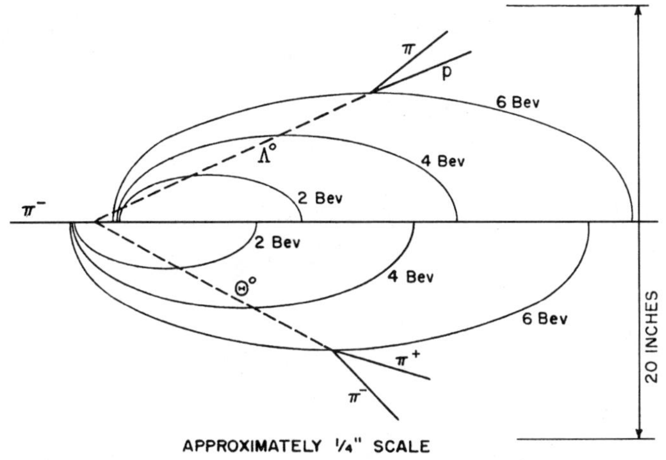

〈그림 5.15〉 붕괴 타원, 72인치 상자 제작을 위한 물리적 동기(動機)(1955). π^--양성자 충돌에서 생성된 Λ^0와 Θ^0는 그들의 에너지에 의존하는 길이 위에서 약 상호작용에 의해 붕괴한다. 이 타원은 (10억 전자볼트 단위로) 주어진 에너지의 Λ^0와 Θ^0가 진행하는 전형적인 점을 표시한다. 그림에서 띄엄띄엄 그린 선은 (수평축인) 들어온 입자 방향과 이루는 평균 각을 나타낸다. 이 도표는 거대한 상자가 어떤 크기로 제작되어야 하는가를 알려주는 물리적 당위성을 요약해준다. 그런데 곧 이 상자를 가지고 연구하는 물리학자들은 약 상호작용보다 강 상호작용에 훨씬 더 많은 관심을 보이게 되었다. 출처: 앨버레즈, 「UCRL의 거품 상자 프로그램」, 1955년 4월 18일, LAP. 캘리포니아 대학의 로렌스 버클리 연구소에서 제공해 준 것에 감사드린다.

지원되었고, 나머지는 볼더의 NBS 시설에서 양도받았다. 이러한 수치들이 1955년 말에 다시 검토된 때까지 이 괴물 같은 거품 상자를 제작하는 데 필요한 비용이 125만 달러로 증가했다.[173] 이렇게 증액된 이유로는 안전성의 추가, 자료 처리 장비, 그리고 자석 등이 있다.

이 추가 자금을 가지고 72인치 상자의 제작이 무서운 기세로 진행되었다. 연구소는 1959년 초 몇 달 동안 첫 번째 사진들을 만들었다(〈그림 5.16〉을 보라). 이 프로젝트에 달러를 쏟아 부었으며 물리적 결과도 쏟아져 나왔는데, 두 가지가 모두 전에는 없었던 큰 비율이었다. LRL 외부

173) 쿡시가 존슨에게, 1955년 11월 21일, DC 55-1313, EMP. 이 자료를 내게 알려준 R. 사이델에게 감사드린다.

〈그림 5.16〉 72인치 LRL 거품 상자(1959). 여기에 보이는 것은 장치를 이동하는 데 사용되는 수압으로 작동하는 발 부분과 (아래쪽 통로 바로 위의 왼쪽) 자석들, 그리고 (위쪽 통로의) 냉각용 장비들이다. 실제 상자는 가려서 보이지 않고, 압축된 수소 기체를 주입하는 압축기는 다른 방에 위치해 있다. 이 상자의 운전은 1959년 3월에 시작했다. 출처: LRL 거품 상자 720, LBL. 캘리포니아 대학의 로렌스 버클리 연구소에서 제공해 준 것에 감사드린다.

와 내부 모두에서 앨버레즈의 경쟁자들에게는 생산성과 사용된 달러 사이의 비가 논쟁 대상이 되는 문제였다. 특히 역시 LRL에 속한 로버트 L. 손턴의 논평이 발단이 되어서 앨버레즈는 한 마디의 사회물리학으로 응답했다. 최근의 대화에서 앨버레즈는 "당신은 다음과 같은 의미의 진술을 했다. 연구소에서 우리 그룹이 고에너지 물리학의 대부분을 수행한다는 것은 틀림없는 사실이지만, 우리가 가장 큰 그룹이고 가장 많은 자금을 사용한다는 점에 비추어 그것이 놀랄 만하지는 못하다. 당신은 자주 그러한 논의에서 다른 그룹들은 사용된 1달러당 또는 그룹 내의 한 사람당 더 많은 물리학을 얻고 있다고 암시하는 결론을 짓곤 한다"고 주장했다. 앨버레즈는 이에 반격하면서 (1960년 7월 1일부터 1962년 10월 1일 사이의) 지난 27개월에 걸쳐서 인용된 논문의 수를 보면 알 수 있듯이 그런 종류의 주장은 어느 것도 사실이 아니라고 단언했다. 발표 논문의 수 하나만 세면 그룹의 연구에 대한 자체적인 느낌을 측정할 수 있다.

"그러나 그룹 연구를 인용한 논문의 수는 그 안에 평가 인자뿐 아니라 합리적인 풀림 시간이 감안되어 있다." 계속하여 중요한 이전 연구는 표적 기간 동안에도 계속해서 인용되는 반면, "중요성이 떨어지는" 연구는 좀더 빠르게 관심사 밖으로 "풀리게" 될 것이다. 다른 기관과의 공동 연구는 비례 배분하는 방식으로 공적을 계산할 것이며, 소프트웨어에 대한 인용은 생략될 것이다(그렇게 하면 어떤 다른 그룹보다도 앨버레즈 그룹이 더 손해를 보았다). 인력에 대한 자료와 비용은 손턴 자신의 서류철에서 나오거나 또는 중앙 집권화된 예산 부서의 서류철에서 나오게 되어 있으며, 예산 부서의 빌 놀란은 재정이나 인력과 연관하여 어떤 의문사항이라도 발생하면 다른 그룹에게는 유리하지만 앨버레즈 그룹에게는 불리한 방법으로 해결해 줄 것이다.

그다음에 앨버레즈는 그의 자료(〈표 5.1〉)를 첨부하고 그의 그룹이 1960년에서 1962년 사이에 사용한 525만 달러는 인용 문헌 하나당 비용으로 단지 2만 4,500달러인데, 이것을 손턴 그룹은 인용 문헌 하나당 비용인 6만 3,000달러와 세그레-체임벌린 그룹이 하나의 인용 논문을 만들기 위해 사용한 81만 6,667달러를 비교하라고 주장했다. 연구 자체에 대해 대전(對戰)하면서 앨버레즈는 경쟁자들에게 누구든 "'조사의 효율성'에 대해 자료를 가지고 즉석에서 확인"할 수 있도록 자료가 나와 있

〈표 5.1〉 인용 논문당 앨버레즈가 사용한 달러

Physics Group	Total References	References per Ph.D.	Research Budget for Past 27 Months	Dollars per Reference
Alvarez	215.5	10.75	*5,280,000	24,500
Segrè-Chamberlain	3	.27	2,432,000	816,667
Moyer	23	2.3	2,379,000	103,435
Powell-Birge	25.5	3.64	***1,575,000	62,000
Lofgren	31.5	3.93	1,410,000	44,760
Thornton (Crowe)	21	5.25	1,323,300	63,000
Trilling-Goldhaber	19.5	3.9	**1,005,000	51,540
Barkas	4	1.3	692,500	173,000

출처: 루이스 W. 앨버레즈가 R. L. 손턴에게, 1962년 11월 7일, 첨부물, EMP.

* 해당 기간 동안의 72인치 거품 상자의 운영 예산 75퍼센트와 15인치 운영 예산 100퍼센트(125만 달러)를 포함.

** 세그레와 로프그렌 그룹으로부터 트릴링-골드하버 그룹으로 이관된 (추정) 예산(28만 달러)을 포함.

*** 프로판 상자의 운영 예산 중 35퍼센트를 포함함. 이 기간 동안에 그 금액은 6만 달러임.

는 150장의 카드를 검토하려면 그의 사무실로 오라고 도전했다.[174]

LBL 재정 지원에 대한 이러한 싸움이 가리키는 것처럼 자금원을 따기 위한 개인 간의 경쟁이 이제 훨씬 더 큰 액수의 자금을 확보하기 위해 그룹 책임자의 이름으로 대표되는 그룹 사이의 치열한 싸움으로 바뀌게 되었다. 누구든 이제 앨버레즈 그룹이나 세그레-체임벌린 그룹, 모이어 그룹, 파우웰-버지 그룹, 로프그렌 그룹, 손턴(크로) 그룹, 트릴링-골드하버 그룹, 그리고 바카스 그룹 등으로 불리는 이러한 새로운 존재가 무엇인지 알 수 있게 되었다. 그러나 앨버레즈 그룹의 예산이 가장 가까운 경쟁자 예산의 거의 네 배에 이르고 『피지컬 리뷰 레터스』에서 그의 그룹 논문 인용 비율이 매년 거의 100편에 달하는 것을 감안하면, 이 그룹 혼자서 이 연구소는 물론 이 연구소 밖에서도 물리학을 석권하게 되었다는 데 거의 의문의 여지가 없다. 미국 전역과 전 세계에 걸쳐 앨버레즈의 실험실은 소립자 물리학에서의 탁월성 확보와 실험의 새로운 생활을 통해 어떤 다른 곳보다도 더 많은 관심을 끌어들였다.

174) 앨버레즈가 손턴에게, 1962년 11월 7일, EMP.

거품 상자 물리학에 대한 LRL의 접근 방식은 몇 가지 형태를 갖추고 널리 확산되었다. 물론 물리학자들이 강의를 했고 다른 곳의 아주 다양한 동료들과 의견을 주고받았으나, LRL 프로그램의 두드러진 특성 중의 하나는 기술자들이 연구소들 사이에서 자신들의 연결 네트워크를 시작했고, 비교적 눈에 잘 드러나지 않는 기술자 층을 통해 막대한 양의 정보가 거품 상자 프로그램들 사이에서 전달되었다는 점이다. 옥스퍼드의 물리학자 중 한 사람인 데니스 쇼는 에르난데스에게 상자에서 나오는 필름의 품질을 어떻게 조절했느냐고 묻는 편지를 보냈다. 이 질문에 대해 에르난데스는 LRL에서 시행한 경험을 다음과 같이 간단히 요약한 것으로 답장을 대신했다. 상자에서 필름을 꺼내는 즉시 현상하고, 건조 즉시 조사하고, 폴라로이드 필름에 직접 인화된 사진으로 보강된 귀환 신호를 폐쇄 회로 텔레비전을 통하여 즉시 상자 운전으로 보낸다.[175] 다른 질문들은 1961년에 제기된 유리와 금속을 붙이는 전적으로 중요한 팽창성 밀봉제에 관해 다음과 같이 물어본 것처럼 좀더 자세하고 구체적인 특징을 갖고 있었다. "틈막이와 상자 사이의 밀봉제는 틈막이와 유리 사이의 밀봉제와 다른 것인가?" "실제 밀봉제로 시도된 것 중 인듐과 납을 제외하고 어떤 다른 물질이 있는가?" "팽창 압력과 선형으로 1인치당 작용하는 밀봉에 필요한 힘 사이에는 어떤 관계가 있는가?"[176]

이런 종류의 질문에 대해 다음과 같은 서면 답변이면 충분했다. "팽창 압력과 우리의 밀봉 힘 사이의 관계는 유리의 압축 변형력 한계에 따라 달라진다. 우리는 72인치 틈막이에서 선형 1인치당 약 1,400파운드의 힘으로 설계했고, 실제 운전에서는 선형 1인치당 약 900파운드의 힘이 작용했다." 1960년에 CERN으로부터 온 질문 목록과 같은 다른 문의들에 대해서는 기술자들이 말보다도 그림을 가지고 다음과 같은 식으로 답변했다. "그림-7Q1784C가 여러분의 질문 (a)와 (b)에 답할 것이다.

---

175) 쇼가 에르난데스에게, 1962년 11월 5일; 에르난데스가 쇼에게, 1962년 11월 12일, 두 편지 모두 box 1, book 113, HHP에 있다.

176) 매켄지가 에르난데스에게, 1961년 6월 2일, box 1, book 113, HHP.

수압으로 작용하는 시스템 패널 7Q1833도 포함되어 있다." (한 가지 예를 들면 수압 펌프와 오수 탱크는 캘리포니아 에머리빌에 위치한 루커사 제품을 사용함 등과 같이) 공급원에 대한 물자 정보도 때로는 약간의 물리 또는 기술만큼이나 값진 것이었다.[177)]

아마도 정보의 이동에서 가장 중요한 방식은 기술 노트였는데, 어마어마한 양의 그러한 노트가 연구소에 보관되어 있었다. 1957년에 CERN의 피에르 아미오는 38장의 그림과 150개의 기술 노트, 49장의 거품 상자 사진, 그리고 프로판 상자로부터 7개의 사진에 추가로 22장의 그래프와 소책자, 소개서, 제품 목록, 책들을 받았다. 2년 뒤에 CERN은 14장의 그림과 15장의 사진에 추가하여 100개 이상의 거품 상자 관련 기술 노트를 요청해서 받았다.[178)] 이런 서류를 대량으로 받은 다른 수십 군데의 연구소로는 (런던의) 임페리얼 과학기술대, (암스테르담의) 마사펙트로 그라피 연구소, 그리고 (리버풀의) 원자핵 물리학 연구소 등이 있다.[179)] 그런데 사진과 편지, 기술 노트, 그리고 그림과 같은 이런 표현 형식은 그것들이 원래 사용된 전체 내용으로부터 지극히 축소된 것이었다. 궁극적으로 연구소가 개발한 연구의 형태는 단순히 인쇄물이나 차트에 의해 전달될 수 없었으며, 적어도 부분적으로는 그런 이유 때문에 물리학자들과 기술자들이 방사선 연구소 계획의 특징이 된 작업과 설계를 자기 눈으로 직접 보기 위해 버클리로 무지지어 몰려들었다.

하웰에 위치한 러더퍼드 고에너지 연구소의 기술 책임자인 퍼시 볼스는 버클리로, 자기 연구소의 과학 담당 요원들은 이미 그곳 연구소를 방

177) 에르난데스가 CERN의 애커만에게, 1960년 3월 28일, box 1, book 113, HHP.

178) CERN의 피에르 아미오를 위한 목록, HHP; 에르난데스가 CERN의 빌래인에게, 1959년 6월 29일, box 1, book 113, HHP.

179) 에르난데스가 (런던의) C. C. 버틀러에게, 1957년 5월 14일; 에르난데스가 (암스테르담의) J. 키스테메이커에게, 1955년 7월 18일; 에르난데스가 (리버풀의) W. H. 에번스에게; 1957년 12월 18일, 이 편지들은 모두 box 1, book 113, HHP에 포함되어 있다.

문했지만 그것만으로는 충분하지 않았다고 다음과 같은 편지를 보냈다. "다른 사람들은 이미 갔다 왔지만 나도 또 방문할 수 있다면 그것보다 더 값진 일이 없을 것이라고 느꼈다. 나는 특히 프로젝트에 대한 기술 지원에 관심을 가지고 연구소의 조직에 관계된 사항을 좀더 보고 싶다." 무엇보다도 볼스는 "나는 당신들이 언제 정확해야 하고 언제 대충 해도 되는가에 대해 아는 대단한 능력을 가지고 있으리라고 믿는다"라고 고백했다.[180] 그 지방 사람들이 말하는 것처럼 "대단한 기술"이 로렌스 연구소의, 그리고 좀더 일반적으로는 전후(戰後) 미국 물리학의 특징이었다. 산업적인 실용주의는 예민한 감각(Fingerspitzengefühl)이 열쇠였던 바람이 부는 구름 상자의 특수 기술을 요하는 세상에서보다 대규모 물리학에서 더 가치가 있었다.[181] 기술 노트에 의해서 전달이 가능했거나 이미 전달된 거품 상자의 과학에 대한 기술적 핵심 사항 대부분과는 달리 정밀한 조정을 언제 끝낼 것인가와 같은 지식을 얻기 위해서는 버클리의 하부 문화에 푹 잠겨 있어야만 했다. "레이더 철학"과 "로스앨러모스 사람"이라는 개념을 만든 계획이나 제작 그리고 규모의 확대 등에서 발생하는 모든 미묘한 변화는 실험하기의 심장 부분이 되었다. 버클리는 물리학의 강력한 공장으로 대두했다.

---

180) 볼스가 LBL의 고든에게, 1962년 5월 11일, box 1, book 113, HHP.

181) 지식을 면대면으로 전달하는 논의에 대한 표준 어귀는 폴라니의 『개인 지식』(1958), 예를 들어 206~208쪽, 그리고 『아는 것과 존재하는 것』(1969), 예를 들어 142~144쪽에 나오는데, 이것들은 콜린스의 영향력 있는 저서, 특히 TEA 레이저에 대한 콜린스, 『바뀌는 질서』(1985), 제3장; 세핀과 쉐퍼, 『거대한 해수(海獸)』(1985)에서 사회 논리적인 방향을 제시했다. 이러한 문제들은 제6장에서 더 깊이 다루게 될 것이다.

7. 자료와 해독(解讀) 양식

1954년으로부터 1968년까지 입자 물리학의 물질문화는 완전히 새로운 모습으로 바뀌었다. 하드웨어와 그 하드웨어를 다루는 저온 기술자, 기계 기술자, 그리고 구조 기술자 군단(軍團)은 연구소의 풍경을 바꾸어 놓았고, 이렇게 새로운 환경의 내부에서 전개되는 생활의 모습을 형성했다. 물리학자들은 매일 안전 점검 목록을 제출하는 것에서 시작해 장기간에 걸쳐서 공작실에는 얼씬도 하지 않는 것에 이르기까지 실험 과학자가 되는 것이 무엇을 의미하는지에 대한 새로운 개념과 타협해야만 되었다. 그런데 내부 연구소에 확성기나 통제실 그리고 공학의 도입 등은 자율권을 갖춘 실험 과학자라는 자신에 대한 상(像)에 몰아닥친 기절할 정도의 광풍(狂風) 중에서 단지 처음 두 가지일 뿐이다.

왜냐하면 새로운 거품 상자 공장들이 수킬로미터의 70mm 필름을 토해내기 시작하자 대칭 원리들과 핵력에 대한 이해를 증진시키기 위해 점점 더 많은 비용이 들기 때문이다. 입자 물리학을 하기 위해 지불해야 할 값은 이미 건축 비용으로 인해 한껏 부풀려졌고, 경이적인 양의 자료를 분류하기 위해 기술자들과 스캐너들의 "군대"가 물리학자와 합류하면서 그 어느 때보다도 급등했다. 그러나 너무 많은 양의 사진 때문에 야기되는 부담은 그야말로 경제적이지 못했다. 물리학자는 과학자와 자료 사이 및 물리학자와 기술자 사이, 그리고 인간과 기계 사이의 올바른 관계가 무엇인지 정의하기 위해 노력했다. 물리학자들은 단순히 새로운 기술 문제가 위태롭게 하는 것이 아니라고 주장했다. 사진과 관계된 문제가 해결될 때마다 즉시 물리학자임이, 과학자임이 그리고 인간임이 의미하는 것의 경계에 관한 논의가 지속적으로 제기되었다.[182]

---

182) 헤르만 외, *CERN II* (199), 특히 제6, 8, 9장을 보라. 제9장 6절은 사진을 처리하는 시설을 개발하는 데 기여한 CERN의 노력에 대해 가장 좋은 역사를 포함하고 있다. 나는 이 부분과 CERN History Series, CHS-20의 회람용 논문 중

이러한 관심 모두는 흔히 "급속 해독기(解讀器)" 또는 "나선형 해독기"라는 명칭을 지닌 사진을 "해독(解讀)"하기 위해 설계된 기발한 종류의 장치 속에 구체적으로 표현되어 있었다. 이 절에서는 바로 이러한 "해독용 기계"를 전적으로 다룬다. 명명법(命名法) 자체가 마이클 마호니의 중요한 연구인 "해독용 기계"에서 의미를 반전시키도록 강요한다.[183] 왜냐하면 당장 해결해야 할 이 경우에도 우리는 다음과 같은 두 방향으로 동시에 작업을 해야 하기 때문이다. 우리는 기계들에 이미 내재된 문화적 가정들에 대해 그 기계들을 "해독"해야 하며, 동시에 사진들에 포함된 원문이 암시하는 해독의 성질을 다시 생각해봐야 한다. "해독하기"라는 동사의 명사적인 사용에서 우리는 하드웨어와 소프트웨어를 모두 포함한 기계의 사용에 대한 문법적 관계를 설명할 필요가 있다. "해독(解讀)하는" 기계의 형용사적 의미에서 우리는 사진으로 대표된 증거를 문서로 처리하는 프로젝트의 배후에는 무엇이 있는지 물어봐야 한다.

이런 장치의 제작자들은 (이들이 연구의 저자가 될 수 있는가?) "해독한 것"을 스캔하기와 측정 같은 구성 부분으로 분해할 때 그들은 무슨 생각을 하는가? 해독 기계(해독하기 위해 읽는 기계)는 우리에게 가장 기초부터 시작하여 위로 해석하는 문제에 접근할 수 있는 기회를 제공한다. 읽기나 수사학(修辭學), 그리고 쓰기에 대한 높은 수준의 이론에서 시작해 그것을 장치의 분석에 적용하는 대신, 나는 목표와 그 목표와 관련된 경제, 작업, 성별(性別) 그리고 과학이 하루하루 어떻게 작동하는지를 가지고 시작하고자 한다. 그러면 읽기와 해석 그리고 발견의 어려움

크리그의 예비 논문에서 대단히 많은 도움을 얻었다.

183) 내가 아는 한, 최초로 해독용 기계라는 개념을 주제로 하여 조직적으로 탐구한 것은 마이클 마호니의 미발표 논문인 「기계 해독」(1983)이다. 이 주제와 관계된 좀더 최근의 연구는 칼슨과 고어먼, 「발명의 이해」, *Soc. Stud. Sci.* 20(1990): 380~430쪽에서 찾아볼 수 있는데, 이 논문은 새로운 장치를 제작하는데 정신적 모형을 발명가가 어떻게 사용하는가에 대해 초점을 맞추고 있다. 또한 상(像)의 "해독"에 대해 흥미 있는 것으로 린치와 울가, 『표현법』(1990)에 나오는 에세이가 있다.

은 기계의 설계와 사용에 담겨져 모습을 드러낸다. 이렇게 광범위한 문제가 자료 처리의 실제와 어떻게 얽혀 있는지 보기 위해 우리는 해독하기가 지닌 두 가지 작전 사이의 싸움으로 들어가야만 한다.

LBL의 요란한 거품 상자 프로그램의 지도자인 앨버레즈가 한쪽 극단에 서 있다. 일련의 하드웨어와 소프트웨어의 오랜 개발에서 그와 그의 그룹은 내가 "상호작용주의자"의 견해라고 부르고자 하는 것을 옹호했다. 그들은 독특한 능력을 지닌 인간이 흔적 사진의 처리에서 중심 위치에 남아 있어야 한다는 입장을 견지했다. 기계가 인간을 **보조**할 수도 있겠지만, 기술은 내재된 양식(樣式)을 파악하고 두드러지거나 유별난 것을 포착하는 인간 고유의 타고난 재능을 대신하려는 어떤 시도라도 삼가기에 "충분한" 공학을 위주로 다룰 것이다.

다른 쪽 극단에는 초기에 CERN에 참가하여 이를 조직하고 광고한 사람인 루 코바르스키가 있다. 해독(解讀) 기계 산업을 필두로 코바르스키는 잠정적으로 인간들이 기계를 이어받기 전 그들이 해야 하는 예비 작업을 하겠지만, 궁극적으로는 기계가 사진 해독 업무에서 인간을 몰아낼 것이라는, "분리주의자"의 견해라고 불릴 수 있는 것을 옹호했다. 1960년의 자료 처리 학술회의에서 한 분과의 사회를 맡으면서 코바르스키는 그것에 대하여 다음과 같이 말했다. "단계마다 인간이 배제되는 방향으로 점진적 변화가 일어날 것이다."[184] 그가 인간 이후 시대를 선도할 것으로 기대했던 기계는 미시간의 물리학자인 폴 휴와 CERN의 선임 물리학자인 브라이언 파우웰에 의해 발명되었다.

1960년 그들의 첫 번째 논문 발표에서 휴와 파우웰은 그들의 부분적으로 자동화된 스캐너 기계인 휴-파우웰 장치(Hough-Powell Device, HPD)가 사진 해독 처리 과정에서 인간을 완전히 배제하는 데 단지 첫 걸음일 뿐이라고 보았다. 나중에 코바르스키는 궁극적인 목표가 단지 고에너지 물리학뿐 아니라 좀더 일반적으로 물리학 전반을 다루게 될 것이라

---

184) 코바르스키, 「서론」(1961), 223쪽.

고 생각했다. 해독하는 기계는 양식(樣式)을 인식하는 문제를 해결함으로써 "컴퓨터에게 눈을 주고", 결국 세포 생물학의 도구에서 시작하여 항공 정찰 도구에 이르기까지 다른 과학 분야의 기술도 변화시킬 것이었다.

양쪽 다 누가 사진을 보고 거기서 무엇을 찾으며 정보가 어떻게 기록될 것인가를 지정하는, 내가 **해독(解讀) 양식**이라고 부르려는 것을 강요했다. 각 양식의 역학을 탐구하는 과정에서 우리는 입자 공명에 대한 단순한 자료보다 더 많은 것을 볼 수 있다. 작업장의 사회적 질서와 발견에 대한 인식론적인 자세, 그리고 물리학과 공학적 기술 사이의 관계에 대한 통찰력 등이 해독 기술에 포함되어 있다. 이 절의 임무는 이렇게 서로 맞서고 있는 전략의 발전 과정을 추적하고 그것들을 연구소의 사회적 구조로부터 시작하여 인간의 본성 자체의 서로 대립하는 시각에 이르기까지 좀더 넓은 믿음들의 세계에서 차지하는 위치를 정하는 것이다.

쇄도하는 사진들을 받아 들자 버클리의 거품 상자가 활동을 시작한 처음 몇 달 동안 사진들로부터 자료를 뽑아내는 것이 어떤 연구 프로그램에서도 필수적인 부분임이 명백해졌다. 앨버레즈는 장래의 대규모 기계에 대한 그의 1955년 서문(序文) 말미에서 구름 상자와 원자핵 에멀션 그리고 거품 상자 등 세 가지의 시각적 검출기 모두가 지닌 아킬레스건을 지적했다. 그는 이들 모두가 "각 사건을 개별적으로 조사하고 측정해야만 한다는, 계수기 실험에서는 제기되지 않은 공통된 문제점 때문에 어려움을 겪고 있다"고 암시했다.[185] 구름 상자에서는 전형적으로 입체 사진들을 원래 사진을 촬영한 각과 같은 각으로 맞춘 렌즈를 통해 "재(再)투영"했다. 수평을 유지시키는 장치 위에 놓인 젖빛 유리를 상(像)의

185) 앨버레즈, 「UCRL에서의 거품 상자 프로그램」, 1955년 4월 18일, LAP. 앨버레즈의 「거품 상자 프로그램」이 계획되고 있던 시기에 고에너지의 낮은 빛줄기 기계를 제작할 것인가 아니면 저에너지의 높은 빛줄기 기계를 제작할 것인가에 대해 뜨거운 논란이 벌어졌다. 거품 상자는 전자(前者)에 적당했고 계수기는 후자에 적당했다. 앨버레즈의 「거품 상자」 프로그램도 이렇게 계속되는 논쟁의 일부분이었다.

초점이 맞을 때까지 회전시키면, 상호작용이 일어난 면(面)을 찾을 수 있었다. 그러면 미리 곡률을 알고 있는 보조판을 이용해 곡률을 측정할 수 있었다. 그 과정은 느리고 힘들었다. 에멀션의 경우에는 사정이 더 나빴다. 거품 상자는 단 하루 동안에 "구름 상자 분석가 그룹들이 1년 동안 바쁘게 일하기에 충분한" 자료를 제공할 수 있었다. 앨버레즈는 계속하여 "만일 이런 상황이 개선될 수 없다면, 거품 상자는 비싼 장난감에 불과할 것이다"라고 말했다.[186] 물리학자가 이동이 가능한 유리 스크린을 정밀하게 조절하는 대신 앨버레즈는 "상대적으로 훈련을 적게 받은 사람"들이 조정 바퀴를 돌려가면서 흔적을 추적하는 방식을 구상했다. 정해진 시간 간격마다 초점에 표시된 십자선의 좌표가 자동으로 기록되도록 한다. 그다음에 컴퓨터로 하여금 전하를 띤 입자가 지나간 3차원 경로를 그리도록 할 수 있다. 이 사건들의 개요는 IBM 카드에 수록되도록 할 수 있으며, 미래의 "실험"은 물리학자가 컴퓨터 제어대 앞에 앉아서 즐거운 마음으로 한 상자 가득한 카드 중 필요한 것만 뽑아내면 된다는 상상을 할 수 있었다.

그러한 상상이 실제와 그리 멀지 않았다. 맨해튼 프로젝트의 몇 가지 중요한 임무에서 컴퓨터가 이용되었으며, 전쟁이 끝난 뒤에 앨버레즈는 MANIAC(1948년에 로스앨러모스에서 N. C. 메트로폴리스가 만든 최초의 디지털 전자 컴퓨터 이름임 – 옮긴이)이 로스앨러모스에서 이용되고 있는 것을 보았다.[187] 표적 자동 추적에 대한 그의 전시(戰時) 연구와 그리고 (레이더 프로그램에서 이용된) 자동 자료 기록 등과 함께 이러한 최근의 역사적 사실에 의해 앨버레즈는 자료 처리 문제에 대해 낙관적이었다. 앨버레즈는 물리학자가 아닌 사람들을 고용하여 개별적인 입체 장면을 디지털 형식으로 변환하도록 시키고 그다음에 그로부터 공간상의 흔적을 다시 구성할 수 있는 장치를 만들고자 했다. 어쨌든 물리학자

186) 앨버레즈, 「UCRL에서의 거품 상자 프로그램」, 1955년 4월 18일, 18쪽, LAP.
187) 앨버레즈, 「원형 탁자」(1966), 271쪽.

들과 기술자들이 레이더 장비를 설계했지만, 일단 기계가 제작된 뒤에는 빛을 내는 음극선관 앞에 몇 시간이고 일렬로 앉아 있는 사람들은 결코 그들이 아니었다.

(앨버레즈가 여러 번 반복하여 인용한) 레이더 모형은 무엇보다도 예를 들어 전송기와 수신기, 전환 메커니즘, 그리고 대공(對空) 화기 등 모두가 함께 설계되고 제작되어 시험받은 **시스템**이었다. 그는 바로 이런 방법으로 거대한 거품 상자가 안고 있는 기계상의 문제와 극저온 문제가 제도상이나 개념적으로 한꺼번에 모두 해결되어야만 하리라고 믿었다. 그리고 다른 구성 요소와 함께 자료 분석도 이 시스템에 통합되어야만 했다.[188]

첫 번째 해독(解讀) 기계의 명칭은 그것을 발명한 사람들 중 한 명으로 LBL의 기술자인 잭 V. 프랭크를 따서 명명되었다. 물리학자 아서 로젠펠트는 날림으로 만든 그 기계의 조명 받침대라든지, 현미경을 측정하는 엔진, 그리고 다른 특색들이 충분히 소름 끼칠 정도로 무섭다고 생각되어 프랭크의 그 기묘한 기계에 괴물을 뜻하는 "프랑켄슈타인"이라는 명칭을 붙여 주었다(〈그림 5.17〉을 보라).[189] 그 장치의 하드웨어는 점점 더 발전했지만 그 이름은 그대로 남았다. 1957년까지 프랭크와 휴 브레드너는 흔적들을 자동으로 추적하여 측정할 수 있는 프랑켄슈타인을 제작하는 데 성공했다.[190] 측정은 대체로 다음 다섯 단계를 거쳐서 진행되었다.

1. **스캔하기**: 비(非)물리학자가 관심 대상이 될 만한 사건을 찾는다.
2. **스케치하기**: 물리학자가 임시 확인 사항과 측정을 위한 지시 사항 등

188) 전체적인 분석 시스템에 통합된 프랑켄슈타인에 대해서는 브레드너, 「거품 상자 사진의 분석」, UCRL-9104, 1960년 1월 29일, LBL을 보라. 또한 프랭크, 저자와의 인터뷰, 1991년 9월 4일을 보라.

189) 프랭크, 저자와의 인터뷰, 1991년 9월 4일.

190) 앨버레즈, 「최근 발전 사항」(1972), 267쪽.

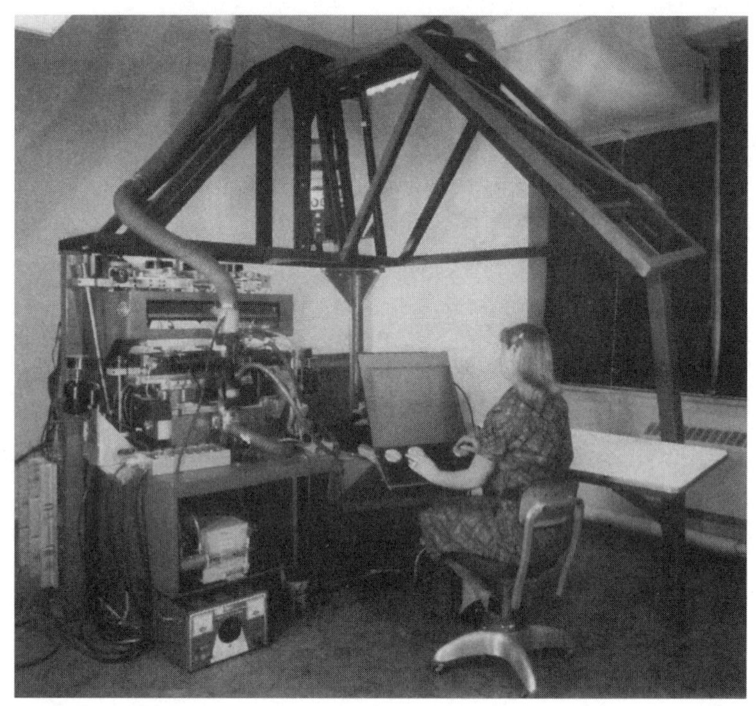

〈그림 5.17〉 프랑켄슈타인. 이 명칭은 발명가 중 한 사람인 잭 V. 프랭크의 이름에서 명명되었는데, 프랑켄슈타인은 미국뿐만 아니라 유럽과 소련에서도 흔적을 측정하는 일련의 "해독(解讀) 기계"를 대표하는 원형이 되었다. 출처: LRL 거품 상자 764, LBL. 캘리포니아 대학의 로렌스 버클리 연구소에서 제공해 준 것에 감사드린다.

대강의 자료를 기록한다.

3. 측정하기: 비물리학자가 대강의 방향을 안내하는 운전 바퀴를 사용해 자동 추적 방식으로 "흔적을 따라 좇아가는" 방법으로 흔적 위에서 (보정을 위한) 기준점 표시의 x-y 좌표와 견본 위치들을 측정하고, 페달을 밟아서 좌표를 대표하는 기호가 표시된 IBM 펀치 카드를 만든다.
4. 계산하기: 컴퓨터가 흔적을 대표하는 좌표에 가장 알맞은 공간상의 곡선을 찾아낸다.
5. 검사하기: 전문가가 컴퓨터 출력으로 나온 결과를 받아들일 것인지 아닌지 (예를 들어 새로운 입자에 대한 가정으로 인정될

만한지) 결정한다.[191]

그로부터 두 해가 지나서 개선된 "마크 II 프랑켄슈타인"을 제작한 뒤에 측정 그룹은 72인치 거품 상자로부터 나온 초기 출력을 검토할 준비를 마쳤다. 그들의 야망에도 불구하고, 프랑켄슈타인을 확장시킨다는 가장 웅대한 계획까지도 거대한 거품 상자로부터 홍수처럼 쏟아질 것으로 예상되는 사진들을 모두 처리할 수는 없을 것임이 분명했다.[192]

시작부터 버클리 팀은 물리학자를 기술자와 통합했고, 실험 과학자를 컴퓨터 프로그래머와 통합했다. 예를 들어 많은 수의 초기 거품 상자 논문들이 기사(技士)들과 기술자들에 의해 작성된 것과 꼭 마찬가지로 앨버레즈는 기술자들 및 기사들과 더불어 여러 가지 방법으로 스캔 장치와 측정 장치 모두에 대한 연구에 함께 몰두했다. 새로운 거품 상자에 대한 계획들에 대해 끊임없이 의견을 주고받으며, 스캔용 탁자와 측정 기계는 측정 투사 장치(Measuring Projector, MP) I, MPIa, b, c, d, e, f 등과 그다음에 좀더 큰 상자에 필요한 46밀리미터 필름에 사용될 좀더 큰 규모의 장치 등 일련의 긴 새로운 모형들을 통하여 발전했다.

이와는 대조적으로 CERN에서는 프랑켄슈타인과 유사한 장치인 사진 해독 기구(Instrument for the Evaluation of Photographs, IEP)를 생산하려는 노력을 1961년에 문서 해독기(Données et Documents)라고 이름을 바꾸고, 1963년까지 코바르스키가 책임자였던 과학 기술 지원(Scientific and Technical Services, STS) 부서에서 추진하도록 이관했다.[193] 나는 이렇게 기관 사이에 대조되는 앨버레즈 그룹과 CERN의 접근 방법이 하드웨어 설계상의 차이를 가지며, 물리학과 기술 사이의 관계에 훨씬 더 큰 차이가 있었지만 서로 협력하면서 발전해 나갔다고 주장한다. 실제로 많은 측면에서 해독(解讀) 기계들은 실험하기와 함

191) 브레드너, 「가능성」(1961), 225쪽.
192) 브레드너, 「가능성」(1961), 225쪽.
193) 크리게, 「기술 개발」(1987), 서문.

께 진행되는 연구 생활을 이해하면서 그 연구 생활에 적응하는 데 도움을 주었다.

예를 들어 제2차 세계대전이 끝난 뒤 20년에 걸쳐서 원자핵 물리학은 대체로 남성의 분야였으며, 그것은 해독(解讀) 기계의 설계에도 해당되었다. 그러나 실제 사진의 해독(解讀)은 처음부터 "여성의 작업"이었는데, 그래서 이러한 "남성" 기계를 작동시키는 사람은 거의 여성의 독무대였다. 여러 해 동안 여성들이 별을 관찰한 수많은 감광판들을 열심히 주시(注視)했고,[194] 불꽃 계수기의 화면을 자세히 조사했다.[195] 1940년대 이래로 우리가 제3장에서 본 것처럼 여성들이 에멀션 사진에서 원자핵과 입자의 흔적들을 최초로 검사하고 기록했다. 동시에 여성들은 가장 두드러지게는 제2차 세계대전 동안과 그 후 로스앨러모스에서 진행된 핵무기 연구를 비롯한 각종 전쟁 프로젝트에서 필요했던 복잡한 미분 방정식과 적분 방정식을 수치(數値) 해석으로 해결한 "컴퓨터" (당시에는 이렇게 불렀음) 역할을 했다. (전자계산기가 나와서 이 작업을 더 빨리 수행하기 시작했을 때 전자계산기가 "컴퓨터"라는 이름을 물려받았고 여성들의 임무는 재빠르게 그들의 기능이 갖고 있는 같은 이름의 대상을 프로그램 하는 것으로 전환되었다.) 그래서 누가 컴퓨터가 딸린 장치를 이용해 거품 상자 필름에 나온 흔적들을 측정하는 임무에 가장 적합한지를 정해야 하는 시기에 이르자 그 작업은 "자연스럽게" 여성의 것이어야 한다고 보이게 된 것은 필연적이었다(〈그림 5.18〉을 보라).

심지어 물리학자들이 자료 분석 시스템을 어떻게 배열할지에 대해 의견의 일치를 보지 못할 때에도, 어떤 처리 과정을 지지하는 쪽이든 모두 작업을 성별(性別)로 구분해야 한다는 점에는 일반적으로 동의했다. 이

194) 별 도표의 분석과 관련된 여성의 작업에 대해서는 맥, 「궤도로부터 길을 잃은」(1990)을 보라. 그리고 『미국의 여성 과학자들』(1982), 특히 제3장에서 로시터의 여성 연구에 대한 논의를 보라.

195) 원자핵 물리학 분야에서 여성들이 불꽃 계수기 화면을 관측하는 작업에 자주 참여했다. 이에 대해서는 스튜워, 「인공 붕괴」(1985)를 보라.

〈그림 5.18〉 여성 스캐너들. 출처: LRL 거품 상자 1448, LBL. 캘리포니아 대학의 로렌스 버클리 연구소에서 제공해 준 것에 감사드린다.

렇게 자명한 증거는 수많은 장소에서 나타났다. 한 예를 들자면 다음과 같다. 1962년에 CERN에서 개최된 제1회 흔적 분석 학술회의의 막바지에 코바르스키가 일어서서 앨버레즈 시스템과 HPD가 접근하는 방법 사이의 근본적인 차이를 요약하면서 의견 차이를 보이는 여러 축을 지적했다. 그러나 궁극적으로 "두 가지 [접근 방법] 모두가 사람 대 기계의 문제(또는 그보다도 오히려 스캔하고 측정하는 여자 대 기계의 문제)를 해결한다는 동일한 목표를 추구했다."[196] 비슷한 맥락에서 앨버레즈는 1966년에 신기술이 없었다면 프랑켄슈타인이 매년 단 하나의 거품 상자가 만들어내는 할당량인 100만 건의 사건들을 측정하기 위해 1,000명의 인원이 필요했을 것이라고 보고했다. 앨버레즈의 판단에 의하면 그것은 반세기 전에 전화 회사가 직면했던 문제와 다르지 않은 상황이었

196) 코바르스키, 「폐회사」(1962).

다. 산업계에서는 "만일 모든 사람이 전화를 소유하게 된다면, [미국에서] 모든 여성의 대략 절반 정도가 전화 교환원이 되어야 한다고 예언했다. [전화 회사에서는] 교환원 개개인의 효율이 막대하게 증가해야 한다는 결론이 나왔다. 다이얼 전화기는 이러한 기술적 분석의 결과로 나온 것이다."[197] 1960년대 당시에도 "스캔하는 여자"로부터 물리학자에 이르기까지 시스템 내에서 모든 사람의 생산성을 어떻게 높이고 증대시킬 것인가에 대한 비슷한 기술적 분석이 필요했다.

여기서 요점은 거품 상자의 상(像)을 스캔하는 일이 원래 숙련될 필요가 없는 작업이므로 여성 몫으로 남겨졌다는 것이 아니다. 오히려 비록 스캔하기가 기계적으로 똑같은 일을 반복하는 측면도 있지만, 그것이 실제로는 분명히 숙련을 필요로 하는 작업으로 "발견"을 수십 년이나 앞당긴 활동이었다. 우리가 이미 본 것처럼 파우웰의 브리스틀 실험실에서 이러한 변화가 이미 시작되었다. 이제 공장식의 조직과 결합된 컴퓨터의 도움을 받는 자료 처리가 대규모로 개입하면서 종전에는 물리학자들이 "소유"했던 임무들 중 훨씬 더 많은 부분이 스캔이 이루어지는 현장으로 이동했다. 그러나 스캔하기와 측정을 다루는 작업의 성격을 규정하고 실험 연구에서의 변화를 제대로 이해하기 위해서 우리는 자료를 분석하는 데 누가 무엇을 하는지 검토해봐야만 한다. 해독(解讀) 방법과 연관된 이런 세부 사항을 분석하면, 무엇이 발견을 이뤄내고 실험을 진행하며 실험 과학자가 된 것이라고 인정받게 하는지에 대해 끊임없이 바뀌는 기준을 파악하도록 만드는 대체적인 윤곽이 드러날 것이다.

만일 버클리에서 작성되었고 전 세계에 걸쳐 있는 연구소들에서 오랫동안 사용되었던 놀라운 훈련용 문서가 없었더라면, 우리는 해독(解讀) 작업에 대한 세부 사항을 알 수 없었을 것이다. 그러한 작업 지침들이 일과의 일부분이 되기 전까지 흔적을 해독하는 기술은 물리학자에서 시작하여 부서 책임자와 스캔 감독자를 거쳐 마지막으로 스캐너에게 구두

---

197) 앨버레즈, 「원형 탁자」(1966), 276쪽.

로 전달되었다. 그렇지만 1960년대 초 그러한 과정이 확대되고 일상화되면서 앨버레즈 그룹은 훈련용 문서를 준비하기 시작했다.[198] 신임 스캐너를 훈련시키기 위하여 좀더 공식적인 "교육 과정"이 1961년에 시작되었고, 1960년대 중반까지 견고하게 정착되었다. 이 교육 과정 중 가장 인기를 끈 부분은 스캐너들이 스캔용 탁자 앞에 앉아서 각 화면마다 설명을 들으며 배우는 것이었다. 마치 거품 상자 필름을 투영시킨 것과 똑같이 실험대에 투영된 훈련용 필름에는 물리학은 물론 스캔에서의 비결과 처리 과정, 그리고 방사선 연구소의 좀더 넓은 범위의 문화 등을 망라했으며 분명하게 구분되어 잘 섞여 있었다. 새로 온 실습생은 훈련 과정을 수료하면 보통 스캐너가 될 수 있는데 그들은 물리학자들의 구체적인 요구를 이해할 수 있었다. 또는 고급 스캐너 등급으로 승진할 수도 있는데, 그렇게 진급한 사람들은 컴퓨터나 물리학자 또는 그들 모두를 당황하게 만드는 복잡한 사건들의 차이를 분명히 보여주는 능력을 가지고 있었다.

(1961년에 처음 작성되고 1964년에 개정된 후 1968년에 재개정되었던) 앨버레즈 그룹 스캔 훈련용 메모는 굴절용 자석이 정해진 운동량을 지닌 입자들을 어떻게 분리해 내는지, 속도 분광계는 어떻게 정해진 속도를 (그러므로 질량을) 지닌 입자들만 따로 모을 수 있는지, 그리고 집속(集束) 자석은 어떻게 평행한 광선을 만들어내는지 등 가속기 설계의 기초를 설명하는 것으로 시작한다. 그와 동시에 새로 온 실습 스캐너들은 상자나 상자 사진뿐 아니라 좀더 넓은 범위의 가속기 실험실 자체에 관한 사진들을 모두 섭렵했다. 만일 주위 환경이 별로 마음에 들지 않는다고 하더라도 그것은 어쩔 수가 없었고, 정확히 말하면 그것은 스캐너가 새로 입장하는 세계의 일부분으로 제공된 것이었다. "위에서 묘사된 광선의 구성 요소들이 때로는 매우 복잡하다. 그러한 광선을 설계하고 작동할 수 있도록 조립하려면 대단한 기술을 필요로 한다. 그렇지만

198) 예를 들어 「기본 입자」, LRL Physics Note 327, 1961년 8월 28일, LBL.

뛰어난 과학자들에게도 자주 일어나는 것처럼 그들의 희한한 기계가 아름다운 적은 별로 없다. 아래 사진을 참고하라."[199]

물리학자에 의해서 스캐너에게 이와 같이 전달된 물리학의 모습은 대단히 복잡하면서도 지극히 단순화된 것이었다. 그것은 전달 과정에서 본질 중 매우 많은 부분과 그것들을 지배하는 법칙이 제외되었기 때문에 단순화되었다. 예를 들어 뉴트리노에 관해 안내 지침서는 다음과 같이 말한다. "뉴트리노는 …… 지구 크기의 콘크리트 구역을 마치 그것이 없다는 듯이 거리낌없이 관통할 수 있다. 여러분은 결코 뉴트리노를 볼 수도 없으며 여러분이 스캔하는 동안 발견하는 상호작용에 뉴트리노가 관계되리라고 짐작할 수도 없을 것이다. 우리가 하는 작업에서는 뉴트리노를 잊어버려도 좋다."[200] 또는 지침서에서는 스캐너들에게 η는 다른 공명 상태와 마찬가지로 흔적을 남기지 않을 정도로 빨리 붕괴해버리기 때문에 논의되지 않을 것이라고 알려준다. "[이러한 공명 상태들 중] 어느 것도 η와 마찬가지로 그것들이 존재하는지 아닌지 알아낼 수 있는 방법이 없으므로 스캐너들에게는 중요하지 않다."

다시 말하면, 스캐너들이 무엇이라고 구분할 수 있는 방법이 없다. 그리고 이제 상호작용의 분류에 대해서도 똑같이 말한다. "여러분이 스캔하게 될 실험에 대한 스캔하기의 지침도 강 상호작용과 전자기 상호작용 그리고 약 상호작용에 대해 별로 언급하지 않을 것이 틀림없다. 스캔하기 과정은 대부분 형태의 특성을 찾아내는 기능이며, 관심을 갖고 있는 특정한 원자핵의 내부에서 무엇이 일어나고 있는지에 대한 지식이 그 사건을 제대로 확인하는 데 별로 영향을 주지 않을 것이다."[201]

---

199) 회데메이커, 「앨버레즈 그룹의 스캔 훈련용 필름」, UCRL Physics Note 595, 1968년 10월, 11쪽. 더 먼저 나온 지침서로는 다음을 보라. 스티븐슨, 「기본 입자」, LRL Physics Note 327, 1961년 8월 28일; 스티븐슨, 「스캐너를 위한 반응 동역학」, LRL Physics Note 300, 1961년 6월 16일, 모두 LBL에 속한다.

200) 회데메이커, 「앨버레즈 그룹의 스캔 훈련용 필름」, UCRL Physics Note 595, 1968년 10월, 28쪽, LBL.

201) 회데메이커, 「앨버레즈 그룹의 스캔 훈련용 필름」, UCRL Physics Note 595,

그러나 만일 물리학이 어떤 장소에서 일종의 "외국 언어" 즉 혼성어처럼 잘려버린다면, 눈에 보이는 흔적들이 스캔용 탁자 위에 투영되는 다른 장소에서는 그것이 미묘해지고 어려워지며 일상화되지 않은 그 무엇이 된다. 스캐너들은 임무를 시작할 때부터 다음 다섯 가지의 기본 비결을 익혔으며, 그것들에서 미묘하게 바뀐 수많은 변형들도 배웠다.

1. 동시에 두 방향의 시선(視線)으로 (중첩하여) 스캔한다.
2. (비행 경로에서 유추하여) 보이지 않는 중성 입자의 경로를 재구성한다.
3. (정지 보조판을 배치하여) 알고 있는 궤도에 흔적의 경로를 맞춘다.
4. (곡률 보조판을 이용하여) 흔적의 곡률을 측정한다.
5. (이온화 도표를 참고하여) 거품 밀도를 계산한다.

가장 간단한 수준에서 중첩하기란 세 가지의 입체 시선(視線) 중 두 가지를 택하여 그 두 가지 상(像) 모두에서 보이는 알려진 점이 겹치도록 두 가지 상(像)을 옮겨놓는 것이다. 예를 들어 입자가 상자의 내부에서 멈췄다면 (점 p와 같은) 흔적의 끝점은 어렵지 않게 확인될 수 있으며 그러면 〈그림 5.19〉처럼 두 시선으로 관찰한 상(像)을 중첩시킨다. 액체 수소 내부의 점들을 결정하는 데 도움이 되도록 거품 상자 위쪽 유리의 내부에 (측정을 위한 표시인) 기준이 되는 점들을 새겨놓는다. 혹시 점 p가 상자의 위쪽 가까이에 위치한다면, p를 바라보는 두 시선이 서로 겹칠 때 위쪽의 기준점들도 중첩되어 보일 것이다. 만일 p가 상자 깊숙이 위치한다면 위쪽 기준점들은 멀리 떨어져 있는 것처럼 보일 것이다. 스캐너들이 더 많은 경험을 쌓을수록 훨씬 더 어려운 과제를 수행할 수 있다. 스캐너는 흔적을 두 시선(視線)에서 바라보고 그것을 따라 "달려가서" 흔적을 따라 점점 더 먼 점들을 중첩시킬 수 있다. 두 가지 모습으로

1968년 10월, 128쪽, LBL.

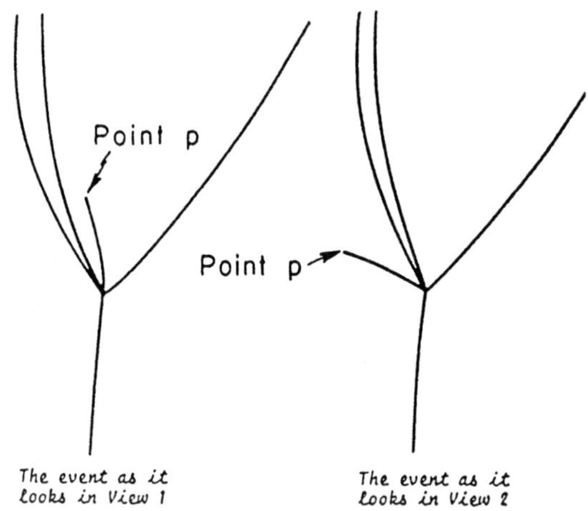

〈그림 5.19〉 중첩하기(1968). (구름 상자 사진과 마찬가지로) 거품 상자 사진은 입체로 촬영되었으며, 서로 다른 방향에서 투시된 것을 결합하여 완전한 공간의 궤도를 유추해 냈다. 비록 최종 데카르트 좌표는 컴퓨터가 계산했지만, 초기 분류와 확인 작업은 "흥미로운" 현상을 찾아내는 것이 임무인 "스캐너"들이 수행해야 되었다. 이렇게 숙련된 임무를 수행하려면 입체로 투시된 것을 서로 겹치게 움직여서 미시(微視) 물리적인 상호작용을 드러낼 수 있는, 추상적인 "영화"를 머릿속에서 그려낼 수 있는 능력이 요구되었다. 출처: 회데메이커, 「앨버레즈 그룹의 스캔 훈련용 필름」, UCRL Physics Note 595, 1968년 10월 (PH 19-5-50), LBL. 캘리포니아 대학의 로렌스 버클리 연구소에서 제공해 준 것에 감사드린다.

보이는 기준점들 사이의 상대 위치를 관찰해 스캐너는 흔적이 3차원 공간에서 내려가는지 또는 올라가는지를 결정할 수 있다. 지적 훈련으로 시작된 것은 3차원의 시각적 직관으로 되며, 그것에 기반을 두어 많은 다른 작업들을 수행하게 된다.

특히 스캐너들이 이용하는 비결들 중 거개가 단지 대략 수평면에서 일어나는 사건에서만 제대로 적용되었다. 점들을 중첩시키는 것은 스캐너들이 그 사건이 내려오지도 또는 올라가지도 않는다고 판정하는 데 도움이 될 수 있다. 예를 들어 중성 입자의 경로를 재구성하는 한 가지 비결은 두 갈래의 가지로 나타나 V 입자라는 이름을 가지게 된 잘 보이는 입자에 접선을 그리는 것이다. 곡률 보조판을 사용해 스캐너는 왼쪽으로 이동하는 입자의 반지름을 대략 측정하고 그 반지름과 동일한 길이

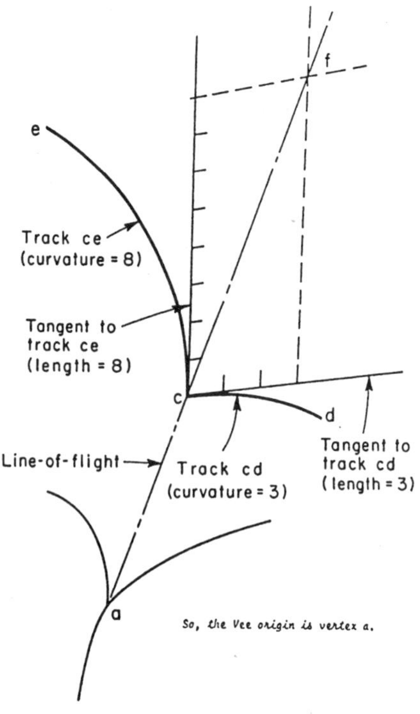

〈그림 5.20〉 중성 입자의 진행 경로를 재구성하는 접선 방법(1968). 스캐너들은 흔적을 남기지 않는 중성 입자의 경로를 재구성하는 방법으로 보이지 않는 것을 "보이는" 것으로 터득한다. (한 꼭짓점에서 나가는 두 개의 흔적으로 이루어진) **V**에 그린 접선은 그들 각각의 운동량을 제공해 주었다. 스캐너들은 평행사변형을 만들고 그 대각선을 그려서 **V**를 구성하는 전하를 띤 (눈에 보이는) 입자를 만들어낼 수 있는 중성 입자의 가능한 공급원이 존재하는지를 알 수 있었다. 그 무엇도 이러한 추론이 옳다고 보장하지는 않는다. 예를 들어 단지 두 입자에 의해서만 붕괴가 진행된다고 확신할 방법은 존재하지 않는다. 여기서는 다른 곳에서와 마찬가지로 스캐너들이 논리에 의한 추론이 허용되지 않는 경우 독자적인 판단을 행사하는 것이 필요했다. 출처: 회데메이커, 「앨버레즈 그룹의 스캔하기 훈련용 필름」, UCRL Physics Note 595, 1968년 10월 (PH 19-5-50), LBL. 캘리포니아 대학의 로렌스 버클리 연구소에서 제공해 준 것에 감사드린다.

를 접선상에 표시한다. 똑같은 일을 오른쪽으로 이동하는 입자에 대해서도 한다(〈그림 5.20〉을 보라). 그러면 두 접선에 표시된 두 선분은 평행사변형의 두 변이 되는데, 이때 그 평행사변형의 대각선이 보이지 않는 중성 입자가 지나가는 경로다. 만일 이렇게 재구성하여 나타난 중성 입자 경로의 시작점이 그 중성 입자의 발생으로 그럴듯한 상호작용과 연결된다면, 스캐너는 재구성을 제대로 완수했다고 자평하곤 한다. 비록 따로 말하지는 않았지만 이 방법에는 운동량 보존이 내포되어 있다. 고전 전자기학에 의하면 흔적의 반지름은 운동량에 비례하며, 중성 입자가 두 개의 (그리고 두 개만) 다른 입자로 붕괴한다고 가정하면, 생성되는 두 입자 운동량의 벡터 합은 보이지 않는 중성 입자의 운동량과 같아야만 한다. 스캐너를 위한 혼성어 입자 물리학은 이론이 필요 없는 관찰만의 언어는 아니다. 그것은 물리 이론의 본체에서 부분적으로 분리되었지만 조직적으로 짜인 일련의 경험적 절차다.

앨버레즈 그룹에게는 그러한 스캔 방법을 완전히 기계적으로 따르게 하기는 불가능하다는 것이 명백했다. 그러한 소신이 스캐너의 지침에 여러 번 반복되었다. 예를 들어 중성 입자를 재구성하는 논의에서 스캐너들은 "이 방법들은 단지 근사적일 뿐이며, 절대로 확실하지는 않다"라는 구절을 읽게 된다. 실험이 계속될 때마다 따라야 하는 정해진 절차가 바뀌었다. "여러분은 항상 여러분의 실험에 대한 스캔하기 지침을 글자 그대로 따라야만 한다. 위의 기법을 잘못 사용하면 마지막 자료에 해로울 수도 있다."202) 단 하나의 실험에서도 판단은 필요했다. 이것은 각 행동이 규정에 의해 완전히 지정될 수 있는 일관 작업을 말하는 알고리즘 활동이 아니었다. 예를 들어 만일 V가 내려오거나 올라가면, 만일 세 번째 (중성) 입자가 방출되면 또는 만일 다른 조건들 중 어느 하나라도 성립하면 그 방법은 실패하고 말 것이다. 오차를 측정하는 것이 잘못 확인하는 것보다 훨씬 덜 위험하다. 그리고 스캐너가 정성적인 판단을 잘못하면 옆에서 거드는 컴퓨터는 거의 쓸모없게 되었다.

비결은 자꾸 늘어났다. 스캐너는 관심을 가질 만한 후보에서 어떤 입자들을 제외시켜야 되는지 스스로 터득하게 되었다. 상자 내의 공간 중

---

202) 회데메이커, 「앨버레즈 그룹의 스캔 훈련용 필름」, UCRL Physics Note 595, 1968년 10월, 66쪽, LBL.

보이는 부분에서 정지된 어떤 입자의 흔적이 확실히 구별되는 곡선을 남겼다. 그 입자보다 질량이 더 큰 입자는 어느 것도 그보다 더 많이 굽는 곡선을 그릴 수 없었다. 예를 들어 정지하는 양성자의 곡률 보조판을 보자. 훈련용 메모에 의하면 만일 어디서 나왔는지 원인을 알 수 없는 양전하를 띤 입자의 흔적이 양성자의 흔적보다 더 많이 휘었다면, 그것은 도저히 양성자일 수는 없으며 (제거 과정에 의하여) 양전하를 띤 정지하는 파이온일 가능성이 높다.

입자를 확인하는 데 더 많은 도움을 주는 운동량은 입자의 곡률에서 결정될 수 있는데, 그 곡률은 여러 가지 다른 곡률의 보조판을 시험적으로 사용해서 결정되었다. 그렇지만 이 방법은 흔적이 상대적으로 평평한 면에 놓여 있을 때에만 제대로 이용될 수 있었다. 사정이 그렇다면 스캐너는 곡률과 (필름에 기록되어 있는) 자기장을 이용해 입자의 운동량을 100만 전자볼트(millions of electron volts, MeV)의 단위로 결정할 수 있었다. 기술마다 모두 스캐너는 자신이 이용할 수 있는 비결을 언제 사용하면 안 되는지 배우는 데 같은 시간을 보냈다. 예를 들어 만일 세 가지 시선으로 본 입체적 광경에서 얻은 곡률들이 정해진 길이의 역수보다 더 많은 차이가 난다면, 그것은 단순히 흔적이 놓인 방향이 곡률을 결정할 수 없도록 되어 있다. 이는 나중에 컴퓨터가 판단할 것이다.[203]

앨버레즈는 자주 방법론적인 교훈으로서 인간의 개입이 주는 장점을 상세히 설명했다. 그러나 그의 견해가 지닌 힘은 그렇게 발표했다는 사실이 아니라 스캔용 탁자에 새겨져 있었다. 앨버레즈의 전자 컴퓨터에 수록된 완성된 프로그램들이 얼마나 능숙했든 많은 점에서 기계가 할 수 없는 것을 스캐너가 진행할 수 있는 경우가 많이 있다. 그중 한 가지가 입자가 남겨 놓은 이온들의 밀도인데, 그것은 거품의 밀도로 측정되는 양이었다. 컴퓨터가 사진에 나온 흔적에서 거품의 밀도를 알아낼 수

203) 회데메이커, 「앨버레즈 그룹의 스캔 훈련용 필름」, UCRL Physics Note 595, 1968년 10월, 71쪽, LBL.

있는 기술적 방법은 그때까지 존재하지 않았다. 잘해야 정성적으로 짐작하는 수밖에 없었다. 그러나 그러한 "눈대중" 짐작을 활용하여 내려간 각(角)을 찾기 위해 중첩을 이용하는 방법으로 스캐너는 각각의 입자에 대하여 내려간 각의 함수로 이온화 곡선이 기록된 도표를 검토할 수 있었다. 때로는 심지어 정밀 측정이 가능하지 못한 경우라도 대략적인 추정으로 후보 입자 또는 상호작용을 배제할 수 있었다.[204] 예를 들어 흔적이 너무 짙거나 너무 엷어서 해석할 수 없는 경우도 있었다. 다른 이유로 양성자인 것처럼 생각되는 매우 심하게 이온화된 흔적이 어쩌면 진짜 양성자일 수도 있었다.

양성자와 가장 비슷해 보이는 양전하를 띤 파이온은 엷게 이온화시킨다. 앨버레즈 그룹이 지침서의 각 절마다 강조한 것처럼 이온화에 의한 추정과 일반적으로 스캔 자체를 구체적 사항까지 일일이 교육함으로써 다음과 같이 그런 것들을 일련의 규칙으로 단순화시키려는 시도를 허용하지 않았다. "여러분이 본 것처럼 이온화나 또는 흔적 밀도는 입자를 확인하는 데 도움이 될 수 있다. 스캔에 이용되는 다른 기술들과 마찬가지로 그것은 근사적이며 단지 그런 정도로만 신뢰할 수 있다. 경험이 많은 스캐너들이 거의 그런 일이 없겠지만 있다고 하더라도 '나는 π가 이 흔적을 만들었다는 것을 알겠군'이라는 말을 하지는 않는다. 그들은 오히려 '나는 이것이 π라는 데 내기를 걸지'라든가 또는 '이것은 π인 것이 거의 분명해'라고 말하기가 더 쉽다. 누구든 흔적 밀도에 관한 정보가 절대로 확실하지는 않다는 것을 잘 인식하고 이용해야 한다."[205] 이런 것이 실

---

204) 회데메이커, 「앨버레즈 그룹의 스캔 훈련용 필름」, UCRL Physics Note 595, 1968년 10월, 75~77쪽, LBL. 거품 상자 시대가 꽤나 지난 뒤 CERN의 브라이언 파우웰과 브룩헤이븐의 딕 스트랜드는 HPD 거품 밀도 자료를 구하는 데 성공했다. 흔적의 좌표 문제가 아직 해결되지 않은 것을 고려하면, 심지어 그런 성공까지도 새로운 방법을 택하려는 많은 전향자들을 자기편으로 끌어들이는 데 실패했다. 휴가 저자에게, 이메일, 1995년 12월 11일.

205) 회데메이커, 「앨버레즈 그룹의 스캔 훈련용 필름」, UCRL Physics Note 595, 1968년 10월, 78쪽, LBL.

제로는 어떻게 이루어질까? 초기 스캔과 측정 그리고 컴퓨터 작업이 끝난 다음에 어떤 사건들은 "미리 기대한 가정"을 만족하지 못하기 때문에 배제시킨다. 그다음에 "좀더 눈대중을 하기" 위해 자료를 스캔용 탁자로 돌려보낸다. 비록 컴퓨터 자체가 사진에서 이온화 정보를 얻지는 못한다고 하더라도 컴퓨터를 이용하여 에너지와 운동량 그리고 입자 형태를 재구성하여 스캐너에게 다음과 같이 말해 줄 수는 있다.

> 만일 이 사건이 여러분이 가정한 것처럼 [$K^- p \rightarrow \Lambda\pi^-\pi^+$이고 Λ가 $\pi^- + p$로 바뀜]이고 세 번째 흔적이 π^+라면, 세 번째 흔적은 최소값의 1.2배여야 한다. 이것은 다른 흔적에 대해서도 유사한 정보를 제공해 줄 것이다. 그러면 경험이 풍부한 스캐너는 세 번째 흔적을 조사하고 만일 그것이 아주 짙다고 하더라도 분명히 최소값의 1.2배가 아니라면, 그것은 원래 가정했던 것과 같은 π^+는 아니라고 결론지을 수 있다. …… 그[스캐너]는 스캔용 탁자 위에서 흔적들이 얼마나 짙은지 직접 볼 수 있기 때문에 이 문제를 해결하는 데 컴퓨터보다 더 유리한 위치에 있다. 그는 또한 컴퓨터로부터 추가 정보를 얻기 때문에 그 사건을 맨 처음 발견한 스캐너보다도 더 유리하다.[206]

총괄적 방법론으로 결정되는 것이 아니라 이러한 처리 절차 자체로부터 사진의 해독(解讀)에는 무엇이 필요한가에 대해 깊이 새겨진 가정들이 드러나게 된다. 첫째, 표시된 것들(흔적들)은 암시적이다. 그것들은 어딘가 다른 곳을 가리킨다. 델타선은 전하를 띤 무거운 입자가 지나간 것을 신호해 주며, 열린 각(角)이 없는 e^+e^- 쌍은 광자(光子)를 예고하고, 심하게 이온화시키는 흔적은 양성자를 암시하는 것 등등으로 목록이 계속된다. 둘째, 훈련을 쌓은 스캐너는 일련의 관례들을 습득한다. K 입자

---

206) 회데메이커, 「앨버레즈 그룹의 스캔 훈련용 필름」, UCRL Physics Note 595, 1968년 10월, 78쪽, LBL.

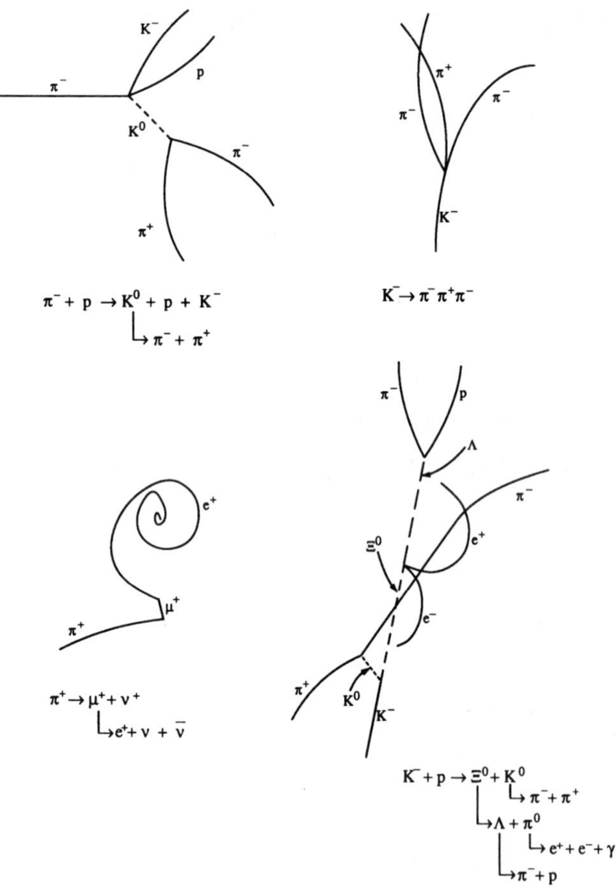

〈그림 5.21〉 본보기 흔적들(1968). 이러한 "정리된" 흔적들은 (그 해석과 함께) 초보자들에게 분류의 기술을 지도하기 위해 훈련용 메모에 복사되어 있었다. 훈련을 받는 사람들은 여기에 나오는 특별한 과정의 찾기만 배우려는 것이 아니고, 이러한 상호작용의 요소들이 나타나는 연관된 과정의 분류를 배우게 되었다. 다양한 시각적 투시도와 변형되는 메커니즘과 함께 상호작용이 얼마나 복잡한가를 감안한다면, 사건들을 분류하는 일이 결코 완전히 틀에 박힌 일은 아니었다. 출처: 회데메이커, 「앨버레즈 그룹의 스캔 훈련용 필름」, UCRL Physics Note 595, 1968년 10월(PH 19-5-50), LBL. 캘리포니아 대학의 로렌스 버클리 연구소에서 제공해 준 것에 감사드린다.

라든가 전자, 달리츠 쌍, 전환 쌍, 파이온, 시그마, 그리고 π-μ-e 연결고리 등을 (〈그림 5.21〉을 보라) 실례를 들어 설명하는 데 사용된 수많은 본보기가 되는 사진들처럼 실증(實證)에 의해 전달되는 관례들이 존재한다. 그리고 서로 다른 시선(視線)에서 본 광경이 정해진 곡률보다 더 많은 차이를 보일 때 각에 대한 측정 결과를 배제시키는 규칙이라든지, 중성 입자의 진행 경로를 찾기 위해 접선 방법이 적용될 수 있는 경우에 관한 규칙 등 절차에 의한 관례들도 존재한다. 마지막으로, 그리고 아마 가장 중요한 것으로 원전(元典)을 앞에 두고 신중할 필요가 있다. 그것은 해독자(解讀者)가 배타적인 판단을 주장하는 방향으로 너무 멀리 가지 않도록 명시적으로 금지하는 일종의 해석상의 주저함이다. 앨버레즈의 해독 방법에서 판단은 원래 포함되어 있었다. "스캔하는 여자"와 물리학자, 그리고 전자 컴퓨터 등을 철저하게 통합한 것은 시스템의 준비 행위가 아니라 시스템 자체가 되었다.

앨버레즈의 해독(解讀) 방법은 인간과 기계 사이에, 그리고 기술자와 물리학자 사이에 존재하는 끊임없는 상호작용을 뒷받침하는 사회적·기술적 기반에 의존했다. 이러한 "상호작용주의"와 함께 프랑켄슈타인과 스캔과 측정 투광기(投光器)(Scanning-Measuring Projectors, SMP)를 이용하는 연구는 서로 밀접하게 발전되어 나갔으며, 이때 인간 해독자(解讀者)들은 처음부터 그들의 판단 작업 중 단계마다 규칙을 적용하는 데 신중할 것을 가르쳐 준 특별한 해독(解讀) 전략을 이용했다. 이러한 해독(解讀) 방법의 어떤 측면도 아주 다른 방향으로 발전한 CERN의 자료 처리 과정이 실증해주는 것처럼 "기술적 필요"에 의해 강요되지는 않았다. CERN에서는 (그리고 CERN과 연합 관계를 맺고 있는 버클리와 브룩헤이븐의 그룹에서는) HPD가 마치 성 요한처럼 컴퓨터에 의해 가동되는 인공 지능이 첫 번째 화소(畵素)에서 마지막 분석에 이르기까지 사진 해독(解讀) 작업 모두를 수행하는 새로운 세계를 가리키고 있었다. 공학 기술은 예단(豫斷)을 방지해줄 것이고, "스캔하는 여자"들은 자동화가 마지막 인간의 의사 표시를 모두 받아들일 때까지 좀더 구체적이고 좀 덜 복잡한 임무와 씨름하고 있을 것이다. 이제 우리는 자료 처리에 대해 가능한 또 다른 이러한 비전으로 눈을 돌리려고 한다.

8. HPD 대 SMP

1960년 8월 당시 연구년을 맞아 미시간 대학에서 CERN을 방문한 폴 휴는 이브 골트슈미트-클레르몽이 "무모한 아이디어 세미나"라고 부른 스캔하기를 자동화하려는 노력을 시작했다. 휴는 연구년을 이용하여 그가 미시간 대학에서 수행하던 원자핵 에멀션 연구에서 벗어나 거품 상자를 기반으로 하는 고에너지 물리학으로 옮겨갈 방도를 찾고자 했다. 휴와 함께 공동 연구를 한 사람은 영국 물리학자 브라이언 W. 파우웰이었는데, 두 사람은 거품 상자 사진을 해독(解讀)하는 데 인간을 완전히 대신할 목적으로 새로운 자동화 방법을 개발했다. 그들은 궁극적으로는 완전히 자동화된 패턴-인식 기계를 구성하는 데 꼭 필요한 일련의 장치들에 포함될 흔적 분석 시스템의 개발이 목표였다. 이러한 목적에서 그들의 방식은 네 부분으로 나뉘었다. 첫째, 그들은 기계적으로 흔적을 좇아가는 시스템을 배제하는 대신 거품의 평균 지름보다 더 작은 지점만 밝히는 빛을 만들어 필름에 비추는 하드웨어를 제작할 예정이었다. 그 빛이 어두워진 거품 상(像)을 비추면, 투과된 빛의 세기가 약해지고, 그러면 이 사건은 광전 증폭관의 전기적 출력에 정지로 기록된다. 그 빛을 평행으로 나 있는 수천 개의 선 위에 비추면, 2미크론 이내의 개별적인 거품 상(像)의 위치가 디지털 형식으로 변환될 수 있을 것이다. 단지 10초 이내에 이 장치(〈그림 5.22〉를 보라)는 72인치 거품 상자에서 나온 70mm 사진 상(像)을 수치(數値)로 된 정보로 바꿀 수 있었다. 그렇지만 하드웨어는 새로운 해독(解讀) 방법의 단지 일부분에 불과했다.

이 장치를 처음으로 내놓으면서 휴와 파우웰은 그들의 두 번째 착상으로 해독(解讀)에서 사람이 차지하는 위치를 지정해 주는 "병렬 인간 안내"를 발표했다. 특히 필요한 (그러나 모두 잠정적일 것으로 기대한) 양보의 하나로 기계가 자신의 역할을 시작하기 전에 사람이 개입해 기계가 임무를 시작하는 것을 도와주고, 그다음에는 완전히 기술에게 통제를 양도한다. 앨버레즈의 해독(解讀) 방법에서는 모든 단계에서 인간과 자동

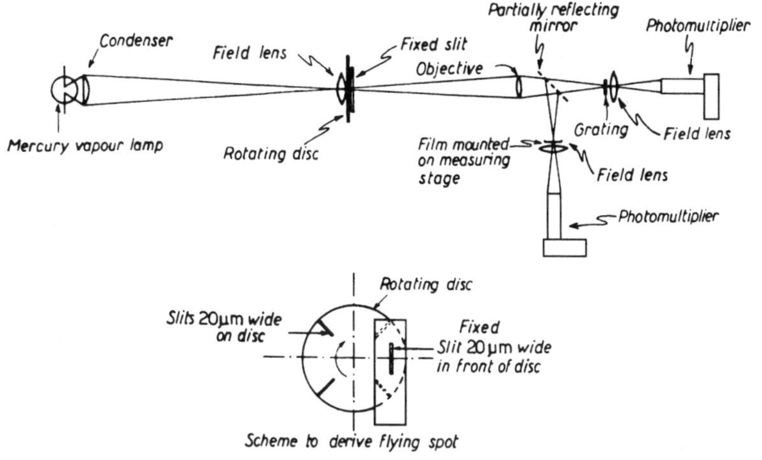

〈그림 5.22〉 HPD를 나타낸 도식적 그림(1960). 수은 증기 램프가 기계적으로 날아가는 위치 발생기를 비춘다. 이 발생기는 (확대한 삽입 그림에 표시된 것처럼) 회전하는 틈새가 정지한 수직 방향 틈새를 가로지를 때 작동한다. 그다음에 이 위치는 대물 렌즈를 통과해 지나간 뒤 절반만 은을 칠한 거울에 의해 갈라진다. 갈라진 상(像) 중 하나는 계속해서 필드 렌즈를 통과하고 도식적 그림의 오른쪽 윗부분에 나와 있는 광전 증폭관에 의해 붙잡힌다. 다른 상(像)은 아래로 반사되어 내려가 거품 상자 필름을 통과하고 두 번째 광전 증폭관으로 들어간다. 두 번째 광전 증폭관의 신호에서 첫 번째 광전 증폭관의 신호를 빼면, 단지 필름 상(像)의 효과만 남는다. 그러면 어두운 위치가 (거품이) 전자 출력에 자국을 만든다. 이러한 자국들이 컴퓨터 분석의 기본 자료 역할을 하는데, 휴와 파우웰은 이러한 컴퓨터 분석이 궁극적으로 인간 스캐너들을 한 명도 남기지 않고 제거할 수 있기를 바랐다. 출처: 휴와 파우웰, 「더 빠른 분석」, 『누오보 치멘토』 18(1960): 1184~91쪽 중 1186쪽.

장치를 통합하는 것이 목표였다(측정 과정에서 컴퓨터와 인간은 여러 번 서로 교대했다). HPD 해독(解讀) 방법에서 지향하는 야망은 그와 반대였다. 인간과 기계는 분리되어야만 했다(인간의 개입은 모두 시작 부분에서 이루어졌으며, 그러한 관여까지도 궁극적으로는 자동화 과정으로 대치되어야 했다). 프로이트를 제대로 인용하는 것인지 모르겠지만, HPD 철학은 다음과 같이 천명했다. 인간의 판단이 존재하는 곳에는 포트란(FORTRAN)이 존재한다. HPD풍의 해독(解讀)은 각 측정과 측정 사이에 인간이 직렬로 개입할 필요를 없앴다. 대신에 그들은 입자의 실제 흔적을 찾아내기 위해 궤도를 대강 표시하는 대략적인 경계인 "길"을 배열함으로써 수많은 흔적들과 병행하여 사람의 판단을 적용하는 방법으로 컴퓨터의 임무를 거들어줄 예정이었다.

처음에 휴와 파우웰은 운영자로 하여금 흔적 주위의 가장자리를 표시하게 하여 컴퓨터가 잘못 짚거나 또는 적절한 흔적이 어떤 것인가, 그리고 심지어 무엇을 흔적이라고 할 수 있는가 등의 애매함에 어쩔 줄 몰라서 필요 없는 시간을 낭비하지 않을 거라고 예상했다. 곧 코바르스키의 제안으로 휴와 파우웰은 운영자가 단순히 흔적의 위 또는 근처에서 단지 몇 개의 위치만 지정해주는 등 그 흔적의 위치와 정체를 가리켜주기만 하는 방법으로 길을 만드는 기술을 단순화했다.[207] 이런 방법으로 길을 지정해 주면 이제 흔적들은 애매하지 않게 확인되었고, 필름의 광대한 영역을 "흥미롭지 않은" 것으로 분류해 컴퓨터의 고려 대상에서 제외시켜서 컴퓨터의 상(像) 처리 계산이 더 빨라졌다.

셋째, 휴와 파우웰은 거품 상자 사진에서 다른 사람들이 기대한 것보다 훨씬 더 적은 정보를 뽑아내면 된다고 결정했다. 10^8이나 10^9 비트 정도 대신 그들은 단지 약 10^6비트 정도만 기록하면 되었다. 넷째이자 마지막으로, 그 시스템은 날아가는 위치 장치 자체로부터 컴퓨터로 이동시키는 메커니즘과 관련되었다. 이런 장치의 저자(著者)들은 "이런 종류의 측정 장치는 다양한 단계로 패턴 인식을 하도록 개발될 수 있는 장점을 가지고 있다"라고 반복하여 강조했다.[208] 프랑켄슈타인을 설계한 사람들에게 그러한 야망은 적절하지 못했다. 그들에게 부여된 임무는 인공지능 자체를 발전시키라는 것이 아니라 인간이 상(像)을 처리하는 데 도움을 주는 공학적 해법을 설계하라는 것이었다. 앨버레즈 그룹의 철학은 인간 스캐너들을 돕는 방법을 추구하는 것이었지 그들을 대신하는 무엇을 만드는 것이 아니었다.

---

207) 파우웰과 휴, 「더 빠른 분석」(1961), 245쪽.

208) 휴와 파우웰, 「더 빠른 분석」, 『누오보 치멘토』 18(1960): 1184~91쪽 중 1186쪽.

(궁극적인 의미에서) 완전 자동화가 주는 매력은 무엇인가? 대답은 여러 가지로 나왔다. HPD 프로젝트의 한 참가자인 브룩헤이븐의 수학자 J. W. 컬킨은 그 목표가 순전히 실제적이거나 패턴 자동 인식과 관계되는 일반적인 문제에 대해 그가 매료되었음을 부각시키려는 것이 아님을 다음과 같이 인정했다. "[충분히 제 몫을 하는 날아가는 위치 장치에 대한] 논의의 비상한 점은 물론 인간의 개입을 제거하는 것이다. 이것의 중요성은 장소에 따라 변하며, 사실상 가용 노동시장의 함수다. 그럼에도 불구하고 우리가 전반적으로 그것이 바람직하다고 생각하지만, 그러한 작업이 원래 그렇듯이 나는 그것이 노동 공급의 불확실성이라고 본다. 공평하게 말하자면 브룩헤이븐에서 이러한 작업을 추구하는 우리의 동기가 어찌 되었든 브룩헤이븐의 수학과에 속한 나와 다른 사람들이 관계되는 한, 확실히 갖가지로 섞여 있음을 첨언해야만 한다."[209]

컬킨과 그의 동료들은 그들이 "푸른 하늘" 프로젝트라고 부른 것을 원했는데, 그것은 어려운 노동시장에서 비용과 "스캔하는 여자들"을 통제하려는 물리학자의 단순히 현세적인 관심을 훨씬 능가하는 인공 지능에 대한 고결한 야망으로 향하는 노력이었다. 그렇게 목표가 정해져 있지 않은 패턴 인식 연구에 대한 컬킨의 구성 체제도 사진으로 처리되지 않은 자료를 수치(數値) 형태로 축적하는, 습득에서 시작하는 네 단계를 포함하고 있다. 둘째는 컬킨이 강조하듯 지금은 가치가 없다("부적절"하거나 "흥미가 없다")고 간주되고 앞으로는 더 그렇다고 생각되는 정보를 쳐내버리는 것을 말하는, 삭제였다. 목표는 그렇게 살아남은 정보에서 "물리"를 뽑아내는 것이었는데, 컬킨에게는 그것이 정보에서 "우리가 과학적으로 말하는 데카르트-뉴턴-아인슈타인식 언어"라고 부르는 것으로 번역함을 의미했다.[210] 그런 다음 그들이 일단 물리의 언어에 속한다면 실험 결과가 이미 이해된 이론의 영역 또는 새로운 물리학이라는 도

---

209) 컬킨, 「수학자」(1963), 193쪽.
210) 컬킨, 「수학자」(1963), 192쪽.

전적 범주로 구분될 것이다.

HPD와 함께 이룬 성공은 습득 단계에서 놀라울 정도였는데, 그 단계에서 자료가 디지털 형식으로 변화하는 일이 비상하게 빠른 비율로 이루어질 수 있었다. 그러므로 거의 즉시 인간의 더딘 시각(視覺)과 눈과 손의 통제에 의존하는 프랑켄슈타인이 새로운 장치에 대항할 승산이 거의 없음이 명백해졌다. 단지 매년 수십만 사건의 비율로 스캔하던 앨버레즈 그룹은 새로운 발명을 하거나 또는 항복하지 않을 수 없었다. 1960년 11월 8일에 앨버레즈는 방사선 연구소 내부에 배포할 27쪽의 물리 노트 223을 완성했다. 그것은 새로운 기계를 앨버레즈가 "기초 설계 철학"이라고 비유하면서 다음과 같이 시작했다. "만일 누가 워싱턴의 백악관 뒤뜰 바로 바깥에 선정한 적절한 기준점에 대해 그의 집이 위치한 좌표를 알고자 한다면, 그의 집과 기준점 사이에 측량선을 그리기 위해 여러 명의 측량사들을 고용하지는 않는다. 그는 오래전에 코스트 앤드 지오데식 서베이(지도 제작회사 이름임 – 옮긴이)가 '척도(尺度)'로 작성한 상세한 지도의 모눈을 활용한다."[211] 측량사들을 고용해 도움을 받는 대신 집 주인은 그의 집으로부터 가까운 기점(基點)까지를 대강 측정한 다음 지도를 보고 이 기점에서 펜실베이니아 애버뉴 1600번지에 가까운 다른 기점까지의 거리를 찾는다. 이렇게 재빠른 절차로 구한 결과가 불확실한 정도는 놀랄 만큼 작다. 집에서 기점까지 대강 측정한 오차는 기점에서 백악관 사이의 훨씬 더 먼 거리의 정확성에 비해 너무 작기 때문에 문제가 되지 않는다. (그 집 주인은 워싱턴 D.C.로부터 상당히 먼 곳, 예를 들어 캘리포니아주 버클리와 같은 곳에 산다고 가정한다.)

앨버레즈 그룹은 수천 시간의 스캔에 지불해야 하는 노동 비용을 조절하는 데 주의를 집중했다. 그러나 물리학자들이 사진 해독(解讀) 행위를 분해하기 시작하자마자 순수 물리의 지고(至高)한 영역에서 순수하게

---

211) 앨버레즈, 「거품 상자 필름의 신속한 측정」, LRL Physics Note 223, 1960년 11월 8일, 3쪽, LBL.

경제적인 것을 따로 떼어낼 수 없음이 뚜렷이 보였다. 앨버레즈는 분석에 소요되는 전체 비용은 스캔하는 데 "필요한 흥미로운 사건"의 비율에 의존한다고 지적했다. 앨버레즈가 다음과 같이 파악한 것처럼 그렇게 분명하지는 않지만, 스캔할 가치가 있는 흥미로운 사건의 수는 비용에 의존했다. "우리는 마치 '흥미롭다'는 데 무슨 절대적인 척도가 있는 것처럼 '흥미로운 사건'이라고 말하는 습관에 빠져들었다. 만일 우리가 사정을 좀더 현실적으로 살펴보면, '흥미롭다'는 것에 대한 우리의 정의는 우리가 이미 보유하고 있거나 또는 가까운 장래에 보유할 것으로 기대되는 측정 능력에 정확하게 맞도록 짜여 있음을 발견할 수 있다! 이것은 실험을 계획하면서 물리학자가 어떤 사건들을 측정할지 결정해야만 하기 때문에 전혀 놀랄 일이 아니다."[212] 그 무엇도 (매년) 거품 상자로부터 사진을 제작하는 속도를 (매년) 이러한 사진을 측정하는 속도로 나눈 결정적인 비율보다 더 중요한 것이 없었다.

1960년 말에 72인치 상자에서 이 비율은 약 60 : 1이었다. 사용 가능한 프랑켄슈타인을 모두 동원했을 때 이 비율은 약 15 : 1로 떨어졌다. 앨버레즈는 다음과 같이 썼다. "*N*이 60이기 때문에 이제 우리는 60개의 프레임마다 하나의 사건을 측정할 수 있으나, '실험이 끝날' 때는 15개의 프레임마다 하나의 사건을 측정하기를 희망한다. 그러므로 우리는 흥미로운 사건이 20프레임마다 하나씩 일어나는 것이라고 정의한다!"[213] (스캔 용량에 대한) 실용주의적 관심은 물리학적 관심에서 분리될 수 없었다.

예를 들어 음전하를 띤 파이온(π^-) 빛줄기가 수소 거품 상자로 보내져서 생기는 다음과 같은

$$\pi^- p \rightarrow \pi^- p \pi^0 \tag{5.6}$$

212) 앨버레즈, 「거품 상자 필름의 신속한 측정」, LRL Physics Note 223, 1960년 11월 8일, 20쪽, LBL.

213) 앨버레즈, 「거품 상자 필름의 신속한 측정」, LRL Physics Note 223, 1960년 11월 8일, 21쪽, LBL.

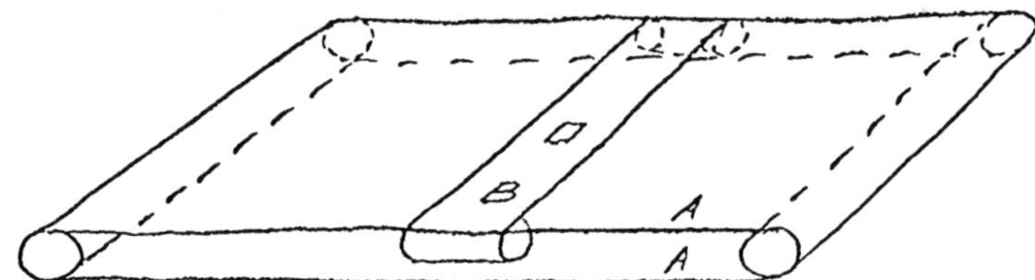

〈그림 5.23〉 스캔과 측정 투광기(投光器)(Scanning and Measuring Projector, SMP)의 설계를 스케치한 것(1960). 앨버레즈가 SMP를 손으로 스케치한 첫 번째 것이다. 여기서 그린 것은 세로로 움직이며 한쪽 변에서 다른 쪽 변으로 굴러가는 창문을 달아놓은 미끄러지는 "칸막이"다. 거품 상자 상(像)이 투영되고 창을 통해서 측정될 부분이 나타난다. 창 아래에서 광전 증폭관이 (전체적인 측정을 통해) 기준점을 확인한다. 유리는 기준점이 흔적과 교차할 때까지 자동으로 진동한다. 그 순간에 유리의 "정지" 위치에 대해 측정한 유리의 상대 위치로부터 컴퓨터는 기준점을 기준으로 한 흔적의 "국지적" 상대 거리를 계산한다. 출처: 앨버레즈, 「거품 상자 필름의 신속한 측정」, LRL Physics Note 223, 1960년 11월 8일, LBL. 캘리포니아 대학의 로렌스 버클리 연구소에서 제공해 준 것에 감사드린다.

$$\pi^- p \rightarrow \pi^- n \pi^+ \tag{5.7}$$

파이온-파이온 상호작용에서 두 가지 서로 다른 형태의 사건이 상호작용에 대한 정보를 제공한다. 비록 첫 번째 종류의 반응에 대해서는 광범위하게 조사되었지만, 두 번째 것에 대해서는 그렇지가 못했다. 순전히 스캔용 탁자의 부족 때문에 앨버레즈에 의하면 사건 전체가 "흥미롭지 않다"고 판정되었다.[214]

앨버레즈는 해독(解讀) 기계의 재료 측면으로 관심을 바꾸었다. 측량에 대해 버클리에서 워싱턴까지의 거리 측정과 관련시킨 그의 은유(隱喩)에서 이용한 추론을 따라 그는 앨버레즈 그룹의 기계가 두 단계로 나뉘어 진행되는 것으로 설명했다. 첫째, 〈그림 5.23〉에 표시된 것처럼 투영된 거품 상자 상(像) 중 원하는 부분 위에 스프링이 달린 셔터를 갖춘

---

214) 앨버레즈, 「거품 상자 필름의 신속한 측정」, LRL Physics Note 223, 1960년 11월 8일, 21쪽, LBL.

(1센티미터의) 작은 창을 가져다 놓았다. (그 상은 유리판 위에 투영되며, 유리판 아래에는 광전 증폭관이 있다.) 창의 위치를 자동으로 해독(解讀)해 컴퓨터는 창을 통해 보이는 기준점이 표시된 위치를 식별하여 저장한다. 다음에 기준점이 새겨진 유리판을 진동시키는 방법으로 (흔적 위의 한 점에서 기준점이 표시된 위치까지의 거리를 측정하는) "국지(局地) 측정"이 수행되었다. 척도(尺度)와 흔적의 상(像)이 교차되면, 광전관으로 전달되는 빛이 감소하며, 회로는 움직이는 척도의 위치를 컴퓨터에 신호로 알려준다.[215)]

실제로 일어난 상황은 다음과 같다. 운영자는 흔적을 따라 창을 이동

---

215) 좀더 구체적으로 거대한 버클리 거품 상자는 길이가 72인치이고 여기서 촬영된 필름의 유효 면적은 대략 12cm×3cm였다. 필름에서 4미크론($4\mu m = 4\times 10^{-4}$cm)의 정확도는 상자 전체에서 60미크론의 불확실성과 같았다. 길이 쪽 방향으로 이것은 4/120,000, 즉 1/30,000의 비율 오차에 해당했다. 10^5 중 셋을 측정하는 것은 아주 대단한 기술이며, 근본적으로 프랑켄슈타인의 비용이 높도록 만든 것이 바로 이러한 어려움 때문이었다. 2진법 형태로 바꾸면, 30,000은 10^{15}, 즉 15비트에 해당한다. 3cm는 12cm보다 2^2배만큼 더 작기 때문에 x-방향으로 13비트의 정보가 요구되었다. 프랑켄슈타인 투영기에서는 보통 10배의 확대가 가능했다. 그러므로 투영기를 새로운 해독기에 적합하도록 만드는 것이 실용적으로 가치가 있었다. 투영된 상(120cm×30cm)의 크기는 필요로 하는 40미크론의 정확도에 해당했다. 앨버레즈의 암유(暗喩)에서 코스트 앤드 지오데식 서베이에 나오는 척도에 해당하는 것은 다른 곳은 모두 투명한 유리판에 서리처럼 희게 새긴 지름이 300미크론인 원들이다. (여기서 유리는 척도로 이용되는 모눈이 그려지는 역할과 거품 상자 상에서 나온 빛을 유리판에서의 전반사를 통하여 빛에 민감한 광전관으로 보내는 빛 안내자의 역할을 한다.) 모눈은 척도가 정사각형 모양으로 배열되어 있고 척도 사이의 간격은 1cm이기 때문에 x-척도의 "이름"을 2진법으로 지정하기 위해 필요한 정보는 약 7비트다(길이 쪽 거리는 120cm인데, 이것은 거의 $2^7=128$개의 점, 즉 128cm가 된다). 그러므로 비록 처음에는 2^{15} 중 1을 측정할 필요가 있는 것처럼 보이지만, x-방향으로의 거품 위치 측정은 두 번의 측정으로 줄어들었다. 하나는 눈에 들어오는 x-척도의 "이름"을 (예를 들어 0100 110) 제공하는 것이고, 그다음 다른 하나는 $40\mu m \approx 1/256$cm, 즉 8비트(예를 들어 0011 1101)에 해당하는 척도 사이의 거리가 차지하는 비율을 제공하는 것이다. 앨버레즈, 「거품 상자 필름의 신속한 측정」, LRL Physics Note 223, 1960년 11월 8일, 21쪽, LBL.

〈그림 5.24〉 작동하고 있는 SMP. SMP는, 그리고 실제로 앨버레즈의 스캔용 장치 모두는 "흥미로운" 물리를 수립하는 데 결코 인간의 개입을 배제하지 않았다. CERN의 시도는 패턴 인식 문제를 일반적으로 해결하는 것이었다면, 앨버레즈의 좌우명은 항상 (대략 이야기하면) 기계에게는 기계다운 것만 주자는 것이었다. 출처: LRL 거품 상자 1531, LBL. 캘리포니아 대학의 로렌스 버클리 연구소에서 제공해 준 것에 감사드린다.

시키면서 흔적의 정확한 위치를 측정하도록 기계를 작동시킨다(〈그림 5.24〉를 보라). 창이 흔적 위를 한 번 움직이는 동안 측정과 스캔이 동시에 수행되기 때문에 인간과 기계는 끊임없이 연대하여 행동한다. 이 방법은 기계가 다시 측정할 것을 요구하는 (예를 들어 만일 어떤 흔적이 성립하는 것이 "불가능"하다고 컴퓨터가 분석을 하면, 컴퓨터는 운영자에게 혹시 하나의 흔적이라고 생각되었던 것이 실제로는 두 개가 나란히 놓인 것이 아닌지 알아보기 위해 다시 한번 확인하라고 요청할 수 있다) 보정과 딱 들어맞았다. 그러나 인간은 반드시 모든 단계에서 활동하고 있어야 하므로 이 방법은 완전 자동화의 좀더 광범위한 프로그램에 단지 어색하게 참여할 뿐이었다. 앨버레즈에게는 이것이 다음과 같이 별 문제가 되지 않았다. "과거에 있었던 사고(思考)의 대부분은 수천 명의 기사들이 생각한 것에 의해 다양한 취향이 들어갔다. 패턴의 자동 인식이 20세기에 가장 중요한 기술의 개발이 될 것이라는 점에는 의심의 여지가 없지만, 단지 거품 상자 애호가들이 또 다른 중요한 이유들 때문에 그런 기술을 필요하게 될 시기보다 훨씬 더 이전에 구현하기 위해 상당한 금액의 비용을 사용하는 데 어떻게 정당화될 수 있을지 상상하기 어려울 뿐이다."[216]

만일 앨버레즈의 물리 노트가 하드웨어에서 상호작용주의에 대한 선견(先見)이라면, 1961년 8월 25일자 J. N. 스나이더의 물리 노트는 소프트웨어에서 동일한 역할을 했다. 하드웨어만으로는 실제로 이용되는 필름에 나타난 평범한 거품에서 "흥미로운" 거품을 발췌해 낼 수가 없었다. 먼지의 형태로 나오는 잡음은 걸러져야 하고, 빛줄기 입자들로부터 나오는 가짜 흔적들은 제거되어야 했으며, 흔적들이 교차된 결과로 나오는 혼란은 해결되어야 했다. 앨버레즈가 하드웨어를 제조하면서 패턴 인식에 대한 일반적인 문제로 너무 깊게 들어가는 것을 삼가려고 했던 것과 꼭 마찬가지로 스나이더도 소프트웨어 설계에서 자제했다. 그는 다음과 같이 주장했다. "무지의 공백 속에서 과도하게 일반화함으로써 [패턴 인식과 같이] 그렇게 알려지지 않은 영역에 대한 발전은 결코 이루어낼 수가 없다. 오히려 먼저 어떤 구체적인 문제를 택하여 그것을 해결하려고 시도해야 한다. 일단 알게 된 것은 확장될 수가 있다. 거품 상자 필름에 대해 자동화되고 컴퓨터로 조절되는 스캔, 측정, 분석 시스템을 창조해 내려는 시도는 그렇게 구체적인 문제의 한 가지 예다."[217]

SMP 개발에 참여하는 사람들은 입자 물리학에 "굉장한 개인적 흥미"를 갖고 있었으며, "그래서 그것이 더 큰 분야의 대표로 선정되었다." 그러나 수치(數値) 분석에 의하지 않는 정보 처리의 일반 문제로 직접 뛰어넘으려고 시도하지는 않을 것이다.[218] 저온학(低溫學), 광학, 자료 처리

---

216) 앨버레즈, 「거품 상자 필름의 신속한 측정」, LRL Physics Note 223, 1960년 11월 8일, 24쪽, LBL.

217) 스나이더, 「SMP에 근거한 자료 분석 시스템에 대한 몇 가지 고찰」, UCRL Physics Note 326, 1961년 8월 25일, 2~3쪽, LBL.

용 하드웨어, 그리고 자료 처리용 소프트웨어 등 모두가 "푸른 하늘" 프로젝트에 저항하는 풀려야 할 "구체적인 문제"라는 결의를 고수한 "충분히 좋은" 기술이라는 철학에 배어들어 있었다.

앨버레즈와 그의 팀은 "인간 운영자"가 "블랙박스의 패턴 인식자"이기를 원했다. 스나이더에 의하면 "이러한 관점에서 시스템을 인간 스캐너의 요청에 따른 계산 부분의 작업을 수행하는 온라인 컴퓨터로 이루어진 SMP라고 간주하지 않고, 오히려 그것을 아직 자동화되지는 않았으나 인간이 아주 잘 해내는 시각적 임무와 패턴 인식 임무가 필요할 때 인간과 SMP가 온라인으로 연결된 컴퓨터에서 수행되는 포괄적인 분석 프로그램이라고 본다."[219] 이와는 대조적으로 이러한 (HPD의) 완성은 기계 처리 과정에서 인간을 배제시켰으며, 그리고 일단 기계가 정보를 갖게 되자 인간에 의지하는 것은 더욱더 어렵고 시간을 낭비하는 일로 바뀌었다. CERN이 환상적으로 바라는 것이 완전한 자동화라고 한다면, 버클리가 꿈꾸는 목표는 고도로 기계화되었지만 여전히 사진 해독을 대화식으로 처리하는 것에 집착했다. 하나는 고전적인 로봇이었고, 다른 하나는 신체기관의 일부가 기계로 대치된 사이보그였다.[220]

---

218) 스나이더의 분석에서 패턴 인식의 목표는 두 가지 커다란 장애를 경험하고 있었다. 첫째, 점들의 위치가 주어졌을 때 이 점들이 어디에서 선분을 형성하는지 결정할 "앞 공정의" 패턴 인식자가 필요했다. 둘째, 선분들이 주어지면 잡음을 제거하고, "흥미롭지 않은 흔적들을" 배제시키며 흥미로운 흔적들의 구조적 특성들을 기록하고, 공간에서 흔적들을 기하적으로 재구성하며 그리고 (입자의 에너지와 운동량을 결정하는 등) 운동학에 대한 분석을 수행하면서 이 선분들을 입자의 흔적으로 만드는 동일하게 어려운 연속된 임무가 존재했다. 스나이더에게는 "앞 공정"의 패턴 인식자가 마치 블랙박스와 같이 이미 존재한다고 하더라도 완전 자동화를 위한 프로젝트를 완수하는 것은 멀고 먼 길이었다. 스나이더, 「SMP에 근거한 자료 분석 시스템에 대한 몇 가지 고찰」, UCRL Physics Note 326, 1961년 8월 25일, 3~4쪽, LBL.

219) 스나이더, 「SMP에 근거한 자료 분석 시스템에 대한 몇 가지 고찰」, UCRL Physics Note 326, 1961년 8월 25일, 4쪽, LBL.

220) 사이보그에 대해서는, 예를 들어 해러웨이, 『대주교의 선견(先見)』(1989)을 보라.

이후에는 앨버레즈 그룹의 분석에서 나오는 출력이 오실로스코프로 보내져서 운영자에게 좀더 많은 정보를 요청하게 될지도 모를 일이었다. 스나이더는 다음과 같이 설명했다. "예를 들어 '이 흔적은 (화살표가 재구성된 화면의 흔적 중 하나를 가리킨다) 제대로 맞추지 못했으니 꼬인 부분을 다시 검색해보라' 또는 '이 **V** 모양은 서투르게 맞추어졌는데, 이 (화살표나 상자 모양) 영역에서 가능한 중성 산란으로부터 반동(反動)된 것(화살표)을 찾아보라' 등과 같은 종류의 질문을 물어볼 수도 있다."[221] 이런 시나리오가 무리하게 보일지 모르지만, 스나이더는 그것이 현재의 항공 교통 통제나 교육용 기계와 심하게 동떨어져 있지는 않으며 결국에는 패턴 인식이라는 좀더 광범위한 항목 아래 그 자리를 차지하게 될 것이라는 견해를 유지했다. 이런 논평들이 시사하는 것처럼 앨버레즈 팀은 해독(解讀) 과정 중 몇 가지 기본적인 지점에서 인간의 개입을 유지하는 것을 추구했다. 그런데도 자동화의 주사위는 이미 던져졌다. 포함되어야 할 첫 번째 기능은 "스케치를 하는 것"이었다. 컴퓨터는 세 가지 시선 중 어느 두 가지를 사용할 것인가라든지, 각 흔적에 몇 번을 부여할 것인가, 필름에서 어떤 흔적이 정지했는가 등과 같은 "스케치하는 사람"의 결정 중 많은 것을 떠맡았다.[222]

인간의 노동을 대신한 프로그램들 중에는 PANG과 같은 명칭으로 불리게 된 것이 있는데, PANG은 측정된 지점으로부터 흔적을 재구성했다 (측정된 지점에 나선[螺旋]을 맞추는 나중 버전은 TVGP라고 불렸다). 다음으로 KICK이라는 프로그램은 흔적에 대한 자료를 취해 정점(頂點)에서 나오는 각 흔적에 질량을 부여하고 에너지와 운동량 보존의 조건을 만족하면서 최소 제곱 맞춤 서브루틴을 실행하는 방법으로 운동학 분석을 수행했다. KICK의 출력 테이프에는 특정한 정점과 운동량, 방위각, 그리고 정점에서 각 흔적의 경사각을 이용하여 구한 질량 해석에 대한 χ^2 조

221) 스나이더, 「SMP에 근거한 자료 분석 시스템에 대한 몇 가지 고찰」, UCRL Physics Note 326, 1961년 8월 25일, 7쪽, LBL.

222) 로젠펠트, 「현재의 성능」, *Nucl. Inst. Meth.* 20(1963): 422~434쪽 중 422쪽.

사와 각 측정에 대한 오차 행렬이 나와 있다. 이런 프로그램의 변형들이 널리 배포되었는데, 예를 들어 CERN은 GRIND라 불리는 것을 가지고 있었다. 당시에는 IBM 7094 또는 비슷한 기종의 컴퓨터에 테이프를 장착하고, 거품 상자 팀은 KICK에서 나오는 모든 정점(頂點) 정보를 종합하는 프로그램인 EXAMIN을 돌려서 사건에 대해 전체적으로 가장 그럴듯한 해석을 골라냈다. EXAMIN의 출력이 그룹의 사건 도서관이 되었으며 당시뿐 아니라 그 뒤 수십 년 동안에도 자료 요약 테이프라고 알려졌다. 마지막으로 SUMX라는 프로그램이 많은 점들의 자료를 요약해[223] 조금의 어려움도 없이 결과를 그래프로 보여주기 때문에 물리학자가 "끈질긴 노력을 기울여 어떤 막대그래프를 그려서 검토해야 할지를 결정하는 그의 능력이 더 이상 보상을 받을 수 없다"는 것이 명백해졌다.[224]

미국과 유럽 그리고 그 외 지역을 망라하는 연구소에 배포되어 미리 범용으로 만들어진 이 프로그램들이 종전에는 실험하기의 "상위 수준" 이었던 기능들을 양도받았으며, 그렇게 함으로써 과학적 저자(著者)로부터 또 다른 부분을 얻게 되었다. 몇몇 공동 연구에서는 거품 상자에 결코 종사한 적 없는 그룹이 프로그램을 돌리고 공동 연구에 참여하는 다른 대학의 "공동 저자"들을 한 번도 만나보지 못했다. 베그네레 드비고에서 1953년에 조심스럽게 그려진 수많은 도표들을 돌이켜 생각해보자. 이제 물리학자의 물리학 중 지성소(至聖所)라 할 수 있는 분석의 심장부에서 물리학자의 임무 중 일부분이 종전에는 실험이라고 정의되었던 활동에서 따로 떼어져 일상화되어 분리되었다. 1965년의 달리츠 도표는 이제 더 이상 손으로 스캔된 에멀션의 종합적 개요가 되지 못했다. 그 역할을 컴퓨터 스크린에 나타나서 사진으로 촬영된 컴퓨터의 자동화된 출력이 대신했다.

---

223) 로젠펠트, 「현재의 성능」, *Nucl. Inst. Meth.* 20(1963): 422~434쪽 중 424~430쪽; 이전의 논의 또한 앨스턴, 프랭크, 그리고 커스, 「자료 처리」(1967), 특히 제2장: 76~84쪽에 나와 있다.

224) 앨버레즈, 「최신 개발상황」(1972), 267쪽.

소프트웨어의 자동화는 버클리 그룹이 "대화식" 철학을 계속하지 못하도록 단념시키지는 못했다. 그것은 버클리 그룹이 인간 운영자와 (프랑켄슈타인 사이의) 이전 관계를 온라인 컴퓨터와의 관계로 전환시키도록 이끌었다. SMP가 도입되기 전에는 운영자가 "계산 작업을 신속히 수행하고 인간이 결정 내리는 과정을 돕기 위해 그러한 계산의 결과를 검토하도록 제시하기 위해 온라인 컴퓨터의 도움을 받으면서 작업 운영의 순서를 결정했다." SMP가 이용되면서는 "패턴 인식이나 흔적을 따라가는 안내 등등 인간이 매우 정통한 임무를 위해 타자기를 이용해 인간 운영자에게 도움을 받으면서" 기계가 이 순서를 결정했다.[225] "스크립트"라는 명칭의 대화를 통해 수백만 번에 걸쳐서 컴퓨터는 질문하고 운영자는 대답하곤 하게 되었다. 여기에 그러한 대화의 전형적인 예가 있는데, 운영자의 대답에 밑줄을 그었다(T2는 흔적 2를 의미하고 π는 측정이 완료되었음을 뜻한다). "테이프 통 번호 <u>6748</u>; 측정 예; 버림 <u>아니오</u>; T1 <u>π</u>; T2 <u>π</u>; T3 <u>π</u>." 정확하게 버나드 쇼 풍은 아니지만, 매번 그러한 대화마다 실험을 수행하는 과정에서 굉장한 양의 시간이 절약되었다. 얼마 지나지 않아서 "운영자들은 심지어 타자기가 만드는 소리의 패턴을 구별하게 되고, 이러한 시스템 용어의 수가 상당히 제한되어 있기 때문에 전달되는 메시지를 보지 않고서도 알아낼 수 있게 되었다"는 말이 전해졌다.[226]

어떤 프로그래머는 "전체 측정 순서에 대해 '인간 기술'의 분석이 조심스럽게" 수행된다면 더 많은 발전이 기대된다라고 썼다.[227] 그동안 생산은 많은 이유로 점차 가속되었다. 운영자가 범하는 사소한 실수는 컴퓨터에 의해 수정되었다. 게다가 운영자는 본인이 실수하더라도 그 실수가

---

225) 스나이더 외, 「거품 상자」(1964), 243쪽.

226) 헐시저, 먼슨, 그리고 스나이더, 「시스템」, *Meth. Comp. Phys.* 5(1966): 157~211쪽 중 176쪽; 다음 논문은 또한 SMP 개발에 대한 훌륭한 역사도 포함하고 있다. 골트슈미트-클레르몽, 「발전」(1966), 445쪽.

227) 스나이더 외, 「거품 상자」(1964), 243쪽.

컴퓨터에 의해 걸러질 것을 알기 때문에 "한계 빠르기까지 빨리 추진"할 수 있었는데, 그것은 이제 "본인이 한계 빠르기가 어느 정도인지를 결정"할 수 있기 때문이었다. 구식 기계 가까이에 좀더 자동화된 장치가 놓이면, "사람과 기계의 관계에서 심리학의 흥미로운 예의 하나로" (예를 들어 독자는 공격적인 생산 관리도 살펴볼 수 있다) 새로운 장치의 빠르기는 "같은 연구소에 설치된 자동화되지 않은 프랑켄슈타인의 운영자에게 전달하여 모방하도록" 연락되었다.[228]

그러나 앨버레즈의 대화식 사이보그는 여전히 너무 느렸다. 스크립트를 아무리 솜씨 있게 다시 작성하거나 또는 스캐너의 심리를 아무리 잘 처리하더라도 컴퓨터와 운영자 사이의 교환이 수분마다 한 사건, 즉 매년 수만 사건보다 더 많이 만들어내지는 못할 운명인 것처럼 보였다. 거대한 거품 상자들이 오래지 않아 매년 수백만 사건을 생산해 낼 것이므로 매초 여러 장의 사진을 분석할 수 있는 좀더 완벽하게 자동화된 장치가 필요했다. 미국과 유럽, 그리고 소련 등의 전역에 걸친 연구소에서 연구 그룹들은 완전히 자동화된 처리 과정이 완성될 수 있을 것인가에 대한 가능성을 조사하기 시작했다. 버클리에서 앨버레즈 그룹은 "대화식" 철학에 따라 제작을 계속했다. 그들의 연구는 나선형 해독기(解讀器)로 정점에 이르렀다(〈그림 5.25〉를 보라).[229]

이 장치를 이용하면 운영자는 눈에 보이는 장면에서 "흥미로운" 정점(頂點)을 골라내 그 위에 커서를 올려놓고 그다음에는 기계가 물려받아 바깥으로 퍼져 나가는 흔적들에 번호를 매기고 쫓아가며 측정하도록 했으며, 의문이 발생하면 운영자가 응답했다. 그 이름이 시사하는 것처럼 나선형 해독기(解讀器)는 투영된 거품의 상(像) 아래의 나선을 따라 정점(頂點)에서 바깥으로 움직이는 광전 증폭관에 근거했다. 이런 방법으로 흔적

---

228) 태프트와 마틴, 「온라인」(1966), 393쪽; 골트슈미트-클레르몽, 「발전」(1966), 443쪽.

229) 매코믹과 인네스, 「나선형 해독기」(1961)를 보라. 앨버레즈, 「원형 탐자」(1966)과 작동되는 버전의 결과를 비교하라.

〈그림 5.25〉 나선형 해독기(解讀器). 유리를 이동시키고 광전 증폭관은 정지시켜 놓은 SMP와는 달리 나선형 해독기에서는 유리를 고정시켜 놓고 중심 부분에서 광전 증폭관이 나선을 그리며 움직인다. 광전 증폭관의 정확한 위치를 알면, 흔적의 일부분이 광학적 시야를 통과할 때 기계가 흔적의 위치를 결정할 수 있었다. 출처: LBL CBB 681-366, LBL. 캘리포니아 대학의 로렌스 버클리 연구소에서 제공해 준 것에 감사드린다.

을 따라 지름 방향 위치와 각 방향 위치가 모두 결정될 수 있었다. 이 시스템에서 가장 야심만만한 특징은 필름에 포함된 점들이나 긁힌 상처들을 제거하는 여과(濾過) 프로그램을 사용한 것이다. 1967년에 나선형 해독기는 매년 100만 사건 이상을 측정하리라고 추정되는데, 이에 반해 1957년에 프랑켄슈타인은 단지 1만 3,000사건밖에 처리하지 못했다.[230)]

인간 중심 해독기(解讀器)와 완전히 자동화된 해독기 사이의 경쟁은 격정(激情)을 불러일으켰다. 1960년의 분석 상황을 요약하면서 코바르스키는 자동화의 선택은 의문의 여지가 없다고 다음과 같이 주장했다. "여기서 빠르기가 문제라는 것은 재론의 여지가 없으며, 인간의 주의력

230) 앨버레즈, 「원형 탁자」(1966), 288쪽.

과 행동은 어쩔 수 없는 병목 현상을 가져오므로 빠르기를 높이기 위해서는 많은 수의 좁은 통로를 평행으로 지나게 하거나 병목을 모두 제거하는 수밖에 없다. 보조판과 탁상용 계산기 그리고 어쩌면 실에 꿰인 구슬까지 갖고 있는, 수많은 노예가 좋겠는가 아니면 식별력을 갖고 생각하는 많은 수의 기계를 작동시키는 몇 되지 않는 사람이 좋겠는가. 기능별로 인간을 배제하는 방향으로 발전하고 있다."[231] 프랑켄슈타인은 노예를 의미했고, HPD는 "식별력을 갖고 생각하는 기계"의 선구자였다. 만일 코바르스키에게 자유란 사진을 해독(解讀)하는 데 인간의 관여를 제거하는 것을 의미했다면, 코바르스키는 앨버레즈가 발명한 SMP는 노예 제도를 손대지 않고 그대로 놓아둔 것이라고 생각한 것이 전혀 놀랍지 않았다. 실제로 3년 뒤인 1963년에 코바르스키는 그전 한 해 동안에 자료 분석 과정에서 이룩한 발전 상황을 요약했는데, 거기서 앨버레즈의 접근 방법과 HPD 사이의 비교가 어느 때보다도 더 두드러졌다.

그는 인간과 기계 사이의 근본적인 문제라고 믿었는데, 그 구분은 네 단계에 걸쳐 점진적으로 변화되었다. 첫째, 코바르스키의 주장에 따르면 인간 관찰자들은 막대자를 제외하고는 아무것에도 의지하지 않고 아주 오래된 구름 상자의 느린 출력 가운데서 물리를 탐구했다. 작업자들은 일하는 빠르기에 대해서는 어떤 제약도 받지 않으면서 일을 진행했다. 둘째, 1956년 버클리에서 앨버레즈의 신중한 관찰 아래서 비롯되었다. 그것은 프랑켄슈타인의 (그리고 CERN에서 그것에 해당하는 장치인 IEP의) 시대였는데, 그때는 매년 10만 장 정도의 사진을 생산하는 비율로 진행되었다. 최근에야 비로소 세 번째 새로운 시대가 시작되었는데, 그것은 한쪽에서는 앨버레즈의 SMP에 의해서, 다른 쪽에서는 폴 휴의 혁신적인 하드웨어에 의해서 선도된 100만 사건의 시대였다.

코바르스키가 다음과 같이 말했듯이 비록 두 가지 다 인간을 필요로 했으나, 그들의 철학은 전혀 달랐다. "한쪽 끝에서는 휴와 파우웰의 시스

---

231) 코바르스키, 「서론」(1961), 223쪽.

템이 인간으로부터 기계를 분리한다. 그것은 인간에 의한 운영을 한쪽 모퉁이에 몰아놓고서 인간의 방해를 받지 않으며 기계 운영의 대부분이 잘 돌아간다. 이와는 대조적으로 앨버레즈의 시스템에서는 인간 운영자가 여전히 일의 중심부에 있지만 인간의 운영이 더 빨라질 수 있도록 기계가 준비되고, 인간이 원래 타고난 부정확성을 수정한다."[232] 전체적인 자동화를 향한 HDP의 시험 단계들은 코바르스키에게 —단지 아마 수천만 사건들을 다루게 될—실험 세대인 네 번째 단계에 도달하는 데 필요한 것일 뿐인데, 그 단계는 오직 비인간적인 해독기(解讀器)에서만 이루어지는 것이 가능하리라고 보았다. 여기서도 역시 개발의 진로가 두 갈래로 갈렸다. 한쪽에서는 HPD와 유사한 장치들이 "교묘한" 하드웨어라는 "철학"으로 준비되었는데, 컴퓨터가 실험의 물리적 관심을 반영하는 식으로 바라던 바를 추구했다. 다른 쪽에서는 교묘한 소프트웨어로 컴퓨터 프로그램 속에 선택성을 포함시켜 사진을 전혀 만들어내지 않고서도 실험에서 정보를 뽑아내 해결했다.[233]

코바르스키가 열망한 "네 번째 단계"가 앨버레즈 그룹에게는 암흑향(暗黑鄕)이었다. 왜냐하면 앨버레즈 그룹이 소프트웨어를 작성하고 하드웨어를 정교하게 만들면서 그 그룹에 속한 사람들은 그들의 "설계 철학"에 포함된 대화식이라는 특성이 결점이 아니라 장점이라고 환호했기 때문이다. 만일 스캐너를 위해 기계가 인간을 너무 복잡하게 "심문"하게 된다면 더욱더 좋았다. 네 명의 버클리 소프트웨어 작성가가 다음과 같이 지적한 것처럼 그런 일이 벌어졌을 때 물리학자들은 기계 해독(解讀)의 일부분이 될 수 있었다.

> 만일 사건을 맞추는 데 충분한 [운동학 분석용인] KICK 프로그램에 아무런 가정도 포함되어 있지 않다면, 추가로 시도될 가정들이 자동적

232) 코바르스키, 「서론」(1963), 2~3쪽.
233) 코바르스키, 「서론」(1963), 4쪽.

으로 만들어지거나 또는 운영자에 의해 요구될 수도 있었다. 그렇지만 만일 그 대화가 너무 복잡하고 어려운 결정이나 또는 운영자가 물리에 대해 너무 많은 것을 이해하고 있기를 요구한다면 SMP를 다루는 데 더 고급으로 훈련된 인력을 고용할 필요가 있다. 이것은 다시 고도로 훈련된 실험 물리학자들을 그러한 부서에 배치함으로써 매우 복잡하거나 또는 매우 다루기 어려운 사건들을 이해하고 처리하는 도구로서 SMP와 대화 개념을 이용하는 데 완전히 새로운 전망을 열게 된다.[234]

HPD에 대해 열광하는 사람들의 실용적인 진술 중에는 이와 같은 논평을 찾아볼 수 없다. 만일 진로(進路)를 준비하는 초기 단계에서 "스캔하는 여자"들이 필요했다면, HPD의 옹호자들은 마음이 내키지는 않지만 조건부로 그러한 일을 용인했을 것이다. 그러나 CERN 프로그램에서는 (그리고 이 프로그램이 브룩헤이븐과 비(非)앨버레즈 버클리 연결에서는) 모든 것들이 컴퓨터 앞에 물리학자들이 앉아 있을 필요가 없도록 설계되었다. HPD 방식에 의한 해독(解讀)에서는 앨버레즈 그룹이 원한 해석상의 일시 정지가 완전히 제거되어 있었다.

이와는 대조적으로 앨버레즈는 "스캔하는 여자"들의 패턴 인식이 전자(電子) 장치가 도저히 필적할 수 없는 (그리고 어쩌면 필적할 가능성도 없는) 능력이라고 보았다. "다루기 어려운" 상(像)들에 대한 컴퓨터 탐구에 물리학자들을 집어넣은 것은 분명한 개선이었다. 이러한 저자(著者)들은 분석의 단계마다 인간과 컴퓨터의 상호작용에 의해 신뢰성이 감소한 것이 아니라 향상되었다고 주장했다. 그룹에 속한 어떤 사람은 다음과 같이 논평했다. "SMP 운영자에게 결과를 즉시 되돌려 줌으로써 분석 시스템의 운영상 효율과 신뢰성이 향상된다."[235]

차이는 점점 더 크게 벌어졌다. 미국의 전시(戰時) 연구소에서 진출한

234) 스나이더 외, 「거품 상자」(1964), 243~244쪽.

235) 헐시저, 먼슨, 그리고 스나이더, 「시스템」, *Meth. Comp. Phys.* 5(1966): 157~211쪽 중 159쪽.

많은 물리학자들에게서와 마찬가지로 앨버레즈 그룹에게도 공학 기술과 물리학이 함께 들어왔다. 앨버레즈는 동료에게 "기술자의 한 사람으로" 연구하고 있다거나 또는 다른 곳에서 "나는 기술자를 표시하는 모자를 쓰고 있다"라고 전적으로 기꺼이 편지를 쓰곤 했다. 기사(技士)들과 기술자들이 거품 상자에 대한 논문을 발표했으며, 물리학자들은 상자의 제작과 운영 면에서 기술적 전략 중 많은 부분을 통합시켜야 할 필요를 인정했다. 그러한 세계에서 물리학자들이 때때로 스캔용 탁자 뒤에 앉아 있고, 적어도 입자 물리학의 몇 가지 요소에 대해 스캐너들이 사건과 해석에 대해 판단하기에 충분할 만큼 스캐너들을 훈련시키기를 기대하는 것은 합리적이었다. 앨버레즈 자신은 스캔 기술이 그의 첫 번째 제안에 의해서 처리되는 것이 필요하며, 심지어 명백하다고 간주했다.

그는 하드웨어의 기계 장치가 지닌 세부 사항에 대해서도 스스로 계속 관계를 가졌다. 앞에서 언급한 것처럼 CERN에서는 그러한 기술이 선도(先導)하는 거품 상자 실험이 수행되는 곳과는 다른 부서에서 다루어졌다. 이러한 이야기 중에서 어느 것도 유럽의 기술이 미국의 기술보다 어떤 방법으로든 우수하지 못하다는 주장으로 오인되지 않아야 한다. 실제로 슈나이더와 같은 앨버레즈의 컴퓨터 전문가가 추구하는 실용적 목표와 구별되는 패턴 인식 문제를 좀더 일반적으로 해결하려는 것은 HPD 장치가 추구하는 분에 넘치는 야심이었다.

컴퓨터와 인간의 공생(共生)을 향한 앨버레즈 그룹의 헌신은 흔적의 확인에서 시작해 논문 출판을 위한 막대그래프를 제대로 만드는 것에 이르기까지 여러 가지로 확장되었다. 단계마다 이 팀은 인간과 기계 모두를 시험하기 위해 컴퓨터 루틴을 작성했다. FAKE라는 명칭의 프로그램은 실제 사건을 "꾸며내는" 흉내 낸 거품 상자 흔적들을 만들어내기 위해 몬테 카를로 루틴을 사용했다. 그런 다음 그렇게 흉내 낸 상(像)들의 모임들은 미리 정해진 특성과 통계적 분포를 가지고 있는 일련의 사건들과 비교하여 분석 프로그램과 흔적 재구성 프로그램을 시험하는 데 이용될 수 있었다. 이러한 사건 모의(模擬) 실험 장치와 함께 버클리 팀은 두 번째 프로그램인 GAME을 개발했는데, 이 프로그램은 인위적인 막대그래프를 만들어내고 자료를 『피지컬 리뷰』에 보통 발표되는 형태와 정확히 같도록 바꾸어 주었다. 그러한 가상의 "마지막" 자료는 다양하게 응용될 수 있는데, 그중 하나는 인간의 눈이 개별적인 사건이 아니라 연구소의 마지막 생산품을 응시할 때의 신뢰도를 시험하는 것이었다. 여기 지도급 프로그래머 중 한 명인 아서 로젠펠트가 1963년에 FAKE에 관하여 언급한 것을 소개한다. "그것을 응용할 수 있는 한 가지 예로 [하나의 특정한 막대그래프를] 살펴보고 다음과 같은 질문을 던져보자. '[눈금들 중의 하나] 위에 올라간 봉우리는 공명 상태인가 아니면 통계적 오르내림일 뿐인가?' '서로 인접한 눈금들이 그렇게 놀라운 방식으로 밀도 과잉이 되는 푸아송 확률은 무엇인가?' 카이제곱된 꼬리를 가지고 이런 질문에 대답하기 위해서 '놀라운'의 정의를 내리기란 쉽지 않다(이와 같이 χ^2은 과소 밀도와 과잉 밀도를 구분하지 못한다)."[236]

물리학자의 판단이 지닌 건전성을 면밀히 조사하기 위해 프로그램하는 팀은 실제 자료와 이를 연결하는 곡선을 GAME에 입력해 보곤 했다. 그러면 프로그램은 이 곡선이 푸아송 오르내림에 의해 수정된 99가지의 가짜 분포를 만들어냈다. 그다음 실제 곡선과 99가지의 가짜 곡선 등 100개의 인쇄된 이러한 막대그래프는 서로 구분되어 물리학자들에게 제공되고, 그들에게 가장 강력하게 봉우리(새로운 입자)를 가리킨다고 생각하는 것부터 새로운 물리 냄새를 가장 조금 풍기는 것까지 순서를 매겨달라고 요청했다. 만일 진짜 곡선이 1등을 하지 못했으면, 그 팀은 100번의 작업에서 오직 푸아송 통계만 가지고 동일하게 "놀라운" 봉우리 자체가 제공될 수 있다고 동의했다. 로젠펠트는 "GAME은 공명 상태 대신 통계적 오르내림을 논문으로 발표하는 것으로부터 우리를 보호해주었다"라고 결론지었다.[237]

---

236) 로젠펠트, 「현재의 성과」, *Nucl. Inst. Meth*. 20(1963): 422~434쪽.

237) 로젠펠트, 「현재의 성과」, *Nucl. Inst. Meth*. 20(1963): 422~434쪽 중 433쪽.

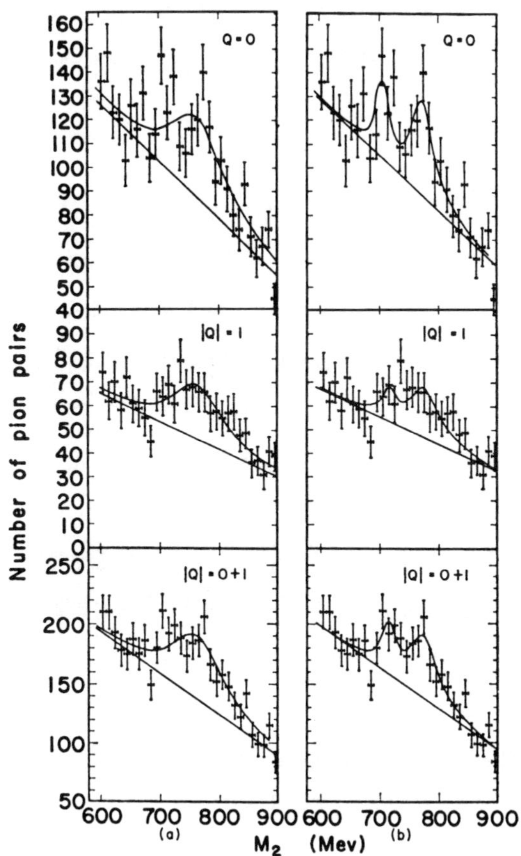

〈그림 5.26〉 FAKE/GAME(1962). 날아가는 위치 장치의 프로그램을 개발한 사람들과는 대조적으로 앨버레즈 그룹은 자료를 평가하는 데 인간이 내리는 판단의 중심적 역할을 충실하게 밀고 나갔다. 예를 들어 자료가 "두 봉우리"(기둥 b)와 "한 봉우리"(기둥 a) 사이에서 불확실한 것처럼 보일 때 앨버레즈 그룹은 단지 하나의 "진정한" 봉우리만을 가진 분포에서 통계적 오르내림을 나타내는 몬테 카를로 자료를 만들어냈다. 그다음 이 그림들은 실제 자료와 비교되었고, 물리학자들에게 가장 두-봉우리처럼 보이는 것부터 가장 그렇지 않은 것까지 "두 봉우리"로 보이는 상(像)의 순서를 매겨달라고 요청했다. 실제 자료가 분명한 승리자로 나타나는 것이 실패할 때에는 두 번째 봉우리의 "실제성"에 대한 평가를 철회했다. 출처: 버튼 외, 「파이온-파이온 상호작용」, *Phys. Rev.* 126(1962): 1858~63쪽 중 1861쪽에서 복사함. 판권 미국 물리학회 1962.

논문으로 발표된 문헌의 한 가지 예는 1962년의 『피지컬 리뷰』에서 찾아볼 수 있는데, 거기서 앨버레즈 그룹은 반양성자가 양성자와 충돌한 결과, 즉 특히 다음

$$\overline{p} + p \rightarrow 2\pi^{+} + 2\pi^{-} + n\pi^{0} \qquad (5.8)$$

과 같이 두 개의 양전하를 띤 파이온과 두 개의 음전하를 띤 파이온 그리고 n개의 중성 파이온을 만들어내는 반응에서 나타나는 파이온-파이온 상호작용에 대해 보고했다. 그전의 연구에서는 만일 파이온과 핵자 산란에서 생성되는 한 쌍의 파이온을 취한다면 750MeV에 가까운 불변 질량 근처의 많은 사건에서 봉우리가 존재함을 보임으로써 파이온-파이온 상호작용에 공명 현상이 틀림없이 존재함을 증명했다. 전형적으로 사람들은 (0 또는 1로) 주어진 전하를 띤 파이온 쌍들을 취해서 서로 다른 $M_2 = [(E_1 - E_2)^2 - (\mathbf{P}_1 - \mathbf{P}_2)^2]^{1/2}$ 값을 갖는 수를 그래프로 그렸는데, 여기서 E_1과 E_2 그리고 $\mathbf{P}_1$과 $\mathbf{P}_2$는 각각 두 파이온의 측정된 에너지와 운동량을 대표한다. 그들의 자료를 검토하면서 앨버레즈의 거품 상자 실험을 수행하는 사람들은 그들의 결과가 새로운 입자 하나를 가리키는지 아니면 둘을 가리키는지를 가지고 의견을 달리했다. 모든 것이 〈그림 5.26〉을 어떻게 해석하는가에 달려 있었다. 왼쪽 위 도표는 전하의 합계가 0인 파이온 쌍을 대표하는 자료를 통과하는 한-봉우리 가정 곡선을 그렸으며, 오른쪽 위 도표는 동일한 자료에 대해 두-봉우리 가정을 시사한다. 역시 FAKE/GAME 절차를 이용해 20명의 실험 물리학자들에게 파이온의 불변 질량 분포를 나타내는 72개의 몬테 카를로 가짜 막대그래프가 제공되었는데, 그 속에는 실제 자료도 포함되어 있었다.

각각의 물리학자에게 "두-봉우리를 가장 잘 나타내는" 한 개를 골라내라고 요청했다. 그에 대한 대답으로 실험 과학자들은 실제 자료를 두 번째로 많이 선정했다. 두-봉우리를 "가장 잘 시사하는 것"으로 여섯 명이 그것을 골라냈다. 이 저자(著者)들은 "비록 그러한 시험이 지극히 주

관적이기는 하지만, 우리는 그것으로부터 우리의 자료가 단지 한 개의 공명만 존재한다고 보여주는 중에도 …… 두 봉우리가 존재한다는 자료를 얻을 확률이 약 1 내지 3퍼센트가 됨을 시사한다"고 추측했다.[238] 인간이 패턴 인식 능력을 갖춘 컴퓨터를 점검했다. 컴퓨터는 패턴이 존재하지 않는 곳에서 패턴을 보려는 인간의 성향(性向)을 점검했다.

수킬로미터의 필름을 거품 상자의 카메라로 계속 만들었으며, 해독(解讀) 방법에 대한 논쟁도 점점 더 격렬해졌다. 1963년에 앨버레즈는 HPD에 대한 논의에 합류해 그 시스템과 SMP의 서로 상대적인 가치에 대해 논하게 되었다. 그는 두 기계 모두 3만 5,000달러 정도의 비용이 든다는 점을 주목했다. 그는 빠르기로 말하자면 HPD의 옹호자들이 반복해서 지적한 것처럼 HPD는 한 사건마다 15초를 소비하는 반면, 한 사건이 SMP와 그 운영자를 4분 동안 차지하고 있어서 HPD가 더 유리하다고 고백했다. 이러한 불균형이 부분적으로는 둘 사이에 근본적으로 다른 절차에 기인했다. 앨버레즈의 말을 들어보자.

> SMP에서는 커서가 흔적 전체를 따라가는 데 반해 FSD[Flying Spot Device, 날아가는 위치 장치로 HPD의 또 다른 이름]에서는 단지 세 점들만 측정되지만, 그 세 점들이 좀더 정확하게 측정된다. …… SMP에서는 측정 마지막에 그 사건이 완전하게 끝까지 측정되고 분석된다. FSD에서는 측정된 자료가 테이프로 보내져서 하루 정도가 지난 뒤 25만 달러짜리 기계로 보내진 다음 그곳에서 분석된다. 나는 이런 방법으로 비교하면 FSD가 더 느리고 비용이 더 많이 든다고 생각한다. 그렇지만 패턴 인식기(認識器)가 FSD에 장착된다면, FSD가 분명히 잠재적으로 더 유리하다. 그러면 우리는 경제적 요인과 함께 물리학자들과 자신의 자료 사이의 상호 영향에 대한 기본 철학을 고려하면

---

238) 버튼 외, 「파이온-파이온 상호작용」, *Phys. Rev.* 126(1962): 1858~63쪽 중 1863쪽.

서 이 문제를 재검토해야 한다.[239)]

앨버레즈의 단서(但書)는 두 가지였다. 하나는 그가 6년 전에 했던 것처럼 패턴 인식에 대해 중기(中期) 전망까지도 비관적이라고 다음과 같이 진술했다. "나는 거품 상자 필름을 자동으로 스캔하는 것이 입자 물리학에서 우리의 현재 활동에 기여할 수 있을 정도로 충분히 빨리 가능해지리라고 생각하지 않는다. 어쩌면 그것은 마치 레이저가 거의 25년 동안이나 동면(冬眠)한 뒤 비로소 분광학 분야에 새로운 활기를 가져온 것처럼 지금으로부터 25년 뒤에나 새로 부활되어 도움이 될 것이다."[240)] 그러나 그의 진정한 반대는 다음과 같이 감정이 배어 있는 구절인 "물리학자들과 자신의 자료 사이의 상호 영향에 대한 기본 철학을 …… 고려하면서"에 포함되어 있었다. 앨버레즈는 두 가지 해독(解讀) 방법에서 이런저런 투영기 설계보다 훨씬 더 많은 것, 즉 그는 발견의 본성에 대한 정의와 물리학자임이 무엇을 의미하는가에 대한 정의 사이의 경쟁 관계를 보았다.

9. 흔적 해독(解讀)과 발견의 본성

컴퓨터가 요행으로 사건을 발견한다거나 이전의 어떤 가설과도 부합하지 않고 이전에 알려진 어떤 존재와도 적합하지 않은 흔적을 발견할 위치에 있지는 않았다. 1960년에 이미 앨버레즈 그룹은 개별적으로 일어난 사건을 탐색하는 것이 중요하다고 다음과 같이 주장했다. "구름 상자 연구에서와 마찬가지로 각 사건을 검토하고 기록을 보관하는 것은 매우 중요하다고 간주되었다. …… 그때 관심사의 큰 부분은 드물거나 새롭거나 또는 기대하지 않았던 사건을 조사하는 데 있었다. …… 비록

239) 앨버레즈, 매클라우드, 「개발」, *Nucl. Inst. Meth*. 20(1963): 367~383쪽 중 382쪽에 나온 다음 논의에 대한 논평.

240) 앨버레즈, 「원탁회의」(1966), 294쪽.

어떤 실험에서는 수천 가지의 사건이 관련되어 개별적으로 면밀히 조사하는 것이 거의 불가능하지만, 그것은 오늘날에도 매우 중요하다고 간주되고 있다."[241] 색다른 점을 상징적으로 나타내기 위해 "동물원 명물(名物)"이라는 별명으로 부른, 이렇게 드물지만 본보기가 되는 짐승들을 앨버레즈와 그의 그룹은 다음과 같이 소중히 여겼다. "나는 동물원 명물에 대해 그것들이 대단히 중요하다고 생각하기 때문에 몇 마디 하고자 한다. 물리학자들이 이제 더 이상 직접 스캔을 하지 않기 때문에 나는 현재 우리가 동물원 명물 중 많은 것을 놓치고 있다고 믿는다. 이상한 사건을 해석하는데 컴퓨터가 스캐너 또는 물리학자를 돕게 될 SMP가 작동하게 되면 그런 일이 벌어지지 않으리라는 희망을 가지고 있다."[242]

여기서 우리는 앨버레즈의 해독(解讀) 방법에 속한 여러 가지 흐름이 서로 합류하는 것을 알 수 있다. 개별적 사건 방법으로 발견하기 위한 부속 장치의 유래는 깊다. 앨버레즈는 그의 거품 상자 프로그램의 역사에서 그 어떤 것보다도 그의 그룹이 캐스케이드 제로 입자와 함께 뮤온의 촉매작용으로 일어나는 핵융합을 발견한 것을 자랑스러워했다(이 두 가지에 대해서는 아래 더 자세히 설명한다). 그러한 발견의 가능성까지도 앨버레즈가 스캔 과정으로부터 물리학자를 건설적이지 못한 방법으로 분리시켰다고 봄으로써 위험에 처할 뻔했다. 하드웨어 — 다시 말하면 SMP 자체 — 는 물리학자들과 그들의 자료 사이의 관계를 좀더 친밀하게 회복시킬 방법을 열거나 적어도 황금 사건이 발견될 수 있는 조건을 만들어낼 수 있을 것이다.

앨버레즈의 전망과 코바르스키의 전망은 백팔십도 벌어졌다. HPD는 적어도 제몫을 다하는 자동화된 형태로 어떤 인간의 개입이 없다고 하더라도 수많은 자료를 분류하는 데 집중할 수 있었다. 코바르스키는 황금 사건에 대한 앨버레즈의 논점을 다음과 같이 인정했다. "그러므로

241) 브레드너, 「능력」(1961), 225쪽.

242) 앨버레즈, 매클라우드, 「개발」, *Nucl. Inst. Meth.* 20(1963): 367~383쪽 중 383쪽에 나온 다음 논의에 대한 논평.

[HPD와 같은] 이러한 장치들은 상자가 '관찰하는 계수기' 역할을 하는 통계적 실험에서 가장 유망하다. 왜냐하면 인간이 찾고 평가하는 역할이 더 크게 작용하는 좀더 드문 그리고 좀더 복잡한 사건들에 대해서는 그 장치들에서 즉시 무엇이 나오리라고 기대하기 어렵기 때문이다."[243] 이와 같이 심지어 거품 상자 사진을 해독하는 사업에서조차 우리는 상(像) 전통과 논리 전통 사이에 충돌이 존재함을 알게 된다.

그러나 이제 가이거 계수기와 동시 발생 회로에서 좀더 일반적으로 행해지던 역할을 사진에게 부여한 것이 바로 HPD의 통계적 형태다. 해독(解讀) 과정을 자동화시키는 전략은 인간이 황금 사건을 탐색하는 인식론적 역할을 회피하며, 그렇게 함으로써 사진 분석의 한 가지 형태를 상(像)의 세계에서 꺼내 전자(電子) 장치에 의한 논리적 집계(集計)의 세계로 집어넣었다. 코바르스키의 말에 의하면 해독(解讀)의 HPD 형태는 거품 상자 사진의 해독자(解讀者)를 효과적으로 "관찰하는 계수기"로 바꾸어 놓았다. 다음 장들을 통해 여러 번 볼 수 있겠지만, 상(像) 실험 과학자와 논리 실험 과학자 모두에게 상대방의 인식론적 장점을 자신들의 전통 안에서 재현하고자 하는 것이 그들의 계속되는 목표였다.

사진을 이용한 과거의 굉장한 성공에 대해 잘 알고 있는 추종자들로부터 항의가 나올 것을 기대하면서 코바르스키는 그때 황금 사건이 중요도나 가치 면에서 통계적 발견을 앞지르고 있다는 구전(口傳)에 의한 가정이 온당하지 않음을 밝혀야겠다는 생각을 품게 되었다. 누구든 물리학 또는 다른 분야에서도 드문 사건이 당연히 무리지어 나타나는 사건보다 더 귀중하다고 생각할지 모른다. 코바르스키는 그것이 편견이라고 다음과 같이 주장했다. "10만 장의 사진이 몇 가지 종류의 물리적 과정에 대한 정보를 포함하고 있는데, 그중 한 가지 종류가 열 장 중 단지 한 장의 사진에서만 측정이 요구되고, 다른 종류는 모든 사진에서 측정될 필요가 있다고 하자. 그러면 첫 번째 과정이 두 번째 과정보다 더 흥미롭고 보람

243) 코바르스키, 「서론」(1961), 224쪽.

있다는 것은 오직 인간만이 알아낼 수 있을 것이다. 이와 같이 드문 사건의 물리는 순전히 감각적인 이유에서만 많은 수의 통계에 의한 물리보다 더 선호된다."[244] 이런 선호 성향은 물리학이 물리학자들의 몫으로 남겨져야 한다는 결론에 이르게 했다. 그들이 바로 바보들의 황금에 포함된 사건들에서 황금 사건을 충분히 식별할 능력을 가진 사람들이었다. 코바르스키는 이것이 허울만 좋은 합리화라고 단언했다. 코바르스키의 책에서는 세 가지 논의로서 의외의 사건을 과도하게 평가하는 것에 반대했다. 첫째, 물리학자들은 "처리해야 할 수백만 가지의 사건이 존재하고 거기서 동물학은 단지 작은 역할"만 하는 그런 상황에 처해 있는 자신들을 자주 발견했다. 둘째, 물리학은 고립되어 존재하지 않으며, 대화식의 SMP보다 훨씬 더 많이 자동화된 분석 기술들이 예를 들어 미생물학의 원인을 발전시키는 데 도움을 줄 수 있었다. 셋째 그리고 마지막으로, 자동화된 패턴 인식은 너무 당연하게도 (예를 들어 항공 정찰의 분석 등에서) 국방 분석가들에게 아주 중요하므로 군부가 충분히 자동화된 날아가는 위치의 수색과 관련된 기술을 개발할 것임은 의심할 여지가 없었다. 그리고 "비밀 취급이 해제될 때까지 적당한 시간이 흐른 뒤에는 국방 목적으로 개발된 새로 고안된 기발한 장치들로부터 기초 과학이 여전히 덕을 볼 가능성이 충분하다." 그는 비록 아직 완전한 패턴 인식 장치는 아니더라도 그러한 "신(新)고안품"에 해당하는 한 가지가 이미 시장에 나왔다고 보고했다.[245]

그렇지만 CERN의 야심은 그 자체의 발전에 장애가 되었다. 역사학자인 존 크리게와 도미니크 페스트르가 지적한 것처럼[246] 많은 해설자들이 CERN은 미국을 따라가기에 충분할 만큼 기술 발전에 노력을 기울이지 않았다고 잘못 비난했다. 사실은 그 반대였다. 만일 CERN이 미국보다 뒤처졌다면 (특히 브룩헤이븐과 버클리에) 그것은 주로 그들이 장치

244) 코바르스키, 「일반적인 개관」(1964), 26쪽.
245) 코바르스키, 「폐회 논평」(1963).
246) 페스트르와 크리게, 「몇 가지 생각」(1992).

를 과도하게 설계했기 때문이다. 자료 분석도 예외가 아니었다. 코바르스키가 빈정거린 것처럼 "그래서 버클리에서는 보편성이 부족했고, 브룩헤이븐에서는 자동화가 부족했는데, 긍지를 가지고 보편성은 물론 자동화도 포기하기를 거절한 CERN에서는 아직까지 거품 상자 물리학에서 아무것도 성공적으로 이루어내지 못하고 있다."[247)]

비록 새로운 발견으로 얻을 영광이 그들을 잠시나마 피해 갔지만, CERN은 어느 때보다도 더 큰 거품 상자와 좀더 정교하고 좀더 빠른 분석 기계를 제작하겠다는 노력을 밀어붙였다. 그다음 해(1964년) 자동화된 자료 취득에 대한 칼스루헤 회의에서 코바르스키는 대량의 자료를 모으고 그다음 여러 가지 자동화 기술에 의한 자료 분석의 장점에 대해 반복해서 격찬했다. 동요된 것이 분명한 참석자들은 충격과 당황 그리고 새로운 실험 질서에 함축되어 있는 것처럼 보이는 발견이라는 개념에 대한 저항이 혼재된 반응을 보였다. 다음의 밀도 있는 대화는 그의 발표에 뒤이은 토의를 녹음한 테이프에서 녹취한 것이다.

K. 에크베르그: 나는 최초로 사진을 자동화된 방법으로 스캔하려고 원할 수도 있다는 점과 관계되는 원칙 문제에 대해 질문하고 싶다. 이제 많은 중요한 발견들은 과학자들이 전혀 기대하지 않았던 무엇, 즉 그들의 이전 지식으로는 설명할 수 없었던 무엇인가 새로운 것을 알아챘기 때문에 가능했다는 것이 분명하다. 이제 우리는 분명히 컴퓨터와 자동화 장치가 이런 종류의 일을 하도록 프로그램할 수도 없다. 당신은 여기서 아무런 위험이 없다고 생각하는가?

코바르스키: 글쎄, 무엇보다도 실험하는 사람은 자기가 무엇을 원하는지 알아야 한다. 1년에 수백만 장 또는 수천만 장의 사진을 만들어내고 동시에 마치 블래킷이 오래전인 1934년에 그의 구름 상자 사진을 다룬 것처럼 사진 한 장 한 장 모험을 즐기는 방법으로 검토할

247) 코바르스키, 「폐회 논평」(1963), 238쪽.

수 없다는 것은 명백하다. 단순히 그렇게는 도저히 할 수가 없다. 찾아내려고 원하는 정보가 무엇인지 미리 어느 정도 알고 있는 그런 종류의 실험을 할 때 으레 수백만 장의 사진을 만드는 것이다. 어떤 그 중간인 경우 아마 수백만 장이 아니라 통계적인 방법이 아닌 좀 더 탐구적인 자세로 살펴볼 만한 수십만 장의 사진을 말할 수도 있다……

H. 쇼퍼: 수년 내에 만일 고에너지 실험을 원하면 새로운 실험을 시작하는 것이 아니라 단지 창고로 가서 자성(磁性) 테이프 몇 개를 가져다가 새로운 관점에서 테이프를 스캔하기 시작하면, 그것이 실험이라고 하게 될까봐 그러한 관점이 약간 두렵게 생각된다.

코바르스키: 만일 우리가 무엇인가를 …… 예를 들어 하늘에서 이온화된 영역이나 또는 그런 비슷한 것을 측정하고자 한다면, 바로 뛰어올라 그곳으로 가지는 않는다. 우선 인공위성을, 보통 무인 인공위성을 보낸다. 인공위성으로 정보를 수집한 다음 실험실에서 그 정보를 처리하게 되는데 나는 이런 종류의 자세가 고에너지 물리학에서 점점 더 유행할 것이라고 생각한다…….

W. W. 하벤스: 나는 예상치 못한 숨겨진 것을 탐색하는 것이 오늘날만의 특징은 아니라는 점을 지적하고자 한다……. 물리학자가 신기한 것을 찾기 위해 그의 자료를 검토하는 것은 중요하다. 만일 결과가 계획한 대로 똑같게 나올 뿐이라면 배울 것이 정말 별로 없다.[248]

자료 환원에 대한 회의 도중에 무엇인가가 아주 기술적인 토의의 분위기와 흐름을 흔들어 놓았다. 그때까지는 함축적이었던 것이 구체적인 것으로 바뀌었다. 사진으로 나타난 증거를 어떤 방법이 아니라 오히려 다른 방법으로 해독(解讀)하는 것이 물리학자들이 알고 있던 모든 것과 상이한 과학적 인생으로 한꺼번에 바꾸어 놓았다. 이것이 에크베르그가

248) 코바르스키, 「일반적인 개관」(1964), 39~40쪽.

"원칙의 문제"를 회의에서 거론한 이유다. 이것이 쇼퍼가 "두렵게" 생각한 이유다. 이것이 하벤스가 그들 이전의 더 좋았지만 잃어버린, 기대하지 않았고 숨겨진 것에 대한 탐색이 관례였던 시대와 비교해, 좋지 않은 시대의 특징을 비방한 이유다. 그리고 그것이 코바르스키 자신도 "탐구적인 자세"로 사진을 바라보던 옛날인, 블래킷의 "모험을 즐기는" 시대가 지나간 것을 절반은 슬퍼하고 절반은 축하한 이유다.

10. FORTRAN과 인간의 본성

만일 코바르스키가 CERN이 이전 시대의 "탐구적인 자세"에서 멀어졌다고 생각했다면 앨버레즈가 무모하게도 공학 기술의 분야로 뛰어든 것은 그에게 더 큰 충격이 되었을 것이다. SLAC에서 1966년에 개최된 원탁회의의 주요 토의가 시작될 때 앨버레즈는 참석자들에게 기구의 사용보다는 "공학 기술과 생산에 좀더 관심을 갖는 것"이 현명하다고 제안했다. 그리고 공학 기술과 생산은 경제적 정보에 근거한 활동을 의미했다. 1년 전의 미국 공학원 취임 연설을 인용하면서 앨버레즈는 다음과 같이 풀어서 말했다. "필요에 의한 공학 기술은 경제를 다루지만 경제적 현실을 다루지 않는 공학 기술처럼 보이는 어떠한 활동도 실제로는 전혀 공학 기술이 아니다." 앨버레즈가 재정상으로 걱정이 없는 "즐거운 활동"이라고 언급한 기구 사용하기는 공학 기술이 아니었다. 학생 공작실이나 학과 공작실, 그리고 기구를 전문적으로 제작하는 공작실도 공학 기술이 아니었다. 가까운 문제로 공학 기술자처럼 생각한다는 것은 한줌의 사건들을 분석하는 데 약간 도움을 주는 한두 가지의 하드웨어나 소프트웨어를 완벽하게 만드는 선택보다 오히려 "1달러당 다루는 사건"의 수를 개선하는 선택을 취하는 것을 의미했다.[249)]

1966년에 이르자 자료 환원은 시대의 요청이 되었고, 학생 공작실이

---

249) 앨버레즈, 「원탁회의」(1966), 272쪽.

나 심지어 학과 공작실에 대한 항수까지도 관심 대상이 되지 못했다. 앨버레즈는 "우리는 매우 큰 사업을 경영하고 있다"라고 적고, 단지 그것이 얼마나 큰지에 대해 계속 이야기했다. 미국만 보더라도 번창하는 거품 상자 산업이 1,500만 달러의 가치에 해당하는 스캔 장비와 측정 장비를 소유하고 있었고, 매년 약 1,300만 달러를 사용했는데, 그중 800만 달러는 기사에게, 그리고 500만 달러는 컴퓨터 분석가에게 지불하는 봉급에 할당되었다. 걸린 금액이 이렇게 많았기 때문에 자료 분석 기술의 개발을 위한 경쟁도 치열해졌다. 시스템을 약간 개선하기 위해 만지작거리는 사치를 부릴 시간적 여유가 존재하지 않았다. 예를 들어 어떤 "맞춤 프로그램"들이 상자 내부의 열적 기울기나 사나운 수소 흐름에 의해 모호해진 흔적을 곧게 펴 주었다. 앨버레즈는 이 프로그램들이 자료를 말끔하게 만들어 주었지만, 분석을 너무 많이 느리게 한 대가를 치렀다고 주장했다. 대가를 지불하지 않을 수 없었다.[250]

그의 분석을 좀더 체계적으로 만들기 위해 앨버레즈는 다음으로 경영 분석 기술로 눈을 돌렸다. 경영 분석은 새로운 분야였으며, 다양한 목적을 향한 전쟁 전략에 추천하기 위해 제2차 세계대전 동안 시작되었는데, 가장 잘 알려진 것으로는 적 잠수함의 위치 확인과 파괴 그리고 가장 효과적인 폭격 항로 등이었다. 전쟁이 끝난 뒤 경영 분석의 주요 인사들 중에서 많은 사람들이 군사 문제뿐 아니라 경제 문제에도 눈을 돌렸다. 앨버레즈가 활용한, 그들 연구 모두의 핵심은 원하는 결과를 그 결과의 구성 요소로 분류하는 것이었는데, 각 요소를 편미분으로 기술하는 것이 가능했다. 비근한 경우로 스캔되고 측정된 사진을 효율적으로 생산하는 것이 목표였으며, 여기서 핵심 요소가 되는 양은 한 명의 스캐너가 시간당 스캔하는 비율인 R과 전체 그룹에 대해 (그룹에 속한 많은 사람들이 스캔하지 않고 감독하거나 회계를 보는 등등의 일을 했다) 평균한 한 사람이 조사하는 비율인 r이었다.[251] 그러면 다음이 성립한다.

---

250) 앨버레즈, 「원탁회의」(1966), 272쪽.

$$\partial R/R \equiv \text{개별적인 스캔 비율의 분수 증가}$$
$$\partial r/r \equiv \partial R/R\text{에서 야기되는 그룹 스캔 비율의 분수 증가}$$

1966년에 매시간 $R \approx 100$이었고, 그리고 매시간 $r \approx 5$였다. 그러면 결정적인 양은 이 두 개의 차원이 없는 분수의 비 k가 되는데, 다시 말하면

$$\partial r/r = k\ \partial R/R \tag{5.9}$$

이다. 앨버레즈는 k가 거의 1이라는 사실은 그룹의 비율이 거의 전적으로 개별적인 스캔 비율에 의존하는 것을 의미한다고 주장했다. 다른 인자들은 무시될 수 있었다.[252]

이러한 경영 분석을 따라서 예를 들어 그룹은 변수들 X에 관심을 집중했는데, 여기서 X는 $\partial X/X$와 $\partial R/R$의 비가 가장 많이 바뀌는 것들이었다. 이런 변수들로는 작은 각으로 만나는 흔적들을 명확하게 하기, 기준 표시의 위치를 지정하기, 그리고 짧은 흔적들의 끝을 표시하기 위해 스캔 단계를 측정하기 등이 포함되었다. 앨버레즈에게는 HPD 사용자들이 사건을 디지털 형식으로 변환하는 비율인 f에 관심을 집중하는 것이 부적절했는데, 그것이 좀더 기본적인 양인 r(이것은 HPD의 경우 단지 진로 결정자의 수에만 의존하는데) 그리고 R과는 아무런 관련이 없기 때문이다. 특히 $\partial r/\partial f = 0$이다. 앨버레즈는 이것만 가지고는 HPD의 비율 r이 자기 그룹의 비율 r보다 더 높지 않다는 것을 증명하지 못한다고 시인했지만, CERN이 이 문제를 접근하면서 동일한 경영 분석 방법을 사용하고 있지 않았다고 결론지었다.[253]

도구 제작에서 산업적 공학 기술과 경영 분석으로의 전환은 태도뿐 아니라 특유한 설계에까지 영향을 미쳤다. 1960년대 초기에는 보존 법칙

---

251) 앨버레즈, 「원탁회의」(1966), 272쪽.

252) 앨버레즈, 「원탁회의」(1966), 290~291쪽.

253) 앨버레즈, 「원탁회의」(1966), 292~293쪽.

에 따르는 것을 확실하게 하기 위해 흔적들을 "수정"하는 측정 시스템이 가치 있는 것으로 증명되는 것처럼 보였다. 이제는 난류(亂流)에 의한 오차나 다중 산란, 그리고 필름의 변형 등으로 인하여 그러한 시스템은 비용 면에서 효율적이지 못한 것으로 보였다. 가장 많은 "달러당 사건" 수를 주는 더 저렴하고 실제적인 분석이면 충분히 좋았다. 앨버레즈는 "'충분히 좋다'는 생각은 공학 기술에서 나오며, 비록 그런 생각이 도구 설계자들의 기분을 상하게 할지도 모르지만, 그것이 우리가 꼭 채택해야만 할 개념이라고 느낀다"라고 논평했다.[254] 이것은 버클리 가속기와 검출기를 제작할 때 취했던 접근 방법임이 틀림없는데, 이제 이것은 결과의 분석에도 적용될 수 있었다. 공학 기술과 산업은 앨버레즈가 다음과 같이 기록한 것처럼 도구 사용뿐 아니라 관리 면에서도 유용한 모형을 제공했다. "우리의 스캔 그룹과 측정 그룹의 책임자는 그의 시간 중 많은 부분을 산업에서는 생산 관리라고 불릴 그러한 역할에 소비했다." 예를 들어 그는 자신과 앨버레즈를 위해 일별, 주별, 월별, 그리고 연간 보고서를 준비했는데, 그 보고서들에는 운영자의 시간당 측정된 정점(頂點)의 수와 운영자, 기계 그리고 교대조들 사이의 비교 출력 등과 같은 출력 자료와 함께 측정과 관리, 지시, 그리고 프로그램 등에 할당된 시간이 포함되어 있었다.[255]

회사 형태의 산업적 관습으로의 전환에 고통이 따르지 않은 것은 아니었다. 앨버레즈가 물리학자인 청중들에게 환기시킨 것처럼 작은 회사들이 흔히 많은 임무를 개인들이 다루던 조직에서 "매우 비싼 생산 설비를 갖추고 생산 라인 운영"에 의한 고효율 조직으로 바꾸려고 시도하다가 파산하게 되는 것이 사업가들 사이에는 널리 알려져 있었다.[256] 주된 어려움은 관리 인력을 비효율적으로 사용한 것이다. 만일 그런 함정만 피할 수 있다면, 회사는 대단히 더 높은 생산성 수준으로 경영된다. 사업에

254) 앨버레즈, 「원탁회의」(1966), 272쪽.
255) 앨버레즈, 「원탁회의」(1966), 277~288쪽.
256) 앨버레즈, 「원탁회의」(1966), 289쪽.

서와 마찬가지로 물리 자료의 분석에서도 그랬다.

이러한 논평에서 앨버레즈는 앨프리드 챈들러가 현대적 주식회사가 지닌 가장 중요한 특성으로 뽑은 사업상의 역사적 경향이 중간 관리의 도입이라는 점에 의견을 같이했다.[257] 사업체의 흐름도에서 각 사각형은 독립적으로 임무를 수행할 수 있는 조직의 그룹을 표시한다. 1960년대 중반까지 앨버레즈 그룹은 제임스 고우가 책임자였던 거품 상자 운영 및 개발을 위한 그룹과 시기에 따라 휴 브레드너와 프랭크 솔미츠가 책임자였던 자료 분석 개발 그룹 등 분명히 그러한 중간-수준의 그룹들을 가지고 있었다.[258] 하부 그룹들이 상대적으로 자율적으로 운영되었음을 시사해 주는 것으로 많은 보고서와 학술회의 발표, 심지어 저온학, 광학, 그리고 자료 처리 등과의 공동 연구로부터 발표된 논문들이 있다. 일단 스캐너와 기술자 그리고 물리학자들의 대규모 구조가 서로 통합되자 생산 능률은 정말 적지 않게 올라갔다.

그러나 자료 분석을 가속시키려는 그의 사업 방법이 청중을 당황하게 만들지도 모른다는 것을 알고 있던 앨버레즈는 실용적인 접근 방법의 중요성을 다음과 같이 반복했다. "과학자가 그렇게도 비과학적인 목표를 설정했다는 것을 듣고 걱정하는 사람들을 위해 나는 그 순간에 '기술자 모자'를 착용했다는 것을 여러분에게 상기시켜주겠고 변명은 하지 않겠다."[259] 비록 과학적 목표의 가치를 생산이라는 용어로 정의할 수는 없었지만, 중요한 연구에 대한 선결 조건은 그렇게 할 수 있었다.

언뜻 보기에 앨버레즈의 그룹에서는 (시간당 사건의 수, 생산에 대한 경영 분석, "흥미로운 물리"에 대한 상식적인 정의 등) 실용적인 면에 대한 관심이 지배적인 것처럼 보였다. 그러나 관리자와 회계 그리고 기술

257) 챈들러, 『눈에 보이는 손길』(1977), 1~3쪽.

258) 고우와 브래드너에 대해서는 하일브론과 사이델, 『로렌스』(1989), 95쪽을 보라.

259) 앨버레즈, 「원탁회의」(1966), 262쪽. 컴퓨터 자료 분석의 개발에서 누군가가 무엇을 했는가에 대한 논의는 앨버레즈, 「최신 개발 상황」(1972), 266쪽 이후를 보라.

에 대한 배려에도 불구하고, 운영자 시간당, 기계 시간당, 그리고 팀 시간당의 생산에 전념한 서류 더미에도 불구하고, 나는 그들이 HPD를 반대한 배후에 깔려 있는 진정한 의도가 생산의 편미분과와 아무런 관계가 없는 것이 아닌가 생각한다. 우리는 전에도 이런 것에 대한 힌트를, 1963년에 앨버레즈가 비록 HPD의 빠르기가 증가하더라도 물리학자들이 어떻게 그들의 자료와 상호작용하는가에 대한 철학에 차이가 있을 것이라고 말했을 때 알아차렸다. 이제 이런 깊은 염려가 어느 때보다도 더 강력하게 부각되었다. "디지털 컴퓨터의 용도가 넓은 패턴 인식 능력에 대한 [나의] 부정적 반응보다도 더 중요한 것은 인간이 원래부터 놀라운 스캔하기 능력을 타고났다는 나의 강한 긍정적 느낌이다. 나는 그러한 능력이 컴퓨터 기능에 첨가할 수 있는 어떤 것보다도 우수하기 때문에 그 능력을 이용해야만 한다고 믿는다."[260)]

나는 앨버레즈가 그의 해독(解讀) 방법이 지닌 모든 측면에서 그것을 개발하는 밑바탕에는 인간이 사진에 감춰진 것을 해명하는 기묘한 능력을 가지고 있다는 믿음을 나타낸 것이라고 주장하고 싶다. 예를 들어 그것은 장치의 모든 부분을 분리시키기보다는 대화식으로 제작한 근거가 된다. 그리고 우리 인간이 지닌 특별한 능력에 대한 앨버레즈의 직감은 동물원 명물이라는 이야기와 그의 발견에 대한 시각 모두의 배후에 놓여 있다.

그의 입장을 뒷받침하기 위해 앨버레즈는 한 가지 교훈을 말했다. 한 천문학자가 순간 비교 측정기를 사용하여 명왕성을 발견했다. 먼저 어떤 별의 사진에 초점을 맞추고 약간의 시간이 흐른 뒤 다른 사진에 초점을 맞추다가 이 발견자는 빛 중의 한 위치가 변화한 것을 주목했다. 앨버레즈는 만일 천문학자들이 완전 자동화를 이용하여 탐색했다면 무슨 결과를 얻었을 것인가라고 과장해서 물어보았다. "FSD와 비슷한 장치를 이용하여 별빛을 스캔하고 어떤 기억 시스템에 모든 별의 좌표와 세기를

---

260) 앨버레즈, 「원탁회의」(1966), 294쪽.

기록하게 할 수도 있는 것은 틀림없다. 그다음에 어떤 다른 시간에 이 측정을 반복하여 역시 좌표와 세기를 저장할 수 있다. 그리고 마지막으로 이 두 목록을 수학적으로 비교하는 작업을 수행하고 어떤 '최소 숫자' 안에 들어오는 중복되는 상(像)은 모두 목록에서 제외시킬 수 있다."[261] 그는 "컴퓨터를 가지고 인간을 이기려고 시도하는 것은 분명히 실수"하는 것이 되리라고 결론지었다. 모든 것이 심지어 진화론까지도 아무리 복잡한 기계라고 할지라도 쉽게 복제할 수 없는 시스템인 눈-뇌 시스템이 "비상한" 능력을 지니고 있다는 증거가 된다. 명왕성은 인간의 눈을 제외시키기를 희망하는 사람들에게 경고가 되었다(인간의 눈이 아니었으면 망원경 사진에서 명왕성을 찾지 못했을 것임을 강조함 – 옮긴이). "나는 인간 스캐너들에 의해 그렇게도 쉽게 할 수 있는 일을 자동화된 스캔을 이용해 지루하고 비싼 값을 치르는 정도까지 결코 가지 않기를 희망한다. 스캐너를 기계로 대치하겠다고 진정으로 원하는 사람들을 내가 단념시킬 수 없다는 것은 분명하다. 그러나 나는 그러한 노력이 거품 상자 물리학과 유용하게 연관되리라고는 생각하지 않는다."[262]

해독(解讀) 과정에 인간성을 계속 유지하기 위해 앨버레즈는 기꺼이 작업 방법으로 산업적 생산을 도입했다. 이와는 대조적으로 HPD 옹호자들은 대화 방식에 의해 강요되는 작업 형식을 "노예 제도"라고 부르고, 그것을 피하기 위하여 발견 과정의 일부분으로서 인간을 기꺼이 희생했다. K. 고트슈타인은 HPD가 일상화된 하루 종일 계속되는 노동이 주는 중압감을 경감시킬 것이라는 희망을 견지했다. 어쩌면 물리학이 물리학자들에게 다시 되돌릴 수 있을지도 몰랐다. 1967년 HPD에 관한 뮌헨 학술회의에서 고트슈타인은 100만 장의 사진 실험 시대에 알맞은 필름 해독에 대한 디킨스식 그림에 대해 다음과 같이 간략히 소개했다.

---

261) 앨버레즈, 「원탁회의」(1966), 294~295쪽.
262) 앨버레즈, 「원탁회의」(1966), 295쪽.

> 우리는 여전히 물리학자들과 조교들이 분석할 수 있는 것보다 더 빨리 가속기와 거품 상자 그리고 불꽃 상자가 자료를 배출하는 상황에 익숙해 있다. 그 결과로 거품 상자 필름을 …… 분석하는 많은 연구소들은 마치 용광로 또는 소방서처럼 주간조, 야간조, 그리고 주말조 등 교대조를 이용하여 하루 종일 쉬지 않고 작업하고 연구소의 불이 결코 꺼지지 않는다. 이제 컴퓨터와 날아가는 위치 장치 등의 도움으로 자료가 생성되는 것 이상으로 더 빠르게 분석될 수 있는 날이 그리 멀지 않은 것처럼 보인다. 이것은 연구소가 인간 생활의 자연 리듬에 확실히 더 적합한 정상적 주간 작업으로 되돌아갈 수 있음을 의미할지 모른다.[263]

여기에 노동과 노동에서 펄펄 끓는 용광로와 관련된 모든 것이 제외된 순수한 관념 작용으로서 물리학의 꿈이 존재했다. 10년 전의 레프린스-링게와 마찬가지로 고트슈타인도 새로운 미국 연구소의 연구 풍토에 혐오감을 가졌다.

코바르스키에게 인간에 대항하는 투쟁이 우리가 이미 본 것처럼 인간에게서 기계를 고립시키는 거의 심미적인 즐거움으로 특징짓는 것이었다. 분명한 좌절을 안고 그는 "어떤 시스템이 아무리 자동화가 잘 되었다고 주장하더라도 인간적인 요소가 곧바로 다시 돌아오며 그 시스템은 또다시 일종의 인간에 의한 안내를 필요로 하기 시작한다"는 인상을 주는 1964년 학술회의를 끝냈다. 불꽃 상자 사진에 대한 브룩헤이븐의 "묘안"은 "완전한 비인간화"를 구현할 수 있을 것으로 기대되었지만, 결국에는 "인간의 안내를 상당한 정도" 채택하는 것으로 끝맺었다. 심지어 순간적으로 "완전한 비인간화를 달성했다"는 HPD 불꽃 상자 분석기마저도 인간의 개입을 허용하도록 물러섰다.[264]

---

263) 고트슈타인, 「개회 논평」(1967), 3쪽.
264) 코바르스키, 「폐회 논평」(1965), 264~265쪽.

1964년 학술회의에서 HPD 동료 중 한 사람의 견해를 소개하면서 코바르스키는 "(접촉면을 뜻하는) 계면"이라는 용어가 "결국에는 시스템이 완전히 자동화되지 않았음을 보여주는, 어떤 방법으로든 다시 나타나는 인간의 보기 싫은 안면을 의미하는 다른 용어"로 사용되었음을 주목했다.[265] 아마도 억제시킨 인간성이 자꾸 되돌아오는 데 낙담하여, 코바르스키는 특별히 계획된 HPD 회의의 마지막을 "최근에 선보인 음극선관을 이용한 후속 장치를 포함해 HPD 개발 전체의 진정한 목적이 오로지 고에너지 물리학에서 야기되는 특정한 부류의 문제들과 관련해서만 정의될 수는 없고, 오히려 볼 수 있는 눈을 가진 컴퓨터를 마련한다는 좀 더 간단하고 더 구속받지 않는 야심에 의해 정의될 수도 있다"고 인정하면서 끝냈다.[266]

어떤 의미에서는 1960년대의 해독(解讀)하는 기계에 대한 논의는 비록 서로 다른 입장이지만 상대방에 대하여 동등한 야심들이 서로 대항했다. 버클리의 앨버레즈 그룹은 깜짝 놀라게 만드는 황금 사건에 의해 고전적으로 정의된 새로운 사건의 발견을 목표로 했다. 그리고 그들은 정말로 황금 사건 몇 개를 발견했다. 뮤온을 촉매로 한 융합이 그중 하나였는데, 거기서 뮤온은 액체 수소 온도의 두 수소 원자가 융합을 일으키도록 만들었다. (유명한 1980년대 유타의 격론이 일어나기 오래전 이렇게 짧은 순간에 저온 핵융합의 흥분이 물리학을 휩쓸었다.) 또 다른 황금 사건으로 오직 각고의 노력을 쏟은 분석에 의해 단 하나의 놀라운 상(像)을 증거로 변환시킬 수 있었던 캐스케이드 제로 입자의 발견을 들 수 있다. 스티븐슨이 첫 번째 버클리 거품 상자 노트를 기록하기 시작하고 단지 7년 뒤 두 번째 종류의 분석이 모습을 드러내기 시작했다. 자료를 대단히 많이 축적해 놓고, 그렇게 오래 되지 않은 과거에는 복잡한 최첨단 이론적 해석이었던 자동화에 의해 이 팀은 공명 상태와 함께 바리온과 메존

---

265) 코바르스키,(1965), 264쪽.

266) 파우웰과 사이보스, 『프로그래밍』(1967), 409~416쪽 중 415쪽에 실은 코바르스키, 「폐회 논평」.

의 들뜬 상태들을 조사하기 시작했다. 거품 상자와 대화식의 자료 처리라는 앨버레즈 스타일이 결합해 황금 사건과 1960년대의 공명 상태 연구가 모두 가능하게 되었다. 앨버레즈 그룹은 모든 단계에서 산업 기술과 바꿀 수 없는 "인간"의 기여를 서로 결합할 작정이었다.

CERN에서는 전에 오로지 경쟁 관계에 있던 전자(電子) 계수기 전통에 의해서만 가능했던, 대량의 통계적 과정에 의한 새로운 상(像) 전통 물리학을 수행하여 자료를 처리한다는 야심이 똑같이 중대했다. 그보다 더 CERN 물리학자들은 (그리고 브룩헤이븐과 그 밖의 다른 곳에 위치한 미국의 동조자들은) 그들의 새로운 장치가 입자 물리학 이외의 훨씬 더 광범위한 분야에 적용되는 방법을 찾고자 했다. 어떤 사람들은 자동화된 스캔이 염색체 분석에서부터 항공 사진술에 이르기까지 적용될 수 있으리라고 추측했는데, 마지막 꿈은 보통 컴퓨터가 펀치 카드를 처리하는 것처럼 쉽게 사진에 의한 정보를 해독(解讀)하는 장치를 제작하는 것이었다. 어떤 단계에서 HPD 옹호자들은 놀랄 만큼 성공적이었다. 실질적으로 거의 모든 기술 선진국에 소재한 국립 고에너지 물리학 연구소들과 많은 대학들에서는 HPD 활동을 개시했다. 두 개의 손으로 제작한 HPD를 제쳐 놓으면 (그 둘은 모두 브룩헤이븐에 있다), 26개의 상업적으로 생산된 소제니크 사의 HPD II는 연구소들에게 보내졌고 세 개는 소련으로 갔다. 암스테르담에서는 버클리 그룹과 그리고 브라이언 파우웰 자신이 소장으로 있는 CERN의 다른 그룹과 마찬가지로 이 기계들을 자료 처리에 이용했다.

그러나 이 모든 노력 뒤에도 그 장치는 앨버레즈의 연구소에서 나온 것과 같은 종류의 결과를 결코 만들어내지 못했다. 실제로 휴는 (Off-Line Manual Integral Filter, OFFMIF, 오프라인의 수동[手動] 필수 필터라는 이름의) "인위적 구조 과정"을 설치하기에 이르렀는데, 그것은 "(물론 여성에 의한) 인간의 인식과 광전(光電) 펜을 사용하여 기하학적으로 재구성하는 데 실패한 흔적들로부터 올바른 점들을 골라냈다."[267] 이런 방법으로 생산된 자료는 앨버레즈의 프랑켄슈타인과 경쟁할 수 있었지만, 인간을 개입시킴으로써 완전 자동화라는 꿈은 멈출 수밖에 없었다.

어느 정도까지는 양쪽이 바라는 희망의 일부와 염려하는 것 대부분이 그 이후 1970년대와 1980년대에 걸친 수십 년 동안 현실로 나타났다. 실험은 거대하리만큼 더 크게 성장해서 (20명, 30명 또는 40명의 박사로 구성된) 앨버레즈 팀들의 규모가 상대적으로 하잘것없게 보일 정도였다. 전자 장치들이 등장해서 인간에 의해 사건들을 하나씩 자세히 살펴보는 것은 점점 더 실행되지 못했다. 그렇지만 동시에 자동 언어 번역기라든지 급격히 성장하는 인공 지능 분야에서 그런 역할을 하는 것과 같은 패턴 인식 장치들에 의해 그러한 일을 어느 정도 실현시킨다는 목표를 달성했다.

1967년에 그 분야를 마지막으로 조사하면서 코바르스키는 "완전 자동화라는 목표는 약간 후퇴하고 있다"라고 인정하지 않을 수 없었다. 그리고 만일 정밀한 전자(電子) 기계 장치나 최고급 프로그래밍도 모두 해독자(解讀者)로서의 인간을 제거할 수 없다면, 코바르스키는 원래 모습의 해독자(解讀者)를 다시 데려올 수밖에 없었다. 해독(解讀)이 취해야 할 두 방법 사이에서 오락가락하다가 그는 이제 세 번째 방법을 추가했다 (또는 세 번째 방법으로 돌아왔다). "다루기 힘든 하드웨어와 다루기 힘든 소프트웨어에다가 이제 다루기 힘든 여성웨어까지 더해야 되지 않겠는가?"[268] 하루가 끝나면 버클리와 제네바 모두에서는 사진 전반에 걸쳐 입자 흔적을 추적하는 컴퓨터에 연결되어 여러 부류의 기술자들 그리고 일단의 여성들과 함께 일하는 물리학자 팀들의 일별 업무 지침이 엄청나게 바뀌곤 했다.

업무의 조직과 점진적으로 발전되어 가는 인간과 기계 사이의 관계에서 나타나는 변화는 일상적 실험 운영에 깊은 영향을 미쳤다. 실제로 실험하기의 본질이 바뀌는 중대한 시기에 도달했다. 코바르스키는 1964

---

267) 휴가 저자에게, 이메일, 1995년 12월 11일.

268) 파우웰과 사이보스, 『프로그래밍』(1967), 409~416쪽 중 414쪽에 실은 코바르스키, 「폐회 논평」.

년에 "오늘날 물리 실험에 대한 생각은 주로 입자 빛줄기를 정의하고 검출하는 장치의 설치와 (가속기의 실시간) 동작에 대해서만 관심을 갖는데, 앞으로는 그러한 장치의 '운전'이 좀더 광범위해지고, '실험'의 개별성이 어쩌면 물리학자와 자료를 처리하는 장치 사이의 대화로 바뀔지도 모른다"라고 예언했다.[269] 그러한 변화는 이미 시작했다.

복잡한 과학 기술 작업장의 임무가 더 작은 단위들로 분리되는 과정이 많은 분야 전문가들에 의해 조사되었다(그런데 과학 역사학자들보다 노동 역사학자들에 의해 더 많이 연구되었다). 우리의 목적을 위해 특히 흥미 있는 예가 컴퓨터 프로그래밍이다. 제2차 세계대전 중 그리고 전쟁 직후에 컴퓨터에 부여된 각 임무는 기계 언어의 수준에서 개별적으로 준비되어야만 했다. 미국에서 1950년에 도입된 프로그램이 저장된 컴퓨터는 전문가의 훈련에서 시작하여 컴퓨터가 해결할 수 있는 문제의 유형에 이르기까지 모든 단계에서 컴퓨터와 사용자 사이의 관계에 일대 혁명을 일으켰다.[270] 거의 즉시 미국 정부에 의해 굉장히 많은 수의 프로그래머에 대한 수요가 창출되었는데, 미국 정부는 암호명이 반자동화된 지상 환경(Semi-Automatic Ground Environment, SAGE)인 조기(早期) 경보 레이더 네트워크를 준비하기 위해 프로그래머의 수를 2,000명에서 4,000명까지 배로 늘리고자 했다.

하드웨어의 개선을 촉진하는 것에 더해 SAGE는 새로운 임원 조직을 요구했다. 이 프로젝트 과정 초기에 프로그래밍 인력을 배출하기 위하여 시스템 개발 회사를 발족시켰다. 이 프로젝트의 규모가 컸기 때문에 소프트웨어 훈련과 작업 조직을 (대체로 전기공학 내부에서의) 도제 제도로부터 좀더 특성화된 작업의 분류로 재조직할 필요가 대두되었다. 예를 들어 시스템 분석가들은 프로그래머들을 감독하도록 훈련받았는데, 그 프로그래머들의 프로그래밍 목표와 방법은 대단히 구체적으로 지정되

---

269) 코바르스키, 「일반적인 개관」(1964), 36쪽.
270) 크래프트, 『프로그래머』(1977).

어 있었다. 이러한 경향이 이후 수십 년 동안 계속되면서 프로그래밍은 숙련 정도에 따라 좀더 세세하게 등급이 매겨졌다. 1970년대 말에 이르자 최고급 프로그래밍 팀은 대규모 구조상의 결정을 내렸고, 좀 덜 숙련된 프로그래머들은 최고급 프로그래밍 팀에게서 지시받은 구성 단위를 채우는 임무를 맡았으며, 프로그램을 짜는 사람들은 미리 준비된 프로그램을 가져다가 특별한 용도에 맞는 사소한 수정을 가했다.[271)]

프로그래밍 작업 구조에서 이와 같은 변화는 두 가지 수준에서 의미가 있다. 일반적인 말로 임무의 특성화와 좀 덜 숙련된 임무 그리고 좀더 숙련된 임무의 분리는 거품 상자를 둘러싸고 있는 연구소 생활의 발전과 비교될 만했다. 좀더 구체적으로 우리는 로렌스 버클리 연구소에서 컴퓨터가 맡은 변화하는 역할의 개요를 프로그래밍의 역사에서 찾아볼 수 있다.

거품 상자 그룹을 위해 작성된 첫 번째 중요한 컴퓨터 프로그램은 흔적을 재구성하는 소프트웨어인 PANG이었는데, 이 프로그램은 완전히 기계 언어로 준비되어야만 했다. (주로 프랭크 솔미츠와 아서 로젠펠트에 의해) KICK와 SUMX가 조립될 무렵 FORTRAN을 이용할 수가 있었는데, 이것은 여전히 어려운 일을 굉장히 간단하게 만들어 주었다. 그 이후에 이 소프트웨어가 복사되고 널리 배포되면서 그 사용이 더 용이해졌고, 구체적인 실험에 적용시키는 데 필요한 수정의 양이 점점 더 줄어들었다. 그러한 경우 중 모범적인 예가 LBL에서 ω입자와 η입자의 기묘한 공명 상태를 발견한 것이다. 두 경우 모두 기본적으로 사진을 해독하는 새로운 전략을 이용했다. 실험 작업장에서 자료 처리와 발견은 서로 분리될 수 없었다.

---

271) 크래프트, 『프로그래머』(1977).

11. 물리적 결과

프로그래밍과 자료 처리, 기술, 그리고 물리학이 집중되어 1950년대 말과 1960년대 초 수많은 새로운 불안정한 입자들의 발견을 가져왔다. 1957년에 이미 거품 상자 프로그램의 놀라운 성공은 앨버레즈로 하여금 경쟁 관계에 있는 검출기들의 미래를 걱정하게 만들었다. 에드윈 맥밀런에게 써 보낸 편지에서 그는 다음과 같이 설명했다. "내가 느끼는 것처럼 그러한 주장의 진가를 인정하자면, 내가 그랬던 것처럼 수만 장의 거품 상자 사진을 보았어야만 한다. 대전(帶電)된 입자들 사이의 상호작용이 중성 입자를 만들고 그 중성 입자는 어느 정도 진행하다가 두 번째 대전 입자로 붕괴하고 그것들도 그다음 또 다른 대전 입자로 붕괴하든가 아니면 전하 교환 반응을 일으키고 중성 입자로 다시 나타나는 것을 보면, 계수기의 미래에 대해 나만큼 실망할 수 있다."[272] 머리 겔만과 가주히코 니시지마가 존재하리라고 예언한 캐스케이드 제로 입자를 발견하기 위해서는 바로 그렇게 일련의 긴 연속된 붕괴 반응이 필요했다.[273] 이론 과학자들에게 캐스케이드 제로는 군론(群論)에 의한 더 광범위한 구조와 점진적으로 발전하는 양자 장이론의 관심사에 딱 들어맞았다. 실험 과학자들에게, 캐스케이드 제로는 수많은 거품 상자 사진들을 분류하고 분석하는 것과 연관된 매우 다른 종류의 문제였다.

상자를 통과해가는 1만 개가 넘는 *K* 메존들에서 앨버레즈는 좀처럼 보기 어려운 Ξ^0들 중 몇 개라도 발견하게 되기를 희망했다. AEC의 감독관인 W. 리비에게 편지를 보내면서 앨버레즈는 1958년 12월에 그의 그룹이 그 입자의 후보를 찾았노라고 발표했다. 컴퓨터에 의한 운동학적 분석의 도움을 받아 캐스케이드 제로의 복잡한 생성과 붕괴 과정이 다

---

272) 앨버레즈가 맥밀런에게, 1957년 9월 17일, 널리 읽혔다. W. A. 웬첼 연구실, 로렌스 버클리 연구소, WWP.

273) 겔만, 「해석」, 『누오보 치멘토』, Suppl. 4(1956): 848~866쪽; 그리고 니시지마, 「독립 이론」, *Prog. Theor. Phys*. 13(1955): 285~304쪽.

음과 같은 단 하나의 실례,

$$
\begin{array}{lll}
K^-p \rightarrow K^0 & + & \Xi^0 \\
\qquad\quad \hookrightarrow \pi^+\pi^- & & \hookrightarrow \Lambda^0 + \pi^0 \\
 & & \qquad\ \hookrightarrow \pi^-p
\end{array} \tag{5.10}
$$

로부터 추론될 수 있었다. 앨버레즈는 다음과 같이 회고했다. "우리는 물론 실험이 완료되기 전까지 좀더 많은 이러한 입자들을 얻기를 희망했지만, 비록 그렇게 되지는 못했더라도 나는 조금도 주저하지 않고 이 결과를 논문으로 발표할 수 있다고 생각한다."[274] 맹렬한 탐색에도 불구하고 캐스케이드 제로는 더 이상 나타나지 않았고, 그래서 단 하나의 사건이 그와 연관된 사진과 함께 보고되었다.[275]

그러한 황금 사건의 제시는 거품 상자가 실험적 증거를 구축하는 데 이용될 수 있는 한 가지 방법이다. 이것과 똑같이 중요한 거품 상자를 이용하는 또 다른 방법은 많은 붕괴들의 통계적 표본을 모으는 것이다. 1960~61년 사이에 버클리에서 자료 처리 프로그램은 기묘한 공명 상태들인 $\Upsilon_1^*(1380)$, $K^*(890)$, 그리고 $\Upsilon_0^*(1405)$의 존재를 추론하는 데 그러한 통계적 증거를 이용했다.[276] 그들의 발견이 이루어진 방식을 알려주는 예가 $\Upsilon_1^*(1380)$ 경우다. 두 명의 대학원생인 슈탠 요치키와 빌 그라지아노에 의해 수행된 이 실험에서 K^- 입자로 이루어진 똑같은 에너지의 빛줄기가 15인치 거품 상자에 입사(入射)하여 그 속에서 K^-입자들이 서로 상호작용 했다. 자료 중에서 (람다 제로 입자의 붕괴 생성물을 표시하는) V 표시를 가졌거나 파이온 쌍의 후보인 두 개의 포크 모양을 가진 사건들을 찾으려고 스캔하여 $K^-p \rightarrow \Lambda^0\pi^+\pi^-$ 형태인 사건이

---

274) 앨버레즈가 리비에게, 1958년 12월 12일, LAP.

275) 앨버레즈 외, 「중성 캐스케이드」, Phys. Rev. Lett. 2(1959): 215~219쪽.

276) 앨스턴 외, 「람다-π 시스템에서 공명」, *Phys. Rev. Lett.* 5(1960): 520~524쪽; 앨스턴 외, 「K-π 시스템에서 공명」, *Phys. Rev. Lett.* 6(1961): 300~302쪽; 앨스턴 외, 「공명 상태의 연구」, *Phys. Rev. Lett.* 6(1961): 698~705쪽

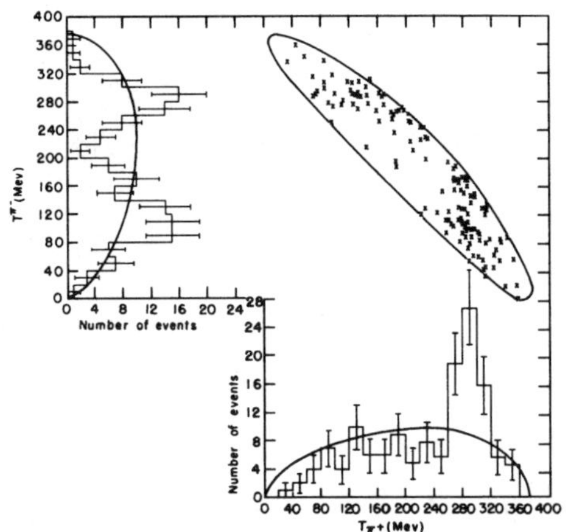

〈그림 5.27〉 ϒ* 공명(1960). 앨버레즈가 1955년에 72인치 상자를 제안했을 때에도 기대하지 않은 증거의 한 형태가 강력하게 결합된 입자들의 들뜬 상태를 발견하는 데 거품 상자 자료를 통계적으로 이용하는 것이었다. 여기서 협동 연구자들은 양성자 표적에 충돌하여 Λ와 π^+, 그리고 π^-를 생성시킨 음전하를 띤 케이온 빛줄기로부터 나온 자료를 조사했다. 그들은 이 과정이 다음 중간 단계

$$K^- p \rightarrow \Upsilon_1^{*+/-} \pi^{+/-} \rightarrow \Lambda^0 \pi^+ \pi^-$$

를 거쳤다고 주장했다. 이 그림에서 π^- 에너지에 대한 히스토그램은 위쪽 왼편에, π^+ 에너지에 대한 것은 아래쪽에 그려져 있다. 히스토그램 위의 실선은 위상 공간 곡선, 즉 중간 상태가 없다면 따라가는 곡선을 가리킨다. 그런 중간 상태가 없다면, (타원으로 표시된) 달리츠 도표는 균일하게 분포되었을 텐데, 눈에 똑히 보이는 집단을 이루는 모양이 나타난 것은 새로운 공명 상태인 Υ_1^*(1380)가 존재함을 가리킨다. 이러한 증거는 "위로 올라간 모양 찾기"라는 신기원을 시작하게 했다. 출처: 앨스턴 외, 「람다-π 시스템에서 공명」, *Phys. Rev. Lett.* 5(1960): 520~524쪽.

49개 분리되었다. 컴퓨터와 반자동화된 몬테 카를로 시뮬레이션을 사용해 요치키와 그라지아노는 또 다른 92개의 사건들이 $\Lambda^0\pi^+\pi^-$이거나 $\Sigma^0\pi^+\pi^-$일 것이라고 결론지었는데, 두 가지가 운동학적으로 아주 비슷해 보이기 때문이었다.

흥미롭게도 요치키와 그라치아노가 양전하로 대전된 파이온과 음전하로 대전된 파이온의 마지막 상태 에너지를 도표로 그렸더니 두 경우 모두 약 285MeV에서 최고점을 보였다(〈그림 5.27〉을 보라). 이 에너지는 람다와 다른 파이온으로 이루어진 공명계의 질량으로 대략 1380 MeV에 대응한다(즉 이 붕괴는 마치 파이온, 즉 π^+와 그리고 하나의

공명 개체, 즉 $\Lambda^0\pi^-$ 사이에 이용할 수 있는 에너지 차이를 지닌 두 물체인 것처럼 보였다). 비록 지방 이론 과학자들 중 일부가 반대했지만, (UCLA로부터 방문 중인) 해럴드 티코와 앨버레즈 자신은 이 반응이 직접 진행되는 것이 아니라 다음

$$K^- p \rightarrow \Upsilon_1{}^{*+/-} + \pi^{-/+} \\ \quad \hookrightarrow \Lambda^0 \pi^{+/-} \tag{5.11}$$

과 같이 질량이 1380MeV 정도인 (나중에 Σ*라고 알려진) 새로운 Υ_1* 입자를 중간 상태로 거쳤다는 학생들의 설명을 지지했다.[277)]

이것이 실제 생성 과정이라면, Υ_1*이 람다와 파이온으로 쪼개질 때 (285MeV 파이온들과는 깨끗하게 분리된 58MeV와 175MeV 사이에서) 두 번째 파이온 봉우리가 관찰되어야만 했고, 이때 Υ_1*의 폭에 의해 약간의 퍼짐은 예견되었다. 새로운 입자의 추가 구조가 〈그림 5.27〉에서 명백한데, 이 그림에서 달리츠 도표는 위상 공간의 균일성으로부터 크게 벗어남을 보여준다. 수직 띠는 양전하를 띤 파이온을 대표하는 285MeV 부근에서, 그리고 수평 띠는 음전하를 띤 파이온을 대표하는 285MeV 부근에서 분명하게 보인다. 만일 중간 Υ_1* 상태가 존재하지 않는다면, (〈그림 5.27〉의 타원 모양 영역에서) 에너지 보존에 의해 허용되는 평면에 달리츠 점들이 균일하게 분포되어 있을 것으로 예측할 수 있다. 그 대신 오해의 우려가 전혀 없도록 그 점들은 곳곳에 무리 지어 몰려 있었다. 자료를 더 분석하여 이 입자의 스핀과 아이소 스핀을 알아냈고, K*(885)와 Υ_0*(1405)의 정체를 밝히는 데도 비슷한 분석이 사용되었다. 이 연구는 확실하게 성공적인 하드웨어와 소프트웨어 노력에 유종의 미를 거두게 해주었고, 앨버레즈 그룹이 입자 물리학에서 세계적으로 지도급임을 확고하게 해주었다.

---

277) 요치키, 「앨버레즈 그룹」(1987).

연구소 내부 물리학자들의 성공에 더해 이렇게 새로운 종류의 실험하기에서 두드러진 특징 중 하나는 거품 상자 필름을 외부 그룹들에게 배포하는 것이었다. 예를 들어 1959년 여름에 연구소를 방문한 보그단 메글릭은 아이소 스핀이 0인 중성 메존 ω에 대한 탐색을 시작했다.[278] ω가 파이온으로 붕괴할 때 전하는 보존되므로 $\pi^+\pi^-\pi^0$와 같은 중성 결합으로 붕괴해야만 한다. (파동 함수의 대칭성은 ω가 두 개의 파이온으로 붕괴하는 것을 억제한다.) 그때 메글릭은 다음과 같이 설명했다. 양성자-반양성자 충돌에서 ω는 $\pi^+\pi^-$쌍과 함께 생성될 수 있다. 그다음에 ω는 세 개의 파이온으로 붕괴하는데, 그래서 마지막 상태에 모두 다섯 개의 파이온을 남긴다.

이 사건의 후보를 찾는 것이 간단한 일은 아니었다. 메글릭은 세 개의 파이온으로 붕괴하는 것을 확인하고 관찰되지 않은 중성 파이온의 운동량을 계산하기 위해 앨버레즈 그룹의 표준 프로그램인 KICK을 활용했다. 파이온들의 에너지와 운동량을 가지고, 그는 (아직 SUMX가 존재하지 않았으므로 손으로) 전체적으로 중성인 세 파이온 결합의 불변 질량을 도표로 그렸다. ω의 존재를 확인시켜주는 봉우리가 800MeV 영역에서 두드러지게 나타났다. $\pi^+\pi^+\pi^-$와 같이 전체적으로 전하를 띤 세 파이온 결합을 나타내는 비슷한 봉우리는 발견될 수 없었다는 사실이 실제로 이 입자는 하전 입자 상태를 갖지 않음을 가리켜주었다.

그 뒤 얼마 지나지 않아서 존스 홉킨스 대학에서 온 아이허드 페프스너가 이끄는 다른 그룹이 버클리로부터 수송된 거품 상자 필름을 검사하기 시작해 버클리의 72인치 상자에서 중양성자에 1.23GeV의 에너지로 입사한 양전하로 대전된 파이온 빛줄기의 효과를 상세히 기록했다.[279] 메

---

278) 메글릭 외, 「증거」, *Phys. Rev. Lett.* 7(1961): 178~182쪽. 앨버레즈의 노벨 강의인 「최근 발전 상황」(1972), 241~290쪽에 의하면, 실제 자료 처리는 메글릭 단독으로 수행되었다. 분석을 위해 노출된 사진을 배포하는 것은 거품 상자에만 독특하게 이루어진 것은 아니다. 에멀션 그룹들 또한 그렇게 했다.

279) 페프스너 외, 「증거」, *Phys. Rev. Lett.* 7(1961): 421~423쪽.

글릭과 마찬가지로 페프스너가 이끈 존스 홉킨스와 노스웨스턴 협동 연구도 $\pi^+\pi^-\pi^0$로 붕괴하는 중성 메존을 탐색하고 있었다. 여기서 이 팀은 $\pi^+d \rightarrow ppX^0$를 찾으려고 했는데, (탐색 대상 메존인) X^0는 그다음에 $X^0 \rightarrow \pi^+\pi^-\pi^0$와 같이 붕괴하리라 예상되는 것이었다. 그러므로 탐색은 $\pi^+d \rightarrow pp\pi^+\pi^-\pi^0$ 형태의 사건을 찾는 것이었다. 여기서도 물론 아무런 발자국도 남기지 않는 중성 파이온을 제외하고, PANG이 모든 흔적들을 재구성했다. 그런데 눈에 보이는 흔적 중 보이지 않는 질량을 도표로 그리고 나서 협동 연구 팀은 보이지 않는 질량의 봉우리가 중성 파이온의 질량과 일치하는 것을 보일 수 있었다. 확신이 높아졌다. KICK 통계적 분류를 통해 운동학상의 분석을 수행했다. 각 사건들은 다음 세 가지 통계 조건을 만족해야 했다. $\pi^+d \rightarrow pp\pi^+\pi^-\pi^0$라는 가정에 대해서는 $\chi^2 \leq 6$이라는 조건을, 동시에 KICK은 혹시 있을지도 모르는 모방자를 제거하기 위해 $\pi^+d \rightarrow pp\pi^+\pi^-$ (중성 파이온이 없는 경우)라는 가정에 대해서는 $\chi^2 \geq 25$를 요구했고, 양성자와 파이온이 분명히 구별되지 않는 사건들을 제외시키기 위해 마지막 χ^2시험을 부과했다.

컴퓨터 프로그램으로 이렇게 상세히 검사한 다음 보이지 않는 중성 메존의 유효 질량을 나타내기 위해 자료를 도표로 그릴 수 있었다. 분명히 보이는 것이 대략 770MeV에 나타난 메글릭 그룹의 오메가 메존이었으며, 그 옆에 550MeV의 무게가 나가는 η라고 불리는 입자가 있었다(〈그림 5.28〉을 보라). η와 ω의 발견이 가리키는 것처럼 1960년대 초까지 베바트론만 다른 연구소들과 협동 연구에 개방되었을 뿐만 아니라 거품 상자와 자료 처리 기계 장치들도 다른 연구소들과 협동 연구를 수행했다. "실험"을 수행한다는 것이 (그리고 그러므로 과학적 연구의 저자가 된다는 것이) 필름은 물론 자료 처리의 기계 장치들 대부분이 이 연구소에서 저 연구소로 이동할 때는 무엇인가 다른 의미를 갖는다.

실험하기의 새로운 정의에서 자료 처리가 중심적 의미를 갖는다는 증거는 다른 방향에서도 나온다. 전 세계에 퍼져 있는 에멀션 그룹들은 흔적들과 그 흔적들에 대응하는 운동학을 수고를 아끼지 않고 재구성하는

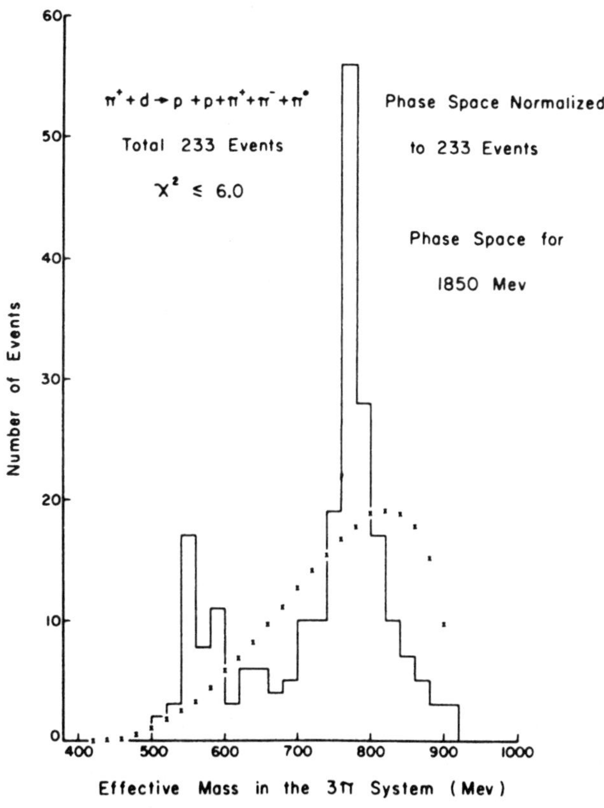

〈그림 5.28〉 수출된 필름, 에타의 위치(1961). 전형적인 "수출된" 필름의 분석으로 존스 홉킨스 그룹이 필름을 취하여 여러 가지 LBL 패키지 필름 분석 프로그램을 돌린 다음에 에타(η)라고 명명된 메존이 550MeV의 질량에 존재한다고 추론했다. 이제 주로 분석에 참여하는 것만으로 발견의 저자(著者)가 될 수 있다는 데 주목하라. 동시에 실험하기의 "장소"에 대한 개념도 확대되어 이제 건축과 조작, 그리고 분석이 더 이상 동일한 위치에 있지 않게 되었다. 출처: 페프스너 외, 「세 파이온 공명」, *Phys. Rev. Lett.* 7(1961): 421~423쪽 중 422쪽.

전문가로 성장했다. 앨버레즈 그룹이 처리되지 않은 필름의 일부를 배포하기 시작했을 때 많은 에멀션 협동 연구자들이 간절히 참가하고자 했다. 괴팅겐의 동료들을 대표하여 베르너 하이젠베르크는 상대적으로 큰 규모인 고트슈타인의 사진판 그룹을 위해 필름을 구할 수 있는 가능성에 대해 앨버레즈에게 문의했다.[280]

거대한 새로운 버클리의 거품 상자는 다른 방법으로 입자를 검출했다면 하나도 발견할 수 없는 상황에서 거품 상자 그룹과 에멀션 그룹에게 수백 개의 사건들을 제공했다. ω와 η 발견에 나오는 더 많은 자료 규모는 유효 질량 히스토그램에서 봉우리를 확인하는 데 도움이 되었다. 똑같이 중요한 것으로 더 많은 자료 규모는 질량의 폭, 즉 불확정성 ΔE를 결정하도록 해주었다. 하이젠베르크의 불확정성 원리는 $\Delta(T)(\Delta E) = \hbar$라고 말하는데, 여기서 $\Delta(T)$는 시간에서의 불확정성이다. 그러므로 질량을 잘 측정하면 또한 입자의 수명을 결정한다. 강하게 상호작용하는 입자들에 대한 수명 측정은 거품 상자에서 얻은 기대하지 않은 이득인데, 원래 72인치 장치가 상당히 오랜 나이인 10^{-10}초까지 생존하는 Λ^0와 θ^0의 수명을 측정하기 위해서 설계되었기 때문이다. 강 상호작용에 의해 붕괴하는 메존은 단지 10^{-23}초밖에 살아남지 못했다.

1960년대 초중반을 지나는 동안에 버클리와 아르곤, 브룩헤이븐, CERN 그리고 다른 곳의 거품 상자를 통하여 굉장히 많은 수의 입자들이 발견되었다. 그렇게 발견된 입자들 중 유명한 것으로는 (72인치 거품 상자를 이용한 협동 연구 그룹과[281] 브룩헤이븐 AGS에 설치된 20인치 상자를 이용한 그룹에[282] 의해 독립적으로 발견된) $\Xi^*(1530)$과 (앨버레즈 그룹에 의해 발견된) $\Sigma^*(1385)$가 있다. 실제로 1962년 7월 5일 CERN에서 개최된 고에너지 물리학에 대한 국제 학술회의에서 $\Xi^*(1530)$가 발표되었을 때 그 입자는 당시 소개된 SU(3) 입자 분류 방식에 깔끔하게 들어맞았는데, 그 방식은 겔만과 네만이 얼마 전에 구상한 것이었다. 그로부터 닷새 뒤에 CERN 회의의 전체 회의에 참석한 겔만은 토론 중에 SU(3) 방식이 $\Delta(1238)$과 $\Sigma^*(1385)$ 사이, $\Sigma^*(1385)$과 $\Xi^*(1530)$ 사이, 그리고 $\Xi^*(1530)$과 아직까지는 별견되지 않은 입

---

280) 하이젠베르크가 앨버레즈에게, 1956년 9월 21일, LAP. 고트슈타인은 거품 상자 기술을 배우기 위해 버클리를 방문한 적이 있다.

281) 프제루 외, 「공명」(1962).

282) 버탄자 외, 「가능한 공명」, *Phys. Rev. Lett.* 9(1962): 180~183쪽.

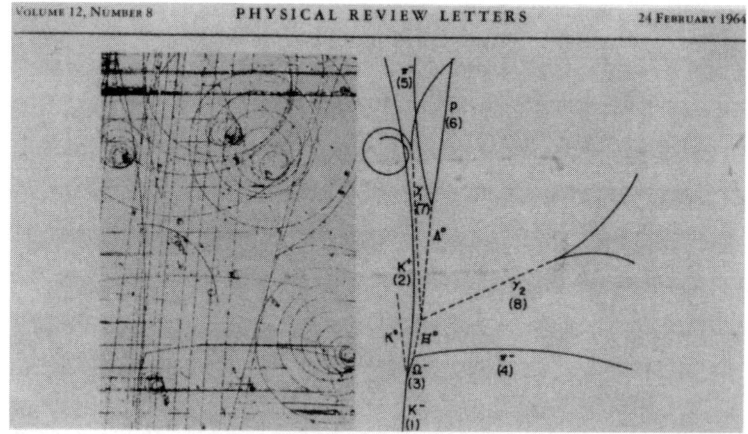

〈그림 5.29〉 오메가 마이너스 입자(1964). 거품 상자에서 귀중하게 평가되는 모든 황금 사건 사진들 중 오메가 마이너스(Ω^-)가 아마도 가장 자주 거론되는 것이다. 브룩헤이븐 그룹에 의한 이 사건의 발견은 (왼쪽, 사진; 오른쪽, 도식적 그림) 그동안 버클리에서 가장 강력한 그룹에 대한 경쟁에서 위대한 승리였다. 출처: 브룩헤이븐 국립 연구소 측에 감사드린다.

자 사이의 질량 차이가 동일하다는 점을 설명할 수 있다고 지적했다. 아마 그는 "우리의 이론으로 Ω^- 입자라 불리곤 하는 마지막 입자를 찾기 위해 살펴보아야 할 값들을 계산할 수 있다"라고 결론지었음 직했다. 이 입자는 기묘도 3, 아이소 스핀 0, 그리고 질량 1685MeV를 가지고 있다고 나왔다. 1964년 브룩헤이븐에서 이 입자를 발견하여 SU(3) 대칭성이 옳다는 것을 극적으로 확인시켜 주었다.[283] 이 대칭성을 계속 진전시킴에 따라 물리학자들은 쿼크와 새로운 물리학 세대에 이르게 되었다(〈그림 5.29〉를 보라).

Ω^-가 발견될 때까지 전 세계의 연구소들에서는 거품 상자를 활용하여 뉴트리노 상호작용을 연구하자는 계획들이 수립되고 있었다. 이것은 전에 린 스티븐슨과 같이 앨버레즈 그룹에 속한 몇 사람들을 포함하여

283) 겔만, 다음 스노, 「강 상호작용」(1962), 805쪽의 논의에 나오는 논평. 반스 외, 「관찰」, *Phys. Rev. Lett.* 12(1964): 204~206쪽.

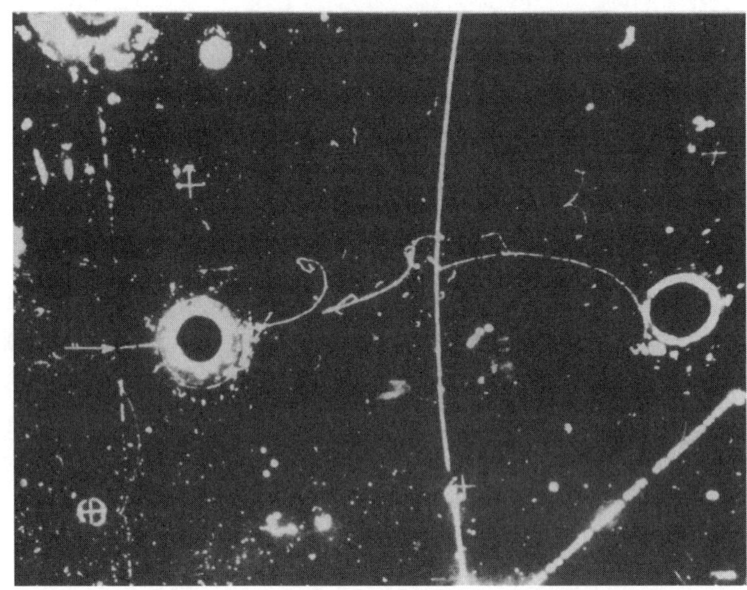

〈그림 5.30〉 중성 전류(1973). 어떤 지도급 가가멜(1960년대 CERN에서 주로 뉴트리노 물리학을 위해 제작한 거품 상자의 이름임 – 옮긴이) 물리학자가 말했듯이 이것은 "화보에 실릴 만한 사건"으로, 1973년 1월 초에 아켄에서 발견된 단 하나의 전자(電子)와 연관된 사건이었다. 이것은 뮤온 뉴트리노가 전자와 충돌하는 순수하게 렙톤에 의한 산란 후보로 나섰다. 많은 이론 과학자들과 실험 과학자들은 이 사건과 그 이후 수개월에 걸쳐 발견된 이와 비슷한 소수의 다른 사건들로부터 특별한 흥미를 느꼈는데, 그 이유는 그들의 분석에서 양성자와 중성자 내부에 대해 어떤 가정도 필요로 하지 않았고 그것들이 분석하기에 특히 간단했기 때문이다. 전자(電子)의 흔적은 겉으로 보아 오른쪽으로 움직이는 뉴트리노에 의해 충돌된 화살표의 끝에서 시작해 왼쪽에서 오른쪽으로 진행한다. 후광을 두른 검정색 원은 거품 상자 액체를 비추는 전등이다. 출처: 헤이저트 외, 「뮤온 뉴트리노」, *Phys. Lett. B* 46(1973): 121~124쪽 중 122쪽.

강하게 상호작용하는 공명 물리학에 종사하던 많은 물리학자들이 택한 연구 방향이었다. 뉴트리노 거품 상자 물리학의 수많은 놀라운 성공들 중 가장 영향력이 컸던 것은 두말할 나위 없이 CERN에서 발견한 약 상호작용의 중성 전류였다(〈그림 5.30〉을 보라). 그것은 약-전자기 이론이 확인되는 것으로 놀라운 일이었다. 그리고 그것은 또한 유럽의 실험 입자 물리학이 위대하게 부활하는 것을 나타냈다.

물리학의 중요성과 마찬가지로 검출기와 자료 처리가 급격히 성장함에 따라 연구소 생활의 본질이 크게 영향을 받았다. 물리학자들은 실험에 대한 새로운 가능성으로 희망에 부풀었지만, 걱정 또한 적지 않았다. (나중에 CERN의 총 책임자가 된) W. 젠츠케는 검출기와 자료 처리 장치의 발전은 점점 더 많은 물리학자들과 기술자들을 행정 업무로 몰아넣고 있다는 염려를 피력했다.[284] 마찬가지로 듀브너 학술회의에서 골트슈미트-클레르몽은 "여러 가지 중 무엇보다도 실험을 실제로 수행한다는 느낌에서 멀어진다는 대가를 치르고, 프로그래밍 기술을 철저하게 배우고 사용할 필요나 또는 전문적인 프로그래머의 도움을 구해야 할 필요"에 대해 유감을 표명했다.[285]

학생들에게는 위험이 더 컸는데, 왜냐하면 R. J. 스피나드는 "좀더 초보적인 임무를 기계화하고 가속시키는 것"은 "경험 많은 연구자에게 큰 혜택이 된다"고 간주한 한편, 그는 그렇게 동일한 자동화가 학생에게는 결코 전에 수행해보지 않았기 때문에 "초보적"일 수 없는 임무가 학생의 희생 아래 수행하게 되었다라고 덧붙였기 때문이다. "그들의 손을 더럽힐" 기회를 박탈당한 학생들은 "실험의 현실"로부터 차단된 자신들을 발견하게 될지도 몰랐다.[286]

12. 합리적으로 돌아온 합리주의자

연구소 생활의 산업화는 새로운 방법을 처음 시행한 사람들에게까지 점차 일상적으로 되기 시작했다. 1959년 봄 동안에 버클리는 글레이저에게 접근하여 그의 그룹을 만들어주겠다고 약속하면서 베이 에어리어(버클리 대학이 위치한 지역의 이름 – 옮긴이)로 유치하려고 했다. 글레이저는 이를 수락하고, 칼텍에서 칼 앤더슨을 지도교수로 학위를 받은

284) 젠츠케, 「초청 요약」, *Nucl. Inst. Meth*. 20(1963): 507~512쪽 중 512쪽.
285) 골트슈미트-클레르몽, 「진전」(1969), 441쪽.
286) 스피나드, 「디지털 시스템」, *Prog. Nucl. Tech. Inst*. 1(1965): 221~246쪽 중 245쪽.

조지 트릴링, 이미 컴퓨터와 자료 취급에 전문가가 된 미시간 대학 박사인 존 브라운, 그리고 거품 상자를 보완할 수 있는 광학과 전자공학을 전공한 존 케이디 등 자신의 그룹 몇 명을 데리고 왔다.[287] 시작부터 그리고 실제로 그가 오기 전부터 글레이저는 맥밀런에게 만일 공통된 관심사가 그의 그룹 구성원들을 더 이상 결속시키지 못한다면 개인들이 떨어져 나가는 것을 허용하도록 그의 그룹 구조를 결합 면에서 상대적으로 느슨하게 유지하기를 기대한다고 다음과 같이 말했다.

> 우리 사이에 수많은 다른 멋진 생각이 제안되고 논의되었다. 만일 가장 흥미로운 제논 실험이 끝난 다음에 우리가 취할 가장 좋은 조치에 대해 모두 동의할 수 있다면, 우리가 함께 계속해서 일하자는 것이 나의 계획이다. 만일 어떤 공동 프로젝트도 우리의 열정에 불을 충분히 지피지 못한다면, 우리는 개인별로 각자 자신에게 가장 흥미 있는 연구를 선택하고 연구소에서 각자 가장 함께 일하고 싶은 협동 연구 그룹을 고르도록 하자는 것이 나의 의도다. 나는 이 연구소의 연구 그룹 개념이 세세하게 어떻게 작동하는지 충분히 알지 못하지만, 내 자신의 그룹을 어떻게 운영할지에 대해서는 확고한 생각을 가지고 있다.
>
> 처음에 우리는 제논 상자를 가지고 연구하게 될 것이다. …… 나는 현재 연구가 끝난 훨씬 뒤까지도 계속되는 "그룹에 대한 신의" 또는 헌신이라는 것이 존재한다는 개념에 강력하게 반대한다. 나는 협동 연구에는 많은 방향으로 연구에 대한 많은 기회와 유연한 가능성이 주어지는 것이 과학자 개인의 발전과 과학적 연구의 수준에 가장 크게 기여한다고 생각한다.[288]

글레이저에게는 개별적 과학자의 "유연한 가능성"을 유지시키는 데 필

---

287) 글레이저가 맥밀런에게, 1959년 3월 17일, box 9, folder 112, NA-SB, EMP.
288) 글레이저가 맥밀런에게, 1959년 3월 17일, box 9, folder 112, NA-SB, EMP.

요했던 것이 앨버레즈에게는 필요한 희생이었다. 그의 수소 거품 상자 그룹 내에서 앨버레즈는 강인한 마음으로 감독을 실시했다. 그는 생산 방법이 그런 것을 요구한다고 믿었다. 그리고 그가 전자(電子) 계수기와 같은 다른 도구 프로그램을 대했을 때 그에게는 단지 어설픈 낙오자들만 보일 뿐이었다. 무거운 액체 상자의 개발에 대해 앨버레즈의 반대에 부딪친 T. G. 피커번스는 1959년 7월에 글레이저에게 서신을 보내서 런던 대학에서는 NIMROD 사이클로트론에 있는 수소 상자에 "부속된" 장치로 무거운 액체 상자를 제작하고 싶다면서 다음과 같이 말했다. "최근에 앨버레즈가 우리를 방문했는데, 예상치 못한 일은 아니지만, 그는 프로판 또는 무거운 액체 상자에 찬성하지 않는 것으로 보였다."[289)]

글레이저는 다음과 같이 프로판 상자로 전환하는 것을 철저히 지원하는 답장을 보냈다. 그것은 감마선을 검출하는 데 좋은 효율을 가졌으며, 원자핵 내부의 협동적인 현상들이 입자의 생성과 상호작용에 영향을 주기 때문에 그러한 현상들을 검사하는 가능성을 제공하고, 그것의 정지 기능은 입자가 무엇인지 확인하는 데도 도움을 주게 될 것이다. 정지 기능은 또한 이중 산란 또는 삼중 산란과 같은 드문 사건 또는 케이온 시스템에서 변환 반응을 분석하는 데도 도움을 줄 수 있다. 그러나 이렇게 구체적인 장점들 밖에도 글레이저는 다음과 같이 다양성을 격려하는 데 열중했다.

> 내 생각으로는 새로운 이론적 구상들이 시험될 수 있고 실험적 불확실성이 가능한 한 가장 큰 영역의 관찰 조건에서 해결될 수 있도록 고에너지 물리학에서 아주 다양한 기술들을 가지고 있는 것이 항상 매우 중요하게 여겨졌다. 오직 그러한 융통성을 가지고서만 실험 과학자의 창조적 상상력이 가장 좋은 결과를 얻어낼 수 있다 …… 자신을 하나 또는 몇 가지의 기술로만 제한한다는 것은 긴박한 경제적 필요에 의

289) 피커번스가 글레이저에게, 1959년 7월 7일, box 9, folder 112, NA-SB, EMP.

한 경우를 제외하고는 실험 물리학에서 경험에 정면으로 대항하는 것이고 창의력이 풍부한 재주의 가치를 부정하는 것이다. 내가 이야기를 너무 길게 했고 철학에 대해 너무 많이 들먹였다. 이 점에 대해 사과한다.[290)]

그룹에 대한 신의보다는 오히려 개인과 다양한 기술을 중요시하면서 "멋진 생각들"과 "창의력이 풍부한 재주"에 역점을 두는 것을 보면, 글레이저가 1960~61년 사이에 방사선 연구소에서 첫 해를 보내는 동안 앨버레즈와 그곳에서 자주 눈을 마주치지 않은 것이 어쩌면 그리 놀랄 일은 아닌 것 같다. 1960년 10월에 글레이저는 특히 거품 상자를 발명한 공로로 노벨 물리학상을 수상했다.

그러나 그해 말에 이르자 글레이저는 고에너지 물리학과 거리를 두기 시작했고 생물학 쪽으로 관심을 돌리기 시작했다. 유럽에서 그는 자기에게 호의적인 인상을 주었던 맥밀런에게 편지를 보내 새로운 세계의 기쁨을 다음과 같이 표현했다. "나는 지금 피펫, 원심 분리기, 증기 응결기, 미생물 배양용 접시, 음이온 수지 교환 기둥, 분광기, 그리고 그 밖에 자질구레한 여러 가지 기구들 모두를 어떻게 사용하는지 배우고 있다. 여기서 이용되는 기술들은 유치할 정도로 간단해 보이고, 일반적으로 사람들이 시험해보려고 하는 일반적인 이론적 구상들도 간단해 보인다. 당신이 전에 내게 이야기한 것과 마찬가지로 진정한 복잡성과 가치는 자세한 생화학과 그에 수반하는 기술적 비결들을 아는 데 있다."[291)]

어떤 의미에서는 연구 형태 측면에서 보았을 때 미생물 배양용 접시와 원심 분리기가 2시시 거품 상자와 갖는 관계는 2시시 거품 상자가 앨버레즈의 72인치 괴물과 갖는 관계보다 훨씬 더 가까웠다. 규모라든지 개인적인 문제 탐구와 저자로서 인정받는 잠재력으로 비추어 볼 때 1961

290) 글레이저가 피커번스에게, 1959년 7월 23일, box 9, folder 112, NA-SB, EMP.

291) 글레이저가 맥밀런에게, 1961년 4월 3일, box 9, folder 112, NA-SB, EMP.

년의 미생물학은 로렌스와 앨버레즈의 방사선 연구소에서는 알려지지 않았지만 맥밀런과 앤더슨의 지도 아래 칼텍 물리학과에서는 존재한 생활 세계의 자연스러운 연장이었다. 그것은 과학 종사자 개인이 기술을 다듬고 해석을 찾아내며 논문을 작성할 수 있었던 그런 세계였다. 그가 그때는 버클리의 동떨어진 세계를 회상하면서 글레이저는 맥밀런에게 보내는 편지에 다음과 같은 내용을 첨부했다. "나는 진정으로 루이스 [앨버레즈] 때문에 지난해처럼 시끄럽지 않기를 바란다. 그의 행동은 모든 사람들의 신경을 곤두서게 만들었으며 방사선 연구소의 사기와 과학적 연구의 질을 어느 정도 훼손시킬 수도 있었다. 개인과 과학적 생각들이 항상 우리 연구의 가장 중요한 구성 요소라고 간주되는 것이 너무 중요하기 때문에 팀이라든가 산업적 조직은 그 목표를 위한 필요한 수단에 불과하다."[292]

거품 상자와 연관되어 살아남은 소규모 연구는 앨버레즈가 탄화수소와 같은 복잡한 원자핵 문제 없이 작동이 가능한, 좀더 "근본적인" 수소 상자에 비해 항상 열등한 것으로 간주했던 무거운 액체 상자에서도 살아남았다. 그래서 (기달과 파우웰에 더하여 브라운, 케딕, 트릴링과 같은) 글레이저 그룹이 새로운 고-자기장 프로판 상자를 제안했을 때 글레이저는 제안 작성자들이 가능한 응용 분야로 뉴트리노 물리학을 간과했다고 지적하면서 다음과 같이 지지하는 편지를 보냈다. "나는 어떤 구상이 중요해지든 간에 많은 수의 실험 기술이 활용 가능하도록 준비해 두는 것과 그렇게 서로 다른 기술들에 흥미를 가진 많은 수의 서로 다른 사람들의 그룹들이 문제가 제기되면 그 기술들을 전문적으로 적용할 수 있는 것이 중요하며 생산적일 것이라고 생각한다."[293]

글레이저의 생물학에 대한 1년간의 모험은 그가 MIT에 방문교수로 감에 따라 2년으로 연장되었다. 그리고 마침내 그는 생물 물리학에 계속

292) 글레이저가 맥밀런에게, 1961년 4월 3일, box 9, folder 112, NA-SB, EMP.
293) 글레이저가 맥밀런에게, 1961년 6월 5일, box 9, folder 112, NA-SB, EMP.

종사하기 위해 물리학을 완전히 떠났다. 그가 첫 번째로 중요하게 기여한 것 중 하나는 미생물 배양 접시에서 세포가 증식하는 것을 감시하는 데 거품 상자의 자료 분석과 처리 기술을 적용시킨 것이다. 한 가지 기술은 리버모어의 날아가는 위치 스캐너 기계를 보완한 것이고, 다른 하나는 원래 버클리의 불꽃 상자를 위해 제작된 HPD을 보완한 것이다.[294] 글레이저는 장비와 함께 기사들도 데리고 갔다. 예를 들어 로널드 베이커는 미시간으로부터 글레이저와 함께 왔고 이제 자료 처리 장치를 바이러스 연구소로 이동시키는 데 동반했다.[295] 그가 NSF에게는 비록 새로운 생물학적 기술들을 배우고 있다고 주장했지만, 그는 당분간 "물리학에서 빌려온 기술들을" 이용하고 있었다. 그러한 기술들 중 단순히 FSD들뿐 아니라 컴퓨터 설비와 사진 처리 방법, (원심 분리기용 시료에 대한 광도계 측정 조사를 위한) 다중 채널 분석기, 그리고 다른 많은 것들이 포함되어 있었다.[296] 글레이저가 생물 물리학으로 옮긴 것은 물질문화를 지속할 수 있기 위해 전공을 중단한 놀라운 예가 된다.

자신의 선택으로 글레이저는 물리학 공장의 연구 구조와 결별하면서 입자 물리학의 몇 가지 기술들을 적응시켰다. 연구소의 물질문화는 심지어 캐스케이드 제로 입자와 바이러스를 갈라놓는 것만큼이나 깊고 먼 분야 사이의 선을 넘어 전달될 수 있었다. 그것과 함께 상(像) 분석 기술들은 글레이저가 과학 분야의 직업들에서 다른 방법으로는 전혀 연관지을 수 없는 부분 사이를 왕래할 수 있도록 만든 무언(無言)의 크리올어 역할을 해주었다.

---

294) 글레이저가 AEC 생물학 부서 제임스 리버먼에게, 1964년 2월 13일, box 9, folder 112, NA-SB, EMP.

295) 글레이저가 맥밀런에게, 1964년 5월 11일, box 9, folder 112, NA-SB, EMP.

296) 글레이저, NSF에 제출한 제안서, 「세포 생리 현상과 구조의 유전자적 통제 메커니즘에 대한 연구」, 1964년 5월 1일~1965년 4월 30일, 도널드 글레이저 책임 연구원, box 9, folder 112, NA-SB, EMP를 보라. 그의 생물학적 연구를 위해 물리학에서 빌려온 구체적 자원에 대해서는 글레이저가 맥밀런에게, 1964년 6월 4일, box 9, folder 112, NA-SB, EMP를 보라.

1967년 2월이 되자 앨버레즈 또한 자신이 그렇게도 만들어내려고 노력했던 공장 세계에 싫증나기 시작했다. 그 또한 그가 가진 시간의 거의 대부분을 주로 우주선(宇宙線)에 대한 기구(氣球) 연구 등 다른 프로젝트에 쏟기 시작했다. 그 시기에 실험 원자핵 물리학에 대해 질문을 받고, 그는 "단지 약간 따분하다"는 속내를 드러내면서 다음과 같이 답변했다.

> 그래서 대부분의 일은 기사(技士)들이 해결할 수 있다. …… 알파 입자 분광기나 베타선 분광기 그리고 감마선 동시 회로를 작동시키는 일은 기사들이 맡는다. 그리고 이 분야에서 연구하는 사람들이 하는 일은 우리의 경우 대학원생들이 하는 일과 아주 유사한데, 그들은 컴퓨터에 일을 할당시키고 출력된 인쇄물을 분석하며, 그리고 우리와 마찬가지 방법으로 그들도 그런 일의 실험 측면과 거의 분리되어 있다. 나는 우리 그룹 사람들이 거품 상자나 베바트론으로 자주 내려가서 보지 않는다고 불평할 수가 없다. 그들은 거품 상자를 운전하는 사람들에게 수백만 프레임의 필름을 감광시켜달라고 요청하고, 그렇게 하고 나서 다른 사람에게 그것들을 측정해달라고 요청한 다음 그것들을 컴퓨터 프로그램으로 돌리며, 그리고 그다음에는 컴퓨터 프로그램의 출력에서 시작하여 자료를 처리한다.[297]

이렇게 판에 박힌 일이 되어간다는 숨 막히는 듯한 생각이 앨버레즈를 점점 더 압박했고, 물리학의 역사에서 가장 중요한 전환의 하나로 그는 우주선(宇宙線)으로 관심을 돌리기 시작했다. 우주선이란 글레이저가 그것의 탐색을 위해 거품 상자를 발명했던 분야이지만 그의 발명이 망치게도 한 분야다. 그것은 15년 전에 앨버레즈가 버린 분야인데, 이제는 공장으로 바뀐 연구소 위 높은 고도로 올린 기구(氣球)의 형태로 마치 레프

---

297) 앨버레즈, 찰스 와이너와 배리 리치먼과 가진 인터뷰의 원고, 1967년 2월 14~15일, AIP. 이 원고를 보도록 허락해준 앨버레즈에게 감사드린다.

린스-링게의 산정(山頂)처럼 유혹하고 있는 분야다. 맥밀런에게 편지를 보내면서 앨버레즈는 그의 그룹이 높은 곳으로 이동하거나 만일 그것이 가능하지 않다면, 그가 만들었던 엄격하고 잘 배열된 기본 구조에서 자신이 벗어날 수 있는 자유를 허용해 달라고 청하기 위해 지난 수년 동안의 그의 경력을 자세히 설명했다.

앨버레즈가 맥밀런에게 말한 것에 따르면, 로렌스는 거품 상자를 4인치에서 72인치로 확장하는 것을 찬성하지 않았지만, "앨버레즈를 믿고" 앨버레즈가 그것에 지속적으로 충실해야 한다는 조건으로 그의 제안을 지원했는데, 앨버레즈의 판단으로도 그 조건은 충분히 요구할 만했다. 왜냐하면 그는 실제로 "20년마다 원자핵 물리학에서 레이더를 거쳐 원자력 에너지로, 가속기 제작으로, 그리고 다시 원자핵 물리학으로" 넘나들었기 때문이다. 이제 13년 뒤에 앨버레즈는 매년 100만 건보다 더 많은 측정을 함으로써 자기 임무를 다 수행했다고 믿었다(1968년의 비율로는 1년에 150만 건이었다). 그의 자료 분석 프로그램의 우수성은 (FSD에게는 실례지만) 지금까지도 도전받지 않았고, 72인치 상자는 SLAC에서 생산적으로 자리 잡고 있었다. 오히려 과장해서 그는 1968년 3월에 다음과 같이 덧붙였다. "고에너지 물리학 세계에서 대부분의 다른 사람들과 마찬가지로 나도 거품 상자 물리학은 그 전성기가 지났다고 믿는다. 그 전성기에는 거품 상자가 가속기 사용자들이 이용 가능한 실험 기술들 중 생산적인 면에서 빼어나게 우뚝 솟아 있었다. 그리고 비록 그 전성기가 지났다고 하더라도 고에너지 실험 물리학 분야에서 가장 용도가 넓고 생산적인 도구로서 그 자리를 대신할 다른 실험 기술이 아직 출현하지 않았다는 것이 나의 신중한 판단이다. 내 의견으로 이것은 단순히 오늘날의 고에너지 실험 물리학이 수년 전보다 흥미로운 분야가 못 되는 것을 의미할 뿐이다."[298]

가속기를 기반으로 하는 거품 상자 물리학 대신에 앨버레즈는 기구(氣

---

298) 앨버레즈가 맥밀런에게, box 1, folder 9, NA-SB, EMP.

球)를 기반으로 하는 우주선(宇宙線) 물리학을 원했다. 그는 주장하기를, 이미 J. 바렌 코이펠이 (그의 연구가 글레이저로 하여금 새로운 검출기의 수단으로 불꽃을 탐구하는 데 사용한 거품 상자 이전 모형에 영감을 제공했다) 유타의 지하(地下) 연구에서 중간 벡터 보존의 첫 번째 증거를 손에 넣었을지도 몰랐다. 아마도 그가 10년 전에 그의 전자(電子) 팀 동료들에 대한 연구소의 지원을 중단할 준비가 되었던 것을 잊어버리고, 앨버레즈는 이제 연구소를 통해 교섭한 브루스 코크 AEC 자금을 거부하는 맥밀런을 질책했다. 맥밀런이 가장 싫어하는 약점을 들추어내면서 앨버레즈는 "어니스트 로렌스라면 그의 연구소에서 절대로 그런 방향으로 결정을 내리지는 않았을 것이다"라고 부언했다.[299)]

기구(氣球)를 기반으로 하는 우주선(宇宙線) 그룹에 대한 자금 지원을 구하지 못해서 앨버레즈는 다음과 같이 말하면서 그의 그룹(그룹 A)으로부터 물러 나왔는데, 그 그룹은 오랫동안 새로운 산업적 규모의 물리학에 대한 상징이었으며 세계 어느 곳에서나 그의 이름으로 알려진 그룹이었다. "나는 그룹 지도자의 주된 역할이 그룹을 이끄는 것이라고 믿기 때문에, 그리고 AEC가 제공하는 자금은 (지금은 그렇지 않은) 내가 전에 관심을 가진 일들에만 사용할 수 있지만 내가 지금 중요하다고 믿는 것을 지원하기 위해서는 사용할 수 없음을 알았기 때문에 마음이 내키지 않더라도 실질적으로 나의 오래된 그룹 지도자로서의 위치를 잃어버렸다고 결론 내리지 않을 수 없다. 그래서 이미 기정사실이 된 현실을 법적으로 정리하기 위해 나는 이 편지로서 나의 그룹 지도자 지위를 사임한다." 그는 더 이상 그 팀을 "앨버레즈 그룹"이라고 부르지 않았고, 더 이상 그룹 리더들로 구성된 간부급 임용 위원회에 참석하지 않았으며, 거의 10년 전에 시작하여 그의 집에서 열린 월요일 저녁 세미나가 더 이상 계속되지 않았다.[300)]

---

299) 앨버레즈가 맥밀런에게, 1968년 3월 18일, box 1, folder 9, NA-SB, EMP.
300) 앨버레즈가 맥밀런에게, 1968년 3월 18일, box 1, folder 9, NA-SB, EMP.

일곱 달 뒤인 1968년 10월에 노벨상 위원회는 앨버레즈에게 전보(電報)를 보내 "특히 수소 거품 상자와 자료 분석을 사용하는 기술을 개발하여 수많은 공명 상태들을 발견함으로써 실험 입자 물리학에 결정적으로 기여"한 공로로 1968년도 노벨상을 수상하게 되었음을 알렸다.[301] 노벨상이 제공해준 공로의 인정은 특히 앨버레즈가 창조한 그 기계들이 이제 글레이저뿐 아니라 앨버레즈 자신에게도 그가 30년 이상이나 추구해온 분야에서 내쫓긴 지 불과 얼마 지나지 않아 나왔다는 점에서 분명히 환영받았다.

13. 요약과 결론

1. 도구와 물리학, 그리고 연구 조직

이 장에는 세 단계의 역사가 뒤섞여 있다. 첫 번째 이야기는 새로운 도구를 창조하는 데 동기를 부여해준 구체적인 물리적 질문들에 대해 관심을 갖는다. 버클리 물리학자들의 마음속에 기묘 입자의 본성이나 붕괴성질 그리고 그들의 스펙트럼 등에 대한 관심이 분명히 존재했다. 기묘입자들 사이의 상호작용 또한 흥미를 끌었다. 나중에는 하이페론 붕괴와 수명이 짧은 공명 상태의 연구가 물리 프로그램의 중요 부분이 되었다. 새로운 흔적 검출기에 대한 그의 예비 연구의 초기 단계에서 글레이저는 특히 우주선(宇宙線)에서 관찰된 뮤온 스펙트럼의 상한선과 "냄비집게"라고 불린 것의 성질에 관심을 가졌다. 1950년대와 1960년대 초에 거품 상자 물리학자들이 기여한 것을 모두 더하면, 무엇보다도 겔만과 네만의 SU(3) 방식인 입자 분류 방식이 수립되었다고 말할 수 있다. 그 후의 연구들은 더 큰 상자를 사용한 뉴트리노 실험을 이용하여 약 상호작용을 조사했다.[302]

---

301) 앨버레즈에게 보낸 전보(電報), 1968년 10월 30일, box 1, folder 9, NA-SB, EMP.

302) 갤리슨, 『실험』(1987), 제4~6장을 보라.

다음 단계의 이야기인 결과의 역사도 중요하다. 이론 과학자들에게 실험적 결과는 영감을 얻고 확인하고 구상을 평가하는 데 이용되며, 기술자와 실험 과학자들에게는 장치를 설계하는 데 이용된다. 우리는 물리적 목표가 도구의 기술 혁신을 이루는 원동력이 된다고 결론지을 수 있을까? 거품 상자는 순수하게 뮤온이나 새로운 불안정한 입자의 성질들을 측정하는 더 좋은 방법을 찾기 위한 노력의 결과로 발견되었다고 주장할 수 있을까? 앨버레즈의 거품 상자 프로그램은 단순히 *K* 붕괴를 조사하기 위한 희망에서 제안된 것인가? 이런 질문들에 그렇다라고 답변하더라도 약간 옳은 구석이 있긴 하지만, 전적으로 옳지는 않다는 것은 분명하다. 내가 제1장에서 살펴보았던 복합적인 의미로 단지 실험만 자생력을 가지고 있는 것이 아니라 도구도 자생력을 가지고 있다.[303)]

실험하기의 역사에서 두 번째 층을 구성하는 것은 이런 도구들의 생생한 이야기이고, 더 중요한 것은 그 도구들과 영향을 주고받은 인간의 생활이다. 글레이저의 경우 구름 상자 실험은 초기 거품 상자에 이르기까지 수많은 방법에 의해 수행되었다. 예를 들어 나중에는 결국 옳지 않다고 판명되었지만 역사적으로는 필수적인 거품 형성에 대한 정전기(靜電氣) 이론은 구름 상자에서 유래한 것 중 가장 멋진 것이었다. 거품 상자 자체는 갑자기 낮춘 압력에 의해서 유발된 준안정적(準安定的)인 열역학 상태를 만듦으로써 자연스럽게 구름 상자에 필적하게 된다. 마지막으로, 두 장치가 만들어내는 결과물이 똑같다. 상호작용하고 있는 상(像)을 보여주는 자세한 사진 흔적들은 황금 사건을 만들 만큼 너무나도 소중했으며, "보는 기능을 가진 컴퓨터"를 제작하려는 뜨거운 소망의 근원이 되기도 했다. 제6장과 제7장에서 논의되는 전자(電子) 논리 검출기들의 서로 대조적인 전통을 미리 생각해보면, 우리는 또한 두 장치가 무엇을 할 수 없는가에 대해서도 말할 수 있다. 구름 상자와 거품 상자 어느 것도 복잡한 전자(電子) 장치를 사용하지 않으며, 어느 것도 고압(高壓) 기

303) 해킹, 『표현법』(1983), xiii쪽.

술에 의존하지 않고, 어느 것도 통계 처리되는 논리적으로 선정된 많은 양의 출력을 만들어내지도 않는다. 상(像) 검출기들은 자주 단 하나의 사건을 통하여 진실을 증명해야 했던 미세 입자로 구성된 사진을 제작하는 반면, 논리 검출기들은 압도적으로 많은 수의 예시를 통하여 확신을 갖게 하는 굵은 입자로 구성되어 있지만 그 수가 풍부한 흔적들을 만들어낸다. 이 두 종류를 하나로 결합시키는 데 필요한 일종의 작동 유발 장치를 제작하는 것이 불가능하자 수많은 자료 처리 기술들이 거품 상자로 하여금 적어도 상(像) 전통과 논리 전통을 통합하는 쪽으로 한 걸음 더 나아가 통계를 능가할 수 있게 하기 위해 전열을 가다듬었다.

1953년 전까지 버클리에서는 다양한 종류의 상(像) 검출기와 논리 검출기를 구비하고 있어서 어느 한 종류가 다른 종류보다 더 우세하지 않았다. 어떤 그룹은 에멀션을 활용했고, 다른 그룹은 구름 상자 또는 계수기를 적용했다. 앨버레즈와 그의 그룹이 도착하면서 전적으로 상(像)에만 전념하는 새롭고 규모가 큰 실험 프로그램이 갑자기 다른 그룹의 위로 솟아올랐다. 거품 상자가 발명되기 전에도 베바트론에서는 계수기나 에멀션 그리고 구름 상자 연구가 세련되지 못한 것에 대해 욕구 불만이 팽배해 있었다. 거품 상자는 액체 수소로의 변화가 실행되어야만 하고, 사진은 빠르게 그리고 효과적으로 현상되어야 한다는 두 가지 조건만 만족하면 구름 상자 또는 에멀션이 그때까지 내놓을 수 있었던 어느 것보다도 더 많고 더 좋은 사진들을 제공했다.

그런 것들과 함께 이러한 수요는 구조와 저온 기술자, 컴퓨터 프로그래머, 그리고 물리 전공자가 아닌 스캐너 등 세 가지의 새로운 연구자 신분이 실험 과정에 융합되는 결과를 낳았다. 각 그룹은 거품 상자를 제작하고 운영하는 데 이용되는 독자적인 방법과 표준을 개발함으로써 도구와 실험 생활의 본질을 근본적으로 바꾸어 놓았다. 예를 들어 저온(低溫) 기술은 산업계와 핵무기 프로그램에서 수립된 안전 검사의 전통을 촉발시켰다. 시뮬레이션의 중심 개념을 포함한 컴퓨터 프로그래밍은 어떤 좁은 의미로도 기초 물리학의 바깥에 그 뿌리를 갖고 있었다. 스캔하기는 어떤 측면에서 새로운 기능이지만, 다른 측면에서 보면 여성과 관련있다는 점에서 실험실과 관측소 내부의 천문학적 임무와 계산상의 임무, 숫자를 세는 임무 등과 거꾸로 연결되는 것을 볼 수 있었다.

우리는 가속기의 제작과 운영에 대한 통제권이 물리학자가 아니라 기술자에게 점점 더 이관됨에 따라서 특정한 임무들이 어떻게 배치되었는가에 대해 어느 정도 자세히 보았다. 심지어 자료 분석에서 기능들이 분리되는 것을 관찰할 수도 있었다. 만일 코바르스키가 말했듯이 발전이 "기능별로 인간을 배제"하는 방향으로 진행되었다면, 코드 한 줄마다 그리고 임무마다 비인간화를 위한 투쟁이 전개되었을 것이다. 임무들을 분석하고, 그것들을 간단한 몇 가지 처리 순서들로 나누어 놓으며, 마지막으로 그것들을 자동화하는 계획적인 순환 과정이 결코 순수하게 기술적인 절차라고 볼 수는 없었다. 작업을 분리하고 단순화한 것 뒤에는 물리학에서 하려고 하는 것이 무엇인가에 대한 서로 다른 시각이 놓여 있었다.

물리에 대한 질문과 결과의 역사, 도구의 역사, 그리고 연구 조직의 역사라는 세 가지 역사의 범주들은 우리로 하여금 글레이저에 의한 거품 상자의 초기 발견과 앨버레즈 그룹에 의한 뒤이은 거품 상자의 활용 사이에 아주 선명한 비교를 할 수 있도록 해준다. 그뿐 아니라 우리는 그 세 가지 단계가 얼마나 긴밀하게 결합되어 있는지를 안다. 예를 들어 무거운 핵 거품 액체는 정지 기능이 높고 상온에서도 액체 상태를 유지한다. 글레이저는 소규모 우주선(宇宙線) 협동 연구에서도 그러한 장치를 이용할 수 있기를 희망했다. 수소는 가속기에서 일어나는 많고 간단한 입자 상호작용을 연구하는 데 적합하지만, 이 장치를 충분히 활용하려면 연구팀을 복합적으로 재조직하는 것이 필요하다. 실험 조직을 무시하는 것은 1960년대에 실험 생활이 어떠한가에 대해, 그리고 왜 앨버레즈 그룹이 SU(3)에 이르게 한 실험 물리학의 대부분을 수행하기에 적합한 위치를 차지하고 있었는가에 대해 중대하게 잘못 이해할 위험을 가지고 있다. 한 번 더 강조해두자. 전문화된 하부 그룹의 조직과 기술자, 프로그래머 그리고 스캐너 등 삼자의 통합은 거품 상자 자체에서도 그랬듯이 1950년대 말과 1960년대 초의 변화하는 실험 물리학의 중요한 한 부분이었다.

2. 도구와 논법(論法)

규모와 목표 그리고 사용 면에서 거품 상자는 이와 같이 1952년에 처음 발명되어 1950년대 말에서 1960년대를 통하여 생산적으로 활용될 때까지 대단히 많이 바뀌었다. 이 검출기 시스템을 이용하면서 실험 과학자들은 새로운 현상을 실증(實證)하기 위해 새로운 전략들을 개발하기 시작했다. 수명이 짧은 입자들의 붕괴 시간을 확인하는 데 불변 질량 도표와 불확정성 원리를 이용할 수도 있다는 기대하지도 않았던 가능성은 단순히 또 다른 기술 이상이었다. "도표에서 봉우리를 찾아 나서기"는 물론 틀림없이 거품 상자가 촉진시킨 시각적 이해의 전통에서 유발되었다. 그리고 아주 신속하게 이러한 봉우리들은 공명 상태를 보여주는 징조 이상이 되었다. 즉 그것들은 자연에 존재하는 새로운 입자에 대한 징조가 되었다. 앨버레즈와 같은 물리학자들에게 진기한 붕괴에 대한 분석과 입자의 정체와 운동량, 상호작용 패턴 등에 관해 일련의 서로 연결되는 긴 추론들은 고에너지 물리학을 하는 것이 무엇을 의미하는가에 대한 일부분이 되었다. 사진에 의해 뒷받침되지 않은 단순한 통계적 정보는 앨버레즈가 1957년에 맥밀런에게 이야기한 것처럼 원자 내부 세계에 대한 안내로서는 희망이 전혀 없이 무력해 보였다.

여러 가지 방법으로 거품 상자는 반세기 전에 윌슨의 구름 상자로부터 시작했던 사진에 의한 시각적 전통의 최고점을 장식했다. 동일한 형태의 표현법이 지닌 가능성과 자연 자신에 새겨진 비명(碑銘)에 의해 자연을 모방하는 능력은 입자 물리학에게 지대한 영향을 주었다. 사진술을 수립한 사람들 중 한 명의 말에 의하면, 그것은 우리 자신의 결의와 소망에서 끄집어낸 객관성을 암시하는 모든 것을 가지고 있는 자연의 연필이었다. 거품 상자에 대한 이러한 이야기에서 유례 없는 것이 무엇인가 하면 구를 상자나 또는 에멀션에는 존재하지 않았던 요소와 그 사업의 산업적 규모다. 이제 잠시 동안 거품 상자 주위의 작업이 변천하는 특징이 어떻게 "적절한" 실증(實證)에 대한 기준을 바꾸었는지 살펴보자. 대규모 거품 상자의 개발이 거품 상자에서 나오는 자료가 옳다고 믿으려 하는 사용자들의 동기에 어떻게 영향을 미쳤을까? 다시 말하면, 새로운 실험 절차가 인위적인 현상으로부터 진정한 현상을 골라내는 방법에 어떻게 영향을 미쳤을까?

특히 통찰력을 갖춘 유사한 접근 방법의 하나로 여러 가지 형태의 현미경에 의해 제공되는 상(像)들을 얼마나 믿는가에 대한 우리의 기본 원리를 해킹이 분석한 것이 있다.[304] 그의 근거는 세 가지로 나뉜다. 첫째, 해킹은 서로 다른 물리적 원리에 근거한 또는 현저하게 차이 나는 상황에 적용된, 다른 형태의 장치들에 의해 구한 결과가 유사하다는 점을 지적한다. 글레이저의 경우 거품 상자가 성공할 것이라는 최초의 가망성은 과열된 디에틸에테르의 물리적 폭발과 컴퓨터 실험으로 측정한 우주선(宇宙線)의 알려진 진동수 사이의 대응 관계에서 나왔다. 마침내 흔적을 보게 되었을 때 계수기와 구름 상자 그리고 에멀션 사이의 대응 관계는 훨씬 더 생생해졌다. 둘째, 우리의 믿음은 제3자 개입의 가능성에 의해 더 공고해진다. 현상에 대한 예측할 수 있는 조작은 그 현상의 현실성에 추가의 신뢰를 제공해 준다. 현미경 아래서 우리가 인위적으로 만든 조정용 눈금을 관찰하는 데 성공한 것은 우리로 하여금 지금까지 보지 못한 대상의 확대된 상(像)이 진짜일 것이라고 믿게 해준다. 이것은 우리에게 글레이저가 방사성 코발트 원소에 노출시킴으로써 순간적으로 그리고 의도적으로 과열된 디에틸에테르가 맹렬히 끓도록 유발한 복사선 감도(感度) 실험을 설명하는 데 적절한 방법을 제공한다. 마지막으로, 장치 뒤에 숨어 있는 물리적 원리들을 이해하는 것이 우리가 그 장치에서 찾아내는 보고(報告)들에 더 많은 신뢰를 불어넣는다. 자주 그러한 과정에 대

304) 해킹, 『표현법』(1983), 186~209쪽.

한 묘사는 더 오래되고 잘 이해된 이론들이나 심지어 낮은 단계의 경험적인 일반화나 근사(近似)에 의해 제공될 수 있다. 글레이저의 연구는 특별한 요령을 알려주는데, 왜냐하면 (검출기 제작에 도움이 되었던) 그의 정전기(靜電氣) 반발 이론이 나중에 폐기되었기 때문이다. 이러한 인자들 하나하나는 거품 상자가 대전된 입자들의 경로를 신뢰할 수 있도록 측정하는 검출기로서 입지를 확고히 다지는 데 역사적인 역할을 맡은 것은 확실했다.

지금까지 글레이저가 만든 첫 번째 원형(原型) 상자를 증언하는 데 논의를 집중했으며, 그 과정은 해킹의 현미경과 같은 책상 크기의 도구가 정당함을 밝히는 것과 구조적으로 매우 강력한 유사점을 지니고 있다. 그러나 도구의 정당화는 자체적으로 역동적인 과정이며, 그래서 그것 또한 역사를 가지고 있다. 우리는 장치가 군사적 또는 산업적 규모로 되었을 때 그리고 앨버레즈 그룹에 의하여 완전히 변화하는 과정에서 진정한 효과를 추출해 내는 문제가 어떻게 바뀌었는가라고 물어볼 수 있고, 물어보아야만 한다.

첫째, 기계의 크기를 상향 조정하면서 새로운 문제가, 특히 상(像) 일그러짐이라는 문제가 야기된다. 이러한 벗어남 중 가장 골치 아픈 것은 필름을 배치하는 데서 생기는 오차와 렌즈의 일그러짐, 창(窓)에서 유발되는 광학적 일그러짐, 상자의 열적 난류(亂流), 그리고 액체 운동에 의한 흔적의 위치 이동 등에서 나왔다.[305] (1960년대 말 프랑스에서 제작한 좀더 규모가 큰 상자 중 광학 문제를 하나 해결하는 데 프랑스의 핵 잠수함 부대의 잠망경 제작자를 필요로 했다.)[306] 이러한 일그러짐 인자들 하나하나는 여러 거품 상자 협동 연구팀 내에서 활동하는 하부 그룹의 주제가 되었다. 이러한 효과들을 이해하고 통제하지 않고서는 기계에서 만드는 가공품들에서 실제 현상을 가려낼 수가 없었다.[307] 둘째, 장비의

305) 데릭, 「거품 상자」(1966), 449~452쪽.

306) 갤리슨, 『실험』(1987), 146쪽.

307) 가가멜 제조 그룹의 「가가멜」(1967)을 보거나 또는 다이크스와 바시, 「거품

실패는 인간의 결점과 비슷한 데가 있다. 거품 상자가 많은 스캐너들을 고용하여 운전되는 동안 스캔 효율을 개인별로 계산하는 것이 흔한 일이었다. 그들의 공동 작인(作因)으로부터 특정한 과정의 실험 오차와 한계가 조절될 수 있었다. 비록 개인별 오차를 이런 방식으로 상쇄하는 것이 거품 상자의 출현과 함께 생긴 새로운 방법이라고 말하기는 어렵지만,[308] 실험의 규모가 커지면서 그것이 점점 더 두드러지게 되었다. 어쩌면 더 놀라운 일은 설명을 목표로 하는 더 높은 수준에서 인간 오차에 대한 시험이었다.

우리가 이미 본 것처럼 버클리 그룹은 GAME 프로그램을 개발했는데, 그것은 어떤 특정한 실험에서 처리가 끝난 자료를 닮은 히스토그램을 날조해냈다. 수많은 가짜와 진짜가 섞인 히스토그램으로부터, 거기에 보이는 구조는 단지 아무렇게나 분포된 봉우리들인데, 물리학자는 그의 실험이 제공하는, 중요하다고 추정되는, 진정한 징조를 뽑아내라고 요청받곤 한다. 앨버레즈는 "우리 그룹이 [이] 프로그램을 적극적으로 이용함으로써 발견했다고 잘못 발표한 것을 취소하는 경우를 얼마나 많이 피할 수 있었는지 생각하면 참 고맙다"라고 썼다.[309] 심리학자들에게는 미안한 일이지만, 우리는 무작위적인 정보가 널리 인정되지 않은 구조를 가지고 있다고 생각하는 이러한 경향을 "로르샤흐 효과"라고 명명할 수도 있었다. (내가 아는 한, 버클리의 거품 상자 프로젝트는 입자 물리학에서 패턴을 관찰하는 데 개인적으로 그리고 그룹으로 인간의 성향이 주는 영향을 상쇄시키기 위한 체계적인 시도를 최초로 시작했다.)

그리고 세 번째 신뢰할 수 있는 징조를 뽑아내는 데 가장 중요한 신기

상자 액체」(1967)를 보라.

308) 개인별 오차는 19세기 말과 20세기 초에 나온 실험에 대해 널리 사용되는 교과서에서 자주 논의되었다. 예를 들어 파머, 『측정』(1912)을 보라. (초기) 물리학에서 개인별 오차의 역할에 대해 더 많이 알고 싶으면, 쉐퍼, 「천문학자들이 시간을 표시한다」, *Sci. cont.* 2(1988): 115~145쪽을 보라.

309) 앨버레즈, 「최근의 발전」(1972), 267쪽.

술은 자료 처리 기술을 적극적으로 개발하면서 나온다. 이 장 전체를 통하여 강조되었던 것처럼 이 점에서 컴퓨터는 입자 상호작용과 발표된 히스토그램 사이에 놓인 중간 단계를 점점 더 많이 물려받으면서 아주 중요한 역할을 담당했다. 스캔하기와 측정, 흔적 재구성, 운동학적 분석, 그리고 실험 분석 등이 차례로 컴퓨터의 활용을 통해 변화되었다. 첫째, 스캔의 속도를 높이는 방법으로 컴퓨터는 만약 그렇게 하지 않았다면 시도하지도 못했을 실험을 가능하게 만들었다. 둘째, 측정된 자료가 나타내는 점들에 곡선을 통계적으로 맞춤으로써 컴퓨터는 사진이 거칠게 나타내는 것보다 훨씬 더 정확한 흔적을 구성할 수 있었다. 셋째, 입자 확인에서 애매한 부분을 해결함으로써 컴퓨터는 인간의 눈으로는 어떻게 할 수 없었던 사건들을 해석할 수 있었다. 이런 것들이 결코 의미 없는 진전은 아니었는데, 왜냐하면 어떤 물리학자가 말했듯이 "누구든 잘못 확인된 사건으로 설명할 수 있다고 생각하는 호감을 지닌 봉우리를 갖고 있었기 때문이다."[310] 마지막으로, 자동화되고 (불변 질량이나 달리츠 도표 등과 같이) 관례화하는 방법을 이용하여 자료를 사용할 수 있는 형태로 바꿈으로써 여러 사건을 시각화할 수 있는 하나의 표현법으로 결합하는 것에 의해 실증하는 데 이용하는 것이 가능한 방법의 범위를 확장시켰다. 그리고 이렇게 처리한 자료를 시각적 화면으로 표시하기는 자체적으로 자동화된 자료 처리로 빠르게 통합되었다. 달리츠 도표는 자료 자체와 함께 음극선관에 나타나기 시작했다.

이와 함께 다양하게 자동화된 임무는 물리학의 역사에서 그 어느 때보다도 더 실험적 실증(實證)을 구축하는 데 있어서 자료 처리에 무엇보다도 더 중요한 역할을 부여했다. 실제로 자료 처리의 도입은 입자 물리학 실험실에서 연구 조직과 함께 실험적 논증의 본질까지 영구히 바꾸어 놓았다. 왜냐하면 거품 상자에서 장치에 대한 물리학자의 통제는 거의 완전히 상실되었기 때문이다. 앨버레즈 자신도 만일 기술자들이 운

310) 데릭, 「거품 상자」(1966), 452쪽.

전하는데 안전상 필요하다고 판단한다면 통제실을 나가달라는 청을 받을 것이다(그리고 청을 받았다). 그리고 대부분의 거품 상자 물리학자들에게 자료를 생산하는 쪽 끝은 진정으로 또 다른 세상이었다. 이러한 주위 사정 아래서 자료 분석은 실험을 하는 데 또는 실험 과학자가 되는 데 보조적인 부분이 아니었다. 자료 분석이 바로 실험이었다. 페브스너의 η실험과 메글릭의 ω실험은 72인치 상자에서 그들에게 인도된 필름 분석과 정확하게 동시에 이루어졌다. 실제로 물리 장치에 대한 통제가 물리학자들의 수중에서 벗어남에 따라 그들은 훨씬 더 복잡한 형태의 소프트웨어 조작을 통해 자료에 대해 어느 때보다도 더 정교한 형태의 통제를 추구했다.

요약하여 말하면 다음과 같다. 우리의 도구가 보고(報告)하는 것을 믿는 이유는 여러 가지다. 다양한 도구들과 우리의 조정할 수 있는 능력, 그리고 근원적인 물리적 원리들에 대한 우리의 이해 사이의 상관관계에 의한 시험에 더해 우리는 점점 더 커지는 입자 물리학의 규모와 함께 야기되는 그릇된 해석을 피하는 데 이용되는 많은 새로운 방법들을 보아왔다. 그러한 방법들 중 일그러짐을 공부하고 조절하는 세부 분야의 개발과 개인별 오차의 이해, 그리고 패턴의 유래를 잘못 판단하는 것을 피하는 것 등이 포함되어 있다. 그러나 무엇보다도 새로운 대규모 물리학이 출현했다는 상징은 실험에서 필수적인 구성 요소로서 자료 처리의 탄생이다. 이 모든 기술들이 단순히 인위적인 것들에서 진정한 효과를 점점 더 미묘하게 단절시키는 데 두드러지게 두각을 나타냈다.

3. 객관성에 대한 통제

이렇게 여러 다양한 가닥의 역사 밑바탕에는 누가 (또는 무엇이) 실험 절차에서 바뀔 수 있는 것을 지시하는가라는, 통제에 대한 관심이 지배적이었다. 한 측면에서 보면, 통제는 노동 역사에서 널리 알려진 일부분으로 나타난다. 실험실은 결국 작업장이며, 만일 그곳에서 일하는 사람들이 그들의 작업이 지닌 다양한 측면에 대한 통제를 유지하기 원하지 않는다면 놀라운 일이 될 것이다. 그러나 그와 동시에 질문 조건들을 능숙하게 다루고 믿음을 위한 이유를 조정하고 구축하는 능력이 베이컨 시대 이래로 더 전부터일지도 모르지만, 과학적 실험하기라고 이해된 중요한 성질인 것처럼 통제는 물리적 지식의 객관성을 관념상으로 방어하는 데 필수적인 요소다. 나는 실험 과학자가 이 두 가지 통제에 대한 상(像)으로부터 헤어나지 못할 것으로 짐작한다. 물리를 위한 도구에 대한 통제는 정확히 실험 과학자라는 범주 바로 그 자체가 논쟁 대상이기 때문에 매우 난처하게 된다.

글레이저가 우주선(宇宙線) 물리학이 가속기 기반의 물리학에 예속되는 것을 겨우 막았을 때나 거품 상자를 반응 유발 메커니즘에 적응시키려고 추구하고 있었을 때 또는 수소 상자의 왕국 속에서 무거운 액체 거품 상자가 차지할 장소를 얻어내려고 반복하여 시도하고 있었을 때 그는 동시에 연구의 방법과 실증(實證)의 형태를 보존하려고 했던 것이다. 글레이저에게 컴퓨터 프로그램으로 관례화시킨 단계적 처리는 창의성을 억압했다. "팀"과 "산업적 조직"은 잠재적으로 가치를 지닌 대안이 될 수 있는 실험 조건들을 탐구해보는 것마저 못하도록 위협했다.

앨버레즈에게 스캔 임무를 점진적으로 자동화시킨다는 것은 해석하는 절차에서 인간의 판단을 제거하는 위협이 되었으며, 그렇게 함으로써 도저히 기대하지 못했던 무엇인가를 발견하는 바로 그 가능성, 즉 "동물원 명물"마저 잘라버릴 수 있었다. 적절한 예가 되는 경우로 그는 캐스케이드 제로와 뮤온이 촉매가 된 융합과 같은 개별적인 발견들의 중요성을 강조했다(그는 그것들을 명왕성의 발견에 비유했다). 인간을 지키려는 그의 노력에도 불구하고, 관례화시킨 작업은 점차 물리학자들을 거품 상자 통제실뿐 아니라 스캔이 이루어지는 방에서도 쫓아냈는데, (앨버레즈의 생각에 따라) 그것은 그들이 새로운 사건을 찾아내는 것이 더욱 더 어렵게 만드는 파국적인 상황 전개였다. 그러나 인간의 판단에 대한 앨버레즈의 견해는 이중적이었다. 비록 완전한 자동화가 "동물원 명물"의 발견을 위협했지만, 그는 인간의 판단에만 의지하면 패턴이 전혀 존재하지 않을 때에도 패턴이 "마음속에서 구체화"로 이어질 수도 있음을 알았다. 인간은 규칙에만 얽매여 있는 기계의 백치 행위를 가려내야 하지만, 기계는 인간의 눈에 비친 고삐 풀린 환상을 억제해야 한다.

그래서 앨버레즈 그룹에게 객관성은 순전히 전문가의 판단이 객관적 지식에 대한 우리의 가장 좋은 시도라고 느끼는 사람들의 전통도 아니고, 그렇다고 순전히 인공 지능이 단지 자연적인 것에 불과한 것을 대체하려는 목표를 착착 진행시키고 있다고 보는 기계적인 전통도 아닌, 불확실한 틈새 지대에 서 있다. 이것이 구체적으로 의미하는 것은 실험하기와 실험 과학자의 주제가 이제 하드웨어와 소프트웨어의 복잡한 시스템 내부에 존재하게 되었다는 것이다. 스캐너들과 물리학자들은 기계적이고 프로그램에 의한 해독(解讀) 체제의 네트워크 내부에서 행동했다. 객관성은 액체 수소와 압축기, 사진 장치, FAKE, GAME, PANG, 그리고 SUMX 등의 생산품들과 상호작용하는 인간의 눈이 만들어내는 것으로 정의되었다.

나는 앨버레즈가 맥밀런에게 사직 편지를 보낸 것이 옳은 일로 보인다. 그룹 명칭에서 그의 이름을 제거해달라고 요청할 때까지 그는 이미 사실상의 것을 공식적인 것으로 바꾸고 있었다. 나는 앨버레즈 그룹이 그때 간단히 "그룹 A"라고 알려진 것이 우연만은 아니라고 주장한다. 그룹이 한 개인으로부터 확대된 것이라고 볼 수 있던 시대는 훨씬 이전에 이미 지나갔다. 매우 심오한 의미로 개인은 마지못한 일이었지만, 실험 과학자의 개념을 그룹에게 넘겨 주었다. 1967년 당시 세계에서 가장 성공한 거품 상자 그룹 중의 지도급이었던 브룩헤이븐의 앨런 손다이크는 이 책의 권두사(卷頭辭)로 실은 인용문에서 이렇게 파악하기 어려운 말의 의미를 숙고(熟考)했다. 손다이크는 "실험 과학자란 한 사람이 아니고 복합체"라고 판단했다. 전 세계의 기관들에 흩어져 있으면서 실험 과학자는 영원할 수도 또는 덧없을 수도 있다. "실험 과학자는 형태가 바뀌는 그래서 정확하게 정의하는 것이 불가능한 사회적 현상이다. 그렇지만 실험 과학자가 결코 아닌 것이 한 가지 있다. 그는 …… 실험실 벤치에 고립되어 연구하는 은둔한 과학자는 아니다."[311] 미시 물리학에 대한 실험하기의 저자는 상자와 컴퓨터, 그리고 협동 연구 사이에서 서로 영향을 주고받으며 살아야만 했다.

311) 손다이크, 「요약」(1967), 299~300쪽.

찾아보기

지은이 피터 갤리슨(Peter Galison)

1977년 미국 하버드 대학을 졸업하고, 1983년 같은 대학에서 이론물리학과 과학역사 전공으로 박사학위를 받았으며, 지금은 하버드 대학의 과학사와 물리학 교수로 있다. 그는 저술과 영화 작업을 통해 실험하기, 기기장치, 이론으로 구성된 물리학의 세 하부 문화와 더 넓은 세계에서 물리학이 차지하는 위상 사이의 복잡한 상호작용을 탐구한다. 그는 1998년 그해의 가장 뛰어난 과학사 책 『상과 논리』를 출판한 공로로 '파이저상(Pfizer Award)'을 수상한 것을 비롯해, 1999년 '막스 플랑크 앤 훔볼트 슈티프퉁 상(Max Planck and Humboldt Stiftung Award)'을 수상하고, 2017년 '파이스상(Pais Prize)'을 수상했으며, 2020년 블랙홀에 대한 첫 번째 영상을 캡처한 공로로 '기초 물리학에서의 획기적인 발견상(Breakthrough Prize in Fundamental Physics)'을 공동 수상했다. 주요 저서로는 *How Experiments End*(1987), *Image & Logic*(1997), *Einstein's Clocks, Poincaé's Maps*(2003), *Objectivity*(2007)가 있고, 감독 또는 연출한 영화로는 「Ultimate Weapon: The H-bomb Dilemma」(2000), 「Secrecy」(2008), 「Containment」(2015)가 있다.

옮긴이 이재일(李在一)

서울대학교를 졸업하고 같은 대학에서 박사학위를 받았으며
지금은 인하대학교 물리학과 명예교수다.
그는 물질의 성질에 대한 이론적 연구,
특히 자성에 대한 이론적 연구에 크게 기여했으며, 인하대학교 물리학과 교수,
한국 자기학회 회장, 한국 물리학회 회장을 역임했다.
저서로는 『자성재료물리학』(2001, 공저) 등이 있으며,
번역서로는 『물리이야기』(1992, 공역) 등이 있다.

옮긴이 차동우(車東祐)

서울대학교를 졸업하고 미국 미시간 주립대학에서 박사학위를 받았으며,
지금은 인하대학교 물리학과 명예교수다.
그는 이론 핵물리학을 연구했으며,
인하대학교 물리학과 교수를 역임했다.
저서로는 『핵물리학』(2004), 『대학기초물리학』(2014, 공저) 등이 있으며,
번역서로는 『양자역학과 경험』(2004), 『아이작 뉴턴의 광학』(2018),
『러더퍼드의 방사능』(2020) 등이 있다.

한국연구재단 학술명저번역총서
서양편 ● 89 ●

'한국연구재단 학술명저번역총서'는
우리 시대 기초학문의 부흥을 위해
한국연구재단과 한길사가 공동으로 펼치는
서양고전 번역간행사업입니다.

상과 논리 1

지은이 피터 갤리슨
옮긴이 이재일 · 차동우
펴낸이 김언호

펴낸곳 (주)도서출판 한길사
등록 1976년 12월 24일 제74호
주소 10881 경기도 파주시 광인사길 37
홈페이지 www.hangilsa.co.kr
전자우편 hangilsa@hangilsa.co.kr
전화 031-955-2000~3 **팩스** 031-955-2005

부사장 박관순 **총괄이사** 김서영 **관리이사** 곽명호
영업이사 이경호 **경영이사** 김관영
편집 백은숙 노유연 김지연 김대일 김지수 김영길
관리 이주환 문주상 이희문 원선아 이진아 **마케팅** 서승아
디자인 창포 031-955-2097
CTP출력 및 인쇄 영림 **제본** 영림

제1판 제1쇄 2021년 2월 22일

값 45,000원

ISBN 978-89-356-6361-3 94080
ISBN 978-89-356-5291-4 (세트)

• 잘못 만들어진 책은 구입하신 서점에서 바꿔드립니다.
• 이 도서의 국립중앙도서관 출판시도서목록(CIP)은 서지정보유통지원시스템 홈페이지(seoji.nl.go.kr)와
국가자료공동목록시스템(www.nl.go.kr/kolisnet)에서 이용하실 수 있습니다.

한국연구재단 학술명저번역총서

● 서양편 ●

1 신기관

프랜시스 베이컨 지음 | 진석용 옮김

2001 한국출판인회의 선정 이달의책

2005 서울대 권장도서 100선

2 관용론

볼테르 지음 | 송기형 · 임미경 옮김

3 실증주의 서설

오귀스트 콩트 지음 | 김점석 옮김

4 데카르트적 성찰

에드문트 후설 · 오이겐 핑크 지음 | 이종훈 옮김

2003 대한민국학술원 우수학술도서

5 우리는 어디로 가는가 정보사회와 인간의 조건

아담 샤프 지음 | 구승회 옮김

6 정당사회학

로베르트 미헬스 지음 | 김학이 옮김

2003 가담학술상

2004 대한민국학술원 우수학술도서

7 언어의 기원에 대하여

요한 고트프리트 폰 헤르더 지음 | 조경식 옮김

8 전형성, 파토스, 현실성 벨린스키 문학비평선

비사리온 그리고리예비치 벨린스키 지음

심성보 · 이병훈 · 이항재 옮김

2005 대한민국학술원 우수학술도서

9 로마사 논고

니콜로 마키아벨리 지음 | 강정인 · 안선재 옮김

2005 대한민국학술원 우수학술도서

10 마서즈 비니어드 섬 사람들은 수화로 말한다 장애수용의 사회학

노라 엘렌 그로스 지음 | 박승희 옮김

11 영웅숭배론

토머스 칼라일 지음 | 박상익 옮김

12 윤리학 서설

토머스 힐 그린 지음 | 서병훈 옮김

2005 대한민국학술원 우수학술도서

13 낭만파

하인리히 하이네 지음 | 정용환 옮김

14 자연법

게오르크 빌헬름 프리드리히 헤겔 지음

김준수 옮김

2004 가담학술상 번역상

15 건축구조물의 소성해석법

B.G. 닐 지음 | 김성은 옮김

16 신통기

헤시오도스 지음 | 천병희 옮김

17 현대예술의 혁명

한스 제들마이어 지음 | 남상식 옮김

18 에스파냐 이상

앙헬 가니베트 이 가르시아 지음 | 장선영 옮김

19 근대 정치사상의 토대 1

퀜틴 스키너 지음 | 박동천 옮김

2004 한국간행물윤리위원회 10월의 읽을 만한 책

20 양자역학과 경험

데이비드 Z. 앨버트 지음 | 차동우 옮김

21 통계학의 역사

스티븐 스티글러 지음 | 조재근 옮김

2006 대한민국학술원 우수학술도서

22 키루스의 교육
크세노폰 지음 | 이동수 옮김 | 정기문 감수

23 부조리극
마틴 에슬린 지음 | 김미혜 옮김
2006 대한민국학술원 우수학술도서

24 로마의 축제일
오비디우스 지음 | 천병희 옮김

25 레싱 전설
프란츠 메링 지음 | 윤도중 옮김

26 파르치팔
볼프람 폰 에셴바흐 지음 | 허창운 옮김

27 플렉스너 보고서
미국과 캐나다의 의학교육
에이브러햄 플렉스너 지음 | 김선 옮김

28 의식의 기원
줄리언 제인스 지음 | 김득룡 · 박주용 옮김
2006 대한민국학술원 우수학술도서

29 · 30 인간의 유래
찰스 다윈 지음 | 김관선 옮김
2007 대한민국학술원 우수학술도서

31 러시아 경제사
따찌야나 미하일로브나 찌모쉬나 지음 | 이재영 옮김
2006 한국간행물윤리위원회 6월의 읽을 만한 책
2008 대한민국학술원 우수학술도서

32 · 33 팡타그뤼엘 제3서 · 제4서
프랑수아 라블레 지음 | 유석호 옮김

34 · 35 로마혁명사
로널드 사임 지음 | 허승일 · 김덕수 옮김
2007 대한민국학술원 우수학술도서

36 교양과 무질서
매슈 아널드 지음 | 윤지관 옮김

37 달랑베르의 꿈
드니 디드로 지음 | 김계영 옮김

38 프롤레타리아 독재
카를 카우츠키 지음 | 강신준 옮김

39 러시아 신분사
바실리 오시포비치 클류쳅스키 지음
조호연 · 오두영 옮김
2008 대한민국학술원 우수학술도서

40 섹슈얼리티의 진화
도널드 시먼스 지음 | 김성한 옮김

41 기본권이론
로베르트 알렉시 지음 | 이준일 옮김
2008 대한민국학술원 우수학술도서

42 국가론
마르쿠스 툴리우스 키케로 지음 | 김창성 옮김

43 법률론
마르쿠스 툴리우스 키케로 지음 | 성염 옮김
2008 대한민국학술원 우수학술도서

44 잉글랜드 풍경의 형성
윌리엄 조지 호스킨스 지음 | 이영석 옮김
2008 대한민국학술원 우수학술도서

45 · 46 에밀 또는 교육론
장 자크 루소 지음 | 이용철 · 문경자 옮김
2008 한국간행물윤리위원회 대학신입생을 위한 추천도서
2008 대한민국학술원 우수학술도서

47 의상철학
토이펠스드뢰크 씨의 생애와 견해
토머스 칼라일 지음 | 박상익 옮김

48 · 49 고대 러시아 문학사
니꼴라이 깔리니꼬비치 구드지 지음 | 정막래 옮김

50 · 51 과정으로서의 과학
과학 발전에 대한 진화론적 설명
데이비드 L. 헐 지음 | 한상기 옮김

52 여권의 옹호

메리 울스턴크래프트 지음 | 손영미 옮김
2009 대한민국학술원 우수학술도서

53 여성 · 문화 · 사회

미셸 짐발리스트 로잘도 · 루이스 램피어 엮음
권숙인 · 김현미 옮김
2009 대한민국학술원 우수학술도서

54 일탈의 미학
오스카 와일드 문학예술 비평선

오스카 와일드 지음 | 원유경 · 최경도 옮김

55 나의 도제시절

비어트리스 웹 지음 | 조애리 · 윤교찬 옮김

56 · 57 신엘로이즈

장 자크 루소 지음 | 서익원 옮김

58 프랑스혁명에 관한 성찰

에드먼드 버크 지음 | 이태숙 옮김
2009 한국연구재단 대표우수성과

59 · 60 초록의 하인리히

고트프리트 켈러 지음 | 고규진 옮김

61 회상

나데쥬다 만델슈탐 지음 | 홍지인 옮김

62 · 63 랑그도크의 농민들

에마뉘엘 르 루아 라뒤리 지음 | 김응종 · 조한경 옮김

64 숭고와 미의 근원을 찾아서
쾌와 고통에 대한 미학적 탐구

에드먼드 버크 지음 | 김혜련 옮김
2011 대한민국학술원 우수학술도서

65 정신 · 자아 · 사회
사회적 행동주의자가 분석하는 개인과 사회

조지 허버트 미드 지음 | 나은영 옮김
2011 대한민국학술원 우수학술도서

66 중국사유

마르셀 그라네 지음 | 유병태 옮김
2011 대한민국학술원 우수학술도서

67 · 68 경제학원리

앨프레드 마셜 지음 | 백영현 옮김

69 · 70 지식의 형태와 사회

막스 쉘러 지음 | 정영도 · 이을상 옮김
2012 대한민국학술원 우수학술도서

71 농업위기와 농업경기
유럽의 농업과 식량공급의 역사

빌헬름 아벨 지음 | 김유경 옮김

72 카를 마르크스의 역사이론
역사유물론 옹호

제럴드 앨런 코헨 지음 | 박형신 · 정헌주 옮김

73 타키투스의 역사

타키투스 지음 | 김경현 · 차전환 옮김
2012 대한민국학술원 우수학술도서

74 행위와 사건

도널드 데이빗슨 지음 | 배식한 옮김
2013 대한민국학술원 우수학술도서

75 19세기 유럽 사상사
과학적 사고

존 시어도어 머츠 지음 | 이은경 옮김

76 국제법의 역사

아르투어 누스바움 지음 | 김영석 옮김

77 · 78 · 79 경제분석의 역사

조지프 슘페터 지음
김균 · 성낙선 · 이상호 · 정중호 · 신상훈 옮김

80 사고와 언어

레프 비고츠키 지음 | 이병훈 · 이재혁 · 허승철 옮김

81 과학교육의 사상과 역사
17~19세기 독일 과학교육의 성장과 발전

발터 쉘러 지음 | 정병훈 옮김

82 인간마음에 관한 탐구
토마스 리드 지음 | 양선숙 옮김

83 · 84 인간지성론
존 로크 지음 | 정병훈 · 이재영 · 양선숙 옮김
2015 대한민국학술원 우수학술도서

85 역학의 발달
에른스트 마흐 지음 | 고인석 옮김
2015 대한민국학술원 우수학술도서

86 · 87 논리학의 역사
윌리엄 닐 · 마사 닐 지음
박우석 · 배선복 · 송하석 · 최원배 옮김

88 고대 러시아 문학의 시학
리하초프 지음 | 김희숙 · 변현태 옮김

89 · 90 상과 논리
피터 갤리슨 지음
이재일 · 차동우 옮김

91 · 92 · 93 · 94 전기자기론 * 근간
제임스 클러크 맥스웰 지음
구자현 · 김재영 옮김

● 한국연구재단 학술명저번역총서 서양편은 계속 간행됩니다.